[Wissen für die Praxis]

Karl Helmut Schnell · Heinz-Peter Ebert

Disziplinarrecht
Strafrecht
Beschwerderecht
der Bundeswehr

WALHALLA

Bibliografische Information der Deutschen Nationalbibliothek
Die Deutsche Nationalbibliothek verzeichnet diese Publikation in der Deutschen Nationalbibliografie; detaillierte bibliografische Daten sind im Internet über http://dnb.dnb.de abrufbar.

Herausgeber
Karl Helmut Schnell († 15. Januar 2014)

Bearbeitet von
Dr. Roland Fritzen, Regierungsdirektor im Bundesministerium der Verteidigung

Zitiervorschlag:
Schnell/Ebert, Disziplinarrecht, Strafrecht, Beschwerderecht der Bundeswehr, Walhalla Fachverlag, Regensburg 2018

Rechtstand: Mai 2018
31. aktualisierte Auflage

Produktion Walhalla Fachverlag, 93042 Regensburg
Printed in Germany
ISBN: 978-3-8029-6299-8

PMC-CPI-0718-1685-O

Einführung

Die zahllosen Gesetze, Verordnungen, Vorschriften und Erlasse zum Strafrecht einerseits sowie zum Disziplinar- und Beschwerderecht der Soldaten andererseits zu ordnen und mittels detaillierten Stichwortverzeichnissen den praktischen Bedürfnissen aufzuschließen, ist das Anliegen dieser Taschenbuchausgabe. Aus dem Kreis der Benutzer ist dabei nicht nur an die Disziplinarvorgesetzten gedacht, denen die Handhabung der Disziplinargewalt erleichtert werden soll, sondern auch an die Soldatinnen und Soldaten der Bundeswehr, die im Rahmen der Wehrdisziplinar- und -beschwerdeordnung ihre Rechte wahrzunehmen suchen.

Außerdem ist dieses handliche Kompendium der ideale Begleiter während der Ausbildung zum Offizier und bei allen Lehrgängen, die das Thema „Wehrrecht und Soldatische Ordnung“ beinhalten.

Schließlich wird das Werk den rechtsberatenden Berufen von Nutzen sein, da ihnen die Vorschriften der Bundeswehr in dieser einzigartigen Zuammenstellung nur mit erheblichem Zeitaufwand zugänglich sein werden.

Der Aufbau der Ausgabe lehnt sich weitgehend an den in der Bundeswehr allgemein benutzten „Deutschen Bundeswehr-Kalender“ an, dessen Fachbeiträge einschlägig ergänzt sind.

Die vorliegende 31. Auflage wurde vollständig überarbeitet und berücksichtigt alle Änderungen, die sich seit der letzten Auflage ergeben haben.

Die **Gegenüberstellung „Bisherige Vorschriftenfundstellen – neue Vorschriftenfundstellen“** wird zukünftig nicht mehr enthalten sein, da sich die meisten Nutzerinnen und Nutzer an das aktuelle Regelungsmanagement gewöhnt haben dürften bzw. die „alte Welt der ZDv-en“ überhaupt nicht kennengelernt haben.

Die führenden Ordnungskriterien zur Gliederung von Regelungen sind einerseits die hierarchische Ebene, auf der sich die herausgebende Stelle befindet, sowie andererseits der jeweilige Geltungsbereich. Regelungen der Regelungsarten „Zentrale Dienstvorschrift“ (A) und „Bereichsdienstvorschrift“ (C) werden durch das BMVg herausgegeben. Regelungen der Regelungsarten „Zentralvorschrift“ (A1) sowie „Bereichsvorschriften“ (C1) werden durch Dienststellen der dem BMVg nachgeordneten ersten Ebene, „Zentralrichtlinie“ (A2) und „Bereichsrichtlinien“ (C2) der dem BMVg nachgeordneten zweiten Ebene herausgegeben. Dabei gelten die

Regelungen A, A1 und A2 für den gesamten Geschäftsbereich BMVg, während die Regelungen C, C1 und C2 für einen oder mehrere Org-Bereiche oder den fachlichen Zuständigkeitsbereich gelten. Da sich aus der Regelung selbst somit die herausgebende Stelle und der Geltungsbereich ablesen lässt, wird zur Vereinfachung auf die jeweilige Benennung der Regelungsart verzichtet und stattdessen nur der Buchstabe angegeben.

Neu ist in dieser Auflage zudem, dass die zitierten Gerichtsentscheidungen mit Entscheidungsdatum und Aktenzeichen angegeben werden. Damit soll es den Nutzerinnen und Nutzern, die nicht über den Zugang zu juristischen Datenbanken verfügen, erleichtert werden, die Entscheidungen im Internet zu finden, soweit Interesse an der Lektüre der vollständigen Entscheidung besteht.

Seit der im Jahr 1990 erschienenen 12. Auflage wurde das Werk von Herrn Ebert bearbeitet, ab der 31. Auflage hat nun Herr Dr. Fritzen diese Aufgabe übernommen. Wir danken Herrn Ebert für die jahrelange hervorragende Mitarbeit und freuen uns, in Herrn Dr. Fritzen einen kompetenten Nachfolger gefunden zu haben.

Diese Ausgabe entspricht dem Stand vom **31. Mai 2018.**

Herausgeber und Verlag

Als neuer Bearbeiter der **31. Auflage** betrachte ich es als Ehre und möchte mich für das entgegengebrachte Vertrauen bedanken, den „Schnell/Ebert" ab dieser Auflage zu betreuen. Anregungen zu Verbesserungen für die kommenden Auflagen stehe ich stets aufgeschlossen gegenüber und freue mich über jeden fachlichen Gedankenaustausch.

Dr. Roland Fritzen

Gesamtinhaltsübersicht

B Grundbegriffe

C Disziplinar-, Straf- und Beschwerderecht

C

C

C

C

Fundstellenverzeichnis

StGB-Stichwortverzeichnis → C 25b S. 473

Abkürzungen → **Z 01**

Inhaltsübersicht

A

A

Grundgesetz

Vom 23. Mai 1949 (BGBl. S. 1)

Zuletzt geändert durch
Gesetz zur Änderung des Grundgesetzes (Artikel 90, 91c, 104b, 104c, 107, 108, 109a, 114, 125c, 143d, 143e, 143f, 143g)
vom 13. Juli 2017 (BGBl. I S. 2347)

– Auszug –

Literatur-Hinweise:

1. Mutschler, „Die Grundrechte der ‚Staatsbürger in Uniform'" in NZWehrr 1998,1
2. Raap, Deutsches Wehrrecht. Die verfassungsrechtlichen und gesetzlichen Grundlagen des Wehrwesens, Heidelberg 1999 (v. Decker's Fachbücherei)
3. Schade, Grundgesetz mit Kommentierung, Regensburg, 9. Aufl. 2012 (Walhalla Fachverlag)

Vorbemerkungen:

Das Grundgesetz enthält für die Bundeswehr u.a. folgende Regelungen:

1. Zur Entscheidung in Disziplinar- und in Beschwerdeverfahren können Bundesgerichte errichtet werden (Art. 96 Abs. 4 GG). Die Strafgerichtsbarkeit über die Streitkräfte im Verteidigungsfall sowie über Angehörige der Streitkräfte, die in das Ausland entsandt oder an Bord von Kriegsschiffen eingeschifft sind, kann von Wehrdienstgerichten ausgeübt werden, die als Bundesgerichte errichtet werden (Art. 96 Abs. 2 GG).
2. Der Bundespräsident ernennt und entlässt die Offiziere und Unteroffiziere, soweit gesetzlich nichts anderes bestimmt ist (Art. 60 Abs. 1 GG), und übt im Einzelfall für den Bund das Begnadigungsrecht aus (Art. 60 Abs. 2 GG). Der Bundesminister der Verteidigung hat die Befehls- und Kommandogewalt über die Streitkräfte (Art. 65a GG), die mit Verkündung des Verteidigungsfalles auf den Bundeskanzler übergeht (Art. 115b GG).

   Der Bundestag bestellt einen Ausschuss für Verteidigung (Art. 45a Abs. 1 GG), der auch die Rechte eines Untersuchungsausschusses hat (Art. 45a Abs. 2 GG). Zum Schutze der Grundrechte der Soldaten und zur Unterstützung des Bundestages bei der Ausübung der parlamentarischen Kontrolle wird ein Wehrbeauftragter berufen (Art. 45b GG); das Nähere regeln das

WBeauftrG (→ **A 20**) sowie die A-2600/2 - Wehrbeauftragtenangelegenheiten (→ **A 21**).

3. Die Grundrechte (Art. 1 bis 19 GG) binden auch die Bundeswehr als unmittelbar geltendes Recht (Art. 1 Abs. 3 GG). In Art. 1 Abs. 1 GG bekennt sich das Grundgesetz zur Unantastbarkeit der Würde des Menschen und zu dessen unverletzlichen und unveräußerlichen Rechten. Die Pflicht zum Dienst in den Streitkräften findet in Art. 12a Abs. 1 GG ihre Grundlage. Das Recht der Kriegsdienstverweigerung ist in Art. 4 Abs. 3 GG verbürgt. Die Religionsgemeinschaften sind nach Art. 140 GG in Verbindung mit Art. 141 der Weimarer Verfassung, die insoweit Bestandteil des Grundgesetzes ist, zur Vornahme religiöser Handlungen in der Bundeswehr unter Ausschluss jeden Zwanges zugelassen. Bestimmte Grundrechte können nach Art. 17a GG in Gesetzen ber Wehrdienst und Ersatzdienst eingeschränkt werden.

4. Soldatinnen und Soldaten haben Grundrechte (Art. 1–19 GG). Sie besitzen das aktive und passive Wahlrecht (Art. 38 GG).

5. Folgende Grundrechte können allerdings für die Soldatinnen und Soldaten eingeschränkt werden:

   a) das Recht auf **körperliche Unversehrtheit** (Art. 2 Abs. 2, Satz 1 GG) durch die Pflicht zur Duldung von Maßnahmen zur Gesunderhaltung (§ 17 Abs. 4 SG),

   b) die **Freiheit der Person** (Art. 2 Abs. 2, Satz 2 GG), insofern Freiheitsentzug gemäß der WDO (→ **C 10**) und dem WStG (→ **C 20**) hinzunehmen ist,

   c) die **Freiheit der Meinungsäußerung** (Art. 5 Abs. 1, 1. Halbsatz GG) durch die Pflicht zum treuen Dienen (§ 7 SG) und zum Eintreten für die freiheitlich-demokratische Grundordnung (§ 8 SG), zur Zurückhaltung bei Äußerungen als Vorgesetzter (§ 10 Abs. 6 SG), zur Kameradschaft (§ 12 SG), zur Verschwiegenheit (§ 14 SG), durch die Pflichten bei politischer Betätigung (§ 15 Abs. 1, 2 und 4 SG); durch die Pflicht zur Disziplin und zu achtungswürdigem Verhalten (§ 17 Abs. 1 und 2 SG) und durch die Pflicht, als Offizier und Unteroffizier sich auch nach dem Ausscheiden aus dem Wehrdienst nicht gegen die freiheitlich-demokratische Grundordnung zu betätigen (§§ 17 Abs. 3, 23 Abs. 2, Nr. 2 SG),

   d) die **Versammlungsfreiheit** (Art. 8 GG) durch die Pflicht zum Eintreten für die freiheitlich-demokratische Grundordnung (§ 8 SG), durch die Pflichten bei politischer Bettigung (§ 15

Abs. 1 und 2 SG), durch die Pflicht zur Disziplin und zu achtungswürdigem Verhalten als Soldat (§ 17 Abs. 1 und 2 SG), und im Übrigen auch durch die Pflicht zum treuen Dienen (§ 7 SG),

e) das Recht auf **Freizügigkeit** (Art. 11 Abs. 1 GG) durch die Pflicht, in einer Gemeinschaftsunterkunft zu wohnen (§ 18 SG → **C 01**);

f) das **Petitionsrecht** (Art. 17 GG) insoweit, als es das Recht gewährt, Beschwerden in Gemeinschaft mit anderen vorzubringen (§ 1 Abs. 4 WBO → C **30**).

Präambel

A Im Bewußtsein seiner Verantwortung vor Gott und den Menschen, von dem Willen beseelt, als gleichberechtigtes Glied in einem vereinten Europa dem Frieden der Welt zu dienen, hat sich das Deutsche Volk kraft seiner verfassungsgebenden Gewalt dieses Grundgesetz gegeben.

Die Deutschen in den Ländern Baden-Württemberg, Bayern, Berlin, Brandenburg, Bremen, Hamburg, Hessen, Mecklenburg-Vorpommern, Niedersachsen, Nordrhein-Westfalen, Rheinland-Pfalz, Saarland, Sachsen, Sachsen-Anhalt, Schleswig-Holstein und Thüringen haben in freier Selbstbestimmung die Einheit und Freiheit Deutschlands vollendet. Damit gilt dieses Grundgesetz für das gesamte Deutsche Volk.

I. Die Grundrechte

Artikel 1 (Schutz der Menschenwürde)

(1) Die Würde des Menschen ist unantastbar. Sie zu achten und zu schützen ist Verpflichtung aller staatlichen Gewalt.

(2) Das Deutsche Volk bekennt sich darum zu unverletzlichen und unveräußerlichen Menschenrechten als Grundlage jeder menschlichen Gemeinschaft, des Friedens und der Gerechtigkeit in der Welt.

(3) Die nachfolgenden Grundrechte binden Gesetzgebung, vollziehende Gewalt und Rechtsprechung als unmittelbar geltendes Recht.

Anmerkung:

Entwürdigende Behandlungen Untergebener nach § 31 WStG (→ **C 20**) enthalten im Kern eine Verletzung der Menschenwürde von Art. 1 Abs. 1 GG. Nähere Einzelheiten dazu siehe bei § 31 WStG.

Artikel 2 (Persönliche Freiheit)

(1) Jeder hat das Recht auf die freie Entfaltung seiner Persönlichkeit, soweit er nicht die Rechte anderer verletzt und nicht gegen die verfassungsmäßige Ordnung oder das Sittengesetz verstößt.

(2) Jeder hat das Recht auf Leben und körperliche Unversehrtheit. Die Freiheit der Person ist unverletzlich. In diese Rechte darf nur auf Grund eines Gesetzes eingegriffen werden.

Artikel 3 (Gleichheit vor dem Gesetz)

(1) Alle Menschen sind vor dem Gesetz gleich.

(2) Männer und Frauen sind gleichberechtigt. Der Staat fördert die tatsächliche Durchsetzung der Gleichberechtigung von Frauen und Männern und wirkt auf die Beseitigung bestehender Nachteile hin.

(3) Niemand darf wegen seines Geschlechtes, seiner Abstammung, seiner Rasse, seiner Sprache, seiner Heimat und Herkunft, seines Glaubens, seiner religiösen oder politischen Anschauungen benachteiligt oder bevorzugt werden. Niemand darf wegen seiner Behinderung benachteiligt werden.

Artikel 4 (Glaubens- und Bekenntnisfreiheit)

(1) Die Freiheit des Glaubens, des Gewissens und die Freiheit des religiösen und weltanschaulichen Bekenntnisses sind unverletzlich.

(2) Die ungestörte Religionsausübung wird gewährleistet.

(3) Niemand darf gegen sein Gewissen zum Kriegsdienst mit der Waffe gezwungen werden. Das Nähere regelt ein Bundesgesetz.

Anmerkung:

Zu Absatz 2: für Soldatinnen und Soldaten wird das Recht auf ungestörte Religionsausübung in § 36 Abs. 1 SG (→ **C 01**) ausdrücklich bestätigt.

Artikel 5 (Freie Meinungsäußerung)

(1) Jeder hat das Recht, seine Meinung in Wort, Schrift und Bild frei zu äußern und zu verbreiten und sich aus allgemein zugänglichen Quellen ungehindert zu unterrichten. Die Pressefreiheit und die Freiheit der Berichterstattung durch Rundfunk und Film werden gewährleistet. Eine Zensur findet nicht statt.

(2) Diese Rechte finden ihre Schranken in den Vorschriften der allgemeinen Gesetze, den gesetzlichen Bestimmungen zum Schutze der Jugend und in dem Recht der persönlichen Ehre.

(3) Kunst und Wissenschaft, Forschung und Lehre sind frei. Die Freiheit der Lehre entbindet nicht von der Treue zur Verfassung.

Anmerkung:

Zu Absatz 2:

Allg. Gesetze: z.B. → §§ 10 Abs. 6; 14; 15 SG (→ **C 01**); Art. 17a GG.

Zu den Grenzen der Meinungsäußerungsfreiheit **von** Soldatinnen und Soldaten und zur disziplinaren Ahndung einer Überschreitung dieser Grenzen → BVerfG, Urteil vom 10.7.1992, Az 2 BvR 1802/91 - in NZWehrr 1992, 205 und BVerwG, Urteil vom 17.12.1992, Az 2 WD 11.92 - in NZWehrr 1993, 206 (Einverständnis mit Aussage: „Alle Soldaten sind potentielle Mörder"), BVerwG,

Urteil vom 09.03.1994, Az 2 WD 30.93 - in NZWehrr 1994, 249 (Abgrenzung zur unzulässigen Schmähkritik), BVerwG, Urteil vom 09.01.2007, Az. 2 WD 20.05 sowie BVerwG, Urteil vom 24.04.2007, Az. 2 WD 9.06.

Zu den Grenzen der Meinungsußerung **gegenüber** Soldaten → Anmerkung zu § 185 StGB (→ **C 25b**).

Artikel 6 (Ehe, Familie, uneheliche Kinder)

(1) Ehe und Familie stehen unter dem besonderen Schutze der staatlichen Ordnung.

(2) Pflege und Erziehung der Kinder sind das natürliche Recht der Eltern und die zuvörderst ihnen obliegende Pflicht. Über ihre Betätigung wacht die staatliche Gemeinschaft.

(3) Gegen den Willen der Erziehungsberechtigten dürfen Kinder nur auf Grund eines Gesetzes von der Familie getrennt werden, wenn die Erziehungsberechtigten versagen oder wenn die Kinder aus anderen Gründen zu verwahrlosen drohen.

(4) Jede Mutter hat Anspruch auf den Schutz und die Fürsorge der Gemeinschaft.

(5) Den unehelichen Kindern sind durch die Gesetzgebung die gleichen Bedingungen für ihre leibliche und seelische Entwicklung und ihre Stellung in der Gesellschaft zu schaffen wie den ehelichen Kindern.

Artikel 7 (Schulwesen)

(1) Das gesamte Schulwesen steht unter der Aufsicht des Staates.

(2) Die Erziehungsberechtigten haben das Recht, über die Teilnahme des Kindes am Religionsunterricht zu bestimmen.

(3) Der Religionsunterricht ist in den öffentlichen Schulen mit Ausnahme der bekenntnisfreien Schulen ordentliches Lehrfach. Unbeschadet des staatlichen Aufsichtsrechtes wird der Religionsunterricht in Übereinstimmung mit den Grundsätzen der Religionsgemeinschaften erteilt. Kein Lehrer darf gegen seinen Willen verpflichtet werden, Religionsunterricht zu erteilen.

(4) Das Recht zur Errichtung von privaten Schulen wird gewährleistet. Private Schulen als Ersatz für öffentliche Schulen bedürfen der Genehmigung des Staates und unterstehen den Landesgesetzen. Die Genehmigung ist zu erteilen, wenn die privaten Schulen in ihren Lehrzielen und Einrichtungen sowie in der wissenschaftlichen Ausbildung ihrer Lehrkräfte nicht hinter den öffentlichen Schulen zurückstehen und eine Sonderung der Schüler nach den Besitzverhältnissen der Eltern nicht gefördert wird. Die Genehmi-

gung ist zu versagen, wenn die wirtschaftliche und rechtliche Stellung der Lehrkräfte nicht genügend gesichert ist.

(5) Eine private Volksschule ist nur zuzulassen, wenn die Unterrichtsverwaltung ein besonderes pädagogisches Interesse anerkennt oder, auf Antrag von Erziehungsberechtigten, wenn sie als Gemeinschaftsschule, als Bekenntnis- oder Weltanschauungsschule errichtet werden soll und eine öffentliche Volksschule dieser Art in der Gemeinde nicht besteht.

(6) Vorschulen bleiben aufgehoben.

Artikel 8 (Versammlungsfreiheit)

(1) Alle Deutschen haben das Recht, sich ohne Anmeldung oder Erlaubnis friedlich und ohne Waffen zu versammeln.

(2) Für Versammlungen unter freiem Himmel kann dieses Recht durch Gesetz oder auf Grund eines Gesetzes beschränkt werden.

Artikel 9 (Vereinigungsfreiheit)

(1) Alle Deutschen haben das Recht, Vereine und Gesellschaften zu bilden.

(2) Vereinigungen, deren Zwecke oder deren Tätigkeit den Strafgesetzen zuwiderlaufen oder die sich gegen die verfassungsmäßige Ordnung oder gegen den Gedanken der Völkerverständigung richten, sind verboten.

(3) Das Recht, zur Wahrung und Förderung der Arbeits- und Wirtschaftsbedingungen Vereinigungen zu bilden, ist für jedermann und für alle Berufe gewährleistet. Abreden, die dieses Recht einschränken oder zu behindern suchen, sind nichtig, hierauf gerichtete Maßnahmen sind rechtswidrig. Maßnahmen nach den Artikeln 12a, 35 Abs. 2 und 3, Artikel 87a Abs. 4 und Artikel 91 dürfen sich nicht gegen Arbeitskämpfe richten, die zur Wahrung und Förderung der Arbeits- und Wirtschaftsbedingungen von Vereinigungen im Sinne des Satzes 1 geführt werden.

Artikel 10 (Brief- und Postgeheimnis)

(1) Das Briefgeheimnis sowie das Post- und Fernmeldegeheimnis sind unverletzlich.

(2) Beschränkungen dürfen nur auf Grund eines Gesetzes angeordnet werden. Dient die Beschränkung dem Schutze der freiheitlichen demokratischen Grundordnung oder des Bestandes oder der Sicherung des Bundes oder eines Landes, so kann das Gesetz be-

A

stimmen, daß sie dem Betroffenen nicht mitgeteilt wird und daß an die Stelle des Rechtsweges die Nachprüfung durch von der Volksvertretung bestellte Organe und Hilfsorgane tritt.

Artikel 11 (Freizügigkeit)

(1) Alle Deutschen genießen Freizügigkeit im ganzen Bundesgebiet.

(2) Dieses Recht darf nur durch Gesetz oder auf Grund eines Gesetzes und nur für die Fälle eingeschränkt werden, in denen eine ausreichende Lebensgrundlage nicht vorhanden ist und der Allgemeinheit daraus besondere Lasten entstehen würden oder in denen es zur Abwehr einer drohenden Gefahr für den Bestand oder die freiheitliche demokratische Grundordnung des Bundes oder eines Landes, zur Bekämpfung von Seuchengefahr, Naturkatastrophen oder besonders schweren Unglücksfällen, zum Schutze der Jugend vor Verwahrlosung oder um strafbaren Handlungen vorzubeugen, erforderlich ist.

Artikel 12 (Freiheit des Berufes)

(1) Alle Deutschen haben das Recht, Beruf, Arbeitsplatz und Ausbildungsstätte frei zu wählen. Die Berufsausübung kann durch Gesetz oder auf Grund eines Gesetzes geregelt werden.

(2) Niemand darf zu einer bestimmten Arbeit gezwungen werden, außer im Rahmen einer herkömmlichen allgemeinen, für alle gleichen öffentlichen Dienstleistungspflicht.

(3) Zwangsarbeit ist nur bei einer gerichtlich angeordneten Freiheitsentziehung zulässig.

Artikel 12a (Wehrpflicht, Ersatzdienst)

(1) Männer können vom vollendeten achtzehnten Lebensjahr an zum Dienst in den Streitkräften, im Bundesgrenzschutz oder in einem Zivilschutzverband verpflichtet werden.

(2) Wer aus Gewissensgründen den Kriegsdienst mit der Waffe verweigert, kann zu einem Ersatzdienst verpflichtet werden. Die Dauer des Ersatzdienstes darf die Dauer des Wehrdienstes nicht übersteigen. Das Nähere regelt ein Gesetz, das die Freiheit der Gewissensentscheidung nicht beeinträchtigen darf und auch eine Möglichkeit des Ersatzdienstes vorsehen muß, die in keinem Zusammenhang mit den Verbänden der Streitkräfte und des Bundesgrenzschutzes steht.

(3) Wehrpflichtige, die nicht zu einem Dienst nach Absatz 1 oder 2 herangezogen sind, können im Verteidigungsfalle durch Gesetz

oder auf Grund eines Gesetzes zu zivilen Dienstleistungen für Zwecke der Verteidigung einschließlich des Schutzes der Zivilbevölkerung in Arbeitsverhältnisse verpflichtet werden; Verpflichtungen in öffentlich-rechtliche Dienstverhältnisse sind nur zur Wahrnehmung polizeilicher Aufgaben oder solcher hoheitlichen Aufgaben der öffentlichen Verwaltung, die nur in einem öffentlichrechtlichen Dienstverhältnis erfüllt werden können, zulässig. Arbeitsverhältnisse nach Satz 1 können bei den Streitkräften, im Bereich ihrer Versorgung sowie bei der öffentlichen Verwaltung begründet werden; Verpflichtungen in Arbeitsverhältnisse im Bereiche der Versorgung der Zivilbevölkerung sind nur zulässig, um ihren lebensnotwendigen Bedarf zu decken oder ihren Schutz sicherzustellen.

(4) Kann im Verteidigungsfalle der Bedarf an zivilen Dienstleistungen im zivilen Sanitäts- und Heilwesen sowie in der ortsfesten militärischen Lazarettorganisation nicht auf freiwilliger Grundlage gedeckt werden, so können Frauen vom vollendeten achtzehnten bis zum vollendeten fünfundfünfzigsten Lebensjahr durch Gesetz oder auf Grund eines Gesetzes zu derartigen Dienstleistungen herangezogen werden. Sie dürfen auf keinen Fall zum Dienst mit der Waffe verpflichtet werden.

(5) Für die Zeit vor dem Verteidigungsfalle können Verpflichtungen nach Absatz 3 nur nach Maßgabe des Artikels 80a Abs. 1 begründet werden. Zur Vorbereitung auf Dienstleistungen nach Absatz 3, für die besondere Kenntnisse oder Fertigkeiten erforderlich sind, kann durch Gesetz oder auf Grund eines Gesetzes die Teilnahme an Ausbildungsveranstaltungen zur Pflicht gemacht werden. Satz 1 findet insoweit keine Anwendung.

(6) Kann im Verteidigungsfalle der Bedarf an Arbeitskräften für die in Absatz 3 Satz 2 genannten Bereiche auf freiwilliger Grundlage nicht gedeckt werden, so kann zur Sicherung dieses Bedarfs die Freiheit der Deutschen, die Ausübung eines Berufs oder den Arbeitsplatz aufzugeben, durch Gesetz oder auf Grund eines Gesetzes eingeschränkt werden. Vor Eintritt des Verteidigungsfalles gilt Absatz 5 Satz 1 entsprechend.

Artikel 13 (Unverletzlichkeit der Wohnung)

(1) Die Wohnung ist unverletzlich.

(2) Durchsuchungen dürfen nur durch den Richter, bei Gefahr im Verzuge auch durch die in den Gesetzen vorgesehenen anderen Organe angeordnet und nur in der dort vorgeschriebenen Form durchgeführt werden.

A

(3) Begründen bestimmte Tatsachen den Verdacht, daß jemand eine durch Gesetz einzeln bestimmte besonders schwere Straftat begangen hat, so dürfen zur Verfolgung der Tat auf Grund richterlicher Anordnung technische Mittel zur akustischen Überwachung von Wohnungen, in denen der Beschuldigte sich vermutlich aufhält, eingesetzt werden, wenn die Erforschung des Sachverhalts auf andere Weise unverhältnismäßig erschwert oder aussichtslos wäre. Die Maßnahme ist zu befristen. Die Anordnung erfolgt durch einen mit drei Richtern besetzten Spruchkörper. Bei Gefahr im Verzuge kann sie auch durch einen einzelnen Richter getroffen werden.

(4) Zur Abwehr dringender Gefahren für die öffentliche Sicherheit, insbesondere einer gemeinen Gefahr oder einer Lebensgefahr, dürfen technische Mittel zur Überwachung von Wohnungen nur auf Grund richterlicher Anordnung eingesetzt werden. Bei Gefahr im Verzuge kann die Maßnahme auch durch eine andere gesetzlich bestimmte Stelle angeordnet werden; eine richterliche Entscheidung ist unverzüglich nachzuholen.

(5) Sind technische Mittel ausschließlich zum Schutze der bei einem Einsatz in Wohnungen tätigen Personen vorgesehen, kann die Maßnahme durch eine gesetzlich bestimmte Stelle angeordnet werden. Eine anderweitige Verwertung der hierbei erlangten Erkenntnisse ist nur zum Zwecke der Strafverfolgung oder der Gefahrenabwehr und nur zulässig, wenn zuvor die Rechtmäßigkeit der Maßnahme richterlich festgestellt ist; bei Gefahr im Verzuge ist die richterliche Entscheidung unverzüglich nachzuholen.

(6) Die Bundesregierung unterrichtet den Bundestag jährlich über den nach Absatz 3 sowie über den im Zuständigkeitsbereich des Bundes nach Absatz 4 und, soweit richterlich überprüfungsbedürftig, nach Absatz 5 erfolgten Einsatz technischer Mittel. Ein vom Bundestag gewähltes Gremium übt auf der Grundlage dieses Berichts die parlamentarische Kontrolle aus. Die Länder gewährleisten eine gleichwertige parlamentarische Kontrolle.

(7) Eingriffe und Beschränkungen dürfen im übrigen nur zur Abwehr einer gemeinen Gefahr oder einer Lebensgefahr für einzelne Personen, auf Grund eines Gesetzes auch zur Verhütung dringender Gefahren für die öffentliche Sicherheit und Ordnung, insbesondere zur Behebung der Raumnot, zur Bekämpfung von Seuchengefahr oder zum Schutze gefährdeter Jugendlicher vorgenommen werden.

Anmerkung:

Zu Absatz 2: Ausdrückliche Ermächtigungsgrundlagen für Durchsuchungen sind für das Disziplinarverfahren in § 20 WDO (→ **C 10**) und für Strafverfahren in §§ 102 StPO (→ **C 27**) enthalten.

Artikel 14 (Eigentum, Erbrecht und Enteignung)

(1) Das Eigentum und das Erbrecht werden gewährleistet. Inhalt und Schranken werden durch die Gesetze bestimmt.

(2) Eigentum verpflichtet. Sein Gebrauch soll zugleich dem Wohle der Allgemeinheit dienen.

(3) Eine Enteignung ist nur zum Wohle der Allgemeinheit zulässig. Sie darf nur durch Gesetz oder auf Grund eines Gesetzes erfolgen, das Art und Ausmaß der Entschädigung regelt. Die Entschädigung ist unter gerechter Abwägung der Interessen der Allgemeinheit und der Beteiligten zu bestimmen. Wegen der Höhe der Entschädigung steht im Streitfalle der Rechtsweg vor den ordentlichen Gerichten offen.

Artikel 15 (Sozialisierung)

Grund und Boden, Naturschätze und Produktionsmittel können zum Zwecke der Vergesellschaftung durch ein Gesetz, das Art und Ausmaß der Entschädigung regelt, in Gemeineigentum oder in andere Formen der Gemeinwirtschaft überführt werden. Für die Entschädigung gilt Art. 14 Abs. 3 Satz 3 und 4 entsprechend.

Artikel 16 (Ausbürgerung, Auslieferung)

(1) Die Deutsche Staatsangehörigkeit darf nicht entzogen werden. Der Verlust der Staatsangehörigkeit darf nur auf Grund eines Gesetzes und gegen den Willen des Betroffenen nur dann eintreten, wenn der Betroffene dadurch nicht staatenlos wird.

(2) Kein Deutscher darf an das Ausland ausgeliefert werden. Durch Gesetz kann eine abweichende Regelung für Auslieferungen an einen Mitgliedstaat der Europäischen Union oder an einen internationalen Gerichtshof getroffen werden, soweit rechtsstaatliche Grundsätze gewahrt sind.

Artikel 17 (Petitionsrecht)

Jedermann hat das Recht, sich einzeln oder in Gemeinschaft mit anderen schriftlich mit Bitten oder Beschwerden an die zuständigen Stellen und an die Volksvertretung zu wenden.

A

Anmerkung:

Das jedermann zustehende Petitionsrecht wird für Soldatinnen und Soldaten durch das Recht ergänzt, sich an den Wehrbeauftragten des Deutschen Bundestages wenden zu können (vgl. Art. 46b GG und das WBeauftrG) → **A 21**. Zum Petitionsausschuss → Art. 45c GG.

Zu den Grenzen des Petitionsrechts → BVerwG, Urteil vom 09.03.1994, Az 2 WD 30.93 - in NZWehrr 1994, 249.

Artikel 17a (Wehrdienst, Ersatzdienst)

(1) Gesetze über Wehrdienst und Ersatzdienst können bestimmen, daß für die Angehörigen der Streitkräfte und des Ersatzdienstes während der Zeit des Wehr- oder Ersatzdienstes das Grundrecht, seine Meinung in Wort, Schrift und Bild frei zu äußern und zu verbreiten (Artikel 5 Abs. 1 Satz 1 erster Halbsatz), das Grundrecht der Versammlungsfreiheit (Artikel 8) und das Petitionsrecht (Artikel 17), soweit es das Recht gewährt, Bitten oder Beschwerden in Gemeinschaft mit anderen vorzubringen, eingeschränkt werden.

(2) Gesetze, die der Verteidigung einschließlich des Schutzes der Zivilbevölkerung dienen, können bestimmen, daß die Grundrechte der Freizügigkeit (Artikel 11) und der Unverletzlichkeit der Wohnung (Artikel 13) eingeschränkt werden.

Artikel 18 (Verwirkung von Grundrechten)

Wer die Freiheit der Meinungsäußerung, insbesondere die Pressefreiheit (Artikel 5 Abs. 1), die Lehrfreiheit (Artikel 5 Abs. 3), die Versammlungsfreiheit (Artikel 8), die Vereinigungsfreiheit (Artikel 9), das Brief-, Post- und Fernmeldegeheimnis (Artikel 10), das Eigentum (Artikel 14) oder das Asylrecht (Artikel 16a) zum Kampfe gegen die freiheitliche demokratische Grundordnung mißbraucht, verwirkt diese Grundrechte. Die Verwirkung und ihr Ausmaß werden durch das Bundesverfassungsgericht ausgesprochen.

Artikel 19 (Einschränkung von Grundrechten)

(1) Soweit nach diesem Grundgesetz ein Grundrecht durch Gesetz oder auf Grund eines Gesetzes eingeschränkt werden kann, muß das Gesetz allgemein und nicht nur für den Einzelfall gelten. Außerdem muß das Gesetz das Grundrecht unter Angabe des Artikels nennen.

(2) In keinem Falle darf ein Grundrecht in seinem Wesensgehalt angetastet werden.

(3) Die Grundrechte gelten auch für inländische juristische Personen, soweit sie ihrem Wesen nach auf diese anwendbar sind.

(4) Wird jemand durch die öffentliche Gewalt in seinen Rechten verletzt, so steht ihm der Rechtsweg offen. Soweit eine andere Zuständigkeit nicht begründet ist, ist der ordentliche Rechtsweg gegeben. Artikel 10 Abs. 2 Satz 2 bleibt unberührt.

II. Der Bund und die Länder

Artikel 20 (Demokratische, rechtsstaatliche Verfassung)

(1) Die Bundesrepublik Deutschland ist ein demokratischer und sozialer Bundesstaat.

(2) Alle Staatsgewalt geht vom Volke aus. Sie wird vom Volke in Wahlen und Abstimmungen und durch besondere Organe der Gesetzgebung, der vollziehenden Gewalt und der Rechtsprechung ausgeübt.

(3) Die Gesetzgebung ist an die verfassungsmäßige Ordnung, die vollziehende Gewalt und die Rechtsprechung sind an Gesetz und Recht gebunden.

(4) Gegen jeden, der es unternimmt, diese Ordnung zu beseitigen, haben alle Deutschen das Recht zum Widerstand, wenn andere Abhilfe nicht möglich ist.

Artikel 20a (Schutz der natürlichen Lebensgrundlagen)

Der Staat schützt auch in Verantwortung für die künftigen Generationen die natürlichen Lebensgrundlagen und die Tiere im Rahmen der verfassungsmäßigen Ordnung durch die Gesetzgebung und nach Maßgabe von Gesetz und Recht durch die vollziehende Gewalt und die Rechtsprechung.

Artikel 21 (Parteien)

(1) Die Parteien wirken bei der politischen Willensbildung des Volkes mit. Ihre Gründung ist frei. Ihre innere Ordnung muß demokratischen Grundsätzen entsprechen. Sie müssen über die Herkunft und Verwendung ihrer Mittel sowie über ihr Vermögen öffentlich Rechenschaft geben.

(2) Parteien, die nach ihren Zielen oder nach dem Verhalten ihrer Anhänger darauf ausgehen, die freiheitliche demokratische Grundordnung zu beeinträchtigen oder zu beseitigen oder den Bestand der Bundesrepublik Deutschland zu gefährden, sind verfassungswidrig.

A

(3) Parteien, die nach ihren Zielen oder dem Verhalten ihrer Anhänger darauf ausgerichtet sind, die freiheitliche demokratische Grundordnung zu beeinträchtigen oder zu beseitigen oder den Bestand der Bundesrepublik Deutschland zu gefährden, sind von staatlicher Finanzierung ausgeschlossen. Wird der Ausschluss festgestellt, so entfällt auch eine steuerliche Begünstigung dieser Parteien und von Zuwendungen an diese Parteien.

(4) Über die Frage der Verfassungswidrigkeit nach Absatz 2 sowie über den Ausschluss von staatlicher Finanzierung nach Absatz 3 entscheidet das Bundesverfassungsgericht.

(5) Das Nähere regeln Bundesgesetze.

Artikel 22 (Hauptstadt Berlin, Bundesflagge)

(1) Die Hauptstadt der Bundesrepublik Deutschland ist Berlin. Die Repräsentation des Gesamtstaates in der Hauptstadt ist Aufgabe des Bundes. Das Nähere wird durch Bundesgesetz geregelt.

(2) Die Bundesflagge ist schwarz-rot-gold.

Artikel 24 (Supranationale Einrichtungen)

(1) Der Bund kann durch Gesetz Hoheitsrechte auf zwischenstaatliche Einrichtungen übertragen.

(1a) Soweit die Länder für die Ausübung der staatlichen Befugnisse und die Erfüllung der staatlichen Aufgaben zuständig sind, können sie mit Zustimmung der Bundesregierung Hoheitsrechte auf grenznachbarschaftliche Einrichtungen übertragen.

(2) Der Bund kann sich zur Wahrung des Friedens einem System gegenseitiger kollektiver Sicherheit einordnen; er wird hierbei in die Beschränkungen seiner Hoheitsrechte einwilligen, die eine friedliche und dauerhafte Ordnung in Europa und zwischen den Völkern der Welt herbeiführen und sichern.

(3) Zur Regelung zwischenstaatlicher Streitigkeiten wird der Bund Vereinbarungen über eine allgemeine, umfassende, obligatorische, internationale Schiedsgerichtsbarkeit beitreten.

Anmerkung:

1. Grundlegende Entscheidung zum Einsatz der Bw → BVerfG, Urteil vom 12.07.1994, Az 2 BvE 3/92 - BVerfGE 90, 286.
2. Nach der Rechtsprechung des Bundesverwaltungsgerichts ist es dem Soldaten verwehrt, Gegenstand und Umfang seiner Verpflichtung zum treuen Dienen im Rahmen der Erfüllung des verfassungsmäßigen Auftrages der Bundeswehr nach seiner persönlichen Vorstellung einschränkend zu interpretieren; anderenfalls verstößt er in schwerwiegender Weise gegen die sol-

datische Kernpflicht (BVerwG, Urteil vom 31.07.1996, Az 2 WD 21.91 in NZWehrr 1994, 117).

Artikel 25 (Regeln des Völkerrechts)

Die allgemeinen Regeln des Völkerrechts sind Bestandteil des Bundesrechtes. Sie gehen den Gesetzen vor und erzeugen Rechte und Pflichten unmittelbar für die Bewohner des Bundesgebietes.

Entscheidung des Bundesverfassungsgerichts vom 6. Dezember 2006 (BGBl. I 2007 S. 33)

Aus dem Beschluss des Bundesverfassungsgerichts vom 6. Dezember 2006 – 2 BvM 9/03 – wird die Entscheidungsformel veröffentlicht:

Eine allgemeine Regel des Völkerrechts, nach der ein lediglich pauschaler Immunitätsverzicht zur Aufhebung des Schutzes der Immunität auch für solches Vermögen genügt, das dem Entsendestaat im Empfangsstaat zur Aufrechterhaltung der Funktionsfähigkeit seiner diplomatischen Mission dient, ist nicht feststellbar.

Die vorstehende Entscheidungsformel hat gemäß § 31 Abs. 2 des Bundesverfassungsgerichtsgesetzes Gesetzeskraft.

Artikel 26 (Angriffskrieg, Kriegswaffen)

(1) Handlungen, die geeignet sind und in der Absicht vorgenommen werden, das friedliche Zusammenleben der Völker zu stören, insbesondere die Führung eines Angriffskrieges vorzubereiten, sind verfassungswidrig. Sie sind unter Strafe zu stellen.

(2) Zur Kriegsführung bestimmte Waffen dürfen nur mit Genehmigung der Bundesregierung hergestellt, befördert und in Verkehr gebracht werden. Das Nähere regelt ein Bundesgesetz.

Anmerkung:

Zu Absatz 1: Der grundgesetzliche Auftrag, Angriffskriege unter Strafe zu stellen, wird nunmehr im Wesentlichen durch in § 13 VStGB (→ **C 22**) enthaltene Verbrechen der Aggression umgesetzt → zu § 13 VStGB ausführlich: Fritzen, BVW 2017, 152.

Artikel 33 (Staatsbürger, öffentlicher Dienst)

(1) Jeder Deutsche hat in jedem Lande die gleichen staatsbürgerlichen Rechte und Pflichten.

(2) Jeder Deutsche hat nach seiner Eignung, Befähigung und fachlichen Leistung gleichen Zugang zu jedem öffentlichen Amte.

(3) Der Genuß bürgerlicher und staatsbürgerlicher Rechte, die Zulassung zu öffentlichen Ämtern sowie die im öffentlichen Dienste erworbenen Rechte sind unabhängig von dem religiösen Bekenntnis. Niemandem darf aus seiner Zugehörigkeit oder Nichtzugehörigkeit zu einem Bekenntnisse oder einer Weltanschauung ein Nachteil erwachsen.

(4) Die Ausübung hoheitsrechtlicher Befugnisse ist als ständige Aufgabe in der Regel Angehörigen des öffentlichen Dienstes zu übertragen, die in einem öffentlich-rechtlichen Dienst- und Treueverhältnis stehen.

(5) Das Recht des öffentlichen Dienstes ist unter Berücksichtigung der hergebrachten Grundsätze des Berufsbeamtentums zu regeln und fortzuentwickeln.

Anmerkung:

Für Soldatinnen und Soldaten wird das Recht auf staatsbürgerliche Gleichbehandlung in § 3 SG (→ **C 01**) ausdrücklich bestätigt.

Artikel 34 (Amtshaftung bei Amtspflichtverletzungen)

Verletzt jemand in Ausübung eines ihm anvertrauten öffentlichen Amtes die ihm einem Dritten gegenüber obliegende Amtspflicht, so trifft die Verantwortlichkeit grundsätzlich den Staat oder die Körperschaft, in deren Dienst er steht. Bei Vorsatz oder grober Fahrlässigkeit bleibt der Rückgriff vorbehalten. Für den Anspruch auf Schadensersatz und für den Rückgriff darf der ordentliche Rechtsweg nicht ausgeschlossen werden.

Anmerkung:

Zu Satz 1: Nach der Rechtsprechung des Bundesgerichtshofs ist die Anwendbarkeit des deutschen Amtshaftungsrechts bei kampfhandlungsverursachten Schäden generell ausgeschlossen (BGH, Urteil vom 06.10.2016, Az III ZR 140/15 - NJW 2016, 3656); ausführlich zu dieser Problematik → Raap, NVwZ 2013, 552.

Zu Satz 2: Zum Regress des Dienstherrn gegenüber Soldatinnen und Soldaten siehe § 24 SG (→ **C 01**) und die dortigen Anmerkungen.

Artikel 35 (Rechts- und Amtshilfe)

(1) Alle Behörden des Bundes und der Länder leisten sich gegenseitig Rechts- und Amtshilfe.

(2) Zur Aufrechterhaltung oder Wiederherstellung der öffentlichen Sicherheit oder Ordnung kann ein Land in Fällen von besonderer Bedeutung Kräfte und Einrichtungen des Bundesgrenzschutzes zur Unterstützung seiner Polizei anfordern, wenn die Polizei ohne diese Unterstützung eine Aufgabe nicht oder nur unter erheblichen

Schwierigkeiten erfüllen könnte. Zur Hilfe bei einer Naturkatastrophe oder bei einem besonders schweren Unglücksfall kann ein Land Polizeikräfte anderer Länder, Kräfte und Einrichtungen anderer Verwaltungen sowie des Bundesgrenzschutzes und der Streitkräfte anfordern.

(3) Gefährdet die Naturkatastrophe oder der Unglücksfall das Gebiet mehr als eines Landes, so kann die Bundesregierung, soweit es zur wirksamen Bekämpfung erforderlich ist, den Landesregierungen die Weisung erteilen, Polizeikräfte anderen Ländern zur Verfügung zu stellen, sowie Einheiten des Bundesgrenzschutzes und der Streitkräfte zur Unterstützung der Polizeikräfte einsetzen. Maßnahmen der Bundesregierung nach Satz 1 sind jederzeit auf Verlangen des Bundesrates, im übrigen unverzüglich nach Beseitigung der Gefahr aufzuheben.

III. Der Bundestag

Artikel 44 (Untersuchungsausschüsse)

(1) Der Bundestag hat das Recht und auf Antrag eines Viertels seiner Mitglieder die Pflicht, einen Untersuchungsausschuß einzusetzen, der in öffentlicher Verhandlung die erforderlichen Beweise erhebt. Die Öffentlichkeit kann ausgeschlossen werden.

(2) Auf Beweiserhebungen finden die Vorschriften über den Strafprozeß sinngemäß Anwendung. Das Brief-, Post- und Fernmeldegeheimnis bleibt unberührt.

(3) Gerichte und Verwaltungsbehörden sind zur Rechts- und Amtshilfe verpflichtet.

(4) Die Beschlüsse der Untersuchungsausschüsse sind der richterlichen Erörterung entzogen. In der Würdigung und Beurteilung des der Untersuchung zugrunde liegenden Sachverhaltes sind die Gerichte frei.

Artikel 45a (Ausschüsse für Auswärtiges und Verteidigung)

(1) Der Bundestag bestellt einen Ausschuß für auswärtige Angelegenheiten und einen Ausschuß für Verteidigung.

(2) Der Ausschuß für Verteidigung hat auch die Rechte eines Untersuchungsausschusses. Auf Antrag eines Viertels seiner Mitglie-

der hat er die Pflicht, eine Angelegenheit zum Gegenstand seiner Untersuchung zu machen.

(3) Artikel 44 Abs. 1 findet auf dem Gebiet der Verteidigung keine Anwendung.

Artikel 45b (Wehrbeauftragter)

Zum Schutz der Grundrechte und als Hilfsorgan des Bundestages bei der Ausübung der parlamentarischen Kontrolle wird ein Wehrbeauftragter des Bundestages berufen. Das Nähere regelt ein Bundesgesetz.

Anmerkung:

Einzelheiten dazu sind im WBeauftrG (→ **A 20**) geregelt und werden in der A-2600/2 „Wehrbeauftragtenangelegenheiten" (→ **A 21**) ausführlich beschrieben.

Artikel 45c (Petitionsausschuss)

(1) Der Bundestag bestellt einen Petitionsausschuß, dem die Behandlung der nach Artikel 17 an den Bundestag gerichteten Bitten und Beschwerden obliegt.

(2) Die Befugnisse des Ausschusses zur Überprüfung von Beschwerden regelt ein Bundesgesetz.

V. Der Bundespräsident

Artikel 60 (Ernennung der Bundesbeamten)

(1) Der Bundespräsident ernennt und entläßt die Bundesrichter, die Bundesbeamten, die Offiziere und Unteroffiziere, soweit gesetzlich nichts anderes bestimmt ist.

(2) Er übt im Einzelfalle für den Bund das Begnadigungsrecht aus.

(3) Er kann diese Befugnisse auf andere Behörden übertragen.

(4) Die Absätze 2 bis 4 des Artikels 46 finden auf den Bundespräsidenten entsprechende Anwendung.

Anmerkung:

Zu Absatz 2: Einzelheiten zum Gnadenrecht sind einfachgesetzlich in § 5 SG (→ **C 01**) und § 19 WDO (→ **C 10**) geregelt. Die Umsetzung in den Streitkräften erfolgt nach Maßgabe der A-2160/6 – Wehrdisziplinarordnung und Wehrbeschwerdeordnung, Abschnitt 1.39 (Verfahren in Gnadensachen der Soldatinnen und Soldaten) → **C 19** (Auszug).

VI. Die Bundesregierung

Artikel 65 (Verantwortung, Geschäftsordnung)

Der Bundeskanzler bestimmt die Richtlinien der Politik und trägt dafür die Verantwortung. Innerhalb dieser Richtlinien leitet jeder Bundesminister seinen Geschäftsbereich selbständig und unter eigener Verantwortung. Über Meinungsverschiedenheiten zwischen den Bundesministern entscheidet die Bundesregierung. Der Bundeskanzler leitet ihre Geschäfte nach einer von der Bundesregierung beschlossenen und vom Bundespräsidenten genehmigten Geschäftsordnung.

Artikel 65a (Befehls- und Kommandogewalt)

Der Bundesminister für Verteidigung hat die Befehls- und Kommandogewalt über die Streitkräfte.

VII. Die Gesetzgebung des Bundes

Artikel 73 (Sachgebiete der ausschließlichen Gesetzgebung)

(1) Der Bund hat die ausschließliche Gesetzgebung über:

1. die auswärtigen Angelegenheiten sowie die Verteidigung einschließlich des Schutzes der Zivilbevölkerung;
2. die Staatsangehörigkeit im Bunde;
3. die Freizügigkeit, das Passwesen, das Melde- und Ausweiswesen, die Ein- und Auswanderung und die Auslieferung;
4. das Währungs-, Geld- und Münzwesen, Maße und Gewichte sowie die Zeitbestimmung;
5. die Einheit des Zoll- und Handelsgebietes, die Handels- und Schiffahrtsverträge, die Freizügigkeit des Warenverkehrs und den Waren- und Zahlungsverkehr mit dem Auslande einschließlich des Zoll- und Grenzschutzes;

5a. den Schutz deutschen Kulturgutes gegen Abwanderung ins Ausland;

6. den Luftverkehr;

6a. den Verkehr von Eisenbahnen, die ganz oder mehrheitlich im Eigentum des Bundes stehen (Eisenbahnen des Bundes), den Bau, die Unterhaltung und das Betreiben von Schienenwegen

A

der Eisenbahnen des Bundes sowie die Erhebung von Entgelten für die Benutzung dieser Schienenwege;

7. das Postwesen und die Telekommunikation;
8. die Rechtsverhältnisse der im Dienste des Bundes und der bundesunmittelbaren Körperschaften des öffentlichen Rechtes stehenden Personen;
9. den gewerblichen Rechtsschutz, das Urheberrecht und das Verlagsrecht;

9a. die Abwehr von Gefahren des internationalen Terrorismus durch das Bundeskriminalpolizeiamt in Fällen, in denen eine länderübergreifende Gefahr vorliegt, die Zuständigkeit einer Landespolizeibehörde nicht erkennbar ist oder die oberste Landesbehörde um eine Übernahme ersucht;

10. die Zusammenarbeit des Bundes und der Länder
    a) in der Kriminalpolizei,
    b) zum Schutze der freiheitlichen demokratischen Grundordnung, des Bestandes und der Sicherheit des Bundes oder eines Landes (Verfassungsschutz) und
    c) zum Schutze gegen Bestrebungen im Bundesgebiet, die durch Anwendung von Gewalt oder darauf gerichtete Vorbereitungshandlungen auswärtige Belange der Bundesrepublik Deutschland gefährden,

    sowie die Einrichtung eines Bundeskriminalpolizeiamtes und die internationale Verbrechensbekämpfung;
11. die Statistik für Bundeszwecke;
12. das Waffen- und das Sprengstoffrecht;
13. die Versorgung der Kriegsbeschädigten und Kriegshinterbliebenen und die Fürsorge für die ehemaligen Kriegsgefangenen;
14. die Erzeugung und Nutzung der Kernenergie zu friedlichen Zwecken, die Errichtung und den Betrieb von Anlagen, die diesen Zwecken dienen, den Schutz gegen Gefahren, die bei Freiwerden von Kernenergie oder durch ionisierende Strahlen entstehen, und die Beseitigung radioaktiver Stoffe.

(2) Gesetze nach Absatz 1 Nr. 9a bedürfen der Zustimmung des Bundesrates.

Artikel 79 (Änderung des Grundgesetzes)

(1) Das Grundgesetz kann nur durch ein Gesetz geändert werden, das den Wortlaut des Grundgesetzes ausdrücklich ändert oder ergänzt. Bei völkerrechtlichen Verträgen, die eine Friedensregelung, die Vorbereitung einer Friedensregelung oder den Abbau einer besatzungsrechtlichen Ordnung zum Gegenstand haben oder der Verteidigung der Bundesrepublik zu dienen bestimmt sind, genügt zur Klarstellung, daß die Bestimmungen des Grundgesetzes dem Abschluß und dem Inkraftsetzen der Verträge nicht entgegenstehen, eine Ergänzung des Wortlautes des Grundgesetzes, die sich auf diese Klarstellung beschränkt.

(2) Ein solches Gesetz bedarf der Zustimmung von zwei Dritteln der Mitglieder des Bundestages und zwei Dritteln der Stimmen des Bundesrates.

(3) Eine Änderung dieses Grundgesetzes, durch welche die Gliederung des Bundes in Länder, die grundsätzliche Mitwirkung der Länder bei der Gesetzgebung oder die in den Artikeln 1 und 20 niedergelegten Grundsätze berührt werden, ist unzulässig.

Artikel 80a (Verteidigungsfall, Spannungsfall)

(1) Ist in diesem Grundgesetz oder in einem Bundesgesetz über die Verteidigung einschließlich des Schutzes der Zivilbevölkerung bestimmt, daß Rechtsvorschriften nur nach Maßgabe dieses Artikels angewandt werden dürfen, so ist die Anwendung außer im Verteidigungsfalle nur zulässig, wenn der Bundestag den Eintritt des Spannungsfalles festgestellt oder wenn er der Anwendung besonders zugestimmt hat. Die Feststellung des Spannungsfalles und die besondere Zustimmung in den Fällen des Artikels 12a Abs. 5 Satz 1 und Abs. 6 Satz 2 bedürfen einer Mehrheit von zwei Dritteln der abgegebenen Stimmen.

(2) Maßnahmen auf Grund von Rechtsvorschriften nach Absatz 1 sind aufzuheben, wenn der Bundestag es verlangt.

(3) Abweichend von Absatz 1 ist die Anwendung solcher Rechtsvorschriften auch auf der Grundlage und nach Maßgabe eines Beschlusses zulässig, der von einem internationalen Organ im Rahmen eines Bündnisvertrages mit Zustimmung der Bundesregierung gefaßt wird. Maßnahmen nach diesem Absatz sind aufzuheben, wenn der Bundestag es mit der Mehrheit seiner Mitglieder verlangt.

VIII. Die Ausführung der Bundesgesetze und die Bundesverwaltung

Artikel 87a (Streitkräfte und ihr Einsatz)

(1) Der Bund stellt Streitkräfte zur Verteidigung auf. Ihre zahlenmäßige Stärke und die Grundzüge ihrer Organisation müssen sich aus dem Haushaltsplan ergeben.

(2) Außer zur Verteidigung dürfen die Streitkräfte nur eingesetzt werden, soweit dieses Grundgesetz es ausdrücklich zuläßt.

(3) Die Streitkräfte haben im Verteidigungsfalle und im Spannungsfalle die Befugnis, zivile Objekte zu schützen und Aufgaben der Verkehrsregelung wahrzunehmen, soweit dies zur Erfüllung ihres Verteidigungsauftrages erforderlich ist. Außerdem kann den Streitkräften im Verteidigungsfalle und im Spannungsfalle der Schutz ziviler Objekte auch zur Unterstützung polizeilicher Maßnahmen übertragen werden; die Streitkräfte wirken dabei mit den zuständigen Behörden zusammen.

(4) Zur Abwehr einer drohenden Gefahr für den Bestand oder die freiheitliche demokratische Grundordnung des Bundes oder eines Landes kann die Bundesregierung, wenn die Voraussetzungen des Artikels 91 Abs. 2 vorliegen und die Polizeikräfte sowie der Bundesgrenzschutz nicht ausreichen, Streitkräfte zur Unterstützung der Polizei und des Bundesgrenzschutzes beim Schutze von zivilen Objekten und bei der Bekämpfung organisierter und militärisch bewaffneter Aufständischer einsetzen. Der Einsatz von Streitkräften ist einzustellen, wenn der Bundestag oder der Bundesrat es verlangen.

Artikel 87b (Bundeswehrverwaltung)

(1) Die Bundeswehrverwaltung wird in bundeseigener Verwaltung mit eigenem Verwaltungsunterbau geführt. Sie dient den Aufgaben des Personalwesens und der unmittelbaren Deckung des Sachbedarfs der Streitkräfte. Aufgaben der Beschädigtenversorgung und des Bauwesens können der Bundeswehrverwaltung nur durch Bundesgesetz, das der Zustimmung des Bundesrates bedarf, übertragen werden. Der Zustimmung des Bundesrates bedürfen ferner Gesetze, soweit sie die Bundeswehrverwaltung zu Eingriffen in Rechte Dritter ermächtigen; das gilt nicht für Gesetze auf dem Gebiete des Personalwesens.

(2) Im übrigen können Bundesgesetze, die der Verteidigung einschließlich des Wehrersatzwesens und des Schutzes der Zivilbevöl-

kerung dienen, mit Zustimmung des Bundesrates bestimmen, daß sie ganz oder teilweise in bundeseigener Verwaltung mit eigenem Verwaltungsunterbau oder von den Ländern im Auftrage des Bundes ausgeführt werden. Werden solche Gesetze von den Ländern im Auftrage des Bundes ausgeführt, so können sie mit Zustimmung des Bundesrates bestimmen, daß die der Bundesregierung und den zuständigen obersten Bundesbehörden auf Grund des Artikels 85 zustehenden Befugnisse ganz oder teilweise Bundesoberbehörden übertragen werden; dabei kann bestimmt werden, daß diese Behörden beim Erlaß allgemeiner Verwaltungsvorschriften gemäß Artikel 85 Abs. 2 Satz 1 nicht der Zustimmung des Bundesrates bedürfen.

Artikel 91 (Abwehr drohender Gefahr)

(1) Zur Abwehr einer drohenden Gefahr für den Bestand oder die freiheitliche demokratische Grundordnung des Bundes oder eines Landes kann ein Land Polizeikräfte anderer Länder sowie Kräfte und Einrichtungen anderer Verwaltungen und des Bundesgrenzschutzes anfordern.

(2) Ist das Land, in dem die Gefahr droht, nicht selbst zur Bekämpfung der Gefahr bereit oder in der Lage, so kann die Bundesregierung die Polizei in diesem Lande und die Polizeikräfte anderer Länder ihren Weisungen unterstellen sowie Einheiten des Bundesgrenzschutzes einsetzen. Die Anordnung ist nach Beseitigung der Gefahr, im übrigen jederzeit auf Verlangen des Bundesrates aufzuheben. Erstreckt sich die Gefahr auf das Gebiet mehr als eines Landes, so kann die Bundesregierung, soweit es zur wirksamen Bekämpfung erforderlich ist, den Landesregierungen Weisungen erteilen; Satz 1 und Satz 2 bleiben unberührt.

IX. Die Rechtsprechung

Artikel 92 (Gerichtsorganisation)

Die rechtsprechende Gewalt ist den Richtern anvertraut; sie wird durch das Bundesverfassungsgericht, durch die in diesem Grundgesetze vorgesehenen Bundesgerichte und durch die Gerichte der Länder ausgeübt.

A

Artikel 93 (Bundesverfassungsgericht, Zuständigkeit)

(1) Das Bundesverfassungsgericht entscheidet:

1. über die Auslegung dieses Grundgesetzes aus Anlaß von Streitigkeiten über den Umfang der Rechte und Pflichten eines obersten Bundesorgans oder anderer Beteiligter, die durch dieses Grundgesetz oder in der Geschäftsordnung eines obersten Bundesorgans mit eigenen Rechten ausgestattet sind;
2. bei Meinungsverschiedenheiten oder Zweifeln über die förmliche und sachliche Vereinbarkeit von Bundesrecht oder Landesrecht mit diesem Grundgesetze oder die Vereinbarkeit von Landesrecht mit sonstigem Bundesrechte auf Antrag der Bundesregierung, einer Landesregierung oder eines Viertels der Mitglieder des Bundestages;

2a. bei Meinungsverschiedenheiten, ob ein Gesetz den Voraussetzungen des Artikels 72 Abs. 2 entspricht, auf Antrag des Bundesrates, einer Landesregierung oder der Volksvertretung eines Landes;

3. bei Meinungsverschiedenheiten über Rechte und Pflichten des Bundes und der Länder, insbesondere bei der Ausführung von Bundesrecht durch die Länder und bei der Ausübung der Bundesaufsicht;
4. in anderen öffentlich-rechtlichen Streitigkeiten zwischen dem Bunde und den Ländern, zwischen verschiedenen Ländern oder innerhalb eines Landes, soweit nicht ein anderer Rechtsweg gegeben ist;

4a. über Verfassungsbeschwerden, die von jedermann mit der Behauptung erhoben werden können, durch die öffentliche Gewalt in einem seiner Grundrechte oder in einem seiner in Artikel 20 Abs. 4, 33, 38, 101, 103 und 104 enthaltenen Rechte verletzt zu sein;

4b. über Verfassungsbeschwerden von Gemeinden und Gemeindeverbänden wegen Verletzung des Rechts auf Selbstverwaltung nach Artikel 28 durch ein Gesetz, bei Landesgesetzen jedoch nur, soweit nicht Beschwerde beim Landesverfassungsgericht erhoben werden kann;

4c. über Beschwerden von Vereinigungen gegen ihre Nichtanerkennung als Partei für die Wahl zum Bundestag;

5. in den übrigen in diesem Grundgesetze vorgesehenen Fällen.

(2) Das Bundesverfassungsgericht entscheidet außerdem auf Antrag des Bundesrates, einer Landesregierung oder der Volksvertre-

tung eines Landes, ob im Falle des Artikels 72 Abs. 4 die Erforderlichkeit für eine bundesgesetzliche Regelung nach Artikel 72 Abs. 2 nicht mehr besteht oder Bundesrecht in den Fällen des Artikels 125a Abs. 2 Satz 1 nicht mehr erlassen werden könnte. Die Feststellung, dass die Erforderlichkeit entfallen ist oder Bundesrecht nicht mehr erlassen werden könnte, ersetzt ein Bundesgesetz nach Artikel 72 Abs. 4 oder nach Artikel 125a Abs. 2 Satz 2. Der Antrag nach Satz 1 ist nur zulässig, wenn eine Gesetzesvorlage nach Artikel 72 Abs. 4 oder nach Artikel 125a Abs. 2 Satz 2 im Bundestag abgelehnt oder über sie nicht innerhalb eines Jahres beraten und Beschluss gefasst oder wenn eine entsprechende Gesetzesvorlage im Bundesrat abgelehnt worden ist.

(3) Das Bundesverfassungsgericht wird ferner in den ihm sonst durch Bundesgesetz zugewiesenen Fällen tätig.

Artikel 94 (Zusammensetzung, Verfahren)

(1) Das Bundesverfassungsgericht besteht aus Bundesrichtern und anderen Mitgliedern. Die Mitglieder des Bundesverfassungsgerichtes werden je zur Hälfte vom Bundestage und vom Bundesrate gewählt. Sie dürfen weder dem Bundestage, dem Bundesrate, der Bundesregierung noch entsprechenden Organen eines Landes angehören.

(2) Ein Bundesgesetz regelt seine Verfassung und das Verfahren und bestimmt, in welchen Fällen seine Entscheidungen Gesetzeskraft haben. Es kann für Verfassungsbeschwerden die vorherige Erschöpfung des Rechtsweges zur Voraussetzung machen und ein besonderes Annahmeverfahren vorsehen.

Artikel 95 (Oberste Gerichtshöfe)

(1) Für die Gebiete der ordentlichen, der Verwaltungs-, der Finanz-, der Arbeits- und der Sozialgerichtsbarkeit errichtet der Bund als oberste Gerichtshöfe den Bundesgerichtshof, das Bundesverwaltungsgericht, den Bundesfinanzhof, das Bundesarbeitsgericht und das Bundessozialgericht.

(2) Über die Berufung der Richter dieser Gerichte entscheidet der für das jeweilige Sachgebiet zuständige Bundesminister gemeinsam mit einem Richterwahlausschuß, der aus den für das jeweilige Sachgebiet zuständigen Ministern der Länder und einer gleichen Anzahl von Mitgliedern besteht, die vom Bundestage gewählt werden.

A

(3) Zur Wahrung der Einheitlichkeit der Rechtsprechung ist ein Gemeinsamer Senat der in Absatz 1 genannten Gerichte zu bilden. Das Nähere regelt ein Bundesgesetz.

Artikel 96 (Bundesgerichte)

(1) Der Bund kann für Angelegenheiten des gewerblichen Rechtsschutzes ein Bundesgericht errichten.

(2) Der Bund kann Wehrstrafgerichte für die Streitkräfte als Bundesgerichte errichten. Sie können die Strafgerichtsbarkeit nur im Verteidigungsfalle sowie über Angehörige der Streitkräfte ausüben, die in das Ausland entsandt oder an Bord von Kriegsschiffen eingeschifft sind. Das Nähere regelt ein Bundesgesetz. Diese Gerichte gehören zum Geschäftsbereich des Bundesjustizministers. Ihre hauptamtlichen Richter müssen die Befähigung zum Richteramt haben.

(3) Oberster Gerichtshof für die in Absatz 1 und 2 genannten Gerichte ist der Bundesgerichtshof.

(4) Der Bund kann für Personen, die zu ihm in einem öffentlich-rechtlichen Dienstverhältnis stehen, Bundesgerichte zur Entscheidung in Disziplinarverfahren und Beschwerdeverfahren errichten.

(5) Für Strafverfahren auf den folgenden Gebieten kann ein Bundesgesetz mit Zustimmung des Bundesrates vorsehen, dass Gerichte der Länder Gerichtsbarkeit des Bundes ausüben:

1. Völkermord;
2. völkerstrafrechtliche Verbrechen gegen die Menschlichkeit;
3. Kriegsverbrechen;
4. andere Handlungen, die geeignet sind und in der Absicht vorgenommen werden, das friedliche Zusammenleben der Völker zu stören (Artikel 26 Abs. 1);
5. Staatsschutz.

Anmerkung:

1. Zu Absatz 2: Ein entsprechendes Gesetz über die Errichtung von Wehrstrafgerichten ist bislang nicht erlassen worden.
2. Zu Absatz 4 → § 68 ff. WDO (→ **C 10**) und §§ 17, 21 WBO (→ **C 30**).
3. Zu Absatz 5 → VStGB (→ **C 22**).

...

Artikel 101 (Verbot von Ausnahmegerichten)

(1) Ausnahmegerichte sind unzulässig. Niemand darf seinem gesetzlichen Richter entzogen werden.

(2) Gerichte für besondere Sachgebiete können nur durch Gesetz errichtet werden.

Artikel 102 (Abschaffung der Todesstrafe)

Die Todesstrafe ist abgeschafft.

Artikel 103 (Grundrechtsgarantien für das Strafverfahren)

(1) Vor Gericht hat jedermann Anspruch auf rechtliches Gehör.

(2) Eine Tat kann nur bestraft werden, wenn die Strafbarkeit gesetzlich bestimmt war, bevor die Tat begangen wurde.

(3) Niemand darf wegen derselben Tat auf Grund der allgemeinen Strafgesetze mehrmals bestraft werden.

Artikel 104 (Rechtsgarantien bei Freiheitsentziehung)

(1) Die Freiheit der Person kann nur auf Grund eines förmlichen Gesetzes und nur unter Beachtung der darin vorgeschriebenen Formen beschränkt werden. Festgehaltene Personen dürfen weder seelisch noch körperlich mißhandelt werden.

(2) Über die Zulässigkeit und Fortdauer einer Freiheitsentziehung hat nur der Richter zu entscheiden. Bei jeder nicht auf richterlicher Anordnung beruhenden Freiheitsentziehung ist unverzüglich eine richterliche Entscheidung herbeizuführen. Die Polizei darf aus eigener Machtvollkommenheit niemanden länger als bis zum Ende des Tages nach dem Ergreifen in eigenem Gewahrsam halten. Das Nähere ist gesetzlich zu regeln.

(3) Jeder wegen des Verdachtes einer strafbaren Handlung vorläufig Festgenommene ist spätestens am Tage nach der Festnahme dem Richter vorzuführen, der ihm die Gründe der Festnahme mitzuteilen, ihn zu vernehmen und ihm Gelegenheit zu Einwendungen zu geben hat. Der Richter hat unverzüglich entweder einen mit Gründen versehenen schriftlichen Haftbefehl zu erlassen oder die Freilassung anzuordnen.

(4) Von jeder richterlichen Entscheidung über die Anordnung oder Fortdauer einer Freiheitsentziehung ist unverzüglich ein Angehöriger des Festgehaltenen oder eine Person seines Vertrauens zu benachrichtigen.

A

Anmerkung:

Zu Absatz 2: Einzelheiten zur Verhängung von Disziplinararrest sind in §40 WDO (→ **C 10**) geregelt.

Zu Absatz 3: Einzelheiten zum Haftbefehl sind in §§112ff. StPO (→ **C 27**) geregelt.

Xa. Verteidigungsfall

Artikel 115a (Feststellung des Verteidigungsfalles)

(1) Die Feststellung, daß das Bundesgebiet mit Waffengewalt angegriffen wird oder ein solcher Angriff unmittelbar droht (Verteidigungsfall), trifft der Bundestag mit Zustimmung des Bundesrates. Die Feststellung erfolgt auf Antrag der Bundesregierung und bedarf einer Mehrheit von zwei Dritteln der abgegebenen Stimmen, mindestens der Mehrheit der Mitglieder des Bundestages.

(2) Erfordert die Lage unabweisbar ein sofortiges Handeln und stehen einem rechtzeitigen Zusammentritt des Bundestages unüberwindliche Hindernisse entgegen oder ist er nicht beschlußfähig, so trifft der Gemeinsame Ausschuß diese Feststellung mit einer Mehrheit von zwei Dritteln der abgegebenen Stimmen, mindestens der Mehrheit seiner Mitglieder.

(3) Die Feststellung wird vom Bundespräsidenten gemäß Artikel 82 im Bundesgesetzblatt verkündet. Ist dies nicht rechtzeitig möglich, so erfolgt die Verkündung in anderer Weise; sie ist im Bundesgesetzblatt nachzuholen, sobald die Umstände es zulassen.

(4) Wird das Bundesgebiet mit Waffengewalt angegriffen und sind die zuständigen Bundesorgane außerstande, sofort die Feststellung nach Absatz 1 Satz 1 zu treffen, so gilt diese Feststellung als getroffen und als zu dem Zeitpunkt verkündet, in dem der Angriff begonnen hat. Der Bundespräsident gibt diesen Zeitpunkt bekannt, sobald die Umstände es zulassen.

(5) Ist die Feststellung des Verteidigungsfalles verkündet und wird das Bundesgebiet mit Waffengewalt angegriffen, so kann der Bundespräsident völkerrechtliche Erklärungen über das Bestehen des Verteidigungsfalles mit Zustimmung des Bundestages abgeben. Unter den Voraussetzungen des Absatzes 2 tritt an die Stelle des Bundestages der Gemeinsame Ausschuß.

Artikel 115b (Übergang der Befehls- und Kommandogewalt)

Mit der Verkündung des Verteidigungsfalles geht die Befehls- und Kommandogewalt über die Streitkräfte auf den Bundeskanzler über.

A

Gesetz über den Wehrbeauftragten des Deutschen Bundestages

(Gesetz zu Artikel 45b des Grundgesetzes – WBeauftrG)

Vom 16. Juni 1982 (BGBl. I S. 677)

Zuletzt geändert durch
Gesetz vom 5. Februar 2009 (BGBl. I S. 160)

– Auszug –

Literatur-Hinweis:

Busch, Der Wehrbeauftragte, Heidelberg, 5. Aufl. 1999 (Hüthig-Verlag)

Vorbemerkung:

Durch Artikel 45b GG ist der Wehrbeauftragte als Hilfsorgan des Deutschen Bundestages bei der Ausübung der parlamentarischen Kontrolle über die Bundeswehr eingerichtet worden.

Mit dem Eingaberecht wird Soldatinnen und Soldaten eine zusätzliche parlamentarische Petitionsinstanz eröffnet. Das Eingaberecht lässt die sonstigen Rechtsschutzmöglichkeiten, insbesondere das Petitionsrecht an den Deutschen Bundestag und die förmliche Beschwerde nach der WBO unberührt. Bei der Bearbeitung von Wehrbeauftragtenangelegenheiten sind die Vorgaben der A-2600/2 „Wehrbeauftragtenangelegenheiten“ (→ **A 21**) zu beachten.

§1 Verfassungsrechtliche Stellung; Aufgaben

(1) Der Wehrbeauftragte nimmt seine Aufgaben als Hilfsorgan des Bundestages bei der Ausübung der parlamentarischen Kontrolle wahr.

(2) Der Wehrbeauftragte wird auf Weisung des Bundestages oder des Verteidigungsausschusses zur Prüfung bestimmter Vorgänge tätig. Eine Weisung kann nur erteilt werden, wenn der Verteidigungsausschuß den Vorgang nicht zum Gegenstand seiner eigenen Beratung macht. Der Wehrbeauftragte kann bei dem Verteidigungsausschuß um eine Weisung zur Prüfung bestimmter Vorgänge nachsuchen.

(3) Der Wehrbeauftragte wird nach pflichtgemäßem Ermessen auf Grund eigener Entscheidung tätig, wenn ihm bei Wahrnehmung seines Rechts aus § 3 Nr. 4, durch Mitteilung von Mitgliedern des Bundestages, durch Eingaben nach § 7 oder auf andere Weise Umstände bekannt werden, die auf eine Verletzung der Grundrechte der Soldaten oder der Grundsätze der Inneren Führung schließen lassen. Ein Tätigwerden des Wehrbeauftragten nach Satz 1 unterbleibt, soweit der Verteidigungsausschuß den Vorgang zum Gegenstand seiner eigenen Beratung gemacht hat.

Anmerkung:

Der Wehrbeauftragte wird entweder auf Weisung (des Bundestages oder des Verteidigungsausschusses in bestimmten Fällen) oder auf Grund eigener Entscheidung tätig.

Der Wehrbeauftragte wird ausschließlich tätig zum Schutz der Grundrechte und der Grundsätze der Inneren Führung. Sein Tätigwerden kann veranlasst werden durch

- Erkenntnisse bei Truppenbesuchen,
- Eingaben von Soldaten,
- Mitteilungen von Bundestagsabgeordneten oder
- andere Hinweise (z. B. Presseartikel).

§2 Berichtspflichten

(1) Der Wehrbeauftragte erstattet für das Kalenderjahr dem Bundestag einen schriftlichen Gesamtbericht (Jahresbericht).

(2) Er kann jederzeit dem Bundestag oder dem Verteidigungsausschuß Einzelberichte vorlegen.

(3) Wird der Wehrbeauftragte auf Weisung tätig, so hat er über das Ergebnis seiner Prüfung auf Verlangen einen Einzelbericht zu erstatten.

§3 Amtsbefugnisse

Der Wehrbeauftragte hat in Erfüllung der ihm übertragenen Aufgaben die folgenden Befugnisse:

1. Er kann vom Bundesminister der Verteidigung und allen diesem unterstellten Dienststellen und Personen Auskunft und Akteneinsicht verlangen. Diese Rechte können ihm nur verweigert werden, soweit zwingende Geheimhaltungsgründe entgegenstehen. Die Entscheidung über die Verweigerung trifft der Bundesminister der Verteidigung selber oder sein ständiger Stellvertreter im Amt; er hat sie vor dem Verteidigungsausschuß zu vertreten. Auf Grund einer Weisung nach § 1 Abs. 2 und bei einer Eingabe, der eine Beschwerde des Einsenders zugrunde liegt, ist der Wehrbeauftragte berechtigt, den Einsender sowie Zeugen und Sachverständige anzuhören. Diese erhalten eine Entschädigung oder Vergütung nach dem Justizvergütungs- und -entschädigungsgesetz.
2. Er kann den zuständigen Stellen Gelegenheit zur Regelung einer Angelegenheit geben.
3. Er kann einen Vorgang der für die Einleitung des Straf- oder Disziplinarverfahrens zuständigen Stelle zuleiten.
4. Er kann jederzeit alle Truppenteile, Stäbe, Dienststellen und Behörden der Bundeswehr und ihre Einrichtungen auch ohne vorherige Anmeldung besuchen. Dieses Recht steht dem Wehrbeauftragten ausschließlich persönlich zu. Die Sätze 2 und 3 aus Nummer 1 finden entsprechende Anwendung.
5. Er kann vom Bundesminister der Verteidigung zusammenfassende Berichte über die Ausübung der Disziplinarbefugnis in den Streitkräften und von den zuständigen Bundes- und Landesbehörden statistische Berichte über die Ausübung der Strafrechtspflege anfordern, soweit dadurch die Streitkräfte oder ihre Soldaten berührt werden.
6. Er kann in Strafverfahren und gerichtlichen Disziplinarverfahren den Verhandlungen der Gerichte beiwohnen, auch soweit die Öffentlichkeit ausgeschlossen ist. Er hat im gleichen Umfang wie der Anklagevertreter und der Vertreter der Einleitungsbehörde das Recht, die Akten einzusehen. Die Befugnis aus Satz 1 steht ihm auch in Antrags- und Beschwerdeverfahren nach der Wehr-

disziplinarordnung und der Wehrbeschwerdeordnung vor den Wehrdienstgerichten sowie in Verfahren vor den Gerichten der Verwaltungsgerichtsbarkeit, die mit seinem Aufgabenbereich zusammenhängen, zu; in diesen Verfahren hat er das Recht zur Akteneinsicht wie ein Verfahrensbeteiligter.

Anmerkung:

§ 3 WBeauftrG legt die Amtsbefugnisse des Wehrbeauftragten im Einzelnen fest. Er kann in der Sache selbst nicht unmittelbar abhelfen und weder ein Straf- noch ein Disziplinarverfahren einleiten. Er kann nur Anregungen an die zuständigen Stellen geben.

Einzelheiten → **A 21**, Nr. 202 ff.

§ 4 Amtshilfe

Gerichte und Verwaltungsbehörden des Bundes, der Länder und der Gemeinden sind verpflichtet, dem Wehrbeauftragten bei der Durchführung der erforderlichen Erhebungen Amtshilfe zu leisten.

§ 5 Allgemeine Richtlinien; Weisungsfreiheit

(1) Der Bundestag und der Verteidigungsausschuß können allgemeine Richtlinien für die Arbeit des Wehrbeauftragten erlassen.

(2) Der Wehrbeauftragte ist – unbeschadet des § 1 Abs. 2 – von Weisungen frei.

§ 6 Anwesenheitspflicht

Der Bundestag und der Verteidigungsausschuß können jederzeit die Anwesenheit des Wehrbeauftragten verlangen.

§ 7 Eingaberecht des Soldaten

Jeder Soldat hat das Recht, sich einzeln ohne Einhaltung des Dienstweges unmittelbar an den Wehrbeauftragten zu wenden. Wegen der Tatsache der Anrufung des Wehrbeauftragten darf er nicht dienstlich gemaßregelt oder benachteiligt werden.

Anmerkung:

Soldatinnen und Soldaten können sich

- einzeln
- ohne Einhaltung des Dienstweges
- ohne Einhaltung einer Frist
- schriftlich oder mündlich
- unter Namensnennung

an den Wehrbeauftragten wenden. Er kann alle dienstlichen und persönlichen Belange vortragen. Er muss nicht selbst betroffen sein; z. B. in der Eingabe wird die falsche Behandlung eines Kameraden gerügt oder allgemein auf Missstände in der Kompanie hingewiesen. Aus der Eingabe muss der Einsender allerdings zweifelsfrei erkennbar sein. Anonyme Eingaben werden gemäß § 8 WBeauftrG nicht behandelt.

Durch das Eingaberecht wird das Recht zur Beschwerde nach der Wehrbeschwerdeordnung nicht berührt. Ein Schreiben an den Wehrbeauftragten kann im Einzelfall zugleich eine Beschwerde nach der WBO darstellen. In diesen Fällen ist im Rahmen der Bearbeitung besonders auf die Zuständigkeiten zu achten, die ggf. auseinanderfallen können.

Wegen der Tatsache der Anrufung des Wehrbeauftragten dürfen Soldatinnen und Soldaten nicht dienstlich gemaßregelt oder auf andere Weise benachteiligt werden. Dies schließt jedoch nicht aus, dass sie wegen des Inhalts der Eingabe, z. B. wegen beleidigender Äußerungen, disziplinar- oder strafrechtlich zur Rechenschaft gezogen werden → für Wehrbeschwerden dazu Zentrale Dienstvorschrift A-2160/6, Abschnitt 2.16 **(→ C 33g)**.

Die Überprüfungsergebnisse des Wehrbeauftragten sind keine rechtsmittelfähigen Bescheide. Soldatinnen und Soldaten können daher gegen das Überprüfungsergebnis keine Beschwerde einlegen.

§ 8 Anonyme Eingaben

Anonyme Eingaben werden nicht bearbeitet.

Anmerkung:

In der Praxis des Wehrbeauftragten erfährt dieses gesetzliche Verbot allerdings Ausnahmen. Sofern anonyme Eingaben ausreichend Anhaltspunkte für konkrete Ermittlungen bieten, wird der Wehrbeauftragte die Sache insbesondere dann aufgreifen, wenn es sich um besonders gravierende Verstöße gegen die militärische Ordnung oder besonders schwere Straftaten handelt.

§ 9 Vertraulichkeit der Eingaben

Wird der Wehrbeauftragte auf Grund einer Eingabe tätig, so steht es in seinem Ermessen, die Tatsache der Eingabe und den Namen des Einsenders bekanntzugeben. Er soll von der Bekanntgabe absehen, wenn der Einsender es wünscht und der Erfüllung des Wunsches keine Rechtspflichten entgegenstehen.

§ 10 Verschwiegenheitspflicht

(1) Der Wehrbeauftragte ist auch nach Beendigung seines Amtsverhältnisses verpflichtet, über die ihm amtlich bekanntgewordenen Angelegenheiten Verschwiegenheit zu bewahren. Dies gilt nicht für Mitteilungen im dienstlichen Verkehr oder über Tatsachen, die offenkundig sind oder ihrer Bedeutung nach keiner Geheimhaltung bedürfen.

(2) Der Wehrbeauftragte darf, auch wenn er nicht mehr im Amt ist, über solche Angelegenheiten ohne Genehmigung weder vor Gericht noch außergerichtlich aussagen oder Erklärungen abgeben. Die Genehmigung erteilt der Präsident des Bundestages im Einvernehmen mit dem Verteidigungsausschuß.

(3) Die Genehmigung, als Zeuge auszusagen, darf nur versagt werden, wenn die Aussage dem Wohl des Bundes oder eines deutschen Landes Nachteile bereiten oder die Erfüllung öffentlicher Aufgaben ernstlich gefährden oder erheblich erschweren würde.

(4) Unberührt bleibt die gesetzlich begründete Pflicht, Straftaten anzuzeigen und bei Gefährdung der freiheitlichen demokratischen Grundordnung für deren Erhaltung einzutreten.

§ 11 (weggefallen)

§ 12 Unterrichtungspflichten durch Bundes- und Länderbehörden

Die Justiz- und Verwaltungsbehörden des Bundes und der Länder sind verpflichtet, den Wehrbeauftragten über die Einleitung des Verfahrens, die Erhebung der öffentlichen Klage, die Anordnung der Untersuchung im Disziplinarverfahren und den Ausgang des Verfahrens zu unterrichten, wenn einer dieser Behörden die Vorgänge vom Wehrbeauftragten zugeleitet worden sind.

§ 15 Rechtsstellung des Wehrbeauftragten; Beginn und Beendigung des Amtsverhältnisses

(1) Der Wehrbeauftragte steht nach Maßgabe dieses Gesetzes in einem öffentlich-rechtlichen Amtsverhältnis. Der Präsident des Bundestages ernennt den Gewählten.

(2) Das Amtsverhältnis beginnt mit der Aushändigung der Urkunde über die Ernennung oder, falls der Eid vorher geleistet worden ist (§ 14 Abs. 4), mit der Vereidigung.

(3) Das Amtsverhältnis endet außer durch Ablauf der Amtszeit nach § 14 Abs. 2 oder durch den Tod

1. mit der Abberufung,

2. mit der Entlassung auf Verlangen.

(4) Der Bundestag kann auf Antrag des Verteidigungsausschusses seinen Präsidenten beauftragen, den Wehrbeauftragten abzuberufen. Dieser Beschluß bedarf der Zustimmung der Mehrheit der Mitglieder des Bundestages.

(5) Der Wehrbeauftragte kann jederzeit seine Entlassung verlangen. Der Präsident des Bundestages spricht die Entlassung aus.

§16 Sitz des Wehrbeauftragten; Leitender Beamter; Beschäftigte; Haushalt

(1) Der Wehrbeauftragte hat seinen Sitz beim Bundestag.

(2) Den Wehrbeauftragten unterstützt ein Leitender Beamter. Weitere Beschäftigte werden dem Wehrbeauftragten für die Erfüllung seiner Aufgaben beigegeben. Die Beamten beim Wehrbeauftragten sind Bundestagsbeamte nach § 176 des Bundesbeamtengesetzes in der Fassung der Bekanntmachung vom 3. Januar 1977 (BGBl. I S. 1, 795, 842), zuletzt geändert durch § 27 des Gesetzes vom 26. Juni 1981 (BGBl. I S. 553). Der Wehrbeauftragte ist Vorgesetzter der ihm beigegebenen Beschäftigten.

(3) Die dem Wehrbeauftragten für die Erfüllung seiner Aufgaben zur Verfügung zu stellende notwendige Personal- und Sachausstattung ist im Einzelplan des Bundestages in einem eigenen Kapitel auszuweisen.

Anmerkung:

Anschrift:

Die bzw. Der Wehrbeauftragte des Deutschen Bundestages
Platz der Republik 1
11011 Berlin
(E-Mail: wehrbeauftragter@bundestag.de)

§17 Vertretung des Wehrbeauftragten

(1) Der Leitende Beamte nimmt die Rechte des Wehrbeauftragten mit Ausnahme des Rechts nach § 3 Nr. 4 bei Verhinderung und nach Beendigung des Amtsverhältnisses des Wehrbeauftragten bis zum Beginn des Amtsverhältnisses eines Nachfolgers wahr. § 5 Abs. 2 findet entsprechende Anwendung.

(2) Ist der Wehrbeauftragte länger als drei Monate verhindert, sein Amt auszuüben, oder sind nach Beendigung des Amtsverhältnisses des Wehrbeauftragten mehr als drei Monate verstrichen, ohne daß das Amtsverhältnis eines Nachfolgers begonnen hat, so kann der Verteidigungsausschuß den Leitenden Beamten ermächtigen, das Recht aus § 3 Nr. 4 wahrzunehmen.

Wehrbeauftragtenangelegenheiten (A-2600/2, Version 2)

Vom 31. März 2016

1 Verfassungsrechtliche Stellung der oder des Wehrbeauftragten

101. Zum Schutz der Grundrechte und als Hilfsorgan des Bundestages bei der Ausübung der parlamentarischen Kontrolle wird eine Wehrbeauftragte oder ein Wehrbeauftragter des Deutschen Bundestages berufen. Das Nähere bestimmt das Gesetz über den Wehrbeauftragten des Deutschen Bundestages (Gesetz zu Artikel 45b des Grundgesetzes) in der Fassung der Bekanntmachung vom 16. Juni 1982 (Bundesgesetzblatt (BGBl) I S. 677), das zuletzt durch Artikel 15 Absatz 68 Dienstrechtsneuordnungsgesetz vom 5. Februar 2009 (BGBl I S. 160) geändert wurde.

→ **A 20**

2 Aufgaben und Befugnisse der oder des Wehrbeauftragten

2.1 Aufgaben

201. Die oder der Wehrbeauftragte wird tätig

- auf Weisung des Bundestages oder des Verteidigungsausschusses zur Prüfung bestimmter Vorgänge,
- nach pflichtgemäßem Ermessen aufgrund eigener Entscheidung, wenn ihr bzw. ihm aufgrund
  - ihrer bzw. seiner Besuche nach § 3 Nummer 4 des Gesetzes über den Wehrbeauftragten des Deutschen Bundestages (WBeauftrG),
  - durch Mitteilung von Mitgliedern des Bundestages,
  - durch Eingaben gemäß § 7 WBeauftrG
  - oder auf andere Weise

Umstände bekannt werden, die auf eine Verletzung der Grundrechte der Soldatinnen bzw. der Soldaten oder der Grundsätze der Inneren Führung schließen lassen.

2.2 Befugnisse

202. Die oder der Wehrbeauftragte hat in Erfüllung der ihr oder ihm übertragenen Aufgaben folgende Befugnisse:

a) Sie oder er kann von der Bundesministerin bzw. dem Bundesminister der Verteidigung und allen dieser bzw. diesem unterstellten Dienststellen und Personen Auskunft und Akteneinsicht verlangen. Dieses Recht kann nur verweigert werden, wenn zwingende Geheimhaltungsgründe dem entgegenstehen. Die Entscheidung über die Verweigerung trifft die Bundesministerin oder der Bundesminister der Verteidigung.

b) Sie oder er kann auf Weisung des Deutschen Bundestages oder des Verteidigungsausschusses und bei einer Eingabe, der eine Beschwerde des Einsenders bzw. der Einsenderin zugrunde liegt, den Einsender oder die Einsenderin sowie Zeugen bzw. Zeuginnen und Sachverständige anhören.

c) Sie oder er hat jederzeit Besuchsrecht bei Truppenteilen, Stäben, Dienststellen und Behörden der Bundeswehr und ihren Einrichtungen, auch ohne vorherige Anmeldung. Dieses Besuchsrecht ist der oder dem Wehrbeauftragten persönlich vorbehalten. Dieses Recht steht nach Ermächtigung durch den Verteidigungsausschuss auch der Leitenden Beamtin oder dem Leitenden Beamten zu. Die Wahrnehmung dieses Rechtes kann nur verweigert werden, soweit zwingende Geheimhaltungsgründe dem entgegenstehen. Dazu ist die Entscheidung der Bundesministerin oder des Bundesministers der Verteidigung über das Bundesministerium der Verteidigung Führungsstab der Streitkräfte III 2 (BMVg FüSK III 2) unverzüglich einzuholen.

d) Sie oder er kann auch nichtöffentlichen Verhandlungen der Strafgerichte oder der Verwaltungsgerichte, die mit ihrem oder seinem Aufgabenbereich zusammenhängen, und der Wehrdienstgerichte beiwohnen. In diesen Verfahren hat sie oder er das Recht zur Akteneinsicht wie eine Verfahrensbeteiligte bzw. ein Verfahrensbeteiligter.

e) Sie oder er kann den zuständigen Stellen Gelegenheit zur Regelung einer Angelegenheit geben.

f) Sie oder er kann einen Vorgang der Stelle zuleiten, die für die Einleitung eines Straf- oder Disziplinarverfahrens zuständig ist.

203. Mit Ausnahme des Besuchsrechts nach Nr. 202 Buchstabe c) können die Befugnisse auch von den Mitarbeiterinnen und Mitarbeitern der oder des Wehrbeauftragten wahrgenommen werden. Informationsbesuche der Mitarbeiterinnen und Mitarbeiter sind vorher anzumelden.

3 Verfahrensregelungen

3.1 Allgemein

301. Wehrbeauftragtenangelegenheiten sind vordringlich zu bearbeiten. Bei längerer Dauer der Bearbeitung ist die oder der Wehrbeauftragte in angemessenen Zeitabständen über den Stand der Angelegenheit durch die Dienststelle zu unterrichten, die die Stellungnahme abzugeben hat.

Wenn im Zusammenhang mit einem Ersuchen der oder des Wehrbeauftragten um Auskunft oder Akteneinsicht sowie bei Besuchen Zweifel bestehen, ob zwingende Geheimhaltungsgründe dem Ersuchen entgegenstehen, ist unverzüglich die Entscheidung der Bundesministerin oder des Bundesministers der Verteidigung über das BMVg FüSK III 2 einzuholen. Die oder der Wehrbeauftragte ist hierüber zu unterrichten.

3.2 Bearbeitung

302. Schreibt die oder der Wehrbeauftragte persönlich Angehörige der Bundeswehr an, antwortet diejenige bzw. derjenige, an die bzw. den das Schreiben gerichtet ist. Schreibt die oder der Wehrbeauftragte eine Dienststelle an, antwortet die Dienststellenleiterin bzw. der Dienststellenleiter. Die abschließende Stellungnahme ist grundsätzlich durch die Dienststellenleitung selbst zu zeichnen.

303. Erforderliche Untersuchungen führt die oder der jeweils zuständige Disziplinarvorgesetzte durch. Festgestellte Mängel sind abzustellen. Gleiches gilt, wenn eine Dienststelle der Bundeswehr durch das BMVg mit der Beantwortung eines Ersuchens der oder des Wehrbeauftragten beauftragt wurde.

304. Die Bearbeitung von Angelegenheiten der oder des Wehrbeauftragten innerhalb des BMVg richtet sich nach den entsprechenden Regelungen der Ergänzenden Geschäftsordnung des BMVg.

305. Werden übergeordnete Vorgesetzte zu einer Stellungnahme aufgefordert, so veranlassen sie die Überprüfung des Sachverhaltes und übersenden das ihnen vorgelegte Untersuchungsergebnis zusammen mit der eigenen Stellungnahme an die Wehrbeauftragte oder den Wehrbeauftragten.

306. Wird der dem BMVg nachgeordnete Bereich mit Vorgängen von der Wehrbeauftragten bzw. dem Wehrbeauftragten unmittelbar, d. h. ohne Einbindung des Ministeriums, befasst, gilt grundsätzlich die Zentrale Dienstvorschrift A-500/1 „Zusammenarbeit des BMVg mit den Dienststellen des nachgeordneten Bereiches“. Bei Vorgängen mit Bedeutung für die Leitung des BMVg ist die entsprechende fachliche Stelle im BMVg nachrichtlich zu beteiligen. In Fällen von herausgehobener grundsätzlicher bzw. strategischer Bedeutung ist der ministeriellen fachlich zuständigen Stelle vor Abgang auf dem Dienstweg zu berichten. Das Referat FüSK III 2 ist in beiden Fällen nachrichtlich zu beteiligen.

307. Stellungnahmen von Dienststellen der Bundeswehr, die nach Ersuchen durch die Wehrbeauftragte oder den Wehrbeauftragten aufgrund von Meldungen gemäß der Zentralen Dienstvorschrift A-2640/34 „Meldewesen Innere und Soziale Lage der Bundeswehr" oder gemäß der Zentralen Dienstvorschrift A-200/5 „Meldewesen der Bundeswehr" Besondere Vorkommnisse in den unten genannten Fällen oder aufgrund von Eingaben abgegeben wurden, sind unmittelbar mit den entstandenen wesentlichen Vorgängen nach Abgang über das Zentrum Innere Führung, Bereich Innere und Soziale Lage, dem BMVg FüSK III 2 vorzulegen.

Dies betrifft

- Eingaben oder Meldungen mit „Verdacht auf Straftaten nach dem Wehrstrafgesetz" gemäß A-2640/34 Nrn. 321 bis 325,
- Eingaben oder Meldungen mit „Verdacht auf Sexualstraftaten und sexuelle Belästigung von oder an Bundeswehrangehörigen" (A-2640/34 Nrn. 341 und 342),
- Eingaben oder Meldungen mit „Verdacht auf Spionage, Extremismus oder Verstoß gegen die freiheitliche demokratische Grundordnung, ausgeführt von oder an Bundeswehrangehörigen" (A-2640/34 Nrn. 361 bis 363).

308. Darüber hinaus sind auf Anforderung dem BMVg alle von Dienststellen der Bundeswehr abgegebenen Stellungnahmen mit den entstandenen wesentlichen Vorgängen nach Abgang auf dem Dienstweg vorzulegen, wenn

- der Angelegenheit politische oder öffentliche/mediale Bedeutung beizumessen ist oder
- in der Sache ein gerichtliches Disziplinarverfahren oder ein Strafverfahren eingeleitet wurde oder die Einleitung zu erwarten ist.

309. Soweit Soldatinnen oder Soldaten im Zusammenhang mit ihren Eingaben an die Wehrbeauftragte oder den Wehrbeauftragten die behandelnden Ärzte und Ärztinnen oder ärztlichen Gutachter und Gutachterinnen von deren ärztlicher Schweigepflicht entbinden, bezieht sich dies im Zweifel ausschließlich auf deren Stellungnahmen unmittelbar gegenüber der bzw. dem Wehrbeauftragten.

Mehrausfertigungen dieser Stellungnahmen sowie beigefügte Anlagen, die anderen Dienststellen im Geschäftsbereich des BMVg auf dem Dienstweg vorzulegen sind, dürfen keine Tatsachen oder Wertungen enthalten, die der ärztlichen Schweigepflicht unterliegen.

310. Die an die Wehrbeauftragte oder den Wehrbeauftragten gerichteten Stellungnahmen sind gegebenenfalls so abzufassen, dass die der ärztlichen Schweigepflicht unterliegenden Aussagen in einer besonderen Anlage zusammengefasst und nur der oder dem Wehrbeauftragten unmittelbar mit dem Originalschreiben übersandt werden.

311. Über Eingaben, deren Inhalt und entsprechende Stellungnahmen haben alle Beteiligten auch untereinander die Pflicht zur Verschwiegenheit gemäß den gesetzlichen bzw. tarifvertraglichen Regelungen (z. B. § 14 des Soldatengesetzes, § 67 des Bundesbeamtengesetzes und § 37 Beamtenstatusgesetz, § 3 Abs. 1 des Tarifvertrages für den öffentlichen Dienst) zu beachten, soweit es nicht die unmittelbare Bearbeitung der Eingabe betrifft.

312. Den Vorgang zur Prüfung einer Belehrung auszuwerten, ist erst nach Abschluss des Verfahrens zulässig. Die Namen der Beteiligten dürfen hierbei nicht bekanntgegeben werden.

Insbesondere bei Vernehmungen von Soldatinnen und Soldaten oder von Zeuginnen und Zeugen ist diesen nur der Teil einer Eingabe zur Kenntnis zu geben, der sie selbst betrifft oder zu dem sie vernommen werden.

313. Grundsätzlich wird ein Verfahren durch ein Schreiben der oder des Wehrbeauftragten abgeschlossen. Teilt die oder der Wehrbeauftragte den Abschluss des Verfahrens mit, so ist dies mit dem Ergebnis ihrer oder seiner Prüfung den beteiligten Dienststellen und den von der Eingabe betroffenen Personen bekanntzugeben.

314. Eingaben, welche die oder der Wehrbeauftragte Dienststellen der Bundeswehr zur Stellungnahme übersendet, dürfen nur dann als Beschwerden nach der Wehrbeschwerdeordnung (WBO) behandelt werden, wenn eine solche Umdeutung dem ausdrücklichen Willen der Petentin oder des Petenten entspricht.

3.3 Anhörungen

315. Macht die oder der Wehrbeauftragte von dem Recht auf Auskunft und Akteneinsicht (Nr. 202 Buchstabe a)) Gebrauch, ist dies in jeder Hinsicht zu unterstützen. Für die Anhörung ist, soweit erforderlich, Dienstbefreiung oder Sonderurlaub gemäß § 9 der Soldatenurlaubsverordnung (SUV) in Verbindung mit Nr. 307 der

Zentralen Dienstvorschrift A-1420/12 „Ausführung der Soldatinnen- und Soldatenurlaubsverordnung“ zu erteilen.

316. Soweit über Angelegenheiten angehört werden soll, die der Pflicht zur Verschwiegenheit unterliegen, können Anzuhörende über Vorgänge bis zum Verschlussgrad „Verschlusssache – Nur für den Dienstgebrauch“ (VS-NfD) aussagen. Bei Vorgängen mit höherem Verschlussgrad hat die oder der Anzuhörende die Aussagegenehmigung über die zuständigen Disziplinarvorgesetzten einzuholen. Bei Mitarbeiterinnen bzw. Mitarbeitern sind die beamten- und tarifrechtlichen Regelungen entsprechend anzuwenden.

317. Können die zuständigen Disziplinarvorgesetzten die Genehmigung nicht erteilen, holen sie die Entscheidung ihrer Vorgesetzten ein. Die Genehmigung zu versagen, bleibt dem BMVg FüSK III 2 vorbehalten.

318. Die angehörten Personen werden entsprechend dem Justizvergütungs- und Justizentschädigungsgesetz vom 5. Mai 2004 (BGBl I S. 718, 776), das zuletzt durch Artikel 13 des Gesetzes vom 5. Dezember 2012 (BGBl I S. 2418) geändert worden ist, entschädigt. Diese erfolgt auf Antrag durch das Amt der oder des Wehrbeauftragten.

3.4 Bearbeitung bei gleichzeitiger Beschwerde

319. Wurde eine Beschwerde nach der WBO, einschließlich der Disziplinarbeschwerde nach § 42 der Wehrdisziplinarordnung (WDO), eingelegt und liegt in gleicher Angelegenheit eine Eingabeangelegenheit vor, so ist die oder der Wehrbeauftragte über Sachstand und Fortgang der Beschwerdesache zu unterrichten. Eine Mehrausfertigung der Entscheidung ist ihr bzw. ihm unverzüglich zuzuleiten. Die Einlegung eines Rechtsmittels sowie die Unanfechtbarkeit der Beschwerdeentscheidung sind gesondert mitzuteilen.

320. Geht eine Eingabeangelegenheit über eine eingelegte Beschwerde nach der WBO hinaus, ist bezüglich dieses Teils der Eingabe wie bei sonstigen Eingaben zu verfahren.

321. Werden aufgrund einer Eingabeangelegenheit disziplinare Ermittlungen aufgenommen, so ist die oder der Wehrbeauftragte hiervon zu unterrichten. Nach Abschluss des Verfahrens ist der oder dem Wehrbeauftragten die getroffene Entscheidung mitzuteilen. In einem gerichtlichen Disziplinarverfahren sind durch die Einleitungsbehörde oder die für sie tätige Wehrdisziplinaranwaltschaft auch wesentliche Zwischenentscheidungen mitzuteilen.

322. Durch eine Eingabe an die Wehrbeauftragte oder den Wehrbeauftragten werden die Rechtsbehelfe nach der WBO und der WDO nicht ersetzt. Selbst wenn eine Eingabe an die Wehrbeauftragte oder den Wehrbeauftragten als Beschwerde oder als Antrag nach der WBO oder der WDO anzusehen ist, werden die dort festgelegten Fristen nur dann gewahrt, wenn die Eingabe innerhalb dieser Frist bei der für die Entgegennahme der Beschwerde oder des Antrags zuständigen Stelle eingeht.

3.5 Bearbeitung in Zuständigkeit der jeweiligen Dienststelle

323. Für die Bearbeitung von Vorgängen, die die oder der Wehrbeauftragte Dienststellen der Bundeswehr zur Regelung in eigener Zuständigkeit übersendet, gilt Folgendes:

a) Richtet sich der Vorgang gegen eine Soldatin oder einen Soldaten, ist er der oder dem zuständigen nächsten Disziplinarvorgesetzten zuzuleiten.

b) Sonstige Vorgänge sind der Stelle zuzuleiten, die den Gegenstand des Vorgangs zu beurteilen hat.

324. Die in Nr. 323 Buchstabe b) bezeichnete Stelle hat der Einsenderin bzw. dem Einsender auf dem Dienstweg einen Bescheid zu erteilen, der auch mündlich durch die zuständigen Disziplinarvorgesetzten eröffnet werden kann.

3.6 Besuche der oder des Wehrbeauftragten

325. Besuche der oder des Wehrbeauftragten aus besonderem Anlass (z. B. in Zusammenhang mit Besonderen Vorkommnissen oder mehreren gleichlautenden oder ähnlichen Eingaben im Bereich desselben Truppenteils bzw. derselben Dienststelle) sind durch die betroffenen Dienststellenleiter bzw. Dienstellenleiterinnen dem BMVg fernschriftlich/per Mail nach folgendem Muster zu melden:

– Bundesministerium der Verteidigung
FüSK III 2
Stauffenbergstraße 18
10785 Berlin
(Mail: BMVg FüSK III 2/BMVg/BUND/DE)

nachrichtlich auf dem Dienstweg:

Höhere Kommandobehörden und Bundesoberbehörden aller Organisationsbereiche oder dem BMVg unmittelbar unterstellte militärische Dienststellen

(Kdo H, Kdo Lw, MarKdo, KdoSKB, KdoSanDstBw, EinsFüKdoBw, PlgABw, LufABw, BAPersBw, BAAINBw, BAIUDBw, BSprA, BiZBw, UniBw HH/M, EKA, KMBA, BWDA)

Inhalt:

Betr.: Truppenbesuch der/des Wehrbeauftragten aus besonderem Anlass

- Zeitpunkt
- Truppenteil/Dienststelle
- Standort und Unterkunft
- Anlass

4 Unterrichtung der Soldatinnen und Soldaten

401. Alle Soldatinnen und Soldaten sind über die Aufgaben und Befugnisse der oder des Wehrbeauftragten zu Beginn der Grundausbildung und erneut nach Versetzung in die Stammeinheit durch ihre Disziplinarvorgesetzten zu unterrichten.

402. Jede Soldatin und jeder Soldat hat das Recht, sich unmittelbar, ohne Einhaltung des Dienstweges, mit Eingaben an die Wehrbeauftragte oder den Wehrbeauftragten zu wenden.

Die Anschrift lautet:

- Die bzw. Der Wehrbeauftragte des Deutschen Bundestages
  Platz der Republik 1
  11011 Berlin
  (Mail: wehrbeauftragter@bundestag.de)

Die Anschrift ist gemäß Zentralrichtlinie A2-2630/0-0-2 „Leben in der militärischen Gemeinschaft“ Nr. 329 durch Aushang an der Informationstafel oder dem Informationsportal in der Einheit/Dienststelle bekannt zu geben.

403. Eingaben/Schreiben von Bundeswehrangehörigen an die Wehrbeauftragte oder den Wehrbeauftragten werden auch mit Dienstpost befördert. Sie können in der Einheit/Dienststelle abgegeben werden.

404. Soldatinnen oder Soldaten können sich nur einzeln an die Wehrbeauftragte oder den Wehrbeauftragten wenden.

405. Anonyme Eingaben werden nicht bearbeitet (§ 8 WBeauftrG).

406. Wendet sich eine Soldatin oder ein Soldat vor Abfassung einer Eingabe an ihre oder seine Disziplinarvorgesetzte bzw. ihren oder seinen Disziplinarvorgesetzten, ist ihr bzw. ihm Rat und Hilfe zu gewähren. Es ist ein Dienstvergehen und zugleich eine Straftat nach § 35 des Wehrstrafgesetzes, wenn Vorgesetzte durch Befehle, Drohungen, Versprechungen, Geschenke oder sonst auf pflichtwidrige Weise Untergebene davon abhalten, Eingaben an die Wehrbeauftragte oder den Wehrbeauftragten zu richten oder Eingaben unterdrücken. Auch der Versuch ist strafbar und kann als Dienstvergehen geahndet werden.

407. Die Soldatin oder der Soldat darf nicht dienstlich gemaßregelt oder benachteiligt werden, weil sie bzw. er sich mit einer Eingabe an die Wehrbeauftragte oder den Wehrbeauftragten gewandt hat. Die Beachtung des Benachteiligungsverbotes gemäß § 7 Satz 2 WBeauftrG ist sicherzustellen. Enthält die Eingabe Dienstpflichtverletzungen oder Straftaten, z. B. Beleidigungen oder Verleumdungen, kann dies als Dienstvergehen disziplinar geahndet oder strafgerichtlich verfolgt werden (vgl. Nr. 3323 der Zentralen Dienstvorschrift A-2160/6 „Wehrdisziplinarordnung und Wehrbeschwerdeordnung“).

408. Unterlagen, die höher als VS-NfD eingestuft sind, dürfen Soldatinnen und Soldaten ihren Eingaben an die Wehrbeauftragte bzw. den Wehrbeauftragten nicht beifügen. Dieses Verbot erstreckt sich auch auf die Darstellung von einzelnen Tatsachen, die ihres oder seines Wissens nach einem höheren Geheimhaltungsgrad als VS-NfD unterliegen. Erscheint die Mitteilung solcher Umstände aus Sicht der Petentin oder des Petenten erforderlich, kann in der Eingabe darauf hingewiesen werden oder die Petentin bzw. der Petent nimmt unmittelbar Kontakt mit dem Amt der bzw. des Wehrbeauftragten auf, um ihr bzw. sein Anliegen unter Beachtung der Geheimschutzvorschriften vorzutragen.

409. Der oder dem Wehrbeauftragten ist auf Anfrage grundsätzlich Auskunft über die in Nr. 408 genannten Unterlagen und Tatsachen sowie Akteneinsicht in Unterlagen zu gewähren, die höher als VS-NfD eingestuft sind. Eine entsprechende Anfrage darf nur aus zwingenden Gründen der Geheimhaltung durch die Bundesministerin oder den Bundesminister der Verteidigung selbst oder ihre bzw. seine ständige Vertreterin oder ihren bzw. seinen ständigen Vertreter im Amt versagt werden (vgl. § 3 Nr. 1 WBeauftrG). Anfragen von Dienststellen zur Entscheidung sind über das BMVg FüSK III 2 vorzulegen.

Die Hinweise in den Nrn. 202 Buchstabe a), Buchstabe c), 301, 316 und 317, sind dabei zu beachten.

5 Datenschutz

501. Das Bundesdatenschutzgesetz (BDSG) sowie die Zentrale Dienstvorschrift A-2122/4 „Datenschutz“ sind bei der Bearbeitung von Wehrbeauftragtenangelegenheiten (Einholung von Stellungnahmen, Anfertigung von Berichten/Vorlagen, Übersendung von Antwortschreiben usw.) zu beachten. Hierbei sind die in der A-2122/4 vorgesehenen Sicherungsmaßnahmen – bis hin zum Schutzbereich 3 – zu berücksichtigen.

6 Vertrauensvolle Zusammenarbeit

601. Von allen Vorgesetzten wird erwartet, vertrauensvoll mit der oder dem Wehrbeauftragten zusammenzuarbeiten und ihr bzw. ihm damit die Möglichkeit zu geben, sich schnell und gründlich zu unterrichten.

Das Verständnis der Soldatinnen und Soldaten für unsere Staats- und Rechtsordnung, Vertrauen zur Demokratie, aber auch zur Bundeswehr können damit wesentlich gefördert werden.

602. Alle Disziplinarvorgesetzten sind aufgefordert, Erfahrungen in der Anwendung dieser Zentralen Dienstvorschrift auf dem Dienstweg an BMVg FüSK III 2 zu melden.

Inhaltsübersicht

B

B

Grundbegriffe zur militärischen Organisation, Unterstellungsverhältnisse, Dienstliche Anweisungen*

Vom 1. Januar 1996

– Auszug –

1. Die Dienstvorschrift enthält eine Zusammenstellung grundlegender organisatorischer Begriffe und Regelungen.

Sie gilt für die Streitkräfte.

2. Wegen des engen Zusammenhanges der „Verordnung über die Regelung des militärischen Vorgesetztenverhältnisses (Vorgesetztenverordnung – VorgV)" mit den Unterstellungsverhältnissen ist die VorgV als Anlage 1[1] in dieser Vorschrift enthalten.

Bei den Nato-Unterstellungsverhältnissen (Nrn. 211 bis 215) und den Streitkräfteklassifizierungen der NATO (Anlage 4)[2] handelt es sich um sinngerechte Übersetzungen der entsprechenden Nummern des NATO-Dokuments MC 57/3 „Overall Organization of the Integrated NATO Forces".

3. Soweit in dieser Dienstvorschrift nur Beispiele aus dem Bereich des Heeres angeführt sind, gelten für die Luftwaffe, die Marine, die Streitkräftebasis (SKB) und den Zentralen Sanitätsdienst der Bundeswehr (ZSanDstBw) die in diesen Organisationsbereichen verwendeten Dienststellenbezeichnungen entsprechender Ebene (Anlage 2)

---

* Die ZDv 1/50 wurde zwischenzeitlich ersetzt durch die A2-500/0-0-1 – Grundbegriffe der militärischen Organisation, Unterstellungsverhältnisse, Dienstliche Anweisungen. Diese Zentralrichtlinie ist/soll zeitnah als zentrale Dienstvorschrift A-500/51 veröffentlicht werden.

1 → **C 02a**

2 hier nicht abgedruckt

B

Kapitel 1
Grundbegriffe zur militärischen Organisation

I. Organisation des Geschäftsbereichs des Bundesministeriums der Verteidigung

101. Der **Geschäftsbereich des Bundesministeriums der Verteidigung** (BMVg) (Anlage 3)[1] umfasst:
- das Ministerium,
- die Streitkräfte,
- die Bundeswehrverwaltung,
- die Rechtspflege und
- die Militärseelsorge.

102. Das **Bundesministerium der Verteidigung** wird durch den Bundesminister der Verteidigung als Geschäftsbereich geleitet. Es hat im Wesentlichen drei Funktionen:
- Fachressort für militärische Verteidigung im Rahmen der Gesamtverteidigung;
- Führungsinstanz des Inhabers der Befehls- und Kommandogewalt für die Streitkräfte und
- Oberste Dienstbehörde für die Bundeswehrverwaltung, die Rechtspflege und die Militärseelsorge.

103. Die **Streitkräfte** gliedern sich in:
- die Teilstreitkräfte (TSK) Heer, Luftwaffe, Marine;
- die Streitkräftebasis (SKB) und
- den Zentralen Sanitätsdienst der Bundeswehr (ZSanDstBw).

104. Die **Bundeswehrverwaltung** umfasst:
- die Territoriale Wehrverwaltung und
- den Rüstungsbereich.

Aufgaben der Bundeswehrverwaltung werden in den Streitkräften von
- Abteilungen Verwaltung,
- Truppenverwaltungen und
- Krankenhausverwaltungen

wahrgenommen.

---
[1] hier nicht abgedruckt

II. Militärische Gliederungsformen

105. Eine **militärische Dienststelle** ist ein durch Organisationsbefehl oder -weisung aufgestelltes selbständiges organisatorisches Element im Geschäftsbereich des Bundesministeriums der Verteidigung, das einen zugewiesenen Aufgabenbereich im Rahmen erteilter Befugnisse eigenverantwortlich wahrnimmt.

Die Gesamtheit der einer Dienststelle übertragenen Aufgaben, Befugnisse und Pflichten wird als **Zuständigkeit** bezeichnet.

106. Eine **Einrichtung** ist eine Zusammenfassung von Personal und Material zum Zwecke der Ausbildung, Betreuung, Versorgung oder Unterstützung der Truppe (z. B. Schule, Akademie, Bundeswehrkrankenhaus, Institut, Truppenübungsplatzkommandantur, Depot).[1]

107. **Truppe** ist eine Sammelbezeichnung für Einheiten, Verbände und Großverbände der Streitkräfte ohne Berücksichtigung der Gliederungsformen.

108. **Truppenteil** ist die allgemeine Bezeichnung für Einheiten, Verbände und Großverbände, deren Struktur festgelegt ist. Es wird nach aktiven, teilaktiven und nichtaktiven Truppenteilen unterschieden.

Bei einem aktiven Truppenteil sind alle Organisationselemente der nächstniedrigen Ebene – ausgenommen Feldersatzeinheiten oder -teileinheiten – im Frieden aktiv.

Bei einem teilaktiven Truppenteil ist mindestens ein Organisationselement der nächstniedrigen Ebene im Frieden teilaktiv oder nichtaktiv.

Bei einem nichtaktiven Truppenteil ist im Frieden nur Gerät eingelagert und das zur Erhaltung der Einsatzfähigkeit des Gerätes erforderliche Personal vorhanden. Den Status eines aktiven Truppenteils erhält er erst im Falle der Mobilmachung, durch Aktivierung bei Übungen oder auf besondere Weisung.

109. Eine **Einheit** ist die unterste militärische Gliederungsform, deren Führer grundsätzlich Disziplinargewalt hat. Die Grundform der Einheit ist die Kompanie.

110. Eine **Teileinheit** ist jede Gliederungsform unterhalb der Ebene der Einheit, deren Führer grundsätzlich keine Disziplinargewalt hat.

---

[1] Eine militärische **Anlage** (Infrastrukturbegriff) dagegen ist eine Zusammenfassung von ortsfesten militärischen Objekten zu einem einheitlichen Zweck (z. B. Kaserne, Fliegerhorst, Truppenübungsplatz, Befestigung).

111. Ein **Verband** ist die gliederungsmäßige und/oder zeitlich begrenzte Zusammenfassung mehrerer Einheiten in der Stärke eines Bataillons oder Regiments. Er hat einen Stab.

112. Ein **Großverband** ist die gliederungsmäßige und/oder zeitlich begrenzte Zusammenfassung von verschiedenen Truppenteilen von der Stärke einer Brigade an aufwärts.

113. Eine **Kommandobehörde** ist eine militärische Dienststelle, die in der Regel Großverbände auf der Ebene Brigade oder Division führt.

114. Eine **Höhere Kommandobehörde** ist eine militärische Dienststelle vom Korpskommando oder von entsprechenden Dienststellen gemäß Anlage 2 an aufwärts.

115. Ein **Amt** nimmt auf der Ebene Kommandobehörde oder Höhere Kommandobehörde neben Führungsaufgaben überwiegend Fachaufgaben wahr.

116. In einem **Stab** sind die Unterstützungselemente des militärischen Führers zur Führung von unterstellten Einheiten, Verbänden, Großverbänden oder sonstigen Dienststellen der Streitkräfte zusammengefasst.

Er gliedert sich in der Regel den Führungsgrundgebieten (FGG) entsprechend in die Abteilungen/Sachgebiete:

- Personalwesen, Innere Führung, Presse- und Öffentlichkeitsarbeit (FGG 1),
- Militärisches Nachrichtenwesen (FGG 2),
- Führung, Organisation, Ausbildung (FGG 3),
- Logistik (FGG 4),
- Führungsdienst (FGG 6).

Weitere Abteilungen/Sachgebiete (z. B. für Sanitätsdienst, Verwaltung) können hinzutreten.

117. Eine **Befehlsstelle** ist der örtlich bestimmte Platz der Führung eines Truppenteils.

Eine nicht örtlich bestimmte Befehlsstelle zu Lande, zu Wasser oder in der Luft, aus der ein Führer für begrenzte Zeit führt, wird als **bewegliche Befehlsstelle** bezeichnet.

Befehlsstellen der Oberen Führung (Nr. 119) werden in der Regel als **Hauptquartier** bezeichnet.

Im Einsatz führen die Befehlsstellen der Mittleren und Unteren Führung die einheitliche Bezeichnung **Gefechtsstand**.

B

III. Führungsebenen[1]

118. Oberste Führung und damit höchste nationale Führungsebene für die Streitkräfte ist das BMVg.

119. Obere Führung ist die dem BMVg unmittelbar nachgeordnete Führungsebene in den Streitkräften.

120. Mittlere Führung ist die Führung von Großverbänden bis zur Ebene Korps einschließlich.

121. Untere Führung ist die Führung bis zur Verbandsebene einschließlich.

IV. Dienststellen

122. Der **Generalinspekteur der Bundeswehr** ist der ranghöchste Soldat der Bundeswehr. Er ist die unmittelbar dem Bundesminister der Verteidigung nachgeordnete ministerielle Instanz für die Entwicklung und Realisierung einer Gesamtkonzeption der militärischen Verteidigung und militärischer Berater der Bundesregierung.

Die **Inspekteure** der TSK Heer, Luftwaffe und Marine bzw. der Inspekteur des Sanitätsdienstes der Bundeswehr sind dem Bundesminister der Verteidigung in ihrer Eigenschaft als truppendienstliche Vorgesetzte verantwortlich für das Herstellen und Erhalten der Einsatzbereitschaft ihrer TSK bzw. ihres Organisationsbereichs. Gleiches gilt für den Stellvertreter des Generalinspekteurs der Bundeswehr hinsichtlich der ihm truppendienstlich unterstellten Zentralen Militärischen Bundeswehrdienststellen.

Generalinspekteur, Stellvertreter des Generalinspekteurs, Inspekteure und ihre Stäbe gehören organisatorisch zum BMVg.

123. Ein **Befehlshaber** führt im nationalen Bereich das Heeres- oder Luftwaffenführungskommando bzw. das Flottenkommando oder ein Wehrbereichskommando und die diesen unterstellten Truppenteile.

Nationaler Befehlshaber ist die Bezeichnung für nationale Führer, die gemäß NATO-Dokument MC 36/2 (revised) „Division of Responsibilities in Wartime between the National Commanders and the Major and Subordinate Allied Commanders“ für bestimmte nationale Unterstützungsaufgaben gegenüber in Deutschland eingesetzten NATO-Streitkräften zuständig sind.

[1] Im Bereich der NATO werden oberhalb der Korpsebene unterschieden – entsprechend der Bezeichnung ihrer Befehlshaber – die PSC-, MSC- und MNC-Ebene (in aufsteigender Reihenfolge – siehe Nr. 123).

Nationaler Befehlshaber im Einsatzgebiet (NatBefh i. E.) ist die allgemeine Bezeichnung für den deutschen Führer eines deutschen Kontingentes im Einsatzgebiet bei Einsätzen außerhalb deutschen Hoheitsgebietes. Seine Aufgaben, Befugnisse und genaue Bezeichnung werden im Einzelfall festgelegt.

Für den Bereich der NATO werden unterschieden: **Oberste NATO-Befehlshaber** auf der Ebene „Major NATO Commanders (MNC)“, **Oberbefehlshaber** auf der Ebene „Major Subordinate Commanders (MSC)“ und **Befehlshaber** auf der Ebene „Principal Subordinate Commanders (PSC)“.

Im Übrigen wird die Bezeichnung Befehlshaber von Fall zu Fall festgelegt.

124. Ein **Kommandierender General** führt einen Großverband des Heeres in der Größenordnung eines Korps oder einen entsprechenden Großverband der Luftwaffe.

125. Ein **Amtschef** leitet ein Amt, sofern für die Dienststellung nicht eine gesonderte Bezeichnung festgelegt ist.

126. Ein **Kommandeur** führt:

- ein Unterstützungskommando des Heeres, der Luftwaffe oder der Marine;
- einen Großverband oder Verband des Heeres, der Luftwaffe oder der Marine oder
- eine Schule, in der die Ausbildung militärisch organisiert ist.

Im Übrigen wird die Bezeichnung Kommandeur von Fall zu Fall festgelegt.

127. Ein **Kommodore** führt ein fliegendes Geschwader oder ein Flugabwehrraketengeschwader.

128. Ein **Chefarzt** führt ein Bundeswehrkrankenhaus.

129. Ein **Dienstältester Deutscher Offizier** (DDO) ist der truppendienstliche Führer der bei einer zwischenstaatlichen oder überstaatlichen Organisation eingesetzten deutschen Soldaten; bei einer Dienststelle der Bundeswehrverwaltung oder einer nationalen zivilen Dienststelle heißt er **Dienstältester Offizier** (DO).

130. Ein **Chef** (z. B. Kompaniechef) führt eine Einheit. Bei Luftwaffe und Marine sowie in der Heeresfliegertruppe wird der Chef einer fliegenden Staffel abweichend hiervon als **Staffelkapitän** bezeichnet.

131. **Dienststellenleiter** im Allgemeinen ist, wer eine Dienststelle im Sinne dieser Vorschrift leitet.

Im Besonderen ist **Leiter** die Bezeichnung der Dienststellung des Leiters eines Fachdienstes (z. B. Leiter Militärisches Geowesen, Leiter Militärmusikdienst, Leitender Sanitätsoffizier) oder eines Dienststellenleiters, für den keine der Bezeichnungen nach Nrn. 123 bis 131 anzuwenden und nicht im Einzelfall besondere Bezeichnungen festgelegt sind (z. B. Leiter Standortsanitätszentrum/Facharztzentrum).

Darüber hinaus werden Abteilungen, Sachgebiete und Fachbereiche innerhalb von Stäben in der Regel von Leitern geführt (z. B. Abteilungsleiter, Gruppenleiter, Dezernatsleiter).

132. Ein **Chef des Stabes** leitet und koordiniert die Arbeit in Stäben von der Divisionsebene an aufwärts.

133. Ein **Kommandant** führt ein gepanzertes Fahrzeug des Heeres, ein Transportflugzeug der Luftwaffe, ein Schiff oder Boot der Marine. Kommandanten sind auch die mit Vorgesetzteneigenschaften nach § 3 VorgV in militärischen Anlagen betrauten Offiziere (z. B. Kasernenkommandant). Im Übrigen wird die Bezeichnung Kommandant von Fall zu Fall festgelegt.

134. Ein **Inspizient** nimmt – unabhängig von der durch die truppendienstlichen Vorgesetzten wahrzunehmenden Dienstaufsicht – in speziellen Fach- und Aufgabengebieten der Streitkräfte Inspizierungsaufgaben wahr (z. B. Inspizient für die freiwillige Reservistenarbeit der Bundeswehr, Inspizient für die Unteroffizierausbildung im Heer).

Ein Inspizient wird durch den Stellvertreter des Generalinspekteurs der Bundeswehr oder einen Inspekteur eingesetzt.

135. **Führer** ist eine allgemeine Bezeichnung für unmittelbare militärische Vorgesetzte (z. B. Truppführer, Gruppenführer, Zugführer, Führer Gefechtsverband), soweit nicht besondere Bezeichnungen (Nrn. 123 bis 133) festgelegt sind.

Kapitel 2
Unterstellungsverhältnisse

I. Nationale Unterstellungsregelungen

201. **Unterstellung** ist im militärischen Bereich das Verhältnis zwischen:

- dem Soldaten und seinem militärischen Vorgesetzten (persönliches Unterstellungsverhältnis) entsprechend der VorgV;

- nachgeordneten und übergeordneten Dienststellen (institutionelles Unterstellungsverhältnis). Soweit nicht anders vermerkt, gelten für dieses Unterstellungsverhältnis die Regelungen der persönlichen Unterstellung entsprechend.

Die Besonderheiten der Unterstellung zwischen Beamten/Arbeitnehmern und Soldaten beschreibt die Nr. 206.

202. Die **truppendienstliche Unterstellung** ist das grundlegende Unterstellungsverhältnis in den Streitkräften. Sie leitet sich aus der Organisation der Streitkräfte ab und umfasst alle Aufgaben eines Vorgesetzten, deren Erledigung der Herstellung und Erhaltung der Einsatzbereitschaft des ihm anvertrauten Personals und Materials dient. Hierzu gehören im Wesentlichen, soweit nicht andere Unterstellungsverhältnisse nach den Nrn. 204 und 205 angeordnet sind:

- die persönlichen – insbesondere die disziplinaren – Angelegenheiten,
- die Ausbildung,
- die Versorgung sowie
- sonstige fachliche Angelegenheiten.

Die truppendienstliche Unterstellung umfasst nicht die Unterstellung für den Einsatz (Nr. 203).

203. Die **Unterstellung für den Einsatz** ist die Unterstellung für Vorbereitung und Durchführung von Einsatzaufgaben.

Ein Einsatz liegt vor, wenn die Streitkräfte insgesamt, Teile davon oder einzelne Soldaten ihren vom Grundgesetz für die Bundesrepublik Deutschland (GG) vorgegebenen Auftrag erfüllen.

Der Auftrag der Streitkräfte ergibt sich aus den Artikeln 87a, 24 Abs. 2 und 35 GG.[1]

Für Truppenteile in einer NATO-Unterstellung gelten die Nrn. 210 bis 215.

Besteht bei Übungen, Vorbereitung und Durchführung von **nationalen** Einsätzen die Notwendigkeit einer Abstufung der Unterstellung für den Einsatz, sind in den Einsatzbefehlen die NATO-Unterstellungsverhältnisse der Nrn. 211 bis 215 sinngemäß anzuwenden.

---

[1] im Einzelnen: Art. 87a Abs. 1 und Art. 24 Abs. 2 sowie Art. 87a Abs. 3, Art. 87a Abs. 4, Art. 35 Abs. 2 Satz 2 und Abs. 3 GG (→ **A 10**)

204. Die **Unterstellung im besonderen Aufgabenbereich** ist das Verhältnis zwischen einem Soldaten und einem Vorgesetzten, dem nach seiner Dienststellung ein besonderer Aufgabenbereich zugewiesen ist (§ 3 VorgV). Sie ist dann anzuordnen, wenn die Unterstellung nicht nur vorübergehend (i. S. des § 5 VorgV) in fachlichen Angelegenheiten von der truppendienstlichen Unterstellung abweicht. Das Unterstellungsverhältnis ist nach dem Inhalt der Aufgaben zu bezeichnen (z. B. Personalführung, Versorgung, nationale, territoriale Aufgaben, Pionierwesen, Fernmeldebetrieb, Verkehrsführung, Wachdienst, Truppengattung, Dienstzweig, Fachrichtung).

205. Die **fachdienstliche Unterstellung** ist das Verhältnis zwischen einem Soldaten und einem Vorgesetzten, dem nach seiner durch entsprechende Qualifikation begründeten Dienststellung die Leitung eines Fachdienstes des Soldaten obliegt (§ 2 VorgV). Entsprechend gilt dies auch für fachdienstlich nachgeordnete und vorgesetzte Dienststellen/Einrichtungen, soweit deren Hauptaufgaben fachdienstlicher Art sind.

Sie erfolgt neben und unabhängig von der truppendienstlichen Unterstellung und der Unterstellung für den Einsatz.

Die Fälle fachdienstlicher Unterstellung sind auf Ausnahmen beschränkt.

Die Entscheidung über die Einrichtung eines Fachdienstes liegt beim Bundesministerium der Verteidigung[1].

206. Die **allgemeindienstliche Unterstellung** ist als persönliches Unterstellungsverhältnis innerhalb einer Dienststelle die Regelung des Vorgesetztenverhältnisses zwischen Soldaten und Beamten/Arbeitnehmern der Bundeswehr. Diese Unterstellung umfasst alle dienstlichen Obliegenheiten mit Ausnahme der personalrechtlichen – insbesondere disziplinaren – Angelegenheiten, für deren Erledigung die truppendienstlichen Vorgesetzten der Soldaten bzw. die Dienstvorgesetzten/Vorgesetzten der Beamten/Arbeitnehmer zuständig sind.

Die allgemeindienstliche Unterstellung umfasst in der Regel auch die dienstliche Anordnungsbefugnis (Nr. 311) in fachlichen Angelegenheiten.

Als institutionelles Unterstellungsverhältnis meint sie die Unterstellung einer militärischen Dienststelle, die im Frieden durch zi-

---

[1] Es bestehen zurzeit folgende Fachdienste: Sanitätsdienst, Militärgeographischer Dienst, Militärmusikdienst.

vile Mitarbeiter betrieben wird, unter eine vorgesetzte militärische Dienststelle.

II. Weitere nationale organisatorische Regelungen

207. Die **wirtschaftliche Zuständigkeit** bezeichnet den Auftrag einer Dienststelle, die Aufgaben auf den Gebieten der Truppenverwaltung und Truppenversorgung[1] wahrzunehmen.

Militärische Dienststellen, Einrichtungen und abgesetzte Teileinheiten, die zur Wahrnehmung solcher Aufgaben nicht über die hierzu erforderlichen organisatorischen Voraussetzungen verfügen, sind in truppenverwaltungs- und truppenversorgungsmäßiger Hinsicht durch Organisationsbefehl ganz oder teilweise einer anderen Dienststelle der Streitkräfte oder – im Ausnahmefall[2] – der Territorialen Wehrverwaltung zuzuordnen.

208. **Auf Zusammenarbeit angewiesen** werden durch Befehl militärische Führer bzw. Dienststellen/Einrichtungen/Kommandobehörden, die in keinem Unterstellungsverhältnis zueinander stehen und in besonderer Weise zusammenarbeiten sollen.

Die Zusammenarbeit verpflichtet zur gegenseitigen Unterrichtung, Beratung und Unterstützung in allen Angelegenheiten, deren gemeinsame Erledigung der militärische Dienst erfordert.

In der Regel wird einer der militärischen Führer mit der Koordinierung der Zusammenarbeit beauftragt (siehe auch Nr. 215).

III. Multinationale Unterstellungsregelungen

209. Die **integrierte Unterstellung** ist das Verhältnis des bei einer NATO-Dienststelle eingesetzten Soldaten zu dem Leiter dieser Dienststelle. Sie umfasst alle Angelegenheiten des Soldaten mit Ausnahme der:

– persönlichen – insbesondere disziplinaren – Angelegenheiten,

– Versorgung, soweit diese der Bundeswehr obliegt und

– vertraglich festgelegten, nicht übertragenen Befugnisse.

Sofern nicht anders geregelt, gilt die integrierte Unterstellung auch außerhalb der NATO für die in multinationalen Kommandobehör-

---

1 VMBl 1957 S. 600 und 1958 S. 306 (Abgrenzungserlasse)

2 Klein- und Kleindienststellen (z. B. Fernmeldeanlage)

den, Dienststellen und Verbänden eingesetzten Soldaten (siehe Nr. 311).

210. Die **NATO-Unterstellungsverhältnisse** (Nrn. 211 bis 215) sind in dem NATO-Dokument MC 57/3 „Overall Organization of the Integrated NATO Forces“ geregelt. Sie sind mit Ausnahme der Nr. 215 Abstufungen der Unterstellung für den Einsatz. Sie bestimmen das Verhältnis von NATO-Befehlshabern zu den Führern der unterstellten Truppenteile. Die verwendeten Begriffe „Command“ und „Control“ bedeuten so viel wie Befehlsgewalt, Befehlsbefugnis, ohne dass ihnen dieselbe rechtliche Bedeutung zukommt (siehe Nr. 311).

Der Zeitpunkt der Unterstellung unter einen NATO-Befehlshaber (**Transfer of Authority (ToA)**) ist abhängig von der NATO-Streitkräfteklasse, der ein Truppenteil zugeordnet ist (Anlage 4) und/ oder der nationalen politischen Billigung.

211. Operational Command ist die einem militärischen Führer übertragene Befugnis, unterstellten Führern Aufträge zu erteilen oder Aufgaben zuzuweisen, Truppenteile zu dislozieren, die Unterstellung von Kräften neu zu regeln sowie Operational Control (Nr. 212) und/oder Tactical Control (Nr. 214) je nach Notwendigkeit selbst auszuüben oder zu übertragen.

„„Operational Command“ schließt nicht ohne weiteres truppendienstliche oder logistische Zuständigkeiten ein.

212. Operational Control ist die einem militärischen Führer übertragene Befugnis, ihm unterstellte Kräfte so zu führen, dass er bestimmte Aufträge oder Aufgaben erfüllen kann, die im Allgemeinen nach Art, Zeit und Raum begrenzt sind, sowie die betreffenden Truppenteile zu dislozieren und Tactical Control (Nr. 214) über diese Truppenteile selbst auszuüben oder zu übertragen.

Operational Control umfasst weder die Befugnis, den gesonderten Einsatz von Teilen dieser Truppenteile anzuordnen, noch sind truppendienstliche oder logistische Befugnisse ohne weiteres darin eingeschlossen.

213. Tactical Command ist die einem militärischen Führer übertragene Befugnis, den ihm unterstellten Kräften Aufgaben zur Erfüllung des ihm von einer übergeordneten Führungsebene erteilten Auftrags zuzuweisen.

214. Tactical Control ist die ins Einzelne gehende und im Allgemeinen örtliche Führung von Bewegungen oder taktischen Maßnahmen, die zur Erfüllung der erteilten Aufträge oder übertragenen Aufgaben erforderlich sind.

215. Coordinating Authority ist die einem militärischen Führer oder einer entsprechend beauftragten Person erteilte Befugnis, bestimmte Aufgaben oder Tätigkeiten zu koordinieren, an denen Streitkräfte mehrerer Staaten oder Kommandobereiche, mehrere Teilstreitkräfte oder mehrere Truppenteile derselben Teilstreitkraft beteiligt sind. Der Betreffende ist befugt, eine Beratung zwischen den beteiligten Stellen oder ihren Vertretern zu fordern, hat jedoch nicht die Befugnis, eine Einigung zu erzwingen. Bei Meinungsverschiedenheiten zwischen den beteiligten Stellen soll er versuchen, in Besprechungen grundsätzliche Übereinstimmung zu erreichen. Gelingt ihm dies nicht, legt er die Angelegenheit der zuständigen Stelle vor.

Kapitel 3
Dienstliche Anweisungen

301. Die Befugnis, zu dienstlichen Zwecken Anweisungen zu erteilen und die Pflicht, diese zu befolgen, ergibt sich aus dem Unterstellungsverhältnis. **Dienstliche Anweisungen** ergehen regelmäßig als Weisungen, Befehle, Dienstliche Anordnungen oder Richtlinien. Sie haben den Zweck, den Willen des Vorgesetzten nach Inhalt, Richtung und Form so auszudrücken, dass durch die Ausführung der dienstlichen Anweisung seine Absicht erreicht wird.

Sofern möglich, soll jede dienstliche Anweisung Unterrichtungen und Hinweise für die Ausführung enthalten und dem Untergebenen Raum für sein freies Ermessen lassen. Innerhalb dieses Ermessens kann er über Art, Ort und Zeit der Ausführung in eigener Verantwortung entscheiden.

Dienstliche Anweisungen sind grundsätzlich auf dem Dienstweg[1] an den Empfänger zu leiten. Ist es in Ausnahmefällen erforderlich, dienstliche Anweisungen unter Umgehung des Dienstweges zu erteilen, so sind die Zwischenstellen unverzüglich hiervon in Kenntnis zu setzen.

Weichen truppendienstliche Unterstellung, Unterstellung für den Einsatz und/oder Unterstellung im besonderen Aufgabenbereich voneinander ab, so ist bei Weisungen und Befehlen die Beteiligung der jeweils anderen vorgesetzten Dienststelle(n) in Dienstanweisungen oder Befehlen für das Meldewesen zu regeln.

---

[1] ZDv 64/1 „Geschäftsverkehr in den Dienststellen der Streitkräfte" Nr. 110 (Anmerkung: Die ZDv 64/1 ist mittlerweile außer Kraft. Inhaltlich wurde sie ersetzt durch die A2-500/0-0-10 – Geschäftsverkehr).

302. Ein **Befehl** ist eine dienstliche Anweisung zu einem bestimmten Verhalten, die ein militärischer Vorgesetzter (§ 1 Abs. 5 des Soldatengesetzes – SG) einem Untergebenen schriftlich, mündlich oder in anderer Weise, allgemein oder für den Einzelfall und mit dem Anspruch auf Gehorsam erteilt (§ 2 Nr. 2 des Wehrstrafgesetzes – WStG).[1]

Ein Befehl ist knapp und verständlich abzufassen, zu gliedern und nach seinem Zweck zu bezeichnen.

303. Ein **Kommando** ist ein Formelbefehl, der dem Untergebenen keinen Ermessensspielraum lässt. Es ist zumeist in Dienstvorschriften für bestimmte Tätigkeiten im Wortlaut festgelegt und sofort auszuführen. Kommandos können auch in Form akustischer oder optischer Signale (z. B. Trillerpfeife, Handzeichen, Blinkzeichen) übermittelt werden.

304. Ein **Auftrag** beinhaltet einen Befehl. Er bezeichnet ein in einer bestimmten Zeit und/oder in einem bestimmten Raum zu erreichendes Ziel und die von der Führung damit verfolgte Absicht. Er lässt dem Empfänger weitgehende Handlungsfreiheit in der Durchführung und in der Wahl der anzuwendenden Mittel. Er verlangt daher eigene Urteils- und Entschlusskraft sowie selbständiges, verantwortungsbewusstes Handeln.

305. Eine **Weisung** beinhaltet einen Befehl. Sie gibt oft nur die Gesamtabsicht des Vorgesetzten, die Zielsetzung im großen und gilt in der Regel für einen längeren Zeitraum. Sie lässt dem Empfänger weitgehende Handlungsfreiheit in der Durchführung und in der Wahl der anzuwendenden Mittel. Die Herausgabe von Weisungen ist im Allgemeinen der Obersten und der Oberen Führung (Nrn. 118 und 119) vorbehalten.

Weisungen des BMVg werden auch als **Erlasse** bezeichnet.

306. Eine **besondere Anweisung** beinhaltet einen Befehl. Sie regelt die Tätigkeit in einem Spezial- oder Fachgebiet. Besondere Anweisungen können unabhängig von Befehlen anderer Art oder auch zu deren Ergänzung für solche Einzelheiten herausgegeben werden, deren Regelung für die Tätigkeit in Spezial- und Fachgebieten geboten ist.

Dienststellen, die besondere Anweisungen erteilen, haben die Befugnis, ihre Durchführung zu überwachen. Die Durchsetzung besonderer Anweisungen obliegt jedoch der Dienststelle, die der betroffenen Dienststelle übergeordnet ist.

---

[1] → **C 20**

B

307. Eine **fachdienstliche Anweisung** beinhaltet einen Befehl. Sie regelt die Tätigkeit in einem bestimmten Fachdienst. Im Übrigen gelten die Ausführungen zu Nr. 306 entsprechend.

308. Eine **Dienstanweisung** beinhaltet einen Befehl. Sie regelt Aufgaben und Befugnisse von Soldaten in bestimmten Dienststellungen (z. B. Leiter einer Dienststelle) oder für bestimmte Tätigkeiten (z. B. Offizier vom Wachdienst) sowie die damit verbundenen Unterstellungsverhältnisse.

309. Eine **Dienstvorschrift**[1] ist eine dienstliche Anweisung, die das BMVg oder eine von ihm beauftragte Dienststelle erlässt. Sie beinhaltet Befehle, Anordnungen oder Richtlinien und legt Aufgaben fest.

310. Eine **Richtlinie** ist eine schriftlich, mündlich oder sonst in erkennbarer Weise erteilte Anweisung eines militärischen Vorgesetzten an einen Untergebenen, die diesem einen Ermessensspielraum für sein Verhalten einräumt. Die Richtlinie ist kein Befehl. Sie gibt Hinweise und die allgemeine Richtung für ein Tätigwerden des Untergebenen, ohne ein konkretes Verhalten vorzuschreiben. Sie soll dem Untergebenen ein Anhalt für die eigene, selbstverantwortliche dienstliche Tätigkeit sein. Richtlinien können auch in Dienstvorschriften, Merkblättern, Bestimmungen oder Erlassen enthalten sein.

311. Sind im miliätrischen Bereich Soldaten einem Beamten/Arbeitnehmer oder Beamte/Arbeitnehmer einem Soldaten unterstellt, so erteilt der Vorgesetzte keine Befehle, sondern **dienstliche Anordnungen**. Gleiches gilt bei integrierten Unterstellungen (Nr. 209) und nach ToA (Nr. 210). Die Pflicht zum Befolgen dieser Anordnungen ergibt sich für Soldaten aus ihrer Pflicht zum treuen Dienen (§ 7 SG[2]), für Beamte aus den §§ 55 und 56 Bundesbeamtengesetz und für Angestellte aus dem Dienstvertrag.

---

[1] Ausführliche Begriffsbestimmungen siehe ZDv 90/1 „Die Dienstvorschriften der Bundeswehr“ Nrn. 101 ff (Anmerkung: Die ZDv 90/1 ist mittlerweile außer Kraft. Eine Nachfolgevorschrift ist nach Einführung des Aktiven Regelungsmanagements nicht eindeutig zu identifizieren.)

[2] → **C 01**

C

C

Soldatengesetz (SG)

in der Fassung der Bekanntmachung vom 30. Mai 2005 (BGBl. I S. 1482)

Zuletzt geändert durch
Gesetz zu bereichsspezifischen Regelungen der Gesichtsverhüllung und zur Änderung weiterer dienstrechtlicher Vorschriften
vom 8. Juni 2017 (BGBl. I S. 1570)

– Auszug –

Literatur-Hinweise:

1. Busch, „Zur Verwaltungsrechtsprechung zu § 55 Abs. 5 des Soldatengesetzes“ in NZWehrr 04, 196
2. Fürst/Vogelgesang, GKöD I/5, Yk, Kommentar des Soldatengesetzes, Berlin, Loseblatt (Schmidt-Verlag)
3. Scherer/Alff/Poretschkin, Soldatengesetz, Kommentar, München, 9. Aufl. 2013 (Vahlen-Verlag)
4. Walz/Eichen/Sohm, Soldatengesetz, Kommentar, Heidelberg, 3. Aufl. 2016 (Rehm)
5. Weniger/Sanne, Soldatengesetz, Kommentar, Regensburg, 2. Aufl. 2014 (Walhalla Fachverlag)
6. Zetzsche, „Einziehungsrichtlinien“ der Bundeswehr – oder: „Wer den Dienstherren schädigt, muss zahlen!“ in UBWV 2003, 401

Vorbemerkung:

Das SG regelt die Rechtsstellung der Soldaten. Während der Erste Abschnitt für alle Soldatinnen und Soldaten gilt, betrifft der Zweite Abschnitt nur die Rechtsstellung der Berufssoldatinnen und Berufssoldaten und der Soldatinnen und Soldaten auf Zeit.

Gesetz über die Rechtsstellung der Soldaten (Soldatengesetz – SG)

C

Erster Abschnitt
Gemeinsame Vorschriften

1. Allgemeines

§1 Begriffsbestimmungen

(1) Soldat ist, wer auf Grund der Wehrpflicht oder freiwilliger Verpflichtung in einem Wehrdienstverhältnis steht. Staat und Soldaten sind durch gegenseitige Treue miteinander verbunden.

(2) In das Dienstverhältnis eines Berufssoldaten kann berufen werden, wer sich freiwillig verpflichtet, auf Lebenszeit Wehrdienst zu leisten. In das Dienstverhältnis eines Soldaten auf Zeit kann berufen werden, wer sich freiwillig verpflichtet, für begrenzte Zeit Wehrdienst zu leisten. Einen freiwilligen Wehrdienst als besonderes staatsbürgerliches Engagement kann leisten, wer sich dazu verpflichtet. Zu einem Wehrdienst in Form von Dienstleistungen kann außer Personen, die in einem Wehrdienstverhältnis nach Satz 1 oder 2 gestanden haben, auch herangezogen werden, wer sich freiwillig zu Dienstleistungen verpflichtet.

(3) Vorgesetzter ist, wer befugt ist, einem Soldaten Befehle zu erteilen. Durch Rechtsverordnung wird bestimmt, wer auf Grund seiner Dienststellung, seines Dienstgrades, besonderer Anordnung oder eigener Erklärung befehlen kann. Auf Grund des Dienstgrades allein besteht keine Befehlsbefugnis außerhalb des Dienstes. Durch eigene Erklärung darf eine Befehlsbefugnis nur zur Hilfeleistung in Notfällen, zur Aufrechterhaltung der Disziplin oder Sicherheit oder zur Herstellung einer einheitlichen Befehlsbefugnis in kritischer Lage begründet werden.

(4) Disziplinarvorgesetzter ist, wer Disziplinarbefugnis über Soldaten hat. Das Nähere regelt die Wehrdisziplinarordnung.

Anmerkung:

1. Rechtsverordnung i.S.d. Absatzes 3 → VorgV (→ **C 02a**); Definition des Befehls → § 2 Nr. 2 WStG (→ **C 20**).

2. Die Befugnis, Disziplinarmaßnahmen gegenüber unterstellten Soldaten zu verhängen und die zahlreichen sonstigen dem Disziplinarvorgesetzten obliegenden Entscheidungen (z.B. auch die Gewährung von Urlaub) zu treffen, bezeichnet § 27 WDO (→ **C 10**) als Disziplinarbefugnis. Inhaberinnen und Inhaber dieser Disziplinarbefugnis, die immer Offizier sein müssen, nennen sich **Disziplinarvorgesetzte** (→ **C 12a**).

§ 2 Dauer des Wehrdienstverhältnisses; Dienstzeitberechnung

(1) Das Wehrdienstverhältnis beginnt

1. bei einem Soldaten, der nach dem Vierten Abschnitt zur Dienstleistung herangezogen wird, mit dem Zeitpunkt, der im Heranziehungsbescheid für den Diensteintritt festgesetzt wird,
2. bei einem Berufssoldaten oder Soldaten auf Zeit mit dem Zeitpunkt der Ernennung,
3. in allen übrigen Fällen mit dem Dienstantritt.

(2) Das Wehrdienstverhältnis endet mit dem Ablauf des Tages, an dem der Soldat aus der Bundeswehr ausscheidet.

(3) Als Dienstzeit im Sinne dieses Gesetzes oder der auf Grund dieses Gesetzes erlassenen Rechtsverordnungen kann zu Gunsten des Soldaten die Zeit vom 1. oder 16. eines Monats an gerechnet werden, wenn wegen eines Wochenendes, gesetzlichen Feiertages oder eines unmittelbar vorhergehenden Werktages ein anderer Tag für den Beginn des Wehrdienstverhältnisses bestimmt worden ist und der Soldat den Dienst an diesem Tag angetreten hat. § 44 Abs. 5 Satz 2 bleibt unberührt.

§ 3 Ernennungs- und Verwendungsgrundsätze

(1) Der Soldat ist nach Eignung, Befähigung und Leistung ohne Rücksicht auf Geschlecht, sexuelle Identität, Abstammung, Rasse, Glauben, Weltanschauung, religiöse oder politische Anschauungen, Heimat, ethnische oder sonstige Herkunft zu ernennen und zu verwenden.

(2) Bei der Feststellung der Dienstfähigkeit sowie bei Ernennungs- und Verwendungsentscheidungen kann ein geringeres Maß der körperlichen Eignung verlangt werden, soweit die Einschränkung der körperlichen Eignung zurückzuführen ist auf

1. eine Wehrdienstbeschädigung im Sinne des § 81 Absatz 1 oder Absatz 2 Nummer 1 oder 3 des Soldatenversorgungsgesetzes oder

2. einen Einsatzunfall im Sinne des § 63c Absatz 2 des Soldatenversorgungsgesetzes.

Satz 1 gilt nicht, wenn der Soldat die Schädigung vorsätzlich oder grob fahrlässig verursacht hat, es sei denn, dass der Ausschluss eine unbillige Härte bedeuten würde.

(3) Absatz 2 gilt entsprechend für die Wiedereinstellung früherer Soldaten, denen kein Anspruch nach dem Einsatz-Weiterverwendungsgesetz zusteht.

§4 Ernennung, Dienstgradbezeichnungen, Uniform

(1) Einer Ernennung bedarf es

1. zur Begründung des Dienstverhältnisses eines Berufssoldaten oder eines Soldaten auf Zeit (Berufung),
2. zur Umwandlung des Dienstverhältnisses eines Soldaten auf Zeit in das Dienstverhältnis eines Berufssoldaten oder umgekehrt (Umwandlung),
3. zur Verleihung eines höheren Dienstgrades (Beförderung).

(2) Der Bundespräsident ernennt die Berufssoldaten, die Soldaten auf Zeit und die Offiziere der Reserve. Die übrigen Soldaten ernennt der Bundesminister der Verteidigung. Die Ausübung dieser Befugnisse kann auf andere Stellen übertragen werden.

(3) Der Bundespräsident setzt, soweit gesetzlich nichts anderes bestimmt ist, die Dienstgradbezeichnungen der Soldaten fest. Er erlässt die Bestimmungen über die Uniform der Soldaten und bestimmt die Kleidungsstücke, die mit der Uniform getragen werden dürfen, ohne Uniformteile zu sein. Er kann die Ausübung dieser Befugnisse auf andere Stellen übertragen.

(4) Legt ein Soldat sein Mandat nieder und bewirbt er sich zu diesem Zeitpunkt erneut um einen Sitz im Deutschen Bundestag oder im Europäischen Parlament, so ist die Verleihung eines höheren Dienstgrades nicht zulässig. Satz 1 gilt sinngemäß für Soldaten, die in die gesetzgebende Körperschaft eines Landes gewählt worden sind, und zwar auch für die Zeit zwischen zwei Wahlperioden. Die Verleihung eines höheren Dienstgrades ist auch nicht zulässig, wenn ein Berufssoldat oder Soldat auf Zeit, dessen Rechte und Pflichten auf Grund der §§ 5, 6, 8 und 36 des Abgeordnetengesetzes oder entsprechender Rechtsvorschriften ruhen, einen Dienst nach § 51 Abs. 6 oder § 54 Abs. 4 leistet.

§ 5 Gnadenrecht

(1) Dem Bundespräsidenten steht hinsichtlich des Verlustes der Soldatenrechte und der Rechte aus einem früheren Soldatenverhältnis das Gnadenrecht zu. Er kann die Ausübung anderen Stellen übertragen.

(2) Wird im Gnadenweg der Verlust der Soldatenrechte in vollem Umfang beseitigt, so gilt von diesem Zeitpunkt ab § 42 Abs. 1, 2 und 4 des Bundesbeamtengesetzes entsprechend.

Anmerkung:

1. § 5 SG ermöglicht die Beseitigung der soldatenrechtlichen Folgen eines Urteils (→ §§ 48 und 54 Abs. 2 SG) im Gnadenwege. Der Gnadenakt kann zur Folge haben, dass die früheren Rechte, wie z.B. Dienstgrad, Dienstbezüge oder Ruhegehalt, sodann wieder rückwirkend zuerkannt werden.
2. § 42 BBG regelt die Wirkungen eines Wiederaufnahmeverfahrens → BwKalender **C 01a** (bei § 5).
3. Zum Gnadenrecht im Disziplinarverfahren → § 19 WDO (→ **C 10**). Zum Verfahren in Gnadensachen der Soldatinnen und Soldaten → **C 19**.

2. Pflichten und Rechte der Soldaten

§ 6 Staatsbürgerliche Rechte des Soldaten

Der Soldat hat die gleichen staatsbürgerlichen Rechte wie jeder andere Staatsbürger. Seine Rechte werden im Rahmen der Erfordernisse des militärischen Dienstes durch seine gesetzlich begründeten Pflichten beschränkt.

Anmerkung:

1. Einzelheiten → A-2600/1 - Innere Führung, Selbstverständnis und Führungskultur, insb. Anlage 2.
2. Grundlegend zur Meinungsfreiheit von Soldatinnen und Soldaten → BVerwG, Urteil vom 17.12.1992, Az 2 WD 11.92 (= NZWehrr 1993, 206).

§ 7 Grundpflicht des Soldaten

Der Soldat hat die Pflicht, der Bundesrepublik Deutschland treu zu dienen und das Recht und die Freiheit des deutschen Volkes tapfer zu verteidigen.

Anmerkung:

Zur „Geschäftsgrundlage“, nämlich Inhalt und Reichweite soldatischer Treuepflicht → Schlegtendal in NZWehrr 1992, 177.

C

§ 8 Eintreten für die demokratische Grundordnung

Der Soldat muss die freiheitliche demokratische Grundordnung im Sinne des Grundgesetzes anerkennen und durch sein gesamtes Verhalten für ihre Erhaltung eintreten.

Anmerkung:

1. Zum Inhalt der sog. „politischen Treuepflicht" i.S.d. § 8 SG → BVerwG, Urteil vom 28.09.1990, Az 2 WD 27.89 - NZWehrr 1991, 32.
2. Maßnahmen bei einer Mitgliedschaft von Soldatinnen und Soldaten in verfassungsfeindlichen Parteien und Organisationen → Heinen, Truppenpraxis 1998, 83.

§ 9 Eid und feierliches Gelöbnis

(1) Berufssoldaten und Soldaten auf Zeit haben folgenden Diensteid zu leisten:

„Ich schwöre, der Bundesrepublik Deutschland treu zu dienen und das Recht und die Freiheit des deutschen Volkes tapfer zu verteidigen, so wahr mir Gott helfe."

Der Eid kann auch ohne die Worte „so wahr mir Gott helfe" geleistet werden. Gestattet ein Bundesgesetz den Mitgliedern einer Religionsgesellschaft, an Stelle der Worte „ich schwöre" andere Beteuerungsformeln zu gebrauchen, so kann das Mitglied einer solchen Religionsgesellschaft diese Beteuerungsformel sprechen.

(2) Soldaten, die freiwilligen Wehrdienst nach § 58b oder Wehrdienst nach Maßgabe des Wehrpflichtgesetzes leisten, bekennen sich zu ihren Pflichten durch das folgende feierliche Gelöbnis:

„Ich gelobe, der Bundesrepublik Deutschland treu zu dienen und das Recht und die Freiheit des deutschen Volkes tapfer zu verteidigen."

Anmerkung:

Die Eidesverweigerung führt bei BS oder SaZ zwangsläufig zur Entlassung → §§ 46 Abs. 2 Nr. 4 bzw. 55 Abs. 1 SG.

§ 10 Pflichten des Vorgesetzten

(1) Der Vorgesetzte soll in seiner Haltung und Pflichterfüllung ein Beispiel geben.

(2) Er hat die Pflicht zur Dienstaufsicht und ist für die Disziplin seiner Untergebenen verantwortlich.

(3) Er hat für seine Untergebenen zu sorgen.

(4) Er darf Befehle nur zu dienstlichen Zwecken und nur unter Beachtung der Regeln des Völkerrechts, der Gesetze und der Dienstvorschriften erteilen.

(5) Er trägt für seine Befehle die Verantwortung. Befehle hat er in der den Umständen angemessenen Weise durchzusetzen.

(6) Offiziere und Unteroffiziere haben innerhalb und außerhalb des Dienstes bei ihren Äußerungen die Zurückhaltung zu wahren, die erforderlich ist, um das Vertrauen als Vorgesetzte zu erhalten.

Anmerkung:

1. Absatz 1 enthält keine eigenständige Dienstpflicht, sondern einen Maßnahmebemessungsgrund i.S.d. §§ 38 Abs. 1, 58 Abs. 5 WDO (→ **C 10**) bei der Verhängung von einfachen oder gerichtlichen Disziplinarmaßnahmen.
2. Zu Absatz 2: Im Rahmen der Pflicht zur Dienstaufsicht müssen Vorgesetzte ihre Untergebenen überwachen, um sie zur treuen Erfüllung ihrer Pflichten anzuhalten und um das Begehen von Pflichtverletzungen zu verhindern (→ BVerwG, Beschluss vom 08.03.1987, Az 2 WDB 11.86 - NZWehrr 1987, 120). Weiteres Ziel der Dienstaufsicht ist es, die Untergebenen vor Nachteilen zu bewahren. Soldatinnen und Soldaten haben allerdings nach ständiger Rechtsprechung keinen Anspruch auf Dienstaufsicht, da diese alleine im öffentlichen Interesse erfolgt (→ BVerwG, Beschluss vom 30. März 2017, Az 1 WB 5.17).
3. Zu Absatz 4: Ein Befehl ist nach ständiger Rechtsprechung dann „nur zu dienstlichen Zwecken“ erteilt, wenn ihn der militärische Dienst erfordert, um die durch die Verfassung normierten Aufgaben der Bundeswehr zu erfüllen (→ BVerwG, Urteil vom 26.09.2006, Az 2 WD 2.06 - NVwZ-RR 2007, 257 m.w.N.).
4. Zu Absatz 6: Nach der Rechtsprechung des **BVerwG** (Urteile vom 9. Januar 2007, Az 2 WD 20.05 sowie vom 24. April 2007, Az 2 WD 9.06) stellen ehrverletzende und diffamierende Äußerungen (auch außerhalb eines „politischen Meinungsstreites“) grundsätzlich einen Verstoß gegen das Zurückhaltungsgebot dar.

§11 Gehorsam

(1) Der Soldat muß seinen Vorgesetzten gehorchen. Er hat ihre Befehle nach besten Kräften vollständig, gewissenhaft und unverzüglich auszuführen. Ungehorsam liegt nicht vor, wenn ein Befehl nicht befolgt wird, der die Menschenwürde verletzt oder der nicht zu dienstlichen Zwecken erteilt worden ist; die irrige Annahme, es handele sich um einen solchen Befehl, befreit den Soldaten nur dann von der Verantwortung, wenn er den Irrtum nicht vermeiden konnte und ihm nach den ihm bekannten Umständen nicht zuzumuten war, sich mit Rechtsbehelfen gegen den Befehl zu wehren.

(2) Ein Befehl darf nicht befolgt werden, wenn dadurch eine Straftat begangen würde. Befolgt der Untergebene den Befehl trotzdem,

so trifft ihn eine Schuld nur, wenn er erkennt oder wenn es nach den ihm bekannten Umständen offensichtlich ist, dass dadurch eine Straftat begangen wird.

(3) Im Verhältnis zu Personen, die befugt sind, dienstliche Anordnungen zu erteilen, die keinen Befehl darstellen, gelten § 62 Absatz 1 und § 63 des Bundesbeamtengesetzes entsprechend.

Anmerkung:

1. Ein Befehl (→ § 2 Nr. 2 WStG → **C 20**), der objektiv nicht ausführbar ist, ist unverbindlich.
2. Ein unzumutbarer Befehl ist ebenfalls unverbindlich, wenn er unverhältnismäßig in den Schutzbereich eines Grundrechts eingreift.
3. Die gemäß Absatz 3 geltenden Vorschriften des **Bundesbeamtengesetzes** haben folgenden Wortlaut:

– **§ 62 Folgepflicht**

(1) Beamtinnen und Beamte haben ihre Vorgesetzten zu beraten und zu unterstützen. Sie sind verpflichtet, deren dienstliche Anordnungen auszuführen und deren allgemeine Richtlinien zu befolgen. Dies gilt nicht, soweit die Beamtinnen und Beamten nach besonderen gesetzlichen Vorschriften an Weisungen nicht gebunden und nur dem Gesetz unterworfen sind.

– **§ 63 Verantwortung für die Rechtmäßigkeit**

(1) Beamtinnen und Beamte tragen für die Rechtmäßigkeit ihrer dienstlichen Handlungen die volle persönliche Verantwortung.

(2) Bedenken gegen die Rechtmäßigkeit dienstlicher Anordnungen haben Beamtinnen und Beamte unverzüglich bei der oder dem unmittelbaren Vorgesetzten geltend zu machen. Wird die Anordnung aufrechterhalten, haben sie sich, wenn ihre Bedenken gegen deren Rechtmäßigkeit fortbestehen, an die nächsthöhere Vorgesetzte oder den nächsthöheren Vorgesetzten zu wenden. Wird die Anordnung bestätigt, müssen die Beamtinnen und Beamten sie ausführen und sind von der eigenen Verantwortung befreit. Dies gilt nicht, wenn das aufgetragene Verhalten die Würde des Menschen verletzt oder strafbar oder ordnungswidrig ist und die Strafbarkeit oder Ordnungswidrigkeit für die Beamtinnen und Beamten erkennbar ist. Die Bestätigung hat auf Verlangen schriftlich zu erfolgen.

(3) Verlangt eine Vorgesetzte oder ein Vorgesetzter die sofortige Ausführung der Anordnung, weil Gefahr im Verzug ist und die Entscheidung der oder des höheren Vorgesetzten nicht rechtzeitig herbeigeführt werden kann, gilt Absatz 2 Satz 3 bis 5 entsprechend.

§ 12 Kameradschaft

Der Zusammenhalt der Bundeswehr beruht wesentlich auf Kameradschaft. Sie verpflichtet alle Soldaten, die Würde, die Ehre und die Rechte des Kameraden zu achten und ihm in Not und Gefahr beizustehen. Das schließt gegenseitige Anerkennung, Rücksicht und Achtung fremder Anschauungen ein.

Anmerkung:

Ein Soldat, der einen anderen Soldaten grundlos eines Fehlverhaltens bezichtigt, verstößt gegen die Pflicht zur Kameradschaft → BVerwG, Beschluss vom 10.05.1988, Az 2 WDB 6/87 - NZWehrr 1989, 35.

§ 13 Wahrheit

(1) Der Soldat muss in dienstlichen Angelegenheiten die Wahrheit sagen.

(2) Eine Meldung darf nur gefordert werden, wenn der Dienst dies rechtfertigt.

Anmerkung:

1. Die Wahrheitspflicht erstreckt sich nur auf den dienstlichen Bereich. Hierher gehören private Angelegenheiten aber dann, wenn ihre Kenntnis dienstlichen Zwecken dient (z.B. Gründe für Sonderurlaub).
2. Zur Wahrheitspflicht im Rahmen von Dienstreisen → BVerwG, Beschluss vom 12.10.1993, Az 2 WDB 15.92 - BVerwGE 103, 12: Jeder Soldat ist verpflichtet, in einem Reisekostenantrag wahrheitsgemße Angaben über den tatsächlichen Reiseverlauf und die tatsächlich entstandenen dienstbedingten Aufwendungen zu machen. Er kann sich insoweit nicht durch eine Delegation der Ausfüllung eines Reisekostenantrages auf Mitarbeiter von seiner Verantwortung als Antragsteller hinsichtlich der Richtigkeit seiner Angaben „freizeichnen".
3. Bei Aussagen im Rahmen von Vernehmungen ist zu unterscheiden, ob Soldatinnen oder Soldaten
   - als Beschuldigte eines Dienstvergehens oder einer Straftat vor Disziplinarvorgesetzten bzw. dem Wehrdisziplinaranwalt oder bei der Polizei, der Staatsanwaltschaft bzw. vor dem Strafrichter oder
   - als Zeuge in einem der genannten Fälle aussagen.

   Zu den verschiedenen Fallgruppen hinsichtlich der Aussage als Beschuldigte → A-2160/6, Abschnitt 1.17. Als Zeuge müssen Soldatinnen und Soldaten die Wahrheit sagen.

   Sie dürfen jedoch die Auskunft auf solche Fragen verweigern, deren Beantwortung sie selbst oder einen ihrer Angehörigen der Gefahr aussetzen würde, wegen einer Straftat, einer Ordnungswidrigkeit oder eines Dienstvergehens verfolgt zu werden.

§ 14 Verschwiegenheit

(1) Der Soldat hat, auch nach seinem Ausscheiden aus dem Wehrdienst, über die ihm bei oder bei Gelegenheit seiner dienstlichen Tätigkeit bekannt gewordenen Angelegenheiten Verschwiegenheit zu bewahren. Dies gilt nicht, soweit

1. Mitteilungen im dienstlichen Verkehr geboten sind,
2. Tatsachen mitgeteilt werden, die offenkundig sind oder ihrer Bedeutung nach keiner Geheimhaltung bedürfen, oder
3. gegenüber der zuständigen obersten Dienstbehörde, einer Strafverfolgungsbehörde oder einer von der obersten Dienstbehörde bestimmten weiteren Behörde oder außerdienstlichen Stelle ein durch Tatsachen begründeter Verdacht einer Korruptionsstraftat nach den §§ 331 bis 337 des Strafgesetzbuches angezeigt wird.

Im Übrigen bleiben die gesetzlich begründeten Pflichten, geplante Straftaten anzuzeigen und für die Erhaltung der freiheitlichen demokratischen Grundordnung einzutreten, von Satz 1 unberührt.

(2) Der Soldat darf ohne Genehmigung über solche Angelegenheiten weder vor Gericht noch außergerichtlich aussagen oder Erklärungen abgeben. Die Genehmigung erteilt der Disziplinarvorgesetzte, nach dem Ausscheiden aus dem Wehrdienst der letzte Disziplinarvorgesetzte. Die §§ 68 und 69 des Bundesbeamtengesetzes gelten entsprechend.

(3) Der Soldat hat, auch nach seinem Ausscheiden aus dem Wehrdienst, auf Verlangen seines Disziplinarvorgesetzten oder des letzten Disziplinarvorgesetzten dienstliche Schriftstücke, Zeichnungen, bildliche Darstellungen und, wenn es im Einzelfall aus Gründen der Geheimhaltung erforderlich ist, Aufzeichnungen jeder Art über dienstliche Vorgänge, auch soweit es sich um Wiedergaben handelt, herauszugeben. Die gleiche Pflicht trifft seine Hinterbliebenen und seine Erben.

Anmerkung:

1. §§ 331–337 StGB → **C 25b**.
2. Die in Abs. 2 zitierten Vorschriften des **BBG** lauten:

– **§ 68 BBG (Versagung der Aussagegenehmigung)**

(1) Die Genehmigung, als Zeugin oder Zeuge auszusagen, darf nur versagt werden, wenn die Aussage dem Wohle des Bundes oder eines deutschen Landes Nachteile bereiten oder die Erfüllung öffentlicher Aufgaben ernstlich gefährden oder erheblich erschweren würde.

(2) Sind Beamtinnen oder Beamte Partei oder Beschuldigte in einem gerichtlichen Verfahren oder soll ihr Vorbringen der Wahrnehmung ihrer berechtigten Interessen dienen, darf die Genehmigung auch dann, wenn die Voraussetzungen des Absatzes 1 erfüllt sind, nur versagt werden, wenn die dienstlichen Rücksichten dies unabweisbar erfordern. Wird die Genehmigung versagt, haben die oder der Dienstvorgesetzte der Beamtin oder dem Beamten den Schutz zu gewähren, den die dienstlichen Rücksichten zulassen.

(3) Über die Versagung der Genehmigung entscheidet die oberste Dienstbehörde. Sie kann diese Befugnis auf andere Behörden übertragen.

– **§ 69 BBG (Gutachtenerstattung)**

Die Genehmigung, ein Gutachten zu erstatten, kann versagt werden, wenn die Erstattung den dienstlichen Interessen Nachteile bereiten würde. § 68 Abs. 3 gilt entsprechend.

Zu privaten Veröffentlichungen und Vorträgen A-2110/3 → BwKalender **C 92**.

Zur Weitergabe von personenbezogenen Daten.

Die Verschwiegenheitspflicht erstreckt sich auch auf Aussagen vor Gericht → § 14 Abs. 2 SG i.V.m. der A-2160/6 Abschnitt 1.40 (→ **C 42b**).

§15 Politische Betätigung

(1) Im Dienst darf sich der Soldat nicht zu Gunsten oder zu Ungunsten einer bestimmten politischen Richtung betätigen. Das Recht des Soldaten, im Gespräch mit Kameraden seine eigene Meinung zu äußern, bleibt unberührt.

(2) Innerhalb der dienstlichen Unterkünfte und Anlagen findet während der Freizeit das Recht der freien Meinungsäußerung seine Schranken an den Grundregeln der Kameradschaft. Der Soldat hat sich so zu verhalten, dass die Gemeinsamkeit des Dienstes nicht ernstlich gestört wird. Der Soldat darf insbesondere nicht als Werber für eine politische Gruppe wirken, indem er Ansprachen hält, Schriften verteilt oder als Vertreter einer politischen Organisation arbeitet. Die gegenseitige Achtung darf nicht gefährdet werden.

(3) Der Soldat darf bei politischen Veranstaltungen keine Uniform tragen.

(4) Ein Soldat darf als Vorgesetzter seine Untergebenen nicht für oder gegen eine politische Meinung beeinflussen.

Anmerkung:

1. Zu Absatz 1 und 2: Erlass „Politische Betätigung . . .“ → BwKalender **C 48a**; BVerwG, Beschluss vom 06.08.1981, Az 1 WB 89/80 - NZWehrr 1982, 25.
2. Zu Absatz 3: BVerwG, Beschluss vom 08.12.1982, Az 1 WB 62/81 - NZWehrr 1983, 105. Auch das Auftreten im Fernsehen - etwa im Rahmen eines Interviews oder einer Diskussionsrunde - fällt unter das Uniformverbot, wenn dort allgemeinpolitische, in der Öffentlichkeit kontrovers diskutierte Sachverhalte zur Sprache kommen.
3. Zu Absatz 4 → BVerwG, Beschluss vom 22.12.1970, Az 1 WB 115/70 - NZWehrr 1971, 143 und BVerwG, Beschluss vom 17.12.1975, Az 1 WB 112/74 - NZWehrr 1976, 98.

   Nicht unter dieses Verbot fällt das öffentliche Eintreten für den Verteidigungsauftrag der Bw → BVerwG, Beschluss vom 12.12.1985, Az 1 WB 8/85 - NZWehrr 1985, 113.

§ 16 Verhalten in anderen Staaten

Außerhalb des Geltungsbereichs des Grundgesetzes ist dem Soldaten jede Einmischung in die Angelegenheiten des Aufenthaltsstaates versagt.

§ 17 Verhalten im und außer Dienst

(1) Der Soldat hat Disziplin zu wahren und die dienstliche Stellung des Vorgesetzten in seiner Person auch außerhalb des Dienstes zu achten.

(2) Sein Verhalten muss dem Ansehen der Bundeswehr sowie der Achtung und dem Vertrauen gerecht werden, die sein Dienst als Soldat erfordert. Der Soldat darf innerhalb der dienstlichen Unterkünfte und Anlagen auch während der Freizeit sein Gesicht nicht verhüllen, es sei denn, dienstliche oder gesundheitliche Gründe erfordern dies. Außer Dienst hat sich der Soldat außerhalb der dienstlichen Unterkünfte und Anlagen so zu verhalten, dass er das Ansehen der Bundeswehr oder die Achtung und das Vertrauen, die seine dienstliche Stellung erfordert, nicht ernsthaft beeinträchtigt.

(3) Ein Offizier oder Unteroffizier muss auch nach seinem Ausscheiden aus dem Wehrdienst der Achtung und dem Vertrauen gerecht werden, die für seine Wiederverwendung in seinem Dienstgrad erforderlich sind.

(4) Der Soldat hat alles in seinen Kräften Stehende zu tun, um seine Gesundheit zu erhalten oder wiederherzustellen. Er darf seine Gesundheit nicht vorsätzlich oder grob fahrlässig beeinträchtigen. Der Soldat muss ärztliche Eingriffe in seine körperliche Unversehrtheit gegen seinen Willen nur dann dulden, wenn es sich um Maßnahmen handelt, die der Verhütung oder Bekämpfung übertragbarer Krankheiten oder der Feststellung seiner Dienst- oder Verwendungsfähigkeit dienen; das Grundrecht nach Artikel 2 Abs. 2 Satz 1 des Grundgesetzes wird insoweit eingeschränkt. § 25 Absatz 3 Satz 3 des Infektionsschutzgesetzes bleibt unberührt. Lehnt der Soldat eine zumutbare ärztliche Behandlung ab und wird dadurch seine Dienst- oder Erwerbsfähigkeit ungünstig beeinflusst, so kann ihm eine sonst zustehende Versorgung insoweit versagt werden. Nicht zumutbar ist eine ärztliche Behandlung, die mit einer erheblichen Gefahr für Leben oder Gesundheit des Soldaten verbunden ist, eine Operation auch dann, wenn sie einen erheblichen Eingriff in die körperliche Unversehrtheit bedeutet. Ärztliche Untersuchungsmaßnahmen, die einer ärztlichen Behandlung oder einer Operation im Sinne des Satzes 6 gleichkommen,

dürfen nicht ohne Zustimmung des Soldaten vorgenommen werden. Nicht als ärztliche Behandlung oder als Operation im Sinne des Satzes 6 und nicht als Eingriffe in die körperliche Unversehrtheit gelten einfache ärztliche Maßnahmen, wie Blutentnahmen aus dem Ohrläppchen, dem Finger oder einer Blutader oder eine röntgenologische Untersuchung.

Anmerkung:

1. Zu Absatz 1: Zum disziplinierten Verhalten (im und außer Dienst) gehören speziell die Einordnung in das militärische Gefüge und die Bereitschaft der Soldatinnen und Soldaten, durch ihr Verhalten die erfolgreiche Durchführung des militärischen Dienstes zu gewährleisten. Disziplin ist ein Wesensmerkmal jeder Armee!

   Die Pflicht zur Achtung der dienstlichen Stellung des Vorgesetzten ist ein wesentlicher Bestandteil der Disziplin. Diese Pflicht beinhaltet, dass Soldatinnen und Soldaten die „dienstliche" Autorität ihrer Vorgesetzten ohne Rücksicht auf persönliche Abneigungen anerkennen und sich dementsprechend verhalten.

   Beispiel:

   Abfällige Bemerkungen über den KpFw während dessen morgendlicher Befehlsausgabe.

   Dadurch wird nicht ausgeschlossen, dass eine sachlich vertretbare Kritik selbst in der Öffentlichkeit (z. B. durch einen Leserbrief) geäußert wird.

   Auch bei der Wahrnehmung des Beschwerderechts nach der WBO (→ **C 30**) oder des Eingaberechts an den Wehrbeauftragten des Deutschen Bundestages (→ **A 20**) dürfen Soldatinnen und Soldaten ihre Sache mit Nachdruck vertreten und freimütig Kritik üben.

   Das sog. „Benachteiligungsverbot", das den Beschwerdeführer nach § 2 WBO (→ **C 30**) bzw. den Petenten nach § 7 Satz 2 WBeauftrG (→ **A 20**) grundsätzlich schützt, schließt allerdings die Möglichkeit einer Verletzung des § 17 Abs. 1 SG nicht aus. Soldatinnen und Soldaten können deshalb disziplinar (oder strafrechtlich nach § 185 ff. StGB wegen Beleidigung, übler Nachrede oder Verleumdung) zur Rechenschaft gezogen werden, wenn in ihrem Vorbringen eine grobe Ansehensverletzung, Kränkung oder Schmähung bzw. eine absichtlich oder leichtfertig behauptete Unwahrheit enthalten ist. Einzelheiten → Erlasse A-2160/6, Abschnitt 2.16 (→ **C 33g**) bzw. „Wehrbeauftragtenangelegenheiten" (→ **A 21**, Nr. 407).

2. Zu Absatz 2 Satz 1: Diese sog. Wohlverhaltenspflicht bezweckt, den geordneten Ablauf des Dienstbetriebs sicherzustellen und die Schlagkraft der Bundeswehr zu erhalten.

   Die Pflicht gilt

   - im Dienst innerhalb und außerhalb dienstlicher Unterkünfte und Anlagen,
   - außer Dienst nur innerhalb dienstlicher Unterkünfte und Anlagen.

   Achtung und Vertrauen meinen das „dienstliche" Ansehen der Soldatinnen und Soldaten bei Gleichrangigen und Untergebenen einerseits („Achtung") bzw. bei Vorgesetzten andererseits („Vertrauen").

Mit Ansehen der Bundeswehr ist deren „guter Ruf" bei Außenstehenden, nicht die „Standesehre" einzelner Soldatinnen und Soldaten gemeint.

Es ist nicht erforderlich, dass die Ansehensschädigung bzw. die Beeinträchtigung von Achtung oder Vertrauen tatsächlich eingetreten ist. Ausreichend ist vielmehr, wenn das Verhalten insofern - objektiv gesehen - geeignet ist.

Beispiele:

Kameradendiebstahl, Trunkenheit am Steuer eines Dienst-Kfz, Misshandlung Untergebener oder Missbrauch von Betäubungsmitteln.

C

3. Zu Absatz 2 Satz 3: Im Unterschied zu Satz 1 ist hier allein die außerdienstliche Wohlverhaltenspflicht gemeint, deren Verletzung zudem ernsthaft sein muss.

   Änderung der Rechtsprechung des BVerwG (→ BVerwG, Urteil vom 20.03.2014, Az 2 WD 5.13 - NZWehrr 2014, 166): „Außerdienstliches Fehlverhalten verletzt § 17 Abs. 2 Satz 2 SG auch ohne zusätzlichen Bezug zur Dienstausübung regelmäßig dann, wenn das Strafrecht dafür eine mittelschwere Strafe (Freiheitsstrafe bis zu zwei Jahren) androht."

   Beispiele:

   Ladendiebstahl, außerdienstliche Trunkenheitsfahrt → A-2160/6, Abschnitt 1.27 (→ **C 11g**) und/oder Unfallflucht → § 142 StGB (→ **C 25b**), Besitz von kinderpornografischen Abbildungen z.B. auf dem Privat-PC → § 184 Abs. 5 StGB (→ **C 25b**).

4. Allgemein sind die folgenden Bestimmungen über das Verhalten des Soldaten in der Öffentlichkeit (im und außer Dienst, in Uniform und Zivil) zu beachten:
   - die bereits zu § 17 Abs. 1 und 2 SG genannten Pflichten,
   - die Pflicht zur Kameradschaft (§ 12 SG),
   - die Vorgesetztenverordnung (→ **C 02a**),
   - die Bestimmungen über die politische Betätigung (→ § 15 SG und Erlasse BwKalender **C 48**),
   - die Pflicht zur Verschwiegenheit (→ § 14 SG),
   - die Gesunderhaltungspflicht (→ § 17 Abs. 4 SG).
5. Zur Untersuchung i.S.d. Absatzes 4 → Hermsdörfer in NZWehrr 1997, 177.

§ 18 Gemeinschaftsunterkunft und Gemeinschaftsverpflegung

Der Soldat ist auf dienstliche Anordnung verpflichtet, in einer Gemeinschaftsunterkunft zu wohnen und an einer Gemeinschaftsverpflegung teilzunehmen. Die zur Durchführung erforderlichen Verwaltungsvorschriften erlässt das Bundesministerium der Verteidigung im Einvernehmen mit dem Bundesministerium des Innern.

§ 19 Verbot der Annahme von Belohnungen oder Geschenken, Herausgabe- und Auskunftspflicht

(1) Der Soldat darf, auch nach seinem Ausscheiden aus dem Wehrdienst, keine Belohnungen, Geschenke oder sonstigen Vorteile für sich oder einen Dritten in Bezug auf seine dienstliche Tätigkeit fordern, sich versprechen lassen oder annehmen. Ausnahmen bedürfen der Zustimmung der obersten oder der letzten obersten Dienstbehörde. Die Befugnis zur Zustimmung kann auf andere Stellen übertragen werden.

(2) Wer gegen das in Absatz 1 genannte Verbot verstößt, hat auf Verlangen das auf Grund des pflichtwidrigen Verhaltens Erlangte dem Dienstherrn herauszugeben, soweit nicht im Strafverfahren die Einziehung von Taterträgen angeordnet worden oder es auf andere Weise auf den Staat übergegangen ist. Für den Umfang des Herausgabeanspruchs gelten die Vorschriften des Bürgerlichen Gesetzbuchs über die Herausgabe einer ungerechtfertigten Bereicherung entsprechend. Die Herausgabepflicht nach Satz 1 umfasst auch die Pflicht, dem Dienstherrn Auskunft über Art, Umfang und Verbleib des Erlangten zu geben.

Anmerkung:

1. Ausführungsbestimmungen → BwKalender **C 97a**.
2. WDO - Sonderregelung → § 110 WDO (→ **C 10**).

§ 20 Nebentätigkeit

(1) Der Berufssoldat und der Soldat auf Zeit bedürfen zur Ausübung jeder entgeltlichen Nebentätigkeit, mit Ausnahme der in Absatz 6 abschließend aufgeführten, der vorherigen Genehmigung, soweit sie nicht nach Absatz 7 entsprechend § 98 des Bundesbeamtengesetzes zu ihrer Ausübung verpflichtet sind. Gleiches gilt für folgende unentgeltliche Nebentätigkeiten:

1. gewerbliche oder freiberufliche Tätigkeiten oder die Mitarbeit bei einer dieser Tätigkeiten und
2. Eintritt in ein Organ eines Unternehmens mit Ausnahme einer Genossenschaft.

Als Nebentätigkeit gilt nicht die Wahrnehmung öffentlicher Ehrenämter; ihre Übernahme hat der Soldat vor Aufnahme seinem Disziplinarvorgesetzten schriftlich anzuzeigen.

(2) Die Genehmigung ist zu versagen, wenn zu besorgen ist, dass durch die Nebentätigkeit dienstliche Interessen beeinträchtigt

werden. Ein solcher Versagungsgrund liegt insbesondere vor, wenn die Nebentätigkeit

1. nach Art und Umfang den Soldaten in einem Maße in Anspruch nimmt, dass die ordnungsgemäße Erfüllung der dienstlichen Pflichten behindert werden kann,
2. den Soldaten in einen Widerstreit mit seinen dienstlichen Pflichten bringen, dem Ansehen der Bundeswehr abträglich sein kann oder in einer Angelegenheit ausgeübt wird, in der die Dienststelle oder Einheit, welcher der Soldat angehört, tätig wird oder tätig werden kann,
3. die Unparteilichkeit oder Unbefangenheit des Soldaten beeinflussen kann,
4. zu einer wesentlichen Einschränkung der künftigen dienstlichen Verwendbarkeit des Soldaten führen kann.

Ein solcher Versagungsgrund liegt in der Regel auch vor, wenn sich die Nebentätigkeit wegen gewerbsmäßiger Dienst- oder Arbeitsleistung oder sonst nach Art, Umfang, Dauer oder Häufigkeit als Ausübung eines Zweitberufs darstellt. Die Voraussetzung des Satzes 2 Nr. 1 gilt in der Regel als erfüllt, wenn die zeitliche Beanspruchung durch eine oder mehrere Nebentätigkeiten in der Woche ein Fünftel der regelmäßigen wöchentlichen Arbeitszeit überschreitet. Soweit der Gesamtbetrag der Vergütung für eine oder mehrere Nebentätigkeiten 40 Prozent des jährlichen Endgrundgehalts des Dienstgrades des Soldaten übersteigt, liegt ein Versagungsgrund vor. Der zuständige Disziplinarvorgesetzte kann Ausnahmen zulassen, wenn der Soldat durch Angabe bestimmter Tatsachen nachweist, dass die zeitliche Beanspruchung in der Woche acht Stunden nicht übersteigt oder die Versagung unter Berücksichtigung der Umstände des Einzelfalls nicht angemessen wäre oder wenn dienstliche Interessen die Genehmigung einer Nebentätigkeit rechtfertigen. Bei Anwendung der Sätze 4 bis 6 sind genehmigungs- und anzeigepflichtige Nebentätigkeiten zusammen zu berücksichtigen. Die Genehmigung ist auf längstens fünf Jahre zu befristen; sie kann mit Auflagen und Bedingungen versehen werden. Ergibt sich eine Beeinträchtigung dienstlicher Interessen nach Erteilung der Genehmigung, ist diese zu widerrufen.

(3) Der Soldat darf Nebentätigkeiten nur außerhalb des Dienstes ausüben, es sei denn, sie werden auf Verlangen seines Disziplinarvorgesetzten ausgeübt oder es besteht ein dienstliches Interesse an der Ausübung der Nebentätigkeit. Das dienstliche Interesse ist aktenkundig zu machen. Ausnahmen dürfen nur in besonders begründeten Fällen, insbesondere im öffentlichen Interesse, auf

schriftlichen Antrag zugelassen werden, wenn dienstliche Gründe dem nicht entgegenstehen und die versäumte Dienstzeit nachgeleistet wird.

(4) Der Soldat darf bei der Ausübung von Nebentätigkeiten Einrichtungen, Personal oder Material des Dienstherrn nur bei Vorliegen eines öffentlichen oder wissenschaftlichen Interesses mit dessen Genehmigung und gegen Entrichtung eines angemessenen Entgelts in Anspruch nehmen. Das Entgelt ist nach den dem Dienstherrn entstehenden Kosten zu bemessen und muss den besonderen Vorteil berücksichtigen, der dem Soldaten durch die Inanspruchnahme entsteht.

(5) Die Genehmigung erteilt das Bundesministerium der Verteidigung; es kann diese Befugnis auf andere Stellen übertragen. Anträge auf Erteilung einer Genehmigung sowie Entscheidungen über diese Anträge bedürfen der Schriftform. Der Soldat hat die für die Entscheidung erforderlichen Nachweise zu führen, insbesondere über Art und Umfang der Nebentätigkeit sowie die Entgelte und geldwerten Vorteile hieraus; jede Änderung ist unverzüglich schriftlich anzuzeigen.

(6) Nicht genehmigungspflichtig sind

1. die Verwaltung eigenen oder der Nutznießung des Soldaten unterliegenden Vermögens,
2. schriftstellerische, wissenschaftliche, künstlerische oder Vortragstätigkeiten,
3. mit Lehr- oder Forschungsaufgaben zusammenhängende selbstständige Gutachtertätigkeiten von Soldaten als Lehrer an öffentlichen Hochschulen und an Hochschulen der Bundeswehr sowie von Soldaten an wissenschaftlichen Instituten und Anstalten und
4. Tätigkeiten zur Wahrung von Berufsinteressen in Gewerkschaften oder Berufsverbänden oder in Selbsthilfeeinrichtungen der Soldaten.

Tätigkeiten nach Satz 1 Nr. 2 und 3 sowie eine Tätigkeit in Selbsthilfeeinrichtungen nach Satz 1 Nr. 4 hat der Soldat der zuständigen Stelle schriftlich vor ihrer Aufnahme anzuzeigen, wenn für sie ein Entgelt oder ein geldwerter Vorteil geleistet wird. Hierbei hat er insbesondere Art und Umfang der Nebentätigkeit sowie die voraussichtliche Höhe der Entgelte und geldwerten Vorteile anzugeben. Der Soldat hat jede Änderung unverzüglich schriftlich mitzuteilen. Der zuständige Disziplinarvorgesetzte kann im Übrigen aus begründetem Anlass verlangen, dass der Soldat über eine ausgeübte nicht genehmigungspflichtige Nebentätigkeit schriftlich Auskunft erteilt, insbesondere über deren Art und Umfang. Eine nicht genehmigungspflichtige Nebentätigkeit ist ganz oder teilweise zu untersagen, wenn der Soldat bei ihrer Ausübung dienstliche Pflichten verletzt.

(7) § 97 Abs. 1 bis 3, §§ 98 und 102 bis 104 des Bundesbeamtengesetzes gelten entsprechend.

(8) Einem Soldaten, der freiwilligen Wehrdienst nach § 58b oder Wehrdienst nach Maßgabe des Wehrpflichtgesetzes leistet, darf die Ausübung einer Nebentätigkeit nur untersagt werden, wenn sie seine Dienstfähigkeit gefährdet oder den dienstlichen Erfordernissen zuwiderläuft. Gleiches gilt bei einem Soldaten, der zu einer Dienstleistung nach dem Vierten Abschnitt herangezogen worden ist.

Anmerkung:

1. Bundesnebentätigkeitsverordnung (BNV) → (BwKalender **C 91a**). Zentrale Dienstvorschrift → (BwKalender **C 91b**).
2. Die gemäß Absatz 7 geltenden Vorschriften des **Bundesbeamtengesetzes** haben folgenden Wortlaut:

– **§ 97**

(1) Nebentätigkeit ist die Wahrnehmung eines Nebenamtes oder die Ausübung einer Nebenbeschäftigung.

(2) Nebenamt ist ein nicht zu einem Hauptamt gehörender Kreis von Aufgaben, der aufgrund eines öffentlich-rechtlichen Dienst- oder Amtsverhältnisses wahrgenommen wird.

(3) Nebenbeschäftigung ist jede sonstige, nicht zu einem Hauptamt gehörende Tätigkeit innerhalb oder außerhalb des öffentlichen Dienstes.

(4) Als Nebentätigkeit gilt nicht die Wahrnehmung öffentlicher Ehrenämter sowie einer unentgeltlichen Vormundschaft, Betreuung oder Pflegschaft.

– **§ 98**

Beamtinnen und Beamte sind verpflichtet, auf Verlangen ihrer Dienstbehörde eine Nebentätigkeit im öffentlichen Dienst auszuüben, sofern diese Tätigkeit ihrer Vorbildung oder Berufsausbildung entspricht und sie nicht ber Gebühr in Anspruch nimmt.

– **§ 99**

(1) Beamtinnen und Beamte bedürfen zur Ausbung jeder entgeltlichen Nebentätigkeit, mit Ausnahme der in § 100 Abs. 1 abschließend aufgeführten, der vorherigen Genehmigung, soweit sie nicht nach § 98 zu ihrer Ausübung verpflichtet sind. Gleiches gilt für folgende unentgeltliche Nebentätigkeiten:

1. Wahrnehmung eines Nebenamtes,

2. gewerbliche oder freiberufliche Tätigkeiten oder die Mitarbeit bei einer dieser Tätigkeiten und
3. Eintritt in ein Organ eines Unternehmens mit Ausnahme einer Genossenschaft.

(2) Die Genehmigung ist zu versagen, wenn zu besorgen ist, dass durch die Nebentätigkeit dienstliche Interessen beeinträchtigt werden. Ein solcher Versagungsgrund liegt insbesondere vor, wenn die Nebentätigkeit
1. nach Art und Umfang die Arbeitskraft so stark in Anspruch nimmt, dass die ordnungsgemäße Erfüllung der dienstlichen Pflichten behindert werden kann,
2. die Beamtin oder den Beamten in einen Widerstreit mit den dienstlichen Pflichten bringen kann,
3. in einer Angelegenheit ausgeübt wird, in der die Behörde, der die Beamtin oder der Beamte angehört, tätig wird oder tätig werden kann,
4. die Unparteilichkeit oder Unbefangenheit der Beamtin oder des Beamten beeinflussen kann,
5. zu einer wesentlichen Einschränkung der künftigen dienstlichen Verwendbarkeit der Beamtin oder des Beamten führen kann oder
6. dem Ansehen der öffentlichen Verwaltung abträglich sein kann.

Ein solcher Versagungsgrund liegt in der Regel auch vor, wenn sich die Nebentätigkeit wegen gewerbsmäßiger Dienst- oder Arbeitsleistung oder sonst nach Art, Umfang, Dauer oder Häufigkeit als Ausübung eines Zweitberufs darstellt.

(3) Die Voraussetzung des Absatzes 2 Satz 2 Nr. 1 gilt in der Regel als erfüllt, wenn die zeitliche Beanspruchung durch eine oder mehrere Nebentätigkeiten in der Woche ein Fünftel der regelmäßigen wöchentlichen Arbeitszeit überschreitet. Bei begrenzter Dienstfähigkeit ist ein Fünftel der nach § 45 Abs. 2 Satz 1 verkürzten Arbeitzeit zugrunde zu legen. Soweit der Gesamtbetrag der Vergütung für eine oder mehrere Nebentätigkeiten 40 Prozent des jährlichen Endgrundgehalts des Amtes der Beamtin oder des Beamten übersteigt, liegt ein Versagungsgrund vor. Die Dienstbehörde kann Ausnahmen zulassen, wenn die Beamtin oder der Beamte durch Angabe bestimmter Tatsachen nachweist, dass die zeitliche Beanspruchung ein Fünftel der regelmäßigen wöchentlichen Arbeitszeit nicht übersteigt oder die Versagung unter Berücksichtigung der Umstände des Einzelfalls nicht angemessen wäre. Bei Anwendung der Sätze 1 bis 4 sind genehmigungs- und anzeigepflichtige Nebentätigkeiten zusammen zu berücksichtigen.

(4) Die Genehmigung ist auf längstens fünf Jahre zu befristen. Sie kann mit Auflagen und Bedingungen versehen werden. Ergibt sich eine Beeinträchtigung dienstlicher Interessen nach Erteilung der Genehmigung, ist diese zu widerrufen.

(5) Die Genehmigung erteilt die oberste Dienstbehörde. Sie kann diese Zuständigkeit auf nachgeordnete Behörden übertragen. Anträge auf Erteilung einer Genehmigung sowie Entscheidungen über diese Anträge bedürfen der Schriftform. Die Beamtin oder der Beamte hat dabei die für die Entscheidung erforderlichen Nachweise zu führen, insbesondere

über Art und Umfang der Nebentätigkeit sowie die Entgelte und geldwerten Vorteile hieraus. Jede Änderung ist unverzüglich schriftlich anzuzeigen.

– **§ 100**

(1) Nicht genehmigungspflichtig sind

1. die Verwaltung eigenen oder der Nutznießung der Beamtin oder des Beamten unterliegenden Vermögens,
2. schriftstellerische, wissenschaftliche, künstlerische oder Vortragstätigkeiten,
3. mit Lehr- oder Forschungsaufgaben zusammenhängende selbstständige Gutachtertätigkeiten von Lehrerinnen und Lehrern an öffentlichen Hochschulen und an Hochschulen der Bundeswehr sowie von Beamtinnen und Beamten an wissenschaftlichen Instituten und Anstalten und
4. Tätigkeiten zur Wahrung von Berufsinteressen in Gewerkschaften oder Berufsverbänden oder in Selbsthilfeeinrichtungen der Beamtinnen und Beamten.

(2) Tätigkeiten nach Absatz 1 Nr. 2 und 3 sowie eine Tätigkeit in Selbsthilfeeinrichtungen nach Absatz 1 Nr. 4 sind der Dienstbehörde schriftlich vor ihrer Aufnahme anzuzeigen, wenn für sie ein Entgelt oder ein geldwerter Vorteil geleistet wird. Hierbei sind insbesondere Art und Umfang der Nebentätigkeit sowie die voraussichtliche Höhe der Entgelte und geldwerten Vorteile anzugeben. Jede Änderung ist unverzüglich schriftlich mitzuteilen.

(3) Die Dienstbehörde kann aus begründetem Anlass verlangen, dass über eine ausgeübte nicht genehmigungspflichtige Nebentätigkeit schriftlich Auskunft erteilt wird, insbesondere über deren Art und Umfang.

(4) Eine nicht genehmigungspflichtige Nebentätigkeit ist ganz oder teilweise zu untersagen, wenn die Beamtin oder der Beamte bei ihrer Ausübung dienstliche Pflichten verletzt.

– **§ 101**

(1) Nebentätigkeiten dürfen nur außerhalb der Arbeitszeit ausgeübt werden, es sei denn, sie werden auf Verlangen der oder des Dienstvorgesetzten ausgeübt oder es besteht ein dienstliches Interesse an der Ausübung der Nebentätigkeit. Das dienstliche Interesse ist aktenkundig zu machen. Ausnahmen dürfen nur in besonders begründeten Fällen, insbesondere im öffentlichen Interesse, auf schriftlichen Antrag zugelassen werden, wenn dienstliche Gründe dem nicht entgegenstehen und die versäumte Arbeitszeit nachgeleistet wird.

(2) Bei der Ausübung von Nebentätigkeiten dürfen Einrichtungen, Personal oder Material des Dienstherrn nur bei Vorliegen eines öffentlichen oder wissenschaftlichen Interesses mit dessen Genehmigung und gegen Entrichtung eines angemessenen Entgelts in Anspruch genommen werden. Das Entgelt ist nach den dem Dienstherrn entstehenden Kosten zu bemessen und muss den besonderen Vorteil berücksichtigen, der der Beamtin oder dem Beamten durch die Inanspruchnahme entsteht.

– **§ 102**

Beamtinnen und Beamte, die aus einer auf Verlangen, Vorschlag oder Veranlassung der oder des Dienstvorgesetzten ausgeübten Tätigkeit im Vorstand, Aufsichtsrat, Verwaltungsrat oder in einem sonstigen Organ einer Gesellschaft, Genossenschaft oder eines in einer anderen Rechtsform betriebenen Unternehmens haftbar gemacht werden, haben gegen den Dienstherrn Anspruch auf Ersatz des ihnen entstandenen Schadens. Ist der Schaden vorsätzlich oder grob fahrlässig herbeigeführt, ist der Dienstherr nur dann ersatzpflichtig, wenn die Beamtin oder der Beamte auf Verlangen der oder des Vorgesetzten gehandelt hat.

– **§ 103**

Endet das Beamtenverhältnis, enden, wenn im Einzelfall nichts anderes bestimmt wird, auch die Nebenämter und Nebenbeschäftigungen, die im Zusammenhang mit dem Hauptamt übertragen sind oder die auf Verlangen, Vorschlag oder Veranlassung der oder des Dienstvorgesetzten ausgeübt worden sind.

– **§ 104**

Die zur Ausführung der §§ 97 bis 103 notwendigen weiteren Vorschriften zu Nebentätigkeiten von Beamtinnen und Beamten erlässt die Bundesregierung durch Rechtsverordnung. In ihr kann bestimmt werden,

1. welche Tätigkeiten als öffentlicher Dienst im Sinne dieser Vorschriften anzusehen sind oder ihm gleichstehen,
2. ob und inwieweit eine im öffentlichen Dienst ausgeübte oder auf Verlangen, Vorschlag oder Veranlassung der oder des Dienstvorgesetzten ausgeübte Nebentätigkeit vergütet wird oder eine Verügtung abzuführen ist,
3. unter welchen Voraussetzungen die Beamtin oder der Beamte zur Ausübung von Nebentätigkeiten Einrichtungen, Personal oder Material des Dienstherrn in Anspruch nehmen darf und in welcher Höhe hierfür ein Entgelt an den Dienstherrn zu entrichten ist; das Entgelt kann pauschaliert in einem Prozentsatz des aus der Nebentätigkeit erzielten Bruttoeinkommens festgelegt werden und bei unentgeltlich ausgeübter Nebentätigkeit entfallen,
4. dass die Beamtin oder der Beamte verpflichtet werden kann, nach Ablauf eines jeden Kalenderjahres der oder dem Dienstvorgesetzten die ihr oder ihm zugeflossenen Entgelte und geldwerten Vorteile aus Nebentätigkeiten anzugeben.

3. Zu schriftstellerischer, wissenschaftlicher und Vortragstätigkeit → BwKalender **C 92**).
4. A-2100/19 „Handel und Gewerbeausübung im Bereich der Bundeswehr" → (BwKalender **F 95b**).

§ 20a Tätigkeit nach dem Ausscheiden aus dem Wehrdienst

(1) Ein Berufssoldat im Ruhestand oder ein früherer Soldat mit Anspruch auf Dienstzeitversorgung hat eine Erwerbstätigkeit oder

sonstige Beschäftigung außerhalb des öffentlichen Dienstes, die mit seiner dienstlichen Tätigkeit in den letzten fünf Jahren vor seinem Ausscheiden aus dem Wehrdienst im Zusammenhang steht und durch die dienstliche Interessen beeinträchtigt werden können, vor ihrer Aufnahme schriftlich anzuzeigen. Die Anzeigepflicht endet fünf Jahre nach dem Ausscheiden aus dem Wehrdienst. Die Sätze 1 und 2 gelten auch für frühere Soldaten mit Anspruch auf Altersgeld nach dem Altersgeldgesetz.

(2) Die Erwerbstätigkeit oder sonstige Beschäftigung ist zu untersagen, soweit zu besorgen ist, dass durch sie dienstliche Interessen beeinträchtigt werden. Die Untersagung ist für den Zeitraum bis zum Ende der Anzeigepflicht auszusprechen, es sei denn, die Voraussetzungen für eine Untersagung liegen nur für einen kürzeren Zeitraum vor.

(3) Die Anzeige nach Absatz 1 ist an das Bundesministerium der Verteidigung zu richten, das auch für die Untersagung nach Absatz 2 zuständig ist. Es kann seine Zuständigkeit auf andere Stellen übertragen.

Anmerkung: Zentrale Dienstvorschrift → (BwKalender **C 99a**).

§ 21 Vormundschaft und Ehrenämter

Der Soldat bedarf zur Übernahme einer Vormundschaft, Betreuung oder Pflegschaft sowie zur Übernahme des Amtes eines Testamentsvollstreckers der vorherigen Genehmigung seines Disziplinarvorgesetzten. Sie ist zu erteilen, wenn nicht zwingende dienstliche Gründe entgegenstehen. Der Soldat darf die Übernahme eines solchen Amtes ablehnen. Einer Genehmigung nach Satz 1 bedarf es nicht bei einer unentgeltlichen Vormundschaft, Betreuung oder Pflegschaft eines Angehörigen; die Übernahme dieser Tätigkeiten hat der Soldat vor Aufnahme seinem Disziplinarvorgesetzten schriftlich anzuzeigen.

§ 22 Verbot der Ausübung des Dienstes

Der Bundesminister der Verteidigung oder die von ihm bestimmte Stelle kann einem Soldaten aus zwingenden dienstlichen Gründen die Ausübung des Dienstes verbieten. Das Verbot erlischt, sofern nicht bis zum Ablauf von drei Monaten gegen den Soldaten ein gerichtliches Disziplinarverfahren, ein Strafverfahren oder ein Entlassungsverfahren eingeleitet ist.

Anmerkung:

Durchführungsbestimmungen A-2160/6, Abschnitt 1.13 (→ **C 15**).

§23 Dienstvergehen

(1) Der Soldat begeht ein Dienstvergehen, wenn er schuldhaft seine Pflicht verletzt.

(2) Es gilt als Dienstvergehen,

1. wenn ein Soldat nach seinem Ausscheiden aus dem Wehrdienst seine Pflicht zur Verschwiegenheit verletzt oder gegen das Verbot verstößt, Belohnungen oder Geschenke anzunehmen oder eine Tätigkeit nach § 20a nicht anzeigt oder entgegen einem Verbot ausübt,
2. wenn sich ein Offizier oder Unteroffizier nach seinem Ausscheiden aus dem Wehrdienst gegen die freiheitliche demokratische Grundordnung im Sinne des Grundgesetzes betätigt oder durch unwürdiges Verhalten nicht der Achtung und dem Vertrauen gerecht wird, die für seine Wiederverwendung als Vorgesetzter erforderlich sind,
3. wenn ein Berufssoldat nach Eintritt oder Versetzung in den Ruhestand einer erneuten Berufung in das Dienstverhältnis nicht nachkommt.

(3) Das Nähere über die Verfolgung von Dienstvergehen regelt die Wehrdisziplinarordnung.

Anmerkung:

1. Absatz 1 definiert den zentralen Begriff des materiellen Disziplinarrechts - das **Dienstvergehen** - als schuldhafte Verletzung einer oder mehrerer Dienstpflichten (→ §§ 7 ff. SG). Neben der Erfüllung des objektiven und subjektiven Tatbestandes bedarf es eines rechtswidrigen (→ **C 25a**, Nr. 112 und **C 26**) und schuldhaften (→ **C 25a**, Nr. 113) Handelns (= Tun oder Unterlassen).

   Schuldhaft handelt ein Soldat, wenn er (i.d.R.) im Bewusstsein der Pflichtwidrigkeit vorsätzlich oder fahrlässig seine Dienstpflicht verletzt.

   Vorsatz bedeutet bewusste und gewollte Dienstpflichtverletzung (direkter V.). Vorsätzliches Handeln bedeutet aber auch, dass der Soldat die Pflichtverletzung zwar nicht unbedingt will, sie jedoch für möglich hält und sich mit ihr abfindet (bedingter V.).

   Fahrlässig handelt ein Soldat, wenn er bei Anwendung der ihm persönlich zumutbaren Sorgfalt die Pflichtverletzung hätte voraussehen und vermeiden können.

   Beispiel:

   Ein Soldat kommt eine Stunde nach Zapfenstreich in die Kaserne, weil der bisher verkehrende Bus infolge Fahrplanwechsels ausgefallen ist.

   Wusste er, dass der Bus nicht fahren würde, so handelt er vorsätzlich.

Hat er sich nach der Fahrplanänderung nicht vergewissert - etwa weil er dachte: „Na wenn schon, dann komme ich eben zu spät“ -, so handelt er mit bedingtem Vorsatz.

Wusste er von der Fahrplanänderung, vergaß aber die geänderten Fahrzeiten, dann liegt Fahrlässigkeit vor.

In allen drei Fällen liegt ein Dienstvergehen vor, weil der Soldat schuldhaft gegen den Befehl, zum Zapfenstreich in der Kaserne zu sein, und somit gegen die Gehorsamspflicht nach § 11 verstoßen hat.

2. Absatz 2 fingiert ein „Dienst“-Vergehen in bestimmten Fällen auch nach dem Ausscheiden aus dem Dienstverhältnis.
3. Absatz 3 → **C 10**.

§ 24 Haftung

(1) Verletzt ein Soldat vorsätzlich oder grob fahrlässig die ihm obliegenden Pflichten, so hat er dem Dienstherrn, dessen Aufgaben er wahrgenommen hat, den daraus entstehenden Schaden zu ersetzen. Haben mehrere Soldaten gemeinsam den Schaden verursacht, so haften sie als Gesamtschuldner.

(2) Hat der Dienstherr Dritten Schadensersatz geleistet, gilt als Zeitpunkt, in dem der Dienstherr Kenntnis im Sinne der Verjährungsvorschriften des Bürgerlichen Gesetzbuchs erlangt, der Zeitpunkt, in dem der Ersatzanspruch gegenüber Dritten vom Dienstherrn anerkannt oder dem Dienstherrn gegenüber rechtskräftig festgestellt wird.

(3) Leistet der Soldat dem Dienstherrn Ersatz und hat dieser einen Ersatzanspruch gegen einen Dritten, so geht der Ersatzanspruch auf den Soldaten über.

Anmerkung:

1. Zu den Begriffen Vorsatz und Fahrlässigkeit → Anm. 1 zu § 23 SG.

   Grob fahrlässig handelt, wer die gebotene Sorgfalt in ungewöhnlich großem Maße verletzt oder wer nicht beachtet, was im gegebenen Fall jedem ohne weiteres einleuchten muss.
2. Einzelheiten sind in der A-2175/5 - Bearbeitung von Schadensfällen in der Bundeswehr (Schadensbestimmungen) (→ BwKalender **F 80a**) und der A-2175/12 - Einziehung von Schadensersatzforderungen aus dem Dienst- bzw. Arbeitsverhältnis (→ BwKalender **F 83**) geregelt.
3. Die Schadensbearbeitung nach § 24 SG und den hierzu erlassenen Vorschriften ist sorgfältig von der disziplinaren Würdigung eines Schadensfalls nach § 33 WDO zu unterscheiden. Das Schadensrecht dient einerseits nicht der Disziplinierung und Erziehung des Soldaten, das Disziplinarrecht dient andererseits nicht dem Interesse des Bundes, Schadensersatz zu erlangen. Eine disziplinare Ahndung ist daher auch dann möglich, wenn eine Schadensersatzpflicht nach § 24 SG besteht.

Aus diesem Grund hat der zuständige Disziplinarvorgesetzte in einem Schadensfall das Verhalten der beteiligten Soldaten auch dann - gewissermaßen erst recht - disziplinar zu prüfen, wenn im Schadensverfahren ein sog. „haftungsbegründendes Verschulden“ verneint wird → **C 11f**.

Beispiel:

Uffz. M. verursacht beim Einparken seines Dienst-Kfz eine Beule an dessen Kotflügel.

Der Soldat verletzt zwar seine Dienstpflicht nach § 7 SG, wenn er aus Unachtsamkeit einen Schaden zum Nachteil des Bundes verursacht. Da ihm hier aber nur leichte Fahrlässigkeit zur Last gelegt werden kann, entfällt nach § 24 Abs. 1 Satz 1 SG eine Schadensersatzpflicht. Im Ergebnis könnte der nächste Disziplinarvorgesetzte somit eine Erzieherische Maßnahme oder (z.B. im Wiederholungsfall) eine einfache Disziplinarmaßnahme verhängen.

4. Nimmt ein Soldat kraft seiner Vorgesetztenstellung pflichtwidrig die Dienste eines anderen Soldaten für private Zwecke in Anspruch (z.B. Renovierungsarbeiten während der Dienstzeit in der Wohnung des Kompaniechefs), so dass dieser über einen längeren Zeitraum hinweg nicht für seinen Dienst verfügbar ist, so ist der Vorgesetzte seinem Dienstherrn zum Schadensersatz verpflichtet. Der zu leistende Schadensersatz bestimmt sich danach, in welchem Umfang die Bundeswehr an den Soldaten für diesen Zeitraum Dienstbezüge/Wehrsold gezahlt hat.

§ 25 Wahlrecht; Amtsverhältnisse

(1) Stimmt ein Soldat seiner Aufstellung als Bewerber für die Wahl zum Deutschen Bundestag, zu der gesetzgebenden Körperschaft eines Landes oder zu einer kommunalen Vertretung zu, so hat er dies unverzüglich seinem nächsten Disziplinarvorgesetzten mitzuteilen.

(2) Für die Rechtsstellung der nach dem 1. Juni 1978 in die gesetzgebende Körperschaft eines Landes gewählten Berufssoldaten und Soldaten auf Zeit gelten die für in den Deutschen Bundestag gewählte Berufssoldaten und Soldaten auf Zeit maßgebenden Vorschriften in den §§ 5 bis 7, 8 Abs. 2, § 23 Abs. 5 und in § 36 Abs. 1 des Abgeordnetengesetzes entsprechend.

(3) Für die Tätigkeit als Mitglied einer kommunalen Vertretung, eines nach Kommunalverfassungsrecht gebildeten Ausschusses oder vergleichbarer Einrichtungen in Gemeindebezirken ist dem Soldaten der erforderliche Urlaub unter Belassung der Geld- und Sachbezüge zu gewähren. Satz 1 gilt auch für die von einer kommunalen Vertretung gewählten ehrenamtlichen Mitglieder von Ausschüssen, die auf Grund eines Gesetzes gebildet worden sind. Urlaub nach Satz 1 oder 2 kann nur versagt werden, wenn nach Abwägung den Interessen des Dienstherrn gegenüber den Interessen der kommunalen Selbstverwaltung ausnahmsweise der Vorrang

einzuräumen ist; in diesen Fällen liegt die Entscheidung beim Bundesministerium der Verteidigung.

(4) Wird ein Berufssoldat zum Mitglied der Bundesregierung oder zum Parlamentarischen Staatssekretär bei einem Mitglied der Bundesregierung ernannt, gelten § 18 Abs. 1 und 2 und § 20 des Bundesministergesetzes entsprechend. Das gilt auch für die Ernennung zum Mitglied der Regierung eines Landes oder für den Eintritt in ein Amtsverhältnis, das dem eines Parlamentarischen Staatssekretärs im Sinne des Gesetzes über die Rechtsverhältnisse der Parlamentarischen Staatssekretäre entspricht. Die Sätze 1 und 2 gelten für Soldaten auf Zeit entsprechend mit der Maßgabe, dass bei Anwendung des § 18 Abs. 2 des Bundesministergesetzes an die Stelle des Eintritts in den Ruhestand die Beendigung des Dienstverhältnisses tritt.

(5) Tritt ein Berufssoldat in ein kommunales Wahlbeamtenverhältnis auf Zeit ein, ruhen mit dessen Beginn die in dem Dienstverhältnis als Berufssoldat begründeten Rechte und Pflichten mit Ausnahme der Pflicht zur Verschwiegenheit (§ 14) und des Verbots der Annahme von Belohnungen oder Geschenken (§ 19); § 46 Absatz 3a ist nicht anzuwenden. Nach Beendigung des kommunalen Wahlbeamtenverhältnisses ruhen die in dem Dienstverhältnis als Berufssoldat begründeten Rechte und Pflichten für längstens weitere drei Monate. Sie leben auf Antrag des Berufssoldaten, der innerhalb von zwei Monaten nach Beendigung des kommunalen Wahlbeamtenverhältnisses zu stellen ist, wieder auf. Stellt der Berufssoldat den Antrag nicht oder nicht zeitgerecht, ist er nach Ablauf der drei Monate als Berufssoldat entlassen. Die Vorschriften über die Beendigung des Dienstverhältnisses eines Berufssoldaten bleiben unberührt. Die Sätze 1 bis 5 gelten für den Soldaten auf Zeit entsprechend.

§ 26 Verlust des Dienstgrades

Der Soldat verliert seinen Dienstgrad nur kraft Gesetzes oder durch Richterspruch. Das Nähere über den Verlust des Dienstgrades durch Richterspruch regelt die Wehrdisziplinarordnung.

Anmerkung: Einzelfälle → §§ 49 Abs. 2, 53, 56 Abs. 2 SG; §§ 62, 63, 65 Abs. 1, 66, 67 Abs. 4 WDO (→ **C 10**).

§ 28 Urlaub

(1) Dem Soldaten steht alljährlich ein Erholungsurlaub unter Belassung der Geld- und Sachbezüge zu.

(2) Der Urlaub darf versagt werden, soweit und solange zwingende dienstliche Erfordernisse einer Urlaubserteilung entgegenstehen.

(3) Dem Soldaten kann aus besonderen Anlässen Urlaub erteilt werden.

(4) Die Erteilung und die Dauer des Urlaubs regelt eine Rechtsverordnung. Sie bestimmt, ob und inwieweit die Geld- und Sachbezüge während eines Urlaubs aus besonderen Anlässen zu belassen sind.

(5) Einem Berufssoldaten oder Soldaten auf Zeit kann auf Antrag unter Wegfall der Geld- und Sachbezüge mit Ausnahme der unentgeltlichen truppenärztlichen Versorgung Urlaub bis zur Dauer von drei Jahren mit der Möglichkeit der Verlängerung auf längstens 15 Jahre gewährt werden, wenn er

1. mindestens ein Kind unter 18 Jahren oder
2. einen nach ärztlichem Gutachten pflegebedürftigen sonstigen Angehörigen

tatsächlich betreut oder pflegt. Bei einem Soldaten auf Zeit ist die Gewährung nur insoweit zulässig, als er nicht mehr verpflichtet ist, auf Grund der Wehrpflicht Grundwehrdienst zu leisten. Der Antrag auf Verlängerung einer Beurlaubung ist spätestens sechs Monate vor Ablauf der genehmigten Beurlaubung zu stellen. Während der Beurlaubung dürfen nur solche Nebentätigkeiten genehmigt werden, die dem Zweck der Beurlaubung nicht zuwiderlaufen. Ein bereits bewilligter Urlaub kann aus zwingenden Gründen der Verteidigung widerrufen werden.

(6) Stimmt ein Berufssoldat oder Soldat auf Zeit seiner Aufstellung als Bewerber für die Wahl zum Deutschen Bundestag, zum Europäischen Parlament oder zu der gesetzgebenden Körperschaft eines Landes zu, ist ihm auf Antrag innerhalb der letzten zwei Monate vor dem Wahltag der zur Vorbereitung seiner Wahl erforderliche Urlaub unter Wegfall der Geld- und Sachbezüge zu gewähren.

(7) Soldaten haben Anspruch auf Elternzeit unter Wegfall der Geld- und Sachbezüge mit Ausnahme der unentgeltlichen truppenärztlichen Versorgung. Das Nähere wird durch eine Rechtsverordnung geregelt, die die Eigenart des militärischen Dienstes berücksichtigt.

Anmerkung: Einzelheiten → BwKalender **C 40a**.

§ 29 Personalakten

(1) Über jeden Soldaten ist eine Personalakte zu führen; sie ist vertraulich zu behandeln und durch technische und organisatorische Maßnahmen vor unbefugter Einsichtnahme zu schützen. Die Akte kann in Teilen oder vollständig automatisiert geführt werden. Zur Personalakte gehören alle Unterlagen, die den Soldaten betreffen, soweit sie mit seinem Dienstverhältnis in einem unmittelbaren inneren Zusammenhang stehen (Personalaktendaten). Nicht Bestandteil der Personalakte sind Unterlagen, die besonderen, von der Person und dem Dienstverhältnis sachlich zu trennenden Zwecken dienen, insbesondere Prüfungs-, Sicherheits- und Kindergeldakten. Personalaktendaten dürfen ohne Einwilligung des Soldaten nur für Zwecke der Personalführung und -bearbeitung sowie der Personalwirtschaft verwendet werden. Eine Verwendung für andere als die in Satz 5 genannten Zwecke liegt nicht vor, wenn Personalaktendaten im Rahmen einer Datenschutzkontrolle den mit ihrer Durchführung Betrauten bekannt werden. Gleiches gilt, soweit im Rahmen der Datensicherung oder der Sicherung des ordnungsgemäßen Betriebes einer Datenverarbeitungsanlage eine nach dem Stand der Technik nicht oder nur mit unverhältnismäßigem Aufwand zu vermeidende Kenntnisnahme von Personalaktendaten erfolgt.

(2) Der Dienstherr darf personenbezogene Daten über Bewerber, Soldaten und frühere Soldaten nur erheben und verwenden, soweit dies zur Begründung, Durchführung, Beendigung oder Abwicklung des Dienstverhältnisses oder zur Durchführung organisatorischer, personeller oder sozialer Maßnahmen, insbesondere zu Zwecken der Personalplanung und des Personaleinsatzes, erforderlich ist oder eine Rechtsvorschrift dies erlaubt.

(3) Zugang zur Personalakte dürfen nur Personen haben, die für Personalangelegenheiten zuständig sind, und nur soweit dies zu Zwecken der Personalführung oder -bearbeitung erforderlich ist. Zugang zu entscheidungsrelevanten Teilen der Personalakte haben auch Gleichstellungsbeauftragte, soweit dies zur Wahrnehmung ihrer Aufgaben erforderlich ist. Auf Verlangen ist Beauftragten für den Datenschutz nach § 4f des Bundesdatenschutzgesetzes Zugang zur Personalakte zu gewähren. Zugang haben ferner die mit Angelegenheiten der Innenrevision beauftragten Beschäftigten, soweit sie die zur Durchführung ihrer Aufgaben erforderlichen Erkenntnisse nur auf diesem Weg und nicht durch Auskunft aus der Personalakte gewinnen können. Jede Einsichtnahme nach Satz 4 ist aktenkundig zu machen. Ohne Einwilligung des Bewerbers, Solda-

ten oder früheren Soldaten darf die Personalakte weitergegeben werden

1. an andere Stellen oder an Ärzte im Geschäftsbereich des Bundesministeriums der Verteidigung, soweit dies im Rahmen der Zweckbestimmung des Dienstverhältnisses erforderlich ist,
2. an Stellen in Geschäftsbereichen anderer Bundesministerien, soweit diese Aufgaben der Personalbearbeitung oder der Personalwirtschaft in Bezug auf Bewerber, Soldaten oder frühere Soldaten wahrnehmen und die Kenntnis der Personalakte für die Aufgabenwahrnehmung erforderlich ist.

Für Auskünfte aus der Personalakte gilt Entsprechendes. Soweit eine Auskunft ausreicht, ist von der Weitergabe der Personalakte abzusehen. Auskünfte an Stellen außerhalb des Geschäftsbereichs des Bundesministeriums der Verteidigung dürfen außer in den Fällen des Satzes 6 ohne Einwilligung des Bewerbers, Soldaten oder früheren Soldaten nur erteilt werden, wenn zwingende Gründe der Verteidigung, die Abwehr einer erheblichen Beeinträchtigung des Gemeinwohls oder der Schutz berechtigter, höherrangiger Interessen Dritter dies erfordern. Inhalt und Empfänger sind den Betroffenen schriftlich oder elektronisch mitzuteilen. Ein automatisierter Datenabruf durch andere Behörden ist unzulässig, soweit durch besondere Rechtsvorschrift nichts anderes bestimmt ist.

(4) Daten über medizinische und über psychologische Untersuchungen und Tests dürfen nur im jeweiligen Dienst der Bundeswehr in automatisierten Verfahren verarbeitet werden, soweit sie für die Beurteilung der Dienst- und der Verwendungsfähigkeit des Soldaten erforderlich sind. Nur die Ergebnisse solcher Untersuchungen und Tests dürfen an für Personalangelegenheiten zuständige Stellen der Bundeswehr weitergegeben und dort verwendet werden, soweit dies für Zwecke der Personalführung und -bearbeitung erforderlich ist. Daten über psychologische Untersuchungen und Tests dürfen, in der Regel in Form von Stichproben, durch den psychologischen Dienst auch automatisiert verarbeitet werden, soweit dies erforderlich ist, um die Aussagefähigkeit des psychologischen Eignungsfeststellungsverfahrens zu verbessern; zu diesem Zwecke dürfen ihm auf sein Ersuchen die erforderlichen Daten zur Verarbeitung übermittelt werden, soweit sie sich auf die Ergebnisse der Untersuchungen und Tests beziehen. § 40 Abs. 2 des Bundesdatenschutzgesetzes gilt entsprechend. Die die Dienst- und die Verwendungsfähigkeit bestimmenden ärztlichen Informationen können einer zentralen Stelle zur Erfüllung der ärztlichen Doku-

mentationspflicht und zum Zwecke der Beweissicherung übermittelt und dort aufbewahrt werden.

(5) Der Soldat ist zu Beschwerden, Behauptungen und Bewertungen, die für ihn ungünstig sind oder ihm nachteilig werden können, vor deren Aufnahme in die Personalakte zu hören. Seine Äußerung ist zur Personalakte zu nehmen. Die Vorgänge nach den Sätzen 1 und 2 sind mit Zustimmung des Soldaten nach zwei Jahren aus der Personalakte zu entfernen, es sei denn, sie sind in eine dienstliche Beurteilung aufgenommen oder unterliegen nach anderen gesetzlichen Bestimmungen einer längeren Tilgungsfrist. Die Frist für die Entfernung wird regelmäßig durch erneute Sachverhalte im Sinne dieser Vorschrift oder durch Einleitung eines Straf- oder Disziplinarverfahrens unterbrochen. Stellt sich der erneute Vorwurf als unbegründet oder falsch heraus, gilt die Frist als nicht unterbrochen.

(6) Die Personalakte des Soldaten ist nach Beendigung des Wehrdienstverhältnisses aufzubewahren, soweit dies insbesondere zur Erfüllung der Wehrpflicht, aus besoldungs- oder aus versorgungsrechtlichen Gründen erforderlich ist. Die für eine Heranziehung zum Wehrdienst erforderlichen Personalunterlagen abgelehnter Bewerber sind dem zuständigen Kreiswehrersatzamt zuzuleiten; gespeicherte Daten sind zu löschen, soweit sie nicht für eine erneute Bewerbung oder für eine Heranziehung zum Wehrdienst nach dem Wehrpflichtgesetz von Bedeutung sind.

(7) Der Soldat hat, auch nach seinem Ausscheiden aus dem Wehrdienstverhältnis, ein Recht auf Einsicht in seine vollständige Personalakte. Einem Bevollmächtigten ist Einsicht zu gewähren, soweit dienstliche Gründe nicht entgegenstehen. Dies gilt auch für Hinterbliebene und deren Bevollmächtigte, wenn ein berechtigtes Interesse glaubhaft gemacht wird. Für Auskünfte aus der Personalakte gelten die Sätze 2 und 3 entsprechend.

(8) Der Soldat hat ein Recht auf Einsicht auch in andere Akten, die personenbezogene Daten über ihn enthalten und für sein Dienstverhältnis verwendet werden, soweit gesetzlich nichts anderes bestimmt ist; dies gilt nicht für Sicherheitsakten. Die Einsichtnahme ist unzulässig, wenn die Daten des Betroffenen mit Daten Dritter oder geheimhaltungsbedürftigen nichtpersonenbezogenen Daten derart verbunden sind, dass ihre Trennung nicht oder nur mit unverhältnismäßig großem Aufwand möglich ist. In diesem Fall ist dem Soldaten Auskunft zu erteilen.

(9) Näheres bestimmt eine Rechtsverordnung über

1. die Anlage und Führung von Personalakten des Soldaten während des Wehrdienstverhältnisses und nach seinem Ausscheiden aus dem Wehrdienstverhältnis,
2. das Verfahren der Weitergabe, Aufbewahrung und Vernichtung oder den Verbleib der Personalakten einschließlich der Übermittlung und Löschung oder des Verbleibs der in automatisierten Verfahren gespeicherten Informationen sowie die hieran beteiligten Stellen,
3. die Einrichtung und den Betrieb automatisierter Verfahren einschließlich der Zugriffsmöglichkeiten auf die gespeicherten Informationen,
4. die Einzelheiten der Art und Weise der Einsichtgewährung und Auskunftserteilung aus der Personalakte und
5. die Befugnis von Personen im Sinne des § 203 Abs. 1 Nr. 1 und 2 des Strafgesetzbuches, die im Rahmen der unentgeltlichen truppenärztlichen Versorgung des Soldaten tätig werden, vom Dienstherrn mit der Untersuchung des Soldaten oder mit der Erstellung von Gutachten über ihn beauftragt worden sind, dem Arztgeheimnis unterliegende personenbezogene Daten zu offenbaren.

Anmerkung:

Einzelheiten regeln die Rechtsverordnung zu § 29 Abs. 9 SG, die AB-SPersAV und die Bestimmungen über die Führung der Personalakten (→ A-1480/6 und A-1420/11 (beide abgedruckt im BwKalender **C 04a** und **C 04c**).

§ 30 Geld- und Sachbezüge, Versorgung

(1) Der Soldat hat Anspruch auf Geld- und Sachbezüge, Versorgung, Reise- und Umzugskostenvergütung nach Maßgabe besonderer Gesetze. Zu den Sachbezügen gehört auch die unentgeltliche truppenärztliche Versorgung. Die Weiterführung der sozialen Krankenversicherung für seine Angehörigen, die Arbeitslosenversicherung und Versicherung in den gesetzlichen Rentenversicherungen werden gesetzlich geregelt.

(2) Anwärter für die Laufbahn der Offiziere des Sanitätsdienstes (Sanitätsoffizier-Anwärter), die unter Wegfall der Geld- und Sachbezüge zum Studium beurlaubt sind, erhalten unentgeltliche truppenärztliche Versorgung, ein Ausbildungsgeld (Grundbetrag, Familienzuschlag) sowie Einmalzahlungen im Rahmen von Besoldungsanpassungen nach dem Bundesbesoldungsgesetz und haben Anspruch auf Erstattung der auf Grundlage der jeweiligen Lan-

desgesetzgebung erhobenen Studienbeiträge oder Studiengebühren. Die Höhe des Ausbildungsgeldes wird durch Rechtsverordnung unter Berücksichtigung der Dienstbezüge derjenigen Dienstgrade festgesetzt, die die Sanitätsoffizier-Anwärter während ihrer Ausbildung durchlaufen. Die Rechtsverordnung regelt ferner das Nähere über die Gewährung des Ausbildungsgeldes sowie über die Anrechnung von Einkünften aus einer mit der Ausbildung zusammenhängenden Tätigkeit.

(3) Die §§ 76, 84a und 96 Abs. 2 des Bundesbeamtengesetzes gelten entsprechend.

(4) Den Soldaten kann bei Dienstjubiläen eine Jubiläumszuwendung gewährt werden. Das Nähere regelt eine Rechtsverordnung.

(5) Soldatinnen haben Anspruch auf Mutterschutz. Die Einzelheiten werden durch Rechtsverordnung geregelt. Dabei ist sicherzustellen, dass Soldatinnen hinsichtlich Inhalt, Art und Umfang der Schutz gewährleistet wird, wie er durch das Mutterschutzgesetz vorgesehen ist. Abweichungen sind nur insoweit zulässig, als sie mit Rücksicht auf die Eigenart des militärischen Dienstes erforderlich sind. Eine angemessene Kontrolle und Überwachung der Einhaltung der dem Gesundheitsschutz dienenden mutterschutzrechtlichen Vorschriften ist vorzusehen.

§ 30a Teilzeitbeschäftigung, Familienpflegezeit und Pflegezeit

(1) Einem Berufssoldaten oder Soldaten auf Zeit kann auf Antrag Teilzeitbeschäftigung im Umfang von mindestens der Hälfte der regelmäßigen Arbeitszeit nach § 30c Absatz 1 und bis zur jeweils beantragten Dauer, längstens für zwölf Jahre bewilligt werden, soweit dienstliche Gründe nicht entgegenstehen. Die Teilzeitbeschäftigung soll bewilligt werden, wenn er mindestens ein Kind unter 18 Jahren oder einen pflegebedürftigen sonstigen Angehörigen tatsächlich betreut oder pflegt und zwingende dienstliche Gründe nicht entgegenstehen. Die Pflegebedürftigkeit ist nachzuweisen durch ein ärztliches Gutachten oder durch eine Bescheinigung der Pflegekasse oder des Medizinischen Dienstes der Krankenversicherung oder durch eine entsprechende Bescheinigung einer privaten Pflegeversicherung. Soweit Anspruch auf Elternzeit nach § 28 Absatz 7 besteht, kann anstelle von Elternzeit eine Teilzeitbeschäftigung auch im Umfang von weniger als der Hälfte der regelmäßigen Arbeitszeit bewilligt werden. Der Anspruch auf Elternzeit vermindert sich um die Zeit, in der diese Teilzeitbeschäftigung in Anspruch genommen wird.

(2) Über den Antrag entscheidet das Bundesministerium der Verteidigung oder die von ihm beauftragte Stelle. Die Ablehnung von Anträgen ist im Einzelnen zu begründen. Einem Antrag darf nur entsprochen werden, wenn der Soldat sich verpflichtet, während des Bewilligungszeitraumes Nebentätigkeiten nur in dem Umfang einzugehen, in dem nach § 20 den in Vollzeit beschäftigten Soldaten die Ausübung von Nebentätigkeiten gestattet ist. Es dürfen nur solche Nebentätigkeiten genehmigt werden, die dem Zweck der Teilzeitbewilligung nicht zuwiderlaufen. Wird die Verpflichtung nach Satz 3 schuldhaft verletzt, soll die Bewilligung widerrufen werden.

(3) Die zuständige Stelle kann auch nachträglich die Dauer der Teilzeitbeschäftigung beschränken, den Umfang der zu leistenden Arbeitszeit erhöhen oder deren Bewilligung widerrufen, soweit zwingende dienstliche Gründe dies erfordern. Sie soll den Übergang zur Vollzeitbeschäftigung zulassen, wenn dem Soldaten die Teilzeitbeschäftigung nicht mehr zugemutet werden kann und dienstliche Belange nicht entgegenstehen.

(4) Bemessungsgrundlage für die Arbeitszeit im Sinne von § 6 Abs. 1 des Bundesbesoldungsgesetzes ist bei teilzeitbeschäftigten Soldaten die regelmäßige Arbeitszeit gemäß § 30c Absatz 1.

(5) Das Nähere zur Teilzeitbeschäftigung der Soldaten wird in einer Rechtsverordnung geregelt. Dort können auch bestimmte Verwendungen und Truppenteile festgelegt werden, in denen eine Teilzeitbeschäftigung nicht möglich ist. Des Weiteren kann darin, außer in den Fällen des Absatzes 1 Satz 4, vor der erstmaligen Bewilligung von Teilzeitbeschäftigung eine Mindestdienstzeit von höchstens vier Jahren gefordert werden.

(6) Abweichend von Absatz 1 wird einem Berufssoldaten oder Soldaten auf Zeit in entsprechender Anwendung des § 92a des Bundesbeamtengesetzes Teilzeitbeschäftigung als Familienpflegezeit mit Vorschuss bewilligt. Die Absätze 2 bis 5 gelten entsprechend.

(7) Einem Berufssoldaten oder Soldaten auf Zeit wird in entsprechender Anwendung des § 92b des Bundesbeamtengesetzes

1. abweichend von Absatz 1 Teilzeitbeschäftigung oder
2. Urlaub unter Wegfall der Geld- und Sachbezüge mit Ausnahme der unentgeltlichen truppenärztlichen Versorgung

als Pflegezeit mit Vorschuss bewilligt. Im Übrigen gelten für die Bewilligung von Teilzeitbeschäftigung nach Satz 1 Nummer 1 die Absätze 2 bis 5 entsprechend.

§ 30b Zusammentreffen von Urlaub und Teilzeitbeschäftigung

Urlaube nach § 28 Absatz 5 und den §§ 28a und 30a Absatz 7 sowie Zeiten einer Teilzeitbeschäftigung nach § 30a dürfen zusammen eine Dauer von 15 Jahren nicht überschreiten.

§ 30c Arbeitszeit

(1) Die regelmäßige Arbeitszeit der Soldaten beträgt grundsätzlich wöchentlich 41 Stunden. Ausnahmen können gelten für schwerbehinderte Soldaten, für Soldaten mit Erziehungs- und Pflegepflichten, für Soldaten, denen die Führung eines Langzeitkontos gestattet worden ist, für Führungskräfte vom Dienstgrad Brigadegeneral oder von vergleichbaren Dienstgraden an aufwärts sowie bei Bereitschaftsdienst. Arbeitszeit ist die Zeit von Beginn bis zum Ende des Dienstes ohne die Ruhepausen.

(2) Der Soldat ist verpflichtet, über die regelmäßige wöchentliche Arbeitszeit hinaus militärischen Dienst zu leisten, soweit die Besonderheiten dieses Dienstes es erfordern und sich die Mehrarbeit auf Ausnahmen beschränkt. Wird er durch eine dienstlich angeordnete oder genehmigte Mehrarbeit mehr als 5 Stunden im Monat über die regelmäßige Arbeitszeit hinaus beansprucht, so ist ihm für diese Mehrarbeit innerhalb eines Jahres entsprechende Dienstbefreiung zu gewähren. Das gilt nicht, soweit eine Dienstbefreiung aus zwingenden dienstlichen Gründen nicht möglich ist.

(3) Bei Bereitschaftsdienst kann die regelmäßige Arbeitszeit entsprechend den dienstlichen Bedürfnissen angemessen verlängert werden. In kurativen Sanitätseinrichtungen der Bundeswehr kann die Arbeitszeit auf bis zu 54 Stunden im Siebentageszeitraum verlängert werden, wenn

1. hierfür ein zwingendes dienstliches Bedürfnis besteht,
2. der Soldat sich hierzu schriftlich oder elektronisch bereit erklärt und
3. die allgemeinen Grundsätze der Sicherheit und des Gesundheitsschutzes beachtet werden.

(4) Die Absätze 1 bis 3 sind nicht anzuwenden bei Tätigkeiten im Rahmen von

1. Einsätzen und einsatzgleichen Verpflichtungen, insbesondere
   a) im Rahmen mandatierter Auslandseinsätze,
   b) zur Landesverteidigung, im Spannungsfall oder im Rahmen des inneren Notstandes,

c) im Rahmen nationaler Krisenvorsorge,
d) zur Bündnisverteidigung im Rahmen der Organisation des Nordatlantikvertrages und
e) zur Beteiligung an militärischen Aufgaben im Rahmen der Vereinten Nationen oder der Gemeinsamen Sicherheits- und Verteidigungspolitik der Europäischen Union,

2. Amtshilfe bei Naturkatastrophen oder besonders schweren Unglücksfällen und im Rahmen der dringenden Eilhilfe, humanitärer Hilfsdienste und Hilfeleistungen nach § 2 Absatz 2 Satz 3 des Parlamentsbeteiligungsgesetzes,
3. mehrtägigen Seefahrten,
4. Alarmierungen und Zusammenziehungen sowie militärischen Ausbildungen zur Vorbereitung von Einsätzen und Verwendungen in den Fällen der Nummern 1 und 2 sowie
5. Übungs- und Ausbildungsvorhaben, bei denen Einsatzbedingungen nach den Nummern 1 und 2 simuliert werden.

(5) Eine Rechtsverordnung bestimmt das Nähere
1. zur Regelung der Arbeitszeit, insbesondere
   a) zu ihrer Dauer,
   b) zu Möglichkeiten ihrer flexiblen Ausgestaltung,
   c) zur Kontrolle ihrer Einhaltung und
   d) zum Zeitausgleich, sowie
2. zur Gewährleistung eines größtmöglichen Arbeits- und Gesundheitsschutzes bei den Tätigkeiten nach Absatz 4.

Eine Kontrolle der Einhaltung der Arbeitszeit mittels automatisierter Datenverarbeitungssysteme ist zulässig, soweit diese Systeme eine Mitwirkung des Soldaten erfordern. Die erhobenen Daten dürfen nur für Zwecke der Arbeitszeitkontrolle, der Wahrung arbeitsschutzrechtlicher Vorschriften und des gezielten Personaleinsatzes verwendet werden, soweit dies zur Aufgabenwahrnehmung der jeweils zuständigen Stelle erforderlich ist. In der Rechtsverordnung sind Löschfristen für die erhobenen Daten vorzusehen. Die Rechtsverordnung kann die Erprobung innovativer und flexibler Arbeitszeitmodelle mit Langzeitkonten gestatten und hierbei vorsehen, dass Erholungsurlaub auf Antrag einem Langzeitkonto gutgeschrieben werden darf. Die Rechtsverordnung kann auch das Ermessen bindende Vorgaben zur Bewilligung von Urlaub im Zusammenhang mit den Tätigkeiten nach Absatz 4 vorsehen.

§ 31 Fürsorge

(1) Der Bund hat im Rahmen des Dienst- und Treueverhältnisses für das Wohl des Berufssoldaten und des Soldaten auf Zeit sowie ihrer Familien, auch für die Zeit nach Beendigung des Dienstverhältnisses, zu sorgen. Er hat auch für das Wohl des Soldaten zu sorgen, der freiwilligen Wehrdienst nach § 58b oder Wehrdienst nach Maßgabe des Vierten oder Fünften Abschnittes oder des Wehrpflichtgesetzes leistet; die Fürsorge für die Familie des Soldaten während des Wehrdienstes und seine Eingliederung in das Berufsleben nach dem Ausscheiden aus dem Wehrdienst werden gesetzlich geregelt.

(2) § 80 des Bundesbeamtengesetzes und die auf der Grundlage von § 80 Abs. 4 des Bundesbeamtengesetzes erlassene Rechtsverordnung sind auf

1. Soldaten, die Anspruch auf Dienstbezüge oder Ausbildungsgeld haben oder Elternzeit in Anspruch nehmen, und
2. Versorgungsempfänger mit Anspruch auf Versorgungsbezüge nach dem Zweiten Teil des Soldatenversorgungsgesetzes

entsprechend anzuwenden. Dies gilt auch für einen Zeitraum, in dem nach § 11 Abs. 7 des Soldatenversorgungsgesetzes Übergangsgebührnisse nicht zustehen, weil Versorgungskrankengeld nach § 16 des Bundesversorgungsgesetzes oder nach anderen Gesetzen gewährt wird, die das Bundesversorgungsgesetz für anwendbar erklären.

(3) Auf Soldaten, die sich in Betreuungsurlaub nach § 28 Abs. 5 befinden, ist § 92 Abs. 5 des Bundesbeamtengesetzes entsprechend anzuwenden.

(4) Nicht beihilfefähig sind Aufwendungen von Berufssoldaten und Soldaten auf Zeit, denen auf Grund von § 69a des Bundesbesoldungsgesetzes unentgeltliche truppenärztliche Versorgung zusteht.

(5) Beihilfe wird nicht gewährt

1. Soldaten, solange sie sich in einer Eignungsübung befinden, es sei denn, dass sie ohne Einberufung zur Eignungsübung im öffentlichen Dienst beihilfeberechtigt wären, und
2. Versorgungsempfängern für die Dauer einer Beschäftigung im öffentlichen Dienst, durch die eine Beihilfeberechtigung auf Grund beamtenrechtlicher Vorschriften begründet wird.

(6) Beim Zusammentreffen mehrerer Beihilfeberechtigungen schließt eine Beihilfeberechtigung auf Grund eines neuen Versor-

gungsbezuges die Beihilfeberechtigung aufgrund früherer Versorgungsbezüge aus.

(7) Abweichend von Absatz 5 Nr. 1 sind von Berufssoldaten und Soldaten auf Zeit, die nach der Eignungsübung in das Dienstverhältnis eines Berufssoldaten oder Soldaten auf Zeit berufen worden sind, auch die während der Eignungsübung entstandenen Aufwendungen beihilfefähig.

(8) In einer Rechtsverordnung kann vorgesehen werden, Soldaten mit Familienpflichten im Sinne des § 4 Absatz 1 des Soldatinnen- und Soldatengleichstellungsgesetzes diejenigen Kosten für eine Familien- und Haushaltshilfe zu erstatten, die durch besondere Verwendungen im Ausland gemäß § 56 Absatz 1 des Bundesbesoldungsgesetzes, durch die einsatzvorbereitende Ausbildung dazu, durch einsatzgleiche Verpflichtungen oder durch Dauereinsatzaufgaben entstehen. Als Voraussetzung für die Erstattung ist festzulegen, dass

1. der Soldat dem nächsthöheren Disziplinarvorgesetzten eine Betreuungs- oder Pflegesituation unverzüglich anzeigt,
2. die Situation bei Durchführung der Verwendung nur über eine nicht zu den nahen Bezugspersonen zählende externe Betreuungs- oder Pflegekraft beherrschbar ist,
3. der Soldat aus schwerwiegenden dienstlichen Gründen nicht aus der geplanten oder laufenden Verwendung herausgelöst werden kann,
4. die Kosten nicht nach anderen Vorschriften auch nur teilweise erstattet werden können und
5. die Kosten nachgewiesen werden.

Die Erstattung ist auf höchstens 50 Euro pro Tag zu begrenzen. Die Rechtsverordnung regelt das Nähere zur Anspruchsausgestaltung und zum Verfahren.

Anmerkung:

Im Unterschied zur - konkreten - Fürsorgepflicht des Vorgesetzten nach § 10 Abs. 3 SG betrifft § 31 SG die - allgemeine - Fürsorgepflicht des Dienstherrn.

§ 32 Dienstzeitbescheinigung und Dienstzeugnis

(1) Der Soldat erhält nach Beendigung seines Wehrdienstes eine Dienstzeitbescheinigung. Auf Antrag ist ihm bei einer Dienstzeit von mindestens vier Wochen von seinem nächsten Disziplinarvorgesetzten ein Dienstzeugnis zu erteilen, das über die Art und Dauer der wesentlichen von ihm bekleideten Dienststellungen, über seine

Führung, seine Tätigkeit und seine Leistung im Dienst Auskunft gibt. Das Bundesministerium der Verteidigung kann die Zuständigkeit nach Satz 2 anders bestimmen.

(2) Der Soldat kann eine angemessene Zeit vor dem Ende des Wehrdienstes ein vorläufiges Dienstzeugnis beantragen.

§ 33 Staatsbürgerlicher und völkerrechtlicher Unterricht

C

(1) Die Soldaten erhalten staatsbürgerlichen und völkerrechtlichen Unterricht. Der für den Unterricht verantwortliche Vorgesetzte darf die Behandlung politischer Fragen nicht auf die Darlegung einer einseitigen Meinung beschränken. Das Gesamtbild des Unterrichts ist so zu gestalten, dass die Soldaten nicht zu Gunsten oder zu Ungunsten einer bestimmten politischen Richtung beeinflusst werden.

(2) Die Soldaten sind über ihre staatsbürgerlichen und völkerrechtlichen Pflichten und Rechte im Frieden und im Krieg zu unterrichten.

Anmerkung:

Politische Bildung in der Bundeswehr → A-2620/1. Die unterrichtenden Vorgesetzten haben bei dem Unterricht § 15 Abs. 4 SG zu beachten.

§ 34 Beschwerde

Der Soldat hat das Recht, sich zu beschweren. Das Nähere regelt die Wehrbeschwerdeordnung.

Anmerkung:

WBO → **C 30**.

§ 35 Beteiligungsrechte der Soldaten

Die Beteiligung der Soldaten regelt das Soldatenbeteiligungsgesetz.

Anmerkung:

Soldatenbeteiligungsgesetz → **C 55a**.

§ 36 Seelsorge

Der Soldat hat einen Anspruch auf Seelsorge und ungestörte Religionsausübung. Die Teilnahme am Gottesdienst ist freiwillig.

Zweiter Abschnitt
Rechtsstellung der Berufssoldaten und der Soldaten auf Zeit

1. Begründung des Dienstverhältnisses

§ 37 Voraussetzung der Berufung

(1) In das Dienstverhältnis eines Berufssoldaten oder eines Soldaten auf Zeit darf nur berufen werden, wer

1. Deutscher im Sinne des Artikels 116 des Grundgesetzes ist,
2. Gewähr dafür bietet, dass er jederzeit für die freiheitliche demokratische Grundordnung im Sinne des Grundgesetzes eintritt,
3. die charakterliche, geistige und körperliche Eignung besitzt, die zur Erfüllung seiner Aufgaben als Soldat erforderlich ist.

(2) Das Bundesministerium der Verteidigung kann in Einzelfällen Ausnahmen von Absatz 1 Nr. 1 zulassen, wenn dafür ein dienstliches Bedürfnis besteht.

(3) Für Personen, deren erstmalige Berufung in ein Dienstverhältnis als Berufssoldat oder Soldat auf Zeit beabsichtigt ist, ist eine einfache Sicherheitsüberprüfung nach dem Sicherheitsüberprüfungsgesetz durchzuführen.

§ 38 Hindernisse der Berufung

(1) In das Dienstverhältnis eines Berufssoldaten oder eines Soldaten auf Zeit darf nicht berufen werden, wer

1. durch ein deutsches Gericht wegen eines Verbrechens zu Freiheitsstrafe von mindestens einem Jahr oder wegen einer vorsätzlichen Tat, die nach den Vorschriften über Friedensverrat, Hochverrat, Gefährdung des demokratischen Rechtsstaates oder Landesverrat und Gefährdung der äußeren Sicherheit strafbar ist, zu Freiheitsstrafe verurteilt ist,
2. infolge Richterspruchs die Fähigkeit zur Bekleidung öffentlicher Ämter nicht besitzt,
3. einer Maßregel der Besserung und Sicherung nach den §§ 64, 66, 66a oder § 66b des Strafgesetzbuches oder der Sicherungsverwahrung nach Bestimmungen des § 7 oder des § 106 des Jugendgerichtsgesetzes unterworfen ist, solange die Maßregel nicht erledigt ist.

(2) Das Bundesministerium der Verteidigung kann in Einzelfällen Ausnahmen von Absatz 1 Nr. 1 zulassen.

C

3. Beendigung des Dienstverhältnisses

a) Beendigung des Dienstverhältnisses eines Berufssoldaten

§43 Beendigungsgründe

(1) Das Dienstverhältnis eines Berufssoldaten endet durch Eintritt oder Versetzung in den Ruhestand nach Maßgabe der Vorschriften über die rechtliche Stellung des Berufssoldaten im Ruhestand.

(2) Das Dienstverhältnis endet ferner durch

1. Umwandlung,
2. Entlassung,
3. Verlust der Rechtsstellung eines Berufssoldaten oder
4. Entfernung aus dem Dienstverhältnis durch Urteil in einem gerichtlichen Disziplinarverfahren.

Anmerkung:

Das Dienstverhältnis eines Berufssoldaten kann enden:

a) durch Eintritt in den Ruhestand nach § 44 SG

b) durch Umwandlung nach § 45a SG

c) durch Versetzung in den einstweiligen Ruhestand nach § 50 (nur ab Brigadegeneral)

d) durch Entlassung nach § 46 SG oder § 61 SG

e) durch Verlust der Rechtsstellung nach § 48 SG

f) durch disziplinargerichtliches Urteil nach § 63 WDO (→ **C 10**).

§46 Entlassung

(1) Ein Berufssoldat ist entlassen, wenn er die Eigenschaft als Deutscher im Sinne des Artikels 116 des Grundgesetzes verliert. Das Bundesministerium der Verteidigung entscheidet darüber, ob diese Voraussetzung vorliegt, und stellt den Tag der Beendigung des Dienstverhältnisses fest.

(2) Ein Berufssoldat ist zu entlassen,

1. wenn er aus einem der in § 38 genannten Gründe nicht hätte ernannt werden dürfen und das Hindernis noch fortbesteht,
2. wenn er seine Ernennung durch Zwang, arglistige Täuschung oder Bestechung herbeigeführt hat,
3. wenn sich herausstellt, dass er vor seiner Ernennung eine Straftat begangen hat, die ihn der Berufung in das Dienstverhältnis eines Berufssoldaten unwürdig erscheinen lässt und er deswegen zu einer Strafe verurteilt war oder wird,
4. wenn er sich weigert, den Eid abzulegen,

5. wenn er zur Zeit der Ernennung Mitglied des Europäischen Parlaments, des Bundestages oder eines Landtages war und nicht innerhalb der vom Bundesministerium der Verteidigung gesetzten angemessenen Frist sein Mandat niederlegt,
6. wenn in den Fällen des § 44 Abs. 1 bis 3 die Voraussetzungen des § 44 Abs. 5 nicht erfüllt sind,
7. wenn er als Kriegsdienstverweigerer anerkannt ist; diese Entlassung gilt als Entlassung auf eigenen Antrag, oder
8. wenn er ohne Genehmigung des Bundesministeriums der Verteidigung seinen Wohnsitz oder dauernden Aufenthalt außerhalb des Geltungsbereichs dieses Gesetzes nimmt.

In den Fällen des Satzes 1 Nummer 2 kann das Bundesministerium der Verteidigung wegen besonderer Härte eine Ausnahme zulassen. In den Fällen des Satzes 1 Nummer 8 kann das Bundesministerium der Verteidigung seine Zuständigkeit auf andere Stellen übertragen.

(3) Der Berufssoldat kann jederzeit seine Entlassung verlangen; soweit seine militärische Ausbildung mit einem Studium oder einer Fachausbildung verbunden war, gilt dies jedoch erst nach einer sich daran anschließenden Dienstzeit, die der dreifachen Dauer des Studiums oder der Fachausbildung entspricht, längstens nach zehn Jahren. In einer Rechtsverordnung kann für bestimmte Verwendungen wegen der Höhe der mit dem Studium oder der Fachausbildung verbundenen Kosten oder auf Grund sonstiger studien- oder ausbildungsbedingter Besonderheiten eine längere als die dreifache Dauer bestimmt werden; die in Satz 1 genannte Höchstdauer darf nicht überschritten werden.

(3a) Ein Berufssoldat ist entlassen, wenn er zum Beamten ernannt wird. Die Entlassung gilt als solche auf eigenen Antrag. Satz 1 gilt nicht, wenn der Berufssoldat

1. in ein Beamtenverhältnis als Ehrenbeamter oder
2. als Professor, Juniorprofessor, wissenschaftlicher oder künstlerischer Mitarbeiter an einer nach Landesrecht staatlich anerkannten oder genehmigten Hochschule, deren Personal im Dienste des Bundes steht, in ein Beamtenverhältnis auf Zeit

berufen wird. Satz 1 gilt ebenfalls nicht, solange das Bundesministerium der Verteidigung oder eine von ihm bestimmte Stelle in seinem Geschäftsbereich der Entlassung nach Satz 1 nicht zugestimmt hat. Die Zustimmung ist zu erteilen, wenn der Soldat nach Absatz 3 seine Entlassung verlangen könnte. Im Übrigen kann die

Zustimmung unter Berücksichtigung der dienstlichen Interessen der Bundeswehr erteilt werden.

(4) Hat der Berufssoldat Elternzeit nach § 28 Abs. 7 im Anschluss an ein Studium oder eine Fachausbildung in Anspruch genommen, verlängert sich die Dienstzeit nach Absatz 3 um diese Zeit entsprechend, soweit das Studium oder die Fachausbildung mehr als sechs Monate gedauert hat; die Höchstdauer von zehn Jahren bleibt unberührt. Gleiches gilt für einen Berufssoldaten, der eine Teilzeitbeschäftigung nach § 30a in Anspruch genommen hat; die Dienstzeit nach Absatz 3 verlängert sich um die Differenz der Teilzeitbeschäftigung zur Vollzeitbeschäftigung.

(5) Der Berufsoffizier kann auch dann, wenn er weder ein Studium noch eine Fachausbildung erhalten hat, seine Entlassung erst nach Ende des sechsten Dienstjahres als Offizier verlangen.

(6) Vor Ablauf der in den Absätzen 3, 4 und 5 genannten Dienstzeiten ist der Berufssoldat auf seinen Antrag zu entlassen, wenn das Verbleiben im Dienst für ihn wegen persönlicher, insbesondere häuslicher, beruflicher oder wirtschaftlicher Gründe eine besondere Härte bedeuten würde.

(7) Das Verlangen auf Entlassung muss dem Disziplinarvorgesetzten schriftlich erklärt werden. Die Erklärung kann, solange die Entlassungsverfügung dem Soldaten noch nicht zugegangen ist, innerhalb zweier Wochen nach Zugang bei dem Disziplinarvorgesetzten zurückgenommen werden, mit Zustimmung der für die Entlassung zuständigen Stelle auch nach Ablauf dieser Frist. Die Entlassung ist für den beantragten Zeitpunkt auszusprechen; sie kann jedoch so lange hinausgeschoben werden, bis der Berufssoldat seine dienstlichen Obliegenheiten ordnungsgemäß erledigt hat, längstens drei Monate.

(8) Ein Leutnant kann in Ausnahmefällen bis zum Ende des dritten Dienstjahres als Offizier, spätestens vor dem Ende des zehnten Jahres der Gesamtdienstzeit in der Bundeswehr, wegen mangelnder Eignung als Berufsoffizier entlassen werden. Die in diesen Fällen zu gewährende Dienstzeitversorgung regelt das Soldatenversorgungsgesetz.

§ 47 Zuständigkeit, Anhörungspflicht und Fristen bei der Entlassung

(1) Soweit gesetzlich nichts anderes bestimmt ist, wird die Entlassung von der Stelle verfügt, die nach § 4 Abs. 2 für die Ernennung des Berufssoldaten zuständig wäre.

(2) Der Berufssoldat ist vor der Entscheidung über seine Entlassung zu hören.

(3) Die Entlassung muss in den Fällen des § 46 Abs. 2 Satz 1 Nr. 2 und 3 innerhalb einer Frist von sechs Monaten verfügt werden, nachdem das Bundesministerium der Verteidigung oder die Stelle, der die Ausübung der Befugnis zur Entlassung übertragen worden ist, von dem Entlassungsgrund Kenntnis erhalten hat.

(4) Die Entlassungsverfügung muss dem Soldaten in den Fällen des § 46 Abs. 2 Satz 1 Nr. 6 bei Dienstunfähigkeit wenigstens drei Monate vor dem Entlassungstag und in den Fällen des § 46 Abs. 8 wenigstens sechs Wochen vor dem Entlassungstag zum Schluss eines Kalendervierteljahres unter schriftlicher Angabe der Gründe zugestellt werden.

§ 48 Verlust der Rechtsstellung eines Berufssoldaten

Der Berufssoldat verliert seine Rechtsstellung, wenn gegen ihn durch Urteil eines deutschen Gerichts im Geltungsbereich des Grundgesetzes erkannt ist

1. auf die in § 38 bezeichneten Strafen, Maßregeln oder Nebenfolgen,
2. auf Freiheitsstrafe von mindestens einem Jahr wegen vorsätzlich begangener Tat oder
3. auf Freiheitsstrafe von mindestens sechs Monaten wegen Bestechlichkeit, soweit sich die Tat auf eine Diensthandlung im Wehrdienst bezieht.

Entsprechendes gilt, wenn der Berufssoldat auf Grund einer Entscheidung des Bundesverfassungsgerichts gemäß Artikel 18 des Grundgesetzes ein Grundrecht verwirkt hat.

§ 49 Folgen der Entlassung und des Verlustes der Rechtsstellung eines Berufssoldaten

(1) Die Zugehörigkeit des Berufssoldaten zur Bundeswehr endet mit der Beendigung seines Dienstverhältnisses durch Entlassung nach § 46 oder durch Verlust seiner Rechtsstellung als Berufssoldat nach § 48.

(2) In den Fällen des § 46 Abs. 1 und Abs. 2 Satz 1 Nr. 1 bis 4, 7 und 8 und des § 48 verliert der Soldat seinen Dienstgrad.

(3) Nach dem Verlust seiner Rechtsstellung als Berufssoldat und nach der Entlassung hat der frühere Berufssoldat keinen Anspruch

auf Dienstbezüge und Versorgung mit Ausnahme der Beschädigtenversorgung, soweit gesetzlich nichts anderes bestimmt ist.

(4) Ein früherer Berufssoldat, der vor Ablauf der nach § 46 Abs. 3 sich bestimmenden Mindestdienstzeit

1. auf seinen Antrag entlassen worden ist oder als auf eigenen Antrag entlassen gilt,
2. seine Entlassung nach § 46 Abs. 8 vorsätzlich oder grob fahrlässig herbeigeführt hat,
3. seine Rechtsstellung verloren hat oder
4. durch Urteil in einem gerichtlichen Disziplinarverfahren aus dem Dienstverhältnis entfernt worden ist,

muss die entstandenen Kosten des Studiums oder der Fachausbildung erstatten. Unter den gleichen Voraussetzungen muss ein früherer Berufssoldat in der Laufbahn der Offiziere des Sanitätsdienstes das ihm als Sanitätsoffizier-Anwärter gewährte Ausbildungsgeld erstatten. Auf die Erstattung kann ganz oder teilweise verzichtet werden, wenn sie für den früheren Soldaten eine besondere Härte bedeuten würde.

(5) Einem entlassenen Berufssoldaten kann das Bundesministerium der Verteidigung die Erlaubnis erteilen, seinen Dienstgrad mit dem Zusatz „außer Dienst (a. D.)“ zu führen. Die Erlaubnis ist zurückzunehmen, wenn der frühere Berufssoldat sich ihrer als nicht würdig erweist. Das Bundesministerium der Verteidigung kann seine Zuständigkeit auf andere Stellen übertragen.

§ 52 Wiederaufnahme des Verfahrens

Wird ein Urteil mit den Folgen des § 48 im Wiederaufnahmeverfahren durch ein Urteil ersetzt, das diese Folgen nicht hat, so gilt § 42 Abs. 1, 2 und 4 des Bundesbeamtengesetzes entsprechend.

§ 53 Verurteilung nach Beendigung des Dienstverhältnisses

(1) Ein Berufssoldat im Ruhestand oder ein früherer Berufssoldat,

1. gegen den wegen einer Tat, die er vor der Beendigung seines Dienstverhältnisses begangen hat, eine Entscheidung ergangen ist, die nach § 48 zum Verlust seiner Rechtsstellung als Berufssoldat geführt hätte, oder
2. der wegen einer nach Beendigung seines Dienstverhältnisses begangenen Tat durch ein deutsches Gericht im Geltungsbereich des Grundgesetzes

a) wegen einer vorsätzlichen Tat zu Freiheitsstrafe von mindestens zwei Jahren oder

b) wegen einer vorsätzlichen Tat, die nach den Vorschriften über Friedensverrat, Hochverrat, Gefährdung des demokratischen Rechtsstaates oder Landesverrat und Gefährdung der äußeren Sicherheit strafbar ist, zu Freiheitsstrafe von mindestens sechs Monaten

verurteilt worden ist,

verliert seinen Dienstgrad und seine Ansprüche auf Versorgung mit Ausnahme der Beschädigtenversorgung. Entsprechendes gilt, wenn ein Berufssoldat im Ruhestand oder ein früherer Berufssoldat auf Grund einer Entscheidung des Bundesverfassungsgerichts gemäß Artikel 18 des Grundgesetzes ein Grundrecht verwirkt hat. § 52 gilt entsprechend.

(2) § 30 Abs. 2 des Wehrpflichtgesetzes findet keine Anwendung.

b) Beendigung des Dienstverhältnisses eines Soldaten auf Zeit

§ 54 Beendigungsgründe

(1) Das Dienstverhältnis eines Soldaten auf Zeit endet mit dem Ablauf der Zeit, für die er in das Dienstverhältnis berufen ist. Das Dienstverhältnis endet auch mit Ablauf des Monats, in dem das Erlöschen des Rechts aus dem Eingliederungsschein (§ 9 Absatz 5 des Soldatenversorgungsgesetzes) unanfechtbar festgestellt worden ist.

(2) Das Dienstverhältnis endet ferner durch

1. Entlassung,
2. Verlust der Rechtsstellung eines Soldaten auf Zeit entsprechend dem § 48,
3. Entfernung aus dem Dienstverhältnis eines Soldaten auf Zeit.

(3) Wenn zwingende Gründe der Verteidigung es erfordern, kann die für das Dienstverhältnis festgesetzte Zeit

1. allgemein durch Rechtsverordnung oder
2. in Einzelfällen durch das Bundesministerium der Verteidigung

um einen Zeitraum von bis zu drei Monaten verlängert werden.

(4) Ein Soldat auf Zeit, dessen Rechte und Pflichten auf Grund der §§ 5, 6, 8 und 36 des Abgeordnetengesetzes oder entsprechender Rechtsvorschriften ruhen, kann auf seinen Antrag zu Dienstleistungen nach § 60 bis zu drei Monaten Dauer herangezogen werden.

§55 Entlassung

(1) Für den Soldaten auf Zeit gilt § 46 Absatz 1, Absatz 2 Satz 1 Nummer 1 bis 5 sowie 7 und 8 und Satz 2 und 3 entsprechend. § 46 Abs. 3a gilt mit Ausnahme des Satzes 5 mit der Maßgabe entsprechend, dass ein Soldat auf Zeit auch nicht entlassen ist, wenn er zum Beamten auf Widerruf im Vorbereitungsdienst oder zum Zwecke der Ausbildung zum Polizeivollzugsbeamten oder zum Beamten des Einsatzdienstes der Berufsfeuerwehr ernannt wird. Für einen Soldaten auf Zeit, der auf Grund eines Eingliederungsscheines zum Beamten ernannt wird, gilt § 46 Absatz 3a Satz 1 entsprechend.

(2) Ein Soldat auf Zeit ist zu entlassen, wenn er dienstunfähig ist. § 44 Abs. 3 Satz 2 und Abs. 4 gilt entsprechend.

(3) Ein Soldat auf Zeit ist auf seinen Antrag zu entlassen, wenn das Verbleiben im Dienst für ihn wegen persönlicher, insbesondere häuslicher, beruflicher oder wirtschaftlicher Gründe eine besondere Härte bedeuten würde.

(4) Ein Soldat auf Zeit kann in den ersten vier Jahren seiner Dienstzeit entlassen werden, wenn er die Anforderungen, die an ihn in seiner Laufbahn zu stellen sind, nicht mehr erfüllt. Ein Offizieranwärter, der sich nicht zum Offizier, ein Sanitätsoffizier-Anwärter, der sich nicht zum Sanitätsoffizier, ein Militärmusikoffizier-Anwärter, der sich nicht zum Militärmusikoffizier, ein Feldwebelanwärter, der sich nicht zum Feldwebel, und ein Unteroffizieranwärter, der sich nicht zum Unteroffizier eignen wird, soll unbeschadet des Satzes 1 entlassen werden. Ist er zuvor in einer anderen Laufbahn verwendet worden, soll er nicht entlassen, sondern in diese zurückgeführt werden, soweit er noch einen dieser Laufbahn entsprechenden Dienstgrad führt.

(5) Ein Soldat auf Zeit kann während der ersten vier Dienstjahre fristlos entlassen werden, wenn er seine Dienstpflichten schuldhaft verletzt hat und sein Verbleiben in seinem Dienstverhältnis die militärische Ordnung oder das Ansehen der Bundeswehr ernstlich gefährden würde.

(6) Für die Zuständigkeit, die Anhörungspflicht und die Fristen bei der Entlassung gilt § 47 Abs. 1 bis 3 entsprechend. Die Entlassungsverfügung muss dem Soldaten in den Fällen des Absatzes 2 wenigstens drei Monate und in den Fällen des Absatzes 4 wenigstens einen Monat vor dem Entlassungstag unter schriftlicher Angabe der Gründe zugestellt werden. Für Soldaten, die einen Eingliederungsschein (§ 9 Absatz 1 Nummer 2 des Soldatenversorgungsgesetzes) erhalten können und die Erteilung beantragt haben,

beträgt die Frist in den Fällen des Absatzes 2 ein Jahr. In den Fällen des Absatzes 3 gilt § 46 Abs. 7 entsprechend.

Anmerkung:

Zu Absatz 5: Zu den Folgen im gerichtlichen Disziplinarverfahren siehe § 143 WDO (→ **C 10**) und A-2160/6 Abschnitt 1.37 (→ **C 11d**). Vor einer fristlosen Entlassung ist möglicherweise ein sog. Ausdrücklicher Hinweis (→ **C 06b**) angezeigt.

Das in der Entlassungsvorschrift des § 55 Abs. 5 SG dem Dienstherrn eingeräumte Ermessen („kann") ist vor dem Hintergrund des ausschließlich den Schutz der Bundeswehr betreffenden Zwecks der Vorschrift im Sinne einer „intendierten Entscheidung" gesetzlich auf die Entlassung hin vorgeprägt. Einer umfassenden Abwägung aller für und gegen das Verbleiben des betroffenen Zeitsoldaten im Dienst sprechenden Umstände bedarf es - namentlich mit Blick auf den Grundsatz der Verhältnismäßigkeit - nur beim Vorliegen eines besonderen („atypischen") Ausnahmefalles. → OVG NRW, Urteil vom 20.01.2005, Az 1 B 2009/04 - NZWehrr 2006, 1700.

Die Verhängung einer einfachen Disziplinarmaßnahme ist neben der fristlosen Entlassung nach Absatz 5 grundsätzlich möglich. Unter Berücksichtigung des Grundsatzes der Verhältnismäßigkeit wird eine zusätzliche disziplinare Ahndung allerdings nur in Ausnahmefällen in Betracht kommen (→ **C 06a**, Nr. 1260).

Eine fristlose Entlassung schwangerer Soldatinnen nach Absatz 5 ist in besonderen Fällen mit vorheriger Zustimmung des BMVg zulässig (§ 6b Abs. 2 Mutterschutzverordnung für Soldatinnen → BwKalender **E 50a**).

§ 56 Folgen der Entlassung und des Verlustes der Rechtsstellung eines Soldaten auf Zeit

(1) Mit der Beendigung seines Dienstverhältnisses durch Zeitablauf nach § 54 Abs. 1, durch Entlassung nach § 55 oder durch Verlust seiner Rechtsstellung als Soldat auf Zeit nach § 54 Abs. 2 Nr. 2 endet die Zugehörigkeit des Soldaten auf Zeit zur Bundeswehr.

(2) Mit der Entlassung entsprechend dem § 46 Abs. 1 und 2 Satz 1 Nr. 1 bis 4, 7 und 8 und nach § 55 Abs. 5 sowie mit dem Verlust seiner Rechtsstellung als Soldat auf Zeit verliert der Soldat seinen Dienstgrad.

(3) Nach dem Verlust seiner Rechtsstellung als Soldat auf Zeit und, soweit gesetzlich nichts anderes bestimmt ist, nach der Entlassung hat der frühere Soldat auf Zeit keinen Anspruch auf Dienstbezüge und Versorgung mit Ausnahme der Beschädigtenversorgung.

(4) Ein früherer Soldat auf Zeit, dessen militärische Ausbildung mit einem Studium oder einer Fachausbildung verbunden war und der

1. auf seinen Antrag entlassen worden ist oder als auf eigenen Antrag entlassen gilt,

2. seine Entlassung nach § 55 Abs. 4 vorsätzlich oder grob fahrlässig herbeigeführt hat,
3. nach § 55 Abs. 5 entlassen worden ist,
4. seine Rechtsstellung verloren hat oder
5. durch Urteil in einem gerichtlichen Disziplinarverfahren aus dem Dienstverhältnis entfernt worden ist,

muss die entstandenen Kosten des Studiums oder der Fachausbildung erstatten. Unter den gleichen Voraussetzungen muss ein früherer Soldat auf Zeit in der Laufbahn der Offiziere des Sanitätsdienstes das ihm als Sanitätsoffizier-Anwärter gewährte Ausbildungsgeld erstatten. Auf die Erstattung kann ganz oder teilweise verzichtet werden, wenn sie für den früheren Soldaten eine besondere Härte bedeuten würde.

§ 57 Wiederaufnahme des Verfahrens, Verurteilungen nach Beendigung des Dienstverhältnisses

(1) Für die Wiederaufnahme des Verfahrens und für die Folgen von Verurteilungen nach Beendigung des Dienstverhältnisses als Soldat auf Zeit gelten die §§ 52 und 53 entsprechend.

(2) Auf einen früheren Soldaten auf Zeit, der einen Mannschaftsdienstgrad führt, findet § 53 Abs. 2 keine Anwendung. Unterliegt er nicht der Wehrpflicht, so verliert er, abgesehen von den in § 53 Abs. 1 genannten Fällen, seinen Dienstgrad, wenn er die in § 59 Abs. 2 Satz 1 Nr. 2 bestimmte Altersgrenze nicht überschritten hat und gegen ihn auf eine der in § 48 Satz 1 bezeichneten Strafen, Maßregeln oder Nebenfolgen erkannt wird.

Dritter Abschnitt
Wehrdienst nach dem Wehrpflichtgesetz; Reservewehrdienstverhältnis; freiwilliger Wehrdienst als besonderes staatsbürgerliches Engagement

1. Wehrdienst nach dem Wehrpflichtgesetz

§ 58 Wehrdienst nach dem Wehrpflichtgesetz

(1) Die Begründung der Wehrpflicht, die Heranziehung der Wehrpflichtigen zum Wehrdienst und die Beendigung ihres Wehrdienstes regelt das Wehrpflichtgesetz.

(2) Die Beförderung eines Soldaten, der Wehrdienst nach dem Wehrpflichtgesetz leistet, wird mit der dienstlichen Bekanntgabe

an den Soldaten, jedoch nicht vor dem in der Ernennungsverfügung bestimmten Tag wirksam. § 42 Abs. 2 Satz 2 gilt entsprechend. Die Sätze 1 und 2 gelten entsprechend für diejenigen, die freiwilligen Wehrdienst nach § 58b leisten oder zu den in § 60 genannten Dienstleistungen herangezogen werden.

2. Reservewehrdienstverhältnis

§ 58a Reservewehrdienstverhältnis

Die Rechtsstellung der Soldaten in einem Reservewehrdienstverhältnis wird durch das Reservistinnen- und Reservistengesetz geregelt.

3. Freiwilliger Wehrdienst als besonderes staatsbürgerliches Engagement

§ 58b Freiwilliger Wehrdienst als besonderes staatsbürgerliches Engagement

(1) Frauen und Männer können sich verpflichten, freiwilligen Wehrdienst als besonderes staatsbürgerliches Engagement zu leisten. Der freiwillige Wehrdienst als besonderes staatsbürgerliches Engagement besteht aus einer sechsmonatigen Probezeit und bis zu 17 Monaten anschließendem Wehrdienst.

(2) Die §§ 37 und 38 gelten entsprechend.

Sechster Abschnitt Rechtsschutz

1. Rechtsweg

§ 82 Zuständigkeiten

(1) Für Klagen der Soldaten, der Soldaten im Ruhestand, der früheren Soldaten, der Dienstleistungspflichtigen gemäß § 59 Abs. 3 Satz 1 und der Hinterbliebenen aus dem Wehrdienstverhältnis ist der Verwaltungsrechtsweg gegeben, soweit nicht ein anderer Rechtsweg gesetzlich vorgeschrieben ist.

(2) Für Klagen des Bundes gilt das Gleiche.

(3) Der Bund wird durch das Bundesministerium der Verteidigung vertreten. Dieses kann die Vertretung durch allgemeine Anordnung

anderen Stellen übertragen; die Anordnung ist im Bundesgesetzblatt zu veröffentlichen.

(4) Soweit Aufgaben des Bundesministeriums der Verteidigung in den Geschäftsbereich eines anderen Bundesministeriums übertragen worden sind, ist vor allen Klagen ein Vorverfahren nach den Vorschriften des 8. Abschnitts der Verwaltungsgerichtsordnung durchzuführen. Den Widerspruchsbescheid erlässt das Bundesministerium der Verteidigung. Es kann die Entscheidung durch allgemeine Anordnung anderen Behörden übertragen. Die Anordnung ist im Bundesgesetzblatt zu veröffentlichen.

Anmerkung: Zu Absatz 3: → §§ 17, 23 WBO (**C 30**) und Erlasse **C 35a–c**.

Siebter Abschnitt
Bußgeldvorschriften; Übergangs- und Schlussvorschriften

§ 87 Einstellung von anderen Bewerbern

(1) Ein Bewerber, der die für einen höheren Dienstgrad erforderliche militärische Eignung durch Lebens- und Berufserfahrung außerhalb der Bundeswehr erworben hat, kann auf Grund freiwilliger Verpflichtung zu einer Eignungsübung von vier Monaten einberufen werden; er kann die Eignungsübung freiwillig fortsetzen. Während der Übung kann er mit dem 15. oder Letzten eines jeden Monats entlassen werden. Die Entlassungsverfügung ist ihm wenigstens zwei Wochen vor dem Entlassungstag bekannt zu geben. Auf seinen Antrag muss er jederzeit entlassen werden. Im Übrigen hat er für die Dauer der Eignungsübung die Rechtsstellung eines Soldaten auf Zeit mit dem Dienstgrad, für den er nach erfolgreicher Ableistung der Eignungsübung vorgesehen ist.

(2) Nach der Eignungsübung kann der Bewerber zum Berufssoldaten oder zum Soldaten auf Zeit ernannt werden.

§ 88 Entlassung von anderen Bewerbern

Ein Bewerber nach § 87 Abs. 1, der in das Dienstverhältnis eines Berufssoldaten oder eines Soldaten auf Zeit berufen ist, kann auf Grund eines Verhaltens vor der Ernennung, das ihn der Berufung in sein Dienstverhältnis unwürdig erscheinen lässt, entlassen werden, nachdem ein Disziplinargericht den Sachverhalt festgestellt hat. Die Entlassung hat dieselben Folgen wie eine Entlassung nach § 46 Abs. 2 Satz 1 Nr. 3.

§ 89 Mitteilungen in Strafsachen

(1) In Strafsachen gegen Soldaten gilt § 115 des Bundesbeamtengesetzes entsprechend.

(2) In Strafsachen gegen Berufssoldaten im Ruhestand, frühere Berufssoldaten und frühere Soldaten auf Zeit sollen personenbezogene Daten außer in den Fällen des § 14 Abs. 1 Nr. 6 des Einführungsgesetzes zum Gerichtsverfassungsgesetz übermittelt werden, wenn deren Kenntnis für Disziplinarmaßnahmen mit anderen als versorgungsrechtlichen Folgen erforderlich ist, soweit nicht für die übermittelnde Stelle erkennbar ist, dass schutzwürdige Interessen des Betroffenen an dem Ausschluss der Übermittlung überwiegen. § 14 Abs. 2 des Einführungsgesetzes zum Gerichtsverfassungsgesetz ist anzuwenden.

(3) Die Mitteilungen sind zu richten

1. bei Erlass und Vollzug eines Haftbefehls oder Unterbringungsbefehls an den nächsten Disziplinarvorgesetzten des Soldaten oder dessen Vertreter im Amt,
2. in den übrigen Fällen zum Zweck der Weiterleitung an die zuständige Stelle an das Kommando Territoriale Aufgaben der Bundeswehr.

Die Mitteilungen sind als „Vertrauliche Personalsache" zu kennzeichnen. Im Fall des Satzes 1 Nr. 2 dürfen nur die Personendaten des Beschuldigten, die für die Ermittlung der zuständigen Stelle erforderlich sind, dem Kommando Territoriale Aufgaben der Bundeswehr zugänglich gemacht werden; die übrigen Daten sind ihm zur Weiterleitung in einem verschlossenen Umschlag zu übermitteln.

Anmerkung: Die in Abs. 1 zitierte Vorschrift des BBG lautet:

– **§ 115 Übermittlungen in Strafverfahren**

(1) Das Gericht, die Strafverfolgungs- oder die Strafvollstreckungsbehörde hat in Strafverfahren gegen Beamtinnen und Beamte zur Sicherstellung der erforderlichen dienstrechtlichen Maßnahmen im Fall der Erhebung der öffentlichen Klage

1. die Anklageschrift oder eine an ihre Stelle tretende Antragsschrift,
2. den Antrag auf Erlass eines Strafbefehls und
3. die einen Rechtszug abschließende Entscheidung mit Begründung

zu übermitteln. Ist gegen die Entscheidung ein Rechtsmittel eingelegt worden, ist die Entscheidung unter Hinweis auf das eingelegte Rechtsmittel zu übermitteln. Der Erlass und der Vollzug eines Haftbefehls oder eines Unterbringungsbefehls sind mitzuteilen.

(2) In Verfahren wegen fahrlässig begangener Straftaten werden die in Absatz 1 Satz 1 bestimmten Übermittlungen nur vorgenommen, wenn

1. es sich um schwere Verstöße handelt, namentlich Vergehen der Trunkenheit im Straßenverkehr oder der fahrlässigen Tötung, oder
2. in sonstigen Fällen die Kenntnis der Daten aufgrund der Umstände des Einzelfalls erforderlich ist, um zu prüfen, ob dienstrechtliche Maßnahmen zu ergreifen sind.

(3) Entscheidungen über Verfahrenseinstellungen, die nicht bereits nach Absatz 1 oder 2 zu übermitteln sind, sollen übermittelt werden, wenn die in Absatz 2 Nr. 2 genannten Voraussetzungen erfüllt sind. Dabei ist zu berücksichtigen, wie gesichert die Erkenntnisse sind, die der zu übermittelnden Entscheidung zugrunde liegen.

(4) Sonstige Tatsachen, die in einem Strafverfahren bekannt werden, dürfen mitgeteilt werden, wenn ihre Kenntnis aufgrund besonderer Umstände des Einzelfalls für dienstrechtliche Maßnahmen gegen eine Beamtin oder einen Beamten erforderlich ist und soweit nicht für die übermittelnde Stelle erkennbar ist, dass schutzwürdige Interessen der Beamtin oder des Beamten an dem Ausschluss der Übermittlung überwiegen. Erforderlich ist die Kenntnis der Daten auch dann, wenn diese Anlass zur Prüfung bieten, ob dienstrechtliche Maßnahmen zu ergreifen sind. Absatz 3 Satz 2 ist entsprechend anzuwenden.

(5) Nach den Absätzen 1 bis 4 übermittelte Daten dürfen auch für die Wahrnehmung der Aufgaben nach dem Sicherheitsüberprüfungsgesetz oder einem entsprechenden Gesetz verwendet werden.

(6) Übermittlungen nach den Absätzen 1 bis 3 sind auch zulässig, soweit sie Daten betreffen, die dem Steuergeheimnis (§ 30 der Abgabenordnung) unterliegen. Übermittlungen nach Absatz 4 sind unter den Voraussetzungen des § 30 Abs. 4 Nr. 5 der Abgabenordnung zulässig.

(7) Mitteilungen sind an die zuständigen Dienstvorgesetzten oder deren Vertretung im Amt zu richten und als „Vertrauliche Personalsache“ zu kennzeichnen.

...

Vorgesetztenverhältnisse

a) Verordnung über die Regelung des militärischen Vorgesetztenverhältnisses (Vorgesetztenverordnung – VorgV)

Vom 4. Juni 1956 (BGBl. I S. 459)

in der Fassung der 3. VO zur Änderung der VorgV vom 7. Oktober 1981 (BGBl I 1975 S. 2273, 1981 S. 1129)

Literatur-Hinweise:

1. Dau in Erbs/Kohlhaas, Strafrechtliche Nebengesetze, W 50a, Loseblatt-Kommentar, München (Beck'sche Kurz-Kommentare)
2. Eichen, „Anmerkungen zur Vorgesetztenverordnung und zu Unterstellungsverhältnissen" in NZWehrr 2011, 177, 235
3. Lingens/Marignoni, Vorgesetzter und Untergebener, Ein Grundriß zum Befehlsrecht, Herford, 3. Aufl. 1987 (Verlag E. S. Mittler & Sohn)
4. Scherer/Alff/Poretschkin, Soldatengesetz, Kommentar, München, 9. Aufl. 2013 (Vahlen Verlag), Zur VorgV → nach § 1
5. Walz/Eichen/Sohm, Soldatengesetz, Kommentar, Heidelberg, 3. Aufl. 2016 (Rehm), Zur VorgV → nach § 1

Vorbemerkung:

Die VorgV regelt **nur** das (militärische) Vorgesetztenverhältnis zwischen Soldatinnen und Soldaten (→ D-500/31 „Vorgesetztenverhältnisse und Zuweisung von Disziplinarbefugnis in den Streitkräften" → **C 02b**).

Auf Grund des § 1 Abs. 4 in Verbindung mit § 72 Abs. 2 des Soldatengesetzes vom 19. März 1956 (Bundesgesetzbl. I S. 114) wird verordnet:

I. Vorgesetztenverhältnis auf Grund der Dienststellung

§ 1 Unmittelbare Vorgesetzte

(1) Ein Soldat, der einen militärischen Verband, eine militärische Einheit oder Teileinheit führt oder der eine militärische Dienststelle leitet, hat die allgemeine Befugnis, den ihm unterstellten Soldaten in und außer Dienst Befehle zu erteilen.

(2) In den Fachdienst der Untergebenen, die der Leitung und Dienstaufsicht von Fachvorgesetzten unterstehen, soll der unmittelbare Vorgesetzte nicht eingreifen.

Anmerkung:

1. Zu den Unterstellungsverhältnissen und zur Befehlsbefugnis → ZDv 1/50, Nr. 201 ff., 301 ff. (**B 19**).

2. Wer **Disziplinarvorgesetzter** ist, regeln die § 27 ff. WDO (→ **C 10**) und die Erlasse über die Disziplinarbefugnis von Offizieren (→ **C 12a** und **C 02b**).

C

§ 2 Fachvorgesetzte

Ein Soldat, dem nach seiner Dienststellung die Leitung des Fachdienstes von Soldaten obliegt, hat die Befugnis, ihnen im Dienst zu fachdienstlichen Zwecken Befehle zu erteilen.

Anmerkung:

Einzelheiten → ZDv 1/50, Nr. 205 (→ **B 19**).

§ 3 Vorgesetzte mit besonderem Aufgabenbereich

Ein Soldat, dem nach seiner Dienststellung ein besonderer Aufgabenbereich zugewiesen ist, hat im Dienst die Befugnis, anderen Soldaten Befehle zu erteilen, die zur Erfüllung seiner Aufgaben notwendig sind. Wenn sich dies aus seinem Aufgabenbereich ergibt, hat er Befehlsbefugnis auch gegenüber Soldaten, die sich nicht im Dienst befinden.

Anmerkung:

1. Vorgesetzte mit besonderem Aufgabenbereich sind Soldatinnen und Soldaten, denen nach ihrer Dienststellung ein besonderer Aufgabenbereich zugewiesen ist. Auf den Dienstgrad kommt es also nicht an. Um eine Dienststellung nach § 3 VorgV zu begründen und die entsprechende Befehlsbefugnis zu übertragen, bedarf es allerdings einer Organisationskompetenz, die über die Anordnungsbefugnis des § 5 VorgV hinausgeht (→ **C 02b**, Nr. 201).

2. Die **A2-2630/0-0-2 „Leben in der militärischen Gemeinschaft“** bestimmt folgende Soldaten als Vorgesetzte mit besonderem Aufgabenbereich:

- **Kompaniefeldwebel** nach Nr. 327 gegenüber allen Unteroffizieren und Mannschaften seiner Einheit.
- **Feldwebel vom Wochendienst** bzw. **Bootsmann vom Wochendienst (FvW/BvW)** nach Nr. 324 gegenüber allen Unteroffizieren und Mannschaften der Einheit bzw. der Einheiten, für die er eingeteilt ist; mit Ausnahme des/der Kompaniefeldwebel, der Oberstabsfeldwebel bzw. Oberstabsbootsmänner und seiner unmittelbaren Vorgesetzten.
- **Unteroffizier vom Dienst (UvD)** nach Nr. 324 gegenüber allen Soldaten der Einheit bzw. der Einheiten, für die er eingeteilt ist, die der eigenen oder einer niedrigeren Dienstgradgruppe angehören, seine unmittelbaren Vorgesetzten ausgenommen.

3. Die Aufzählung der Vorgesetzten mit besonderem Aufgabenbereich in der A2-2630/0-0-2 ist nicht erschöpfend. Eine besonders wichtige Gruppe von Vorgesetzten nach §3 VorgV sind die im Wachdienst eingesetzten Soldaten (Wachvorgesetzte → A-1130/21 VS-NfD).

4. Weitere Beispiele für Vorgesetzte mit besonderem Aufgabenbereich sind Vollzugsleiter und Vollzugshelfer (→ **C 13b**, Nr. 110 ff.).

5. Die Unterstellung im besonderen Aufgabenbereich umfasst auch die sog. fachliche Unterstellung ZDv 1/50, Nr. 204 (→ **B 19**).

6. Die Befehlsbefugnis endet dort, wo die Anweisung in keinem Zusammenhang mit dem Aufgabenbereich steht.

II. Vorgesetztenverhältnis auf Grund des Dienstgrades

§4

(1) In den Kompanien und in den entsprechenden Einheiten sowie innerhalb der Besatzung eines Schiffes steht die Befugnis, im Dienst Befehle zu erteilen, zu

1. den Offizieren gegenüber allen Unteroffizieren und Mannschaften,
2. den Unteroffizieren vom Feldwebel an aufwärts gegenüber allen Stabsunteroffizieren, Unteroffizieren und Mannschaften,
3. den Stabsunteroffizieren und den Unteroffizieren gegenüber allen Mannschaften.

An Bord von Schiffen haben die Angehörigen der Besatzung und deren unmittelbare Vorgesetzte in und außer Dienst Befehlsbefugnis nach Satz 1 auch gegenüber Soldaten, die sich nicht im Dienst befinden oder nicht zu bestimmtem Dienst eingeteilt sind, und gegenüber Soldaten, die nicht zur Besatzung gehören.

(2) In Stäben und anderen militärischen Dienststellen gilt Absatz 1 Satz 1 entsprechend, jedoch kann der Kommandeur oder der Leiter der Dienststelle die Befehlsbefugnis auf Untergliederungen des Stabes oder der Dienststelle beschränken.

(3) Innerhalb umschlossener militärischer Anlagen können Soldaten einer höheren Dienstgradgruppe den Soldaten einer niedrigeren Dienstgradgruppe in und außer Dienst Befehle erteilen.

Anmerkung:

1. §4 VorgV enthält drei verschiedene Vorgesetztenregelungen aufgrund des Dienstgrades:

Absatz 1 gilt für den Bereich von Kompanien und entsprechenden Einheiten sowie auf Schiffen;

Absatz 2 gilt für Stäbe und andere Dienststellen;

Absatz 3 gilt für alle umschlossenen militärischen Anlagen.

Das Vorgesetztenverhältnis nach Absatz 1 und Absatz 2 besteht auch außerhalb umschlossener militärischer Anlagen. Wesentlich ist die Zugehörigkeit des Vorgesetzten und Untergebenen zur gleichen Kompanie/Einheit bzw. zur Besatzung des Schiffes, zum gleichen Stab, zur gleichen militärischen Dienststelle.

Das Vorgesetztenverhältnis besteht ferner nur im Dienst, d. h. wenn Vorgesetzte und Untergebene im Dienst sind. Eine Ausnahme bildet lediglich die Regelung des Absatz 1 Satz 2.

2. Zu Absatz 1

Die Einheit ist die unterste militärische Gliederungsform, deren Führer Disziplinarbefugnis hat. Die Grundform der Einheit ist die Kompanie (ZDv 1/50, Nr. 109 → **B 19**).

Den besonderen Verhältnissen an Bord von Schiffen trägt Satz 2 des Absatz 1 Rechnung.

3. Zu Absatz 2

Andere militärische Dienststellen sind Dienststellen, die nicht Einheiten oder Stäbe sind. Wie in Stäben der Kommandeur, so kann hier der Leiter der Dienststelle die Befehlsbefugnis auf Untergliederungen des Stabes bzw. der Dienststelle beschränken.

Beispiel:

Der S 3-Offizier des Bataillonsstabes kann allen Unteroffizieren und Mannschaften im Stab im Dienst Befehle erteilen.

Der Amtschef des Streitkräfteamtes ordnet an, dass Offiziere und Unteroffiziere Befehlsbefugnis nach Absatz 1 Satz 1 nur innerhalb ihrer Dezernate haben.

4. Zu Absatz 3

Die militärische Anlage ist die Zusammenfassung von bodenständigen militärischen Objekten zu einem einheitlichen Zweck. Militärische Anlagen sind z. B. Kaserne, Fliegerhorst, Standortschießanlage, Truppenübungsplatz → ZDv 1/50, Nr. 106 FN 2 (→ **B 19**).

Im Gegensatz zu Absatz 1 und Absatz 2 besteht das Vorgesetztenverhältnis nach Absatz 3 in und außer Dienst, jedoch nur innerhalb umschlossener militärischer Anlagen. Die Angehörigen einer höheren Dienstgradgruppe sind dort Vorgesetzte der Soldaten einer niedrigeren Dienstgradgruppe (beachte den Unterschied zu Absatz 1 Satz 1 Nr. 1, wo bei Offizieren nicht nach Dienstgradgruppen unterschieden wird!).

Beispiele:

Der Major als Angehöriger der Dienstgradgruppe der Stabsoffiziere kann den Hauptleuten, Leutnanten, Unteroffizieren m. P. und Unteroffizieren o. P sowie den Mannschaften in und außer Dienst Befehle erteilen.

Ein Uffz o.P. kann dagegen in der Kaserne allen Mannschaften in und außer Dienst Befehle erteilen. Außerhalb der Kaserne besteht dagegen keine allgemeine Befehlsbefugnis nach § 4 Abs. 3 VorgV gegenüber Mannschaften; diese kann sich aber unter den zusätzlichen Voraussetzungen aus § 4 Abs. 1 VorgV ergeben (gleiche Einheit; im Dienst).

III. Vorgesetztenverhältnis auf Grund besonderer Anordnung

§5

(1) Ein Vorgesetzter kann innerhalb seiner Befehlsbefugnis Untergebene einem Soldaten für eine bestimmte Aufgabe vorübergehend unterstellen. Dabei soll ein im Dienstgrad niedrigerer Soldat einem im Dienstgrad höheren Soldaten nur vorgesetzt werden, wenn besondere dienstliche Gründe dies erfordern.

(2) Durch die Anordnung der Unterstellung, die den Untergebenen dienstlich bekanntzugeben ist, erhält der Soldat die Befugnis, den unterstellten Soldaten Befehle zu erteilen, die zur Erfüllung seiner Aufgabe notwendig sind.

Anmerkung:

1. Vorgesetzte können nur ihre Untergebenen anderen Soldatinnen und Soldaten unterstellen. Sie müssen aber nicht auch Vorgesetzter der Soldatinnen oder Soldaten sein, denen unterstellt werden soll.

Beispiel:

Der Chef der 1. Kompanie kann seinen Zugführer dem Chef der 2. Kompanie für die Leitung einer Stationsausbildung unterstellen, soweit dieser damit einverstanden ist oder dem Kompaniechef der 2. Kompanie dies wiederum von seinem Vorgesetzten, z.B. dem Bataillonskommandeur, befohlen wird.

2. Die Unterstellung ist nur für eine bestimmte Aufgabe und nur vorübergehend zulässig.

Beispiel:

Nicht zulässig wäre es, wenn der Chef der 1. Kompanie seinen Zugführer „bis auf weiteres“ dem Chef der 2. Kompanie unterstellt.

Zulässig ist es, wenn der Gruppenführer am Ende der Sportausbildung dem Funker Meier befiehlt, die Gruppe auf direktem Weg in die Unterkunft zurückzuführen. Er unterstellt damit dem Funker Meier die Soldatinnen und Soldaten seiner Gruppe.

3. Das Vorgesetztenverhältnis aufgrund besonderer Anordnung entsteht erst, wenn die Unterstellung den Untergebenen dienstlich bekannt gegeben worden ist. Eine bestimmte Form ist für die Bekanntgabe nicht vorgeschrieben. Sie kann auch durch den zum Vorgesetzten gemachten Soldaten erfolgen, etwa indem er vor die Front tritt und erklärt: „Alles hört auf mein Kommando“. Soweit er und die ihm übertragene Aufgabe den Soldaten nicht bekannt sind, wird er sich dabei vorstellen und die Aufgabe nennen, zu deren Durchführung ihm die Soldaten unterstellt worden sind.

4. Die Befehlsbefugnis des zum Vorgesetzten gemachten Soldaten endet dort, wo seine Anweisungen nicht mehr im Zusammenhang mit der „bestimmten Aufgabe“ stehen, zu deren Durchführung die Unterstellung erfolgte.

Beispiel:
Der Funker Meier führt die Gruppe nicht, wie ihm aufgetragen, direkt zur Unterkunft zurück, sondern befiehlt einen Umweg über die Hindernisbahn.

IV. Vorgesetztenverhältnis auf Grund eigener Erklärung

C

§ 6

(1) Ein Offizier oder Unteroffizier kann sich in und außer Dienst über andere Soldaten, die im Dienstgrad nicht über ihm stehen, zum Vorgesetzten erklären, wenn er dies für notwendig hält, weil

1. eine Notlage sofortige Hilfe erfordert,
2. zur Aufrechterhaltung der Disziplin oder Sicherheit ein sofortiges Eingreifen unerläßlich ist oder
3. eine einheitliche Befehlsgebung an Ort und Stelle unabhängig von der gliederungsmäßigen Zusammengehörigkeit der Soldaten zur Behebung einer kritischen Lage hergestellt werden muß.

(2) Niemand kann sich zum Vorgesetzten von Soldaten erklären, die auf Grund der §§ 1 bis 3 und 5 Befehlsbefugnis über ihn haben.

(3) Mit der Erklärung erhält der Offizier oder Unteroffizier die Befugnis, den Soldaten, an die er die Erklärung gerichtet hat, Befehle zu erteilen, die nach der Lage erforderlich sind. In eine fachliche Tätigkeit soll nur ein facherfahrener Offizier oder Unteroffizier eingreifen.

Anmerkung:

1. Die Erklärung zum Vorgesetzten setzt voraus, dass Offiziere oder Unteroffizie in einer besonderen Ausnahmesituation die Begründung eines Vorgesetztenverhältnisses für notwendig halten, um unverzüglich und wirksam handeln zu können. Die Ausnahmesituation kann sein

- eine Notlage
- eine konkrete Gefährdung oder Störung der Disziplin oder Sicherheit
- eine sonstige kritische Lage.

2. Die Erklärung zum Vorgesetzten ist auch dann wirksam, wenn sie irrtümlich ein Einschreiten aus den in Abs. 1 Nr. 1 bis 3 genannten Gründen für erforderlich halten.

Nur wenn ganz offensichtlich keine der o. ä. Ausnahmesituationen vorliegt oder ein Einschreiten ganz offensichtlich nicht oder nicht mehr erforderlich ist, ist die Erklärung zum Vorgesetzten unwirksam.

3. Für die Erklärung ist keine bestimmte Form vorgeschrieben. Die Begründung des Vorgesetztenverhältnisses muss jedoch unmittelbar zum Ausdruck gebracht werden.

Beispiel:
Auf die Fahrt von der Kaserne zum Bahnhof wird der Zubringerbus in einen Verkehrsunfall mit einem Tanklastzug verwickelt. Es gibt mehrere Verletzte. Das Tankfahrzeug ist umgestürzt. Benzin läuft aus. HptFw Huber erklärt: „Ich bin HptFw Huber. Alle Soldaten hören auf mein Kommando. Allgemeines Rauchverbot!" Sodann gibt er weitere Anweisungen zur Sicherung der Unfallstelle, zur Erste-Hilfe-Leistung usw.

4. Die Erklärung ist nur gegenüber Soldatinnen und Soldaten zulässig, die dienstgradgleich sind oder im Dienstgrad unter den Erklärenden stehen.

5. Keine Rolle spielt es, ob die Erklärenden oder die Soldatinnen bzw. Soldaten, die er sich unterstellen will, im Dienst sind oder nicht. Wollen sich Offiziere oder Unteroffiziere Soldatinnen oder Soldaten im Dienst unterstellen, müssen sie besonders sorgfältig prüfen, ob ihr Eingreifen in den von anderen Vorgesetzten angeordneten Dienst gerechtfertigt ist. In eine fachliche Tätigkeit (nicht nur fachdienstliche!) soll nur dann eingegriffen werden, wenn die notwendige Fachkompetenz gegeben ist.

6. Kein Offizier oder Unteroffizier kann sich zum Vorgesetzten erklären über

- seine unmittelbaren Vorgesetzten (§1 VorgV)
- seine Fachvorgesetzten (§2 VorgV)
- ihm im besonderen Aufgabenbereich vorgesetzten Soldaten (§3 VorgV)
- einen Soldaten, dem er aufgrund besonderer Anordnung unterstellt worden ist (§5 VorgV).

Über Vorgesetzte nach §4 VorgV ist eine Erklärung schon deshalb nicht möglich, weil diese stets dienstgradhöher sind. Beim Vorgesetztenverhältnis nach §6 VorgV handelt es sich also um ein sog. Notvorgesetztenverhältnis, das nur dann Platz greift, wenn vorrangige Vorgesetztenverhältnisse nicht bestehen oder nicht begründet sind.

7. Die Vorgesetzteneigenschaft endet, wenn die Anweisungen in keinem Zusammenhang mehr mit der Lage stehen, deretwegen die Befehlsbefugnis durch die Erklärung zum Vorgesetzten geschaffen wurde.

8. Ein weiteres Vorgesetztenverhältnis kann nach §21 Abs. 2 Nr. 2b Satz 2 WDO (→ **C 10**) durch die Erklärung der vorläufigen Festnahme begründet werden.

V. Inkrafttreten

§7

Diese Verordnung tritt am Tage nach ihrer Verkündung in Kraft.

C

b) Vorgesetztenverhältnisse und Zuweisung von Disziplinarbefugnis in den Streitkräften (D-500/31, Version 3)

Vom 13. April 2016

1 Vorgesetztenverhältnis nach § 1 Vorgesetztenverordnung

101. Entsprechend dem Wortlaut des § 1 der Vorgesetztenverordnung (VorgV) ist eine Aufteilung in Teileinheiten und somit deren Führung durch unmittelbare Vorgesetzte (gem. § 1 VorgV) ausschließlich für „klassische" Truppeneinheiten statthaft. Vorgesetzte nach § 1 VorgV sind somit ausschließlich Dienststellenleiterinnen, Dienststellenleiter, Verbandsführerinnen, Verbandsführer, Einheitsführerinnen bzw. Einheitsführer in „klassischen Truppenstrukturen" (Kp-, Bttr-, Staffelchef) sowie die Führerinnen und Führer von Teileinheiten (z. B. ZgFhr, GrpFhr) dieser Einheiten. Darüber hinaus bestehen in den Streitkräften (SK) keine Vorgesetztenverhältnisse nach § 1 VorgV.

2 Vorgesetztenverhältnis nach § 3 Vorgesetztenverordnung

201. Zur Erlangung von Befehlsbefugnis nach § 3 VorgV ist die sie bewirkende Unterstellung nach ZDv 1/50 Nr. 204 bei Vorliegen der dortigen Voraussetzungen anzuordnen. Dabei ist das Unterstellungsverhältnis nach dem Inhalt der Aufgaben zu bezeichnen (z. B. Kompaniefeldwebel, Wache, Feldjäger) und der Kreis der Unterstellten zu benennen. Um eine solche Dienststellung nach § 3 VorgV begründen und die entsprechende Befehlsbefugnis übertragen zu können, bedarf es einer Organisationskompetenz, die über die Anordnungsbefugnis des § 5 VorgV hinausgeht. Diese Organisationskompetenz liegt bei dem für Organisationsangelegenheiten der Streitkräfte zuständigen Fachreferat im Bundesministerium für Verteidigung (BMVg) sowie bei den Stellen in den Streitkräften, die diese Organisationskompetenz aus speziellen Übertragungsakten herleiten können; d. h. bei den für Organisationsfragen zuständigen Organisationselementen der Kommandos der Inspekteure.

202. Militärische Dienststellen der Streitkräfte verfügen über eine hierarchische Organisationsstruktur. Soldatinnen und Soldaten als Leiterinnen und Leiter der einzelnen Organisationselemente (OrgElem) der Dienststelle wird der dem OrgElem zugeordnete Aufgabenbereich als besonderer Aufgabenbereich im Sinne des § 3 VorgV zugewiesen. Sie sind damit befugt, den Angehörigen des eigenen OrgElem sowie den Angehörigen der in diesem Aufgabenbereich innerhalb der Dienststelle nachgeordneten OrgElem in dem zugewiesenen besonderen Aufgabenbereich gem. § 3 VorgV Befehle zu erteilen.

3 Disziplinarbefugnis

301. Die durch BMVg Recht II 1 im Auftrag der Ministerin bzw. des Ministers vorzunehmende Zuweisung (Verleihung bzw. Feststellung) von Disziplinarbefugnis gegenüber unterstelltem Personal setzt ein bestehendes Vorgesetztenverhältnis voraus. Dabei kann es sich um ein Vorgesetztenverhältnis nach § 1 VorgV, nach § 2 VorgV (Fachvorgesetzte) oder um ein Vorgesetztenverhältnis mit einem besonderen Aufgabenbereich nach § 3 VorgV handeln.

302. Eine ggf. erforderliche Unterstützung des Dienststellenleiters im besonderen Aufgabenbereich „Soldatische Angelegenheiten, militärische Ordnung und Disziplin" kann innerhalb (nur, soweit die Leitung einer militärischen Dienststelle zivil besetzt ist) und außerhalb der SK durch mit dem bundeswehrgemeinsam abgestimmten Personalbegriff „Beauftr Angel MilPers"[1] bezeichnete Offiziere erfolgen, für die mit diesem Aufgabenbereich ein Vorgesetztenverhältnis nach § 3 der VorgV gegenüber dem ihnen unterstellten Personal angeordnet worden ist.

303. Aufbauend auf diesem Vorgesetztenverhältnis kann durch BMVg Recht II 1 den „Beauftr Angel MilPers" gegenüber unterstelltem Personal Disziplinarbefugnis verliehen werden. Somit ist es auch weiterhin möglich, dem hierarchischen Aufbau folgende Disziplinarbefugnisse und -ketten abzubilden.

4 Weitere Hinweise

401. Die organisatorische Ausgestaltung erfolgt im Rahmen der Erstellung der Organisationsgrundlagen. Der Geltungsbereich des Vorgesetztenverhältnisses nach § 3 VorgV sowie die zugewiesenen Disziplinarbefugnisse und deren Stufe sind in der Organisationsweisung darzustellen. Die Zuweisung von Disziplinarbefugnis ist daher vor Herausgabe einer Organisationsweisung bei BMVg Recht II 1 zu beantragen.

---

[1] Beauftr Angel MilPers – Beauftragte/Beauftragter für Angelegenheiten des militärischen Personals

Beförderung

Beförderung, Einstellung, Übernahme und Zulassung von Soldatinnen und Soldaten

A-1340/49

– Auszug –

C

2.5.1 Überprüfen der Beförderungsvoraussetzungen

238. Die für eine Beförderung zuständigen oder mit ihrer Durchführung befassten Vorgesetzten haben zu prüfen, ob Umstände vorliegen, die der Beförderung der Soldatin oder des Soldaten entgegenstehen.

Dies ist regelmäßig der Fall, wenn

- die Soldatin oder der Soldat die Entlassung beantragt hat, ein Entlassungsverfahren von Amts wegen eingeleitet wurde oder ein Antrag auf Anerkennung als Kriegsdienstverweigerer gestellt wurde,
- die Soldatin oder der Soldat zu erkennen gegeben hat, nicht befördert werden zu wollen,
- Disziplinarvorgesetzte disziplinare Ermittlungen (§ 32 der Wehrdisziplinarordnung (WDO)) oder die Wehrdisziplinaranwaltschaft disziplinare Vorermittlungen (§ 92 WDO) gegen die Soldatin oder den Soldaten führt oder ein gerichtliches Disziplinarverfahren (§ 93 WDO) oder ein Strafverfahren eingeleitet ist,
- die Soldatin oder der Soldat rechtskräftig zu einem Beförderungsverbot oder einer Herabsetzung in der Besoldungsgruppe oder einer Dienstgradherabsetzung verurteilt worden ist oder
- Erkenntnisse aus Strafverfahren oder Disziplinarverfahren vorliegen, die die persönliche Eignung der Soldatin oder des Soldaten für die Beförderung berühren.

239. Bestehen Zweifel, ob die Soldatin oder der Soldat befördert werden darf, ist durch die für die Aushändigung der Ernennungsurkunde bzw. dienstliche Bekanntgabe der Beförderung zuständigen Vorgesetzten (Zentrale Dienstvorschrift A-1420/5, Nr. 202, Zentrale Dienstvorschrift A-1420/8, Nr. 601) unter Darlegung der Gründe, zu der die Betroffenen anzuhören sind (Verfahren analog Nr. 1053 ff.), unverzüglich die Entscheidung der Ernennungsdienststelle einzuholen. Wird die Soldatin oder der Soldat nicht befördert, sind die Ernennungsunterlagen zurückzugeben (Zentrale Dienstvorschrift A-1420/5, Nr. 302 bzw. Zentrale Dienstvorschrift A-1420/8, Kapitel 7).

240. Werden gegen eine Soldatin oder einen Soldaten wegen einer während einer besonderen Auslandsverwendung begangenen Handlung oder Unterlassung disziplinare oder strafrechtliche Ermittlungen geführt, holen die für die Aushändigung der Ernennungsurkunde bzw. die für die dienstliche Bekanntgabe der Beförderung zuständigen Vorgesetzten unverzüglich die Auskunft der Ernennungsdienststelle ein, ob die Voraussetzungen der Nr. 249 vorliegen.

2.5.4 Auswirkungen von Dienstvergehen und Ermittlungen auf die Förderung

245. Jedes Dienstvergehen kann Auswirkungen auf eine mögliche Förderung (Ernennungen i. S. des § 4 SG und Verwendungsentscheidungen) einer Soldatin oder eines Soldaten haben, da sie oder er grundsätzlich durch jedes Fehlverhalten ihre bzw. seine Eignung (Nr. 202) infrage stellt.

246. Während der Ermittlungen der Disziplinarvorgesetzten, disziplinarer Vorermittlungen gemäß § 92 WDO, eines gerichtlichen Disziplinarverfahrens oder eines strafrechtlichen Ermittlungs- oder Gerichtsverfahrens sollen die Betroffenen nicht gefördert werden. Ausnahmen sind nur in Härtefällen vertretbar. Das Vorliegen eines Härtefalles ist zu prüfen, wenn

- die Soldatin oder der Soldat sich besonders bewährt hat,
- der bestandskräftige Abschluss eines der o. g. Verfahren sich erheblich verzögert (in der Regel nach Ablauf eines Jahres seit Aufnahme der Ermittlungen) und die Soldatin oder der Soldat dies nicht zu vertreten hat und
- der Tatbestand eine einmalige situationsbedingte und nicht charakterlich bedingte Verfehlung von geringer Schwere darstellt.

247. Die PersBSt hat hierzu von der zuständigen Wehrdisziplinaranwaltschaft eine Stellungnahme zu Art und Schwere der Verfehlung, zur Schuld der Soldatin oder des Soldaten sowie zur Frage einzuholen, ob die Soldatin oder der Soldat die Verzögerung des Verfahrens zu vertreten hat.

248. Die Entscheidung trifft im BMVg die Abteilungsleitung P, bei den übrigen PersBSt die Dienststellenleitung oder ihre Vertretung im Amt.

249. Für Handlungen von Soldatinnen und Soldaten, die während einer **besonderen Auslandsverwendung** erfolgten, gilt Folgendes:

- Nach einem Vorfall, der zu Ermittlungen gemäß Satz 1 geführt hat, ist baldmöglichst durch die zuständigen Disziplinarvorgesetzten in Zusammenarbeit mit der Rechtsberaterin bzw. dem Rechtsberater (Rechtsberater-Stabsoffizier), soweit keine Rechtsberaterin oder kein Rechtsberater im Kontingent eingesetzt ist, mit der Rechtsberaterin oder dem Rechtsberater des Einsatzführungskommandos der Bundeswehr, eine Stellungnahme zu erstellen. Diese hat eine erste vorläufige Bewertung dahingehend zu enthalten, ob die Handlung der Soldatin oder des Soldaten in Erfüllung des dienstlichen Auftrages erfolgte. Die Stellungnahme ist der PersBSt zu übersenden; ein Nebenabdruck ist den Ermittlungsunterlagen beizufügen.
- Die Soldatin oder der Soldat wird grundsätzlich uneingeschränkt bei allen personellen (auch förderlichen) Maßnahmen weiter mitbetrachtet.
- Steht die Soldatin oder der Soldat für eine Förderung heran, hat die zuständige PersBSt jeden Einzelfall mit einem Entscheidungsvorschlag dem BMVg – R II 2 zur Billigung vorzulegen. Dem Entscheidungsvorschlag ist die o. a. Stellungnahme beizufügen. Hat die Soldatin oder der Soldat in Erfüllung des dienstlichen Auftrages gehandelt und liegen keine der Förderung entgegenstehenden Erkenntnisse vor, ist sie oder er grundsätzlich zu fördern. Ist dies nicht der Fall, ist nach Nr. 246 zu verfahren.

250. Soldatinnen und Soldaten, die zu einem Beförderungsverbot, Herabsetzung in der Besoldungsgruppe oder Dienstgradherabsetzung verurteilt wurden (§§ 60 bis 62 WDO), dürfen wegen der mit diesen gerichtlichen Disziplinarmaßnahmen verbundenen Beförderungssperre nicht befördert werden.

251. Die gerichtliche Disziplinarmaßnahme der Kürzung der Dienstbezüge (§ 59 WDO) hingegen ist nicht mit einer gesetzlichen Beförderungssperre verbunden. Gleichwohl müssen Beförderungen während der Vollstreckung auf Ausnahmefälle beschränkt bleiben, weil das der disziplinaren Maßregelung zugrunde liegende Dienstvergehen in der Regel die persönliche Eignung (Nr. 202) für eine Beförderung ausschließt.

252. Ein Ausnahmefall kann vorliegen, wenn die Soldatin oder der Soldat schon längere Zeit vor der Verurteilung zu einer Kürzung der Dienstbezüge wegen des anhängigen gerichtlichen Disziplinarverfahrens oder eines strafrechtlichen Ermittlungs- oder Gerichtsverfahrens von einer Beförderung zurückgestellt worden war.

253. Die Entscheidung ist unter Berücksichtigung der in den Nrn. 246–249 aufgeführten Härtefallregelungen zu treffen.

254. Wird ein Dienstvergehen durch die Einleitungsbehörde oder das Wehrdienstgericht festgestellt, ohne dass wegen des zugrunde liegenden Sachverhalts eine gerichtliche Disziplinarmaßnahme verhängt wird, beispielsweise weil § 16 WDO der Verhängung entgegensteht, kann eine Beförderung erfolgen, wenn die zuständige Dienststelle zu dem Ergebnis kommt, dass trotz des Dienstvergehens die uneingeschränkte persönliche Eignung für eine Beförderung vorliegt.

255. Die Verhängung einer einfachen Disziplinarmaßnahme steht der Beförderung im Übrigen bewährter Soldatinnen und Soldaten nicht entgegen (§ 22 Abs. 3 WDO). Die Tatsache einer solchen Maßregelung ist daher für sich genommen kein hinreichender Grund, von einer Beförderung abzusehen.

256. Gleiches gilt für den Fall, dass die bzw. der Disziplinarvorgesetzte trotz Vorliegens eines Dienstvergehens von der Verhängung einer einfachen Disziplinarmaßnahme absieht (§ 36 WDO).

257. Für andere förderliche Maßnahmen als die Beförderung ist es ebenfalls erforderlich festzustellen, dass trotz des Dienstvergehens die uneingeschränkte persönliche Eignung hierfür vorliegt.

Fristlose Entlassung

a) Hinweise zur disziplinaren Entscheidung im Falle einer fristlosen Entlassung gemäß §55 Abs. 5 des Soldatengesetzes

A-2160/6, Abschnitt 1.26

C

1.26 Hinweise zur disziplinaren Entscheidung im Falle einer fristlosen Entlassung gemäß § 55 Absatz 5 des Soldatengesetzes

1259. Wird bei der Entlassungsdienststelle die fristlose Entlassung nach § 55 Absatz 5 des Soldatengesetzes (SG) beantragt, ist das der Entlassung zugrunde liegende Dienstvergehen in jedem Fall zum Gegenstand einer disziplinaren Entscheidung zu machen.

1260. Unter Berücksichtigung des Grundsatzes der Verhältnismäßigkeit haben die nächsten Disziplinarvorgesetzten zu prüfen, ob es geboten ist, neben der fristlosen Entlassung eine einfache Disziplinarmaßnahme zu verhängen. Dabei sind auch die erheblichen Auswirkungen der fristlosen Entlassung bei der Maßnahmebemessung zu berücksichtigen. Eine Disziplinarmaßnahme ist jedenfalls dann in Betracht zu ziehen, wenn beispielsweise Eigenart und Schwere des Dienstvergehens ein unverzügliches disziplinares Einschreiten erfordern, um die militärische Ordnung aufrechtzuerhalten.

1261. Beabsichtigen die nächsten Disziplinarvorgesetzten, im Hinblick auf die beantragte fristlose Entlassung von der Verhängung einer einfachen Disziplinarmaßnahme auf der Grundlage des § 33 Absatz 1 der Wehrdisziplinarordnung (WDO) abzusehen oder hat die Richterin oder der Richter des Truppendienstgerichts einem Disziplinararrest nicht zugestimmt, haben die nächsten Disziplinarvorgesetzten ihre Entscheidung zurückzustellen, bis die Entlassungsdienststelle eine Entscheidung getroffen hat. Die Entscheidung der Entlassungsdienststelle ist den nächsten Disziplinarvorgesetzten unverzüglich vor Übersendung der Entlassungsverfügung mitzuteilen.

1262. Sehen die nächsten Disziplinarvorgesetzten danach von der Verhängung einer Disziplinarmaßnahme ab, halten aber gleichwohl ein Dienstvergehen für erwiesen, ist der Soldatin oder dem Soldaten das Absehen von einer Disziplinarmaßnahme mit einem Bescheid nach dem Muster von Abschnitt 3.6.9 „Disziplinare Entscheidung im Zusammenhang mit einer fristlosen Entlassung gemäß § 55 Absatz 5 des Soldatengesetzes“ mitzuteilen. Zuvor ist sie oder er gemäß § 32 Absatz 5 Satz 1 WDO zu hören.

1263. Dabei ist der Sachverhalt des Dienstvergehens entsprechend der Form schriftlich festzuhalten, die für die Verhängung einer einfachen Disziplinarmaßnahme gemäß § 37 Absatz 3 Satz 1 und 2 WDO (Zeit, Ort und Sachverhalt) vorgeschrieben ist. Der Bescheid ist mit einer Rechtsbehelfsbelehrung zu versehen, der Soldatin oder dem Soldaten spätestens zusammen mit der Entlassungsverfügung gegen Empfangsbekenntnis auszuhändigen und nach Eintritt der Unanfechtbarkeit zur Personalakte zu nehmen.

1264. Sofern die Feststellungen des Bescheides nicht im Rahmen eines Wehrbeschwerdeverfahrens aufgehoben werden, entfaltet der festgestellte Sachverhalt zum Beispiel in einem Verwaltungsstreitverfahren gegen die fristlose Entlassung gemäß § 145 Absatz 2 WDO Bindungswirkung. Dies bedeutet, dass der Sachverhalt in einem Verwaltungsstreitverfahren weder formell noch materiell nachzuprüfen ist, sondern der Entscheidung des Gerichts zugrunde gelegt wird.

1265. Soweit der Inhalt des Bescheides nicht den nach § 37 Absatz 3 Satz 1 und 2 WDO geltenden Erfordernissen entspricht, haben die nächsthöheren Disziplinarvorgesetzten auf eine diesen Erfordernissen entsprechende Fassung hinzuwirken (§ 46 Absatz 1 WDO).

b) Ausdrücklicher Hinweis in den Fällen des § 55 Abs. 5 Soldatengesetz (A-2160/9, Version 3)

Vom 19. Oktober 2017

1 Allgemeines

101. Eine Soldatin oder ein Soldat auf Zeit kann nach § 55 Abs. 5 des Soldatengesetzes (SG) während der ersten vier Dienstjahre fristlos entlassen werden, wenn sie oder er die Dienstpflichten verletzt hat und das Verbleiben im Dienstverhältnis die militärische Ordnung oder das Ansehen der Bundeswehr ernstlich gefährden würde.

102. Bezüglich des Aussprechens eines sogenannten Ausdrücklichen Hinweises (AH) wird folgendes Verfahren festgelegt.

2 Verfahren

201. Besteht nach Art, Häufigkeit und Schwere von Dienstpflichtverletzungen die Gefahr, dass bei erneutem pflichtwidrigen Verhalten die fristlose Entlassung in Betracht kommt, soll die Soldatin oder der Soldat auf Zeit hierauf schriftlich mit einem sogenannten Ausdrücklichen Hinweis hingewiesen werden.

202. Der AH wird aus Gründen der Fürsorge und zur Pflichtenmahnung ausgesprochen. Der AH ist weder zwingende Voraussetzung für die Entlassung nach § 55 Abs. 5 SG, noch hat er bei erneutem pflichtwidrigen Verhalten zwangsläufig die fristlose Entlassung zur Folge. Der AH ist von der Entlassungsdienststelle[1] auszusprechen.

203. Der oder dem nächsten Disziplinarvorgesetzten ist regelmäßig zuvor Gelegenheit zur Stellungnahme zu geben, wenn sie oder er nicht selbst die Erteilung des AH beantragt hat.

204. Im AH sollen die im Disziplinarbuch[2] eingetragenen einfachen und gerichtlichen Disziplinarmaßnahmen aufgeführt werden. Die Soldatin oder der Soldat auf Zeit ist zu pflichtgemäßem Verhalten anzuhalten und zu belehren, dass sie oder er bei einer erneuten Dienstpflichtverletzung mit der fristlosen Entlassung zu rechnen hat und aufgrund der gesetzlichen Rechtsfolgen der Ent-

---

[1] Zentrale Dienstvorschrift A-1420/11 „Personalbearbeitende Stellen für Soldatinnen und Soldaten sowie Reservistinnen und Reservisten"

[2] Zentrale Dienstvorschrift A-2160/6 „Wehrdisziplinarordnung und Wehrbeschwerdeordnung" Nr. 1.2.43

lassung den Dienstgrad und den Anspruch auf Dienstbezüge und Versorgung verliert. Schließlich soll die Erwartung ausgesprochen werden, dass sich das Verhalten auch im Hinblick auf die möglichen Folgen zukünftiger Dienstpflichtverletzungen ändert.

205. Die Soldatin oder der Soldat auf Zeit ist vor Erteilung des AH gemäß § 29 Abs. 5 SG anzuhören.

206. Der AH ist anschließend durch die nächste Disziplinarvorgesetzte oder durch den nächsten Disziplinarvorgesetzten gegen Empfangsbekenntnis auszuhändigen und zur Personalakte zu nehmen. Die weiteren Bestimmungen des § 29 Abs. 5 SG sind zu beachten.

Beurteilungen der Soldatinnen und Soldaten der Bundeswehr

A-1340/50, Version 3.2

Vom 27. Juli 2017

– Auszug –

6 Erstellen von Beurteilungen

6.8 Anhörung der Soldatinnen bzw. Soldaten und Erörterung

618. Die Soldatinnen und Soldaten sind zu Behauptungen und Bewertungen, die für sie ungünstig sind oder ihnen nachteilig werden können, vor deren Aufnahme in die Personalakten zu hören (gemäß § 29 Abs. 5 SG).

Dies gilt insbesondere vor ihrer Verwertung in Beurteilungen, Beurteilungsvermerken (Nr. 217), Aussagen mit Beurteilungscharakter (Nr. 218), Dienstzeugnissen (Nr. 219), Verwendungshinweisen aus Anlass der Teilnahme am Basislehrgang Stabsoffiziere (Nr. 220), fachlichen Beurteilungsbeiträgen (Nr. 506), Stellungnahmen von nächsthöheren Vorgesetzten (Nr. 904) und weiteren höheren Vorgesetzten (Nr. 911) oder Stellungnahmen zu Gegenvorstellungen (Nr. 1002).

619.

a) Die Beurteilung oder der entsprechende Personalvorgang (Nr. 618, 2. Absatz) ist den Soldatinnen und Soldaten im **Entwurf** auszuhändigen. Der Entwurf ist in zweifacher Ausfertigung zu erstellen.

   Die erste Ausfertigung verbleibt bei den Vorgesetzten, die zweite Ausfertigung bei den Soldatinnen oder Soldaten. Das Datum der Aushändigung ist in beiden Ausfertigungen des Entwurfs festzuhalten. Die Soldatinnen und Soldaten haben auf der ersten Ausfertigung für den Erhalt ihrer Ausfertigung zu unterschreiben.

   Die Vorgesetzten haben ihre Ausfertigung **außerhalb** der Personalakte aufzubewahren und drei Monate nach Eröffnung der Beurteilung oder des Personalvorganges zu vernichten, sofern diese bestandskräftig geworden ist.

b) Der Entwurf ist **frühestens** nach Ablauf einer Nacht mit den Soldatinnen oder Soldaten zu erörtern. Die Erörterung kann auch fernmündlich oder in Form einer schriftlichen Anhörung erfolgen.

c) Die Soldatinnen und Soldaten können sich zum Entwurf mündlich oder schriftlich äußern, insbesondere die Aussagen, Behauptungen oder Wertungen bestätigen, bestreiten, ihr Verhalten erklären oder Gründe zu ihrer Entlastung anführen.

d) Der Entwurf des fachlichen Beurteilungsbeitrags (Anlage 14.18) ist durch die nach Nr. 506 a) zuständigen Fachvorgesetzten vor Abgabe der Endfassung an die beurteilenden Vorgesetzten mit den Beurteilten zu erörtern. Der fachliche Beurteilungsbeitrag ist durch die beurteilenden oder Stellung nehmenden Vorgesetzten so rechtzeitig bei den Fachvorgesetzten anzufordern, dass er bereits in die Abstimmungsgespräche (Nr. 509 a)) mit einfließen kann. Die Eröffnung des fachlichen Beurteilungsbeitrags erfolgt als Bestandteil der Gesamtbeurteilung durch die beurteilenden Vorgesetzten. Zu diesem Zeitpunkt unterschreiben auch die Beurteilten den fachlichen Beurteilungsbeitrag.

620.

a) Sind die Soldatinnen oder Soldaten mit den Aussagen, Behauptungen oder Wertungen **einverstanden**, können die Vorgesetzten die Beurteilung oder den entsprechenden Personalvorgang noch am Tag der Erörterung eröffnen.

b) Sind die Soldatinnen oder Soldaten **nicht einverstanden**, prüfen die Vorgesetzten die Äußerungen der Soldatinnen oder Soldaten und entscheiden nach pflichtgemäßem Ermessen, ob und mit welchem Gewicht sie die Äußerung berücksichtigen wollen.

Die Vorgesetzten treffen ihre Entscheidung frühestens nach Ablauf einer Nacht nach Erörterung des Entwurfs mit den Soldatinnen oder Soldaten. Bei Beurteilungen ist dies frühestens der Zeitpunkt der Eröffnung (Ausnahme: Beurteilungen von Reservistendienst Leistenden gemäß Nr. 215 e)). Dies gilt auch, wenn die Soldatinnen oder Soldaten auf eine vorher von ihnen abgegebene schriftliche Äußerung verweisen oder die dort vorgetragenen Argumente lediglich wiederholen.

Die Entscheidung kommt in der Schlussfassung zum Ausdruck, welche die Vorgesetzten den Soldatinnen und Soldaten, z. B. in Form der Beurteilung eröffnen.

c) Eine schriftliche oder zur Niederschrift aufgenommene Äußerung der Soldatinnen und Soldaten zu dieser Entscheidung ist der Beurteilung oder dem entsprechenden Personalvorgang beizufügen (Nr. 701 b)).

d) Die schriftliche Äußerung ist nicht mit der Gegenvorstellung (Nr. 1001) gleichzusetzen. Dies bedeutet, dass die Soldatinnen und Soldaten nach Eröffnung der Beurteilung zusätzlich eine Gegenvorstellung abgeben können.

10 Gegenvorstellungen zu Beurteilungen und zu Stellungnahmen

1001.

a) Ist die oder der Beurteilte der Auffassung, dass das Persönlichkeitsbild oder die dienstliche Eignung und Leistung in der Beurteilung oder in einer Stellungnahme nicht richtig dargestellt und bewertet worden ist, kann sie oder er unbeschadet einer eventuellen schriftlichen Äußerung im Anhörungsverfahren nach Nr. 619 c) eine schriftliche Gegenvorstellung abgeben. Darin können die betroffenen Beurteilten auf die Punkte hinweisen, die nach ihrer Ansicht ergänzt oder aufgrund der anzuführenden Umstände anders gewertet werden müssten.

b) Gegenvorstellungen sind innerhalb von zwei Wochen nach der Beurteilungseröffnung oder Eröffnung der Stellungnahme den beurteilenden oder Stellung nehmenden Vorgesetzten vorzulegen, auf deren Aussagen oder Wertungen sie sich beziehen. Hierdurch wird kein Beschwerdeverfahren nach der Wehrbeschwerdeordnung eröffnet; darauf ist die oder der Beurteilte hinzuweisen.

1002.

a) Die beurteilenden oder Stellung nehmenden Vorgesetzten, auf deren Aussagen oder Wertungen sich die Gegenvorstellungen beziehen, haben hierzu Stellung zu nehmen. Die Stellungnahme ist der oder dem Beurteilten zu eröffnen. Vor Aufnahme zusätzlicher Aussagen oder Behauptungen, die für die Soldatin oder den Soldaten ungünstig sind oder ihnen nachteilig werden können, sind die Vorgaben zur Anhörung und Erörterung (Nrn. 618–621) zu beachten.

b) Weitere Äußerungen der Beurteilten bedürfen keiner Stellungnahme mehr.

c) Die Gegenvorstellung, die Stellungnahmen und ggf. weitere Äußerungen der Beurteilten sind den nächsthöheren oder weiteren höheren Vorgesetzten – soweit möglich zusammen mit der Beurteilung – vorzulegen. Diese Vorgesetzten können ihre Auffassung dazu in ihrer Stellungnahme zur Beurteilung zum Ausdruck bringen.

Verzichten weitere höhere Vorgesetzte durch Nichtanforderung der Beurteilung auf die Ausübung des Rechts zur Stellungnahme, sind Gegenvorstellung, Stellungnahme und ggf. weitere Äußerungen der Beurteilten der PersBSt vorzulegen.

1003. Die im Zusammenhang mit der Beurteilung abgegebene Gegenvorstellung, die Stellungnahmen und ggf. weitere Äußerungen der Beurteilten sind von der PersBSt auszuwerten, ehe sie Grundlagen für Personalentscheidungen werden. Eine Mitteilung an die beurteilenden oder Stellung nehmenden Vorgesetzten oder an die Beurteilten über das Ergebnis der Auswertung erfolgt nicht.

11 Beschwerden gegen Beurteilungen*

1101. Aussagen und Wertungen in Beurteilungen zur Persönlichkeit, Eignung, Befähigung und Leistung der Beurteilten sind mit einer Beschwerde nicht anfechtbar. Gleichwohl sind Beschwerden gegen Beurteilungen nicht grundsätzlich ausgeschlossen.

1102. Soldatinnen und Soldaten können sich beschweren, wenn sie glauben, dass bei Erstellung der Beurteilung, einschließlich der Stellungnahmen, solche Rechte verletzt worden sind, die ihnen als Garantie für eine sachgerechte Beurteilung nach der Rechtsordnung eingeräumt sind.

Eine Beschwerde ist demnach statthaft, wenn die Beurteilten

- die Befangenheit der bzw. des Beurteilenden (Nr. 305),
- einen Verstoß gegen
  - die Zuständigkeitsvorschriften (Nrn. 301–304),
  - die Beurteilungsgrundsätze (Nrn. 401–409),
  - die Anhörungs-/Erörterungspflicht (Nrn. 618–621),
  - die Eröffnungspflicht (Nrn. 701–703) oder
  - das Benachteiligungsverbot nach § 2 Wehrbeschwerdeordnung

geltend machen.

1103.

a) Die Beurteilungen und die Stellungnahmen der nächsthöheren und weiteren höheren Vorgesetzten sind nach Ablauf der gesetzlichen Beschwerdefrist von einem Monat nach der jeweiligen Eröffnung unanfechtbar.

b) Über Beschwerden gegen eine Beurteilung oder Stellungnahme entscheiden die **ersten** Disziplinarvorgesetzten, die zur Beurteilung noch **nicht** Stellung genommen haben.

---

* Schaubild → **C 31g**

c) Die Beurteilung wird erst Grundlage von Personalentscheidungen, wenn das Beurteilungsverfahren abgeschlossen und die Beurteilung von der PersBSt abschließend geprüft worden ist.

d) Eine Wehrbeschwerde und ein Antrag auf gerichtliche Entscheidung durch das Wehrdienstgericht haben keine aufschiebende Wirkung (§ 3 Abs. 1 Satz 1, § 17 Abs. 6 Satz 1 Wehrbeschwerdeordnung (WBO)), sofern nicht ausnahmsweise die für die Entscheidung über die Beschwerde zuständige Stelle oder das zuständige Gericht die Vollziehung aussetzt oder die aufschiebende Wirkung anordnet. Eine mit Wehrbeschwerde oder Antrag auf gerichtliche Entscheidung durch das Wehrdienstgericht angegriffene, aber eröffnete Beurteilung ist durch die PersBSt in den Verfahren der Personalauswahl zu berücksichtigen.

12 Behandlung aufgehobener Beurteilungen und deren Neufassung

1201.

a) Die Beurteilten sind über die Aufhebung einer Beurteilung oder einer Stellungnahme und die hierfür maßgeblichen Gründe zu unterrichten.

b) Nach Ablauf der Beschwerdefrist gegen die Aufhebungsverfügung sind alle Ausfertigungen der aufgehobenen Beurteilung oder Stellungnahme einschließlich der dazugehörigen Anlagen und Vorgänge (z. B. Anhörungsvermerke, Gegenvorstellung und Stellungnahme dazu sowie weitere Anlagenblätter) zu vernichten. Ein fachlicher Beurteilungsbeitrag ist nur zu vernichten und neu abzufassen, wenn er Gegenstand der Aufhebung ist. Die Vernichtung ist mit dem Aufhebungsvermerk (Vordruck J, Anlage 14.20) zu bescheinigen. Aufhebungsverfügung (Vordruck I, Anlage 14.19) und Aufhebungsvermerk sind in die Personalakten (Grundakte und Nebenakte) aufzunehmen.

c) Bei aufgehobenen Stellungnahmen von nächsthöheren oder von weiteren höheren Vorgesetzten ist gemäß Buchstabe a) zu verfahren. Ergänzend dazu sind die Angaben zur Eröffnung sowie Wertungsänderungen in den Spalten „Änderung der Wertung (Stufe, Namenszeichen)“ auf dem Vordruck der Beurteilung zu schwärzen oder zu überkleben. Die Schwärzung/Überklebung ist durch Namenszeichen, Datum und kleinen Dienststempelabdruck zu beglaubigen.

Die Neufassung der Stellungnahme ist auf dem entsprechenden Formblatt des Vordrucks abzugeben.

d) Im Beschwerdeverfahren tritt der stattgebende Beschwerdebescheid oder die Gerichtsentscheidung an die Stelle der Aufhebungsverfügung.

Wehrdisziplinarordnung (WDO)

in der Fassung der Bekanntmachung vom 16. August 2001 (BGBl. I S. 2093)

C

Zuletzt geändert durch
Gesetz zur Reform der strafrechtlichen Vermögensabschöpfung
vom 13. April 2017 (BGBl. I S. 872)

Literatur-Hinweise:

1. Bachmann, „Die Vorermittlungen des Wehrdisziplinaranwalts und die Entschließung der Einleitungsbehörde nach § 92 WDO" in NZWehrr 2002, 58
2. Burmeister, „Strukturen und Grundsätze des materiellen Disziplinarrechts in der aktuellen Rechtsprechung des Bundesverwaltungsgerichts" in NZWehrr 2012, 177
3. Dau, „Die Neuregelungen der Wehrdisziplinarordnung durch das Wehrrechtsänderungsgesetz 2008" in NZWehr 2009, 19
4. Dau/Schütz, Wehrdisziplinarordnung, Kommentar, München, 7. Aufl. 2017 (Vahlen-Verlag)
5. Karcher, „Der Disziplinargerichtsbescheid in der Wehrdisziplinarordnung" in NZWehrr 2002, 232; „Hat sich der Disziplinargerichtsbescheid im Wehrdisziplinarrecht bewährt?" in NZWehrr 2005, 23
6. Lingens/Plachetka, „Beschwerden gegen richterliche Kostenentscheidungen", in NZWehrr 2004, 76
7. Lucks „Bemerkungen zum Grundsatz der Verhältnismäßigkeit im Wehrdisziplinarrecht in der aktuellen Rechtsprechung des Bundesverwaltungsgerichts" in UBWV 2010, 326
8. Lucks, „Zum Umfang der Bindungswirkung disziplinarer Entscheidungen nach § 145 Abs. 2 WDO" in NZWehrr 2006, 145
9. Peterson, „Die die Vorermittlungen beendenden Entschließungen der Einleitungsbehörde (§§ 93, 92 Abs. 3 Satz 1-4 WDO), die Begründung der Entschließung (§ 92 Abs. 3 Satz 5 WDO) und die Rechtsfolgen eines Beschlusses nach § 92 Abs. 4 WDO" in NZWehhr 2004, 1; „Die die Vorermittlungen beendenden Entschließungen der Einleitungsbehörde (§§ 93, 92 Abs. 3 Satz 5 WDO), die Begründung der Entschließung (§ 92 Abs. 3 Satz 5 WDO) und die Rechtsfolgen eines Beschlusses gem. § 92 Abs. 4 WDO" in NZWehrr 2004, 1, 64
10. Sandbaumhüter in NZWehrr 2000, 221
11. Schwandt, „Ahndung von Dienstvergehen im Wehrdisziplinarverfahren" in ZBR 1997, 301; 1999, 77; 2001, 269; 2002, 297, 382
12. Vogelgesang, „Die neue Wehrdisziplinarordnung" in ZBR 2003, 158, 198

13. Widmaier, „Aktuelle Entwicklungen in der Rechtsprechung des 2. Wehrdienstsenats des Bundesverwaltungsgerichts“ in NZWehrr 2008, 201
14. Wolf, „Die erweiterten Zuständigkeiten der Wehrdisziplinaranwaltschaften in den §§92 Abs. 1 Satz 2, 81 Abs. 4 Wehrdisziplinarordnung n.F.“ in NZWehrr 2001, 200
15. A-2160/6 Abschnitt 3.2, Einführung Wehrdisziplinarrecht
16. Zetzsche, „Der Disziplinargerichtsbescheid im Disziplinarrecht – eine Bestandsaufnahme“ in NZWehrr 2008, 15

Vorbemerkung:

1. Die WDO ist ein **Verfahrensgesetz**. Sie regelt im Einzelnen das Verfahren bei der Ausübung der Disziplinarbefugnis durch Disziplinarvorgesetzte, enthält die Verfahrensgrundsätze des gerichtlichen Disziplinarverfahrens sowie die Organisationsnormen für die Wehrdienstgerichte, den Bundeswehrdisziplinaranwalt und die Wehrdisziplinaranwälte.

   Bei der Ahndung von Dienstvergehen unterscheidet die WDO zwischen

   - den Befugnissen der Disziplinarvorgesetzten, einfache Disziplinarmaßnahmen zu verhängen, und
   - dem gerichtlichen Disziplinarverfahren, in dem ein Wehrdienstgericht durch Urteil auf eine gerichtliche Disziplinarmaßnahme oder eine einfache Disziplinarmaßnahme erkennen kann.

   Die WDO gilt einheitlich für Offiziere, Unteroffiziere und Mannschaften.

   Das sog. materielle Pflichtenrecht, also die einzelnen Dienstpflichten und der Begriff des Dienstvergehens sind dagegen im SG (→ **C 01**) geregelt.

2. Die WDO soll die Disziplinarvorgesetzten und die anderen Verantwortlichen (vgl. §21 Abs. 2 WDO) in den Stand versetzen, die **Disziplin** als eine unerlässliche Voraussetzung für die Schlagkraft und Einsatzbereitschaft von Streitkräften **aufrechtzuerhalten**. Der zuständige Disziplinarvorgesetzte soll die Disziplinarbefugnis im Interesse der Funktionsfähigkeit der Streitkräfte **effektiv und unter Beachtung rechtsstaatlicher Grundsätze sowie Berücksichtigung der Leitlinien der Inneren Führung ausüben**.

3. Der Text der Anmerkungen berücksichtigt weitgehend die „amtlichen“ Gesetzesbegründungen (→ BT-Drs 14/4660 und 16/7955).

Wehrdisziplinarordnung (WDO)

C

Inhaltsübersicht

C

C

Einleitende Bestimmungen

§ 1 Sachlicher und persönlicher Geltungsbereich

(1) Diese Gesetz regelt die Würdigung besonderer Leistungen durch förmliche Anerkennungen und die Ahndung von Dienstvergehen durch Disziplinarmaßnahmen.

(2) Das Gesetz gilt für Soldaten. Es gilt ferner für diejenigen, die in einem Wehrdienstverhältnis gestanden haben (frühere Soldaten), soweit sich aus diesem Gesetz nichts anderes ergibt.

(3) Frühere Soldaten, die keinen Anspruch auf Ruhegehalt, jedoch einen sonstigen Anspruch auf Dienstzeitversorgung, Altersgeld nach dem Altersgeldgesetz vom 28. August 2013 (BGBl. I S. 3386) oder auf Berufsförderung haben, gelten bis zur Beendigung der Gewährung dieser Leistungen im Sinne dieses Gesetzes als Soldaten im Ruhestand. Die Leistungen, die sie erhalten, gelten als Ruhegehalt.

Anmerkung:

1. Soldat ist, wer auf Grund der Wehrpflicht oder freiwilliger Verpflichtung in einem Wehrdienstverhältnis steht (Berufssoldaten, Soldaten auf Zeit, Freiwillig Wehrdienstleistende, Reservedienstleistende, Grundwehrdienstleistende - z.Z. ausgesetzt) → § 1 Abs. 1 Satz 1 SG (→ **C 01**).
2. Die WDO gilt nach Absatz 2 Satz 2 auch für frühere Soldaten. Zu den früheren Soldaten gehören nicht nur die Soldaten im Ruhestand und die Angehörigen der Reserve, sondern alle aus einem Wehrdienstverhältnis ausgeschiedenen oder wegen überschreitens der Altersgrenze nicht mehr der Wehrpflicht unterliegenden früheren Soldaten, soweit sie nicht ohnehin Soldaten im Ruhestand sind oder als solche gelten.
3. Durch § 1 Abs. 3 WDO wird sichergestellt, dass die für Soldaten im Ruhestand geltenden Vorschriften der WDO auch auf ehemalige Berufssoldaten und Soldaten auf Zeit angewendet werden können, solange sie einen Anspruch auf Dienstzeitversorgung oder auf Berufsförderung haben. Anspruch auf Dienstzeitversorgung bei Berufssoldaten: Unterhaltsbeitrag nach § 36 SVG und Übergangsgeld nach § 37 SVG. Bei Soldaten auf Zeit besteht die Dienstzeitversorgung aus den Übergangsgebührnissen, den Ausgleichsbezügen und der Übergangsbeihilfe → §§ 11 bis 13, 73, 74 SVG (BwKalender **E 01**).

   Disziplinarmaßnahmen gegen frühere Soldaten → § 67 WDO.

§ 2 Früher begangene Dienstvergehen

(1) Ein Soldat, der nach Beendigung eines früheren Wehrdienstverhältnisses erneut in einem Wehrdienstverhältnis steht, kann auch wegen solcher Dienstvergehen oder als Dienstvergehen geltender Handlungen verfolgt werden, die er in dem früheren Wehrdienstverhältnis oder danach begangen hat.

(2) Bei Berufssoldaten oder Soldaten auf Zeit, die früher in einem Dienstverhältnis als Beamter oder Richter gestanden haben, findet dieses Gesetz auch wegen solcher Dienstvergehen Anwendung, die sie in ihrem früheren Dienstverhältnis oder als Versorgungsberechtigte aus einem solchen Dienstverhältnis begangen haben; auch bei einem aus einem solchen Dienstverhältnis Ausgeschiedenen oder Entlassenen gelten die in § 77 Abs. 2 des Bundesbeamtengesetzes bezeichneten Handlungen als Dienstvergehen. Ein Wechsel des Dienstherrn steht der Anwendung dieses Gesetzes nicht entgegen. Als einfache Disziplinarmaßnahmen darf das Wehrdienstgericht nur Verweis oder Disziplinarbuße verhängen.

§ 3 Akteneinsicht durch den Soldaten

(1) Dem Soldaten ist zu gestatten, die Akten einzusehen, soweit dies ohne Gefährdung des Ermittlungszwecks möglich ist. Bei der Anhörung nach § 14 Abs. 1 Satz 3, nach § 32 Abs. 5 Satz 1 oder nach Zustellung der Anschuldigungsschrift ist ihm die Einsicht ohne diese Einschränkung zu gestatten. Soweit der Soldat die Akten einsehen kann, darf er sich daraus Abschriften fertigen oder auf seine Kosten Kopien anfertigen lassen.

(2) Akten und Schriftstücke, die der Soldat nicht einsehen darf, dürfen weder beigezogen noch verwertet werden.

§ 4 Beteiligung der Vertrauensperson

Für die Beteiligung der Vertrauensperson bei Entscheidungen nach diesem Gesetz gelten die §§ 28 und 29 des Soldatenbeteiligungsgesetzes. Das Ergebnis der Anhörung der Vertrauensperson ist dem Soldaten vor dessen Anhörung nach § 14 Abs. 1 Satz 3, § 32 Abs. 5 Satz 1 oder nach § 93 Abs. 1 Satz 2 bekannt zu geben.

Anmerkung:

1. SBG → **C 55a**; Erlasse → **C 55b** und **C 11i**.
2. Die Vorschrift stellt klar, dass die Vertrauensperson stets vor der abschließenden Anhörung des Soldaten zu beteiligen ist.

   Eine erneute Anhörung der Vertrauensperson ist dann geboten, wenn der Disziplinarvorgesetzte aufgrund der abschließenden Anhörung des Soldaten oder aufgrund nachträglich bekannt gewordener Umstände Anlass für weitere Ermittlungen sieht.
3. Unterbleibt die gebotene Anhörung der Vertrauensperson, so stellt dies einen schweren Verfahrensfehler dar. Einfache Disziplinarmaßnahmen sind im Wege der Dienstaufsicht nach §46 Abs. 2 Nr. 7 WDO aufzuheben.
4. Ist eine Vertrauensperson noch nicht gewählt oder weigert sich die zuständige Vertrauensperson eine Stellungnahme abzugeben, dürfen Disziplinar-

vorgesetzte ausnahmsweise von einer Anhörung absehen. Allerdings sollten derartige Umstände protokolliert werden.

§ 5 Zustellungen

(1) Die in diesem Gesetz vorgeschriebenen Zustellungen werden ausgeführt

1. durch Übergabe an den Empfänger gegen Empfangsbekenntnis oder, wenn er die Annahme oder die Ausstellung des Empfangsbekenntnisses verweigert, durch Anfertigung einer Niederschrift hierüber,
2. durch eingeschriebenen Brief mit Rückschein,
3. nach den Vorschriften der Zivilprozessordnung über die Zustellung von Amts wegen,
4. an Behörden und Dienststellen auch durch Vorlage der Akten mit den Urschriften der zuzustellenden Schriftstücke; der Empfänger hat den Tag der Vorlage in den Akten zu vermerken.

(2) Die Zustellung nach Absatz 1 Nr. 3 kann auch durch einen Soldaten ausgeführt werden. Die öffentliche Zustellung wird auf Antrag des Wehrdisziplinaranwalts von dem Vorsitzenden der Truppendienstkammer bewilligt.

(3) Hat der Empfangsberechtigte eine Schriftstück nachweislich erhalten, gilt es spätestens zu diesem Zeitpunkt als zugestellt.

§ 6 Belehrung über Rechtsmittel und Rechtsbehelfe

Bei allen nach diesem Gesetz anfechtbaren Entscheidungen ist der Soldat oder der frühere Soldat über die Möglichkeit der Anfechtung, über die Stellen, bei denen das Rechtsmittel oder der Rechtsbehelf einzulegen ist, und über die Form und Frist der Anfechtung schriftlich zu belehren.

§ 7 Disziplinarbuch

Förmliche Anerkennungen, unanfechtbare Disziplinarmaßnahmen und Strafen sind in das Disziplinarbuch einzutragen.

Anmerkung:

Siehe dazu A-2160/6, Abschnitt 1.7 („Einrichtung und Führung des Disziplinarbuchs") → **C 18**.

§ 8 Tilgung

(1) Förmliche Anerkennungen sind zu tilgen, wenn ihre Rücknahme unanfechtbar ist.

C

(2) Eine einfache Disziplinarmaßnahme ist nach drei Jahren, eine Kürzung der Dienstbezüge nach fünf Jahren und ein Beförderungsverbot, auch in Verbindung mit einer Kürzung der Dienstbezüge, nach sieben Jahren zu tilgen. Die Frist beginnt mit dem Tag, an dem die Disziplinarmaßnahme verhängt wird oder mit der Verkündung des ersten Urteils. Wird der Soldat während der Frist wegen einer anderen Tat rechtskräftig bestraft oder wird gegen ihn eine Disziplinarmaßnahme unanfechtbar verhängt, beginnt die Frist von neuem. Für den Beginn der Frist gilt Satz 2.

(3) Wird eine Disziplinarmaßnahme aufgehoben, ist sie zu tilgen. Hat sie sich auf die Berechnung von Tilgungsfristen ausgewirkt, sind diese erneut zu berechnen.

(4) Strafen sind zu tilgen

1. nach fünf Jahren, wenn der Soldat zu Freiheitsstrafe von mehr als einem Jahr verurteilt worden ist,
2. nach drei Jahren in allen übrigen Fällen.

Die Frist beginnt mit der Verkündung des ersten Urteils, bei Strafbefehlen mit dem Tag der Unterzeichnung durch den Richter.

(5) Ist bei einer Kürzung der Dienstbezüge nach fünf Jahren die Vollstreckung noch nicht beendet, verlängert sich die Frist bis zum Ende der Vollstreckung.

(6) Einfache Disziplinarmaßnahmen, die nach einer Kürzung der Dienstbezüge oder nach einem Beförderungsverbot verhängt werden, sind erst zu tilgen, wenn die Kürzung der Dienstbezüge oder das Beförderungsverbot getilgt werden darf.

(7) Förmliche Anerkennungen, Disziplinarmaßnahmen und Strafen dürfen nicht mehr berücksichtigt werden, wenn sie zu tilgen sind; sie sind aus dem Disziplinarbuch und aus den Personalakten zu entfernen.

(8) Nach Ablauf der jeweiligen Tilgungsfrist darf der Soldat oder der frühere Soldat jede Auskunft über die Disziplinarmaßnahme sowie über den zu Grunde liegenden Sachverhalt verweigern. Er darf erklären, dass er nicht gemaßregelt worden ist.

(9) Unterlagen über die Feststellung eines Dienstvergehens sind nach zwei Jahren aus den Personalakten zu entfernen. Absatz 2 Satz 2 sowie die Absätze 7 und 8 gelten entsprechend.

Anmerkung: Einzelheiten zur Tilgung → **C 18**, Abschn. 1.7.4.

§ 9 Auskünfte

(1) Auskünfte über förmliche Anerkennungen, über Disziplinarmaßnahmen und im Disziplinarbuch eingetragene gerichtliche Strafen, Mitteilungen über Ermittlungen des Disziplinarvorgesetzten, über Vorermittlungen des Wehrdisziplinaranwalts und über gerichtliche Disziplinarverfahren sowie über Tatsachen aus solchen Verfahren werden ohne Zustimmung des Soldaten oder des früheren Soldaten nur erteilt

1. an Dienststellen im Geschäftsbereich des Bundesministeriums der Verteidigung, an Gerichte und Staatsanwaltschaften, soweit dies zur Erfüllung der in der Zuständigkeit des Empfängers liegenden Aufgaben erforderlich ist, sowie
2. an Verletzte zur Wahrnehmung ihrer Rechte.

Unter diesen Voraussetzungen ist auch die Übermittlung von Unterlagen zulässig.

(2) Der Empfänger darf die übermittelten Auskünfte nur für den Zweck verarbeiten oder nutzen, zu dessen Erfüllung sie ihm übermittelt wurden.

(3) Andere Rechtsvorschrften, die eine Auskunftserteilung zulassen, bleiben unberührt. Auskünfte über förmliche Anerkennungen, über Disziplinarmaßnahmen und über im Disziplinarbuch eingetragene gerichtliche Strafen, die getilgt oder tilgungsreif sind, werden nur mit Zustimmung des Soldaten oder des früheren Soldaten erteilt.

Anmerkung:

Nach Absatz 1 Nr. 1 WDO ist eine Auskunftserteilung an Dienststellen im Geschäftsbereich des Bundesministeriums der Verteidigung nur zur Aufgabenerfüllung des jeweiligen Adressaten zulässig. Vorrangig werden derartige Auskünfte für Aufgaben im Zusammenhang mit der Personalbearbeitung benötigt. Die Vorschrift ermöglicht die Auskunftserteilung aber auch für alle sonstigen dienstlichen Zwecke (beispielsweise für Schadensfälle, Flugunfalluntersuchungen oder Havarieverfahren).

Die ebenfalls in Nummer 1 geregelte Auskunftserteilung gegenüber der Justiz beschränkt sich nicht auf Strafverfahren, sondern enthält eine gesetzliche Grundlage für notwendige Übermittlungen auch im Rahmen anderer gerichtlicher Verfahren, z.B. Unterhaltsverfahren. Dadurch ist gewährleistet, dass die Entscheidungen, die als Gegenstand der Auskunftserteilung in Betracht kommen, auch bei anderen gerichtlichen Verfahren, vor allem bei Verwaltungsstreitverfahren in Statusangelegenheiten, bei Schadensersatz- und bei Regressverfahren berücksichtigt werden können.

Mit der Regelung in Nummer 2 erhalten diejenigen, deren Rechte durch ein Verhalten verletzt wurden, das Gegenstand disziplinarer Ermittlungen war, insoweit einen Anspruch auf Auskunftserteilung, als sie die Auskunft zur Geltendmachung eigener Rechte benötigen. Absatz 1 Satz 2 enthält die Rechtsgrundlage für die Übermittlung von Unterlagen an die genannten Adressaten.

§ 10 Entschädigung von Zeugen und Sachverständigen

Zeugen und Sachverständige, die nicht dienstlich gestellt werden, erhalten eine Entschädigung oder Vergütung in entsprechender Anwendung des Justizvergütungs- und -entschädigungsgesetzes.

Anmerkung:

Einzelheiten siehe A-2160/6, Abschnitt 1.16 („Entschädigung nicht dienstlich gestellter Zeuginnen und Zeugen sowie Sachverständiger im einfachen Disziplinarverfahren").

Erster Teil
Würdigung besonderer Leistungen durch förmliche Anerkennungen

§ 11 Voraussetzungen und Arten der förmlichen Anerkennungen

(1) Vorbildliche Pflichterfüllung oder hervorragende Einzeltaten können durch förmliche Anerkennungen gewürdigt werden.

(2) Förmliche Anerkennungen sind

1. Anerkennung im Kompanie- oder Tagesbefehl,
2. Anerkennung im Ministerialblatt des Bundesministeriums der Verteidigung.

(3) Mit einer förmlichen Anerkennung kann Sonderurlaub bis zu 14 Arbeitstagen verbunden werden.

(4) Gute Leistungen können auch durch Auszeichnungen anderer Art gewürdigt werden.

Anmerkung:

1. Soldatinnen und Soldaten sind verpflichtet, treu zu dienen, d.h. sie haben ihre Pflichten gewissenhaft zu erfüllen. Erfüllen sie ihre täglichen Pflichten in einer die übliche Pflichterfüllung übertreffenden Weise, so dass sie für ihre Kameradinnen und Kameraden ein besonderes Beispiel bilden, kann diese vorbildliche Haltung im täglichen Dienst ebenso wie eine aus dem allgemeinen Rahmen herausfallende Einzeltat durch eine förmliche Anerkennung gewürdigt werden.
2. Absatz 2 zählt abschließend die Arten der förmlichen Anerkennungen auf. Daneben gibt es andere Anerkennungen (→ Absatz 4). Urkunde bei förmlichen Anerkennungen → A-2160/6, Abschnitt 1.8.

3. Zu Absatz 3: Zuständigkeiten → § 12 WDO, AB 98 zu § 14 SUV (→ BwKalender **C 40a**).

§ 12 Zuständigkeit zum Erteilen von förmlichen Anerkennungen

(1) Es können erteilen

1. der Kompaniechef oder ein anderer Disziplinarvorgesetzter mit der Disziplinarbefugnis eines Kompaniechefs oder einer höheren Disziplinarbefugnis
   Anerkennung im Kompanie- oder Tagesbefehl,
2. der Bundesminister der Verteidigung
   Anerkennung im Ministerialblatt des Bundesministeriums der Verteidigung.

(2) Es können gewähren

1. der Kompaniechef oder ein Disziplinarvorgesetzter mit der Disziplinarbefugnis eines Kompaniechefs
   Sonderurlaub bis zu fünf Arbeitstagen,
2. der Bataillonskommandeur oder ein Disziplinarvorgesetzter mit der Disziplinarbefugnis eines Bataillonskommandeurs
   Sonderurlaub bis zu sieben Arbeitstagen,
3. der Regimentskommandeur oder ein Disziplinarvorgesetzter mit der Disziplinarbefugnis eines Regimentskommandeurs
   Sonderurlaub bis zu 14 Arbeitstagen.

Anmerkung:

1. Nach Absatz 1 können alle Disziplinarvorgesetzten ihnen (unmittelbar) unterstehende Soldatinnen und Soldaten eine förmliche Anerkennung erteilen. Höhere Vorgesetzte sollten jedoch dann handeln, wenn die anerkennenswerte Tat einem größeren Kreis von Soldatinnen und Soldaten mitgeteilt werden soll. Dabei sind nach § 13 Abs. 3 WDO allerdings die jeweils nächsten Disziplinarvorgesetzten der zu würdigenden Soldatinnen oder Soldaten zu hören. Unterbleibt dies, rechtfertigt dies die Rücknahme der Förmlichen Anerkennung (vgl. § 14 WDO und die dortige Anmerkung).
2. Disziplinarvorgesetzte → Erlass über die Disziplinarbefugnis von Offizieren (→ **C 12a**).

§ 13 Erteilen von förmlichen Anerkennungen

(1) Bei der Entscheidung, ob eine förmliche Anerkennung erteilt werden soll, ist ein strenger Maßstab anzulegen. Der Soldat soll seiner Persönlichkeit nach dieser förmlichen Anerkennung würdig sein. Die förmliche Anerkennung soll auch seinen Kameraden gegenüber gerechtfertigt erscheinen.

(2) Den Zeitpunkt des Sonderurlaubs bestimmt der für die Bewilligung des Erholungsurlaubs zuständige Vorgesetzte.

(3) Wird die förmliche Anerkennung von einem höheren Disziplinarvorgesetzten erteilt, ist der nächste Disziplinarvorgesetzte des Soldaten zu hören.

Anmerkung:

1. Bei der Entscheidung, ob eine förmliche Anerkennung erteilt werden soll, ist ein strenger Maßstab geboten; sie darf nicht zur Regel werden. Eine „starre" Quotenregelung zwischen förmlichen Anerkennungen und Disziplinarmaßnahmen beweist Mängel in der Ausübung der Disziplinarbefugnis.
2. Die Vertrauensperson des Soldaten, dem eine Anerkennung erteilt wird, ist vorher zur Person des Soldaten anzuhören → § 4 Satz 1 WDO i.V.m. § 29 Abs. 2 SBG (→ **C 55a**). Die Entscheidung treffen jedoch die Disziplinarvorgesetzten in eigener Verantwortung. Sie sind an die Ansicht der Vertrauensperson nicht gebunden.

§ 14 Rücknahme förmlicher Anerkennungen

(1) Eine förmliche Anerkennung ist zurückzunehmen, wenn sich nachträglich herausstellt, dass die Voraussetzungen, unter denen sie erteilt wurde, nicht vorlagen. Die Rücknahme ist zu begründen. Vor der Entscheidung ist der Soldat zu hören.

(2) Über die Rücknahme entscheidet die Einleitungsbehörde. Hat ein höherer Disziplinarvorgesetzter die förmliche Anerkennung erteilt, steht ihm die Entscheidung zu. Bei Wegfall der Dienststelle des höheren Disziplinarvorgesetzten wird die Zuständigkeit durch den Bundesminister der Verteidigung bestimmt.

(3) Wird die förmliche Anerkennung zurückgenommen, ist zugleich darüber zu entscheiden, ob ein in Anspruch genommener Sonderurlaub ganz oder teilweise auf den Erholungsurlaub anzurechnen ist. Eine Anrechnung des in Anspruch genommenen Sonderurlaubs auf den Erholungsurlaub unterbleibt, soweit dies eine besondere Härte bedeuten würde.

(4) Die Entscheidung ist dem Soldaten zuzustellen.

Anmerkung:

Eine Rücknahme der förmlichen Anerkennung ist nur zulässig bei

- schweren formellen Fehlern, z.B. Anhörung des nächsten Disziplinarvorgesetzten vor Erteilung durch höheren Disziplinarvorgesetzten unterbleibt, unzuständiger Vorgesetzter oder ein Vorgesetzter ohne Disziplinarbefugnis erteilt Anerkennung,
- bei Nichtvorliegen der materiellen Voraussetzungen (Täuschung, falsche Angaben), z.B. Rettungstat wurde in Wahrheit von einem anderen vollbracht,
- bei Unwürdigkeit, wenn sich z.B. nachträglich herausstellt, dass der Soldat zum Zeitpunkt der Erteilung erheblich vorbestraft war.

Zweiter Teil
Ahndung von Dienstvergehen durch Disziplinarmaßnahmen

Erster Abschnitt
Allgemeine Bestimmungen

§15 Disziplinarmaßnahmen, Ermessensgrundsatz

(1) Dienstvergehen (§ 23 des Soldatengesetzes) können durch einfache Disziplinarmaßnahmen (§ 22) oder durch gerichtliche Disziplinarmaßnahmen (§ 58) geahndet werden. Die Verhängung von gerichtlichen Disziplinarmaßnahmen ist den Wehrdienstgerichten vorbehalten.

(2) Der zuständige Disziplinarvorgesetzte bestimmt nach pflichtmäßigem Ermessen, ob und wie wegen eines Dienstvergehens nach diesem Gesetz einzuschreiten ist, er hat dabei auch das gesamte dienstliche und außerdienstliche Verhalten zu berücksichtigen.

Anmerkung:

1. Nach § 23 Abs. 1 SG (→ **C 01**) begehen Soldatinnen und Soldaten ein Dienstvergehen, wenn sie schuldhaft (d.h. vorsätzlich oder fahrlässig) ihre Pflichten verletzen. Nur bei schuldhaften Pflichtverletzungen kommen Disziplinarmaßnahmen in Betracht.
2. Die einfachen Disziplinarmaßnahmen zählt § 22 WDO, die gerichtlichen Disziplinarmaßnahmen § 58 WDO auf. Letztere können nur die Wehrdienstgerichte verhängen; einfache Disziplinarmaßnahmen können sowohl vom Wehrdienstgericht als auch von den Disziplinarvorgesetzten verhängt werden.
3. Die Zuständigkeit von Disziplinarvorgesetzten richtet sich nach den §§ 29, 30 WDO.
4. Wichtig ist, dass Disziplinarmaßnahmen keine „Vergeltung" für begangenes Unrecht sind, sondern vielmehr ein Mittel zur Wiederherstellung der Disziplin. Daher hat das gesamte sonstige Verhalten im Disziplinarverfahren eine weitaus größere Bedeutung als im Strafverfahren. Während das Gesamtverhalten im Strafverfahren niemals zum Freispruch, sondern höchstens zu einer milderen Strafe oder zur Einstellung führt, kann es im Disziplinarverfahren dazu führen, dass trotz einer nachgewiesenen schuldhaften Pflichtverletzung von einer Disziplinarmaßnahme abgesehen wird.
5. Die zuständigen Disziplinarvorgesetzten entscheiden nach eigenem Ermessen, ob sie irgendwelche disziplinaren Maßnahmen nach der Wehrdisziplinarordnung zu treffen haben und welche Maßnahmen geeignet sind. Schaubild → S. 209.
6. Sie müssen ihr Ermessen pflichtmäßig ausüben. Vorgesetzte, die Dienstvergehen ihrer Untergebenen nicht zur Kenntnis nehmen oder nicht aufklären, z.B. weil sie auf dem Standpunkt stehen, in ihrer Einheit gebe es keine Dienstvergehen, handeln pflichtwidrig (→ §§ 28 Abs. 1, 29 WDO). Zum pflichtgemäßen Gebrauch des Ermessens gehört es auch, dass Disziplinar-

vorgesetzte den Sachverhalt aufklären (insoweit besteht das sog. **Legalitätsprinzip**). Auch anonymen Meldungen von gewisser Bedeutung ist nachzugehen. Dienstliches und außerdienstliches Verhalten sind sodann zu würdigen. Disziplinarmaßnahmen sollen die Disziplinarvorgesetzten in der Regel erst dann treffen, wenn andere erzieherische Maßnahmen ihren Erfolg verfehlt haben. Zu den Grundsätzen für die Maßnahmebemessung → § 38 WDO. Zur Selbstständigkeit der Disziplinarvorgesetzten → § 35 WDO.

§ 16 Verhältnis der Disziplinarmaßnahmen zu Strafen und Ordnungsmaßnahmen

(1) Ist durch ein Gericht oder eine Behörde unanfechtbar eine Strafe oder Ordnungsmaßnahme verhängt worden oder kann eine Tat nach § 153a Abs. 1 Satz 5 oder Abs. 2 Satz 2 der Strafprozessordnung nach Erfüllung von Auflagen und Weisungen nicht mehr als Vergehen verfolgt werden, dürfen wegen desselben Sachverhalts

1. einfache Disziplinarmaßnahmen mit Ausnahme des Disziplinararrests nicht verhängt werden,
2. Disziplinararrest, Kürzung der Dienstbezüge oder Kürzung des Ruhegehalts nur verhängt werden, wenn dies zusätzlich erforderlich ist, um die militärische Ordnung aufrechtzuerhalten oder wenn durch das Fehlverhalten das Ansehen der Bundeswehr ernsthaft beeinträchtigt wurde.

(2) Bei der Verhängung von Disziplinararrest ist eine andere Freiheitsentziehung anzurechnen; die Dauer des Disziplinararrests darf zusammen mit der anderen Freiheitsentziehung drei Wochen nicht übersteigen.

(3) Wird der Soldat im Strafverfahren oder im Bußgeldverfahren freigesprochen, darf eine Disziplinarmaßnahme nur dann verhängt oder ein gerichtliches Disziplinarverfahren nur eingeleitet oder fortgesetzt werden, wenn der Sachverhalt ein Dienstvergehen enthält, ohne den Tatbestand einer Strafvorschrift oder einer Bußgeldvorschrift zu erfüllen. Vor Beginn oder Fortsetzung der Ermittlungen ist dem Soldaten mitzuteilen, welcher Sachverhalt ihm weiterhin als Pflichtverletzung vorgeworfen wird.

Anmerkung:

1. Mit dieser Vorschrift wird das Verhältnis von zuvor verhängter strafgerichtlicher Strafe oder Ordnungsmaßnahme und nachfolgend verhängter Disziplinarmaßnahme geregelt. Außerdem werden die Fälle, in denen ein sachgleiches Strafverfahren nach Erfüllung von Auflagen oder Weisungen gemäß § 153a StPO (→ **C 27**) eingestellt wurde, in diese Regelung einbezogen.
2. Nach Absatz 1 ist die gleichzeitige Verhängung einer einfachen Disziplinarmaßnahme - mit Ausnahme eines Disziplinararrests - bei sachgleicher strafgerichtlicher Ahndung oder im Fall einer Einstellung nach § 153a StPO aus-

geschlossen. Dadurch soll eine doppelte Ahndung in den vergleichsweise leichten Fällen verhindert werden, zumal eine auf der Grundlage dieser Bestimmung erbrachte Geldzahlung oder sonstige Leistung als ein der Geldstrafe vergleichbares Übel empfunden wird. Außerdem erscheint es nicht verständlich, dass zwar bei vorausgegangener Bestrafung auf eine Disziplinarmaßnahme verzichtet werden soll, nicht aber dann, wenn das Strafverfahren bei geringer Schuld eingestellt wird. Disziplinararrest, Kürzung der Dienstbezüge und Kürzung des Ruhegehalts dürfen in diesen Fällen nur verhängt werden, wenn dies zum Zeitpunkt der Verhängung der Disziplinarmaßnahme zur Aufrechterhaltung der militärischen Ordnung oder wegen einer Beeinträchtigung des Ansehens der Bundeswehr erforderlich ist.

3. Zu Absatz 3: Dieser Absatz beschreibt den sog. disziplinaren Überhang. In Fällen, in denen Soldatinnen oder Soldaten in einem Straf- oder Bußgeldverfahren durch ein Urteil freigesprochen worden sind - eine Einstellung des Verfahrens beispielsweise nach §153a StPO genügt dazu nicht -, ist eine disziplinare Ahndung nur zulässig soweit ein Dienstvergehen unabhängig vom strafrechtlichen Tatbestand oder der Ordnungswidrigkeit gegeben ist.

   Beispiel:

   Ein Soldat wird vom Strafgericht im Hinblick auf falsche Angaben in der Reisekostenrechnung vom Vorwurf des Betrugs freigesprochen. Gleichwohl ist eine Ahndung wegen einer fahrlässigen Verletzung der Wahrheitspflicht nach §13 SG möglich.

§17 Zeitablauf

(1) Disziplinarsachen sind beschleunigt zu behandeln.

(2) Sind seit einem Dienstvergehen sechs Monate verstrichen, darf eine einfache Disziplinarmaßnahme nicht mehr verhängt werden.

(3) Sind seit einem Dienstvergehen drei Jahre verstrichen, dürfen Kürzung der Dienstbezüge und Kürzung des Ruhegehalts nicht mehr verhängt werden.

(4) Sind seit einem Dienstvergehen fünf Jahre verstrichen, darf ein Beförderungsverbot nicht mehr verhängt werden.

(5) Ist vor Ablauf der Frist wegen desselben Sachverhalts ein Strafverfahren, ein Bußgeldverfahren oder ein gerichtliches Disziplinarverfahren gegen den Soldaten eingeleitet worden oder ist der Sachverhalt Gegenstand einer Beschwerde, einer militärischen Flugunfall- oder Taucherunfalluntersuchung oder eines Havarieverfahrens, ist die Frist für die Dauer dieses Verfahrens gehemmt.

Anmerkung:

Ein längerer Zeitraum zwischen Tat und Ahndung schwächt in der Regel die erzieherische Wirkung ab oder verhindert sie. Ein längerer Schwebezustand wäre auch dem Vertrauensverhältnis zwischen Disziplinarvorgesetzten und Untergebenen abträglich.

Deshalb ist sechs Monate nach Beendigung der Tat - unabhängig von der Kenntnis der Vorgesetzten - die Ahndung mit einer einfachen Disziplinarmaßnahme ausgeschlossen (Absatz 2). Wichtig ist allerdings, dass das Gesetz an dieser Stelle von einem „Dienstvergehen" und gerade nicht von der (einzelnen) Pflichtverletzung spricht. Besonderheiten im Hinblick auf Berechnung der Frist sind zudem zu beachten, wenn das Dienstvergehen in einem Unterlassen besteht.

Ausnahmen (Absatz 5):

a) Strafverfahren (Beginn der Tätigkeit des Staatsanwalts oder der Polizei nach § 163 StPO (→ **C 27**),

C

b) gerichtliches Disziplinarverfahren (Zustellung der Einleitungsverfügung nach § 93 Abs. 1),

c) Bußgeldverfahren (z.B. nach dem Gesetz über Ordnungswidrigkeiten),

d) Beschwerdeverfahren nach der WBO (→ **C 30**),

e) militärische Flugunfall- oder Taucherunfalluntersuchung,

f) militärisches Havarieverfahren.

Wenn diese Verfahren vor Ablauf von sechs Monaten eingeleitet werden, wird der weitere Ablauf der Frist gehemmt. Die restliche Frist beginnt erst wieder zu laufen, wenn die Verfahren beendet sind.

§ 18 Verbot mehrfacher, Gebot einheitlicher Ahndung

(1) Ein Dienstvergehen darf nur einmal disziplinar geahndet werden. § 96 bleibt unberührt.

(2) Mehrere Pflichtverletzungen eines Soldaten oder eines früheren Soldaten, über die gleichzeitig entschieden werden kann, sind als ein Dienstvergehen zu ahnden.

Anmerkung:

1. Zur Einschränkung des Absatzes 2 im gerichtlichen Disziplinarverfahren → § 107 Abs. 2 WDO.
2. Zur Einheit des Dienstvergehens vertiefend → Lingens in NZWehrr 1999, 198

§ 19 Gnadenrecht

(1) Dem Bundespräsidenten steht das Gnadenrecht hinsichtlich der nach diesem Gesetz verhängten Disziplinarmaßnahmen zu. Er übt es selbst aus oder überträgt die Ausübung anderen Stellen.

(2) Wird die Entfernung aus dem Dienstverhältnis oder die Aberkennung des Ruhegehalts im Gnadenweg aufgehoben, gilt § 52 des Soldatengesetzes entsprechend.

Anmerkung:

1. Das Gnadenrecht des Bundespräsidenten ist in Art. 60 Abs. 2 GG (→ **A 10**) verankert.

Durch die **Anordnung vom 5. Oktober 1965** (BGBl I S. 1573) - geändert am 3. November 1970 (BGBl I S. 1513) - hat der Bundespräsident von seinem Recht, die Ausübung des Gnadenrechts anderen Stellen zu übertragen, Gebrauch gemacht. Danach ist der BMVg im Rahmen der WDO zuständig für Disziplinargnadensachen aller Soldatinnen und Soldaten, soweit der Bundespräsident sich Gnadenentschließungen ausdrücklich vorbehalten hat.

Vom Disziplinargnadenrecht ist die Ausübung des Gnadenrechts nach § 5 SG (→ **C 01**) zu unterscheiden.

2. Den Ablauf des **formellen Gnadenverfahrens** für Soldatinnen und Soldaten regelt die A-2160/6 Abschnitt 1.39 → **C 19**.

C

3. **Das Begnadigungsrecht erstreckt** sich auf unanfechtbar gewordene einfache Disziplinarmaßnahmen und rechtskräftige gerichtliche Disziplinarmaßnahmen. Gegenstand einer Gnadenentschließung können auch in der WDO normierte, gesetzliche Folgen einer gerichtlichen Disziplinarmaßnahme sein, z.B. Beförderungssperre bei Degradierung, nicht dagegen solche Folgen, die in einem anderen Gesetz geregelt sind, z.B. Verlust des Anspruchs auf Erteilung eines Zulassungs- und Eingliederungsscheins (§ 9 Abs. 2 SVG → BwKalender **E 01**). Ein Gnadenerweis kann auch nach dem Tode des Verurteilten zugunsten der Hinterbliebenen erteilt werden.

4. Zum **Inhalt des Gnadenrechts** gehören alle Maßnahmen, die die Disziplinarmaßnahme selbst oder ihre Folgen abschwächen oder aufheben. Im Einzelnen umfasst das Gnadenrecht die Befugnis, Folgen von Disziplinarmaßnahmen zu erlassen, zu ermäßigen, umzuwandeln oder auszusetzen. Darunter fallen auch die Beseitigung vermögensrechtlicher Folgen und die Bewilligung von Unterhaltszuschüssen. Der Gnadenerweis kann sich auch auf die Verfahrenskosten erstrecken. Darüber hinaus können Disziplinarmaßnahmen im Gnadenwege vorzeitig getilgt werden, soweit die WDO eine Tilgung vorsieht. Eine gnadenweise Tilgung der gerichtlichen Disziplinarmaßnahmen – mit Ausnahme der Gehaltskürzung, Ruhegehaltskürzung – ist daher ausgeschlossen.

5. Als **Gnadengründe** kommen in Betracht:

   a) Die Berichtigung von Fehlentscheidungen. Hier handelt es sich meist um Entscheidungen, die der Sach- und Rechtslage nicht entsprechen. Im Bereich der einfachen Disziplinarmaßnahmen sind es die Fälle des § 44 WDO. Entsprechende Anträge sind Gnadenentscheidungen vorgreiflich.

   b) Eine ähnliche Situation ist gegeben, wenn dem Disziplinarvorgesetzten oder dem Gericht bedeutsame Zumessungsgründe unbekannt geblieben sind, bei deren Kenntnis wahrscheinlich auf eine erheblich mildere Maßnahme erkannt worden wäre.

   c) Berücksichtigung von Umständen, die zwar die Gründe für die Verhängung der Maßnahme unberührt lassen, aber nachträglich eine Befreiung von den Folgen rechtfertigen (z.B. nachträgliche besonders anerkennenswerte Leistungen).

   d) Änderung der wirtschaftlichen oder persönlichen Verhältnisse des Soldaten nach der Tat, so dass die Maßnahme rückblickend betrachtet als zu hart erscheint.

   e) Änderungen von gesetzlichen Bestimmungen oder Änderung der Rechtsprechung, die die Verfehlung nachträglich in einem milderen Licht erscheinen lassen.

Dagegen schließen unehrenhafte Gesinnung, schwere Verstöße gegen die militärische Ordnung oder erhebliche Schädigung des Ansehens der Bundeswehr regelmäßig eine Begnadigung aus. Insgesamt setzt die Begnadigung Würdigkeit voraus.

6. **Antragsberechtigt** ist die Soldatin bzw. der Soldat; aber auch Vorgesetzte, Kameradinnen und Kameraden sowie Angehörige können Gnadengesuche einreichen. Die Anträge sind bei den nächsten Disziplinarvorgesetzten zu stellen und dann sofort dem Rechtsberater/Wehrdisziplinaranwalt vorzulegen. Gnadensachen sind stets Eilsachen.

Gnadengesuche haben keine aufschiebende Wirkung. Der Vollzug einer Disziplinarmaßnahme kann jedoch aufgeschoben oder unterbrochen werden, wenn nach pflichtmäßigem Ermessen des vollstreckenden Vorgesetzten so erhebliche Gnadengründe vorliegen, dass Milderung oder Erlass der Maßnahme zu erwarten ist.

7. Soldatinnen und Soldat haben kein **Recht auf Gnade**. Der Umfang des Gnadenerweises steht im Ermessen des BMVg. Gegen ablehnende Gnadenentschließungen gibt es keine Rechtsmittel, auch nicht die Beschwerde nach der WBO. Allerdings können zu einem späteren Zeitpunkt neue Gnadengesuche gestellt werden.

Widerruf und Rücknahme des Gnadenerweises sind möglich.

§ 20 Durchsuchung und Beschlagnahme

(1) Zur Aufklärung eines Dienstvergehens darf der Disziplinarvorgesetzte Durchsuchungen und Beschlagnahmen nur außerhalb von Wohnungen und nur auf Anordnung des Richters des zuständigen, notfalls des nächst erreichbaren Truppendienstgerichts vornehmen. Durchsucht werden darf nur ein Soldat, gegen den sich der Verdacht eines Dienstvergehens richtet. Die Durchsuchung erstreckt sich auf die Person und die Sachen des Soldaten. Der Beschlagnahme unterliegen alle Gegenstände, die für die Aufklärung eines Dienstvergehens von Bedeutung sein können. Sie darf gegenüber jedem Soldaten angeordnet werden.

(2) Bei Gefahr im Verzug darf der Disziplinarvorgesetzte Maßnahmen nach Absatz 1 auch ohne richterliche Anordnung treffen. Die richterliche Genehmigung ist unverzüglich zu beantragen. Der Antrag auf richterliche Zustimmung oder Genehmigung ist zu begründen. Die entstandenen Akten sind beizufügen. Die Entscheidung, mit welcher der Richter seine Zustimmung oder Bestätigung ganz oder teilweise versagt, ist zu begründen. Der Disziplinarvorgesetzte kann dagegen innerhalb von drei Tagen das Truppendienstgericht anrufen. Hierfür gelten die Sätze 3 und 4 entsprechend. Das Truppendienstgericht entscheidet endgültig durch Beschluss. Der Soldat ist vor allen Entscheidungen, welche die Bestätigung von Maßnahmen nach Absatz 1 zum Gegenstand haben, zu hören. Die Entscheidungen sind ihm zuzustellen.

(3) Für die Durchführung von Maßnahmen nach Absatz 1 gilt § 32 Abs. 2 entsprechend. Die Durchsuchung eines Soldaten darf nur von Personen gleichen Geschlechts oder von einem Arzt, der nicht der Truppenarzt des Soldaten sein soll, vorgenommen werden; dies gilt nicht, wenn die sofortige Durchsuchung zum Schutz vor einer Gefahr für Leib oder Leben erforderlich ist. Die Durchsicht privater Papiere des Soldaten steht nur dem Disziplinarvorgesetzten zu.

(4) Dem Soldaten, gegen den sich eine Maßnahme nach Absatz 1 richtet, sind die Gründe für die Maßnahme mündlich zu eröffnen, soweit der Ermittlungszweck nicht gefährdet wird. Ihm ist die Anwesenheit bei ihrer Durchführung zu gestatten. Ist der Soldat nicht unverzüglich erreichbar, ist ein Zeuge beizuziehen. Über die Durchsuchung und ihr wesentliches Ergebnis sowie über die Beschlagnahme ist unverzüglich eine Niederschrift anzufertigen, aus der sich, falls keine richterliche Anordnung ergangen ist, auch die Tatsachen ergeben müssen, die zur Annahme einer Gefahr in Verzug geführt haben. Dem Soldaten ist auf Verlangen eine Abschrift auszuhändigen.

(5) Im Übrigen gelten § 94 Abs. 1 und 2, § 95 Abs. 1, §§ 97, 109, 111n und 111o der Strafprozessordnung entsprechend.

Anmerkung:

1. Absatz 1 Satz 1 stellt klar, dass eine Durchsuchung und Beschlagnahme nur außerhalb von Wohnungen zulässig ist. Die Gemeinschaftsunterkunft, in der Soldatinnen und Soldaten auf Grund rechtlicher Verpflichtung wohnen (§ 25 Abs. 2 WDO), ist keine Wohnung. Die Durchsuchung der dienstlichen Unterkunft nach Absatz 1 ist auch dann zulässig, wenn diese nicht mehr aufgrund rechtlicher Verpflichtung, sondern freiwillig in der zur Verfügung gestellten Gemeinschaftsunterkunft wohnen. Der Begriff der Wohnung in Absatz 1 Satz 1 ist mit dem Wohnungsbegriff des Art. 13 Abs. 1 GG identisch. Truppendienstliche Gemeinschaftsunterkünfte sind keine Wohnungen in diesem Sinne (→ TDG Süd, NZWehrr 2006, 255 m. Anm. Eiben, BVerwG, Beschluss vom 10. März 2009, Az 2 WDB 3.08). Disziplinarvorgesetzte werden in die Lage versetzt, Beweismittel auch außerhalb militärischer Liegenschaften zu gewinnen. Unter „Sachen des Soldaten", die durchsucht werden dürfen, sind die in seinem Besitz, Eigentum oder (Mit-)Gewahrsam befindlichen privaten und dienstlichen Gegenstände (z.B. PC → BVerwG, Beschluss vom 06.09.2007, Az 1 WB 57.06 - NZWehrr 2008, 71) zu verstehen. Diese Gegenstände dürfen auch dann durchsucht werden, wenn sie der Soldat nicht bei sich führt. Hiervon zu unterscheiden ist die Kontrolle dienstlicher Gegenstände auf Sauberkeit und Ordnung nach A2-2630/0-0-2 - „Leben in der militärischen Gemeinschaft", Abschnitt 1.3.3, die private Behältnisse des Soldaten nicht einschließt. Zu den Voraussetzungen einer Spindkontrolle sowie zur Abgrenzung von einer Durchsuchung → BVerwG, Urteil vom 16.03.2004, Az 2 WD 3.04 - NZWehrr 2004, 213.

Zur Beschlagnahme oder Sicherstellung von Betäubungsmitteln als Beweisgegenstand → A-2160/6, Abschnitt 1.19 zu Besitz und Einfuhr beschlagnahmter oder sichergestellter Betäubungsmittel.

Richterlicher Bereitschaftsdienst für Eilanträge nach § 20 WDO → **C 14c**.

Der Anordnung einer Durchsuchung oder einer Beschlagnahme bedarf es nicht, wenn die Soldatin bzw. der Soldat die Durchsuchung gestattet oder Gegenstände, die für die Aufklärung eines Dienstvergehens von Bedeutung sein können, freiwillig herausgibt.

2. Absatz 2 Satz 1 erweitert die Befugnis der Disziplinarvorgesetzten, diese Maßnahmen bei Gefahr im Verzug ausnahmsweise ohne vorherige richterliche Anordnung zu treffen.

   Nach der Rechtsprechung des Bundesverfassungsgerichts (BVerfG, Urteil vom 20.02.2001, Az 2 BvR 1444/00 - BVerfGE 103,142) ist der Begriff „Gefahr im Verzug" eng auszulegen. Eine solche Gefahr ist nur in den Fällen anzunehmen, wenn der vorherige Antrag auf richterlicher Anordnung den Erfolg der Maßnahme gefährdet.

   Gefahr im Verzug liegt demnach regelmäßig dann nicht vor, wenn Alternativen bestehen, um bis zu einer richterlichen Anordnung von Durchsuchungs- und Beschlagnahmehandlungen mögliche Beweise zu sichern. Disziplinarvorgesetzte sollten dabei auch dokumentieren, ob und in welcher Weise zuvor der Versuch unternommen worden ist, die richterliche Zustimmung (auch unter Einschaltung des richterlichen Bereitschaftsdienstes → **C 14c**) zu erreichen.

3. Absatz 3 Satz 1 übernimmt für die Vornahme der Durchsuchung und Beschlagnahme die zur Entlastung der Disziplinarvorgesetzten geschaffene und bewährte Regelung des § 32 Abs. 2 und des § 10 Abs. 1 WBO (→ **C 30**), wonach ein Offizier, der Kompaniefeldwebel oder ein Unteroffizier in entsprechender Dienststellung mit der Aufklärung des Sachverhalts eines Dienstvergehens oder einer Beschwerde beauftragt werden kann.

   Durch Satz 2 wird sichergestellt, dass Soldatinnen und Soldaten zum Schutz ihrer Würde nur noch von Personen gleichen Geschlechts oder von einem Arzt durchsucht werden dürfen. Dem besonderen Vertrauensverhältnis zwischen Truppenarzt und Soldaten wird dadurch Rechnung getragen, dass der Truppenarzt nur dann zu einer Durchsuchung herangezogen werden darf, wenn eine andere geeignete Person nicht ohne größeren zeitlichen oder sonstigen Aufwand erreichbar ist. Eine Ausnahme ermöglicht das Gesetz, wenn die sofortige Durchsuchung zum Schutz gegen eine Gefahr für Leib oder Leben erforderlich ist. Sie bezieht auch eine sofortige Durchsuchung zum Schutz des Durchsuchten ein. Diese Regelung ist vor allem wegen der weiblichen Soldaten notwendig geworden. Satz 3 bestimmt abweichend von den Vorschriften der StPO, auf die in Absatz 5 verwiesen wird, dass die Durchsicht privater Papiere nur den Disziplinarvorgesetzten zusteht.

4. Absatz 4 verpflichtet die anordnenden Vorgesetzten, Soldatinnen und Soldaten die Anwesenheit während der Durchsuchung und Beschlagnahme zu gestatten. Die Gründe für eine Durchsuchung und Beschlagnahme sind ihnen vorher mündlich zu eröffnen (Satz 1). Diese Regelung entspricht dem Rechtsgedanken des § 106 Abs. 2 StPO (→ **C 27**). Satz 3 regelt die Beiziehung von Zeuginnen oder Zeugen, wenn die Soldatin bzw. der Soldat selbst nicht unverzüglich erreichbar ist.

5. Absatz 5 regelt, inwieweit bei einer Beschlagnahme durch Disziplinarvorgesetzte ergänzend auf die Vorschriften der StPO (→ **C 27**) zurückgegriffen werden kann.

§ 21 Vorläufige Festnahme

(1) Jeder Disziplinarvorgesetzte kann Soldaten, die seiner Disziplinarbefugnis unterstehen, wegen eines Dienstvergehens vorläufig festnehmen, wenn es die Aufrechterhaltung der Disziplin gebietet.

(2) Die gleiche Befugnis hat

1. jeder Angehörige des militärischen Ordnungsdienstes einschließlich der militärischen Wachen gegenüber jedem Soldaten, dessen Disziplinarvorgesetzte nicht auf der Stelle erreichbar sind;
2. a) jeder Vorgesetzte gegenüber jedem Soldaten, dem er Befehle erteilen kann,
   b) jeder Offizier und Unteroffizier gegenüber jedem Soldaten, der im Dienstgrad unter ihm steht,

wenn der an sich zuständige Disziplinarvorgesetzte oder ein Angehöriger des militärischen Ordnungsdienstes einschließlich der militärischen Wachen nicht auf der Stelle erreichbar ist. In den Fällen des Buchstaben b wird der festnehmende Offizier oder Unteroffizier durch die Erklärung der Festnahme Vorgesetzter des Festgenommenen.

(3) Angehörige einer militärischen Wache dürfen nur von ihren Wachvorgesetzten festgenommen werden.

(4) Der Festgenommene ist auf freien Fuß zu setzen, sobald die Aufrechterhaltung der Disziplin die Festhaltung nicht mehr erforderlich macht, spätestens jedoch am Ende des Tages nach der vorläufigen Festnahme, wenn nicht zuvor wegen Verdachts einer Straftat ein Haftbefehl des Richters ergeht. An Bord von Schiffen außerhalb der Hoheitsgewässer der Bundesrepublik Deutschland darf der Festgenommene nach seiner Anhörung durch den Kommandanten und auf dessen Anordnung auch ohne richterlichen Haftbefehl über die in Satz 1 bezeichnete Frist hinaus festgehalten werden, wenn und solange er eine unmittelbare Gefahr für Menschen oder Schiff darstellt, die auf andere Weise nicht abgewendet werden kann. Bei der Anhörung ist der Festgenommene auf die Umstände hinzuweisen, welche die Annahme eines Dienstvergehens oder einer Gefahr für Menschen oder Schiff rechtfertigen. Die Anhörung soll ihm Gelegenheit geben, die Verdachtsgründe zu be-

seitigen und die Tatsachen geltend zu machen, die zu seinen Gunsten sprechen.

(5) Der Grund der Festnahme und ihr genauer Zeitpunkt sowie der Zeitpunkt der Freilassung sind schriftlich zu vermerken. In den Fällen der Absätze 2 und 3 ist die vorläufige Festnahme unverzüglich der Dienststelle des Festgenommenen zu melden.

C

Anmerkung:

1. Mit der vorläufigen Festnahme sollen Soldatinnen und Soldaten daran gehindert werden, Dienstvergehen fortzusetzen oder auf der Stelle weitere Dienstvergehen zu begehen bzw. andere Soldatinnen und Soldaten dazu zu provozieren. Sie ist damit ein unmittelbar wirksames Mittel zur Aufrechterhaltung und/oder Wiederherstellung der Disziplin. Gleichzeitig ist sie ein (letztes) Mittel, Befehle von Vorgesetzten durchzusetzen → § 10 Abs. 5 Satz 2 SG (→ **C 01**).
2. Wer hat das Festnahmerecht?
   a) Disziplinarvorgesetzte,
   b) Angehörige des militärischen Ordnungsdienstes (Feldjäger, Wachen und Streifen),
   c) Vorgesetzte (→ **C 02a**) gegenüber ihren Untergebenen,
   d) Offiziere und Unteroffiziere, die nicht Vorgesetzte sind, gegenüber allen Soldatinnen und Soldaten, die im Dienstgrad unter ihnen stehen. Sie werden durch die Erklärung der Festnahme Vorgesetzte der festgenommenen Person.
3. Wann kann die Festnahme erfolgen?
   Die Festnahme ist zulässig, wenn
   a) die festzunehmende Person ein Dienstvergehen begangen hat oder dessen dringend verdächtig ist **und**
   b) die Aufrechterhaltung der Disziplin die Festnahme gebietet.
   Beachte:
   Bei verfassungskonformer Auslegung des § 21 WDO ist die vorläufige Festnahme nicht geboten, wenn mildere, jedoch nicht weniger wirksame Mittel als die vorläufige Festnahme zur Aufrechterhaltung der Disziplin zur Verfügung stehen (BVerwG, Urteil vom 21.12.2006, Az 2 WD 19.05 - NZWehrr 2009, 119).
4. Was hat nach der Festnahme zu geschehen?
   Nach der Festnahme müssen
   a) unverzüglich die Dienststelle der festgenommenen Person benachrichtigt,
   b) Zeitpunkt und Grund der Festnahme und Zeitpunkt der Freilassung schriftlich durch Aktenvermerk festgehalten werden und
   c) geprüft werden, ob die Aufrechterhaltung der Disziplin ein weiteres Festhalten noch erfordert.
5. Ein Haftbefehl i.S.d. § 114 StPO aus disziplinaren Gründen ist unzulässig.

6. An Bord eines Kriegsschiffes darf die Festnahme länger ausgedehnt werden, wenn und solange
   a) das Schiff sich außerhalb der Zwölfmeilenzone befindet,
   b) die festgenommene Person eine unmittelbare Gefahr für eingeschiffte Personen oder für das Schiff selbst darstellt, die nur durch Festhaltung abzuwenden ist und
   c) die Kommandantin bzw. der Kommandant die festzunehmende Person angehört und die Fortsetzung der Festnahme selbst angeordnet hat.

   Kehrt das Kriegsschiff in die deutschen Hoheitsgewässer zurück, so gelten wieder die normalen Bestimmungen, also Freilassung am Ende des auf die Rückkehr folgenden Tages, falls kein richterlicher Haftbefehl erwirkt wird.
7. Zur vorläufigen Festnahme beim Verdacht einer Straftat → § 127 StPO (→ **C 27**).

Zweiter Abschnitt
Die Disziplinarbefugnis der Disziplinarvorgesetzten und ihre Ausübung

1. Einfache Disziplinarmaßnahmen

§ 22 Arten der einfachen Disziplinarmaßnahmen

(1) Die Disziplinarmaßnahmen, die von den Disziplinarvorgesetzten verhängt werden können (einfache Disziplinarmaßnahmen), sind:

1. Verweis,
2. strenger Verweis,
3. Disziplinarbuße,
4. Ausgangsbeschränkung,
5. Disziplinararrest.

(2) Nebeneinander können verhängt werden:

1. Disziplinararrest und Ausgangsbeschränkung,
2. bei unerlaubter Abwesenheit des Soldaten von mehr als einem Tag Ausgangsbeschränkung und Disziplinarbuße oder Disziplinararrest und Disziplinarbuße.

Im Übrigen ist wegen desselben Dienstvergehens nur eine Disziplinarmaßnahme zulässig.

(3) Eine einfache Disziplinarmaßnahme steht der Beförderung eines im Übrigen bewährten Soldaten nicht entgegen.

(4) Gegen Soldaten in einem Wehrdienstverhältnis nach dem Reservistinnen- und Reservistengesetz kann außerhalb einer Akti-

vierung nach § 8 des Reservistinnen- und Reservistengesetzes oder einer Zuziehung nach § 9 des Reservistinnen- und Reservistengesetzes nur ein Verweis verhängt werden.

Anmerkung:

1. Einfache Disziplinarmaßnahmen können (regelmäßig) durch die Disziplinarvorgesetzten i.S.d. § 1 Abs. 6 SG (→ **C 01**), aber auch durch die Wehrdienstgerichte (→ § 58 Abs. 6 WDO) verhängt werden.
2. Welche Maßnahmen gegen wen und - bei Disziplinararrest - von welcher Dauer Disziplinarvorgesetzte verhängen können, richtet sich gemäß § 28 WDO nach der Stufe der Disziplinarbefugnis, die sie innehaben. Davon zu unterscheiden ist die Zuständigkeit der Disziplinarvorgesetzten (→ §§ 29, 30 WDO).
3. Einzelheiten zur Verhängung einer Disziplinarmaßnahme → §§ 32-40 WDO und Schaubild auf S. 209.
4. Die Disziplinarvorgesetzten können nur die in Abs. 1 und 2 genannten Maßnahmen verhängen. Andere Disziplinarmaßnahmen dürfen nicht verhängt werden → § 39 Nr. 3 WStG (→ **C 20**) und § 46 Abs. 2 Nr. 2 WDO. Keine Disziplinarmaßnahmen sind die erzieherischen Maßnahmen → § 33 Abs. 1 Satz 1 WDO und → **C 71**.
5. Soldatinnen und Soldaten, die unerlaubt mehr als einen Kalendertag von der Truppe abwesend sind, unterliegen einer schärferen Ahndung. Gegen sie können Ausgangsbeschränkung und Disziplinarbuße oder Disziplinararrest und Disziplinarbuße verhängt werden. Eine Koppelung von Ausgangsbeschränkung, Disziplinarbuße und Disziplinararrest wäre jedoch unzulässig. Zu den Maßnahmen bei unerlaubter Abwesenheit → **C 17**.
6. Zu Absatz 3 → **C 05**, Nr. 255.

§ 23 Verweis, strenger Verweis

(1) Der Verweis ist der förmliche Tadel eines bestimmten pflichtwidrigen Verhaltens des Soldaten.

(2) Der strenge Verweis ist der Verweis, der vor der Truppe bekannt gemacht wird.

(3) Missbilligende Äußerungen eines Disziplinarvorgesetzten, die nicht ausdrücklich als Verweis oder strenger Verweis bezeichnet werden (Belehrungen, Warnungen, Zurechtweisungen oder ähnliche Maßnahmen), sind keine Disziplinarmaßnahmen. Dies gilt auch dann, wenn sie mit einer Entscheidung verbunden werden, mit welcher der Disziplinarvorgesetzte oder die Einleitungsbehörde ein Dienstvergehen feststellt, von der Verhängung einer Disziplinarmaßnahme oder der Einleitung eines gerichtlichen Disziplinarverfahrens aber absieht.

Anmerkung:

1. Der strenge Verweis ist die einzige einfache Disziplinarmaßnahme, die durch Bekanntmachung vor den Soldatinnen und Soldaten der Einheit oder des

Truppenteils vollstreckt wird (Einzelheiten zur Vollstreckung siehe § 50 Abs. 2 und A-2160/6, Abschnitt 1.31).

2. Zu Absatz 3 Satz 1: **Beachte** den Beschluss des Bundesverwaltungsgerichts (BVerwG, Beschluss vom 12.05.05, Az 2 WDB 5.04 - NZWehrr 2005, 172), wonach auf eine „missbilligende Äußerung", die bei der Einstellung disziplinarer Vorermittlungen unter Feststellung eines Dienstvergehens ausgesprochen wird, das Verhängungsverbot des § 17 Abs. 2 WDO Anwendung findet. Im Einzelnen führt das Gericht aus:

   „Begrifflich gehört die missbilligende Äußerung in den Bereich der erzieherischen Maßnahmen. Sie darf als solche deshalb (...) nach Ablauf von sechs Monaten nicht mehr angeordnet werden. Mit einer missbilligenden Äußerung nach Ablauf der Sechs-Monats-Frist des § 17 Abs. 2 WDO wäre das Verhängungsverbot umgangen."

3. Mit Absatz 3 Satz 2 wird klargestellt, dass missbilligende Äußerungen von Disziplinarvorgesetzten auch dann keine Disziplinarmaßnahme darstellen, wenn sie mit einer disziplinaren Entscheidung verbunden werden, beispielsweise in den Fällen, in denen Disziplinarvorgesetzte oder die Einleitungsbehörde ein Dienstvergehen feststellt, von der Verhängung einer Disziplinarmaßnahme aber absehen. In diesen Fällen kann die missbilligende Äußerung nicht mit einer truppendienstlichen Beschwerde, sondern nur zusammen mit der disziplinaren Entscheidung angefochten werden. Das Beschwerdeverfahren richtet sich auch in diesen Fällen nach § 42 Nummer 12 WDO.

C

§ 24 Disziplinarbuße

(1) Die Disziplinarbuße darf den einmonatigen Betrag der Dienstbezüge oder des Wehrsoldes nicht überschreiten. Bei einem Soldaten, dessen Wehrdienstverhältnis weniger als einen Monat dauert, darf die Disziplinarbuße den Betrag nicht übersteigen, der ihm für die Dauer des Wehrdienstverhältnisses zusteht.

(2) Beim Bemessen der Disziplinarbuße sind auch die persönlichen und wirtschaftlichen Verhältnisse des Soldaten zu berücksichtigen.

Anmerkung:

1. Die Disziplinarbuße wird nicht in Bruchteilen (z.B. $^{3}/_{10}$ des Gehaltes), sondern in vollen Euro-Beträgen ausgesprochen. Sie kann sich, vom Betrag eines Euro anfangend, bis zur Höhe des Wehrsoldes für einen Monat oder, bei Soldaten auf Zeit oder Berufssoldaten, bis zur Höhe der Bruttomonatsbezüge (→ WDOBezV, **C 11h**) steigern.
2. Die Pflicht zur Schadensersatzleistung wird durch die Verhängung einer Disziplinarbuße nicht berührt → Erlass „Disziplinare Würdigung bei Schadensfällen" (→ **C 11f**).
3. Zur Vollstreckung der Disziplinarbuße → § 51 WDO und → **C 13e**.

§ 25 Ausgangsbeschränkung

(1) Die Ausgangsbeschränkung besteht in dem Verbot, die dienstliche Unterkunft ohne Erlaubnis zu verlassen. Sie kann beim Verhängen

durch das Verbot verschärft werden, für die ganze Dauer oder an bestimmten Tagen Gemeinschaftsräume zu betreten und Besuch zu empfangen (verschärfte Ausgangsbeschränkung). Die Verschärfungen nach Satz 2 können auch einzeln angeordnet werden.

(2) Die Ausgangsbeschränkung dauert mindestens einen Tag und höchstens drei Wochen. Sie darf nur gegen Soldaten verhängt werden, die aufgrund dienstlicher Anordnung nach § 18 des Soldatengesetzes verpflichtet sind, in einer Gemeinschaftsunterkunft zu wohnen.

Anmerkung:

1. Ausgangsbeschränkung kann in zwei Formen verhängt werden:

   a) als einfache Ausgangsbeschränkung,

   b) als verschärfte Ausgangsbeschränkung.

   Sie kann nur gegen Soldatinnen und Soldaten verhängt werden, die zum Wohnen in der Gemeinschaftsunterkunft verpflichtet sind. Eine Befreiung von dieser Verpflichtung kann widerrufen werden zum Zwecke der Verhängung und Vollstreckung → **C 13c**.
2. Die Mindestdauer der Ausgangsbeschränkung beträgt einen Tag, die Höchstdauer drei Wochen.
3. Die mit einer Ausgangsbeschränkung belegten Soldatinnen und Soldaten nehmen immer am Dienst teil. Die Maßnahme wirkt sich in der Weise aus, dass es ihnen verboten ist, ohne dienstliche Erlaubnis die Unterkunft (d.h. den Kasernenbereich) zu verlassen.

   Die Ausgangsbeschränkung kann dadurch verschärft werden, dass ihnen zusätzlich verboten wird, Gemeinschaftsräume zu betreten oder Besuch zu empfangen. Beide Verschärfungen können auch nebeneinander angeordnet werden. Die Verschärfung muss bei der Verhängung schriftlich festgelegt werden → § 37 Abs. 3 Sätze 1 und 2 WDO.
4. Zur Vollstreckung der Ausgangsbeschränkung → § 52 WDO.

§ 26 Disziplinararrest

Der Disziplinararrest besteht in einfacher Freiheitsentziehung. Er dauert mindestens drei Tage und höchstens drei Wochen.

Anmerkung:

Disziplinararrest darf nur unter Beachtung der Vorschriften des § 10 WDO (**Mitwirkung des Richters!**) verhängt werden. Beachte die Stufen der Disziplinargewalt in § 28 WDO. Zur Vollstreckung → § 53 WDO.

2. *Disziplinarbefugnis*

§ 27 Disziplinarvorgesetzte

(1) Die Befugnis, Disziplinarmaßnahmen zu verhängen und die sonst den Disziplinarvorgesetzten obliegenden Entscheidungen

und Maßnahmen zu treffen (Disziplinarbefugnis), haben die Offiziere, denen sie nach diesem Gesetz zusteht, und deren truppendienstliche Vorgesetzte sowie die Vorgesetzten in vergleichbaren Dienststellungen, denen sie durch den Bundesminister der Verteidigung zur Erfüllung besonderer Aufgaben verliehen wird. Oberster Disziplinarvorgesetzter ist der Bundesminister der Verteidigung.

(2) Die Disziplinarbefugnis ist an die Dienststellung gebunden. Sie kann nicht übertragen werden. Sie geht von selbst auf den Stellvertreter im Kommando über. Hat der Inhaber einer Dienststelle oder der Stellvertreter im Kommando keinen Offiziersrang, geht sie auf den nächsthöheren Disziplinarvorgesetzten über.

(3) Verstöße der Sanitätsoffiziere gegen ihre ärztlichen Pflichten werden durch vorgesetzte Sanitätsoffiziere geahndet. Dies gilt auch dann, wenn mit dem Verstoß gegen ärztliche Pflichten ein Verstoß gegen sonstige Pflichten zusammentrifft.

Anmerkung:

1. Disziplinarbefugnis ist die Befugnis der Disziplinarvorgesetzten, Disziplinarmaßnahmen zu verhängen bzw. die nach der WDO im Übrigen zulässigen Entscheidungen und Maßnahmen zu treffen. Davon zu unterscheiden sind sonstige Aufgaben, die mit der Dienststellung der Disziplinarvorgesetzten verbunden sind. Zur Disziplinarbefugnis im Vertretungsfall → **C 12b**.
2. Nach § 1 Abs. 6 SG (→ **C 01**) sind Vorgesetzte, die Disziplinarbefugnis über die Soldatinnen und Soldaten ihres Befehlsbereichs haben, Disziplinarvorgesetzte. Disziplinarvorgesetzte können nur Offiziere sein. **Ausnahme:** die Ministerin/der Minister als oberste Disziplinarvorgesetzte.
3. Man unterscheidet

   ordentliche Disziplinarvorgesetzte

   a) „geborene“ Disziplinarvorgesetzte (§ 28 Abs. 1 Satz 2 WDO),

   b) „beliehene“ Disziplinarvorgesetzte (§§ 27 Abs. 1 Satz 1 und 28 Abs. 1 Satz 3 WDO) und

   außerordentliche Disziplinarvorgesetzte nach dem Dienstgrad (§ 31 WDO).
4. „Geborene“ Disziplinarvorgesetzte sind entsprechend der truppendienstlichen Gliederung z.Z.: Kompaniechef, Bataillonskommandeur, Regimentskommandeur, Brigadekommandeur, Divisionskommandeur, Kommandierender General eines Korps, Bundesminister der Verteidigung.
5. „Beliehene“ Disziplinarvorgesetzte sind solche truppendienstliche Vorgesetzte, die keine geborenen Disziplinarvorgesetzten sind, denen der Bundesminister der Verteidigung aber Disziplinarbefugnis durch Feststellung (§ 28 Abs. 1 Satz 3 WDO) oder Verleihung (§ 27 Abs. 1 Satz 1 WDO) zuerkannt hat → **C 12a**.
6. Die Disziplinarbefugnis dieser ordentlichen Disziplinarvorgesetzten wird ausschließlich von der Dienststellung bestimmt. Der Dienstgrad des jeweiligen Inhabers ist, falls es sich um einen Offizier handelt, ohne Bedeutung.

7. Im Gegensatz dazu hängt die Disziplinarbefugnis der außerordentlichen Disziplinarvorgesetzten – örtliche Befehlshaber, Führer von besonders zusammengestellten Abteilungen und Offiziere in ähnlichen Dienststellungen - nach § 31 WDO vom Dienstgrad ab. Man nennt diese Disziplinarvorgesetzten „außerordentliche", weil ihre Disziplinarbefugnis nur besteht, wenn die zuständigen ordentlichen Disziplinarvorgesetzten nicht erreichbar sind und die Disziplin ein sofortiges Einschreiten erfordert.
8. Grundsätzlich sind Disziplinarvorgesetzte truppendienstliche Vorgesetzte. Ausnahme: Sanitätsoffiziere als Fachvorgesetzte → A-2160/6, Abschnitt 1.4 → **C 13c**.
9. Zur disziplinaren Behandlung ausländischer Soldatinnen oder Soldaten, die in der Bw ausgebildet werden → A-2160/6, Abschnitt 1.26.
10. Disziplinarbefugnis bei kurzzeitigen Wehrdienstverhältnissen → A-2160/6, Abschnitt 1.6.

§ 28 Stufen der Disziplinarbefugnis

(1) Die Disziplinarbefugnis ist nach der Dienststellung der Disziplinarvorgesetzten abgestuft. Es können verhängen

1. der Kompaniechef oder ein Offizier in entsprechender Dienststellung
   a) gegen Unteroffiziere und Mannschaften
   Verweis, strengen Verweis, Disziplinarbuße und Ausgangsbeschränkung sowie Disziplinararrest bis zu sieben Tagen,
   b) gegen Offiziere
   Verweis;
2. der Bataillonskommandeur oder ein Offizier in entsprechender Dienststellung
   a) gegen Unteroffiziere und Mannschaften
   alle einfachen Disziplinarmaßnahmen,
   b) gegen Offiziere
   alle einfachen Disziplinarmaßnahmen, ausgenommen Disziplinararrest;
3. der Bundesminister der Verteidigung sowie die Offiziere vom Regiments- und Brigadekommandeur an aufwärts und die Offiziere in entsprechenden Dienststellungen
   alle einfachen Disziplinarmaßnahmen.

Der Bundesminister der Verteidigung stellt fest, welche Vorgesetzten im Sinne der Nummern 1 bis 3 sich in entsprechenden Dienststellungen befinden.

(2) Ein Disziplinarvorgesetzter hat die Disziplinarbefugnis der nächsthöheren Stufe, wenn der sonst zuständige Disziplinarvorge-

setzte nicht erreichbar ist und die militärische Disziplin ein sofortiges Einschreiten erfordert. Solche Fälle sind unverzüglich dem sonst zuständigen Disziplinarvorgesetzten zu melden.

Anmerkung:

1.

	KpChef (1. Stufe)		**BtlKdr (2. Stufe)**		**RgtKdr und höher (3. Stufe)**	
kann gegen	Offz	Uffz Msch	Offz	Uffz Msch	Offz	UffzMsch
	Verweis	alle einfachen Disziplinarmaßnahmen einschließl. Disziplinararrest bis zu 7 Tagen	alle einfachen Disziplinarmaßnahmen ausgenommen Disziplinararrest	alle einfachen Disziplinarmaßnahmen	alle einfachen Disziplinarmaßnahmen	
verhängen.						

2. Zur Feststellung nach Absatz 1 → **C 12a**.

§ 29 Zuständigkeit des nächsten Disziplinarvorgesetzten

(1) Soweit das Gesetz nicht anderes bestimmt, übt der nächste Disziplinarvorgesetzte die Disziplinarbefugnis aus. Nächster Disziplinarvorgesetzte ist der unterste Vorgesetzte mit Disziplinarbefugnis, dem der Soldat unmittelbar unterstellt ist. Die Zuständigkeit für die disziplinare Ahndung von Dienstvergehen der Vertrauensperson regelt § 15 Absatz 2 des Soldatenbeteiligungsgesetzes.

(2) Wechselt vor Erledigung eines Falles das Unterstellungsverhältnis, wird der neue Disziplinarvorgesetzte zuständig. Dies gilt insbesondere bei Versetzungen oder zeitweiligem Ausscheiden von Truppenteilen aus ihrem Verband sowie bei Kommandierungen, sofern nicht die Dienststelle, die die Kommandierung ausspricht, etwas anderes bestimmt.

(3) In den Fällen einer vorübergehenden Unterstellung kann die Disziplinarbefugnis gegen Dienstgradgleiche und Dienstgradhöhere nicht ausgeübt werden.

Anmerkung:

1. Ausnahmen von der Zuständigkeit der nächsten Disziplinarvorgesetzten → §§ 30 Abs. 1, 2; 93 Abs. 2, 3 WDO und § 15 Abs. 2 SBG (→ **C 55a**). Im Übrigen schließt ihre Disziplinarbefugnis die Disziplinarbefugnis höherer Vorgesetzter aus → § 31 WDO. Eine mangelhafte Handhabung der Disziplinarbefugnis kann sich jedoch in der Beurteilung durch höhere Vorgesetzte bemerkbar machen.
2. Die Befugnis, Disziplinarmaßnahmen zu verhängen, haben grundsätzlich die Disziplinarvorgesetzten, denen die Soldatinnen bzw. die Soldaten im Zeitpunkt der Verhängung der Disziplinarmaßnahme, also nicht des Dienstvergehens, unterstehen.

§ 30 Zuständigkeit des nächsthöheren Disziplinarvorgesetzten

(1) Der nächsthöhere Disziplinarvorgesetzte ist zuständig, wenn die Tat von dem nächsten Disziplinarvorgesetzten nicht geahndet werden kann, weil

1. dieser selbst an der Tat beteiligt ist,
2. die Tat im Fall des § 29 Abs. 3 von einem Dienstgradgleichen oder einem Dienstgradhöheren begangen ist,
3. die Tat von einer Vertrauensperson begangen worden ist, es sei denn, dass die Voraussetzungen des § 15 Absatz 2 Satz 2 des Soldatenbeteiligungsgesetzes vorliegen,
4. der nächste Disziplinarvorgesetzte nicht erreichbar ist und die militärische Disziplin ein sofortiges Einschreiten erfordert; solche Fälle sind unverzüglich dem sonst zuständigen Disziplinarvorgesetzten mitzuteilen.

(2) Der nächsthöhere Disziplinarvorgesetzte ist weiterhin zur Ahndung der Tat zuständig, wenn der nächste Disziplinarvorgesetzte meldet, dass

1. seine Disziplinarbefugnis nicht ausreicht (§ 28 Abs. 1 Nr. 1 und 2),
2. er persönlich durch die Tat verletzt ist,
3. er sich für befangen hält.

(3) Der nächste Disziplinarvorgesetzte hat in den Fällen des Absatzes 1 Nr. 1 bis 3 und des Absatzes 2 das Dienstvergehen dem nächsthöheren Disziplinarvorgesetzten zu melden.

Anmerkung:

1. Absatz 1 zählt die Fälle auf, in denen die nächsten Disziplinarvorgesetzten keine Disziplinarmaßnahmen verhängen dürfen. Absatz 2 nennt die Fälle, in

denen sie sich selbst an der Verhängung einer Disziplinarmaßnahme gehindert sehen.

2. Zur Zuständigkeit der nächsthöheren Disziplinarvorgesetzten → A-2160/6, Abschnitt 1.5.
3. Zur Zuständigkeit für die disziplinare Erledigung von Dienstvergehen der Vertrauensperson und deren Stellvertreter → § 15 Abs. 2 SBG (→ **C 55a**).
4. Die Bestimmung des Absatzes 3 ist für Disziplinarvorgesetzte von einschneidender Bedeutung. Sie zwingt u.U. dazu, dass Offiziere ein Dienstvergehen, an dem sie selbst beteiligt ist, melden müssen.

§ 31 Disziplinarbefugnis nach dem Dienstgrad

(1) Die örtlichen Befehlshaber, die Führer von besonders zusammengestellten Abteilungen und die Offiziere in ähnlichen Dienststellungen haben im Rahmen ihrer Befehlsbefugnis, sofern ihnen nach ihrer sonstigen Dienststellung keine höhere Disziplinarbefugnis zusteht, je nach dem Dienstgrad folgende Disziplinarbefugnis:

1. ein Leutnant, Oberleutnant, Hauptmann oder Stabshauptmann oder ein Offizier in entsprechendem Dienstgrad die Disziplinarbefugnis eines Kompaniechefs,
2. ein Major, Oberstleutnant oder ein Offizier in entsprechendem Dienstgrad die Disziplinarbefugnis eines Bataillonskommandeurs,
3. ein Oberst oder ein Offizier in entsprechendem oder höherem Dienstgrad die Disziplinarbefugnis der höchsten Stufe (§ 28 Abs. 1 Nr. 3).

Der Bundesminister der Verteidigung stellt fest, welchen Offizieren nach dieser Vorschrift Disziplinarbefugnis zusteht.

(2) Für die Disziplinarbefugnis des Stellvertreters im Kommando ist der Dienstgrad des Stellvertreters maßgebend.

(3) Die Disziplinarbefugnis dieser Vorgesetzten besteht nur dann, wenn die militärische Disziplin ein sofortiges Einschreiten erfordert und der an sich zuständige Disziplinarvorgesetzte hierzu nicht erreichbar ist. Solche Fälle sind unverzüglich dem sonst zuständigen Disziplinarvorgesetzten mitzuteilen.

(4) Der Chefarzt eines Bundeswehrkrankenhauses kann die Disziplinarbefugnis ausüben, wenn die militärische Disziplin ein sofortiges Einschreiten erfordert. Absatz 3 Satz 2 bleibt unberührt.

Anmerkung:

Zur Disziplinarbefugnis nach § 31 Abs. 1 WDO → **C 12a**.

3. *Ausübung der Disziplinarbefugnis*

Vorbemerkung:

– Dieser Unterabschnitt enthält die wichtigen Bestimmungen über das Verfahren vor den Disziplinarvorgesetzten. Sie schreiben den Disziplinarvorgesetzten vor, welche Überlegungen sie anstellen und welche Verfahren sie einhalten müssen, bevor sie eine Disziplinarmaßnahme verhängen.

– Den Ablauf des „einfachen“ Disziplinarverfahrens stellt das folgende Schema dar:

Einfaches Disziplinarverfahren – Ablauf:	
Verdacht Dienstvergehen ↓ →	Sofortmaßnahmen: z.B.: Aufhebung Befehl, Abgabe an Staatsanwaltschaft, Benachrichtigung Polizei, Festnahme, Ablösung aus Verwendung, Meldung BV, Verbot der Ausübung des Dienstes, MAD, Flugverbot, Abnahme des Führerscheins, Truppenarzt, Pfarrer, Sozialarbeiter usw.
Aufklärung Sachverhalt (§ 32 Abs. 1-4 WDO) ↓ →	
Anhörung Vertrauensperson ,wenn der Soldat nicht widerspricht (§ 4 WDO, § 27 Abs. 1 SBG) ↓ →	Absehen von Maßnahme (§ 36 Abs. 1 WDO) Erzieherische Maßnahme (§ 33 Abs. 1 WDO)
Schlußgehör (§ 32 Abs. 5 WDO) ↓ →	Abgabe an nächsthöheren Disziplinarvorgesetzten (§ 30 WDO) Vorlage an Einleitungsbehörde (§ 41 WDO) Abgabe an Staatsanwaltschaft (§ 33 Abs. 3 WDO) Entlassungsantrag (§ 55 Abs. 4, 5 SG)
Verhängung* (§§ 37, 38, 22 WDO) →	→ **Vollstreckung****(§§ 47 ff. WDO)**ggf. Bewährung**(§ 49 WDO)

§ 32 Ermittlungen des Disziplinarvorgesetzten

(1) Werden Tatsachen bekannt, die den Verdacht eines Dienstvergehens rechtfertigen, hat der Disziplinarvorgesetzte den Sachverhalt durch die erforderlichen Ermittlungen aufzuklären. Der Inhalt mündlicher Vernehmungen ist aktenkundig zu machen.

(2) Der Disziplinarvorgesetzte kann die Aufklärung des Sachverhalts einem Offizier übertragen. In Fällen von geringerer Bedeutung kann der Disziplinarvorgesetzte auch den Kompaniefeldwebel

* frühestens: * § 37 Abs. 1 WDO
spätestens: * § 17 Abs. 2, 5 WDO

** ** § 47 WDO
** § 57 WDO

oder einen Unteroffizier in entsprechender Dienststellung mit der Vernehmung von Zeugen beauftragen, soweit es sich um Mannschaften oder Unteroffiziere ohne Portepee handelt.

(3) Bei der Aufklärung des Sachverhalts sind die belastenden, entlastenden und die für die Art und Höhe der Disziplinarmaßnahme bedeutsamen Umstände zu ermitteln.

(4) Der Soldat ist über die Ermittlungen zu unterrichten, sobald dies ohne Gefährdung des Ermittlungszwecks möglich ist. Ihm ist bei Beginn der ersten Vernehmung zu eröffnen, welche Pflichtverletzungen ihm zur Last gelegt werden. Er ist gleichzeitig darauf hinzuweisen, dass es ihm freistehe, sich zur Sache zu äußern oder nicht auszusagen. Sagt er aus, muss er in dienstlichen Angelegenheiten die Wahrheit sagen. Ist die nach den Sätzen 2 und 3 vorgeschriebene Belehrung unterblieben oder unrichtig erteilt worden, darf die Aussage des Soldaten nicht zu seinem Nachteil verwertet werden.

(5) Vor der Entscheidung ist der Soldat stets zu fragen, ob er etwas zu seiner Entlastung vorbringen will. Hierüber ist eine Vernehmungsniederschrift aufzunehmen, die von dem Soldaten unterschrieben sein soll.

Anmerkung:

1. Nach § 10 Abs. 2 SG (→ **C 01**) haben Vorgesetzte die Pflicht zur Dienstaufsicht und sind für die Disziplin ihrer Untergebenen verantwortlich. Die Dienstaufsichtspflicht zwingt die Vorgesetzten nicht nur zur ständigen Überwachung des Dienstbetriebes. Sie zwingt sie auch dazu, jeder „faulen Sache“ in ihrem Bereich, von der sie - ganz gleich auf welche Weise - erfahren, nachzugehen. Sie müssen also auch anonyme Meldungen, die den Verdacht eines Dienstvergehens begründen, überprüfen.
2. Als Mittel zur Aufklärung kommen nicht nur die schriftliche oder mündliche Vernehmung der beschuldigten Soldatin bzw. des beschuldigten Soldaten und der Zeuginnen bzw. der Zeugen, sondern auch Durchsuchung und Beschlagnahme, die Herbeiziehung von Urkunden und der Inaugenscheinnahme in Betracht. Ziel der Aufklärung ist die Bildung der Überzeugung von der Täterschaft und der Schuld (oder Unschuld) der Soldatin bzw. des Soldaten.

   Absatz 4 Satz 1 soll einerseits die ungefährdete Sachverhaltsaufklärung durch die Disziplinarvorgesetzten sicherstellen; andererseits wird durch diese Vorschrift deren Verpflichtung unterstrichen, den Soldaten über die Ermittlungen zu unterrichten, sobald dies ohne Gefährdung des Ermittlungszwecks möglich ist. Es steht nicht im Belieben der in einem Verfahren nach der WDO ermittelnden Disziplinarvorgesetzten, den Beschuldigten vor Abschluss dieses Verfahrens die Stellung eines Zeugen zu demselben Verdachtskomplex zuzuweisen. Ein Befehl an einen beschuldigten Soldaten, in demselben Verfahren als Zeuge auszusagen, ist unwirksam (BVerwG, Urteil vom 21.12.2006, Az 2 WD 19.05 - NZWehrr 2009, 119).

Satz 5 stellt klar, dass nicht die unterbliebene Protokollierung und damit die Verletzung einer Formvorschrift, sondern nur die unterlassene Anhörung eine Verletzung des rechtlichen Gehörs darstellt und nach § 46 Abs. 2 Nr. 7 WDO zur Aufhebung der Disziplinarmaßnahme führt.

3. Im Verfahren vor den Disziplinarvorgesetzten haben Soldatinnen bzw. Soldaten keinen Anspruch, sich durch Bevollmächtigte oder Beistände, z.B. einen Rechtsanwalt, vertreten zu lassen.
4. Zur Anhörung der Vertrauensperson → § 28 Abs. 1 SBG (→ **C 55a**) und A-1472/1, Nr. 238 f. (→ **C 55b**) sowie zur Beteiligung der Vertrauenspersonen in Verfahren nach der Wehrdisziplinarordnung → A-2160/6, Abschnitt 1.20 (→ **C 11i**).
5. Zur Verweigerung der Unterschriftsleistung durch Soldatinnen und Soldaten unter der Vernehmungsniederschrift → A-2160/6, Abschnitt 1.12.
6. Zur Handhabung der Disziplinarbefugnis bei Soldatinnen und Soldaten des Sanitätsdienstes → A-2160/6, Abschnitt 1.4 (→ **C 12c**).
7. Zur Durchführung des Schlussgehörs durch andere Offiziere als die Disziplinarvorgesetzten → A-2160/6, Abschnitt 1.21 und zur Entnahme von Blutproben bei Soldaten → A-2160/6, Abschnitt 1.11 (→ **C 72g**).

§ 33 Prüfungspflicht des Disziplinarvorgesetzten

(1) Hat der Soldat ein Dienstvergehen begangen, prüft der Disziplinarvorgesetzte, ob er es bei einer erzieherischen Maßnahme bewenden lassen oder ob er eine Disziplinarmaßnahme verhängen will. Er prüft ferner, ob er das Dienstvergehen zur Verhängung einer Disziplinarmaßnahme weiterzumelden oder die Entscheidung der Einleitungsbehörde herbeizuführen hat.

(2) Der Disziplinarvorgesetzte soll erst dann disziplinar einschreiten, wenn andere Maßnahmen erfolglos geblieben sind. Will der Disziplinarvorgesetzte eine Disziplinarmaßnahme verhängen, muss er die Schuld des Soldaten für erwiesen halten.

(3) Ist das Dienstvergehen eine Straftat, gibt der Disziplinarvorgesetzte die Sache unabhängig von der Prüfung nach Absatz 1 an die zuständige Strafverfolgungsbehörde ab, wenn dies entweder zur Aufrechterhaltung der militärischen Ordnung oder wegen der Art der Tat oder der Schwere des Unrechts oder der Schuld geboten ist. Er kann die disziplinare Erledigung bis zur Beendigung des auf die Abgabe eingeleiteten oder eines sonstigen wegen derselben Tat schwebenden Strafverfahrens aussetzen. Das gilt nicht, wenn die Sachaufklärung gesichert ist oder wenn im Strafverfahren aus Gründen nicht verhandelt werden kann, die in der Person oder in dem Verhalten des Soldaten liegen.

Anmerkung:

1. Zum Begriff des Dienstvergehens → § 23 SG (→ **C 01**).

2. Zum Erlass „Erzieherische Maßnahmen“ → **C 71**.
3. Zur Verhängung der Disziplinarmaßnahme → § 37 WDO ff.
4. Zur Einleitungsbehörde → §§ 41, 94 WDO und **C 11e**; zur Vorlage an die Einleitungsbehörde → A-2160/6, Abschnitt 1.23.
5. Zur Abgabe an die Staatsanwaltschaft → **C 11a**.
6. Die Möglichkeit der Aussetzung nach Abs. 3 Satz 2 und 3 stellt die Entscheidung über die Aussetzung disziplinarer Ermittlungen im Fall eines sachgleichen Strafverfahrens nicht in das Ermessen der Disziplinarvorgesetzten, sondern verpflichtet sie, ihre Ermittlungen bei gesicherter Sachaufklärung oder bei Verfahrensverzögerung durch die Soldatin bzw. den Soldaten fortzusetzen. Diese Regelung folgt dem Beschleunigungsgebot (§ 17 Abs. 1 WDO). Sie trägt der Vorrangigkeit des Strafverfahrens dadurch Rechnung, dass sie eine gesicherte Sachaufklärung oder eine Verfahrensverzögerung durch die Soldatin bzw. den Soldaten zur Voraussetzung der Fortführung der disziplinaren Ermittlungen macht. Sie soll aber verhindern, dass sich disziplinare Entscheidungen dann unangemessen verzögern, wenn diese Gründe nicht vorliegen. Diese Vorschrift ist vor allem dann von Bedeutung, wenn die Ermittlungen überwiegend oder ausschließlich im Bereich der Bundeswehr durchgeführt wurden und wenn ein strafrechtliches Ermittlungsverfahren ggf. auch in Anbetracht einer disziplinären Ahndung - voraussichtlich - eingestellt wird.

§34 Bindung an tatsächliche Feststellungen anderer Entscheidungen

(1) Die tatsächlichen Feststellungen eines rechtskräftigen Urteils im Strafverfahren oder Bußgeldverfahren, auf denen die Entscheidung beruht, sind für den Disziplinarvorgesetzten bindend, soweit das Dienstvergehen denselben Sachverhalt zum Gegenstand hat.

(2) Das Wehrdienstgericht hat jedoch bei Entscheidungen nach § 40 Abs. 4, § 42 Nr. 3 und 5 sowie nach § 45 die nochmalige Prüfung solcher Feststellungen zu beschließen, deren Richtigkeit seine Mitglieder mit Stimmenmehrheit, bei Entscheidungen durch eine Truppendienstkammer mit der Stimme des Vorsitzenden, bezweifeln. Dies ist in den Gründen der Entscheidung zum Ausdruck zu bringen.

Anmerkung:

Entscheiden wegen derselben Tat sowohl das Strafgericht durch Urteil als auch die Disziplinarvorgesetzten, sind diese an die tatsächlichen Feststellungen, die das Strafgericht getroffen hat, gebunden. Unterscheide:

a) Strafurteil **nach** Disziplinarmaßnahme

Weichen die tatsächlichen Feststellungen des Strafurteils von denen der Disziplinarverfügung ab, können die Soldatinnen oder Soldaten einen Aufhebungsantrag nach § 44 Abs. 3 Satz 2 WDO stellen. Für diesen Aufhebungsantrag ist das Truppendienstgericht zuständig (→ § 45 WDO).

b) Strafurteil **vor** Disziplinarmaßnahme

Disziplinarvorgesetzte dürfen keine vom strafgerichtlichen Urteil abweichenden tatsächlichen Feststellungen treffen.

§ 35 Selbständigkeit des Disziplinarvorgesetzten

(1) Der zuständige Disziplinarvorgesetzte entscheidet allein verantwortlich; ihm kann nicht befohlen werden, ob und wie er ahnden soll.

C

(2) Verhängt der Disziplinarvorgesetzte eine Disziplinarmaßnahme, dürfen höhere Vorgesetzte diese Entscheidung, abgesehen von den Fällen des § 45 und der Beschwerde, nur unter den Voraussetzungen des § 46 Abs. 2 aufheben.

(3) Hält der Disziplinarvorgesetzte ein Dienstvergehen zwar für erwiesen, eine Disziplinarmaßnahme aber nicht für angebracht, darf kein höherer Vorgesetzter diese Entscheidung ändern. § 92 Abs. 3 und § 96 bleiben unberührt.

Anmerkung:

1. Diese Vorschrift legt die Selbständigkeit der Disziplinarvorgesetzten gesetzlich fest. Verpflichtet sind sie nur zur Ermittlung des Sachverhalts (→ § 32 WDO); dagegen sind sie in ihrer Entscheidung frei, ob und wie sie ein Dienstvergehen ahnden. Ein Eingriff höherer Vorgesetzter in die Disziplinarbefugnis durch Befehl wäre rechtswidrig und unverbindlich.
2. Die Ausübung der Dienstaufsicht wird hierdurch jedoch ebenso wenig ausgeschlossen (→ § 46 WDO) wie die Einleitung eines gerichtlichen Disziplinarverfahrens bei schweren Dienstvergehen (→ § 96 WDO).
3. Mit der in § 92 Abs. 3 WDO vorgesehenen Befugnis der Einleitungsbehörde, ein Dienstvergehen festzustellen, wenn sie nach Abschluss disziplinarer Vorermittlungen von der Einleitung eines gerichtlichen Disziplinarverfahrens absieht, wird der in Absatz 3 Satz 1 normierte Grundsatz eingeschränkt.

§ 36 Absehen von einer Disziplinarmaßnahme

(1) Wird durch Ermittlungen ein Dienstvergehen nicht festgestellt oder hält der Disziplinarvorgesetzte eine Disziplinarmaßnahme nicht für zulässig oder angebracht, hat er seine Entscheidung dem Soldaten bekannt zu geben, wenn er ihn zuvor gehört hat.

(2) Der Disziplinarvorgesetzte kann den Fall nur dann erneut verfolgen, wenn erhebliche neue Tatsachen oder Beweismittel bekannt werden.

Anmerkung:

1. Zum Absehen von einer einfachen Disziplinarmaßnahme → A-2160/6, Abschnitt 1.22 (→ **C 11j**).

2. Neue Tatsachen oder Beweismittel i.S.d. Absatzes 2 sind z.B. Zeugenaussagen, Gutachten, Schriftstücke (Urkunden), aber auch ein Geständnis des Betroffenen. Vor einem erneuten Aufgreifen des Falles ist das Verhängungsverbot nach sechs Monaten (vgl. §17 Abs. 2 WDO) zu beachten.

§37 Verhängen der Disziplinarmaßnahme

(1) Eine Disziplinarmaßnahme darf erst nach Ablauf einer Nacht verhängt werden, nachdem der Soldat gemäß § 32 Abs. 5 abschließend gehört wurde. Von dem Tag an, an dem ein Soldat zum Entlassungsort in Marsch gesetzt wird, kann die Disziplinarmaßnahme sofort verhängt werden.

(2) Die Disziplinarmaßnahme wird durch die dienstliche Bekanntgabe der Disziplinarverfügung an den Soldaten verhängt. Sein Ehrgefühl ist zu schonen.

(3) Die Disziplinarverfügung muss bei der Bekanntgabe schriftlich festgelegt sein. Sie muss Zeit, Ort und Sachverhalt des Dienstvergehens sowie Art und Höhe der Disziplinarmaßnahme, bei der verschärften Ausgangsbeschränkung auch die Verschärfung enthalten. Eine Abschrift der Disziplinarverfügung ist dem Soldaten bei der Verhängung der Disziplinarmaßnahme auszuhändigen. Ist die Vollstreckung zur Bewährung ausgesetzt worden, ist ihm dies bekannt zu geben.

(4) Sind mehrere Disziplinarmaßnahmen nebeneinander zulässig (§ 22 Abs. 2), dürfen sie nur gleichzeitig verhängt werden.

(5) Der Disziplinarvorgesetzte kann eine von ihm verhängte Disziplinarmaßnahme nicht mehr aufheben, ändern oder unvollstreckt lassen. Die §§ 39, 49 Abs. 3 und § 56 Abs. 3 bleiben unberührt.

Anmerkung:

1. Die Regelung in Absatz 1 Satz 1 stellt klar, dass die Verhängungsfrist mit der abschließenden Anhörung der Soldatin bzw. des Soldaten beginnt. Diese Anhörung stellt gleichzeitig den Abschluss der Ermittlungen der Disziplinarvorgesetzten dar. Bei Disziplinararrest ist vor Verhängung die richterliche Zustimmung einzuholen (→ § 40 WDO).
2. Eine Verhängung „vor der Front“ ist nicht zulässig (→ A-2160/6, Abschnitt 1.31, Nr. 1314).
3. Zur dienstlichen Bekanntgabe der Disziplinarmaßnahme → A-2160/6, Abschnitt 1.31.
4. Die schriftlich abzufassende Disziplinarverfügung muss Zeit, Ort und Sachverhalt des Dienstvergehens - wenn auch in knappen Worten - so genau wie möglich angeben (→ § 46 Abs. 2 Nr. 8 WDO).

   Beispiel:

   falsch: „Er hat am ... in ... einen Kameraden beleidigt“ oder

„Er hat am ... in ... an einer politischen Veranstaltung in Uniform teilgenommen."

richtig: „Er hat am ... in ... zu Uffz Meier gesagt, er sei ein arroganter Blödmann",

oder

„Er hat am ... in ... an der Demonstration „Frieden und Abrüstung", die von der Partei „Die Linke." Ortsgruppe Holzlar veranstaltet wurde, und an der abschließenden Kundgebung in Uniform teilgenommen."

5. Zur Vorlage der Disziplinarverfügung (Ausfertigung für Rechtsberaterinnen und Rechtsberater) → A-2160/6, Abschnitt 1.36.

§ 38 Richtlinien für das Bemessen der Disziplinarmaßnahme

(1) Bei Art und Maß der Disziplinarmaßnahme sind Eigenart und Schwere des Dienstvergehens und seine Auswirkungen, das Maß der Schuld, die Persönlichkeit, die bisherige Führung und die Beweggründe des Soldaten zu berücksichtigen.

(2) In der Regel ist mit den milderen Disziplinarmaßnahmen zu beginnen und erst bei erneuten Dienstvergehen zu schwereren Disziplinarmaßnahmen überzugehen.

(3) Disziplinararrest soll erst dann verhängt werden, wenn vorausgegangene erzieherische Maßnahmen und Disziplinarmaßnahmen ihren Zweck nicht erreicht haben oder die Aufrechterhaltung der militärischen Ordnung eine disziplinare Freiheitsentziehung gebietet.

Anmerkung:

1. In dieser für die Disziplinarvorgesetzten **besonders wichtigen Vorschrift** sind die Grundsätze für jede disziplinare Maßregelung aufgeführt. **Merke:** Es gilt das Prinzip der stufenweisen Steigerung (→ § 22 Abs. 1 WDO). In die Überlegungen zur angemessenen Ahndung eines Dienstvergehens sind auch die erzieherischen Maßnahmen einzubeziehen → **C 71** und Anm. 2 zu § 23 WDO.
2. Ausgangspunkt der Überlegungen muss stets der Erziehungszweck des Disziplinarrechts sein, nämlich die Aufrechterhaltung eines geordneten Dienstbetriebes zur Sicherstellung der Einsatzbereitschaft und Schlagkraft der Truppe.
3. Unterschiede in der Handhabung der Disziplinarbefugnis ergeben sich aus dem Persönlichkeitsbild, dem Maß der Schuld und den Beweggründen für das Fehlverhalten.

   Ein „Strafenkatalog" für bestimmte „Deliktsgruppen" darf nicht aufgestellt werden. **Keine** schematische Anwendung, z.B. drei Stunden Verspätung „kosten 20 Euro Disziplinarbuße oder erste Zapfenstreichüberschreitung = 50 Euro, zweite = 80 Euro u.Ä.
4. Mehrfachmaßregelungen, auch wegen gleichartigen Fehlverhaltens, sind zulässig (z.B. wiederholte Gehorsamsverweigerungen).

5. § 38 WDO gilt über § 58 Abs. 7 WDO auch in gerichtlichen Disziplinarverfahren.

Übersicht für die Einstufung bestimmter „einleitungswürdiger" Dienstvergehen → Anm. zu § 58 WDO.

§ 39 Anrechnung von Freiheitsentziehung auf die Disziplinarmaßnahme

Auf die Disziplinarmaßnahme kann eine Freiheitsenziehung, die der Soldat aus Anlass seiner Tat durch vorläufige Festnahme oder Untersuchungshaft erlitten hat, nach pflichtmäßigem Ermessen in der Weise angerechnet werden, dass die Disziplinarmaßnahme ganz oder teilweise für vollstreckt erklärt wird.

Anmerkung: Anhaltspunkte für die Umrechnung → § 54 Abs. 1 Satz 2 WDO.

§ 40 Mitwirkung des Richters bei der Verhängung von Disziplinararrest

(1) Disziplinararrest darf erst verhängt werden, nachdem der Richter des zuständigen, notfalls des nächst erreichbaren Truppendienstgerichts zugestimmt hat. Der Richter stimmt dem beabsichtigten Disziplinararrest zu, wenn er diese Disziplinarmaßnahme für zulässig und angebracht hält. Die Entscheidung bedarf keiner Begründung. Der Richter kann zugleich die sofortige Vollstreckbarkeit anordnen, wenn dies zur Aufrechterhaltung der militärischen Ordnung geboten ist; diese Entscheidung ist zu begründen. Hat der Richter die sofortige Vollstreckbarkeit angeordnet, gelten § 37 Abs. 1 Satz 1 und § 47 Abs. 1 nicht.

(2) Der Disziplinarvorgesetzte teilt dem Richter in seinem Antrag auf Zustimmung die beabsichtigte Dauer des Disziplinararrests mit. Will er zugleich Ausgangsbeschränkung oder Disziplinarbuße verhängen, teilt er auch die Dauer der Ausgangsbeschränkung oder den Betrag der Disziplinarbuße mit. Einen Antrag auf sofortige Vollstreckbarkeit hat er zu begründen. Der Soldat ist auch zu diesem Antrag zu hören. Der Disziplinarvorgesetzte fügt dem Antrag die nach § 32 entstandenen Vorgänge bei. Beizufügen sind ferner ein Auszug über Anerkennungen, Disziplinarmaßnahmen und Bestrafungen aus dem Disziplinarbuch oder den Personalunterlagen und, soweit erforderlich, eine Darstellung des Sachverhalts.

(3) Lehnt der Richter es ab, dem Disziplinararrest zuzustimmen oder stimmt er nur einem kürzeren Disziplinararrest zu, hat er diese Entscheidung zu begründen. Ist er der Auffassung, dass eine gerichtliche Disziplinarmaßnahme angebracht ist, übersendet er die Akten der Einleitungsbehörde zur weiteren Entschließung.

(4) Der Disziplinarvorgesetzte kann in den Fällen des Absatzes 3 Satz 1 binnen einer Woche nach Bekanntgabe der richterlichen Entscheidung das Truppendienstgericht anrufen. Hält das Truppendienstgericht den beabsichtigten oder einen kürzeren Disziplinararrest für zulässig und angebracht, verhängt es diesen selbst. Diese Entscheidung ist endgültig. Der Soldat ist vor der Entscheidung zu hören; die Anhörung kann außerhalb der Verhandlung auch durch den Vorsitzenden stattfinden. Dem Soldaten darf nur die Begründung für den verhängten Disziplinararrest mitgeteilt werden. Hält das Truppendienstgericht Disziplinararrest für nicht angebracht, entscheidet der Disziplinarvorgesetzte, ob er eine andere Disziplinarmaßnahme gegen den Soldaten verhängen will. Hält das Truppendienstgericht eine gerichtliche Disziplinarmaßnahme für geboten, übersendet es die Akten der Einleitungsbehörde zur weiteren Entschließung.

(5) An Bord von Schiffen außerhalb des Hoheitsgewässer der Bundesrepublik Deutschland darf Disziplinararrest verhängt werden, bevor der Richter zugestimmt hat, wenn der Richter nicht erreichbar ist und die militärische Disziplin auf andere Weise nicht aufrechterhalten werden kann. § 42 Nr. 2 Satz 1 und § 47 Abs. 1 gelten nicht. Hat das Schiff einen Hafen der Bundesrepublik Deutschland erreicht, sind die Vorgänge unverzüglich dem Richter vorzulegen. Stimmt er der verhängten Disziplinarmaßnahme nicht zu, hebt er sie zugleich auf. Die Absätze 1 bis 4 gelten sinngemäß. § 46 Abs. 4 gilt entsprechend mit der Maßgabe, dass die Frist nach § 17 Abs. 2 mit der Aufhebung der Disziplinarmaßnahme beginnt.

(6) Der Richter und das Truppendienstgericht können dem Bundesverwaltungsgericht Rechtsfragen von grundsätzlicher Bedeutung vorlegen. § 18 Abs. 4 der Wehrbeschwerdeordnung gilt entsprechend. Von der Vorlage bis zur Entscheidung des Bundesverwaltungsgerichts läuft die Frist nach § 17 Abs. 2 nicht.

Anmerkung:

1. Die Disziplinarvorgesetzten können, soweit ihre Disziplinargewalt nach § 24 WDO reicht, alle einfachen Disziplinarmaßnahmen bis zur Ausgangsbeschränkung selbstständig, d. h. ohne Zustimmung eines Dritten, verhängen. Nur vor der Verhängung von Disziplinararrest (Kompaniechef bis zu sieben Tagen; Bataillonskommandeur oder ein höherer Vorgesetzter bis zu drei Wochen) muss die richterliche Zustimmung eingeholt werden. Die Zustimmung muss eine Richterin oder ein Richter des Truppendienstgerichts erklären, zu dessen Geschäftsbereich der Truppenteil oder die Dienststelle des verhängenden Vorgesetzten gehört (→ **C 14a** und **C 14b**). Ist diese bzw. dieser Richter nicht erreichbar, können Disziplinarvorgesetzte sich an den richterlichen Bereitschaftsdienst für Eilanträge wenden (siehe Hinweis bei → **C 14c**).

Die Richterin bzw. der Richter kann den Disziplinararrest ganz ablehnen oder aber auch die Maßnahme herabsetzen. Abgesehen von der insoweit gesetzten Höchstgrenze der Maßnahme bleiben die Disziplinarvorgesetzten in ihrer Entscheidung frei. Sie könnnen auch nach der richterlichen Bestätigung des Disziplinararrests noch einen niedrigeren Disziplinararrest oder eine andere einfache Disziplinarmaßnahme verhängen. Wenn der Disziplinararrest abgelehnt wird, können sie eine andere einfache Disziplinarmaßnahme verhängen.

Wenn Disziplinarvorgesetzte es zur Aufrechterhaltung der militärischen Ordnung für geboten halten, können sie mit dem Disziplinararrest zugleich dessen sofortige Vollstreckbarkeit beantragen. Eine Anordnung der sofortigen Vollstreckbarkeit von Amts wegen ist dagegen nicht vorgesehen.

Die Anordnung der sofortigen Vollstreckbarkeit bewirkt Folgendes:

- eine Beschwerde hat grundsätzlich keine vollstreckungshemmende Wirkung (Einzelheiten → § 42 Abs. 2 WDO),
- die Vollstreckung ist sofort nach Verhängung möglich. Zur Vollstreckung im Zusammenhang mit dem Entlassungstag → § 56 Abs. 2 WDO.

Der Hinweis in Absatz 1 Satz 5 auf die Nichtanwendbarkeit des § 37 Abs. 1 WDO hat zur Folge, dass die Verhängungsfrist bei sofort vollstreckbarem Disziplinararrest entfällt.

2. Zur Herbeiführung der richterlichen Zustimmung zur Verhängung von Disziplinararrest → A-2160/6, Abschnitt 1.29 und dem im IntranetBw abrufbaren „Leitfaden für Disziplinarvorgesetzte für die Stellung eines Antrags auf Zustimmung zum Disziplinararrest nach § 40 WDO“.

3. Sind Disziplinarvorgesetzte mit einer ablehnenden Entscheidung des Richters nicht einverstanden, so können sie das Truppendienstgericht (ein Richter und zwei ehrenamtliche Richter) anrufen. In diesen Fällen muss die Soldatin bzw. der Soldat nochmals vom Truppendienstgericht gehört werden. Das Truppendienstgericht kann nur einen Disziplinararrest verhängen oder ihn ablehnen. Wenn das Truppendienstgericht ablehnt, so können die Disziplinarvorgesetzten ebenfalls andere Maßnahmen einschließlich der Ausgangsbeschränkung verhängen. Die ablehnende Entscheidung des Truppendienstgerichts kann nicht mit Beschwerde angefochten werden.

   Die Anhörung der Soldatin bzw. des Soldaten zur beabsichtigten sofortigen Vollstreckbarkeit in Absatz 2 Satz 3 entspricht dem Grundsatz auf rechtliches Gehör. Sie ist geboten, weil die aufschiebende Wirkung einer Beschwerde gegen die Disziplinarmaßnahme wegen der Anordnung der sofortigen Vollstreckbarkeit ausgeschlossen ist.

4. In den Fällen, in denen der Richter oder das Truppendienstgericht der Ansicht ist, dass nicht Disziplinararrest, sondern eine gerichtliche Disziplinarmaßnahme (→ § 58 WDO) angebracht ist, leiten sie den Vorgang der Einleitungsbehörde zu (→ § 94 WDO).

§ 41 Disziplinarvorgesetzter und gerichtliches Disziplinarverfahren

Ist die Einleitung eines gerichtlichen Disziplinarverfahrens geboten, führt der zuständige Disziplinarvorgesetzte die Entscheidung der Einleitungsbehörde herbei.

Anmerkung:

1. Die Vorlage an die Einleitungsbehörde hat sich nach den Vorgaben der → A-2160/6, Abschnitt 1.23 zu richten.
2. Übersicht für die Einstufung bestimmter „einleitungswürdiger“ Dienstvergehen → Anm. zu § 58 WDO.
3. Die Anhörung der Vertrauensperson vor der Vorlage ist gesetzlich nicht vorgesehen.

C

4. Beschwerde gegen Maßnahmen und Entscheidungen des Disziplinarvorgesetzten

§ 42 Anwendung der Wehrbeschwerdeordnung

Auf Beschwerden der Soldaten und der früheren Soldaten gegen Disziplinarmaßnahmen sowie gegen sonstige Maßnahmen und Entscheidungen des Disziplinarvorgesetzten und vorläufige Festnahmen nach diesem Gesetz sind die Vorschriften der Wehrbeschwerdeordnung mit folgender Maßgabe anzuwenden:

1. Beschwerden gegen Disziplinararrest, bei dem der Richter die sofortige Vollstreckbarkeit angeordnet hat, dürfen vor Ablauf einer Nacht eingelegt werden.
2. Die Beschwerde hemmt die Vollstreckung einer Disziplinarmaßnahme, wenn der Soldat sie vor Beginn der Vollstreckung eingelegt hat. Dieser Zeitpunkt ist dem Soldaten rechtzeitig zu eröffnen, in der Regel bei Verhängung der Disziplinarmaßnahme. Die Vollstreckung wird nicht gehemmt bei Beschwerden gegen Disziplinararrest, sofern der Richter die sofortige Vollstreckbarkeit nach § 40 Abs. 1 angeordnet hat, und bei weiteren Beschwerden. Im Übrigen hat die Beschwerde keine aufschiebende Wirkung.
3. Über die Beschwerde entscheidet der nächste Disziplinarvorgesetzte des Vorgesetzten, der die angefochtene Disziplinarmaßnahme verhängt oder die angefochtene Maßnahme oder Entscheidung getroffen hat.
4. Über die weitere Beschwerde entscheidet das Truppendienstgericht. Zuständig ist das Truppendienstgericht, das für den Befehlsbereich errichtet ist, zu dem der Vorgesetzte, der die ange-

fochtene Disziplinarmaßnahme verhängt oder die angefochtene Maßnahme oder Entscheidung getroffen hat, zum Zeitpunkt des Beschwerdeanlasses gehört. Hat der Bundesminister der Verteidigung oder der Generalinspekteur der Bundeswehr über die Beschwerde entschieden, ist das Bundesverwaltungsgericht zuständig. Die angefochtene Disziplinarmaßnahme, Maßnahme oder Entscheidung unterliegt der Prüfung des Wehrdienstgerichts in vollem Umfang; das Gericht trifft zugleich die in der Sache erforderliche Entscheidung. § 40 Abs. 4 Satz 7 gilt entsprechend.

5. Gegen die Rücknahme einer förmlichen Anerkennung, gegen Maßnahmen nach § 20 und gegen Disziplinararrest ist nur die Beschwerde an das Truppendienstgericht zulässig. Richtet sich die Beschwerde in diesen Fällen gegen eine Maßnahme oder Entscheidung des Bundesministers der Verteidigung oder des Generalinspekteurs der Bundeswehr, entscheidet das Bundesverwaltungsgericht. Nummer 4 Satz 4 und 5 ist entsprechend anzuwenden.

6. Die Entscheidung über die Beschwerde darf die Disziplinarmaßnahme nicht verschärfen.

7. Wird eine Disziplinarmaßnahme aufgrund einer Beschwerde herabgesetzt oder aufgehoben, ist gleichzeitig nach § 54 über die Anrechnung der Vollstreckung und über den Ausgleich für eine zu Unrecht vollstreckte Disziplinarmaßnahme zu entscheiden.

8. Hebt das Wehrdienstgericht die Disziplinarmaßnahme auf, weil ein Dienstvergehen nicht vorliegt oder nicht erwiesen ist oder weil es ein Dienstvergehen zwar für erwiesen, eine Disziplinarmaßnahme aber nicht für angebracht hält, kann der Disziplinarvorgesetzte den Fall nur dann erneut verfolgen, wenn erhebliche neue Tatsachen oder Beweismittel bekannt werden.

9. Wird eine Disziplinarmaßnahme aufgehoben, ohne dass eine andere Disziplinarmaßnahme an ihre Stelle tritt, ist die Aufhebung in derselben Weise bekannt zu machen, in der die Verhängung bekannt gemacht worden ist.

10. Wird über die Beschwerden eines Soldaten gegen mehrere Disziplinarmaßnahmen gleichzeitig entschieden, so sind die Pflichtverletzungen, die jeder Disziplinarmaßnahme zu Grunde liegen, abweichend von § 18 Abs. 2 jeweils als Dienstvergehen zu ahnden.

11. Eine Disziplinarmaßnahme kann auch dann herabgesetzt oder statt ihrer eine andere, mildere Disziplinarmaßnahme verhängt werden, wenn der Soldat zum Zeitpunkt der Entscheidung über die Beschwerde bereits aus dem Dienstverhältnis ausgeschieden ist.
12. Missbilligende Äußerungen, die mit der Feststellung eines Dienstvergehens verbunden werden (§ 23 Abs. 3 Satz 2) können nur zusammen mit dieser Feststellung angefochten werden.

Anmerkung:

1. Beschwerden gegen Disziplinararrest, bei denen der Richter die sofortige Vollstreckbarkeit angeordnet hat, dürfen bereits vor Ablauf einer Nacht eingelegt werden (→ Nummer 1); die Nachtfrist nach § 6 Abs. 1 Satz 1 WBO (→ **C 30**) gilt in diesem Fall nicht.
2. § 42 WDO findet nunmehr auch bei Maßnahmen von Vorgesetzten ohne Disziplinarbefugnis Anwendung. Deshalb wurde die bisherige Regelung in Nummer 2, wonach über die Beschwerde die nächsten Disziplinarvorgesetzten der verhängenden Disziplinarvorgesetzten entscheiden, geändert. Nummer 3 stellt daher klar, dass über die Beschwerde die nächsten Disziplinarvorgesetzten der Vorgesetzten entscheiden, welche die angefochtene Disziplinarmaßnahme verhängt oder die angefochtene Maßnahme oder Entscheidung getroffen haben.
3. Erlass über Rechtsbehelfe → **C 32**.

5. Nochmalige Prüfung

§43 Aufhebung einer Disziplinarmaßnahme bei nachträglichem Straf- oder Bußgeldverfahren

(1) Ist eine einfache Disziplinarmaßnahme unanfechtbar verhängt worden und wird wegen desselben Sachverhalts nachträglich durch ein Gericht oder eine Behörde eine Strafe oder Ordnungsmaßnahme verhängt oder kann ein Sachverhalt nach § 153a Abs. 1 Satz 5 oder Abs. 2 Satz 2 der Strafprozessordnung nach Erfüllung von Auflagen und Weisungen nicht mehr als Vergehen verfolgt werden, so ist die Disziplinarmaßnahme auf Antrag des Soldaten oder des früheren Soldaten aufzuheben, wenn ihre Verhängung nach Abschluss des Strafverfahrens oder des Bußgeldverfahrens gegen § 16 Abs. 1 verstoßen würde. Die Aufhebung eines Disziplinararrests unterbleibt, wenn die Voraussetzungen für eine zusätzliche disziplinare Ahndung zum Zeitpunkt seiner Verhängung vorgelegen haben.

(2) Disziplinararrest ist aufzuheben, soweit er zusammen mit einer wegen desselben Sachverhalts nachträglich verhängten Freiheitsentziehung drei Wochen übersteigt.

(3) Die Aufhebung ist ausgeschlossen, wenn die Disziplinarmaßnahme im Strafverfahren oder Bußgeldverfahren erkennbar angerechnet worden ist.

Anmerkung:

1. Über den Aufhebungsantrag entscheidet das Wehrdienstgericht → § 45 WDO.
2. Zur Aufhebung einer im gerichtlichen Disziplinarverfahren verhängten Disziplinarmaßnahme → § 128 WDO.

§44 Aufhebung oder Änderung einer Disziplinarmaßnahme aus anderen Gründen

(1) Jeder Disziplinarvorgesetzte muss beantragen, die Disziplinarmaßnahme aufzuheben, wenn er der Auffassung ist, dass gegen einen seiner Untergebenen eine Disziplinarmaßnahme verhängt worden ist, obwohl er unschuldig oder nicht nachweisbar schuldig war; er kann dies beantragen, wenn er der Auffassung ist, dass eine Disziplinarmaßnahme nicht angebracht oder nach § 16 Abs. 1 nicht zulässig war. Das Gleiche gilt für einen Antrag auf Herabsetzung der Disziplinarmaßnahme, wenn bei mehreren Pflichtverletzungen, die als ein Dienstvergehen geahndet worden sind, bei einer die Voraussetzungen des Satzes 1 vorliegen.

(2) Der Disziplinarvorgesetzte, der die Disziplinarmaßnahme verhängt hat, oder bei einem Wechsel sein Nachfolger, ist zur Stellung eines Antrags nach Absatz 1 Satz 1 Halbsatz 2 verpflichtet. Dieser Vorgesetzte kann auch beantragen, eine von ihm verhängte Disziplinarmaßnahme herabzusetzen, wenn sie ihm nachträglich zu hart erscheint.

(3) Der Soldat oder der frühere Soldat kann die Aufhebung einer nicht mehr anfechtbaren Disziplinarmaßnahme beantragen, wenn neue Tatsachen oder Beweismittel beigebracht sind, die zur Aufhebung der Disziplinarmaßnahme führen können. Als neue Tatsachen gelten auch die tatsächlichen Feststellungen eines wegen desselben Sachverhalts ergangenen rechtskräftigen Urteils im Strafverfahren oder Bußgeldverfahren, soweit sie von denen der Disziplinarverfügung abweichen.

§45 Verfahren bei Aufhebung oder Änderung einer Disziplinarmaßnahme

(1) Über den Antrag auf Aufhebung oder Änderung einer Disziplinarmaßnahme entscheidet das Wehrdienstgericht durch Beschluss.

(2) Für das Verfahren gelten die Vorschriften über die Beschwerde sinngemäß. § 20 der Wehrbeschwerdeordnung ist anzuwenden, soweit es sich nicht um Anträge eines Disziplinarvorgesetzten nach § 44 Abs. 1 oder 2 handelt.

(3) Von der Entscheidung über den Antrag sind diejenigen Richter ausgeschlossen, die bei der Verhängung der Disziplinarmaßnahme nach § 40 Abs. 4 oder in einem Beschwerdeverfahren gegen die Disziplinarmaßnahme mitgewirkt haben.

§ 46 Dienstaufsicht

(1) Die höheren Disziplinarvorgesetzten überwachen die ihnen unterstellten Disziplinarvorgesetzten in der Ausübung der Disziplinarbefugnis.

(2) Disziplinarmaßnahmen, die von Disziplinarvorgesetzten verhängt sind, sind aufzuheben, wenn

1. sie von einem unzuständigen Disziplinarvorgesetzten verhängt worden sind,
2. sie nach Art oder Höhe im Gesetz nicht vorgesehen sind,
3. gegen den Soldaten wegen des Dienstvergehens bereits eine Disziplinarmaßnahme verhängt worden ist (§ 18 Abs. 1),
4. der Disziplinarvorgesetzte seine Disziplinarbefugnis überschritten hat (§ 28),
5. der Disziplinarvorgesetzte dem Soldaten seine Entscheidung bekannt gegeben hatte, dass er gegen ihn wegen eines Dienstvergehens keine Disziplinarmaßnahme verhängen will, und keine erheblichen neuen Tatsachen oder Beweismittel nachträglich bekannt geworden sind (§ 36),
6. das Dienstvergehen wegen Zeitablaufs nicht mehr geahndet werden durfte (§ 17 Abs. 2),
7. der Soldat nicht zuvor gehört worden ist (§ 32 Abs. 5 Satz 1),
8. die Disziplinarverfügung bei der Bekanntgabe nicht schriftlich festgelegt war oder nicht den vorgeschriebenen Inhalt hatte (§ 37 Abs. 3 Satz 1 und 2),
9. der Disziplinararrest ohne Zustimmung des Richters verhängt worden ist (§ 40 Abs. 1).

(3) Für das Aufheben der Disziplinarmaßnahmen sind die höheren Disziplinarvorgesetzten zuständig. § 42 Nr. 9 findet Anwendung.

(4) Der zuständige Disziplinarvorgesetzte prüft, ob anstelle einer aufgehobenen Disziplinarmaßnahme eine neue Disziplinarmaßnahme zulässig und angebracht ist. § 42 Nr. 7 gilt entsprechend.

(5) Die Disziplinarvorgesetzten haben Aufhebungsgründe, die ihnen bekannt werden, der für das Aufheben zuständigen Stelle zu melden.

Anmerkung:

1. Die höheren Disziplinarvorgesetzten üben ihre Dienstaufsicht u.a. durch regelmäßige Überprüfung der Disziplinarbücher (→ **C 18**, Nr. 1107), Weiterbildung der nachgeordneten Disziplinarvorgesetzten und Anweisungen zur Meldung bedeutender Fälle aus.
2. Ihrem Eingreifen sind jedoch durch § 35 Abs. 1 WDO Grenzen gezogen, da den zuständigen Disziplinarvorgesetzten nicht befohlen werden kann, ob und wie sie ahnden sollen.
3. Absatz 2 zählt in den Nummern 1 bis 9 abschließend die Fehler auf, die dazu zwingen, Disziplinarmaßnahmen von Amts wegen aufzuheben.
4. Zu den Auswirkungen von weiteren Verfahrensverstößen auf den Bestand einer Disziplinarmaßnahme → **C 11n**.

6. Vollstreckung

§ 47 Vollstreckbarkeit der Disziplinarmaßnahmen

(1) Eine Disziplinarmaßnahme, die ein Disziplinarvorgesetzter verhängt hat, ist erst dann zu vollstrecken, wenn der Soldat an dem auf die Verhängung folgenden Tag ausreichend Zeit und Gelegenheit zur Beschwerde hatte und davon keinen Gebrauch gemacht hat. Vorher kann der Soldat auf Beschwerde nicht verzichten.

(2) Disziplinarmaßnahmen, die durch Entscheidung eines Wehrdienstgerichts verhängt sind, werden mit der Rechtskraft der Entscheidung (§ 125) wirksam und vollstreckbar.

Anmerkung:

1. Die Vollstreckung einer einfachen Disziplinarmaßnahme, die von Disziplinarvorgesetzten verhängt wurde, beginnt frühestens am Mittag des auf die Verhängung folgenden Tages. Zur Verhängung → § 37 Abs. 2 WDO.
2. Machen Soldatinnen oder Soldaten **vor** Beginn der Vollstreckung von ihrem Beschwerderecht Gebrauch, darf so lange nicht vollstreckt werden, bis über die Beschwerde entschieden worden ist. Die weitere Beschwerde hemmt die Vollstreckung dagegen nicht → § 42 Nr. 2 Satz 3 WDO.

§ 48 Vollstreckender Vorgesetzter

(1) Einfache Disziplinarmaßnahmen vollstreckt der nächste Disziplinarvorgesetzte. Wird die Disziplinarmaßnahme von einer an-

deren Stelle verhängt, ersucht diese den nächsten Disziplinarvorgesetzten um die Vollstreckung. Andere Dienststellen sollen um die Vollstreckung nur dann ersucht werden, wenn der Soldat sich nicht innerhalb des Befehlsbereichs des nächsten Disziplinarvorgesetzten befindet und die Vollstreckung keinen Aufschub duldet.

(2) Der nächste Disziplinarvorgesetzte oder andere Dienststellen (Absatz 1) haben auch einfache Disziplinarmaßnahmen, die im gerichtlichen Disziplinarverfahren verhängt sind, auf Ersuchen des Wehrdisziplinaranwalts zu vollstrecken.

Anmerkung:

Vollstreckung i.S.d. Abs. 2 → § 135 WDO.

§49 Aussetzung, Aufschub und Unterbrechung der Vollstreckung

(1) Beim Verhängen einer einfachen Disziplinarmaßnahme kann die Vollstreckung fünf Monate ausgesetzt werden, um dem Soldaten Gelegenheit zu geben, sich zu bewähren. Aussetzung der Vollstreckung zur Bewährung soll nur einmal und nur dann gewährt werden, wenn gegen den Soldaten bisher keine oder nur geringfügige Strafen oder Disziplinarmaßnahmen verhängt worden waren und von der Aussetzung ein günstiger erzieherischer Erfolg zu erwarten ist. Die Aussetzung der Vollstreckung kann mit einer erzieherischen Maßnahme verbunden werden.

(2) Die Frist beginnt mit dem Tag, an dem die Disziplinarmaßnahme unanfechtbar geworden ist. Wird gegen den Soldaten bis zum Ablauf der Bewährungsfrist wegen einer während der Bewährungsfrist begangenen Tat keine Strafe oder Disziplinarmaßnahme unanfechtbar verhängt, ist die Vollstreckung der Disziplinarmaßnahme zu erlassen. Anderenfalls ist die Disziplinarmaßnahme zu vollstrecken.

(3) Im Übrigen darf die Vollstreckung nur aus dringenden Gründen aufgeschoben oder unterbrochen werden.

Anmerkung:

1. Die Bewährungszeit beträgt **immer** fünf Monate. Stets kann nur die Vollstreckung der gesamten Maßnahme ausgesetzt werden. Der Erlass der Vollstreckung bewirkt nicht die Tilgung der Disziplinarmaßnahme.
2. Unterbrechung muss angeordnet und der Soldatin bzw. dem Soldaten bekannt gegeben werden. Andernfalls ist keine Nachvollstreckung möglich.

§ 50 Vollstreckung von Verweis und strengem Verweis

(1) Der Verweis ist mit dem Verhängen vollstreckt.

(2) Der strenge Verweis wird vollstreckt durch Bekanntmachung vor den Soldaten der Einheit oder des Truppenteils vom Dienstgrad des Soldaten an aufwärts. Die Bekanntmachung ist darauf zu beschränken, dass gegen den Soldaten ein strenger Verweis verhängt worden ist.

Anmerkung:

Die Bekanntgabe des strengen Verweises darf nur den Namen der Gemaßregelten und die Mitteilung, dass ein strenger Verweis verhängt worden ist, beinhalten (→ A-2160/6, Abschnitt 1.2.31).

§ 51 Vollstreckung von Disziplinarbußen

(1) Die Disziplinarbuße kann von den Dienstbezügen oder dem Wehrsold oder, wenn das Dienstverhältnis endet, von dem Entlassungsgeld oder dem Ruhegehalt abgezogen werden. Die Vollstreckung beginnt mit dem für den Abzug oder die Zahlung festgesetzten Zeitpunkt.

(2) Der vollstreckende Vorgesetzte kann Teilzahlungen bewilligen.

(3) Disziplinarbußen, die nicht fristgemäß entrichtet sind, werden nach den Vorschriften des Verwaltungs-Vollstreckungsgesetzes beigetrieben.

(4) Bei dem Abzug und der Beitreibung einer Disziplinarbuße unterliegen die Dienstbezüge, der Wehrsold, das Entlassungsgeld und das Ruhegehalt nicht den Beschränkungen, die für die Pfändung gelten. Dem Soldaten oder dem früheren Soldaten sind jedoch die Mittel zu belassen, die zum Unterhalt für ihn und seine Familie sowie zur Erfüllung sonstiger gesetzlicher Unterhaltspflichten notwendig sind.

Anmerkung:

Verfahrensrichtlinien bei der Vollstreckung von Disziplinarbußen nach § 24 WDO → **C 13e**.

§ 52 Vollstreckung der Ausgangsbeschränkung

(1) Die Ausgangsbeschränkung ist an aufeinander folgenden Tagen zu vollstrecken. Dieser Zeitraum ist zu befehlen. Bei der verschärften Ausgangsbeschränkung sind Art und Dauer der nach § 25 Abs. 1 Satz 2 und 3 angeordneten Verschärfungen zusätzlich zu befehlen.

(2) Die Ausgangsbeschränkung ist vom Beginn des ersten Tages bis zum Ablauf des letzten Tages des befohlenen Zeitraumes zu vollstrecken.

(3) Dem Soldaten kann zur Überwachung befohlen werden, sich in angemessenen Zeitabständen bei Vorgesetzten zu melden.

(4) Der Soldat kann aus dringenden Gründen an einem Tag oder an mehreren Tagen für bestimmte Zeit von den befohlenen Beschränkungen befreit werden. Die Zeit der Befreiung ist auf die Vollstreckung anzurechnen.

Anmerkung:

1. Nach § 25 Abs. 1 Satz 2 und 3 WDO kann die Ausgangsbeschränkung beim Verhängen durch das Verbot verschärft werden, für die ganze Dauer oder an bestimmten Tagen Gemeinschaftsräume zu betreten und Besuch zu empfangen. Diese Verschärfungen können auch einzeln angeordnet werden.
2. Zur seelsorgerischen Betreuung und Religionsausübung während der Ausgangsbeschränkung → **C 13d**.

§ 53 Vollstreckung und Vollzug von Disziplinararrest

(1) Die Vollstreckung des Disziplinararrests beginnt mit der Freiheitsentziehung.

(2) Der Soldat soll während des Vollzugs in seiner Ausbildung gefördert werden. In der Regel soll er am Dienst teilnehmen; die Teilnahme kann auf bestimmte Arten des Dienstes oder auf eine bestimmte Zeit beschränkt werden. Ist die Teilnahme am Dienst wegen der Persönlichkeit des Soldaten, der Art des Dienstes, der Kürze des Disziplinararrests oder aus anderen Gründen nicht tunlich, soll der Soldat nach Möglichkeit in anderer Weise beschäftigt werden, die seine Ausbildung fördert. Soweit der Soldat nicht am Dienst teilnimmt oder in anderer Weise beschäftigt ist, kann er innerhalb dienstlicher Unterkünfte und Anlagen zu Arbeiten herangezogen werden, die dem Erziehungszweck und seinen Fähigkeiten angemessen sind.

(3) Die Anordnungen nach Absatz 2 trifft der Vollzugsleiter.

(4) Das Bundesministerium der Verteidigung wird ermächtigt, durch Rechtsverordnung Vorschriften über den Vollzug des Disziplinararrests zu erlassen, die sich auf die Berechnung der Dauer der Freiheitsentziehung, die Art der Unterbringung, die Behandlung, die Beschäftigung, die Gewährung und den Entzug von Vergünstigungen, den Verkehr mit der Außenwelt und die Ordnung und Sicherheit im Vollzug beziehen.

Anmerkung:

Für den Vollzug von Disziplinararrest gelten die Vorschriften der Bundeswehrvollzugsordnung und die Ausführungsbestimmungen → **C 13a** und **C 13b**.

§ 54 Ausgleich bei nachträglicher Aufhebung einer vollstreckten Disziplinarmaßnahme

(1) Wird ein Disziplinararrest nachträglich ganz oder teilweise aufgehoben, erhält der Soldat oder der frühere Soldat einen Ausgleich. Der Ausgleich beträgt für jeden angefangenen Tag, der zu Unrecht vollzogen worden ist, einen Tag Urlaub oder, soweit Urlaub wegen des Endes des Wehrdienstverhältnisses nicht mehr gewährt werden kann, eine Entschädigung in Geld, die der Entschädigung nach § 7 Abs. 3 des Gesetzes über die Entschädigung für Strafverfolgungsmaßnahmen vom 8. März 1971 (BGBl. I S. 157) in der jeweils geltenden Fassung entspricht.

(2) Wird eine Ausgangsbeschränkung nachträglich ganz oder teilweise aufgehoben, erhält der Soldat oder der frühere Soldat als Ausgleich für jeden dienstfreien Tag während des Vollzugs, im Übrigen für je zwei Tage, die vollzogen worden sind, einen Tag Urlaub und, soweit Urlaub wegen des Endes des Wehrdienstverhältnisses nicht mehr gewährt werden kann, eine Entschädigung in Geld, die der Entschädigung des Absatzes 1 Satz 2 entspricht.

(3) Wird anstelle eines Disziplinararrests oder einer Ausgangsbeschränkung eine Disziplinarbuße verhängt, so ist sie insoweit für vollstreckt zu erklären, als dem Soldaten ein Anspruch auf Entschädigung in Geld zusteht.

(4) Wird eine Disziplinarbuße nachträglich aufgehoben, ist sie zu erstatten; wird sie herabgesetzt, ist der Unterschiedsbetrag zu erstatten.

(5) Im Fall der Aufhebung eines strengen Verweises gilt § 42 Nr. 9 entsprechend.

(6) Die Absätze 1 bis 5 gelten auch in den Fällen des § 22 Abs. 2.

(7) Das Wehrdienstgericht, das die Disziplinarmaßnahme ganz oder teilweise aufgehoben hat, entscheidet über den Ausgleich endgültig durch Beschluss. Im Übrigen entscheidet über den Ausgleich der Disziplinarvorgesetzte, der die Disziplinarmaßnahme ganz oder teilweise aufgehoben hat; § 42 gilt entsprechend.

§ 55 Behelfsvollzug bei Disziplinararrest

(1) Bei Disziplinararrest ist der Behelfsvollzug zulässig, wenn infolge der Art der Verwendung der Truppe oder aus anderen Grün-

den kein Disziplinararrestraum zur Verfügung steht und die Vollstreckung aus dienstlichen Gründen nicht aufgeschoben werden kann.

(2) Der Behelfsvollzug ist in den ordentlichen Vollzug zu überführen, wenn die besonderen Gründe hierfür fortfallen.

(3) Als Behelfsvollzug wird dem Soldaten während seiner dienstfreien Zeit der Aufenthalt auf der Wache oder an Bord in einem geeigneten Raum angewiesen. Der vollstreckende Vorgesetzte bestimmt, inwieweit der Soldat auch in dieser Zeit zu Dienstleistungen heranzuziehen ist.

§ 56 Vollstreckung von Disziplinarbußen und Disziplinararrest im Zusammenhang mit dem Entlassungstag

(1) Eine Disziplinarbuße kann auch nach dem Entlassungstag vollstreckt werden.

(2) Soweit Disziplinararrest mit Rücksicht auf den Entlassungstag nicht mehr vollstreckt werden könnte, gelten § 42 Nr. 2 Satz 1 und § 47 Abs. 1 nicht, sofern der Richter die sofortige Vollstreckbarkeit angeordnet hat. Diese Entscheidung ist zu begründen. Der Entlassungstag verschiebt sich um die Dauer des noch nicht verbüßten Disziplinararrests.

(3) Der vollstreckende Vorgesetzte soll von der Vollstreckung absehen, wenn hieraus kein Nachteil für die Disziplin zu besorgen ist.

Anmerkung:

Zur Vollstreckung im Zusammenhang mit dem Entlassungstag → A-2160/6, Abschnitt 1.34.

§ 57 Verjährung der Vollstreckung

Einfache Disziplinarmaßnahmen dürfen nach Ablauf von sechs Monaten nicht mehr vollstreckt werden. Die Frist beginnt mit dem Tag, an dem die Disziplinarmaßnahme unanfechtbar geworden ist. Die Frist ist gewahrt, wenn vor ihrem Ablauf die Vollstreckung beginnt.

Dritter Abschnitt
Das gerichtliche Disziplinarverfahren

1. Gerichtliche Disziplinarmaßnahmen

§ 58 Arten der gerichtlichen Disziplinarmaßnahmen

(1) Gerichtliche Disziplinarmaßnahmen gegen Berufssoldaten und Soldaten auf Zeit sind:

1. Kürzung der Dienstbezüge,
2. Beförderungsverbot,
3. Herabsetzung in der Besoldungsgruppe,
4. Dienstgradherabsetzung und
5. Entfernung aus dem Dienstverhältnis.

(2) Gerichtliche Disziplinarmaßnahmen gegen Soldaten im Ruhestand sowie gegen frühere Soldaten, die als Soldaten im Ruhestand gelten (§ 1 Abs. 3), sind:

1. Kürzung des Ruhegehalts,
2. Herabsetzung in der Besoldungsgruppe,
3. Dienstgradherabsetzung und
4. Aberkennung des Ruhegehalts.

Sind sie zugleich Angehörige der Reserve oder nicht wehrpflichtige frühere Soldaten, die noch zu Dienstleistungen herangezogen werden können, dürfen nur die in Satz 1 genannten gerichtlichen Disziplinarmaßnahmen verhängt werden.

(3) Gerichtliche Disziplinarmaßnahmen gegen Soldaten in einem Wehrdienstverhältnis nach dem Reservistinnen- und Reservistengesetz, gegen Angehörige der Reserve sowie gegen nicht wehrpflichtige frühere Soldaten, die noch zu Dienstleistungen herangezogen werden können, sind:

1. Dienstgradherabsetzung und
2. Aberkennung des Dienstgrades.

Für Soldaten im Ruhestand und frühere Soldaten, die als Soldaten im Ruhestand gelten (§ 1 Absatz 3), die in ein Wehrdienstverhältnis nach dem Reservistinnen- und Reservistengesetz berufen werden, bleibt Absatz 2 Satz 1 unberührt.

(4) Wegen desselben Dienstvergehens dürfen nur Kürzung der Dienstbezüge und Beförderungsverbot nebeneinander verhängt werden. Sie sollen insbesondere nebeneinander verhängt werden, wenn erkennbar ist, dass ein Beförderungsverbot keine Auswir-

kungen auf den weiteren dienstlichen Werdegang des Soldaten haben wird; § 16 Abs. 1 ist nicht anzuwenden. Neben oder anstelle der Kürzung des Ruhegehalts kann auf Kürzung des Ausgleichs (§ 38 des Soldatenversorgungsgesetzes) erkannt werden. Im Übrigen darf wegen desselben Dienstvergehens nur eine gerichtliche Disziplinarmaßnahme verhängt werden.

(5) Wegen eines Verhaltens, das nach § 17 Abs. 3, § 23 Abs. 2 Nr. 2 Zweite Alternative des Soldatengesetzes als Dienstvergehen gilt, dürfen bei Soldaten im Ruhestand sowie bei früheren Soldaten, die als Soldaten im Ruhestand gelten, als gerichtliche Disziplinarmaßnahmen nur Dienstgradherabsetzung oder Aberkennung des Ruhegehalts verhängt werden.

(6) Die Wehrdienstgerichte dürfen auch einfache Disziplinarmaßnahmen verhängen.

(7) Die §§ 38 und 39 gelten auch im gerichtlichen Disziplinarverfahren.

Anmerkung:

1. In den Absätzen 1 bis 3 ist aufgelistet, welche gerichtlichen Disziplinarmaßnahmen gegen die Angehörigen der verschiedenen Statusgruppen verhängt werden dürfen. In diesem Zusammenhang werden auch die nicht wehrpflichtigen früheren Soldatinnen und Soldaten, die weder im Ruhestand sind noch als im Ruhestand gelten und noch zu Dienstleistungen herangezogen werden können, ausdrücklich genannt. Diese früheren Soldatinnen und Soldaten sind ausdrücklich in den Anwendungsbereich der Gesetzesbestimmung einzubeziehen, um eine disziplinare Sanktionsmöglichkeit für die Fälle zu schaffen, in denen sie ihrer Verpflichtung zur Dienstleistung schuldhaft nicht nachgekommen sind oder eine Tat begangen haben, die nach § 23 Abs. 2 SG (→ **C 01**) als Dienstvergehen gilt.
2. Bei Absatz 1 Nr. 2 und 3 ist zu beachten: Der Dienstgrad Stabsunteroffizier ist seit 01. Januar 2002 neben der Besoldungsgruppe A 6 auch der Besoldungsgruppe A 7 zugeordnet. Gegen Stabsunteroffiziere in der Besoldungsgruppe A 7 kann somit auf eine Herabsetzung in der Besoldungsgruppe erkannt werden. Bei Stabsunteroffizieren in der Besoldungsgruppe A 6 muss hinsichtlich der Auswirkungen eines Beförderungsverbots geprüft werden, ob sie die Besoldungsgruppe A 7 noch erreichen können.
3. Übersicht über die Einstufung bestimmter Dienstvergehen aufgrund der Rechtsprechung des BVerwG (zugleich Anhalt für die Vorlage an die Einleitungsbehörde nach § 41 WDO):

Entfernung/Aberkennung Ruhegehalt	Dienstgradherabsetzung
– Fahnenflucht – eigenmächtige Abwesenheit (schwere Fälle) – entwürdigende Behandlung/Misshandlung Untergebener (schwere Fälle)	– eigenmächtige Abwesenheit (leichtere Fälle: z.B.: Wehrübung/BwFachschule) – entwürdigende Behandlung/Misshandlung Untergebener – tätlicher Angriff auf Vorgesetzte – Ungehorsam (schwere Fälle)

Entfernung/Aberkennung Ruhegehalt	Dienstgradherabsetzung
– Aneignung von anvertrautem Bw-Eigentum – Aneignung von Waffen/Munition – Bestechlichkeit – Kameradendiebstahl (Erschwerungsgründe)	– Aneignung von Bw-Eigentum – Betrug zum Nachteil des Dienstherrn (Umzugskosten, TG Reisekosten, Beihilfe); **beachte:** in leichten Fällen jetzt auch Beförderungsverbot vertretbar (→ BVerwG in NZWehrr 2005, 122) – Kameradendiebstahl; **beachte** die Änderung der Rechtsprechung: auch bei Kameradendiebstahl ist der geringe (bis max. 50,- Euro) Wert des Diebesgutes mildernd zu berücksichtigen (→ BVerwG in NZWehrr 2014, 118) – außerdienstl. Diebstahl (schwere Fälle) – Vorteilsannahme – Veruntreuung von Haushaltsmitteln – Missbrauch der Dienststellung zu privaten Zwecken (z.B. Privateinsatz von Dst-Kfz oder Untergebenen)
	– Steuerhinterziehung – Straßenverkehrsgefährdung (mehrfache Wiederholung/Unfallflucht/erhebliche Personenschäden)
– sexuelle Übergriffe gegenüber Untergebenen – schwere außerdienstliche oder gegenüber Untergebenen begangene sexuelle Verfehlungen (z.B. Vergewaltigung, sexuelle Nötigung) – Handel mit Kinderpornographie	– sonstige schwere sexuelle Verfehlungen (auch sexuelle Belästigungen Untergebener) – Besitz/Verbreitung von Kinderpornographie (z.B. auch im Internet)
– aktive Unterstützung einer verfassungsfeindlichen Partei – Volksverhetzung – Aufforderung zur Kriegsdienstverweigerung	– Agitation gegen die Bundeswehr und grobe Unkameradschaftlichkeit – ausländerfeindliche/antisemitische Äußerungen
– Betäubungsmittelmissbrauch über längeren Zeitraum/„Dealer" (**beachte:** Bei Verstößen von Vorgesetzten besteht Einleitungspflicht → C 72d, Nr. 1294)	– Betäubungsmittelmissbrauch über längeren Zeitraum/„Dealer" (**beachte:** Bei Verstößen von Vorgesetzten besteht Einleitungspflicht → C 72d, Nr. 1294)

C

Beförderungsverbot	Kürzung Dienstbezüge/Ruhegehalt
– eigenmächtige Abwesenheit (z.B. zivile Fachausbildung) – entwürdigende Behandlung/Misshandlung Untergebener (leichtere Fälle) – Missbrauch der Dienststellung zu privaten Zwecken (z.B. Privateinsatz von Dst-Kfz oder Untergebenen) – Wachverfehlung – Ungehorsam (Leichtfertigkeit)	
– Warenhausdiebstahl – außerdienstliche Eigentums-/Vermögensdelikte (leichtere Fälle) – leichtfertiges Schuldenmachen	– außerdienstliche geringfügige Eigentums-/Vermögensdelikte – geringfügige Urkundendelikte
– Trunkenheit am Steuer im Dienst **beachte:** Einleitungspflicht nach → C 11g, Nr. 1280 – Trunkenheit am Steuer unter erschwerten Umständen (Wiederholungsfall/Fahrlehrer/Unfallflucht/erhebliche Folgen) **beachte:** Einleitungspflicht nach → C 11g, Nr. 1280 – Unfallflucht	– Trunkheit am Steuer außer Dienst (**beachte:** i.d.R. besteht Verhängungsverbot nach § 16 WDO)
– ehewidrige Beziehungen mit Kameradenfrau	– ehewidrige Beziehungen mit Kameradenfrau
– unzulässige politische Betätigung von Vorgesetzten im Dienst	
– Betäubungsmittelmissbrauch – Wahrheitspflichtverletzung	

4. Zum Grundsatz der Verhältnismäßigkeit bei der Maßnahmebemessung → BVerwG, Urteil vom 18.09.2003, Az 2 WD 3.03 - NZWehrr 2005, 122, Urteil vom 13.02.2008, Az 2 WD 5.07 und Urteil vom 04.03.2009, Az 2 WD 10.08.

§ 59 Kürzung der Dienstbezüge

Die Kürzung der Dienstbezüge besteht in der bruchteilmäßigen Verminderung der jeweiligen Dienstbezüge um mindestens ein Zwanzigstel und höchstens ein Fünftel für die Dauer von sechs Monaten bis zu fünf Jahren. Hat der Soldat aus einem früheren öffentlich-rechtlichen Dienstverhältnis einen Versorgungsanspruch erworben, bleibt bei dessen Regelung die Kürzung der Dienstbezüge unberücksichtigt.

Anmerkung:

1. Dienstbezüge → § 1 Abs. 2 WDOBezV (→ **C 11h**).
2. Zu den Auswirkungen auf die Förderung des Betroffenen → **C 05**, Nrn. 245 ff.

§ 60 Beförderungsverbot

(1) Während des Beförderungsverbots darf dem Soldaten kein höherer Dienstgrad verliehen werden. Er darf während der Dauer des Beförderungsverbots auch nicht in eine Planstelle einer höheren Besoldungsgruppe eingewiesen werden.

(2) Die Dauer des Beförderungsverbots beträgt mindestens ein Jahr und höchstens vier Jahre. Sie ist nach vollen Monaten zu bemessen.

§ 61 Herabsetzung in der Besoldungsgruppe

Bei einem Soldaten, einem Soldaten im Ruhestand oder einem früheren Soldaten, der als Soldat im Ruhestand gilt (§ 1 Abs. 3), dessen Dienstgrad in zwei Besoldungsgruppen aufgeführt ist, ist die Herabsetzung in die niedrigere Besoldungsgruppe seines Dienstgrades zulässig. Durch die Herabsetzung in der Besoldungsgruppe verliert der Soldat alle Rechte aus seiner bisherigen Besoldungsgruppe. Der Anspruch auf Dienstbezüge und Dienstzeitversorgung richtet sich nach der Besoldungsgruppe, in die er zurücktritt. § 62 Abs. 3 gilt entsprechend.

Anmerkung:

Zum Dienstgrad Stabsunteroffizier → Anm. 3 zu § 58 WDO.

§ 62 Dienstgradherabsetzung

(1) Die Dienstgradherabsetzung um einen oder mehrere Dienstgrade ist bei Offizieren bis zum niedrigsten Offizierdienstgrad ihrer Laufbahn zulässig. Diese Beschränkung gilt auch bei Offizieren, gegen die Disziplinarmaßnahmen nach § 58 Abs. 2 und 3 verhängt werden dürfen. Bei Unteroffizieren, die Berufssoldaten sind, sowie bei Berufssoldaten im Ruhestand, die einen Unteroffizierdienstgrad führen, ist die Dienstgradherabsetzung bis zum Feldwebel zulässig. Im Übrigen ist sie unbeschränkt zulässig.

(2) Durch die Dienstgradherabsetzung verliert der Soldat alle Rechte aus seinem bisherigen Dienstgrad. Er tritt in den Dienstgrad und, wenn dieser in zwei Besoldungsgruppen aufgeführt ist, in die Besoldungsgruppe zurück, die das Wehrdienstgericht bestimmt. Die Ansprüche auf Dienstbezüge und Dienstzeitversorgung richten sich nach dem Dienstgrad und der Besoldungsgruppe, in die er zurücktritt.

(3) Der Soldat darf frühestens drei Jahre nach Rechtskraft des Urteils wieder befördert werden. § 60 Abs. 1 Satz 2 gilt entsprechend. Aus besonderen Gründen kann das Gericht die Frist im Urteil auf zwei Jahre herabsetzen.

§ 63 Entfernung aus dem Dienstverhältnis

C

(1) Mit der Entfernung aus dem Dienstverhältnis wird das Dienstverhältnis beendet. Die Entfernung aus dem Dienstverhältnis bewirkt auch den Verlust des Anspruchs auf Dienstbezüge, Berufsförderung und Dienstzeitversorgung sowie den Verlust des Dienstgrades und der sich daraus ergebenden Befugnisse. Die Verpflichtung, aufgrund der Wehrpflicht Wehrdienst zu leisten, wird durch die Entfernung aus dem Dienstverhältnis nicht berührt.

(2) Der aus dem Dienstverhältnis entfernte Soldat erhält für die Dauer von sechs Monaten einen Unterhaltsbeitrag in Höhe von 50 vom Hundert der Dienstbezüge, die ihm bei Eintritt der Unanfechtbarkeit der Entscheidung zustehen; eine Einbehaltung von Dienstbezügen nach § 126 Abs. 2 bleibt unberücksichtigt. Würden dem Soldaten Versorgungsbezüge nur für eine bestimmte Zeit zustehen, darf der Unterhaltsbeitrag höchstens für diese Zeit bewilligt werden.

(3) Die Gewährung des Unterhaltsbeitrags kann in dem Urteil ganz oder teilweise ausgeschlossen werden, soweit der Verurteilte ihrer nicht würdig oder den erkennbaren Umständen nach nicht bedürftig ist. Sie kann in dem Urteil über den Zeitraum von sechs Monaten hinaus verlängert werden, soweit dies zur Vermeidung einer unbilligen Härte notwendig ist; der Verurteilte hat die Voraussetzungen der unbilligen Härte glaubhaft zu machen. Für die Zahlung des Unterhaltsbeitrags gilt § 109.

(4) In minder schweren Fällen kann das Gericht den Verlust des Dienstgrades ausschließen, jedoch den Dienstgrad herabsetzen, ohne an die in § 62 Abs. 1 Satz 1 bis 3 bezeichneten Beschränkungen gebunden zu sein.

§ 64 Kürzung des Ruhegehalts

Die Kürzung des Ruhegehalts besteht in der bruchteilmäßigen Verminderung des monatlichen Ruhegehalts. Für die Kürzung des Ruhegehalts gilt § 59 entsprechend. Diese Kürzung bleibt bei der Anwendung von Ruhens- und Kürzungsvorschriften nach dem Soldatenversorgungsgesetz unberücksichtigt. Der Ausgleich kann bis zur Hälfte gekürzt werden.

§ 65 Aberkennung des Ruhegehalts

(1) Mit der Aberkennung des Ruhegehalts tritt der Verlust der Rechte als Soldat im Ruhestand ein. Sie setzt voraus, dass die Entfernung aus dem Dienstverhältnis gerechtfertigt wäre, falls sich der Soldat im Ruhestand noch im Dienst befände. Die Aberkennung des Ruhegehalts bewirkt auch den Verlust eines noch nicht gezahlten Ausgleichs und des Anspruchs auf Hinterbliebenenversorgung sowie den Verlust des Dienstgrades und der sich daraus ergebenden Befugnisse. § 63 Abs. 4 gilt entsprechend.

(2) Der Soldat, dessen Ruhegehalt aberkannt wird, erhält bis zur Gewährung einer Rente aufgrund der durchgeführten Nachversicherung, längstens jedoch für die Dauer von sechs Monaten, einen Unterhaltsbeitrag in Höhe von 70 vom Hundert des Ruhegehalts, das ihm bei Eintritt der Unanfechtbarkeit der Entscheidung zusteht; eine Einbehaltung des Ruhegehalts nach § 126 Abs. 3 bleibt unberücksichtigt. § 63 Abs. 3 gilt entsprechend.

§ 66 Aberkennung des Dienstgrades

Die Aberkennung des Dienstgrades bewirkt den Verlust des Dienstgrades und der sich daraus ergebenden Befugnisse. Sie setzt voraus, dass die Entfernung aus dem Dienstverhältnis gerechtfertigt wäre, falls sich der Angehörige der Reserve oder der nicht wehrpflichtige frühere Soldat, der noch zu Dienstleistungen herangezogen werden kann, noch im Dienst befände. § 63 Abs. 1 Satz 3 gilt entsprechend.

§ 67 Disziplinarmaßnahmen gegen frühere Soldaten, die als Soldaten im Ruhestand gelten

(1) Bei früheren Soldaten, die als Soldaten im Ruhestand gelten (§ 1 Abs. 3), besteht die Kürzung des Ruhegehalts in der Kürzung der Übergangsbeihilfe, der Übergangsgebührnisse, der Ausgleichsbezüge, des Altersgelds nach dem Altersgeldgesetz oder des Unterhaltsbeitrags. Neben oder anstelle der Kürzung der Übergangsgebührnisse oder der Ausgleichsbezüge kann auf Kürzung der Übergangsbeihilfe erkannt werden.

(2) Für die Kürzung der Übergangsgebührnisse, der Ausgleichsbezüge, des Altersgelds nach dem Altersgeldgesetz oder des Unterhaltsbeitrags gilt § 59 entsprechend. Die Übergangsbeihilfe kann bis zur Hälfte gekürzt werden.

(3) Durch die Dienstgradherabsetzung erlöschen die Rechte aus einem Eingliederung- oder Zulassungsschein, sofern der frühere

Soldat noch nicht in den öffentlichen Dienst eingestellt worden ist. Im Übrigen bleibt ein Anspruch auf Berufsförderung unberührt.

(4) Mit der Aberkennung des Ruhegehalts verliert der frühere Soldat den Anspruch auf eine noch nicht gezahlte Übergangsbeihilfe sowie Ansprüche auf Übergangsgebührnisse, Ausgleichsbezüge, Unterhaltsbeitrag, Altersgeld nach dem Altersgeldgesetz und Berufsförderung. Er verliert ferner seinen Dienstgrad und die sich daraus ergebenden Befugnisse. § 63 Abs. 4 gilt entsprechend.

2. Wehrdienstgerichte

§ 68 Bestimmung der Wehrdienstgerichte

Dienstgerichte für gerichtliche Disziplinarverfahren gegen Soldaten und für Verfahren über Beschwerden von Soldaten (Wehrdienstgerichte) sind die Truppendienstgerichte (§§ 69 bis 79) und das Bundesverwaltungsgericht (§ 80).

Anmerkung:

Die Wehrdienstgerichtsbarkeit ist auf der Grundlage des Art. 96 Abs. 4 GG (→ **A 10**) geschaffen worden. Die Wehrdienstgerichte sind organisatorisch selbstständig, die personelle Unabhängigkeit der Richter ist gewährleistet. Sie sind in ihrer rechtsprechenden Tätigkeit nur an Gesetz und Recht gebunden (→ Art. 20 Abs. 3 GG) und damit auch sachlich unabhängig.

Durch Rechtsverordnung sind zwei Gerichte, die Truppendienstgerichte Nord und Süd mit Sitz in Münster und München errichtet worden (→ **C 14a** und **C 14b**). Bei den Truppendienstgerichten sind - überwiegend auswärtige - Kammern gebildet (→ **C 14b** und **C 14c**). Diese Zuständigkeitsregelung soll die räumliche Nähe zur Truppe und die Einheitlichkeit der Rechtsprechung in den Truppenteilen gewährleisten. Die Zuständigkeit der über das gesamte Bundesgebiet verteilten Kammern ergibt sich aus den vom Präsidium der Gerichte zu erstellenden Geschäftsverteilungsplänen.

Die Truppendienstkammern entscheiden in der Besetzung mit einem zivilen Berufsrichter als Vorsitzenden und zwei ehrenamtlichen Richtern (Soldaten) → Schaubild und Organigramm → **C 14d**.

a) Truppendienstgerichte

§ 69 Errichtung

(1) Das Bundesministerium der Verteidigung errichtet durch Rechtsverordnung die Truppendienstgerichte und bestimmt deren Sitz und Dienstbereich nach den sachlichen Bedürfnissen der Rechtspflege in der Bundeswehr und in Anlehnung an ihre Gliederung.

(2) Bei den Truppendienstgerichten werden Kammern gebildet (Truppendienstkammern). Das Bundesministerium der Verteidi-

gung kann durch Rechtsverordnung Truppendienstkammern bilden, die ihren Sitz außerhalb des Sitzes des Truppendienstgerichts haben, wenn dies den sachlichen Bedürfnissen der Rechtspflege in der Bundeswehr entspricht und wegen der räumlichen Entfernung der Truppenteile oder Dienststellen zum Sitz des Gerichts zweckmäßig ist; es kann dabei auch den Dienstbereich der auswärtigen Truppendienstkammern bestimmen.

(3) Wird infolge einer Veränderung in der Gliederung der Bundeswehr oder im Interesse einer geordneten Rechtspflege die Gerichtsorganisation geändert, kann das Bundesministerium der Verteidigung durch Rechtsverordnung bestimmen, dass schwebende Verfahren auf ein anderes Truppendienstgericht oder eine andere Truppendienstkammer übergehen, wenn dies zur sachdienlichen Förderung der Verfahren zweckmäßig ist.

(4) Die Truppendienstgerichte gehören zum Geschäftsbereich des Bundesministeriums der Verteidigung.

(5) Bei jedem Truppendienstgericht wird eine Hauptgeschäftsstelle, bei jeder Truppendienstkammer eine Geschäftsstelle eingerichtet. Die Hauptgeschäftsstelle des Truppendienstgerichts nimmt zugleich die Aufgaben der Geschäftsstelle einer Truppendienstkammer am Sitz des Gerichts wahr.

§70 Zuständigkeit

(1) Zuständig ist das Truppendienstgericht, das für den Befehlsbereich errichtet ist, zu dem der Truppenteil oder die Dienststelle des Soldaten bei Einleitung des gerichtlichen Disziplinarverfahrens gehört.

(2) Für frühere Soldaten ist das Truppendienstgericht zuständig, dem der Wehrbereich zugeteilt ist, in dem sich die zuständige Wehrersatzbehörde oder, soweit der frühere Soldat nicht mehr der Wehrüberwachung unterliegt, sein Wohnsitz befindet. Hat der frühere Soldat keinen Wohnsitz im Geltungsbereich dieses Gesetzes, ist das für den Sitz des Bundesministeriums der Verteidigung zuständige Truppendienstgericht zuständig.

(3) Fehlt ein Gerichtsstand, ist er zweifelhaft oder streitig oder bestehen bei zusammenhängenden Dienstvergehen mehrerer Soldaten unterschiedliche Gerichtsstände, bestimmt auf Antrag eines Truppendienstgerichts oder einer anderen am Verfahren beteiligten Behörde oder Dienststelle das Bundesverwaltungsgericht durch Beschluss das zuständige Truppendienstgericht.

§ 71 Zusammensetzung

(1) Das Truppendienstgericht besteht aus dem Präsidenten und weiteren Richtern in erforderlicher Anzahl.

(2) Bei dem Truppendienstgericht wirken ehrenamtliche Richter mit.

(3) Bei dem Truppendienstgericht können Richter kraft Auftrags verwendet werden. Sie dürfen bei der großen Besetzung (§ 76) nicht den Vorsitz führen.

(4) Dem Richter eines Truppendienstgerichts kann ein weiteres Richteramt bei einem anderen Truppendienstgericht übertragen werden.

§ 72 Präsidialverfassung

(1) Bei jedem Truppendienstgericht wird ein Präsidium gebildet.

(2) Das Präsidium besteht aus dem Präsidenten als Vorsitzenden und aus vier gewählten Richtern.

(3) Der Präsident übernimmt am Sitz des Truppendienstgerichts den Vorsitz einer Kammer.

(4) Die vom Präsidium getroffenen Anordungen können im Laufe des Geschäftsjahres geändert werden, wenn dies infolge einer Veränderung in der Gliederung der Bundeswehr erforderlich wird.

(5) Die Vorschriften des Zweiten Titels des Gerichtsverfassungsgesetzes gelten entsprechend, soweit sich aus diesem Gesetz nichts anderes ergibt.

§ 73 Dienstaufsicht

Der Präsident übt die Dienstaufsicht über die Richter, Beamten und Arbeitnehmer aus.

§ 74 Ehrenamtliche Richter

(1) Die ehrenamtlichen Richter werden für ein Kalenderjahr berufen.

(2) Die Kommandeure der Truppenteile und die Leiter der Dienststellen, für die das Truppendienstgericht zuständig ist, benennen dem Truppendienstgericht möglichst die dreifache Anzahl der erforderlichen ehrenamtlichen Richter. Sie benennen außerdem möglichst die dreifache Anzahl der erforderlichen ehrenamtlichen Richter aus der Laufbahn des Sanitätsdienstes, die Ärzte oder Zahnärzte sind. Außerdem benennen die Kreiswehrersatzämter die

erforderliche Anzahl von Angehörigen der Reserve. Die ehrenamtlichen Richter sind getrennt nach Dienstgradgruppen zu benennen. Soldaten oder frühere Soldaten, die im laufenden oder vorhergegangenen Kalenderjahr in einem Strafverfahren zu einer Freiheitsentziehung oder in einem gerichtlichen Disziplinarverfahren zu einer gerichtlichen Disziplinarmaßnahme rechtskräftig verurteilt worden sind oder gegen die im laufenden oder vorhergegangenen Kalenderjahr unanfechtbar Disziplinararrest verhängt worden ist, sind nicht zu benennen. Nicht zu benennen sind ferner Soldaten oder frühere Soldaten, über deren Antrag auf Anerkennung als Kriegsdienstverweigerer noch nicht rechtskräftig entschieden worden ist.

(3) Zwei vom Präsidenten bestimmte Richter teilen die Benannten, die das Bundesverwaltungsgericht nicht ausgelost hat (§ 80), auf die Truppendienstkammern auf. Der Vorsitzende der Truppendienstkammer lost in öffentlicher Sitzung die erforderliche Anzahl von ehrenamtlichen Richtern der einzelnen Dienstgradgruppen sowie der Laufbahn des Sanitätsdienstes nach einzelnen Dienstgradgruppen aus und trägt sie getrennt in der Reihenfolge der Auslosung in die Liste der ehrenamtlichen Richter der Truppendienstkammer ein. Über die Auslosung wird vom Urkundsbeamten der Geschäftsstelle eine Niederschrift aufgenommen.

(4) Soldaten oder frühere Soldaten, die entgegen Absatz 2 Satz 5 oder 6 benannt worden sind oder bei denen zwischen ihrer Benennung und Auslosung einer der in Absatz 2 Satz 5 oder 6 bezeichneten Hinderungsgründe eingetreten ist, sind bei der Auslosung nicht zu berücksichtigen oder vom Vorsitzenden der Truppendienstkammer von der Liste der ehrenamtlichen Richter zu streichen. Die Nichtberücksichtigung oder Streichung ist unanfechtbar.

(5) Nach der Reihenfolge der Liste der ehrenamtlichen Richter werden die ehrenamtlichen Richter zu den einzelnen Sitzungen herangezogen. Von der Reihenfolge darf nur aus zwingenden Gründen und nur mit Zustimmung des Vorsitzenden der Truppendienstkammer abgewichen werden; militärischer Dienst bildet nur dann einen zwingenden Grund, wenn die Ausübung gerade durch den in Frage kommenden ehrenamtlichen Richter besonders wichtig ist. Der Grund für die Abweichung und die Zustimmung des Vorsitzenden sind aktenkundig zu machen. Wird von der Liste der ehrenamtlichen Richter abgewichen, ist der übergangene ehrenamtliche Richter zu der nächsten Sitzung heranzuziehen.

(6) Wird die Berufung neuer ehrenamtlicher Richter erforderlich, werden sie nur für den Rest des Kalenderjahres berufen.

(7) Als ehrenamtlicher Richter soll nur herangezogen werden, wer mindestens sechs Monate Wehrdienst geleistet hat.

(8) Für die Heranziehung von Vertretern bei unvorhergesehener Verhinderung eines ehrenamtlichen Richters oder bei kurzfristiger Anberaumung einer Hauptverhandlung wegen bevorstehender Entlassung des Soldaten kann eine Liste von ehrenamtlichen Richtern aufgestellt werden, die Truppenteilen oder Dienststellen angehören, die ihren Standort am Sitz der Truppendienstkammer oder in ihrer Nähe haben. Die Absätze 1 bis 7 gelten entsprechend.

Anmerkung zu §§ 74-79:

1. Ehrenamtliche Richterinnen und Richter sind regelmäßig aktive oder (im Fall des § 75 Abs. 3 Satz 2 WDO) frühere Soldatinnen oder Soldaten. Sie werden bei den Truppendienstgerichten für ein Kalenderjahr, bei den Wehrdienstsenaten des Bundesverwaltungsgerichts auf zwei Jahre bzw. für die Zeit des Grundwehrdienstes berufen (→ § 80 Abs. 4 Satz 2 WDO). Mit der Berufung von Soldatinnnen und Soldaten zu ehrenamtlichen Richtern wird gewährleistet, dass in den Verfahren vor den Wehrdienstgerichten Kenntnisse und Erfahrungen über die sozialen, technischen und sonstigen Eigengesetzlichkeiten des militärischen Lebens eingebracht werden.

   Die ehrenamtlichen Richterinnen und Richter sind wie die Berufsrichter in ihrer rechtsprechenden Tätigkeit unabhängig und nur dem Gesetz unterworfen. Sie können insoweit keine Weisungen und Befehle von Vorgesetzten erhalten. Als Organe der Rechtspflege sind sie vor Beeinflussung strafrechtlich geschützt → § 37 WStG (**C 20**). Die ehrenamtlichen Richterinnen und Richter haben gleiches Stimmrecht wie die Berufsrichter. Sie können sachdienliche Fragen an die Soldatinnen oder Soldaten, die Zeugen oder die Sachverständigen richten.

2. Die ehrenamtlichen Richterinnen und Richter müssen über den Hergang der Beratung und Abstimmung auch nach Beendigung ihres Amtes schweigen.

3. Ihre Tätigkeit ist militärischer Dienst. Das Berufungsschreiben des Gerichts gilt als Anordnung der Dienstreise → BwKalender **D 14a**, Nr. 404g).

4. Die Kommandeure und Leiter der Dienststellen, für die das Truppendienstgericht zuständig ist, melden zum 10.10. eines jeden Jahres geeignete Soldatinnen und Soldaten aller Dienstgradgruppen aus den Teilstreitkräften sowie Sanitätsoffiziere in bestimmter Anzahl. Aus den von den Truppendienstgerichten erstellten Vorschlagslisten werden dann die bei den Wehrdienstsenaten und den Kammern der Truppendienstgerichte benötigten ehrenamtlichen Richter ausgelost. Bei der Heranziehung zu den einzelnen Sitzungen darf von der ausgelosten Reihenfolge nur aus zwingenden Gründen und nur mit Zustimmung des Vorsitzenden der Truppendienstkammer abgewichen werden.

5. Soldatinnen und Soldaten sind zur Übernahme und Ausübung des Amtes als ehrenamtliche Richterinnen und Richter bei den Wehrdienstgerichten dienstrechtlich verpflichtet → § 20 Abs. 7 SG i.V.m. § 64 BBG (→ **C 01**). Militärischer Dienst bildet nur ausnahmsweise einen Grund für das Nichterscheinen zu einer Sitzung. Hinderungsgründe müssen in einer schriftlichen Erklärung dienstlich mitgeteilt werden.

6. Die ehrenamtlichen Richterinnen und Richter sollen der Teilstreitkraft, nicht jedoch demselben Truppenteil/Dienststelle der Soldatin bzw. des Soldaten angehören. Ein ehrenamtlicher Richter muss stets der Dienstgradgruppe des Soldaten (sog. Kameradenbeisitzer) angehören, der andere Stabsoffizier sein und im Dienstgrad über dem Soldaten stehen. In Verfahren gegen Offiziere vom Oberst oder einem entsprechenden Dienstgrad an aufwärts muss der andere ehrenamtliche Richter der Dienstgradgruppe der Generale angehören. Zu den Dienstgradgruppen → A-1420/24 (BwKalender **F 02**).
7. Zu den sonstigen Voraussetzungen zur Ausübung des Richteramtes, insbesondere den Ausschlussgründen → §§ 75 Abs. 3 und 77 WDO.

   Grundsätzlich sollten nur solche Soldatinnen und Soldaten für das Amt des ehrenamtlichen Richters benannt werden, die im Hinblick auf Persönlichkeitsniveau, Führung und dienstliche Leistung bestimmten Mindestanforderungen genügen (→ § 74 Abs. 2 Sätze 5 und 6 WDO).
8. Beförderung und Versetzung aus dem Zuständigkeitsbereich der Truppendienstkammer können zum Erlöschen des Amtes führen (→ § 79 WDO).

§ 75 Besetzung

(1) Die Truppendienstkammer entscheidet in der Hauptverhandlung mit einem Richter als Vorsitzenden und zwei ehrenamtlichen Richtern. Außerhalb der Hauptverhandlung entscheidet der Vorsitzende allein, soweit nicht nach diesem Gesetz das Truppendienstgericht zu entscheiden hat.

(2) Ein ehrenamtlicher Richter muss der Dienstgradgruppe des Soldaten angehören. Bei Verfahren gegen Sanitätsoffiziere, die Ärzte oder Zahnärzte sind, soll er nach Möglichkeit außerdem Arzt oder Zahnarzt sein, wenn das Verfahren Verstöße gegen ärztliche Pflichten zum Gegenstand hat. Der andere ehrenamtliche Richter muss Stabsoffizier sein und im Dienstgrad über dem Soldaten stehen. In Verfahren gegen Offiziere vom Obersten oder einem entsprechenden Dienstgrad an aufwärts musss der andere ehrenamtliche Richter der Dienstgradgruppe der Generale angehören.

(3) Die ehrenamtlichen Richter sollen der Teilstreitkraft des Soldaten, jedoch nicht beide demselben Bataillon oder dem entsprechenden Truppenteil oder derselben Dienststelle angehören. Ein ehrenamtlicher Richter darf nicht Disziplinarvorgesetzter des anderen ehrenamtlichen Richters sein. In Verfahren gegen frühere Soldaten wegen eines Verhaltens, das als Dienstvergehen gilt, soll ein ehrenamtlicher Richter Angehöriger der Reserve sein; er muss der Dienstgradgruppe des früheren Soldaten angehören.

(4) Soweit bei einer Truppendienstkammer ehrenamtliche Richter nach den Absätzen 2 und 3 nicht zur Verfügung stehen, sind Soldaten als ehrenamtliche Richter zu berufen, die bereits als ehrenamtliche Richter einer anderen Kammer des Truppendienstgerichts

ausgelost sind. Insoweit findet eine besondere Auslosung statt. § 74 Abs. 3, 5 und 6 gilt entsprechend. Das Amt als ehrenamtlicher Richter bei einer anderen Truppendienstkammer bleibt unberührt.

§ 76 Große Besetzung

Vor Anberaumung der Hauptverhandlung kann der Vorsitzende der Truppendienstkammer durch Beschluss zwei weitere Richter heranziehen, wenn dies nach Umfang oder Bedeutung der Sache geboten ist.

§ 77 Ausschluss von der Ausübung des Richteramtes

(1) Ein Richter oder ein ehrenamtlicher Richter ist von der Ausübung des Richteramtes kraft Gesetzes ausgeschlossen,

1. in Fällen, in denen ein Richter im Strafverfahren von der Ausübung des Richteramtes ausgeschlossen ist,
2. wenn er
   a) selbst an der Tat beteiligt ist,
   b) in einem sachgleichen Strafverfahren oder Bußgeldverfahren gegen den Soldaten beteiligt war,
   c) in einem früheren, dieselbe Sache betreffenden Beschwerdeverfahren, Verfahren auf Aufhebung oder Änderung einer einfachen Disziplinarmaßnahme oder in einem dieselbe Sache betreffenden Verfahren nach § 40 Abs. 4 mitgewirkt hat.

(2) Ein ehrenamtlicher Richter ist auch ausgeschlossen, wenn er

1. in derselben Sache als Disziplinarvorgesetzter Disziplinarbefugnis ausgeübt, bei disziplinaren Ermittlungen oder als Vertrauensperson mitgewirkt hat oder in dem gerichtlichen Disziplinarverfahren gegen den Soldaten tätig gewesen ist,
2. Disziplinarvorgesetzter des Soldaten ist,
3. dem Bataillon oder entsprechenden Truppenteil oder der Dienststelle des Soldaten angehört.

§ 78 Säumige ehrenamtliche Richter

(1) Gegen ehrenamtliche Richter, die sich ohne genügende Entschuldigung zu den Sitzungen nicht rechzeitig einfinden oder die sich ihren Pflichten auf andere Weise entziehen, kann ein Ordnungsgeld festgesetzt werden. Zugleich können ihnen die dadurch verursachten Kosten auferlegt werden.

(2) Die Entscheidung trifft der Vorsitzende. Gegen die Festsetzung und die Kostenauferlegung kann der ehrenamtliche Richter die Entscheidung des Truppendienstgerichts beantragen. Der Antrag ist innerhalb von zwei Wochen nach Zustellung der Entscheidung zu stellen. Das Truppendienstgericht entscheidet endgültig.

§ 79 Ruhen und Erlöschen des Amtes als ehrenamtlicher Richter

(1) Ein ehrenamtlicher Richter, gegen den ein gerichtliches Disziplinarverfahren eingeleitet ist oder wegen einer vorsätzlich begangenen Straftat die öffentliche Klage erhoben oder der Erlass eines Strafbefehls beantragt oder dem die Ausübung des Dienstes nach § 22 des Soldatengesetzes verboten ist, ist während dieser Verfahren oder der Dauer des Verbots zur Ausübung seines Amtes nicht heranzuziehen. Ein ehrenamtlicher Richter, der einen Antrag auf Anerkennung als Kriegsdienstverweigerer gestellt hat, kann bis zum rechtskräftigen Abschluss des Anerkennungsverfahrens und, wenn er anerkannt ist, bis zur Entlassung sein Amt nicht ausüben.

(2) Das Amt eines ehrenamtlichen Richters erlischt, wenn

1. er im Strafverfahren rechtskräftig zu einer Freiheitsstrafe verurteilt worden ist,
2. er im gerichtlichen Disziplinarverfahren zu einer gerichtlichen Disziplinarmaßnahme verurteilt oder wenn gegen ihn unanfechtbar Disziplinararrest verhängt wird,
3. er nicht mehr einem Truppenteil oder einer Dienststelle angehört, für die das Truppendienstgericht zuständig ist,
4. er den Dienstgrad einer anderen Dienstgradgruppe erhält oder
5. das Wehrdienstverhältnis oder die Wehrpflicht endet.

(3) Ist der ehrenamtliche Richter in den Fällen des Absatzes 2 Nr. 3 aus dem Zuständigkeitsbereich des Truppendienstgerichts durch Versetzung ausgeschieden, erlischt sein Amt mit Ende des Monats nach Mitteilung der Versetzung an ihn, es sei denn, dass er dem Erlöschen des Amtes als ehrenamtlicher Richter widersprochen hat.

b) Bundesverwaltungsgericht

§ 80 Wehrdienstsenate, Errichtung, Zusammensetzung, Zuständigkeit

(1) Für Wehrdisziplinarsachen und Wehrbeschwerdesachen werden beim Bundesverwaltungsgericht Wehrdienstsenate gebildet. Für die

Gerichtsverfassung gelten die §§ 4 und 11 Abs. 2 bis 5 der Verwaltungsgerichtsordnung, soweit sich aus diesem Gesetz nichts anderes ergibt.

(2) Bei den Wehrdienstsenaten können nur Richter mitwirken, die vom Bundesministerium der Justiz und für Verbraucherschutz hierfür bestimmt sind. Die Bestimmung wird bei der Übertragung des Richteramtes beim Bundesverwaltungsgericht getroffen. Sie kann auf Vorschlag oder mit Zustimmung des Präsidiums des Bundesverwaltungsgerichts auch später ergehen oder aufgehoben werden. Durch Beschluss des Präsidiums können Richter anderer Senate auch zu zeitweiligen Mitgliedern eines Wehrdienstsenats bestellt werden, wenn dieser infolge Verhinderung seiner Mitglieder oder regelmäßigen Vertreter beschlussunfähig ist.

(3) Die Wehrdienstsenate entscheiden in der Besetzung von drei Richtern und zwei ehrenamtlichen Richtern, bei Beschlüssen außerhalb der Hauptverhandlung in der Besetzung von drei Richtern. § 75 Abs. 2 und 3 ist anzuwenden.

(4) Die ehrenamtlichen Richter werden vor Aufteilung der benannten Soldaten oder früheren Soldaten auf die Truppendienstkammern von einem Richter eines Wehrdienstsenats aus den Soldaten oder frühere Soldaten ausgelost, die den Truppendienstgerichten als ehrenamtliche Richter benannt sind. Soldaten, die aufgrund der Wehrpflicht Wehrdienst leisten, werden für die Zeit ihres Grundwehrdienstes zum ehrenamtlichen Richter berufen, andere Soldaten oder frühere Soldaten für zwei Jahre. § 74 Abs. 3 Satz 2 und 3, Abs. 4 bis 8 sowie die §§ 77 bis 79 gelten sinngemäß.

Anmerkung:

1. Das gerichtliche Disziplinarverfahren nach der WDO ist zweistufig aufgebaut. Die Wehrdienstsenate sind Rechtsmittelinstanz gegen Entscheidungen der Truppendienstgerichte (→ §§ 114, 115 WDO). Darüber hinaus entscheiden sie in Antrags- und Beschwerdeverfahren nach der WDO und WBO → §§ 42 Nr. 4 und 5, § 45 WDO, §§ 21 ff. WBO (→ **C 30**).
2. Die Wehrdienstsenate des Bundesverwaltungsgerichts haben ihren Sitz in Leipzig (Anschrift: Simsonplatz 1, 04104 Leipzig).
3. Besetzung der Wehrdienstsenate: drei Berufsrichter, zwei Soldaten als ehrenamtliche Richter (→ Schaubild **C 14d**).

3. Wehrdisziplinaranwälte

§ 81 Organisation und Aufgaben

(1) Das Bundesministerium der Verteidigung bestellt bei den Truppendienstgerichten Beamte für die Dauer ihres Hauptamtes

als Wehrdisziplinaranwälte. Sie müssen die Befähigung zum Richteramt nach dem Deutschen Richtergesetz haben oder die Voraussetzungen des § 110 Satz 1 des Deutschen Richtergesetzes erfüllen.

(2) Die Wehrdisziplinaranwälte vertreten die dem Bundesministerium der Verteidigung nachgeordneten Einleitungsbehörden im gerichtlichen Disziplinarverfahren. Sie vertreten auch den Bundesminister der Verteidigung, wenn er selbst Einleitungsbehörde ist. Sie haben den Ersuchen der Einleitungsbehörde zu entsprechen. Ihnen obliegt die Vollstreckung von Disziplinarmaßnahmen, die im gerichtlichen Disziplinarverfahren verhängt worden sind.

(3) Bei dem Bundesverwaltungsgericht wird ein Bundeswehrdisziplinaranwalt bestellt; er vertritt die oberste Dienstbehörde und die anderen Einleitungsbehörden in jeder Lage des Verfahrens vor diesem Gericht. Der Bundeswehrdisziplinaranwalt untersteht dem Bundesminister der Verteidigung und ist nur an dessen Weisungen gebunden. Für ihn und seine hauptamtlichen Mitarbeiter des höheren Dienstes gilt Absatz 1 Satz 2. Dem Bundeswehrdisziplinaranwalt unterstehen die Wehrdisziplinaranwälte.

(4) Die Einleitungsbehörde hat auf Verlangen des Bundeswehrdisziplinaranwalts ein gerichtliches Disziplinarverfahren einzuleiten, wenn im Verfahren voraussichtlich auf Entfernung aus dem Dienstverhältnis, auf Aberkennung des Ruhegehalts, auf Aberkennung des Dienstgrades oder auf Dienstgradherabsetzung erkannt werden wird und die Einleitungsbehörde die Einleitung des Verfahrens zuvor entgegen einem Vorschlag des Wehrdisziplinaranwalts abgelehnt hat. Auf sein Ersuchen sind dem Bundeswehrdisziplinaranwalt die Akten, die für die Beurteilung eines Dienstvergehens von Bedeutung sein können, sowie die Personalakten vorzulegen. Absatz 3 Satz 2 und § 98 Abs. 1 und 2 bleiben unberührt.

Anmerkung:

1. Als Wehrdisziplinaranwältinnen und Wehrdisziplinaranwälte sind die **Rechtsberaterinnen und Rechtsberater** bei den Kommandobehörden (ab Division) und den Inspekteuren der TSK im Nebenamt bestellt → „Bestellung und Bezeichnung von Wehrdisziplinaranwältinnen und Wehrdisziplinaranwälten" (→ A-2161/10). Die Rechtsberaterinnen und Rechtsberater führen in ihrer Eigenschaft als Wehrdisziplinaranwältinnen und Wehrdisziplinaranwälte die Dienststellenbezeichnung „Wehrdisziplinaranwaltschaft". Der Bereich der Einleitungsbehörde ist der Dienststellenbezeichnung hinzuzufügen. Beispiel: „Wehrdisziplinaranwaltschaft für den Bereich der 13. Panzergrenadierdivision".
2. Anschrift BWDA: Simsonplatz 1, 04104 Leipzig.
3. Die Ergänzung um einen Absatz 4 im bisherigen § 74 WDO schien 2001 zur Regelung des Falles geboten, dass sich die Einleitungsbehörde bei dem Verdacht auf Pflichtverletzungen, welche schwere gerichtliche Disziplinarmaß-

nahmen nach sich ziehen können, nicht zur Einleitung eines gerichtlichen Disziplinarverfahrens entschließt. Ferner sollte durch die bloße Existenz der Norm verdeutlicht werden, dass das der Einleitung zu Grunde liegende Entschließungsermessen der Einleitungsbehörde bereits nach dem derzeit geltenden Recht nicht frei, sondern unter Beachtung der wehrdienstgerichtlichen Rechtsprechung zur Verhängung gerichtlicher Disziplinarmaßnahmen seine Grenze im Willkürverbot findet.

Sieht eine Einleitungsbehörde ermessensfehlerhaft von der Einleitung eines gerichtlichen Disziplinarverfahrens ab, könnten selbst Pflichtverletzungen, die erwiesenenfalls schwerste gerichtliche Disziplinarmaßnahmen nach sich ziehen würden, nicht auf dem an sich dafür vorgesehenen Weg näher geprüft und gegebenenfalls schuldangemessen geahndet werden. Fehler bei der Ausübung des Entschließungsermessens führen über eine uneinheitliche Einleitungspraxis nicht nur zu einer Fehleinschätzung über das Gewicht eines disziplinarrechtlich relevanten Verhaltens bei den Soldaten, sondern auch zu für sie nicht mehr nachvollziehbaren und vor dem Gesetz nicht mehr zu rechtfertigenden Ungleichbehandlungen. Das Erleben oder auch nur die Vorstellung von Willkür wiederum untergräbt nicht nur allgemein den Glauben an die Gerechtigkeit, sondern erschüttert auch so nachhaltig das Vertrauen in die Vorgesetzten, dass selbst bei nur wenigen Fällen eines unberechtigten Absehens von einer gebotenen Einleitung die Streitkräfte als Institution und ihre Funktionsfähigkeit dauerhaft Schaden nehmen könnten.

Die Einführung eines solchen Antragsverfahrens bewirkt zunächst nur, dass der Einleitungsbehörde mit dem Bundeswehrdisziplinaranwalt über den „eigenen" Wehrdisziplinaranwalt und die vorgesetzte Einleitungsbehörde hinaus ein weiterer Dialogpartner benannt wird, von dem auf Grund seiner Funktion eine besondere Sachkunde in der Rechtsprechung der Wehrdienstsenate des Bundesverwaltungsgerichts erwartet werden kann. Auch zurzeit ist der Bundeswehrdisziplinaranwalt als vorgesetzte Stelle des Wehrdisziplinaranwalts und als gesetzlicher Vertreter der Einleitungsbehörden vor dem Bundesverwaltungsgericht befugt, die Einleitungspraxis zu beobachten oder zu hinterfragen, ggf. mit der Einleitungsbehörde zu sprechen, auf sie - im Wege der Überzeugungsvermittlung - einzuwirken oder durch höhere Einleitungsbehörden - dann dienstaufsichtlich - einwirken zu lassen. Insbesondere zu Letzterem muss es aber nicht kommen, wenn bereits im Gesetz durch ein Antragsverfahren die Begrenztheit des Entschließungsermessens deutlich signalisiert und dadurch die Einleitungsbehörde zu einer kritischen Selbstprüfung veranlasst wird.

4. Allgemeine Vorschriften für das gerichtliche Disziplinarverfahren

Vorbemerkung:

Das gerichtliche Disziplinarverfahren gliedert sich in folgende Abschnitte:

- Einleitungsverfügung durch die Einleitungsbehörde (→ § 94 WDO i.V.m. → **C 11e**)

- Anschuldigungsschrift durch den Wehrdisziplinaranwalt → §§ 81, 99 WDO
- Erlass eines Disziplinargerichtsbescheids → § 102 WDO oder Verfahren vor dem Truppendienstgericht → § 104 ff. WDO.
- (evtl.) Berufungsverfahren vor dem Bundesverwaltungsgericht (Wehrdienstsenate) → § 115 ff. WDO

§ 82 Verfahren gegen frühere Soldaten

(1) Schwebt gegen einen Soldaten, der in den Ruhestand versetzt wird oder sonst ohne Verlust des Dienstgrades aus seinem Dienstverhältnis ausscheidet, ein gerichtliches Disziplinarverfahren, wird dessen Fortsetzung durch die Beendigung des Dienstverhältnisses nicht berührt.

(2) Ein Ausgleich oder eine Übergangsbeihilfe darf vor rechtskräftigem Abschluss des Verfahrens nicht gezahlt werden. Auf Antrag des Soldaten kann der Wehrdisziplinaranwalt es für zulässig erklären, dass der Ausgleich oder die Übergangsbeihilfe ganz oder teilweise zu einem früheren Zeitpunkt gezahlt wird. Die Entscheidung des Wehrdisziplinaranwalts ist dem Soldaten zuzustellen. Lehnt der Wehrdisziplinaranwalt den Antrag ab, kann der Soldat innerhalb eines Monats nach Zustellung die Entscheidung des Truppendienstgerichts beantragen. Dieses entscheidet endgültig. Ist das Verfahren beim Bundesverwaltungsgericht anhängig, treten an die Stelle des Wehrdisziplinaranwalts der Bundeswehrdisziplinaranwalt und an die Stelle des Truppendienstgerichts das Bundesverwaltungsgericht.

(3) Gegen einen früheren Soldaten kann ein gerichtliches Disziplinarverfahren nur wegen eines vor Beendigung des Dienstverhältnisses begangenen Dienstvergehens oder wegen eine Handlung eingeleitet werden, die nach § 23 Abs. 2 des Soldatengesetzes als Dienstvergehen gilt.

§ 83 Aussetzung des gerichtlichen Disziplinarverfahrens

(1) Ist gegen den Soldaten wegen des Sachverhalts, der dem gerichtlichen Disziplinarverfahren zu Grunde liegt, im Strafverfahren die öffentliche Klage erhoben worden, so wird das gerichtliche Disziplinarverfahren zunächst ausgesetzt. Das Verfahren ist fortzusetzen, wenn die Sachaufklärung gesichert ist oder wenn im Strafverfahren aus Gründen nicht verhandelt werden kann, die in der Person oder in dem Verhalten des Soldaten liegen.

(2) Das gerichtliche Disziplinarverfahren ist spätestens nach Abschluss des Verfahrens, das zur Aussetzung geführt hat, fortzusetzen.

(3) Das gerichtliche Disziplinarverfahren kann ausgesetzt werden, wenn in einem anderen gesetzlich angeordneten Verfahren über eine Frage zu entscheiden ist, deren Beurteilung für die Entscheidung im gerichtlichen Disziplinarverfahren von wesentlicher Bedeutung ist. Absatz 1 Satz 2 und Absatz 2 gelten entsprechend.

(4) Der Soldat kann gegen eine Aussetzung durch die Einleitungsbehörde die Entscheidung des Truppendienstgerichts beantragen. Dieses entscheidet endgültig.

Anmerkung:

Absatz 1 stellt die Entscheidung über die Aussetzung gerichtlicher Disziplinarverfahren im Fall eines sachgleichen Strafverfahrens nicht in das Ermessen der Einleitungsbehörde, sondern verpflichtet sie, bei gesicherter Sachaufklärung oder bei Verfahrensverzögerung durch die Soldatin bzw. den Soldaten die Ermittlungen fortzusetzen (→ Anm. 6 zu § 33 WDO).

§ 84 Bindung an tatsächliche Feststellungen anderer Entscheidungen

(1) Die tatsächlichen Feststellungen eines rechtskräftigen Urteils im Strafverfahren oder Bußgeldverfahren, auf denen die Entscheidung beruht, sind im gerichtlichen Disziplinarverfahren, das denselben Sachverhalt zum Gegenstand hat, für die Einleitungsbehörde, den Wehrdisziplinaranwalt und das Wehrdienstgericht bindend. Das Wehrdienstgericht hat jedoch die nochmalige Prüfung solcher Feststellungen zu beschließen, deren Richtigkeit seine Mitglieder mit Stimmenmehrheit, bei einfacher Besetzung der Truppendienstkammer mit der Stimme des Vorsitzenden, bezweifeln. Dies ist in den Urteilsgründen zum Ausdruck zu bringen.

(2) Die in einem anderen gesetzlich geordneten Verfahren getroffenen tatsächlichen Feststellungen sind nicht bindend, können aber der Entscheidung im gerichtlichen Disziplinarverfahren ohne nochmalige Prüfung zu Grunde gelegt werden.

§ 85 Verhandlungsunfähigkeit des Soldaten

(1) Der Einleitung oder Fortsetzung eines gerichtlichen Disziplinarverfahrens steht nicht entgegen, dass der Soldat verhandlungsunfähig oder durch Abwesenheit an der Wahrnehmung seiner Rechte gehindert ist.

(2) Auf Antrag bestellt das Betreuungsgericht, für minderjährige Soldaten das Familiengericht

1. im Fall der Verhandlungsunfähigkeit des Soldaten einen Betreuer,
2. wenn der Soldat durch Abwesenheit an der Wahrnehmung seiner Rechte gehindert ist, einen Pfleger

als gesetzlichen Vertreter zur Wahrnehmung der Rechte des Soldaten in dem Verfahren. Der Betreuer oder Pfleger muss Soldat sein. § 16 Abs. 2 des Verwaltungsverfahrensgesetzes gilt entsprechend.

C

Anmerkung:

Antragsberechtigte → BVerwG, Urteil vom 12.05.2005, Az 2 WD 34.04 - NZWehrr 2005, 214; VwVfG → **C 39**.

§ 86 Zeugen und Sachverständige

(1) Die Vereidigung von Zeugen und Sachverständigen ist nur zulässig, wenn sie zur Sicherung des Beweises oder mit Rücksicht auf die Bedeutung der Aussage oder als Mittel zur Herbeiführung einer wahren Aussage erforderlich ist.

(2) Im Wege der Rechtshilfe können außer den Truppendienstgerichten im Inland nur die Amtsgerichte um die eidliche Vernehmung von Zeugen und Sachverständigen ersucht werden. Ein an das Truppendienstgericht gerichtetes Ersuchen wird durch einen Richter ausgeführt.

§ 87 Unzulässigkeit der Verhaftung

Der Soldat kann im gerichtlichen Disziplinarverfahren nicht verhaftet werden.

§ 88 Gutachten über den psychischen Zustand

Das Truppendienstgericht kann den Soldaten nach Anhörung eines Sachverständigen und des Verteidigers zur Vorbereitung eines Gutachtens über seinen psychischen Zustand in ein öffentliches psychiatrisches Krankenhaus oder in ein Bundeswehrkrankenhaus zur Beobachtung einweisen. Dem Soldaten, der keinen Verteidiger hat, ist ein Verteidiger zu bestellen. Der Aufenthalt in dem öffentlichen psychiatrischen Krankenhaus oder dem Bundeswehrkrankenhaus darf die Dauer von sechs Wochen nicht überschreiten.

§ 89 Ladungen

Soldaten werden zur Hauptverhandlung sowie zu sonstigen Vernehmungen dienstlich gestellt, auch wenn sie Zeugen oder Sachverständige sind. Bei der Bekanntgabe des Termins ist dem Soldaten die Ladung auszuhändigen. Frühere Soldaten und andere Personen werden unmittelbar geladen.

Anmerkung:

C

1. „Dienstliche Gestellung" bedeutet den Befehl an die Soldatin bzw. den Soldaten durch Disziplinarvorgesetzte, zu der Vernehmung oder Hauptverhandlung zu erscheinen → zu Zustellungen, Ladungen, Vorführungen und Zwangsvollstreckungen in der Bundeswehr (→ **C 43**).
2. Zur Aussagegenehmigung im gerichtlichen Disziplinarverfahren → **C 42b**. Zur Erteilung von Urlaub während Straf- und Disziplinarverfahren → **C 42a**. Zum Anzug von Soldatinnen und Soldaten vor Gericht → **C 42c**.

§ 90 Verteidigung

(1) Der Soldat kann sich in jeder Lage des Verfahrens des Beistands eines Verteidigers bedienen. Der Vorsitzende der Truppendienstkammer bestellt dem Soldaten, der noch keinen Verteidiger gewählt hat, auf Antrag oder von Amts wegen einen Verteidiger, wenn die Mitwirkung eines Verteidigers geboten erscheint. Ist der Soldat verhandlungsunfähig, durch Abwesenheit an der Wahrnehmung seiner Rechte gehindert oder minderjährig, ist ihm in jedem Fall ein Verteidiger zu bestellen.

(2) Verteidiger vor dem Truppendienstgericht können Rechtsanwälte und andere Personen, welche die Befähigung zum Richteramt nach dem Deutschen Richtergesetz haben oder die Voraussetzungen des § 110 Satz 1 des Deutschen Richtergesetzes erfüllen, sowie Soldaten sein. Als Verteidiger vor dem Bundesverwaltungsgericht sind nur Personen zugelassen, welche die Befähigung zum Richteramt nach dem Deutschen Richtergesetz haben oder die Voraussetzungen des § 110 Satz 1 des Deutschen Richtergesetzes erfüllen.

(3) Dem Verteidiger steht das Recht, Einsicht in die Akten zu nehmen, in gleichem Umfang zu wie dem Soldaten.

§ 91 Ergänzende Vorschriften

(1) Zur Ergänzung der Vorschriften dieses Gesetzes über das gerichtliche Disziplinarverfahren sind die Vorschriften des Gerichtsverfassungsgesetzes, insbesondere über Sitzungspolizei, Gerichtssprache, Beratung und Abstimmung, und die Vorschriften der Strafprozessordnung sowie § 55a der Verwaltungsgerichtsordnung anzuwenden, soweit nicht die Eigenart des gerichtlichen Diszipli-

narverfahrens entgegensteht. An die Stelle der in diesen Gesetzen genannten Fristen von einer Woche tritt jeweils eine Frist von zwei Wochen. Die Vorschriften des Siebzehnten Titels des Gerichtsverfassungsgesetzes sind mit der Maßgabe entsprechend anzuwenden, dass an die Stelle des Bundesgerichtshofs die Wehrdienstsenate beim Bundesverwaltungsgericht treten und an die Stelle der Zivilprozessordnung die Verwaltungsgerichtsordnung tritt; auf das Verfahren des Wehrdisziplinaranwalts vor Vorlage der Anschuldigungsschrift beim Truppendienstgericht sind sie jedoch nicht anzuwenden.

(2) Die Wehrdienstgerichte entscheiden mit einfacher Stimmenmehrheit.

5. *Einleitung des Verfahrens*

§ 92 Vorermittlungen

(1) Zur Vorbereitung ihrer Entschließung über die Einleitung eines gerichtlichen Disziplinarverfahrens kann die Einleitungsbehörde den Wehrdisziplinaranwalt um die Vornahme von Vorermittlungen ersuchen. Werden dem Wehrdisziplinaranwalt Tatsachen bekannt, welche die Verhängung einer gerichtlichen Disziplinarmaßnahme erwarten lassen, so nimmt er unbeschadet des Satzes 1 Vorermittlungen auf und führt die Entscheidung der Einleitungsbehörde herbei.

(2) Für die Vorermittlungen gilt § 97 entsprechend.

(3) Sieht die Einleitungsbehörde nach Abschluss der Vorermittlungen von der Einleitung eines gerichtlichen Disziplinarverfahrens ab, hat sie diese Entscheidung dem Soldaten bekannt zu geben, wenn er zuvor gehört wurde. Ebenso ist zu verfahren, wenn ein Dienstvergehen vorliegt und ein Disziplinarvorgesetzter wegen diese Verhaltens bereits eine Disziplinarmaßnahme verhängt hat. Darf im Fall eines Dienstvergehens eine einfache Disziplinarmaßnahme nicht mehr verhängt werden, weil der Verhängung ein Verbot nach § 16 Abs. 1 oder § 17 Abs. 2 entgegensteht oder weil es sich um einen früheren Soldaten handelt, so stellt die Einleitungsbehörde ein Dienstvergehen fest. Dies gilt auch dann, wenn der Disziplinarvorgesetzte zuvor ein Dienstvergehen verneint und seine Entscheidung dem Soldaten bekannt gegeben hat. Die Entscheidung ist zu begründen und dem Soldaten zuzustellen. In allen übrigen Fällen bleibt der Disziplinarvorgesetzte für die disziplinare Erledigung zuständig.

(4) Der Soldat kann gegen die Feststellung eines Dienstvergehens die Entscheidung des Truppendienstgerichts beantragen. § 42 Nr. 5 Satz 2 und Nr. 12 gilt entsprechend. Der Antrag ist innerhalb eines Monats nach Zustellung der Entscheidung zu stellen. Das Truppendienstgericht entscheidet endgültig, ob ein Dienstvergehen vorliegt und, wenn dies zutrifft, ob missbilligende Äußerungen angebracht waren. Die Entscheidung ist dem Soldaten zuzustellen und der Einleitungsbehörde bekannt zu geben.

Anmerkung:

1. In der Vorschrift werden die Regelungen über die Vorermittlungen des Wehrdisziplinaranwalts, über die Entschließung, mit der die Einleitungsbehörde von der Einleitung eines gerichtlichen Disziplinarverfahrens absieht, sowie über den Rechtsbehelf gegen eine in diesem Zusammenhang getroffene Feststellung eines Dienstvergehens zusammengefasst.
2. Absatz 1 Satz 2 trägt dem Umstand Rechnung, dass nicht in jedem Fall, in dem die Einleitungsbehörde oder der Wehrdisziplinaranwalt Kenntnis von einem Vorwurf erhält, der die Verhängung einer gerichtlichen Disziplinarmaßnahme erwarten lässt, sofort eine Entscheidung der Einleitungsbehörde über die Aufnahme von Vorermittlungen herbeigeführt werden kann. In vielen Fällen bedarf der Sachverhalt ergänzender Ermittlungen, um ihn zur Grundlage einer entsprechenden Entschließung machen zu können. Die Regelung stellt klar, dass der Wehrdisziplinaranwalt zur Vorbereitung einer solchen Entschließung auch ohne ausdrückliche Ermächtigung der Einleitungsbehörde Ermittlungen aufnehmen darf. Sie schafft gleichzeitig die erforderliche datenschutzrechtliche Legitimation für die Ermittlungstätigkeit des Wehrdisziplinaranwalts vor einer Entschließung der Einleitungsbehörde.
3. Absatz 2 stellt klar, dass die Vorschrift des § 97 WDO, der die Ermittlungen des Wehrdisziplinaranwalts regelt, auch für die Vorermittlungen gilt.
4. Absatz 3 regelt, wie zu verfahren ist, wenn die Einleitungsbehörde nach Abschluss der Vorermittlungen von der Einleitung eines gerichtlichen Disziplinarverfahrens absieht. Hier ist zwischen **fünf Möglichkeiten** zu unterscheiden.

   Der Verdacht eines Dienstvergehens hat sich durch die Vorermittlungen nicht bestätigt. In diesem Fall erhält der Soldat eine entsprechende Mitteilung, wenn er im Rahmen der Vorermittlungen gehört wurde (Satz 1). Ebenso ist zu verfahren, wenn ein Dienstvergehen vorliegt und der Disziplinarvorgesetzte bereits eine Disziplinarmaßnahme verhängt hat (Satz 2). Insoweit bedarf es keiner zusätzlichen Feststellung eines Dienstvergehens. In den Fällen, in denen die Vorermittlungen zwar den Verdacht eines Dienstvergehens bestätigt haben, in denen aber eine einfache Disziplinarmaßnahme nicht mehr verhängt werden darf, weil wegen desselben Sachverhalts bereits eine Strafe oder Ordnungsmaßnahme verhängt wurde (§ 16 Abs. 1 WDO), weil das Dienstvergehen verjährt ist (§ 17 Abs. 2 WDO) oder weil es sich um einen früheren Soldaten handelt, stellt die Einleitungsbehörde ein Dienstvergehen fest (Satz 3). Die Einleitungsbehörde ist zu einer solchen Feststellung auch dann befugt, wenn der Disziplinarvorgesetzte zuvor zu Unrecht ein Dienstvergehen verneint und deswegen von einer Disziplinarmaßnahme abgesehen hat (Satz 4). Die Entscheidung über die Feststellung eines Dienstvergehens ist wegen des möglichen Rechtsbehelfs zuzustellen (Satz 5).

In allen übrigen Fällen, bei denen sich im Rahmen der Vorermittlungen ein Dienstvergehen ergeben hat, das noch mit einer einfachen Disziplinarmaßnahme geahndet werden kann, bleibt der Disziplinarvorgesetzte für die Ahndung zuständig (Satz 6). Der Einleitungsbehörde ist es in diesen Fällen verwehrt, ein Dienstvergehen festzustellen. Durch diese Regelung soll - abgesehen von den in Satz 3 und Satz 4 vorgesehenen Ausnahmen - vermieden werden, dass derselbe Vorwurf sowohl durch die Einleitungsbehörde (in Form der Feststellung eines Dienstvergehens) als auch durch den Disziplinarvorgesetzten gewürdigt wird und dass es deswegen zu unterschiedlichen Entscheidungen kommen kann.

Als fünfte - gesetzlich nicht geregelte - Möglichkeit bleiben die Fälle, in denen der Disziplinarvorgesetzte eine Disziplinarmaßnahme verhängt und in denen sich der Vorwurf eines Dienstvergehens durch die Vorermittlungen nicht bestätigt hat. In diesen Fällen ist die Aufhebung oder Änderung der Disziplinarmaßnahme gemäß § 44 WDO zu beantragen.

5. Nach Absatz 4 hat der Soldat die Möglichkeit, gegen die Feststellung eines Dienstvergehens durch die Einleitungsbehörde innerhalb eines Monats die Entscheidung des Truppendienstgerichts zu beantragen. Damit wird die Rechtsschutzmöglichkeit, die bislang nur bei der Einstellung eines gerichtlichen Disziplinarverfahrens nach § 98 WDO und bei Ablehnung eines Antrags des Soldaten auf Einleitung eines gerichtlichen Disziplinarverfahrens nach § 95 WDO galt, auf diese Entscheidungen der Einleitungsbehörde erweitert. Die Verweisung auf § 42 Nr. 12 WDO stellt außerdem klar, dass eine im Zusammenhang mit der Feststellung eines Dienstvergehens ausgesprochene missbilligende Äußerung (§ 23 Abs. 3 Satz 2 WDO) nur zusammen mit dieser Feststellung angefochten werden kann. Das Truppendienstgericht hat im Rahmen seiner Entscheidung auch über die Rechtmäßigkeit der missbilligenden Äußerung zu befinden. Die Entscheidungszuständigkeit des Bundesverwaltungsgerichts in den Fällen, in denen sich der Antrag gegen eine Entscheidung des Bundesministers der Verteidigung oder eines der in § 22 WBO (→ **C 30**) genannten Disziplinarvorgesetzten richtet, ergibt sich aus der Verweisung auf § 42 WDO Nr. 5 Satz 2.

§ 93 Einleitungsverfügung

(1) Das gerichtliche Disziplinarverfahren wird durch schriftliche Verfügung der Einleitungsbehörde eingeleitet. Der Soldat ist vorher zu hören. Die Einleitung wird mit der Zustellung an den Soldaten wirksam.

(2) Wird eine militärische Flugunfalluntersuchung durchgeführt, ist für die disziplinarische Erledigung der damit zusammenhängenden Dienstvergehen die Einleitungsbehörde zuständig, soweit diese sie nicht dem sonst zuständigen Disziplinarvorgesetzten überlässt.

(3) Wird ein Havarieverfahren durchgeführt, ist für die disziplinare Erledigung der damit zusammenhängenden Dienstvergehen die Einleitungsbehörde zuständig, die im Havarieverfahren die Entscheidung trifft. Sie kann auch ein gerichtlichen Disziplinarver-

fahren einleiten, sofern nicht ein höherer Vorgesetzter Einleitungsbehörde ist.

Anmerkung:

1. Die Bedeutung der Einleitung eines gerichtlichen Disziplinarverfahrens ist überwiegend formaler Natur. Durch sie sollen Soldatinnen und Soldaten förmlich auf den Ernst der Lage hingewiesen werden (Warnfunktion). Der Einleitungsbehörde kommt bei ihrer Entscheidung kein freies Ermessen zu. Der Ermessensgebrauch hat sich vielmehr an der gefestigten Rechtsprechung der Wehrdienstgerichte zu orientieren. Eine unterlassene oder unzureichende Anhörung der Vertrauensperson beeinträchtigt die Warnfunktion der Einleitung nicht und bewirkt deshalb kein Verfahrenshindernis → TDG Nord, Urteil vom 26.04.2006, Az N 9 VL 4.06 - NZWehrr 2006, 165.
2. Vor der Einleitung sind Soldatinnen und Soldaten und die zuständige Vertrauensperson anzuhören, wenn diese eine Anhörung ausdrücklich ablehnen → § 28 Abs. 2 SBG (→ **C 55a**) und A-1472/1, Nr. 238, 240 (→ **C 55b**). In der vor Ergehen der Einleitungsverfügung unterbliebenen Anhörung der Soldatin bzw. des Soldaten durch die Einleitungsbehörde liegt ein schwerer Verfahrensfehler, der nur noch bis zum Eingang der Anschuldigungsschrift beim Truppendienstgericht geheilt werden kann (BVerwG, Urteil vom 16.03.2004, Az 2 WD 3.04 - NZWehrr 2004, 213).
3. Der Wehrdisziplinaranwalt kann sich im Rahmen der Vorermittlungen zur Vornahme einzelner Ermittlungshandlungen der Unterstützung des Disziplinarvorgesetzten bedienen (BVerwG, Beschluss vom 31.08.1998, Az 2 WDB 1.98 - NZWehrr 1998, 250).
4. Die Einleitungsverfügung ist nicht (im Beschwerdeverfahren oder mit anderen Rechtsbehelfen) anfechtbar.
5. Während der disziplinären Vorermittlungen und nach der Einleitung soll der Betroffene grundsätzlich nicht gefördert werden → **C 05**, Nr. 245.

§ 94 Einleitungsbehörden

(1) Einleitungsbehörde ist

1. für Offiziere vom Dienstgrad eines Obersten und eines entsprechenden Dienstgrades an aufwärts der Bundesminister der Verteidigung; er kann seinen Befugnisse auf nachgeordnete Einleitungsbehörden übertragen, sie jedoch im Einzelfall wieder an sich ziehen;
2. für andere Soldaten der Kommandeur der Division, ein höherer Vorgesetzter oder Vorgesetzte in entsprechender oder vergleichbarer Dienststellung;
3. für Soldaten, für die keine der in Nummer 1 oder 2 genannten Einleitungsbehörden zuständig ist, sowie für frühere Soldaten der Bundesminister der Verteidigung oder die von ihm bestimmte Dienststelle.

§ 93 Abs. 3 bleibt unberührt.

(2) Der Bundesminister der Verteidigung bestimmt, welche Vorgesetzten im Sinne des Absatzes 1 Nr. 2 sich in entsprechender oder vergleichbarer Dienststellung befinden.

(3) Zuständig ist die Einleitungsbehörde, der der Soldat im Zeitpunkt der Einleitung untersteht. Die Zuständigkeit der Einleitungsbehörde wird durch eine Kommandierung oder Beurlaubung des Soldaten nicht berührt.

(4) Ist zweifelhaft oder streitig, welche Einleitungsbehörde zuständig ist, bestimmt der Bundesminister der Verteidigung die zuständige Einleitungsbehörde.

(5) Besteht zwischen den Dienstvergehen mehrerer Soldaten, die verschiedenen Einleitungsbehörden unterstehen, ein Zusammenhang, so kann die gemeinsame höhere Einleitungsbehörde die zuständige Einleitungsbehörde bestimmen.

Anmerkung:

1. Zur Bestimmung von Einleitungsbehörden nach § 94 WDO → **C 11e**.
2. Zuständige Einleitungsbehörde bei Auflösung, Unterstellungswechsel und Umbenennung von Dienststellen → **C 33i**.

§ 95 Antrag des Soldaten auf Einleitung des Verfahrens

(1) Jeder, gegen den eine gerichtliche Disziplinarmaßnahme verhängt werden kann, kann die Einleitung eines gerichtlichen Disziplinarverfahrens gegen sich beantragen, um sich von dem Verdacht eines Dienstvergehens zu reinigen. Die Einleitungsbehörde hat den Sachverhalt aufzuklären und festzustellen, ob der Soldat ein Dienstvergehen begangen hat. Lehnt die Einleitungsbehörde die Einleitung ab, hat sie diese Entscheidung zu begründen und dem Soldaten zuzustellen. Sie ist in diesem Fall für die disziplinare Erledigung zuständig.

(2) Hat die Einleitungsbehörde eine einfache Disziplinarmaßnahme verhängt oder ein Dienstvergehen festgestellt, eine Disziplinarmaßnahme aber nicht verhängt, gilt § 92 Abs. 4 entsprechend.

(3) Diese Vorschriften gelten nicht für Verfahren nach § 144 dieses Gesetzes in Verbindung mit § 88 des Soldatengesetzes.

Anmerkung:

Mit dem Antrag auf Einleitung eines sog. Selbstreinigungsverfahrens begehren Soldatinnen und Soldaten regelmäßig, dass ein solches Verfahren nicht eingeleitet wird. Sie laufen allerdings Gefahr, dass gegen sie - möglicherweise wegen anderer Dienstpflichtverletzungen - vorgegangen wird, ohne derartige Ermittlungen rückgängig machen zu können.

§ 96 Nachträgliches gerichtliches Disziplinarverfahren

(1) Hält die Einleitungsbehörde eine gerichtliche Disziplinarmaßnahme für geboten, kann sie das gerichtliche Disziplinarverfahren auch einleiten, wenn ein Disziplinarvorgesetzter wegen der Tat bereits eine Disziplinarmaßnahme verhängt oder eine Disziplinarmaßnahme nicht für zulässig oder angebracht gehalten und seine Entscheidung dem Soldaten bekannt gegeben hat. Dies gilt nicht, wenn das Wehrdienstgericht auf Beschwerde oder im Fall des § 40 Abs. 4 entschieden hat.

(2) Führt das gerichtliche Disziplinarverfahren zur Verhängung einer gerichtlichen Disziplinarmaßnahme oder wird der Soldat freigesprochen, so hebt das Wehrdienstgericht in seinem Urteil die Disziplinarmaßnahme auf; ansonsten wird das Verfahren eingestellt. § 54 gilt entsprechend, es sei denn, ein vollstreckter Disziplinararrest, der aufgehoben wird, ist in einem sachgleichen Strafverfahren oder Bußgeldverfahren erkennbar angerechnet worden.

6. Ermittlungen des Wehrdisziplinaranwalts

§ 97 Ermittlungsgrundsätze

(1) Der Wehrdisziplinaranwalt hat die belastenden, entlastenden und die Art und Höhe der Disziplinarmaßnahme bedeutsamen Umstände zu ermitteln.

(2) Sobald es ohne Gefährdung des Ermittlungszwecks möglich ist, ist dem Soldaten Gelegenheit zu geben, sich zu äußern. Vor Beginn der ersten Vernehmung ist ihm zu eröffnen, welche Pflichtverletzungen ihm zur Last gelegt werden. Er ist gleichzeitig darauf hinzuweisen, dass es ihm freistehe, sich zur Sache zu äußern oder nicht auszusagen. In geeigneten Fällen soll der Soldat auch darauf hingewiesen werden, dass er sich schriftlich äußern kann. In der ersten Ladung ist der Soldat darüber zu belehren, dass er jederzeit, auch schon vor der ersten Vernehmung, einen Verteidiger befragen kann. Über die Vernehmung ist eine Niederschrift aufzunehmen, von der dem Soldaten auf Verlangen eine Abschrift auszuhändigen ist.

(3) Nach Abschluss der Ermittlungen ist dem Soldaten das wesentliche Ergebnis bekannt zu geben, er ist abschließend zu hören. Der Soldat kann weitere Ermittlungen beantragen. Der Wehrdisziplinaranwalt entscheidet, ob dem Antrag stattzugeben ist. Bei der abschließenden Vernehmung und etwa erforderlichen weiteren Vernehmungen des Soldaten ist dem Verteidiger die Anwesenheit zu gestatten.

Anmerkung: Eine durch den Wehrdisziplinaranwalt unterbliebene Schlussanhörung im Sinne des § 97 Abs. 3 Satz 1 WDO (Einzelheiten → BVerwG, Urteil vom 12.06.2007, Az 2 WD 11.06) stellt einen - nach Einstellung des gerichtlichen Disziplinarverfahrens - nicht mehr heilbaren Verfahrensfehler dar, der der Feststellung eines Dienstvergehens entgegensteht (→ BVerwG, Urteil vom 16.05.2006, Az 2 WD 3.05 - NZWehrr 2006, 252).

7. *Verfahren bis zur Hauptverhandlung*

§ 98 Einstellung

(1) Die Einleitungsbehörde hat das gerichtliche Disziplinarverfahren einzustellen, wenn

1. ein Verfahrenshindernis besteht,
2. eine gerichtliche Disziplinarmaßnahme nicht zulässig ist,
3. nur Kürzung der Dienstbezüge oder Kürzung des Ruhegehalts zu erwarten ist, diese Disziplinarmaßnahmen aber nach § 16 nicht verhängt werden dürfen oder
4. ein Dienstvergehen nicht vorliegt oder nicht erwiesen ist.

(2) Die Einleitungsbehörde kann das gerichtliche Disziplinarverfahren einstellen, wenn sie dies nach dem Ergebnis der Ermittlungen oder aus anderen Gründen für angebracht hält. Sie ist in diesem Fall für die disziplinare Erledigung zuständig; das gilt nicht im Fall des § 96.

(3) Die Einstellungsverfügung ist zu begründen und dem Soldaten zuzustellen. Verhängt die Einleitungsbehörde im Fall des Absatzes 2 Satz 2 eine einfache Disziplinarmaßnahme oder stellt sie ein Dienstvergehen fest und sieht von der Verhängung einer Disziplinarmaßnahme ab, so hat sie diese Entscheidung gleichzeitig mit der Einstellungsverfügung zuzustellen; § 92 Abs. 4 gilt entsprechend.

Anmerkung:

Mit der Verweisung auf § 92 Abs. 4 WDO wird klargestellt, dass bei der Feststellung eines Dienstvergehens eine Rechtsbehelfsbelehrung zu erfolgen hat (→ §§ 6, 92 Abs. 4 Satz 1 WDO, § 6; Muster → **C 32**, Abschnitt 2.18.3.7.3) und dass eine im Zusammenhang mit der Feststellung eines Dienstvergehens ausgesprochene missbilligende Äußerung (§ 23 Abs. 3 Satz 2 WDO) nur zusammen mit dieser Feststellung angefochten werden kann.

§ 99 Anschuldigung

(1) Stellt die Einleitungsbehörde das gerichtliche Disziplinarverfahren nicht ein, legt der Wehrdisziplinaranwalt eine Anschuldigungsschrift mit den Akten dem Truppendienstgericht vor. Die Anschuldigungsschrift soll die Tatsachen, in denen ein Dienstver-

gehen erblickt wird, und die Beweismittel geordnet darstellen. Sie darf diese Tatsachen zu Ungunsten des Soldaten nur insoweit verwerten, als ihm Gelegenheit gegeben worden ist, sich dazu zu äußern. Mit dem Eingang der Anschuldigungsschrift ist das Verfahren bei dem Truppendienstgericht anhängig.

(2) Teilt der Wehrdisziplinanwalt mit, dass neue Pflichtverletzungen zum Gegenstand der Verhandlung gemacht werden sollen, setzt der Vorsitzende der Truppendienstkammer das Verfahren aus, bis der Wehrdisziplinaranwalt nach Ergänzung der Ermittlungen einen Nachtrag zur Anschuldigungsschrift vorlegt oder die Fortsetzung des Verfahrens beantragt.

(3) Verwertet die Anschuldigungsschrift Tatsachen, zu denen sich der Soldat vorher nicht hat äußern können oder leidet das in zulässiger Weise eingeleitete Verfahren an anderen Verfahrensmängeln, kann der Vorsitzende der Truppendienstkammer den Wehrdisziplinaranwalt zur Beseitigung der Mängel auffordern. Absatz 2 gilt sinngemäß.

§100 Zustellung der Anschuldigungsschrift

Der Vorsitzende der Truppendienstkammer stellt dem Soldaten eine Ausfertigung der Anschuldigungsschrift und der Nachträge (§ 99 Abs. 2) zu und bestimmt eine Frist, innerhalb der der Soldat sich schriftlich äußern kann. Hierbei ist der Soldat auf sein Recht, gemäß § 90 Abs. 1 Satz 2 die Bestellung eines Verteidigers zu beantragen, hinzuweisen.

§101 Anrufung des Truppendienstgerichts

(1) Ist die Anschuldigungsschrift dem Soldaten innerhalb von sechs Monaten nach der Zustellung der Einleitungsverfügung nicht zugestellt, kann er die Entscheidung des Truppendienstgerichts beantragen. Das Truppendienstgericht hat dem Wehrdisziplinaranwalt Gelegenheit zu geben, sich innerhalb von zwei Wochen zu dem Antrag zu äußern. Es kann verlangen, dass ihm alle bisher entstandenen Vorgänge vorgelegt werden.

(2) Stellt das Gericht eine unangemessene Verzögerung fest, bestimmt es eine Frist, in der entweder die Anschuldigungsschrift vorzulegen oder das Verfahren einzustellen ist. Andernfalls weist es den Antrag zurück. Der Beschluss ist dem Soldaten und dem Wehrdisziplinanwalt zuzustellen. Die Entscheidung ist endgültig.

(3) Der Lauf der in Absatz 1 Satz 1 bezeichneten Frist ist gehemmt, solange das Verfahren nach § 83 ausgesetzt ist.

§102 Disziplinargerichtsbescheid

(1) Der Vorsitzende kann durch Disziplinargerichtsbescheid

1. die erforderliche Disziplinarmaßnahme verhängen, wenn keine höhere Disziplinarmaßnahme als ein Beförderungsverbot oder ein Beförderungsverbot mit Kürzung der Dienstbezüge oder eine Kürzung des Ruhegehalts verwirkt ist,
2. auf Freispruch erkennen oder
3. das Verfahren einstellen, wenn dies aus den Gründen des § 98 Abs. 1 Nr. 1 bis 3 geboten ist.

Ein Disziplinargerichtsbescheid darf nur ergehen, wenn die Sache keine besonderen Schwierigkeiten tatsächlicher oder rechtlicher Art aufweist und wenn der Wehrdisziplinaranwalt mit Zustimmung der Einleitungsbehörde und des Bundeswehrdisziplinaranwalts sowie der Soldat der Verhängung einer bestimmten Disziplinarmaßnahme, dem Freispruch oder der Einstellung ohne Hauptverhandlung nicht widersprechen.

(2) Der Disziplinargerichtsbescheid ergeht durch Beschluss und ist zu begründen. Er steht mit seiner Zustellung an den Soldaten einem rechtskräftigen Urteil gleich.

Anmerkung:

1. Die Regelungen zum Disziplinargerichtsbescheid sind durch das WehrRÄndG 2008 neu gefasst worden.

   Mit der Ergänzung in Satz 1 Nr. 1 wird die Möglichkeit einer Entscheidung durch Disziplinargerichtsbescheid auch bei früheren Soldatinnen und Soldaten eröffnet, nachdem nunmehr die Kürzung des Ruhegehalts in den Katalog der Ahndungsmöglichkeiten aufgenommen worden ist.

   Mit der Ergänzung in Satz 2 soll klargestellt werden, dass die Wehrdisziplinaranwaltschaft an die (interne) Zustimmung bzw. deren Verweigerung durch den Bundeswehrdisziplinaranwalt gebunden ist. Diese kann auch in Verfahrenshinweisen für bestimmte Fallgruppen bzw. Disziplinarmaßnahmen antizipiert werden. Dadurch soll sichergestellt werden, dass die erzieherische Funktion des gerichtlichen Disziplinarverfahrens nicht durch übermäßigen Gebrauch des Disziplinargerichtsbescheides Schaden nimmt.

   Die Änderung in Absatz 2 beseitigt Unklarheiten über den Zeitpunkt des Eintritts der Rechtskraft des Disziplinargerichtsbescheides. Die spezielle Zustellungsregelung in Satz 2 bringt zum Ausdruck, dass eine Zustellung nur an den Soldaten erfolgen muss.

2. Für das gerichtliche Disziplinarverfahren hat die Einführung des Disziplinargerichtsbescheids folgende **Auswirkungen**: In den Fällen, in denen die Wehrdisziplinaranwaltschaft der Auffassung ist, dass das Verfahren durch Disziplinargerichtsbescheid abgeschlossen werden kann, wird sie ihren Antrag beim Wehrdienstgericht auf Bestimmung eines Termins zur Hauptverhandlung um die Anregung ergänzen: „sofern nicht durch Disziplinargerichtsbescheid entschieden wird". Schließt sich der Vorsitzende der Trup-

pendienstkammer dieser Bewertung an, teilt er die beabsichtigte Verfahrens- und die konkrete Sachentscheidung der Soldatin bzw. dem Soldaten und der Wehrdisziplinaranwaltschaft mit und bestimmt eine Frist, innerhalb derer die Verfahrensbeteiligten widersprechen können.

Gleichzeitig weist er darauf hin, dass der Disziplinargerichtsbescheid bei Ausbleiben eines Widerspruchs mit der Wirkung eines rechtskräftigen Urteils erlassen und zugestellt wird. Verstreicht die Frist ohne Widerspruch, veranlasst das Truppendienstgericht die Zustellung des Disziplinargerichtsbescheids. Mit der Zustellung wird der Disziplinargerichtsbescheid rechtskräftig; das Verfahren ist damit abgeschlossen. Wenn dem Abschluss des Verfahrens durch Disziplinargerichtsbescheid widersprochen worden ist, wird - wie in allen übrigen Fällen - die Hauptverhandlung durchgeführt.

3. Das gerichtliche Verfahren kann durch den Wegfall der Hauptverhandlung erheblich beschleunigt werden.

Die Möglichkeit, ein gerichtliches Disziplinarverfahren durch einen Disziplinargerichtsbescheid zu beenden, bietet sich vor allem dann an, wenn der zu Grunde liegende Sachverhalt zu den typischen Fallgruppen pflichtwidrigen Verhaltens gehört, für welche die ständige Rechtsprechung der Wehrdienstgerichte feste Kriterien zur Einstufung und Bemessung entwickelt hat (→ Übersicht in Anm. 4 zu § 58 WDO).

Dies gilt beispielsweise für die Fälle wiederholter außerdienstlicher Trunkenheitsfahrten, für unerlaubtes Entfernen vom Unfallort und für außerdienstliche Eigentums- und Vermögensdelikte ohne erschwerende Umstände. In diesen Fällen werden regelmäßig Beförderungsverbote verhängt.

§103 Ladung zur Hauptverhandlung, Ladungsfrist

(1) Nach Ablauf der Frist des § 100 setzt der Vorsitzende den Termin zur Hauptverhandlung an und lädt hierzu den Wehrdisziplinaranwalt, den Soldaten und seinen Verteidiger. Er lädt ferner die Zeugen und Sachverständigen, deren Erscheinen er für erforderlich hält; ihre Namen sind in den Ladungen des Wehrdisziplinaranwalts, des Soldaten und seines Verteidigers anzugeben. Er lässt andere Beweismittel herbeischaffen, die er für notwendig hält.

(2) Zwischen der Zustellung oder Bekanntgabe der Ladung und der Hauptverhandlung muss eine Frist von mindestens einer Woche liegen, wenn der Soldat nicht auf die Einhaltung der Frist verzichtet; es gilt als Verzicht, wenn der Soldat sich auf die Hauptverhandlung eingelassen hat, ohne zu rügen, dass die Frist nicht eingehalten sei.

8. Hauptverhandlung

§104 Teilnahme des Soldaten an der Hauptverhandlung

(1) Die Hauptverhandlung findet auch ohne Anwesenheit des Soldaten statt,

1. wenn der Soldat auf seinen Antrag von der Verpflichtung zum Erscheinen in der Hauptverhandlung entbunden worden ist;
2. wenn die Gestellung des Soldaten nicht ausführbar oder nicht angemessen ist, weil sein Aufenthalt unbekannt ist oder weil er sich außerhalb des Geltungsbereichs dieses Gesetzes aufhält;
3. wenn der frühere Soldat zu dem Termin ordnungsgemäß geladen und in der Ladung darauf hingewiesen ist, dass in seiner Abwesenheit verhandelt werden kann;
4. wenn der Soldat nach § 85 durch einen Betreuer oder Pfleger vertreten wird.

(2) In den Fällen des Absatzes 1 kann sich der Soldat durch einen Verteidiger vertreten lassen.

(3) Bei einem früheren Soldaten kann der Vorsitzende das persönliche Erscheinen anordnen. Ist der frühere Soldat vorübergehend verhandlungsunfähig oder aus zwingenden Gründen am Erscheinen verhindert, findet keine Hauptverhandlung statt, solange diese Hinderungsgründe bestehen.

§105 Grundsatz der Nichtöffentlichkeit

(1) Die Hauptverhandlung ist nicht öffentlich. Disziplinarvorgesetzten und ihren Beauftragten ist die Anwesenheit zu gestatten. Der Vorsitzende der Truppendienstkammer kann weitere Personen zulassen, die ein berechtigtes persönliches oder dienstliches Interesse an dem Gegenstand der Verhandlung haben.

(2) Auf Antrag des Soldaten ist die Öffentlichkeit herzustellen. Die §§ 171a bis 174, 175 Abs. 1 und 3 des Gerichtsverfassungsgesetzes gelten entsprechend. Das Gericht kann für die Hauptverhandlung oder einen Teil davon die Öffentlichkeit auch dann ausschließen, wenn dies zum Schutz der Bundeswehr oder ihrer Einrichtungen zwingend geboten ist.

§106 Beweisaufnahme

(1) Das Gericht hat zur Erforschung der Wahrheit die Beweisaufnahme von Amts wegen auf alle Tatsachen und Beweismittel zu erstrecken, die für die Entscheidung von Bedeutung sind.

(2) In der Hauptverhandlung können Niederschriften über Beweiserhebungen aus einem gerichtlichen Verfahren durch Verlesen zum Gegenstand der Hauptverhandlung gemacht werden. Einer nochmaligen Vernehmung von Personen, deren Aussage in einer richterlichen Niederschrift enthalten ist, bedarf es nicht. Für Nieder-

schriften aus dem gerichtlichen Disziplinarverfahren gelten die Sätze 1 und 2 nur, wenn die Hauptverhandlung ohne Anwesenheit des Soldaten stattfindet. In diesem Fall können alle Niederschriften aus dem gerichtlichen Disziplinarverfahren, den Vorermittlungen und den Ermittlungen des Disziplinarvorgesetzten verlesen werden. § 251 der Strafprozessordnung bleibt im Übrigen unberührt. Soweit die Personalunterlagen des Soldaten Tatsachen enthalten, die für die Gesamtbeurteilung erheblich sein können, sind sie vorzutragen.

(3) Wird ohne Anwesenheit des Soldaten verhandelt, trägt der Vorsitzende zu Beginn der Hauptverhandlung in Abwesenheit der Zeugen das Ergebnis des bisherigen Verfahrens vor. Er kann im Fall der großen Besetzung einen weiteren Richter mit der Berichterstattung beauftragen.

(4) Zeugen und Sachverständige werden vernommen, soweit nicht der Soldat und der Wehrdisziplinaranwalt auf die Vernehmung verzichten oder das Truppendienstgericht sie für unerheblich erklärt. Der wesentliche Inhalt der Aussagen von Zeugen und Sachverständigen ist in die Niederschrift über die Hauptverhandlung aufzunehmen.

§107 Gegenstand der Urteilsfindung

(1) Zum Gegenstand der Urteilsfindung können nur die Pflichtverletzungen gemacht werden, die in der Anschuldigungsschrift und ihren Nachträgen dem Soldaten als Dienstvergehen zur Last gelegt werden.

(2) Nach Anhörung des Wehrdisziplinaranwalts kann das Truppendienstgericht solche Pflichtverletzungen aus dem gerichtlichen Disziplinarverfahren ausklammern, die für die Art und Höhe der zu erwartenden Disziplinarmaßnahme nicht oder voraussichtlich nicht ins Gewicht fallen. Die ausgeklammerten Pflichtverletzungen können nicht wieder in das gerichtliche Disziplinarverfahren einbezogen werden, es sei denn, die Beschränkungsvoraussetzungen entfallen nachträglich. Eine Verfolgung der ausgeklammerten Pflichtverletzungen ist nach dem unanfechtbaren Abschluss des gerichtlichen Disziplinarverfahrens nicht mehr zulässig.

(3) Der Urteilsfindung können auch die Beweise zu Grunde gelegt werden, die nach § 106 Abs. 2 Gegenstand der Hauptverhandlung waren.

Anmerkung: Durch Absatz 2 erhält das Truppendienstgericht die Befugnis, einzelne Pflichtverletzungen, die für die zu erwartende gerichtliche Disziplinarmaßnahme voraussichtlich nicht ins Gewicht fallen, im Interesse einer Konzentration und Beschleunigung des Verfahrens aus dem Verfahren auszuklammern. Dies ist vor allem dann sachgerecht, wenn bereits einer von mehreren Vorwürfen voraussichtlich zur Entfernung aus dem Dienstverhältnis führen wird oder wenn die Berücksichtigung eines weiteren Vorwurfs eine schärfere gerichtliche Disziplinarmaßnahme nicht zu rechtfertigen vermag. Außerdem können durch diese Möglichkeit zeit- und kostenaufwendige Beweiserhebungen, die für das Ergebnis des Verfahrens unerheblich sind, vermieden werden. Durch die vorherige Anhörung der Wehrdisziplinaranwaltschaft wird sichergestellt, dass dessen Belange bei der Entscheidung angemessen berücksichtigt werden.

Im Hinblick auf den notwendigen Vertrauensschutz und die notwendige Rechtssicherheit ist eine Konzentration grundsätzlich bindend mit der Folge, dass eine Verfolgung der ausgeklammerten Pflichtverletzungen nach dem unanfechtbaren Abschluss des gerichtlichen Disziplinarverfahrens nicht mehr zulässig ist. Hiervon ist lediglich für den Fall eine Ausnahme zu machen, dass die Beschränkungsvoraussetzungen nachträglich entfallen. Das ist beispielsweise dann der Fall, wenn der ausgeklammerten Pflichtverletzung durch die Unbeweisbarkeit der im gerichtlichen Disziplinarverfahren verbliebenen Pflichtverletzung nachträglich ein anderes Gewicht zukommt.

§ 108 Entscheidung des Truppendienstgerichts

(1) Das Urteil kann nur auf eine Disziplinarmaßnahme, auf Freispruch oder auf Einstellung des Verfahrens lauten.

(2) Auf Freispruch ist zu erkennen, wenn ein Dienstvergehen nicht vorliegt oder nicht erwiesen ist.

(3) Das Verfahren ist einzustellen, wenn ein Verfahrenshindernis besteht, eine Disziplinarmaßnahme nicht zulässig ist oder nach § 16 nicht verhängt werden darf. Das Gericht kann das Verfahren mit Zustimmung des Wehrdisziplinaranwalts einstellen, wenn es ein Dienstvergehen zwar für erwiesen, eine Disziplinarmaßnahme aber nicht für angebracht hält.

(4) Besteht ein Verfahrenshindernis, kann der Vorsitzende der Truppendienstkammer das Verfahren außerhalb der Hauptverhandlung durch Beschluss einstellen.

§ 109 Zahlung des Unterhaltsbeitrags

(1) Die Zahlung des Unterhaltsbeitrags nach § 63 Abs. 2 oder § 65 Abs. 2 beginnt, soweit in dem Urteil nicht anderes bestimmt ist, im Zeitpunkt des Verlustes der Dienst- oder Versorgungsbezüge.

(2) Die Zahlung des Unterhaltsbeitrags nach § 65 Abs. 2 steht unter dem Vorbehalt der Rückforderung, wenn für denselben Zeitraum eine Rente aufgrund der Nachversicherung gewährt wird. Zur Si-

cherung des Rückforderungsanspruchs hat der Verurteilte eine entsprechende Abtretungserklärung abzugeben.

(3) Das Gericht kann in dem Urteil bestimmen, dass der Unterhaltsbeitrag ganz oder teilweise an Personen gezahlt wird, zu deren Unterhalt der Verurteilte gesetzlich verpflichtet ist; nach Rechtskraft des Urteils kann dies das Bundesministerium der Verteidigung bestimmen.

(4) Auf den Unterhaltsbeitrag werden Erwerbs- und Erwerbsersatzeinkommen im Sinne des § 18a Abs. 2 und Abs. 3 Satz 1 und 2 des Vierten Buchs Sozialgesetzbuch angerechnet. Der Verurteilte ist verpflichtet, der Stelle, die für die Zahlung des Unterhaltsbeitrags zuständig ist, alle Änderungen in seinen Verhältnissen anzuzeigen, die für die Zahlung des Unterhaltsbeitrags bedeutsam sein können. Kommt er dieser Pflicht schuldhaft nicht nach, kann ihm der Unterhaltsbeitrag ganz oder teilweise mit Wirkung für die Vergangenheit entzogen werden. Die Entscheidung trifft das Bundesministerium der Verteidigung.

(5) Das Bundesministerium der Verteidigung kann die Befugnisse nach Absatz 3 Halbsatz 2 und Absatz 4 Satz 4 auf andere Behörden seines Geschäftsbereichs übertragen.

(6) Der Anspruch auf Unterhaltsbeitrag erlischt, wenn der Verurteilte wieder zum Soldaten oder sonst in ein öffentlich-rechtliches Amts- oder Dienstverhältnis berufen wird.

§ 110 Unterhaltsleistung bei Mithilfe zur Aufdeckung von Straftaten

(1) Im Fall der Enfernung aus dem Dienstverhältnis kann das Bundesministerium der Verteidigung dem früheren Berufssoldaten, der gegen das Verbot der Annahme von Belohnungen oder Geschenken (§ 19 des Soldatengesetzes) verstoßen hat, die Gewährung einer monatlichen Unterhaltsleistung zusagen, wenn er sein Wissen über Tatsachen offenbart hat, deren Kenntnis dazu beigetragen hat, Straftaten, insbesondere nach den §§ 331 bis 335 des Strafgesetzbuches, zu verhindern oder über seinen eigenen Tatbeitrag hinaus aufzuklären. Die Nachversicherung ist durchzuführen.

(2) Die Unterhaltsleistung ist als Vomhundertsatz der sich aus der Nachversicherung ergebenden Anwartschaft auf eine Altersrente oder einer entsprechenden Leistung aus der berufsständischen Alterssicherung mit den folgenden Maßgaben festzusetzen:

1. die Unterhaltsleistung darf die Höhe der Rentenanwartschaft aus der Nachversicherung nicht erreichen,

2. Unterhaltsleistung und Rentenanwartschaft aus der Nachversicherung dürfen zusammen den Betrag nicht übersteigen, der sich als Ruhegehalt nach § 26 Abs. 1 des Soldatenversorgungsgesetzes ergäbe.

Sie wird gezahlt, wenn der frühere Berufssoldat das 65. Lebensjahr vollendet hat oder eine Rente wegen Erwerbs- oder Berufsunfähigkeit aus der gesetzlichen Rentenversicherung oder eine entsprechende Leistung aus der berufsständischen Versorgung erhält. Die Höchstgrenzen nach Satz 1 gelten auch für die Zeit des Bezugs der Unterhaltsleistung; an die Stelle der Rentenanwartschaft aus der Nachversicherung tritt die anteilige Rente.

(3) Der Anspruch auf die Unterhaltsleistung erlischt bei erneutem Eintritt in den öffenlichen Dienst sowie in den Fällen, die bei einem Berufssoldaten im Ruhestand das Erlöschen der Versorgungsbezüge nach § 53 des Soldatengesetzes zur Folge hätten. Der hinterbliebene Ehegatte oder Lebenspartner erhält 55 vom Hundert der Unterhaltsleistung, wenn zum Zeitpunkt der Entfernung aus dem Dienst die Ehe oder Lebenspartnerschaft bereits bestanden hatte.

§111 Unterzeichnung des Urteils, Zustellung

(1) Das mit Gründen versehene Urteil der Truppendienstkammer ist vom Vorsitzenden, im Fall der großen Besetzung auch von den beiden weiteren Richtern zu unterzeichnen.

(2) Dem Soldaten und dem Wehrdisziplinaranwalt ist eine Ausfertigung des Urteils mit Gründen zuzustellen.

9. Gerichtliches Antragsverfahren

§112 Antragstellung

Ein nach dem Dritten Abschnitt dieses Gesetzes vorgesehener Antrag auf gerichtliche Entscheidung ist schriftlich oder zu Protokoll der Geschäftsstelle des Wehrdienstgerichts zu stellen. Soldaten können den Antrag auch schriftlich oder mündlich bei ihrem nächsten Disziplinarvorgesetzten oder in den Fällen des § 5 Abs. 2 und des § 11 Buchstabe b der Wehrbeschwerdeordnung bei den dort bezeichneten Vorgesetzten stellen; wird er mündlich gestellt, ist eine Niederschrift aufzunehmen, die der Vorgesetzte unterschreiben muss und der Soldat unterschreiben soll. Von dem Protokoll oder der Niederschrift ist dem Soldaten auf Verlangen eine Abschrift auszuhändigen.

§ 113 Verfahren

In gerichtlichen Antragsverfahren kann das Wehrdienstgericht Beweise erheben und mündliche Verhandlung anordnen. Es entscheidet durch Beschluss.

10. Rechtsmittel

a) Beschwerde gegen gerichtliche Entscheidungen

§ 114 Bestimmungen für das Beschwerdeverfahren

(1) Gegen Beschlüsse des Truppendienstgerichts und gegen richterliche Verfügungen ist die Beschwerde an das Bundesverwaltungsgericht zulässig, soweit das Gesetz nicht ausdrücklich etwas anderes bestimmt. Entscheidungen, die der Urteilsfällung vorausgehen, unterliegen der Beschwerde nur, soweit sie die Einweisung in ein öffentliches psychiatrisches Krankenhaus oder in ein Bundeswehrkrankenhaus, eine Beschlagnahme oder Durchsuchung, eine Straffestsetzung oder eine dritte Person betreffen.

(2) Die Beschwerde ist innerhalb eines Monats nach der Bekanntgabe der Entscheidung bei dem Truppendienstgericht einzulegen. Die Beschwerdefrist wird auch gewahrt, wenn während ihres Laufs die Beschwerde beim Bundesverwaltungsgericht eingelegt wird. § 112 gilt entsprechend. Die Beschwerde gegen die Einweisung in ein öffentliches psychiatrisches Krankenhaus oder in ein Bundeswehrkrankenhaus hat aufschiebende Wirkung.

(3) Hält der Vorsitzende der Truppendienstkammer eine Abhilfe für angebracht, kann das Truppendienstgericht der Beschwerde abhelfen. Anderenfalls entscheidet das Bundesverwaltungsgericht durch Beschluss.

(4) Ist die Beschwerde verspätet eingelegt, verwirft sie der Vorsitzende der Truppendienstkammer durch Beschluss als unzulässig. Die Entscheidung ist zuzustellen.

b) Berufung

§ 115 Zulässigkeit und Frist der Berufung

(1) Gegen das Urteil des Truppendienstgerichts ist bis zum Ablauf eines Monats nach seiner Zustellung die Berufung an das Bundesverwaltungsgericht zulässig. Befindet sich der Soldat aus dienstlichen Gründen im Ausland, kann der Vorsitzende der Truppendienstkammer die Berufungsfrist durch eine Verfügung, die zugleich mit dem Urteil zuzustellen ist, angemessen verlängern.

(2) Ist in dem von dem Soldaten angefochtenen Urteil ein Unterhaltsbeitrag bewilligt worden, kann die Entscheidung zu seinem Nachteil nur geändert werden, wenn der Bundeswehrdisziplinaranwalt dies bis zum Schluss der Hauptverhandlung beantragt.

§116 Einlegung und Begründung der Berufung

(1) Die Berufung ist bei dem Truppendienstgericht einzulegen. Die Berufungsfrist wird auch gewahrt, wenn während ihres Laufs die Berufung beim Bundesverwaltungsgericht eingelegt wird. § 112 gilt entsprechend.

(2) In der Berufungsschrift ist das angefochtene Urteil zu bezeichnen und anzugeben, inwieweit es angefochten wird und welche Änderungen beantragt werden. Die Anträge sind zu begründen.

Anmerkung:

Die Berufung ist unbedingt innerhalb der Monatsfrist des § 115 Abs. 1 WDO zu begründen (→ BVerwG, Beschluss vom 24.05.2000, Az 2 WDB 34.00 - NZWehrr 2001, 77).

§117 Unzulässige Berufung

Der Vorsitzende der Truppendienstkammer verwirft die Berufung durch Beschluss als unzulässig, wenn sie nicht statthaft oder nicht in der gesetzlichen Form oder Frist eingelegt ist. Die Entscheidung ist zuzustellen.

§118 Zustellung der Berufung

Wird die Berufung nicht als unzulässig verworfen, ist eine Abschrift der Berufungsschrift dem Wehrdisziplinaranwalt oder, wenn dieser die Berufung eingelegt hat, dem Soldaten zuzustellen.

§119 Aktenübersendung an das Bundesverwaltungsgericht

Ist die Berufung nicht als unzulässig verworfen worden, sind die Akten nach Ablauf der Frist des § 115 Abs. 1 dem Wehrdisziplinaranwalt zu übersenden. Dieser legt die Akten unverzüglich dem Bundeswehrdisziplinaranwalt vor, der sie an das Bundesverwaltungsgericht weiterleitet.

§ 120 Beschluss des Berufungsgerichts

(1) Das Bundesverwaltungsgericht kann durch Beschluss

1. die Berufung aus den Gründen des § 117 als unzulässig verwerfen,
2. das Urteil des Truppendienstgerichts aufheben und die Sache an eine andere Kammer desselben oder eines anderen Truppendienstgerichts zur nochmaligen Verhandlung und Entscheidung zurückverweisen, wenn es weitere Aufklärungen für erforderlich hält oder wenn schwere Mängel des Verfahrens vorliegen.

(2) Vor der Beschlussfassung in den Fällen des Absatzes 1 ist, wenn der Soldat Berufung eingelegt hat, dem Wehrdisziplinaranwalt und, wenn dieser Berufung eingelegt hat, dem Soldaten Gelegenheit zur Äußerung zu geben.

(3) Der Beschluss ist zu begründen und dem Soldaten sowie dem Wehrdisziplinaranwalt zuzustellen.

§ 121 Urteil des Berufungsgerichts

(1) Soweit das Bundesverwaltungsgericht die Berufung für zulässig und begründet hält, hat es das Urteil des Truppendienstgerichts aufzuheben und in der Sache selbst zu entscheiden.

(2) Hält das Bundesverwaltungsgericht weitere Aufklärungen für erforderlich oder liegen schwere Mängel des Verfahrens vor, kann es das Urteil des Truppendienstgerichts aufheben und die Sache an eine andere Kammer desselben oder eines anderen Truppendienstgerichts zur nochmaligen Verhandlung und Entscheidung zurückverweisen.

§ 121a Abhilfe bei Verletzung des Anspruchs auf rechtliches Gehör

Hat das Bundesverwaltungsgericht bei einer Berufungsentscheidung den Anspruch eines Beteiligten auf das rechtliche Gehör in entscheidungserheblicher Weise verletzt, versetzt es, sofern der Beteiligte noch beschwert ist, von Amts wegen oder auf Antrag insoweit das Verfahren durch Beschluss in die Lage zurück, die vor dem Erlass der Entscheidung bestand. Der Antrag ist innerhalb von zwei Wochen nach Zustellung der Entscheidung schriftlich oder zu Protokoll der Geschäftsstelle beim Berufungsgericht zu stellen und zu begründen.

§122 Bindung des Truppendienstgerichts

Wird die Sache an ein Truppendienstgericht zurückverwiesen, ist es an die rechtliche Beurteilung gebunden, die der Entscheidung des Bundesverwaltungsgerichts zu Grunde liegt.

§123 Verfahrensgrundsätze

Im Verfahren vor dem Bundesverwaltungsgericht dürfen Niederschriften über die Aussagen der in der Hauptverhandlung des ersten Rechtszugs vernommenen Zeugen und Sachverständigen bei der Berichterstattung und der Beweisaufnahme verlesen werden. Wiederholte Vorladungen und Vernehmungen dieser Zeugen und Sachverständigen können unterbleiben, wenn sie zur Erforschung der Wahrheit nicht erforderlich sind. Im Übrigen gelten die Vorschriften über das Verfahren vor dem Truppendienstgericht sinngemäß.

§124 Ausbleiben des Soldaten

Außer in den Fällen des § 104 Abs. 1 findet die Berufungshauptverhandlung auch dann ohne den Soldaten statt, wenn er ordnungsgemäß geladen und in der Ladung darauf hingewiesen worden ist, dass in seiner Abwesenheit verhandelt werden kann.

c) Rechtskraft

§125 Rechtskraft gerichtlicher Entscheidungen

(1) Die Entscheidungen des Truppendienstgerichts werden mit Ablauf der Rechtsmittelfrist rechtskräftig, wenn kein Rechtsmittel eingelegt ist. Wird auf Rechtsmittel verzichtet oder ein Rechtsmittel zurückgenommen, ist der Zeitpunkt maßgebend, in dem die Erklärung des Verzichts oder der Zurücknahme dem Wehrdienstgericht zugeht.

(2) Entscheidungen des Truppendienstgerichts, die mit Rechtsmitteln nicht mehr anfechtbar sind, werden mit ihrer Bekanntgabe rechtskräftig.

(3) Die Beschlüsse des Bundesverwaltungsgerichts werden mit der Zustellung, seine Urteile mit der Verkündung rechtskräftig.

C

11. Vorläufige Dienstenthebung, Einbehaltung von Dienstbezügen

§126 Zulässigkeit, Wirksamkeit, Rechtsmittel

(1) Die Einleitungsbehörde kann einen Soldaten vorläufig des Dienstes entheben, wenn das gerichtliche Disziplinarverfahren gegen ihn eingeleitet wird oder eingeleitet worden ist. Mit der vorläufigen Dienstenthebung kann das Verbot, Uniform zu tragen, verbunden werden.

(2) Die Einleitungsbehörde kann gleichzeitig mit der vorläufigen Dienstenthebung oder später anordnen, dass dem Soldaten ein Teil, höchstens die Hälfte der jeweiligen Dienstbezüge einbehalten wird, wenn im gerichtlichen Disziplinarverfahren voraussichtlich auf Entfernung aus dem Dienstverhältnis oder Aberkennung des Ruhegehalts erkannt werden wird. Tritt der Soldat während des gerichtlichen Disziplinarverfahrens in den Ruhestand, hebt die Einleitungsbehörde ihre Anordung über die Einbehaltung der Dienstbezüge auf; gleichzeitig kann sie anordnen, dass ein Teil des Ruhegehalts einbehalten wird.

(3) Die Einleitungsbehörde kann bei einem früheren Soldaten gleichzeitig mit der Einleitung des gerichtlichen Disziplinarverfahrens oder später anordnen, dass ein Teil, höchstens 30 vom Hundert des Ruhegehalts einbehalten wird.

(4) Die Verfügung der Einleitungsbehörde über die getroffenen Anordnungen ist dem Soldaten zuzustellen. Die Anordnung der vorläufigen Dienstenthebung wird mit der Zustellung an den Soldaten, die Anordnung der Einbehaltung der Dienstbezüge und des Ruhegehalts mit dem auf die Zustellung folgenden nächsten Fälligkeitstag wirksam.

(5) Die Einleitungsbehörde kann eine nach den Absätzen 1 bis 4 getroffene Anordnung jederzeit auf Antrag oder von Amts wegen aufheben. Die Entscheidung ist dem Soldaten zuzustellen. Lehnt die Einleitungsbehörde einen Antrag auf Aufhebung ab, kann der Soldat innerhalb eines Monats nach Zustellung die Entscheidung des Truppendienstgerichts beantragen. Ist das Verfahren beim Bundesverwaltungsgericht anhängig, tritt dieses Gericht an die Stelle des Truppendienstgerichts.

(6) Mit dem rechtskräftigen Abschluss des Verfahrens enden die Anordnungen kraft Gesetzes.

Anmerkung:

1. Zu den Voraussetzungen des Absatzes 1 → BVerwG, Beschluss vom 19.11.2005, Az 1 WB 34.05 - NZWehrr 2006, 209 und Beschluss vom 07.12.2006, Az 2 WDB 3.06.

2. Zu den Auswirkungen einer vorläufigen Dienstenthebung und eines Verbots der Ausübung des Dienstes auf die Berufsförderung → A-2160/6, Abschnitt 1.38. Zum Verbot der Ausübung des → § 22 SG (→ **C 01** und → **C 15**).
3. Zur Prognose i.S.d. Absatzes 2 Satz 1 → BVerwG, Urteil vom 17.03.2005, Az 2 WB 1.05 - NZWehrr 2005, 216.
4. Dienstbezüge → § 1 Abs. 1 WDOBezV (→ **C 11h**).

§127 Verfall und Nachzahlung der einbehaltenen Beträge

(1) Die nach § 126 einbehaltenen Beträge verfallen, wenn

1. im gerichtlichen Disziplinarverfahren auf Entfernung aus dem Dienstverhältnis oder auf Aberkennung des Ruhegehalts oder
2. in einem wegen desselben Sachverhalts eingeleiteten Strafverfahren auf eine Strafe, die den Verlust der Rechte als Berufssoldat oder Soldat auf Zeit oder den Verlust der Ansprüche auf Versorgung zur Folge hat, erkannt oder
3. das gerichtliche Disziplinarverfahren eingestellt worden ist, weil der Soldat auf andere Weise seinen Dienstgrad und seine sonstigen Rechte aus dem Dienstverhältnis verloren hat und die Einleitungsbehörde oder nach Rechtshängigkeit das Wehrdienstgericht festgestellt hat, dass Entfernung aus dem Dienstverhältnis oder Aberkennung des Ruhegehalts gerechtfertigt gewesen wäre, oder
4. das gerichtliche Disziplinarverfahren wegen eines Verfahrensmangels eingestellt worden ist und ein innerhalb von drei Monaten nach der Einstellung wegen desselben Dienstvergehens eingeleitetes neues Verfahren zur Entfernung aus dem Dienstverhältnis oder zur Aberkennung des Ruhegehalts geführt hat oder
5. in einem gerichtlichen Disziplinarverfahren unter den Voraussetzungen des § 66 auf Aberkennung des Dienstgrades erkannt wird.

(2) Die einbehaltenen Beträge sind nachzuzahlen, wenn das gerichtliche Disziplinarverfahren auf andere Weise rechtskräftig abgeschlossen oder von der Einleitungsbehörde oder nach Rechtshängigkeit vom Wehrdienstgericht im Fall des Absatzes 1 Nr. 3 ohne die dort bezeichnete Feststellung eingestellt wird. Die Kosten des gerichtlichen Disziplinarverfahrens, soweit der Verurteilte sie zu tragen hat, und eine ihm auferlegte Disziplinarbuße können von den nachzuzahlenden Beträgen abgezogen werden.

(3) Auf die nach Absatz 2 nachzuzahlenden Beträge sind Einkünfte aus einer während der vorläufigen Dienstenthebung ausgeübten genehmigungspflichtigen Tätigkeit (§ 20 des Soldatengesetzes) anzurechnen, wenn eine Dienstvergehen oder eine als Dienstvergehen geltende Handlung erwiesen ist. Der Soldat ist verpflichtet, über die Höhe solcher Einkünfte Auskunft zu geben.

(4) Die Feststellung der Einleitungsbehörde nach Absatz 1 Nr. 3 und die Entscheidung der Einleitungsbehörde nach Absatz 3 sind dem Soldaten zuzustellen. Er kann innerhalb eines Monats nach Zustellung die Entscheidung des Truppendienstgerichts beantragen. Dieses entscheidet endgültig.

12. Antragsverfahren vor dem Wehrdienstgericht bei nachträglicher strafgerichtlicher Ahndung

§128 Voraussetzungen und Zuständigkeit

(1) Ist im gerichtlichen Disziplinarverfahren eine einfache Disziplinarmaßnahme, Kürzung der Dienstbezüge oder Kürzung des Ruhegehalts rechtskräftig verhängt worden und wird wegen desselben Sachverhalts nachträglich durch ein Gericht oder eine Behörde eine Strafe oder Ordnungsmaßnahme verhängt oder kann ein Sachverhalt nach § 153a Abs. 1 Satz 5 oder Abs. 2 Satz 2 der Strafprozessordnung nach Erfüllung von Auflagen und Weisungen nicht mehr als Vergehen verfolgt werden, so ist die Disziplinarmaßnahme auf Antrag des Soldaten aufzuheben, wenn ihre Verhängung nach Abschluss des Strafverfahrens oder des Bußgeldverfahrens gegen § 16 Abs. 1 verstoßen würde. Die Aufhebung einer der in § 16 Abs. 1 Nr. 2 genannten Disziplinarmaßnahmen unterbleibt, wenn die Voraussetzungen für eine zusätzliche disziplinare Ahndung zum Zeitpunkt ihrer Verhängung vorgelegen haben.

(2) Ein unanfechtbar verhängter Disziplinararrest ist aufzuheben, wenn und soweit er zusammen mit einer Freiheitsentziehung, die wegen desselben Sachverhalts nachträglich verhängt wurde, drei Wochen übersteigt.

(3) Die Aufhebung ist ausgeschlossen, wenn die Disziplinarmaßnahme im Strafverfahren oder Bußgeldverfahren erkennbar angerechnet worden ist.

(4) Über den Antrag auf Aufhebung entscheidet das Gericht, das die Disziplinarmaßnahme verhängt hat. Im Fall des Absatzes 1 gilt § 45 Abs. 3 entsprechend.

13. Wiederaufnahme des gerichtlichen Disziplinarverfahrens

§ 129 Wiederaufnahmegründe

(1) Die Wiederaufnahme des durch rechtskräftiges Urteil abgeschlossenen gerichtlichen Disziplinarverfahrens ist zulässig, wenn

1. in dem Urteil eine Disziplinarmaßnahme verhängt worden ist, die nach Art oder Höhe im Gesetz nicht vorgesehen ist,
2. Tatsachen oder Beweismittel erbracht werden, die erheblich und neu sind,
3. das Urteil auf dem Inhalt einer unechten oder verfälschten Urkunde oder auf einem vorsätzlich oder fahrlässig falsch abgegebenen Zeugnis oder Gutachten beruht,
4. ein Urteil, auf dessen tatsächlichen Feststellungen das Urteil im gerichtlichen Disziplinarverfahren beruht, durch ein anderes rechtskräftiges Urteil aufgehoben worden ist,
5. bei dem Urteil ein Richter oder ehrenamtlicher Richter mitgewirkt hat, der sich in dieser Sache der strafbaren Verletzung einer Amtspflicht schuldig gemacht hat,
6. bei dem Urteil ein Richter oder ehrenamtlicher Richter mitgewirkt hat, der von der Ausübung des Richteramts kraft Gesetzes ausgeschlossen war, es sei denn, dass die Gründe für den gesetzlichen Ausschluss bereits erfolglos geltend gemacht worden waren, oder
7. der Verurteilte nachträglich glaubhaft ein Dienstvergehen eingestanden hat, das in dem durch das rechtskräftige Urteil abgeschlossenen gerichtlichen Disziplinarverfahren nicht festgestellt werden konnte.

(2) Erheblich im Sinne des Absatzes 1 Nr. 2 sind Tatsachen und Beweismittel, wenn sie allein oder in Verbindung mit den früher getroffenen Feststellungen geeignet sind, eine andere Entscheidung zu begründen, die Ziel der Wiederaufnahme des gerichtlichen Disziplinarverfahrens sein kann. Neu im Sinne des Absatzes 1 Nr. 2 sind Tatsachen und Beweismittel, die dem Gericht bei seiner Entscheidung nicht bekannt gewesen sind. Ergeht nach Eintritt der Rechtskraft des Urteils im gerichtlichen Disziplinarverfahren in einem wegen desselben Sachverhalts eingeleiteten Straf- oder Bußgeldverfahren ein rechtskräftiges Urteil aufgrund von tatsächlichen Feststellungen, die von denjenigen tatsächlichen Feststellungen des Urteils im gerichtlichen Disziplinarverfahren, auf denen es beruht, abweichen, gelten die abweichenden Feststellungen des

Urteils im Straf- oder Bußgeldverfahren als neue Tatsachen im Sinne des Absatzes 1 Nr. 2.

(3) In den Fällen des Absatzes 1 Nr. 3 und 5 ist die Wiederaufnahme des gerichtlichen Disziplinarverfahrens nur zulässig, wenn wegen der behaupteten Handlung eine rechtskräftige Verurteilung erfolgt ist oder wenn ein strafgerichtliches Verfahren aus anderen Gründen als wegen Mangels an Beweisen nicht eingeleitet oder nicht durchgeführt werden kann.

§130 Unzulässigkeit der Wiederaufnahme

(1) Die Wiederaufnahme des durch rechtskräftiges Urteil abgeschlossenen gerichtlichen Disziplinarverfahrens ist unzulässig, wenn nach Eintritt der Rechtskraft

1. ein Urteil im Straf- oder Bußgeldverfahren ergangen ist, das sich auf denselben Sachverhalt gründet und diesen ebenso würdigt, solange dieses Urteil nicht rechtskräftig aufgehoben ist, oder
2. ein Urteil im Strafverfahren ergangen ist, durch das der Verurteilte seine Rechtsstellung als Berufssoldat oder Soldat auf Zeit oder seinen Anspruch auf Versorgung verloren hat oder verloren hätte, wenn er noch im Dienst gewesen wäre oder Ruhegehalt bezogen hätte.

(2) Die Wiederaufnahme des gerichtlichen Disziplinarverfahrens zu Ungunsten des Verurteilten ist außerdem unzulässig, wenn seit dem Eintritt der Rechtskraft des Urteils drei Jahre vergangen sind.

§131 Antrag, Frist, Verfahren

(1) Zur Wiederaufnahme des gerichtlichen Disziplinarverfahrens bedarf es eines Antrags. Antragsberechtigt sind

1. der Verurteilte und sein gesetzlicher Vertreter, nach seinem Tod sein Ehegatte oder der Lebenspartner, seine Verwandten auf- und absteigender Linie und seine Geschwister,
2. der Wehrdisziplinaranwalt auf Ersuchen der Einleitungsbehörde. Besteht die Einleitungsbehörde nicht mehr, bestimmt der Bundesminister der Verteidigung die Dienststelle, die ihre Befugnisse ausübt,
3. der Bundeswehrdisziplinaranwalt auf Anordnung des Bundesministers der Verteidigung, wenn eine Entscheidung des Bundesverwaltungsgerichts angefochten wird.

(2) Der Antrag muss innerhalb von drei Monaten bei dem Wehrdienstgericht, dessen Entscheidung angefochten wird, schriftlich

oder zur Niederschrift des Urkundsbeamten der Geschäftsstelle eingereicht werden. § 112 gilt entsprechend. Die Frist beginnt mit dem Tag, an dem der Antragsberechtigte von dem Grund für die Wiederaufnahme Kenntnis erhalten hat. In dem Antrag ist das angefochtene Urteil zu bezeichnen und anzugeben, inwieweit es angefochten wird und welche Änderungen beantragt werden; die Anträge sind unter Bezeichnung der Beweismittel zu begründen.

(3) Für das weitere Verfahren gelten die Vorschriften über das gerichtliche Disziplinarverfahren vor dem Truppendienstgericht und dem Bundesverwaltungsgericht entsprechend.

§132 Entscheidung durch Beschluss

(1) Das Wehrdienstgericht kann den Antrag, auch nach Eröffnung der mündlichen Verhandlung, durch Beschluss verwerfen, wenn es die gesetzlichen Voraussetzungen für seine Zulassung nicht für gegeben oder ihn für offensichtlich unbegründet hält.

(2) Das Wehrdienstgericht kann vor Eröffnung der mündlichen Verhandlung mit Zustimmung des Wehrdisziplinaranwalts oder des Bundeswehrdisziplinaranwalts durch Beschluss das angefochtene Urteil aufheben oder das gerichtliche Disziplinarverfahren einstellen. Der Beschluss ist unanfechtbar.

(3) Der rechtskräftige Beschluss nach Absatz 1 sowie der Beschluss nach Absatz 2 stehen einem rechtskräftigen Urteil gleich.

§133 Mündliche Verhandlung, Entscheidung durch Urteil

(1) Das Wehrdienstgericht entscheidet, wenn das Wiederaufnahmeverfahren nicht auf andere Weise abgeschlossen wird, aufgrund mündlicher Verhandlung durch Urteil.

(2) Gegen das Urteil des Truppendienstgerichts ist Berufung zulässig.

§134 Rechtswirkungen, Entschädigung

(1) Wird in einem Wiederaufnahmeverfahren das angefochtene Urteil zu Gunsten des Verurteilten aufgehoben, erhält der Verurteilte von dem Eintritt der Rechtskraft des aufgehobenen Urteils an die Rechtsstellung, die er erhalten hätte, wenn das aufgehobene Urteil der Entscheidung entsprochen hätte, die im Wiederaufnahmeverfahren ergangen ist. Wurde in dem aufgehobenen Urteil auf Entfernung aus dem Dienstverhältnis oder auf Aberkennung des Ruhegehalts erkannt, gilt § 52 des Soldatengesetzes entsprechend.

(2) Der Verurteilte und die Personen, denen er kraft Gesetzes unterhaltspflichtig ist, können im Fall des Absatzes 1 neben den hiernach nachträglich zu gewährenden Bezügen in entsprechender Anwendung des Gesetzes über die Entschädigung für Strafverfolgungsmaßnahmen vom 8. März 1971 (BGBl. I S. 157) in der jeweils geltenden Fassung Ersatz des sonstigen Schadens vom Bund verlangen. Der Anspruch ist innerhalb von drei Monaten nach dem rechtskräftigen Abschluss des Wiederaufnahmeverfahrens bei der nach § 131 Abs. 1 Nr. 2 zuständigen Einleitungsbehörde geltend zu machen. Die Entscheidung ist dem Antragsteller zuzustellen. Lehnt die Einleitungsbehörde den Anspruch ab, gelten für seine Weiterverfolgung die Vorschriften über den Rechtsweg für Klagen aus dem Wehrdienstverhältnis entsprechend.

14. Vollstreckung von Disziplinarmaßnahmen

§135 Durchführung der Vollstreckung

(1) Um die Vollstreckung von einfachen Disziplinarmaßnahmen ersucht der Wehrdisziplinaranwalt den nächsten Disziplinarvorgesetzten des Soldaten, im Fall des § 48 Abs. 1 Satz 3 eine andere Dienststelle.

(2) Die Vollstreckung der Kürzung der Dienstbezüge beginnt in der Regel mit dem auf den Eintritt der Rechtskraft des Urteils folgenden Monat. Endet das Dienstverhältnis vor oder nach Rechtskraft des Urteils und steht dem Soldaten ein Anspruch auf Dienstzeitversorgung zu, werden die aus den ungekürzten Dienstbezügen errechneten laufenden Versorgungsbezüge während der Dauer der Kürzung der Dienstbezüge in demselben Verhältnis gekürzt wie die Dienstbezüge. Hat der Soldat keinen Anspruch auf laufende Versorgungsbezüge, aber einen Anspruch auf Übergangsbeihilfe, wird diese um den Betrag gekürzt, um den die Übergangsgebührnisse zu kürzen gewesen wären, wenn der Soldat während der im Urteil für die Kürzung der Dienstbezüge festgesetzten Dauer der Übergangsgebührnisse in Höhe von 75 vom Hundert der Dienstbezüge des letzten Monats erhalten hätte. Endet der Anspruch auf Übergangsgebührnisse vor Ablauf der Vollstreckung, wird die Übergangsbeihilfe um den Betrag gekürzt, um den die Übergangsgebührnisse noch zu kürzen gewesen wären, wenn der Soldat sie weiterhin erhalten hätte. In beiden Fällen muss dem Soldaten mindestens die Hälfte der Übergangsbeihilfe bleiben. Sterbegeld, Witwen- und Witwergeld sowie Waisengeld werden nicht gekürzt.

(3) Die Frist für das Beförderungsverbot beginnt mit der Rechtskraft des Urteils, jedoch nicht vor Beendigung der Vollstreckung eines früher verhängten Beförderungsverbots.

(4) Die Herabsetzung in der Besoldungsgruppe und die Dienstgradherabsetzung werden mit der Rechtskraft des Urteils wirksam. Die laufenden Dienst- oder Versorgungsbezüge nach der neuen Besoldungsgruppe oder dem neuen Dienstgrad werden vom Ersten des Monats an gezahlt, der der Rechtskraft des Urteils folgt.

(5) Die Entfernung aus dem Dienstverhältnis wird mit der Rechtskraft des Urteils wirksam. Die Zahlung der Dienstbezüge wird mit dem Ende des Monats eingestellt, in dem das Urteil rechtskräftig wird. Ein auf Entfernung aus dem Dienstverhältnis lautendes Urteil gilt, wenn der Soldat vor Eintritt der Rechtskraft in den Ruhestand tritt, als Urteil auf Aberkennung des Ruhegehalts.

(6) Für die Kürzung des Ruhegehalts gilt Absatz 2 Satz 1 und 6, für die Aberkennung des Ruhegehalts Absatz 5 Satz 1 und 2 und für die Aberkennung des Dienstgrades Absatz 5 Satz 1 entsprechend.

15. Kosten des Verfahrens

§ 136 Allgemeines

Kosten werden nur im gerichtlichen Disziplinarverfahren erhoben.

§ 137 Umfang der Kostenpflicht

(1) Gerichtliche Disziplinarverfahren sind gebührenfrei.

(2) Als Auslagen werden erhoben

1. Auslagen, die nach den Vorschriften des Gerichtskostengesetzes erhoben werden,
2. Kosten, die durch die dienstliche Gestellung des Soldaten und von Soldaten als Zeugen oder Sachverständigen (§ 89) entstanden sind, mit Ausnahme der Postgebühren,
3. die während der Ermittlungen des Wehrdisziplinaranwalts entstandenen Reisekosten des Wehrdisziplinaranwalts, eines ersuchten Richters und ihrer Schriftführer,
4. die Kosten für die Unterbringung und Untersuchung des Soldaten in einem öffentlichen psychiatrischen Krankenhaus oder in einem Bundeswehrkrankenhaus,
5. die an einen Rechtsanwalt zu zahlenden Beträge sowie die baren Auslagen eines sonst bestellten Verteidigers,

6. die Auslagen des nach § 85 Abs. 2 bestellten Betreuers oder Pflegers.

C

§138 Kostenpflicht des Soldaten und des Bundes

(1) Die Kosten des Verfahrens sind dem Soldaten aufzuerlegen, wenn er verurteilt wird; sie sind jedoch dem Bund teilweise oder ganz aufzuerlegen, soweit es unbillig wäre, den Soldaten damit zu belasten. Satz 1 Halbsatz 2 gilt auch, wenn durch Untersuchungen zur Aufklärung bestimmter belastender oder entlastender Umstände besondere Kosten entstanden und diese Untersuchungen zu Gunsten des Soldaten ausgegangen sind.

(2) Entsprechendes gilt, wenn das Wehrdienstgericht das gerichtliche Disziplinarverfahren einstellt, weil der Soldat auf andere Weise als durch eine Verurteilung in einem gerichtlichen Disziplinarverfahren seinen Dienstgrad und seine sonstigen Rechte aus dem Dienstverhältnis verloren hat und nach dem Ergebnis der Ermittlungen ein Dienstvergehen oder eine als Dienstvergehen geltende Handlung erwiesen ist.

(3) Wird der Soldat freigesprochen oder stellt das Wehrdienstgericht das gerichtliche Disziplinarverfahren in anderen als den in Absatz 2 bezeichneten Fällen ein, sind ihm nur solche Kosten aufzuerlegen, die er durch schuldhafte Säumnis verursacht hat.

(4) Kosten des Verfahrens, die nicht nach Absatz 1 Satz 1, Absatz 2 oder 3 dem Soldaten zur Last fallen, sind dem Bund aufzuerlegen, es sei denn, dass sie ganz oder teilweise von einem Dritten zu tragen sind.

§139 Kosten bei Rechtsmitteln und Rechtsbehelfen

(1) Die Kosten eines erfolgreichen Rechtsmittels des Soldaten oder des Wehrdisziplinaranwalts, soweit dieser es zu Gunsten des Soldaten eingelegt hat, sind dem Bund aufzuerlegen. Die Kosten eines zu Ungunsten des Soldaten eingelegten und erfolgreichen Rechtsmittels des Wehrdisziplinaranwalts trägt der Soldat; sie sind jedoch dem Bund teilweise oder ganz aufzuerlegen, soweit es unbillig wäre, den Soldaten damit zu belasten.

(2) Die Kosten eines zurückgenommen oder erfolglos eingelegten Rechtsmittels treffen den, der es eingelegt hat.

(3) Hat das Rechtsmittel teilweise Erfolg, hat das Wehrdienstgericht die Kosten teilweise oder ganz dem Bund aufzuerlegen, soweit es unbillig wäre, den Soldaten damit zu belasten.

(4) Hat das Wehrdienstgericht das gerichtliche Disziplinarverfahren eingestellt, weil gegen den Soldaten, der nach Einlegung der Berufung in den Ruhestand getreten ist, ein verwirktes Beförderungsverbot nicht verhängt werden darf, so hat dieser die Kosten des Verfahrens zu tragen. Soweit es unbillig wäre, den Soldaten mit den Kosten des Verfahrens zu belasten, sind sie dem Bund ganz oder teilweise aufzuerlegen.

(5) Die Absätze 1 bis 4 gelten sinngemäß für die Kosten des Verfahrens, die durch einen Antrag auf gerichtliche Entscheidung in den Fällen des § 92 Abs. 4, § 95 Abs. 2, § 98 Abs. 3 Satz 2, § 121a, § 127 Abs. 4 und § 128 oder durch einen Antrag auf Wiederaufnahme des Verfahrens entstanden sind.

§ 140 Notwendige Auslagen

(1) Die dem Soldaten erwachsenen notwendigen Auslagen sind dem Bund aufzuerlegen, wenn der Soldat freigesprochen oder das gerichtliche Disziplinarverfahren aus anderen als den in § 138 Abs. 2 bezeichneten Gründen eingestellt wird.

(2) Die dem verurteilen Soldaten erwachsenen notwendigen Auslagen sind teilweise oder ganz dem Bund aufzuerlegen, soweit es unbillig wäre, den Soldaten damit zu belasten. Satz 1 gilt auch, wenn die zur Anschuldigung gestellten Pflichtverletzungen nur zum Teil die Grundlage der Verurteilung bilden oder durch Untersuchungen zur Aufklärung bestimmter belastender oder entlastender Umstände dem Soldaten besondere Auslagen erwachsen und diese Untersuchungen zu Gunsten des Soldaten ausgegangen sind.

(3) Wird ein Rechtsmittel vom Wehrdisziplinaranwalt zu Ungunsten des Soldaten eingelegt und wird es zurückgenommen oder bleibt es erfolglos, sind die dem Soldaten im Rechtsmittelverfahren erwachsenen notwendigen Auslagen dem Bund aufzuerlegen. Dasselbe gilt, wenn ein vom Wehrdisziplinaranwalt zu Gunsten des Soldaten eingelegtes Rechtsmittel Erfolg hat. Hat ein zu Ungunsten des Soldaten eingelegtes Rechtsmittel des Wehrdisziplinaranwalts Erfolg, so sind die notwendigen Auslagen, die dem Soldaten im Rechtsmittelverfahren erwachsen sind, teilweise oder ganz dem Bund aufzuerlegen, soweit es unbillig wäre, den Soldaten damit zu belasten.

(4) Hat der Soldat das Rechtsmittel beschränkt und hat es Erfolg, sind die notwendigen Auslagen des Soldaten dem Bund aufzuerlegen.

(5) Hat ein Rechtsmittel teilweise Erfolg, gilt § 139 Abs. 3 entsprechend. Bei einem in vollem Umfang erfolglosen Rechtsmittel des Soldaten ist es unzulässig, die notwendigen Auslagen, die diesem im Rechtsmittelverfahren erwachsen sind, ganz oder teilweise dem Bund aufzuerlegen.

(6) Notwendige Auslagen, die dem Soldaten durch schuldhafte Säumnis erwachsen sind, werden dem Bund nicht auferlegt.

(7) Die notwendigen Auslagen des Soldaten werden dem Bund nicht auferlegt, wenn der Soldat die Einleitung des gerichtlichen Disziplinarverfahrens dadurch veranlasst hat, dass er vorgetäuscht hat, das ihm zur Last gelegte Dienstvergehen begangen zu haben. Es kann davon abgesehen werden, die notwendigen Auslagen des Soldaten dem Bund aufzuerlegen, wenn

1. der Soldat das gerichtliche Disziplinarverfahren dadurch veranlasst hat, dass er sich selbst in wesentlichen Punkten wahrheitswidrig oder im Widerspruch zu seinen späteren Erklärungen belastet oder wesentlich entlastende Umstände verschwiegen hat, obwohl er sich zu dem gegen ihn erhobenen Vorwurf geäußert hat,
2. gegen den Soldaten wegen eines Dienstvergehens eine Disziplinarmaßnahme im gerichtlichen Disziplinarverfahren nur deshalb nicht verhängt wird, weil ein Verfahrenshindernis besteht,
3. das Wehrdienstgericht das Verfahren nach § 108 Abs. 3 Satz 2 einstellt,
4. die Einleitungsbehörde das gerichtliche Disziplinarverfahren einstellt und eine einfache Disziplinarmaßnahme verhängt.

(8) Zu den notwendigen Auslagen gehören auch

1. die Entschädigung für eine notwendige Zeitversäumnis nach den Vorschriften, die für die Entschädigung von Zeugen gelten, wenn kein Anspruch auf Dienst- oder Versorgungsbezüge besteht,
2. die Gebühren und Auslagen eines Rechtsanwalts, soweit sie nach § 91 Abs. 2 der Zivilprozessordnung zu erstatten wären, sowie die Auslagen eines sonstigen Verteidigers.

(9) Für die Vorermittlungen nach § 92, die Antragsverfahren nach § 92 Abs. 4, § 95 Abs. 2, § 98 Abs. 3 Satz 2, § 121a, § 127 Abs. 4 und § 128 sowie im Wiederaufnahmeverfahren gelten die Absätze 1 bis 8 sinngemäß.

§141 Entscheidung über die Kosten

(1) Jede Entscheidung in der Hauptsache muss bestimmen, wer die Kosten des Verfahrens zu tragen hat.

(2) Die Entscheidung darüber, wer die notwendigen Auslagen trägt, trifft das Wehrdienstgericht in dem Urteil oder dem Beschluss, der das Verfahren abschließt.

(3) Die Kosten können von den Dienst- oder Versorgungsbezügen oder von einem nach § 109 bewilligten Unterhaltsbeitrag abgezogen werden. Soweit erforderlich, werden Geldbeträge nach den Vorschriften des Verwaltungs-Vollstreckungsgesetzes beigetrieben.

(4) Sieht die Einleitungsbehörde nach Abschluss der Vorermittlungen gemäß § 92 von der Einleitung eines gerichtlichen Disziplinarverfahrens ab oder stellt sie das gerichtliche Disziplinarverfahren ein, entscheidet auf ihren Antrag oder auf Antrag des Soldaten der zuständige Richter des Truppendienstgerichts, das zur Entscheidung über die Hauptsache zuständig gewesen wäre, wer die notwendigen Auslagen trägt. Der Antrag auf Erstattung der notwendigen Auslagen ist innerhalb eines Monats nach Zustellung der Entscheidung beim Truppendienstgericht einzureichen. Beabsichtigt der Richter, die notwendigen Auslagen nicht in vollem Umfang dem Bund aufzuerlegen, ist dem Soldaten Gelegenheit zur Äußerung zu geben. Der Beschluss ist dem Soldaten zuzustellen und der Einleitungsbehörde bekannt zu geben.

(5) Gegen die Entscheidung des Truppendienstgerichts oder des Richters des Truppendienstgerichts über die Kosten und die notwendigen Auslagen ist die Beschwerde zulässig. Die Beschwerde ist bis zum Ablauf eines Monats nach Zustellung der Entscheidung bei dem Truppendienstgericht einzulegen. Über die Beschwerde entscheidet das Truppendienstgericht.

§142 Kostenfestsetzung

Die Höhe der Kosten, die nach der Kostenentscheidung zu erstatten sind, wird vom Urkundsbeamten der Geschäftsstelle des Truppendienstgerichts festgesetzt. Auf Erinnerung gegen die Festsetzung entscheidet der Vorsitzende der Truppendienstkammer endgültig. § 112 gilt entsprechend.

Schlussvorschriften

§ 143 Sonderbestimmung für Soldaten auf Zeit

(1) Wird einem Soldaten auf Zeit während der ersten vier Dienstjahre eine Entlassungsverfügung nach § 55 Abs. 5 des Soldatengesetzes zugestellt, kann gegen ihn wegen derselben Tat ein gerichtliches Disziplinarverfahren erst eingeleitet oder fortgesetzt werden, wenn unanfechtbar feststeht, dass die Entlassungsverfügung nicht zur Beendigung des Dienstverhältnisses führt. Hebt das Verwaltungsgericht die Entlassungsverfügung auf, darf wegen derselben Tat nicht auf Entfernung aus dem Dienstverhältnis erkannt werden. § 84 Abs. 2 gilt entsprechend.

(2) Wird gegen einen Soldaten auf Zeit ein gerichtliches Disziplinarverfahren anhängig, kann er wegen derselben Tat nicht mehr nach § 55 Abs. 5 des Soldatengesetzes entlassen werden.

Anmerkung:

1. § 55 Abs. 5 SG → **C 01**. Durchführungsbestimmungen zu § 143 WDO → **C 11d**.
2. „Anhängigkeit" i.S.d. Absatzes 2 → § 99 Abs. 1 Satz 4 WDO.

§ 144 Besondere Entlassung eines Soldaten

Auf das Verfahren der Wehrdienstgerichte in den Fällen des § 88 des Soldatengesetzes finden die Vorschriften über das gerichtliche Disziplinarverfahren entsprechende Anwendung. Das Urteil stellt fest, dass der Soldat aufgrund seines Verhaltens vor der Ernennung der Berufung in sein Dienstverhältnis unwürdig ist, oder es weist den Antrag auf eine solche Feststellung ab.

§ 145 Bindung der Gerichte an Disziplinarentscheidungen

(1) Für die Entscheidung im gerichtlichen Disziplinarverfahren, für die richterliche Nachprüfung der Entscheidungen des Disziplinarvorgesetzten sowie für die sonst in diesem Gesetz vorgesehenen richterlichen Entscheidungen sind die Wehrdienstgerichte ausschließlich zuständig.

(2) Die aufgrund dieses Gesetzes ergehenden Entscheidungen der Disziplinarvorgesetzten und der Wehrdienstgerichte sind für die Beurteilung der vor einem Gericht geltend gemachten Rechte aus dem Dienstverhältnis bindend.

Anmerkung:

1. Diese Vorschrift legt die sachliche Abgrenzung der Wehrdienstgerichtsbarkeit (→ § 68 WDO) zu den anderen Gerichtsbarkeiten fest.
2. Zu den Entscheidungen, die Bindungswirkung für andere Gerichte entfalten, gehören z.B. disziplinargerichtliche Verurteilungen, Freispruch, unanfechtbare Disziplinarmaßnahmen, Beschwerdeentscheidungen und ein Bescheid des Disziplinarvorgesetzten zu § 55 Abs. 5 SG i.S.d. A-2160/6, Abschnitt 1.25 (→ **C 06a**).
3. Die bindende Wirkung umfasst die tatsächlichen Feststellungen und die disziplinare Würdigung (→ BVerwG, Beschluss vom 21.06.1988, Az 1 WB 40/87 - NZWehrr 1989, 72 und BVerwG, Urteil vom 27.06.1984, Az 6 C 78/82 -; BVerwGE 69, 334), nicht jedoch z.B. die Feststellungen zur groben Fahrlässigkeit, da diese zur Maßnahmebemessung gehören. Dies ist bedeutsam bei der Geltendmachung von Schadenersatz des Bundes gegen den Soldaten → § 24 SG (→ **C 01**).

C

§ 146 Ermächtigung zum Erlass einer Rechtsverordnung

Das Bundesministerium der Verteidigung wird ermächtigt, durch Rechtsverordnung im Einvernehmen mit dem Bundesministerium des Innern zu bestimmen, welche Bezüge einschließlich der Sachbezüge als Dienstbezüge und Wehrsold im Sinne der §§ 24, 126 und des 1. Unterabschnittes des Dritten Abschnitts anzusehen sind.

Anmerkung: WDOBezV → **C 11h**.

§ 147 Überleitungsvorschriften

(1) Die Tilgung einer einfachen Disziplinarmaßnahme, die vor dem 1. Januar 2002 verhängt wurde, richtet sich nach den bisher geltenden Vorschriften. Ein Beförderungsverbot, das vor dem 1. Januar 2002 verhängt wurde, ist nach den Vorschriften dieses Gesetzes zu tilgen.

(2) Für Beschwerden gegen vor dem 1. Januar 2002 verhängte Disziplinarmaßnahmen sowie gegen sonstige Maßnahmen und Entscheidungen des Disziplinarvorgesetzten vor dem 1. Januar 2002 gelten die bisherigen Vorschriften.

§ 148 Einschränkung von Grundrechten

Durch dieses Gesetz werden das Grundrecht auf körperliche Unversehrtheit (Artikel 2 Abs. 2 Satz 1 des Grundgesetzes) und das Grundrecht der Freiheit der Person (Artikel 2 Abs. 2 Satz 2 des Grundgesetzes) eingeschränkt.

Einfaches Disziplinarverfahren

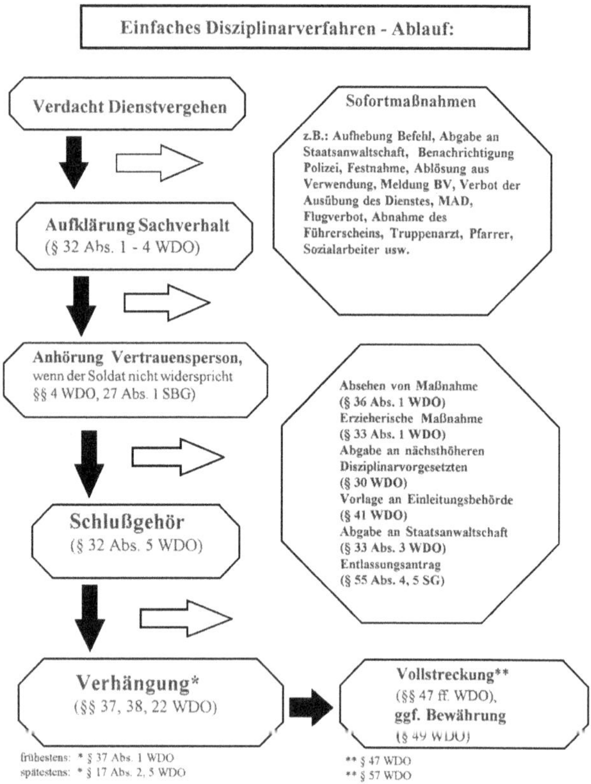

Einzelerlasse zur WDO

a) Abgabe an die Staatsanwaltschaft

A-2160/6, Abschnitt 1.9

1.9 Abgabe an die Staatsanwaltschaft

1.9.1 Allgemeines

1113. Bei Dienstvergehen, die zugleich Straftaten[1] sind, haben die nächsten Disziplinarvorgesetzten neben der **disziplinaren Erledigung** gemäß § 33 Absatz 1 der Wehrdisziplinarordnung (WDO) auch die **strafrechtliche Erledigung** nach § 33 Absatz 3 WDO zu prüfen. Danach haben sie die Sache an die zuständige Strafverfolgungsbehörde abzugeben, wenn dies entweder zur Aufrechterhaltung der militärischen Ordnung oder wegen der Art der Tat oder der Schwere des Unrechts oder der Schuld geboten ist (**Abgabepflicht**). Unabhängig von dieser Abgabepflicht sind die Disziplinarvorgesetzten befugt, jederzeit strafrechtlich relevante Sachverhalte den Strafverfolgungsbehörden mitzuteilen.

1114. Falls die nächsten Disziplinarvorgesetzten die für die Abgabe nach § 33 Absatz 3 WDO maßgebenden Gesichtspunkte nicht zutreffend beurteilen, sind die höheren Disziplinarvorgesetzten verpflichtet, auf eine Abgabe durch die nächsten Disziplinarvorgesetzten hinzuwirken oder die Abgabe selbst vorzunehmen.

1115. Strafverfolgungsbehörde im Sinne des § 33 Absatz 3 Satz 1 WDO ist ausschließlich die zuständige Staatsanwaltschaft. Dies schließt allerdings nicht aus, dass Disziplinarvorgesetzte gleichzeitig mit der Abgabe oder schon vorher die Polizei unterrichten. Die Benachrichtigung der Polizei befreit die Disziplinarvorgesetzten indes nicht von der Pflicht zur Abgabe an die Staatsanwaltschaft, sofern deren Voraussetzungen vorliegen.

1116. Die Abgabe an die Staatsanwaltschaft enthält zugleich eine Strafanzeige. Sie dient dazu, das dienstliche Interesse an der Strafverfolgung zu dokumentieren und das Ansehen der Bundeswehr in der Öffentlichkeit zu wahren. Gleichzeitig soll die Beteiligung der Bundeswehr im Rahmen der Mitteilungen der Justizbehörden in Strafsachen (MiStra) sichergestellt werden. Eine Abgabe

---

[1] Auch bloß versuchte Straftaten werden von dieser Regelung erfasst, soweit auch der Versuch strafbar ist.

nach dieser Regelung ist daher nicht mehr erforderlich, wenn die Beteiligung der Bundeswehr im Rahmen der MiStra sichergestellt ist[1] oder die zuständige Wehrdisziplinaranwaltschaft wegen desselben Sachverhalts mit der Staatsanwaltschaft in Verbindung steht.

1117. Die Abgabe an die Staatsanwaltschaft enthält jedoch **keinen Strafantrag.** Ein Strafantrag ist notwendige Voraussetzung für die Strafverfolgung, soweit eine Straftat nach dem Strafgesetzbuch (StGB) nur auf Antrag verfolgt wird. Nach § 77 Absatz 1 StGB sind grundsätzlich die durch die Straftat Verletzten berechtigt, einen Strafantrag zu stellen. In diesem Zusammenhang wird auf die **Zentrale Dienstvorschrift A-2150/1 „Strafantrag bei Delikten gegen Vermögen und Eigentum des Bundes"** hingewiesen[2]. Nach § 77a Absatz 1 StGB sind auch Disziplinarvorgesetzte antragsberechtigt, wenn die Straftat von oder gegen Soldatinnen und Soldaten begangen wurde und das Gesetz die Stellung des Strafantrags durch Disziplinarvorgesetzte ausdrücklich vorsieht; die Antragsbefugnis ist nicht vom Willen der oder des Geschädigten abhängig[3].

1118. Alle Stellungnahmen und Entscheidungen über die Abgabe eines Sachverhalts an die Strafverfolgungsbehörden sind aktenkundig zu machen und zum Disziplinarvorgang zu nehmen.

1119. Abgabesachen sind als Eilsachen zu behandeln. Für die Abgabe ist **Formblatt Bw-2175** zu verwenden.

1120. Die Disziplinarvorgesetzten nehmen unverzüglich Kontakt mit den zuständigen Rechtsberaterinnen oder Rechtsberatern auf, wenn ihnen unterstellte Soldatinnen oder Soldaten eine Straftat begangen haben oder einer Straftat verdächtig sind.

1121. Die zuständigen Rechtsberaterinnen und Rechtsberater erteilen Auskunft über alle Fragen, die mit einer Abgabe an die zuständige Staatsanwaltschaft zusammenhängen.

---

[1] Z. B. durch Übersendung eines Strafbefehlsantrags bzw. eines rechtskräftigen Strafbefehls, einer Anklageschrift oder eines (rechtskräftigen) Urteils.

[2] Nach Nummer 301 der Zentralen Dienstvorschrift A-2150/1 ist bei Vermögens- und Eigentumsdelikten zu Lasten des Dienstherrn, die nur auf Antrag verfolgt werden (z. B. beim Diebstahl oder bei einer Unterschlagung geringwertiger Sachen), den im Zeitpunkt der Antragstellung zuständigen Disziplinarvorgesetzten die Befugnis übertragen worden, den Strafantrag zu stellen.

[3] Beispielsweise bei Beleidigungen (§ 194 Absatz 3 Satz 1 StGB) oder bei Körperverletzungsdelikten (§ 230 Absatz 2 Satz 1 StGB).

1.9.2 Einzelregelungen

1122. Um eine einheitliche Durchführung der Abgabe sicherzustellen, wird Folgendes festgelegt:

1123. Bei Dienstvergehen, die zugleich eine Straftat sind, ist eine Abgabe nach § 33 Absatz 3 Satz 1 WDO geboten,

- zur Aufrechterhaltung der militärischen Ordnung (z. B. Gehorsamsverweigerung vor versammelter Mannschaft, tätlicher Angriff gegen Vorgesetzte, Meuterei),
- wegen der Art der Tat (z. B. Landesverrat, Straftaten gegen die sexuelle Selbstbestimmung),
- wegen der Schwere des Unrechts (z. B. Verbrechen, beharrlich wiederholte Misshandlung von Untergebenen) oder
- wegen der Schwere der Schuld (z. B. mit Überlegung ausgeführte schwere Straftat mit erheblicher krimineller Energie).

1124. Bei den in Abschnitt 1.9.8 aufgeführten besonders schweren Straftaten liegen die Voraussetzungen für die Abgabe stets vor. Diese Straftaten sind von den Disziplinarvorgesetzten daher ohne weitere Prüfung an die Staatsanwaltschaft abzugeben („Muss-Abgabe").

1125. Bei den in Abschnitt 1.9.9 aufgeführten schweren Straftaten liegen die Voraussetzungen, unter denen eine Abgabe geboten ist, regelmäßig vor. Diese Straftaten geben die Disziplinarvorgesetzten an die Staatsanwaltschaft ab, soweit nicht im Einzelfall eine Ausnahme gerechtfertigt erscheint („Soll-Abgabe). Ausnahmen können etwa dann angebracht sein, wenn es sich bei der Tat bei sonst untadeligen Soldatinnen oder Soldaten um eine als einmalige Entgleisung anzusehende Kurzschlusshandlung handelt oder die Tat **strafrechtlich** als sogenannte Bagatellsache anzusehen ist. Wollen Disziplinarvorgesetzte eine der in Abschnitt 1.9.9 aufgeführten Straftaten nicht abgeben, haben sie eine Stellungnahme der zuständigen Rechtsberaterinnen oder Rechtsberater einzuholen. Halten diese eine Abgabe für geboten und schließen sich die Disziplinarvorgesetzten dieser Auffassung nicht an, entscheidet die zuständige **Einleitungsbehörde** über die Abgabe an die Staatsanwaltschaft.

1126. Bei Straftaten, die nicht in Abschnitt 1.9.8 oder 1.9.9 aufgeführt sind, entscheiden die Disziplinarvorgesetzten eigenverantwortlich nach pflichtgemäßem Ermessen, ob es im Sinne von § 33 Absatz 1 Satz 1 WDO geboten ist, die Sache an die Staatsanwaltschaft abzugeben („Kann-Abgabe").

1127. Ist eine Abgabe nach den Nummern 1123 bis 1126 geboten, hat diese so früh wie möglich zu erfolgen, d. h. sobald sich der **Verdacht einer Straftat** gegen eine Soldatin oder einen Soldaten durch tatsächliche Anhaltspunkte **konkretisiert** hat.[1] **Die abschließende Subsumtion der in Betracht kommenden Straftatbestände sowie die hierzu notwendigen Ermittlungen obliegen den Strafverfolgungsbehörden.**

C

1128. Wird zum Zeitpunkt der Abgabe an die Staatsanwaltschaft die Aufnahme von Vorermittlungen auf Grund einer Vorlage nach § 41 WDO geprüft oder werden bereits Vorermittlungen durch die Wehrdisziplinaranwaltschaft geführt, haben die Disziplinarvorgesetzten dies der Staatsanwaltschaft im Rahmen der Abgabe mitzuteilen.

1.9.3 Aussetzen der disziplinaren Erledigung

1129. Nach § 33 Absatz 3 Satz 2 WDO können Disziplinarvorgesetzte die disziplinare Erledigung nach § 33 Absatz 1 Satz 1 und 2 WDO bis zur Beendigung des auf die Abgabe eingeleiteten oder eines sonstigen wegen derselben Tat schwebenden Strafverfahrens aussetzen.

1130. Eine Aussetzung dient dazu, sich widersprechende Entscheidungen zwischen strafrechtlicher und disziplinarer Ahndung zu vermeiden und kommt insbesondere in Fällen von Straftaten in Betracht, die ausschließlich den außerdienstlichen Bereich betreffen. Insbesondere dann verfügen die Strafverfolgungsbehörden regelmäßig über umfassendere und ggf. auch bessere Ermittlungsmöglichkeiten als die Disziplinarvorgesetzten.

1131. Nach § 33 Absatz 3 Satz 3 WDO sind die Disziplinarvorgesetzten jedoch verpflichtet, das Disziplinarverfahren fortzuführen und abzuschließen, soweit die Sachaufklärung gesichert[2] ist[3].

1132. Die grundsätzliche Pflicht der Disziplinarvorgesetzten, Dienstvergehen aufzuklären, bleibt von der Einbeziehung der Strafverfolgungsbehörden und der Polizei unberührt. Dies gilt vor allem bei Ermittlungen, die im Wesentlichen im dienstlichen Be-

---

1 Aus Gründen der Fürsorge wird es regelmäßig geboten sein, vor der Abgabe an die Staatsanwaltschaft die Betroffene oder den Betroffenen anzuhören.

2 Z. B. wenn ein glaubhaftes Geständnis der Täterin oder des Täters vorliegt.

3 Der zweiten im Gesetz genannten Fallgruppe „sofern im Strafverfahren aus Gründen nicht verhandelt werden kann, die in der Person oder in dem Verhalten [der Soldatin oder] des Soldaten liegen“ kommt im einfachen Disziplinarverfahren allenfalls geringe Bedeutung zu. Fragen dazu beantworten die zuständigen Rechtsberaterinnen oder Rechtsberater.

reich erfolgen, da hier umfassende Ermittlungsbefugnisse der Disziplinarvorgesetzten bestehen. Allerdings dürfen disziplinare Ermittlungen die gebotenen polizeilichen Maßnahmen nicht vereiteln oder erschweren. Erforderlichenfalls sind die Maßnahmen mit der Polizei abzustimmen.

1.9.4 Mitteilungen von Disziplinarmaßnahmen an die Staatsanwaltschaft

1133. Haben Disziplinarvorgesetzte wegen desselben Sachverhalts bereits eine einfache Disziplinarmaßnahme verhängt, teilen sie dies der Staatsanwaltschaft bei der Abgabe mit. Anzugeben sind Art und Höhe der Disziplinarmaßnahme. Bei Disziplinararrest ist ferner anzugeben, ob die Disziplinarmaßnahme bereits vollstreckt ist, noch vollstreckt werden soll oder zur Bewährung ausgesetzt worden ist. Wird die Aussetzung zur Bewährung widerrufen, ist der Widerruf ebenfalls der Staatsanwaltschaft mitzuteilen.

1134. Die Mitteilungspflicht obliegt den Disziplinarvorgesetzten auch dann, wenn wegen derselben Tat eine einfache Disziplinarmaßnahme erst nach der Abgabe, aber noch vor rechtskräftigem Abschluss des Strafverfahrens verhängt wird.

1135. Bei der Mitteilung über die verhängte Disziplinarmaßnahme ist die Staatsanwaltschaft unter Hinweis auf die Regelung des § 43 Absatz 3 WDO zu ersuchen, auf die Berücksichtigung der Disziplinarmaßnahme im Strafverfahren hinzuwirken.

1.9.5 Anhörung im Rahmen der Richtlinien für das Strafverfahren und das Bußgeldverfahren

1136. Gemäß Nummer 90 der Richtlinien für das Strafverfahren und Bußgeldverfahren (RiStBV) soll die Staatsanwaltschaft einer Behörde, die Strafanzeige erstattet hat oder sonst am Ausgang des Verfahrens interessiert ist, Gelegenheit zur Stellungnahme geben, bevor das Verfahren eingestellt wird. Oftmals wenden sich die Staatsanwaltschaften dabei an die Disziplinarvorgesetzten als Anzeigeerstatter bzw. Abgebenden. Sollten Disziplinarvorgesetzte von der Staatsanwaltschaft Gelegenheit zur Stellungnahme erhalten, beraten sie sich umgehend mit den zuständigen Rechtsberaterinnen oder Rechtsberatern über das weitere Vorgehen.

1137. Erfolgte die Abgabe an die Staatsanwaltschaft durch die Führerin oder den Führer eines Auslandskontingents und führt eine Wehrdisziplinaranwaltschaft sachgleich disziplinare Vorermittlungen oder ein gerichtliches Disziplinarverfahren, so holt die zuständige Wehrdisziplinaranwaltschaft eine Stellungnahme der

Leitenden Rechtsberaterin oder des Leitenden Rechtsberaters des Befehlshabers des Einsatzführungskommandos der Bundeswehr ein und bezieht diese in ihre Überlegungen bei der Erstellung der Stellungnahme nach Nummer 90 RiStBV ein.

1.9.6 Beteiligung des Bundesministeriums der Verteidigung und sonstiger Stellen der Bundeswehr

1138. Bei dem Verdacht einer Korruptionsstraftat[1], insbesondere Vorteilsannahme (§ 331 StGB), Bestechlichkeit (§ 332 StGB), Vorteilsgewährung (§ 333 StGB) und Bestechung (§ 334 StGB), ist gemäß Nummer 337 der **Zentralen Dienstvorschrift A-2640/34 „Meldewesen Innere und Soziale Lage der Bundeswehr"** unverzüglich das Bundesministerium der Verteidigung – R II 1 (ES) – zu unterrichten, damit Ermittlungen auch bei weiteren Dienststellen der Bundeswehr oder bei Dritten (z. B. Auftragnehmern der Bundeswehr) koordiniert durchgeführt werden können. Ebenso ist ggf. die Meldung eines Besonderen Vorkommnisses gemäß **Zentraler Dienstvorschrift A-200/5 „Meldewesen der Bundeswehr"** zu prüfen.

Eine Abgabe an die Staatsanwaltschaft erfolgt in diesen Fällen erst nach Zustimmung des Bundesministeriums der Verteidigung – R II 1 (ES) –.

Hängt die Strafverfolgung einer Tat von der Zustimmung (Strafantrag, Ermächtigung zur Strafverfolgung) des Bundesministeriums der Verteidigung oder einer Dienststelle seines Geschäftsbereichs ab, ist diese Stelle vor einer Abgabe über die Tat in Kenntnis zu setzen. Bei Verdacht einer Verletzung des Dienstgeheimnisses im Amt (§ 353b StGB) ist das Bundesministerium der Verteidigung – R I 5 – als oberste Bundesbehörde für die Ermächtigung zur Strafverfolgung zuständig.

1.9.7 Abgabe an die Staatsanwaltschaft im Zusammenhang mit einer besonderen Auslandsverwendung

1139. Bei der Abgabe von Straftaten, die Soldatinnen oder Soldaten der Bundeswehr während einer besonderen Auslandsverwendung im Sinne des § 62 Absatz 1 des Soldatengesetzes im Ausland begehen, ist wie folgt zu verfahren:

---

[1] Dazu zählen auch wettbewerbsbeschränkende Absprachen bei Ausschreibungen (§ 298 StGB), Bestechlichkeit und Bestechung im geschäftlichen Verkehr (§ 299 StGB), Bestechlichkeit im Gesundheitswesen (§ 299a StGB) und Bestechung im Gesundheitswesen (§ 299b StGB).

1140. Ist das Dienstvergehen eine Straftat, legen die nächsten Disziplinarvorgesetzten den Vorgang unmittelbar und unter nachrichtlicher Beteiligung der höheren Disziplinarvorgesetzten der Kontingentführerin bzw. dem Kontingentführer im Einsatzgebiet vor.

1141. Die im Abschnitt 1.9.8 angegebenen besonders schweren Straftaten gibt die Kontingentführerin bzw. der Kontingentführer im Einsatzgebiet stets an die zuständige deutsche Staatsanwaltschaft ab.

1142. Bejaht die Kontingentführerin bzw. der Kontingentführer im Einsatzgebiet in Fällen von einsatzbedingter Anwendung militärischer Gewalt mit Personenschäden die Voraussetzungen für eine Abgabe, legt sie bzw. er den Vorgang unter Darlegung der Gründe der Befehlshaberin bzw. dem Befehlshaber oder der Inspekteurin bzw. dem Inspekteur des für den Einsatz zuständigen Kommandos zur Entscheidung vor. Die Befehlshaberin bzw. der Befehlshaber oder die Inspekteurin bzw. der Inspekteur des für den Einsatz zuständigen Kommandos stellt die Unterrichtung der Generalinspekteurin bzw. des Generalinspekteurs der Bundeswehr sicher. Das Bundesministerium der Verteidigung – Strategie und Einsatz (SE) II und III – ist in diesen Fällen nachrichtlich zu beteiligen.

1143. In allen anderen Fällen entscheidet die Kontingentführerin bzw. der Kontingentführer im Einsatzgebiet über die Abgabe. Bei Straftaten nach Abschnitt 1.9.9 gilt Nummer 1125.

1144. Die Regelung der Nummer 1125 (am Ende) gilt mit der Maßgabe, dass die Kontingentführerin bzw. der Kontingentführer im Einsatzgebiet die Stellungnahme des zuständigen Rechtsberater-Stabsoffiziers einzuholen hat. Anstelle der Entscheidung der Einleitungsbehörde, ist die Entscheidung der Befehlshaberin bzw. des Befehlshabers oder der Inspekteurin bzw. des Inspekteurs des für den Einsatz zuständigen Kommandos einzuholen. Sofern kein Rechtsberater-Stabsoffizier verfügbar ist, ist die Rechtsberaterin bzw. der Rechtsberater des für den Einsatz zuständigen Führungskommandos zuständig.

1145. Die Abgabeverfügung leitet die Kontingentführerin bzw. der Kontingentführer im Einsatzgebiet der Strafverfolgungsbehörde über die Rechtsberaterin bzw. den Rechtsberater des für den Einsatz zuständigen Kommandos zu. Die Kontingentführerin bzw. der Kontingentführer übersendet den Vorgang nachrichtlich an die zuständige Einleitungsbehörde über die Rechtsberaterin bzw. den Rechtsberater des für den Einsatz zuständigen Kommandos.

1146. Sofern im Rahmen von besonderen Auslandsverwendungen keine Kontingentführerin bzw. kein Kontingentführer im Einsatzgebiet eingesetzt ist, gilt dieser Abschnitt mit der Maßgabe, dass anstelle der Kontingentführerin bzw. des Kontingentführers im Einsatzgebiet die Befehlshaberin bzw. der Befehlshaber oder die Inspekteurin bzw. der Inspekteur des für den Einsatz zuständigen Kommandos zuständig ist, sofern kein anderer Offizier bestimmt ist.

1.9.8 Straftaten, die stets an die Strafverfolgungsbehörden abzugeben sind

1147. Übersicht:

Sämtliche **Verbrechen**[1],

Straftaten nach dem **Völkerstrafgesetzbuch** (VStGB)[2],

Eigenmächtige Abwesenheit im Wiederholungsfall	§ 15 Absatz 1 WStG[3]
Fahnenflucht	§ 16 Absatz 1 WStG,
Besonders schwerer Fall des Ungehorsams	§ 19 Absatz 3 WStG,
Besonders schwerer Fall des tätlichen Angriffs auf einen Vorgesetzten	§ 25 Absatz 3 WStG,
Besonders schwerer Fall der Meuterei	§ 27 Absatz 3 WStG,
Besonders schwerer Fall der Misshandlung eines Untergebenen	§ 30 Absatz 4 WStG,
Besonders schwerer Fall der entwürdigenden Behandlung	§ 31 Absatz 3 WStG,
Verleiten und erfolgloses Verleiten zu einer rechtswidrigen Tat	§ 33, 34 WStG,
Missbrauch der Disziplinarbefugnis	§ 39 WStG,
Besonders schwerer Fall der Wachverfehlung	§ 44 Absatz 4 WStG,

[1] Verbrechen sind rechtswidrige Taten, die im Mindestmaß mit **Freiheitsstrafe von einem Jahr oder darüber** bedroht sind.
[2] Diese Straftaten sind stets unmittelbar an den Generalbundesanwalt beim Bundesgerichtshof in Karlsruhe abzugeben.
[3] WStG = Wehrstrafgesetz.

Vorbereitung eines Angriffskrieges	§ 80 StGB[1],
Aufstacheln zum Angriffskrieg	§ 80a StGB,
Hochverrat	§§ 81–83 StGB[2],
Gefährdung des demokratischen Rechtsstaates	§§ 84–90b StGB,
Landesverrat und Gefährdung der äußeren Sicherheit	§§ 94–100a StGB[3],
Nötigung von Verfassungsorganen, des Bundespräsidenten und von Mitgliedern eines Verfassungsorgans	§§ 105, 106 StGB[4],
Straftaten gegen die Landesverteidigung	§§ 109d–109h StGB,
Gefangenenbefreiung im Amt (i. V. m § 48 WStG)	§ 120 Absatz 2 StGB,
Bildung terroristischer Vereinigungen	§§ 129a, 129b StGB[5],
Volksverhetzung	§ 130 StGB,
Geld- und Wertzeichenfälschung	§§ 146–149, 151 StGB,
Fälschung von Zahlungskarten, Schecks, Wechseln und Vordrucken von Euroschecks	§§ 152a, 152b StGB,
Meineid, Eidesgleiche Bekräftigung	§§ 154, 155 StGB,
Straftaten gegen die sexuelle Selbstbestimmung	§§ 174–181a, 182, 184b–184d StGB,
Verletzung der Vertraulichkeit des Wortes im Amt (i. V. m. § 48 WStG)	§ 201 Absatz 3 StGB,
Verletzung des Post- und Fernmeldegeheimnisses im Amt (i. V. m. § 48 WStG)	§ 206 Absatz 4 StGB,

---

1 StGB = Strafgesetzbuch
Diese Straftaten sind stets unmittelbar an den Generalbundesanwalt beim Bundesgerichtshof in Karlsruhe abzugeben.

2 Diese Straftaten sind stets unmittelbar an den Generalbundesanwalt beim Bundesgerichtshof in Karlsruhe abzugeben.

3 Diese Straftaten sind stets unmittelbar an den Generalbundesanwalt beim Bundesgerichtshof in Karlsruhe abzugeben.

4 Diese Straftaten sind stets unmittelbar an den Generalbundesanwalt beim Bundesgerichtshof in Karlsruhe abzugeben.

5 Diese Straftaten sind stets unmittelbar an den Generalbundesanwalt beim Bundesgerichtshof in Karlsruhe abzugeben.

Mord	§ 211 StGB,
Totschlag	§§ 212, 213 StGB,
Aussetzung	§ 221 StGB,
Fahrlässige Tötung	§ 222 StGB,
Gefährliche Körperverletzung	§ 224 StGB,
Misshandlung von Schutzbefohlenen	§ 225 StGB,
Schwere Körperverletzung, Körperverletzung mit Todesfolge	§§ 226, 227 StGB,
Menschenhandel	§§ 232–233a StGB,
Menschenraub und Verschleppung	§§ 234, 234a StGB,
Freiheitsberaubung, erpresserischer Menschenraub, Geiselnahme	§ 239 Absatz 3 bis 5 StGB,
Besonders schwerer Fall der Nötigung	§ 240 Absatz 4 StGB,
Besonders schwerer Fall des Diebstahls, Diebstahl mit Waffen, Bandendiebstahl, Wohnungseinbruchdiebstahl, schwerer Bandendiebstahl	§§ 243–244a StGB,
Raub und Erpressung	§§ 249–255 StGB,
gewerbsmäßige Hehlerei, Bandenhehlerei, gewerbsmäßige Bandenhehlerei	§§ 260, 260a StGB,
Bestechlichkeit im Gesundheitswesen	§ 299a StGB,
Bestechung im Gesundheitswesen	§ 299b StGB,
Brandstiftung	§§ 306–306c StGB,
Kernenergie-, Sprengstoff-, Strahlungsverbrechen	§§ 307–310 StGB,
Gemeingefährliche Vergiftung	§ 314 StGB,
Räuberischer Angriff auf Kraftfahrer	§ 316a StGB,
Angriffe auf den Luft- und Seeverkehr	§ 316c StGB,
Besonders schwerer Fall einer Umweltstraftat	§ 330 StGB,
Schwere Gefährdung durch Freisetzen von Giften	§ 330a StGB,
Vorteilsannahme und Bestechlichkeit im Amt (i. V. m. § 48 WStG)	§§ 331, 332, 335 Absatz 1, Nummer 1 Buchstabe a, Absatz 2, 336 StGB,

Vorteilgewährung, Bestechung und Rechtsbeugung	§§ 333–336, 339 StGB,
Körperverletzung im Amt (i. V. m § 48 WStG)	§§ 340 StGB,
Aussageerpressung im Amt (i. V. m § 48 WStG)	§§ 343 StGB,
Verfolgung Unschuldiger	§§ 344 StGB,
Vollstreckung gegen Unschuldige im Amt (i. V. m § 48 WStG)	§§ 345 StGB,
Falschbeurkundung im Amt (i. V. m. § 48 WStG)	§ 348 StGB,
Straftaten nach dem Gesetz über den Verkehr mit Betäubungsmitteln (BtMG)	§§ 29 Absatz 3, 29a, 30, 30a BtMG,
Straftaten nach dem Kriegswaffenkontrollgesetz (KrWaffKontrG)	§§ 19, 20, 20a, 22a KrWaffKontrG,
Straftaten nach dem Waffengesetz (WaffG)	§§ 51, 52 WaffG.

C

1.9.9 Straftaten, die an die Strafverfolgungsbehörden abzugeben sind, soweit keine Ausnahme vorliegt

1148. Übersicht:

Straftaten nach dem **Wehrstrafgesetz** (WStG), soweit diese nicht in Abschnitt 1.9.8 aufgeführt sind

Öffentliche Aufforderung zu Straftaten	§ 111 StGB,
Widerstand gegen Vollstreckungsbeamte	§ 113 StGB,
Landfriedensbruch	§§ 125, 125a StGB,
Störung des öffentlichen Friedens durch Androhung von Straftaten	§ 126 StGB,
Bildung bewaffneter Gruppen	§ 127 StGB,
Gewaltdarstellung	§ 131 StGB,
Nichtanzeige geplanter Straftaten	§ 138 StGB,
Unerlaubtes Entfernen vom Unfallort	§ 142 StGB,
Falsche uneidliche Aussage	§ 153 StGB,
Tötung auf Verlangen	§ 216 StGB,
Abbruch der Schwangerschaft	§ 218 Absatz 2 StGB,
Freiheitsberaubung	§ 239 Absatz 1 StGB,

C

Diebstahl, Unterschlagung und Hehlerei	§§ 242, 246, 259 StGB,
Geldwäsche, Verschleierung unrechtmäßig erlangter Vermögenswerte	§ 261 StGB,
Betrug und Untreue	§§ 263–266 StGB,
Urkundenfälschung, Falschbeurkundung und Urkundenunterdrückung	§§ 267–274 StGB,
Zerstörung wichtiger Arbeitsmittel	§ 305a StGB,
Gefährliche Eingriffe in den Bahn-, Schiffs-, Luft- und Straßenverkehr	§§ 315, 315b StGB,
Gefährdung des Bahn-, Schiffs-, Luft- und Straßenverkehrs	§§ 315a, 315c StGB,
Trunkenheit im Verkehr	§ 316 StGB,
Störung öffentlicher Betriebe und von Telekommunikationsanlagen, Beschädigung wichtiger Anlagen	§§ 316b, 317, 318 StGB,
Unterlassene Hilfeleistung	§ 323c StGB,
Gewässer-, Boden- und Luftverunreinigung	§§ 324 bis 325 StGB,
Straftaten gegen die Umwelt	§§ 324–329 StGB,
Verletzung des Dienstgeheimnisses im Amt (i. V. m. § 48 WStG)[1]	§ 353b StGB,
Straftaten nach dem Gesetz über den Verkehr mit Betäubungsmitteln	§ 29 Absatz 1, 2 und 4 BtMG,
Straftaten nach dem Waffengesetz	§ 52a WaffG.

[1] Vgl. hierzu auch Nummer 1137.

b) Meldung von Verdachtsfällen an den Militärischen Abschirmdienst durch Disziplinarvorgesetzte

A-2160/6, Abschnitt 1.10

1.10 Meldung von Verdachtsfällen an den Militärischen Abschirmdienst durch Disziplinarvorgesetzte

1149. Anhaltspunkte für Bestrebungen, die gegen die freiheitliche demokratische Grundordnung, den Bestand oder die Sicherheit des Bundes oder eines Landes gerichtet sind (§ 1 Absatz 1 Satz 1 Nummer 1 des Gesetzes über den Militärischen Abschirmdienst – MAD-Gesetz), sowie Anhaltspunkte für sicherheitsgefährdende oder geheimdienstliche Tätigkeiten im Geltungsbereich des MAD-Gesetzes für eine fremde Macht (§ 1 Absatz 1 Satz 1 Nummer 2 MAD-Gesetz) sind sofort dem Amt für den Militärischen Abschirmdienst zu melden. Eine Meldung ist insbesondere auch zu erstatten bei Verdacht auf

- solche Straftaten, bei denen auf Grund ihrer Zielsetzung, des Motivs oder der Verbindung der Täterin oder des Täters zu einer Organisation tatsächliche Anhaltspunkte dafür vorliegen, dass sie gegen die freiheitliche demokratische Grundordnung, den Bestand und die Sicherheit des Bundes oder eines Landes gerichtet sind (Staatsschutzdelikte),
- Straftaten des Friedensverrates oder des Hochverrates (§§ 80–83 des Strafgesetzbuches [StGB]),
- Straftaten der Gefährdung des demokratischen Rechtsstaates (§§ 84–90b StGB, § 20 Absatz 1 Satz 1 Nummer 1–4 des Vereinsgesetzes),
- Straftaten des Landesverrats und der Gefährdung der äußeren Sicherheit (§§ 94–100a StGB),
- Straftaten gegen Verfassungsorgane sowie bei Wahlen und Abstimmungen (§§ 105–108e StGB),
- Straftaten gegen die Landesverteidigung (§§ 109–109g StGB) und bei
- Verletzung eines Dienstgeheimnisses und einer besonderen Geheimhaltungspflicht (§ 353b StGB).

1150. Für die Meldung sind die Vorgaben der **Zentralen Dienstvorschrift A 200/5 „Meldewesen der Bundeswehr“**, Nummern 212 und 213, sowie der **Zentralen Dienstvorschrift A-2640/34 „Meldewesen Innere und Soziale Lage der Bundeswehr“**, Nummern 361 bis 363, zu beachten.

1151. Die Abgabepflicht der Disziplinarvorgesetzten nach § 33 Absatz 3 der Wehrdisziplinarordnung in Verbindung mit Abschnitt 1.9 „Abgabe an die Staatsanwaltschaft" bleibt unberührt. Vor der Abgabe haben Disziplinarvorgesetzte das Amt für den Militärischen Abschirmdienst über ihre Feststellungen und Maßnahmen zu unterrichten. Bei der Abgabe ist der zuständigen Strafverfolgungsbehörde (Staatsanwaltschaft, Generalbundesanwaltschaft) die Anschrift des Amtes für den Militärischen Abschirmdienst mitzuteilen.

c) – zzt. unbesetzt –

C

d) Durchführung des §143 der Wehrdisziplinarordnung

A-2160/6, Abschnitt 1.38

1.38 Durchführung des § 143 der Wehrdisziplinarordnung

1346. Nach § 143 Absatz 1 Satz 1 der Wehrdisziplinarordnung (WDO) kann nach Zustellung einer Entlassungsverfügung nach § 55 Absatz 5 des Soldatengesetzes (SG) wegen desselben Sachverhalts ein gerichtliches Disziplinarverfahren nur dann eingeleitet oder fortgesetzt werden, wenn unanfechtbar feststeht, dass die Entlassungsverfügung nicht zur Beendigung des Dienstverhältnisses führt.[1] Zur Koordination des Vorgehens zwischen Einleitungsbehörde und Entlassungsdienststelle wird folgendes Verfahren festgelegt:

1347. Erhält die Einleitungsbehörde Kenntnis von einem Dienstvergehen, das geeignet sein könnte, eine fristlose Entlassung nach § 55 Absatz 5 SG zu begründen, führt sie die Entscheidung der Entlassungsdienststelle herbei. Von der Einleitung eines gerichtlichen Disziplinarverfahrens soll abgesehen werden, bis die Entlassungsdienststelle über die Entlassung entschieden hat.

1348. Zur Vorbereitung ihrer Entscheidung nach § 55 Absatz 5 SG kann die Entlassungsdienststelle die Einleitungsbehörde um die Vornahme von Ermittlungen ersuchen.

1349. Die Entlassungsdienststelle unterrichtet die Einleitungsbehörde unverzüglich über

- die Einleitung eines Entlassungsverfahrens;
- ihre Entscheidung, ob die Soldatin oder der Soldat entlassen wird;
- die Zustellung der Entlassungsverfügung;
- die Unanfechtbarkeit der Entlassungsverfügung oder ihre Aufhebung.

1350. Wird die Entlassungsverfügung bestandskräftig und ist damit mit Rechtsbehelfen nicht mehr angreifbar, besteht für ein gerichtliches Disziplinarverfahren ein Verfahrenshindernis im Sinne von § 98 Absatz 1 Nummer 1 WDO, d. h. bereits eingeleitete, noch nicht beim Truppendienstgericht anhängige gerichtliche Disziplinarverfahren sind einzustellen und im Falle von laufenden Vorer-

---

[1] Die Möglichkeit, zur Klärung der Vorwürfe Vorermittlungen nach §92 WDO aufzunehmen, wird durch § 143 Absatz 1 Satz 1 WDO nicht eingeschränkt.

mittlungen ist von der Einleitung eines gerichtlichen Disziplinarverfahrens abzusehen.

1351. Nach § 126 Absatz 2 WDO einbehaltene Dienstbezüge verfallen nur, wenn die Einleitungsbehörde gemäß § 127 Absatz 1 Nummer 3 WDO feststellt, dass die Entfernung aus dem Dienstverhältnis gerechtfertigt gewesen wäre. Diese Feststellung kann in die Einstellungsverfügung einbezogen werden; insoweit ist eine Rechtsbehelfsbelehrung zu erteilen.

1352. Ist die Einleitungsbehörde zugleich Entlassungsdienststelle, ist das oben beschriebene Verfahren sinngemäß anzuwenden.

e) Einleitungsbehörden

A-2160/6, Abschnitt 1.1

1.1 Einleitungsbehörden

Auf der Grundlage des § 94 Absatz 1 und 2 der Wehrdisziplinarordnung (WDO) werden zu Einleitungsbehörden bestimmt:

a) für die Soldatinnen und Soldaten, die ihr oder ihm disziplinar unterstehen, bis zum Dienstgrad eines Obersten oder eines entsprechenden Dienstgrades, soweit keine andere Einleitungsbehörde zuständig ist, die Generalinspekteurin oder der Generalinspekteur der Bundeswehr,

b) für die Soldatinnen und Soldaten, die ihnen disziplinar unterstehen, bis zum Dienstgrad eines Obersten oder eines entsprechenden Dienstgrades, soweit keine der in Buchstabe c) genannten Einleitungsbehörden zuständig ist,

(1) die Inspekteurin oder der Inspekteur der Streitkräftebasis,

(2) die Inspekteurin oder der Inspekteur des Heeres,

(3) die Inspekteurin oder der Inspekteur der Luftwaffe,

(4) die Inspekteurin oder der Inspekteur der Marine,

(5) die Inspekteurin oder der Inspekteur des Sanitätsdienstes der Bundeswehr,

(6) die Inspekteurin oder der Inspekteur Kommando Cyber- und Informationsraum,

(7) die Befehlshaberin oder der Befehlshaber des Einsatzführungskommandos der Bundeswehr,

(8) die Amtschefin oder der Amtschef des Planungsamtes der Bundeswehr bzw. die Ständige Vertreterin oder der Ständige Vertreter der Präsidentin oder des Präsidenten des Planungsamtes der Bundeswehr,

(9) die Amtschefin oder der Amtschef des Luftfahrtamtes der Bundeswehr,

(10) die Kommandeurin oder der Kommandeur der Führungsakademie der Bundeswehr,

(11) die Kommandeurin oder Kommandeur des Zentrums Innere Führung,

(12) die Präsidentin oder der Präsident des Bundesamtes für den Militärischen Abschirmdienst[1] bzw. die Vizepräsidentin

[1] Sofern militärisch besetzt.

oder der Vizepräsident des Bundesamtes für den Militärischen Abschirmdienst,

c) für die Soldatinnen und Soldaten bis zum Dienstgrad eines Oberstleutnants oder eines entsprechenden Dienstgrades, soweit sie ihnen disziplinar unterstehen,

(1) in der Streitkräftebasis

(a) die Amtschefin oder der Amtschef des Streitkräfteamtes,

(b) die Befehlshaberin oder der Befehlshaber des Multinationalen Kommandos Operative Führung,

(c) die Kommandeurin oder der Kommandeur des

(aa) Logistikkommandos der Bundeswehr,

(bb) Kommandos Territoriale Aufgaben der Bundeswehr,

(2) im Heer

(a) die Kommandeurin oder der Kommandeur

(aa) Einsatz im Kommando Heer,

(bb) Deutsche Anteile Multinationale Korps und Militärische Grundorganisation im Kommando Heer,

(cc) des Ausbildungskommandos,

(dd) einer Division,

(b) die Kommandierende Generalin oder der Kommandierende General bzw. die Stellvertretende Kommandierende Generalin oder der Stellvertretende Kommandierende General des I. Deutsch-Niederländischen Korps,

(3) in der Luftwaffe

(a) die Kommandierende Generalin oder der Kommandierende General des Luftwaffentruppenkommandos,

(b) die Kommandeurin oder der Kommandeur des Zentrums Luftoperationen,

(4) im Zentralen Sanitätsdienst der Bundeswehr

(a) die Kommandeurin oder der Kommandeur

(aa) des Kommandos Regionale Sanitätsdienstliche Unterstützung,

(bb) des Kommandos Sanitätsdienstliche Einsatzunterstützung,

(5) im Cyber- und Informationsraum

(a) die Kommandeurin oder der Kommandeur

(aa) des Kommandos Strategische Aufklärung

(bb) des Kommandos Informationstechnik der Bundeswehr,

d) in den zivilen Dienststellen der Wehrverwaltung

für die Soldatinnen und Soldaten, die ihnen als Vorgesetzte mit dem besonderen Aufgabenbereich „Wahrung der militärischen Ordnung und Disziplin“ disziplinar unterstehen, bis zum Dienstgrad eines Obersten oder eines entsprechenden Dienstgrades die oder der Beauftragte für die Angelegenheiten des militärischen Personals der Leitung des Bundesamtes für das Personalmanagement der Bundeswehr,

e) für frühere Soldatinnen und Soldaten,

(1) soweit keine andere Einleitungsbehörde zuständig ist,

die oder der Beauftragte für die Angelegenheiten des militärischen Personals der Leitung des Bundesamtes für das Personalmanagement der Bundeswehr,

(2) bis zum Dienstgrad eines Oberstleutnants oder eines entsprechenden Dienstgrades, die zum Zeitpunkt ihres Dienstzeitendes zum Amt für Militärkunde versetzt waren,

die Inspekteurin oder der Inspekteur der Streitkräftebasis.

f) Es bleibt bei der Zuständigkeit der Bundesministerin oder des Bundesministers der Verteidigung als Einleitungsbehörde

(1) für Offiziere in der Dienstgradgruppe der Generale,

(2) für Soldatinnen und Soldaten, für die in Buchstaben a) bis e) keine Einleitungsbehörde bestimmt ist und

(3) für Offiziere im Ruhestand sowie für sonstige frühere Offiziere, die noch zu einem Wehrdienst herangezogen werden können, jeweils vom Dienstgrad eines Obersten oder eines entsprechenden Dienstgrades an aufwärts.

g) Bei Wegfall der Einleitungsbehörde nach Einleitung eines gerichtlichen Disziplinarverfahrens geht deren Zuständigkeit auf diejenige Einleitungsbehörde über, der die Soldatin oder der Soldat nunmehr disziplinar untersteht.

Bei Wegfall der Einleitungsbehörde nach Ausscheiden der Soldatin oder des Soldaten aus dem Wehrdienstverhältnis geht deren Zuständigkeit auf die Einleitungsbehörde beim Bundesamt für das Personalmanagement der Bundeswehr über.

f) Disziplinare Ahndung bei Schadensfällen

A-2160/6, Abschnitt 1.25

1.25 Disziplinare Ahndung bei Schadensfällen

1255. Nach § 24 Absatz 1 Satz 1 des Soldatengesetzes (SG) haben Soldatinnen bzw. Soldaten, die vorsätzlich oder grob fahrlässig die ihnen obliegenden Dienstpflichten verletzen, den daraus entstandenen Schaden zu ersetzen.[1] Diese Schadensersatzpflicht ist unabhängig von einer möglichen disziplinaren Ahndung als Dienstvergehen im Sinne von § 23 Absatz 1 SG.

1256. Eine disziplinare Ahndung ist daher auch möglich, wenn im Rahmen des Schadensverfahrens eine Schadensersatzpflicht festgestellt wird. Die finanziellen Auswirkungen der Schadensersatzpflicht können im Rahmen der Maßnahmebemessung berücksichtigt werden.

1257. Disziplinarvorgesetzte können zudem bei Vorliegen einer schuldhaft begangenen Dienstpflichtverletzung eine Disziplinarmaßnahme verhängen, wenn im Schadensverfahren eine Schadensersatzpflicht verneint wird, weil es am haftungsbegründenden Verschulden (d.h. Vorsatz oder grobe Fahrlässigkeit) fehlt, aber einfache Fahrlässigkeit vorliegt.

1258. Auch im Rahmen der disziplinaren Ahndung bei Schadensfällen ist das Beschleunigungsgebot zu berücksichtigen. Halten Disziplinarvorgesetzte ein Dienstvergehen für erwiesen und eine disziplinare Ahndung für geboten, haben sie eine Disziplinarmaßnahme auch dann zu verhängen, wenn die schadensbearbeitende Dienststelle[2] noch nicht abschließend entschieden hat. Sollte die Disziplinarmaßnahme in Ansehung der Entscheidung der schadensbearbeitenden Dienststelle nicht mehr angebracht sein oder zu hart erscheinen, kann diese nachträglich gemäß § 44 Absatz 1 Satz 1 Halbsatz 2 bzw. § 44 Absatz 2 Satz 2 der Wehrdisziplinarordnung aufgehoben oder geändert werden.

---

1 Vgl. hierzu die **Zentrale Dienstvorschrift A-2175/5 „Bearbeitung von Schadensfällen in der Bundeswehr (Schadensbestimmungen)“** und **Zentrale Dienstvorschrift A-2175/12 „Einziehung von Schadensersatzforderungen aus dem Dienst- bzw. Arbeitsverhältnis“.**

2 Vgl. A-2175/5, Nummern 301 bis 303.

g) Teilnahme am Straßenverkehr unter Einfluss berauschender Substanzen

A-2160/6, Abschnitt 1.28

1.28 Teilnahme am Straßenverkehr unter Einfluss berauschender Substanzen

1275. Soldatinnen und Soldaten, die unter Alkoholeinfluss ein Kraftfahrzeug führen, gefährden in unverantwortlicher Weise Leben, Gesundheit und Eigentum anderer Verkehrsteilnehmerinnen und Verkehrsteilnehmer und nicht zuletzt sich selbst. Bei Benutzung eines Dienstkraftfahrzeuges setzen sie leichtfertig Eigentum und Vermögen des Dienstherrn aufs Spiel.

Gleiches gilt für das Führen eines Kraftfahrzeuges unter Einfluss anderer berauschender Mittel (z. B. Substanzen, die unter das Betäubungsmittelgesetz fallen, aber auch sonstige Mittel, beispielsweise Medikamente, die das Reaktionsvermögen, Koordinationsvermögen oder das Bewusstsein beeinflussen können).

1276. Es ist verboten, unter der Wirkung alkoholischer Getränke oder anderer berauschender Mittel ein Dienstkraftfahrzeug zu führen (vgl. **Zentrale Dienstvorschrift A-1050/11 „Betrieb von Dienstfahrzeugen“**, Nummer 555).

Fahrerinnen und Fahrer sind verpflichtet, ihren Vorgesetzten zu melden, wenn sie sich nicht in der Lage fühlen, das Dienstkraftfahrzeug sicher zu führen (A-1050/11, Nummer 504).

Das Verbot des Alkoholkonsums im Dienst und bei Dienstunterbrechungen (**Zentralrichtlinie A2- 2630/0-0-2 „Leben in der militärischen Gemeinschaft“**, Nummer 503) gilt für Fahrerinnen und Fahrer sowie Beifahrerinnen und Beifahrer während des Fahrdienstes und in Fahrpausen sowie für Personen, die als „Kraftfahrer vom Dienst“ zu einer ständigen oder zu einer zeitlich begrenzten Fahrbereitschaft eingeteilt sind; insoweit gibt es keine Befugnis, eine Ausnahmegenehmigung zu erteilen. Unbefugter Besitz und Konsum von Betäubungsmitteln ist Soldatinnen und Soldaten innerhalb und außerhalb des Dienstes verboten (**A2-2630/0-0-2**, Nummer 503).

Personen, die Rauschmittel konsumieren oder zum ständigen Alkoholmissbrauch neigen, sind als Kraftfahrerin oder Kraftfahrer ungeeignet; die Entziehung der Fahrerlaubnis ist einzuleiten, s. **Zentralrichtlinie A2-1050/10-0-20 „Dienstfahrerlaubnis der Bundeswehr“**, Nummer 802.

1277. Trunkenheit im Verkehr und **Gefährdung des Straßenverkehrs** infolge Fahruntüchtigkeit auf Grund des Genusses von Alkohol oder von anderen berauschenden Mitteln sind mit Geldstrafe oder mit Freiheitsstrafe bedrohte Straftaten (§ 316 sowie § 315c Absatz 1 Nummer 1a, Absatz 2 und 3 des Strafgesetzbuches – StGB). Sie haben zudem in der Regel die Einziehung des zivilen Führerscheins und des Führerscheins der Bundeswehr und die Entziehung der Fahrerlaubnis mit lang dauernder Sperre für eine Wiedererteilung zur Folge.

Auf die Meldepflicht von Fahrerinnen und Fahrern, die Dienstkraftfahrzeuge führen dürfen, nach **A-1050/11**, Nummer 217 (z. B. bei einem Fahrverbot oder einer (vorläufigen) Entziehung der Fahrerlaubnis) wird hingewiesen.

Trunkenheit im Verkehr (§ 316 StGB) liegt bei einer Fahrerin oder einem Fahrer eines Kraftfahrzeugs vor, wenn sie oder er das Kraftfahrzeug infolge des Genusses alkoholischer Getränke oder anderer berauschender Mittel nicht sicher im Verkehr führen kann und damit fahruntüchtig ist. Fahruntüchtigkeit ist bei einer Blutalkoholkonzentration von 1,1 Promille und mehr immer gegeben (absolute Fahruntüchtigkeit). Selbst bei einem geringeren Blutalkoholgehalt, etwa ab 0,3 Promille, liegt Trunkenheit im Verkehr vor, wenn die Fahrerin oder der Fahrer durch alkoholbedingte Ausfallerscheinungen gezeigt hat, dass sie oder er – möglicherweise zusätzlich bedingt durch Übermüdung – nicht in der Lage war, das Kraftfahrzeug sicher zu führen (relative Fahruntüchtigkeit). In diesen Fällen wird häufig, so bei Unfällen, eine fahrlässige Gefährdung des Straßenverkehrs (§ 315c Absatz 3 StGB) wegen alkoholbedingter Fahruntüchtigkeit vorliegen.

1278. Die Gefährdung des Straßenverkehrs infolge von Fahruntüchtigkeit auf Grund des Genusses alkoholischer Getränke oder anderer berauschender Mittel ist zudem ein **Dienstvergehen.** Eine Soldatin oder ein Soldat wird mit einem solchen Verhalten in und außer Dienst nicht der Achtung und dem Vertrauen gerecht, die ihr bzw. sein Dienst oder ihre bzw. seine dienstliche Stellung erfordert (§ 17 Absatz 2 des Soldatengesetzes). Dies gilt jedenfalls auch für Fälle der Trunkenheit im Verkehr auf Grund des Genusses alkoholischer Getränke oder anderer berauschender Mittel, sofern die in Nummer 1280 aufgeführten qualifizierenden Umstände vorliegen.

1279. In allen Fällen des Verdachts der Trunkenheit im Verkehr und der Gefährdung des Straßenverkehrs wegen Fahruntüchtigkeit auf Grund des Genusses alkoholischer Getränke oder anderer berauschender Mittel, die Berufssoldatinnen und Berufssoldaten sowie Soldatinnen und Soldaten auf Zeit betreffen, hat die Einleitungsbehörde die Wehrdisziplinaranwaltschaft um Vorermittlungen nach § 92 Absatz 1 der Wehrdisziplinarordnung (WDO) zu ersuchen. Soweit diese Ermittlungen nicht schon etwa auf Grund der Mitteilung in Strafsachen oder anderer Erkenntnisse durch die Wehrdisziplinaranwaltschaft geführt werden, haben die nächsten Disziplinarvorgesetzten die ihnen bekannt gewordenen Fälle der Einleitungsbehörde zur Prüfung der Einleitung eines gerichtlichen Disziplinarverfahrens zu melden und gemäß § 33 Absatz 3 Satz 1 WDO in Verbindung mit Abschnitt 1.9 „Abgabe an die Staatsanwaltschaft" zu prüfen, ob die Sache an die Staatsanwaltschaft abzugeben ist.

1280. Die Einleitung eines gerichtlichen Disziplinarverfahrens gegen Berufssoldatinnen und Berufssoldaten und Soldatinnen und Soldaten auf Zeit mit Vorgesetztendienstgrad ist grundsätzlich geboten, wenn das Dienstvergehen die Verurteilung mindestens zu einem Beförderungsverbot erwarten lässt.

Dies wird regelmäßig der Fall sein bei Trunkenheit im Verkehr

- in Ausübung des Dienstes mit Dienst- oder Privatkraftfahrzeugen auf Grund dienstlicher Anordnung oder sonst zur Erledigung dienstlicher Aufgaben;
- bei außerdienstlichen Fahrten, wenn früheres, einschlägiges Fehlverhalten vorausgegangen ist, das zu einer strafgerichtlichen Bestrafung, zu einer einfachen Disziplinarmaßnahme oder zu einer gerichtlichen Disziplinarmaßnahme geführt hat, und wenn die Verhängung der einfachen Disziplinarmaßnahme oder die erstinstanzliche Verurteilung grundsätzlich nicht länger als drei Jahre zurückliegt. Ein solcher **Wiederholungsfall** kann auch vorliegen, wenn die Soldatin oder der Soldat zuvor wegen einer Ordnungswidrigkeit nach § 24a des Straßenverkehrsgesetzes (StVG [0,5-Promille-Regelung]) mit einem Bußgeldbescheid und Fahrverbot (§ 25 StVG) belegt worden ist und erschwerende Umstände, etwa die Nichtbeachtung eindringlicher Belehrungen, hinzutreten;
- bei erstmaliger Begehung, wenn sich aus dem Gesamtverhalten der Soldatin oder des Soldaten eine grob rücksichtslose Gesinnung ergibt und andere Verkehrsteilnehmerinnen oder Verkehrsteilnehmer gefährdet oder geschädigt wurden, wenn ein unerlaubtes Entfernen vom Unfallort, Widerstand gegen Vollstreckungsbeamte, Fahren ohne Fahrerlaubnis oder ohne Versicherungsschutz hinzutreten oder wenn die Soldatin oder der Soldat zur Zeit der Tat Fahrlehrerin oder Fahrlehrer, Fahrschulleiterin

oder Fahrschulleiter, amtlich anerkannte Prüferin oder amtlich anerkannter Prüfer oder amtlich anerkannte Sachverständige oder amtlich anerkannter Sachverständiger für den Kraftfahrzeugverkehr der Bundeswehr war. Auch bei einer Ersttat nach wiederholtem anderweitigen, vor allem alkohol- bzw. rauschmittelbedingten Fehlverhalten und wiederholter eindringlicher Pflichtenmahnung kann ein Beförderungsverbot verwirkt sein.

1281. Alle übrigen Fälle sind durch die Einleitungsbehörden und Wehrdisziplinaranwaltschaften nach pflichtgemäßem Ermessen unter Berücksichtigung der höchstrichterlichen Rechtsprechung des Bundesverwaltungsgerichts zu behandeln. In den Fällen, in denen eine Soldatin oder ein Soldat eine Trunkenheit im Verkehr begeht, und die Voraussetzungen für die Annahme eines Dienstvergehens nicht vorliegen, ist die Soldatin oder der Soldat durch die Einleitungsbehörde darauf hinzuweisen, dass weiteres, insbesondere einschlägiges Fehlverhalten die Ahndung mit einer gerichtlichen Disziplinarmaßnahme zur Folge haben kann.

h) Verordnung zur Bestimmung der Bezüge im Sinne der Wehrdisziplinarordnung (WDO-Bezügeverordnung – WDOBezV)

Vom 7. Februar 2016 (BGBl. I S. 178)

Auf Grund des § 146 der Wehrdisziplinarordnung vom 16. August 2001 (BGBl. I S. 2093) verordnet das Bundesministerium der Verteidigung im Einvernehmen mit dem Bundesministerium des Innern:

§1 Dienstbezüge und Wehrsold

(1) Dienstbezüge im Sinne der §§ 24, 59 und 126 der Wehrdisziplinarordnung sind

1. das Grundgehalt in der jeweiligen Stufe,
2. die Amtszulage,
3. die Stellenzulage,
4. die Ausgleichszulage,
5. der Auslandszuschlag und
6. der Auslandsverwendungszuschlag.

(2) Dienstbezüge im Sinne der §§ 24, 59 und 126 der Wehrdisziplinarordnung sind

1. für Reservistendienst Leistende
   a) die Reservistendienstleistungsprämie (§ 10 Absatz 1 des Unterhaltssicherungsgesetzes),
   b) der Zuschlag bei Standort im Ausland (§ 10 Absatz 2 des Unterhaltssicherungsgesetzes) und
   c) das Dienstgeld (§ 11 des Unterhaltssicherungsgesetzes),
2. für Sanitätsoffizier-Anwärterinnen und Sanitätsoffizier-Anwärter mit Anspruch auf Ausbildungsgeld der Grundbetrag des Ausbildungsgeldes.

(3) Dienstbezüge im Sinne der §§ 61 bis 63 der Wehrdisziplinarordnung sind alle auf Grund des Soldatenverhältnisses zu gewährenden Bezüge.

(4) Wehrsold im Sinne des § 24 der Wehrdisziplinarordnung sind der einfache Wehrsold (§ 2 Absatz 1 des Wehrsoldgesetzes), der doppelte Wehrsold bei Auslandseinsätzen (§ 2 Absatz 2 des Wehrsoldgesetzes), der Wehrdienstzuschlag (§ 8c Absatz 2 des Wehr-

soldgesetzes) und der Auslandsverwendungszuschlag (§ 8f des Wehrsoldgesetzes).

§ 2 Übergangsvorschrift

Die WDO-Bezügeverordnung vom 18. Juli 2007 (BGBl. I S. 1809) ist weiter anzuwenden, wenn vor dem 16. Februar 2016

1. ein Urteil auf Kürzung der Dienstbezüge unanfechtbar geworden,
2. eine Disziplinarbuße verhängt worden oder
3. ein Teil der Dienstbezüge auf Grund einer Anordnung der Einleitungsbehörde erstmalig einbehalten worden

ist.

§ 3 Inkrafttreten, Außerkrafttreten

Diese Verordnung tritt am Tag nach der Verkündung in Kraft. Gleichzeitig tritt die WDO-Bezügeverordnung vom 18. Juli 2007 (BGBl. I S. 1809) außer Kraft.

i) Beteiligung der Vertrauenspersonen in Verfahren der Wehrdisziplinarordnung

A-2160/6, Abschnitt 1.20

1.20 Beteiligung der Vertrauenspersonen in Verfahren nach der Wehrdisziplinarordnung

C

1223. Nach § 28 Absatz 1 des Soldatenbeteiligungsgesetzes (SBG) sind Vertrauenspersonen im einfachen Disziplinarverfahren zu beteiligen. Die Grundlagen dazu werden in der **Zentralen Dienstvorschrift A-1472/1 „Beteiligung durch Vertrauenspersonen“** dargestellt.

1224. Die Rechtsprechung hat die Beteiligungsrechte jedoch in mehreren Urteilen präzisiert. Die folgende Einzelregelung zeigt die zusätzlich zu beachtenden Umstände auf.

1.20.1 Durchführung der Anhörung im einfachen Disziplinarverfahren

1225. Gemäß § 28 Absatz 1 SBG sind die Vertrauenspersonen zur Person der Soldatin oder des Soldaten, dem Sachverhalt und zum Disziplinarmaß anzuhören, außer im Fall der ausdrücklichen Ablehnung durch die Soldatin oder durch den Soldaten. Dazu sind sie zunächst von den zuständigen Disziplinarvorgesetzten oder einem von ihnen beauftragten Offizier über die beabsichtigte Disziplinarmaßnahme rechtzeitig und umfassend zu unterrichten.[1] Weiter ist ihnen Gelegenheit zu geben, zu der beabsichtigten Maßnahme Stellung zu nehmen. Anschließend ist diese Stellungnahme gemeinsam zu erörtern.[2] Dazu ist das **Formblatt Bw-2682** zu nutzen und auf eine sorgfältige Dokumentation der einzelnen Verfahrensschritte zu achten. Insbesondere ist die Erörterung umfassend und nachvollziehbar niederzuschreiben, wenn die Stellungnahme der Vertrauenspersonen von der Einschätzung der Disziplinarvorgesetzten abweicht. Nur auf diese Weise kann die Einhaltung des Anhörungsverfahrens – notfalls gerichtsverwertbar – nachgewiesen werden.

1226. Die Anhörung der Vertrauensperson ist grundsätzlich erst nach Abschluss der Ermittlungen durchzuführen. Im Anschluss an

---

[1] Die Zuständigkeit für die Anhörung der Vertrauensperson liegt auch in personalratsfähigen Dienststellen bei der Disziplinarvorgesetzten oder dem Disziplinarvorgesetzten bzw. einem von ihr bzw. ihm beauftragten Offizier. Die Notwendigkeit der Anhörung durch die Dienststellenleiterin oder den Dienststellenleiter besteht nach neuer Rechtslage nicht mehr (vgl. § 63 Absatz 1 Satz 2 SBG).

[2] Die folgenden Ausführungen, insbesondere zur Erörterung, gelten entsprechend für die Anhörung der Vertrauensperson vor Einleitung eines gerichtlichen Disziplinarverfahrens nach § 28 Absatz 2 SBG.

diese Anhörung ist den Soldatinnen oder Soldaten das Schlussgehör im Sinne von § 32 Absatz 5 Satz 1 WDO zu gewähren, da ihnen aus rechtsstaatlichen Gründen auch Gelegenheit gegeben werden muss, sich zum Ergebnis der Anhörung der Vertrauensperson zu äußern.

1227. Die Vertrauensperson ist zu dem **Sachverhalt** anzuhören, der disziplinar geahndet werden soll. Daher empfiehlt es sich, den Tatvorwurf der Disziplinarmaßnahme bereits zu diesem Zeitpunkt, d.h. nach Abschluss der Ermittlungen und vor Beteiligung der Vertrauensperson, schriftlich niederzulegen.

1228. Der Vertrauensperson sind weiterhin **Art und Höhe des beabsichtigten Disziplinarmaßes** konkret mitzuteilen, damit sie die ihr vom Gesetzgeber zugewiesene Aufgabe umfassend erfüllen kann. Nach der Rechtsprechung muss auch das abschließend verhängte Disziplinarmaß Gegenstand des Anhörungsverfahrens, d. h. zumindest Teil der Erörterung, gewesen sein. Im Einzelnen gilt:

- Im **ersten Schritt** teilen die Disziplinarvorgesetzten den Vertrauenspersonen das beabsichtigte Disziplinarmaß mit.
- Im **zweiten Schritt** nimmt die Vertrauensperson dazu Stellung. Sie kann sich entweder mit der beabsichtigten Maßnahme einverstanden erklären oder sich gegen das beabsichtigte Disziplinarmaß aussprechen, indem sie stattdessen ein konkretes milderes/strengeres Maß vorschlägt, sich für eine mildere/strengere Maßnahme ausspricht, ohne eine aus ihrer Sicht angemessene Höhe zu benennen, oder schließlich eine Disziplinarmaßnahme insgesamt für nicht angebracht hält. Im letzteren Fall empfiehlt es sich, dass die Vertrauensperson gleichwohl zum beabsichtigten Disziplinarmaß zumindest hilfsweise Stellung nimmt.
- Im **dritten Schritt** ist die Stellungnahme mit der Vertrauensperson zu erörtern. Der Inhalt der Erörterung ist zu protokollieren.

1229. Schließlich haben die Disziplinarvorgesetzten den Soldatinnen oder Soldaten das Ergebnis der Anhörung der Vertrauensperson mitzuteilen und ihnen Gelegenheit zu geben, dazu Stellung zu nehmen. Dabei ist Folgendes zu berücksichtigen:

- Wollen die Disziplinarvorgesetzten trotz der abweichenden Stellungnahme der Vertrauensperson das ursprünglich beabsichtigte Disziplinarmaß verhängen, sind die Anforderungen an das Anhörungsverfahren gewahrt.
- Das Gleiche gilt, wenn die Disziplinarvorgesetzten zwar unter Berücksichtigung der Stellungnahme der Vertrauensperson nicht mehr am ursprünglichen Disziplinarmaß festhalten, das nunmehr beabsichtigte Disziplinarmaß allerdings bereits mit der Vertrau-

ensperson im Rahmen des Anhörungsverfahrens erörtert und dies dokumentiert wurde.

- Wollen die Disziplinarvorgesetzten allerdings nach Anhörung der Vertrauensperson eine Disziplinarmaßnahme verhängen, die noch nicht im Anhörungsverfahren erörtert wurde, müssen sie vor dem Schlussgehör der Soldatin bzw. des Soldaten **erneut** die Vertrauensperson zu diesem nunmehr beabsichtigten Disziplinarmaß anhören.

1230. Eine unvollständige oder sogar unterbliebene Anhörung führt zur Rechtswidrigkeit der Disziplinarverfügung. Die Anhörung kann auch nicht mehr im Beschwerdeverfahren nachgeholt werden. Disziplinarmaßnahmen, die unter Verletzung des Anhörungserfordernisses verhängt wurden, sind in einem etwaigen Beschwerdeverfahren aufzuheben.

1.20.2 Disziplinare Ahndung von Dienstvergehen der Vertrauenspersonen bzw. der eingetretenen Stellvertreterinnen und Stellvertreter

1231. Nach § 15 Absatz 2 Satz 1 des SBG, § 29 Absatz 1 Satz 3 und § 30 Absatz 1 Nummer 3 der WDO sind für die disziplinare Ahndung von Dienstvergehen der Vertrauenspersonen die nächsthöheren Disziplinarvorgesetzten zuständig. Sind die Vertrauenspersonen für den Bereich der nächsthöheren Disziplinarvorgesetzten gewählt worden, geht die Zuständigkeit nach § 15 Absatz 2 Satz 2 SBG auf deren nächste Disziplinarvorgesetzte über.

1232. Die in Nummer 1231 dargestellten Zuständigkeitsregeln gelten entsprechend hinsichtlich der Stellvertreterinnen oder Stellvertreter der Vertrauenspersonen, wenn diese wegen Verhinderung der Vertrauensperson deren Amt tatsächlich wahrnehmen (im Folgenden: Vertretungsfall) – entweder, weil das Amt der Vertrauensperson ruht oder vorzeitig endet (§ 14 Absatz 1 SBG) oder weil die Vertrauensperson an der Ausübung ihres Amtes verhindert ist (§ 14 Absatz 2 SBG).[1] Das bedeutet zunächst, dass eine disziplinare Ahndung während des Vertretungsfalls durch die nach Nummer 1231 zuständigen Disziplinarvorgesetzten zu erfolgen hat. Diese Disziplinarvorgesetzten bleiben für die disziplinare Ahndung von Dienstvergehen, die von Stellvertreterinnen oder Stellvertretern während des Vertretungsfalls begangen worden sind, auch zuständig, wenn der Vertretungsfall beendet ist. Dies gilt unabhängig davon, wann das Dienstvergehen bekannt und disziplinar geahndet wird. Andernfalls könnte das Vertrauensverhältnis zwischen den

[1] Vgl. zum Vertretungsfall ausführlich: Nummer 222 der **Zentralen Dienstvorschrift A-1472/1.**

nächsten Disziplinarvorgesetzten und den Stellvertreterinnen und Stellvertretern nachhaltig gestört werden.

1233. Die nach Nummer 1231 zuständigen Disziplinarvorgesetzten können nach pflichtgemäßem Ermessen Offiziere mit der Aufklärung des Sachverhalts beauftragen. Dabei können sie auf die Ermittlungen jederzeit Einfluss nehmen. Um das Vertrauensverhältnis zwischen den Vertrauenspersonen bzw. deren Stellvertreterinnen und Stellvertretern und den nächsten Disziplinarvorgesetzten nicht zu gefährden, empfiehlt es sich, nicht die nächsten Disziplinarvorgesetzten mit der Aufklärung des Sachverhalts zu betrauen.

1234. Die nach Nummer 1231 zuständigen Disziplinarvorgesetzten sind auch für die Entscheidung über die Abgabe an die Staatsanwaltschaft nach § 33 Absatz 3 WDO zuständig.

1235. Die Zuständigkeit der bzw. des nächsten Disziplinarvorgesetzten für die Erteilung förmlicher Anerkennungen bleibt unberührt. Zur Zuständigkeit für die Anwendung erzieherischer Maßnahmen siehe **Zentrale Dienstvorschrift A-1472/1 „Beteiligung durch Vertrauenspersonen“.**

1236. Die Nummern 1231 bis 1235 gelten für Soldatenvertreterinnen oder Soldatenvertreter im örtlichen Personalrat nach § 62 Absatz 3 Satz 2 SBG in Verbindung mit § 15 Absatz 2 SBG entsprechend.

1.20.3 Spannungsfeld zwischen Anhörungserfordernis und Beschleunigungsgebot

1237. Beabsichtigen Disziplinarvorgesetzte gegen Soldatinnen oder Soldaten eine Disziplinarmaßnahme zu verhängen, ist die zuständige Vertrauensperson anzuhören, außer im Fall der ausdrücklichen Ablehnung der Soldatin oder des Soldaten. Die Beteiligung der Vertrauensperson ist ein weiterer Verfahrensschritt, der eine disziplinare Ahndung verzögern kann.

1238. Grundsätzlich rechtfertigt der Beschleunigungsgrundsatz nach § 17 Absatz 1 WDO nicht, die gebotene Beteiligung der Vertrauensperson zu unterlassen, z. B. weil sie nicht unmittelbar erreichbar oder kurzfristig verhindert ist.

1239. Können über einen längeren Zeitraum weder die Vertrauensperson noch ihre Stellvertreterinnen oder Stellvertreter angehört werden, beispielsweise weil die Wahl der Vertrauensperson erst noch organisiert und durchgeführt werden muss, unterbleibt die Anhörung der Vertrauensperson. Ein Abwarten der Wahl widerspräche dem Beschleunigungsgrundsatz des § 17 Absatz 1 WDO. Wird die Vertrauensperson nicht angehört, haben Disziplinarvorgesetzte allerdings den Grund für die unterbliebene Beteiligung der Vertrauensperson aktenkundig zu machen.

j) – zzt. unbesetzt –

C

k) Absehen von einer einfachen Disziplinarmaßnahme

A-2160/6, Abschnitt 1.23

1.23 Absehen von einer einfachen Disziplinarmaßnahme

1243. Nach Abschluss der disziplinaren Ermittlungen müssen Disziplinarvorgesetzte gemäß § 33 Absatz 1, § 35 und § 36 Absatz 1 der Wehrdisziplinarordnung (WDO) entscheiden, ob sie eine Disziplinarmaßnahme verhängen, von einer disziplinaren Ahndung absehen oder es bei einer erzieherischen Maßnahme belassen wollen.

1244. Disziplinarvorgesetzte haben von einer disziplinaren Ahndung abzusehen, wenn:

- sich durch die Ermittlungen ein Dienstvergehen nicht hat feststellen lassen (für diesen Fall wird die Verwendung des Formblattes nach dem Muster von Abschnitt 3.6.6 empfohlen) oder
- sie die Verhängung einer Disziplinarmaßnahme nicht für zulässig (z. B. weil nach Ablauf von sechs Monaten gemäß § 17 Absatz 2 WDO eine einfache Disziplinarmaßnahme nicht mehr verhängt werden darf oder einer einfachen Disziplinarmaßnahme das Verhängungsverbot nach § 16 Absatz 1 WDO entgegensteht) oder
- nicht für angebracht halten (für die Fälle des zweiten und dritten Spiegelstrichs wird die Verwendung des Formblattes nach dem Muster von Abschnitt 3.6.7 empfohlen).

1245. Nach § 36 Absatz 1 WDO haben Disziplinarvorgesetzte ihre Entscheidungen den Soldatinnen oder Soldaten bekannt zu geben, wenn diese zuvor gehört wurden. Dies setzt eine Anhörung im Rahmen disziplinarer Ermittlungen voraus. Unerheblich ist insoweit, ob es sich um eine förmliche Anhörung im Rahmen einer Vernehmung „als Soldatin" oder „als Soldat" oder um eine formlose, ggf. mündliche Anhörung handelt. Informieren Disziplinarvorgesetzte die Soldatin oder den Soldaten außerhalb einer Anhörung über die laufenden disziplinaren Ermittlungen, sollten sie allerdings die Soldatin oder den Soldaten aus Fürsorgegründen auch über das Ergebnis der Ermittlungen in Kenntnis setzen.

1246. Entscheiden sich Disziplinarvorgesetzte nach Abschluss ihrer Ermittlungen von einer disziplinaren Ahndung abzusehen, ist die Anhörung der Vertrauensperson nicht erforderlich.

1247. Da § 36 Absatz 1 WDO die Form der Bekanntgabe nicht näher regelt, können Disziplinarvorgesetzte ihre Entscheidung gegenüber den Soldatinnen oder Soldaten, gegen die die Ermittlungen geführt wurden, grundsätzlich mündlich oder schriftlich mitteilen (die Verwendung der Formblätter nach den Mustern der Abschnitte 3.6.6 und 3.6.7 wird allerdings empfohlen).

1248. Hat sich ein Dienstvergehen nicht feststellen lassen (vgl. Nummer 1244, 1. Aufzählung), empfiehlt sich aus Fürsorgegründen gleichwohl, das Ergebnis der Ermittlungen kurz schriftlich mitzuteilen (s. o.).

1249. Sehen Disziplinarvorgesetzte dagegen von einer disziplinaren Ahndung ab, weil sie eine solche nicht für zulässig oder angebracht halten (vgl. Nummer 1244, 2. und 3. Aufzählung), ist damit zugleich die Feststellung verbunden, dass die Soldatin oder der Soldat ein Dienstvergehen begangen hat. Gegen diese Feststellung, ein Dienstvergehen begangen zu haben, können sich Soldatinnen und Soldaten beschweren (§ 1 der Wehrbeschwerdeordnung in Verbindung mit § 42 WDO). In diesen Fällen gilt Folgendes:

- Teilen Disziplinarvorgesetzte dem Soldaten bzw. der Soldatin das Absehen von einer Disziplinarmaßnahme mündlich mit, haben sie darüber einen Aktenvermerk zu erstellen und zu ihrer Vorermittlungsakte zu nehmen. Auf Verlangen des Soldaten bzw. der Soldatin haben Disziplinarvorgesetzte den Tatvorwurf des Dienstvergehens (Ort, Zeit und Sachverhalt) schriftlich niederzulegen und auszuhändigen (vgl. Muster in Abschnitt 3.6.6 „Absehen unter Feststellung eines Dienstvergehens im einfachen Disziplinarverfahren“).
- Sehen Disziplinarvorgesetzte dagegen von der Verhängung einer Disziplinarmaßnahme unter Feststellung eines Dienstvergehens schriftlich ab, empfiehlt sich die Verwendung des Musters in Abschnitt 3.6.6. Zuvor ist die Soldatin oder der Soldat gemäß § 32 Absatz 5 Satz 1 WDO zu hören. Nach der **Zentralen Dienstvorschrift A-1480/6 „Führung der Personalakten der Soldaten und der Personalunterlagen mit Personalaktenqualität“**, Nummer 219, ist die schriftliche Mitteilung über das Absehen dann zur Personalakte zu nehmen, wenn ihr Bedeutung für die Dauer der vorgesehenen Aufbewahrungsfrist für die weitere Verwendung der Soldatin oder des Soldaten zukommt.

1250. Nach § 36 Absatz 2 WDO können Disziplinarvorgesetzte den Fall nur dann erneut aufgreifen, wenn erhebliche neue Tatsachen oder Beweismittel bekannt geworden sind. Dies können beispielsweise Zeugenaussagen, Gutachten oder Urkunden sein. Allerdings ist auch in diesem Fall zu berücksichtigen, dass einfache Disziplinarmaßnahmen nach Ablauf von sechs Monaten nach dem Dienstvergehen gemäß § 17 Absatz 2 WDO nicht mehr verhängt werden dürfen.

l) – zzt. unbesetzt –

m) Berücksichtigung des Gebots der einheitlichen Ahndung mehrerer Dienstpflichtverletzungen im Rahmen der Beschwerdeentscheidung

A-2160/6, Abschnitt 2.9

2.9 Berücksichtigung des Gebots der einheitlichen Ahndung mehrerer Dienstpflichtverletzungen im Rahmen der Beschwerdeentscheidung

2032. Nach § 18 Absatz 2 der Wehrdisziplinarordnung (WDO) sind mehrere Pflichtverletzungen von (früheren) Soldatinnen und Soldaten, über die gleichzeitig entschieden werden kann, als ein Dienstvergehen zu ahnden. Dieses Gebot der einheitlichen Ahndung von Dienstvergehen ist auch zu berücksichtigen, wenn die für die Beschwerdeentscheidung zuständigen Disziplinarvorgesetzten die Disziplinarmaßnahmen aufheben und stattdessen – unter Berücksichtigung des Verbots der Schlechterstellung nach § 42 Nummer 6 WDO – eine neue Disziplinarmaßnahme verhängen wollen. Im Einzelnen werden dazu folgende Hinweise gegeben:

2033. Werden mehrere entscheidungsreife Pflichtverletzungen entgegen § 18 Absatz 2 WDO getrennt geahndet und wird gegen jede der Disziplinarmaßnahmen Beschwerde eingelegt, müssen alle Disziplinarmaßnahmen, sofern gleichzeitig über sie entschieden werden kann, in **einem** Beschwerdebescheid aufgehoben werden. Zugleich ist unter Beachtung des § 18 Absatz 2 WDO auf eine Disziplinarmaßnahme für alle Pflichtverletzungen zu erkennen. Diese darf jedoch wegen des Verbotes der Schlechterstellung nach Art und Höhe nicht über die schwerste der angefochtenen Disziplinarmaßnahmen hinausgehen.

Beispiel:

Unteroffizier U begeht drei Pflichtverletzungen. Diese werden getrennt nacheinander mit einem strengen Verweis, einer Disziplinarbuße von 50 Euro und einer 14-tägigen verschärften Ausgangsbeschränkung geahndet, obwohl bereits im Zeitpunkt der Verhängung des strengen Verweises alle drei Pflichtverletzungen entscheidungsreif waren. Im Beschwerdebescheid sind alle drei Disziplinarmaßnahmen wegen eines Verstoßes gegen das Gebot der einheitlichen Ahndung von Dienstvergehen aufzuheben. Als neue

Disziplinarmaßnahme darf höchstens eine 14-tägige verschärfte Ausgangsbeschränkung verhängt werden.[1]

2034. Nummer 2033 gilt entsprechend, wenn nur gegen eine oder mehrere der entgegen § 18 Absatz 2 WDO getrennt verhängten Disziplinarmaßnahmen Beschwerde eingelegt wird. Die anstelle der angefochtenen Disziplinarmaßnahmen im Beschwerdeverfahren (neu) zu verhängende Disziplinarmaßnahme sollte nach Art und Höhe so bemessen werden, dass sie die bestandskräftige Maßnahme im Sinne einer einheitlichen Ahndung berücksichtigt.

Beispiel:

Unteroffizier U legt nur gegen den strengen Verweis und die 14-tägige verschärfte Ausgangsbeschränkung Beschwerde ein. Die Disziplinarbuße wird unanfechtbar. Im Beschwerdebescheid müssen die beiden angefochtenen Disziplinarmaßnahmen wegen eines Verstoßes gegen das Gebot der einheitlichen Ahndung von Dienstvergehen aufgehoben werden. Als neue Disziplinarmaßnahme darf höchstens eine 14-tägige verschärfte Ausgangsbeschränkung verhängt werden. Zudem sollte geprüft werden, ob bei Bemessung der neuen Disziplinarmaßnahme die unanfechtbare Disziplinarbuße zugunsten des Unteroffizier U berücksichtigt wird, entweder durch Verkürzung der Dauer oder durch Verzicht auf die Verschärfung bei Beibehaltung der Dauer.

2035. Eine andere Konstellation liegt dagegen vor, wenn über Beschwerden gegen mehrere Disziplinarmaßnahmen entschieden werden soll, die unter Beachtung des Gebots der einheitlichen Ahndung verhängt worden sind. Sollen in diesem Fall anstelle der angefochtenen Disziplinarmaßnahmen neue Disziplinarmaßnahmen verhängt werden, sind die jeder Disziplinarmaßnahme zu Grunde liegenden Pflichtverletzungen nach § 42 Nummer 10 WDO jeweils für sich als ein Dienstvergehen zu ahnden.

Beispiel:

Unteroffizier U wird mit 14 Tagen verschärfter Ausgangsbeschränkung gemaßregelt. **Nach der Verhängung** dieser Disziplinarmaßnahme begeht er erneut ein Dienstvergehen, das mit einer Disziplinarbuße in Höhe von 150 Euro geahndet wird. Unteroffizier U

[1] Das gilt auch dann, wenn die Disziplinarbuße und die verschärfte Ausgangsbeschränkung jeweils wegen unerlaubter Abwesenheit von der Truppe verhängt worden sind. Eine nachträgliche Zusammenziehung beider Maßnahmen nach §22 Absatz 2 Nummer 2 WDO ist nicht zulässig.

legt gegen beide Disziplinarmaßnahmen form- und fristgerecht Beschwerde ein. Jede Beschwerde ist unabhängig von der anderen zu entscheiden.[1] Werden beide Disziplinarmaßnahmen aufgehoben und sollen neue Disziplinarmaßnahmen verhängt werden, ist § 18 Absatz 2 WDO nicht anzuwenden, d. h. im ersten Fall darf keine strengere Disziplinarmaßnahme als eine 14-tägige Ausgangsbeschränkung, im zweiten Fall keine strengere Disziplinarmaßnahme als eine Disziplinarbuße in Höhe von 150 Euro verhängt werden.

2036. Sind entgegen § 18 Absatz 2 WDO mehrere Pflichtverletzungen getrennt geahndet worden und sind die Disziplinarmaßnahmen unanfechtbar geworden, können sie wegen Verstoßes gegen § 18 Absatz 2 WDO weder im Wege der Dienstaufsicht gemäß § 46 WDO noch im Verfahren nach den §§ 44, 45 WDO aufgehoben werden.

2037. In Zweifelsfällen erteilen die Rechtsberaterinnen oder Rechtsberater Auskunft.

1 Das schließt indessen nicht aus, in geeigneten Fällen beide Entscheidungen in einem Beschwerdebescheid zusammenzufassen.

n) Auswirkung von Verfahrensverstößen auf den Bestand einer Disziplinarmaßnahme

A-2160/6, Abschnitt 1.36

1.36 Auswirkung von Verfahrensverstößen auf den Bestand einer Disziplinarmaßnahme

1334. Höhere Disziplinarvorgesetzte prüfen nach § 46 Absatz 1 Wehrdisziplinarordnung (WDO) **alle Disziplinarmaßnahmen** im Rahmen der Dienstaufsicht auf deren Rechtmäßigkeit. Eine weitergehende Prüfungspflicht besteht, wenn sich Soldatinnen oder Soldaten gegen Disziplinarmaßnahmen – mit Ausnahme von Disziplinararresten (vgl. § 42 Nummer 5 WDO) – beschweren. Prüfungsumfang und -maßstab unterscheiden sich insoweit, als im Rahmen der Dienstaufsicht nur die in § 46 Absatz 2 WDO abschließend aufgezählten Fälle zu überprüfen sind, während im Rahmen der Beschwerde umfassend bewertet wird, ob die Disziplinarmaßnahme zu Recht verhängt wurde und in ihrer Art und Höhe angemessen war.

1335. Stellen höhere Disziplinarvorgesetzte bei der Wahrnehmung der Dienstaufsicht fest, dass **ein Mangel im Sinne von § 46 Absatz 2 WDO** vorliegt, heben sie die Disziplinarmaßnahme von Amts wegen auf.

1336. Die Aufhebung im Wege der Dienstaufsicht geht der Beschwerdeentscheidung vor, d. h. mit Aufhebung der Disziplinarmaßnahme fehlt einer parallel eingelegten Beschwerde die Beschwer. Die Beschwerde ist somit als unzulässig zurückweisen. Zur Kostenentscheidung in diesem Fall siehe Abschnitt 2.17.2.4 (in Abschnitt 2.17 „Entscheidung über die notwendigen Aufwendungen und Kosten im vorgerichtlichen Beschwerdeverfahren gemäß § 16a der Wehrbeschwerdeordnung [Aufwendungserlass]).

1337. Wird eine Disziplinarmaßnahme nach § 46 Absatz 2 WDO aufgehoben, haben die zuständigen Disziplinarvorgesetzten gemäß § 46 Absatz 4 Satz 1 WDO zu prüfen, ob eine neue Disziplinarmaßnahme zulässig und angebracht ist. Für die Neuverhängung gilt das Verbot der Schlechterstellung nicht. Dies gilt auch, wenn sich Soldatinnen oder Soldaten gleichzeitig gegen die Disziplinarmaßnahme beschwert haben. Ihrem Rechtsschutzbedürfnis wird insoweit ausreichend Rechnung getragen, als sie sich erneut gegen die neuverhängte Disziplinarmaßnahme beschweren können. Da im Rahmen der Beschwerde auch geprüft wird, ob die neuverhängte Disziplinarmaßnahme nach Art und Höhe gerechtfertigt ist, sollten

Disziplinarvorgesetzte ihre Entscheidung der Verhängung einer neuerlichen schärferen Disziplinarmaßnahme nachvollziehbar begründen können.

1338. Stellen höhere Disziplinarvorgesetzte dagegen im Rahmen ihrer durch eine Beschwerde ausgelösten Prüfung Verstöße gegen Verfahrensvorschriften der WDO fest, die nicht in § 46 WDO genannt sind, so ist die Beschwerde nicht allein deshalb begründet. Die Verfahrensvorschriften der WDO bestehen nicht um ihrer selbst willen, sondern sollen materiell möglichst gerechte und angemessene Disziplinarmaßnahmen gewährleisten. Eine Aufhebung oder Abänderung einer verhängten Disziplinarmaßnahme ist daher nur geboten, wenn schwerwiegende Verfahrensverstöße vorliegen oder die Verfahrensverstöße die Entscheidungen der verhängenden Disziplinarvorgesetzten zum Nachteil der betroffenen Soldatinnen und Soldaten beeinflusst haben.

1339. Solch ein schwerer Verfahrensfehler liegt insbesondere vor, wenn die **Anhörung der Vertrauensperson unterblieben** ist oder nur **unzureichend durchgeführt** wurde. Dies ist beispielsweise der Fall, wenn der Vertrauensperson die beabsichtigte Disziplinarmaßnahme nach Art und Höhe nicht mitgeteilt oder ihre Anhörung nicht schriftlich protokolliert wurde oder keine Erörterung stattgefunden hat. Da die Anhörung im Beschwerdeverfahren weder ganz noch gegebenenfalls teilweise nachgeholt werden kann, führt dieser Fehler zur Rechtswidrigkeit der verhängten Disziplinarmaßnahme. Einer Beschwerde wäre insoweit stattzugeben.

1340. Andere Verfahrensfehler können im Beschwerdeverfahren geheilt werden. Das ist insbesondere der Fall, wenn der Sachverhalt entgegen § 32 Absatz 2 Satz 1 WDO vom Kompaniefeldwebel aufgeklärt wurde oder wenn entgegen § 32 Absatz 2 Satz 2 WDO Unteroffiziere Vernehmungen oder Kompaniefeldwebel die abschließende Anhörung nach § 32 Absatz 5 Satz 1 WDO durchgeführt haben. In diesen Fällen kann Sachverhaltsaufklärung oder Vernehmung sowohl durch die für die Beschwerdeentscheidung zuständigen Disziplinarvorgesetzten als auch durch beauftragte Offiziere nachgeholt werden (§ 10 Absatz 1 Satz 1 und 2 der Wehrbeschwerdeordnung). Hierbei ist auszuschließen, dass sich der Verfahrensfehler zu Lasten der Soldatin oder des Soldaten ausgewirkt hat, so dass die Beschwerde jedenfalls vor diesem Hintergrund unbegründet ist.

1341. Schließlich sind Verfahrensverstöße möglich, die zwar nicht heilbar sind, jedoch nicht so schwer wiegen, dass die Disziplinarmaßnahme bereits wegen dieses Verfahrensverstoßes aufzuheben oder abzuändern wäre. Das ist beispielsweise der Fall, wenn die Disziplinarvorgesetzten vor Ablauf der Nachtfrist im Sinne von § 37 Absatz 1 Satz 1 WDO eine Disziplinarmaßnahme verhängt haben. In diesen Fällen ist zu prüfen, ob sich der Verfahrensverstoß tatsächlich zu Lasten der gemaßregelten Soldatinnen oder Soldaten ausgewirkt hat. Stellen die für die Beschwerde zuständigen Disziplinarvorgesetzten danach ein Dienstvergehen fest und erweist sich die angefochtene Disziplinarmaßnahme nach Art und Höhe unter Berücksichtigung aller Umstände des Falles als zu Recht verhängt, weisen sie die Beschwerde gegen die Disziplinarmaßnahme trotz eines Verfahrensverstoßes zurück. Ist dies nicht der Fall, heben die Disziplinarvorgesetzten entsprechend dem Ergebnis ihrer Überprüfung die angefochtene Disziplinarmaßnahme auf oder ändern sie unter Beachtung von § 42 Nummer 6 WDO ab.

1342. Kein Verfahrensfehler im Sinne dieses Abschnittes liegt vor, wenn Soldatinnen oder Soldaten vernommen werden, ohne nach § 32 Absatz 4 WDO belehrt worden zu sein. Folge einer unterbliebenen oder unrichtig erteilten Belehrung ist ein Verwertungsverbot. Eine Verwertung der Aussage kommt nur in Betracht, wenn im Folgenden eine zutreffende Belehrung nach § 32 Absatz 4 WDO vorgenommen und zudem darauf hingewiesen wird, dass die erste Aussage nicht verwertet werden darf. Für die Entscheidung über die Beschwerde kommt es dabei darauf an, ob das Dienstvergehen anhand weiterer Beweismittel nachgewiesen werden kann. Stehen keine weiteren Beweismittel zur Verfügung, ist die Beschwerde begründet und die Disziplinarmaßnahme aufzuheben.

Disziplinarbefugnis

a) Disziplinarbefugnis von Offizieren

A-2160/6, Abschnitt 1.2

C

1.2 Disziplinarbefugnis von Offizieren

1.2.1 Erwerb der Disziplinarbefugnis

1001. Disziplinarbefugnis haben die Offiziere, denen sie nach der Wehrdisziplinarordnung (WDO) zusteht, und deren truppendienstliche Vorgesetzte sowie die Vorgesetzten in vergleichbaren Dienststellungen, denen sie durch die Bundesministerin bzw. den Bundesminister der Verteidigung verliehen worden ist. Disziplinarbefugnis steht darüber hinaus den Offizieren zu, die sich nach Feststellung durch die Bundesministerin bzw. den Bundesminister der Verteidigung in einer entsprechenden Dienststellung befinden. Die Disziplinarbefugnis kann demnach kraft Gesetzes, durch Feststellung oder durch Verleihung erworben werden. Für die Bundesministerin bzw. den Bundesminister der Verteidigung weist das zuständige Fachreferat in der Abteilung Recht die Disziplinarbefugnis auf Antrag gemäß **Bereichserlass D-500/33 „Organisatorische Ausgestaltung von Vorgesetztenverhältnissen und Disziplinarbefugnissen“** zu.

1.2.2 Disziplinarbefugnis kraft Gesetzes

1002. Die Disziplinarbefugnis von Kompaniechefinnen und Kompaniechefs, Bataillonskommandeurinnen und Bataillonskommandeuren sowie der Offiziere von Regimentskommandeurinnen und Regimentskommandeuren sowie Brigadekommandeurinnen und Brigadekommandeuren an aufwärts ergibt sich unmittelbar aus § 28 Absatz 1 Satz 2 der WDO. Einer besonderen Feststellung oder Verleihung bedarf es in diesem Fall nicht.

1.2.3 Disziplinarbefugnis kraft Feststellung

1003. Nach § 28 Absatz 1 Satz 3 WDO stellt die Bundesministerin bzw. der Bundesminister der Verteidigung fest, welche Vorgesetzten sich in einer der Kompaniechefin/Bataillons-/Regimentskommandeurin oder dem Kompaniechef/Bataillons-/Regimentskommandeur oder höheren truppendienstlichen Vorgesetzten entsprechenden Dienststellung befinden, ohne deren Dienststellungsbezeichnung zu führen. Dies sind beispielsweise die Staffelchefin oder der Staffelchef, die Batteriechefin oder der Batteriechef oder die Kommandeurin oder der Kommandeur einer Fliegenden Gruppe.

1004. Nach § 31 Absatz 1 Satz 2 WDO wird weiterhin von der Bundesministerin bzw. dem Bundesminister der Verteidigung festgestellt, welche Offiziere im Einzelfall in ihrer Eigenschaft als örtliche Befehlshaberin bzw. örtlicher Befehlshaber oder als Führerin bzw. Führer von besonders zusammengestellten Abteilungen oder als Offiziere in ähnlichen Dienststellungen Disziplinarbefugnis haben.[1] Die Stufe der Disziplinarbefugnis richtet sich nach ihrem Dienstgrad. Diese „Notdisziplinarbefugnis" ist jedoch in zweierlei Hinsicht beschränkt. Einerseits besteht sie nach § 31 Absatz 3 Satz 1 WDO nur, wenn die militärische Disziplin ein sofortiges Einschreiten erfordert und die an sich zuständigen Disziplinarvorgesetzten dazu nicht erreichbar sind. Andererseits besteht diese Befugnis nur innerhalb der jeweiligen Befehlsbefugnis.

1005. In beiden Fällen bedarf es allerdings erst der ausdrücklichen und konkreten Feststellung durch die Bundesministerin bzw. den Bundesminister der Verteidigung, bevor die Disziplinarvorgesetzten die Disziplinarbefugnis wirksam ausüben können.

1.2.4 Disziplinarbefugnis kraft Verleihung

1006. Auf Grund des § 27 Absatz 1 Satz 1 WDO wird Disziplinarbefugnis an diejenigen Vorgesetzten verliehen, die sich in einer der Kompaniechefin/Bataillons-/Regimentskommandeurin oder dem Kompaniechef/Bataillons-/Regimentskommandeur oder höheren truppendienstlichen Vorgesetzten vergleichbaren Dienststellung befinden. Dies können beispielsweise die Stabszugführerin oder der Stabszugführer, die Chefin oder der Chef des Stabes oder die Inspektionschefin oder der Inspektionschef sein.

1007. Im Zusammenhang mit einer besonderen Auslandsverwendung wird den jeweiligen Dienststellenleiterinnen oder Dienststellenleitern im Einsatz ebenfalls im Einzelfall insoweit Disziplinarbefugnis verliehen, als die Dienststellung der einer Kompaniechefin/Bataillons-/Regimentskommandeurin oder eines Kompaniechefs/Bataillons-/Regimentskommandeurs vergleichbar ist und der personelle Umfang der Dienststelle die Verleihung von Disziplinarbefugnis rechtfertigt.

---

[1] Beispiel: Führer bzw. Führerin eines Feldjägerdienstkommandos.

1.2.5 Umfang der Disziplinarbefugnis

1008. Nach § 28 Absatz 1 WDO wird die Befugnis, Disziplinarmaßnahmen zu verhängen, in drei Stufen eingeteilt[1]:

- Auf der **ersten Stufe** kann die Kompaniechefin bzw. der Kompaniechef oder ein Offizier in entsprechender Dienststellung gegenüber Unteroffizieren und Mannschaften einen Verweis, einen strengen Verweis, eine Disziplinarbuße und eine Ausgangsbeschränkung sowie einen Disziplinararrest bis zu sieben Tagen und gegenüber Offizieren einen Verweis verhängen.
- Auf der **zweiten Stufe** kann eine Bataillonskommandeurin bzw. ein Bataillonskommandeur oder ein Offizier in entsprechender Dienststellung gegenüber Unteroffizieren und Mannschaften alle einfachen Disziplinarmaßnahmen und gegenüber Offizieren alle einfachen Disziplinarmaßnahmen mit Ausnahme des Disziplinararrestes verhängen.
- Auf der **dritten Stufe** können die Bundesministerin bzw. der Bundesminister der Verteidigung sowie Offiziere von der Regimentskommandeurin bzw. dem Regimentskommandeur an aufwärts oder Offiziere in entsprechender Dienststellung gegenüber allen unterstellten Soldatinnen und Soldaten alle einfachen Disziplinarmaßnahmen verhängen.

1.2.6 Offiziere mit Disziplinarbefugnis

1009. Die aktuellen Informationen, ob und ggf. welche Stufe der Disziplinarbefugnis ein Offizier besitzt, können über das **Informationssystem Organisationsgrundlagen** im IntranetBw abgerufen werden. Von einem Abdruck wird daher an dieser Stelle abgesehen. Wird die Information im **Informationssystem Organisationsgrundlagen** (vorübergehend) nicht bereit gestellt, erteilt das Bundesministerium der Verteidigung – R II 1 – außer in den Fällen von Nummer 1010 Auskunft.

1010. Die deutschen Einsatzkontingente sind derzeit nicht im **Informationssystem Organisationsgrundlagen** abgebildet. Auskünfte zu allen Fragen zur Disziplinarbefugnis in den deutschen Einsatzkontingenten erteilt das Einsatzführungskommando der Bundeswehr.

[1] Die Stufen der Disziplinarbefugnis sind auch bei der Kombination von Disziplinarmaßnahmen nach § 22 Absatz 2 WDO, z. B. Disziplinararrest und Ausgangsbeschränkung, zu beachten.

b) Disziplinarbefugnis im Vertretungsfall

A-2160/6, Abschnitt 1.3

1.3 Disziplinarbefugnis im Vertretungsfall

1011. Die Disziplinarbefugnis ist an die Dienststellung gebunden und kann nicht übertragen werden. Sie geht nach § 27 Absatz 2 der Wehrdisziplinarordnung (WDO) im Vertretungsfall von selbst auf die Stellvertreterin oder den Stellvertreter im Kommando über.

1012. Ein Vertretungsfall liegt vor, wenn Disziplinarvorgesetzte an der Ausübung der Disziplinarbefugnis tatsächlich gehindert sind (z. B. Krankheit, Urlaub). Sie sind auch dann verhindert, wenn sie zwar im Dienst, aber nicht in Ausübung der Dienststellung als Disziplinarvorgesetzte tätig sind (z. B. bei Kommandierung zu einem Lehrgang). Die dienstliche Abwesenheit begründet dagegen keinen Vertretungsfall, solange sich der oder die Disziplinarvorgesetzte in Ausübung seiner oder ihrer Dienststellung befindet (z. B. Dienstreise). Ebenfalls liegt kein Vertretungsfall vor, wenn Disziplinarvorgesetzte aus rechtlichen Gründen ihre Disziplinarbefugnis nicht ausüben dürfen (vgl. § 30 WDO); zuständig sind in den dort genannten Fällen jeweils die nächsthöheren Disziplinarvorgesetzten.

1013. Für den Vertretungsfall ist von höheren Vorgesetzten oder der Inhaberin oder dem Inhaber der Dienststellung eine Vertretungsregelung vorzusehen, soweit nicht ständige Vertreterinnen oder ständige Vertreter bestimmt sind. Diese treten im Vertretungsfall von selbst in die Dienststellung ein, soweit sie nicht ihrerseits an der Ausübung der Disziplinarbefugnis gehindert sind.

1014. Tritt ein Vertretungsfall ein, ohne dass eine Vertreterin oder ein Vertreter im Vorfeld bestimmt ist, übernehmen die jeweils dienstranghöchsten, bei gleichem Dienstgrad die dienstrangältesten Offiziere, bei gleichem Dienstrangalter die lebensältesten Offiziere die militärische Kommandogewalt. Sie haben unverzüglich eine Entscheidung der nächsthöheren Disziplinarvorgesetzten über die Vertretungsregelung herbeizuführen.

1015. Die Vertreterin oder der Vertreter rückt in die Dienststellung der bzw. des Vertretenen ein und zeichnet mit einem die Vertretung kennzeichnenden Zusatz (z. B. „in Vertretung" oder „i. V. Oberstleutnant Meier, Bataillonskommandeur").

c) Handhabung der Disziplinarbefugnis bei Soldatinnen und Soldaten des Sanitätsdienstes

A-2160/6, Abschnitt 1.4

1.4 Handhabung der Disziplinarbefugnis bei Soldatinnen und Soldaten des Sanitätsdienstes

1016. Verstöße von Ärztinnen und Ärzten sowie Zahnärztinnen und Zahnärzten gegen ihre ärztlichen Pflichten werden nach § 27 Absatz 3 Satz 1 der Wehrdisziplinarordnung (WDO) durch vorgesetzte Sanitätsoffiziere geahndet[1]. Diese Sonderregelung soll gewährleisten, dass Verstöße gegen die ärztlichen Pflichten grundsätzlich approbationsbezogen und somit sachkundig beurteilt werden. Nach § 27 Absatz 3 Satz 2 WDO sind vorgesetzte Sanitätsoffiziere auch befugt, Verstöße gegen sonstige Pflichten disziplinar zu ahnden, wenn diese mit dem Verstoß gegen die ärztlichen Pflichten zusammentreffen. Ein solches Zusammentreffen ist anzunehmen, wenn die Pflichtenverstöße in einem natürlichen, d. h. zeitlichen, örtlichen oder inhaltlichen Zusammenhang stehen und so eine Handlungseinheit darstellen, bei der eine getrennte Behandlung der Pflichtverletzungen nicht oder nur schwer durchzuführen wäre. Lässt sich dagegen bei natürlicher Betrachtungsweise der Verstoß gegen sonstige Pflichten ohne Weiteres vom Verstoß gegen die ärztlichen Pflichten abgrenzen, sind nach den allgemeinen Grundsätzen die truppendienstlichen Disziplinarvorgesetzten[2] zur Ahndung dieser Pflichtverletzungen zuständig. Die betroffenen Ärztinnen bzw. Ärzte sowie Zahnärztinnen bzw. Zahnärzte erhalten dadurch keine zwei Disziplinarvorgesetzten. Die Disziplinarbefugnis wird vielmehr nur aufgeteilt. Abhängig von der zu Grunde liegenden Pflichtverletzung sind entweder die truppendienstlichen Vorgesetzten oder die vorgesetzten Sanitätsoffiziere für die disziplinare Ahndung zuständig.

1017. Sind zur Ahndung Sanitätsoffiziere als fachliche Disziplinarvorgesetzte zuständig, sollen sie vor Verhängung der Disziplinarmaßnahme die nächste truppendienstliche Vorgesetzte bzw. den nächsten truppendienstlichen Vorgesetzten der Soldatin bzw. des

---

[1] Die Beschränkung auf Ärztinnen und Ärzte und Zahnärztinnen und Zahnärzte folgt zwar nicht unmittelbar aus dem Wortlaut, ergibt sich allerdings aus der Systematik der WDO, z. B. § 74 Absatz 2 Satz 2 WDO.

[2] Im Rahmen dieser Regelung stehen Vorgesetzte nach § 3 der Verordnung über die Regelung des militärischen Vorgesetztenverhältnisses, denen Disziplinarbefugnis verliehen wurde, den truppendienstlichen Disziplinarvorgesetzten gleich.

Soldaten anhören. Diese Anhörung der truppendienstlichen Vorgesetzten wird sich regelmäßig auf deren bzw. dessen Persönlichkeit und die bisherige Führung beschränken können.

1018. Sind truppendienstliche Disziplinarvorgesetzte zur disziplinaren Erledigung des Dienstvergehens zuständig, sollen diese vor der Entscheidung die jeweils nächsten vorgesetzten Sanitätsoffiziere der Soldatin bzw. des Soldaten hören. Diese Anhörung sollte sich auf die im Rahmen der Maßnahmebemessung relevanten Aspekte zur Person, zur Führung und zu den fachlichen/dienstlichen Leistungen beziehen, die von den vorgesetzten Sanitätsoffizieren besser beurteilt werden können als von den truppendienstlichen Disziplinarvorgesetzten.

1019. Die truppendienstlichen Disziplinarvorgesetzten sind verpflichtet, die vorgesetzten Sanitätsoffiziere gleicher Approbation bei Dienstvergehen von Sanitätsoffizieren, die keine Ärztinnen oder Ärzte sowie Zahnärztinnen oder Zahnärzte sind, anzuhören, sobald deren Pflichtverletzung im Zusammenhang mit deren fachlicher Tätigkeit steht. Dies gilt auch bei Dienstvergehen von Offizieren des militärfachlichen Dienstes sowie von Unteroffizieren und Mannschaften des Sanitätsdienstes.

C

Vollstreckung

a) Verordnung über den Vollzug von Freiheitsstrafe, Strafarrest, Jugendarrest und Disziplinararrest durch Behörden der Bundeswehr (Bundeswehrvollzugsordnung – BwVollzO)

Vom 29. November 1972

(BGBl. I 1972 S. 2205; 1976 S. 605)

Auf Grund des Artikels 7 des Einführungsgesetzes zum Wehrstrafgesetz vom 30. März 1957 (Bundesgesetzbl. I S. 306) und des § 115 des Jugendgerichtsgesetzes vom 4. August 1953 (Bundesgesetzbl. I S. 751), beide zuletzt geändert durch das Gesetz zur Neuordnung des Wehrdisziplinarrechts vom 21. August 1972 (Bundesgesetzbl. I S. 1481), wird von der Bundesregierung mit Zustimmung des Bundesrates und

auf Grund des § 49 Abs. 4 der Wehrdisziplinarordnung in der Fassung der Bekanntmachung vom 4. September 1972 (Bundesgesetzbl. I S. 1665) von dem Bundesminister der Verteidigung verordnet:

§ 1 Geltungsbereich

Diese Verordnung gilt für den Vollzug von Freiheitsstrafe, Strafarrest und Jugendarrest sowie für den Vollzug von Disziplinararrest an Soldaten durch Behörden der Bundeswehr.

§ 2 Behandlungsgrundsatz

(1) Im Vollzug soll die Bereitschaft des Soldaten gefördert werden, ein gesetzmäßiges Leben zu führen, namentlich seine soldatischen Pflichten zu erfüllen.

(2) Der Soldat nimmt in der Regel am Dienst teil.

§ 3 Vollzugseinrichtungen

(1) Der Vollzug wird in militärischen Anlagen und Einrichtungen und, soweit der Soldat am Dienst teilnimmt, bei einer militärischen Einheit oder Dienststelle durchgeführt.

(2) Der Soldat wird von anderen Soldaten getrennt in einem Arrestraum untergebracht, soweit er nicht wegen der Teilnahme am

Dienst oder wegen seiner Beschäftigung außerhalb des Arrestraumes eingesetzt wird.

§ 4 Vollzugsleiter und Vollzugshelfer

(1) Die Vollzugsbehörden der Bundeswehr bestellen Vollzugsleiter und Vollzugshelfer; der Vollzugsleiter und die Vollzugshelfer sind für die Dauer des Vollzuges Vorgesetzte des Soldaten nach § 3 der Verordnung über die Regelung des militärischen Vorgesetztenverhältnisses.

(2) Der Vollzugsleiter ist für die ordnungsgemäße Durchführung des Vollzuges verantwortlich; er trifft die im Rahmen des Vollzuges erforderlichen Entscheidungen.

(3) Die Vollzugshelfer unterstützen den Vollzugsleiter nach dessen Weisungen in der Durchführung des Vollzuges.

§ 5 Dauer der Freiheitsentziehung

(1) Die Dauer der Freiheitsentziehung wird nach Tagen berechnet; dabei ist die Woche mit sieben Tagen, der Monat nach der Kalenderzeit zu berechnen.

(2) Der Tag, an dem sich der Soldat zum Vollzug meldet, und der Tag, an dem er entlassen wird, sind voll anzurechnen; das gleiche gilt, wenn der Vollzug unterbrochen wird.

(3) Der Freizeitarrest beginnt am Sonnabend um 8.00 Uhr und endet am Montag eine Stunde vor Dienstbeginn.

(4) Wird Freiheitsstrafe, Strafarrest oder Jugendarrest vollzogen und fällt der Entlassungszeitpunkt auf den ersten Werktag nach Ostern oder Pfingsten oder in die Zeit vom 22. Dezember bis zum 2. Januar, so kann der Soldat an dem diesem Tag oder Zeitraum vorhergehenden Werktag entlassen werden, wenn dies nach der Länge der Freiheitsentziehung vertretbar ist und keine Nachteile für die Disziplin zu besorgen sind.

§ 6 Vollzugsplan

Der Vollzugsleiter hat einen auf die Persönlichkeit des Soldaten ausgerichteten Vollzugsplan zu erstellen, soweit dies wegen der Teilnahme des Soldaten am Dienst oder wegen seiner Beschäftigung geboten erscheint. Der Vollzugsplan ist dem Soldaten zu eröffnen. Die Anordnungen im Vollzugsplan können widerrufen oder geändert werden, soweit die Persönlichkeit des Soldaten, die Sicherheit oder Ordnung im Vollzug oder die militärische Ordnung dies erfordern; dies ist unter Angabe der Gründe im Vollzugsplan zu vermerken.

§ 7 Ärztliche Untersuchung vor Beginn des Vollzugs

Der Disziplinarvorgesetzte veranlaßt vor Beginn des Vollzuges eine ärztliche Untersuchung, wenn ihm Anhaltspunkte dafür bekannt geworden sind, daß der Gesundheitszustand des Soldaten den Vollzug nicht zuläßt. Ist der Soldat nicht vollzugstauglich, so hat

1. der vollstreckende Vorgesetzte, wenn Disziplinararrest zu vollziehen ist, die Vollstreckung aufzuschieben,
2. der Vollzugsleiter, wenn Freiheitsstrafe oder Strafarrest zu vollziehen ist, die Entscheidung der Vollstreckungsbehörde, wenn Jugendarrest zu vollziehen ist, die Entscheidung des Vollstreckungsleiters herbeizuführen.

§ 8 Mitnahme dienstlicher und persönlicher Gegenstände

(1) Der Soldat hat zum Vollzug nur die Gegenstände mitzubringen, die für den dienstlichen und persönlichen Gebrauch als notwendig bestimmt worden sind. Lichtbilder nahestehender Personen, Erinnerungsstücke von persönlichem Wert sowie Gegenstände des religiösen Gebrauchs sind ihm zu belassen. Der Besitz von Büchern und anderen Gegenständen zur Fortbildung oder zur sonstigen Freizeitbeschäftigung ist ihm in angemessenem Umfang zu gestatten, soweit der Besitz oder die Überlassung oder Benutzung nicht mit Strafe oder Geldbuße bedroht ist oder die Sicherheit oder Ordnung im Vollzug oder die militärische Ordnung gefährden würde.

(2) Entscheidungen nach Absatz 1 können eingeschränkt oder widerrufen werden, soweit sich nachträglich ergibt, daß die Voraussetzungen für die Entscheidung nicht mehr gegeben sind.

(3) Der Soldat, seine Sachen und der Arrestraum dürfen durchsucht werden. Gegenstände, die der Soldat nicht besitzen darf, sind ihm abzunehmen und für ihn aufzubewahren.

§ 9 Pflichten und Rechte des Soldaten

Der Soldat hat auch während des Vollzuges die Pflichten und Rechte des Soldaten, soweit sich nicht aus den Vorschriften über den Vollzug etwas anderes ergibt.

§ 10 Teilnahme am Dienst und Beschäftigung

(1) Der Soldat soll während des Vollzuges in seiner Ausbildung gefördert werden. In der Regel soll er bei einer militärischen Einheit, wenn dies nicht möglich oder nicht tunlich ist, bei einer militärischen Dienststelle am Dienst teilnehmen; die Teilnahme kann auf bestimmte Arten des Dienstes oder auf eine bestimmte Zeit beschränkt werden. Ist die Teilnahme am Dienst wegen der Persönlichkeit des Soldaten, der Art des Dienstes, der Kürze des Vollzuges oder aus anderen Gründen nicht tunlich, so soll der Soldat nach Möglichkeit in einer Weise beschäftigt werden, die seine Ausbildung fördert.

(2) Soweit der Soldat nicht am Dienst teilnimmt oder in anderer Weise beschäftigt wird, kann er innerhalb dienstlicher Unterkünfte und Anlagen zu Arbeiten herangezogen werden, die dem Erziehungszweck und den Fähigkeiten des Soldaten angemessen sind.

(3) Der Soldat darf nicht zum Wachdienst eingeteilt und nicht zu Sicherheitsaufgaben herangezogen werden.

§ 11 Aufenthalt im Freien

Dem Soldaten wird täglich mindestens eine Stunde Aufenthalt im Freien ermöglicht, wenn die Witterung dies zu der festgesetzten Zeit zuläßt. Der Aufenthalt im Freien kann versagt werden, wenn der Soldat während des Dienstes oder seiner Beschäftigung sich schon mindestens eine Stunde im Freien aufgehalten hat.

§ 12 Verpflegung, persönlicher Bedarf

Der Soldat erhält Truppenverpflegung; Tabakwaren, andere Genußmittel, zusätzliche Nahrungsmittel und Mittel zur Körperpflege sind in angemessenem Umfang gestattet. Gegenstände, die die Sicherheit oder Ordnung im Vollzug gefährden, können ausgeschlossen werden. Besitz und Genuß alkoholischer Getränke sowie anderer Rauschmittel sind untersagt.

§ 13 Seelsorgerische Betreuung

(1) Der Soldat hat Anspruch auf seelsorgerische Betreuung durch einen Militärgeistlichen seiner Religionsgemeinschaft. Ist ein solcher Militärgeistlicher nicht bestellt, so ist dem Soldaten nach Möglichkeit zu helfen, mit einem Seelsorger seines Bekenntnisses in Verbindung zu treten.

(2) Dem Soldaten ist Gelegenheit zu geben, am Gottesdienst und an anderen religiösen Veranstaltungen seines Bekenntnisses innerhalb

der militärischen Anlage oder Einrichtung, in der der Vollzug durchgeführt wird, teilzunehmen.

(3) Besteht an Sonntagen oder gesetzlichen Feiertagen keine Möglichkeit zur Teilnahme am Gottesdienst innerhalb der militärischen Anlage oder Einrichtung, so darf der Soldat im Standort an einem Gottesdienst seines Bekenntnisses teilnehmen; das gilt auch an sonstigen kirchlichen Feiertagen, soweit ihm außerhalb des Vollzuges Dienstbefreiung zu erteilen wäre.

(4) Die Teilnahme an Gottesdiensten und religiösen Veranstaltungen kann aus Gründen der Sicherheit oder Ordnung untersagt werden. Die Teilnahme am Gottesdienst im Standort kann auch zeitlich oder auf den Gottesdienst in einer bestimmten Kirche beschränkt werden.

§ 14 Ärztliche Betreuung

(1) Der Soldat erhält ärztliche Betreuung durch den Truppenarzt im Rahmen der freien Heilfürsorge.

(2) Aus Gründen der Gesundheit des Soldaten kann der Vollzugsleiter auf Vorschlag des Truppenarztes von Vollzugsvorschriften abweichen; solche Abweichungen sind im Vollzugsplan zu vermerken.

§ 15 Brief- und Paketpost

(1) Der Soldat darf Brief- und Paketpost empfangen und absenden. Sein Schriftverkehr wird nicht überwacht. Pakete und Päckchen darf der Soldat nur unter Aufsicht öffnen oder verpacken; dies gilt nicht, wenn Disziplinararrest vollzogen wird.

(2) Ist gegen den Soldaten in einer anderen Sache die Untersuchungshaft angeordnet, so gelten die Bestimmungen des Absatzes 1 nur, soweit nicht der Richter hinsichtlich der Überwachung des Postverkehrs des Soldaten andere Anordnungen trifft.

§ 16 Empfang von Besuchen

(1) Der Soldat darf wöchentlich einmal Besuch empfangen. Weitere Besuche können gestattet werden, insbesondere wenn ein wichtiger Grund vorliegt und der Vollzug nicht gefährdet wird. Besuche können untersagt oder überwacht werden, soweit dies für die Sicherheit oder Ordnung im Vollzug notwendig ist; die Unterhaltung des Soldaten mit Besuchern darf nur dann überwacht werden, wenn es aus diesen Gründen unerläßlich ist.

(2) Die Beschränkungen des Absatzes 1 gelten nicht für Besuche von Verteidigern sowie von Rechtsanwälten und Notaren in einer den Soldaten betreffenden Rechtssache. Sie gelten ferner nicht für Besuche von Vertretern der Jugendgerichtshilfe und, wenn der Soldat unter Bewährungsaufsicht steht oder Erziehungshilfe angeordnet ist, für Besuche des Bewährungshelfers und des Erziehungshelfers.

(3) Ist gegen den Soldaten in einer anderen Sache die Untersuchungshaft angeordnet, so gelten die Bestimmungen des Absatzes 1 nur, soweit nicht der Richter hinsichtlich der Überwachung der Besuche andere Anordnungen trifft.

§ 17 Vollzugserleichterungen

(1) Der Vollzugsleiter kann dem Soldaten wegen dringender persönlicher Gründe Urlaub bis zu sieben Tagen erteilen. Durch den Urlaub wird die Vollstreckung nicht unterbrochen.

(2) Ist Strafe oder Arrest mehr als einen Monat ununterbrochen vollzogen worden, so können dem Soldaten bei guter Führung auch andere Vollzugserleichterungen bewilligt werden, soweit dies mit der Sicherheit und Ordnung im Vollzug vereinbar ist. Als besondere Erleichterungen können das Verlassen des Arrestgebäudes oder der militärischen Anlage oder Einrichtung auch außerhalb der Dienstzeit und für jeden Monat ununterbrochenen Vollzuges ein Tag Urlaub bewilligt werden. Der Urlaub ist auf den Jahresurlaub anzurechnen; Absatz 1 Satz 2 gilt entsprechend.

(3) Die Vollzugserleichterungen können eingeschränkt oder widerrufen werden, soweit sich nachträglich ergibt, daß die Voraussetzungen für ihre Bewilligung nicht mehr gegeben sind.

§ 18 Vollzugsuntauglichkeit

(1) Wird der Soldat wegen Krankheit in ein Bundeswehrkrankenhaus oder in eine andere Krankenanstalt verbracht oder ist er nach Feststellung des Truppenarztes sonst nicht mehr vollzugstauglich, so hat der Vollzugsleiter, wenn Disziplinararrest vollzogen wird, die Entscheidung des vollstreckenden Vorgesetzten, wenn Freiheitsstrafe oder Strafarrest vollzogen wird, die Entscheidung der Vollstreckungsbehörde, und wenn Jugendarrest vollzogen wird, die Entscheidung des Vollstreckungsleiters herbeizuführen, ob die Vollstreckung unterbrochen wird.

(2) Bis zur Entscheidung über die Unterbrechung der Vollstreckung kann von den Vollzugsvorschriften abgewichen werden.

§ 19 Ordnung und Sicherheit im Vollzug

(1) Verstößt ein Soldat gegen die Ordnung oder gefährdet er die Sicherheit im Vollzug, so können besondere Maßnahmen getroffen werden. Sie dürfen nur insoweit und solange aufrechterhalten werden, als notwendig ist, um die Sicherheit oder Ordnung im Vollzug zu gewährleisten oder wiederherzustellen.

(2) Als besondere Maßnahmen sind zulässig:

1. der Entzug oder die Vorenthaltung von Gegenständen, die der Soldat zu Gewalttätigkeiten, zur Flucht, zum Selbstmord oder zur Selbstbeschädigung oder sonst mißbrauchen könnte,
2. die Beobachtung bei Nacht,
3. der Entzug oder die Beschränkung des Aufenthalts im Freien,
4. die Unterbringung in einem besonders gesicherten Arrestraum ohne gefährdende Gegenstände.

Maßnahmen nach den Nummern 1 und 2 sind unzulässig, wenn der Soldat nur gegen die Ordnung im Vollzug verstößt.

(3) Mehrere Maßnahmen können nebeneinander angeordnet werden, soweit die Ordnung oder Sicherheit im Vollzug nur dadurch gewährleistet oder wiederhergestellt werden kann. Eine in ihrer Wirkung schärfere Maßnahme darf nur angeordnet werden, wenn eine leichtere keinen Erfolg verspricht.

(4) Die Anordnungen sind unter Angabe der Gründe im Vollzugsplan zu vermerken oder sonst aktenkundig zu machen. Sie können bei Gefahr im Verzug auch vorläufig von den Vollzugshelfern getroffen werden; in diesen Fällen ist die Entscheidung des Vollzugsleiters unverzüglich einzuholen.

§ 20 Behandlung von Beschwerden

Für Beschwerden gegen unrichtige Behandlung durch militärische Vorgesetzte oder Dienststellen der Bundeswehr im Vollzug gelten die Vorschriften der Wehrbeschwerdeordnung.

§ 21 Einschränkung von Grundrechten

Das Grundrecht der körperlichen Unversehrtheit (Artikel 2 Abs. 2 Satz 1 des Grundgesetzes) sowie das Grundrecht des Postgeheimnisses (Artikel 10 Abs. 1 des Grundgesetzes) werden nach Maßgabe dieser Verordnung eingeschränkt.

§ 22 (weggefallen)

§ 23 Inkrafttreten

(1) Diese Verordnung tritt am Tage nach ihrer Verkündung in Kraft.

(2) Gleichzeitig treten die Rechtsverordnung über den Vollzug des Strafarrestes vom 25. August 1958 (Bundesgesetzbl. I S. 647) und § 29 der Verordnung über den Vollzug des Jugendarrestes vom 12. August 1966 (Bundesgesetzbl. I S. 505) außer Kraft.

b) Vollzug von Freiheitsentziehungen (A-2155/1, Version 3)

Vom 21. Februar 2018

1 Allgemeine Festlegungen

1.1 Zweck

C

101. Diese Zentrale Dienstvorschrift legt Vorgaben zur Umsetzung der gesetzlichen Grundlagen des Vollzugs von Freiheitsentziehungen an Soldatinnen und Soldaten durch die Bundeswehr im Frieden sowie der auf gesetzlicher Grundlage[1] ergangenen Verordnung über den Vollzug von Freiheitsstrafe, Strafarrest, Jugendarrest und Disziplinararrest durch Behörden der Bundeswehr (Bundeswehrvollzugsordnung – BwVollzO) fest. Den Vollzugsbehörden und Vollzugsorganen der Bundeswehr sowie den Disziplinarvorgesetzten gibt sie einheitliche Maßgaben für den durch den gesetzlichen Grundsatz der Teilnahme am Dienst besonders geprägten Bundeswehrvollzug vor.

102. Den im Vollzug befindlichen Soldatinnen und Soldaten ist auf Verlangen Einsicht in diese Zentrale Dienstvorschrift zu gewähren.

103. Weitere Einzelheiten zur Durchführung des Vollzugs, insbesondere Regelungen organisatorischer Art, werden Teil der Dienstanweisungen/Aufgabenkataloge für die Vollzugsleitung sein.

104. Zum besseren Verständnis dieser Zentralen Dienstvorschrift zur Bundeswehrvollzugsordnung ist im Kapitel 5 nicht nur der Link zur Bundeswehrvollzugsordnung angeführt, sondern auch weitere Links zu allen gesetzlichen Bestimmungen, auf die Bezug genommen wird.

1.2 Vollzugsorganisation der Bundeswehr

1.2.1 Gegenstand des Bundeswehrvollzugs

105. In Vollzugseinrichtungen der Bundeswehr werden an Soldatinnen und Soldaten aller Dienstgradgruppen einheitlich vollzogen

a) Disziplinararrest (§ 26 der Wehrdisziplinarordnung [WDO]),

b) Strafarrest (§ 9 des Wehrstrafgesetzes [WStG]),

---

[1] § 53 Abs. 4 Wehrdisziplinarordnung (WDO), Art. 7 Einführungsgesetz zum Wehrstrafgesetz – EGWStG

c) Freiheitsstrafe (§ 38 des Strafgesetzbuches [StGB]), auch Ersatzfreiheitsstrafe (§ 43 StGB, § 11 WStG), von nicht mehr als sechs Monaten und

d) Jugendarrest in der Form von Freizeit-, Kurz- oder Dauerarrest (§ 16 des Jugendgerichtsgesetzes [JGG]),

in den Fällen der Buchstaben c) und d) jedoch nur aufgrund eines Aufnahmeersuchens nach Artikel 5 Abs. 2 des Einführungsgesetzes zum Wehrstrafgesetz (EGWStG).

106. Ordnungs-, Sicherungs-, Zwangs- und Erzwingungshaft sind keine Maßnahmen im Sinne des § 1 BwVollzO und werden in Vollzugseinrichtungen der Bundeswehr nicht vollzogen; das gilt auch für Jugendstrafen (§ 17 JGG), Untersuchungshaft, freiheitsentziehende Maßregeln der Besserung und Sicherung sowie Unterbringung.

Der aufgrund einer vorläufigen Festnahme angeordnete Freiheitsentzug bestimmt sich ausschließlich nach § 21 WDO.

107. Die Zuständigkeit der Bundeswehr für den Vollzug der Freiheitsentziehungen nach Nr. 105 ist gegeben, solange die Arrestperson (Nr. 108) im Wehrdienstverhältnis steht (§ 1 Abs. 1 des Soldatengesetzes [SG]); Nr. 357 ist zu beachten.

1.2.2 Begriffsbestimmungen

108. Im Sinne dieser Regelung ist

„Arrestperson" eine Soldatin oder ein Soldat, an der oder dem in einer Vollzugseinrichtung der Bundeswehr eine der in Nr. 105 genannten freiheitsentziehenden Maßnahmen vollzogen wird bzw. die oder der für eine solche Maßnahme vorgesehen ist bzw. an der oder an dem eine solche Maßnahme vollzogen wurde;

„Vollzug" die unmittelbare Durchführung der von Straf-, Jugend- und Wehrdienstgerichten sowie Disziplinarvorgesetzten verhängten Freiheitsentziehungen nach Nr. 105;

„Vollzugseinrichtung" die militärische Anlage und Einrichtung, die über Arresträume verfügt;

„Vollstreckung" die Einleitung des Vollzugs der Freiheitsentziehungen nach Nr. 105 und Überwachung hinsichtlich seiner Dauer durch Vollstreckungsbehörden/Vollstreckungsleitungen der Justiz, vollstreckende Wehrdisziplinaranwaltschaften und Disziplinarvorgesetzte;

„Vollstreckungsbehörde" die Staatsanwaltschaft (§ 451 der Strafprozessordnung [StPO]), die Strafarrest und Freiheitsstrafe vollstreckt, sowie die Jugendrichterinnen und Jugendrichter, die als Vollstreckungsleitung (§ 82 JGG) Jugendarrest vollstrecken;

„Vollstreckende Disziplinarvorgesetzte oder Vollstreckender Disziplinarvorgesetzter“ jeweils die oder der in Nr. 123 genannte Vorgesetzte oder Dienststelle.

1.2.3 Vollzugsbehörden und -organe der Bundeswehr

109. Die mit der Durchführung des Vollzugs in der Bundeswehr verbundenen Aufgaben sind den in Nrn. 110 und 111 bezeichneten Vollzugsbehörden und -organen übertragen. Zusätzliche, aufgrund örtlicher Verhältnisse erforderliche Sonderregelungen ergeben sich aus den Dienstanweisungen für die Vollzugsleiterinnen und Vollzugsleiter.

110. Vollzugsbehörden im Sinne von § 4 Abs. 1 BwVollzO sind

a) die Kommandeurin oder der Kommandeur des Kommandos Territoriale Aufgaben der Bundeswehr (KdoTerrAufgBw) als **höhere Vollzugsbehörde**, die sich bei ihrer Aufgabenwahrnehmung der jeweiligen Leiterin bzw. des jeweiligen Leiters der Vollzugsgruppe im KdoTerrAufgBw bedient;

b) die Standortältesten als **Vollzugsbehörden**.

111. Vollzugsorgane sind

a) die Kasernenkommandantinnen oder Kasernenkommandanten, soweit sie durch Aufnahme in die Standortlisten (Nr. 117) hierzu bestellt worden sind, als **Vollzugsleiterinnen und Vollzugsleiter (Vollzugsleitung)**;

b) hierzu bestellte Offiziere und Unteroffiziere m. P. von in den Standortbereichen ständig untergebrachten Truppenteilen und Dienststellen (z. B. Standortdienst-, Kasernen-, S 1- oder S 2-Feldwebel) oder Soldatinnen und Soldaten des Wachdienstes sowie besonders ausgewählte und eingewiesene Soldatinnen und Soldaten als **Vollzugshelferinnen und Vollzugshelfer (Vollzugshilfepersonal)**.

112. Das **Vollzugshilfepersonal** wird für jede Vollzugseinrichtung auf Vorschlag der Vollzugsleitung von den Vollzugsbehörden bestellt; die Vollzugsleitung hat sich mit den truppendienstlichen Vorgesetzten der als Vollzugshilfe vorgesehenen Soldatinnen und Soldaten ins Benehmen zu setzen.

Die Bestellung bedarf der Schriftform. Bei Soldatinnen und Soldaten des Wachdienstes kann die (nicht namentliche) Bestellung durch Dauerbefehl der Vollzugsbehörde vorgenommen werden. Im

Übrigen ist auf die mit dem Vollzug verbundene besondere Verantwortung und auf die Verpflichtung zu stets menschenwürdiger Behandlung der Arrestpersonen im Vollzug hinzuweisen.

113. Die Aufgaben der Vollzugsleitung und der Vollzugshilfe dürfen **nicht** auf andere Soldatinnen und Soldaten weiter **übertragen** werden. Für den Fall der Verhinderung der Vollzugsleitung soll die Vollzugsbehörde eine ständige Vertretung (z. B. Kasernenoffizier) durch schriftlichen Befehl bestellen.

Aufgaben, die nach dieser Zentralen Dienstvorschrift ausdrücklich der Vollzugsleitung obliegen, dürfen nicht vom Vollzugshilfepersonal wahrgenommen werden; zu besonderen Maßnahmen bei Gefahr im Verzug vgl. § 19 Abs. 4 Satz 2 BwVollzO.

Soweit Soldatinnen und Soldaten des Wachdienstes zur Vollzugshilfe bestellt werden, ergeben sich deren Aufgaben im Rahmen des Vollzugs aus der Besonderen Wachanweisung und der Dienstanweisung für den Offizier vom Wachdienst bzw. Stellvertretenden Offizier vom Wachdienst. Bei Wahrnehmung von Aufgaben im Rahmen des Vollzugs finden Wachdienstvorschriften keine Anwendung.

114. Es unterstehen im besonderen Aufgabenbereich des Vollzugs jeweils

- das Vollzugshilfepersonal der Vollzugsleitung,
- die Vollzugsleitung den Vollzugsbehörden sowie
- die Vollzugsbehörden der höheren Vollzugsbehörde.

115. Die Kommandeurin oder der Kommandeur des KdoTerrAufgBw unterstehen im besonderen Aufgabenbereich des Vollzugs der Inspekteurin oder dem Inspekteur der Streitkräftebasis.

Der Inspekteurin oder dem Inspekteur der Streitkräftebasis als Nationaler Territorialer Befehlshaber obliegt die Leitung und Überwachung des Vollzugs in der Bundeswehr im Inland.

1.2.4 Zuständigkeit der Vollzugsleitung

116. Örtlich zuständig ist die Vollzugsleitung am Standort der zum Vollzug aufzunehmenden Arrestperson.

Befindet sich am Standort keine Vollzugseinrichtung, ist grundsätzlich die nächstgelegene zuständig, es sei denn, im Einzelfall wird nach den Nrn. 204 bis 206 verfahren.

FJgDstKdo sind keine Vollzugseinrichtungen im Sinne dieser Vorschrift.

117. Die höhere Vollzugsbehörde erstellt eine **Standortliste** (Muster Anlage 6.1), aus denen die für alle Standorte zuständigen Vollzugsleitungen mit Anschrift hervorgehen und übersendet diese Liste dem KdoSKB sowie den Landesjustizverwaltungen zur Bekanntgabe bei den Vollstreckungsbehörden. Spätere Änderungen sind sofort mitzuteilen.

118. Der Vollzug an Offizieren und Unteroffizieren soll grundsätzlich standortfremd durchgeführt werden. Für den Vollzug an Soldatinnen ist sicherzustellen, dass Vollzugshelferinnen verfügbar sind.

119. Von dieser Regelung abweichende Einzelheiten für den Vollzug an Soldatinnen, insbesondere zur Aufsicht, Durchsuchung und Regelung der ärztlichen Betreuung, ergeben sich aus der Dienstanweisung für die zuständige Vollzugsleitung.

120. **Anfragen der Vollstreckungsbehörden** zur zuständigen Vollzugseinrichtung der Bundeswehr beantworten die Rechtsberaterinnen oder Rechtsberater des KdoTerrAufgBw (§ 22 Abs. 3 der Strafvollstreckungsordnung [StVollstrO]).

121. Nimmt die Vollzugsbehörde auch die Aufgaben der Vollzugsleitung wahr, ist jeweils kenntlich zu machen, in welcher Funktion sie handelt.

1.3 Vollstreckung und Vollzug

1.3.1 Anwendung der Vollstreckungsvorschriften

122. Für die Vollstreckung von Freiheitsstrafe (einschließlich Ersatzfreiheitsstrafe), Strafarrest oder Jugendarrest nach Nr. 105 b) bis d) gelten die Vorschriften der StVollstrO. Soweit die BwVollzO abweichende Regelungen trifft (z. B. § 5 BwVollzO), gehen diese der StVollstrO vor.

Die Vollstreckung von Disziplinararrest bestimmt sich nach der Wehrdisziplinarordnung, insbesondere nach § 42 Nr. 1, §§ 47 bis 49, §§ 53 bis 57, §§ 81 Abs. 2 Satz 4, 135 WDO.

123. Vollstreckende Disziplinarvorgesetzte oder vollstreckender Disziplinarvorgesetzter ist die oder der nächste Disziplinarvorgesetzte der Arrestperson. Wird eine andere Dienststelle um die Vollstreckung ersucht (§ 48 Abs. 1 Satz 3 WDO), obliegen dieser die in dieser Dienstvorschrift bezeichneten Aufgaben der oder des vollstreckenden Disziplinarvorgesetzten. Das Gleiche gilt, wenn auf Ersuchen der Wehrdisziplinaranwaltschaft Disziplinararrest, der im gerichtlichen Disziplinarverfahren (§ 48 Abs. 2, § 135 WDO) oder durch die Einleitungsbehörde (§ 98 Abs. 2 Satz 2 WDO) verhängt worden ist, vollstreckt wird. Die oder der nächste Disziplinarvorgesetzte oder die ersuchte Dienststelle haben in diesem Fall die Wehrdisziplinaranwaltschaft von allen für die Vollstreckung erheblichen Umständen zu verständigen und ggf. deren Entscheidung herbeizuführen.

124. Dem Gebot der nachdrücklichen Vollstreckung entsprechend (§ 2 StVollstrO, § 49 Abs. 3 WDO), ist der Vollzug von Freiheitsentziehungen durch die Vollzugsbehörden und -organe der Bundeswehr **unverzüglich einzuleiten und durchzuführen**.

Beschwerden gegen Disziplinararrest haben aufschiebende Wirkung, wenn sie vor Beginn der Freiheitsentziehung (Nr. 234) eingelegt werden; dies gilt nicht, wenn die sofortige Vollstreckbarkeit angeordnet ist (§ 42 Nr. 2 Satz 3, § 56 Abs. 2 Satz 1 WDO). Im Übrigen haben Gnadengesuche, Beschwerden und sonstige Eingaben ohne besondere Entscheidung der dafür zuständigen Stelle (Disziplinarvorgesetzte oder Disziplinarvorgesetzter, Wehrdisziplinaranwaltschaft, Vollstreckungsbehörde, Gnadenbehörde) keinen Einfluss auf den Vollzug.

1.3.2 Behelfsvollzug, Vollzug im Ausland

125. Behelfsvollzug ist nur bei Disziplinararrest und nur dann zulässig, soweit und solange infolge der Art der Verwendung der Truppe oder aus anderen Gründen kein Arrestraum zur Verfügung steht und die Vollstreckung aus dienstlichen Gründen nicht aufgeschoben werden kann (§ 55 Abs. 1 WDO). Steht in der an sich örtlich zuständigen Vollzugseinrichtung ein freier oder geeigneter Arrestraum nicht zur Verfügung, ist der Vollzug nach den Nrn. 204 bis 207 einzuleiten.

Den vollstreckenden Disziplinarvorgesetzten obliegen Einleitung und Durchführung des Behelfsvollzugs; den Grundsätzen in Abschnitt 3 ist dabei soweit wie möglich zu entsprechen.

An Bord sollen für Behelfsvollzug nur solche Räume vorgesehen werden, die mindestens 6 m^2 groß sind, über ausreichende Belüftung und Beleuchtung sowie über eine Koje verfügen. Sie sollen keine Gegenstände enthalten, die zu Selbsttötung, -verletzung missbraucht werden können und sollen eine Möglichkeit zur Beobachtung der Arrestperson aufweisen.

126. Der Vollzug einer Freiheitsentziehung nach Nr. 105 ist aufgrund von Artikel VII NATO-Truppenstatut in dessen Anwendungsgebiet auch in einem **ausländischen NATO-Staat** zulässig, wenn die organisatorischen Einrichtungen (Vollzugsorgane der Bundeswehr und Vollzugseinrichtung) dafür vorhanden sind. Steht kein vorschriftsmäßiger Arrestraum zur Verfügung, ist die Durchführung von Behelfsvollzug unter den Voraussetzungen von § 55 WDO zulässig.

Der Vollzug einer Freiheitsentziehung nach Nr. 105 im Hoheitsgebiet eines nicht der NATO angehörenden Staates ist nur zulässig, wenn hierüber mit dem betreffenden Staat eine entsprechende vertragliche Regelung[1] getroffen wurde.

C Der Vollzug von Disziplinararrest bei Auslandseinsätzen ist zulässig, wenn die Vollstreckung des Disziplinararrestes aus dienstlichen Gründen nicht aufgeschoben werden kann (§ 55 WDO).

Für den Vollzug von Disziplinararrest bei Auslandseinsätzen ist die oder der vollstreckende Disziplinarvorgesetzte verantwortlich. Sie oder er bestimmt das Vollzugshilfepersonal und überwacht die Einhaltung der in Kapitel 3 festgelegten Grundsätze gemäß den gegebenen Umständen.

1.3.3 Urkundliche Vollzugsgrundlagen

127. Der Vollzug in Vollzugseinrichtungen der Bundeswehr wird bei Disziplinararrest nach einem **Vollzugsersuchen** (Muster Anlage 6.2) der oder des vollstreckenden Disziplinarvorgesetzten, bei Freiheitsstrafe, Straf- oder Jugendarrest nach einem **Aufnahmeersuchen** (Muster Anlage 6.3) der Vollstreckungsbehörden eingeleitet und durchgeführt. Letzteres variiert in Form und Inhalt von Bundesland zu Bundesland, muss jedoch den §§ 29–31 StVollstrO genügen.

128. An unzuständige Vollzugsbehörden gerichtete Aufnahmeersuchen, an unzuständige Vollzugsbehörden oder Vollzugsleitungen gerichtete Vollzugsersuchen sind von diesen unverzüglich an die zuständigen Stellen unter Abgabenachricht weiterzuleiten.

129. Aufnahmeersuchen über Freiheitsentziehungen, für deren Vollzug die Bundeswehr **nach Nr. 105 nicht zuständig** ist, sind den Vollstreckungsbehörden unverzüglich zurückzugeben. Hat der Vollzug in einer Vollzugseinrichtung der Bundeswehr bereits begonnen, ist die Arrestperson in die von der Vollstreckungsbehörde bestimmte Justizvollzugsanstalt oder sonstige Anstalt zu verlegen. Dazu nimmt die Vollzugsleitung rechtzeitig Verbindung mit der Vollstreckungsbehörde auf und spricht Einzelheiten, wie z. B. Überführung durch die Polizei bzw. Justizvollzugsbeamte, ab.

---

[1] In dieser Regelung sollte insbesondere darauf eingegangen werden, dass der Vollzug bzw. die Vollzugseinrichtung den Standards der BwVollzO und dieser Zentralen Dienstvorschrift genügt.

Die Vollzugsbehörden der Bundeswehr können Feldjäger ersuchen, sie im Rahmen des Vollzuges von Freiheitsentziehungen bei Verlegungen und Vorführungen von Soldaten bzw. Soldatinnen zu unterstützen.

1.3.4 Vollzug mehrerer Freiheitsentziehungen

130. Mehrere gegen dieselbe Arrestperson verhängte Freiheitsentziehungen werden **unmittelbar nacheinander** vollzogen. In die Unterlagen ist ein Vermerk über die weitere Freiheitsentziehung aufzunehmen.

Zur **Reihenfolge** der Vollstreckung vgl. Nr. 133 und § 43 Abs. 2 StVollstrO; bestehen beim Vollzug mehrerer Freiheitsentziehungen nach Nr. 105 b) bis d) Unklarheiten über die richtige Reihenfolge, führt die Vollzugsleitung unverzüglich eine Entscheidung der Vollstreckungsbehörde(n) nach § 43 StVollstrO herbei.

Die Mitteilungspflicht nach Nr. 136 ist mit der Maßgabe zu beachten, dass allen um Vollstreckung ersuchenden Vollstreckungsbehörden von weiteren Freiheitsentziehungen nach Nr. 105 Mitteilung zu machen ist, gleichgültig, ob der Vollzug einer der Freiheitsentziehungen bereits begonnen hat. Diese Mitteilungspflicht besteht auch, wenn dieselbe Vollstreckungsbehörde um den Vollzug einer weiteren Freiheitsentziehung ersucht hat.

131. Übersteigt die Gesamtvollzugsdauer mehrerer nacheinander zu vollziehenden **Freiheitsentziehungen** sechs Monate, entfällt hierdurch nicht die Zuständigkeit der Bundeswehr nach Nr. 105.

132. Übersteigt die Dauer einer von mehreren nacheinander zu vollziehenden Freiheitsentziehungen sechs Monate, so ist hinsichtlich der weiteren Freiheitsentziehung nach Nr. 129 zu verfahren. Das Gleiche gilt bei nachträglicher Bildung einer **Gesamtstrafe** (§ 55 StGB, § 460 StPO), wenn der Vollzug einer in sie einbezogenen Strafe (d. h. auch Strafarrest) bereits begonnen hat und die Dauer der gebildeten Gesamtstrafe sechs Monate übersteigt.

133. Liegen der Vollzugsleitung gleichzeitig Vollzugs- und Aufnahmeersuchen vor, soll zunächst der Vollzug von Disziplinararrest durchgeführt werden; der Vollstreckungsbehörde ist hiervon Mitteilung zu machen. Eine Rücksendung des Aufnahmeersuchens entfällt. Ist ausnahmsweise die Vollstreckung der anderen Freiheitsentziehung vordringlich, ist die oder der vollstreckende Disziplinarvorgesetzte hiervon in Kenntnis zu setzen; diese oder dieser ordnet den Aufschub der Vollstreckung des Disziplinararrests nach § 49 Abs. 3 WDO bis zum Vollzugsende der anderen Freiheitsentziehung an.

134. Bereits begonnener Vollzug einer Freiheitsentziehung an einer Arrestperson kann aus Gründen vorrangigen Vollzugs einer anderen Freiheitsentziehung nur dann abgebrochen werden, wenn eine Entscheidung der Vollstreckungsbehörde oder der oder des vollstreckenden Disziplinarvorgesetzten über die Unterbrechung der Vollstreckung vorliegt.

1.3.5 Mitteilungspflichten

135. Den Vollstreckungsbehörden bzw. den vollstreckenden Disziplinarvorgesetzten sind unverzüglich alle **Umstände**, die **Einfluss auf die Vollstreckung** haben können, **mitzuteilen**. Die in den Nrn. 136 bis 139 aufgeführten Mitteilungen werden mittels des entsprechend ausgefüllten Vordrucks übersandt (Anlage 6.4; der Vordruck ist entsprechend dem Muster selbst herzustellen).

136. Die **Vollstreckungsbehörde** erhält von der Vollzugsleitung Mitteilung nach § 35 Abs. 1 StVollstrO. Die Mitteilungspflicht nach § 35 Abs. 1 Nr. 3 StVollstrO erfasst die in den Nrn. 219, 220 und 223 geregelten Fälle. Die Mitteilungspflicht nach § 35 Abs. 1 Nr. 6 StVollstrO ist insbesondere dann zu beachten, wenn

a) die Arrestperson aus dem Vollzug entwichen oder nicht vom Ausgang oder Urlaub zurückgekehrt ist,

b) wegen Vollzugsuntauglichkeit der Arrestperson eine Entscheidung über die Unterbrechung oder den Aufschub der Vollstreckung erforderlich wird (Nrn. 207 und 337),

c) der Vollzug an der Arrestperson nach Ende der Unterbrechung der Vollstreckung oder Wiederergreifung fortgesetzt wird (mit erneuter einstweiliger Berechnung des Vollzugsendes),

d) eine Unterbrechung der Vollstreckung aus dringenden Gründen erforderlich ist oder

e) der Vollzug beendet ist (durch Übersendung der Vollzugsbescheinigung).

137. Beim Vollzug von Disziplinararrest erhalten die **vollstreckenden Disziplinarvorgesetzten** von der Vollzugsleitung insbesondere Mitteilung

a) über die Zeitpunkte der Aufnahme und der voraussichtlichen Entlassung der Arrestperson,

b) gegebenenfalls darüber, dass die Arrestperson sich nicht zum vorgesehenen Gestellungstermin zum Vollzug gemeldet hat,

c) gegebenenfalls darüber, dass die Arrestperson in eine andere Vollzugseinrichtung der Bundeswehr, Justizvollzugsanstalt oder sonstige Anstalt verlegt oder verbracht worden ist oder

d) in den Fällen der Nr. 136 a) bis c).

138. Der oder dem nächsten Disziplinarvorgesetzten der Arrestperson ist, soweit ihr oder ihm nicht bereits als vollstreckender oder vollstreckendem Disziplinarvorgesetzten Mitteilung gemacht wird oder ihr oder ihm sonst der Sachverhalt offenbar bekannt ist, Mitteilung in den in Nr. 137 bezeichneten Fällen zu machen.

139. Der **Vollzugsbehörde** ist Mitteilung zu machen

a) sobald eine Arrestperson zum Vollzug aufgenommen oder in den Vollzug übernommen worden ist (mit Angabe des voraussichtlichen Vollzugsendes und der Art der Freiheitsentziehung),

b) über jede von den Angaben zu Nr. 139 a) abweichende Berechnung des Vollzugsendes,

c) wenn der Vollzug unterbrochen worden ist,

d) wenn die Arrestperson in eine andere Vollzugseinrichtung der Bundeswehr, eine Justizvollzugsanstalt oder sonstige Anstalt verlegt worden ist oder

e) sobald der Vollzug beendet ist (mit Angaben über den Umfang der Teilnahme am Dienst).

2 Einleitung des Vollzugs durch die Bundeswehr

2.1 Einleitende Maßnahmen

2.1.1 Behandlung des Vollzugs-, Aufnahmeersuchens

201. Das **Vollzugsersuchen** (Vordruck Anlage 6.2) ist erst zu stellen, wenn die Vollzugstauglichkeit der Arrestperson feststeht.

Die oder der vollstreckende Disziplinarvorgesetzte stellt außerdem zuvor bei der zuständigen Vollzugsleitung fest, ob diese über einen zur Durchführung des Vollzugs freien und geeigneten Arrestraum verfügt. Ist der Vollzug dort möglich, ist das Vollzugsersuchen an die Vollzugsleitung zu richten; die weiteren, den Vollzug **vorbereitenden Maßnahmen** (Nrn. 208 bis 214) sind durchzuführen. Ist der Vollzug in der an sich zuständigen Vollzugseinrichtung nicht möglich, ist das Vollzugsersuchen der Vollzugsbehörde mit dem Ersuchen vorzulegen, nach Nrn. 204 bis 206 zu verfahren; die weiteren, den Vollzug vorbereitenden Maßnahmen sind durchzuführen, wenn die nunmehr zuständige Vollzugseinrichtung durch Abgabenachricht der Vollzugsbehörde feststeht.

202. Das **Aufnahmeersuchen** (Vordruck Anlage 6.3) der Vollstreckungsbehörden leitet die Vollzugsbehörde an die für die Arrestperson zuständige Vollzugsleitung weiter; eine Abgabenachricht entfällt. Die Weiterleitung unterbleibt, wenn aus der Belegungsübersicht schon zu erkennen ist, dass die zuständige Vollzugsleitung nicht über einen freien oder geeigneten Arrestraum verfügt; in diesem Fall verfährt die Vollzugsbehörde nach den Nrn. 204 bis 206.

Die Vollzugsleitung ersucht die nächste Disziplinarvorgesetzte oder den nächsten Disziplinarvorgesetzten der Arrestperson um die den Vollzug vorbereitenden Maßnahmen (Vordruck Anlage 6.5; der Vordruck ist entsprechend dem Muster selbst herzustellen), wenn der Vollzug in ihrem Bereich durchgeführt werden kann. Andernfalls, insbesondere bei mangelnder Eignung ihrer Vollzugseinrichtung, legt sie das Aufnahmeersuchen ihrer Vollzugsbehörde mit dem Ersuchen vor, nach den Nrn. 204 bis 206 ist zu verfahren.

203. Die **Eignung** einer Vollzugseinrichtung oder eines Arrestraumes im Sinne dieser Zentralen Dienstvorschrift bestimmt sich nach

a) der Möglichkeit zur Durchführung ordnungsgemäßen Vollzugs, insbesondere unter Beachtung des Grundsatzes der Teilnahme am Dienst sowie der Vorgaben gemäß Nr. 305, 306 und

b) der Möglichkeit besonderer Sicherungsmaßnahmen bei Anhaltspunkten für Flucht-, Selbsttötungs-, Selbstverletzungsgefahr oder Gefahr von Gewalttätigkeiten der Arrestperson.

2.1.2 Bestimmung einer anderen Vollzugsleitung

204. Die Vollzugsbehörde bestimmt eine andere Vollzugsleitung ihres Bereichs, wenn die an sich zuständige Vollzugsleitung nicht über einen freien oder geeigneten Arrestraum verfügt.

205. Die Vollzugsbehörde wendet sich an eine andere Vollzugsbehörde in der Nähe mit dem Ersuchen, eine Vollzugsleitung aus deren Bereich zu bestimmen, wenn der Vollzug in ihrem Bereich nicht möglich ist, insbesondere aus Gründen mangelnder Eignung der eigenen Vollzugseinrichtungen oder aus Gründen der Nr. 118.

Entspricht die andere Vollzugsbehörde dem Ersuchen nicht, so bestimmt die höhere Vollzugsbehörde die zuständige Vollzugseinrichtung.

206. Die Vollzugsbehörde leitet sodann das Vollzugs- oder Aufnahmeersuchen unter Hinweis auf die Zuständigkeitsbestimmung unmittelbar an die nach Nrn. 204 und 205 bestimmte Vollzugsleitung weiter; der oder dem vollstreckenden Disziplinarvorgesetzten bzw. der Vollstreckungsbehörde ist Abgabenachricht zu erteilen.

2.1.3 Vorbereitende Maßnahmen, Gestellung zum Vollzug

207. Die Arrestperson ist von ihrer oder ihrem nächsten Disziplinarvorgesetzten zu ihrer **Vollzugstauglichkeit** anzuhören. Erhebt die Arrestperson Bedenken oder bestehen sonst Anhaltspunkte dafür, dass der Gesundheitszustand der Arrestperson den Vollzug nicht zulässt, ist nach § 7 Satz 1 BwVollzO eine ärztliche Untersuchung zu veranlassen. Das Ergebnis der Befragung und evtl. ärztlichen Untersuchung ist schriftlich festzuhalten und der Vollzugsleitung unverzüglich mitzuteilen. Beim beabsichtigten Vollzug von Disziplinararrest entfällt die Mitteilung, wenn die Arrestperson vollzugsuntauglich ist.

Bei Vollzugsuntauglichkeit ist in den Fällen der Freiheitsstrafe, Strafarrest und Jugendarrest nach § 7 Satz 2 Nr. 2 BwVollzO zu verfahren. Bei Freiheitsstrafe und Strafarrest hat die Vollzugsleitung die Vollstreckungsbehörde nach Nr. 136 hiervon in Kenntnis zu setzen und um Entscheidung über einen Vollstreckungsaufschub zu bitten, wenn die Arrestperson voraussichtlich nicht innerhalb der im Aufnahmeersuchen gesetzten Frist zum Vollzug gestellt werden kann. Bei Jugendarrest ist die Entscheidung des Vollstreckungsleiters herbeizuführen. Ist Disziplinararrest beabsichtigt, ist die Vollstreckung aufzuschieben (§ 7 Satz 2 Nr. 1 BwVollzO, vgl. Nr. 201 Abs. 1).

208. Bestehen Anhaltspunkte für **Flucht-, Selbsttötungs-, Selbstverletzungsgefahr oder drohende Gewalttätigkeiten** der Arrestperson oder sind sonst Tatsachen bekannt, die für den Vollzug von Bedeutung sein können, ist die Vollzugsleitung unverzüglich darüber zu informieren. Hinweise zur Verhütung von Selbsttötungen sind der Anlage 6.9 zu entnehmen.

Umstände, die gegen eine Teilnahme der Arrestperson am Dienst sprechen, hat die oder der nächste Disziplinarvorgesetzte im Vollzugsersuchen oder gesondert darzulegen.

209. Die oder der nächste Disziplinarvorgesetzte befiehlt der Arrestperson, folgende Gegenstände **zum Vollzug mitzubringen**:[1]

- Truppenausweis,
- Feldanzug/Bord- und Gefechtsanzug,
- Bezug für Kopfkissen,

---

1 Ob in der jeweiligen Vollzugseinrichtung Bettzeug für die bzw. den Arrestanten vorhanden ist, ist vorab mit der Vollzugsleitung abzusprechen. Ist Bettzeug vorhanden, sind die entsprechenden Gegenstände nicht mehr mitzuführen.

- Schlafdecke,
- Bezug für Schlafdecke,
- Kopfkissen,
- Bettlaken,
- Unterwäsche
- Wasch- und ggf. Rasierzeug (Handtücher) sowie sonstige Toilettenartikel wie z. B. Deo, Duschgel, Zahnbürste, Zahnpasta o. ä.), Schuhputzzeug und
- ggf. Vergleichsmitteilung.

Befindet sich die Vollzugseinrichtung nicht im Kasernenbereich der Einheit oder Dienststelle der Arrestperson, so sind zusätzlich Dienstanzug, Sportanzug und persönliche Ausrüstung mitzubringen. Einweggeschirr ist durch die Truppenküche bereitzustellen.

210. Waffen, waffengleiche Gegenstände, Werkzeuge, alkoholische Getränke, Rauschmittel, Unterhaltungselektronik (insbesondere Radio- oder Fernsehgeräte, Spielkonsolen), Ton-, Bild- und Datenträger, Geräte der Funk- und Kommunikationstechnik wie mobile Telefone, Smartphones, Smartwatches und Musikinstrumente dürfen nicht zum Vollzug mitgenommen werden.

Die Mitnahme von Arzneimitteln ist nur nach Rücksprache mit einer Truppenärztin oder einem Truppenarzt zulässig.

Über die Mitnahme sonstiger Gegenstände entscheidet die Vollzugsleitung unter den Voraussetzungen von § 8 Abs. 1 Satz 2, 3 BwVollzO. Die oder der nächste Disziplinarvorgesetzte hat die Arrestperson über die Vorgaben der Nr. 210, Abs. 1 und 2 zu belehren.

211. Die Arrestperson wird zum Vollzug von Freiheitsentziehungen durch die nächste Disziplinarvorgesetzte oder den nächsten Disziplinarvorgesetzten unverzüglich dienstlich gestellt, wenn die zuständige Vollzugseinrichtung durch das Ersuchen um vorbereitende Maßnahmen (Nr. 202, Abs. 2, Satz 1) oder durch Abgabenachricht der Vollzugsbehörde (Nr. 206) feststeht. Beim Vollzug von Disziplinararrest sind § 47 Abs. 1 WDO und Nrn. 208 bis 210 zu beachten.

Beim Vollzug von Disziplinararrest soll der Gestellungszeitpunkt nach Möglichkeit so bestimmt werden, dass der Entlassungszeitpunkt nicht in die Zeit vom 22. Dezember bis zum 2. Januar, auf die Oster- und Pfingstfeiertage oder den jeweils folgenden Tag fällt. Ggf. ist die Vollstreckung kurzfristig zu verschieben. Ein Aufschub soll nicht gewährt werden, wenn die Richterin oder der Richter des zuständigen Truppendienstgerichts die **sofortige Vollstreckbarkeit** angeordnet hat.[1]

Der genaue Gestellungstermin ist der Vollzugsleitung vorab mitzuteilen, die ggf. die Begleitung durch Vollzughilfepersonal anordnet. Die Gestellung soll so geregelt werden, dass die Aufnahme der Arrestperson zum Vollzug ohne Verzögerung möglich ist.

212. Zum Vollzug einer Ersatzfreiheitsstrafe ist die Arrestperson dienstlich zu gestellen, auch wenn diese erklärt, die Geldstrafe gezahlt zu haben oder zahlen zu wollen; bei Absicht zur Zahlung ist ihr jedoch hierzu Gelegenheit zu geben. Die Vollzugsleitung nimmt das Ersuchen um vorbereitende Maßnahmen zurück, wenn ihr der Zahlungsnachweis über die vollständige Bezahlung vorgelegt wird; in diesem Fall entfällt die dienstliche Gestellung der Arrestperson.

213. Ist beim beabsichtigten Vollzug von Freiheitsstrafe, Straf- oder Jugendarrest die Gestellung zum Vollzug zu dem im Aufnahmeersuchen bzw. in der Ladung zum Strafantritt bezeichneten spätesten Antrittstermin nicht möglich, hat die oder der nächste Disziplinarvorgesetzte die Vollzugsleitung hiervon zu verständigen, die ihrerseits die Mitteilungspflichten gegenüber der Vollstreckungsbehörde beachtet.

Ist die Gestellung zwar möglich, stehen ihr aber **zwingende dienstliche Gründe** entgegen (z. B. Teilnahme der Arrestperson an einer Übung), hat die oder der nächste Disziplinarvorgesetzte die Vollstreckungsbehörde zu bitten, die Vollstreckung kurzfristig, aber nicht länger als drei Wochen, zurückzustellen. Die Vollzugsleitung ist zu verständigen. Hat die Arrestperson **vorübergehenden Aufschub** der Vollstreckung beantragt (§ 456 StPO), ist bis zur Entscheidung der Vollstreckungsbehörde über den Antrag ein Aufschub der Gestellung nur bis zu dem im Aufnahmeersuchen bzw. in der Ladung zum Strafantritt bezeichneten spätesten Antrittstermin hinaus zulässig.

214. In den in der Nr. 213, Abs. 1 und 2 bezeichneten Fällen sind die vorbereitenden Maßnahmen nach den Nrn. 207 bis 209 erst vor dem späteren Gestellungstermin zu treffen.

215. Erhält die oder der nächste Disziplinarvorgesetzte eine Abschrift der **Ladung zum Strafantritt** (§ 27 Abs. 4 StVollstrO) der Arrestperson in einer Vollzugseinrichtung der Bundeswehr, ohne dass bereits ein Ersuchen der Vollzugsleitung um die den Vollzug vorbereitenden Maßnahmen vorliegt, oder geht ein Aufnahmeersuchen bei der oder dem nächsten Disziplinarvorgesetzten statt bei

---

[1] Für Freiheitsstrafe, Strafarrest und Jugendarrest gilt § 5 Abs. 4 BwVollzO.

der Vollzugsbehörde ein, leitet sie oder er diese sofort der zuständigen Vollzugsbehörde zu, die entsprechend den Nrn. 204 bis 206 verfährt.

216. Eine an eine unzuständige Disziplinarvorgesetzte oder einen unzuständigen Disziplinarvorgesetzten übersandte Ladung zum Strafantritt ist unter Abgabenachricht an die Vollstreckungsbehörde unverzüglich an die zuständige oder den zuständigen Disziplinarvorgesetzten weiterzuleiten.

2.2 Aufnahme zum Vollzug

2.2.1 Grundlagen für die Aufnahme

217. Zum Vollzug aufzunehmen ist die Arrestperson, die

a) aufgrund eines Vollzugs-, Aufnahmeersuchens oder einer Ladung zum Strafantritt zum Vollzug dienstlich gestellt wird,

b) sich unter den Voraussetzungen von der Nr. 218 selbst zum Vollzug stellt oder

c) aufgrund eines Vorführungs- oder Haftbefehls oder eines Überführungsersuchens der Vollzugseinrichtung der Bundeswehr zugeführt bzw. in diese übergeführt wird, ohne dass die in Nr. 217 a) genannten Unterlagen vorliegen.

218. Eine Arrestperson, die sich unter Vorzeigen der Ladung zum Strafantritt bei der **zuständigen** Vollzugseinrichtung der Bundeswehr **selbst** zum Vollzug **stellt**, ohne dass ein Aufnahmeersuchen vorliegt, ist zum Vollzug aufzunehmen, wenn ihre nächste Disziplinarvorgesetzte oder ihr nächster Disziplinarvorgesetzter auf Anfrage der Vollzugsleitung damit einverstanden und ihre Vollzugstauglichkeit gegeben ist. Ein Ersuchen um vorbereitende Maßnahmen entfällt dann. Die Vollstreckungsbehörde erhält eine Mitteilung über die Aufnahme.

219. Zum Vollzug aufzunehmen ist eine Arrestperson, die aufgrund eines **Vorführungs- oder Haftbefehls** (§ 457 Abs. 2 StPO, § 33 StVollstrO) der zuständigen Vollzugseinrichtung der Bundeswehr zugeführt wird, ohne dass der Vollzugsleitung bereits ein Aufnahmeersuchen vorliegt. Grundlage für die Aufnahme ist, wenn keine Ladung zum Strafantritt vorgelegt wird, der Vorführungs- oder Haftbefehl. Ein Ersuchen um vorbereitende Maßnahmen entfällt. Die Vollstreckungsbehörde erhält eine Mitteilung über die Aufnahme.

Wird die Arrestperson einer **unzuständigen** Vollzugseinrichtung zugeführt, ist von der Vollzugsleitung die Zuführung zur zuständigen und aufnahmebereiten Vollzugseinrichtung zu veranlassen.

220. Verfügt die zuständige Vollzugsleitung über keinen freien Arrestraum, hat sie (ggf. über die Vollzugsbehörde) eine andere, möglichst benachbarte und aufnahmebereite Vollzugseinrichtung zu ermitteln und die Zuführung dorthin zu veranlassen. Die Arrestperson ist später bei Vorliegen des Aufnahmeersuchens in die zuständige bzw. nach der Nr. 206 bestimmte Vollzugseinrichtung zu verlegen.

221. Eine Aufnahme erfolgt nicht bei Zuführung aufgrund eines **Untersuchungshaftbefehls** (§ 114 StPO), vgl. Nr. 106; die Zuführung zur zuständigen Justizvollzugsanstalt durch die zuständigen Polizeidienststellen des Landes ist zu veranlassen.

222. Die Nrn. 219 bis 221 gelten entsprechend, wenn eine Arrestperson aufgrund eines **Überführungsersuchens** (§ 28 StVollstrO) in eine Vollzugseinrichtung der Bundeswehr übergeführt werden soll, ohne dass der Vollzugsleitung bereits ein Aufnahmeersuchen vorliegt. Grundlage für die Aufnahme ist das Überführungsersuchen.

2.2.2 Besondere Festlegungen für den Vollzug der Ersatzfreiheitsstrafe und des Jugendarrestes wegen Nichtzahlung einer Geldbuße oder wegen Nichterfüllung sonstiger Auflagen und Weisungen

223. Wird vor **Aufnahme** der Arrestperson zum Vollzug einer **Ersatzfreiheitsstrafe** den Vollzugsbehörden und -organen der Bundeswehr ein Nachweis über die Zahlung des zur Vollstreckungsabwendung der Ersatzfreiheitsstrafe erforderlichen Geldbetrages vorgelegt, so ist die Arrestperson nicht zum Vollzug aufzunehmen.

Der zur Vollstreckungsabwendung erforderliche Geldbetrag ergibt sich aus dem Aufnahmeersuchen, der Ladung zum Strafantritt oder dem Vorführungs- oder Haftbefehl. Durch die Vollstreckungsbehörde erhobene Gebühren bleiben dabei ohne Ansatz. Ausreichende Zahlungsnachweise sind Post-, Bankbescheinigungen oder Quittungen über die Einzahlung oder Überweisung durch die Arrestperson. Vollzugsbehörden und -organe der Bundeswehr sind zur Annahme von Zahlungen auf die Geldstrafe nicht berechtigt. Die Bescheinigung bzw. Quittung muss die Zahlung zweifelsfrei erkennen lassen; bei Zweifeln führt die Vollzugsleitung eine Entscheidung der Vollstreckungsbehörde über die Aufnahme zum Vollzug herbei. Das Aufnahmeersuchen ist der Vollstreckungsbehörde unter Hinweis auf die Zahlung durch die Vollzugsleitung zurückzugeben.

224. Will die Arrestperson **bei Aufnahme** den Vollzug durch Zahlung des Betrages der Geldstrafe oder Restgeldstrafe abwenden, so ist ihr hierzu Gelegenheit zu geben, sobald die Einzahlung möglich ist. Die Vollzugsleitung entscheidet nach pflichtgemäßem Ermessen, ob die Arrestperson auf dem Weg zur Zahlung durch Vollzugshilfepersonal beaufsichtigt wird. Bei Vorlage des Zahlungsnachweises ist nach Nr. 223 zu verfahren; andernfalls ist die Arrestperson zum Vollzug aufzunehmen. Letzteres gilt auch bei Zahlung eines Teilbetrages, soweit der noch offene Betrag der Geldstrafe einem oder mehreren vollen Tagen Freiheitsstrafe entspricht; wegen eines Teilbetrags, der keinem vollen Tag Freiheitsstrafe entspricht, ist der Vollzug unzulässig (§ 459e Abs. 3 StPO; Nr. 238).

225. Die Nr. 224 gilt entsprechend bei Zahlungswilligkeit einer zum Vollzug **aufgenommenen** Arrestperson; die Vollzugsleitung entscheidet, ob der Arrestperson zum Zwecke der Zahlung ggf. gestattet wird, den Bereich des Arrestgebäudes oder der Vollzugseinrichtung zu verlassen.

Bei Vorlage des Zahlungsnachweises über die vollständige Zahlung des zur Vollstreckungsabwendung erforderlichen Geldbetrages ist die Arrestperson sofort aus dem Vollzug zu entlassen, bei nicht vollständiger Zahlung zum errechneten Zeitpunkt (Nr. 238).

226. Zum Vollzug der Ersatzfreiheitsstrafe vgl. im Übrigen die in Nr. 107, Abs. 2, Nrn. 212, 229, Abs. 2 und Nr. 238 getroffenen Regelungen.

Ist Jugendarrest zu vollziehen, der wegen Nichtzahlung einer Geldbuße verhängt wurde (§ 11 Abs. 3, § 15 Abs. 3 Satz 2 JGG und § 98 Abs. 2 OWiG), gelten die Vorgaben der Nrn. 212 und 223 bis 225 entsprechend, wenn die Arrestperson erklärt, die Geldbuße bezahlt zu haben oder bezahlen zu wollen. Ist Jugendarrest wegen Nichterfüllung sonstiger Weisungen und Auflagen (z. B. Erbringung von Arbeitsleistungen) zu vollziehen, so holt die Vollzugsleitung die Entscheidung der Vollstreckungsbehörde über die Aufnahme zum Vollzug herbei, wenn die Arrestperson erklärt, der Weisung nachgekommen zu sein oder die Auflage erfüllt zu haben.

2.2.3 Aufnahmeverfahren

227. Bei Aufnahme der Arrestperson sind folgende Maßnahmen zu treffen:

a) Die Identität der in Vollzug aufzunehmenden Arrestperson ist anhand des Truppenausweises festzustellen. Ggf. sind ihr die in § 29 Abs. 3 Nr. 1, 2 StVollstrO bezeichnete Schriftstücke auszuhändigen; die Bescheinigung über die Aushändigung ist der Vollstreckungsbehörde zu übersenden.

b) Soweit die vorbereitenden Maßnahmen nach den Nrn. 207 und 209 bisher unterblieben sind, trifft diese die Vollzugsleitung; die oder der nächste Disziplinarvorgesetzte der Arrestperson ist ggf. auf die Mitteilungspflichten nach Nr. 208 hinzuweisen. Bei Vollzugsuntauglichkeit wird die Arrestperson nicht aufgenommen; § 7 Satz 2 BwVollzO ist zu beachten.

c) Die Arrestperson und die von ihr mitgeführten Gegenstände sind durch Personen gleichen Geschlechts zu **durchsuchen**. Dabei sind Ehre und Schamgefühl der Arrestperson zu schonen; andere Arrestpersonen, die sich im Vollzug befinden oder aufgenommen werden sollen, dürfen bei der Durchsuchung nicht zugegen sein. Die Vollzugsleitung entscheidet im weiteren Verlauf des Vollzugs unter Beachtung von § 8 Abs. 1 BwVollzO, welche zusätzlichen, von der Arrestperson mitgebrachten oder ihr übergebenen Gegenstände dieser während des Vollzugs im Arrestraum oder außerhalb des Arrestraums belassen werden. Die der Arrestperson abgenommenen Gegenstände sind regelmäßig ihrem Truppenteil oder ihrer Dienststelle zur Aufbewahrung zu geben. Für die Arrestperson ist außerhalb des Arrestraumes ein Schrank aufzustellen, in dem sie erlaubte Gegenstände (wie z. B. Besteck, Geld) gesichert aufbewahren kann; der Schlüssel hierzu ist der Arrestperson auszuhändigen. Der Schrank kann ebenso wie der Arrestraum durchsucht werden.
Die der Arrestperson abgenommenen Gegenstände sind in dem über die Aufnahme anzufertigenden Protokoll aufzuführen.
Fehlen der Arrestperson zum Vollzug mitzubringende Gegenstände, entscheidet die Vollzugsleitung, wie diese beschafft werden.

d) Der Arrestperson sind die **einstweilige Berechnung** der Dauer der Freiheitsentziehung in der in Nr. 240 beschriebenen Form und der **Vollzugsplan** bekannt zu geben.

e) Die Arrestperson ist über die für den Vollzug wichtigen Regeln zu **belehren**; hierzu ist ihr ein Merkblatt (Anlage 6.6) auszuhändigen.
Der Arrestperson sind die Namen der zuständigen Angehörigen der Vollzugshilfe bekannt zu geben, soweit diese nicht Soldatinnen oder Soldaten des Wachdienstes sind.

f) Der genaue Zeitpunkt der Aufnahme ist im Aufnahmeprotokoll festzuhalten, das von der Arrestperson und der die Aufnahme durchführenden Vollzugsleitung, sowie dem Vollzugshilfepersonal unterschrieben wird.

228. Bei Aufnahme der Arrestperson sind die in den Nrn. 136 bis 139 bezeichneten **Mitteilungen** noch am selben Tage zu machen; bei fehlendem Aufnahmeersuchen ist insbesondere § 35 Abs. 1 Nr. 3 StVollstrO zu beachten.

Im Fall der Nr. 230 ist vom Vollzugsende der alten und vom Beginn der neuen Freiheitsentziehung nach den Nrn. 136 und 137 gesondert Mitteilung zu machen; der Vollstreckungsbehörde ist eine weitere einstweilige Berechnung vorzulegen.

229. Tritt die Arrestperson den Vollzug nicht an, sind die sich aus § 35 Abs. 1 Nr. 1, 2 StVollstrO und Nrn. 137 und 138 ergebenden Mitteilungspflichten zu beachten.

Hat die Arrestperson einen Monat nach Ablauf der im Aufnahmeersuchen gesetzten Frist den Vollzug einer **Ersatzfreiheitsstrafe** noch nicht angetreten, so gilt das Aufnahmeersuchen unter den Voraussetzungen von § 51 Abs. 3 StVollstrO als zurückgenommen; eine Mitteilung nach Nr. 136 entfällt dann.

230. Schließt sich an eine Freiheitsentziehung **eine weitere** an, so gilt mit dem Ende des laufenden Vollzugs die Arrestperson als für die neue Freiheitsentziehung aufgenommen; das Aufnahmeverfahren nach Nr. 228 entfällt. An die Stelle des Aufnahmeprotokolls tritt nach Nr. 130, Abs. 1 Satz 2 der Vermerk über den Beginn der neuen Freiheitsentziehung (ab dem folgenden Tag), der von der Arrestperson zu unterschreiben ist. Die vollstreckbare Entscheidung, die der weiteren Freiheitsentziehung zugrunde liegt, ist genau zu bezeichnen.

2.3 Einstweilige Berechnung der Dauer der Freiheitsentziehung

231. Die Dauer der Freiheitsentziehung berechnet bei Freiheitsstrafe, Strafarrest und Jugendarrest abschließend die Vollstreckungsbehörde, bei Disziplinararrest die oder der vollstreckende Disziplinarvorgesetzte. Ist die Arrestperson zum Vollzug von Freiheitsstrafe, Strafarrest oder Jugendarrest gestellt, ist der Vollstreckungsbehörde eine, im Aufnahmeersuchen zu ergänzende, **einstweilige Berechnung** unverzüglich zu übersenden (§ 35 Abs. 1 Nr. 4 StVollstrO). Bei Disziplinararrest ist der errechnete Entlassungstermin in der Mitteilung nach Nr. 137a) für den Disziplinarvorgesetzten oder die Disziplinarvorgesetzte einzutragen.

Bei Unklarheiten über die Berechnung kann die Rechtsberaterin oder der Rechtsberater der höheren Vollzugsbehörde/die Leiterin oder der Leiter der Vollzugsgruppe eingeschaltet werden.

232. Soweit § 5 BwVollzO keine abweichende Regelung trifft, sind für die Berechnung die Vorschriften der StVollstrO anzuwenden. Dies gilt auch für die Berechnung des Disziplinararrestes.

233. **Umstände**, die die Berechnung **beeinflussen**, sind der Vollstreckungsbehörde bzw. dem oder der vollstreckenden Disziplinarvorgesetzten **unverzüglich mitzuteilen**; das Ende der Freiheitsentziehung ist ggf. neu zu berechnen.

234. Die Freiheitsentziehung **beginnt** bei Selbstgestellung mit dem Zeitpunkt der Meldung zum Vollzug, im Übrigen mit dem Zeitpunkt, an dem sich die Arrestperson zur dienstlichen Gestellung bei der oder dem zuständigen Vorgesetzten meldet. Der Tag, auf den dieser Zeitpunkt fällt, ist voll anzurechnen (Anlage 6.7, Berechnungsbeispiel 1). Bei einer Zuführung aufgrund eines Vorführungs- oder Haftbefehls sind §§ 38, 40 StVollstrO zu beachten.

235. Von dem Beginn der Freiheitsentziehung an wird nach vollen Tagen gerechnet; dabei ist die Woche mit sieben Tagen, der Monat nach der Kalenderzeit zu berechnen (Anlage 6.7, Berechnungsbeispiel 2).

Bei der Berechnung **nach Monaten** ist vom Beginn der Freiheitsentziehung bis zum Beginn des Tages zu rechnen, der durch seine Zahl dem Tag des Beginns der Freiheitsentziehung entspricht. Die Freiheitsentziehung endet an diesem Tage um 0.00 Uhr (§ 37 Abs. 4 StVollstrO); dieser Zeitpunkt wird auf 24.00 Uhr des vorhergehenden Tages umgestellt (Anlage 6.7, Berechnungsbeispiel 3).

Fehlt bei dieser Berechnung der Tag des Monats, der durch seine Zahl dem Tag des Beginns der Freiheitsentziehung entspricht, tritt an seine Stelle der letzte Tag des Monats (Anlage 6.7, Berechnungsbeispiel 4).

236. Ist die Dauer der Freiheitsentziehung nach **mehreren Zeiteinheiten** (z. B. nach Monaten und Wochen) zu berechnen, ist nach § 37 Abs. 5 StVollstrO bei Vorwärtsrechnung zuerst die größere Zeiteinheit zu berücksichtigen (Anlage 6.7, Berechnungsbeispiel 5), bei Rückwärtsrechnung die kleinere.

237. Wird die **Vollstreckung unterbrochen** oder ist die Arrestperson **unerlaubt abwesend** (Nr. 342), ist der Tag der Unterbrechung oder des Beginns der unerlaubten Abwesenheit als vollzogen anzurechnen. Im Übrigen ist in diesen Fällen nach § 37 Abs. 2 Satz 3 bis 5 StVollstrO zu verfahren und, wenn eine genaue Feststellung des Tages nicht möglich ist, der Tag anzurechnen, der der Wirklichkeit mutmaßlich am nächsten kommt (Anlage 6.7, Berechnungsbeispiel 6).

Wird der Vollzug wieder fortgesetzt, ist bei Arrestpersonen, die unerlaubt abwesend waren, der Zeitpunkt der Fortsetzung **des Vollzugs** nach § 40 Abs. 2 StVollstrO festzusetzen. Dabei ist auch der Tag der Fortsetzung des Vollzugs voll anzurechnen (Anlage 6.7, Berechnungsbeispiel 6); im Übrigen wird die Zeit der Unterbrechung nicht auf die Freiheitsentziehung angerechnet.

238. Beim Vollzug einer **Ersatzfreiheitsstrafe** berechnet sich die Dauer der Freiheitsentziehung nach der Höhe der im Aufnahmeersuchen oder der Ladung zum Strafantritt angegebenen, uneinbringlichen Geldstrafe. An die Stelle der uneinbringlichen Geldstrafe tritt Freiheitsentziehung (Freiheitsstrafe oder Strafarrest). Einem Tagessatz entspricht ein Tag Freiheitsentziehung; das Mindestmaß der Ersatzfreiheitsstrafe oder des Strafarrestes ist ein Tag (§ 43 StGB, § 11 WStG). Spätere Zahlungen auf die Geldstrafe sind entsprechend zu berücksichtigen (Anlage 6.7, Berechnungsbeispiel 7).

239. Zur Berechnung der Dauer der Freiheitsentziehung gehört beim Vollzug von Freiheitsstrafe und Strafarrest von jeweils mehr als zwei Monaten auch die Errechnung des **Zeitpunktes**, zu dem die Vollstreckung des Strafrestes nach § 57 StGB, § 14a WStG **zur Bewährung** ausgesetzt werden kann. Die Vollzugsleitung hat drei Wochen vor diesem Zeitpunkt der Vollstreckungsbehörde nach § 36 Abs. 2 StVollstrO einen Bericht (Muster Anlage 6.8) vorzulegen, der Aussagen macht zur Persönlichkeit der Arrestperson, zu ihren Lebensverhältnissen und den Wirkungen, die von einer Aussetzung des Strafrestes für sie zu erwarten sind. Beim Vollzug **von Strafarrest** ist außerdem dazu Stellung zu nehmen, ob zur Wahrung der Disziplin die Vollstreckung des Strafrestes geboten ist. Auf die eingeholte Einwilligung der Arrestperson zu einer eventuellen Strafaussetzung zur Bewährung ist hinzuweisen.

Zur Erstellung des Berichtes setzt sich die Vollzugsleitung mit dem oder der nächsten Disziplinarvorgesetzten der Arrestperson ins Benehmen.

240. Der Arrestperson ist noch bei der Aufnahme die einstweilige Berechnung der Dauer der Freiheitsentziehung **bekannt zu geben**. Dabei ist ihr zu eröffnen, dass die Vollstreckungsbehörde bzw. die oder der vollstreckende Disziplinarvorgesetzte über die Berechnung endgültig entscheidet und ihr jede, von der einstweiligen Berechnung abweichende Entscheidung mitgeteilt wird.

Zweifelt die Arrestperson die endgültige Berechnung an, so ist sie darauf hinzuweisen, dass sie nach § 458 StPO die Entscheidung des Gerichts beantragen kann, bzw. – bei Disziplinararrest – die Entscheidung der oder des vollstreckenden Disziplinarvorgesetzten im Wege der Beschwerde anfechten kann.

2.4 Planung und inhaltliche Gestaltung des Vollzugs

241. Bei oder unmittelbar nach der Aufnahme befiehlt die Vollzugsleitung den Ablauf des Vollzugs durch den **Vollzugsplan**.

Soll die Arrestperson am Dienst nach Dienstplan teilnehmen, enthält der Vollzugsplan den Ausspruch, bei welcher Einheit oder Dienststelle sie Dienst zu leisten hat. Die Vollzugsleitung soll jedoch bei Freiheitsentziehungen, die über sieben Tage hinausgehen, zusätzliche Anordnungen zur Gestaltung der dienst- oder beschäftigungsfreien Zeit der Arrestperson treffen, insbesondere zu Art und Umfang der Selbstbeschäftigung, Besuchszeitpunkte und ggf. Vollzugserleichterungen festlegen. Soll die Arrestperson nicht oder nur teilweise am Dienst teilnehmen, legt der Vollzugsplan die Zeiten und Orte teilweiser Dienstverrichtung, der Beschäftigung nach § 10 Abs. 1 Satz 3 BwVollzO oder der Arbeiten nach § 10 Abs. 2 BwVollzO fest. Anordnungen nach Nr. 241, Abs. 2, Satz 2 sind in jedem Fall erforderlich.

C

Im Vollzugsplan ist die Begründung für eine Anordnung zu vermerken, wonach die Arrestperson nicht am Dienst teilnehmen soll.

242. Dem Vollzugsplan sind als Anlage Wochenübersichten beizufügen, aus denen sich der Verlauf des Vollzugs ergibt.

Hierin sind insbesondere zu vermerken

- Zeitpunkte der Abmeldung zum und Rückmeldung vom Dienst sowie weitere Zeiten der Abwesenheit der Arrestperson vom Arrestraum (z. B. Aufenthalt im Freien),
- Besuche,
- Vollzugserleichterungen nach § 17 BwVollzO,
- Abweichungen von Vollzugsvorschriften nach § 14 Abs. 2, § 18 Abs. 2 BwVollzO und Abweichungen von den Anordnungen im Vollzugsplan (§ 6 Satz 3 BwVollzO),
- Abnahme von Gegenständen und
- besondere Maßnahmen nach § 19 BwVollzO.

243. Während des Vollzugs nimmt die Arrestperson in der Regel am Dienst teil; nur am Tage der Aufnahme zum Vollzug ist grundsätzlich hiervon abzusehen. Von der Teilnahme am Dienst kann im Übrigen nur unter den Voraussetzungen des § 10 Abs. 1 Satz 3 BwVollzO abgesehen werden.

Die Entscheidung über die Teilnahme am Dienst trifft die Vollzugsleitung im Benehmen mit der oder dem nächsten Disziplinarvorgesetzten der Arrestperson; die Mitteilung nach Nr. 208, Abs. 2 hat sie oder er zu berücksichtigen. Die Vollzugsleitung bestimmt auch, bei welcher Einheit oder Dienststelle die Arrestperson am Dienst teilnimmt und ob und in welcher Weise die Teilnahme am Dienst auf bestimmte Arten des Dienstes oder auf eine bestimmte Zeit beschränkt wird.

Die Entscheidung über die Teilnahme am Dienst kann während des Vollzugs nur unter den Voraussetzungen des § 6 Satz 3 BwVollzO abgeändert werden.

244. Die Arrestperson soll grundsätzlich bei ihrer Einheit/Dienststelle am Dienst teilnehmen. Soweit es im Einzelfall die Persönlichkeit der Arrestperson, die Disziplin oder die Art des Dienstes der Einheit erfordern oder dies mit unverhältnismäßig hohem Zeit- oder Kostenaufwand verbunden ist, kann die Arrestperson auch bei einer anderen Einheit/Dienststelle zum Dienst oder für bestimmte Arten oder Zeiten des Dienstes eingeteilt werden. Die Persönlichkeit der Arrestperson ist insbesondere nach dem Stand ihrer Erziehung und militärischen Ausbildung, ihrem bisherigen dienstlichen Verhalten und der Tat, die zur Verhängung der Freiheitsentziehung führte, zu beurteilen.

Die Bildung besonderer Einheiten für Arrestpersonen, an denen Freiheitsentziehungen vollzogen werden, ist unzulässig.

245. Ist die Arrestperson uneingeschränkt zur Teilnahme am Dienst eingeteilt, verrichtet sie grundsätzlich jeden Dienst nach Dienstplan, jedoch mit den in § 10 Abs. 3 BwVollzO bezeichneten Ausnahmen. Mahlzeiten nimmt sie gemeinsam mit den Soldatinnen und Soldaten der Einheit oder Dienststelle ein, soweit die Vollzugsleitung nichts anderes bestimmt. Der Arrestperson ist zu befehlen, dass sie sich jeweils zu Dienstbeginn bei der Einheit oder Dienststelle meldet, nach Dienst sofort oder zum befohlenen Zeitpunkt zum Arrestraum zurückkehrt und sich dort beim Vollzugshilfepersonal meldet. Besondere Anordnungen zur Beaufsichtigung der Arrestperson während ihrer Abwesenheit vom Arrestraum sind im Vollzugsplan zu vermerken; vgl. im Übrigen Nr. 302, Abs. 2 und Nr. 319.

246. Eine Teilnahme am Dienst ist, außer bei beharrlicher Dienstverweigerung, nach § 10 Abs. 1 Satz 3 BwVollzO insbesondere dann nicht tunlich, wenn

– die Aufrechterhaltung der Disziplin in der Truppe es gebietet,

- die ernsthafte Gefahr besteht, die Arrestperson werde sich erneut unerlaubt von der Truppe entfernen,
- hinreichende Anhaltspunkte dafür gegeben sind, dass die Arrestperson weitere Straftaten oder Dienstvergehen begeht oder
- die Dauer der Freiheitsentziehung drei Tage oder weniger beträgt und nicht dienstliche Gründe die Teilnahme erfordern.

Eine anderweitige Beschäftigung der Arrestperson nach § 10 Abs. 1 Satz 3 oder § 10 Abs. 2 BwVollzO ist erst dann zulässig, wenn die Gründe, die der Teilnahme am Dienst entgegenstehen, durch eine Verlegung in eine andere Vollzugseinrichtung nicht beseitigt werden können oder eine Verlegung im Hinblick auf die Kürze der Freiheitsentziehung untunlich ist.

Eine Teilnahme am Dienst ist ausgeschlossen, wenn die Truppenärztin oder der Truppenarzt dies empfiehlt (Zentralrichtlinie A2-2630/0-0-2 „Leben in der militärischen Gemeinschaft", Nr. 510).

247. Soweit die Arrestperson nicht zum Dienst eingeteilt wird, soll sie während der regulären Dienstzeit in ausbildungsfördernder Weise oder, soweit auch dies nicht möglich ist, nach § 10 Abs. 2 BwVollzO auf Weisung der Vollzugsorgane **beschäftigt** werden. Eine sonstige Beschäftigung kann im Arrestraum und im Ausnahmefall auf Anordnung der Vollzugsleitung auch außerhalb der regulären Dienstzeit erfolgen.

Ausbildungsfördernd ist eine Beschäftigung, die die Kenntnisse und Fertigkeiten der Arrestperson in ihrer Hauptverwendung erweitert oder Fähigkeiten entwickelt, die der Arrestperson zur Erfüllung ihrer militärischen Aufgaben – auch in Nebenfunktion – benötigt.

Den **Fähigkeiten** der Arrestperson **angemessen** ist eine Beschäftigung nach § 10 Abs. 2 BwVollzO, die ihrer Eignung oder ihrer militärischen oder zivilen Ausbildung entspricht. Der **Erziehungszweck** bestimmt sich nach § 2 BwVollzO.

248. Die Anordnungen zur **Selbstbeschäftigung** sollen auch den Erziehungszweck des Vollzugs beachten; Wünsche der Arrestperson, insbesondere Weiterbildungswünsche, sind zu berücksichtigen, soweit die Persönlichkeit der Arrestperson, die Sicherheit oder Ordnung im Vollzug oder die militärische Ordnung dies erlauben.

Besteht in der Nähe des Arrestraumes Gelegenheit dazu, kann der Arrestperson unter Aufsicht die Teilnahme am Hörfunk- oder Fernsehprogramm oder der Zugang zum Internet zur Fortsetzung einer von ihr bereits begonnenen Fortbildung oder insoweit gestattet werden, als ihrem Anspruch auf staatsbürgerliche Information anders (z. B. durch Zeitungen) nicht entsprochen werden kann. Den Beginn der Fortbildung hat die Arrestperson nachzuweisen.

249. Die Anordnungen im Vollzugsplan und spätere Ergänzungen oder Änderungen sind der Arrestperson zu **eröffnen**. Die Eröffnung kann auch das Vollzugshilfepersonal vornehmen; diese Person ist zu vermerken.

3 Durchführung des Vollzugs

3.1 Behandlung der Arrestperson im Vollzug

3.1.1 Unterstellung, Beschwerderecht

301. Das truppendienstliche Unterstellungsverhältnis und die **Disziplinarbefugnis** der Disziplinarvorgesetzten der Arrestperson bleiben durch den Vollzug unberührt. Zur Disziplinarbefugnis der Vollzugsleitung entsprechend ihrem jeweiligen Dienstgrad vgl. Nr. 343.

Die Vollzugsleitung verständigt die nächste Disziplinarvorgesetzte oder den nächsten Disziplinarvorgesetzten der Arrestperson von **Dienstvergehen** während des Vollzugs, damit das Verhalten der Arrestperson disziplinar geahndet wird.

302. Mit Aufnahme zum Vollzug entsteht das Vorgesetztenverhältnis im besonderen Aufgabenbereich des Vollzugs (§ 3 der Vorgesetztenverordnung).

Das truppendienstliche Unterstellungsverhältnis und die Disziplinargewalt der Disziplinarvorgesetzten der Arrestperson bleiben durch den Vollzug unberührt. Für die Dauer des Vollzugs ist die Arrestperson der Vollzugsleiterin bzw. dem Vollzugsleiter und deren bzw. dessen Vollzugshilfepersonal im besonderen Aufgabenbereich des Vollzugs unterstellt. Nimmt die Arrestperson während des Vollzugs am Dienst einer anderen Einheit oder Dienststelle teil, untersteht sie im besonderen Aufgabenbereich dieses Dienstes der bzw. dem hierfür verantwortlichen Vorgesetzten.

Nimmt die Arrestperson während des Vollzugs nicht am Dienst ihrer Einheit oder Dienststelle, sondern einer anderen teil, untersteht sie im besonderen Aufgabenbereich dieses Dienstes der oder dem hierfür verantwortlichen Vorgesetzten; diese oder dieser Vorgesetzte hat die Beaufsichtigung der Arrestperson während des Dienstes sicherzustellen.

303. Die Arrestperson kann während des Vollzugs **Beschwerden** auch bei der Vollzugsleitung einlegen (§ 5 Abs. 2 Satz 2 der Wehrbeschwerdeordnung – WBO). Über Beschwerden gegen unrichtige

Behandlung im Vollzug entscheiden die Disziplinarvorgesetzten, die diesen Gegenstand zu beurteilen haben (§ 9 Abs. 1 WBO). In der Regel sind Beschwerden

- gegen Vollzugshilfepersonal durch die Vollzugsleitung und
- gegen die Vollzugsleitung durch die Vollzugsbehörde zu bescheiden.

Bei Freiheitsentziehungen nach Nr. 105 b) bis d) steht der Arrestperson wegen unrichtiger Behandlung im Vollzug neben dem Beschwerde- und Antragsrecht nach der WBO auch der **Rechtsweg** zu den **ordentlichen Gerichten** nach Maßgabe der §§ 23 ff. des Einführungsgesetzes zum Gerichtsverfassungsgesetz (EGGVG) offen. Ein derartiger Antrag ist von der Vollzugsleitung auf Verlangen der Arrestperson unverzüglich dem zuständigen Oberlandesgericht oder dem nächstgelegenen Amtsgericht zuzuleiten.

Eine Beschwerde oder Eingabe der Arrestperson, die **Einwendungen** gegen die **Zulässigkeit der Vollstreckung** enthält, ist von der Vollzugsleitung bei Vollzug einer Freiheitsentziehung nach Nr. 105 b) bis d) der Vollstreckungsbehörde, bei Vollzug von Disziplinararrest der oder dem nächsten Disziplinarvorgesetzten der oder des vollstreckenden Disziplinarvorgesetzten unverzüglich zuzuleiten. Der oder dem vollstreckenden Disziplinarvorgesetzten ist der Inhalt der Beschwerde mitzuteilen.

304. Der Arrestperson ist auf ihr Verlangen zur Abfassung einer Beschwerde oder Eingabe der erforderliche Schreibbedarf zu stellen.

3.1.2 Unterbringung, Arrestraum

305. Die Arrestperson wird allein in einem **Arrestraum** untergebracht, der ständig unter Verschluss zu halten ist.

Der Arrestraum soll 7 bis 9 m^2 und darf nicht weniger als 6 m^2 groß sein. Er muss für eine gesunde Lebensführung ausreichend sein und in seiner baulichen Beschaffenheit und Ausgestaltung den jeweils gültigen baufachlichen Richtlinien entsprechen. Er ist wie Truppenunterkünfte zu beheizen und soll nach Möglichkeit ein WC mit Sichtschutz enthalten.

306. Der Arrestraum ist **auszustatten** mit

- einer Schlafpritsche aus stabilem Holzrahmen mit Bretterboden und angearbeiteter Kopfschräge,
- einer losen Matratze ohne Gurte,
- je einem einfachen Tisch und Stuhl (ungepolstert) aus Holz,

- mit einem Waschplatz (nur Kaltwasser) mit Stopfenventil und Druckwasserhahn, ohne Zubehör und ohne freiliegende Leitungen und
- einer Klingelanlage, die es der Arrestperson ermöglicht, Angehörige der Vollzugshilfe herbeizurufen.

Der besonders gesicherte Arrestraum (Nr. 310) ist nur auszustatten mit

- einer Schaumstoffmatratze und
- einem Schutzbezug für die Matratze.

Die besonderen baulichen Forderungen der GMIF TrUkft, Kapitel 6 für einen besonders gesicherten Arrestraum (Nr. 310) sind zu beachten.

307. Auf Verlangen der Arrestperson ist dieser, soweit vorhanden, die Bibel und vergleichbare grundlegende religiöse Schriften auszuhändigen. Das Mitführen und Lesen ist ebenfalls gestattet.

Sie dürfen ihr bei grobem Missbrauch entzogen werden.

Weiterhin kann der Arrestperson von Seiten der Militärseelsorge in der Bundeswehr das evangelische oder katholische Soldatengebet- und -gesangbuch, soweit vorhanden und von der Arrestperson gewünscht, ausgehändigt werden.

308. Die Arrestperson kann den Arrestraum zusätzlich mit persönlichen Gegenständen ausstatten, die ihr bei der Aufnahme belassen oder später gestattet wurden. Die Form der Ausstattung darf weder die Übersichtlichkeit des Arrestraumes behindern noch in anderer Weise die Sicherheit oder die Ordnung im Vollzug gefährden.

Der Arrestraum ist regelmäßig zu durchsuchen.

309. Die Vollzugsbehörden **überprüfen** in angemessenen Abständen, mindestens jedoch einmal jährlich, den baulichen Zustand und die ständige Ausstattung der zum Vollzug bestimmten Arresträume ihres Bereichs; auch auf die Einhaltung der Hygienevorschriften ist zu achten. Nicht den Anforderungen entsprechende Arresträume sind für den Vollzug zu **sperren**.

Räume in Bundeswehrkrankenhäusern dürfen nicht zum Vollzug bestimmt werden.

310. Die höhere Vollzugsbehörde bestimmt die Vollzugseinrichtungen, in denen hinsichtlich der baulichen Beschaffenheit der Vollzug bei Flucht-, Selbsttötungs- oder Selbstverletzungsgefahr oder Gefahr von Gewalttätigkeiten der Arrestperson möglich ist, wenn Sicherungsmaßnahmen in hierfür geeigneten Arresträumen nicht ausreichen.

3.1.3 Anzug, Verpflegung, persönlicher Bedarf

311. Die Arrestperson trägt im Vollzug grundsätzlich den **Feldanzug/Bord- und Gefechtsanzug**.

Während der Teilnahme am Dienst trägt sie den nach Dienstplan befohlenen Anzug (vgl. im Übrigen Nr. 315, Abs. 4).

312. Nimmt die Arrestperson nicht an den Mahlzeiten der Einheit oder Dienststelle teil, bei der sie Dienst leistet, stellt die Vollzugsleitung die Zuführung der **Truppenverpflegung** (einschließlich zugehöriger Getränke) in den Arrestraum sicher.[1] Dies gilt auch für dienstfreie Zeiten. Der Arrestperson ist in ausreichendem Maße Trinkwasser zur Verfügung zu stellen. Schonkost erhält die Arrestperson nur bei entsprechender Verordnung der Truppenärztin oder des Truppenarztes.

Der Arrestperson ist, soweit es die Umstände zulassen, zu ermöglichen, Speisevorschriften ihrer Religionsgemeinschaft zu befolgen.

Verweigert die Arrestperson beharrlich die Nahrungsaufnahme, ist die Truppenärztin oder der Truppenarzt hinzuzuziehen und nach Nr. 337 zu verfahren. Beim Vollzug einer Freiheitsentziehung nach Nr. 105 c) bis d) entscheidet die Vollstreckungsbehörde, ob die Arrestperson zur Fortsetzung des Vollzugs in eine Justizvollzugsanstalt oder sonstige Anstalt verlegt wird. Die oder der nächste Disziplinarvorgesetzte der Arrestperson ist nach Nr. 301 Abs. 2 zu verständigen.

313. Der Arrestperson ist Gelegenheit zu geben, durch Vermittlung des Vollzugspersonals für ihren **persönlichen Bedarf** (z. B. Zusatzverpflegung oder Getränke) auf eigene Kosten in angemessener Weise zu sorgen; statt einer Vermittlung durch das Vollzugspersonal kann, soweit dies aus Gründen der Sicherheit und Ordnung im Vollzug vertretbar ist, auch die Selbstbeschaffung innerhalb der Liegenschaft gestattet werden. Nimmt die Arrestperson am Dienst teil, kann in der Regel davon ausgegangen werden, dass sie dazu Gelegenheit während der Dienstpausen hat. Das gilt auch für den zu gegebenem Zeitpunkt vorzunehmenden Wäschetausch.

Die Beschaffung z. B. eines Tagesbedarfs von 100 g Schokolade und/oder 10 Zigaretten (oder 15 g Tabak in anderer Form) gilt noch als angemessen.

---

[1] Hinsichtlich der Kostentragung gelten die allgemeinen Regeln.

In geschlossenen Räumen, insbesondere im Arrestraum, besteht Rauchverbot.

3.1.4 Seelsorgerische, soziale und truppenpsychologische Betreuung, Fürsorgepflicht

314. Der Anspruch auf **seelsorgerische Betreuung** ist in § 13 BwVollzO geregelt. Er schließt nicht den Anspruch ein, die zuständige Militärgeistliche oder den zuständigen Militärgeistlichen der Bundeswehr bzw. eine andere Seelsorgerin oder einen anderen Seelsorger seines Bekenntnisses aufzusuchen. Entsprechendes gilt, wenn die Arrestperson eine Sozialarbeiterin oder einen Sozialarbeiter der Bundeswehr oder eine andere Sozialarbeiterin oder einen anderen Sozialarbeiter aufsuchen will. Gleiches gilt für Truppenpsychologinnen oder Truppenpsychologen des Psychologischen Dienstes der Bundeswehr.

C

315. Der Arrestperson ist gemäß § 13 Abs. 2 und 3 BwVollzO Gelegenheit zu geben, am Gottesdienst und an anderen religiösen Veranstaltungen seines Bekenntnisses innerhalb der militärischen Anlage oder Einrichtung, in der der Vollzug durchgeführt wird, teilzunehmen. Besteht an Sonntagen oder gesetzlichen Feiertagen keine Möglichkeit zur Teilnahme am Gottesdienst innerhalb der militärischen Anlage oder Einrichtung, so darf die Arrestperson im Standort an einem Gottesdienst seines Bekenntnisses teilnehmen.

Die Arrestperson hat mindestens zwei Tage vorher ihre Absicht zur Teilnahme an einem Gottesdienst oder einer religiösen Veranstaltung bekannt zu geben; hierüber ist sie zu belehren.

Zur Teilnahme gestattet die Vollzugsleitung der Arrestperson das Verlassen des Arrestgebäudes oder der Vollzugseinrichtung. Bei Begleitung durch Vollzugshilfepersonal ist eine Beaufsichtigung der Arrestperson während des Gottesdienstes oder der religiösen Veranstaltung nicht zulässig.

Die Arrestperson trägt zur Teilnahme an Gottesdiensten oder religiösen Veranstaltungen den Dienstanzug.

Nach Rückkehr vom Gottesdienst oder einer religiösen Veranstaltung soll die Arrestperson durchsucht werden; Nr. 227 c) gilt entsprechend.

316. Während des Vollzugs kommt der **Fürsorgepflicht der oder des nächsten Disziplinarvorgesetzten** gegenüber der Arrestperson besondere Bedeutung zu. Soweit möglich, schließt dies Besuche bei der Arrestperson ein; sie oder er soll der Vollzugsleitung Vorschläge für den weiteren Verlauf des Vollzugs machen.

Auskünfte, die einen Hinweis darauf enthalten, dass sich die Arrestperson im Vollzug befindet, sind gegenüber Privatpersonen ohne Zustimmung der Arrestperson grundsätzlich unzulässig. Die datenschutzrechtlichen Vorschriften und Regelungen zum Schutz personenbezogener Daten sind zu beachten.

3.1.5 Regelung des Tagesablaufs

317. Die von der Arrestperson im Vollzug einzuhaltende **Tages- und Nachteinteilung** ist grundsätzlich auf den Dienst der Einheit oder Dienststelle, an deren Dienst die Arrestperson teilnimmt, abzustimmen. Die Arrestperson ist so rechtzeitig zu wecken, dass sie dort am Frühstück teilnehmen kann.

C

Nimmt die Arrestperson nicht am Dienst teil, soll sie an Werktagen um 6.00 Uhr, an Sonn- und Feiertagen um 7.00 Uhr geweckt werden. Die Nachtruhe beginnt um 21.00 Uhr.

318. Nach dem Wecken hat die Arrestperson für ihre persönliche Hygiene zu sorgen und den Arrestraum zu ordnen, ggf. zu reinigen; Putzzeug ist zu stellen.

319. Die Zeitpunkte der Abmeldung zum und Rückmeldung vom Dienst sind im Vollzugsplan zu vermerken. Die Vollzugsleitung entscheidet, ob die Arrestperson auf dem Weg vom und zum Dienst von Angehörigen der Vollzugshilfe beaufsichtigt wird. Nach Rückkehr vom Dienst oder von einer Beschäftigung außerhalb des Arrestraumes soll die Arrestperson durchsucht werden; Nr. 227 c) gilt entsprechend.

320. Während des **Aufenthalts im Freien** ist die Arrestperson durch Vollzugshilfepersonal zu beaufsichtigen. Dabei ist ihr das Rauchen zu gestatten. Im Übrigen kann ihr in angemessenem Umfang Gelegenheit zum Rauchen außerhalb des Wachgebäudes gegeben werden (vgl. Nr. 313). Ein Zusammentreffen von Arrestpersonen verschiedener Dienstgradgruppen, die sich im Vollzug befinden, ist zu vermeiden.

321. In ihrer dienst- oder beschäftigungsfreien Zeit kann sich die Arrestperson im Arrestraum **selbst beschäftigen**. Die Vollzugsleitung kann hierzu im Vollzugsplan nähere Anordnungen treffen (vgl. Nr. 248); insbesondere kann sie Art und Umfang einer Selbstbeschäftigung verbieten, wenn diese nicht im Einklang mit dem Vollzugszweck steht. Unter den Voraussetzungen von § 8 Abs. 1 Satz 3 BwVollzO kann der Arrestperson Lesestoff (wie z. B. pornografische Lektüre oder Zersetzungsmaterial) entzogen werden. Das Verbot ist im Vollzugsplan zu vermerken. Der Arrestperson ist die

Lektüre einer **Tageszeitung** grundsätzlich zu gestatten; für die Beschaffung gilt Nr. 313, Abs. 1.

3.2 Verkehr mit der Außenwelt

3.2.1 Besuche

322. Besucherinnen und Besucher der Arrestperson bedürfen der **Besuchserlaubnis** der Vollzugsleitung, sofern diese zentrale Dienstvorschrift nichts anderes vorsieht.

C

Zur Wahrnehmung ihrer Aufgaben bedürfen **keiner Besuchserlaubnis**:

a) Militärgeistliche und andere Geistliche,

b) Truppenärztinnen und Truppenärzte,

c) Disziplinarvorgesetzte der Arrestperson,

d) Sozialarbeiterinnen und Sozialarbeiter der Bundeswehr,

e) die oder der Wehrbeauftragte des Deutschen Bundestages,

f) die Beauftragten des Ausschusses zur Verhütung von Folter des Europarates (European Commitee for the prevention of torture and inhuman or degrading treatment or punisment – CPT),

g) Angehörige des Unterausschusses der Vereinten Nationen zur Verhütung von Folter,

h) die Bundesstelle zur Verhütung von Folter,

i) Richterinnen oder Richter, Staatsanwältinnen oder Staatsanwälte und deren Ermittlungspersonen,

j) Rechtsberaterinnen oder Rechtsberater der Bundeswehr, Angehörige der Wehrdisziplinaranwaltschaft und

k) Leiterin oder Leiter der Vollzugsgruppe.

Besuche sind im Vollzugsplan zu vermerken. Mehr als zwei Personen gleichzeitig sollen nicht zum Besuch zugelassen werden.

323. Ein Grund zur Versagung der Besuchserlaubnis liegt in der Regel vor, wenn

a) die Arrestperson den Besuch ablehnt,

b) die Besucher sich nicht über ihre Person ausweisen können,

c) der Besuch zur Unzeit (vgl. Nr. 317) stattfinden soll,

d) durch den Besuch die Sicherheit oder Ordnung im Vollzug gefährdet würde,

e) von dem Besuch zu befürchten ist, dass dieser einen schädlichen Einfluss auf die Arrestperson hat; dies gilt nicht für Besuche von Angehörigen,[1] oder

f) bei einer minderjährigen Arrestperson die Erziehungsberechtigten nicht einverstanden sind.

324. Folgenden Personen, die sich über ihre Person und ggf. über ihre Funktion ausweisen können, ist die Besuchserlaubnis **unbeschränkt** zu erteilen:

a) zugelassenen Verteidigerinnen oder Verteidigern der Arrestperson, Rechtsanwältinnen oder Rechtsanwälten, zugelassenen Rechtsbeiständen und Notarinnen oder Notaren sowie deren bevollmächtigte Vertretung, wenn sie hierbei in einer die Arrestperson betreffenden Rechtsangelegenheit tätig werden sowie

b) Angehörigen der Jugendgerichtshilfe und, wenn die Arrestperson unter Bewährungsaufsicht steht oder Erziehungshilfe angeordnet ist, Bewährungshelferinnen oder Bewährungshelfern oder Angehörigen der Erziehungshilfe.

Anderen Personen soll die Besuchserlaubnis, hinsichtlich Zeitpunkt und Dauer auf das notwendige Maß **beschränkt**, erteilt werden.

325. Besuche des in Nr. 322 und Nr. 324 a) genannten Personenkreises dürfen nicht **überwacht** werden. Die Überwachung von Besuchen anderer Personen ist nur nach § 16 Abs. 1 Satz 3 BwVollzO zulässig.

Ein Besuch darf **abgebrochen** werden, wenn die Arrestperson oder der Besuch hierbei trotz Androhung des Abbruchs gegen die Sicherheit oder Ordnung im Vollzug verstößt. Die Androhung unterbleibt, wenn der sofortige Abbruch des Besuches geboten ist.

326. Die Arrestperson darf ohne **Erlaubnis** keine Gegenstände vom Besuch annehmen oder ihm übergeben. Dies gilt nicht für Schriftstücke und sonstige Unterlagen, die bei Besuchen nach Nrn. 322 und 324 a) zur Erledigung einer die Arrestperson betreffenden Rechtssache angenommen oder übergeben werden.

Nach dem Besuch kann die Arrestperson, deren Sachen und der Arrestraum durchsucht werden.

Eine Durchsuchung nach den Bestimmungen des „Gesetzes über die Anwendung unmittelbaren Zwanges und die Ausübung besonderer Befugnisse durch Soldaten der Bundeswehr und verbündeter

---

[1] Angehörige i. S. d. § 11 StGB

Streitkräfte sowie ziviler Wachpersonen“ (UZwGBw) bleibt unberührt.

3.2.2 Post- und Geldverkehr

327. Der Schriftverkehr von Arrestpersonen wird nicht überwacht. Die Arrestperson darf Brief- und Paketpost empfangen und absenden.

Beim Vollzug von Disziplinararrest (Nr. 106a) ist das Öffnen und Verpacken von Paketen oder Päckchen im Arrestraum gestattet.

Beim **Vollzug nach Nr. 105 b) bis d)** ist das Öffnen und Verpacken von Paketen und Päckchen nur unter Aufsicht gestattet.

Für die Entscheidung über die Belassung von Gegenständen im Vollzug gilt Nr. 227 c), Abs. 2. Bei angeordneter Untersuchungshaft können abweichende Regelungen durch die Richterin oder den Richter getroffen werden.

328. **Telefongespräche**, das Aufgeben von Telegrammen sowie die Nutzung sonstiger elektronischer Kommunikationsmittel sind der Arrestperson – außer dem Kontakt zum Rechtsbeistand – nur in dringenden Einzelfällen zu gestatten; Nr. 313, Abs. 1, Satz 2 gilt entsprechend.

329. Die Nr. 328 gilt entsprechend für den **Geldverkehr**; es ist vorab zu prüfen, ob dem Anliegen der Arrestperson nicht durch Bevollmächtigung entsprochen werden kann. Die Nrn. 224 und 225 sind zu beachten.

3.2.3 Wahrnehmung von Terminen, Ausübung des Wahlrechts

330. Die Vollzugsleitung kann der Arrestperson zur Teilnahme an einem gerichtlichen oder unaufschiebbaren behördlichen Termin das Verlassen der Vollzugseinrichtung erlauben oder Urlaub erteilen, wenn anzunehmen ist, dass sie den Termin wahrnimmt und keine Entweichungs- oder Missbrauchsgefahr besteht; entsprechende amtliche Unterlagen sind der Vollzugsleitung vorzulegen. Wird der Arrestperson die Teilnahme nicht ermöglicht, ist das Gericht oder die Behörde hiervon zu unterrichten.

331. Die Vollziehung eines **Vorführungsbefehls** obliegt den Polizeidienststellen des Landes; ihnen ist die Arrestperson zur Vollziehung zu überantworten. Den mit der Vollziehung beauftragten Polizeibediensteten ist hierzu der Zutritt zur Liegenschaft zu gewähren.

332. Die Vollzugsleitung hat dafür Sorge zu tragen, dass die Arrestperson bei Europa-, Bundestags-, Landtags- oder Kommunalwahlen ihr **Wahlrecht** ausüben kann. Befindet sich die Vollzugseinrichtung nicht am Wahlort, ist die Arrestperson rechtzeitig auf die Möglichkeit hinzuweisen, ihr Stimmrecht durch Briefwahl auszuüben.

Die Vollzugsleitung hat der Arrestperson zur Ausübung des Stimmrechts am Wahltag auf ihr Verlangen das Verlassen der Vollzugseinrichtung zu gestatten. Wenn eine Stimmabgabe am Standort und Briefwahl nicht möglich sind, ist der Arrestperson ggf. Urlaub auf Antrag zu gewähren. Über ihr Antragsrecht ist die Arrestperson zu belehren. Bei Entweichungs- oder Missbrauchsgefahr entscheidet die Vollzugsleitung, ob die Arrestperson von Vollzugshilfepersonal begleitet wird.

3.2.4 Urlaub, Ausgang, Verlassen des Arrestgebäudes

333. Die Vollzugsleitung kann der Arrestperson aus **dringenden persönlichen Gründen** statt Urlaub auch das Verlassen des Arrestgebäudes oder der Vollzugseinrichtung stundenweise gestatten.

Bei Erteilung von Urlaub als **Vollzugserleichterung** soll sich die Vollzugsleitung zuvor mit der oder dem nächsten Disziplinarvorgesetzten der Arrestperson ins Benehmen setzen.

Eine nachträglich einschränkende oder widerrufende Entscheidung ist der Arrestperson mündlich zu eröffnen, ebenso eine Entscheidung, mit der ein Antrag der Arrestperson auf Gewährung von Urlaub, Ausgang oder Verlassen des Arrestgebäudes oder der Vollzugseinrichtung abgelehnt wird; die Entscheidung ist im Vollzugsplan mit Begründung zu vermerken.

334. In allen Fällen des Verlassens des Arrestgebäudes kann die Arrestperson auf Befehl der Vollzugsleitung von unbewaffnetem Vollzugshilfepersonal **begleitet** werden. Dieses erteilt der Arrestperson im Rahmen seiner Befehlsbefugnis (Nrn. 302 und 344) die erforderlichen Befehle. Dies gilt insbesondere, wenn trotz Fluchtgefahr oder Gefahr von Gewalttätigkeiten der Arrestperson ein Verlassen des Arrestgebäudes notwendig wird.

335. Die Arrestperson ist vor Rückkehr in den Arrestraum zu durchsuchen. Hierfür gilt die Nr. 227 c) entsprechend.

3.3 Maßnahmen bei Erkrankung und im Todesfall

336. Bei einer **Erkrankung** der Arrestperson ist die Truppenärztin oder der Truppenarzt, in Notfällen ggf. der zivile ärztliche Notdienst, zu benachrichtigen. Wird auf ärztliche Empfehlung von Vollzugsvorschriften abgewichen, ist dies **mit Gründen** im Vollzugsplan zu vermerken.

337. Ist nach ärztlicher Feststellung die Behandlung der erkrankten Arrestperson im Arrestraum nicht möglich, ist die Arrestperson in den Sanitätsbereich, in ein Bundeswehrkrankenhaus oder in eine andere Krankenanstalt zu verbringen und durch die Vollzugsleitung **unverzüglich** die in § 18 Abs. 1 BwVollzO bezeichnete Entscheidung herbeizuführen. Beim Vollzug von Disziplinararrest hat die oder der vollstreckende Disziplinarvorgesetzte die Vollstreckung in der Regel zu unterbrechen.

Wird die Arrestperson in ein Bundeswehrkrankenhaus oder in eine andere Krankenanstalt verbracht oder ist sie nach ärztlicher Feststellung aus anderen Gründen nicht mehr vollzugstauglich, setzt die Vollzugsleitung bis zur Entscheidung über die Unterbrechung der Vollstreckung die Vollzugsmaßnahmen nach § 18 Abs. 2 BwVollzO aus, soweit dies angesichts der Art und Schwere der Erkrankung geboten erscheint.

Durch die Verbringung der Arrestperson in ein Bundeswehrkrankenhaus oder in eine andere Krankenanstalt wird die Unterstellung der Arrestperson nicht berührt. Die Chefärztin oder der Chefarzt eines Bundeswehrkrankenhauses hat nach § 31 Abs. 1 Satz 2 WDO die Disziplinarbefugnis entsprechend seinem bzw. ihrem Dienstgrad. Die Disziplinarbefugnis kann nur unter den Voraussetzungen von § 31 Abs. 4 WDO ausgeübt werden.

338. Bei einer schweren bzw. lebensgefährlichen Erkrankung oder Verletzung der Arrestperson sind die oder der nächste Disziplinarvorgesetzte der Arrestperson, und – möglichst nach Einholung des Einverständnisses der Arrestperson – die nächsten Angehörigen **zu benachrichtigen**.

Dem Wunsch der Arrestperson, auch andere Personen zu benachrichtigen, ist möglichst zu entsprechen.

339. Im Fall des Todes der Arrestperson ist unverzüglich eine Ärztin oder ein Arzt hinzuzuziehen und die Vollzugsleitung sowie die oder der zuständige Disziplinarvorgesetzte zu verständigen.

Sind Anhaltspunkte dafür vorhanden, dass die Arrestperson eines nicht natürlichen Todes gestorben ist, hat die Vollzugsleitung die örtlich zuständige Staatsanwaltschaft oder das Amtsgericht, bei Nichterreichbarkeit die nächste Polizeidienststelle, zu unterrichten. Über die Leiche darf in diesem Fall nur mit schriftlicher Einwilligung der Staatsanwaltschaft oder des Amtsgerichts verfügt werden. Zur Bestattung ist die schriftliche Genehmigung der Staatanwaltschaft erforderlich (§ 159 Abs. 2 StPO; A2-2630/0-0-3, Nr. 411).

Gegenstände aus dem Besitz der Arrestperson sind unverzüglich der nächsten oder dem nächstem Disziplinarvorgesetzten zu übergeben, soweit die Staatsanwaltschaft oder die Polizei nichts anderes verfügen.

3.4 Sicherheit und Ordnung im Vollzug

340. Bei Flucht-, Selbsttötungs- oder Selbstverletzungsgefahr oder bei drohenden Gewalttätigkeiten der Arrestperson ist diese in einen besonders gesicherten Arrestraum zu verbringen, wenn andere **Sicherungsmaßnahmen** nach § 19 Abs. 2 Nr. 1 bis 3 BwVollzO nicht ausreichen. Vor besonderen Sicherungsmaßnahmen ist ggf. eine erneute Überprüfung der Vollzugstauglichkeit (Nr. 207) zu veranlassen.

Die Vollzugsleitung entscheidet bei Fluchtgefahr oder drohenden Gewalttätigkeiten, inwieweit die Arrestperson weiterhin am Dienst teilnimmt oder außerhalb des Arrestraumes beschäftigt wird; vgl. im Übrigen § 19 Abs. 4 BwVollzO. Hinweise zur Verhütung von Selbsttötungen sind der Anlage 6.9 zu entnehmen. Fälle von Selbsttötungen oder Selbsttötungsversuchen sind der höheren Vollzugsbehörde zu melden.

Arrestpersonen, die sich in besonders gesicherten Arresträumen befinden oder die unter Rauschmittel oder Alkoholeinfluss stehen, sind regelmäßig zu kontrollieren. Dieses ist zu dokumentieren.

341. Besteht bei der Arrestperson die Gefahr der Selbsttötung, Selbstverletzung oder Flucht, ist sie, ebenso wie ihr Arrestraum und ihre Sachen, häufiger und unvermutet zu durchsuchen.

342. Im Falle des **Entweichens**, oder wenn die Arrestperson nicht vom Ausgang oder Urlaub **zurückkehrt**, ist die oder der nächste Disziplinarvorgesetzte zu verständigen. Der genaue Zeitpunkt des Beginns der unerlaubten Abwesenheit ist (mit Uhrzeit) in den Vollzugsunterlagen zu vermerken; Nrn. 136, 233 und 237 sind zu beachten.

Die Unterstellung der Arrestperson nach Nr. 302, Abs. 1 bleibt für die Zeit der Unterbrechung des Vollzugs bestehen.

Falls wegen einer Gefährdung der Sicherheit im Vollzug eine Maßnahme nach § 19 Abs. 2 Nr. 2 BwVollzO (Beobachtung bei Nacht) erforderlich ist, ist sie auf das notwendige Maß zu beschränken und bei Vollzug an Soldatinnen grundsätzlich durch eine Vollzugshelferin durchzuführen.

343. Die Vollzugsleitung hat nach § 31 Abs. 1 Satz 2 WDO die Disziplinarbefugnis entsprechend ihres jeweiligen Dienstgrades.

Die Disziplinarbefugnis besteht nur gegenüber den ihr in ihrem besonderen Aufgabenbereich unterstellten Arrestpersonen und kann nur dann ausgeübt werden, wenn die militärische Disziplin ein sofortiges Einschreiten erfordert **und** die oder der an sich zuständige Disziplinarvorgesetzte hierzu nicht erreichbar ist (§ 31 Abs. 3 WDO). Solche Fälle sind unverzüglich der oder dem sonst zuständigen Disziplinarvorgesetzten mitzuteilen.

344. Vollzugsleitung und Vollzugshilfepersonal sind gegenüber der Arrestperson nach § 10 Abs. 5 Satz 2 SG berechtigt, notfalls auch **zwangsweise** ihre Befehle (z. B. zum Stehenbleiben, Mitkommen) durchzusetzen. Zur Durchsetzung dürfen körperliche Gewalt und ihre Hilfsmittel (z. B. Fesseln, technische Sperren) angewandt werden; **Waffengebrauch ist unzulässig**. Der Grundsatz der Verhältnismäßigkeit ist zu beachten.

Maßnahmen aufgrund des UZwGBw zur Abwehr von Straftaten gegen die Bundeswehr oder sonstigen rechtswidrigen Störungen (vgl. §§ 9 ff. UZwGBw) bleiben unberührt.

3.5 Besondere Festlegungen

3.5.1 Verlegung, Überführung

345. Ist die **Verlegung** der Arrestperson in eine andere Vollzugseinrichtung der **Bundeswehr** angeordnet, so richtet die Vollzugsleitung unmittelbar an die übernehmende Vollzugsleitung ein **Übernahmeersuchen**, nachdem sie zuvor deren Einverständnis zur Übernahme eingeholt hat. Dem Übernahmeersuchen sind sämtliche, die Arrestperson betreffenden Vollzugsunterlagen beizufügen (einschließlich Vergleichsmitteilung); außerdem ist der genaue Zeitpunkt der Überführung anzukündigen.

Ist die ersuchte Vollzugsleitung mit der Übernahme nicht einverstanden, führt die Vollzugsleitung eine Entscheidung der Vollzugsbehörde herbei, die dann entsprechend Nrn. 204 bis 206 verfährt. Wird eine andere Vollzugseinrichtung für den weiteren Vollzug bestimmt, richtet die Vollzugsleitung das Übernahmeersuchen unmittelbar an die bestimmte Vollzugsleitung.

346. Ist die **Verlegung** der Arrestperson in eine **Justizvollzugsanstalt oder sonstige Anstalt** erforderlich, ist die für die weitere Vollstreckung zuständige Vollstreckungsbehörde zu bitten, die **Überführung** der Arrestperson nach § 28 StVollstrO zu veranlassen. Ein Übernahmeersuchen entfällt.

Der Arrestperson soll ermöglicht werden, vor der Überführung ihre Angelegenheiten zu ordnen. Abgenommene Gegenstände sind im

Beisein der Arrestperson der Transportbegleitung gegen Empfangsbestätigung auszuhändigen.

347. Die **Überführung** zu der für den weiteren Vollzug zuständigen Vollzugseinrichtung der Bundeswehr wird im Wege der Gestellung der Arrestperson durch die Vollzugsleitung vorgenommen. Eine Überführung in eine Justizvollzugsanstalt oder sonstige Anstalt obliegt den zuständigen Polizeidienststellen des Landes.

3.5.2 Anordnung von Untersuchungshaft

348. Wird während des Vollzugs einer Freiheitsentziehung **Untersuchungshaft** gegen die Arrestperson durch die Richterin oder den Richter angeordnet (§§ 112 ff. StPO), so hat die Vollzugsleitung unverzüglich mit der für die Vollstreckung der laufenden Freiheitsentziehung zuständigen Vollstreckungsbehörde bzw. mit der oder dem vollstreckenden Disziplinarvorgesetzten Verbindung aufzunehmen und um eine Entscheidung über die Unterbrechung der Vollstreckung der laufenden Freiheitsentziehung nach § 22 Abs. 3 Satz 2 Nr. 4 StVollstrO bzw. § 49 Abs. 3 WDO zu bitten. Beim Vollzug von Disziplinararrest hat die oder der vollstreckende Disziplinarvorgesetzte, wenn nicht besondere Gründe entgegenstehen, die Unterbrechung anzuordnen; beim Vollzug von Freiheitsstrafe und Jugendarrest kann statt dessen auch eine Verlegung vorgenommen werden.

Wird die Vollstreckung unterbrochen, ist die Arrestperson durch die zuständigen Polizeidienststellen des Landes in die für den Vollzug der Untersuchungshaft zuständige Justizvollzugsanstalt zu verlegen.

349. Bis zur Verlegung in die zuständige Justizvollzugsanstalt ist der Vollzug der laufenden Freiheitsentziehung fortzusetzen.

Dabei unterliegt die Arrestperson abweichend von § 9 BwVollzO auch denjenigen Beschränkungen ihrer Freiheit, die der Zweck der Untersuchungshaft erfordert. Die notwendigen Maßnahmen ordnet das nach § 119 Abs. 6 StPO i. V. m. § 126 StPO zuständige Gericht an. Es kann insbesondere anordnen, dass Besuche, Telekommunikation sowie Schrift- und Paketverkehr der Arrestperson zu überwachen sind. Kann die Anordnung des Gerichts nicht rechtzeitig herbeigeführt werden, kann die Staatsanwaltschaft eine vorläufige Anordnung treffen. Die Anordnung ist dem Gericht binnen drei Werktagen zur Genehmigung vorzulegen (§ 119 Abs. 1 Satz 4 und 5 StPO).

Bei allen Maßnahmen und Entscheidungen der Vollzugsleitung ist der Sicherungszweck der Untersuchungshaft zu berücksichtigen, insbesondere bei der Entscheidung über die weitere Teilnahme am Dienst oder Beschäftigung außerhalb des Arrestraumes. Ohne besondere Aufsicht darf sich die Arrestperson nicht außerhalb des Arrestraumes aufhalten.

Die Vorgaben der Nr. 349, Abs. 2 und 3 gelten in gleicher Weise, wenn eine Freiheitsentziehung in Unterbrechung von Untersuchungshaft bei der Bundeswehr vollzogen wird.

3.5.3 Unterbrechung der Vollstreckung

350. Wird die Vollstreckung der Freiheitsentziehung durch die Vollstreckungsbehörde bzw. die vollstreckende Disziplinarvorgesetzte oder den vollstreckenden Disziplinarvorgesetzten unterbrochen, ist der Vollzug an der Arrestperson zu unterbrechen. Die Unterstellung nach Nr. 302 ist für die Zeit der Unterbrechung der Vollstreckung aufgehoben.

Die Anordnung der Unterbrechung der Vollstreckung ist der Arrestperson unverzüglich bekannt zu geben, sofern sie zur Entgegennahme in der Lage ist. Ihr sind die abgenommenen Gegenstände gegen Empfangsbestätigung wieder auszuhändigen.

351. Ist die Arrestperson auf freiem Fuß, gestellt bei Freiheitsentziehungen nach Nr. 105 b) bis d) die oder der nächste Disziplinarvorgesetzte die Arrestperson nach Absprache mit der Vollzugsleitung zur **Fortsetzung des Vollzugs**, nachdem ihr von der Vollstreckungsbehörde eine Abschrift der Ladung zur Fortsetzung der Vollstreckung übersandt wurde. Die Nr. 227 findet für die Wiederaufnahme entsprechende Anwendung; insbesondere ist das Ende der Freiheitsentziehung neu zu berechnen.

352. Die Nrn. 350 und 351 finden keine Anwendung, wenn die Vollstreckung unterbrochen wird, um die Arrestperson in den Vollzug einer anderen Freiheitsentziehung zu überführen; für diesen Fall gilt die Nr. 230 entsprechend.

353. Beim Vollzug von Disziplinararrest kann die oder der vollstreckende Disziplinarvorgesetzte die Vollstreckung für den Zeitraum vom 22. Dezember bis zum 2. Januar oder für einen Teil dieses Zeitraums unterbrechen, wenn die Arrestperson dies beantragt; die Arrestperson ist über das Antragsrecht zu belehren. Bei der Entscheidung über den Antrag sind die Persönlichkeit der Arrestperson und die Art des Dienstvergehens zu berücksichtigen. Eine Unterbrechung der Vollstreckung soll nicht gewährt werden, wenn die Richterin oder der Richter des Truppendienstgerichts die **sofortige Vollstreckbarkeit** angeordnet hat.

354. In den in Nr. 342 bezeichneten Fällen wird durch die **unerlaubte Abwesenheit** der Arrestperson nur der Vollzug, nicht aber die Vollstreckung unterbrochen. Das Gleiche gilt bei nachträglichem Widerruf bewilligten Urlaubs nach § 17 Abs. 3 BwVollzO.

3.6 Entlassung

3.6.1 Entlassungsvoraussetzungen

355. Die Arrestperson ist aus dem Vollzug der Bundeswehr **zu entlassen**, wenn

a) die berechnete Dauer der Freiheitsentziehung abgelaufen ist,

b) das Wehrdienstverhältnis der Arrestperson endet (beachte jedoch die Fälle der Nr. 357),

c) die Vollstreckungsbehörde oder die oder der vollstreckende Disziplinarvorgesetzte die Entlassung anordnet oder

d) eine Gnadenbehörde die vorzeitige Beendigung der Freiheitsentziehung anordnet.

356. Wird Freiheitsstrafe, Strafarrest oder Jugendarrest vollzogen, kann die Arrestperson auch dann vorzeitig entlassen werden, wenn und soweit für die Entlassung die Voraussetzungen des § 5 Abs. 4 BwVollzO gegeben sind. Die Entscheidung trifft die Vollzugsleitung. Die Stellungnahme der oder des nächsten Disziplinarvorgesetzten der Arrestperson ist einzuholen und im Vollzugsplan zu vermerken.

Durch die vorzeitige Entlassung wird der Arrestperson der Restteil der Freiheitsentziehung erlassen. Der Vollstreckungsbehörde ist entsprechende Mitteilung zu machen (vgl. Vordruck Anlage 6.10).

357. Im Fall der Nr. 355 b) ist darauf zu achten, dass sich beim Vollzug von Disziplinararrest der Tag der **Entlassung aus der Bundeswehr** um die Dauer des noch nicht verbüßten Disziplinararrestes verschiebt, wenn die Richterin oder der Richter des Truppendienstgerichts die sofortige Vollstreckbarkeit des Disziplinararrestes angeordnet hat (§ 56 Abs. 2 WDO). Bei Freiheitsentziehungen nach Nr. 105 b) bis d), die bei Entlassung aus der Bundeswehr noch nicht vollständig vollzogen sind, hat die Vollzugsleitung rechtzeitig vor der Entlassung die nach Nr. 346 vorgesehenen Maßnahmen zur Fortsetzung des Vollzugs in der Justizvollzugsanstalt oder sonstigen Anstalt zu treffen.

358. In den Fällen der Nr. 355 c) und d) ist für die Entlassung eine **schriftliche Anordnung** erforderlich.

3.6.2 Entlassungsverfahren

359. Die Arrestperson wird zu ihrer Einheit oder Dienststelle mit dem **Befehl**, sich dort zu **melden**, entlassen.

Bei einer von der Bundeswehr im Anschluss zu vollziehenden Freiheitsentziehung gilt Nr. 230.

360. Die Arrestperson ist in den Fällen der Nr. 353 am letzten Werktag vor dem Zeitraum, für den die Vollstreckung des Disziplinararrestes unterbrochen worden ist, in den Fällen der Nr. 355 a) und b) am letzten Tag der Freiheitsentziehung oder des Wehrdienstes und in den Fällen der Nr. 356 an dem Werktag, für den die Entlassung angeordnet worden ist, um 17.00 Uhr zu entlassen. Die Entlassung kann nach dem Ermessen der Vollzugsleitung auch zu einer früheren Uhrzeit vorgenommen werden.

Wird Jugendarrest in der Form des Freizeitarrestes vollzogen, ist die Arrestperson zu dem in § 5 Abs. 3 BwVollzO bestimmten Zeitpunkt zu entlassen. Dabei gilt als Dienstbeginn der regelmäßige Dienstbeginn der Einheit oder Dienststelle, der die Arrestperson angehört.

In den Fällen der Nr. 355 c) und d) ist die Arrestperson zu der angeordneten Uhrzeit und, wenn in dem Entlassungsersuchen keine Uhrzeit bestimmt worden ist, um 17.00 Uhr zu entlassen.

361. Am Entlassungstag ist die Arrestperson der Truppenärztin oder dem Truppenarzt vorzustellen. Das Ergebnis der Überprüfung des **Gesundheitszustandes** ist zu den Vollzugsunterlagen zu nehmen. Die der Arrestperson bei der Aufnahme oder später **abgenommenen Gegenstände** sind ihr gegen Empfangsbestätigung auszuhändigen.

362. Der Arrestperson ist über den Vollzug der Freiheitsentziehung eine **Vollzugsbescheinigung** (Vordruck Anlage 6.10; der Vordruck ist entsprechend dem Muster selbst herzustellen) von der Vollzugsleitung auszustellen. Durchschriften hiervon sind der Vollzugsbehörde, der oder dem nächsten Disziplinarvorgesetzten und ggf. der Vollstreckungsbehörde zu übersenden. Erteilter Urlaub ist zu vermerken und anzugeben, ob dieser auf den Jahresurlaub der Arrestperson anzurechnen ist.

363. Der oder dem nächsten Disziplinarvorgesetzten der Arrestperson ist der genaue Entlassungszeitpunkt spätestens einen Tag vorher bekannt zu geben.

4 Vollzugsgeschäftsverkehr

4.1 Geschäftsverteilung

401. Der **höheren Vollzugsbehörde** obliegen nach dieser Zentralen Dienstvorschrift

a) die Bestellung der Vollzugsleitung (Nr. 111 a),

b) die Erstellung und Versendung der Standortlisten (Nr. 117),

c) ggf. die Bestimmung der Vollzugseinrichtungen gemäß Nrn. 118 und 205,

d) die Bestimmung der Vollzugseinrichtungen mit besonders zu sichernden Arresträumen (Nr. 310),

e) die Beantwortung von Anfragen über die Zuständigkeit der Vollzugseinrichtungen (Nrn. 120 und 205),

f) die Entscheidung über Beschwerden und Eingaben auf dem Gebiet des Vollzugs, soweit die Zuständigkeit der höheren Vollzugsbehörde gegeben ist und

g) die Koordinierung der Zusammenarbeit der unterstellten Vollzugsbehörden und -organe mit den Justizbehörden der Länder.

Darüber hinaus legt die höhere Vollzugsbehörde der Inspekteurin oder dem Inspekteur der Streitkräftebasis jeweils zum 1. Februar die Vollzugsstatistik (Vordruck Anlage 6.11; der Vordruck ist entsprechend dem Muster selbst herzustellen) für das vergangene Kalenderjahr zur Auswertung vor. Die Vollzugsstatistik enthält auch Angaben über den Umfang der Teilnahme am Dienst.

Im Rahmen der Dienstaufsicht überprüft die höhere Vollzugsbehörde regelmäßig innerhalb ihres Bereichs die ordnungsgemäße Durchführung des Vollzugs nach dieser Dienstvorschrift. Sie hat die rechtliche Unterweisung und laufende Unterstützung der Vollzugsbehörden und Vollzugsorgane sicherzustellen.

402. Der **Vollzugsbehörde** obliegen nach dieser Zentralen Dienstvorschrift

a) die schriftliche Bestellung der Vollzugshelferinnen und Vollzugshelfer (Nr. 111 b),

b) die Weiterleitung von Aufnahmeersuchen der Vollstreckungsbehörden an die zuständigen Vollzugsleitungen (Nrn. 202 und 206),

c) die Bestimmung der zuständigen Vollzugsleitungen (Nr. 204),

d) die Ersuchen um Bestimmung anderer Vollzugsleitungen (Nr. 205),

e) die Führung der Belegungsübersicht (Nr. 202) und Überwachung des zeitlichen Ablaufs des Vollzugs (Nr. 406),
f) die Überprüfung des baulichen Zustandes und der ständigen Ausstattung der Arresträume ihres Bereichs (Nr. 309) und
g) die Entscheidung über Beschwerden und Eingaben auf dem Gebiet des Vollzugs, soweit die Zuständigkeit der Vollzugsbehörde gegeben ist.

Darüber hinaus legt die Vollzugsbehörde jeweils zum 15. Januar die Vollzugsstatistik (Vordruck Anlage 6.11) für das vergangene Kalenderjahr der höheren Vollzugsbehörde vor (vgl. auch Nr. 401, Abs. 2, Satz 2). Die Vollzugsbehörde übt die Dienstaufsicht über die Vollzugsorgane ihres Bereichs aus.

403. Der **Vollzugsleitung** obliegen nach dieser Zentralen Dienstvorschrift

a) die Auswahl des von der Vollzugsbehörde zu bestellenden Vollzugshilfepersonals (Nr. 112),
b) alle Maßnahmen zur Einleitung und Durchführung des Vollzugs an Arrestpersonen nach dieser Zentralen Dienstvorschrift,
c) die im Rahmen des Vollzugs erforderlichen Entscheidungen (§ 4 Abs. 2 BwVollzO),
d) die Erledigung des Schriftverkehrs, insbesondere mit den Disziplinarvorgesetzten und Vollstreckungsbehörden und
e) die Entscheidung über Beschwerden und Eingaben gegen das unterstellte Vollzugshilfepersonal, soweit ihre Zuständigkeit gegeben ist.

Darüber hinaus hat die Vollzugsleitung das unterstellte Vollzugshilfepersonal einzuweisen und in seiner Funktion zu überwachen.

4.2 Wesentliche Vorgaben zur Aktenführung

404. Die **Vollzugsbehörde** führt in Loseblattform die Belegungsübersicht (Nr. 402 e). Die hierin aufgeführten Arresträume sind für den Vollzug bestimmt, es sei denn, dass eine Sperrung verfügt wird (Nr. 309, Abs. 1, Satz 2), die zu vermerken ist. Ebenso sind die Zeitpunkte der Überprüfung nach Nr. 402 f) festzuhalten.

405. Aufgrund der Mitteilungen nach Nr. 139 sind in der Belegungsübersicht einzutragen

a) Namen und Dienstgrad der Arrestpersonen, an denen der Vollzug durchgeführt wird,
b) Art der Freiheitsentziehungen,

c) Dauer der Freiheitsentziehungen und

d) Zeitlicher Umfang der Teilnahme am Dienst.

Die Eintragungen dienen auch als Grundlage für die nach Nr. 402, Abs. 2 zu erstellende Statistik. Angaben zu Nr. 405 d) fordert die Vollzugsbehörde ggf. gesondert von der Vollzugsleitung an, wenn der Vollzug einer Freiheitsentziehung nur zum Teil in ein Kalenderjahr fiel.

406. Im Rahmen ihrer Dienstaufsicht überwacht die Vollzugsbehörde die ordnungsgemäße Durchführung des Vollzugs hinsichtlich seines zeitlichen Ablaufs. Geht innerhalb von zwei Tagen nach dem berechneten und gemeldeten Vollzugsende (Nr. 139 a) und b)) keine Mitteilung über die Entlassung (Nr. 139 c)) ein, ist bei der Vollzugsleitung nachzufragen; das Gleiche gilt, wenn der, im Aufnahmeersuchen bezeichnete, späteste Antrittstermin um zwei Tage überschritten worden ist, ohne dass eine Mitteilung nach Nr. 139 a) vorliegt.

407. Die Vollzugsleitung führt das Zu- und Abgangsbuch, das Namen und Dienstgrad der zum Vollzug aufgenommenen Arrestpersonen sowie Art und Dauer der Freiheitsentziehungen festhält; ferner sind die Zeitpunkte der Aufnahme, der voraussichtlichen und der tatsächlichen Entlassung sowie die zugewiesenen Arresträume einzutragen.

Zu Eintragungen in das Zu- und Abgangsbuch kann die Vollzugsleitung auch das Vollzugshilfepersonal ermächtigen.

408. Die die Arrestpersonen betreffenden Vollzugsunterlagen sind in Schriftform zu führen und enthalten insbesondere

- ein Exemplar des Aufnahme- oder Vollzugsersuchens,
- das Protokoll über die Aufnahme zum Vollzug,
- die Durchschriften der Mitteilungen nach Nrn. 136 bis 139,
- den Vollzugsplan,
- die Empfangsbestätigung nach Nrn. 350 und 361 sowie
- die Durchschrift der Vollzugsbescheinigung.

Vorhandene Gesundheitsunterlagen sind der oder dem für die Dauer des Vollzugs zuständigen Truppenärztin oder Truppenarzt zu übersenden.

409. Die Vollzugsleitung überwacht die Einhaltung der Termine; Eintragungen dürfen nur von ihm oder ihr vorgenommen werden.

Die errechneten oder die von den Vollstreckungsbehörden bzw. den vollstreckenden Disziplinarvorgesetzten festgelegten Entlassungstermine sind mit besonderer Sorgfalt zu beachten. Beim Vollzug von Freiheitsstrafe oder Strafarrest von jeweils mehr als zwei Monaten ist der in Nr. 239 bezeichnete Berichtstermin zu beachten.

410. Die bei der Vollzugsleitung angefallenen Beschwerdeunterlagen sind nach Abschluss der Vollzugsbehörde zur Aufbewahrung und ggf. Auswertung vorzulegen.

411. Die regelmäßige Aufbewahrungsfrist für die in Nrn. 404, 406 und 408 bis 410 genannten Vollzugsunterlagen beträgt zwei Jahre. Die Frist beginnt mit dem Ende des Jahres, in dem der Vollzug endet.

c) Auslegung der Begriffe „dienstliche Unterkunft“, „Gemeinschaftsräume“ und „zum Wohnen in der Gemeinschaftsunterkunft verpflichtet“ bei der Ausgangsbeschränkung im Sinne von § 25 der Wehrdisziplinarordnung

A-2160/6, Abschnitt 1.33

1.33 Auslegung der Begriffe „dienstliche Unterkunft“, „Gemeinschaftsräume“ und „zum Wohnen in der Gemeinschaftsunterkunft verpflichtet“ bei der Ausgangsbeschränkung im Sinne von § 25 der Wehrdisziplinarordnung

1318. Im Rahmen der Ausgangsbeschränkung nach § 25 der Wehrdisziplinarordnung sind die Begriffe „dienstliche Unterkunft“, „Gemeinschaftsräume“ und „zum Wohnen in der Gemeinschaftsunterkunft verpflichtet“ wie folgt zu verstehen:

1319. „Dienstliche Unterkunft“ im Sinne dieser Vorschrift ist der Kasernenbereich, d. h. die gesamte umschlossene Liegenschaft, in der sich das Unterkunftsgebäude befindet, und nicht bloß der Unterkunftsraum oder das Unterkunftsgebäude.

1320. „Gemeinschaftsräume“ im Sinne dieser Vorschrift sind Betreuungseinrichtungen (z. B. Kfz- Pflegehallen, Bastelräume, Kegelbahnen, Fotolabors), Mannschafts-, Unteroffizier- und Offizierheime, behelfsmäßige Betreuungseinrichtungen (Heimräume in Unterkunftsgebäuden) sowie sonstige Räume (z. B. Lese-, Fernseh-, Aufenthaltsräume). Sportstätten zählen nicht zu den Gemeinschaftsräumen, sondern sind Ausbildungseinrichtungen.

1321. „Zum Wohnen in der Gemeinschaftsunterkunft verpflichtet“ sind nur diejenigen Soldatinnen und Soldaten, die rechtlich verpflichtet sind, in Gemeinschaftsunterkunft zu wohnen. Näheres regelt die Verwaltungsvorschrift zu § 18 des Soldatengesetzes (SG), **Zentralvorschrift A1-1800/0-6570 „Die Liegenschaften der Bundeswehr“, Abschnitt 12.1.** Gegen nicht kasernenpflichtige Soldatinnen und Soldaten kann eine Ausgangsbeschränkung **nicht verhängt** werden. Die im Einzelfall erteilte Befreiung von der Verpflichtung zum Wohnen in einer Gemeinschaftsunterkunft kann jedoch vor Verhängung widerrufen werden, um eine Ausgangsbeschränkung verhängen und vollstrecken zu können.

d) Seelsorgerische Betreuung und Religionsausübung während der Vollstreckung von Ausgangsbeschränkungen und Disziplinararresten

A-2160/6, Abschnitt 1.34

1.34 Seelsorgerische Betreuung und Religionsausübung während der Vollstreckung von Ausgangsbeschränkungen und Disziplinararresten

1322. Nach § 36 des Soldatengesetzes haben Soldatinnen und Soldaten Anspruch auf seelsorgerische Betreuung und ungestörte Religionsausübung. Um sicherzustellen, dass dieser Anspruch auch während der Vollstreckung von Ausgangsbeschränkungen unbeeinträchtigt bleibt, ist wie folgt zu verfahren:

1323. Soldatinnen und Soldaten dürfen an allen angebotenen Standortgottesdiensten teilnehmen. Besteht an Sonntagen oder gesetzlichen Feiertagen keine Möglichkeit zur Teilnahme am Gottesdienst innerhalb der dienstlichen Unterkunft, dürfen sie im Standort oder, wenn dort kein Gottesdienst stattfindet, in einem Nachbarstandort an einem Gottesdienst ihres Bekenntnisses teilnehmen; das gilt auch an sonstigen kirchlichen Feiertagen, soweit ihnen außerhalb der Vollstreckung von Ausgangsbeschränkungen Dienstbefreiung zu erteilen wäre. Darüber hinaus dürfen auch andere religiöse Veranstaltungen der Militärseelsorge innerhalb des Kasernenbereichs besucht werden.

1324. Wird eine verschärfte Ausgangsbeschränkung vollstreckt, gelten die Verbote, Gemeinschaftsräume zu betreten und Besuch zu empfangen, nicht für die Teilnahme an Gottesdiensten und an anderen religiösen Veranstaltungen sowie für Besuche durch Militärgeistliche. Ist ein solcher Militärgeistlicher oder eine solche Militärgeistliche nicht bestellt, dürfen Soldatinnen und Soldaten auch Besuch durch Seelsorgepersonal ihres Bekenntnisses empfangen.

1325. Die Teilnahme an Gottesdiensten und religiösen Veranstaltungen kann aus Gründen der Sicherheit oder Ordnung untersagt werden. Die Teilnahme am Gottesdienst im Standort oder im Nachbarstandort kann auch zeitlich oder auf den Gottesdienst in einer bestimmten Kirche beschränkt werden.

1326. Sind gegen Soldatinnen und Soldaten Disziplinararrest und Ausgangsbeschränkung verhängt worden, gilt für die seelsorgerische Betreuung während des Vollzugs des Disziplinararrests § 13 der Bundeswehrvollzugsordnung in Verbindung mit der **Zentralen**

Dienstvorschrift A-2155/1 „Vollzug von Freiheitsentziehungen“, Nummern 314 ff.

1327. Die Zeit der Vollstreckungsvergünstigungen ist gemäß § 52 Absatz 4 der Wehrdisziplinarordnung auf die Vollstreckung anzurechnen.

1328. Die vorstehenden Regelungen sind auf alle von zumindest einem Bundesland anerkannten Religionsgemeinschaften sinngemäß anzuwenden.

e) Verfahrensrichtlinien bei Verhängung und Vollstreckung von Disziplinarbußen

A-2160/6, Abschnitt 1.31

1.31 Verfahrensrichtlinien bei Verhängung und Vollstreckung von Disziplinarbußen

1.31.1 Verhängung von Disziplinarbußen

1299. Die Verhängung der Disziplinarbuße gegen Soldatinnen und Soldaten findet ihre Rechtsgrundlage insbesondere in § 24 der Wehrdisziplinarordnung (WDO). Nach § 24 Absatz 1 Satz 1 WDO darf eine Disziplinarbuße den einmonatigen Betrag der Dienstbezüge oder des Wehrsoldes nicht überschreiten.[1]

1300. Zu den Dienstbezügen gehören nach § 1 Absatz 1 der Verordnung zur Bestimmung der Bezüge im Sinne der Wehrdisziplinarordnung (WDOBezV) das Grundgehalt in der jeweiligen Stufe, die Amtszulage, die Stellenzulage, die Ausgleichszulage, der Auslandszuschlag – mit Ausnahme des Erhöhungsbetrages für berücksichtigungsfähige Personen – und der Auslandsverwendungszuschlag. Dienstbezüge für Reservistendienst Leistende sind die Reservistendienstleistungsprämie nach § 10 Absatz 1 des Unterhaltssicherungsgesetzes, der Zuschlag bei Standort im Ausland nach § 10 Absatz 2 des Unterhaltssicherungsgesetzes und das Dienstgeld nach § 11 des Unterhaltssicherungsgesetzes sowie für Sanitätsoffizier-Anwärterinnen und Sanitätsoffizier-Anwärter mit Anspruch auf Ausbildungsgeld der Grundbetrag des Ausbildungsgeldes. Mit Wehrsold ist nach § 1 Absatz 3 WDOBezV der einfache Wehrsold, der doppelte Wehrsold bei Auslandseinsätzen, der Auslandsverwendungszuschlag und der Wehrdienstzuschlag gemeint.[2]

1301. Nach § 24 Absatz 2 WDO haben Disziplinarvorgesetzte beim Bemessen der Disziplinarbuße neben den in § 38 Absatz 1 WDO aufgeführten Maßnahmebemessungskriterien auch die persönlichen und wirtschaftlichen Verhältnisse der Soldatinnen und Soldaten zu berücksichtigen.

1302. Disziplinarbußen sollen in durch fünf teilbaren Euro-Beträgen festgesetzt werden.

---

[1] Bei Wehrdienstverhältnissen, die kürzer als einen Monat dauern, darf die Disziplinarbuße gemäß § 24 Absatz 1 Satz 2 WDO den Betrag nicht übersteigen, der den Soldatinnen und Soldaten für die Dauer des Wehrdienstverhältnisses zusteht.

[2] BGBl. I 2016 S. 178.

1.31.2 Vollstreckung von Disziplinarbußen

1.31.2.1 Allgemeines

1303. Die Disziplinarbuße kann nach § 51 Absatz 1 Satz 1 WDO von den Dienstbezügen oder dem Wehrsold oder, wenn das Dienstverhältnis endet, von dem Entlassungsgeld oder dem Ruhegehalt abgezogen werden. Die Vollstreckung beginnt gemäß § 51 Absatz 1 Satz 2 WDO mit dem für den Abzug oder die Zahlung festgesetzten Zeitpunkt.

1304. Die vollstreckenden Disziplinarvorgesetzten können nach § 51 Absatz 2 WDO eine ratenweise Zahlung bewilligen. Nach § 51 Absatz 4 Satz 1 WDO unterliegen die Dienstbezüge, der Wehrsold, das Entlassungsgeld und das Ruhegehalt im Rahmen der Vollstreckung nicht den Beschränkungen, die für Pfändungen gelten. Nach § 51 Absatz 4 Satz 2 WDO sind den Soldatinnen oder Soldaten jedoch die Mittel zu belassen, die zum Unterhalt für sie selbst oder ihre Familien sowie zur Erfüllung sonstiger gesetzlicher Unterhaltspflichten notwendig sind. Über die zu belassenden notwendigen Mittel entscheiden die Disziplinarvorgesetzten.

1.31.2.2 Verfahrensrichtlinien bei der Vollstreckung

1305. Der oder die zuständige Disziplinarvorgesetzte hat mit der Soldatin oder dem Soldaten den für den Einbehalt der Disziplinarbuße möglichen finanziellen Rahmen (vollständig oder in Raten) abzuklären. Danach ersucht die oder der Disziplinarvorgesetzte die zuständige Besoldung zahlende Stelle unter Nutzung der „Mitteilung über eine verhängte Disziplinarbuße – Einbehaltung von den Dienstbezügen“ **(Formblatt Bw 2684),** die Disziplinarbuße von den Dienstbezügen einzubehalten. Eine Ausfertigung dieser Mitteilung ist der Soldatin oder dem Soldaten gegen Empfangsbekenntnis auszuhändigen. Die Bezüge zahlende Stelle teilt der oder dem Disziplinarvorgesetzten unverzüglich mit, von welchem Zeitpunkt an die Disziplinarbuße einbehalten wird.

1306. Das Gleiche gilt für Soldatinnen und Soldaten, die Wehrsold empfangen, mit der Maßgabe, dass die „Mitteilung über eine verhängte Disziplinarbuße – Einbehaltung vom Wehrsold/Entlassungsgeld“ **(Formblatt Bw-2685)** zu verwenden und an das zuständige Bundeswehrdienstleistungszentrum (BwDLZ) zu senden ist. Das Gleiche gilt für Reservistendienst Leistende mit der Maßgabe, dass die „Mitteilung über eine verhängte Disziplinarbuße – Einbehaltung von den Leistungen nach dem Unterhaltssicherungsgesetz“[1] zu verwenden und an das Bundesamt für das Personalmanagement der Bundeswehr zu senden ist.

1307. Ebenso gilt das unter Nummer 1305 beschriebene Verfahren für Soldatinnen und Soldaten, die Ruhegehalt empfangen mit der Maßgabe, dass die „Mitteilung über eine verhängte Disziplinarbuße – Einbehaltung von den Versorgungsbezügen“[2] zu verwenden und an die Versorgung zahlende Stelle zu senden ist.

1308. Die Möglichkeit der Bareinzahlung/Überweisung bleibt unberührt. Im Fall der Überweisung übersenden die Disziplinarvorgesetzten dem zuständigen BwDLZ die „Mitteilung über eine verhängte Disziplinarbuße – Bareinzahlung/Überweisung –“ **(Formblatt Bw-2683)** und händigen den Soldatinnen oder Soldaten eine Ausfertigung dieser Mitteilung gegen Empfangsbekenntnis aus. Das BwDLZ wird insoweit gebeten, eine Annahmeanordnung zu erteilen. Um den Betrag an die Bundeskasse überweisen zu können, hat die Soldatin oder der Soldat beim BwDLZ die Bankverbindung und Bewirtschafter-Nummer der Bundeskasse zu erfragen. Das BwDLZ teilt den Disziplinarvorgesetzten unverzüglich die Einzahlung mit.

1309. Werden Disziplinarbußen nicht fristgerecht entrichtet und ist eine Aufrechnung nach Nummern 1305 bis 1307 nicht möglich, muss die Disziplinarbuße zwangsweise beigetrieben werden. Disziplinarvorgesetzte geben das Verfahren für die zwangsweise Beitreibung von Disziplinarbußen nach dem Verwaltungsvollstreckungsgesetz gemäß den Vorgaben der **Zentralen Dienstvorschrift A-2121/ 3** an die darin bestimmte Anordnungsbehörde ab.

1.31.3 Zuständigkeiten bei Herabsetzung oder Aufhebung der Disziplinarbuße

1310. Wird eine Disziplinarbuße im Beschwerdeverfahren herabgesetzt oder aufgehoben, ist die Anrechnung[3] und der Ausgleich für eine zu Unrecht vollstreckte Disziplinarmaßnahme (vgl. § 54 Absatz 4 WDO) zum Gegenstand der Beschwerdeentscheidung zu machen.

[1] **Formblatt Bw-2684**

[2] **Formblatt Bw-2684**

[3] Im Gegensatz zur früheren Rechtslage ist eine Anrechnung nach § 54 Absatz 3 WDO jedoch nur noch in dem Fall möglich, dass anstelle eines Disziplinararrestes oder einer Ausgangsbeschränkung eine Disziplinarbuße verhängt wird und der Ausgleich für die aufgehobenen Disziplinarmaßnahme nicht in Urlaub gewährt werden kann, weil die Soldatin oder der Soldat zwischenzeitlich aus der Bundeswehr ausgeschieden ist.

1311. Aus § 48 Absatz 1 WDO folgt, dass die **nächsten Disziplinarvorgesetzten** nicht nur für die Vollstreckung, sondern auch für die Rückabwicklung zuständig sind, soweit eine Disziplinarmaßnahme im Beschwerdeverfahren herabgesetzt oder aufgehoben wird. Die Zuständigkeit der nächsten Disziplinarvorgesetzten besteht dabei unabhängig davon, ob die Beschwerdeentscheidung von höheren Disziplinarvorgesetzten oder von einem Wehrdienstgericht getroffen wird. Diese haben die nächsten Disziplinarvorgesetzten zur Abwicklung der Beschwerdeentscheidung aufzufordern.

1312. Unverzüglich nach Bestandskraft haben demnach die nächsten Disziplinarvorgesetzten der Bezüge zahlenden Stelle die Beschwerdeentscheidung[1] mitzuteilen und um Erstattung der gesamten Disziplinarbuße bei Aufhebung bzw. des Unterschiedsbetrags im Falle der Herabsetzung zu ersuchen.

1 Der Beschwerdebescheid selbst ist dagegen nicht an die Bezüge zahlende Stelle zu übersenden.

Truppendienstgerichte

a) Verordnung über die Errichtung von Truppendienstgerichten (Errichtungsverordnung – ErrV)

Vom 16. Mai 2006 (BGBl. I S. 1262)

Zuletzt geändert durch
Truppendienstgerichte-Verordnung
vom 15. August 2012 (BGBl. I S. 1714)

Auf Grund des § 69 Abs. 1 und 2 Satz 2 der Wehrdisziplinarordnung vom 16. August 2001 (BGBl. I S. 2093) verordnet das Bundesministerium der Verteidigung:

§ 1 Errichtung von Truppendienstgerichten

Es werden errichtet:

1. das Truppendienstgericht Nord mit Sitz in Münster und
2. das Truppendienstgericht Süd mit Sitz in München.

§ 2 (weggefallen)

§ 3 Truppendienstkammern

Am Sitz des Truppendienstgerichts werden jeweils die 1. und 2. Truppendienstkammer gebildet.

b) Verordnung zur Regelung der Dienstbereiche der Truppendienstgerichte und zur Bildung von Truppendienstkammern (Truppendienstgerichte-Verordnung – TrDGV)

Vom 15. August 2012 (BGBl. I S. 1714)

Auf Grund des § 69 Absatz 1 und 2 Satz 2 der Wehrdisziplinarordnung vom 16. August 2001 (BGBl. I S. 2093) verordnet das Bundesministerium der Verteidigung:

§1 Dienstbereiche der Truppendienstgerichte

(1) Der Dienstbereich des Truppendienstgerichts Nord umfasst die Dienststellen mit Sitz in

1. Berlin,
2. Brandenburg,
3. Bremen,
4. Hamburg,
5. Mecklenburg-Vorpommern,
6. Niedersachsen,
7. Nordrhein-Westfalen mit Ausnahme des Regierungsbezirks Köln,
8. Sachsen-Anhalt und
9. Schleswig-Holstein.

(2) Der Dienstbereich des Truppendienstgerichts Süd umfasst die Dienststellen mit Sitz

1. in Baden-Württemberg,
2. in Bayern,
3. in Hessen,
4. im Regierungsbezirk Köln,
5. in Rheinland-Pfalz,
6. im Saarland,
7. in Sachsen und
8. in Thüringen sowie
9. im Ausland.

Es ist ferner zuständig für Truppenteile und Dienststellen, die sich im Ausland befinden.

§ 2 Auswärtige Truppendienstkammern

Außerhalb des Sitzes des Truppendienstgerichts werden gebildet:

1. beim Truppendienstgericht Nord
   a) zwei Truppendienstkammern mit Sitz in Hamburg,
   b) zwei Truppendienstkammern mit Sitz in Potsdam und
   c) eine Truppendienstkammer mit Sitz in Koblenz;
2. beim Truppendienstgericht Süd
   a) zwei Truppendienstkammern mit Sitz in Koblenz,
   b) zwei Truppendienstkammern mit Sitz in Erfurt und
   c) eine Truppendienstkammer mit Sitz in Potsdam.

§ 3 Übergangsregelung

Für am 31. August 2012 bei den Truppendienstgerichten schwebende Verfahren ist § 2 der Errichtungsverordnung vom 16. Mai 2006 (BGBl. I S. 1262) weiter anzuwenden.

§ 4 Auflösung der bestehenden auswärtigen Truppendienstkammern

Die bei Inkrafttreten dieser Verordnung bestehenden auswärtigen Truppendienstkammern sind aufgelöst.

§ 5 Inkrafttreten, Außerkrafttreten

Diese Verordnung tritt am 1. September 2012 in Kraft. Gleichzeitig treten die §§ 2 und 3 Absatz 2 sowie die §§ 4 und 5 der Errichtungsverordnung vom 16. Mai 2006 (BGBl. I S. 1262) außer Kraft.

c) Verteilung der Truppendienstkammern (A-2180/12, Version 2)

Vom 25. April 2016

1 Kammern der Truppendienstgerichte (Truppendienstkammern)

Bei den Truppendienstgerichten Nord und Süd sind die nachstehend bezeichneten Truppendienstkammern gebildet worden:

1.1 Truppendienstgericht Nord (Sitz des Gerichts: Münster)

- 1. und 2. Truppendienstkammer, Hohenzollernring 40, 48145 Münster
- 3. und 4. Truppendienstkammer, Albert-Einstein-Ring 6, 22761 Hamburg
- 5. und 6. Truppendienstkammer, Berliner Straße 27b, 14467 Potsdam
- 7. Truppendienstkammer (Leerkammer), Mainzer Straße 39, 56068 Koblenz

1.2 Truppendienstgericht Süd (Sitz des Gerichts: München)

- 1. und 2. Truppendienstkammer, Dachauer Straße 128/18, 80637 München
- 3. und 4. Truppendienstkammer, Mainzer Straße 39, 56068 Koblenz
- 5. und 6. Truppendienstkammer, Drosselbergstraße 4, 99097 Erfurt
- 7. Truppendienstkammer (Leerkammer), Berliner Straße 27b, 14467 Potsdam

Die Dienstbereiche der Truppendienstgerichte sind in § 1 der Truppendienstgerichte-Verordnung vom 15. August 2012 (BGBl. I S. 1262) geregelt. Die zuständige Truppendienstkammer ergibt sich aus dem Geschäftsverteilungsplan der Gerichte.

Hinweis

Die Truppendienstgerichte Nord und Süd stellen seit dem 30. März 2009 sicher, dass den Disziplinarvorgesetzten **für Eilanträge nach den §§ 20 und 40 WDO** (→ **C 10**) außerhalb der regulären Dienstzeit telefonisch ein Truppendienstrichter zur Verfügung steht.

Dieser richterliche Bereitschaftsdienst ist über die zentrale Rufnummer

90 / 3323 – 2471 im AllgFspWNBw

erreichbar.

d) Organisation Wehrdienstgerichtsbarkeit

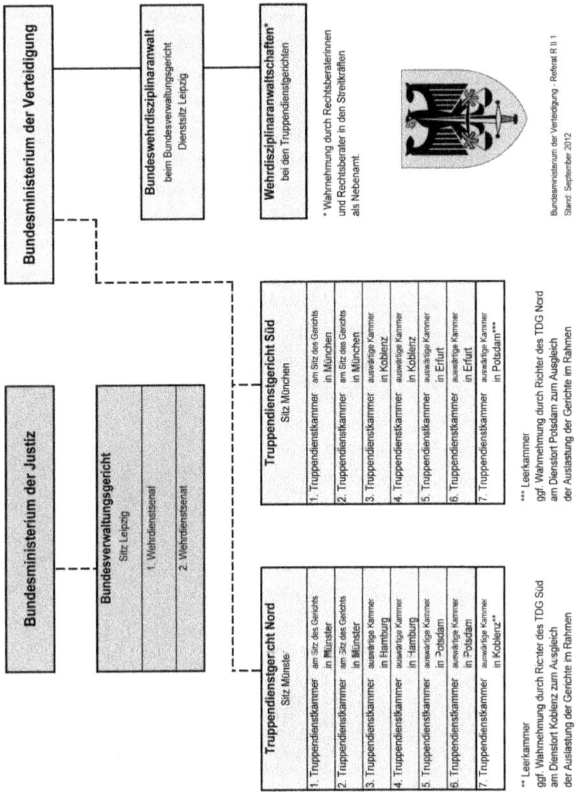

C

DIE WEHRDIENSTGERICHTSBARKEIT
Zuständigkeiten

TRUPPENDIENSTGERICHTE
– 14 Kammern –

Aufgaben:

Entscheidung in

- gerichtlichen Disziplinarverfahren
- Beschwerde- und Antragsverfahren nach der Wehrbeschwerdeordnung und der Wehrdisziplinarordnung
- Arrestbestätigungsverfahren

BUNDESVERWALTUNGSGERICHT
– 2 Wehrdienstsenate –

Aufgaben:

Entscheidung in

- Berufungsverfahren gegen Urteile der Truppendienstgerichte
- Beschwerde- und Antragsverfahren nach der Wehrbeschwerdeordnung und der Wehrdisziplinarordnung

Verbot der Ausübung des Dienstes

A-2160/6, Abschnitt 1.13

1.13 Verbot der Ausübung des Dienstes

1159. Nach § 22 des Soldatengesetzes (SG) kann Soldatinnen und Soldaten aus zwingenden dienstlichen Gründen die Ausübung des Dienstes verboten werden. Das Verbot der Ausübung des Dienstes ist der Befehl, sich jeder dienstlichen Tätigkeit zu enthalten.

1160. Zwingende dienstliche Gründe für das Verbot liegen insbesondere vor, wenn eine weitere Dienstausübung/Tätigkeit der Soldatinnen oder Soldaten nicht verantwortet werden kann, weil sie die Disziplin, das Ansehen der Bundeswehr, die öffentliche Sicherheit und Ordnung gefährdet oder sonst den Dienst erheblich stört.

1161. Anders als die vorläufige Dienstenthebung nach § 126 der Wehrdisziplinarordnung (WDO) setzt ein Verbot der Ausübung des Dienstes nicht die gleichzeitige oder bereits erfolgte Einleitung eines gerichtlichen Disziplinarverfahrens voraus. Außerdem kann mit dem Verbot der Ausübung des Dienstes nicht wie im Rahmen einer vorläufigen Dienstenthebung die Einbehaltung eines Teils der Dienstbezüge verbunden werden.

1162. Das Verbot der Ausübung des Dienstes nach § 22 SG kann befristet oder unbefristet, d. h. bis auf Weiteres, ausgesprochen werden. Es endet mit Ablauf der darin festgesetzten Frist. Es erlischt in jedem Falle, sofern nicht bis zum Ablauf von drei Monaten gegen die Soldatin oder den Soldaten ein gerichtliches Disziplinarverfahren, ein Strafverfahren oder ein Entlassungsverfahren eingeleitet ist. Es wird gegenstandslos, wenn nach § 126 WDO die Einleitungsbehörde die Soldatin oder den Soldaten vorläufig des Dienstes enthebt.

1163. Das Verbot der Ausübung des Dienstes berührt die sonstigen Rechte und Pflichten der Soldatinnen und Soldaten nicht. **Insbesondere behalten sie ihre Dienstbezüge.** Die Zeit, während der das Verbot wirksam ist, wird auf die ruhegehaltfähige Dienstzeit angerechnet.

1164. Die Zeit, während der Soldatinnen und Soldaten die Ausübung des Dienstes verboten ist, ist im Rechtssinne kein Urlaub. In den Fällen, in denen ihre Anwesenheit am Standort nicht erforderlich ist, kann ihnen die Genehmigung zum Aufenthalt an einem anderen Ort erteilt werden. In der Regel ist dies der bisherige Wohnsitz.

C

1165. Das Verbot zur Ausübung des Dienstes kann grundsätzlich auch gegenüber Soldatinnen und Soldaten ausgesprochen werden, die im Rahmen der Berufsförderung am allgemeinberuflichen Unterricht oder an einer Fachausbildung teilnehmen. Bei der Entscheidung nach § 22 SG ist daher abzuwägen, ob die Auswirkungen des Dienstvergehens auf die dienstlichen Belange der Bundeswehr die Interessen der betroffenen Soldatinnen und Soldaten an der Berufsförderung tatsächlich im Einzelfall überwiegen.

1166. Neben dem Verbot der Ausübung des Dienstes kann das Verbot, Uniform zu tragen, ausgesprochen werden.

1167. Die folgenden Vorgesetzten sind zuständig, ein Verbot der Ausübung des Dienstes auszusprechen:

- die nächsten Disziplinarvorgesetzten mit mindestens der Disziplinarbefugnis einer Kompaniechefin oder eines Kompaniechefs für die ihnen unterstellten Mannschaften,
- die nächsthöheren Disziplinarvorgesetzten mit mindestens der Disziplinarbefugnis einer Bataillonskommandeurin oder eines Bataillonskommandeurs für die ihnen unterstellen Unteroffiziere,
- die Disziplinarvorgesetzten, die im Falle der Einleitung eines gerichtlichen Disziplinarverfahrens als Einleitungsbehörde zuständig wären, für die ihnen unterstellten Offiziere.

1168. Alle nach Nummer 1167 nicht zuständigen höheren Disziplinarvorgesetzten können das Verbot **vorläufig** für den Zeitraum von einer Woche aussprechen, sofern ein sofortiges Einschreiten erforderlich und die an sich zuständigen Disziplinarvorgesetzten hierzu nicht erreichbar sind. Sie haben den Ausspruch des vorläufigen Verbots der Ausübung des Dienstes den zuständigen Vorgesetzten unverzüglich und unmittelbar mitzuteilen. Diese entscheiden innerhalb einer Frist von drei Tagen, ob die getroffenen Maßnahmen aufrechtzuerhalten sind. Für das Verfahren sind die in Nummer 1169 dargestellten Grundsätze entsprechend anzuwenden.

1169. Bevor das Verbot der Ausübung des Dienstes ausgesprochen wird, sind die Soldatinnen und Soldaten dazu unter Aufnahme einer Niederschrift zu hören. Dies gilt auch, wenn sie sich bereits vorher zu dem Sachverhalt dienstlich, z. B. im Rahmen einer Vernehmung, geäußert haben. Das Verbot ist unter Angabe der wesentlichen Gründe schriftlich zu verfügen (siehe Muster in Abschnitt 3.6.4 „Verbot der Ausübung des Dienstes"). Die Verfügung ist den Soldatinnen und Soldaten gegen Empfangsbekenntnis auszuhändigen oder nach den sonstigen Vorschriften des Verwaltungszustellungsgesetzes zuzustellen (siehe dazu Zentralerlass **A-2160/5 „Zustellungen, Ladungen, Vorführungen und Zwangsvollstreckungen bzgl. Soldatinnen und Soldaten der Bundeswehr"**).

Maßnahmen bei unerlaubter Abwesenheit von Soldatinnen und Soldaten

A-2160/6, Abschnitt 1.14

1.14 Maßnahmen bei unerlaubter Abwesenheit von Soldatinnen und Soldaten

1170. Sind Soldatinnen oder Soldaten unerlaubt von der Truppe oder Dienststelle abwesend, haben die zuständigen Disziplinarvorgesetzten unverzüglich alles zu tun, um den Grund der Abwesenheit zu ermitteln und die Rückkehr zu veranlassen. Dies folgt nicht nur aus ihrer Pflicht, bei Verdacht eines Dienstvergehens Ermittlungen aufzunehmen, sondern auch aus der Fürsorgepflicht gegenüber ihren Untergebenen. Mögliche Maßnahmen dazu sind

- die mündliche oder schriftliche Kontaktaufnahme, ggf. auch unter Nutzung moderner Kommunikationsmittel,
- die Bitte an in der Nähe wohnende Kameradinnen oder Kameraden zu prüfen, ob sich die abwesenden Soldatinnen oder Soldaten zu Hause aufhalten oder
- die Kontaktaufnahme mit dem zum vermuteten Aufenthaltsort nächstgelegenen Feldjägerdienstkommando.

1171. Die zuständigen Disziplinarvorgesetzten haben bei unerlaubt abwesenden Soldatinnen und Soldaten den begründeten Verdacht auf Straftaten gegen die Pflicht zur militärischen Dienstleistung gemäß §§ 15 bis 18 des Wehrstrafgesetzes (WStG) nach der Zentralen Dienstvorschrift **A-2640/34 „Meldewesen Innere und Soziale Lage der Bundeswehr“**, Nummer 321, zu melden. In besonderen Fällen (z. B. der Ankündigung „sich im Ausland dem … anzuschließen, um für eine gerechte Sache zu kämpfen“) ist eine Meldung nach der Zentralen Dienstvorschrift **A-200/5 „Meldewesen der Bundeswehr“**, Kapitel 2 „Meldewesen Besondere Vorkommnisse“, zur Sofortinformation der Leitung BMVg zu prüfen.

1172. Für Fahnenflucht nach § 16 WStG besteht ein begründeter Verdacht insbesondere dann, wenn unerlaubt abwesende Soldatinnen oder Soldaten

- ein Entlassungsgesuch eingereicht haben,
- vor der unerlaubten Abwesenheit ernsthaft ihre Absicht geäußert haben, die Truppe oder Dienststelle für immer zu verlassen,

- bei ihrem Weggang alle Privatsachen mitgenommen haben,
- Uniform oder Ausweise an ihre Truppe oder Dienststelle zurückgeschickt haben oder
- auf andere Weise zu erkennen gegeben haben, dass sie sich für immer der Verpflichtung zum Wehrdienst entziehen oder durch ihre Abwesenheit die Beendigung des Wehrdienstverhältnisses erreichen wollen.

1173. Der begründete Verdacht einer eigenmächtigen Abwesenheit nach § 15 WStG liegt vor, wenn seit dem eigenmächtigen Entfernen oder Fernbleiben der Soldatinnen oder Soldaten mehr als **drei volle Kalendertage** verstrichen sind. Ein voller Kalendertag rechnet von 0:00 Uhr bis 24:00 Uhr. Daher wird der erste Tag der unerlaubten Abwesenheit regelmäßig nicht im Rahmen der Berechnung der drei vollen Kalendertage erfasst.[1] Allgemein dienstfreie Tage (z. B. Wochenenden oder Feiertage) werden nur dann als volle Kalendertage mitgezählt, wenn sie von Fehlzeiten eingeschlossen sind (sog. Einrahmungsfall). Fehlzeiten in diesem Sinne sind Zeiten, an denen Soldatinnen oder Soldaten dem Dienst ohne Genehmigung fernbleiben.

Beispiele:

- **Grundfall:** Der Obergefreite O erscheint am Montag, den 13. April 20XX, ohne Erklärung nicht um 7:00 Uhr zum Dienst in seiner Einheit. Ab diesem Zeitpunkt ist er unerlaubt abwesend (Dienstvergehen nach § 7 und § 17 Absatz 2 Satz 1 des Soldatengesetzes). Die Frist für die eigenmächtige Abwesenheit (Straftat nach § 15 WStG) rechnet ab Dienstag, den 14. April 20XX ab 0:00 Uhr, da nur volle Kalendertage zählen. Erscheint der Obergefreite O nicht bis Donnerstag, den 16. April 20XX, 24:00 Uhr, bei seiner Einheit, ist er ab Freitag, den 17. April 20XX, 0:00 Uhr, eigenmächtig abwesend. Am Freitag ist also die Meldung nach der Zentralen Dienstvorschrift **A-2640/34** abzusetzen.
- **Einrahmungsfall:** Der Obergefreite O erscheint am Donnerstag, den 16. April 20XX, ohne Erklärung nicht um 7:00 Uhr zum Dienst in seiner Einheit. Ab diesem Zeitpunkt ist er unerlaubt abwesend. Die Frist für die eigenmächtige Abwesenheit im Sinne von § 15 WStG rechnet ab Freitag, den 17. April 20XX, 0:00 Uhr. Für die Frage, ob das Wochenende in die Berechnung der vollen drei Kalendertage eingerechnet wird, kommt es darauf an, ob ein

1 Anders wäre es nur, wenn an dem betreffenden Tag tatsächlich um 0:00 Uhr Dienstbeginn wäre, beispielsweise im Rahmen einer Übung.

Einrahmungsfall vorliegt. Dieser ist gegeben, wenn Obergefreiter O am Montag, den 20. April 20XX, nicht pünktlich zum Dienst erscheint. In diesem Fall wird das Wochenende von Fehlzeiten eingeschlossen und ist bei der Berechnung der vollen drei Kalendertage mitzuzählen. Demnach ist eine eigenmächtige Abwesenheit nach der **Zentralen Dienstvorschrift A-2640/34** am Montag, den 20. April 20XX, nach Dienstbeginn zu melden.

1174. Bei der Meldung gemäß der Zentralen Dienstvorschrift **A-2640/34** sollen Disziplinarvorgesetzte angeben, ob sie damit einverstanden sind, dass Angehörige des Aufgabenbereichs Feldjägerwesen Bundeswehr sich an die Polizei wenden. Unterbleibt diese Information, ist es den Feldjägern nach Nummer 525 der **Bereichsverfügung D2-256/1-0-1 „Nachforschungen nach unerlaubt Abwesenden durch Feldjäger“** untersagt, Kontakt zur Polizei aufzunehmen. Zu berücksichtigen ist, dass die Polizei nach erfolgter Meldung im Rahmen der Strafverfolgung tätig werden muss und somit die Entscheidung über die Abgabe an die Staatsanwaltschaft praktisch vorweggenommen wird.

1175. Im Auslandseinsatz ist grundsätzlich das nächsterreichbare Feldjägerdienstkommando bzw. die jeweilige Feldjägerführerin oder der jeweilige Feldjägerführer im Einsatzgebiet zu benachrichtigen. Die Meldepflichten der Disziplinarvorgesetzten nach der Zentralen Dienstvorschrift **A-2640/34** bleiben davon unberührt.

1176. Die zuständigen Disziplinarvorgesetzten prüfen bei unerlaubt abwesenden Soldatinnen und Soldaten, ob sie die Angelegenheit nach Abschnitt 1.9 „Abgabe an die Staatsanwaltschaft“ an die Staatsanwaltschaft abzugeben haben. Liegen die Voraussetzungen einer eigenmächtigen Abwesenheit vor, empfiehlt es sich, über die Abgabe erst nach Rückkehr der unerlaubt abwesenden Soldatinnen oder der unerlaubt abwesenden Soldaten zu entscheiden. Liegt dagegen der Verdacht der Fahnenflucht nahe, kann die Sache regelmäßig unverzüglich abgegeben werden. In dem Abgabeschreiben sind die Gründe anzugeben, die den vorgenannten Tatverdacht rechtfertigen. Zur Prüfung der Frage, ob eine Fahndung mit dem Ziel der Festnahme einzuleiten ist, teilen die Disziplinarvorgesetzten dabei außerdem Art, Umfang und Ergebnis der bisherigen Nachforschungen nach dem Aufenthaltsort der oder des unerlaubt Abwesenden mit. Nachforschungsergebnisse der Feldjäger können dabei als Grundlage herangezogen werden.

1177. Werden neue Erkenntnisse (z. B. ein neuer möglicher Aufenthaltsort oder der Erlass eines Haftbefehls) bekannt, sind diese gemäß Nummer 510 der Zentralen Dienstvorschrift **A-2640/34** in Form einer „weiteren Meldung“ zu versenden.

1178. Sofern aufgegriffene Soldatinnen oder Soldaten nicht unmittelbar an ihre Disziplinarvorgesetzten übergeben werden können, werden sie gemäß Nummer 515 der Bereichsverfügung **D2-256/1-0-1** zum Feldjägerdienstkommando verbracht. Die Disziplinarvorgesetzten haben unverzüglich nach ihrem Aufgreifen die Abholung durch ein Abholkommando zu veranlassen, soweit kein Haftbefehl erlassen wurde[1].

1179. Liegt gegen Soldatinnen oder Soldaten, die freiwillig zu ihrer Dienststelle zurückgekehrt sind, ein Haftbefehl vor, haben Disziplinarvorgesetzte die Rückkehr dem Gericht, das den Haftbefehl erlassen hat, und dem zuständigen Feldjägerdienstkommando mitzuteilen. Ist die Polizeidienststelle, die die Ermittlungen führt, bekannt, ist auch ihr die Rückkehr mitzuteilen. Bleibt der Haftbefehl bestehen, ist die Polizei für eine richterliche Vorführung zuständig.

1180. Kehren Soldatinnen oder Soldaten, die einer eigenmächtigen Abwesenheit oder der Fahnenflucht verdächtig sind, zu ihren Einheiten zurück, nachdem eine Abgabe an die Staatsanwaltschaft erfolgt ist, ist die zuständige Strafverfolgungsbehörde unverzüglich zu verständigen. Diese kann daraufhin die Rücknahme etwaiger Fahndungsmaßnahmen, insbesondere die Löschung einer Fahndungsausschreibung, veranlassen.

1181. Für die disziplinare Erledigung nach Rückkehr werden folgende Hinweise gegeben:

- Bei unerlaubter Abwesenheit des Soldaten bzw. der Soldatin von mehr als einem vollen Kalendertag ist die Verhängung von Ausgangsbeschränkung und Disziplinarbuße oder Disziplinararrest und Disziplinarbuße nebeneinander zulässig (§ 22 Absatz 2 Nummer 2 Wehrdisziplinarordnung).
- Eine Aussetzung der disziplinaren Erledigung bis zur Beendigung des auf die Abgabe eingeleiteten oder eines sonstigen wegen derselben Tat schwebenden Strafverfahrens (§ 33 Absatz 3 WDO) ist regelmäßig nur dann vertretbar, wenn der Sachverhalt nicht hinreichend aufgeklärt werden kann.
- Für die Zeit des schuldhaften Fernbleibens ist von Amts wegen der Verlust der Bezüge in Übereinstimmung mit den einschlägi-

---

1 Werden per Haftbefehl gesuchte Soldatinnen oder Soldaten durch Feldjäger aufgegriffen, werden sie unverzüglich der nächsten Polizeidienststelle übergeben.

gen Durchführungsbestimmungen, vgl. **Zentrale Dienstvorschrift A-1451/3 „Verlust der Bezüge bei ungenehmigtem, schuldhaften Fernbleiben vom Dienst“,** festzustellen. Ein Ermessensspielraum besteht nicht. Die Feststellung ist durch die nächsten Disziplinarvorgesetzten zu treffen.[1]

1182. Die zuständigen Rechtsberaterinnen und Rechtsberater erteilen Auskunft über Fragen, die mit der disziplinaren Erledigung von Fällen unerlaubter Abwesenheit von Soldatinnen und Soldaten zusammenhängen.

[1] Nach Ausscheiden der Soldatin oder des Soldaten aus dem Wehrdienst hat die letzte nächste Disziplinarvorgesetzte bzw. der letzte nächste Disziplinarvorgesetzte die Feststellung zu treffen.

Einrichtung und Führung des Disziplinarbuchs

A-2160/6, Abschnitt 1.7

1.7 Einrichtung und Führung des Disziplinarbuchs

1.7.1 Disziplinarbuch

1.7.1.1 Zweck des Disziplinarbuchs

1050. Über förmliche Anerkennungen sowie über unanfechtbare einfache oder gerichtliche Disziplinarmaßnahmen und strafgerichtliche Strafen wird nach § 7 der Wehrdisziplinarordnung (WDO) für Soldatinnen und Soldaten ein Disziplinarbuch geführt.

1051. Das Disziplinarbuch soll den höheren Disziplinarvorgesetzten die Dienstaufsicht über die Ausübung der Disziplinarbefugnis erleichtern. Es dient gleichzeitig als Grundlage für die Tilgung von einfachen Disziplinarmaßnahmen und gerichtlichen Disziplinarmaßnahmen, soweit sie tilgungsfähig sind, d. h. bei Kürzungen der Dienstbezüge und Beförderungsverboten.

1.7.1.2 Führung des Disziplinarbuchs

1052. Die nächsten Disziplinarvorgesetzten haben ein Disziplinarbuch für die ihnen unterstellten Soldatinnen und Soldaten anzulegen. Sie sind für die Führung des Disziplinarbuches verantwortlich. Für die Sicherungsmaßnahmen gelten die Auflagen der **Zentralen Dienstvorschrift A-2122/4 „Datenschutz".**

1053. Die Disziplinarvorgesetzten können die Bearbeitung des Disziplinarbuchs einem Offizier oder einem Unteroffizier mit Portepee übertragen.

1054. Das Disziplinarbuch des Bundesministeriums der Verteidigung wird bei der Abteilung R geführt.

1.7.1.3 Gliederung des Disziplinarbuchs

1055. Das Disziplinarbuch gliedert sich in drei Teile.

1056. **Teil I** besteht aus Karteiblättern, auf die förmliche Anerkennungen, unanfechtbare einfache und gerichtliche Disziplinarmaßnahmen sowie strafgerichtliche Strafen einzutragen sind.

1057. **Teil II** ist eine Sammlung der förmlichen Anerkennungen.

1058. **Teil III** ist eine Sammlung der einfachen Disziplinarmaßnahmen.

1059. Das Disziplinarbuch ist als Ordner anzulegen, der die Aufschrift „Disziplinarbuch" trägt. Das Disziplinarbuch beginnt mit einer Titelseite (siehe Abschnitt 3.6.1 „Disziplinarbuch (Titelseite)").

1060. Die in Teil I bis Teil III aufzunehmenden Vorgänge sind nach den Namen der Soldatinnen und Soldaten alphabetisch abzuheften.

1061. Dem Teil I ist ein Nachweis über die jeweilige Zahl der Karteiblätter vorzuheften.

1.7.2 Eintragungspflichtige Entscheidungen und Maßnahmen

1062. Der Eintragung unterliegen unanfechtbare oder bestands-/rechtskräftige

- förmliche Anerkennungen (§ 11 WDO),
- einfache Disziplinarmaßnahmen (§ 22 WDO),
- gerichtliche Disziplinarmaßnahmen (§ 58 WDO) und
- strafgerichtliche Strafen.

1063. Strafgerichtliche Strafen sind Strafen, auf die ein Strafgericht erkannt hat und die auf Freiheitsentziehung oder Geldstrafe lauten. Bei Zweifelsfällen erteilen die zuständigen Rechtsberaterinnen und Rechtsberater Auskunft.

1064. Strafgerichtliche Strafen ausländischer Gerichte sind nur dann einzutragen, wenn die abgeurteilte Tat auch nach deutschem Strafrecht eine Straftat darstellt.

1065. Strafgerichtliche Strafen wegen einer Tat, die vor Beginn des Wehrdienstverhältnisses begangen worden ist, sind nicht einzutragen.

1066. Verwarnung mit Strafvorbehalt (§ 59 des Strafgesetzbuches [StGB]), Schuldausspruch unter Absehen von einer Strafe (§ 60 StGB) sowie gebührenpflichtige Verwarnungen und Geldbußen, die nach dem Gesetz über Ordnungswidrigkeiten festgesetzt worden sind, unterliegen nicht der Eintragung. Entsprechendes gilt für die Erziehungsmaßregeln, der Erteilung von Weisungen und der Hilfe zur Erziehung sowie die Zuchtmittel der Verwarnung, der Erteilung von Auflagen und des Jugendarrestes nach dem Jugendgerichtsgesetz. Ebenfalls nicht der Eintragung unterliegen Einstellungen des Strafverfahrens nach §§ 153 ff. der Strafprozessordnung.

1067. Auskünfte des Kraftfahrt-Bundesamtes aus dem Verkehrszentralregister sind nicht einzutragen.

1.7.3 Führung des Disziplinarbuchs

1.7.3.1 Teil I des Disziplinarbuchs

1068. Förmliche Anerkennungen, unanfechtbare einfache und gerichtliche Disziplinarmaßnahmen sowie strafgerichtliche Strafen sind in ein Karteiblatt **(Formblatt Bw-2623)** einzutragen.

1.7.3.2 Eintragung strafgerichtlicher Strafen

1069. Als Grundlage für die Eintragung strafgerichtlicher Strafen dienen grundsätzlich die Mitteilungen der Justizbehörden in Strafsachen (MiStra). Zu besonderen Nachforschungen sind Disziplinarvorgesetzte nicht verpflichtet. Erhalten sie jedoch auf andere Weise Kenntnis von einer rechtskräftigen Verurteilung oder einem rechtskräftigem Strafbefehl, beispielsweise durch Meldung der betroffenen Soldatinnen oder Soldaten, so sind diese Strafen ebenfalls in das Disziplinarbuch einzutragen.

1.7.3.3 Teil II des Disziplinarbuchs

1070. In Teil II sind förmliche Anerkennungen aufzunehmen, die Soldatinnen oder Soldaten von Disziplinarvorgesetzten erteilt worden sind.

1071. Haben höhere Disziplinarvorgesetzte eine förmliche Anerkennung erteilt, übersenden sie die für das Disziplinarbuch bestimmte Verfügung den nächsten Disziplinarvorgesetzten zur Aufnahme in das Disziplinarbuch.

1.7.3.4 Rücknahme einer förmlichen Anerkennung

1072. Die unanfechtbare Rücknahme einer förmlichen Anerkennung (§ 14 WDO) ist den nächsten Disziplinarvorgesetzten der Soldatin oder des Soldaten mitzuteilen (zum weiteren Vorgehen vgl. Abschnitt 1.7.4.2.).

1.7.3.5 Teil III des Disziplinarbuchs

1073. In Teil III sind alle unanfechtbaren einfachen Disziplinarmaßnahmen aufzunehmen, die von Disziplinarvorgesetzten verhängt worden sind.

1074. Haben andere als die nächsten Disziplinarvorgesetzten eine einfache Disziplinarmaßnahme verhängt, übersenden sie die für das Disziplinarbuch bestimmten Verfügungen den nächsten Disziplinarvorgesetzten zur Aufnahme in das Disziplinarbuch und zur Vornahme der Vollstreckung.

1075. Einfache Disziplinarmaßnahmen, die nach § 40 Absatz 4 WDO oder in einem gerichtlichen Disziplinarverfahren von einem Wehrdienstgericht verhängt worden sind, sind dagegen nur in Teil I einzutragen.

1.7.3.6 Änderung oder Aufhebung einer Disziplinarmaßnahme

1076. Wird eine einfache Disziplinarmaßnahme in einem Antragsverfahren nach § 44 WDO herabgesetzt, ist dies auf der Verfügung in Teil III zu vermerken; die Eintragung in Teil I ist zu berichtigen.

1077. Wird eine einfache Disziplinarmaßnahme in einem Antragsverfahren nach den §§ 43, 44 oder § 128 WDO oder in einem gerichtlichen Disziplinarverfahren nach § 96 WDO aufgehoben, ist die Verfügung aus Teil III zu entfernen und zu vernichten. Die Eintragung in Teil I ist zu tilgen.

1078. Wird eine einfache Disziplinarmaßnahme im Wege der Dienstaufsicht nach § 46 WDO aufgehoben, ist die Verfügung aus Teil III zu entfernen und zu vernichten. Die Eintragung in Teil I ist zu tilgen.

1079. Wird eine Kürzung der Dienstbezüge im Antragsverfahren nach § 128 WDO aufgehoben, ist die Eintragung in Teil I zu tilgen.

1.7.3.7 Versetzung, Kommandierung, Entlassung

1080. Werden Soldatinnen oder Soldaten versetzt, sind die sie betreffenden Vorgänge aus den Disziplinarbüchern (Teile I bis III) mit den Personalunterlagen der neuen Dienststelle zu übersenden. Die nächsten Disziplinarvorgesetzten der neuen Dienststelle haben die Teile I bis III in ihr Disziplinarbuch aufzunehmen. Die Vorermittlungsakten der Disziplinarvorgesetzten verbleiben bei den Disziplinarvorgesetzten, die die Ermittlungen abgeschlossen haben.

1081. Werden Soldatinnen oder Soldaten kommandiert und werden ihre Personalunterlagen an die neuen Dienststellen abgegeben, sind die Disziplinarbücher (Teile I bis III) mit den Personalunterlagen an die neuen Dienststellen zu übersenden. Nach Ende der Kommandierung haben diese die Disziplinarbücher (Teile I bis III) mit den Personalunterlagen an die früheren Dienststellen zurückzusenden. Die Vorermittlungsakten der Disziplinarvorgesetzten verbleiben bei den Disziplinarvorgesetzten, die die Ermittlungen abgeschlossen haben.

1082. Bei kurzzeitigen Kommandierungen, bei denen die Personalunterlagen nicht abgegeben werden, ist bei Ende der Kommandierung ein bei der neuen Dienststelle angelegtes Karteiblatt aus Teil I nebst der Teile II und III an die frühere Dienststelle zu übersenden. Die nächsten Disziplinarvorgesetzten haben die Eintragungen aus Teil I in das von ihnen geführte Disziplinarbuch (Teil I) zu übertragen und die Teile II und III zu übernehmen.

1083. Scheiden Soldatinnen oder Soldaten aus der Bundeswehr aus, ist das Karteiblatt aus Teil I zu den Personalunterlagen zu nehmen. Die Vorgänge aus Teil II und III sind zu entfernen und zu vernichten.

1.7.4 Tilgung

1.7.4.1 Zuständigkeit

1084. Zuständig für die Tilgung sind

a) für Soldatinnen und Soldaten die nächsten Disziplinarvorgesetzten;

b) für ausgeschiedene Soldatinnen und Soldaten, die Angehörige der Reserve sind,
  - die Karrierecenter der Bundeswehr, soweit ihnen die Führung der Personalunterlagen übertragen ist, sowie
  - das Bundesamt für das Personalmanagement der Bundeswehr in allen übrigen Fällen.

1085. Bis zum 1. März und zum 1. September jeden Jahres überprüfen die nächsten Disziplinarvorgesetzten, ob Eintragungen im Disziplinarbuch tilgungsreif geworden sind.

1086. Werden frühere Soldatinnen oder Soldaten wieder verwendet, haben die nächsten Disziplinarvorgesetzten den Teil I des Disziplinarbuchs unverzüglich zu überprüfen.

1.7.4.2 Tilgung von förmlichen Anerkennungen und Disziplinarmaßnahmen

1087. Förmliche Anerkennungen sind zu tilgen, wenn sie unanfechtbar zurückgenommen worden sind. Im Übrigen ist jede nicht zurückgenommene förmliche Anerkennung drei Jahre nach ihrer Erteilung aus Teil II zu entfernen und zu vernichten. Die Eintragung in Teil I sowie die in den Personalunterlagen befindliche Ausfertigung bleiben hiervon unberührt.

1088. Eine einfache Disziplinarmaßnahme ist nach drei Jahren, eine Kürzung der Dienstbezüge nach fünf Jahren und ein Beförderungsverbot – auch in Verbindung mit einer Kürzung der Dienstbezüge – nach sieben Jahren zu tilgen.

1089. Die Frist beginnt nach § 8 Absatz 2 Satz 2 WDO bei einfachen Disziplinarmaßnahmen, die Disziplinarvorgesetzte oder Wehrdienstgerichte im Verfahren nach § 40 Absatz 4 WDO verhängt haben, mit dem Tag, an dem die Disziplinarmaßnahme verhängt wird. Wird die einfache Disziplinarmaßnahme nachträglich geändert oder wird sie aufgehoben und wegen derselben Tat eine neue einfache Disziplinarmaßnahme verhängt, rechnet die Frist vom Tage der ersten Verhängung an.

1090. Für Kürzungen der Dienstbezüge, Beförderungsverbot und für einfache Disziplinarmaßnahmen, die ein Wehrdienstgericht verhängt hat, beginnt die Frist mit der Verkündung des ersten Urteils, bei Entscheidung durch Disziplinargerichtsbescheid mit dem Tag der Unterzeichnung durch die Richterin oder den Richter.

1.7.4.3 Neubeginn der Tilgungsfrist

1091. Werden Soldatinnen oder Soldaten während der Tilgungsfrist von Disziplinarmaßnahmen wegen einer anderen Tat, die sie während des Wehrdienstverhältnisses begangen haben, zu einer strafgerichtlichen Strafe oder zu einer gerichtlichen Disziplinarmaßnahme rechtskräftig verurteilt oder wird gegen sie eine einfache Disziplinarmaßnahme unanfechtbar verhängt, beginnt die Tilgungsfrist der bereits eingetragenen Disziplinarmaßnahme mit dem Tage der Verkündung des ersten (neuen) strafgerichtlichen oder truppendienstgerichtlichen Urteils, bei Strafbefehlen und Disziplinargerichtsbescheiden mit dem Datum der Unterzeichnung durch die Richterin oder den Richter und bei einfachen Disziplinarmaßnahmen mit dem Tage der Verhängung erneut zu laufen (sog. Unterbrechung). Der Eintritt der Rechtskraft oder der Unanfechtbarkeit ist lediglich Unterbrechungsvoraussetzung.

1092. Bis zum Eintritt der Rechtskraft oder der Unanfechtbarkeit sind tilgungsreif gewordene Disziplinarmaßnahmen zu tilgen.

1093. Wird eine Entscheidung, die die Frist unterbrochen hat, nachträglich aufgehoben, ist die Eintragung zu tilgen; die Tilgungsfristen sind so zu berechnen, als wäre die Entscheidung nicht ergangen.

1.7.4.4 Verlängerung der Tilgungsfristen

1094. Ist bei einer Kürzung der Dienstbezüge nach fünf Jahren die Vollstreckung noch nicht beendet, verlängert sich die Tilgungsfrist bis zum Ende der Vollstreckung.

1095. Einfache Disziplinarmaßnahmen, die nach einer Kürzung der Dienstbezüge oder nach einem Beförderungsverbot verhängt werden, sind erst zu tilgen, wenn die Kürzung der Dienstbezüge oder das Beförderungsverbot getilgt werden darf.

1.7.4.5 Tilgung von strafgerichtlichen Strafen

1096. Die in Teil I eingetragenen strafgerichtlichen Strafen sind nach Maßgabe des § 8 Absatz 4 WDO in drei oder fünf Jahren zu tilgen.

1097. Die Frist beginnt mit der Verkündung des ersten Urteils, bei Strafbefehlen oder Strafverfügungen mit dem Tag der Unterzeichnung durch die Richterin oder den Richter.

1098. Strafgerichtliche Strafen sind auch dann nach drei oder fünf Jahren zu tilgen, wenn die Soldatin bzw. der Soldat innerhalb dieser Zeit eine weitere Straftat oder ein Dienstvergehen begeht. Anders als bei Disziplinarmaßnahmen (vgl. Nummer 1091) wird die Tilgungsfrist also nicht erneut in Gang gesetzt.

1.7.4.6 Form der Tilgung

1099. Ist in Teil I eine Eintragung zu tilgen, ist das Karteiblatt zu entfernen und zu vernichten. Noch nicht tilgungsreife Eintragungen sind auf ein neues Karteiblatt zu übertragen.

1100. Ist durch die Tilgung einer strafgerichtlichen Strafe zwischen zwei aufeinander folgenden Eintragungen ein zeitlicher Abstand der Verhängungs- bzw. Verkündungsdaten von mehr als drei Jahren entstanden, ist die Tilgungsfrist der früheren Maßnahme auf gleicher Höhe in der rechten Spalte (Ende nach Unterbrechung) des neuen Karteiblattes einzutragen. Dies verdeutlicht, dass die Eintragung noch nicht tilgungsreif und die Tilgung nicht durch ein Versehen unterblieben ist.

1101. Die Vorermittlungsakten der Disziplinarvorgesetzten, die eine Disziplinarmaßnahme verhängt haben, sind ein Jahr nach Abschluss der Ermittlungen zu vernichten. Sachvorgänge (z. B. Vernehmungsniederschriften, Vermerke), die sich auf getilgte förmliche Anerkennungen beziehen, sind mit Entnahme der Verfügungen aus Teil II (vgl. Nummer 1087) zu vernichten.

1102. Vorgänge, die zu tilgen sind, sind auch aus den Personalunterlagen zu entfernen und zu vernichten.

1.7.4.7 Mitteilung über die Tilgung

1103. Über die Tilgung haben die Disziplinarvorgesetzten die personalbearbeitende Stelle unverzüglich zu unterrichten.

1.7.5 Form der Eintragung, Auskünfte

1.7.5.1 Eintragung

1104. Eintragungen sowie Nachträge und Änderungen im Disziplinarbuch sind unter Angabe des Dienstgrades, der Dienststellung und des Zeitpunktes der Eintragung zu unterschreiben.

1105. Soldatinnen und Soldaten, die unrichtige Angaben in Disziplinarbüchern vornehmen, verletzen ihre Dienstpflichten. Dies kann disziplinare oder ggf. sogar strafrechtliche Konsequenzen nach sich ziehen.

1.7.5.2 Auskünfte

1106. Die Erteilung von Auskünften über förmliche Anerkennungen, einfache Disziplinarmaßnahmen und im Disziplinarbuch eingetragene Strafen richtet sich nach § 9 WDO.

1.7.6 Dienstaufsicht

1107. Die nächsthöheren Disziplinarvorgesetzten haben die Disziplinarbücher der ihnen unterstellten Disziplinarvorgesetzten mindestens einmal im Kalenderjahr zu prüfen. Disziplinarbücher, die von einer Regimentskommandeurin oder einem Regimentskommandeur oder einem Offizier in einer entsprechenden oder vergleichbaren Dienststellung an aufwärts geführt werden, brauchen nicht geprüft zu werden. Die Prüfung der Disziplinarbücher durch die höheren Disziplinarvorgesetzten im Rahmen ihrer Dienstaufsicht bleibt unberührt.

1108. Jede Prüfung des Disziplinarbuches sowie Beanstandungen und Belehrungen sind aktenkundig zu machen; diese Vorgänge sind bei den nächsten Disziplinarvorgesetzten gesondert aufzubewahren.

1.7.7 Beteiligung der Rechtsberaterin oder des Rechtsberaters bei Zweifelsfragen

1109. Bei Zweifelsfragen erteilen die Rechtsberaterinnen oder Rechtsberater Auskunft.

Verfahren in Gnadensachen der Soldatinnen und Soldaten

A-2160/6, Abschnitt 1.40

– Auszug –

1.40 Verfahren in Gnadensachen der Soldatinnen und Soldaten

1.40.1 Zuständigkeit für Gnadenentscheidungen

1357. Nach Artikel 60 Absatz 2 des Grundgesetzes (GG) übt die Bundespräsidentin bzw. der Bundespräsident für den Bund das Begnadigungsrecht im Einzelfall aus. Dies gilt auch hinsichtlich der nach der Wehrdisziplinarordnung (WDO) verhängten Disziplinarmaßnahmen.

1358. Die Bundespräsidentin bzw. der Bundespräsident hat sich in der „Anordnung des Bundespräsidenten über die Ausübung des Begnadigungsrechts des Bundes" vom 5. Oktober 1965 (BGBl. I Seite 1573) in der Fassung der Änderung vom 3. November 1970 (BGBl. I Seite 1513) vorbehalten, folgende Gnadenerweise selbst zu erteilen:

- die Beseitigung der dienst- oder versorgungsrechtlichen Folgen einer strafgerichtlichen Verurteilung,
- die Aufhebung der gerichtlichen Disziplinarmaßnahmen „Entfernung aus dem Dienstverhältnis" und „Aberkennung des Ruhegehalts" sowie
- die Gewährung eines Unterhaltsbeitrags.

1359. Für die übrigen Disziplinarmaßnahmen wurde die Entscheidungsbefugnis auf die Bundesministerin bzw. den Bundesminister der Verteidigung übertragen.

1.40.2 Gnadenstellen

1360. Die Vorbereitung von Gnadenentscheidungen obliegt den Gnadenstellen.

1361. Gnadenstelle ist bei in gerichtlichen Disziplinarverfahren verhängten **Disziplinarmaßnahmen** und bei strafgerichtlichen Verurteilungen, die den Verlust der Rechtsstellung als Berufssoldatin oder Berufssoldat, als Soldatin oder Soldat auf Zeit oder als Soldatin oder Soldat im Reservewehrdienstverhältnis, den Verlust der Ansprüche auf Versorgung oder den Verlust der Berechtigung zum

Führen des Dienstgrades außerhalb des Wehrdienstverhältnisses (mit den Zusätzen a. D. oder d. R.) zur Folge hat, die **Wehrdisziplinaranwaltschaft** der Einleitungsbehörde, die das gerichtliche Disziplinarverfahren eingeleitet hat, oder für die Einleitung zuständig gewesen wäre.

1362. Bei **außerhalb des gerichtlichen Disziplinarverfahrens verhängten einfachen Disziplinarmaßnahmen** sind die **Rechtberaterinnen oder Rechtsberater** der Kommandobehörde zuständig, zu deren Befehlsbereich die Soldatin oder der Soldat im Zeitpunkt der Verhängung der Disziplinarmaßnahme gehörte. Unterstand die Einheit/Dienststelle der Soldatin oder des Soldaten im Zeitpunkt der Verhängung keiner Kommandobehörde, der Rechtsberaterinnen oder Rechtsberater zugeteilt waren, sind die Rechtsberaterinnen oder Rechtsberater des Bundesamtes für das Personalmanagement der Bundeswehr Gnadenstelle.

1363. In Zweifelsfällen bestimmt das Bundesministerium der Verteidigung die zuständige Gnadenstelle.

1364. Geht ein Gnadengesuch bei einer nicht zuständigen Stelle ein, ist es unverzüglich an die für die Bearbeitung zuständige Gnadenstelle weiterzuleiten.

1.40.3 Beginn der Tätigkeit der Gnadenstelle

1365. Die Gnadenstelle wird auf Gnadengesuch der Soldatinnen oder Soldaten oder anderer Personen hin tätig. Sie kann einen Gnadenerweis auch von Amts wegen vorschlagen. Ist das Gnadengesuch nicht von der Soldatin oder dem Soldaten oder einer oder einem Bevollmächtigten eingereicht, stellt die Gnadenstelle fest, ob sich die Soldatin oder der Soldat dem Gnadengesuch anschließt.

1366. In Fällen, in denen sich die Bundespräsidentin bzw. der Bundespräsident den Gnadenerweis vorbehalten hat (vgl. Nummer 1358), ist das Gnadengesuch vorab unter nachrichtlicher Beteiligung der Bundeswehrdisziplinaranwältin bzw. des Bundeswehrdisziplinaranwalts unmittelbar dem Bundesministerium der Verteidigung – R II 1 – vorzulegen.

1367. Ein Gnadengesuch, in dem um Stundung, Niederschlagung oder Erlass der Verfahrenskosten gebeten wird, ist nur dann als Gnadengesuch zu behandeln, wenn es mit einem noch nicht erledigten Gnadengesuch wegen der Disziplinarmaßnahme verbunden ist oder im Zusammenhang steht. In allen übrigen Fällen ist das Gesuch zur Entscheidung nach § 59 der Bundeshaushaltsordnung an das Bundesverwaltungsamt weiterzuleiten.

1.40.4 Aussetzen der Vollstreckung

1368. Bei Urteilen, die auf Kürzung der Dienstbezüge, Kürzung des Ruhegehalts sowie Kürzung von Ansprüchen auf Dienstzeitversorgung lauten, kann die Gnadenstelle die Vollstreckung bis zur Entscheidung über das Gnadengesuch aufschieben oder unterbrechen, wenn erhebliche Gnadengründe im Sinne von Nummer 1376 vorliegen.

1369. Die nächsten Disziplinarvorgesetzten und im Falle des § 135 Absatz 1 WDO die Wehrdisziplinaranwaltschaft können nach § 49 Absatz 3 WDO die Vollstreckung einfacher Disziplinarmaßnahmen aus dringenden Gründen bis zur Entscheidung über das Gnadengesuch aufschieben oder unterbrechen. Ein dringender Grund wird regelmäßig anzunehmen sein, wenn erhebliche Gnadengründe vorgebracht sind und es nach der Art des Dienstvergehens sowie der Persönlichkeit der Soldatin oder des Soldaten nicht zwingend geboten ist, die Vollstreckung zu beginnen oder fortzusetzen. Dabei ist für den Fall, dass die Vollstreckung noch nicht begonnen wurde, sicherzustellen, dass eine spätere Vollstreckung nicht durch Eintritt der Vollstreckungsverjährung nach § 57 WDO verhindert wird.

1.40.5 Ruhen des Gnadenverfahrens

1370. Wird ein Gnadengesuch vor rechtskräftigem Abschluss eines Disziplinarverfahrens eingereicht, ruht das Gnadenverfahren bis zu dessen rechtskräftigem Abschluss. Die Gnadenstelle teilt dies der Soldatin oder dem Soldaten mit. Gleichzeitig berichtet die Gnadenstelle dem Bundesministerium der Verteidigung – R II 1 – in Fällen, die das einfache Disziplinarverfahren betreffen, unmittelbar. In Fällen eines gerichtlichen Disziplinarverfahrens ist dem Bundesministerium der Verteidigung – R II 1 – über die Bundeswehrdisziplinaranwältin bzw. den Bundeswehrdisziplinaranwalt durch Vorlage einer Abschrift des Gnadengesuches und der Mitteilung an die Soldatin oder den Soldaten (zweifach) zu berichten. Beinhaltet das Gnadengesuch Tatsachen, die im gerichtlichen Disziplinarverfahren für die gerichtliche Entscheidung von Bedeutung sein können, unterrichtet die Gnadenstelle hierüber auch das jeweils zuständige Truppendienstgericht. Enthält das Gnadengesuch Tatsachen, die für die gerichtliche Entscheidung des Bundesverwaltungsgerichts von Bedeutung sein können, fügt die Gnadenstelle ihrem Bericht zwei zusätzliche Ablichtungen des Gnadengesuchs und der Mitteilung an die Soldatin bzw. den Soldaten für die Bundeswehrdisziplinaranwältin bzw. den Bundeswehrdisziplinaranwalt an. Ist die **Bundespräsidentin oder der Bundespräsident** für die Entscheidung über das Gnadengesuch zuständig, legt die Gnadenstelle das Gnadengesuch mit einem Bericht über den Stand des gerichtlichen Disziplinarverfahrens über den Bundeswehrdisziplinaranwalt oder die Bundeswehrdisziplinaranwältin dem Bundesministerium der Verteidigung vor (dreifach).

1371. Das Gnadenverfahren ruht weiterhin, wenn die Soldatin oder der Soldat parallel zum Gnadenverfahren auf andere Weise versucht, das mit dem Gnadengesuch verfolgte Ziel zu erreichen (z. B. durch einen Ausnahmeantrag an das Bundesamt für das Personalmanagement der Bundeswehr). Auch in diesem Fall berichtet die Gnadenstelle dem Bundesministerium der Verteidigung – R II 1 – in Fällen, die das einfache Disziplinarverfahren betreffen, unmittelbar. In Fällen eines gerichtlichen Disziplinarverfahrens ist dem Bundesministerium der Verteidigung – R II 1 – über die Bundeswehrdisziplinaranwältin bzw. den Bundeswehrdisziplinaranwalt durch Vorlage einer Abschrift des Gnadengesuches und der Mitteilung an die Soldatin oder den Soldaten (zweifach) zu berichten.

1.40.6 Gnadenheft

1372. Die Gnadenstelle legt für jede Gnadensache ein Gnadenheft an (grauer Schnellhefter/Ordner). Das Gnadenheft ist mit dem Wort „Gnadenheft“, der Bezeichnung der Gnadenstelle mit Namen, Dienstgrad, Einheit/Dienststelle und Standort der Soldatin oder des Soldaten zu beschriften. Bei früheren Soldatinnen und Soldaten sind Name, Dienstgrad (nebst Zusatz d. R. oder a. D.), die letzte Einheit/Dienststelle, der letzte Standort sowie die aktuelle Privatanschrift anzugeben.

1373. Das Gnadengesuch sowie etwaige Anlagen dazu sind an vorderster Stelle in das Gnadenheft einzufügen. Der weitere Schriftverkehr, der in der Gnadensache entsteht, wird in der zeitlichen Reihenfolge des Eingangs abgeheftet und zwar das erste Blatt unmittelbar hinter dem Gnadengesuch und etwaiger Anlagen. Zustellungs- und Empfangsnachweise werden hinter dem zugestellten Schriftstück abgeheftet. Alle Blätter sind in der rechten oberen Ecke mit fortlaufenden arabischen Zahlen zu versehen. Zustellungsnachweise erhalten die Blattzahl des zugestellten Schriftstücks, ergänzt durch kleine Buchstaben.

1374. Das Gnadenheft bleibt nach der Entscheidung über das Gnadengesuch beim Bundesministerium der Verteidigung. Wird ein neues Gnadengesuch eingereicht, legt die Gnadenstelle ein weiteres Gnadenheft an, das als 2., 3. usw. Gnadenheft zu beschriften ist.

Sofern zur Bearbeitung des neuen Gnadengesuchs notwendig fordert die Gnadenstelle frühere Gnadenhefte an.

1.40.7 Beschleunigungsgrundsatz

1375. Gnadensachen sind Eilsachen. Die Gnadenstelle hat dafür Sorge zu tragen, dass die Gnadenentscheidung – auch bei einfachen Disziplinarmaßnahmen – möglichst noch während der Vollstreckung ergehen kann. Beschleunigte Behandlung ist im Hinblick auf die etwaige Aufnahme oder die Fortsetzung der Vollstreckung auch geboten, wenn die Vollstreckung aufgeschoben oder unterbrochen ist. Die Gnadenstelle hat daher unverzüglich alle für die Beurteilung des Einzelfalles erforderlichen Ermittlungen aufzunehmen.

1.40.8 Gnadenerweis

1376. Ein Gnadenerweis kommt grundsätzlich nur in Ausnahmefällen bei Vorliegen von erheblichen Gnadengründen in Betracht. Solche erheblichen Gnadengründe können beispielsweise vorliegen, wenn

- eine offensichtliche Fehlentscheidung berichtigt werden muss,
- gewichtige Milderungsgründe vorliegen, die bei der Verhängung der Disziplinarmaßnahme nicht gewürdigt worden sind,
- eine unverschuldete, wesentliche Verschlechterung der persönlichen oder wirtschaftlichen Verhältnisse nach der Verurteilung eingetreten ist oder
- die Soldatin oder der Soldat herausragende dienstliche Leistungen oder ein sonstiges anerkennenswertes Verhalten nach der Verurteilung gezeigt hat.

1.40.9 Behandlung von Gnadensachen bei gerichtlichen Disziplinarmaßnahmen und strafgerichtlichen Verurteilungen mit Statuswirkungen

1.40.9.1 Ermittlungen

1377. Nach Eingang des Gnadengesuchs legt die Gnadenstelle ein Gnadenheft an. Zudem fordert sie folgende Unterlagen an:

- Personalakten (Stammakte, Klarsichthülle) der Soldatin bzw. des Soldaten,
- wehrdienstgerichtliche Akten,
- sachgleiche Strafakten – soweit vorhanden –,

- ggf. sonstige für die Beurteilung der Gnadensache bedeutsame Akten (z. B. Unterlagen des Berufsförderungsdienstes (BFDBw) oder Abrechnungsunterlagen),
- eine Mitteilung der Bezüge zahlenden Stelle über die Höhe der Dienst-, Versorgungsbezüge oder des Wehrsoldes der Soldatin oder des Soldaten, die bei einer Gehaltskürzung oder einer Ruhegehaltskürzung jeweils die ungekürzten und die gekürzten Bezüge enthalten muss,
- eine Erklärung der Soldatin oder des Soldaten zu den wirtschaftlichen Verhältnissen, die im Zweifelsfalle mit Nachweisen zu belegen ist,
- ein Auszug aus Teil I des Disziplinarbuches (nicht bei früheren Soldatinnen oder Soldaten) sowie
- eine Auskunft aus dem Zentralregister.

Für die Anforderungen der Unterlagen gelten die insoweit für das gerichtliche Disziplinarverfahren bestehenden Grundsätze und Weisungen entsprechend.

1378. Der Umfang der Ermittlungen richtet sich nach den für den Ermittlungsbericht notwendigen Angaben. Für die Ermittlungen der persönlichen oder wirtschaftlichen Verhältnisse ist auf die Verwendung von Formblättern zu verzichten, um zu verhindern, dass für den Einzelfall wesentliche Informationen nicht abgefragt werden. Das entscheidungserhebliche Vorbringen sowie die dazu gemachten Angaben sind zu überprüfen und – soweit erforderlich – durch ergänzende Ermittlungen aufzuklären.

1379. Wird die **Tilgung einer nicht tilgungsfähigen gerichtlichen Disziplinarmaßnahme** (nach § 8 Absatz 2 Satz 1 WDO sind nur Kürzung der Dienstbezüge und Beförderungsverbot, letzteres auch in Verbindung mit einer Kürzung der Dienstbezüge tilgungsfähig) begehrt, ist die Soldatin oder der Soldat bzw. die Person, die das Gnadengesuch gestellt hat, darüber zu belehren, dass eine gnadenweise Tilgung aus rechtlichen Gründen nicht zulässig ist. Wird das Gnadengesuch trotz dieser Belehrung aufrecht gehalten, berichtet die Gnadenstelle mit einem Ermittlungsbericht nach dem Muster in Abschnitt 3.6.12 „Ermittlungsbericht bei Entscheidung der Bundesministerin bzw. des Bundesministers der Verteidigung" (ohne Nummer III.) dem Bundesministerium der Verteidigung – R II 1 – unmittelbar. Stellungnahmen zum Gnadengesuch sind nicht einzuholen.

1380. Zielt das Gnadengesuch auf die erstmalige oder erneute **Gewährung oder die Erhöhung eines Unterhaltsbeitrages**, legt die

Gnadenstelle das Gnadengesuch nebst Ermittlungsbericht nach dem Muster in Abschnitt 3.6.11„Ermittlungsbericht in Gnadensachen, in denen sich die Bundespräsidentin bzw. der Bundespräsident die Entscheidung vorbehalten hat“ dem Bundesministerium der Verteidigung – R II 1 – über die Bundeswehrdisziplinaranwältin bzw. den Bundeswehrdisziplinaranwalt vor (dreifach). Die Gnadenstelle nimmt dabei zu der Frage Stellung, ob und ggf. in welchem Umfang dieser Gnadenerweis befürwortet wird. Weitere Stellungnahmen mit Ausnahme der abschließenden Stellungnahme der Bundeswehrdisziplinaranwältin bzw. des Bundeswehrdisziplinaranwalts sind zu diesem Gnadengesuch nicht einzuholen. Das Gnadenheft sowie etwaige Beiakten sind nur auf Weisung vorzulegen.

1.40.9.2 Einholung von Stellungnahmen

1381. Die Gnadenstelle ersucht unter Hinweis auf die Eilbedürftigkeit um Stellungnahme zum Gnadengesuch

- die nächsten Disziplinarvorgesetzten,
- die Einleitungsbehörde, sofern dies nicht die Bundesministerin bzw. der Bundesminister der Verteidigung ist,
- die Vorsitzende oder den Vorsitzenden der erkennenden Truppendienstkammer, wenn das Urteil im gerichtlichen Disziplinarverfahren in erster Instanz rechtskräftig geworden ist.

1382. Sehen sich die nächsten Disziplinarvorgesetzten wegen der Kürze des Unterstellungsverhältnisses zu einer Stellungnahme außer Stande, ist stattdessen die bzw. der letzte frühere nächste Disziplinarvorgesetzte um Stellungnahme zu ersuchen. Diese haben ebenso eine Stellungnahme abzugeben, sofern die Soldatin oder der Soldat im Zeitpunkt der Antragstellung bereits aus der Bundeswehr ausgeschieden ist.

1383. Zielt das Gnadengesuch auf die Beseitigung der Rechtsfolgen eines strafgerichtlichen Urteils, fordert die Gnadenstelle anstelle der in Nummer 1381 vorgesehenen Stellungnahme der oder des Vorsitzenden der Truppendienstkammer die Stellungnahme der zuständigen Staatsanwaltschaft und des Strafgerichts derjenigen Instanz an, in welcher das Urteil rechtskräftig geworden ist.

1384. Sämtliche Stellungnahmen sind zeitnah nach Eingang des Gnadengesuchs anzufordern. In den Ersuchen sind mitzuteilen:

a) die verhängte Disziplinarmaßnahme und der Sachverhalt des Dienstvergehens[1] sowie
b) die wesentlichen Gründe des Gnadengesuchs, sofern nicht Abdrucke des Urteils und des Gnadengesuches beigefügt werden.

1385. Die Gnadenstelle weist in ihren Ersuchen – ausgenommen an die Vorsitzende bzw. den Vorsitzenden der erkennenden Truppendienstkammer – darauf hin, dass

a) die Stellungnahme erkennen lassen muss, ob und ggf. in welchem Umfang ein Gnadenerweis befürwortet wird,
b) bei der Stellungnahme ein strenger Maßstab anzulegen ist und daher bei schweren Charakterfehlern, unehrenhafter Gesinnung, schweren Verstößen gegen die militärische Disziplin und Ordnung sowie bei außergewöhnlicher Beeinträchtigung des Ansehens der Bundeswehr ein Gnadenerweis regelmäßig nicht in Betracht kommt,
c) die Befürwortung eines Gnadenerweises grundsätzlich nur vertretbar ist, wenn besondere Gnadengründe im Sinne der Nummer 1376 vorliegen.

1386. In ihren Ersuchen an die Disziplinarvorgesetzten weist die Gnadenstelle zusätzlich darauf hin, dass sich aus der Stellungnahme ergeben muss, wie das Gesamtverhalten der Soldatin bzw. des Soldaten, insbesondere seine bzw. ihre dienstlichen Leistungen, im gegenwärtigen Zeitpunkt beurteilt werden. Die Angabe einer Wertung (Note) – auf Grundlage des aktuell geltenden Beurteilungssystems – ist erforderlich.

1387. Die Gnadenstelle äußert sich nach Eingang der Stellungnahmen abschließend zum Gnadengesuch. Die Äußerung muss unter zusammenfassender Berücksichtigung der Stellungnahmen eine Aussage enthalten, ob und ggf. in welchem Umfang ein Gnadenerweis befürwortet wird.

1.40.9.3 Bericht und weiteres Verfahren

1388. Die Gnadenstelle erstellt einen Ermittlungsbericht. Ist die **Bundespräsidentin bzw. der Bundespräsident** zur Entscheidung über das Gnadengesuch **zuständig**, ist der Ermittlungsbericht nach dem Muster in Abschnitt 3.6.11 (dreifach) zu berichten. Bei **Zuständigkeit der Bundesministerin bzw. des Bundesministers der**

[1] Einer Mitteilung des Sachverhaltes an das Truppendienstgericht bedarf es nicht, wenn sich die Verfahrensakten bei der erkennenden Truppendienstkammer befinden.

Verteidigung ist das Muster in Abschnitt 3.6.12 (zweifach) zu verwenden.

1389. Der Ermittlungsbericht ist dem Bundesministerium der Verteidigung - R II 1 - über die Bundeswehrdisziplinaranwältin bzw. den Bundeswehrdisziplinaranwalt vorzulegen; sie bzw. er erhält eine Ausfertigung. Die Bundeswehrdisziplinaranwältin bzw. der Bundeswehrdisziplinaranwalt holt die Stellungnahme der bzw. des Vorsitzenden des erkennenden Wehrdienstsenats ein, wenn das Urteil in zweiter Instanz rechtskräftig geworden ist und nimmt selbst zum Gnadengesuch abschließend Stellung.

1390. Dem Ermittlungsbericht sind das Gnadenheft (einfach) sowie die Beiakten nach Nummer 1377 beizufügen.

1.40.10 Behandlung von Gnadensachen bei einfachen Disziplinarmaßnahmen

1.40.10.1 Ermittlungen

1391. Nach Eingang des Gnadengesuchs legt die Gnadenstelle ein Gnadenheft an. Zudem fordert sie folgende Unterlagen an:

- die Personalakten (Stammakte, Klarsichthülle) der Soldatin bzw. des Soldaten,
- die im Zuge der Ermittlung entstandenen Unterlagen,
- sachgleiche Strafakten – soweit vorhanden –,
- ggf. sonstige für die Beurteilung der Gnadensache bedeutsame Akten (z. B. BFDBw-Akte),
- ein Auszug aus Teil I des Disziplinarbuches (nicht bei früheren Soldatinnen bzw. Soldaten).

1392. Der Umfang zusätzlicher Ermittlungen der Gnadenstelle richtet sich im Übrigen nach dem entscheidungserheblichen Vorbringen im Gnadengesuch.

1.40.10.2 Stellungnahmen

1393. Die Gnadenstelle ersucht um Stellungnahme zum Gnadengesuch:

- die nächste Disziplinarvorgesetzte bzw. den nächsten Disziplinarvorgesetzten[1] und

[1] Nummer 1382 gilt insoweit entsprechend, wenn sich die bzw. der nächste Disziplinarvorgesetzte wegen der Kürze des Unterstellungsverhältnisses zu einer Stellungnahme außer Stande sieht.

– die Vorsitzende oder den Vorsitzenden der Truppendienstkammer, wenn im Beschwerde-, Antrags- oder gerichtlichen Disziplinarverfahren[1] entschieden wurde.

1394. Die Nummern 1382 bis 1384 sind entsprechend anzuwenden.

1395. Die Gnadenstelle äußert sich nach Eingang der Stellungnahmen abschließend zum Gnadengesuch. Die Äußerung muss unter zusammenfassender Berücksichtigung der Stellungnahmen eine Aussage enthalten, ob und ggf. in welchem Umfang ein Gnadenerweis befürwortet wird.

C

1.40.10.3 Bericht und weiteres Verfahren

1396. Die Gnadenstelle legt den Ermittlungsbericht nach dem Muster in Abschnitt 3.6.12 dem Bundesministerium der Verteidigung – R II 1 – unmittelbar vor.

1397. Wird die **vorzeitige Tilgung einer Disziplinarmaßnahme** begehrt, ist für den Ermittlungsbericht das Muster in Abschnitt 3.6.12 (ohne Nummer III.) zu verwenden.

1398. Dem Ermittlungsbericht ist das Gnadenheft beizufügen. Beiakten sind nur auf Weisung vorzulegen.

1.40.11 Bekanntwerden neuer Tatsachen

1399. Werden nach Vorlage des Ermittlungsberichts neue Tatsachen bekannt, die für die Entscheidung über das Gnadengesuch von Bedeutung sein können, berichtet die Gnadenstelle dem Bundesministerium der Verteidigung – R II 1 – unverzüglich[2].

1.40.12 Verfahren bei wiederholten Gnadengesuchen

1400. Wird ein Gnadengesuch nach Zugang einer ablehnenden Entschließung wiederholt, prüft die Gnadenstelle vorab, ob neue gnadenerhebliche Umstände vorgetragen sind. Enthält das Gnadengesuch wiederum keine besonderen Gnadengründe im Sinne der Nummer 1376, teilt sie dies der Person, die das Gesuch gestellt hat, mit und weist sie darauf hin, dass dem Gnadengesuch deshalb

---

[1] Ist im gerichtlichen Disziplinarverfahren vom Bundesverwaltungsgericht – Wehrdienstsenat – eine einfache Disziplinarmaßnahme verhängt worden, ersucht die Gnadenstelle die Bundeswehrdisziplinaranwältin bzw. den Bundeswehrdisziplinaranwalt um die Einholung einer Stellungnahme der bzw. des Vorsitzenden des erkennenden Wehrdienstsenats.

[2] Betrifft das Gnadengesuch einen Fall des Abschnitts 1.40.9, so ist die Bundeswehrdisziplinaranwältin bzw. der Bundeswehrdisziplinaranwalt nachrichtlich zu beteiligen.

voraussichtlich kein Erfolg beschieden sein könne. Zugleich fragt sie an, ob das Gnadengesuch unter diesen Umständen aufrechterhalten werden solle. Wird dies bejaht, berichtet die Gnadenstelle nach dem Muster in Abschnitt 3.6.12 (ohne Nummer III.) dem Bundesministerium der Verteidigung – R II 1 – unter Vorlage des Gnadengesuchs unmittelbar. Stellungnahmen zum Gnadengesuch sind nicht einzuholen.

1401. Ergibt die Prüfung dagegen, dass seit der ablehnenden Entschließung neue gnadenerhebliche Umstände eingetreten sind, ist das in Abschnitt 1.40.9 bzw. Abschnitt 1.40.10 beschriebene Gnadenverfahren erneut durchzuführen. In diesem Fall ist ein Ermittlungsbericht nach dem Muster in Abschnitt 3.6.13 „Ergänzende Ausführungen zum Ermittlungsbericht" zu erstellen.

1.40.13 Mitteilung der Gnadenentschließung

1402. Bei gerichtlichen Disziplinarmaßnahmen unterrichtet die Gnadenstelle

- die (frühere) Soldatin oder den (früheren) Soldaten,
- die Person, die das Gnadengesuch gestellt hat,
- die nächste Disziplinarvorgesetzte bzw. den nächsten Disziplinarvorgesetzten,
- die Einleitungsbehörde,
- die Vorsitzende oder den Vorsitzenden der erkennenden Truppendienstkammer,
- die personalbearbeitende Stelle.

Die Bundeswehrdisziplinaranwältin bzw. der Bundeswehrdisziplinaranwalt unterrichtet die Vorsitzende bzw. den Vorsitzenden des Wehrdienstsenats, die bzw. der zu dem Gnadengesuch Stellung genommen hat.

1403. Bei einfachen Disziplinarmaßnahmen unterrichtet die Gnadenstelle

- die (frühere) Soldatin bzw. den (früheren) Soldaten,
- die Person, die das Gnadengesuch gestellt hat,
- die nächste Disziplinarvorgesetzte bzw. den nächsten Disziplinarvorgesetzten,
- die Vorsitzende oder den Vorsitzenden der Truppendienstkammer, wenn diese im Beschwerde-, Antrags- oder gerichtlichen Disziplinarverfahren entschieden hat,
- die personalbearbeitende Stelle.

1404. Wird ein Gnadenerweis gewährt, unterrichtet die Gnadenstelle unverzüglich auch alle Stellen, die mit der Vollstreckung der Disziplinarmaßnahme befasst sind.

1.40.14 Auskunftserteilung

1405. Bei Fragen der Gnadenstellen im Zusammenhang mit der Bearbeitung eines Gnadengesuchs erteilt das Bundesministerium der Verteidigung – R II 1 – Auskunft.

Wehrstrafgesetz (WStG)

Vom 24. Mai 1974 (BGBl. I 1974 S. 1213)

Zuletzt geändert durch
Gesetz zur Neuregelung des Schutzes von Geheimnissen bei der Mitwirkung Dritter an der Berufsausübung schweigepflichtiger Personen vom 30. Oktober 2017 (BGBl. I S. 3618)

Literatur-Hinweise:

1. Dau in Erbs/Kohlhaas, Strafrechtliche Nebengesetze, W 50, Loseblatt-Kommentar, München (Beck'sche Kurzkommentare)
2. Lingens/Korte, Wehrstrafgesetz, München, 5. Aufl. 2012 (Beck'sche Kurzkommentare)
3. Wentzek, „Zur Geltung des Strafrechts im Auslangseinsatz“ in NZWehrr 97, 25

Erster Teil
Allgemeine Bestimmungen

§1 Geltungsbereich

(1) Dieses Gesetz gilt für Straftaten, die Soldaten der Bundeswehr begehen.

(2) Es gilt auch für Straftaten, durch die militärische Vorgesetzte, die nicht Soldaten sind, ihre Pflichten verletzen (§§ 30 bis 41).

(3) Wegen Verletzung von Privatgeheimnissen (§ 203 Absatz 2, 5 und 6, §§ 204, 205 des Strafgesetzbuches), wegen Verletzung des Post- oder Fernmeldegeheimnisses (§ 206 Abs. 4 des Strafgesetzbuches) und wegen Verletzung des Dienstgeheimnisses (§ 353b Abs. 1 des Strafgesetzbuches) sind nach Maßgabe des § 48 auch frühere Soldaten strafbar, soweit ihnen diese Geheimnisse während des Wehrdienstes anvertraut worden oder sonst bekanntgeworden sind.

(4) Wegen Anstiftung und Beihilfe zu militärischen Straftaten sowie wegen Versuchs der Beteiligung an solchen Straftaten ist nach diesem Gesetz auch strafbar, wer nicht Soldat ist.

Anmerkung:

1. Das Gesetz gilt grundsätzlich für alle im Dienst stehenden Soldatinnen und Soldaten. Wegen der in Absatz 3 genannten Straftaten gilt das Wehrstrafgesetz auch für frühere Soldatinnen und Soldaten unter den genannten Voraussetzungen.
2. Wer Vorgesetzter im Sinne des WStG ist, richtet sich nach der VorgV → **C 02a**. Militärischer Vorgesetzter ohne Soldateneigenschaft ist ausnahmsweise der Bundesminister der Verteidigung → Art. 65a GG (→ **A 10**). Soweit er dabei von einem oder mehreren Staatssekretären vertreten wird, sind auch diese militärische Vorgesetzte i.S. von Absatz 2. Mit der Verkündigung des Verteidigungsfalles geht die Befehls- und Kommandogewalt auf den Bundeskanzler über → Art. 115b GG (→ **A 10**).
3. Zu den in Absatz 3 genannten §§ → **C 25b**.

§ 1a Auslandstaten

(1) Das deutsche Strafrecht gilt, unabhängig vom Recht des Tatorts, für Taten, die nach diesem Gesetz mit Strafe bedroht sind und im Ausland begangen werden, wenn der Täter

1. Soldat ist oder zu den in § 1 Abs. 2 bezeichneten Personen gehört oder
2. Deutscher ist und seine Lebensgrundlage im räumlichen Geltungsbereich dieses Gesetzes hat.

(2) Das deutsche Strafrecht gilt, unabhängig vom Recht des Tatorts, auch für Taten, die ein Soldat während eines dienstlichen Aufenthalts oder in Beziehung auf den Dienst im Ausland begeht.

§ 2 Begriffsbestimmungen

Im Sinne dieses Gesetzes ist

1. eine militärische Straftat eine Handlung, die der Zweite Teil dieses Gesetzes mit Strafe bedroht;
2. ein Befehl eine Anweisung zu einem bestimmten Verhalten, die ein militärischer Vorgesetzter (§ 1 Abs. 3 des Soldatengesetzes) einem Untergebenen schriftlich, mündlich oder in anderer Weise, allgemein oder für den Einzelfall und mit dem Anspruch auf Gehorsam erteilt;
3. eine schwerwiegende Folge eine Gefahr für die Sicherheit der Bundesrepublik Deutschland, die Schlagkraft der Truppe, Leib oder Leben eines Menschen oder Sachen von bedeutendem Wert, die dem Täter nicht gehören.

Anmerkung:

1. Die vorgenannten Begriffsbestimmungen des § 2 sind zunächst für den 2. Teil des WStG von Bedeutung. Nr. 2 enthält darüber hinaus die allgemein gültige Definition des Befehls. Zur Befugnis, Dienstvorschriften und Erlasse als Befehle erlassen zu können → BVerwG, Urteil vom 26.09.2006, Az 2 WD 2.06 - BVerwGE 127, 1.
2. Militärische Straftaten sind allein Handlungen, die nach dem WStG mit Strafe bedroht sind, nicht aber „allgemeine" Straftaten nach anderen Gesetzen, selbst wenn dort die Bundeswehr genannt wird (z.B. §§ 109 bis 109h StGB → **C 25b**).

§ 3 Anwendung des allgemeinen Strafrechts

(1) Das allgemeine Strafrecht ist anzuwenden, soweit dieses Gesetz nichts anderes bestimmt.

(2) Für Straftaten von Soldaten, die Jugendliche oder Heranwachsende sind, gelten besondere Vorschriften des Jugendgerichtsgesetzes.

Anmerkung:

Abs. 1 regelt das Verhältnis zwischen allgemeinem Strafrecht und Wehrstrafrecht. Das allgemeine Strafrecht umfasst nicht nur den Allgemeinen und Besonderen Teil des StGB (→ **C 22**), sondern alle gesetzlichen Regelungen mit einem strafrechtlichen Regelungsinhalt. Das können sowohl sog. strafrechtliche Hauptgesetze, wie z.B. das VStGB (→ **C 25b**), sein oder aber auch Normen aus dem sog, Nebenstrafrecht, z.B. die Strafvorschriften im WaffG oder BtMG (→ **C 25e**).

§ 4 Militärische Straftaten gegen verbündete Streitkräfte

(1) Die Vorschriften dieses Gesetzes sind auch dann anzuwenden, wenn ein Soldat der Bundeswehr eine militärische Straftat gegen Streitkräfte eines verbündeten Staates oder eines ihrer Mitglieder begeht.

(2) Das Gericht kann von Strafe absehen, wenn die Wahrung der Disziplin in der Bundeswehr eine Bestrafung nicht erfordert.

§ 5 Handeln auf Befehl

(1) Begeht ein Untergebener eine rechtswidrige Tat, die den Tatbestand eines Strafgesetzes verwirklicht, auf Befehl, so trifft ihn eine Schuld nur, wenn er erkennt, daß es sich um eine rechtswidrige Tat handelt oder dies nach den ihm bekannten Umständen offensichtlich ist.

(2) Ist die Schuld des Untergebenen mit Rücksicht auf die besondere Lage, in der er sich bei der Ausführung des Befehls befand,

gering, so kann das Gericht die Strafe nach § 49 Abs. 1 des Strafgesetzbuches mildern, bei Vergehen auch von Strafe absehen.

Anmerkung: § 5 WStG zieht die strafrechtlichen Folgerungen aus § 11 Abs. 2 SG (→ **C 01**).

§ 6 Furcht vor persönlicher Gefahr

Furcht vor persönlicher Gefahr entschuldigt eine Tat nicht, wenn die soldatische Pflicht verlangt, die Gefahr zu bestehen.

C

Anmerkung:

Nach § 7 SG (→ **C 01**) sind Soldatinnen und Soldaten verpflichtet, tapfer zu sein.

§ 7 Selbstverschuldete Trunkenheit

(1) Selbstverschuldete Trunkenheit führt nicht zu einer Milderung der angedrohten Strafe, wenn die Tat eine militärische Straftat ist, gegen das Kriegsvölkerrecht verstößt oder in Ausübung des Dienstes begangen wird.

(2) Der Trunkenheit steht ein Rausch anderer Art gleich.

Anmerkung:

Soldatinnen und Soldaten, die im Rausch (bedingt durch Alkohol oder Betäubungsmittel) gegen die Bestimmungen des WStG verstoßen, werden so bestraft, als hätten sie die gleiche Tat nüchtern begangen. Führt der Rausch jedoch zur Schuldunfähigkeit (ab ca. 3‰) und ist die Tat in diesem Zustand begangen worden, ist eine Bestrafung nach WStG wegen § 20 StGB (→ **C 25b**) ausgeschlossen. Es kommt allerdings eine Bestrafung wegen Vollrausches nach § 323a StGB in Betracht.

§ 8 (weggefallen)

§ 9 Strafarrest

(1) Das Höchstmaß des Strafarrestes ist sechs Monate, das Mindestmaß zwei Wochen.

(2) Der Strafarrest besteht in Freiheitsentziehung. Im Vollzug soll der Soldat, soweit tunlich, in seiner Ausbildung gefördert werden.

(3) Die Vollstreckung des Strafarrestes verjährt in zwei Jahren.

Anmerkung: Zum Vollzug des Strafarrestes → **C 13a** und **C 13b**.

§ 10 Geldstrafe bei Straftaten von Soldaten

Bei Straftaten von Soldaten darf Geldstrafe nicht verhängt werden, wenn besondere Umstände, die in der Tat oder der Persönlichkeit des Täters liegen, die Verhängung von Freiheitsstrafe zur Wahrung der Disziplin gebieten.

§ 11 Ersatzfreiheitsstrafe

Ist wegen einer Tat, die ein Soldat während der Ausübung des Dienstes oder in Beziehung auf den Dienst begangen hat, eine Geldstrafe bis zu einhundertachtzig Tagessätzen verhängt, so ist die Ersatzfreiheitsstrafe Strafarrest. Einem Tagessatz entspricht ein Tag Strafarrest.

§ 12 Strafarrest statt Freiheitsstrafe

Darf auf Geldstrafe nach § 10 nicht erkannt werden oder ist bei Straftaten von Soldaten die Verhängung einer Freiheitsstrafe, die nach § 47 des Strafgesetzbuches unerläßlich ist, auch zur Wahrung der Disziplin geboten, so ist, wenn eine Freiheitsstrafe von mehr als sechs Monaten nicht in Betracht kommt, auf Strafarrest zu erkennen.

§ 13 Zusammentreffen mehrerer Straftaten

(1) Wäre nach den Vorschriften des Strafgesetzbuches eine Gesamtstrafe von mehr als sechs Monaten Strafarrest zu bilden, so wird statt auf Strafarrest auf Freiheitsstrafe erkannt. Die Gesamtstrafe darf zwei Jahre nicht übersteigen.

(2) Trifft zeitige Freiheitsstrafe mit Strafarrest zusammen, so ist die Gesamtstrafe durch Erhöhung der Freiheitsstrafe zu bilden. Jedoch ist auf Freiheitsstrafe und Strafarrest gesondert zu erkennen, wenn die Voraussetzungen für die Aussetzung der Vollstreckung des Strafarrestes nicht vorliegen, die Vollstreckung der Gesamtstrafe aber zur Bewährung ausgesetzt werden müßte. In diesem Fall sind beide Strafen so zu kürzen, daß ihre Summe die Dauer der sonst zu bildenden Gesamtstrafe nicht überschreitet.

(3) Die Absätze 1 und 2 sind auch anzuwenden, wenn nach den allgemeinen Vorschriften eine Gesamtstrafe nachträglich zu bilden ist.

§ 14 Strafaussetzung zur Bewährung bei Freiheitsstrafe

(1) Bei der Verurteilung zu Freiheitsstrafe von mindestens sechs Monaten wird die Vollstreckung nicht ausgesetzt, wenn die Wahrung der Disziplin sie gebietet.

(2) Bewährungsauflagen und Weisungen (§§ 56b bis 56d des Strafgesetzbuches) sollen die Besonderheiten des Wehrdienstes berücksichtigen.

(3) Für die Dauer des Wehrdienstverhältnisses kann ein Soldat als ehrenamtlicher Bewährungshelfer (§ 56d des Strafgesetzbuches) bestellt werden. Er untersteht bei der Überwachung des Verurteilten nicht den Anweisungen des Gerichts.

(4) Von der Überwachung durch einen Bewährungshelfer, der nicht Soldat ist, sind für die Dauer des Wehrdienstverhältnisses Angelegenheiten ausgeschlossen, für welche die militärischen Vorgesetzten des Verurteilten zu sorgen haben. Maßnahmen des Disziplinarvorgesetzten haben den Vorrang.

§ 14a Strafaussetzung zur Bewährung bei Strafarrest

(1) Das Gericht setzt die Vollstreckung des Strafarrestes unter den Voraussetzungen des § 56 Abs. 1 Satz 1 des Strafgesetzbuches zur Bewährung aus, wenn nicht die Wahrung der Disziplin die Vollstreckung gebietet. § 56 Abs. 1 Satz 2, Abs. 4, die §§ 56a bis 56c, 56e bis 56g und 58 des Strafgesetzbuches gelten entsprechend.

(2) Das Gericht kann die Vollstreckung des Restes eines Strafarrestes unter den Voraussetzungen des § 57 Abs. 1 Satz 1 des Strafgesetzbuches zur Bewährung aussetzen. § 57 Abs. 1 Satz 2, Abs. 4 und die §§ 56a bis 56c, 56e bis 56g des Strafgesetzbuches gelten entsprechend.

(3) Bewährungsauflagen und Weisungen (§§ 56b und 56c des Strafgesetzbuches) sollen die Besonderheiten des Wehrdienstes berücksichtigen.

Zweiter Teil
Militärische Straftaten

Erster Abschnitt
Straftaten gegen die Pflicht zur militärischen Dienstleistung

§ 15 Eigenmächtige Abwesenheit

(1) Wer eigenmächtig seine Truppe oder Dienststelle verläßt oder ihr fernbleibt und vorsätzlich oder fahrlässig länger als drei volle Kalendertage abwesend ist, wird mit Freiheitsstrafe bis zu drei Jahren bestraft.

(2) Ebenso wird bestraft, wer außerhalb des räumlichen Geltungsbereichs dieses Gesetzes von seiner Truppe oder Dienststelle abgekommen ist und es vorsätzlich oder fahrlässig unterläßt, sich bei ihr, einer anderen Truppe oder Dienststelle der Bundeswehr oder einer Behörde der Bundesrepublik Deutschland innerhalb von drei vollen Kalendertagen zu melden.

Anmerkung:

Folgende Fälle sind denkbar:

1. Ein Soldat verlässt seine Truppe, hat aber nicht die Absicht, sich für dauernd dem Wehrdienst zu entziehen (sonst § 16 WStG),
2. ein Soldat ist im Ausland von seiner Truppe abgekommen und bemüht sich nicht, sie wieder zu erreichen.

Ein voller Kalendertag reicht von 0 bis 24 Uhr, also nicht beliebig 24 Stunden in Folge. Nach dem klaren Wortlaut des Gesetzes („Kalendertage") kommt es für die Berechnung der drei Tage grundsätzlich nicht darauf an, ob an einem oder mehreren dienstfrei ist oder nicht.

Allerdings ist hier der sog. „Einrahmungsfall" zu berücksichtigen: Ein Einrahmungsfall liegt vor, wenn allgemein dienstfreie Tage (Samstage, Sonntage, Feiertage, allgemein dienstfreie Tage ohne das Vorliegen von Einzelgenehmigungen) von Fehlzeiten eingerahmt sind. Fehlzeit i.d. Sinne ist jede Zeit (also nicht zwingend ein voller Kalendertag), an der ohne Genehmigung Abwesenheit vorliegt. Fehlzeiten müssen demnach vor und nach den dienstfreien Tagen liegen, um einen Einrahmungsfall zu begründen. Liegt ein Einrahmungsfall vor, so zählen auch die allgemein dienstfreien Tage als Tage der eigenmächtigen Abwesenheit.

Maßnahmen der Disziplinarvorgesetzten → **C 17**.

§16 Fahnenflucht

(1) Wer eigenmächtig seine Truppe oder Dienststelle verläßt oder ihr fernbleibt, um sich der Verpflichtung zum Wehrdienst dauernd oder für die Zeit eines bewaffneten Einsatzes zu entziehen oder die Beendigung des Wehrdienstverhältnisses zu erreichen, wird mit Freiheitsstrafe bis zu fünf Jahren bestraft.

(2) Der Versuch ist strafbar.

(3) Stellt sich der Täter innerhalb eines Monats und ist er bereit, der Verpflichtung zum Wehrdienst nachzukommen, so ist die Strafe Freiheitsstrafe bis zu drei Jahren.

(4) Die Vorschriften über den Versuch der Beteiligung nach § 30 Abs. 1 des Strafgesetzbuches gelten für Straftaten nach Absatz 1 entsprechend.

Anmerkung:

Fahnenflucht liegt nur vor, wenn Soldatinnen oder Soldaten die Absicht haben, dem Wehrdienst **dauernd**, d.h. für immer oder für die Zeit eines bestimmten bewaffneten Einsatzes, fernzubleiben.

Maßnahmen der Disziplinarvorgesetzten → **C 17**.

§ 17 Selbstverstümmelung

C

(1) Wer sich oder einen anderen Soldaten mit dessen Einwilligung durch Verstümmelung oder auf andere Weise zum Wehrdienst untauglich macht oder machen läßt, wird mit Freiheitsstrafe bis zu fünf Jahren bestraft. Dies gilt auch dann, wenn der Täter die Untauglichkeit nur für eine gewisse Zeit oder teilweise herbeiführt.

(2) Der Versuch ist strafbar.

§ 18 Dienstentziehung durch Täuschung

(1) Wer sich oder einen anderen Soldaten durch arglistige, auf Täuschung berechnete Machenschaften dem Wehrdienst dauernd oder für eine gewisse Zeit, ganz oder teilweise entzieht, wird mit Freiheitsstrafe bis zu fünf Jahren bestraft.

(2) Der Versuch ist strafbar.

Zweiter Abschnitt
Straftaten gegen die Pflichten der Untergebenen

§ 19 Ungehorsam

(1) Wer einen Befehl nicht befolgt und dadurch wenigstens fahrlässig eine schwerwiegende Folge (§ 2 Nr. 3) verursacht, wird mit Freiheitsstrafe bis zu drei Jahren bestraft.

(2) Der Versuch ist strafbar.

(3) In besonders schweren Fällen ist die Strafe Freiheitsstrafe von sechs Monaten bis zu fünf Jahren. Ein besonders schwerer Fall liegt in der Regel vor, wenn der Täter durch die Tat

1. wenigstens fahrlässig die Gefahr eines schweren Nachteils für die Sicherheit der Bundesrepublik Deutschland oder die Schlagkraft der Truppe oder
2. fahrlässig den Tod oder eine schwere Körperverletzung eines anderen (§ 226 des Strafgesetzbuches)

verursacht.

(4) Die Vorschriften über den Versuch der Beteiligung nach § 30 Abs. 1 des Strafgesetzbuches gelten für Straftaten nach Absatz 1 entsprechend.

Anmerkung:

Der einfache vorsätzliche Ungehorsam ist nur strafbar, wenn er eine der in § 2 Nr. 3 WStG bezeichneten schwerwiegenden Folgen herbeiführt. In den übrigen Fällen wird ein Verstoß gegen die Gehorsamspflicht disziplinarrechtlich nach der WDO (→ **C 10**) geahndet.

§ 20 Gehorsamsverweigerung

(1) Mit Freiheitsstrafe bis zu drei Jahren wird bestraft,

1. wer die Befolgung eines Befehls dadurch verweigert, daß er sich mit Wort oder Tat gegen ihn auflehnt, oder
2. wer darauf beharrt, einen Befehl nicht zu befolgen, nachdem dieser wiederholt worden ist.

(2) Verweigert der Täter in den Fällen des Absatzes 1 Nr. 1 den Gehorsam gegenüber einem Befehl, der nicht sofort auszuführen ist, befolgt er ihn aber rechtzeitig und freiwillig, so kann das Gericht von Strafe absehen.

§ 21 Leichtfertiges Nichtbefolgen eines Befehls

Wer leichtfertig einen Befehl nicht befolgt und dadurch wenigstens fahrlässig eine schwerwiegende Folge (§ 2 Nr. 3) verursacht, wird mit Freiheitsstrafe bis zu zwei Jahren bestraft.

§ 22 Verbindlichkeit des Befehls; Irrtum

(1) In den Fällen der §§ 19 bis 21 handelt der Untergebene nicht rechtswidrig, wenn der Befehl nicht verbindlich ist, insbesondere wenn er nicht zu dienstlichen Zwecken erteilt ist oder die Menschenwürde verletzt oder wenn durch das Befolgen eine Straftat begangen würde. Dies gilt auch, wenn der Untergebene irrig annimmt, der Befehl sei verbindlich.

(2) Befolgt ein Untergebener einen Befehl nicht, weil er irrig annimmt, daß durch die Ausführung eine Straftat begangen würde, so ist er nach den §§ 19 bis 21 nicht strafbar, wenn er den Irrtum nicht vermeiden konnte.

(3) Nimmt ein Untergebener irrig an, daß ein Befehl aus anderen Gründen nicht verbindlich ist, und befolgt er ihn deshalb nicht, so ist er nach den §§ 19 bis 21 nicht strafbar, wenn er den Irrtum nicht vermeiden konnte und ihm nach den ihm bekannten Umständen auch nicht zuzumuten war, sich mit Rechtsbehelfen gegen den ver-

meintlich nicht verbindlichen Befehl zu wehren; war ihm dies zuzumuten, so kann das Gericht von einer Bestrafung nach den §§ 19 bis 21 absehen.

Anmerkung:

1. § 22 WStG zieht die strafrechtlichen Folgerungen aus den Bestimmungen des § 11 SG (→ **C 01**).
2. Die Verstöße gegen die §§ 19 bis 21 WStG sind nur strafbar, wenn es sich um verbindliche Befehle gehandelt hat. Ob der Befehl verbindlich war oder nicht, muss objektiv, unabhängig von der Meinung des Befehlenden oder des Gehorchenden, entschieden werden.
3. Nahm bspw. ein Soldat an, dass mit der Ausführung des Befehls eine Straftat begangen würde, ohne dass dies tatsächlich der Fall war und befolgte er deshalb den Befehl nicht, so muss geprüft werden, ob ihm der Irrtum vorzuwerfen ist, d.h. ob er den Irrtum selbst verschuldet hat, oder ob er als vernünftig und gerecht denkender Soldat dieser Meinung sein konnte. Ist dies der Fall, so darf er strafrechtlich und disziplinarrechtlich nicht bestraft werden.
4. Befehle, die nach § 11 Abs. 1 SG unverbindlich sind, kann der Soldat befolgen, er braucht dies aber nicht. Hat er irrtümlich angenommen, dass ein solcher Befehl vorliegt, so gilt das unter 3. Gesagte mit dem Unterschied, dass er, wenn auch milder, bestraft wird.

§ 23 Bedrohung eines Vorgesetzten

Wer im Dienst oder in Beziehung auf eine Diensthandlung einen Vorgesetzten mit der Begehung einer Straftat bedroht, wird mit Freiheitsstrafe bis zu drei Jahren bestraft.

§ 24 Nötigung eines Vorgesetzten

(1) Wer es unternimmt, durch Gewalt oder Drohung einen Vorgesetzten zu nötigen, eine Diensthandlung vorzunehmen oder zu unterlassen, wird mit Freiheitsstrafe von drei Monaten bis zu drei Jahren bestraft.

(2) Ebenso wird bestraft, wer die Tat gegen einen Soldaten begeht, der zur Unterstützung des Vorgesetzten zugezogen worden ist.

(3) In minder schweren Fällen ist die Strafe Freiheitsstrafe bis zu zwei Jahren.

(4) In besonders schweren Fällen ist die Strafe Freiheitsstrafe von sechs Monaten bis zu fünf Jahren. Ein besonders schwerer Fall liegt in der Regel vor, wenn der Täter durch die Tat eine schwerwiegende Folge (§ 2 Nr. 3) herbeiführt.

Anmerkung:

1. Die Nötigung kann durch körperliche Gewalt oder durch Drohung erfolgen. Die Gewalt muss sich nicht auf den Genötigten, sie kann sich auch auf dritte Personen, z.B. dessen Kind richten.

   Die Mittel der Drohung sind nicht angeführt. Es genügt jedes Mittel, das geeignet ist, die Vorgesetzten zu dem bezweckten Verhalten auf unrechtmäßige Weise zu veranlassen. Keine Drohung z.B. ist die Ankündigung einer rechtmäßigen Beschwerde oder Meldung.

2. Die Gewalt oder Drohung muss den Zweck haben, die Vorgesetzten zu einer Diensthandlung zu zwingen oder sie zu zwingen, eine Diensthandlung nicht vorzunehmen.

§ 25 Tätlicher Angriff gegen einen Vorgesetzten

(1) Wer es unternimmt gegen einen Vorgesetzten tätlich zu werden, wird mit Freiheitsstrafe von drei Monaten bis zu drei Jahren bestraft.

(2) In minder schweren Fällen ist die Strafe Freiheitsstrafe bis zu zwei Jahren.

(3) In besonders schweren Fällen ist die Strafe Freiheitsstrafe von sechs Monaten bis zu fünf Jahren. Ein besonders schwerer Fall liegt in der Regel vor, wenn der Täter durch die Tat eine schwerwiegende Folge (§ 2 Nr. 3) herbeiführt.

§ 26 (weggefallen)

§ 27 Meuterei

(1) Wenn Soldaten sich zusammenrotten und mit vereinten Kräften eine Gehorsamsverweigerung (§ 20), eine Bedrohung (§ 23), eine Nötigung (§ 24) oder einen tätlichen Angriff (§ 25) begehen, so wird jeder, der sich an der Zusammenrottung beteiligt, mit Freiheitsstrafe von sechs Monaten bis zu fünf Jahren bestraft.

(2) Der Versuch ist strafbar.

(3) In besonders schweren Fällen ist die Strafe Freiheitsstrafe von einem Jahr bis zu zehn Jahren. Ein besonders schwerer Fall liegt in der Regel vor, wenn der Täter Rädelsführer ist oder durch die Tat eine schwerwiegende Folge (§ 2 Nr. 3) herbeiführt.

(4) Wer sich nur an der Zusammenrottung beteiligt, jedoch freiwillig zur Ordnung zurückkehrt, bevor eine der in Absatz 1 bezeichneten Taten begangen wird, wird mit Freiheitsstrafe bis zu drei Jahren bestraft.

§ 28 Verabredung zur Unbotmäßigkeit

(1) Verabreden Soldaten, gemeinschaftlich eine Gehorsamsverweigerung (§ 20), eine Bedrohung (§ 23), eine Nötigung (§ 24), einen tätlichen Angriff (§ 25) oder eine Meuterei (§ 27) zu begehen, so werden sie nach den Vorschriften bestraft, die für die Begehung der Tat gelten. In den Fällen des § 27 kann die Strafe nach § 49 Abs. 1 des Strafgesetzbuches gemildert werden.

(2) Nach Absatz 1 wird nicht bestraft, wer nach der Verabredung freiwillig die Tat verhindert. Unterbleibt sie ohne sein Zutun oder wird sie unabhängig von seinem früheren Verhalten begangen, so genügt zu seiner Straflosigkeit sein freiwilliges und ernsthaftes Bemühen, die Tat zu verhindern.

Anmerkung:

Im Gegensatz zu § 27 WStG, bei dem die Zusammenrottung äußerlich in Erscheinung getreten sein muss, genügt hier die bloße Verabredung, ohne dass es zu einer Zusammenrottung oder zum Beginn der verabredeten Straftaten gekommen ist.

§ 29 Taten gegen Soldaten mit höherem Dienstgrad

(1) Die §§ 23 bis 28 gelten entsprechend, wenn die Tat gegen einen Soldaten begangen wird, der zur Zeit der Tat nicht Vorgesetzter des Täters, aber

1. Offizier oder Unteroffizier ist und einen höheren Dienstgrad als der Täter hat oder
2. im Dienst dessen Vorgesetzter ist,

und der Täter oder der andere zur Zeit der Tat im Dienst ist oder die Tat sich auf eine Diensthandlung bezieht.

(2) In den Fällen des Absatzes 1 Nr. 1 ist § 4 nicht anzuwenden.

Dritter Abschnitt
Straftaten gegen die Pflichten der Vorgesetzten

Vorbemerkung:

Vorgesetzte im Sinne der §§ 30 bis 41 WStG sind alle militärischen Vorgesetzten nach der VorgV (→ **C 02a**) ohne Rücksicht darauf, welchen Dienstgrad sie haben. Der Kreis dieser Vorgesetzten ist durch § 36 WStG wesentlich erweitert.

§ 30 Mißhandlung

(1) Wer einen Untergebenen körperlich mißhandelt oder an der Gesundheit beschädigt, wird mit Freiheitsstrafe von drei Monaten bis zu fünf Jahren bestraft.

(2) Ebenso wird bestraft, wer es fördert oder pflichtwidrig duldet, daß ein Untergebener die Tat gegen einen anderen Soldaten begeht.

(3) In minder schweren Fällen ist die Strafe Freiheitsstrafe bis zu drei Jahren.

(4) In besonders schweren Fällen ist die Strafe Freiheitsstrafe von sechs Monaten bis zu fünf Jahren. Ein besonders schwerer Fall liegt in der Regel vor, wenn der Täter sein Verhalten beharrlich wiederholt.

Anmerkung:

1. Körperliche Misshandlung setzt eine unmittelbare Einwirkung auf den Untergebenen voraus, z.B. Schlagen. Die gesundheitliche Beschädigung kann auch durch Befehl oder auf sonstige Weise erfolgen.
2. Der selbst vorgenommenen Misshandlung steht es gleich, wenn Vorgesetzte es zulassen, dass ihnen unterstellte Vorgesetzte ihre Untergebenen misshandeln.

§ 31 Entwürdigende Behandlung

(1) Wer einen Untergebenen entwürdigend behandelt oder ihm böswillig den Dienst erschwert, wird mit Freiheitsstrafe bis zu fünf Jahren bestraft.

(2) Ebenso wird bestraft, wer es fördert oder pflichtwidrig duldet, daß ein Untergebener die Tat gegen einen anderen Soldaten begeht.

(3) In besonders schweren Fällen ist die Freiheitsstrafe von sechs Monaten bis zu fünf Jahren. Ein besonders schwerer Fall liegt in der Regel vor, wenn der Täter sein Verhalten beharrlich wiederholt.

Anmerkung:

1. Zu unterscheiden ist
   a) die herabwürdigende Behandlung (Verstoß gegen die Menschenwürde im Sinne von Art. 1 Abs. 1 GG → **A 10**) oder
   b) das bösartige Erschweren des Dienstes (z.B. Einteilung zum Dienst, ohne dass der Betroffene Gelegenheit erhält, nach einer bestimmten Zeit an der Verpflegung teilzunehmen).
2. Ebenso wie bei der Misshandlung (→ § 30 WStG) ist es gleichgültig, ob die Vorgesetzten die Tat selbst ausführen oder zulassen, dass Zwischenvorgesetzte die Tat begehen.
3. Nach der Rechtsprechung ist unter einer entwürdigenden Behandlung jedes Verhalten von Vorgesetzten zu verstehen, mit denen sie Untergebene zu einem austauschbaren Objekt erniedrigen, sie der Lächerlichkeit preisgeben und

damit den sozialen Wert- und Achtungsanspruch missachten, den Untergebene allgemein als Menschen in der sozialen Gemeinschaft und im Besonderen als Angehörige der Streitkräfte in der soldatischen Gemeinschaft besitzen (BGH, Urteil vom 27.07.2017, Az 3 StR 57/17).

4. Eine entwürdigende Behandlung nach § 31 WStG kann demnach auch bei bloßen Äußerungen mit sexuellem Bezug gegenüber Untergebenen oder bei Beleidigungen bloßstellenden, erniedrigenden oder sexuellen Charakters vorliegen.

§ 32 Mißbrauch der Befehlsbefugnis zu unzulässigen Zwecken

Wer seine Befehlsbefugnis oder Dienststellung gegenüber einem Untergebenen zu Befehlen, Forderungen oder Zumutungen mißbraucht, die nicht in Beziehung zum Dienst stehen oder dienstlichen Zwecken zuwiderlaufen, wird mit Freiheitsstrafe bis zu zwei Jahren bestraft, wenn die Tat nicht in anderen Vorschriften mit schwererer Strafe bedroht ist.

Anmerkung:

Jeder Befehl, der zu nichtdienstlichen Zwecken erteilt wird, ist grundsätzlich strafbar. Vorgesetzte, die der Bestimmung des § 10 Abs. 4 SG (→ **C 01**) zuwiderhandeln, sind damit der Gefahr einer strafrechtlichen Verfolgung ausgesetzt.

§ 33 Verleiten zu einer rechtswidrigen Tat

Wer durch Mißbrauch seiner Befehlsbefugnis oder Dienststellung einen Untergebenen zu einer von diesem begangenen rechtswidrigen Tat bestimmt hat, die den Tatbestand eines Strafgesetzes verwirklicht, wird nach den Vorschriften bestraft, die für die Begehung der Tat gelten. Die Strafe kann bis auf das Doppelte der sonst zulässigen Höchststrafe, jedoch nicht über das gesetzliche Höchstmaß der angedrohten Strafe hinaus erhöht werden.

Anmerkung:

§ 33 WStG ist das Gegenstück zu § 5 WStG. Voraussetzung ist, dass der Untergebene die Tat begangen hat und zu dieser Tat durch Befehl oder durch Missbrauch der Dienststellung bestimmt worden ist.

§ 34 Erfolgloses Verleiten zu einer rechtswidrigen Tat

(1) Wer durch Mißbrauch seiner Befehlsbefugnis oder Dienststellung einen Untergebenen zu bestimmen versucht, eine rechtswidrige Tat, die den Tatbestand eines Strafgesetzbuches verwirklicht, zu begehen oder zu ihr anzustiften, wird nach den für die Begehung der Tat geltenden Vorschriften bestraft. Jedoch kann die Strafe nach § 49 Abs. 1 des Strafgesetzbuches gemildert werden.

(2) Nach Absatz 1 wird nicht bestraft, wer freiwillig den Versuch aufgibt, den Untergebenen zu bestimmen, und eine etwa bestehende Gefahr, daß der Untergebene die Tat begeht, abwendet. Unterbleibt die Tat ohne Zutun des Zurücktretenden oder wird sie unabhängig von seinem früheren Verhalten begangen, so genügt zu seiner Straflosigkeit sein freiwilliges und ernsthaftes Bemühen, die Tat zu verhindern.

Anmerkung:

§ 34 WStG regelt nur die Fälle, in denen es nicht zu der strafbaren Handlung des Untergebenen kommt. Hat der Untergebene die strafbare Handlung begangen, so gilt § 33 WStG.

§ 35 Unterdrücken von Beschwerden

(1) Wer einen Untergebenen durch Befehle, Drohungen, Versprechungen, Geschenke oder sonst auf pflichtwidrige Weise davon abhält, Eingaben, Meldungen oder Beschwerden bei der Volksvertretung der Bundesrepublik Deutschland oder eines ihrer Länder, bei dem Wehrbeauftragten des Bundestages, bei einer Dienststelle oder bei einem Vorgesetzten anzubringen, Anzeige zu erstatten oder von einem Rechtsbehelf Gebrauch zu machen, wird mit Freiheitsstrafe bis zu drei Jahren bestraft.

(2) Ebenso wird bestraft, wer eine solche Erklärung, zu deren Prüfung oder Weitergabe er dienstlich verpflichtet ist, unterdrückt.

(3) Der Versuch ist strafbar.

Anmerkung:

§ 2 WBO verbietet es, Soldatinnen und Soldaten zu benachteiligen, weil sie sich beschwert haben (→ **C 30**). § 35 WStG verbietet den Vorgesetzten darüber hinaus unter Strafandrohung, Untergebene von Beschwerden abzuhalten.

§ 36 Taten von Soldaten mit höherem Dienstgrad

(1) Die §§ 30 bis 35 gelten entsprechend für Taten eines Soldaten, der zur Zeit der Tat nicht Vorgesetzter des anderen, aber

1. Offizier oder Unteroffizier ist und einen höheren Dienstgrad als der andere hat oder
2. im Dienst dessen Vorgesetzter ist

und der bei der Tat seine Dienststellung mißbraucht.

(2) In den Fällen des Absatzes 1 Nr. 1 ist § 4 nicht anzuwenden.

§ 37 Beeinflussung der Rechtspflege

Wer es unternimmt, durch Mißbrauch seiner Befehlsbefugnis oder Dienststellung unzulässigen Einfluß auf Soldaten zu nehmen, die als Organe der Rechtspflege tätig sind, wird mit Freiheitsstrafe bis zu fünf Jahren bestraft, wenn die Tat nicht in anderen Vorschriften mit schwererer Strafe bedroht ist.

Anmerkung:

Zur Rechtspflege gehören u.a. die Wehrdienstgerichte (→ **C 14**).

Beispiel:

Beeinflussung von ehrenamtlichen Richtern beim Truppendienstgericht („Sehen Sie ja zu, dass der Kerl entlassen wird!“).

§ 38 Anmaßen von Befehlsbefugnissen

Wer sich Befehlsbefugnis oder Disziplinarbefugnis anmaßt oder seine Befehlsbefugnis oder Disziplinarbefugnis überschreitet, wird mit Freiheitsstrafe bis zu zwei Jahren bestraft, wenn die Tat nicht in § 39 mit Strafe bedroht ist.

Anmerkung:

1. Während § 32 WStG die Fälle regelt, in denen Vorgesetzte ihre Befehlsbefugnis zu unzulässigen Zwecken missbrauchen, erfasst § 38 WStG die Fälle, in denen sich Soldatinnen oder Soldaten Befehlsbefugnisse oder Disziplinarbefugnis anmaßen, die ihnen nicht oder nicht in diesem Maße zustehen.
2. Die Regelung der Befehlsbefugnis findet sich in der VorgV (→ **C 02a**).
3. Zur Disziplinarbefugnis → § 27 ff. WDO (**C 10**).
4. Zum Missbrauch der Disziplinarbefugnis → § 39 WStG.

§ 39 Mißbrauch der Disziplinarbefugnis

Ein Disziplinarvorgesetzter, der absichtlich oder wissentlich

1. einen Untergebenen, der nach dem Gesetz nicht disziplinarrechtlich verfolgt werden darf, disziplinarrechtlich verfolgt oder auf eine solche Verfolgung hinwirkt,
2. zum Nachteil des Untergebenen eine Disziplinarmaßnahme verhängt, die nach Art oder Höhe im Gesetz nicht vorgesehen ist oder die er nicht verhängen darf, oder
3. ein Dienstvergehen mit unerlaubten Maßnahmen ahndet,

wird mit Freiheitsstrafe bis zu fünf Jahren bestraft.

Anmerkung:

1. Außer nach § 39 können sich Disziplinarvorgesetzte nach § 38 WStG strafbar machen, wenn sie ihre Disziplinarbefugnis überschreiten (z. B. ein Kompaniechef, der gegen einen Offizier Ausgangsbeschränkung verhängt).

2. Unerlaubte Maßnahmen sind Maßnahmen, die nicht der Ausbildung oder Erziehung dienen, sondern Strafcharakter tragen.

   Beispiel:

   Kompaniechef lässt die Soldaten, die Mängel in der Formalausbildung offenbaren, über Sonntag zur Feuerwache einteilen.

§ 40 Unterlassene Mitwirkung bei Strafverfahren

Wer es seiner Pflicht als Vorgesetzter zuwider unterläßt,

1. den Verdacht zu melden oder zu untersuchen, daß ein Untergebener eine rechtswidrige Tat begangen hat, die den Tatbestand eines Strafgesetzes verwirklicht, oder
2. eine solche Sache an die Strafverfolgungsbehörde abzugeben,

um den Untergebenen der im Gesetz vorgesehenen Strafe oder Maßnahme (§ 11 Abs. 1 Nr. 8 des Strafgesetzbuches) zu entziehen, wird mit Freiheitsstrafe bis zu drei Jahren bestraft.

Anmerkung:

Gemäß § 33 Abs. 3 WDO (→ **C 10**) sind die Vorgesetzten unter den dort bezeichneten Voraussetzungen verpflichtet, bei Verdacht einer strafbaren Handlung die Angelegenheit an die Strafverfolgungsbehörden abzugeben (→ Abgabeerlass **C 11a**). Die Verletzung dieser Pflicht wie auch der allgemeinen Pflicht, solche Angelegenheiten zu untersuchen, ist strafbar, wenn dies in der Absicht geschieht, Untergebene vor den Folgen der Strafverfolgung zu bewahren.

§ 41 Mangelhafte Dienstaufsicht

(1) Wer es unterläßt, Untergebene pflichtgemäß zu beaufsichtigen oder beaufsichtigen zu lassen, und dadurch wenigstens fahrlässig eine schwerwiegende Folge (§ 2 Nr. 3) verursacht, wird mit Freiheitsstrafe bis zu drei Jahren bestraft.

(2) Der Versuch ist strafbar.

(3) Wer die Aufsichtspflicht leichtfertig verletzt und dadurch wenigstens fahrlässig eine schwerwiegende Folge verursacht, wird mit Freiheitsstrafe bis zu sechs Monaten bestraft.

(4) Die Absätze 1 bis 3 sind nicht anzuwenden, wenn die Tat in anderen Vorschriften mit schwererer Strafe bedroht ist.

Anmerkung:

Schuldhafte Verletzung der Dienstaufsichtspflicht (§ 10 Abs. 2 SG → **C 01**) ist in jedem Falle ein Dienstvergehen. Tritt zu dem Dienstvergehen eine der in § 2 Nr. 3 angeführten schwerwiegenden Folgen, so liegt eine Straftat vor.

C

Vierter Abschnitt
Straftaten gegen andere militärische Pflichten

§ 42 Unwahre dienstliche Meldung

(1) Wer

1. in einer dienstlichen Meldung oder Erklärung unwahre Angaben über Tatsachen von dienstlicher Bedeutung macht,
2. eine solche Meldung weitergibt, ohne sie pflichtgemäß zu berichtigen, oder
3. eine dienstliche Meldung unrichtig übermittelt

und dadurch wenigstens fahrlässig eine schwerwiegende Folge (§ 2 Nr. 3) verursacht, wird mit Freiheitsstrafe bis zu drei Jahren bestraft.

(2) Der Versuch ist strafbar.

(3) Wer im Falle des Absatzes 1 leichtfertig handelt und die schwerwiegende Folge wenigstens fahrlässig verursacht, wird mit Freiheitsstrafe bis zu einem Jahr bestraft.

Anmerkung:

1. Gemäß § 13 SG (→ **C 01**) müssen Soldatinnen und Soldaten in dienstlichen Angelegenheiten die Wahrheit sagen. Eine Meldung darf jedoch nur gefordert werden, wenn der Dienst dies rechtfertigt.
2. Die unwahre dienstliche Meldung kann von Vorgesetzten oder Untergebenen ausgehen. Sie ist strafrechtlich nur zu ahnden, wenn durch die unwahre dienstliche Meldung eine der in § 2 Nr. 3 WStG angeführten schwerwiegenden Folgen herbeigeführt wird.

§ 43 Unterlassene Meldung

(1) Wer von dem Vorhaben oder der Ausführung einer Meuterei (§ 27) oder einer Sabotage (§ 109e Abs. 1 des Strafgesetzbuches) zu einer Zeit, zu der die Ausführung oder der Erfolg noch abgewendet werden kann, glaubhaft erfährt und es unterläßt, unverzüglich Meldung zu machen, wird mit Freiheitsstrafe bis zu drei Jahren bestraft.

(2) § 139 des Strafgesetzbuches gilt entsprechend.

Anmerkung:

§ 43 WStG verpflichtet jeden Soldaten, der von einer geplanten oder bereits ausgeführten Meuterei oder Sabotage erfährt, unverzüglich Meldung zu erstatten.

§44 Wachverfehlung

(1) Wer im Wachdienst

1. als Wachvorgesetzter es unterläßt, die Wache pflichtgemäß zu beaufsichtigen,
2. pflichtwidrig seinen Postenbereich oder Streifenweg verläßt oder
3. sich außerstande setzt, seinen Dienst zu versehen,

wird mit Freiheitsstrafe bis zu drei Jahren bestraft.

(2) Ebenso wird bestraft, wer im Wachdienst in anderen als den in Absatz 1 bezeichneten Fällen Befehle nicht befolgt, die für den Wachdienst gelten, und dadurch wenigstens fahrlässig eine schwerwiegende Folge (§ 2 Nr. 3) verursacht.

(3) Der Versuch ist strafbar.

(4) In besonders schweren Fällen ist die Strafe Freiheitsstrafe von sechs Monaten bis zu fünf Jahren. § 19 Abs. 3 Satz 2 gilt entsprechend.

(5) Wer in Fällen der Absätze 1 oder 2 fahrlässig handelt und dadurch wenigstens fahrlässig oder schwerwiegende Folge verursacht (§ 2 Nr. 3), wird mit Freiheitsstrafe bis zu zwei Jahren bestraft.

(6) Wird ein Befehl nicht befolgt (Absatz 2), so gelten § 22 sowie die Vorschriften über den Versuch der Beteiligung nach § 30 Abs. 1 des Strafgesetzbuches entsprechend.

Anmerkung:

1. Täter können nur Soldatinnen oder Soldaten sein, die sich im Wachdienst befinden. Dazu ist Voraussetzung, dass sie den Wachdienst tatsächlich angetreten haben und auf ihre erhöhte Verantwortung als militärische Wache besonders hingewiesen worden sind. Dies geschieht allgemein durch die sog. Vergatterung. Entscheidend ist, dass sie genau den Zeitpunkt kennen, von dem an ihnen die Wachaufgaben übertragen sind. Unerheblich sind etwaige Wachpausen.
2. Bei den einzelnen Tatbeständen des Absatzes 1 ist Folgendes zu beachten:

   Ziff. 1: Wachvorgesetzte militärischer Wachen sind der Wachhabende und sein Stellvertreter, der Offizier vom Wachdienst (OvWa) und sein Stellvertreter sowie der Kasernenkommandant und dessen truppendienstliche Vorgesetzten.

   Ziff. 2: Das Verlassen des Postenbereichs oder des Streifenwegs bedeutet, dass sich der Posten von dem ihm zugeteilten Ort oder Weg vorübergehend oder dauernd entfernt.

   Ziff. 3: Dieses Merkmal liegt beispielsweise vor, wenn ein Soldat sich (z.B. weil er schläft, sich betrinkt oder sich durch Lesen oder Kartenspielen stark ablenken lässt) in einen Zustand versetzt, der es ihm nicht mehr ermöglicht, seinen Wachaufgaben pflichtgemäß nachzukommen.

3. Absatz 2 ahndet Verstöße von Wachsoldaten gegen Wachvorschriften (Ungehorsamsfälle), die nicht in Absatz 1 genannt sind. Hierunter fallen z.B. Befehle für die Wache über die Personen- und Fahrzeugkontrolle. Strafbar sind derartige Wachverfehlungen im Gegensatz zu den in Absatz 1 genannten Fällen jedoch nur, wenn dadurch wenigstens fahrlässig eine schwerwiegende Folge i.S. des § 2 Nr. 3 verursacht wird.

§ 45 Pflichtverletzung bei Sonderaufträgen

Nach § 44 Abs. 1, 3 bis 6 wird auch bestraft, wer als Führer eines Kommandos oder einer Abteilung, der einen Sonderauftrag selbständig auszuführen hat und auf seine erhöhte Verantwortung hingewiesen worden ist,

1. sich außerstande setzt, den Auftrag pflichtgemäß zu erfüllen,
2. seinen Posten verläßt oder
3. Befehle nicht befolgt, die für die Ausführung des Auftrags gelten,

und dadurch wenigstens fahrlässig eine schwerwiegende Folge (§ 2 Nr. 3) verursacht.

§ 46 Rechtswidriger Waffengebrauch

Wer von der Waffe einen rechtswidrigen Gebrauch macht, wird mit Freiheitsstrafe bis zu einem Jahr bestraft, wenn die Tat nicht in anderen Vorschriften mit schwererer Strafe bedroht ist.

§ 47 (weggefallen)

§ 48 Verletzung anderer Dienstpflichten

(1) Für die Anwendung der Vorschriften des Strafgesetzbuches über

- Gefangenenbefreiung (§ 120 Abs. 2),
- Verletzung der Vertraulichkeit des Wortes (§ 201 Abs. 3),
- Verletzung von Privatgeheimnissen (§ 203 Absatz 2, 5 und 6, §§ 204, 205),
- Verletzung des Post- oder Fernmeldegeheimnisses (§ 206 Abs. 4),
- Vorteilsannahme und Bestechlichkeit (§§ 331, 332, 335 Abs. 1 Nr. 1 Buchstabe a, Abs. 2, § 336),
- Körperverletzung im Amt (§ 340),

- Aussageerpressung (§ 343),
- Vollstreckung gegen Unschuldige (§ 345),
- Falschbeurkundung im Amt (§ 348) und
- Verletzung des Dienstgeheimnisses (§ 353b Abs. 1)

stehen Offiziere und Unteroffiziere den Amtsträgern und ihr Wehrdienst dem Amte gleich.

(2) Für die Anwendung der Vorschriften des Strafgesetzbuches über Gefangenenbefreiung (§ 120 Abs. 2), Vorteilsannahme und Bestechlichkeit (§§ 331, 332, 335 Absatz 1 Nummer 1 Buchstabe a, Absatz 2, § 336), Falschbeurkundung im Amt (§ 348) und Verletzung des Dienstgeheimnisses (§ 353b Abs. 1) stehen auch Mannschaften den Amtsträgern und ihr Wehrdienst dem Amte gleich.

Anmerkung:

StGB → **C 25b**.

Einführungsgesetz zum Wehrstrafgesetz

Vom 30. März 1957 (BGBl. I S. 306)

Zuletzt geändert durch Artikel 6 des 23. StrÄndG vom 13. April 1986 (BGBl I S. 393)

Artikel 4 Vormilitärische Straftaten

Ist wegen einer vor Beginn des Wehrdienstes begangenen Straftat die Vollstreckung der Strafe zur Bewährung ausgesetzt (§§ 56 bis 58 des Strafgesetzbuches), so gelten für die Dauer des Wehrdienstverhältnisses eines Soldaten der Bundeswehr folgende besonderen Vorschriften:

1. Bewährungsauflagen und Weisungen (§§ 56b bis 56d des Strafgesetzbuches) sollen die Besonderheiten des Wehrdienstes berücksichtigen. Bewährungsauflagen und Weisungen, die bereits angeordnet sind, soll der Richter diesen Besonderheiten anpassen.
2. Als ehrenamtlicher Bewährungshelfer (§ 56d des Strafgesetzbuches) kann ein Soldat bestellt werden. Er untersteht bei der Überwachung des Verurteilten nicht den Anweisungen des Gerichts.
3. Von der Überwachung durch einen Bewährungshelfer, der nicht Soldat ist, sind Angelegenheiten ausgeschlossen, für welche die militärischen Vorgesetzten des Verurteilten zu sorgen haben. Maßnahmen des Disziplinarvorgesetzten haben den Vorrang.

Artikel 5 Vollzug von Freiheitsstrafen und Jugendarrest an Soldaten der Bundeswehr

(1) Strafarrest wird am Soldaten der Bundeswehr von deren Behörden vollzogen.

(2) Auf Ersuchen der Vollstreckungsbehörde wird auch Freiheitsstrafe von nicht mehr als sechs Monaten sowie Jugendarrest an Soldaten der Bundeswehr von deren Behörden vollzogen; sie sind dann wie Strafarrest zu vollziehen.

→ § 1 BwVollzO (**C 13a**) und AB BwVollzO, Nr. 106 ff. (**C 13b**)

Artikel 6 Unterbrechung der Strafvollstreckung im Krankheitsfall

Die Vollstreckungsbehörde unterbricht die Vollstreckung eines Strafarrestes und einer Freiheitsstrafe, die durch Behörden der Bundeswehr vollzogen wird, wenn der Unterbrechung keine überwiegenden Gründe entgegenstehen und

1. der Verurteilte in Geisteskrankheit verfällt,
2. von der Vollstreckung eine nahe Lebensgefahr für den Verurteilten zu besorgen ist oder
3. der Verurteilte in einer Sanitätseinrichtung der Bundeswehr oder in einer anderen Krankenanstalt stationär aufgenommen wird.

§ 458 Abs. 2, Abs. 3 Satz 1 der Strafprozeßordnung ist anzuwenden.

Artikel 7 Ausführungsvorschriften für den Vollzug

(1) Die Bundesregierung wird ermächtigt, durch Rechtsverordnung mit Zustimmung des Bundesrates für den Vollzug durch Behörden der Bundeswehr Vorschriften zu erlassen, die sich auf die Berechnung der Dauer der Freiheitsentziehung, die Art der Unterbringung, die Behandlung, die Beschäftigung, die Gewährung und den Entzug von Vergünstigungen, den Verkehr mit der Außenwelt, die Ordnung und Sicherheit im Vollzug und die Ahndung von Verstößen hiergegen beziehen.

(2) Durch die Rechtsverordnung können die Grundrechte der körperlichen Unversehrtheit und der Freiheit der Person (Artikel 2 Abs. 2 Satz 1 und 2 des Grundgesetzes) sowie das Grundrecht des Postgeheimnisses (Artikel 10 Abs. 1 des Grundgesetzes) eingeschränkt werden.

Zu Abs. 1: BwVollzO → **C 13a**

Zu Abs. 2: § 21 BwVollzO → **C 13a**; GG → **A 10**

C

Völkerstrafgesetzbuch (VStGB)

Vom 26. Juni 2002 (BGBl. I S. 2254)

Zuletzt geändert durch
Gesetz zur Änderung des Völkerstrafgesetzbuches
vom 22. Dezember 2016 (BGBl. I S. 3150)

Teil 1
Allgemeine Regelungen

§ 1 Anwendungsbereich

Dieses Gesetz gilt für alle in ihm bezeichneten Straftaten gegen das Völkerrecht, für Taten nach den §§ 6 bis 12 auch dann, wenn die Tat im Ausland begangen wurde und keinen Bezug zum Inland aufweist. Für Taten nach § 13, die im Ausland begangen wurden, gilt dieses Gesetz unabhängig vom Recht des Tatorts, wenn der Täter Deutscher ist oder die Tat sich gegen die Bundesrepublik Deutschland richtet.

§ 2 Anwendung des allgemeinen Rechts

Auf Taten nach diesem Gesetz findet das allgemeine Strafrecht Anwendung, soweit dieses Gesetz nicht in den §§ 1, 3 bis 5 und 13 Absatz 4 besondere Bestimmungen trifft.

§ 3 Handeln auf Befehl oder Anordnung

Ohne Schuld handelt, wer eine Tat nach den §§ 8 bis 15 in Ausführung eines militärischen Befehls oder einer Anordnung von vergleichbarer tatsächlicher Bindungswirkung begeht, sofern der Täter nicht erkennt, dass der Befehl oder die Anordnung rechtswidrig ist und deren Rechtswidrigkeit auch nicht offensichtlich ist.

§ 4 Verantwortlichkeit militärischer Befehlshaber und anderer Vorgesetzter

(1) Ein militärischer Befehlshaber oder ziviler Vorgesetzter, der es unterlässt, seinen Untergebenen daran zu hindern, eine Tat nach diesem Gesetz zu begehen, wird wie ein Täter der von dem Unter-

gebenen begangenen Tat bestraft. § 13 Abs. 2 des Strafgesetzbuches findet in diesem Fall keine Anwendung.

(2) Einem militärischen Befehlshaber steht eine Person gleich, die in einer Truppe tatsächliche Befehls- oder Führungsgewalt und Kontrolle ausübt. Einem zivilen Vorgesetzten steht eine Person gleich, die in einer zivilen Organisation oder einem Unternehmen tatsächliche Führungsgewalt und Kontrolle ausübt.

§5 Unverjährbarkeit

Die Verfolgung von Verbrechen nach diesem Gesetz und die Vollstreckung der wegen ihnen verhängten Strafen verjähren nicht.

Teil 2
Straftaten gegen das Völkerrecht

Abschnitt 1
Völkermord und Verbrechen gegen die Menschlichkeit

§6 Völkermord

(1) Wer in der Absicht, eine nationale, rassische, religiöse oder ethnische Gruppe als solche ganz oder teilweise zu zerstören,

1. ein Mitglied der Gruppe tötet,
2. einem Mitglied der Gruppe schwere körperliche oder seelische Schäden, insbesondere der in § 226 des Strafgesetzbuches bezeichneten Art, zufügt,
3. die Gruppe unter Lebensbedingungen stellt, die geeignet sind, ihre körperliche Zerstörung ganz oder teilweise herbeizuführen,
4. Maßregeln verhängt, die Geburten innerhalb der Gruppe verhindern sollen,
5. ein Kind der Gruppe gewaltsam in eine andere Gruppe überführt,

wird mit lebenslanger Freiheitsstrafe bestraft.

(2) In minder schweren Fällen des Absatzes 1 Nr. 2 bis 5 ist die Strafe Freiheitsstrafe nicht unter fünf Jahren.

§7 Verbrechen gegen die Menschlichkeit

(1) Wer im Rahmen eines ausgedehnten oder systematischen Angriffs gegen eine Zivilbevölkerung

1. einen Menschen tötet,
2. in der Absicht, eine Bevölkerung ganz oder teilweise zu zerstören, diese oder Teile hiervon unter Lebensbedingungen stellt, die geeignet sind, deren Zerstörung ganz oder teilweise herbeizuführen,
3. Menschenhandel betreibt, insbesondere mit einer Frau oder einem Kind, oder wer auf andere Weise einen Menschen versklavt und sich dabei ein Eigentumsrecht an ihm anmaßt,
4. einen Menschen, der sich rechtmäßig in einem Gebiet aufhält, vertreibt oder zwangsweise überführt, indem er ihn unter Verstoß gegen eine allgemeine Regel des Völkerrechts durch Ausweisung oder andere Zwangsmaßnahmen in einen anderen Staat oder in ein anderes Gebiet verbringt,
5. einen Menschen, der sich in seinem Gewahrsam oder in sonstiger Weise unter seiner Kontrolle befindet, foltert, indem er ihm erhebliche körperliche oder seelische Schäden oder Leiden zufügt, die nicht lediglich Folge völkerrechtlich zulässiger Sanktionen sind,
6. einen anderen Menschen sexuell nötigt oder vergewaltigt, ihn zur Prostitution nötigt, der Fortpflanzungsfähigkeit beraubt oder in der Absicht, die ethnische Zusammensetzung einer Bevölkerung zu beeinflussen, eine unter Anwendung von Zwang geschwängerte Frau gefangen hält,
7. einen Menschen dadurch zwangsweise verschwinden lässt, dass er in der Absicht, ihn für längere Zeit dem Schutz des Gesetzes zu entziehen,
   a) ihn im Auftrag oder mit Billigung eines Staates oder einer politischen Organisation entführt oder sonst in schwerwiegender Weise der körperlichen Freiheit beraubt, ohne dass im Weiteren auf Nachfrage unverzüglich wahrheitsgemäß Auskunft über sein Schicksal und seinen Verbleib erteilt wird, oder
   b) sich im Auftrag des Staates oder der politischen Organisation oder entgegen einer Rechtspflicht weigert, unverzüglich Auskunft über das Schicksal und den Verbleib des Menschen zu erteilen, der unter den Voraussetzungen des Buchstaben a seiner körperlichen Freiheit beraubt wurde, oder eine falsche Auskunft dazu erteilt,
8. einem anderen Menschen schwere körperliche oder seelische Schäden, insbesondere der in § 226 des Strafgesetzbuches bezeichneten Art, zufügt,

9. einen Menschen unter Verstoß gegen eine allgemeine Regel des Völkerrechts in schwerwiegender Weise der körperlichen Freiheit beraubt oder

10. eine identifizierbare Gruppe oder Gemeinschaft verfolgt, indem er ihr aus politischen, rassischen, nationalen, ethnischen, kulturellen oder religiösen Gründen, aus Gründen des Geschlechts oder aus anderen nach den allgemeinen Regeln des Völkerrechts als unzulässig anerkannten Gründen grundlegende Menschenrechte entzieht oder diese wesentlich einschränkt,

wird in den Fällen der Nummern 1 und 2 mit lebenslanger Freiheitsstrafe, in den Fällen der Nummern 3 bis 7 mit Freiheitsstrafe nicht unter fünf Jahren und in den Fällen der Nummern 8 bis 10 mit Freiheitsstrafe nicht unter drei Jahren bestraft.

(2) In minder schweren Fällen des Absatzes 1 Nr. 2 ist die Strafe Freiheitsstrafe nicht unter fünf Jahren, in minder schweren Fällen des Absatzes 1 Nr. 3 bis 7 Freiheitsstrafe nicht unter zwei Jahren und in minder schweren Fällen des Absatzes 1 Nr. 8 und 9 Freiheitsstrafe nicht unter einem Jahr.

(3) Verursacht der Täter durch eine Tat nach Absatz 1 Nr. 3 bis 10 den Tod eines Menschen, so ist die Strafe in den Fällen des Absatzes 1 Nr. 3 bis 7 lebenslange Freiheitsstrafe oder Freiheitsstrafe nicht unter zehn Jahren und in den Fällen des Absatzes 1 Nr. 8 bis 10 Freiheitsstrafe nicht unter fünf Jahren.

(4) In minder schweren Fällen des Absatzes 3 ist die Strafe bei einer Tat nach Absatz 1 Nr. 3 bis 7 Freiheitsstrafe nicht unter fünf Jahren und bei einer Tat nach Absatz 1 Nr. 8 bis 10 Freiheitsstrafe nicht unter drei Jahren.

(5) Wer ein Verbrechen nach Absatz 1 in der Absicht begeht, ein institutionalisiertes Regime der systematischen Unterdrückung und Beherrschung einer rassischen Gruppe durch eine andere aufrechtzuerhalten, wird mit Freiheitsstrafe nicht unter fünf Jahren bestraft, soweit nicht die Tat nach Absatz 1 oder Absatz 3 mit schwererer Strafe bedroht ist. In minder schweren Fällen ist die Strafe Freiheitsstrafe nicht unter drei Jahren, soweit nicht die Tat nach Absatz 2 oder Absatz 4 mit schwererer Strafe bedroht ist.

Abschnitt 2
Kriegsverbrechen

§ 8 Kriegsverbrechen gegen Personen

(1) Wer im Zusammenhang mit einem internationalen oder nichtinternationalen bewaffneten Konflikt

1. eine nach dem humanitären Völkerrecht zu schützende Person tötet,
2. eine nach dem humanitären Völkerrecht zu schützende Person als Geisel nimmt,
3. eine nach dem humanitären Völkerrecht zu schützende Person grausam oder unmenschlich behandelt, indem er ihr erhebliche körperliche oder seelische Schäden oder Leiden zufügt, insbesondere sie foltert oder verstümmelt,
4. eine nach dem humanitären Völkerrecht zu schützende Person sexuell nötigt oder vergewaltigt, sie zur Prostitution nötigt, der Fortpflanzungsfähigkeit beraubt oder in der Absicht, die ethnische Zusammensetzung einer Bevölkerung zu beeinflussen, eine unter Anwendung von Zwang geschwängerte Frau gefangen hält,
5. Kinder unter 15 Jahren für Streitkräfte zwangsverpflichtet oder in Streitkräfte oder bewaffnete Gruppen eingliedert oder sie zur aktiven Teilnahme an Feindseligkeiten verwendet,
6. eine nach dem humanitären Völkerrecht zu schützende Person, die sich rechtmäßig in einem Gebiet aufhält, vertreibt oder zwangsweise überführt, indem er sie unter Verstoß gegen eine allgemeine Regel des Völkerrechts durch Ausweisung oder andere Zwangsmaßnahmen in einen anderen Staat oder in ein anderes Gebiet verbringt,
7. gegen eine nach dem humanitären Völkerrecht zu schützende Person eine erhebliche Strafe, insbesondere die Todesstrafe oder eine Freiheitsstrafe verhängt oder vollstreckt, ohne dass diese Person in einem unparteiischen ordentlichen Gerichtsverfahren, das die völkerrechtlich erforderlichen Rechtsgarantien bietet, abgeurteilt worden ist,
8. eine nach dem humanitären Völkerrecht zu schützende Person in die Gefahr des Todes oder einer schweren Gesundheitsschädigung bringt, indem er
   a) an einer solchen Person Versuche vornimmt, in die sie nicht zuvor freiwillig und ausdrücklich eingewilligt hat oder die weder medizinisch notwendig sind noch in ihrem Interesse durchgeführt werden,

b) einer solchen Person Gewebe oder Organe für Übertragungszwecke entnimmt, sofern es sich nicht um die Entnahme von Blut oder Haut zu therapeutischen Zwecken im Einklang mit den allgemein anerkannten medizinischen Grundsätzen handelt und die Person zuvor nicht freiwillig und ausdrücklich eingewilligt hat, oder

c) bei einer solchen Person medizinisch nicht anerkannte Behandlungsmethoden anwendet, ohne dass dies medizinisch notwendig ist und die Person zuvor freiwillig und ausdrücklich eingewilligt hat, oder

9. eine nach dem humanitären Völkerrecht zu schützende Person in schwerwiegender Weise entwürdigend oder erniedrigend behandelt,

wird in den Fällen der Nummer 1 mit lebenslanger Freiheitsstrafe, in den Fällen der Nummer 2 mit Freiheitsstrafe nicht unter fünf Jahren, in den Fällen der Nummern 3 bis 5 mit Freiheitsstrafe nicht unter drei Jahren, in den Fällen der Nummern 6 bis 8 mit Freiheitsstrafe nicht unter zwei Jahren und in den Fällen der Nummer 9 mit Freiheitsstrafe nicht unter einem Jahr bestraft.

(2) Wer im Zusammenhang mit einem internationalen oder nichtinternationalen bewaffneten Konflikt einen Angehörigen der gegnerischen Streitkräfte oder einen Kämpfer der gegnerischen Partei verwundet, nachdem dieser sich bedingungslos ergeben hat oder sonst außer Gefecht ist, wird mit Freiheitsstrafe nicht unter drei Jahren bestraft.

(3) Wer im Zusammenhang mit einem internationalen bewaffneten Konflikt

1. eine geschützte Person im Sinne des Absatzes 6 Nr. 1 rechtswidrig gefangen hält oder ihre Heimschaffung ungerechtfertigt verzögert,
2. als Angehöriger einer Besatzungsmacht einen Teil der eigenen Zivilbevölkerung in das besetzte Gebiet überführt,
3. eine geschützte Person im Sinne des Absatzes 6 Nr. 1 mit Gewalt oder durch Drohung mit einem empfindlichen Übel zum Dienst in den Streitkräften einer feindlichen Macht nötigt oder
4. einen Angehörigen der gegnerischen Partei mit Gewalt oder durch Drohung mit einem empfindlichen Übel nötigt, an Kriegshandlungen gegen sein eigenes Land teilzunehmen,

wird mit Freiheitsstrafe nicht unter zwei Jahren bestraft.

(4) Verursacht der Täter durch eine Tat nach Absatz 1 Nr. 2 bis 6 den Tod des Opfers, so ist in den Fällen des Absatzes 1 Nr. 2 die Strafe lebenslange Freiheitsstrafe oder Freiheitsstrafe nicht unter zehn Jahren, in den Fällen des Absatzes 1 Nr. 3 bis 5 Freiheitsstrafe nicht unter fünf Jahren, in den Fällen des Absatzes 1 Nr. 6 Freiheitsstrafe nicht unter drei Jahren. Führt eine Handlung nach Absatz 1 Nr. 8 zum Tod oder zu einer schweren Gesundheitsschädigung, so ist die Strafe Freiheitsstrafe nicht unter drei Jahren.

(5) In minder schweren Fällen des Absatzes 1 Nr. 2 ist die Strafe Freiheitsstrafe nicht unter zwei Jahren, in minder schweren Fällen des Absatzes 1 Nr. 3 und 4 und des Absatzes 2 Freiheitsstrafe nicht unter einem Jahr, in minder schweren Fällen des Absatzes 1 Nr. 6 und des Absatzes 3 Nr. 1 Freiheitsstrafe von sechs Monaten bis zu fünf Jahren.

(6) Nach dem humanitären Völkerrecht zu schützende Personen sind

1. im internationalen bewaffneten Konflikt: geschützte Personen im Sinne der Genfer Abkommen und des Zusatzprotokolls I (Anlage zu diesem Gesetz), namentlich Verwundete, Kranke, Schiffbrüchige, Kriegsgefangene und Zivilpersonen;
2. im nichtinternationalen bewaffneten Konflikt: Verwundete, Kranke, Schiffbrüchige sowie Personen, die nicht unmittelbar an den Feindseligkeiten teilnehmen und sich in der Gewalt der gegnerischen Partei befinden;
3. im internationalen und nichtinternationalen bewaffneten Konflikt: Angehörige der Streitkräfte und Kämpfer der gegnerischen Partei, welche die Waffen gestreckt haben oder in sonstiger Weise wehrlos sind.

Zu Abs. 6: Anlage hier nicht abgedruckt.

§ 9 Kriegsverbrechen gegen Eigentum und sonstige Rechte

(1) Wer im Zusammenhang mit einem internationalen oder nicht internationalen bewaffneten Konflikt plündert oder, ohne dass dies durch die Erfordernisse des bewaffneten Konflikts geboten ist, sonst in erheblichem Umfang völkerrechtswidrig Sachen der gegnerischen Partei, die der Gewalt der eigenen Partei unterliegen, zerstört, sich aneignet oder beschlagnahmt, wird mit Freiheitsstrafe von einem Jahr bis zu zehn Jahren bestraft.

(2) Wer im Zusammenhang mit einem internationalen oder nichtinternationalen bewaffneten Konflikt völkerrechtswidrig anordnet, dass Rechte und Forderungen aller oder eines wesentlichen Teils der Angehörigen der gegnerischen Partei aufgehoben oder ausgesetzt werden oder vor Gericht nicht einklagbar sind, wird mit Freiheitsstrafe von einem Jahr bis zu zehn Jahren bestraft.

§ 10 Kriegsverbrechen gegen humanitäre Operationen und Embleme

(1) Wer im Zusammenhang mit einem internationalen oder nichtinternationalen bewaffneten Konflikt

1. einen Angriff gegen Personen, Einrichtungen, Material, Einheiten oder Fahrzeuge richtet, die an einer humanitären Hilfsmission oder an einer friedenserhaltenden Mission in Übereinstimmung mit der Charta der Vereinigten Nationen beteiligt sind, solange sie Anspruch auf den Schutz haben, der Zivilpersonen oder zivilen Objekten nach dem humanitären Völkerrecht gewährt wird, oder
2. einen Angriff gegen Personen, Gebäude, Material, Sanitätseinheiten oder Sanitätstransportmittel richtet, die in Übereinstimmung mit dem humanitären Völkerrecht mit den Schutzzeichen der Genfer Abkommen gekennzeichnet sind,

wird mit Freiheitsstrafe nicht unter drei Jahren bestraft. In minder schweren Fällen, insbesondere wenn der Angriff nicht mit militärischen Mitteln erfolgt, ist die Strafe Freiheitsstrafe nicht unter einem Jahr.

(2) Wer im Zusammenhang mit einem internationalen oder nichtinternationalen bewaffneten Konflikt die Schutzzeichen der Genfer Abkommen, die Parlamentärflagge oder die Flagge, die militärischen Abzeichen oder die Uniform des Feindes oder der Vereinten Nationen missbraucht und dadurch den Tod oder die schwere Verletzung eines Menschen (§ 226 des Strafgesetzbuches) verursacht, wird mit Freiheitsstrafe nicht unter fünf Jahren bestraft.

§ 11 Kriegsverbrechen des Einsatzes verbotener Methoden der Kriegsführung

(1) Wer im Zusammenhang mit einem internationalen oder nichtinternationalen bewaffneten Konflikt

1. mit militärischen Mitteln einen Angriff gegen die Zivilbevölkerung als solche oder gegen einzelne Zivilpersonen richtet, die an den Feindseligkeiten nicht unmittelbar teilnehmen,

2. mit militärischen Mitteln einen Angriff gegen zivile Objekte richtet, solange sie durch das humanitäre Völkerrecht als solche geschützt sind, namentlich Gebäude, die dem Gottesdienst, der Erziehung, der Kunst, der Wissenschaft oder der Wohltätigkeit gewidmet sind, geschichtliche Denkmäler, Krankenhäuser und Sammelplätze für Kranke und Verwundete, unverteidigte Städte, Dörfer, Wohnstätten oder Gebäude oder entmilitarisierte Zonen sowie Anlagen und Einrichtungen, die gefährliche Kräfte enthalten,

3. mit militärischen Mitteln einen Angriff durchführt und dabei als sicher erwartet, dass der Angriff die Tötung oder Verletzung von Zivilpersonen oder die Beschädigung ziviler Objekte in einem Ausmaß verursachen wird, das außer Verhältnis zu dem insgesamt erwarteten konkreten und unmittelbaren militärischen Vorteil steht,
4. eine nach dem humanitären Völkerrecht zu schützende Person als Schutzschild einsetzt, um den Gegner von Kriegshandlungen gegen bestimmte Ziele abzuhalten,
5. das Aushungern von Zivilpersonen als Methode der Kriegsführung einsetzt, indem er ihnen die für sie lebensnotwendigen Gegenstände vorenthält oder Hilfslieferungen unter Verstoß gegen das humanitäre Völkerrecht behindert,
6. als Befehlshaber anordnet oder androht, das kein Pardon gegeben wird, oder
7. einen Angehörigen der gegnerischen Streitkräfte oder einen Kämpfer der gegnerischen Partei meuchlerisch tötet oder verwundet,

wird mit Freiheitsstrafe nicht unter drei Jahren bestraft. In minder schweren Fällen der Nummer 2 ist die Strafe Freiheitsstrafe nicht unter einem Jahr.

(2) Verursacht der Täter durch eine Tat nach Absatz 1 Nr. 1 bis 6 den Tod oder die schwere Verletzung einer Zivilperson (§ 226 des Strafgesetzbuches) oder einer nach dem humanitären Völkerrecht zu schützenden Person, wird er mit Freiheitsstrafe nicht unter fünf Jahren bestraft. Führt der Täter den Tod vorsätzlich herbei, ist die Strafe lebenslange Freiheitsstrafe oder Freiheitsstrafe nicht unter zehn Jahren.

(3) Wer im Zusammenhang mit einem internationalen bewaffneten Konflikt mit militärischen Mitteln einen Angriff durchführt und dabei als sicher erwartet, dass der Angriff weit reichende, langfristige und schwere Schäden an der natürlichen Umwelt verursa-

chen wird, die außer Verhältnis zu dem insgesamt erwarteten konkreten und unmittelbaren militärischen Vorteil stehen, wird mit Freiheitsstrafe nicht unter drei Jahren bestraft.

§ 12 Kriegsverbrechen des Einsatzes verbotener Mittel der Kriegsführung

(1) Wer im Zusammenhang mit einem internationalen oder nichtinternationalen bewaffneten Konflikt

1. Gift oder vergiftete Waffen verwendet,
2. biologische oder chemische Waffen verwendet oder
3. Geschosse verwendet, die sich leicht im Körper des Menschen ausdehnen oder flachdrücken, insbesondere Geschosse mit einem harten Mantel, der den Kern nicht ganz umschließt oder mit Einschnitten versehen ist,

wird mit Freiheitsstrafe nicht unter drei Jahren bestraft.

(2) Verursacht der Täter durch eine Tat nach Absatz 1 den Tod oder die schwere Verletzung einer Zivilperson (§ 226 des Strafgesetzbuches) oder einer nach dem humanitären Völkerrecht zu schützenden Person, wird er mit Freiheitsstrafe nicht unter fünf Jahren bestraft. Führt der Täter den Tod vorsätzlich herbei, ist die Strafe lebenslange Freiheitsstrafe oder Freiheitsstrafe nicht unter zehn Jahren.

Abschnitt 3
Verbrechen der Aggression

§ 13 Verbrechen der Aggression

(1) Wer einen Angriffskrieg führt oder eine sonstige Angriffshandlung begeht, die ihrer Art, ihrer Schwere und ihrem Umfang nach eine offenkundige Verletzung der Charta der Vereinten Nationen darstellt, wird mit lebenslanger Freiheitsstrafe bestraft.

(2) Wer einen Angriffskrieg oder eine sonstige Angriffshandlung im Sinne des Absatzes 1 plant, vorbereitet oder einleitet, wird mit lebenslanger Freiheitsstrafe oder mit Freiheitsstrafe nicht unter zehn Jahren bestraft. Die Tat nach Satz 1 ist nur dann strafbar, wenn

1. der Angriffskrieg geführt oder die sonstige Angriffshandlung begangen worden ist oder

2. durch sie die Gefahr eines Angriffskrieges oder einer sonstigen Angriffshandlung für die Bundesrepublik Deutschland herbeigeführt wird.

(3) Eine Angriffshandlung ist die gegen die Souveränität, die territoriale Unversehrtheit oder die politische Unabhängigkeit eines Staates gerichtete oder sonst mit der Charta der Vereinten Nationen unvereinbare Anwendung von Waffengewalt durch einen Staat.

(4) Beteiligter einer Tat nach den Absätzen 1 und 2 kann nur sein, wer tatsächlich in der Lage ist, das politische oder militärische Handeln eines Staates zu kontrollieren oder zu lenken.

(5) In minder schweren Fällen des Absatzes 2 ist die Strafe Freiheitsstrafe nicht unter fünf Jahren.

Abschnitt 4
Sonstige Straftaten

§ 14 Verletzung der Aufsichtspflicht

(1) Ein militärischer Befehlshaber, der es vorsätzlich oder fahrlässig unterlässt, einen Untergebenen, der seiner Befehlsgewalt oder seiner tatsächlichen Kontrolle untersteht, gehörig zu beaufsichtigen, wird wegen Verletzung der Aufsichtspflicht bestraft, wenn der Untergebene eine Tat nach diesem Gesetz begeht, deren Bevorstehen dem Befehlshaber erkennbar war und die er hätte verhindern können.

(2) Ein ziviler Vorgesetzter, der es vorsätzlich oder fahrlässig unterlässt, einen Untergebenen, der seiner Anordnungsgewalt oder seiner tatsächlichen Kontrolle untersteht, gehörig zu beaufsichtigen, wird wegen Verletzung der Aufsichtspflicht bestraft, wenn der Untergebene eine Tat nach diesem Gesetz begeht, deren Bevorstehen dem Vorgesetzten ohne weiteres erkennbar war und die er hätte verhindern können.

(3) § 4 Abs. 2 gilt entsprechend.

(4) Die vorsätzliche Verletzung der Aufsichtspflicht wird mit Freiheitsstrafe bis zu fünf Jahren, die fahrlässige Verletzung der Aufsichtspflicht wird mit Freiheitsstrafe bis zu drei Jahren bestraft.

§ 15 Unterlassen der Meldung einer Straftat

(1) Ein militärischer Befehlshaber oder ein ziviler Vorgesetzter, der es unterlässt, eine Tat nach diesem Gesetz, die ein Untergebener begangen hat, unverzüglich der für die Untersuchung oder Verfol-

gung solcher Taten zuständigen Stelle zur Kenntnis zu bringen, wird mit Freiheitsstrafe bis zu fünf Jahren bestraft.

(2) § 4 Abs. 2 gilt entsprechend.

Strafrecht

a) Einführung in das Strafrecht[1]

I. Zweck, Ziel und Quellen des Strafrechts

1. Das Strafrecht ist der Teil der Rechtsordnung, der die einzelnen Merkmale strafwürdigen Verhaltens festlegt, die Voraussetzungen der Strafbarkeit bestimmt sowie Strafen und sonstige Rechtsfolgen strafbaren Verhaltens androht. Es dient dem Schutz von Rechtsgütern, deren Erhaltung für ein geordnetes Zusammenleben der Menschen unerlässlich ist und deren Verletzung den Rechtsfrieden innerhalb einer sozialen Gemeinschaft besonders stark gefährden würde. Zu diesen Rechtsgütern gehören sowohl Individualinteressen wie zum Beispiel Leben, körperliche Unversehrtheit, persönliche Freiheit, Ehre, Eigentum, Vermögen, als auch Rechtsgüter der Allgemeinheit wie etwa der Bestand und die Funktionsfähigkeit des Staates, seiner freiheitlich-demokratischen Grundordnung und seiner Organe. Strafvorschriften sind immer dort vorgesehen, wo weniger einschneidende Maßnahmen – zum Beispiel die Durchsetzung zivilrechtlicher Ansprüche oder Eingriffe nach dem Polizei- und Ordnungsrecht – für einen wirksamen Rechtsgüterschutz nicht mehr ausreichen.

2. Mit der Bestrafung eines Straftäters werden mehrere Zwecke verfolgt, die gleichberechtigt nebeneinander stehen. Zunächst ist Strafe Sühne und Vergeltung für schuldhaft begangenes Unrecht. Daneben soll die Strafe auf den Täter einwirken, damit er künftig die Rechtsordnung beachtet (Spezialprävention). Daher ist im Strafvollzug seine Wiedereingliederung in die soziale Gemeinschaft (Resozialisierung) ein wesentliches Ziel. Außerdem wird die Gesellschaft durch die Einschließung gefährlicher Täter geschützt. Neben diesen Zwecken verfolgen Kriminalstrafen aber auch das Ziel, andere von der Begehung von Straftaten abzuhalten, indem das Rechtsbewusstsein und das Vertrauen der Allgemeinheit in die Rechtsordnung gestärkt und potenzielle Straftäter abgeschreckt werden (Generalprävention).

3. Hauptquelle des Strafrechts ist das Strafgesetzbuch (StGB) in seiner am 13. November 1998 bekannt gemachten Fassung (BGBl. I S. 3322). Dieses Gesetz, das auf das „Strafgesetzbuch für das

---

[1] **Hinweis:** Die Ausführungen zur „Einführung in das Strafrecht" stammen aus der inzwischen außerkraftgesetzten ZDv 14/2 (Abschnitt A Kap. 1). Die inhaltlichen Aussagen treffen allerdings weiterhin zu.

Deutsche Reich“ vom 15. Mai 1871 zurückgeht, war stets dem politischen, gesellschaftlichen und wirtschaftlichen Wandel unterworfen. Seit dem Inkrafttreten des Grundgesetzes am 23. Mai 1949 haben sechs Strafrechtsreformgesetze, mehr als 50 Strafrechtsänderungsgesetze und zahllose Einzeländerungen das StGB an die kriminalpolitischen Erfordernisse angepasst. So hat der Gesetzgeber in den letzten Jahren unter anderem zahlreiche Strafnormen zur Bekämpfung des Terrorismus, der Wirtschaftskriminalität sowie von Taten gegen die sexuelle Selbstbestimmung geschaffen. Bemühungen im Kampf gegen alle Formen der internationalen Kriminalität gewinnen dabei immer mehr an Bedeutung.

4. Das StGB ist in einen Allgemeinen Teil (§§ 1 bis 79b StGB) und in einen Besonderen Teil (§§ 80 bis 358 StGB) gegliedert. Der Allgemeine Teil enthält Bestimmungen, die für alle Straftaten gelten. Er beschreibt den Geltungsbereich des deutschen Strafrechts sowie die Grundlagen der Strafbarkeit, unter anderem die Strafbarkeit des Versuchs, die verschiedenen Formen der Täterschaft und Teilnahme (Anstifter, Gehilfen) sowie verschiedene Rechtfertigungs- und Entschuldigungsgründe. Weitere Abschnitte bestimmen die Rechtsfolgen der Tat, also in erster Linie die Strafen und ihre Bemessungsgrundsätze, aber auch die Voraussetzungen einer Strafaussetzung zur Bewährung, Maßregeln der Besserung und Sicherung und sonstige Folgen. Der Besondere Teil enthält die Straftatbestände, in denen die Merkmale und Voraussetzungen der einzelnen Taten beschrieben sowie die daran geknüpfte Strafdrohung und -folgen bezeichnet werden. In der Praxis des militärischen Bereiches, insbesondere für die Tätigkeit der Disziplinarvorgesetzten, stehen die Tatbestände der Straftaten gegen die Landesverteidigung im 5. Abschnitt (§§ 109 bis 109k StGB), des Diebstahls und der Unterschlagung im 19. Abschnitt (§§ 242 bis 284c StGB), der Sachbeschädigung im 27. Abschnitt (§§ 303 bis 305a StGB) und die Straftaten im Amt im 30. Abschnitt (§§ 331 bis 358 StGB i. V. m. § 48 Wehrstrafgesetz)[1] im Vordergrund.

5. Neben dem StGB enthalten auch zahlreiche andere Gesetze Strafbestimmungen. So werden gravierende Verstöße, z. B. gegen das Betäubungsmittel-, das Waffen-, das Kriegswaffen- oder gegen das Straßenverkehrsgesetz in den jeweiligen Spezialgesetzen selbst unter Kriminalstrafe gestellt (sog. strafrechtliche Nebengesetze). Das Wehrstrafgesetz[1] (WStG) führt „militärische Straftaten“ wie die Fahnenflucht oder die Misshandlung von Untergebenen auf. Es

---

[1] → **C 20**

dient damit der Aufrechterhaltung oder Wiederherstellung der Funktionsfähigkeit und Einsatzbereitschaft der Streitkräfte.

II. Strafrechtliche Besonderheiten für die Streitkräfte

6. Das StGB legt in seinem ersten Abschnitt fest, für welche Taten das deutsche Strafrecht gilt. In erster Linie sind dies Taten, die im Inland oder an Bord von deutschen Schiffen und Luftfahrzeugen begangen werden. Taten, die im Ausland begangen werden, sind dann erfasst, wenn sie sich gegen bestimmte wichtige inländische Rechtsgüter (vgl. § 5 StGB) oder gegen international geschützte Rechtsgüter (vgl. § 6 StGB) richten. Deutsches Strafrecht ist auch auf Auslandstaten Deutscher anzuwenden, wenn die Tat am Tatort mit Strafe bedroht ist (im Einzelnen § 7 StGB). Für Soldatinnen und Soldaten der Bundeswehr gilt die Besonderheit, dass das deutsche Strafrecht unabhängig vom Recht des Tatorts für Taten gilt, die sie während eines dienstlichen Aufenthalts – zum Beispiel einem Auslandseinsatz – oder in Beziehung auf den Dienst im Ausland begehen (§ 1a Abs. 2 WStG).[1]

7. Begehen Soldatinnen oder Soldaten der Bundeswehr eine Straftat, so kann dies in mehrfacher Weise die Ausübung der Disziplinarbefugnis nach WDO[2] berühren. Strafrecht und Disziplinarrecht stehen insoweit nebeneinander, als wegen derselben Tat sowohl eine strafrechtliche Verurteilung der Soldatin/des Soldaten als auch eine zusätzliche disziplinare Ahndung grundsätzlich zulässig sind. Das in Artikel 103 Abs. 3 GG verankerte Verbot der Doppelbestrafung wird dadurch nicht verletzt, da sich das Wehrdisziplinarrecht nach Rechtsgrund und Zweckbestimmung von den Zwecken der Kriminalstrafe unterscheidet. Das Disziplinarrecht dient nicht der Sühne für begangenes Unrecht, sondern der Aufrechterhaltung der inneren Ordnung der Streitkräfte. Hier stehen der Erziehungsgedanke und – etwa bei der Entfernung aus dem Dienstverhältnis – die Reinerhaltung des Berufsstandes im Vordergrund. Dem im Grundgesetz verankerten Grundsatz der Verhältnismäßigkeit wird durch verschiedene gesetzliche Regeln Rechnung getragen, die eine Anrechnung von Strafen und Ordnungsmaßnahmen im Wehrdisziplinarrecht vorsehen (vgl. §§ 16, 39, 43 und 128 WDO[2]).

8. Erhalten Disziplinarvorgesetzte – häufig durch die Strafverfolgungsbehörden im Wege einer „Mitteilung in Strafsachen" – Kenntnis davon, dass ihnen unterstellte Soldatinnen oder Soldaten

---

[1] → **C 20**
[2] → **C 10**

eine Straftat begangen haben, sind sie von Amts wegen verpflichtet zu prüfen, ob diese durch die Tat zugleich auch ein Dienstvergehen begangen hat. So kann es zum Beispiel sein, dass dieser durch eine außerdienstliche Tat (z. B. einen Diebstahl oder einen Meineid) seine Pflicht verletzt hat, sich außer Dienst und außerhalb militärischer Unterkünfte und Anlagen so zu verhalten, dass er das Ansehen der Bundeswehr oder die Achtung und das Vertrauen, die seine dienstliche Stellung erfordert, nicht ernsthaft beeinträchtigt (§ 17 Abs. 2 SG). In der Regel kann er jedoch die disziplinare Erledigung bis zur Beendigung des schwebenden Strafverfahrens aussetzen.

9. Stellen Disziplinarvorgesetzte selbst fest, dass ein Dienstvergehen zugleich eine Straftat ist (z. B. die Misshandlung eines Kameraden), müssen sie prüfen, ob sie die Sache an die zuständige Strafverfolgungsbehörde abgeben (§ 33 Abs. 3 WDO). Für diese oft nicht leichte Entscheidung ist der Erlass „Abgabe an die Staatsanwaltschaft" (A-2160/6 Abschnitt 1.9 → **C 11a**) heranzuziehen. Eine Abgabe schließt nicht aus, dass Disziplinarvorgesetzte vorher oder gleichzeitig die disziplinare Würdigung vornehmen.

III. Die Straftat

10. Die Straftat ist der zentrale Rechtsbegriff des Strafrechts. Die Verhängung einer Kriminalstrafe ist nur dann zulässig, wenn eine Person eine tatbestandsmäßige, rechtswidrige und schuldhafte Handlung, also eine Straftat begangen hat. Jede Prüfung eines Verhaltens auf seine strafrechtliche Bedeutung muss daher diese drei Stufen des Deliktaufbaus umfassen.

11. Die abstrakt und generell formulierten Straftatbestände des StGB und der strafrechtlichen Nebengesetze fassen die tat- und täterbezogenen Merkmale (z. B. Tatobjekt, Tathandlung, Tatmittel, besondere Umstände, Qualifikationen) zusammen, die Voraussetzung für die Strafbarkeit eines Verhaltens sind. So führt das Gesetz z. B. in § 242 StGB die Merkmale auf, die ein menschliches Verhalten aufweisen muss, um einen Diebstahl anzunehmen. Hier setzt der objektive (äußere) Tatbestand voraus, dass der Täter einem anderen eine fremde bewegliche Sache wegnimmt. Zur Verwirklichung des objektiven Tatbestands muss der subjektive Tatbestand hinzutreten, also eine bestimmte innere Einstellung und Vorstellung des Täters. Hierunter fällt regelmäßig das Erfordernis, dass der Täter mit Vorsatz gehandelt hat. Dies bedeutet, dass er den Handlungsablauf mit allen Merkmalen kannte (z. B. beim Diebstahl wusste, dass die Sache nicht ihm gehört) und ihn auch so herbeiführen wollte. Häufig knüpft das Gesetz seine Strafdrohung zusätzlich an bestimmte Motive, Tendenzen oder Absichten, so im Diebstahlstatbestand an die Absicht des Täters, sich oder einem Dritten die fremde Sache rechtswidrig zuzueignen. Stellt das Gesetz die fahrlässige Begehungsform unter Strafe (z. B. die fahrlässige Körperverletzung, § 229 StGB), so ist zu prüfen, ob der Täter den Tatbestand – obgleich ungewollt – durch eine pflichtwidrige Vernachlässigung „der im Verkehr erforderlichen Sorgfalt" verwirklicht hat.

12. Wenn ein Täter den objektiven und subjektiven Tatbestand erfüllt, ist seine Handlung in der Regel rechtswidrig („Tatbestandsmäßigkeit indiziert Rechtswidrigkeit"). Diese Regel erfährt eine Ausnahme, wenn die Rechtsordnung die Handlung im konkreten Fall aus bestimmten – meist gesetzlich festgelegten – Gründen erlaubt. Diese nennt man Rechtfertigungsgründe; sie lassen die Rechtswidrigkeit entfallen. Ein solcher Rechtfertigungsgrund besteht z. B. dann, wenn jemand zwar vorsätzlich einen anderen schlägt und damit den Tatbestand der Körperverletzung (§ 223 StGB) erfüllt, dies aber aus Notwehr (§ 32 StGB) tat, um einen Angriff des anderen abzuwehren. Auch die Festsetzung einer Person durch einen Soldaten, die grundsätzlich den Tatbestand einer Freiheitsberaubung (§ 239 StGB) erfüllt, ist gerechtfertigt, wenn die gesetzlichen Voraussetzungen eines vorläufigen Festnahmerechts (§ 127 Abs. 1 StPO,[1] § 21 WDO[2] oder § 6 UZwGBw[3]) gegeben sind. Weitere Beispiele für Rechtfertigungsgründe sind:

1. Rechtfertigender Notstand (§ 34 StGB),
2. Einwilligung des Verletzten, z. B. in einen chirurgischen Eingriff,
3. spezialgesetzliche Befugnisse eines Soldaten, z. B. zur Durchsuchung oder zum Schusswaffengebrauch,
4. Wahrnehmung berechtigter Interessen bei tatbestandsmäßiger Beleidigungshandlung (§ 193 StGB),
5. Selbsthilfe nach § 229 Bürgerliches Gesetzbuch.

13. Die Schuld ist die entscheidende Grundlage für die Verhängung und Bemessung einer Kriminalstrafe. Die Verbindung von Schuld und Strafe besitzt verfassungsrechtlichen Rang. Unter Schuld versteht man die persönliche Vorwerfbarkeit eines tatbestandsmäßigen und rechtswidrigen Verhaltens eines Menschen. Grundlage des Schuldprinzips ist die Fähigkeit des Menschen, sich frei zwischen Recht und Unrecht zu entscheiden. Wenn diese Ent-

---

[1] → **C 27**
[2] → **C 10**
[3] → **C 70**

scheidungsfreiheit nicht besteht, kann ein Schuldvorwurf nicht erhoben werden; an die Stelle der Strafe können jedoch Maßregeln der Besserung und Sicherung treten. Ohne Schuld handelt insbesondere, wer wegen einer seelischen oder psychischen Störung, wegen einer tief greifenden Bewusstseinsstörung oder wegen eines Rauschzustandes schuldunfähig ist (§ 20 StGB, verminderte Schuldfähigkeit § 21 StGB), aber auch Kinder unter 14 Jahren (§ 19 StGB). Überdies ist eine Reihe besonderer Umstände denkbar, die es dem Täter ebenfalls unmöglich machen oder doch bis zur Unerträglichkeit erschweren, sich rechtmäßig zu verhalten. Liegen solche Umstände vor, so kann gegen den Täter ebenfalls ein Schuldvorwurf nicht erhoben werden. Solche Umstände nennt man – je nach dem Ausmaß ihrer Wirkung – Entschuldigungs- oder Schuldminderungsgründe. Die Rechtsordnung kennt unter anderem folgende Entschuldigungs- oder Schuldminderungsgründe:

1. Unvermeidbarer Verbotsirrtum (§ 17)
2. Entschuldigender Notstand (§ 35)
3. Notwehrüberschreitung (§ 33)
4. Handeln aufgrund eines für verbindlich gehaltenen rechtswidrigen Befehls (§ 5 WStG)
5. Entschuldigende Pflichtenkollision.

Bewirkt ein solcher Umstand nur eine Schuldminderung, so begeht der Täter zwar eine Straftat, jedoch ist der darin enthaltene Schuldvorwurf von vermindertem Gewicht, sodass eine geringere Strafe verwirkt ist.

IV. Rechtsfolgen der Straftat

14. Das Sanktionensystem des deutschen Strafrechts ist vielgestaltig. Im Mittelpunkt stehen die Kriminalstrafen in Form der Freiheits- und Geldstrafe, daneben besteht das Fahrverbot als einzige Form der Nebenstrafe. Eine Vielzahl von freiheitsentziehenden (z. B. Unterbringung in einem psychiatrischen Krankenhaus oder in der Sicherungsverwahrung) sowie sonstiger (z. B. Führungsaufsicht, Entziehung der Fahrerlaubnis, Berufsverbot) Maßregeln der Besserung und Sicherung ermöglichen ein besonderes Einwirken auf den Täter. Das Jugendstrafrecht wird dem Erziehungsgedanken in der Weise gerecht, dass das Jugendgerichtsgesetz (JGG[1] – siehe Kapitel 4) neben der Jugendstrafe auch Erziehungsmaßregeln und so genannte Zuchtmittel (u. a. Verwarnung, Jugendarrest)

1 → **C 28**

zur Verfügung stellt. Für Straftaten von Soldaten ist in § 9 WStG der Strafarrest als besondere Form einer kurzzeitigen freiheitsentziehenden Kriminalstrafe vorgesehen. Der betroffene Soldat soll im Vollzug grundsätzlich in seiner Ausbildung gefördert werden.

15. Das deutsche Strafrecht sieht die zeitige und die lebenslängliche Freiheitsstrafe vor. Die zeitige Freiheitsstrafe beträgt zwischen einem Monat und 15 Jahren (§ 38 Abs. 2 StGB); im Bereich von einem Monat bis zu sechs Monaten ist sie jedoch nur in Ausnahmefällen zulässig (§ 47 StGB). In der Praxis ist die Vollstreckung der Freiheitsstrafe durch eine erhebliche Ausdehnung der Strafaussetzung zur Bewährung (§§ 56 bis 56g StGB) zurückgedrängt. Freiheitsstrafen und Ersatzfreiheitsstrafen bis zu sechs Monaten sowie Jugendarrest gegen Soldaten der Bundeswehr können ebenso wie Strafarrest und Disziplinararrest in Vollzugseinrichtungen der Bundeswehr vollzogen werden (vgl. A-2155/1 – „Vollzug von Freiheitsentziehungen“; → **C 13b**). In der Regel wird damit gewährleistet, dass der Soldat am Dienst teilnehmen kann.

16. Um bei der Festsetzung der Geldstrafe ein möglichst hohes Maß an Gerechtigkeit zu wahren, sieht das Gesetz in den einzelnen Strafdrohungen keine ziffernmäßig bezeichnete Summen vor. Vielmehr wird die Geldstrafe in so genannten Tagessätzen verhängt, deren Anzahl zwischen 5 und 360 betragen kann. Mit der Anzahl der Tagessätze berücksichtigt das Gericht die Schuld und den Vorbeugungszweck der Strafe (Strafmaß). Die persönlichen und wirtschaftlichen Verhältnisse des Täters bleiben hierfür grundsätzlich außer Betracht. Diese wirken sich bei der vom Gericht festzulegenden Höhe des einzelnen Tagessatzes aus. Grundlage ist hierbei das Nettoeinkommen des Täters. Die Höhe des einzelnen Tagessatzes kann zwischen einem und 30.000 Euro festgelegt werden.

V. Die Strafgerichtsbarkeit

17 Die Verhängung der Kriminalstrafen ist den allgemeinen Strafgerichten vorbehalten. Eine spezielle Strafgerichtsbarkeit für Angehörige der Streitkräfte gibt es in der Bundesrepublik Deutschland nicht. Die Strafverfolgungsbehörden (Staatsanwaltschaften) verfolgen jede Straftat, die zu ihrer Kenntnis gelangt. Sie sind auch bei der Verfolgung von Straftaten von Soldatinnen und Soldaten nicht davon abhängig, dass Disziplinarvorgesetzte des Täters die Sache an die Staatsanwaltschaft abgeben. Häufig wird jedoch erst die in § 33 Abs. 3 WDO vorgesehene Abgabe durch die Disziplinarvorgesetzten der Staatsanwaltschaft die Kenntnis von einer Straftat verschaffen.

b) Strafgesetzbuch (StGB)

in der Fassung der Bekanntmachung vom 13. November 1998 (BGBl. I S. 3322)

Stichwortverzeichnis zum StGB → S. 746

Zuletzt geändert durch
Gesetz zur Neuregelung des Schutzes von Geheimnissen bei der Mitwirkung Dritter an der Berufsausübung schweigepflichtiger Personen
vom 30. Oktober 2017 (BGBl. I S. 3618)

Inhaltsübersicht

Zweiter Abschnitt
Die Tat

Erster Titel
Grundlagen der Strafbarkeit

Zweiter Titel
Versuch

Dritter Titel
Täterschaft und Teilnahme

Vierter Titel
Notwehr und Notstand

C

Sechster Abschnitt
Widerstand gegen die Staatsgewalt

Siebenter Abschnitt
Straftaten gegen die öffentliche Ordnung

Zwanzigster Abschnitt
Raub und Erpressung

Einundzwanzigster Abschnitt
Begünstigung und Hehlerei

Zweiundzwanzigster Abschnitt
Betrug und Untreue

C

C

Allgemeiner Teil

Erster Abschnitt
Das Strafgesetz

Erster Titel
Geltungsbereich

§ 1 Keine Strafe ohne Gesetz

Eine Tat kann nur bestraft werden, wenn die Strafbarkeit gesetzlich bestimmt war, bevor die Tat begangen wurde.

§ 2 Zeitliche Geltung

(1) Die Strafe und ihre Nebenfolgen bestimmen sich nach dem Gesetz, das zur Zeit der Tat gilt.

(2) Wird die Strafdrohung während der Begehung der Tat geändert, so ist das Gesetz anzuwenden, das bei Beendigung der Tat gilt.

(3) Wird das Gesetz, das bei Beendigung der Tat gilt, vor der Entscheidung geändert, so ist das mildeste Gesetz anzuwenden.

(4) Ein Gesetz, das nur für eine bestimmte Zeit gelten soll, ist auf Taten, die während seiner Geltung begangen sind, auch dann anzuwenden, wenn es außer Kraft getreten ist. Dies gilt nicht, soweit ein Gesetz etwas anderes bestimmt.

(5) Für Einziehung und Unbrauchbarmachung gelten die Absätze 1 bis 4 entsprechend.

(6) Über Maßregeln der Besserung und Sicherung ist, wenn gesetzlich nichts anderes bestimmt ist, nach dem Gesetz zu entscheiden, das zur Zeit der Entscheidung gilt.

§ 3 Geltung für Inlandstaten

Das deutsche Strafrecht gilt für Taten, die im Inland begangen werden.

§ 4 Geltung für Taten auf deutschen Schiffen und Luftfahrzeugen

Das deutsche Strafrecht gilt, unabhängig vom Recht des Tatorts, für Taten, die auf einem Schiff oder in einem Luftfahrzeug begangen werden, das berechtigt ist, die Bundesflagge oder das Staatszugehörigkeitszeichen der Bundesrepublik Deutschland zu führen.

§ 5 Auslandstaten mit besonderem Inlandsbezug

Das deutsche Strafrecht gilt, unabhängig vom Recht des Tatorts, für folgende Taten, die im Ausland begangen werden:

1. (weggefallen)
2. Hochverrat (§§ 81 bis 83);
3. Gefährdung des demokratischen Rechtsstaates
   a) in den Fällen der §§ 89, 90a Abs. 1 und des § 90b, wenn der Täter Deutscher ist und seine Lebensgrundlage im räumlichen Geltungsbereich dieses Gesetzes hat, und
   b) in den Fällen der §§ 90 und 90a Abs. 2;
4. Landesverrat und Gefährdung der äußeren Sicherheit (§§ 94 bis 100a);
5. Straftaten gegen die Landesverteidigung
   a) in den Fällen der §§ 109 und 109e bis 109g und
   b) in den Fällen der §§ 109a, 109d und 109h, wenn der Täter Deutscher ist und seine Lebensgrundlage im räumlichen Geltungsbereich dieses Gesetzes hat;
6. Straftaten gegen die persönliche Freiheit
   a) in den Fällen der §§ 234a und 241a, wenn die Tat sich gegen eine Person richtet, die zur Zeit der Tat Deutsche ist und ihren Wohnsitz oder gewöhnlichen Aufenthalt im Inland hat,
   b) in den Fällen des § 235 Absatz 2 Nummer 2, wenn die Tat sich gegen eine Person richtet, die zur Zeit der Tat ihren Wohnsitz oder gewöhnlichen Aufenthalt im Inland hat, und
   c) in den Fällen des § 237, wenn der Täter zur Zeit der Tat Deutscher ist oder wenn die Tat sich gegen eine Person richtet, die zur Zeit der Tat ihren Wohnsitz oder gewöhnlichen Aufenthalt im Inland hat;
7. Verletzung von Betriebs- oder Geschäftsgeheimnissen eines im räumlichen Geltungsbereich dieses Gesetzes liegenden Betriebs, eines Unternehmens, das dort seinen Sitz hat, oder eines Unternehmens mit Sitz im Ausland, das von einem Unternehmen mit Sitz im räumlichen Geltungsbereich dieses Gesetzes abhängig ist und mit diesem einen Konzern bildet;
8. Straftaten gegen die sexuelle Selbstbestimmung in den Fällen des § 174 Absatz 1, 2 und 4, der §§ 176 bis 178 und des § 182, wenn der Täter zur Zeit der Tat Deutscher ist;

9. Straftaten gegen das Leben
   a) in den Fällen des § 218 Absatz 2 Satz 2 Nummer 1 und Absatz 4 Satz 1, wenn der Täter zur Zeit der Tat Deutscher ist, und
   b) in den übrigen Fällen des § 218, wenn der Täter zur Zeit der Tat Deutscher ist und seine Lebensgrundlage im Inland hat;

9a. Straftaten gegen die körperliche Unversehrtheit
   a) in den Fällen des § 226 Absatz 1 Nummer 1 in Verbindung mit Absatz 2 bei Verlust der Fortpflanzungsfähigkeit, wenn der Täter zur Zeit der Tat Deutscher ist, und
   b) in den Fällen des § 226a, wenn der Täter zur Zeit der Tat Deutscher ist oder wenn die Tat sich gegen eine Person richtet, die zur Zeit der Tat ihren Wohnsitz oder gewöhnlichen Aufenthalt im Inland hat;

10. falsche uneidliche Aussage, Meineid und falsche Versicherung an Eides Statt (§§ 153 bis 156) in einem Verfahren, das im räumlichen Geltungsbereich dieses Gesetzes bei einem Gericht oder einer anderen deutschen Stelle anhängig ist, die zur Abnahme von Eiden oder eidesstattlichen Versicherungen zuständig ist;

10a. Sportwettbetrug und Manipulation von berufssportlichen Wettbewerben (§§ 265c und 265d), wenn sich die Tat auf einen Wettbewerb bezieht, der im Inland stattfindet;

11. Straftaten gegen die Umwelt in den Fällen der §§ 324, 326, 330 und 330a, die im Bereich der deutschen ausschließlichen Wirtschaftszone begangen werden, soweit völkerrechtliche Übereinkommen zum Schutze des Meeres ihre Verfolgung als Straftaten gestatten;

11a. Straftaten nach § 328 Abs. 2 Nr. 3 und 4, Abs. 4 und 5, auch in Verbindung mit § 330, wenn der Täter zur Zeit der Tat Deutscher ist;

12. Taten, die ein deutscher Amtsträger oder für den öffentlichen Dienst besonders Verpflichteter während eines dienstlichen Aufenthalts oder in Beziehung auf den Dienst begeht;

13. Taten, die ein Ausländer als Amtsträger oder für den öffentlichen Dienst besonders Verpflichteter begeht;

14. Taten, die jemand gegen einen Amtsträger, einen für den öffentlichen Dienst besonders Verpflichteten oder einen Soldaten der Bundeswehr während der Ausübung ihres Dienstes oder in Beziehung auf ihren Dienst begeht;

15. Straftaten im Amt nach den §§ 331 bis 337, wenn
   a) der Täter zur Zeit der Tat Deutscher ist,
   b) der Täter zur Zeit der Tat Europäischer Amtsträger ist und seine Dienststelle ihren Sitz im Inland hat,
   c) die Tat gegenüber einem Amtsträger, einem für den öffentlichen Dienst besonders Verpflichteten oder einem Soldaten der Bundeswehr begangen wird oder
   d) die Tat gegenüber einem Europäischen Amtsträger oder Schiedsrichter, der zur Zeit der Tat Deutscher ist, oder einer nach § 335a gleichgestellten Person begangen wird, die zur Zeit der Tat Deutsche ist;

16. Bestechlichkeit und Bestechung von Mandatsträgern (§ 108e), wenn
   a) der Täter zur Zeit der Tat Mitglied einer deutschen Volksvertretung oder Deutscher ist oder
   b) die Tat gegenüber einem Mitglied einer deutschen Volksvertretung oder einer Person, die zur Zeit der Tat Deutsche ist, begangen wird;
17. Organ- und Gewebehandel (§ 18 des Transplantationsgesetzes), wenn der Täter zur Zeit der Tat Deutscher ist.

§ 6 Auslandstaten gegen international geschützte Rechtsgüter

Das deutsche Strafrecht gilt weiter, unabhängig vom Recht des Tatorts, für folgende Taten, die im Ausland begangen werden:

1. (weggefallen)
2. Kernenergie-, Sprengstoff- und Strahlungsverbrechen in den Fällen der §§ 307 und 308 Abs. 1 bis 4, des § 309 Abs. 2 und des § 310;
3. Angriffe auf den Luft- und Seeverkehr (§ 316c);
4. Menschenhandel (§ 232);
5. unbefugter Vertrieb von Betäubungsmitteln;
6. Verbreitung pornographischer Schriften in den Fällen der §§ 184a, 184b Absatz 1 und 2 und § 184c Absatz 1 und 2, jeweils auch in Verbindung mit § 184d Absatz 1 Satz 1;
7. Geld- und Wertpapierfälschung (§§ 146, 151 und 152), Fälschung von Zahlungskarten mit Garantiefunktion und Vordrucken für

Euroschecks (§ 152b Abs. 1 bis 4) sowie deren Vorbereitung (§§ 149, 151, 152 und 152b Abs. 5);

8. Subventionsbetrug (§ 264);
9. Taten, die auf Grund eines für die Bundesrepublik Deutschland verbindlichen zwischenstaatlichen Abkommens auch dann zu verfolgen sind, wenn sie im Ausland begangen werden.

§ 7 Geltung für Auslandstaten in anderen Fällen

(1) Das deutsche Strafrecht gilt für Taten, die im Ausland gegen einen Deutschen begangen werden, wenn die Tat am Tatort mit Strafe bedroht ist oder der Tatort keiner Strafgewalt unterliegt.

(2) Für andere Taten, die im Ausland begangen werden, gilt das deutsche Strafrecht, wenn die Tat am Tatort mit Strafe bedroht ist oder der Tatort keiner Strafgewalt unterliegt und wenn der Täter

1. zur Zeit der Tat Deutscher war oder es nach der Tat geworden ist oder
2. zur Zeit der Tat Ausländer war, im Inland betroffen und, obwohl das Auslieferungsgesetz seine Auslieferung nach der Art der Tat zuließe, nicht ausgeliefert wird, weil ein Auslieferungsersuchen innerhalb angemessener Frist nicht gestellt oder abgelehnt wird oder die Auslieferung nicht ausführbar ist.

§ 8 Zeit der Tat

Eine Tat ist zu der Zeit begangen, zu welcher der Täter oder der Teilnehmer gehandelt hat oder im Falle des Unterlassens hätte handeln müssen. Wann der Erfolg eintritt, ist nicht maßgebend.

§ 9 Ort der Tat

(1) Eine Tat ist an jedem Ort begangen, an dem der Täter gehandelt hat oder im Falle des Unterlassens hätte handeln müssen oder an dem der zum Tatbestand gehörende Erfolg eingetreten ist oder nach der Vorstellung des Täters eintreten sollte.

(2) Die Teilnahme ist sowohl an dem Ort begangen, an dem die Tat begangen ist, als auch an jedem Ort, an dem der Teilnehmer gehandelt hat oder im Falle des Unterlassens hätte handeln müssen oder an dem nach seiner Vorstellung die Tat begangen werden sollte. Hat der Teilnehmer an einer Auslandstat im Inland gehandelt, so gilt für die Teilnahme das deutsche Strafrecht, auch wenn die Tat nach dem Recht des Tatorts nicht mit Strafe bedroht ist.

§ 10 Sondervorschriften für Jugendliche und Heranwachsende

Für Taten von Jugendlichen und Heranwachsenden gilt dieses Gesetz nur, soweit im Jugendgerichtsgesetz nichts anderes bestimmt ist.

Zweiter Titel
Sprachgebrauch

§ 11 Personen- und Sachbegriffe

(1) Im Sinne dieses Gesetzes ist

1. Angehöriger:
   wer zu den folgenden Personen gehört:
   a) Verwandte und Verschwägerte gerader Linie, der Ehegatte, der Lebenspartner, der Verlobte, auch im Sinne des Lebenspartnerschaftsgesetzes, Geschwister, Ehegatten oder Lebenspartner der Geschwister, Geschwister der Ehegatten oder Lebenspartner, und zwar auch dann, wenn die Ehe oder die Lebenspartnerschaft, welche die Beziehung begründet hat, nicht mehr besteht oder wenn die Verwandtschaft oder Schwägerschaft erloschen ist,
   b) Pflegeeltern und Pflegekinder;
2. Amtsträger:
   wer nach deutschen Recht
   a) Beamter oder Richter ist,
   b) in einem sonstigen öffentlich-rechtlichen Amtsverhältnis steht oder
   c) sonst dazu bestellt ist, bei einer Behörde oder bei einer sonstigen Stelle oder in deren Auftrag Aufgaben der öffentlichen Verwaltung unbeschadet der zur Aufgabenerfüllung gewählten Organisationsform wahrzunehmen;

2a. Europäischer Amtsträger:
   wer
   a) Mitglied der Europäischen Kommission, der Europäischen Zentralbank, des Rechnungshofs oder eines Gerichts der Europäischen Union ist,
   b) Beamter oder sonstiger Bediensteter der Europäischen Union oder einer auf der Grundlage des Rechts der Europäischen Union geschaffenen Einrichtung ist oder

c) mit der Wahrnehmung von Aufgaben der Europäischen Union oder von Aufgaben einer auf der Grundlage des Rechts der Europäischen Union geschaffenen Einrichtung beauftragt ist;

3. Richter:
wer nach deutschem Recht Berufsrichter oder ehrenamtlicher Richter ist;

4. für den öffentlichen Dienst besonders Verpflichteter:
wer, ohne Amtsträger zu sein,

a) bei einer Behörde oder bei einer sonstigen Stelle, die Aufgaben der öffentlichen Verwaltung wahrnimmt, oder

b) bei einem Verband oder sonstigen Zusammenschluß, Betrieb oder Unternehmen, die für eine Behörde oder für eine sonstige Stelle Aufgaben der öffentlichen Verwaltung ausführen,

beschäftigt oder für sie tätig und auf die gewissenhafte Erfüllung seiner Obliegenheiten auf Grund eines Gesetzes förmlich verpflichtet ist;

5. rechtswidrige Tat:
nur eine solche, die den Tatbestand eines Strafgesetzes verwirklicht;

6. Unternehmen einer Tat:
deren Versuch und deren Vollendung;

7. Behörde:
auch ein Gericht;

8. Maßnahme:
jede Maßregel der Besserung und Sicherung, die Einziehung und die Unbrauchbarmachung;

9. Entgelt:
jede in einem Vermögensvorteil bestehende Gegenleistung.

(2) Vorsätzlich im Sinne dieses Gesetzes ist eine Tat auch dann, wenn sie einen gesetzlichen Tatbestand verwirklicht, der hinsichtlich der Handlung Vorsatz voraussetzt, hinsichtlich einer dadurch verursachten besonderen Folge jedoch Fahrlässigkeit ausreichen läßt.

(3) Den Schriften stehen Ton- und Bildträger, Datenspeicher, Abbildungen und andere Darstellungen in denjenigen Vorschriften gleich, die auf diesen Absatz verweisen.

§ 12 Verbrechen und Vergehen

(1) Verbrechen sind rechtswidrige Taten, die im Mindestmaß mit Freiheitsstrafe von einem Jahr oder darüber bedroht sind.

(2) Vergehen sind rechtswidrige Taten, die im Mindestmaß mit einer geringeren Freiheitsstrafe oder die mit Geldstrafe bedroht sind.

(3) Schärfungen oder Milderungen, die nach den Vorschriften des Allgemeinen Teils oder für besonders schwere oder minder schwere Fälle vorgesehen sind, bleiben für die Einteilung außer Betracht.

Zweiter Abschnitt
Die Tat

Erster Titel
Grundlagen der Strafbarkeit

§ 13 Begehen durch Unterlassen

(1) Wer es unterläßt, einen Erfolg abzuwenden, der zum Tatbestand eines Strafgesetzes gehört, ist nach diesem Gesetz nur dann strafbar, wenn er rechtlich dafür einzustehen hat, daß der Erfolg nicht eintritt, und wenn das Unterlassen der Verwirklichung des gesetzlichen Tatbestandes durch ein Tun entspricht.

(2) Die Strafe kann nach § 49 Abs. 1 gemildert werden.

§ 14 Handeln für einen anderen

(1) Handelt jemand

1. als vertretungsberechtigtes Organ einer juristischen Person oder als Mitglied eines solchen Organs,
2. als vertretungsberechtigter Gesellschafter einer rechtsfähigen Personengesellschaft oder
3. als gesetzlicher Vertreter eines anderen,

so ist ein Gesetz, nach dem besondere persönliche Eigenschaften, Verhältnisse oder Umstände (besondere persönliche Merkmale) die Strafbarkeit begründen, auch auf den Vertreter anzuwenden, wenn diese Merkmale zwar nicht bei ihm, aber bei dem Vertretenen vorliegen.

(2) Ist jemand von dem Inhaber eines Betriebs oder einem sonst dazu Befugten

1. beauftragt, den Betrieb ganz oder zum Teil zu leiten, oder

2. ausdrücklich beauftragt, in eigener Verantwortung Aufgaben wahrzunehmen, die dem Inhaber des Betriebs obliegen,

und handelt er auf Grund dieses Auftrags, so ist ein Gesetz, nach dem besondere persönliche Merkmale die Strafbarkeit begründen, auch auf den Beauftragten anzuwenden, wenn diese Merkmale zwar nicht bei ihm, aber bei dem Inhaber des Betriebs vorliegen. Dem Betrieb im Sinne des Satzes 1 steht das Unternehmen gleich. Handelt jemand auf Grund eines entsprechenden Auftrags für eine Stelle, die Aufgaben der öffentlichen Verwaltung wahrnimmt, so ist Satz 1 sinngemäß anzuwenden.

(3) Die Absätze 1 und 2 sind auch dann anzuwenden, wenn die Rechtshandlung, welche die Vertretungsbefugnis oder das Auftragsverhältnis begründen sollte, unwirksam ist.

§ 15 Vorsätzliches und fahrlässiges Handeln

Strafbar ist nur vorsätzliches Handeln, wenn nicht das Gesetz fahrlässiges Handeln ausdrücklich mit Strafe bedroht.

§ 16 Irrtum über Tatumstände

(1) Wer bei Begehung der Tat einen Umstand nicht kennt, der zum gesetzlichen Tatbestand gehört, handelt nicht vorsätzlich. Die Strafbarkeit wegen fahrlässiger Begehung bleibt unberührt.

(2) Wer bei Begehung der Tat irrig Umstände annimmt, welche den Tatbestand eines milderen Gesetzes verwirklichen würden, kann wegen vorsätzlicher Begehung nur nach dem milderen Gesetz bestraft werden.

§ 17 Verbotsirrtum

Fehlt dem Täter bei Begehung der Tat die Einsicht, Unrecht zu tun, so handelt er ohne Schuld, wenn er diesen Irrtum nicht vermeiden konnte. Konnte der Täter den Irrtum vermeiden, so kann die Strafe nach § 49 Abs. 1 gemildert werden.

§ 18 Schwerere Strafe bei besonderen Tatfolgen

Knüpft das Gesetz an eine besondere Folge der Tat eine schwerere Strafe, so trifft sie den Täter oder den Teilnehmer nur, wenn ihm hinsichtlich dieser Folge wenigstens Fahrlässigkeit zur Last fällt.

§ 19 Schuldunfähigkeit des Kindes

Schuldunfähig ist, wer bei Begehung der Tat noch nicht vierzehn Jahre alt ist.

§ 20 Schuldunfähigkeit wegen seelischer Störungen

Ohne Schuld handelt, wer bei Begehung der Tat wegen einer krankhaften seelischen Störung, wegen einer tiefgreifenden Bewußtseinsstörung oder wegen Schwachsinns oder einer schweren anderen seelischen Abartigkeit unfähig ist, das Unrecht der Tat einzusehen oder nach dieser Einsicht zu handeln.

§ 21 Verminderte Schuldfähigkeit

Ist die Fähigkeit des Täters, das Unrecht der Tat einzusehen oder nach dieser Einsicht zu handeln, aus einem der in § 20 bezeichneten Gründe bei Begehung der Tat erheblich vermindert, so kann die Strafe nach § 49 Abs. 1 gemildert werden.

Zweiter Titel
Versuch

§ 22 Begriffsbestimmung

Eine Straftat versucht, wer nach seiner Vorstellung von der Tat zur Verwirklichung des Tatbestandes unmittelbar ansetzt.

§ 23 Strafbarkeit des Versuchs

(1) Der Versuch eines Verbrechens ist stets strafbar, der Versuch eines Vergehens nur dann, wenn das Gesetz es ausdrücklich bestimmt.

(2) Der Versuch kann milder bestraft werden als die vollendete Tat (§ 49 Abs. 1).

(3) Hat der Täter aus grobem Unverstand verkannt, daß der Versuch nach der Art des Gegenstandes, an dem, oder des Mittels, mit dem die Tat begangen werden sollte, überhaupt nicht zur Vollendung führen konnte, so kann das Gericht von Strafe absehen oder die Strafe nach seinem Ermessen mildern (§ 49 Abs. 2).

§ 24 Rücktritt

(1) Wegen Versuchs wird nicht bestraft, wer freiwillig die weitere Ausführung der Tat aufgibt oder deren Vollendung verhindert. Wird die Tat ohne Zutun des Zurücktretenden nicht vollendet, so

wird er straflos, wenn er sich freiwillig und ernsthaft bemüht, die Vollendung zu verhindern.

(2) Sind an der Tat mehrere beteiligt, so wird wegen Versuchs nicht bestraft, wer freiwillig die Vollendung verhindert. Jedoch genügt zu seiner Straflosigkeit sein freiwilliges und ernsthaftes Bemühen, die Vollendung der Tat zu verhindern, wenn sie ohne sein Zutun nicht vollendet oder unabhängig von seinem früheren Tatbeitrag begangen wird.

Dritter Titel
Täterschaft und Teilnahme

§25 Täterschaft

(1) Als Täter wird bestraft, wer die Straftat selbst oder durch einen anderen begeht.

(2) Begehen mehrere die Straftat gemeinschaftlich, so wird jeder als Täter bestraft (Mittäter).

§26 Anstiftung

Als Anstifter wird gleich einem Täter bestraft, wer vorsätzlich einen anderen zu dessen vorsätzlich begangener rechtswidriger Tat bestimmt hat.

§27 Beihilfe

(1) Als Gehilfe wird bestraft, wer vorsätzlich einem anderen zu dessen vorsätzlich begangener rechtswidriger Tat Hilfe geleistet hat.

(2) Die Strafe für den Gehilfen richtet sich nach der Strafdrohung für den Täter. Sie ist nach § 49 Abs. 1 zu mildern.

§28 Besondere persönliche Merkmale

(1) Fehlen besondere persönliche Merkmale (§ 14 Abs. 1), welche die Strafbarkeit des Täters begründen, beim Teilnehmer (Anstifter oder Gehilfe), so ist dessen Strafe nach § 49 Abs. 1 zu mildern.

(2) Bestimmt das Gesetz, daß besondere persönliche Merkmale die Strafe schärfen, mildern oder ausschließen, so gilt das nur für den Beteiligten (Täter oder Teilnehmer), bei dem sie vorliegen.

§29 Selbständige Strafbarkeit des Beteiligten

Jeder Beteiligte wird ohne Rücksicht auf die Schuld des anderen nach seiner Schuld bestraft.

§30 Versuch der Beteiligung

(1) Wer einen anderen zu bestimmen versucht, ein Verbrechen zu begehen oder zu ihm anzustiften, wird nach den Vorschriften über den Versuch des Verbrechens bestraft. Jedoch ist die Strafe nach § 49 Abs. 1 zu mildern. § 23 Abs. 3 gilt entsprechend.

C

(2) Ebenso wird bestraft, wer sich bereit erklärt, wer das Erbieten eines anderen annimmt oder wer mit einem anderen verabredet, ein Verbrechen zu begehen oder zu ihm anzustiften.

§31 Rücktritt vom Versuch der Beteiligung

(1) Nach § 30 wird nicht bestraft, wer freiwillig

1. den Versuch aufgibt, einen anderen zu einem Verbrechen zu bestimmen, und eine etwa bestehende Gefahr, daß der andere die Tat begeht, abwendet,
2. nachdem er sich zu einem Verbrechen bereit erklärt hatte, sein Vorhaben aufgibt oder,
3. nachdem er ein Verbrechen verabredet oder das Erbieten eines anderen zu einem Verbrechen angenommen hatte, die Tat verhindert.

(2) Unterbleibt die Tat ohne Zutun des Zurücktretenden oder wird sie unabhängig von seinem früheren Verhalten begangen, so genügt zu seiner Straflosigkeit sein freiwilliges und ernsthaftes Bemühen, die Tat zu verhindern.

Vierter Titel
Notwehr und Notstand

§32 Notwehr

(1) Wer eine Tat begeht, die durch Notwehr geboten ist, handelt nicht rechtswidrig.

(2) Notwehr ist die Verteidigung, die erforderlich ist, um einen gegenwärtigen rechtswidrigen Angriff von sich oder einem anderen abzuwenden.

Anmerkung:

1. Zur strafrechtlichen Würdigung der Abwehr eines vermeintlichen Selbstmordattentäters im Auslandseinsatz (Fall der sog. „Putativnotwehr“) → Einstellungsverfügung der Staatsanwaltschaft Zweibrücken in NZWehrr 2009, 169.
2. Zur Rechtfertigung durch völkerrechtskonformes Verhalten → Einstellungsverfügung der Generalbundesanwaltschaft wegen des Angriffs auf zwei Tanklaster im Kunduz-River vom 16.04.2010, Az 3 BJs 6/10-4.
3. Zur Notwehr allgemein → **C 26**.

§ 33 Überschreitung der Notwehr

Überschreitet der Täter die Grenzen der Notwehr aus Verwirrung, Furcht oder Schrecken, so wird er nicht bestraft.

§ 34 Rechtfertigender Notstand

Wer in einer gegenwärtigen, nicht anders abwendbaren Gefahr für Leben, Leib, Freiheit, Ehre, Eigentum oder ein anderes Rechtsgut eine Tat begeht, um die Gefahr von sich oder einem anderen abzuwenden, handelt nicht rechtswidrig, wenn bei Abwägung der widerstreitenden Interessen, namentlich der betroffenen Rechtsgüter und des Grades der ihnen drohenden Gefahren, das geschützte Interesse das beeinträchtigte wesentlich überwiegt. Dies gilt jedoch nur, soweit die Tat ein angemessenes Mittel ist, die Gefahr abzuwenden.

§ 35 Entschuldigender Notstand

(1) Wer in einer gegenwärtigen, nicht anders abwendbaren Gefahr für Leben, Leib oder Freiheit eine rechtswidrige Tat begeht, um die Gefahr von sich, einem Angehörigen oder einer anderen ihm nahestehenden Person abzuwenden, handelt ohne Schuld. Dies gilt nicht, soweit dem Täter nach den Umständen, namentlich weil er die Gefahr selbst verursacht hat oder weil er in einem besonderen Rechtsverhältnis stand, zugemutet werden konnte, die Gefahr hinzunehmen; jedoch kann die Strafe nach § 49 Abs. 1 gemildert werden, wenn der Täter nicht mit Rücksicht auf ein besonderes Rechtsverhältnis die Gefahr hinzunehmen hatte.

(2) Nimmt der Täter bei Begehung der Tat irrig Umstände an, welche ihn nach Absatz 1 entschuldigen würden, so wird er nur dann bestraft, wenn er den Irrtum vermeiden konnte. Die Strafe ist nach § 49 Abs. 1 zu mildern.

Fünfter Titel
Straflosigkeit parlamentarischer Äußerungen und Berichte

§ 36 Parlamentarische Äußerungen

Mitglieder des Bundestages, der Bundesversammlung oder eines Gesetzgebungsorgans eines Landes dürfen zu keiner Zeit wegen ihrer Abstimmung oder wegen einer Äußerung, die sie in der Körperschaft oder in einem ihrer Ausschüsse getan haben, außerhalb der Körperschaft zur Verantwortung gezogen werden. Dies gilt nicht für verleumderische Beleidigungen.

§ 37 Parlamentarische Berichte

Wahrheitsgetreue Berichte über die öffentlichen Sitzungen der in § 36 bezeichneten Körperschaften oder ihrer Ausschüsse bleiben von jeder Verantwortlichkeit frei.

Dritter Abschnitt
Rechtsfolgen der Tat

Erster Titel
Strafen

Freiheitsstrafe

§ 38 Dauer der Freiheitsstrafe

(1) Die Freiheitsstrafe ist zeitig, wenn das Gesetz nicht lebenslange Freiheitsstrafe androht.

(2) Das Höchstmaß der zeitigen Freiheitsstrafe ist fünfzehn Jahre, ihr Mindestmaß ein Monat.

§ 39 Bemessung der Freiheitsstrafe

Freiheitsstrafe unter einem Jahr wird nach vollen Wochen und Monaten, Freiheitsstrafe von längerer Dauer nach vollen Monaten und Jahren bemessen.

Geldstrafe

§ 40 Verhängung in Tagessätzen

(1) Die Geldstrafe wird in Tagessätzen verhängt. Sie beträgt mindestens fünf und, wenn das Gesetz nichts anderes bestimmt, höchstens dreihundertsechzig volle Tagessätze.

(2) Die Höhe eines Tagessatzes bestimmt das Gericht unter Berücksichtigung der persönlichen und wirtschaftlichen Verhältnisse des Täters. Dabei geht es in der Regel von dem Nettoeinkommen aus, das der Täter durchschnittlich an einem Tag hat oder haben könnte. Ein Tagessatz wird auf mindestens einen und höchstens dreißigtausend Euro festgesetzt.

(3) Die Einkünfte des Täters, sein Vermögen und andere Grundlagen für die Bemessung eines Tagessatzes können geschätzt werden.

(4) In der Entscheidung werden Zahl und Höhe der Tagessätze angegeben.

§41 Geldstrafe neben Freiheitsstrafe

Hat der Täter sich durch die Tat bereichert oder zu bereichern versucht, so kann neben einer Freiheitsstrafe eine sonst nicht oder nur wahlweise angedrohte Geldstrafe verhängt werden, wenn dies auch unter Berücksichtigung der persönlichen und wirtschaftlichen Verhältnisse des Täters angebracht ist.

§42 Zahlungserleichterungen

Ist dem Verurteilten nach seinen persönlichen oder wirtschaftlichen Verhältnissen nicht zuzumuten, die Geldstrafe sofort zu zahlen, so bewilligt ihm das Gericht eine Zahlungsfrist oder gestattet ihm, die Strafe in bestimmten Teilbeträgen zu zahlen. Das Gericht kann dabei anordnen, daß die Vergünstigung, die Geldstrafe in bestimmten Teilbeträgen zu zahlen, entfällt, wenn der Verurteilte einen Teilbetrag nicht rechtzeitig zahlt. Das Gericht soll Zahlungserleichterungen auch gewähren, wenn ohne die Bewilligung die Wiedergutmachung des durch die Straftat verursachten Schadens durch den Verurteilten erheblich gefährdet wäre; dabei kann dem Verurteilten der Nachweis der Wiedergutmachung auferlegt werden.

§43 Ersatzfreiheitsstrafe

An die Stelle einer uneinbringlichen Geldstrafe tritt Freiheitsstrafe. Einem Tagessatz entspricht ein Tag Freiheitsstrafe. Das Mindestmaß der Ersatzfreiheitsstrafe ist ein Tag.

Nebenstrafe

§44 Fahrverbot

(1) Wird jemand wegen einer Straftat zu einer Freiheitsstrafe oder einer Geldstrafe verurteilt, so kann ihm das Gericht für die Dauer

von einem Monat bis zu sechs Monaten verbieten, im Straßenverkehr Kraftfahrzeuge jeder oder einer bestimmten Art zu führen. Auch wenn die Straftat nicht bei oder im Zusammenhang mit dem Führen eines Kraftfahrzeugs oder unter Verletzung der Pflichten eines Kraftfahrzeugführers begangen wurde, kommt die Anordnung eines Fahrverbots namentlich in Betracht, wenn sie zur Einwirkung auf den Täter oder zur Verteidigung der Rechtsordnung erforderlich erscheint oder hierdurch die Verhängung einer Freiheitsstrafe oder deren Vollstreckung vermieden werden kann. Ein Fahrverbot ist in der Regel anzuordnen, wenn in den Fällen einer Verurteilung nach § 315c Abs. 1 Nr. 1 Buchstabe a, Abs. 3 oder § 316 die Entziehung der Fahrerlaubnis nach § 69 unterbleibt.

(2) Das Fahrverbot wird wirksam, wenn der Führerschein nach Rechtskraft des Urteils in amtliche Verwahrung gelangt, spätestens jedoch mit Ablauf von einem Monat seit Eintritt der Rechtskraft. Für seine Dauer werden von einer deutschen Behörde ausgestellte nationale und internationale Führerscheine amtlich verwahrt. Dies gilt auch, wenn der Führerschein von einer Behörde eines Mitgliedstaates der Europäischen Union oder eines anderen Vertragsstaates des Abkommens über den Europäischen Wirtschaftsraum ausgestellt worden ist, sofern der Inhaber seinen ordentlichen Wohnsitz im Inland hat. In anderen ausländischen Führerscheinen wird das Fahrverbot vermerkt.

(3) Ist ein Führerschein amtlich zu verwahren oder das Fahrverbot in einem ausländischen Führerschein zu vermerken, so wird die Verbotsfrist erst von dem Tage an gerechnet, an dem dies geschieht. In die Verbotsfrist wird die Zeit nicht eingerechnet, in welcher der Täter auf behördliche Anordnung in einer Anstalt verwahrt worden ist.

(4) Werden gegen den Täter mehrere Fahrverbote rechtskräftig verhängt, so sind die Verbotsfristen nacheinander zu berechnen. Die Verbotsfrist auf Grund des früher wirksam gewordenen Fahrverbots läuft zuerst. Werden Fahrverbote gleichzeitig wirksam, so läuft die Verbotsfrist auf Grund des früher angeordneten Fahrverbots zuerst, bei gleichzeitiger Anordnung ist die frühere Tat maßgebend.

Nebenfolgen

§45 Verlust der Amtsfähigkeit, der Wählbarkeit und des Stimmrechts

(1) Wer wegen eines Verbrechens zu Freiheitsstrafe von mindestens einem Jahr verurteilt wird, verliert für die Dauer von fünf Jahren die Fähigkeit, öffentliche Ämter zu bekleiden und Rechte aus öffentlichen Wahlen zu erlangen.

(2) Das Gericht kann dem Verurteilten für die Dauer von zwei bis zu fünf Jahren die in Absatz 1 bezeichneten Fähigkeiten aberkennen, soweit das Gesetz es besonders vorsieht.

(3) Mit dem Verlust der Fähigkeit, öffentliche Ämter zu bekleiden, verliert der Verurteilte zugleich die entsprechenden Rechtsstellungen und Rechte, die er innehat.

(4) Mit dem Verlust der Fähigkeit, Rechte aus öffentlichen Wahlen zu erlangen, verliert der Verurteilte zugleich die entsprechenden Rechtsstellungen und Rechte, die er innehat, soweit das Gesetz nichts anderes bestimmt.

(5) Das Gericht kann dem Verurteilten für die Dauer von zwei bis zu fünf Jahren das Recht, in öffentlichen Angelegenheiten zu wählen oder zu stimmen, aberkennen, soweit das Gesetz es besonders vorsieht.

§45a Eintritt und Berechnung des Verlustes

(1) Der Verlust der Fähigkeiten, Rechtsstellungen und Rechte wird mit der Rechtskraft des Urteils wirksam.

(2) Die Dauer des Verlustes einer Fähigkeit oder eines Rechts wird von dem Tage an gerechnet, an dem die Freiheitsstrafe verbüßt, verjährt oder erlassen ist. Ist neben der Freiheitsstrafe eine freiheitsentziehende Maßregel der Besserung und Sicherung angeordnet worden, so wird die Frist erst von dem Tage an gerechnet, an dem auch die Maßregel erledigt ist.

(3) War die Vollstreckung der Strafe, des Strafrestes oder der Maßregel zur Bewährung oder im Gnadenweg ausgesetzt, so wird in die Frist die Bewährungszeit eingerechnet, wenn nach deren Ablauf die Strafe oder der Strafrest erlassen wird oder die Maßregel erledigt ist.

§45b Wiederverleihung von Fähigkeiten und Rechten

(1) Das Gericht kann nach § 45 Abs. 1 und 2 verlorene Fähigkeiten und nach § 45 Abs. 5 verlorene Rechte wiederverleihen, wenn

1. der Verlust die Hälfte der Zeit, für die er dauern sollte, wirksam war und
2. zu erwarten ist, daß der Verurteilte künftig keine vorsätzlichen Straftaten mehr begehen wird.

(2) In die Fristen wird die Zeit nicht eingerechnet, in welcher der Verurteilte auf behördliche Anordnung in einer Anstalt verwahrt worden ist.

Zweiter Titel
Strafbemessung

§46 Grundsätze der Strafzumessung

(1) Die Schuld des Täters ist Grundlage für die Zumessung der Strafe. Die Wirkungen, die von der Strafe für das künftige Leben des Täters in der Gesellschaft zu erwarten sind, sind zu berücksichtigen.

(2) Bei der Zumessung wägt das Gericht die Umstände, die für und gegen den Täter sprechen, gegeneinander ab. Dabei kommen namentlich in Betracht:

- die Beweggründe und die Ziele des Täters, besonders auch rassistische, fremdenfeindliche oder sonstige menschenverachtende,
- die Gesinnung, die aus der Tat spricht, und der bei der Tat aufgewendete Wille,
- das Maß der Pflichtwidrigkeit,
- die Art der Ausführung und die verschuldeten Auswirkungen der Tat,
- das Vorleben des Täters, seine persönlichen und wirtschaftlichen Verhältnisse sowie
- sein Verhalten nach der Tat, besonders sein Bemühen, den Schaden wiedergutzumachen, sowie das Bemühen des Täters, einen Ausgleich mit dem Verletzten zu erreichen.

(3) Umstände, die schon Merkmale des gesetzlichen Tatbestandes sind, dürfen nicht berücksichtigt werden.

§46a Täter-Opfer-Ausgleich, Schadenswiedergutmachung

Hat der Täter

1. in dem Bemühen, einen Ausgleich mit dem Verletzten zu erreichen (Täter-Opfer-Ausgleich), seine Tat ganz oder zum überwie-

genden Teil wiedergutgemacht oder deren Wiedergutmachung ernsthaft erstrebt oder

2. in einem Fall, in welchem die Schadenswiedergutmachung von ihm erhebliche persönliche Leistungen oder persönlichen Verzicht erfordert hat, das Opfer ganz oder zum überwiegenden Teil entschädigt,

so kann das Gericht die Strafe nach § 49 Abs. 1 mildern oder, wenn keine höhere Strafe als Freiheitsstrafe bis zu einem Jahr oder Geldstrafe bis zu dreihundertsechzig Tagessätzen verwirkt ist, von Strafe absehen.

§46b Hilfe zur Aufklärung oder Verhinderung von schweren Straftaten

(1) Wenn der Täter einer Straftat, die mit einer im Mindestmaß erhöhten Freiheitsstrafe oder mit lebenslanger Freiheitsstrafe bedroht ist,

1. durch freiwilliges Offenbaren seines Wissens wesentlich dazu beigetragen hat, dass eine Tat nach § 100a Abs. 2 der Strafprozessordnung, die mit seiner Tat im Zusammenhang steht, aufgedeckt werden konnte, oder
2. freiwillig sein Wissen so rechtzeitig einer Dienststelle offenbart, dass eine Tat nach § 100a Abs. 2 der Strafprozessordnung, die mit seiner Tat im Zusammenhang steht und von deren Planung er weiß, noch verhindert werden kann,

kann das Gericht die Strafe nach § 49 Abs. 1 mildern, wobei an die Stelle ausschließlich angedrohter lebenslanger Freiheitsstrafe eine Freiheitsstrafe nicht unter zehn Jahren tritt. Für die Einordnung als Straftat, die mit einer im Mindestmaß erhöhten Freiheitsstrafe bedroht ist, werden nur Schärfungen für besonders schwere Fälle und keine Milderungen berücksichtigt. War der Täter an der Tat beteiligt, muss sich sein Beitrag zur Aufklärung nach Satz 1 Nr. 1 über den eigenen Tatbeitrag hinaus erstrecken. Anstelle einer Milderung kann das Gericht von Strafe absehen, wenn die Straftat ausschließlich mit zeitiger Freiheitsstrafe bedroht ist und der Täter keine Freiheitsstrafe von mehr als drei Jahren verwirkt hat.

(2) Bei der Entscheidung nach Absatz 1 hat das Gericht insbesondere zu berücksichtigen:

1. die Art und den Umfang der offenbarten Tatsachen und deren Bedeutung für die Aufklärung oder Verhinderung der Tat, den Zeitpunkt der Offenbarung, das Ausmaß der Unterstützung der

Strafverfolgungsbehörden durch den Täter und die Schwere der Tat, auf die sich seine Angaben beziehen, sowie

2. das Verhältnis der in Nummer 1 genannten Umstände zur Schwere der Straftat und Schuld des Täters.

(3) Eine Milderung sowie das Absehen von Strafe nach Absatz 1 sind ausgeschlossen, wenn der Täter sein Wissen erst offenbart, nachdem die Eröffnung des Hauptverfahrens (§ 207 der Strafprozessordnung) gegen ihn beschlossen worden ist.

§ 47 Kurze Freiheitsstrafe nur in Ausnahmefällen

(1) Eine Freiheitsstrafe unter sechs Monaten verhängt das Gericht nur, wenn besondere Umstände, die in der Tat oder der Persönlichkeit des Täters liegen, die Verhängung einer Freiheitsstrafe zur Einwirkung auf den Täter oder zur Verteidigung der Rechtsordnung unerläßlich machen.

(2) Droht das Gesetz keine Geldstrafe an und kommt eine Freiheitsstrafe von sechs Monaten oder darüber nicht in Betracht, so verhängt das Gericht eine Geldstrafe, wenn nicht die Verhängung einer Freiheitsstrafe nach Absatz 1 unerläßlich ist. Droht das Gesetz ein erhöhtes Mindestmaß der Freiheitsstrafe an, so bestimmt sich das Mindestmaß der Geldstrafe in den Fällen des Satzes 1 nach dem Mindestmaß der angedrohten Freiheitsstrafe; dabei entsprechen dreißig Tagessätze einem Monat Freiheitsstrafe.

§ 48 (weggefallen)

§ 49 Besondere gesetzliche Milderungsgründe

(1) Ist eine Milderung nach dieser Vorschrift vorgeschrieben oder zugelassen, so gilt für die Milderung folgendes:

1. An die Stelle von lebenslanger Freiheitsstrafe tritt Freiheitsstrafe nicht unter drei Jahren.
2. Bei zeitiger Freiheitsstrafe darf höchstens auf drei Viertel des angedrohten Höchstmaßes erkannt werden. Bei Geldstrafe gilt dasselbe für die Höchstzahl der Tagessätze.
3. Das erhöhte Mindestmaß einer Freiheitsstrafe ermäßigt sich
   im Falle eines Mindestmaßes von zehn oder fünf Jahren auf zwei Jahre,
   im Falle eines Mindestmaßes von drei oder zwei Jahren auf sechs Monate,
   im Falle eines Mindestmaßes von einem Jahr auf drei Monate,
   im übrigen auf das gesetzliche Mindestmaß.

(2) Darf das Gericht nach einem Gesetz, das auf diese Vorschrift verweist, die Strafe nach seinem Ermessen mildern, so kann es bis zum gesetzlichen Mindestmaß der angedrohten Strafe herabgehen oder statt auf Freiheitsstrafe auf Geldstrafe erkennen.

§ 50 Zusammentreffen von Milderungsgründen

Ein Umstand, der allein oder mit anderen Umständen die Annahme eines minder schweren Falles begründet und der zugleich ein besonderer gesetzlicher Milderungsgrund nach § 49 ist, darf nur einmal berücksichtigt werden.

§ 51 Anrechnung

(1) Hat der Verurteilte aus Anlaß einer Tat, die Gegenstand des Verfahrens ist oder gewesen ist, Untersuchungshaft oder eine andere Freiheitsentziehung erlitten, so wird sie auf zeitige Freiheitsstrafe und auf Geldstrafe angerechnet. Das Gericht kann jedoch anordnen, daß die Anrechnung ganz oder zum Teil unterbleibt, wenn sie im Hinblick auf das Verhalten des Verurteilten nach der Tat nicht gerechtfertigt ist.

(2) Wird eine rechtskräftig verhängte Strafe in einem späteren Verfahren durch eine andere Strafe ersetzt, so wird auf diese die frühere Strafe angerechnet, soweit sie vollstreckt oder durch Anrechnung erledigt ist.

(3) Ist der Verurteilte wegen derselben Tat im Ausland bestraft worden, so wird auf die neue Strafe die ausländische angerechnet, soweit sie vollstreckt ist. Für eine andere im Ausland erlittene Freiheitsentziehung gilt Absatz 1 entsprechend.

(4) Bei der Anrechnung von Geldstrafe oder auf Geldstrafe entspricht ein Tag Freiheitsentziehung einem Tagessatz. Wird eine ausländische Strafe oder Freiheitsentziehung angerechnet, so bestimmt das Gericht den Maßstab nach seinem Ermessen.

(5) Für die Anrechnung der Dauer einer vorläufigen Entziehung der Fahrerlaubnis (§ 111a der Strafprozeßordnung) auf das Fahrverbot nach § 44 gilt Absatz 1 entsprechend. In diesem Sinne steht der vorläufigen Entziehung der Fahrerlaubnis die Verwahrung, Sicherstellung oder Beschlagnahme des Führerscheins (§ 94 der Strafprozeßordnung) gleich.

Dritter Titel
Strafbemessung bei mehreren Gesetzesverletzungen

§ 52 Tateinheit

(1) Verletzt dieselbe Handlung mehrere Strafgesetze oder dasselbe Strafgesetz mehrmals, so wird nur auf eine Strafe erkannt.

(2) Sind mehrere Strafgesetze verletzt, so wird die Strafe nach dem Gesetz bestimmt, das die schwerste Strafe androht. Sie darf nicht milder sein, als die anderen anwendbaren Gesetze es zulassen.

(3) Geldstrafe kann das Gericht unter den Voraussetzungen des § 41 neben Freiheitsstrafe gesondert verhängen.

(4) Auf Nebenstrafen, Nebenfolgen und Maßnahmen (§ 11 Absatz 1 Nummer 8) muss oder kann erkannt werden, wenn eines der anwendbaren Gesetze dies vorschreibt oder zulässt.

§ 53 Tatmehrheit

(1) Hat jemand mehrere Straftaten begangen, die gleichzeitig abgeurteilt werden, und dadurch mehrere Freiheitsstrafen oder mehrere Geldstrafen verwirkt, so wird auf eine Gesamtstrafe erkannt.

(2) Trifft Freiheitsstrafe mit Geldstrafe zusammen, so wird auf eine Gesamtstrafe erkannt. Jedoch kann das Gericht auf Geldstrafe auch gesondert erkennen; soll in diesen Fällen wegen mehrerer Straftaten Geldstrafe verhängt werden, so wird insoweit auf eine Gesamtgeldstrafe erkannt.

(3) § 52 Abs. 3 und 4 gilt sinngemäß.

§ 54 Bildung der Gesamtstrafe

(1) Ist eine der Einzelstrafen eine lebenslange Freiheitsstrafe, so wird als Gesamtstrafe auf lebenslange Freiheitsstrafe erkannt. In allen übrigen Fällen wird die Gesamtstrafe durch Erhöhung der verwirkten höchsten Strafe, bei Strafen verschiedener Art durch Erhöhung der ihrer Art nach schwersten Strafe gebildet. Dabei werden die Person des Täters und die einzelnen Straftaten zusammenfassend gewürdigt.

(2) Die Gesamtstrafe darf die Summe der Einzelstrafen nicht erreichen. Sie darf bei zeitigen Freiheitsstrafen fünfzehn Jahre und bei Geldstrafe siebenhundertzwanzig Tagessätze nicht übersteigen.

(3) Ist eine Gesamtstrafe aus Freiheits- und Geldstrafe zu bilden, so entspricht bei der Bestimmung der Summe der Einzelstrafen ein Tagessatz einem Tag Freiheitsstrafe.

§55 Nachträgliche Bildung der Gesamtstrafe

(1) Die §§ 53 und 54 sind auch anzuwenden, wenn ein rechtskräftig Verurteilter, bevor die gegen ihn erkannte Strafe vollstreckt, verjährt oder erlassen ist, wegen einer anderen Straftat verurteilt wird, die er vor der früheren Verurteilung begangen hat. Als frühere Verurteilung gilt das Urteil in dem früheren Verfahren, in dem die zugrundeliegenden tatsächlichen Feststellungen letztmals geprüft werden konnten.

(2) Nebenstrafen, Nebenfolgen und Maßnahmen (§ 11 Abs. 1 Nr. 8), auf die in der früheren Entscheidung erkannt war, sind aufrechtzuerhalten, soweit sie nicht durch die neue Entscheidung gegenstandslos werden.

Vierter Titel
Strafaussetzung zur Bewährung

§56 Strafaussetzung

(1) Bei der Verurteilung zu Freiheitsstrafe von nicht mehr als einem Jahr setzt das Gericht die Vollstreckung der Strafe zur Bewährung aus, wenn zu erwarten ist, daß der Verurteilte sich schon die Verurteilung zur Warnung dienen lassen und künftig auch ohne die Einwirkung des Strafvollzugs keine Straftaten mehr begehen wird. Dabei sind namentlich die Persönlichkeit des Verurteilten, sein Vorleben, die Umstände seiner Tat, sein Verhalten nach der Tat, seine Lebensverhältnisse und die Wirkungen zu berücksichtigen, die von der Aussetzung für ihn zu erwarten sind.

(2) Das Gericht kann unter den Voraussetzungen des Absatzes 1 auch die Vollstreckung einer höheren Freiheitsstrafe, die zwei Jahre nicht übersteigt, zur Bewährung aussetzen, wenn nach der Gesamtwürdigung von Tat und Persönlichkeit des Verurteilten besondere Umstände vorliegen. Bei der Entscheidung ist namentlich auch das Bemühen des Verurteilten, den durch die Tat verursachten Schaden wiedergutzumachen, zu berücksichtigen.

(3) Bei der Verurteilung zu Freiheitsstrafe von mindestens sechs Monaten wird die Vollstreckung nicht ausgesetzt, wenn die Verteidigung der Rechtsordnung sie gebietet.

(4) Die Strafaussetzung kann nicht auf einen Teil der Strafe beschränkt werden. Sie wird durch eine Anrechnung von Untersuchungshaft oder einer anderen Freiheitsentziehung nicht ausgeschlossen.

C

§56a Bewährungszeit

(1) Das Gericht bestimmt die Dauer der Bewährungszeit. Sie darf fünf Jahre nicht überschreiten und zwei Jahre nicht unterschreiten.

(2) Die Bewährungszeit beginnt mit der Rechtskraft der Entscheidung über die Strafaussetzung. Sie kann nachträglich bis auf das Mindestmaß verkürzt oder vor ihrem Ablauf bis auf das Höchstmaß verlängert werden.

§56b Auflagen

(1) Das Gericht kann dem Verurteilten Auflagen erteilen, die der Genugtuung für das begangene Unrecht dienen. Dabei dürfen an den Verurteilten keine unzumutbaren Anforderungen gestellt werden.

(2) Das Gericht kann dem Verurteilten auferlegen,

1. nach Kräften den durch die Tat verursachten Schaden wiedergutzumachen,
2. einen Geldbetrag zugunsten einer gemeinnützigen Einrichtung zu zahlen, wenn dies im Hinblick auf die Tat und die Persönlichkeit des Täters angebracht ist,
3. sonst gemeinnützige Leistungen zu erbringen oder
4. einen Geldbetrag zugunsten der Staatskasse zu zahlen.

Eine Auflage nach Satz 1 Nr. 2 bis 4 soll das Gericht nur erteilen, soweit die Erfüllung der Auflage einer Wiedergutmachung des Schadens nicht entgegensteht.

(3) Erbietet sich der Verurteilte zu angemessenen Leistungen, die der Genugtuung für das begangene Unrecht dienen, so sieht das Gericht in der Regel von Auflagen vorläufig ab, wenn die Erfüllung des Anerbietens zu erwarten ist.

Anmerkung:

Für vormilitärische Straftaten von Soldatinnen und Soldaten der Bw gilt für die Dauer des Wehrdienstverhältnisses Art. 4 EGWStG (→ **C 21**).

§56c Weisungen

(1) Das Gericht erteilt dem Verurteilten für die Dauer der Bewährungszeit Weisungen, wenn er dieser Hilfe bedarf, um keine Straftaten mehr zu begehen. Dabei dürfen an die Lebensführung des Verurteilten keine unzumutbaren Anforderungen gestellt werden.

(2) Das Gericht kann den Verurteilten namentlich anweisen,

1. Anordnungen zu befolgen, die sich auf Aufenthalt, Ausbildung, Arbeit oder Freizeit oder auf die Ordnung seiner wirtschaftlichen Verhältnisse beziehen,
2. sich zu bestimmten Zeiten bei Gericht oder einer anderen Stelle zu melden,
3. zu der verletzten Person oder bestimmten Personen oder Personen einer bestimmten Gruppe, die ihm Gelegenheit oder Anreiz zu weiteren Straftaten bieten können, keinen Kontakt aufzunehmen, mit ihnen nicht zu verkehren, sie nicht zu beschäftigen, auszubilden oder zu beherbergen,
4. bestimmte Gegenstände, die ihm Gelegenheit oder Anreiz zu weiteren Straftaten bieten können, nicht zu besitzen, bei sich zu führen oder verwahren zu lassen oder
5. Unterhaltspflichten nachzukommen.

(3) Die Weisung,

1. sich einer Heilbehandlung, die mit einem körperlichen Eingriff verbunden ist, oder einer Entziehungskur zu unterziehen oder
2. in einem geeigneten Heim oder einer geeigneten Anstalt Aufenthalt zu nehmen,

darf nur mit Einwilligung des Verurteilten erteilt werden.

(4) Macht der Verurteilte entsprechende Zusagen für seine künftige Lebensführung, so sieht das Gericht in der Regel von Weisungen vorläufig ab, wenn die Einhaltung der Zusagen zu erwarten ist.

§56d Bewährungshilfe

(1) Das Gericht unterstellt die verurteilte Person für die Dauer oder einen Teil der Bewährungszeit der Aufsicht und Leitung einer Bewährungshelferin oder eines Bewährungshelfers, wenn dies angezeigt ist, um sie von Straftaten abzuhalten.

(2) Eine Weisung nach Absatz 1 erteilt das Gericht in der Regel, wenn es eine Freiheitsstrafe von mehr als neun Monaten aussetzt und die verurteilte Person noch nicht 27 Jahre alt ist.

(3) Die Bewährungshelferin oder der Bewährungshelfer steht der verurteilten Person helfend und betreuend zur Seite. Sie oder er überwacht im Einvernehmen mit dem Gericht die Erfüllung der Auflagen und Weisungen sowie der Anerbieten und Zusagen und berichtet über die Lebensführung der verurteilten Person in Zeitabständen, die das Gericht bestimmt. Gröbliche oder beharrliche Ver-

stöße gegen Auflagen, Weisungen, Anerbieten oder Zusagen teilt die Bewährungshelferin oder der Bewährungshelfer dem Gericht mit.

(4) Die Bewährungshelferin oder der Bewährungshelfer wird vom Gericht bestellt. Es kann der Bewährungshelferin oder dem Bewährungshelfer für die Tätigkeit nach Absatz 3 Anweisungen erteilen.

(5) Die Tätigkeit der Bewährungshelferin oder des Bewährungshelfers wird haupt- oder ehrenamtlich ausgeübt.

Anmerkung:

Für vormilitärische Straftaten von Soldatinnen und Soldaten der Bw gilt für die Dauer des Wehrdienstverhältnisses Art. 4 EGWStG (→ **C 21**).

§ 56e Nachträgliche Entscheidungen

Das Gericht kann Entscheidungen nach den §§ 56b bis 56d auch nachträglich treffen, ändern oder aufheben.

§ 56f Widerruf der Strafaussetzung

(1) Das Gericht widerruft die Strafaussetzung, wenn die verurteilte Person

1. in der Bewährungszeit eine Straftat begeht und dadurch zeigt, daß die Erwartung, die der Strafaussetzung zugrunde lag, sich nicht erfüllt hat,
2. gegen Weisungen gröblich oder beharrlich verstößt oder sich der Aufsicht und Leitung der Bewährungshelferin oder des Bewährungshelfers beharrlich entzieht und dadurch Anlaß zu der Besorgnis gibt, daß sie erneut Straftaten begehen wird, oder
3. gegen Auflagen gröblich oder beharrlich verstößt.

Satz 1 Nr. 1 gilt entsprechend, wenn die Tat in der Zeit zwischen der Entscheidung über die Strafaussetzung und deren Rechtskraft oder bei nachträglicher Gesamtstrafenbildung in der Zeit zwischen der Entscheidung über die Strafaussetzung in einem einbezogenen Urteil und der Rechtskraft der Entscheidung über die Gesamtstrafe begangen worden ist.

(2) Das Gericht sieht jedoch von dem Widerruf ab, wenn es ausreicht,

1. weitere Auflagen oder Weisungen zu erteilen, insbesondere die verurteilte Person einer Bewährungshelferin oder einem Bewährungshelfer zu unterstellen, oder
2. die Bewährungs- oder Unterstellungszeit zu verlängern.

In den Fällen der Nummer 2 darf die Bewährungszeit nicht um mehr als die Hälfte der zunächst bestimmten Bewährungszeit verlängert werden.

(3) Leistungen, die die verurteilte Person zur Erfüllung von Auflagen, Anerbieten, Weisungen oder Zusagen erbracht hat, werden nicht erstattet. Das Gericht kann jedoch, wenn es die Strafaussetzung widerruft, Leistungen, die die verurteilte Person zur Erfüllung von Auflagen nach § 56b Abs. 2 Satz 1 Nr. 2 bis 4 oder entsprechenden Anerbieten nach § 56b Abs. 3 erbracht hat, auf die Strafe anrechnen.

§ 56g Straferlaß

(1) Widerruft das Gericht die Strafaussetzung nicht, so erläßt es die Strafe nach Ablauf der Bewährungszeit. § 56f Abs. 3 Satz 1 ist anzuwenden.

(2) Das Gericht kann den Straferlaß widerrufen, wenn der Verurteilte wegen einer in der Bewährungszeit begangenen vorsätzlichen Straftat zu Freiheitsstrafe von mindestens sechs Monaten verurteilt wird. Der Widerruf ist nur innerhalb von einem Jahr nach Ablauf der Bewährungszeit und von sechs Monaten nach Rechtskraft der Verurteilung zulässig. § 56f Abs. 1 Satz 2 und Abs. 3 gilt entsprechend.

§ 57 Aussetzung des Strafrestes bei zeitiger Freiheitsstrafe

(1) Das Gericht setzt die Vollstreckung des Restes einer zeitigen Freiheitsstrafe zur Bewährung aus, wenn

1. zwei Drittel der verhängten Strafe, mindestens jedoch zwei Monate, verbüßt sind,
2. dies unter Berücksichtigung des Sicherheitsinteresses der Allgemeinheit verantwortet werden kann, und
3. die verurteilte Person einwilligt.

Bei der Entscheidung sind insbesondere die Persönlichkeit der verurteilten Person, ihr Vorleben, die Umstände ihrer Tat, das Gewicht des bei einem Rückfall bedrohten Rechtsguts, das Verhalten der verurteilten Person im Vollzug, ihre Lebensverhältnisse und die Wirkungen zu berücksichtigen, die von der Aussetzung für sie zu erwarten sind.

(2) Schon nach Verbüßung der Hälfte einer zeitigen Freiheitsstrafe, mindestens jedoch von sechs Monaten, kann das Gericht die Vollstreckung des Restes zur Bewährung aussetzen, wenn

1. die verurteilte Person erstmals eine Freiheitsstrafe verbüßt und diese zwei Jahre nicht übersteigt oder
2. die Gesamtwürdigung von Tat, Persönlichkeit der verurteilten Person und ihrer Entwicklung während des Strafvollzugs ergibt, daß besondere Umstände vorliegen,

und die übrigen Voraussetzungen des Absatzes 1 erfüllt sind.

(3) Die §§ 56a bis 56e gelten entsprechend; die Bewährungszeit darf, auch wenn sie nachträglich verkürzt wird, die Dauer des Strafrestes nicht unterschreiten. Hat die verurteilte Person mindestens ein Jahr ihrer Strafe verbüßt, bevor deren Rest zur Bewährung ausgesetzt wird, unterstellt sie das Gericht in der Regel für die Dauer oder einen Teil der Bewährungszeit der Aufsicht und Leitung einer Bewährungshelferin oder eines Bewährungshelfers.

(4) Soweit eine Freiheitsstrafe durch Anrechnung erledigt ist, gilt sie als verbüßte Strafe im Sinne der Absätze 1 bis 3.

(5) Die §§ 56f und 56g gelten entsprechend. Das Gericht widerruft die Strafaussetzung auch dann, wenn die verurteilte Person in der Zeit zwischen der Verurteilung und der Entscheidung über die Strafaussetzung eine Straftat begangen hat, die von dem Gericht bei der Entscheidung über die Strafaussetzung aus tatsächlichen Gründen nicht berücksichtigt werden konnte und die im Fall ihrer Berücksichtigung zur Versagung der Strafaussetzung geführt hätte; als Verurteilung gilt das Urteil, in dem die zugrunde liegenden tatsächlichen Feststellungen letztmals geprüft werden konnten.

(6) Das Gericht kann davon absehen, die Vollstreckung des Restes einer zeitigen Freiheitsstrafe zur Bewährung auszusetzen, wenn die verurteilte Person unzureichende oder falsche Angaben über den Verbleib von Gegenständen macht, die der Einziehung von Tatererträgen unterliegen.

(7) Das Gericht kann Fristen von höchstens sechs Monaten festsetzen, vor deren Ablauf ein Antrag der verurteilten Person, den Strafrest zur Bewährung auszusetzen, unzulässig ist.

§ 57a Aussetzung des Strafrestes bei lebenslanger Freiheitsstrafe

(1) Das Gericht setzt die Vollstreckung des Restes einer lebenslangen Freiheitsstrafe zur Bewährung aus, wenn

1. fünfzehn Jahre der Strafe verbüßt sind,
2. nicht die besondere Schwere der Schuld des Verurteilten die weitere Vollstreckung gebietet und
3. die Voraussetzungen des § 57 Abs. 1 Satz 1 Nr. 2 und 3 vorliegen.

§ 57 Abs. 1 Satz 2 und Abs. 6 gilt entsprechend.

(2) Als verbüßte Strafe im Sinne des Absatzes 1 Satz 1 Nr. 1 gilt jede Freiheitsentziehung, die der Verurteilte aus Anlaß der Tat erlitten hat.

(3) Die Dauer der Bewährungszeit beträgt fünf Jahre. § 56a Abs. 2 Satz 1 und die §§ 56b bis 56g, 57 Abs. 3 Satz 2 und Abs. 5 Satz 2 gelten entsprechend.

(4) Das Gericht kann Fristen von höchstens zwei Jahren festsetzen, vor deren Ablauf ein Antrag des Verurteilten, den Strafrest zur Bewährung auszusetzen, unzulässig ist.

§ 57b Aussetzung des Strafrestes bei lebenslanger Freiheitsstrafe als Gesamtstrafe

Ist auf lebenslange Freiheitsstrafe als Gesamtstrafe erkannt, so werden bei der Feststellung der besonderen Schwere der Schuld (§ 57a Abs. 1 Satz 1 Nr. 2) die einzelnen Straftaten zusammenfassend gewürdigt.

§ 58 Gesamtstrafe und Strafaussetzung

(1) Hat jemand mehrere Straftaten begangen, so ist für die Strafaussetzung nach § 56 die Höhe der Gesamtstrafe maßgebend.

(2) Ist in den Fällen des § 55 Abs. 1 die Vollstreckung der in der früheren Entscheidung verhängten Freiheitsstrafe ganz oder für den Strafrest zur Bewährung ausgesetzt und wird auch die Gesamtstrafe zur Bewährung ausgesetzt, so verkürzt sich das Mindestmaß der neuen Bewährungszeit um die bereits abgelaufene Bewährungszeit, jedoch nicht auf weniger als ein Jahr. Wird die Gesamtstrafe nicht zur Bewährung ausgesetzt, so gilt § 56f Abs. 3 entsprechend.

C

Fünfter Titel
Verwarnung mit Strafvorbehalt; Absehen von Strafe

§ 59 Voraussetzungen der Verwarnung mit Strafvorbehalt

(1) Hat jemand Geldstrafe bis zu einhundertachtzig Tagessätzen verwirkt, so kann das Gericht ihn neben dem Schuldspruch verwarnen, die Strafe bestimmen und die Verurteilung zu dieser Strafe vorbehalten, wenn

C

1. zu erwarten ist, daß der Täter künftig auch ohne Verurteilung zu Strafe keine Straftaten mehr begehen wird,
2. nach der Gesamtwürdigung von Tat und Persönlichkeit des Täters besondere Umstände vorliegen, die eine Verhängung von Strafe entbehrlich machen, und
3. die Verteidigung der Rechtsordnung die Verurteilung zu Strafe nicht gebietet.

§ 56 Abs. 1 Satz 2 gilt entsprechend.

(2) Neben der Verwarnung kann auf Einziehung oder Unbrauchbarmachung erkannt werden. Neben Maßregeln der Besserung und Sicherung ist die Verwarnung mit Strafvorbehalt nicht zulässig.

§ 59a Bewährungszeit, Auflagen und Weisungen

(1) Das Gericht bestimmt die Dauer der Bewährungszeit. Sie darf zwei Jahre nicht überschreiten und ein Jahr nicht unterschreiten.

(2) Das Gericht kann den Verwarnten anweisen,

1. sich zu bemühen, einen Ausgleich mit dem Verletzten zu erreichen oder sonst den durch die Tat verursachten Schaden wiedergutzumachen,
2. seinen Unterhaltspflichten nachzukommen,
3. einen Geldbetrag zugunsten einer gemeinnützigen Einrichtung oder der Staatskasse zu zahlen,
4. sich einer ambulanten Heilbehandlung oder einer ambulanten Entziehungskur zu unterziehen,
5. an einem sozialen Trainingskurs teilzunehmen oder
6. an einem Verkehrsunterricht teilzunehmen.

Dabei dürfen an die Lebensführung des Verwarnten keine unzumutbaren Anforderungen gestellt werden; auch dürfen die Auflagen und Weisungen nach Satz 1 Nummer 3 bis 6 zur Bedeutung der vom Täter begangenen Tat nicht außer Verhältnis stehen. § 56c Abs. 3 und 4 und § 56e gelten entsprechend.

§ 59b Verurteilung zu der vorbehaltenen Strafe

(1) Für die Verurteilung zu der vorbehaltenen Strafe gilt § 56f entsprechend.

(2) Wird der Verwarnte nicht zu der vorbehaltenen Strafe verurteilt, so stellt das Gericht nach Ablauf der Bewährungszeit fest, daß es bei der Verwarnung sein Bewenden hat.

§ 59c Gesamtstrafe und Verwarnung mit Strafvorbehalt

(1) Hat jemand mehrere Straftaten begangen, so sind bei der Verwarnung mit Strafvorbehalt für die Bestimmung der Strafe die §§ 53 bis 55 entsprechend anzuwenden.

(2) Wird der Verwarnte wegen einer vor der Verwarnung begangenen Straftat nachträglich zu Strafe verurteilt, so sind die Vorschriften über die Bildung einer Gesamtstrafe (§§ 53 bis 55 und 58) mit der Maßgabe anzuwenden, daß die vorbehaltene Strafe in den Fällen des § 55 einer erkannten Strafe gleichsteht.

§ 60 Absehen von Strafe

Das Gericht sieht von Strafe ab, wenn die Folgen der Tat, die den Täter getroffen haben, so schwer sind, daß die Verhängung einer Strafe offensichtlich verfehlt wäre. Dies gilt nicht, wenn der Täter für die Tat eine Freiheitsstrafe von mehr als einem Jahr verwirkt hat.

Sechster Titel
Maßregeln der Besserung und Sicherung

§ 61 Übersicht

Maßregeln der Besserung und Sicherung sind

1. die Unterbringung in einem psychiatrischen Krankenhaus,
2. die Unterbringung in einer Entziehungsanstalt,
3. die Unterbringung in der Sicherungsverwahrung,
4. die Führungsaufsicht,
5. die Entziehung der Fahrerlaubnis,
6. das Berufsverbot.

§ 62 Grundsatz der Verhältnismäßigkeit

Eine Maßregel der Besserung und Sicherung darf nicht angeordnet werden, wenn sie zur Bedeutung der vom Täter begangenen und zu erwartenden Taten sowie zu dem Grad der von ihm ausgehenden Gefahr außer Verhältnis steht.

Freiheitsentziehende Maßregeln

C

§ 63 Unterbringung in einem psychiatrischen Krankenhaus

Hat jemand eine rechtswidrige Tat im Zustand der Schuldunfähigkeit (§ 20) oder der verminderten Schuldfähigkeit (§ 21) begangen, so ordnet das Gericht die Unterbringung in einem psychiatrischen Krankenhaus an, wenn die Gesamtwürdigung des Täters und seiner Tat ergibt, daß von ihm infolge seines Zustandes erhebliche rechtswidrige Taten, durch welche die Opfer seelisch oder körperlich erheblich geschädigt oder erheblich gefährdet werden oder schwerer wirtschaftlicher Schaden angerichtet wird, zu erwarten sind und er deshalb für die Allgemeinheit gefährlich ist. Handelt es sich bei der begangenen rechtswidrigen Tat nicht um eine im Sinne von Satz 1 erhebliche Tat, so trifft das Gericht eine solche Anordnung nur, wenn besondere Umstände die Erwartung rechtfertigen, dass der Täter infolge seines Zustandes derartige erhebliche rechtswidrige Taten begehen wird.

§ 64 Unterbringung in einer Entziehungsanstalt

Hat eine Person den Hang, alkoholische Getränke oder andere berauschende Mittel im Übermaß zu sich zu nehmen, und wird sie wegen einer rechtswidrigen Tat, die sie im Rausch begangen hat oder die auf ihren Hang zurückgeht, verurteilt oder nur deshalb nicht verurteilt, weil ihre Schuldunfähigkeit erwiesen oder nicht auszuschließen ist, so soll das Gericht die Unterbringung in einer Entziehungsanstalt anordnen, wenn die Gefahr besteht, dass sie infolge ihres Hanges erhebliche rechtswidrige Taten begehen wird. Die Anordnung ergeht nur, wenn eine hinreichend konkrete Aussicht besteht, die Person durch die Behandlung in einer Entziehungsanstalt innerhalb der Frist nach § 67d Absatz 1 Satz 1 oder 3 zu heilen oder über eine erhebliche Zeit vor dem Rückfall in den Hang zu bewahren und von der Begehung erheblicher rechtswidriger Taten abzuhalten, die auf ihren Hang zurückgehen.

§ 65 (weggefallen)

§ 66 Unterbringung in der Sicherungsverwahrung

(1) Das Gericht ordnet neben der Strafe die Sicherungsverwahrung an, wenn

1. jemand zu Freiheitsstrafe von mindestens zwei Jahren wegen einer vorsätzlichen Straftat verurteilt wird, die
   a) sich gegen das Leben, die körperliche Unversehrtheit, die persönliche Freiheit oder die sexuelle Selbstbestimmung richtet,
   b) unter den Ersten, Siebenten, Zwanzigsten oder Achtundzwanzigsten Abschnitt des Besonderen Teils oder unter das Völkerstrafgesetzbuch oder das Betäubungsmittelgesetz fällt und im Höchstmaß mit Freiheitsstrafe von mindestens zehn Jahren bedroht ist oder
   c) den Tatbestand des § 145a erfüllt, soweit die Führungsaufsicht auf Grund einer Straftat der in den Buchstaben a oder b genannten Art eingetreten ist, oder den Tatbestand des § 323a, soweit die im Rausch begangene rechtswidrige Tat eine solche der in den Buchstaben a oder b genannten Art ist,
2. der Täter wegen Straftaten der in Nummer 1 genannten Art, die er vor der neuen Tat begangen hat, schon zweimal jeweils zu einer Freiheitsstrafe von mindestens einem Jahr verurteilt worden ist,
3. er wegen einer oder mehrerer dieser Taten vor der neuen Tat für die Zeit von mindestens zwei Jahren Freiheitsstrafe verbüßt oder sich im Vollzug einer freiheitsentziehenden Maßregel der Besserung und Sicherung befunden hat und
4. die Gesamtwürdigung des Täters und seiner Taten ergibt, dass er infolge eines Hanges zu erheblichen Straftaten, namentlich zu solchen, durch welche die Opfer seelisch oder körperlich schwer geschädigt werden, zum Zeitpunkt der Verurteilung für die Allgemeinheit gefährlich ist.

Für die Einordnung als Straftat im Sinne von Satz 1 Nummer 1 Buchstabe b gilt § 12 Absatz 3 entsprechend, für die Beendigung der in Satz 1 Nummer 1 Buchstabe c genannten Führungsaufsicht § 68b Absatz 1 Satz 4.

(2) Hat jemand drei Straftaten der in Absatz 1 Satz 1 Nummer 1 genannten Art begangen, durch die er jeweils Freiheitsstrafe von mindestens einem Jahr verwirkt hat, und wird er wegen einer oder mehrerer dieser Taten zu Freiheitsstrafe von mindestens drei Jahren verurteilt, so kann das Gericht unter der in Absatz 1 Satz 1

Nummer 4 bezeichneten Voraussetzung neben der Strafe die Sicherungsverwahrung auch ohne frühere Verurteilung oder Freiheitsentziehung (Absatz 1 Satz 1 Nummer 2 und 3) anordnen.

(3) Wird jemand wegen eines die Voraussetzungen nach Absatz 1 Satz 1 Nummer 1 Buchstabe a oder b erfüllenden Verbrechens oder wegen einer Straftat nach § 89a Absatz 1 bis 3, § 89c Absatz 1 bis 3, § 129a Absatz 5 Satz 1 erste Alternative, auch in Verbindung mit § 129b Absatz 1, den §§ 174 bis 174c, 176, 177 Absatz 2 Nummer 1, Absatz 3 und 6, §§ 180, 182, 224, 225 Abs. 1 oder 2 oder wegen einer vorsätzlichen Straftat nach § 323a, soweit die im Rauch begangene Tat eine der vorgenannten rechtswidrigen Taten ist, zu Freiheitsstrafe von mindestens zwei Jahren verurteilt, so kann das Gericht neben der Strafe die Sicherungsverwahrung anordnen, wenn der Täter wegen einer oder mehrerer solcher Straftaten, die er vor der neuen Tat begangen hat, schon einmal zu Freiheitsstrafe von mindestens drei Jahren verurteilt worden ist und die in Absatz 1 Satz 1 Nummer 3 und 4 genannten Voraussetzungen erfüllt sind. Hat jemand zwei Straftaten der in Satz 1 bezeichneten Art begangen, durch die er jeweils Freiheitsstrafe von mindestens zwei Jahren verwirkt hat und wird er wegen einer oder mehrerer dieser Taten zu Freiheitsstrafe von mindestens drei Jahren verurteilt, so kann das Gericht unter den in Absatz 1 Satz 1 Nummer 4 bezeichneten Voraussetzungen neben der Strafe die Sicherungsverwahrung auch ohne frühere Verurteilung oder Freiheitsentziehung (Absatz 1 Satz 1 Nummer 2 und 3) anordnen. Die Absätze 1 und 2 bleiben unberührt.

(4) Im Sinne des Absatzes 1 Satz 1 Nummer 2 gilt eine Verurteilung zu Gesamtstrafe als eine einzige Verurteilung. Ist Untersuchungshaft oder eine andere Freiheitsentziehung auf Freiheitsstrafe angerechnet, so gilt sie als verbüßte Strafe im Sinne des Absatzes 1 Satz 1 Nummer 3. Eine frühere Tat bleibt außer Betracht, wenn zwischen ihr und der folgenden Tat mehr als fünf Jahre verstrichen sind; bei Straftaten gegen die sexuelle Selbstbestimmung beträgt die Frist fünfzehn Jahre. In die Frist wird die Zeit nicht eingerechnet, in welcher der Täter auf behördliche Anordnung in einer Anstalt verwahrt worden ist. Eine Tat, die außerhalb des räumlichen Geltungsbereichs dieses Gesetzes abgeurteilt worden ist, steht einer innerhalb dieses Bereichs abgeurteilten Tat gleich, wenn sie nach deutschem Strafrecht eine Straftat der in Absatz 1 Satz 1 Nummer 1, in den Fällen des Absatzes 3 der in Absatz 3 Satz 1 bezeichneten Art wäre.

Anmerkung:

Nach Maßgabe der Entscheidungsformel mit dem Grundgesetz (→ **A 10**) unvereinbar (Urteil des BVerfG v. 04.05.2011 in BGBl. I S. 1003). Zur Umsetzung der Anforderungen des BVerfG vgl. Gesetz vom 05.12.2012 I 2425 mWv 01.06.2013.

§ 66a Vorbehalt der Unterbringung in der Sicherungsverwahrung

(1) Das Gericht kann im Urteil die Anordnung der Sicherungsverwahrung vorbehalten, wenn

1. jemand wegen einer der in § 66 Absatz 3 Satz 1 genannten Straftaten verurteilt wird,
2. die übrigen Voraussetzungen des § 66 Absatz 3 erfüllt sind, soweit dieser nicht auf § 66 Absatz 1 Satz 1 Nummer 4 verweist, und
3. nicht mit hinreichender Sicherheit feststellbar, aber wahrscheinlich ist, dass die Voraussetzungen des § 66 Absatz 1 Satz 1 Nummer 4 vorliegen.

(2) Einen Vorbehalt im Sinne von Absatz 1 kann das Gericht auch aussprechen, wenn

1. jemand zu einer Freiheitsstrafe von mindestens fünf Jahren wegen eines oder mehrerer Verbrechen gegen das Leben, die körperliche Unversehrtheit, die persönliche Freiheit, die sexuelle Selbstbestimmung, nach dem Achtundzwanzigsten Abschnitt oder nach den §§ 250, 251, auch in Verbindung mit § 252 oder § 255, verurteilt wird,
2. die Voraussetzungen des § 66 nicht erfüllt sind und
3. mit hinreichender Sicherheit feststellbar oder zumindest wahrscheinlich ist, dass die Voraussetzungen des § 66 Absatz 1 Satz 1 Nummer 4 vorliegen.

(3) Über die nach Absatz 1 oder 2 vorbehaltene Anordnung der Sicherungsverwahrung kann das Gericht im ersten Rechtszug nur bis zur vollständigen Vollstreckung der Freiheitsstrafe entscheiden; dies gilt auch, wenn die Vollstreckung des Strafrestes zur Bewährung ausgesetzt war und der Strafrest vollstreckt wird. Das Gericht ordnet die Sicherungsverwahrung an, wenn die Gesamtwürdigung des Verurteilten, seiner Tat oder seiner Taten und ergänzend seiner Entwicklung bis zum Zeitpunkt der Entscheidung ergibt, dass von ihm erhebliche Straftaten zu erwarten sind, durch welche die Opfer seelisch oder körperlich schwer geschädigt werden.

Anmerkung:
Nach Maßgabe der Entscheidungsformel mit dem Grundgesetz (→ **A 10**) unvereinbar (Urteil des BVerfG v. 04.05.2011 in BGBl. I S. 1003). Zur Umsetzung der Anforderungen des BVerfG vgl. Gesetz vom 05.12.2012 I 2425 mWv 01.06.2013.

§ 66b Nachträgliche Anordnung der Unterbringung in der Sicherungsverwahrung

Ist die Unterbringung in einem psychiatrischen Krankenhaus nach § 67d Abs. 6 für erledigt erklärt worden, weil der die Schuldfähigkeit ausschließende oder vermindernde Zustand, auf dem die Unterbringung beruhte, im Zeitpunkt der Erledigungsentscheidung nicht bestanden hat, so kann das Gericht die Unterbringung in der Sicherungsverwahrung nachträglich anordnen, wenn

1. die Unterbringung des Betroffenen nach § 63 wegen mehrerer der in § 66 Abs. 3 Satz 1 genannten Taten angeordnet wurde oder wenn der Betroffene wegen einer oder mehrerer solcher Taten, die er vor der zur Unterbringung nach § 63 führenden Tat begangen hat, schon einmal zu einer Freiheitsstrafe von mindestens drei Jahren verurteilt oder in einem psychiatrischen Krankenhaus untergebracht worden war und
2. die Gesamtwürdigung des Betroffenen, seiner Taten und ergänzend seiner Entwicklung bis zum Zeitpunkt der Entscheidung ergibt, dass er mit hoher Wahrscheinlichkeit erhebliche Straftaten begehen wird, durch welche die Opfer seelisch oder körperlich schwer geschädigt werden.

Dies gilt auch, wenn im Anschluss an die Unterbringung nach § 63 noch eine daneben angeordnete Freiheitsstrafe ganz oder teilweise zu vollstrecken ist.

Anmerkung:
Nach Maßgabe der Entscheidungsformel mit dem Grundgesetz (→ **A 10**) unvereinbar (Urteil des BVerfG v. 04.05.2011 in BGBl. I S. 1003). Zur Umsetzung der Anforderungen des BVerfG vgl. Gesetz vom 05.12.2012 I 2425 mWv 01.06.2013.

§ 66c Ausgestaltung der Unterbringung in der Sicherungsverwahrung und des vorhergehenden Strafvollzugs

(1) Die Unterbringung in der Sicherungsverwahrung erfolgt in Einrichtungen, die

1. dem Untergebrachten auf der Grundlage einer umfassenden Behandlungsuntersuchung und eines regelmäßig fortzuschreibenden Vollzugsplans eine Betreuung anbieten,

a) die individuell und intensiv sowie geeignet ist, seine Mitwirkungsbereitschaft zu wecken und zu fördern, insbesondere eine psychiatrische, psycho- oder sozialtherapeutische Behandlung, die auf den Untergebrachten zugeschnitten ist, soweit standardisierte Angebote nicht Erfolg versprechend sind, und

b) die zum Ziel hat, seine Gefährlichkeit für die Allgemeinheit so zu mindern, dass die Vollstreckung der Maßregel möglichst bald zur Bewährung ausgesetzt oder sie für erledigt erklärt werden kann,

2. eine Unterbringung gewährleisten,

a) die den Untergebrachten so wenig wie möglich belastet, den Erfordernissen der Betreuung im Sinne von Nummer 1 entspricht und, soweit Sicherheitsbelange nicht entgegenstehen, den allgemeinen Lebensverhältnissen angepasst ist, und

b) die vom Strafvollzug getrennt in besonderen Gebäuden oder Abteilungen erfolgt, sofern nicht die Behandlung im Sinne von Nummer 1 ausnahmsweise etwas anderes erfordert, und

3. zur Erreichung des in Nummer 1 Buchstabe b genannten Ziels

a) vollzugsöffnende Maßnahmen gewähren und Entlassungsvorbereitungen treffen, soweit nicht zwingende Gründe entgegenstehen, insbesondere konkrete Anhaltspunkte die Gefahr begründen, der Untergebrachte werde sich dem Vollzug der Sicherungsverwahrung entziehen oder die Maßnahmen zur Begehung erheblicher Straftaten missbrauchen, sowie

b) in enger Zusammenarbeit mit staatlichen oder freien Trägern eine nachsorgende Betreuung in Freiheit ermöglichen.

(2) Hat das Gericht die Unterbringung in der Sicherungsverwahrung im Urteil (§ 66), nach Vorbehalt (§ 66a Absatz 3) oder nachträglich (§ 66b) angeordnet oder sich eine solche Anordnung im Urteil vorbehalten (§ 66a Absatz 1 und 2), ist dem Täter schon im Strafvollzug eine Betreuung im Sinne von Absatz 1 Nummer 1, insbesondere eine sozialtherapeutische Behandlung, anzubieten mit dem Ziel, die Vollstreckung der Unterbringung (§ 67c Absatz 1 Satz 1 Nummer 1) oder deren Anordnung (§ 66a Absatz 3) möglichst entbehrlich zu machen.

§ 67 Reihenfolge der Vollstreckung

(1) Wird die Unterbringung in einer Anstalt nach den §§ 63 und 64 neben einer Freiheitsstrafe angeordnet, so wird die Maßregel vor der Strafe vollzogen.

(2) Das Gericht bestimmt jedoch, daß die Strafe oder ein Teil der Strafe vor der Maßregel zu vollziehen ist, wenn der Zweck der Maßregel dadurch leichter erreicht wird. Bei Anordnung der Unterbringung in einer Entziehungsanstalt neben einer zeitigen Freiheitsstrafe von über drei Jahren soll das Gericht bestimmen, dass ein Teil der Strafe vor der Maßregel zu vollziehen ist. Dieser Teil der Strafe ist so zu bemessen, dass nach seiner Vollziehung und einer anschließenden Unterbringung eine Entscheidung nach Absatz 5 Satz 1 möglich ist. Das Gericht soll ferner bestimmen, dass die Strafe vor der Maßregel zu vollziehen ist, wenn die verurteilte Person vollziehbar zur Ausreise verpflichtet und zu erwarten ist, dass ihr Aufenthalt im räumlichen Geltungsbereich dieses Gesetzes während oder unmittelbar nach Verbüßung der Strafe beendet wird.

(3) Das Gericht kann eine Anordnung nach Absatz 2 Satz 1 oder Satz 2 nachträglich treffen, ändern oder aufheben, wenn Umstände in der Person des Verurteilten es angezeigt erscheinen lassen. Eine Anordnung nach Absatz 2 Satz 4 kann das Gericht auch nachträglich treffen. Hat es eine Anordnung nach Absatz 2 Satz 4 getroffen, so hebt es diese auf, wenn eine Beendigung des Aufenthalts der verurteilten Person im räumlichen Geltungsbereich dieses Gesetzes während oder unmittelbar nach Verbüßung der Strafe nicht mehr zu erwarten ist.

(4) Wird die Maßregel ganz oder zum Teil vor der Strafe vollzogen, so wird die Zeit des Vollzugs der Maßregel auf die Strafe angerechnet, bis zwei Drittel der Strafe erledigt sind.

(5) Wird die Maßregel vor der Strafe oder vor einem Rest der Strafe vollzogen, so kann das Gericht die Vollstreckung des Strafrestes unter den Voraussetzungen des § 57 Abs. 1 Satz 1 Nr. 2 und 3 zur Bewährung aussetzen, wenn die Hälfte der Strafe erledigt ist. Wird der Strafrest nicht ausgesetzt, so wird der Vollzug der Maßregel fortgesetzt; das Gericht kann jedoch den Vollzug der Strafe anordnen, wenn Umstände in der Person des Verurteilten es angezeigt erscheinen lassen.

(6) Das Gericht bestimmt, dass eine Anrechnung nach Absatz 4 auch auf eine verfahrensfremde Strafe erfolgt, wenn deren Vollzug für die verurteilte Person eine unbillige Härte wäre. Bei dieser

Entscheidung sind insbesondere das Verhältnis der Dauer des bisherigen Freiheitsentzugs zur Dauer der verhängten Strafen, der erzielte Therapieerfolg und seine konkrete Gefährdung sowie das Verhalten der verurteilten Person im Vollstreckungsverfahren zu berücksichtigen. Die Anrechnung ist in der Regel ausgeschlossen, wenn die der verfahrensfremden Strafe zugrunde liegende Tat nach der Anordnung der Maßregel begangen worden ist. Absatz 5 Satz 2 gilt entsprechend.

Entscheidung des Bundesverfassungsgerichts
vom 27. März 2012 (BGBl. I S. 1021)

Aus dem Beschluss des Bundesverfassungsgerichts vom 27. März 2012 – 2 BvR 2258/09 – wird folgende Entscheidungsformel veröffentlicht:

1. § 67 Absatz 4 des Strafgesetzbuches in der Fassung des Gesetzes zur Sicherung der Unterbringung in einem psychiatrischen Krankenhaus und in einer Entziehungsanstalt vom 16. Juli 2007 (Bundesgesetzblatt Teil I Seite 1327) ist mit Artikel 2 Absatz 2 Satz 2 des Grundgesetzes insoweit unvereinbar, als er es ausnahmslos ausschließt, die Zeit des Vollzugs einer freiheitsentziehenden Maßregel der Besserung und Sicherung auf Freiheitsstrafen aus einem anderen Urteil als demjenigen, in welchem diese Maßregel angeordnet worden ist, oder das bezüglich des die Maßregel anordnenden Urteils gesamtstrafenfähig ist („verfahrensfremde Freiheitsstrafen"), anzurechnen.
2. Gemäß § 35 des Gesetzes über das Bundesverfassungsgericht wird angeordnet, dass bis zu einer Neuregelung durch den Gesetzgeber in Härtefällen nach Maßgabe der Gründe die Zeit des Vollzugs einer freiheitsentziehenden Maßregel der Besserung und Sicherung auch auf verfahrensfremde Freiheitsstrafen angerechnet werden muss.

Die vorstehende Entscheidungsformel hat gemäß § 31 Absatz 2 des Bundesverfassungsgerichtsgesetzes Gesetzeskraft.

§ 67a Überweisung in den Vollzug einer anderen Maßregel

(1) Ist die Unterbringung in einem psychiatrischen Krankenhaus oder einer Entziehungsanstalt angeordnet worden, so kann das Gericht die untergebrachte Person nachträglich in den Vollzug der anderen Maßregel überweisen, wenn ihre Resozialisierung dadurch besser gefördert werden kann.

(2) Unter den Voraussetzungen des Absatzes 1 kann das Gericht nachträglich auch eine Person, gegen die Sicherungsverwahrung angeordnet worden ist, in den Vollzug einer der in Absatz 1 genannten Maßregeln überweisen. Die Möglichkeit einer nachträglichen Überweisung besteht, wenn die Voraussetzungen des Absatzes 1 vorliegen und die Überweisung zur Durchführung einer Heilbehandlung oder Entziehungskur angezeigt ist, auch bei einer Person, die sich noch im Strafvollzug befindet und deren Unter-

bringung in der Sicherungsverwahrung angeordnet oder vorbehalten worden ist.

(3) Das Gericht kann eine Entscheidung nach den Absätzen 1 und 2 ändern oder aufheben, wenn sich nachträglich ergibt, dass die Resozialisierung der untergebrachten Person dadurch besser gefördert werden kann. Eine Entscheidung nach Absatz 2 kann das Gericht ferner aufheben, wenn sich nachträglich ergibt, dass mit dem Vollzug der in Absatz 1 genannten Maßregeln kein Erfolg erzielt werden kann.

(4) Die Fristen für die Dauer der Unterbringung und die Überprüfung richten sich nach den Vorschriften, die für die im Urteil angeordnete Unterbringung gelten. Im Falle des Absatzes 2 Satz 2 hat das Gericht bis zum Beginn der Vollstreckung der Unterbringung jeweils spätestens vor Ablauf eines Jahres zu prüfen, ob die Voraussetzungen für eine Entscheidung nach Absatz 3 Satz 2 vorliegen.

§ 67b Aussetzung zugleich mit der Anordnung

(1) Ordnet das Gericht die Unterbringung in einem psychiatrischen Krankenhaus oder einer Entziehungsanstalt an, so setzt es zugleich deren Vollstreckung zur Bewährung aus, wenn besondere Umstände die Erwartung rechtfertigen, daß der Zweck der Maßregel auch dadurch erreicht werden kann. Die Aussetzung unterbleibt, wenn der Täter noch Freiheitsstrafe zu verbüßen hat, die gleichzeitig mit der Maßregel verhängt und nicht zur Bewährung ausgesetzt wird.

(2) Mit der Aussetzung tritt Führungsaufsicht ein.

§ 67c Späterer Beginn der Unterbringung

(1) Wird eine Freiheitsstrafe vor einer wegen derselben Tat oder Taten angeordneten Unterbringung vollzogen und ergibt die vor dem Ende des Vollzugs der Strafe erforderliche Prüfung, dass

1. der Zweck der Maßregel die Unterbringung nicht mehr erfordert oder
2. die Unterbringung in der Sicherungsverwahrung unverhältnismäßig wäre, weil dem Täter bei einer Gesamtbetrachtung des Vollzugsverlaufs ausreichende Betreuung im Sinne des § 66c Absatz 2 in Verbindung mit § 66c Absatz 1 Nummer 1 nicht angeboten worden ist,

setzt das Gericht die Vollstreckung der Unterbringung zur Bewährung aus; mit der Aussetzung tritt Führungsaufsicht ein. Der Prüfung nach Satz 1 Nummer 1 bedarf es nicht, wenn die Unterbringung in der Sicherungsverwahrung im ersten Rechtszug weniger als ein Jahr vor dem Ende des Vollzugs der Strafe angeordnet worden ist.

(2) Hat der Vollzug der Unterbringung drei Jahre nach Rechtskraft ihrer Anordnung noch nicht begonnen und liegt ein Fall des Absatzes 1 oder des § 67b nicht vor, so darf die Unterbringung nur noch vollzogen werden, wenn das Gericht es anordnet. In die Frist wird die Zeit nicht eingerechnet, in welcher der Täter auf behördliche Anordnung in einer Anstalt verwahrt worden ist. Das Gericht ordnet den Vollzug an, wenn der Zweck der Maßregel die Unterbringung noch erfordert. Ist der Zweck der Maßregel nicht erreicht, rechtfertigen aber besondere Umstände die Erwartung, daß er auch durch die Aussetzung erreicht werden kann, so setzt das Gericht die Vollstreckung der Unterbringung zur Bewährung aus; mit der Aussetzung tritt Führungsaufsicht ein. Ist der Zweck der Maßregel erreicht, so erklärt das Gericht sie für erledigt.

§67d Dauer der Unterbringung

(1) Die Unterbringung in einer Entziehungsanstalt darf zwei Jahre nicht übersteigen. Die Frist läuft vom Beginn der Unterbringung an. Wird vor einer Freiheitsstrafe eine daneben angeordnete freiheitsentziehende Maßregel vollzogen, so verlängert sich die Höchstfrist um die Dauer der Freiheitsstrafe, soweit die Zeit des Vollzugs der Maßregel auf die Strafe angerechnet wird.

(2) Ist keine Höchstfrist vorgesehen oder ist die Frist noch nicht abgelaufen, so setzt das Gericht die weitere Vollstreckung der Unterbringung zur Bewährung aus, wenn zu erwarten ist, daß der Untergebrachte außerhalb des Maßregelvollzugs keine erheblichen rechtswidrigen Taten mehr begehen wird. Gleiches gilt, wenn das Gericht nach Beginn der Vollstreckung der Unterbringung in der Sicherungsverwahrung feststellt, dass die weitere Vollstreckung unverhältnismäßig wäre, weil dem Untergebrachten nicht spätestens bis zum Ablauf einer vom Gericht bestimmten Frist von höchstens sechs Monaten ausreichende Betreuung im Sinne des § 66c Absatz 1 Nummer 1 angeboten worden ist; eine solche Frist hat das Gericht, wenn keine ausreichende Betreuung angeboten wird, unter Angabe der anzubietenden Maßnahmen bei der Prüfung der Aussetzung der Vollstreckung festzusetzen. Mit der Aussetzung nach Satz 1 oder 2 tritt Führungsaufsicht ein.

(3) Sind zehn Jahre der Unterbringung in der Sicherungsverwahrung vollzogen worden, so erklärt das Gericht die Maßregel für erledigt, wenn nicht die Gefahr besteht, daß der Untergebrachte er-

hebliche Straftaten begehen wird, durch welche die Opfer seelisch oder körperlich schwer geschädigt werden. Mit der Entlassung aus dem Vollzug der Unterbringung tritt Führungsaufsicht ein.

(4) Ist die Höchstfrist abgelaufen, so wird der Untergebrachte entlassen. Die Maßregel ist damit erledigt. Mit der Entlassung aus dem Vollzug der Unterbringung tritt Führungsaufsicht ein.

(5) Das Gericht erklärt die Unterbringung in einer Entziehungsanstalt für erledigt, wenn die Voraussetzungen des § 64 Satz 2 nicht mehr vorliegen. Mit der Entlassung aus dem Vollzug der Unterbringung tritt Führungsaufsicht ein.

(6) Stellt das Gericht nach Beginn der Vollstreckung der Unterbringung in einem psychiatrischen Krankenhaus fest, dass die Voraussetzungen der Maßregel nicht mehr vorliegen oder die weitere Vollstreckung der Maßregel unverhältnismäßig wäre, so erklärt es sie für erledigt. Dauert die Unterbringung sechs Jahre, ist ihre Fortdauer in der Regel nicht mehr verhältnismäßig, wenn nicht die Gefahr besteht, dass der Untergebrachte infolge seines Zustandes erhebliche rechtswidrige Taten begehen wird, durch welche die Opfer seelisch oder körperlich schwer geschädigt werden oder in die Gefahr einer schweren körperlichen oder seelischen Schädigung gebracht werden. Sind zehn Jahre der Unterbringung vollzogen, gilt Absatz 3 Satz 1 entsprechend. Mit der Entlassung aus dem Vollzug der Unterbringung tritt Führungsaufsicht ein. Das Gericht ordnet den Nichteintritt der Führungsaufsicht an, wenn zu erwarten ist, dass der Betroffene auch ohne sie keine Straftaten mehr begehen wird.

§ 67e Überprüfung

(1) Das Gericht kann jederzeit prüfen, ob die weitere Vollstreckung der Unterbringung zur Bewährung auszusetzen oder für erledigt zu erklären ist. Es muß dies vor Ablauf bestimmter Fristen prüfen.

(2) Die Fristen betragen bei der Unterbringung

- in einer Entziehungsanstalt sechs Monate,
- in einem psychiatrischen Krankenhaus ein Jahr,
- in der Sicherungsverwahrung ein Jahr, nach dem Vollzug von zehn Jahren der Unterbringung neun Monate.

(3) Das Gericht kann die Fristen kürzen. Es kann im Rahmen der gesetzlichen Prüfungsfristen auch Fristen festsetzen, vor deren Ablauf ein Antrag auf Prüfung unzulässig ist.

(4) Die Fristen laufen vom Beginn der Unterbringung an. Lehnt das Gericht die Aussetzung oder Erledigungserklärung ab, so beginnen die Fristen mit der Entscheidung von neuem.

§ 67f Mehrfache Anordnung der Maßregel

Ordnet das Gericht die Unterbringung in einer Entziehungsanstalt an, so ist eine frühere Anordnung der Maßregel erledigt.

§ 67g Widerruf der Aussetzung

(1) Das Gericht widerruft die Aussetzung einer Unterbringung, wenn die verurteilte Person

1. während der Dauer der Führungsaufsicht eine rechtswidrige Tat begeht,
2. gegen Weisungen nach § 68b gröblich oder beharrlich verstößt oder
3. sich der Aufsicht und Leitung der Bewährungshelferin oder des Bewährungshelfers oder der Aufsichtsstelle beharrlich entzieht

und sich daraus ergibt, dass der Zweck der Maßregel ihre Unterbringung erfordert. Satz 1 Nr. 1 gilt entsprechend, wenn der Widerrufsgrund zwischen der Entscheidung über die Aussetzung und dem Beginn der Führungsaufsicht (§ 68c Abs. 4) entstanden ist.

(2) Das Gericht widerruft die Aussetzung einer Unterbringung nach den §§ 63 und 64 auch dann, wenn sich während der Dauer der Führungsaufsicht ergibt, dass von der verurteilten Person infolge ihres Zustands rechtswidrige Taten zu erwarten sind und deshalb der Zweck der Maßregel ihre Unterbringung erfordert.

(3) Das Gericht widerruft die Aussetzung ferner, wenn Umstände, die ihm während der Dauer der Führungsaufsicht bekannt werden und zur Versagung der Aussetzung geführt hätten, zeigen, daß der Zweck der Maßregel die Unterbringung der verurteilten Person erfordert.

(4) Die Dauer der Unterbringung vor und nach dem Widerruf darf insgesamt die gesetzliche Höchstfrist der Maßregel nicht übersteigen.

(5) Widerruft das Gericht die Aussetzung der Unterbringung nicht, so ist die Maßregel mit dem Ende der Führungsaufsicht erledigt.

(6) Leistungen, die die verurteilte Person zur Erfüllung von Weisungen erbracht hat, werden nicht erstattet.

§ 67h Befristete Wiederinvollzugsetzung; Krisenintervention

(1) Während der Dauer der Führungsaufsicht kann das Gericht die ausgesetzte Unterbringung nach § 63 oder § 64 für eine Dauer von höchstens drei Monaten wieder in Vollzug setzen, wenn eine akute Verschlechterung des Zustands der aus der Unterbringung entlassenen Person oder ein Rückfall in ihr Suchtverhalten eingetreten ist und die Maßnahme erforderlich ist, um einen Widerruf nach § 67g zu vermeiden. Unter den Voraussetzungen des Satzes 1 kann es die Maßnahme erneut anordnen oder ihre Dauer verlängern; die Dauer der Maßnahme darf insgesamt sechs Monate nicht überschreiten. § 67g Abs. 4 gilt entsprechend.

(2) Das Gericht hebt die Maßnahme vor Ablauf der nach Absatz 1 gesetzten Frist auf, wenn ihr Zweck erreicht ist.

Führungsaufsicht

§ 68 Voraussetzungen der Führungsaufsicht

(1) Hat jemand wegen einer Straftat, bei der das Gesetz Führungsaufsicht besonders vorsieht, zeitige Freiheitsstrafe von mindestens sechs Monaten verwirkt, so kann das Gericht neben der Strafe Führungsaufsicht anordnen, wenn die Gefahr besteht, daß er weitere Straftaten begehen wird.

(2) Die Vorschriften über die Führungsaufsicht kraft Gesetzes (§§ 67b, 67c, 67d Abs. 2 bis 6 und § 68f) bleiben unberührt.

§ 68a Aufsichtsstelle, Bewährungshilfe, forensische Ambulanz

(1) Die verurteilte Person untersteht einer Aufsichtsstelle; das Gericht bestellt ihr für die Dauer der Führungsaufsicht eine Bewährungshelferin oder einen Bewährungshelfer.

(2) Die Bewährungshelferin oder der Bewährungshelfer und die Aufsichtsstelle stehen im Einvernehmen miteinander der verurteilten Person helfend und betreuend zur Seite.

(3) Die Aufsichtsstelle überwacht im Einvernehmen mit dem Gericht und mit Unterstützung der Bewährungshelferin oder des Bewährungshelfers das Verhalten der verurteilten Person und die Erfüllung der Weisungen.

(4) Besteht zwischen der Aufsichtsstelle und der Bewährungshelferin oder dem Bewährungshelfer in Fragen, welche die Hilfe für die

verurteilte Person und ihre Betreuung berühren, kein Einvernehmen, entscheidet das Gericht.

(5) Das Gericht kann der Aufsichtsstelle und der Bewährungshelferin oder dem Bewährungshelfer für ihre Tätigkeit Anweisungen erteilen.

(6) Vor Stellung eines Antrags nach § 145a Satz 2 hört die Aufsichtsstelle die Bewährungshelferin oder den Bewährungshelfer; Absatz 4 ist nicht anzuwenden.

(7) Wird eine Weisung nach § 68b Abs. 2 Satz 2 und 3 erteilt, steht im Einvernehmen mit den in Absatz 2 Genannten auch die forensische Ambulanz der verurteilten Person helfend und betreuend zur Seite. Im Übrigen gelten die Absätze 3 und 6, soweit sie die Stellung der Bewährungshelferin oder des Bewährungshelfers betreffen, auch für die forensische Ambulanz.

(8) Die in Absatz 1 Genannten und die in § 203 Absatz 1 Nummer 1, 2 und 6 genannten Mitarbeiterinnen und Mitarbeiter der forensischen Ambulanz haben fremde Geheimnisse, die ihnen im Rahmen des durch § 203 geschützten Verhältnisses anvertraut oder sonst bekannt geworden sind, einander zu offenbaren, soweit dies notwendig ist, um der verurteilten Person zu helfen, nicht wieder straffällig zu werden. Darüber hinaus haben die in § 203 Absatz 1 Nummer 1, 2 und 6 genannten Mitarbeiterinnen und Mitarbeiter der forensischen Ambulanz solche Geheimnisse gegenüber der Aufsichtsstelle und dem Gericht zu offenbaren, soweit aus ihrer Sicht

1. dies notwendig ist, um zu überwachen, ob die verurteilte Person einer Vorstellungsweisung nach § 68b Abs. 1 Satz 1 Nr. 11 nachkommt oder im Rahmen einer Weisung nach § 68b Abs. 2 Satz 2 und 3 an einer Behandlung teilnimmt,
2. das Verhalten oder der Zustand der verurteilten Person Maßnahmen nach § 67g, § 67h oder § 68c Abs. 2 oder Abs. 3 erforderlich erscheinen lässt oder
3. dies zur Abwehr einer erheblichen gegenwärtigen Gefahr für das Leben, die körperliche Unversehrtheit, die persönliche Freiheit oder die sexuelle Selbstbestimmung Dritter erforderlich ist.

In den Fällen der Sätze 1 und 2 Nr. 2 und 3 dürfen Tatsachen im Sinne von § 203 Abs. 1, die von Mitarbeiterinnen und Mitarbeitern der forensischen Ambulanz offenbart wurden, nur zu den dort genannten Zwecken verwendet werden.

§ 68b Weisungen

(1) Das Gericht kann die verurteilte Person für die Dauer der Führungsaufsicht oder für eine kürzere Zeit anweisen,

1. den Wohn- oder Aufenthaltsort oder einen bestimmten Bereich nicht ohne Erlaubnis der Aufsichtsstelle zu verlassen,
2. sich nicht an bestimmten Orten aufzuhalten, die ihr Gelegenheit oder Anreiz zu weiteren Straftaten bieten können,
3. zu der verletzten Person oder bestimmten Personen oder Personen einer bestimmten Gruppe, die ihr Gelegenheit oder Anreiz zu weiteren Straftaten bieten können, keinen Kontakt aufzunehmen, mit ihnen nicht zu verkehren, sie nicht zu beschäftigen, auszubilden oder zu beherbergen,
4. bestimmte Tätigkeiten nicht auszuüben, die sie nach den Umständen zu Straftaten missbrauchen kann,
5. bestimmte Gegenstände, die ihr Gelegenheit oder Anreiz zu weiteren Straftaten bieten können, nicht zu besitzen, bei sich zu führen oder verwahren zu lassen,
6. Kraftfahrzeuge oder bestimmte Arten von Kraftfahrzeugen oder von anderen Fahrzeugen nicht zu halten oder zu führen, die sie nach den Umständen zu Straftaten missbrauchen kann,
7. sich zu bestimmten Zeiten bei der Aufsichtsstelle, einer bestimmten Dienststelle oder der Bewährungshelferin oder dem Bewährungshelfer zu melden,
8. jeden Wechsel der Wohnung oder des Arbeitsplatzes unverzüglich der Aufsichtsstelle zu melden,
9. sich im Fall der Erwerbslosigkeit bei der zuständigen Agentur für Arbeit oder einer anderen zur Arbeitsvermittlung zugelassenen Stelle zu melden,
10. keine alkoholischen Getränke oder andere berauschende Mittel zu sich zu nehmen, wenn aufgrund bestimmter Tatsachen Gründe für die Annahme bestehen, dass der Konsum solcher Mittel zur Begehung weiterer Straftaten beitragen wird, und sich Alkohol- oder Suchtmittelkontrollen zu unterziehen, die nicht mit einem körperlichen Eingriff verbunden sind,
11. sich zu bestimmten Zeiten oder in bestimmten Abständen bei einer Ärztin oder einem Arzt, einer Psychotherapeutin oder einem Psychotherapeuten oder einer forensischen Ambulanz vorzustellen oder

12. die für eine elektronische Überwachung ihres Aufenthaltsortes erforderlichen technischen Mittel ständig in betriebsbereitem Zustand bei sich zu führen und deren Funktionsfähigkeit nicht zu beeinträchtigen.

Das Gericht hat in seiner Weisung das verbotene oder verlangte Verhalten genau zu bestimmen. Eine Weisung nach Satz 1 Nummer 12 ist, unbeschadet des Satzes 5, nur zulässig, wenn

1. die Führungsaufsicht auf Grund der vollständigen Vollstreckung einer Freiheitsstrafe oder Gesamtfreiheitsstrafe von mindestens drei Jahren oder auf Grund einer erledigten Maßregel eingetreten ist,
2. die Freiheitsstrafe oder Gesamtfreiheitsstrafe oder die Unterbringung wegen einer oder mehrerer Straftaten der in § 66 Absatz 3 Satz 1 genannten Art verhängt oder angeordnet wurde,
3. die Gefahr besteht, dass die verurteilte Person weitere Straftaten der in § 66 Absatz 3 Satz 1 genannten Art begehen wird, und
4. die Weisung erforderlich erscheint, um die verurteilte Person durch die Möglichkeit der Datenverwendung nach § 463a Absatz 4 Satz 2 der Strafprozessordnung, insbesondere durch die Überwachung der Erfüllung einer nach Satz 1 Nummer 1 oder 2 auferlegten Weisung, von der Begehung weiterer Straftaten der in § 66 Absatz 3 Satz 1 genannten Art abzuhalten.

Die Voraussetzungen von Satz 3 Nummer 1 in Verbindung mit Nummer 2 liegen unabhängig davon vor, ob die dort genannte Führungsaufsicht nach § 68e Absatz 1 Satz 1 beendet ist. Abweichend von Satz 3 Nummer 1 genügt eine Freiheits- oder Gesamtfreiheitsstrafe von zwei Jahren, wenn diese wegen einer oder mehrerer Straftaten verhängt worden ist, die unter den Ersten oder Siebenten Abschnitt des Besonderen Teils fallen; zu den in Satz 3 Nummer 2 bis 4 genannten Straftaten gehört auch eine Straftat nach § 129a Absatz 5 Satz 2, auch in Verbindung mit § 129b Absatz 1.

(2) Das Gericht kann der verurteilten Person für die Dauer der Führungsaufsicht oder für eine kürzere Zeit weitere Weisungen erteilen, insbesondere solche, die sich auf Ausbildung, Arbeit, Freizeit, die Ordnung der wirtschaftlichen Verhältnisse oder die Erfüllung von Unterhaltspflichten beziehen. Das Gericht kann die verurteilte Person insbesondere anweisen, sich psychiatrisch, psycho- oder sozialtherapeutisch betreuen und behandeln zu lassen (Therapieweisung). Die Betreuung und Behandlung kann durch eine forensische Ambulanz erfolgen. § 56c Abs. 3 gilt entsprechend,

auch für die Weisung, sich Alkohol- oder Suchtmittelkontrollen zu unterziehen, die mit körperlichen Eingriffen verbunden sind.

(3) Bei den Weisungen dürfen an die Lebensführung der verurteilten Person keine unzumutbaren Anforderungen gestellt werden.

(4) Wenn mit Eintritt der Führungsaufsicht eine bereits bestehende Führungsaufsicht nach § 68e Abs. 1 Satz 1 Nr. 3 endet, muss das Gericht auch die Weisungen in seine Entscheidung einbeziehen, die im Rahmen der früheren Führungsaufsicht erteilt worden sind.

(5) Soweit die Betreuung der verurteilten Person in den Fällen des Absatzes 1 Nr. 11 oder ihre Behandlung in den Fällen des Absatzes 2 nicht durch eine forensische Ambulanz erfolgt, gilt § 68a Abs. 8 entsprechend.

§ 68c Dauer der Führungsaufsicht

(1) Die Führungsaufsicht dauert mindestens zwei und höchstens fünf Jahre. Das Gericht kann die Höchstdauer abkürzen.

(2) Das Gericht kann eine die Höchstdauer nach Absatz 1 Satz 1 überschreitende unbefristete Führungsaufsicht anordnen, wenn die verurteilte Person

1. in eine Weisung nach § 56c Abs. 3 Nr. 1 nicht einwilligt oder
2. einer Weisung, sich einer Heilbehandlung oder einer Entziehungskur zu unterziehen, oder einer Therapieweisung nicht nachkommt

und eine Gefährdung der Allgemeinheit durch die Begehung weiterer erheblicher Straftaten zu befürchten ist. Erklärt die verurteilte Person in den Fällen des Satzes 1 Nr. 1 nachträglich ihre Einwilligung, setzt das Gericht die weitere Dauer der Führungsaufsicht fest. Im Übrigen gilt § 68e Abs. 3.

(3) Das Gericht kann die Führungsaufsicht über die Höchstdauer nach Absatz 1 Satz 1 hinaus unbefristet verlängern, wenn

1. in Fällen der Aussetzung der Unterbringung in einem psychiatrischen Krankenhaus nach § 67d Abs. 2 aufgrund bestimmter Tatsachen Gründe für die Annahme bestehen, dass die verurteilte Person andernfalls alsbald in einen Zustand nach § 20 oder § 21 geraten wird, infolge dessen eine Gefährdung der Allgemeinheit durch die Begehung weiterer erheblicher rechtswidriger Taten zu befürchten ist, oder
2. sich aus dem Verstoß gegen Weisungen nach § 68b Absatz 1 oder 2 oder auf Grund anderer bestimmter Tatsachen konkrete Anhaltspunkte dafür ergeben, dass eine Gefährdung der Allge-

meinheit durch die Begehung weiterer erheblicher Straftaten zu befürchten ist, und

a) gegen die verurteilte Person wegen Straftaten der in § 181b genannten Art eine Freiheitsstrafe oder Gesamtfreiheitsstrafe von mehr als zwei Jahren verhängt oder die Unterbringung in einem psychiatrischen Krankenhaus oder in einer Entziehungsanstalt angeordnet wurde oder

b) die Führungsaufsicht unter den Voraussetzungen des § 68b Absatz 1 Satz 3 Nummer 1 eingetreten ist und die Freiheitsstrafe oder Gesamtfreiheitsstrafe oder die Unterbringung wegen eines oder mehrerer Verbrechen gegen das Leben, die körperliche Unversehrtheit, die persönliche Freiheit oder nach den §§ 250, 251, auch in Verbindung mit § 252 oder § 255, verhängt oder angeordnet wurde.

Für die Beendigung der Führungsaufsicht gilt § 68b Absatz 1 Satz 4 entsprechend.

(4) In den Fällen des § 68 Abs. 1 beginnt die Führungsaufsicht mit der Rechtskraft ihrer Anordnung, in den Fällen des § 67b Abs. 2, des § 67c Absatz 1 Satz 1 und Abs. 2 Satz 4 und des § 67d Absatz 2 Satz 3 mit der Rechtskraft der Aussetzungsentscheidung oder zu einem gerichtlich angeordneten späteren Zeitpunkt. In ihre Dauer wird die Zeit nicht eingerechnet, in welcher die verurteilte Person flüchtig ist, sich verborgen hält oder auf behördliche Anordnung in einer Anstalt verwahrt wird.

§ 68d Nachträgliche Entscheidungen; Überprüfungsfrist

(1) Das Gericht kann Entscheidungen nach § 68a Abs. 1 und 5, den §§ 68b und 68c Abs. 1 Satz 2 und Abs. 2 und 3 auch nachträglich treffen, ändern oder aufheben.

(2) Bei einer Weisung gemäß § 68b Absatz 1 Satz 1 Nummer 12 prüft das Gericht spätestens vor Ablauf von zwei Jahren, ob sie aufzuheben ist. § 67e Absatz 3 und 4 gilt entsprechend.

§ 68e Beendigung oder Ruhen der Führungsaufsicht

(1) Soweit sie nicht unbefristet oder nach Aussetzung einer freiheitsentziehenden Maßregel (§ 67b Absatz 2, § 67c Absatz 1 Satz 1, Absatz 2 Satz 4, § 67d Absatz 2 Satz 3) eingetreten ist, endet die Führungsaufsicht

1. mit Beginn des Vollzugs einer freiheitsentziehenden Maßregel,

2. mit Beginn des Vollzugs einer Freiheitsstrafe, neben der eine freiheitsentziehende Maßregel angeordnet ist,
3. mit Eintritt einer neuen Führungsaufsicht.

In den übrigen Fällen ruht die Führungsaufsicht während der Dauer des Vollzugs einer Freiheitsstrafe oder einer freiheitsentziehenden Maßregel. Das Gericht ordnet das Entfallen einer nach Aussetzung einer freiheitsentziehenden Maßregel eingetretenen Führungsaufsicht an, wenn es ihrer nach Eintritt eines in Satz 1 Nummer 1 bis 3 genannten Umstandes nicht mehr bedarf. Tritt eine neue Führungsaufsicht zu einer bestehenden unbefristeten oder nach Aussetzung einer freiheitsentziehenden Maßregel eingetretenen Führungsaufsicht hinzu, ordnet das Gericht das Entfallen der neuen Maßregel an, wenn es ihrer neben der bestehenden nicht bedarf.

(2) Das Gericht hebt die Führungsaufsicht auf, wenn zu erwarten ist, dass die verurteilte Person auch ohne sie keine Straftaten mehr begehen wird. Die Aufhebung ist frühestens nach Ablauf der gesetzlichen Mindestdauer zulässig. Das Gericht kann Fristen von höchstens sechs Monaten festsetzen, vor deren Ablauf ein Antrag auf Aufhebung der Führungsaufsicht unzulässig ist.

(3) Ist unbefristete Führungsaufsicht eingetreten, prüft das Gericht

1. in den Fällen des § 68c Abs. 2 Satz 1 spätestens mit Verstreichen der Höchstfrist nach § 68c Abs. 1 Satz 1,
2. in den Fällen des § 68c Abs. 3 vor Ablauf von zwei Jahren,

ob eine Entscheidung nach Absatz 2 Satz 1 geboten ist. Lehnt das Gericht eine Aufhebung der Führungsaufsicht ab, hat es vor Ablauf von zwei Jahren von neuem über eine Aufhebung der Führungsaufsicht zu entscheiden.

§ 68f Führungsaufsicht bei Nichtaussetzung des Strafrestes

(1) Ist eine Freiheitsstrafe oder Gesamtfreiheitsstrafe von mindestens zwei Jahren wegen vorsätzlicher Straftaten oder eine Freiheitsstrafe oder Gesamtfreiheitsstrafe von mindestens einem Jahr wegen Straftaten der in § 181b genannten Art vollständig vollstreckt worden, tritt mit der Entlassung der verurteilten Person aus dem Strafvollzug Führungsaufsicht ein. Dies gilt nicht, wenn im Anschluss an die Strafverbüßung eine freiheitsentziehende Maßregel der Besserung und Sicherung vollzogen wird.

(2) Ist zu erwarten, dass die verurteilte Person auch ohne die Führungsaufsicht keine Straftaten mehr begehen wird, ordnet das Gericht an, dass die Maßregel entfällt.

§ 68g Führungsaufsicht und Aussetzung zur Bewährung

(1) Ist die Strafaussetzung oder Aussetzung des Strafrestes angeordnet oder das Berufsverbot zur Bewährung ausgesetzt und steht der Verurteilte wegen derselben oder einer anderen Tat zugleich unter Führungsaufsicht, so gelten für die Aufsicht und die Erteilung von Weisungen nur die §§ 68a und 68b. Die Führungsaufsicht endet nicht vor Ablauf der Bewährungszeit.

(2) Sind die Aussetzung zur Bewährung und die Führungsaufsicht auf Grund derselben Tat angeordnet, so kann das Gericht jedoch bestimmen, daß die Führungsaufsicht bis zum Ablauf der Bewährungszeit ruht. Die Bewährungszeit wird dann in die Dauer der Führungsaufsicht nicht eingerechnet.

(3) Wird nach Ablauf der Bewährungszeit die Strafe oder der Strafrest erlassen oder das Berufsverbot für erledigt erklärt, so endet damit auch eine wegen derselben Tat angeordnete Führungsaufsicht. Dies gilt nicht, wenn die Führungsaufsicht unbefristet ist (§ 68c Abs. 2 Satz 1 oder Abs. 3).

Entziehung der Fahrerlaubnis

§ 69 Entziehung der Fahrerlaubnis

(1) Wird jemand wegen einer rechtswidrigen Tat, die er bei oder im Zusammenhang mit dem Führen eines Kraftfahrzeuges oder unter Verletzung der Pflichten eines Kraftfahrzeugführers begangen hat, verurteilt oder nur deshalb nicht verurteilt, weil seine Schuldunfähigkeit erwiesen oder nicht auszuschließen ist, so entzieht ihm das Gericht die Fahrerlaubnis, wenn sich aus der Tat ergibt, daß er zum Führen von Kraftfahrzeugen ungeeignet ist. Einer weiteren Prüfung nach § 62 bedarf es nicht.

(2) Ist die rechtswidrige Tat in den Fällen des Absatzes 1 ein Vergehen

1. der Gefährdung des Straßenverkehrs (§ 315c),

1a. des verbotenen Kraftfahrzeugrennens (§ 315d),

2. der Trunkenheit im Verkehr (§ 316),

3. des unerlaubten Entfernens vom Unfallort (§ 142), obwohl der Täter weiß oder wissen kann, daß bei dem Unfall ein Mensch

getötet oder nicht unerheblich verletzt worden oder an fremden Sachen bedeutender Schaden entstanden ist, oder

4. des Vollrausches (§ 323a), der sich auf eine der Taten nach den Nummern 1 bis 3 bezieht,

so ist der Täter in der Regel als ungeeignet zum Führen von Kraftfahrzeugen anzusehen.

(3) Die Fahrerlaubnis erlischt mit der Rechtskraft des Urteils. Ein von einer deutschen Behörde ausgestellter Führerschein wird im Urteil eingezogen.

§ 69a Sperre für die Erteilung einer Fahrerlaubnis

(1) Entzieht das Gericht die Fahrerlaubnis, so bestimmt es zugleich, daß für die Dauer von sechs Monaten bis zu fünf Jahren keine neue Fahrerlaubnis erteilt werden darf (Sperre). Die Sperre kann für immer angeordnet werden, wenn zu erwarten ist, daß die gesetzliche Höchstfrist zur Abwehr der von dem Täter drohenden Gefahr nicht ausreicht. Hat der Täter keine Fahrerlaubnis, so wird nur die Sperre angeordnet.

(2) Das Gericht kann von der Sperre bestimmte Arten von Kraftfahrzeugen ausnehmen, wenn besondere Umstände die Annahme rechtfertigen, daß der Zweck der Maßregel dadurch nicht gefährdet wird.

(3) Das Mindestmaß der Sperre beträgt ein Jahr, wenn gegen den Täter in den letzten drei Jahren vor der Tat bereits einmal eine Sperre angeordnet worden ist.

(4) War dem Täter die Fahrerlaubnis wegen der Tat vorläufig entzogen (§ 111a der Strafprozeßordnung), so verkürzt sich das Mindestmaß der Sperre um die Zeit, in der die vorläufige Entziehung wirksam war. Es darf jedoch drei Monate nicht unterschreiten.

(5) Die Sperre beginnt mit der Rechtskraft des Urteils. In die Frist wird die Zeit einer wegen der Tat angeordneten vorläufigen Entziehung eingerechnet, soweit sie nach Verkündung des Urteils verstrichen ist, in dem die der Maßregel zugrunde liegenden tatsächlichen Feststellungen letztmals geprüft werden konnten.

(6) Im Sinne der Absätze 4 und 5 steht der vorläufigen Entziehung der Fahrerlaubnis die Verwahrung, Sicherstellung oder Beschlagnahme des Führerscheins (§ 94 der Strafprozeßordnung) gleich.

(7) Ergibt sich Grund zu der Annahme, daß der Täter zum Führen von Kraftfahrzeugen nicht mehr ungeeignet ist, so kann das Gericht die Sperre vorzeitig aufheben. Die Aufhebung ist frühestens

zulässig, wenn die Sperre drei Monate, in den Fällen des Absatzes 3 ein Jahr gedauert hat; Absatz 5 Satz 2 und Absatz 6 gelten entsprechend.

§ 69b Wirkung der Entziehung bei einer ausländischen Fahrerlaubnis

(1) Darf der Täter auf Grund einer im Ausland erteilten Fahrerlaubnis im Inland Kraftfahrzeuge führen, ohne daß ihm von einer deutschen Behörde eine Fahrerlaubnis erteilt worden ist, so hat die Entziehung der Fahrerlaubnis die Wirkung einer Aberkennung des Rechts, von der Fahrerlaubnis im Inland Gebrauch zu machen. Mit der Rechtskraft der Entscheidung erlischt das Recht zum Führen von Kraftfahrzeugen im Inland. Während der Sperre darf weder das Recht, von der ausländischen Fahrerlaubnis wieder Gebrauch zu machen, noch eine inländische Fahrerlaubnis erteilt werden.

(2) Ist der ausländische Führerschein von einer Behörde eines Mitgliedstaates der Europäischen Union oder eines anderen Vertragsstaates des Abkommens über den Europäischen Wirtschaftsraum ausgestellt worden und hat der Inhaber seinen ordentlichen Wohnsitz im Inland, so wird der Führerschein im Urteil eingezogen und an die ausstellende Behörde zurückgesandt. In anderen Fällen werden die Entziehung der Fahrerlaubnis und die Sperre in den ausländischen Führerscheinen vermerkt.

Berufsverbot

§ 70 Anordnung des Berufsverbots

(1) Wird jemand wegen einer rechtswidrigen Tat, die er unter Mißbrauch seines Berufs oder Gewerbes oder unter grober Verletzung der mit ihnen verbundenen Pflichten begangen hat, verurteilt oder nur deshalb nicht verurteilt, weil seine Schuldunfähigkeit erwiesen oder nicht auszuschließen ist, so kann ihm das Gericht die Ausübung des Berufs, Berufszweiges, Gewerbes oder Gewerbezweiges für die Dauer von einem Jahr bis zu fünf Jahren verbieten, wenn die Gesamtwürdigung des Täters und der Tat die Gefahr erkennen läßt, daß er bei weiterer Ausübung des Berufs, Berufszweiges, Gewerbes oder Gewerbezweiges erhebliche rechtswidrige Taten der bezeichneten Art begehen wird. Das Berufsverbot kann für immer angeordnet werden, wenn zu erwarten ist, daß die gesetzliche Höchstfrist zur Abwehr der von dem Täter drohenden Gefahr nicht ausreicht.

(2) War dem Täter die Ausübung des Berufs, Berufszweiges, Gewerbes oder Gewerbezweiges vorläufig verboten (§ 132a der Strafprozeßordnung), so verkürzt sich das Mindestmaß der Verbotsfrist um die Zeit, in der das vorläufige Berufsverbot wirksam war. Es darf jedoch drei Monate nicht unterschreiten.

(3) Solange das Verbot wirksam ist, darf der Täter den Beruf, den Berufszweig, das Gewerbe oder den Gewerbezweig auch nicht für einen anderen ausüben oder durch eine von seinen Weisungen abhängige Person für sich ausüben lassen.

(4) Das Berufsverbot wird mit der Rechtskraft des Urteils wirksam. In die Verbotsfrist wird die Zeit eines wegen der Tat angeordneten vorläufigen Berufsverbots eingerechnet, soweit sie nach Verkündung des Urteils verstrichen ist, in dem die der Maßregel zugrunde liegenden tatsächlichen Feststellungen letztmals geprüft werden konnten. Die Zeit, in welcher der Täter auf behördliche Anordnung in einer Anstalt verwahrt worden ist, wird nicht eingerechnet.

§ 70a Aussetzung des Berufsverbots

(1) Ergibt sich nach Anordnung des Berufsverbots Grund zu der Annahme, daß die Gefahr, der Täter werde erhebliche rechtswidrige Taten der in § 70 Abs. 1 bezeichneten Art begehen, nicht mehr besteht, so kann das Gericht das Verbot zur Bewährung aussetzen.

(2) Die Anordnung ist frühestens zulässig, wenn das Verbot ein Jahr gedauert hat. In die Frist wird im Rahmen des § 70 Abs. 4 Satz 2 die Zeit eines vorläufigen Berufsverbots eingerechnet. Die Zeit, in welcher der Täter auf behördliche Anordnung in einer Anstalt verwahrt worden ist, wird nicht eingerechnet.

(3) Wird das Berufsverbot zur Bewährung ausgesetzt, so gelten die §§ 56a und 56c bis 56e entsprechend. Die Bewährungszeit verlängert sich jedoch um die Zeit, in der eine Freiheitsstrafe oder eine freiheitsentziehende Maßregel vollzogen wird, die gegen den Verurteilten wegen der Tat verhängt oder angeordnet worden ist.

§ 70b Widerruf der Aussetzung und Erledigung des Berufsverbots

(1) Das Gericht widerruft die Aussetzung eines Berufsverbots, wenn die verurteilte Person

1. während der Bewährungszeit unter Mißbrauch ihres Berufs oder Gewerbes oder unter grober Verletzung der mit ihnen verbundenen Pflichten eine rechtswidrige Tat begeht,
2. gegen eine Weisung gröblich oder beharrlich verstößt oder

3. sich der Aufsicht und Leitung der Bewährungshelferin oder des Bewährungshelfers beharrlich entzieht

und sich daraus ergibt, daß der Zweck des Berufsverbots dessen weitere Anwendung erfordert.

(2) Das Gericht widerruft die Aussetzung des Berufsverbots auch dann, wenn Umstände, die ihm während der Bewährungszeit bekannt werden und zur Versagung der Aussetzung geführt hätten, zeigen, daß der Zweck der Maßregel die weitere Anwendung des Berufsverbots erfordert.

(3) Die Zeit der Aussetzung des Berufsverbots wird in die Verbotsfrist nicht eingerechnet.

(4) Leistungen, die die verurteilte Person zur Erfüllung von Weisungen oder Zusagen erbracht hat, werden nicht erstattet.

(5) Nach Ablauf der Bewährungszeit erklärt das Gericht das Berufsverbot für erledigt.

Gemeinsame Vorschriften

§ 71 Selbständige Anordnung

(1) Die Unterbringung in einem psychiatrischen Krankenhaus oder in einer Entziehungsanstalt kann das Gericht auch selbständig anordnen, wenn das Strafverfahren wegen Schuldunfähigkeit oder Verhandlungsunfähigkeit des Täters undurchführbar ist.

(2) Dasselbe gilt für die Entziehung der Fahrerlaubnis und das Berufsverbot.

§ 72 Verbindung von Maßregeln

(1) Sind die Voraussetzungen für mehrere Maßregeln erfüllt, ist aber der erstrebte Zweck durch einzelne von ihnen zu erreichen, so werden nur sie angeordnet. Dabei ist unter mehreren geeigneten Maßregeln denen der Vorzug zu geben, die den Täter am wenigsten beschweren.

(2) Im übrigen werden die Maßregeln nebeneinander angeordnet, wenn das Gesetz nichts anderes bestimmt.

(3) Werden mehrere freiheitsentziehende Maßregeln angeordnet, so bestimmt das Gericht die Reihenfolge der Vollstreckung. Vor dem Ende des Vollzugs einer Maßregel ordnet das Gericht jeweils den Vollzug der nächsten an, wenn deren Zweck die Unterbringung noch erfordert. § 67c Abs. 2 Satz 4 und 5 ist anzuwenden.

Siebenter Titel
Einziehung

§ 73 Einziehung von Taterträgen bei Tätern und Teilnehmern

(1) Hat der Täter oder Teilnehmer durch eine rechtswidrige Tat oder für sie etwas erlangt, so ordnet das Gericht dessen Einziehung an.

(2) Hat der Täter oder Teilnehmer Nutzungen aus dem Erlangten gezogen, so ordnet das Gericht auch deren Einziehung an.

(3) Das Gericht kann auch die Einziehung der Gegenstände anordnen, die der Täter oder Teilnehmer erworben hat

1. durch Veräußerung des Erlangten oder als Ersatz für dessen Zerstörung, Beschädigung oder Entziehung oder
2. auf Grund eines erlangten Rechts.

§ 73a Erweiterte Einziehung von Taterträgen bei Tätern und Teilnehmern

(1) Ist eine rechtswidrige Tat begangen worden, so ordnet das Gericht die Einziehung von Gegenständen des Täters oder Teilnehmers auch dann an, wenn diese Gegenstände durch andere rechtswidrige Taten oder für sie erlangt worden sind.

(2) Hat sich der Täter oder Teilnehmer vor der Anordnung der Einziehung nach Absatz 1 an einer anderen rechtswidrigen Tat beteiligt und ist erneut über die Einziehung seiner Gegenstände zu entscheiden, berücksichtigt das Gericht hierbei die bereits ergangene Anordnung.

§ 73b Einziehung von Taterträgen bei anderen

(1) Die Anordnung der Einziehung nach den §§ 73 und 73a richtet sich gegen einen anderen, der nicht Täter oder Teilnehmer ist, wenn

1. er durch die Tat etwas erlangt hat und der Täter oder Teilnehmer für ihn gehandelt hat,
2. ihm das Erlangte
   a) unentgeltlich oder ohne rechtlichen Grund übertragen wurde oder
   b) übertragen wurde und er erkannt hat oder hätte erkennen müssen, dass das Erlangte aus einer rechtswidrigen Tat herrührt, oder

3. das Erlangte auf ihn
   a) als Erbe übergegangen ist oder
   b) als Pflichtteilsberechtigter oder Vermächtnisnehmer übertragen worden ist.

Satz 1 Nummer 2 und 3 findet keine Anwendung, wenn das Erlangte zuvor einem Dritten, der nicht erkannt hat oder hätte erkennen müssen, dass das Erlangte aus einer rechtswidrigen Tat herrührt, entgeltlich und mit rechtlichem Grund übertragen wurde.

(2) Erlangt der andere unter den Voraussetzungen des Absatzes 1 Satz 1 Nummer 2 oder Nummer 3 einen Gegenstand, der dem Wert des Erlangten entspricht, oder gezogene Nutzungen, so ordnet das Gericht auch deren Einziehung an.

(3) Unter den Voraussetzungen des Absatzes 1 Satz 1 Nummer 2 oder Nummer 3 kann das Gericht auch die Einziehung dessen anordnen, was erworben wurde

1. durch Veräußerung des erlangten Gegenstandes oder als Ersatz für dessen Zerstörung, Beschädigung oder Entziehung oder
2. auf Grund eines erlangten Rechts.

§ 73c Einziehung des Wertes von Taterträgen

Ist die Einziehung eines Gegenstandes wegen der Beschaffenheit des Erlangten oder aus einem anderen Grund nicht möglich oder wird von der Einziehung eines Ersatzgegenstandes nach § 73 Absatz 3 oder nach § 73b Absatz 3 abgesehen, so ordnet das Gericht die Einziehung eines Geldbetrages an, der dem Wert des Erlangten entspricht. Eine solche Anordnung trifft das Gericht auch neben der Einziehung eines Gegenstandes, soweit dessen Wert hinter dem Wert des zunächst Erlangten zurückbleibt.

§ 73d Bestimmung des Wertes des Erlangten; Schätzung

(1) Bei der Bestimmung des Wertes des Erlangten sind die Aufwendungen des Täters, Teilnehmers oder des anderen abzuziehen. Außer Betracht bleibt jedoch das, was für die Begehung der Tat oder für ihre Vorbereitung aufgewendet oder eingesetzt worden ist, soweit es sich nicht um Leistungen zur Erfüllung einer Verbindlichkeit gegenüber dem Verletzten der Tat handelt.

(2) Umfang und Wert des Erlangten einschließlich der abzuziehenden Aufwendungen können geschätzt werden.

§ 73e Ausschluss der Einziehung des Tatertrages oder des Wertersatzes

(1) Die Einziehung nach den §§ 73 bis 73c ist ausgeschlossen, soweit der Anspruch, der dem Verletzten aus der Tat auf Rückgewähr des Erlangten oder auf Ersatz des Wertes des Erlangten erwachsen ist, erloschen ist.

(2) In den Fällen des § 73b, auch in Verbindung mit § 73c, ist die Einziehung darüber hinaus ausgeschlossen, soweit der Wert des Erlangten zur Zeit der Anordnung nicht mehr im Vermögen des Betroffenen vorhanden ist, es sei denn, dem Betroffenen waren die Umstände, welche die Anordnung der Einziehung gegen den Täter oder Teilnehmer ansonsten zugelassen hätten, zum Zeitpunkt des Wegfalls der Bereicherung bekannt oder infolge von Leichtfertigkeit unbekannt.

§ 74 Einziehung von Tatprodukten, Tatmitteln und Tatobjekten bei Tätern und Teilnehmern

(1) Gegenstände, die durch eine vorsätzliche Tat hervorgebracht (Tatprodukte) oder zu ihrer Begehung oder Vorbereitung gebraucht worden oder bestimmt gewesen sind (Tatmittel), können eingezogen werden.

(2) Gegenstände, auf die sich eine Straftat bezieht (Tatobjekte), unterliegen der Einziehung nach der Maßgabe besonderer Vorschriften.

(3) Die Einziehung ist nur zulässig, wenn die Gegenstände zur Zeit der Entscheidung dem Täter oder Teilnehmer gehören oder zustehen. Das gilt auch für die Einziehung, die durch eine besondere Vorschrift über Absatz 1 hinaus vorgeschrieben oder zugelassen ist.

§ 74a Einziehung von Tatprodukten, Tatmitteln und Tatobjekten bei anderen

Verweist ein Gesetz auf diese Vorschrift, können Gegenstände abweichend von § 74 Absatz 3 auch dann eingezogen werden, wenn derjenige, dem sie zur Zeit der Entscheidung gehören oder zustehen,

1. mindestens leichtfertig dazu beigetragen hat, dass sie als Tatmittel verwendet worden oder Tatobjekt gewesen sind, oder
2. sie in Kenntnis der Umstände, welche die Einziehung zugelassen hätten, in verwerflicher Weise erworben hat.

§ 74b Sicherungseinziehung

(1) Gefährden Gegenstände nach ihrer Art und nach den Umständen die Allgemeinheit oder besteht die Gefahr, dass sie der Begehung rechtswidriger Taten dienen werden, können sie auch dann eingezogen werden, wenn

1. der Täter oder Teilnehmer ohne Schuld gehandelt hat oder
2. die Gegenstände einem anderen als dem Täter oder Teilnehmer gehören oder zustehen.

(2) In den Fällen des Absatzes 1 Nummer 2 wird der andere aus der Staatskasse unter Berücksichtigung des Verkehrswertes des eingezogenen Gegenstandes angemessen in Geld entschädigt. Das Gleiche gilt, wenn der eingezogene Gegenstand mit dem Recht eines anderen belastet ist, das durch die Entscheidung erloschen oder beeinträchtigt ist.

(3) Eine Entschädigung wird nicht gewährt, wenn

1. der nach Absatz 2 Entschädigungsberechtigte
   a) mindestens leichtfertig dazu beigetragen hat, dass der Gegenstand als Tatmittel verwendet worden oder Tatobjekt gewesen ist, oder
   b) den Gegenstand oder das Recht an dem Gegenstand in Kenntnis der Umstände, welche die Einziehung zulassen, in verwerflicher Weise erworben hat oder
2. es nach den Umständen, welche die Einziehung begründet haben, auf Grund von Rechtsvorschriften außerhalb des Strafrechts zulässig wäre, dem Entschädigungsberechtigten den Gegenstand oder das Recht an dem Gegenstand ohne Entschädigung dauerhaft zu entziehen.

Abweichend von Satz 1 kann eine Entschädigung jedoch gewährt werden, wenn es eine unbillige Härte wäre, sie zu versagen.

§ 74c Einziehung des Wertes von Tatprodukten, Tatmitteln und Tatobjekten bei Tätern und Teilnehmern

(1) Ist die Einziehung eines bestimmten Gegenstandes nicht möglich, weil der Täter oder Teilnehmer diesen veräußert, verbraucht oder die Einziehung auf andere Weise vereitelt hat, so kann das Gericht gegen ihn die Einziehung eines Geldbetrages anordnen, der dem Wert des Gegenstandes entspricht.

(2) Eine solche Anordnung kann das Gericht auch neben oder statt der Einziehung eines Gegenstandes treffen, wenn ihn der Täter oder Teilnehmer vor der Entscheidung über die Einziehung mit dem Recht eines Dritten belastet hat, dessen Erlöschen nicht oder ohne Entschädigung nicht angeordnet werden kann (§ 74b Absatz 2 und 3 und § 75 Absatz 2). Trifft das Gericht die Anordnung neben der Einziehung, bemisst sich die Höhe des Wertersatzes nach dem Wert der Belastung des Gegenstandes.

(3) Der Wert des Gegenstandes und der Belastung kann geschätzt werden.

§ 74d Einziehung von Schriften und Unbrauchbarmachung

(1) Schriften (§ 11 Absatz 3), die einen solchen Inhalt haben, dass jede vorsätzliche Verbreitung in Kenntnis ihres Inhalts den Tatbestand eines Strafgesetzes verwirklichen würde, werden eingezogen, wenn mindestens ein Stück durch eine rechtswidrige Tat verbreitet oder zur Verbreitung bestimmt worden ist. Zugleich wird angeordnet, dass die zur Herstellung der Schriften gebrauchten oder bestimmten Vorrichtungen, die Vorlage für die Vervielfältigung waren oder sein sollten, unbrauchbar gemacht werden.

(2) Die Einziehung erstreckt sich nur auf die Stücke, die sich im Besitz der bei ihrer Verbreitung oder deren Vorbereitung mitwirkenden Personen befinden oder öffentlich ausgelegt oder beim Verbreiten durch Versenden noch nicht dem Empfänger ausgehändigt worden sind.

(3) Absatz 1 gilt entsprechend für Schriften (§ 11 Absatz 3), die einen solchen Inhalt haben, dass die vorsätzliche Verbreitung in Kenntnis ihres Inhalts nur bei Hinzutreten weiterer Tatumstände den Tatbestand eines Strafgesetzes verwirklichen würde. Die Einziehung und Unbrauchbarmachung werden jedoch nur angeordnet, soweit

1. die Stücke und die in Absatz 1 Satz 2 bezeichneten Vorrichtungen sich im Besitz des Täters, des Teilnehmers oder eines anderen befinden, für den der Täter oder Teilnehmer gehandelt hat, oder von diesen Personen zur Verbreitung bestimmt sind und
2. die Maßnahmen erforderlich sind, um ein gesetzwidriges Verbreiten durch die in Nummer 1 bezeichneten Personen zu verhindern.

(4) Dem Verbreiten im Sinne der Absätze 1 bis 3 steht es gleich, wenn eine Schrift (§ 11 Absatz 3) oder mindestens ein Stück der

Schrift durch Ausstellen, Anschlagen, Vorführen oder in anderer Weise öffentlich zugänglich gemacht wird.

(5) Stand das Eigentum an der Sache zur Zeit der Rechtskraft der Entscheidung über die Einziehung oder Unbrauchbarmachung einem anderen als dem Täter oder Teilnehmer zu oder war der Gegenstand mit dem Recht eines Dritten belastet, das durch die Entscheidung erloschen oder beeinträchtigt ist, wird dieser aus der Staatskasse unter Berücksichtigung des Verkehrswertes angemessen in Geld entschädigt. § 74b Absatz 3 gilt entsprechend.

§ 74e Sondervorschrift für Organe und Vertreter

Hat jemand

1. als vertretungsberechtigtes Organ einer juristischen Person oder als Mitglied eines solchen Organs,
2. als Vorstand eines nicht rechtsfähigen Vereins oder als Mitglied eines solchen Vorstandes,
3. als vertretungsberechtigter Gesellschafter einer rechtsfähigen Personengesellschaft,
4. als Generalbevollmächtigter oder in leitender Stellung als Prokurist oder Handlungsbevollmächtigter einer juristischen Person oder einer in Nummer 2 oder 3 genannten Personenvereinigung oder
5. als sonstige Person, die für die Leitung des Betriebs oder Unternehmens einer juristischen Person oder einer in Nummer 2 oder 3 genannten Personenvereinigung verantwortlich handelt, wozu auch die Überwachung der Geschäftsführung oder die sonstige Ausübung von Kontrollbefugnissen in leitender Stellung gehört,

eine Handlung vorgenommen, die ihm gegenüber unter den übrigen Voraussetzungen der §§ 74 bis 74c die Einziehung eines Gegenstandes oder des Wertersatzes zulassen oder den Ausschluss der Entschädigung begründen würde, wird seine Handlung bei Anwendung dieser Vorschriften dem Vertretenen zugerechnet. § 14 Absatz 3 gilt entsprechend.

§ 74f Grundsatz der Verhältnismäßigkeit

(1) Ist die Einziehung nicht vorgeschrieben, so darf sie in den Fällen der §§ 74 und 74a nicht angeordnet werden, wenn sie zur begangenen Tat und zum Vorwurf, der den von der Einziehung Betroffenen trifft, außer Verhältnis stünde. In den Fällen der §§ 74 bis 74b und 74d ordnet das Gericht an, dass die Einziehung vorbehalten

bleibt, wenn ihr Zweck auch durch eine weniger einschneidende Maßnahme erreicht werden kann. In Betracht kommt insbesondere die Anweisung,

1. die Gegenstände unbrauchbar zu machen,
2. an den Gegenständen bestimmte Einrichtungen oder Kennzeichen zu beseitigen oder die Gegenstände sonst zu ändern oder
3. über die Gegenstände in bestimmter Weise zu verfügen.

Wird die Anweisung befolgt, wird der Vorbehalt der Einziehung aufgehoben; andernfalls ordnet das Gericht die Einziehung nachträglich an. Ist die Einziehung nicht vorgeschrieben, kann sie auf einen Teil der Gegenstände beschränkt werden.

(2) In den Fällen der Unbrauchbarmachung nach § 74d Absatz 1 Satz 2 und Absatz 3 gilt Absatz 1 Satz 2 und 3 entsprechend.

§75 Wirkung der Einziehung

(1) Wird die Einziehung eines Gegenstandes angeordnet, so geht das Eigentum an der Sache oder das Recht mit der Rechtskraft der Entscheidung auf den Staat über, wenn der Gegenstand

1. dem von der Anordnung Betroffenen zu dieser Zeit gehört oder zusteht oder
2. einem anderen gehört oder zusteht, der ihn für die Tat oder andere Zwecke in Kenntnis der Tatumstände gewährt hat.

In anderen Fällen geht das Eigentum an der Sache oder das Recht mit Ablauf von sechs Monaten nach der Mitteilung der Rechtskraft der Einziehungsanordnung auf den Staat über, es sei denn, dass vorher derjenige, dem der Gegenstand gehört oder zusteht, sein Recht bei der Vollstreckungsbehörde anmeldet.

(2) Im Übrigen bleiben Rechte Dritter an dem Gegenstand bestehen. In den in § 74b bezeichneten Fällen ordnet das Gericht jedoch das Erlöschen dieser Rechte an. In den Fällen der §§ 74 und 74a kann es das Erlöschen des Rechts eines Dritten anordnen, wenn der Dritte

1. wenigstens leichtfertig dazu beigetragen hat, dass der Gegenstand als Tatmittel verwendet worden oder Tatobjekt gewesen ist, oder
2. das Recht an dem Gegenstand in Kenntnis der Umstände, welche die Einziehung zulassen, in verwerflicher Weise erworben hat.

(3) Bis zum Übergang des Eigentums an der Sache oder des Rechts wirkt die Anordnung der Einziehung oder die Anordnung des Vor-

behalts der Einziehung als Veräußerungsverbot im Sinne des § 136 des Bürgerlichen Gesetzbuchs.

(4) In den Fällen des § 111d Absatz 1 Satz 2 der Strafprozessordnung findet § 91 der Insolvenzordnung keine Anwendung.

§ 76 Nachträgliche Anordnung der Einziehung des Wertersatzes

Ist die Anordnung der Einziehung eines Gegenstandes unzureichend oder nicht ausführbar, weil nach der Anordnung eine der in den §§ 73c oder 74c bezeichneten Voraussetzungen eingetreten oder bekanntgeworden ist, so kann das Gericht die Einziehung des Wertersatzes nachträglich anordnen.

§ 76a Selbständige Einziehung

(1) Kann wegen der Straftat keine bestimmte Person verfolgt oder verurteilt werden, so ordnet das Gericht die Einziehung oder die Unbrauchbarmachung selbständig an, wenn die Voraussetzungen, unter denen die Maßnahme vorgeschrieben ist, im Übrigen vorliegen. Ist sie zugelassen, so kann das Gericht die Einziehung unter den Voraussetzungen des Satzes 1 selbständig anordnen. Die Einziehung wird nicht angeordnet, wenn Antrag, Ermächtigung oder Strafverlangen fehlen oder bereits rechtskräftig über sie entschieden worden ist.

(2) Unter den Voraussetzungen der §§ 73, 73b und 73c ist die selbständige Anordnung der Einziehung des Tatertrages und die selbständige Einziehung des Wertes des Tatertrages auch dann zulässig, wenn die Verfolgung der Straftat verjährt ist. Unter den Voraussetzungen der §§ 74b und 74d gilt das Gleiche für die selbständige Anordnung der Sicherungseinziehung, der Einziehung von Schriften und der Unbrauchbarmachung.

(3) Absatz 1 ist auch anzuwenden, wenn das Gericht von Strafe absieht oder wenn das Verfahren nach einer Vorschrift eingestellt wird, die dies nach dem Ermessen der Staatsanwaltschaft oder des Gerichts oder im Einvernehmen beider zulässt.

(4) Ein aus einer rechtswidrigen Tat herrührender Gegenstand, der in einem Verfahren wegen des Verdachts einer in Satz 3 genannten Straftat sichergestellt worden ist, soll auch dann selbständig eingezogen werden, wenn der von der Sicherstellung Betroffene nicht wegen der Straftat verfolgt oder verurteilt werden kann. Wird die Einziehung eines Gegenstandes angeordnet, so geht das Eigentum an der Sache oder das Recht mit der Rechtskraft der Entscheidung

auf den Staat über; § 75 Absatz 3 gilt entsprechend. Straftaten im Sinne des Satzes 1 sind

1. aus diesem Gesetz:
   a) Vorbereitung einer schweren staatsgefährdenden Gewalttat nach § 89a und Terrorismusfinanzierung nach § 89c Absatz 1 bis 4,
   b) Bildung krimineller Vereinigungen nach § 129 Absatz 1 und Bildung terroristischer Vereinigungen nach § 129a Absatz 1, 2, 4, 5, jeweils auch in Verbindung mit § 129b Absatz 1,
   c) Zuhälterei nach § 181a Absatz 1, auch in Verbindung mit Absatz 3,
   d) Verbreitung, Erwerb und Besitz kinderpornografischer Schriften in den Fällen des § 184b Absatz 2,
   e) gewerbs- und bandenmäßige Begehung des Menschenhandels, der Zwangsprostitution und der Zwangsarbeit nach den §§ 232 bis 232b sowie bandenmäßige Ausbeutung der Arbeitskraft und Ausbeutung unter Ausnutzung einer Freiheitsberaubung nach den §§ 233 und 233a,
   f) Geldwäsche und Verschleierung unrechtmäßig erlangter Vermögenswerte nach § 261 Absatz 1, 2 und 4,
2. aus der Abgabenordnung:
   a) Steuerhinterziehung unter den in § 370 Absatz 3 Nummer 5 genannten Voraussetzungen,
   b) gewerbsmäßiger, gewaltsamer und bandenmäßiger Schmuggel nach § 373,
   c) Steuerhehlerei im Fall des § 374 Absatz 2,
3. aus dem Asylgesetz:
   a) Verleitung zur missbräuchlichen Asylantragstellung nach § 84 Absatz 3,
   b) gewerbs- und bandenmäßige Verleitung zur missbräuchlichen Asylantragstellung nach § 84a,
4. aus dem Aufenthaltsgesetz:
   a) Einschleusen von Ausländern nach § 96 Absatz 2,
   b) Einschleusen mit Todesfolge sowie gewerbs- und bandenmäßiges Einschleusen nach § 97,
5. aus dem Außenwirtschaftsgesetz:
   vorsätzliche Straftaten nach den §§ 17 und 18,

6. aus dem Betäubungsmittelgesetz:
   a) Straftaten nach einer in § 29 Absatz 3 Satz 2 Nummer 1 in Bezug genommenen Vorschrift unter den dort genannten Voraussetzungen,
   b) Straftaten nach den §§ 29a, 30 Absatz 1 Nummer 1, 2 und 4 sowie den §§ 30a und 30b,
7. aus dem Gesetz über die Kontrolle von Kriegswaffen:
   a) Straftaten nach § 19 Absatz 1 bis 3 und § 20 Absatz 1 und 2 sowie § 20a Absatz 1 bis 3, jeweils auch in Verbindung mit § 21,
   b) Straftaten nach § 22a Absatz 1 bis 3,
8. aus dem Waffengesetz:
   a) Straftaten nach § 51 Absatz 1 bis 3,
   b) Straftaten nach § 52 Absatz 1 Nummer 1 und 2 Buchstabe c und d sowie Absatz 5 und 6.

§ 76b Verjährung der Einziehung von Taterträgen und des Wertes von Taterträgen

(1) Die erweiterte und die selbständige Einziehung des Tatertrages oder des Wertes des Tatertrages nach den §§ 73a und 76a verjähren in 30 Jahren. Die Verjährung beginnt mit der Beendigung der rechtswidrigen Tat, durch oder für die der Täter oder Teilnehmer oder der andere im Sinne des § 73b etwas erlangt hat. Die §§ 78b und 78c gelten entsprechend.

(2) In den Fällen des § 78 Absatz 2 und des § 5 des Völkerstrafgesetzbuches verjähren die erweiterte und die selbständige Einziehung des Tatertrages oder des Wertes des Tatertrages nach den §§ 73a und 76a nicht.

Vierter Abschnitt
Strafantrag, Ermächtigung, Strafverlangen

§ 77 Antragsberechtigte

(1) Ist die Tat nur auf Antrag verfolgbar, so kann, soweit das Gesetz nichts anderes bestimmt, der Verletzte den Antrag stellen.

(2) Stirbt der Verletzte, so geht sein Antragsrecht in den Fällen, die das Gesetz bestimmt, auf den Ehegatten, den Lebenspartner und die Kinder über. Hat der Verletzte weder einen Ehegatten oder einen Lebenspartner noch Kinder hinterlassen oder sind sie vor Ab-

lauf der Antragsfrist gestorben, so geht das Antragsrecht auf die Eltern und, wenn auch sie vor Ablauf der Antragsfrist gestorben sind, auf die Geschwister und die Enkel über. Ist ein Angehöriger an der Tat beteiligt oder ist seine Verwandtschaft erloschen, so scheidet er bei dem Übergang des Antragsrechts aus. Das Antragsrecht geht nicht über, wenn die Verfolgung dem erklärten Willen des Verletzten widerspricht.

(3) Ist der Antragsberechtigte geschäftsunfähig oder beschränkt geschäftsfähig, so können der gesetzliche Vertreter in den persönlichen Angelegenheiten und derjenige, dem die Sorge für die Person des Antragsberechtigten zusteht, den Antrag stellen.

(4) Sind mehrere antragsberechtigt, so kann jeder den Antrag selbständig stellen.

§ 77a Antrag des Dienstvorgesetzten

(1) Ist die Tat von einem Amtsträger, einem für den öffentlichen Dienst besonders Verpflichteten oder einem Soldaten der Bundeswehr oder gegen ihn begangen und auf Antrag des Dienstvorgesetzten verfolgbar, so ist derjenige Dienstvorgesetzte antragsberechtigt, dem der Betreffende zur Zeit der Tat unterstellt war.

(2) Bei Berufsrichtern ist an Stelle des Dienstvorgesetzten antragsberechtigt, wer die Dienstaufsicht über den Richter führt. Bei Soldaten ist Dienstvorgesetzter der Disziplinarvorgesetzte.

(3) Bei einem Amtsträger oder einem für den öffentlichen Dienst besonders Verpflichteten, der keinen Dienstvorgesetzten hat oder gehabt hat, kann die Dienststelle, für die er tätig war, den Antrag stellen. Leitet der Amtsträger oder der Verpflichtete selbst diese Dienststelle, so ist die staatliche Aufsichtsbehörde antragsberechtigt.

(4) Bei Mitgliedern der Bundesregierung ist die Bundesregierung, bei Mitgliedern einer Landesregierung die Landesregierung antragsberechtigt.

§ 77b Antragsfrist

(1) Eine Tat, die nur auf Antrag verfolgbar ist, wird nicht verfolgt, wenn der Antragsberechtigte es unterläßt, den Antrag bis zum Ablauf einer Frist von drei Monaten zu stellen. Fällt das Ende der Frist auf einen Sonntag, einen allgemeinen Feiertag oder einen Sonnabend, so endet die Frist mit Ablauf des nächsten Werktags.

(2) Die Frist beginnt mit Ablauf des Tages, an dem der Berechtigte von der Tat und der Person des Täters Kenntnis erlangt. Für den

Antrag des gesetzlichen Vertreters und des Sorgeberechtigten kommt es auf dessen Kenntnis an.

(3) Sind mehrere antragsberechtigt oder mehrere an der Tat beteiligt, so läuft die Frist für und gegen jeden gesondert.

(4) Ist durch Tod des Verletzten das Antragsrecht auf Angehörige übergegangen, so endet die Frist frühestens drei Monate und spätestens sechs Monate nach dem Tod des Verletzten.

(5) Der Lauf der Frist ruht, wenn ein Antrag auf Durchführung eines Sühneversuchs gemäß § 380 der Strafprozeßordnung bei der Vergleichsbehörde eingeht, bis zur Ausstellung der Bescheinigung nach § 380 Abs. 1 Satz 3 der Strafprozeßordnung.

§ 77c Wechselseitig begangene Taten

Hat bei wechselseitig begangenen Taten, die miteinander zusammenhängen und nur auf Antrag verfolgbar sind, ein Berechtigter die Strafverfolgung des anderen beantragt, so erlischt das Antragsrecht des anderen, wenn er es nicht bis zur Beendigung des letzten Wortes im ersten Rechtszug ausübt. Er kann den Antrag auch dann noch stellen, wenn für ihn die Antragsfrist schon verstrichen ist.

§ 77d Zurücknahme des Antrags

(1) Der Antrag kann zurückgenommen werden. Die Zurücknahme kann bis zum rechtskräftigen Abschluß des Strafverfahrens erklärt werden. Ein zurückgenommener Antrag kann nicht nochmals gestellt werden.

(2) Stirbt der Verletzte oder der im Falle seines Todes Berechtigte, nachdem er den Antrag gestellt hat, so können der Ehegatte, der Lebenspartner, die Kinder, die Eltern, die Geschwister und die Enkel des Verletzten in der Rangfolge des § 77 Abs. 2 den Antrag zurücknehmen. Mehrere Angehörige des gleichen Ranges können das Recht nur gemeinsam ausüben. Wer an der Tat beteiligt ist, kann den Antrag nicht zurücknehmen.

§ 77e Ermächtigung und Strafverlangen

Ist eine Tat nur mit Ermächtigung oder auf Strafverlangen verfolgbar, so gelten die §§ 77 und 77d entsprechend.

C

Fünfter Abschnitt
Verjährung

Erster Titel
Verfolgungsverjährung

§78 Verjährungsfrist

(1) Die Verjährung schließt die Ahndung der Tat und die Anordnung von Maßnahmen (§ 11 Abs. 1 Nr. 8) aus. § 76a Absatz 2 bleibt unberührt.

(2) Verbrechen nach § 211 (Mord) verjähren nicht.

(3) Soweit die Verfolgung verjährt, beträgt die Verjährungsfrist

1. dreißig Jahre bei Taten, die mit lebenslanger Freiheitsstrafe bedroht sind,
2. zwanzig Jahre bei Taten, die im Höchstmaß mit Freiheitsstrafen von mehr als zehn Jahren bedroht sind,
3. zehn Jahre bei Taten, die im Höchstmaß mit Freiheitsstrafen von mehr als fünf Jahren bis zu zehn Jahren bedroht sind,
4. fünf Jahre bei Taten, die im Höchstmaß mit Freiheitsstrafen von mehr als einem Jahr bis zu fünf Jahren bedroht sind,
5. drei Jahre bei den übrigen Taten.

(4) Die Frist richtet sich nach der Strafdrohung des Gesetzes, dessen Tatbestand die Tat verwirklicht, ohne Rücksicht auf Schärfungen oder Milderungen, die nach den Vorschriften des Allgemeinen Teils oder für besonders schwere oder minder schwere Fälle vorgesehen sind.

§78a Beginn

Die Verjährung beginnt, sobald die Tat beendet ist. Tritt ein zum Tatbestand gehörender Erfolg erst später ein, so beginnt die Verjährung mit diesem Zeitpunkt.

§78b Ruhen

(1) Die Verjährung ruht

1. bis zur Vollendung des 30. Lebensjahres des Opfers bei Straftaten nach den §§ 174 bis 174c, 176 bis 178, 180 Absatz 3, §§ 182, 225, 226a und 237,
2. solange nach dem Gesetz die Verfolgung nicht begonnen oder nicht fortgesetzt werden kann; dies gilt nicht, wenn die Tat nur

deshalb nicht verfolgt werden kann, weil Antrag, Ermächtigung oder Strafverlangen fehlen.

(2) Steht der Verfolgung entgegen, daß der Täter Mitglied des Bundestages oder eines Gesetzgebungsorgans eines Landes ist, so beginnt die Verjährung erst mit Ablauf des Tages zu ruhen, an dem

1. die Staatsanwaltschaft oder eine Behörde oder ein Beamter des Polizeidienstes von der Tat und der Person des Täters Kenntnis erlangt oder
2. eine Strafanzeige oder ein Strafantrag gegen den Täter angebracht wird (§ 158 der Strafprozeßordnung).

(3) Ist vor Ablauf der Verjährungsfrist ein Urteil des ersten Rechtszuges ergangen, so läuft die Verjährungsfrist nicht vor dem Zeitpunkt ab, in dem das Verfahren rechtskräftig abgeschlossen ist.

(4) Droht das Gesetz strafschärfend für besonders schwere Fälle Freiheitsstrafe von mehr als fünf Jahren an und ist das Hauptverfahren vor dem Landgericht eröffnet worden, so ruht die Verjährung in den Fällen des § 78 Abs. 3 Nr. 4 ab Eröffnung des Hauptverfahrens, höchstens jedoch für einen Zeitraum von fünf Jahren; Absatz 3 bleibt unberührt.

(5) Hält sich der Täter in einem ausländischen Staat auf und stellt die zuständige Behörde ein förmliches Auslieferungsersuchen an diesen Staat, ruht die Verjährung ab dem Zeitpunkt des Zugangs des Ersuchens beim ausländischen Staat

1. bis zur Übergabe des Täters an die deutschen Behörden,
2. bis der Täter das Hoheitsgebiet des ersuchten Staates auf andere Weise verlassen hat,
3. bis zum Eingang der Ablehnung dieses Ersuchens durch den ausländischen Staat bei den deutschen Behörden oder
4. bis zur Rücknahme dieses Ersuchens.

Lässt sich das Datum des Zugangs des Ersuchens beim ausländischen Staat nicht ermitteln, gilt das Ersuchen nach Ablauf von einem Monat seit der Absendung oder Übergabe an den ausländischen Staat als zugegangen, sofern nicht die ersuchende Behörde Kenntnis davon erlangt, dass das Ersuchen dem ausländischen Staat tatsächlich nicht oder erst zu einem späteren Zeitpunkt zugegangen ist. Satz 1 gilt nicht für ein Auslieferungsersuchen, für das im ersuchten Staat auf Grund des Rahmenbeschlusses des Rates vom 13. Juni 2002 über den Europäischen Haftbefehl und die Übergabeverfahren zwischen den Mitgliedstaaten (ABl. EG Nr. L 190 S. 1) oder auf Grund völkerrechtlicher Vereinbarung eine

§ 83c des Gesetzes über die internationale Rechtshilfe in Strafsachen vergleichbare Fristenregelung besteht.

(6) In den Fällen des § 78 Absatz 3 Nummer 1 bis 3 ruht die Verjährung ab der Übergabe der Person an den Internationalen Strafgerichtshof oder den Vollstreckungsstaat bis zu ihrer Rückgabe an die deutschen Behörden oder bis zu ihrer Freilassung durch den Internationalen Strafgerichtshof oder den Vollstreckungsstaat.

§ 78c Unterbrechung

(1) Die Verjährung wird unterbrochen durch

1. die erste Vernehmung des Beschuldigten, die Bekanntgabe, daß gegen ihn das Ermittlungsverfahren eingeleitet ist, oder die Anordnung dieser Vernehmung oder Bekanntgabe,
2. jede richterliche Vernehmung des Beschuldigten oder deren Anordnung,
3. jede Beauftragung eines Sachverständigen durch den Richter oder Staatsanwalt, wenn vorher der Beschuldigte vernommen oder ihm die Einleitung des Ermittlungsverfahrens bekanntgegeben worden ist,
4. jede richterliche Beschlagnahme- oder Durchsuchungsanordnung und richterliche Entscheidungen, welche diese aufrechterhalten,
5. den Haftbefehl, den Unterbringungsbefehl, den Vorführungsbefehl und richterliche Entscheidungen, welche diese aufrechterhalten,
6. die Erhebung der öffentlichen Klage,
7. die Eröffnung des Hauptverfahrens,
8. jede Anberaumung einer Hauptverhandlung,
9. den Strafbefehl oder eine andere dem Urteil entsprechende Entscheidung,
10. die vorläufige gerichtliche Einstellung des Verfahrens wegen Abwesenheit des Angeschuldigten sowie jede Anordnung des Richters oder Staatsanwalts, die nach einer solchen Einstellung des Verfahrens oder im Verfahren gegen Abwesende zur Ermittlung des Aufenthalts des Angeschuldigten oder zur Sicherung von Beweisen ergeht,
11. die vorläufige gerichtliche Einstellung des Verfahrens wegen Verhandlungsunfähigkeit des Angeschuldigten sowie jede Anordnung des Richters oder Staatsanwalts, die nach einer sol-

chen Einstellung des Verfahrens zur Überprüfung der Verhandlungsfähigkeit des Angeschuldigten ergeht, oder

12. jedes richterliche Ersuchen, eine Untersuchungshandlung im Ausland vorzunehmen.

Im Sicherungsverfahren und im selbständigen Verfahren wird die Verjährung durch die dem Satz 1 entsprechenden Handlungen zur Durchführung des Sicherungsverfahrens oder des selbständigen Verfahrens unterbrochen.

(2) Die Verjährung ist bei einer schriftlichen Anordnung oder Entscheidung in dem Zeitpunkt unterbrochen, in dem die Anordnung oder Entscheidung unterzeichnet wird. Ist das Dokument nicht alsbald nach der Unterzeichnung in den Geschäftsgang gelangt, so ist der Zeitpunkt maßgebend, in dem es tatsächlich in den Geschäftsgang gegeben worden ist.

(3) Nach jeder Unterbrechung beginnt die Verjährung von neuem. Die Verfolgung ist jedoch spätestens verjährt, wenn seit dem in § 78a bezeichneten Zeitpunkt das Doppelte der gesetzlichen Verjährungsfrist und, wenn die Verjährungsfrist nach besonderen Gesetzen kürzer ist als drei Jahre, mindestens drei Jahre verstrichen sind. § 78b bleibt unberührt.

(4) Die Unterbrechung wirkt nur gegenüber demjenigen, auf den sich die Handlung bezieht.

(5) Wird ein Gesetz, das bei der Beendigung der Tat gilt, vor der Entscheidung geändert und verkürzt sich hierdurch die Frist der Verjährung, so bleiben Unterbrechungshandlungen, die vor dem Inkrafttreten des neuen Rechts vorgenommen worden sind, wirksam, auch wenn im Zeitpunkt der Unterbrechung die Verfolgung nach dem neuen Recht bereits verjährt gewesen wäre.

Zweiter Titel
Vollstreckungsverjährung

§ 79 Verjährungsfrist

(1) Eine rechtskräftig verhängte Strafe oder Maßnahme (§ 11 Abs. 1 Nr. 8) darf nach Ablauf der Verjährungsfrist nicht mehr vollstreckt werden.

(2) Die Vollstreckung von lebenslangen Freiheitsstrafen verjährt nicht.

(3) Die Verjährungsfrist beträgt

1. fünfundzwanzig Jahre bei Freiheitsstrafe von mehr als zehn Jahren,
2. zwanzig Jahre bei Freiheitsstrafe von mehr als fünf Jahren bis zu zehn Jahren,
3. zehn Jahre bei Freiheitsstrafe von mehr als einem Jahr bis zu fünf Jahren,
4. fünf Jahre bei Freiheitsstrafe bis zu einem Jahr und bei Geldstrafe von mehr als dreißig Tagessätzen,
5. drei Jahre bei Geldstrafe bis zu dreißig Tagessätzen.

(4) Die Vollstreckung der Sicherungsverwahrung und der unbefristeten Führungsaufsicht (§ 68c Abc. 2 Satz 1 oder Abs. 3) verjähren nicht. Die Verjährungsfrist beträgt

1. fünf Jahre in den sonstigen Fällen der Führungsaufsicht sowie bei der ersten Unterbringung in einer Entziehungsanstalt,
2. zehn Jahre bei den übrigen Maßnahmen.

(5) Ist auf Freiheitsstrafe und Geldstrafe zugleich oder ist neben einer Strafe auf eine freiheitsentziehende Maßregel, auf Einziehung oder Unbrauchbarmachung erkannt, so verjährt die Vollstreckung der einen Strafe oder Maßnahme nicht früher als die der anderen. Jedoch hindert eine zugleich angeordnete Sicherungsverwahrung die Verjährung der Vollstreckung von Strafen oder anderen Maßnahmen nicht.

(6) Die Verjährung beginnt mit der Rechtskraft der Entscheidung.

§ 79a Ruhen

Die Verjährung ruht,

1. solange nach dem Gesetz die Vollstreckung nicht begonnen oder nicht fortgesetzt werden kann,
2. solange dem Verurteilten
   a) Aufschub oder Unterbrechung der Vollstreckung,
   b) Aussetzung zur Bewährung durch richterliche Entscheidung oder im Gnadenweg oder
   c) Zahlungserleichterung bei Geldstrafe oder Einziehung

   bewilligt ist,
3. solange der Verurteilte im In- oder Ausland auf behördliche Anordnung in einer Anstalt verwahrt wird.

§79b Verlängerung

Das Gericht kann die Verjährungsfrist vor ihrem Ablauf auf Antrag der Vollstreckungsbehörde einmal um die Hälfte der gesetzlichen Verjährungsfrist verlängern, wenn der Verurteilte sich in einem Gebiet aufhält, aus dem seine Auslieferung oder Überstellung nicht erreicht werden kann.

Besonderer Teil

Erster Abschnitt
Friedensverrat, Hochverrat und Gefährdung des demokratischen Rechtsstaates

Erster Titel
Friedensverrat

§80 (weggefallen)

§80a Aufstacheln zum Verbrechen der Aggression

Wer im räumlichen Geltungsbereich dieses Gesetzes öffentlich, in einer Versammlung oder durch Verbreiten von Schriften (§ 11 Abs. 3) zum Verbrechen der Aggression (§ 13 des Völkerstrafgesetzbuches) aufstachelt, wird mit Freiheitsstrafe von drei Monaten bis zu fünf Jahren bestraft.

Zweiter Titel
Hochverrat

§81 Hochverrat gegen den Bund

(1) Wer es unternimmt, mit Gewalt oder durch Drohung mit Gewalt

1. den Bestand der Bundesrepublik Deutschland zu beeinträchtigen oder
2. die auf dem Grundgesetz der Bundesrepublik Deutschland beruhende verfassungsmäßige Ordnung zu ändern,

wird mit lebenslanger Freiheitsstrafe oder mit Freiheitsstrafe nicht unter zehn Jahren bestraft.

(2) In minder schweren Fällen ist die Strafe Freiheitsstrafe von einem Jahr bis zu zehn Jahren.

§ 82 Hochverrat gegen ein Land

(1) Wer es unternimmt, mit Gewalt oder durch Drohung mit Gewalt

1. das Gebiet eines Landes ganz oder zum Teil einem anderen Land der Bundesrepublik Deutschland einzuverleiben oder einen Teil eines Landes von diesem abzutrennen oder
2. die auf der Verfassung eines Landes beruhende verfassungsmäßige Ordnung zu ändern,

wird mit Freiheitsstrafe von einem Jahr bis zu zehn Jahren bestraft.

(2) In minder schweren Fällen ist die Strafe Freiheitsstrafe von sechs Monaten bis zu fünf Jahren.

§ 83 Vorbereitung eines hochverräterischen Unternehmens

(1) Wer ein bestimmtes hochverräterisches Unternehmen gegen den Bund vorbereitet, wird mit Freiheitsstrafe von einem Jahr bis zu zehn Jahren, in minder schweren Fällen mit Freiheitsstrafe von einem Jahr bis zu fünf Jahren bestraft.

(2) Wer ein bestimmtes hochverräterisches Unternehmen gegen ein Land vorbereitet, wird mit Freiheitsstrafe von drei Monaten bis zu fünf Jahren bestraft.

§ 83a Tätige Reue

(1) In den Fällen der §§ 81 und 82 kann das Gericht die Strafe nach seinem Ermessen mildern (§ 49 Abs. 2) oder von einer Bestrafung nach diesen Vorschriften absehen, wenn der Täter freiwillig die weitere Ausführung der Tat aufgibt und eine von ihm erkannte Gefahr, daß andere das Unternehmen weiter ausführen, abwendet oder wesentlich mindert oder wenn er freiwillig die Vollendung der Tat verhindert.

(2) In den Fällen des § 83 kann das Gericht nach Absatz 1 verfahren, wenn der Täter freiwillig sein Vorhaben aufgibt und eine von ihm verursachte und erkannte Gefahr, daß andere das Unternehmen weiter vorbereiten oder es ausführen, abwendet oder wesentlich mindert oder wenn er freiwillig die Vollendung der Tat verhindert.

(3) Wird ohne Zutun des Täters die bezeichnete Gefahr abgewendet oder wesentlich gemindert oder die Vollendung der Tat verhindert, so genügt sein freiwilliges und ernsthaftes Bemühen, dieses Ziel zu erreichen.

Dritter Titel
Gefährdung des demokratischen Rechtsstaates

§ 84 Fortführung einer für verfassungswidrig erklärten Partei

(1) Wer als Rädelsführer oder Hintermann im räumlichen Geltungsbereich dieses Gesetzes den organisatorischen Zusammenhalt

1. einer vom Bundesverfassungsgericht für verfassungswidrig erklärten Partei oder
2. einer Partei, von der das Bundesverfassungsgericht festgestellt hat, daß sie Ersatzorganisation einer verbotenen Partei ist,

aufrechterhält, wird mit Freiheitsstrafe von drei Monaten bis zu fünf Jahren bestraft. Der Versuch ist strafbar.

(2) Wer sich in einer Partei der in Absatz 1 bezeichneten Art als Mitglied betätigt oder wer ihren organisatorischen Zusammenhalt oder ihre weitere Betätigung unterstützt, wird mit Freiheitsstrafe bis zu fünf Jahren oder mit Geldstrafe bestraft.

(3) Wer einer anderen Sachentscheidung des Bundesverfassungsgerichts, die im Verfahren nach Artikel 21 Abs. 2 des Grundgesetzes oder im Verfahren nach § 33 Abs. 2 des Parteiengesetzes erlassen ist, oder einer vollziehbaren Maßnahme zuwiderhandelt, die im Vollzug einer in einem solchen Verfahren ergangenen Sachentscheidung getroffen ist, wird mit Freiheitsstrafe bis zu fünf Jahren oder mit Geldstrafe bestraft. Den in Satz 1 bezeichneten Verfahren steht ein Verfahren nach Artikel 18 des Grundgesetzes gleich.

(4) In den Fällen des Absatzes 1 Satz 2 und der Absätze 2 und 3 Satz 1 kann das Gericht bei Beteiligten, deren Schuld gering und deren Mitwirkung von untergeordneter Bedeutung ist, die Strafe nach seinem Ermessen mildern (§ 49 Abs. 2) oder von einer Bestrafung nach diesen Vorschriften absehen.

(5) In den Fällen der Absätze 1 bis 3 Satz 1 kann das Gericht die Strafe nach seinem Ermessen mildern (§ 49 Abs. 2) oder von einer Bestrafung nach diesen Vorschriften absehen, wenn der Täter sich freiwillig und ernsthaft bemüht, das Fortbestehen der Partei zu verhindern; erreicht er dieses Ziel oder wird es ohne sein Bemühen erreicht, so wird der Täter nicht bestraft.

§ 85 Verstoß gegen ein Vereinigungsverbot

(1) Wer als Rädelsführer oder Hintermann im räumlichen Geltungsbereich dieses Gesetzes den organisatorischen Zusammenhalt

1. einer Partei oder Vereinigung, von der im Verfahren nach § 33 Abs. 3 des Parteiengesetzes unanfechtbar festgestellt ist, daß sie Ersatzorganisation einer verbotenen Partei ist, oder
2. einer Vereinigung, die unanfechtbar verboten ist, weil sie sich gegen die verfassungsmäßige Ordnung oder gegen den Gedanken der Völkerverständigung richtet, oder von der unanfechtbar festgestellt ist, daß sie Ersatzorganisation einer solchen verbotenen Vereinigung ist,

aufrechterhält, wird mit Freiheitsstrafe bis zu fünf Jahren oder mit Geldstrafe bestraft. Der Versuch ist strafbar.

(2) Wer sich in einer Partei oder Vereinigung der in Absatz 1 bezeichneten Art als Mitglied betätigt oder wer ihren organisatorischen Zusammenhalt oder ihre weitere Betätigung unterstützt, wird mit Freiheitsstrafe bis zu drei Jahren oder mit Geldstrafe bestraft.

(3) § 84 Abs. 4 und 5 gilt entsprechend.

§ 86 Verbreiten von Propagandamitteln verfassungswidriger Organisationen

(1) Wer Propagandamittel

1. einer vom Bundesverfassungsgericht für verfassungswidrig erklärten Partei oder einer Partei oder Vereinigung, von der unanfechtbar festgestellt ist, daß sie Ersatzorganisation einer solchen Partei ist,
2. einer Vereinigung, die unanfechtbar verboten ist, weil sie sich gegen die verfassungsmäßige Ordnung oder gegen den Gedanken der Völkerverständigung richtet, oder von der unanfechtbar festgestellt ist, daß sie Ersatzorganisation einer solchen verbotenen Vereinigung ist,
3. einer Regierung, Vereinigung oder Einrichtung außerhalb des räumlichen Geltungsbereichs dieses Gesetzes, die für die Zwecke einer der in den Nummern 1 und 2 bezeichneten Parteien oder Vereinigungen tätig ist, oder
4. Propagandamittel, die nach ihrem Inhalt dazu bestimmt sind, Bestrebungen einer ehemaligen nationalsozialistischen Organisation fortzusetzen,

im Inland verbreitet oder zur Verbreitung im Inland oder Ausland herstellt, vorrätig hält, einführt oder ausführt oder in Datenspeichern öffentlich zugänglich macht, wird mit Freiheitsstrafe bis zu drei Jahren oder mit Geldstrafe bestraft.

(2) Propagandamittel im Sinne des Absatzes 1 sind nur solche Schriften (§ 11 Abs. 3), deren Inhalt gegen die freiheitliche demokratische Grundordnung oder den Gedanken der Völkerverständigung gerichtet ist.

(3) Absatz 1 gilt nicht, wenn das Propagandamittel oder die Handlung der staatsbürgerlichen Aufklärung, der Abwehr verfassungswidriger Bestrebungen, der Kunst oder der Wissenschaft, der Forschung oder der Lehre, der Berichterstattung über Vorgänge des Zeitgeschehens oder der Geschichte oder ähnlichen Zwecken dient.

(4) Ist die Schuld gering, so kann das Gericht von einer Bestrafung nach dieser Vorschrift absehen.

§86a Verwenden von Kennzeichen verfassungswidriger Organisationen

(1) Mit Freiheitsstrafe bis zu drei Jahren oder mit Geldstrafe wird bestraft, wer

1. im Inland Kennzeichen einer der in § 86 Abs. 1 Nr. 1, 2 und 4 bezeichneten Parteien oder Vereinigungen verbreitet oder öffentlich, in einer Versammlung oder in von ihm verbreiteten Schriften (§ 11 Abs. 3) verwendet oder
2. Gegenstände, die derartige Kennzeichen darstellen oder enthalten, zur Verbreitung oder Verwendung im Inland oder Ausland in der in Nummer 1 bezeichneten Art und Weise herstellt, vorrätig hält, einführt oder ausführt.

(2) Kennzeichen im Sinne des Absatzes 1 sind namentlich Fahnen, Abzeichen, Uniformstücke, Parolen und Grußformen. Den in Satz 1 genannten Kennzeichen stehen solche gleich, die ihnen zum Verwechseln ähnlich sind.

(3) § 86 Abs. 3 und 4 gilt entsprechend.

Anmerkung:

Nationalsozialistische Kennzeichen, insbesondere das Hakenkreuz, dürfen im Bereich der Bw grundsätzlich nicht gezeigt werden → A2-2630/0-0-2 - Leben in der militärischen Gemeinschaft, Nr. 156. Weitere Einzelheiten sind im sog. Traditionserlass („Die Tradition in der Bundeswehr“) geregelt.

§87 Agententätigkeit zu Sabotagezwecken

(1) Mit Freiheitsstrafe bis zu fünf Jahren oder mit Geldstrafe wird bestraft, wer einen Auftrag einer Regierung, Vereinigung oder Einrichtung außerhalb des räumlichen Geltungsbereichs dieses Gesetzes zur Vorbereitung von Sabotagehandlungen, die in diesem Geltungsbereich begangen werden sollen, dadurch befolgt, daß er

1. sich bereit hält, auf Weisung einer der bezeichneten Stellen solche Handlungen zu begehen,
2. Sabotageobjekte auskundschaftet,
3. Sabotagemittel herstellt, sich oder einem anderen verschafft, verwahrt, einem anderen überläßt oder in diesen Bereich einführt,
4. Lager zur Aufnahme von Sabotagemitteln oder Stützpunkte für die Sabotagetätigkeit einrichtet, unterhält oder überprüft,
5. sich zur Begehung von Sabotagehandlungen schulen läßt oder andere dazu schult oder
6. die Verbindung zwischen einem Sabotageagenten (Nummern 1 bis 5) und einer der bezeichneten Stellen herstellt oder aufrechterhält,

und sich dadurch absichtlich oder wissentlich für Bestrebungen gegen den Bestand oder die Sicherheit der Bundesrepublik Deutschland oder gegen Verfassungsgrundsätze einsetzt.

(2) Sabotagehandlungen im Sinne des Absatzes 1 sind

1. Handlungen, die den Tatbestand der §§ 109e, 305, 306 bis 306c, 307 bis 309, 313, 315, 315b, 316b, 316c Abs. 1 Nr. 2, der §§ 317 oder 318 verwirklichen, und
2. andere Handlungen, durch die der Betrieb eines für die Landesverteidigung, den Schutz der Zivilbevölkerung gegen Kriegsgefahren oder für die Gesamtwirtschaft wichtigen Unternehmens dadurch verhindert oder gestört wird, daß eine dem Betrieb dienende Sache zerstört, beschädigt, beseitigt, verändert oder unbrauchbar gemacht oder daß die für den Betrieb bestimmte Energie entzogen wird.

(3) Das Gericht kann von einer Bestrafung nach diesen Vorschriften absehen, wenn der Täter freiwillig sein Verhalten aufgibt und sein Wissen so rechtzeitig einer Dienststelle offenbart, daß Sabotagehandlungen, deren Planung er kennt, noch verhindert werden können.

§88 Verfassungsfeindliche Sabotage

(1) Wer als Rädelsführer oder Hintermann einer Gruppe oder, ohne mit einer Gruppe oder für eine solche zu handeln, als einzelner absichtlich bewirkt, daß im räumlichen Geltungsbereich dieses Gesetzes durch Störhandlungen

1. Unternehmen oder Anlagen, die der öffentlichen Versorgung mit Postdienstleistungen oder dem öffentlichen Verkehr dienen,
2. Telekommunikationsanlagen, die öffentlichen Zwecken dienen,
3. Unternehmen oder Anlagen, die der öffentlichen Versorgung mit Wasser, Licht, Wärme oder Kraft dienen oder sonst für die Versorgung der Bevölkerung lebenswichtig sind, oder
4. Dienststellen, Anlagen, Einrichtungen oder Gegenstände, die ganz oder überwiegend der öffentlichen Sicherheit oder Ordnung dienen,

ganz oder zum Teil außer Tätigkeit gesetzt oder den bestimmungsmäßigen Zwecken entzogen werden, und sich dadurch absichtlich für Bestrebungen gegen den Bestand oder die Sicherheit der Bundesrepublik Deutschland oder gegen Verfassungsgrundsätze einsetzt, wird mit Freiheitsstrafe bis zu fünf Jahren oder mit Geldstrafe bestraft.

(2) Der Versuch ist strafbar.

Anmerkung:

Nationalsozialistische Kennzeichen, insbesondere das Hakenkreuz, dürfen im Bereich der Bw grundsätzlich nicht gezeigt werden → A-2600/1, Nr. 7.3 „Richtlinien zum Traditionsverständnis und zur Traditionspflege in der Bw" vom 20. September 1982; in diesem sog. „Traditionserlass" sind auch die Ausnahmen von dem o. a. Verbot geregelt.

§ 89 Verfassungsfeindliche Einwirkung auf Bundeswehr und öffentliche Sicherheitsorgane

(1) Wer auf Angehörige der Bundeswehr oder eines öffentlichen Sicherheitsorgans planmäßig einwirkt, um deren pflichtmäßige Bereitschaft zum Schutz der Sicherheit der Bundesrepublik Deutschland oder der verfassungsmäßigen Ordnung zu untergraben, und sich dadurch absichtlich für Bestrebungen gegen den Bestand oder die Sicherheit der Bundesrepublik Deutschland oder gegen Verfassungsgrundsätze einsetzt, wird mit Freiheitsstrafe bis zu fünf Jahren oder mit Geldstrafe bestraft.

(2) Der Versuch ist strafbar.

(3) § 86 Abs. 4 gilt entsprechend.

§ 89a Vorbereitung einer schweren staatsgefährdenden Gewalttat

(1) Wer eine schwere staatsgefährdende Gewalttat vorbereitet, wird mit Freiheitsstrafe von sechs Monaten bis zu zehn Jahren bestraft.

Eine schwere staatsgefährdende Gewalttat ist eine Straftat gegen das Leben in den Fällen des § 211 oder des § 212 oder gegen die persönliche Freiheit in den Fällen des § 239a oder des § 239b, die nach den Umständen bestimmt und geeignet ist, den Bestand oder die Sicherheit eines Staates oder einer internationalen Organisation zu beeinträchtigen oder Verfassungsgrundsätze der Bundesrepublik Deutschland zu beseitigen, außer Geltung zu setzen oder zu untergraben.

(2) Absatz 1 ist nur anzuwenden, wenn der Täter eine schwere staatsgefährdende Gewalttat vorbereitet, indem er

1. eine andere Person unterweist oder sich unterweisen lässt in der Herstellung von oder im Umgang mit Schusswaffen, Sprengstoffen, Spreng- oder Brandvorrichtungen, Kernbrenn- oder sonstigen radioaktiven Stoffen, Stoffen, die Gift enthalten oder hervorbringen können, anderen gesundheitsschädlichen Stoffen, zur Ausführung der Tat erforderlichen besonderen Vorrichtungen oder in sonstigen Fertigkeiten, die der Begehung einer der in Absatz 1 genannten Straftaten dienen,
2. Waffen, Stoffe oder Vorrichtungen der in Nummer 1 bezeichneten Art herstellt, sich oder einem anderen verschafft, verwahrt oder einem anderen überlässt oder
3. Gegenstände oder Stoffe sich verschafft oder verwahrt, die für die Herstellung von Waffen, Stoffen oder Vorrichtungen der in Nummer 1 bezeichneten Art wesentlich sind.

(2a) Absatz 1 ist auch anzuwenden, wenn der Täter eine schwere staatsgefährdende Gewalttat vorbereitet, indem er es unternimmt, zum Zweck der Begehung einer schweren staatsgefährdenden Gewalttat oder der in Absatz 2 Nummer 1 genannten Handlungen aus der Bundesrepublik Deutschland auszureisen, um sich in einen Staat zu begeben, in dem Unterweisungen von Personen im Sinne des Absatzes 2 Nummer 1 erfolgen.

(3) Absatz 1 gilt auch, wenn die Vorbereitung im Ausland begangen wird. Wird die Vorbereitung außerhalb der Mitgliedstaaten der Europäischen Union begangen, gilt dies nur, wenn sie durch einen Deutschen oder einen Ausländer mit Lebensgrundlage im Inland begangen wird oder die vorbereitete schwere staatsgefährdende Gewalttat im Inland oder durch oder gegen einen Deutschen begangen werden soll.

(4) In den Fällen des Absatzes 3 Satz 2 bedarf die Verfolgung der Ermächtigung durch das Bundesministerium der Justiz und für Verbraucherschutz. Wird die Vorbereitung in einem anderen Mit-

gliedstaat der Europäischen Union begangen, bedarf die Verfolgung der Ermächtigung durch das Bundesministerium der Justiz und für Verbraucherschutz, wenn die Vorbereitung weder durch einen Deutschen erfolgt noch die vorbereitete schwere staatsgefährdende Gewalttat im Inland noch durch oder gegen einen Deutschen begangen werden soll.

(5) In minder schweren Fällen ist die Strafe Freiheitsstrafe von drei Monaten bis zu fünf Jahren.

(6) Das Gericht kann Führungsaufsicht anordnen (§ 68 Abs. 1).

(7) Das Gericht kann die Strafe nach seinem Ermessen mildern (§ 49 Abs. 2) oder von einer Bestrafung nach dieser Vorschrift absehen, wenn der Täter freiwillig die weitere Vorbereitung der schweren staatsgefährdenden Gewalttat aufgibt und eine von ihm verursachte und erkannte Gefahr, dass andere diese Tat weiter vorbereiten oder sie ausführen, abwendet oder wesentlich mindert oder wenn er freiwillig die Vollendung dieser Tat verhindert. Wird ohne Zutun des Täters die bezeichnete Gefahr abgewendet oder wesentlich gemindert oder die Vollendung der schweren staatsgefährdenden Gewalttat verhindert, genügt sein freiwilliges und ernsthaftes Bemühen, dieses Ziel zu erreichen.

§89b Aufnahme von Beziehungen zur Begehung einer schweren staatsgefährdenden Gewalttat

(1) Wer in der Absicht, sich in der Begehung einer schweren staatsgefährdenden Gewalttat gemäß § 89a Abs. 2 Nr. 1 unterweisen zu lassen, zu einer Vereinigung im Sinne des § 129a, auch in Verbindung mit § 129b, Beziehungen aufnimmt oder unterhält, wird mit Freiheitsstrafe bis zu drei Jahren oder mit Geldstrafe bestraft.

(2) Absatz 1 gilt nicht, wenn die Handlung ausschließlich der Erfüllung rechtmäßiger beruflicher oder dienstlicher Pflichten dient.

(3) Absatz 1 gilt auch, wenn das Aufnehmen oder Unterhalten von Beziehungen im Ausland erfolgt. Außerhalb der Mitgliedstaaten der Europäischen Union gilt dies nur, wenn das Aufnehmen oder Unterhalten von Beziehungen durch einen Deutschen oder einen Ausländer mit Lebensgrundlage im Inland begangen wird.

(4) Die Verfolgung bedarf der Ermächtigung durch das Bundesministerium der Justiz und für Verbraucherschutz

1. in den Fällen des Absatzes 3 Satz 2 oder
2. wenn das Aufnehmen oder Unterhalten von Beziehungen in einem anderen Mitgliedstaat der Europäischen Union nicht durch einen Deutschen begangen wird.

(5) Ist die Schuld gering, so kann das Gericht von einer Bestrafung nach dieser Vorschrift absehen.

C

§89c Terrorismusfinanzierung

(1) Wer Vermögenswerte sammelt, entgegennimmt oder zur Verfügung stellt mit dem Wissen oder in der Absicht, dass diese von einer anderen Person zur Begehung

1. eines Mordes (§ 211), eines Totschlags (§ 212), eines Völkermordes (§ 6 des Völkerstrafgesetzbuches), eines Verbrechens gegen die Menschlichkeit (§ 7 des Völkerstrafgesetzbuches), eines Kriegsverbrechens (§§ 8, 9, 10, 11 oder 12 des Völkerstrafgesetzbuches), einer Körperverletzung nach § 224 oder einer Körperverletzung, die einem anderen Menschen schwere körperliche oder seelische Schäden, insbesondere der in § 226 bezeichneten Art, zufügt,
2. eines erpresserischen Menschenraubes (§ 239a) oder einer Geiselnahme (§ 239b),
3. von Straftaten nach den §§ 303b, 305, 305a oder gemeingefährlicher Straftaten in den Fällen der §§ 306 bis 306c oder 307 Absatz 1 bis 3, des § 308 Absatz 1 bis 4, des § 309 Absatz 1 bis 5, der §§ 313, 314 oder 315 Absatz 1, 3 oder 4, des § 316b Absatz 1 oder 3 oder des § 316c Absatz 1 bis 3 oder des § 317 Absatz 1,
4. von Straftaten gegen die Umwelt in den Fällen des § 330a Absatz 1 bis 3,
5. von Straftaten nach § 19 Absatz 1 bis 3, § 20 Absatz 1 oder 2, § 20a Absatz 1 bis 3, § 19 Absatz 2 Nummer 2 oder Absatz 3 Nummer 2, § 20 Absatz 1 oder 2 oder § 20a Absatz 1 bis 3, jeweils auch in Verbindung mit § 21, oder nach § 22a Absatz 1 bis 3 des Gesetzes über die Kontrolle von Kriegswaffen,
6. von Straftaten nach § 51 Absatz 1 bis 3 des Waffengesetzes,
7. einer Straftat nach § 328 Absatz 1 oder 2 oder § 310 Absatz 1 oder 2,
8. einer Straftat nach § 89a Absatz 2a

verwendet werden sollen, wird mit Freiheitsstrafe von sechs Monaten bis zu zehn Jahren bestraft. Satz 1 ist in den Fällen der Nummern 1 bis 7 nur anzuwenden, wenn die dort bezeichnete Tat dazu bestimmt ist, die Bevölkerung auf erhebliche Weise einzuschüchtern, eine Behörde oder eine internationale Organisation rechtswidrig mit Gewalt oder durch Drohung mit Gewalt zu nötigen oder die politischen, verfassungsrechtlichen, wirtschaftlichen oder sozialen Grundstrukturen eines Staates oder einer internationalen Organisation zu beseitigen oder erheblich zu beeinträchtigen, und durch die Art ihrer Begehung oder ihre Auswirkungen einen Staat oder eine internationale Organisation erheblich schädigen kann.

(2) Ebenso wird bestraft, wer unter der Voraussetzung des Absatzes 1 Satz 2 Vermögenswerte sammelt, entgegennimmt oder zur Verfügung stellt, um selbst eine der in Absatz 1 Satz 1 genannten Straftaten zu begehen.

(3) Die Absätze 1 und 2 gelten auch, wenn die Tat im Ausland begangen wird. Wird sie außerhalb der Mitgliedstaaten der Europäischen Union begangen, gilt dies nur, wenn sie durch einen Deutschen oder einen Ausländer mit Lebensgrundlage im Inland begangen wird oder die finanzierte Straftat im Inland oder durch oder gegen einen Deutschen begangen werden soll.

(4) In den Fällen des Absatzes 3 Satz 2 bedarf die Verfolgung der Ermächtigung durch das Bundesministerium der Justiz und für Verbraucherschutz. Wird die Tat in einem anderen Mitgliedstaat der Europäischen Union begangen, bedarf die Verfolgung der Ermächtigung durch das Bundesministerium der Justiz und für Verbraucherschutz, wenn die Tat weder durch einen Deutschen begangen wird noch die finanzierte Straftat im Inland noch durch oder gegen einen Deutschen begangen werden soll.

(5) Sind die Vermögenswerte bei einer Tat nach Absatz 1 oder 2 geringwertig, so ist auf Freiheitsstrafe von drei Monaten bis zu fünf Jahren zu erkennen.

(6) Das Gericht mildert die Strafe (§ 49 Absatz 1) oder kann von Strafe absehen, wenn die Schuld des Täters gering ist.

(7) Das Gericht kann die Strafe nach seinem Ermessen mildern (§ 49 Absatz 2) oder von einer Bestrafung nach dieser Vorschrift absehen, wenn der Täter freiwillig die weitere Vorbereitung der Tat aufgibt und eine von ihm verursachte und erkannte Gefahr, dass andere diese Tat weiter vorbereiten oder sie ausführen, abwendet oder wesentlich mindert oder wenn er freiwillig die Vollendung dieser Tat verhindert. Wird ohne Zutun des Täters die bezeichnete Gefahr abgewendet oder wesentlich gemindert oder die Vollendung der Tat verhindert, genügt sein freiwilliges und ernsthaftes Bemühen, dieses Ziel zu erreichen.

§ 90 Verunglimpfung des Bundespräsidenten

(1) Wer öffentlich, in einer Versammlung oder durch Verbreiten von Schriften (§ 11 Abs. 3) den Bundespräsidenten verunglimpft, wird mit Freiheitsstrafe von drei Monaten bis zu fünf Jahren bestraft.

(2) In minder schweren Fällen kann das Gericht die Strafe nach seinem Ermessen mildern (§ 49 Abs. 2), wenn nicht die Voraussetzungen des § 188 erfüllt sind.

(3) Die Strafe ist Freiheitsstrafe von sechs Monaten bis zu fünf Jahren, wenn die Tat eine Verleumdung (§ 187) ist oder wenn der Täter sich durch die Tat absichtlich für Bestrebungen gegen den Bestand der Bundesrepublik Deutschland oder gegen Verfassungsgrundsätze einsetzt.

(4) Die Tat wird nur mit Ermächtigung des Bundespräsidenten verfolgt.

§ 90a Verunglimpfung des Staates und seiner Symbole

(1) Wer öffentlich, in einer Versammlung oder durch Verbreiten von Schriften (§ 11 Abs. 3)

1. die Bundesrepublik Deutschland oder eines ihrer Länder oder ihre verfassungsmäßige Ordnung beschimpft oder böswillig verächtlich macht oder
2. die Farben, die Flagge, das Wappen oder die Hymne der Bundesrepublik Deutschland oder eines ihrer Länder verunglimpft,

wird mit Freiheitsstrafe bis zu drei Jahren oder mit Geldstrafe bestraft.

(2) Ebenso wird bestraft, wer eine öffentlich gezeigte Flagge der Bundesrepublik Deutschland oder eines ihrer Länder oder ein von einer Behörde öffentlich angebrachtes Hoheitszeichen der Bundesrepublik Deutschland oder eines ihrer Länder entfernt, zerstört, beschädigt, unbrauchbar oder unkenntlich macht oder beschimpfenden Unfug daran verübt. Der Versuch ist strafbar.

(3) Die Strafe ist Freiheitsstrafe bis zu fünf Jahren oder Geldstrafe, wenn der Täter sich durch die Tat absichtlich für Bestrebungen gegen den Bestand der Bundesrepublik Deutschland oder gegen Verfassungsgrundsätze einsetzt.

§ 90b Verfassungsfeindliche Verunglimpfung von Verfassungsorganen

(1) Wer öffentlich, in einer Versammlung oder durch Verbreiten von Schriften (§ 11 Abs. 3) ein Gesetzgebungsorgan, die Regierung oder das Verfassungsgericht des Bundes oder eines Landes oder eines ihrer Mitglieder in dieser Eigenschaft in einer das Ansehen des Staates gefährdenden Weise verunglimpft und sich dadurch absichtlich für Bestrebungen gegen den Bestand der Bundesrepublik Deutschland oder gegen Verfassungsgrundsätze einsetzt, wird mit Freiheitsstrafe von drei Monaten bis zu fünf Jahren bestraft.

(2) Die Tat wird nur mit Ermächtigung des betroffenen Verfassungsorgans oder Mitglieds verfolgt.

§ 91 Anleitung zur Begehung einer schweren staatsgefährdenden Gewalttat

(1) Mit Freiheitsstrafe bis zu drei Jahren oder mit Geldstrafe wird bestraft, wer

1. eine Schrift (§ 11 Abs. 3), die nach ihrem Inhalt geeignet ist, als Anleitung zu einer schweren staatsgefährdenden Gewalttat (§ 89a Abs. 1) zu dienen, anpreist oder einer anderen Person zugänglich macht, wenn die Umstände ihrer Verbreitung geeignet sind, die Bereitschaft anderer zu fördern oder zu wecken, eine schwere staatsgefährdende Gewalttat zu begehen,
2. sich eine Schrift der in Nummer 1 bezeichneten Art verschafft, um eine schwere staatsgefährdende Gewalttat zu begehen.

(2) Absatz 1 Nr. 1 ist nicht anzuwenden, wenn

1. die Handlung der staatsbürgerlichen Aufklärung, der Abwehr verfassungswidriger Bestrebungen, der Kunst und Wissenschaft, der Forschung oder der Lehre, der Berichterstattung über Vorgänge des Zeitgeschehens oder der Geschichte oder ähnlichen Zwecken dient oder
2. die Handlung ausschließlich der Erfüllung rechtmäßiger beruflicher oder dienstlicher Pflichten dient.

(3) Ist die Schuld gering, so kann das Gericht von einer Bestrafung nach dieser Vorschrift absehen.

§ 91a Anwendungsbereich

Die §§ 84, 85 und 87 gelten nur für Taten, die durch eine im räumlichen Geltungsbereich dieses Gesetzes ausgeübte Tätigkeit begangen werden.

Vierter Titel
Gemeinsame Vorschriften

§ 92 Begriffsbestimmungen

(1) Im Sinne dieses Gesetzes beeinträchtigt den Bestand der Bundesrepublik Deutschland, wer ihre Freiheit von fremder Botmäßigkeit aufhebt, ihre staatliche Einheit beseitigt oder ein zu ihr gehörendes Gebiet abtrennt.

C

(2) Im Sinne dieses Gesetzes sind Verfassungsgrundsätze

1. das Recht des Volkes, die Staatsgewalt in Wahlen und Abstimmungen und durch besondere Organe der Gesetzgebung, der vollziehenden Gewalt und der Rechtsprechung auszuüben und die Volksvertretung in allgemeiner, unmittelbarer, freier, gleicher und geheimer Wahl zu wählen,
2. die Bindung der Gesetzgebung an die verfassungsmäßige Ordnung und die Bindung der vollziehenden Gewalt und der Rechtsprechung an Gesetz und Recht,
3. das Recht auf die Bildung und Ausübung einer parlamentarischen Opposition,
4. die Ablösbarkeit der Regierung und ihre Verantwortlichkeit gegenüber der Volksvertretung,
5. die Unabhängigkeit der Gerichte und
6. der Ausschluß jeder Gewalt- und Willkürherrschaft.

(3) Im Sinne dieses Gesetzes sind

1. Bestrebungen gegen den Bestand der Bundesrepublik Deutschland solche Bestrebungen, deren Träger darauf hinarbeiten, den Bestand der Bundesrepublik Deutschland zu beeinträchtigen (Absatz 1),
2. Bestrebungen gegen die Sicherheit der Bundesrepublik Deutschland solche Bestrebungen, deren Träger darauf hinarbeiten, die äußere oder innere Sicherheit der Bundesrepublik Deutschland zu beeinträchtigen,
3. Bestrebungen gegen Verfassungsgrundsätze solche Bestrebungen, deren Träger darauf hinarbeiten, einen Verfassungsgrundsatz (Absatz 2) zu beseitigen, außer Geltung zu setzen oder zu untergraben.

§ 92a Nebenfolgen

Neben einer Freiheitsstrafe von mindestens sechs Monaten wegen einer Straftat nach diesem Abschnitt kann das Gericht die Fähigkeit, öffentliche Ämter zu bekleiden, die Fähigkeit, Rechte aus öffentlichen Wahlen zu erlangen, und das Recht, in öffentlichen Angelegenheiten zu wählen oder zu stimmen, aberkennen (§ 45 Abs. 2 und 5).

§ 92b Einziehung

Ist eine Straftat nach diesem Abschnitt begangen worden, so können

1. Gegenstände, die durch die Tat hervorgebracht oder zu ihrer Begehung oder Vorbereitung gebraucht worden oder bestimmt gewesen sind, und
2. Gegenstände, auf die sich eine Straftat nach den §§ 80a, 86, 86a, 89a bis 91 bezieht,

eingezogen werden. § 74a ist anzuwenden.

Zweiter Abschnitt
Landesverrat und Gefährdung der äußeren Sicherheit

§ 93 Begriff des Staatsgeheimnisses

(1) Staatsgeheimnisse sind Tatsachen, Gegenstände oder Erkenntnisse, die nur einem begrenzten Personenkreis zugänglich sind und vor einer fremden Macht geheimgehalten werden müssen, um die Gefahr eines schweren Nachteils für die äußere Sicherheit der Bundesrepublik Deutschland abzuwenden.

(2) Tatsachen, die gegen die freiheitliche demokratische Grundordnung oder unter Geheimhaltung gegenüber den Vertragspartnern der Bundesrepublik Deutschland gegen zwischenstaatlich vereinbarte Rüstungsbeschränkungen verstoßen, sind keine Staatsgeheimnisse.

§ 94 Landesverrat

(1) Wer ein Staatsgeheimnis

1. einer fremden Macht oder einem ihrer Mittelsmänner mitteilt oder
2. sonst an einen Unbefugten gelangen läßt oder öffentlich bekanntmacht, um die Bundesrepublik Deutschland zu benachteiligen oder eine fremde Macht zu begünstigen,

und dadurch die Gefahr eines schweren Nachteils für die äußere Sicherheit der Bundesrepublik Deutschland herbeiführt, wird mit Freiheitsstrafe nicht unter einem Jahr bestraft.

(2) In besonders schweren Fällen ist die Strafe lebenslange Freiheitsstrafe oder Freiheitsstrafe nicht unter fünf Jahren. Ein besonders schwerer Fall liegt in der Regel vor, wenn der Täter

1. eine verantwortliche Stellung mißbraucht, die ihn zur Wahrung von Staatsgeheimnissen besonders verpflichtet, oder
2. durch die Tat die Gefahr eines besonders schweren Nachteils für die äußere Sicherheit der Bundesrepublik Deutschland herbeiführt.

§ 95 Offenbaren von Staatsgeheimnissen

(1) Wer ein Staatsgeheimnis, das von einer amtlichen Stelle oder auf deren Veranlassung geheimgehalten wird, an einen Unbefugten gelangen läßt oder öffentlich bekanntmacht und dadurch die Gefahr eines schweren Nachteils für die äußere Sicherheit der Bundesrepublik Deutschland herbeiführt, wird mit Freiheitsstrafe von sechs Monaten bis zu fünf Jahren bestraft, wenn die Tat nicht in § 94 mit Strafe bedroht ist.

(2) Der Versuch ist strafbar.

(3) In besonders schweren Fällen ist die Strafe Freiheitsstrafe von einem Jahr bis zu zehn Jahren. § 94 Abs. 2 Satz 2 ist anzuwenden.

§ 96 Landesverräterische Ausspähung; Auskundschaften von Staatsgeheimnissen

(1) Wer sich ein Staatsgeheimnis verschafft, um es zu verraten (§ 94), wird mit Freiheitsstrafe von einem Jahr bis zu zehn Jahren bestraft.

(2) Wer sich ein Staatsgeheimnis, das von einer amtlichen Stelle oder auf deren Veranlassung geheimgehalten wird, verschafft, um es zu offenbaren (§ 95), wird mit Freiheitsstrafe von sechs Monaten bis zu fünf Jahren bestraft. Der Versuch ist strafbar.

§ 97 Preisgabe von Staatsgeheimnissen

(1) Wer ein Staatsgeheimnis, das von einer amtlichen Stelle oder auf deren Veranlassung geheimgehalten wird, an einen Unbefugten gelangen läßt oder öffentlich bekanntmacht und dadurch fahrlässig die Gefahr eines schweren Nachteils für die äußere Sicherheit der

Bundesrepublik Deutschland verursacht, wird mit Freiheitsstrafe bis zu fünf Jahren oder mit Geldstrafe bestraft.

(2) Wer ein Staatsgeheimnis, das von einer amtlichen Stelle oder auf deren Veranlassung geheimgehalten wird und das ihm kraft seines Amtes, seiner Dienststellung oder eines von einer amtlichen Stelle erteilten Auftrags zugänglich war, leichtfertig an einen Unbefugten gelangen läßt und dadurch fahrlässig die Gefahr eines schweren Nachteils für die äußere Sicherheit der Bundesrepublik Deutschland verursacht, wird mit Freiheitsstrafe bis zu drei Jahren oder mit Geldstrafe bestraft.

(3) Die Tat wird nur mit Ermächtigung der Bundesregierung verfolgt.

§ 97a Verrat illegaler Geheimnisse

Wer ein Geheimnis, das wegen eines der in § 93 Abs. 2 bezeichneten Verstöße kein Staatsgeheimnis ist, einer fremden Macht oder einem ihrer Mittelsmänner mitteilt und dadurch die Gefahr eines schweren Nachteils für die äußere Sicherheit der Bundesrepublik Deutschland herbeiführt, wird wie ein Landesverräter (§ 94) bestraft. § 96 Abs. 1 in Verbindung mit § 94 Abs. 1 Nr. 1 ist auf Geheimnisse der in Satz 1 bezeichneten Art entsprechend anzuwenden.

§ 97b Verrat in irriger Annahme eines illegalen Geheimnisses

(1) Handelt der Täter in den Fällen der §§ 94 bis 97 in der irrigen Annahme, das Staatsgeheimnis sei ein Geheimnis der in § 97a bezeichneten Art, so wird er, wenn

1. dieser Irrtum ihm vorzuwerfen ist,
2. er nicht in der Absicht handelt, dem vermeintlichen Verstoß entgegenzuwirken, oder
3. die Tat nach den Umständen kein angemessenes Mittel zu diesem Zweck ist,

nach den bezeichneten Vorschriften bestraft. Die Tat ist in der Regel kein angemessenes Mittel, wenn der Täter nicht zuvor ein Mitglied des Bundestages um Abhilfe angerufen hat.

(2) War dem Täter als Amtsträger oder als Soldat der Bundeswehr das Staatsgeheimnis dienstlich anvertraut oder zugänglich, so wird er auch dann bestraft, wenn nicht zuvor der Amtsträger einen Dienstvorgesetzten, der Soldat einen Disziplinarvorgesetzten um

Abhilfe angerufen hat. Dies gilt für die für den öffentlichen Dienst besonders Verpflichteten und für Personen, die im Sinne des § 353b Abs. 2 verpflichtet worden sind, sinngemäß.

§ 98 Landesverräterische Agententätigkeit

(1) Wer

1. für eine fremde Macht eine Tätigkeit ausübt, die auf die Erlangung oder Mitteilung von Staatsgeheimnissen gerichtet ist, oder
2. gegenüber einer fremden Macht oder einem ihrer Mittelsmänner sich zu einer solchen Tätigkeit bereit erklärt,

wird mit Freiheitsstrafe bis zu fünf Jahren oder mit Geldstrafe bestraft, wenn die Tat nicht in § 94 oder § 96 Abs. 1 mit Strafe bedroht ist. In besonders schweren Fällen ist die Strafe Freiheitsstrafe von einem Jahr bis zu zehn Jahren; § 94 Abs. 2 Satz 2 Nr. 1 gilt entsprechend.

(2) Das Gericht kann die Strafe nach seinem Ermessen mildern (§ 49 Abs. 2) oder von einer Bestrafung nach diesen Vorschriften absehen, wenn der Täter freiwillig sein Verhalten aufgibt und sein Wissen einer Dienststelle offenbart. Ist der Täter in den Fällen des Absatzes 1 Satz 1 von der fremden Macht oder einem ihrer Mittelsmänner zu seinem Verhalten gedrängt worden, so wird er nach dieser Vorschrift nicht bestraft, wenn er freiwillig sein Verhalten aufgibt und sein Wissen unverzüglich einer Dienststelle offenbart.

§ 99 Geheimdienstliche Agententätigkeit

(1) Wer

1. für den Geheimdienst einer fremden Macht eine geheimdienstliche Tätigkeit gegen die Bundesrepublik Deutschland ausübt, die auf die Mitteilung oder Lieferung von Tatsachen, Gegenständen oder Erkenntnissen gerichtet ist, oder
2. gegenüber dem Geheimdienst einer fremden Macht oder einem seiner Mittelsmänner sich zu einer solchen Tätigkeit bereit erklärt,

wird mit Freiheitsstrafe bis zu fünf Jahren oder mit Geldstrafe bestraft, wenn die Tat nicht in § 94 oder § 96 Abs. 1, in § 97a oder in § 97b in Verbindung mit § 94 oder § 96 Abs. 1 mit Strafe bedroht ist.

(2) In besonders schweren Fällen ist die Strafe Freiheitsstrafe von einem Jahr bis zu zehn Jahren. Ein besonders schwerer Fall liegt in der Regel vor, wenn der Täter Tatsachen, Gegenstände oder Er-

kenntnisse, die von einer amtlichen Stelle oder auf deren Veranlassung geheimgehalten werden, mitteilt oder liefert und wenn er

1. eine verantwortliche Stellung mißbraucht, die ihn zur Wahrung solcher Geheimnisse besonders verpflichtet, oder
2. durch die Tat die Gefahr eines schweren Nachteils für die Bundesrepublik Deutschland herbeiführt.

(3) § 98 Abs. 2 gilt entsprechend.

§100 Friedensgefährdende Beziehungen

(1) Wer als Deutscher, der seine Lebensgrundlage im räumlichen Geltungsbereich dieses Gesetzes hat, in der Absicht, einen Krieg oder ein bewaffnetes Unternehmen gegen die Bundesrepublik Deutschland herbeizuführen, zu einer Regierung, Vereinigung oder Einrichtung außerhalb des räumlichen Geltungsbereichs dieses Gesetzes oder zu einem ihrer Mittelsmänner Beziehungen aufnimmt oder unterhält, wird mit Freiheitsstrafe nicht unter einem Jahr bestraft.

(2) In besonders schweren Fällen ist die Strafe lebenslange Freiheitsstrafe oder Freiheitsstrafe nicht unter fünf Jahren. Ein besonders schwerer Fall liegt in der Regel vor, wenn der Täter durch die Tat eine schwere Gefahr für den Bestand der Bundesrepublik Deutschland herbeiführt.

(3) In minder schweren Fällen ist die Strafe Freiheitsstrafe von einem Jahr bis zu fünf Jahren.

§100a Landesverräterische Fälschung

(1) Wer wider besseres Wissen gefälschte oder verfälschte Gegenstände, Nachrichten darüber oder unwahre Behauptungen tatsächlicher Art, die im Falle ihrer Echtheit oder Wahrheit für die äußere Sicherheit oder die Beziehungen der Bundesrepublik Deutschland zu einer fremden Macht von Bedeutung wären, an einen anderen gelangen läßt oder öffentlich bekanntmacht, um einer fremden Macht vorzutäuschen, daß es sich um echte Gegenstände oder um Tatsachen handele, und dadurch die Gefahr eines schweren Nachteils für die äußere Sicherheit oder die Beziehungen der Bundesrepublik Deutschland zu einer fremden Macht herbeiführt, wird mit Freiheitsstrafe von sechs Monaten bis zu fünf Jahren bestraft.

(2) Ebenso wird bestraft, wer solche Gegenstände durch Fälschung oder Verfälschung herstellt oder sie sich verschafft, um sie in der in Absatz 1 bezeichneten Weise zur Täuschung einer fremden Macht an einen anderen gelangen zu lassen oder öffentlich bekanntzuma-

chen und dadurch die Gefahr eines schweren Nachteils für die äußere Sicherheit oder die Beziehungen der Bundesrepublik Deutschland zu einer fremden Macht herbeizuführen.

(3) Der Versuch ist strafbar.

(4) In besonders schweren Fällen ist die Strafe Freiheitsstrafe nicht unter einem Jahr. Ein besonders schwerer Fall liegt in der Regel vor, wenn der Täter durch die Tat einen besonders schweren Nachteil für die äußere Sicherheit oder die Beziehungen der Bundesrepublik Deutschland zu einer fremden Macht herbeiführt.

§ 101 Nebenfolgen

Neben einer Freiheitsstrafe von mindestens sechs Monaten wegen einer vorsätzlichen Straftat nach diesem Abschnitt kann das Gericht die Fähigkeit, öffentliche Ämter zu bekleiden, die Fähigkeit, Rechte aus öffentlichen Wahlen zu erlangen, und das Recht, in öffentlichen Angelegenheiten zu wählen oder zu stimmen, aberkennen (§ 45 Abs. 2 und 5).

§ 101a Einziehung

Ist eine Straftat nach diesem Abschnitt begangen worden, so können

1. Gegenstände, die durch die Tat hervorgebracht oder zu ihrer Begehung oder Vorbereitung gebraucht worden oder bestimmt gewesen sind, und
2. Gegenstände, die Staatsgeheimnisse sind, und Gegenstände der in § 100a bezeichneten Art, auf die sich die Tat bezieht,

eingezogen werden. § 74a ist anzuwenden. Gegenstände der in Satz 1 Nr. 2 bezeichneten Art werden auch ohne die Voraussetzungen des § 74 Absatz 3 Satz 1 und des § 74b eingezogen, wenn dies erforderlich ist, um die Gefahr eines schweren Nachteils für die äußere Sicherheit der Bundesrepublik Deutschland abzuwenden; dies gilt auch dann, wenn der Täter ohne Schuld gehandelt hat.

Dritter Abschnitt
Straftaten gegen ausländische Staaten

§ 102 Angriff gegen Organe und Vertreter ausländischer Staaten

(1) Wer einen Angriff auf Leib oder Leben eines ausländischen Staatsoberhaupts, eines Mitglieds einer ausländischen Regierung

oder eines im Bundesgebiet beglaubigten Leiters einer ausländischen diplomatischen Vertretung begeht, während sich der Angegriffene in amtlicher Eigenschaft im Inland aufhält, wird mit Freiheitsstrafe bis zu fünf Jahren oder mit Geldstrafe, in besonders schweren Fällen mit Freiheitsstrafe nicht unter einem Jahr bestraft.

(2) Neben einer Freiheitsstrafe von mindestens sechs Monaten kann das Gericht die Fähigkeit, öffentliche Ämter zu bekleiden, die Fähigkeit, Rechte aus öffentlichen Wahlen zu erlangen, und das Recht, in öffentlichen Angelegenheiten zu wählen oder zu stimmen, aberkennen (§ 45 Abs. 2 und 5).

§ 103 (weggefallen)

§ 104 Verletzung von Flaggen und Hoheitszeichen ausländischer Staaten

(1) Wer eine auf Grund von Rechtsvorschriften oder nach anerkanntem Brauch öffentlich gezeigte Flagge eines ausländischen Staates oder wer ein Hoheitszeichen eines solchen Staates, das von einer anerkannten Vertretung dieses Staates öffentlich angebracht worden ist, entfernt, zerstört, beschädigt oder unkenntlich macht oder wer beschimpfenden Unfug daran verübt, wird mit Freiheitsstrafe bis zu zwei Jahren oder mit Geldstrafe bestraft.

(2) Der Versuch ist strafbar.

§ 104a Voraussetzungen der Strafverfolgung

Straftaten nach diesem Abschnitt werden nur verfolgt, wenn die Bundesrepublik Deutschland zu dem anderen Staat diplomatische Beziehungen unterhält, die Gegenseitigkeit verbürgt ist und auch zur Zeit der Tat verbürgt war, ein Strafverlangen der ausländischen Regierung vorliegt und die Bundesregierung die Ermächtigung zur Strafverfolgung erteilt.

C

Vierter Abschnitt
Straftaten gegen Verfassungsorgane sowie bei Wahlen und Abstimmungen; Bestechlichkeit und Bestechung von Mandatsträgern

§105 Nötigung von Verfassungsorganen

(1) Wer

1. ein Gesetzgebungsorgan des Bundes oder eines Landes oder einen seiner Ausschüsse,
2. die Bundesversammlung oder einen ihrer Ausschüsse oder
3. die Regierung oder das Verfassungsgericht des Bundes oder eines Landes

rechtswidrig mit Gewalt oder durch Drohung mit Gewalt nötigt, ihre Befugnisse nicht oder in einem bestimmten Sinne auszuüben, wird mit Freiheitsstrafe von einem Jahr bis zu zehn Jahren bestraft.

(2) In minder schweren Fällen ist die Strafe Freiheitsstrafe von sechs Monaten bis zu fünf Jahren.

§106 Nötigung des Bundespräsidenten und von Mitgliedern eines Verfassungsorgans

(1) Wer

1. den Bundespräsidenten oder
2. ein Mitglied
   a) eines Gesetzgebungsorgans des Bundes oder eines Landes,
   b) der Bundesversammlung oder
   c) der Regierung oder des Verfassungsgerichts des Bundes oder eines Landes

rechtswidrig mit Gewalt oder durch Drohung mit einem empfindlichen Übel nötigt, seine Befugnisse nicht oder in einem bestimmten Sinne auszuüben, wird mit Freiheitsstrafe von drei Monaten bis zu fünf Jahren bestraft.

(2) Der Versuch ist strafbar.

(3) In besonders schweren Fällen ist die Strafe Freiheitsstrafe von einem Jahr bis zu zehn Jahren.

§106a (weggefallen)

§106b Störung der Tätigkeit eines Gesetzgebungsorgans

(1) Wer gegen Anordnungen verstößt, die ein Gesetzgebungsorgan des Bundes oder eines Landes oder sein Präsident über die Sicherheit und Ordnung im Gebäude des Gesetzgebungsorgans oder auf dem dazugehörenden Grundstück allgemein oder im Einzelfall erläßt, und dadurch die Tätigkeit des Gesetzgebungsorgans hindert oder stört, wird mit Freiheitsstrafe bis zu einem Jahr oder mit Geldstrafe bestraft.

(2) Die Strafvorschrift des Absatzes 1 gilt bei Anordnungen eines Gesetzgebungsorgans des Bundes oder seines Präsidenten weder für die Mitglieder des Bundestages noch für die Mitglieder des Bundesrates und der Bundesregierung sowie ihre Beauftragten, bei Anordnungen eines Gesetzgebungsorgans eines Landes oder seines Präsidenten weder für die Mitglieder der Gesetzgebungsorgane dieses Landes noch für die Mitglieder der Landesregierung und ihre Beauftragten.

§107 Wahlbehinderung

(1) Wer mit Gewalt oder durch Drohung mit Gewalt eine Wahl oder die Feststellung ihres Ergebnisses verhindert oder stört, wird mit Freiheitsstrafe bis zu fünf Jahren oder mit Geldstrafe, in besonders schweren Fällen mit Freiheitsstrafe nicht unter einem Jahr bestraft.

(2) Der Versuch ist strafbar.

§107a Wahlfälschung

(1) Wer unbefugt wählt oder sonst ein unrichtiges Ergebnis einer Wahl herbeiführt oder das Ergebnis verfälscht, wird mit Freiheitsstrafe bis zu fünf Jahren oder mit Geldstrafe bestraft.

(2) Ebenso wird bestraft, wer das Ergebnis einer Wahl unrichtig verkündet oder verkünden läßt.

(3) Der Versuch ist strafbar.

§107b Fälschung von Wahlunterlagen

(1) Wer

1. seine Eintragung in die Wählerliste (Wahlkartei) durch falsche Angaben erwirkt,
2. einen anderen als Wähler einträgt, von dem er weiß, daß er keinen Anspruch auf Eintragung hat,

3. die Eintragung eines Wahlberechtigten als Wähler verhindert, obwohl er dessen Wahlberechtigung kennt,
4. sich als Bewerber für eine Wahl aufstellen läßt, obwohl er nicht wählbar ist,

wird mit Freiheitsstrafe bis zu sechs Monaten oder mit Geldstrafe bis zu einhundertachtzig Tagessätzen bestraft, wenn die Tat nicht in anderen Vorschriften mit schwererer Strafe bedroht ist.

(2) Der Eintragung in die Wählerliste als Wähler entspricht die Ausstellung der Wahlunterlagen für die Urwahlen in der Sozialversicherung.

§107c Verletzung des Wahlgeheimnisses

Wer einer dem Schutz des Wahlgeheimnisses dienenden Vorschrift in der Absicht zuwiderhandelt, sich oder einem anderen Kenntnis davon zu verschaffen, wie jemand gewählt hat, wird mit Freiheitsstrafe bis zu zwei Jahren oder mit Geldstrafe bestraft.

§108 Wählernötigung

(1) Wer rechtswidrig mit Gewalt, durch Drohung mit einem empfindlichen Übel, durch Mißbrauch eines beruflichen oder wirtschaftlichen Abhängigkeitsverhältnisses oder durch sonstigen wirtschaftlichen Druck einen anderen nötigt oder hindert, zu wählen oder sein Wahlrecht in einem bestimmten Sinne auszuüben, wird mit Freiheitsstrafe bis zu fünf Jahren oder mit Geldstrafe, in besonders schweren Fällen mit Freiheitsstrafe von einem Jahr bis zu zehn Jahren bestraft.

(2) Der Versuch ist strafbar.

§108a Wählertäuschung

(1) Wer durch Täuschung bewirkt, daß jemand bei der Stimmabgabe über den Inhalt seiner Erklärung irrt oder gegen seinen Willen nicht oder ungültig wählt, wird mit Freiheitsstrafe bis zu zwei Jahren oder mit Geldstrafe bestraft.

(2) Der Versuch ist strafbar.

§108b Wählerbestechung

(1) Wer einem anderen dafür, daß er nicht oder in einem bestimmten Sinne wähle, Geschenke oder andere Vorteile anbietet, verspricht oder gewährt, wird mit Freiheitsstrafe bis zu fünf Jahren oder mit Geldstrafe bestraft.

(2) Ebenso wird bestraft, wer dafür, daß er nicht oder in einem bestimmten Sinne wähle, Geschenke oder andere Vorteile fordert, sich versprechen läßt oder annimmt.

§108c Nebenfolgen

Neben einer Freiheitsstrafe von mindestens sechs Monaten wegen einer Straftat nach den §§ 107, 107a, 108 und 108b kann das Gericht die Fähigkeit, Rechte aus öffentlichen Wahlen zu erlangen, und das Recht, in öffentlichen Angelegenheiten zu wählen oder zu stimmen, aberkennen (§ 45 Abs. 2 und 5).

§108d Geltungsbereich

Die §§ 107 bis 108c gelten für Wahlen zu den Volksvertretungen, für die Wahl der Abgeordneten des Europäischen Parlaments, für sonstige Wahlen und Abstimmungen des Volkes im Bund, in den Ländern, in kommunalen Gebietskörperschaften, für Wahlen und Abstimmungen in Teilgebieten eines Landes oder einer kommunalen Gebietskörperschaft sowie für Urwahlen in der Sozialversicherung. Einer Wahl oder Abstimmung steht das Unterschreiben eines Wahlvorschlags oder das Unterschreiben für ein Volksbegehren gleich.

§108e Bestechlichkeit und Bestechung von Mandatsträgern

(1) Wer als Mitglied einer Volksvertretung des Bundes oder der Länder einen ungerechtfertigten Vorteil für sich oder einen Dritten als Gegenleistung dafür fordert, sich versprechen lässt oder annimmt, dass er bei der Wahrnehmung seines Mandates eine Handlung im Auftrag oder auf Weisung vornehme oder unterlasse, wird mit Freiheitsstrafe bis zu fünf Jahren oder mit Geldstrafe bestraft.

(2) Ebenso wird bestraft, wer einem Mitglied einer Volksvertretung des Bundes oder der Länder einen ungerechtfertigten Vorteil für dieses Mitglied oder einen Dritten als Gegenleistung dafür anbietet, verspricht oder gewährt, dass es bei der Wahrnehmung seines Mandates eine Handlung im Auftrag oder auf Weisung vornehme oder unterlasse.

(3) Den in den Absätzen 1 und 2 genannten Mitgliedern gleich stehen Mitglieder

1. einer Volksvertretung einer kommunalen Gebietskörperschaft,
2. eines in unmittelbarer und allgemeiner Wahl gewählten Gremiums einer für ein Teilgebiet eines Landes oder einer kommunalen Gebietskörperschaft gebildeten Verwaltungseinheit,
3. der Bundesversammlung,
4. des Europäischen Parlaments,
5. einer parlamentarischen Versammlung einer internationalen Organisation und
6. eines Gesetzgebungsorgans eines ausländischen Staates.

(4) Ein ungerechtfertigter Vorteil liegt insbesondere nicht vor, wenn die Annahme des Vorteils im Einklang mit den für die Rechtsstellung des Mitglieds maßgeblichen Vorschriften steht. Keinen ungerechtfertigten Vorteil stellen dar

1. ein politisches Mandat oder eine politische Funktion sowie
2. eine nach dem Parteiengesetz oder entsprechenden Gesetzen zulässige Spende.

(5) Neben einer Freiheitsstrafe von mindestens sechs Monaten kann das Gericht die Fähigkeit, Rechte aus öffentlichen Wahlen zu erlangen, und das Recht, in öffentlichen Angelegenheiten zu wählen oder zu stimmen, aberkennen.

Fünfter Abschnitt
Straftaten gegen die Landesverteidigung

§109 Wehrpflichtentziehung durch Verstümmelung

(1) Wer sich oder einen anderen mit dessen Einwilligung durch Verstümmelung oder auf andere Weise zur Erfüllung der Wehrpflicht untauglich macht oder machen läßt, wird mit Freiheitsstrafe von drei Monaten bis zu fünf Jahren bestraft.

(2) Führt der Täter die Untauglichkeit nur für eine gewisse Zeit oder für eine einzelne Art der Verwendung herbei, so ist die Strafe Freiheitsstrafe bis zu fünf Jahren oder Geldstrafe.

(3) Der Versuch ist strafbar.

§109a Wehrpflichtentziehung durch Täuschung

(1) Wer sich oder einen anderen durch arglistige, auf Täuschung berechnete Machenschaften der Erfüllung der Wehrpflicht dauernd oder für eine gewisse Zeit, ganz oder für eine einzelne Art der Ver-

wendung entzieht, wird mit Freiheitsstrafe bis zu fünf Jahren oder mit Geldstrafe bestraft.

(2) Der Versuch ist strafbar.

§§109b und 109c (weggefallen)

§109d Störpropaganda gegen die Bundeswehr

(1) Wer unwahre oder gröblich entstellte Behauptungen tatsächlicher Art, deren Verbreitung geeignet ist, die Tätigkeit der Bundeswehr zu stören, wider besseres Wissen zum Zwecke der Verbreitung aufstellt oder solche Behauptungen in Kenntnis ihrer Unwahrheit verbreitet, um die Bundeswehr in der Erfüllung ihrer Aufgabe der Landesverteidigung zu behindern, wird mit Freiheitsstrafe bis zu fünf Jahren oder mit Geldstrafe bestraft.

(2) Der Versuch ist strafbar.

§109e Sabotagehandlungen an Verteidigungsmitteln

(1) Wer ein Wehrmittel oder eine Einrichtung oder Anlage, die ganz oder vorwiegend der Landesverteidigung oder dem Schutz der Zivilbevölkerung gegen Kriegsgefahren dient, unbefugt zerstört, beschädigt, verändert, unbrauchbar macht oder beseitigt und dadurch die Sicherheit der Bundesrepublik Deutschland, die Schlagkraft der Truppe oder Menschenleben gefährdet, wird mit Freiheitsstrafe von drei Monaten bis zu fünf Jahren bestraft.

(2) Ebenso wird bestraft, wer wissentlich einen solchen Gegenstand oder den dafür bestimmten Werkstoff fehlerhaft herstellt oder liefert und dadurch wissentlich die in Absatz 1 bezeichnete Gefahr herbeiführt.

(3) Der Versuch ist strafbar.

(4) In besonders schweren Fällen ist die Strafe Freiheitsstrafe von einem Jahr bis zu zehn Jahren.

(5) Wer die Gefahr in den Fällen des Absatzes 1 fahrlässig, in den Fällen des Absatzes 2 nicht wissentlich, aber vorsätzlich oder fahrlässig herbeiführt, wird mit Freiheitsstrafe bis zu fünf Jahren oder mit Geldstrafe bestraft, wenn die Tat nicht in anderen Vorschriften mit schwererer Strafe bedroht ist.

§109f Sicherheitsgefährdender Nachrichtendienst

(1) Wer für eine Dienststelle, eine Partei oder eine andere Vereinigung außerhalb des räumlichen Geltungsbereichs diese Gesetzes, für eine verbotene Vereinigung oder für einen ihrer Mittelsmänner

1. Nachrichten über Angelegenheiten der Landesverteidigung sammelt,
2. einen Nachrichtendienst betreibt, der Angelegenheiten der Landesverteidigung zum Gegenstand hat, oder
3. für eine dieser Tätigkeiten anwirbt oder sie unterstützt

und dadurch Bestrebungen dient, die gegen die Sicherheit der Bundesrepublik Deutschland oder die Schlagkraft der Truppe gerichtet sind, wird mit Freiheitsstrafe bis zu fünf Jahren oder mit Geldstrafe bestraft, wenn die Tat nicht in anderen Vorschriften mit schwererer Strafe bedroht ist. Ausgenommen ist eine zur Unterrichtung der Öffentlichkeit im Rahmen der üblichen Presse- oder Funkberichterstattung ausgeübte Tätigkeit.

(2) Der Versuch ist strafbar.

§109g Sicherheitsgefährdendes Abbilden

(1) Wer von einem Wehrmittel, einer militärischen Einrichtung oder Anlage oder einem militärischen Vorgang eine Abbildung oder Beschreibung anfertigt oder eine solche Abbildung oder Beschreibung an einen anderen gelangen läßt und dadurch wissentlich die Sicherheit der Bundesrepublik Deutschland oder die Schlagkraft der Truppe gefährdet, wird mit Freiheitsstrafe bis zu fünf Jahren oder mit Geldstrafe bestraft.

(2) Wer von einem Luftfahrzeug aus eine Lichtbildaufnahme von einem Gebiet oder Gegenstand im räumlichen Geltungsbereich dieses Gesetzes anfertigt oder eine solche Aufnahme oder eine danach hergestellte Abbildung an einen anderen gelangen läßt und dadurch wissentlich die Sicherheit der Bundesrepublik Deutschland oder die Schlagkraft der Truppe gefährdet, wird mit Freiheitsstrafe bis zu zwei Jahren oder mit Geldstrafe bestraft, wenn die Tat nicht in Absatz 1 mit Strafe bedroht ist.

(3) Der Versuch ist strafbar.

(4) Wer in den Fällen des Absatzes 1 die Abbildung oder Beschreibung an einen anderen gelangen läßt und dadurch die Gefahr nicht wissentlich, aber vorsätzlich oder leichtfertig herbeiführt, wird mit Freiheitsstrafe bis zu zwei Jahren oder mit Geldstrafe bestraft. Die

Tat ist jedoch nicht strafbar, wenn der Täter mit Erlaubnis der zuständigen Dienststelle gehandelt hat.

§ 109h Anwerben für fremden Wehrdienst

(1) Wer zugunsten einer ausländischen Macht einen Deutschen zum Wehrdienst in einer militärischen oder militärähnlichen Einrichtung anwirbt oder ihren Werbern oder dem Wehrdienst einer solchen Einrichtung zuführt, wird mit Freiheitsstrafe von drei Monaten bis zu fünf Jahren bestraft.

(2) Der Versuch ist strafbar.

§ 109i Nebenfolgen

Neben einer Freiheitsstrafe von mindestens einem Jahr wegen einer Straftat nach den §§ 109e und 109f kann das Gericht die Fähigkeit, öffentliche Ämter zu bekleiden, die Fähigkeit, Rechte aus öffentlichen Wahlen zu erlangen, und das Recht, in öffentlichen Angelegenheiten zu wählen oder zu stimmen, aberkennen (§ 45 Abs. 2 und 5).

§ 109k Einziehung

Ist eine Straftat nach den §§ 109d bis 109g begangen worden, so können

1. Gegenstände, die durch die Tat hervorgebracht oder zu ihrer Begehung oder Vorbereitung gebraucht worden oder bestimmt gewesen sind, und
2. Abbildungen, Beschreibungen und Aufnahmen, auf die sich eine Straftat nach § 109g bezieht,

eingezogen werden. § 74a ist anzuwenden. Gegenstände der in Satz 1 Nr. 2 bezeichneten Art werden auch ohne die Voraussetzungen des § 74 Absatz 3 Satz 1 und des § 74b eingezogen, wenn das Interesse der Landesverteidigung es erfordert; dies gilt auch dann, wenn der Täter ohne Schuld gehandelt hat.

Sechster Abschnitt
Widerstand gegen die Staatsgewalt

§ 110 (weggefallen)

C

§ 111 Öffentliche Aufforderung zu Straftaten

(1) Wer öffentlich, in einer Versammlung oder durch Verbreiten von Schriften (§ 11 Abs. 3) zu einer rechtswidrigen Tat auffordert, wird wie ein Anstifter (§ 26) bestraft.

(2) Bleibt die Aufforderung ohne Erfolg, so ist die Strafe Freiheitsstrafe bis zu fünf Jahren oder Geldstrafe. Die Strafe darf nicht schwerer sein als die, die für den Fall angedroht ist, daß die Aufforderung Erfolg hat (Absatz 1); § 49 Abs. 1 Nr. 2 ist anzuwenden.

§ 112 (weggefallen)

§ 113 Widerstand gegen Vollstreckungsbeamte

(1) Wer einem Amtsträger oder Soldaten der Bundeswehr, der zur Vollstreckung von Gesetzen, Rechtsverordnungen, Urteilen, Gerichtsbeschlüssen oder Verfügungen berufen ist, bei der Vornahme einer solchen Diensthandlung mit Gewalt oder durch Drohung mit Gewalt Widerstand leistet, wird mit Freiheitsstrafe bis zu drei Jahren oder mit Geldstrafe bestraft.

(2) In besonders schweren Fällen ist die Strafe Freiheitsstrafe von sechs Monaten bis zu fünf Jahren. Ein besonders schwerer Fall liegt in der Regel vor, wenn

1. der Täter oder ein anderer Beteiligter eine Waffe oder ein anderes gefährliches Werkzeug bei sich führt,
2. der Täter durch eine Gewalttätigkeit den Angegriffenen in die Gefahr der Todes oder einer schweren Gesundheitsschädigung bringt oder
3. die Tat mit einem anderen Beteiligten gemeinschaftlich begangen wird.

(3) Die Tat ist nicht nach dieser Vorschrift strafbar, wenn die Diensthandlung nicht rechtmäßig ist. Dies gilt auch dann, wenn der Täter irrig annimmt, die Diensthandlung sei rechtmäßig.

(4) Nimmt der Täter bei Begehung der Tat irrig an, die Diensthandlung sei nicht rechtmäßig, und konnte er den Irrtum vermeiden, so kann das Gericht die Strafe nach seinem Ermessen mildern (§ 49 Abs. 2) oder bei geringer Schuld von einer Bestrafung nach dieser Vorschrift absehen. Konnte der Täter den Irrtum nicht vermeiden und war ihm nach den ihm bekannten Umständen auch nicht zuzumuten, sich mit Rechtsbehelfen gegen die vermeintlich rechtswidrige Diensthandlung zu wehren, so ist die Tat nicht nach dieser Vorschrift strafbar; war ihm dies zuzumuten, so kann das

Gericht die Strafe nach seinem Ermessen mildern (§ 49 Abs. 2) oder von einer Bestrafung nach dieser Vorschrift absehen.

§ 114 Tätlicher Angriff auf Vollstreckungsbeamte

(1) Wer einen Amtsträger oder Soldaten der Bundeswehr, der zur Vollstreckung von Gesetzen, Rechtsverordnungen, Urteilen, Gerichtsbeschlüssen oder Verfügungen berufen ist, bei einer Diensthandlung tätlich angreift, wird mit Freiheitsstrafe von drei Monaten bis zu fünf Jahren bestraft.

(2) § 113 Absatz 2 gilt entsprechend.

(3) § 113 Absatz 3 und 4 gilt entsprechend, wenn die Diensthandlung eine Vollstreckungshandlung im Sinne des § 113 Absatz 1 ist.

§ 115 Widerstand gegen oder tätlicher Angriff auf Personen, die Vollstreckungsbeamten gleichstehen

(1) Zum Schutz von Personen, die die Rechte und Pflichten eines Polizeibeamten haben oder Ermittlungspersonen der Staatsanwaltschaft sind, ohne Amtsträger zu sein, gelten die §§ 113 und 114 entsprechend.

(2) Zum Schutz von Personen, die zur Unterstützung bei der Diensthandlung hinzugezogen sind, gelten die §§ 113 und 114 entsprechend.

(3) Nach § 113 wird auch bestraft, wer bei Unglücksfällen, gemeiner Gefahr oder Not Hilfeleistende der Feuerwehr, des Katastrophenschutzes oder eines Rettungsdienstes durch Gewalt oder durch Drohung mit Gewalt behindert. Nach § 114 wird bestraft, wer die Hilfeleistenden in diesen Situationen tätlich angreift.

§§ 116 bis 119 (weggefallen)

§ 120 Gefangenenbefreiung

(1) Wer einen Gefangenen befreit, ihn zum Entweichen verleitet oder dabei fördert, wird mit Freiheitsstrafe bis zu drei Jahren oder mit Geldstrafe bestraft.

(2) Ist der Täter als Amtsträger oder als für den öffentlichen Dienst besonders Verpflichteter gehalten, das Entweichen des Gefangenen zu verhindern, so ist die Strafe Freiheitsstrafe bis zu fünf Jahren oder Geldstrafe.

(3) Der Versuch ist strafbar.

(4) Einem Gefangenen im Sinne der Absätze 1 und 2 steht gleich, wer sonst auf behördliche Anordnung in einer Anstalt verwahrt wird.

§ 121 Gefangenenmeuterei

(1) Gefangene, die sich zusammenrotten und mit vereinten Kräften

1. einen Anstaltsbeamten, einen anderen Amtsträger oder einen mit ihrer Beaufsichtigung, Betreuung oder Untersuchung Beauftragten nötigen (§ 240) oder tätlich angreifen,
2. gewaltsam ausbrechen oder
3. gewaltsam einem von ihnen oder einem anderen Gefangenen zum Ausbruch verhelfen,

werden mit Freiheitsstrafe von drei Monaten bis zu fünf Jahren bestraft.

(2) Der Versuch ist strafbar.

(3) In besonders schweren Fällen wird die Meuterei mit Freiheitsstrafe von sechs Monaten bis zu zehn Jahren bestraft. Ein besonders schwerer Fall liegt in der Regel vor, wenn der Täter oder ein anderer Beteiligter

1. eine Schußwaffe bei sich führt,
2. eine andere Waffe oder ein anderes gefährliches Werkzeug bei sich führt, um diese oder dieses bei der Tat zu verwenden, oder
3. durch eine Gewalttätigkeit einen anderen in die Gefahr des Todes oder einer schweren Gesundheitsschädigung bringt.

(4) Gefangener im Sinne der Absätze 1 bis 3 ist auch, wer in der Sicherungsverwahrung untergebracht ist.

§ 122 (weggefallen)

Siebenter Abschnitt
Straftaten gegen die öffentliche Ordnung

§ 123 Hausfriedensbruch

(1) Wer in die Wohnung, in die Geschäftsräume oder in das befriedete Besitztum eines anderen oder in abgeschlossene Räume, welche zum öffentlichen Dienst oder Verkehr bestimmt sind, widerrechtlich eindringt, oder wer, wenn er ohne Befugnis darin verweilt, auf die Aufforderung des Berechtigten sich nicht entfernt, wird mit Freiheitsstrafe bis zu einem Jahr oder mit Geldstrafe bestraft.

(2) Die Tat wird nur auf Antrag verfolgt.

§ 124 Schwerer Hausfriedensbruch

Wenn sich eine Menschenmenge öffentlich zusammenrottet und in der Absicht, Gewalttätigkeiten gegen Personen oder Sachen mit vereinten Kräften zu begehen, in die Wohnung, in die Geschäftsräume oder in das befriedete Besitztum eines anderen oder in abgeschlossene Räume, welche zum öffentlichen Dienst bestimmt sind, widerrechtlich eindringt, so wird jeder, welcher an diesen Handlungen teilnimmt, mit Freiheitsstrafe bis zu zwei Jahren oder mit Geldstrafe bestraft.

§ 125 Landfriedensbruch

(1) Wer sich an

1. Gewalttätigkeiten gegen Menschen oder Sachen oder
2. Bedrohungen von Menschen mit einer Gewalttätigkeit,

die aus einer Menschenmenge in einer die öffentliche Sicherheit gefährdenden Weise mit vereinten Kräften begangen werden, als Täter oder Teilnehmer beteiligt oder wer auf die Menschenmenge einwirkt, um ihre Bereitschaft zu solchen Handlungen zu fördern, wird mit Freiheitsstrafe bis zu drei Jahren oder mit Geldstrafe bestraft.

(2) Soweit die in Absatz 1 Nr. 1, 2 bezeichneten Handlungen in § 113 mit Strafe bedroht sind, gilt § 113 Abs. 3, 4 sinngemäß. Dies gilt auch in Fällen des § 114, wenn die Diensthandlung eine Vollstreckungshandlung im Sinne des § 113 Absatz 1 ist.

§ 125a Besonders schwerer Fall des Landfriedensbruchs

In besonders schweren Fällen des § 125 Abs. 1 ist die Strafe Freiheitsstrafe von sechs Monaten bis zu zehn Jahren. Ein besonders schwerer Fall liegt in der Regel vor, wenn der Täter

1. eine Schußwaffe bei sich führt,
2. eine andere Waffe oder ein anderes gefährliches Werkzeug bei sich führt,
3. durch eine Gewalttätigkeit einen anderen in die Gefahr des Todes oder einer schweren Gesundheitsschädigung bringt oder
4. plündert oder bedeutenden Schaden an fremden Sachen anrichtet.

C

§ 126 Störung des öffentlichen Friedens durch Androhung von Straftaten

(1) Wer in einer Weise, die geeignet ist, den öffentlichen Frieden zu stören,

1. einen der in § 125a Satz 2 Nr. 1 bis 4 bezeichneten Fälle des Landfriedensbruchs,
2. einen Mord (§ 211), Totschlag (§ 212) oder Völkermord (§ 6 des Völkerstrafgesetzbuches) oder ein Verbrechen gegen die Menschlichkeit (§ 7 des Völkerstrafgesetzbuches) oder ein Kriegsverbrechen (§§ 8, 9, 10, 11 oder 12 des Völkerstrafgesetzbuches),
3. eine schwere Körperverletzung (§ 226),
4. eine Straftat gegen die persönliche Freiheit in den Fällen des § 232 Absatz 3 Satz 2, des § 232a Absatz 3, 4 oder 5, des § 232b Absatz 3 oder 4, des § 233a Absatz 3 oder 4, jeweils soweit es sich um Verbrechen handelt, der §§ 234, 234a, 239a oder 239b,
5. einen Raub oder eine räuberische Erpressung (§§ 249 bis 251 oder 255),
6. ein gemeingefährliches Verbrechen in den Fällen der §§ 306 bis 306c oder 307 Abs. 1 bis 3, des § 308 Abs. 1 bis 3, des § 309 Abs. 1 bis 4, der §§ 313, 314 oder 315 Abs. 3, des § 315b Abs. 3, des § 316a Abs. 1 oder 3, des § 316c Abs. 1 oder 3 oder des § 318 Abs. 3 oder 4 oder
7. ein gemeingefährliches Vergehen in den Fällen des § 309 Abs. 6, des § 311 Abs. 1, des § 316b Abs. 1, des § 317 Abs. 1 oder des § 318 Abs. 1

androht, wird mit Freiheitsstrafe bis zu drei Jahren oder mit Geldstrafe bestraft.

(2) Ebenso wird bestraft, wer in einer Weise, die geeignet ist, den öffentlichen Frieden zu stören, wider besseres Wissen vortäuscht, die Verwirklichung einer der in Absatz 1 genannten rechtswidrigen Taten stehe bevor.

§ 127 Bildung bewaffneter Gruppen

Wer unbefugt eine Gruppe, die über Waffen oder andere gefährliche Werkzeuge verfügt, bildet oder befehligt oder wer sich einer solchen Gruppe anschließt, sie mit Waffen oder Geld versorgt oder sonst unterstützt, wird mit Freiheitsstrafe bis zu zwei Jahren oder mit Geldstrafe bestraft.

§128 (weggefallen)

§129 Bildung krimineller Vereinigungen

(1) Mit Freiheitsstrafe bis zu fünf Jahren oder mit Geldstrafe wird bestraft, wer eine Vereinigung gründet oder sich an einer Vereinigung als Mitglied beteiligt, deren Zweck oder Tätigkeit auf die Begehung von Straftaten gerichtet ist, die im Höchstmaß mit Freiheitsstrafe von mindestens zwei Jahren bedroht sind. Mit Freiheitsstrafe bis zu drei Jahren oder mit Geldstrafe wird bestraft, wer eine solche Vereinigung unterstützt oder für sie um Mitglieder oder Unterstützer wirbt.

(2) Eine Vereinigung ist ein auf längere Dauer angelegter, von einer Festlegung von Rollen der Mitglieder, der Kontinuität der Mitgliedschaft und der Ausprägung der Struktur unabhängiger organisierter Zusammenschluss von mehr als zwei Personen zur Verfolgung eines übergeordneten gemeinsamen Interesses.

(3) Absatz 1 ist nicht anzuwenden,

1. wenn die Vereinigung eine politische Partei ist, die das Bundesverfassungsgericht nicht für verfassungswidrig erklärt hat,
2. wenn die Begehung von Straftaten nur ein Zweck oder eine Tätigkeit von untergeordneter Bedeutung ist oder
3. soweit die Zwecke oder die Tätigkeit der Vereinigung Straftaten nach den §§ 84 bis 87 betreffen.

(4) Der Versuch, eine in Absatz 1 Satz 1 und Absatz 2 bezeichnete Vereinigung zu gründen, ist strafbar.

(5) In besonders schweren Fällen des Absatzes 1 Satz 1 ist auf Freiheitsstrafe von sechs Monaten bis zu fünf Jahren zu erkennen. Ein besonders schwerer Fall liegt in der Regel vor, wenn der Täter zu den Rädelsführern oder Hintermännern der Vereinigung gehört. In den Fällen des Absatzes 1 Satz 1 ist auf Freiheitsstrafe von sechs Monaten bis zu zehn Jahren zu erkennen, wenn der Zweck oder die Tätigkeit der Vereinigung darauf gerichtet ist, in § 100b Absatz 2 Nummer 1 Buchstabe a, c, d, e und g bis m, Nummer 2 bis 5 und 7 der Strafprozessordnung genannte Straftaten mit Ausnahme der in § 100b Absatz 2 Nummer 1 Buchstabe g der Strafprozessordnung genannten Straftaten nach den §§ 239a und 239b des Strafgesetzbuches zu begehen.

(6) Das Gericht kann bei Beteiligten, deren Schuld gering und deren Mitwirkung von untergeordneter Bedeutung ist, von einer Bestrafung nach den Absätzen 1 und 4 absehen.

(7) Das Gericht kann die Strafe nach seinem Ermessen mildern (§ 49 Abs. 2) oder von einer Bestrafung nach diesen Vorschriften absehen, wenn der Täter

1. sich freiwillig und ernsthaft bemüht, das Fortbestehen der Vereinigung oder die Begehung einer ihren Zielen entsprechenden Straftat zu verhindern, oder
2. freiwillig sein Wissen so rechtzeitig einer Dienststelle offenbart, daß Straftaten, deren Planung er kennt, noch verhindert werden können;

erreicht der Täter sein Ziel, das Fortbestehen der Vereinigung zu verhindern, oder wird es ohne sein Bemühen erreicht, so wird er nicht bestraft.

§ 129a Bildung terroristischer Vereinigungen

(1) Wer eine Vereinigung (§ 129 Absatz 2) gründet, deren Zwecke oder deren Tätigkeit darauf gerichtet sind,

1. Mord (§ 211) oder Totschlag (§ 212) oder Völkermord (§ 6 des Völkerstrafgesetzbuches) oder Verbrechen gegen die Menschlichkeit (§ 7 des Völkerstrafgesetzbuches) oder Kriegsverbrechen (§§ 8, 9, 10, 11 oder § 12 des Völkerstrafgesetzbuches),
2. Straftaten gegen die persönliche Freiheit in den Fällen des § 239a oder des § 239b

zu begehen, oder wer sich an einer solchen Vereinigung als Mitglied beteiligt, wird mit Freiheitsstrafe von einem Jahr bis zu zehn Jahren bestraft.

(2) Ebenso wird bestraft, wer eine Vereinigung gründet, deren Zwecke oder deren Tätigkeit darauf gerichtet sind,

1. einem anderen Menschen schwere körperliche oder seelische Schäden, insbesondere der in § 226 bezeichneten Art, zuzufügen,
2. Straftaten nach den §§ 303b, 305, 305a oder gemeingefährliche Straftaten in den Fällen der §§ 306 bis 306c oder 307 Abs. 1 bis 3, des § 308 Abs. 1 bis 4, des § 309 Abs. 1 bis 5, der §§ 313, 314 oder 315 Abs. 1, 3 oder 4, des § 316b Abs. 1 oder 3 oder des § 316c Abs. 1 bis 3 oder des § 317 Abs. 1,
3. Straftaten gegen die Umwelt in den Fällen des § 330a Abs. 1 bis 3,
4. Straftaten nach § 19 Abs. 1 bis 3, § 20 Abs. 1 oder 2, § 20a Abs. 1 bis 3, § 19 Abs. 2 Nr. 2 oder Abs. 3 Nr. 2, § 20 Abs. 1 oder 2 oder § 20a Abs. 1 bis 3, jeweils auch in Verbindung mit § 21, oder nach § 22a Abs. 1 bis 3 des Gesetzes über die Kontrolle von Kriegswaffen oder

5. Straftaten nach § 51 Abs. 1 bis 3 des Waffengesetzes

zu begehen, oder wer sich an einer solchen Vereinigung als Mitglied beteiligt, wenn eine der in den Nummern 1 bis 5 bezeichneten Taten bestimmt ist, die Bevölkerung auf erhebliche Weise einzuschüchtern, eine Behörde oder eine internationale Organisation rechtswidrig mit Gewalt oder durch Drohung mit Gewalt zu nötigen oder die politischen, verfassungsrechtlichen, wirtschaftlichen oder sozialen Grundstrukturen eines Staates oder einer internationalen Organisation zu beseitigen oder erheblich zu beeinträchtigen, und durch die Art ihrer Begehung oder ihre Auswirkungen einen Staat oder eine internationale Organisation erheblich schädigen kann.

(3) Sind die Zwecke oder die Tätigkeit der Vereinigung darauf gerichtet, eine der in Absatz 1 und 2 bezeichneten Straftaten anzudrohen, ist auf Freiheitsstrafe von sechs Monaten bis zu fünf Jahren zu erkennen.

(4) Gehört der Täter zu den Rädelsführern oder Hintermännern, so ist in den Fällen der Absätze 1 und 2 auf Freiheitsstrafe nicht unter drei Jahren, in den Fällen des Absatzes 3 auf Freiheitsstrafe von einem Jahr bis zu zehn Jahren zu erkennen.

(5) Wer eine in Absatz 1, 2 oder Absatz 3 bezeichnete Vereinigung unterstützt, wird in den Fällen der Absätze 1 und 2 mit Freiheitsstrafe von sechs Monaten bis zu zehn Jahren, in den Fällen des Absatzes 3 mit Freiheitsstrafe bis zu fünf Jahren oder mit Geldstrafe bestraft. Wer für eine in Absatz 1 oder Absatz 2 bezeichnete Vereinigung um Mitglieder oder Unterstützer wirbt, wird mit Freiheitsstrafe von sechs Monaten bis zu fünf Jahren bestraft.

(6) Das Gericht kann bei Beteiligten, deren Schuld gering und deren Mitwirkung von untergeordneter Bedeutung ist, in den Fällen der Absätze 1, 2, 3 und 5 die Strafe nach seinem Ermessen (§ 49 Abs. 2) mildern.

(7) § 129 Absatz 7 gilt entsprechend.

(8) Neben einer Freiheitsstrafe von mindestens sechs Monaten kann das Gericht die Fähigkeit, öffentliche Ämter zu bekleiden, und die Fähigkeit, Rechte aus öffentlichen Wahlen zu erlangen, aberkennen (§ 45 Abs. 2).

(9) In den Fällen der Absätze 1, 2, 4 und 5 kann das Gericht Führungsaufsicht anordnen (§ 68 Abs. 1).

§ 129b Kriminelle und terroristische Vereinigungen im Ausland; Einziehung

(1) Die §§ 129 und 129a gelten auch für Vereinigungen im Ausland. Bezieht sich die Tat auf eine Vereinigung außerhalb der Mitgliedstaaten der Europäischen Union, so gilt dies nur, wenn sie durch eine im räumlichen Geltungsbereich dieses Gesetzes ausgeübte Tätigkeit begangen wird oder wenn der Täter oder das Opfer Deutscher ist oder sich im Inland befindet. In den Fällen des Satzes 2 wird die Tat nur mit Ermächtigung des Bundesministeriums der Justiz und für Verbraucherschutz verfolgt. Die Ermächtigung kann für den Einzelfall oder allgemein auch für die Verfolgung künftiger Taten erteilt werden, die sich auf eine bestimmte Vereinigung beziehen. Bei der Entscheidung über die Ermächtigung zieht das Ministerium in Betracht, ob die Bestrebungen der Vereinigung gegen die Grundwerte einer die Würde des Menschen achtenden staatlichen Ordnung oder gegen das friedliche Zusammenleben der Völker gerichtet sind und bei Abwägung aller Umstände als verwerflich erscheinen.

(2) In den Fällen der §§ 129 und 129a, jeweils auch in Verbindung mit Absatz 1, ist § 74a anzuwenden.

§ 130 Volksverhetzung

(1) Wer in einer Weise, die geeignet ist, den öffentlichen Frieden zu stören,

1. gegen eine nationale, rassische, religiöse oder durch ihre ethnische Herkunft bestimmte Gruppe, gegen Teile der Bevölkerung oder gegen einen Einzelnen wegen seiner Zugehörigkeit zu einer vorbezeichneten Gruppe oder zu einem Teil der Bevölkerung zum Hass aufstachelt, zu Gewalt- oder Willkürmaßnahmen auffordert oder
2. die Menschenwürde anderer dadurch angreift, dass er eine vorbezeichnete Gruppe, Teile der Bevölkerung oder einen Einzelnen wegen seiner Zugehörigkeit zu einer vorbezeichneten Gruppe oder zu einem Teil der Bevölkerung beschimpft, böswillig verächtlich macht oder verleumdet,

wird mit Freiheitsstrafe von drei Monaten bis zu fünf Jahren bestraft.

(2) Mit Freiheitsstrafe bis zu drei Jahren oder mit Geldstrafe wird bestraft, wer

1. eine Schrift (§ 11 Absatz 3) verbreitet oder der Öffentlichkeit zugänglich macht oder einer Person unter achtzehn Jahren eine Schrift (§ 11 Absatz 3) anbietet, überlässt oder zugänglich macht, die

a) zum Hass gegen eine in Absatz 1 Nummer 1 bezeichnete Gruppe, gegen Teile der Bevölkerung oder gegen einen Einzelnen wegen seiner Zugehörigkeit zu einer in Absatz 1 Nummer 1 bezeichneten Gruppe oder zu einem Teil der Bevölkerung aufstachelt,

b) zu Gewalt- oder Willkürmaßnahmen gegen in Buchstabe a genannte Personen oder Personenmehrheiten auffordert oder

c) die Menschenwürde von in Buchstabe a genannten Personen oder Personenmehrheiten dadurch angreift, dass diese beschimpft, böswillig verächtlich gemacht oder verleumdet werden,

2. einen in Nummer 1 Buchstabe a bis c bezeichneten Inhalt mittels Rundfunk oder Telemedien einer Person unter achtzehn Jahren oder der Öffentlichkeit zugänglich macht oder

3. eine Schrift (§ 11 Absatz 3) des in Nummer 1 Buchstabe a bis c bezeichneten Inhalts herstellt, bezieht, liefert, vorrätig hält, anbietet, bewirbt oder es unternimmt, diese Schrift ein- oder auszuführen, um sie oder aus ihr gewonnene Stücke im Sinne der Nummer 1 oder Nummer 2 zu verwenden oder einer anderen Person eine solche Verwendung zu ermöglichen.

(3) Mit Freiheitsstrafe bis zu fünf Jahren oder mit Geldstrafe wird bestraft, wer eine unter der Herrschaft des Nationalsozialismus begangene Handlung der in § 6 Abs. 1 des Völkerstrafgesetzbuches bezeichneten Art in einer Weise, die geeignet ist, den öffentlichen Frieden zu stören, öffentlich oder in einer Versammlung billigt, leugnet oder verharmlost.

(4) Mit Freiheitsstrafe bis zu drei Jahren oder mit Geldstrafe wird bestraft, wer öffentlich oder in einer Versammlung den öffentlichen Frieden in einer die Würde der Opfer verletzenden Weise dadurch stört, dass er die nationalsozialistische Gewalt- und Willkürherrschaft billigt, verherrlicht oder rechtfertigt.

(5) Absatz 2 Nummer 1 und 3 gilt auch für eine Schrift (§ 11 Absatz 3) des in den Absätzen 3 und 4 bezeichneten Inhalts. Nach Absatz 2 Nummer 2 wird auch bestraft, wer einen in den Absätzen 3 und 4 bezeichneten Inhalt mittels Rundfunk oder Telemedien einer Person unter achtzehn Jahren oder der Öffentlichkeit zugänglich macht.

(6) In den Fällen des Absatzes 2 Nummer 1 und 2, auch in Verbindung mit Absatz 5, ist der Versuch strafbar.

(7) In den Fällen des Absatzes 2, auch in Verbindung mit Absatz 5, und in den Fällen der Absätze 3 und 4 gilt § 86 Abs. 3 entsprechend.

§ 130a Anleitung zu Straftaten

(1) Wer eine Schrift (§ 11 Abs. 3), die geeignet ist, als Anleitung zu einer in § 126 Abs. 1 genannten rechtswidrigen Tat zu dienen, und nach ihrem Inhalt bestimmt ist, die Bereitschaft anderer zu fördern oder zu wecken, eine solche Tat zu begehen, verbreitet oder der Öffentlichkeit zugänglich macht, wird mit Freiheitsstrafe bis zu drei Jahren oder mit Geldstrafe bestraft.

(2) Ebenso wird bestraft, wer

1. eine Schrift (§ 11 Abs. 3), die geeignet ist, als Anleitung zu einer in § 126 Abs. 1 genannten rechtswidrigen Tat zu dienen, verbreitet oder der Öffentlichkeit zugänglich macht oder
2. öffentlich oder in einer Versammlung zu einer in § 126 Abs. 1 genannten rechtswidrigen Tat eine Anleitung gibt,

um die Bereitschaft anderer zu fördern oder zu wecken, eine solche Tat zu begehen.

(3) Nach Absatz 1 wird auch bestraft, wer einen in Absatz 1 oder Absatz 2 Nummer 1 bezeichneten Inhalt mittels Rundfunk oder Telemedien der Öffentlichkeit zugänglich macht.

(4) § 86 Abs. 3 gilt entsprechend.

§ 131 Gewaltdarstellung

(1) Mit Freiheitsstrafe bis zu einem Jahr oder mit Geldstrafe wird bestraft, wer

1. eine Schrift (§ 11 Absatz 3), die grausame oder sonst unmenschliche Gewalttätigkeiten gegen Menschen oder menschenähnliche Wesen in einer Art schildert, die eine Verherrlichung oder Verharmlosung solcher Gewalttätigkeiten ausdrückt oder die das Grausame oder Unmenschliche des Vorgangs in einer die Menschenwürde verletzenden Weise darstellt,
   a) verbreitet oder der Öffentlichkeit zugänglich macht,
   b) einer Person unter achtzehn Jahren anbietet, überlässt oder zugänglich macht oder
2. einen in Nummer 1 bezeichneten Inhalt mittels Rundfunk oder Telemedien
   a) einer Person unter achtzehn Jahren oder
   b) der Öffentlichkeit

   zugänglich macht oder

3. eine Schrift (§ 11 Absatz 3) des in Nummer 1 bezeichneten Inhalts herstellt, bezieht, liefert, vorrätig hält, anbietet, bewirbt oder es unternimmt, diese Schrift ein- oder auszuführen, um sie oder aus ihr gewonnene Stücke im Sinne der Nummer 1 Buchstabe a oder b oder der Nummer 2 zu verwenden oder einer anderen Person eine solche Verwendung zu ermöglichen.

In den Fällen des Satzes 1 Nummer 1 und 2 ist der Versuch strafbar.

(2) Absatz 1 gilt nicht, wenn die Handlung der Berichterstattung über Vorgänge des Zeitgeschehens oder der Geschichte dient.

(3) Absatz 1 Satz 1 Nummer 1 Buchstabe b, Nummer 2 Buchstabe a ist nicht anzuwenden, wenn der zur Sorge für die Person Berechtigte handelt; dies gilt nicht, wenn der Sorgeberechtigte durch das Anbieten, Überlassen oder Zugänglichmachen seine Erziehungspflicht gröblich verletzt.

§ 132 Amtsanmaßung

Wer unbefugt sich mit der Ausübung eines öffentlichen Amtes befaßt oder eine Handlung vornimmt, welche nur kraft eines öffentlichen Amtes vorgenommen werden darf, wird mit Freiheitsstrafe bis zu zwei Jahren oder mit Geldstrafe bestraft.

§ 132a Mißbrauch von Titeln, Berufsbezeichnungen und Abzeichen

(1) Wer unbefugt

1. inländische oder ausländische Amts- oder Dienstbezeichnungen, akademische Grade, Titel oder öffentliche Würden führt,
2. die Berufsbezeichnung Arzt, Zahnarzt, Psychologischer Psychotherapeut, Kinder- und Jugendlichenpsychotherapeut, Psychotherapeut, Tierarzt, Apotheker, Rechtsanwalt, Patentanwalt, Wirtschaftsprüfer, vereidigter Buchprüfer, Steuerberater oder Steuerbevollmächtigter führt,
3. die Bezeichnung öffentlich bestellter Sachverständiger führt oder
4. inländische oder ausländische Uniformen, Amtskleidungen oder Amtsabzeichen trägt,

wird mit Freiheitsstrafe bis zu einem Jahr oder mit Geldstrafe bestraft.

(2) Den in Absatz 1 genannten Bezeichnungen, akademischen Graden, Titeln, Würden, Uniformen, Amtskleidungen oder Amtsabzeichen stehen solche gleich, die ihnen zum Verwechseln ähnlich sind.

(3) Die Absätze 1 und 2 gelten auch für Amtsbezeichnungen, Titel, Würden, Amtskleidungen und Amtsabzeichen der Kirchen und anderen Religionsgesellschaften des öffentlichen Rechts.

(4) Gegenstände, auf die sich eine Straftat nach Absatz 1 Nr. 4, allein oder in Verbindung mit Absatz 2 oder 3, bezieht, können eingezogen werden.

§ 133 Verwahrungsbruch

(1) Wer Schriftstücke oder andere bewegliche Sachen, die sich in dienstlicher Verwahrung befinden oder ihm oder einem anderen dienstlich in Verwahrung gegeben worden sind, zerstört, beschädigt, unbrauchbar macht oder der dienstlichen Verfügung entzieht, wird mit Freiheitsstrafe bis zu zwei Jahren oder mit Geldstrafe bestraft.

(2) Dasselbe gilt für Schriftstücke oder andere bewegliche Sachen, die sich in amtlicher Verwahrung einer Kirche oder anderen Religionsgesellschaft des öffentlichen Rechts befinden oder von dieser dem Täter oder einem anderen amtlich in Verwahrung gegeben worden sind.

(3) Wer die Tat an einer Sache begeht, die ihm als Amtsträger oder für den öffentlichen Dienst besonders Verpflichteten anvertraut worden oder zugänglich geworden ist, wird mit Freiheitsstrafe bis zu fünf Jahren oder mit Geldstrafe bestraft.

§ 134 Verletzung amtlicher Bekanntmachungen

Wer wissentlich ein dienstliches Schriftstück, das zur Bekanntmachung öffentlich angeschlagen oder ausgelegt ist, zerstört, beseitigt, verunstaltet, unkenntlich macht oder in seinem Sinn entstellt, wird mit Freiheitsstrafe bis zu einem Jahr oder mit Geldstrafe bestraft.

§ 135 (weggefallen)

§ 136 Verstrickungsbruch; Siegelbruch

(1) Wer eine Sache, die gepfändet oder sonst dienstlich in Beschlag genommen ist, zerstört, beschädigt, unbrauchbar macht oder in anderer Weise ganz oder zum Teil der Verstrickung entzieht, wird mit Freiheitsstrafe bis zu einem Jahr oder mit Geldstrafe bestraft.

(2) Ebenso wird bestraft, wer ein dienstliches Siegel beschädigt, ablöst oder unkenntlich macht, das angelegt ist, um Sachen in Beschlag zu nehmen, dienstlich zu verschließen oder zu bezeichnen, oder wer den durch ein solches Siegel bewirkten Verschluß ganz oder zum Teil unwirksam macht.

(3) Die Tat ist nicht nach den Absätzen 1 und 2 strafbar, wenn die Pfändung, die Beschlagnahme oder die Anlegung des Siegels nicht durch eine rechtmäßige Diensthandlung vorgenommen ist. Dies gilt auch dann, wenn der Täter irrig annimmt, die Diensthandlung sei rechtmäßig.

(4) § 113 Abs. 4 gilt sinngemäß.

§ 137 (weggefallen)

§ 138 Nichtanzeige geplanter Straftaten

(1) Wer von dem Vorhaben oder der Ausführung

1. (weggefallen)
2. eines Hochverrats in den Fällen der §§ 81 bis 83 Abs. 1,
3. eines Landesverrats oder einer Gefährdung der äußeren Sicherheit in den Fällen der §§ 94 bis 96, 97a oder 100,
4. einer Geld- oder Wertpapierfälschung in den Fällen der §§ 146, 151, 152 oder einer Fälschung von Zahlungskarten mit Garantiefunktion und Vordrucken für Euroschecks in den Fällen des § 152b Abs. 1 bis 3,
5. eines Mordes (§ 211) oder Totschlags (§ 212) oder eines Völkermordes (§ 6 des Völkerstrafgesetzbuches) oder eines Verbrechens gegen die Menschlichkeit (§ 7 des Völkerstrafgesetzbuches) oder eines Kriegsverbrechens (§§ 8, 9, 10, 11 oder 12 des Völkerstrafgesetzbuches) oder eines Verbrechens der Aggression (§ 13 des Völkerstrafgesetzbuches),
6. einer Straftat gegen die persönliche Freiheit in den Fällen des § 232 Absatz 3 Satz 2, des § 232a Absatz 3, 4 oder 5, des § 232b Absatz 3 oder 4, des § 233a Absatz 3 oder 4, jeweils soweit es sich um Verbrechen handelt, der §§ 234, 234a, 239a oder 239b,
7. eines Raubes oder einer räuberischen Erpressung (§§ 249 bis 251 oder 255) oder
8. einer gemeingefährlichen Straftat in den Fällen der §§ 306 bis 306c oder 307 Abs. 1 bis 3, des § 308 Abs. 1 bis 4, des § 309 Abs. 1 bis 5, der §§ 310, 313, 314 oder 315 Abs. 3, des § 315b Abs. 3 oder der §§ 316a oder 316c

zu einer Zeit, zu der die Ausführung oder der Erfolg noch abgewendet werden kann, glaubhaft erfährt und es unterläßt, der Behörde oder dem Bedrohten rechtzeitig Anzeige zu machen, wird mit Freiheitsstrafe bis zu fünf Jahren oder mit Geldstrafe bestraft.

(2) Ebenso wird bestraft, wer

1. von der Ausführung einer Straftat nach § 89a oder
2. von dem Vorhaben oder der Ausführung einer Straftat nach § 129a, auch in Verbindung mit § 129b Abs. 1 Satz 1 und 2,

zu einer Zeit, zu der die Ausführung noch abgewendet werden kann, glaubhaft erfährt und es unterlässt, der Behörde unverzüglich Anzeige zu erstatten. § 129b Abs. 1 Satz 3 bis 5 gilt im Fall der Nummer 2 entsprechend.

C

(3) Wer die Anzeige leichtfertig unterläßt, obwohl er von dem Vorhaben oder der Ausführung der rechtswidrigen Tat glaubhaft erfahren hat, wird mit Freiheitsstrafe bis zu einem Jahr oder mit Geldstrafe bestraft.

§ 139 Straflosigkeit der Nichtanzeige geplanter Straftaten

(1) Ist in den Fällen des § 138 die Tat nicht versucht worden, so kann von Strafe abgesehen werden.

(2) Ein Geistlicher ist nicht verpflichtet anzuzeigen, was ihm in seiner Eigenschaft als Seelsorger anvertraut worden ist.

(3) Wer eine Anzeige unterläßt, die er gegen einen Angehörigen erstatten müßte, ist straffrei, wenn er sich ernsthaft bemüht hat, ihn von der Tat abzuhalten oder den Erfolg abzuwenden, es sei denn, daß es sich um

1. einen Mord oder Totschlag (§§ 211 oder 212),
2. einen Völkermord in den Fällen des § 6 Abs. 1 Nr. 1 des Völkerstrafgesetzbuches oder ein Verbrechen gegen die Menschlichkeit in den Fällen des § 7 Abs. 1 Nr. 1 des Völkerstrafgesetzbuches oder ein Kriegsverbrechen in den Fällen des § 8 Abs. 1 Nr. 1 des Völkerstrafgesetzbuches oder
3. einen erpresserischen Menschenraub (§ 239a Abs. 1),
eine Geiselnahme (§ 239b Abs. 1) oder
einen Angriff auf den Luft- und Seeverkehr (§ 316c Abs. 1)
durch eine terroristische Vereinigung (§ 129a, auch in Verbindung mit § 129b Abs. 1)

handelt. Unter denselben Voraussetzungen ist ein Rechtsanwalt, Verteidiger, Arzt, Psychologischer Psychotherapeut oder Kinder- und Jugendlichenpsychotherapeut nicht verpflichtet anzuzeigen, was ihm in dieser Eigenschaft anvertraut worden ist. Die berufsmäßigen Gehilfen der in Satz 2 genannten Personen und die Personen, die bei diesen zur Vorbereitung auf den Beruf tätig sind, sind nicht verpflichtet mitzuteilen, was ihnen in ihrer beruflichen Eigenschaft bekannt geworden ist.

(4) Straffrei ist, wer die Ausführung oder den Erfolg der Tat anders als durch Anzeige abwendet. Unterbleibt die Ausführung oder der Erfolg der Tat ohne Zutun des zur Anzeige Verpflichteten, so genügt zu seiner Straflosigkeit sein ernsthaftes Bemühen, den Erfolg abzuwenden.

§ 140 Belohnung und Billigung von Straftaten

Wer eine der in § 138 Absatz 1 Nummer 2 bis 4 und 5 letzte Alternative und in § 126 Abs. 1 genannten rechtswidrigen Taten oder eine rechtswidrige Tat nach § 176 Abs. 3, nach den §§ 176a und 176b, nach § 177 Absatz 4 bis 8 oder nach § 178, nachdem sie begangen oder in strafbarer Weise versucht worden ist,

1. belohnt oder
2. in einer Weise, die geeignet ist, den öffentlichen Frieden zu stören, öffentlich, in einer Versammlung oder durch Verbreiten von Schriften (§ 11 Abs. 3) billigt,

wird mit Freiheitsstrafe bis zu drei Jahren oder mit Geldstrafe bestraft.

§ 141 (weggefallen)

§ 142 Unerlaubtes Entfernen vom Unfallort

(1) Ein Unfallbeteiligter, der sich nach einem Unfall im Straßenverkehr vom Unfallort entfernt, bevor er

1. zugunsten der anderen Unfallbeteiligten und der Geschädigten die Feststellung seiner Person, seines Fahrzeugs und der Art seiner Beteiligung durch seine Anwesenheit und durch die Angabe, daß er an dem Unfall beteiligt ist, ermöglicht hat oder
2. eine nach den Umständen angemessene Zeit gewartet hat, ohne daß jemand bereit war, die Feststellungen zu treffen,

wird mit Freiheitsstrafe bis zu drei Jahren oder mit Geldstrafe bestraft.

(2) Nach Absatz 1 wird auch ein Unfallbeteiligter bestraft, der sich

1. nach Ablauf der Wartefrist (Absatz 1 Nr. 2) oder
2. berechtigt oder entschuldigt

vom Unfallort entfernt hat und die Feststellungen nicht unverzüglich nachträglich ermöglicht.

(3) Der Verpflichtung, die Feststellungen nachträglich zu ermöglichen, genügt der Unfallbeteiligte, wenn er den Berechtigten (Absatz 1 Nr. 1) oder einer nahe gelegenen Polizeidienststelle mitteilt, daß er an dem Unfall beteiligt gewesen ist, und wenn er seine Anschrift, seinen Aufenthalt sowie das Kennzeichen und den Standort seines Fahrzeugs angibt und dieses zu unverzüglichen Feststellungen für eine ihm zumutbare Zeit zur Verfügung hält. Dies gilt nicht, wenn er durch sein Verhalten die Feststellungen absichtlich vereitelt.

(4) Das Gericht mildert in den Fällen der Absätze 1 und 2 die Strafe (§ 49 Abs. 1) oder kann von Strafe nach diesen Vorschriften absehen, wenn der Unfallbeteiligte innerhalb von vierundzwanzig Stunden nach einem Unfall außerhalb des fließenden Verkehrs, der ausschließlich nicht bedeutenden Sachschaden zur Folge hat, freiwillig die Feststellungen nachträglich ermöglicht (Absatz 3).

(5) Unfallbeteiligter ist jeder, dessen Verhalten nach den Umständen zur Verursachung des Unfalls beigetragen haben kann.

§143 (weggefallen)

§144 (weggefallen)

§145 Mißbrauch von Notrufen und Beeinträchtigung von Unfallverhütungs- und Nothilfemitteln

(1) Wer absichtlich oder wissentlich

1. Notrufe oder Notzeichen mißbraucht oder
2. vortäuscht, daß wegen eines Unglücksfalles oder wegen gemeiner Gefahr oder Not die Hilfe anderer erforderlich sei,

wird mit Freiheitsstrafe bis zu einem Jahr oder mit Geldstrafe bestraft.

(2) Wer absichtlich oder wissentlich

1. die zur Verhütung von Unglücksfällen oder gemeiner Gefahr dienenden Warn- oder Verbotszeichen beseitigt, unkenntlich macht oder in ihrem Sinn entstellt oder
2. die zur Verhütung von Unglücksfällen oder gemeiner Gefahr dienenden Schutzvorrichtungen oder die zur Hilfeleistung bei Unglücksfällen oder gemeiner Gefahr bestimmten Rettungsgeräte oder anderen Sachen beseitigt, verändert oder unbrauchbar macht,

wird mit Freiheitsstrafe bis zu zwei Jahren oder mit Geldstrafe bestraft, wenn die Tat nicht in § 303 oder § 304 mit Strafe bedroht ist.

§ 145a Verstoß gegen Weisungen während der Führungsaufsicht

Wer während der Führungsaufsicht gegen eine bestimmte Weisung der in § 68b Abs. 1 bezeichneten Art verstößt und dadurch den Zweck der Maßregel gefährdet, wird mit Freiheitsstrafe bis zu drei Jahren oder mit Geldstrafe bestraft. Die Tat wird nur auf Antrag der Aufsichtsstelle (§ 68a) verfolgt.

§ 145b (weggefallen)

§ 145c Verstoß gegen das Berufsverbot

Wer einen Beruf, einen Berufszweig, ein Gewerbe oder einen Gewerbezweig für sich oder einen anderen ausübt oder durch einen anderen für sich ausüben läßt, obwohl dies ihm oder dem anderen strafgerichtlich untersagt ist, wird mit Freiheitsstrafe bis zu einem Jahr oder mit Geldstrafe bestraft.

§ 145d Vortäuschen einer Straftat

(1) Wer wider besseres Wissen einer Behörde oder einer zur Entgegennahme von Anzeigen zuständigen Stelle vortäuscht,

1. daß eine rechtswidrige Tat begangen worden sei oder
2. daß die Verwirklichung einer der in § 126 Abs. 1 genannten rechtswidrigen Taten bevorstehe,

wird mit Freiheitsstrafe bis zu drei Jahren oder mit Geldstrafe bestraft, wenn die Tat nicht in § 164, § 258 oder § 258a mit Strafe bedroht ist.

(2) Ebenso wird bestraft, wer wider besseres Wissen eine der in Absatz 1 bezeichneten Stellen über den Beteiligten

1. an einer rechtswidrigen Tat oder
2. an einer bevorstehenden, in § 126 Abs. 1 genannten rechtswidrigen Tat

zu täuschen sucht.

(3) Mit Freiheitsstrafe von drei Monaten bis zu fünf Jahren wird bestraft, wer

1. eine Tat nach Absatz 1 Nr. 1 oder Absatz 2 Nr. 1 begeht oder
2. wider besseres Wissen einer der in Absatz 1 bezeichneten Stellen vortäuscht, dass die Verwirklichung einer der in § 46b Abs. 1 Satz 1 Nr. 2 dieses Gesetzes oder in § 31 Satz 1 Nr. 2 des Betäubungsmittelgesetzes genannten rechtswidrigen Taten bevorstehe, oder
3. wider besseres Wissen eine dieser Stellen über den Beteiligten an einer bevorstehenden Tat nach Nummer 2 zu täuschen sucht,

um eine Strafmilderung oder ein Absehen von Strafe nach § 46b dieses Gesetzes oder § 31 des Betäubungsmittelgesetzes zu erlangen.

(4) In minder schweren Fällen des Absatzes 3 ist die Strafe Freiheitsstrafe bis zu drei Jahren oder Geldstrafe.

Achter Abschnitt
Geld- und Wertzeichenfälschung

§ 146 Geldfälschung

(1) Mit Freiheitsstrafe nicht unter einem Jahr wird bestraft, wer

1. Geld in der Absicht nachmacht, daß es als echt in Verkehr gebracht oder daß ein solches Inverkehrbringen ermöglicht werde, oder Geld in dieser Absicht so verfälscht, daß der Anschein eines höheren Wertes hervorgerufen wird,
2. falsches Geld in dieser Absicht sich verschafft oder feilhält oder
3. falsches Geld, das er unter den Voraussetzungen der Nummern 1 oder 2 nachgemacht, verfälscht oder sich verschafft hat, als echt in Verkehr bringt.

(2) Handelt der Täter gewerbsmäßig oder als Mitglied einer Bande, die sich zur fortgesetzten Begehung einer Geldfälschung verbunden hat, so ist die Strafe Freiheitsstrafe nicht unter zwei Jahren.

(3) In minder schweren Fällen des Absatzes 1 ist auf Freiheitsstrafe von drei Monaten bis zu fünf Jahren, in minder schweren Fällen des Absatzes 2 auf Freiheitsstrafe von einem Jahr bis zu zehn Jahren zu erkennen.

§ 147 Inverkehrbringen von Falschgeld

(1) Wer, abgesehen von den Fällen des § 146, falsches Geld als echt in Verkehr bringt, wird mit Freiheitsstrafe bis zu fünf Jahren oder mit Geldstrafe bestraft.

(2) Der Versuch ist strafbar.

§ 148 Wertzeichenfälschung

(1) Mit Freiheitsstrafe bis zu fünf Jahren oder mit Geldstrafe wird bestraft, wer

1. amtliche Wertzeichen in der Absicht nachmacht, daß sie als echt verwendet oder in Verkehr gebracht werden oder daß ein solches Verwenden oder Inverkehrbringen ermöglicht werde, oder amtliche Wertzeichen in dieser Absicht so verfälscht, daß der Anschein eines höheren Wertes hervorgerufen wird,
2. falsche amtliche Wertzeichen in dieser Absicht sich verschafft oder
3. falsche amtliche Wertzeichen als echt verwendet, feilhält oder in Verkehr bringt.

(2) Wer bereits verwendete amtliche Wertzeichen, an denen das Entwertungszeichen beseitigt worden ist, als gültig verwendet oder in Verkehr bringt, wird mit Freiheitsstrafe bis zu einem Jahr oder mit Geldstrafe bestraft.

(3) Der Versuch ist strafbar.

§ 149 Vorbereitung der Fälschung von Geld und Wertzeichen

(1) Wer eine Fälschung von Geld oder Wertzeichen vorbereitet, indem er

1. Platten, Formen, Drucksätze, Druckstöcke, Negative, Matrizen, Computerprogramme oder ähnliche Vorrichtungen, die ihrer Art nach zur Begehung der Tat geeignet sind,
2. Papier, das einer solchen Papierart gleicht oder zum Verwechseln ähnlich ist, die zur Herstellung von Geld oder amtlichen Wertzeichen bestimmt und gegen Nachahmung besonders gesichert ist, oder
3. Hologramme oder andere Bestandteile, die der Sicherung gegen Fälschung dienen,

herstellt, sich oder einem anderen verschafft, feilhält, verwahrt oder einem anderen überläßt, wird, wenn er eine Geldfälschung vorbereitet, mit Freiheitsstrafe bis zu fünf Jahren oder mit Geldstrafe, sonst mit Freiheitsstrafe bis zu zwei Jahren oder mit Geldstrafe bestraft.

(2) Nach Absatz 1 wird nicht bestraft, wer freiwillig

1. die Ausführung der vorbereiteten Tat aufgibt und eine von ihm verursachte Gefahr, daß andere die Tat weiter vorbereiten oder sie ausführen, abwendet oder die Vollendung der Tat verhindert und
2. die Fälschungsmittel, soweit sie noch vorhanden und zur Fälschung brauchbar sind, vernichtet, unbrauchbar macht, ihr Vorhandensein einer Behörde anzeigt oder sie dort abliefert.

(3) Wird ohne Zutun des Täters die Gefahr, daß andere die Tat weiter vorbereiten oder sie ausführen, abgewendet oder die Vollendung der Tat verhindert, so genügt an Stelle der Voraussetzungen des Absatzes 2 Nr. 1 das freiwillige und ernsthafte Bemühen des Täters, dieses Ziel zu erreichen.

§ 150 Einziehung

Ist eine Straftat nach diesem Abschnitt begangen worden, so werden das falsche Geld, die falschen oder entwerteten Wertzeichen und die in § 149 bezeichneten Fälschungsmittel eingezogen.

§ 151 Wertpapiere

Dem Geld im Sinne der §§ 146, 147, 149 und 150 stehen folgende Wertpapiere gleich, wenn sie durch Druck und Papierart gegen Nachahmung besonders gesichert sind:

1. Inhaber- sowie solche Orderschuldverschreibungen, die Teile einer Gesamtemission sind, wenn in den Schuldverschreibungen die Zahlung einer bestimmten Geldsumme versprochen wird;
2. Aktien;
3. von Kapitalverwaltungsgesellschaften ausgegebene Anteilscheine;
4. Zins-, Gewinnanteil- und Erneuerungsscheine zu Wertpapieren der in den Nummern 1 bis 3 bezeichneten Art sowie Zertifikate über Lieferung solcher Wertpapiere;
5. Reiseschecks.

§ 152 Geld, Wertzeichen und Wertpapiere eines fremden Währungsgebiets

Die §§ 146 bis 151 sind auch auf Geld, Wertzeichen und Wertpapiere eines fremden Währungsgebiets anzuwenden.

§152a Fälschung von Zahlungskarten, Schecks und Wechseln

(1) Wer zur Täuschung im Rechtsverkehr oder, um eine solche Täuschung zu ermöglichen,

1. inländische oder ausländische Zahlungskarten, Schecks oder Wechsel nachmacht oder verfälscht oder
2. solche falschen Karten, Schecks oder Wechsel sich oder einem anderen verschafft, feilhält, einem anderen überlässt oder gebraucht,

wird mit Freiheitsstrafe bis zu fünf Jahren oder mit Geldstrafe bestraft.

(2) Der Versuch ist strafbar.

(3) Handelt der Täter gewerbsmäßig oder als Mitglied einer Bande, die sich zur fortgesetzten Begehung von Straftaten nach Absatz 1 verbunden hat, so ist die Strafe Freiheitsstrafe von sechs Monaten bis zu zehn Jahren.

(4) Zahlungskarten im Sinne des Absatzes 1 sind Karten,

1. die von einem Kreditinstitut oder Finanzdienstleistungsinstitut herausgegeben wurden und
2. durch Ausgestaltung oder Codierung besonders gegen Nachahmung gesichert sind.

(5) § 149, soweit er sich auf die Fälschung von Wertzeichen bezieht, und § 150 gelten entsprechend.

§152b Fälschung von Zahlungskarten mit Garantiefunktion und Vordrucken für Euroschecks

(1) Wer eine der in § 152a Abs. 1 bezeichneten Handlungen in Bezug auf Zahlungskarten mit Garantiefunktion oder Euroscheckvordrucke begeht, wird mit Freiheitsstrafe von einem Jahr bis zu zehn Jahren bestraft.

(2) Handelt der Täter gewerbsmäßig oder als Mitglied einer Bande, die sich zur fortgesetzten Begehung von Straftaten nach Absatz 1 verbunden hat, so ist die Strafe Freiheitsstrafe nicht unter zwei Jahren.

(3) In minder schweren Fällen des Absatzes 1 ist auf Freiheitsstrafe von drei Monaten bis zu fünf Jahren, in minder schweren Fällen des Absatzes 2 auf Freiheitsstrafe von einem Jahr bis zu zehn Jahren zu erkennen.

(4) Zahlungskarten mit Garantiefunktion im Sinne des Absatzes 1 sind Kreditkarten, Euroscheckkarten und sonstige Karten,

1. die es ermöglichen, den Aussteller im Zahlungsverkehr zu einer garantierten Zahlung zu veranlassen, und
2. durch Ausgestaltung oder Codierung besonders gegen Nachahmung gesichert sind.

(5) § 149, soweit er sich auf die Fälschung von Geld bezieht, und § 150 gelten entsprechend.

Neunter Abschnitt
Falsche uneidliche Aussage und Meineid

§153 Falsche uneidliche Aussage

Wer vor Gericht oder vor einer anderen zur eidlichen Vernehmung von Zeugen oder Sachverständigen zuständigen Stelle als Zeuge oder Sachverständiger uneidlich falsch aussagt, wird mit Freiheitsstrafe von drei Monaten bis zu fünf Jahren bestraft.

§154 Meineid

(1) Wer vor Gericht oder vor einer anderen zur Abnahme von Eiden zuständigen Stelle falsch schwört, wird mit Freiheitsstrafe nicht unter einem Jahr bestraft.

(2) In minder schweren Fällen ist die Strafe Freiheitsstrafe von sechs Monaten bis zu fünf Jahren.

§155 Eidesgleiche Bekräftigungen

Dem Eid stehen gleich

1. die den Eid ersetzende Bekräftigung,
2. die Berufung auf einen früheren Eid oder auf eine frühere Bekräftigung.

§156 Falsche Versicherung an Eides Statt

Wer vor einer zur Abnahme einer Versicherung an Eides Statt zuständigen Behörde eine solche Versicherung falsch abgibt oder unter Berufung auf eine solche Versicherung falsch aussagt, wird mit Freiheitsstrafe bis zu drei Jahren oder mit Geldstrafe bestraft.

§157 Aussagenotstand

(1) Hat ein Zeuge oder Sachverständiger sich eines Meineids oder einer falschen uneidlichen Aussage schuldig gemacht, so kann das Gericht die Strafe nach seinem Ermessen mildern (§ 49 Abs. 2) und im Falle uneidlicher Aussage auch ganz von Strafe absehen, wenn der Täter die Unwahrheit gesagt hat, um von einem Angehörigen oder von sich selbst die Gefahr abzuwenden, bestraft oder einer freiheitsentziehenden Maßregel der Besserung und Sicherung unterworfen zu werden.

(2) Das Gericht kann auch dann die Strafe nach seinem Ermessen mildern (§ 49 Abs. 2) oder ganz von Strafe absehen, wenn ein noch nicht Eidesmündiger uneidlich falsch ausgesagt hat.

§158 Berichtigung einer falschen Angabe

(1) Das Gericht kann die Strafe wegen Meineids, falscher Versicherung an Eides Statt oder falscher uneidlicher Aussage nach seinem Ermessen mildern (§ 49 Abs. 2) oder von Strafe absehen, wenn der Täter die falsche Angabe rechtzeitig berichtigt.

(2) Die Berichtigung ist verspätet, wenn sie bei der Entscheidung nicht mehr verwertet werden kann oder aus der Tat ein Nachteil für einen anderen entstanden ist oder wenn schon gegen den Täter eine Anzeige erstattet oder eine Untersuchung eingeleitet worden ist.

(3) Die Berichtigung kann bei der Stelle, der die falsche Angabe gemacht worden ist oder die sie im Verfahren zu prüfen hat, sowie bei einem Gericht, einem Staatsanwalt oder einer Polizeibehörde erfolgen.

§159 Versuch der Anstiftung zur Falschaussage

Für den Versuch der Anstiftung zu einer falschen uneidlichen Aussage (§ 153) und einer falschen Versicherung an Eides Statt (§ 156) gelten § 30 Abs. 1 und § 31 Abs. 1 Nr. 1 und Abs. 2 entsprechend.

§160 Verleitung zur Falschaussage

(1) Wer einen anderen zur Ableistung eines falschen Eides verleitet, wird mit Freiheitsstrafe bis zu zwei Jahren oder mit Geldstrafe bestraft; wer einen anderen zur Ableistung einer falschen Versicherung an Eides Statt oder einer falschen uneidlichen Aussage verleitet, wird mit Freiheitsstrafe bis zu sechs Monaten oder mit Geldstrafe bis zu einhundertachtzig Tagessätzen bestraft.

(2) Der Versuch ist strafbar.

§ 161 Fahrlässiger Falscheid; fahrlässige falsche Versicherung an Eides statt

(1) Wenn eine der in den §§ 154 bis 156 bezeichneten Handlungen aus Fahrlässigkeit begangen worden ist, so tritt Freiheitsstrafe bis zu einem Jahr oder Geldstrafe ein.

(2) Straflosigkeit tritt ein, wenn der Täter die falsche Angabe rechtzeitig berichtigt. Die Vorschriften des § 158 Abs. 2 und 3 gelten entsprechend.

§ 162 Internationale Gerichte; nationale Untersuchungsausschüsse

(1) Die §§ 153 bis 161 sind auch auf falsche Angaben in einem Verfahren vor einem internationalen Gericht, das durch einen für die Bundesrepublik Deutschland verbindlichen Rechtsakt errichtet worden ist, anzuwenden.

(2) Die §§ 153 und 157 bis 160, soweit sie sich auf falsche uneidliche Aussagen beziehen, sind auch auf falsche Angaben vor einem Untersuchungsausschuss eines Gesetzgebungsorgans des Bundes oder eines Landes anzuwenden.

§ 163 (weggefallen)

Zehnter Abschnitt
Falsche Verdächtigung

§ 164 Falsche Verdächtigung

(1) Wer einen anderen bei einer Behörde oder einem zur Entgegennahme von Anzeigen zuständigen Amtsträger oder militärischen Vorgesetzten oder öffentlich wider besseres Wissen einer rechtswidrigen Tat oder der Verletzung einer Dienstpflicht in der Absicht verdächtigt, ein behördliches Verfahren oder andere behördliche Maßnahmen gegen ihn herbeizuführen oder fortdauern zu lassen, wird mit Freiheitsstrafe bis zu fünf Jahren oder mit Geldstrafe bestraft.

(2) Ebenso wird bestraft, wer in gleicher Absicht bei einer der in Absatz 1 bezeichneten Stellen oder öffentlich über einen anderen wider besseres Wissen eine sonstige Behauptung tatsächlicher Art aufstellt, die geeignet ist, ein behördliches Verfahren oder andere behördliche Maßnahmen gegen ihn herbeizuführen oder fortdauern zu lassen.

(3) Mit Freiheitsstrafe von sechs Monaten bis zu zehn Jahren wird bestraft, wer die falsche Verdächtigung begeht, um eine Strafmilderung oder ein Absehen von Strafe nach § 46b dieses Gesetzes oder § 31 des Betäubungsmittelgesetzes zu erlangen. In minder schweren Fällen ist die Strafe Freiheitsstrafe von drei Monaten bis zu fünf Jahren.

§ 165 Bekanntgabe der Verurteilung

(1) Ist die Tat nach § 164 öffentlich oder durch Verbreiten von Schriften (§ 11 Abs. 3) begangen und wird ihretwegen auf Strafe erkannt, so ist auf Antrag des Verletzten anzuordnen, daß die Verurteilung wegen falscher Verdächtigung auf Verlangen öffentlich bekanntgemacht wird. Stirbt der Verletzte, so geht das Antragsrecht auf die in § 77 Abs. 2 bezeichneten Angehörigen über. § 77 Abs. 2 bis 4 gilt entsprechend.

(2) Für die Art der Bekanntmachung gilt § 200 Abs. 2 entsprechend.

Elfter Abschnitt
Straftaten, welche sich auf Religion und Weltanschauung beziehen

§ 166 Beschimpfung von Bekenntnissen, Religionsgesellschaften und Weltanschauungsvereinigungen

(1) Wer öffentlich oder durch Verbreiten von Schriften (§ 11 Abs. 3) den Inhalt des religiösen oder weltanschaulichen Bekenntnisses anderer in einer Weise beschimpft, die geeignet ist, den öffentlichen Frieden zu stören, wird mit Freiheitsstrafe bis zu drei Jahren oder mit Geldstrafe bestraft.

(2) Ebenso wird bestraft, wer öffentlich oder durch Verbreiten von Schriften (§ 11 Abs. 3) eine im Inland bestehende Kirche oder andere Religionsgesellschaft oder Weltanschauungsvereinigung, ihre Einrichtungen oder Gebräuche in einer Weise beschimpft, die geeignet ist, den öffentlichen Frieden zu stören.

§ 167 Störung der Religionsausübung

(1) Wer

1. den Gottesdienst oder eine gottesdienstliche Handlung einer im Inland bestehenden Kirche oder anderen Religionsgesellschaft absichtlich und in grober Weise stört oder

2. an einem Ort, der dem Gottesdienst einer solchen Religionsgesellschaft gewidmet ist, beschimpfenden Unfug verübt,

wird mit Freiheitsstrafe bis zu drei Jahren oder mit Geldstrafe bestraft.

(2) Dem Gottesdienst stehen entsprechende Feiern einer im Inland bestehenden Weltanschauungsvereinigung gleich.

§167a Störung einer Bestattungsfeier

Wer eine Bestattungsfeier absichtlich oder wissentlich stört, wird mit Freiheitsstrafe bis zu drei Jahren oder mit Geldstrafe bestraft.

§168 Störung der Totenruhe

(1) Wer unbefugt aus dem Gewahrsam des Berechtigten den Körper oder Teile des Körpers eines verstorbenen Menschen, eine tote Leibesfrucht, Teile einer solchen oder die Asche eines verstorbenen Menschen wegnimmt oder wer daran beschimpfenden Unfug verübt, wird mit Freiheitsstrafe bis zu drei Jahren oder mit Geldstrafe bestraft.

(2) Ebenso wird bestraft, wer eine Aufbahrungsstätte, Beisetzungsstätte oder öffentliche Totengedenkstätte zerstört oder beschädigt oder wer dort beschimpfenden Unfug verübt.

(3) Der Versuch ist strafbar.

Zwölfter Abschnitt
Straftaten gegen den Personenstand, die Ehe und die Familie

§169 Personenstandsfälschung

(1) Wer ein Kind unterschiebt oder den Personenstand eines anderen gegenüber einer zur Führung von Personenstandsregistern oder zur Feststellung des Personenstands zuständigen Behörde falsch angibt oder unterdrückt, wird mit Freiheitsstrafe bis zu zwei Jahren oder mit Geldstrafe bestraft.

(2) Der Versuch ist strafbar.

§170 Verletzung der Unterhaltspflicht

(1) Wer sich einer gesetzlichen Unterhaltspflicht entzieht, so daß der Lebensbedarf des Unterhaltsberechtigten gefährdet ist oder ohne die Hilfe anderer gefährdet wäre, wird mit Freiheitsstrafe bis zu drei Jahren oder mit Geldstrafe bestraft.

(2) Wer einer Schwangeren zum Unterhalt verpflichtet ist und ihr diesen Unterhalt in verwerflicher Weise vorenthält und dadurch den Schwangerschaftsabbruch bewirkt, wird mit Freiheitsstrafe bis zu fünf Jahren oder mit Geldstrafe bestraft.

§171 Verletzung der Fürsorge- oder Erziehungspflicht

Wer seine Fürsorge- oder Erziehungspflicht gegenüber einer Person unter sechzehn Jahren gröblich verletzt und dadurch den Schutzbefohlenen in die Gefahr bringt, in seiner körperlichen oder psychischen Entwicklung erheblich geschädigt zu werden, einen kriminellen Lebenswandel zu führen oder der Prostitution nachzugehen, wird mit Freiheitsstrafe bis zu drei Jahren oder mit Geldstrafe bestraft.

§172 Doppelehe; doppelte Lebenspartnerschaft

Mit Freiheitsstrafe bis zu drei Jahren oder mit Geldstrafe wird bestraft, wer verheiratet ist oder eine Lebenspartnerschaft führt und

1. mit einer dritten Person eine Ehe schließt oder
2. gemäß § 1 Absatz 1 des Lebenspartnerschaftsgesetzes gegenüber der für die Begründung der Lebenspartnerschaft zuständigen Stelle erklärt, mit einer dritten Person eine Lebenspartnerschaft führen zu wollen.

Ebenso wird bestraft, wer mit einer dritten Person, die verheiratet ist oder eine Lebenspartnerschaft führt, die Ehe schließt oder gemäß § 1 Absatz 1 des Lebenspartnerschaftsgesetzes gegenüber der für die Begründung der Lebenspartnerschaft zuständigen Stelle erklärt, mit dieser dritten Person eine Lebenspartnerschaft führen zu wollen.

§173 Beischlaf zwischen Verwandten

(1) Wer mit einem leiblichen Abkömmling den Beischlaf vollzieht, wird mit Freiheitsstrafe bis zu drei Jahren oder mit Geldstrafe bestraft.

(2) Wer mit einem leiblichen Verwandten aufsteigender Linie den Beischlaf vollzieht, wird mit Freiheitsstrafe bis zu zwei Jahren oder mit Geldstrafe bestraft; dies gilt auch dann, wenn das Verwandtschaftsverhältnis erloschen ist. Ebenso werden leibliche Geschwister bestraft, die miteinander den Beischlaf vollziehen.

(3) Abkömmlinge und Geschwister werden nicht nach dieser Vorschrift bestraft, wenn sie zur Zeit der Tat noch nicht achtzehn Jahre alt waren.

Dreizehnter Abschnitt
Straftaten gegen die sexuelle Selbstbestimmung

§174 Sexueller Mißbrauch von Schutzbefohlenen

(1) Wer sexuelle Handlungen

1. an einer Person unter sechzehn Jahren, die ihm zur Erziehung, zur Ausbildung oder zur Betreuung in der Lebensführung anvertraut ist,
2. an einer Person unter achtzehn Jahren, die ihm zur Erziehung, zur Ausbildung oder zur Betreuung in der Lebensführung anvertraut oder im Rahmen eines Dienst- oder Arbeitsverhältnisses untergeordnet ist, unter Mißbrauch einer mit dem Erziehungs-, Ausbildungs-, Betreuungs-, Dienst- oder Arbeitsverhältnis verbundenen Abhängigkeit oder
3. an einer Person unter achtzehn Jahren, die sein leiblicher oder rechtlicher Abkömmling ist oder der seines Ehegatten, seines Lebenspartners oder einer Person, mit der er in eheähnlicher oder lebenspartnerschaftsähnlicher Gemeinschaft lebt,

vornimmt oder an sich von dem Schutzbefohlenen vornehmen läßt, wird mit Freiheitsstrafe von drei Monaten bis zu fünf Jahren bestraft.

(2) Mit Freiheitsstrafe von drei Monaten bis zu fünf Jahren wird eine Person bestraft, der in einer dazu bestimmten Einrichtung die Erziehung, Ausbildung oder Betreuung in der Lebensführung von Personen unter achtzehn Jahren anvertraut ist, und die sexuelle Handlungen

1. an einer Person unter sechzehn Jahren, die zu dieser Einrichtung in einem Rechtsverhältnis steht, das ihrer Erziehung, Ausbildung oder Betreuung in der Lebensführung dient, vornimmt oder an sich von ihr vornehmen lässt oder
2. unter Ausnutzung ihrer Stellung an einer Person unter achtzehn Jahren, die zu dieser Einrichtung in einem Rechtsverhältnis steht, das ihrer Erziehung, Ausbildung oder Betreuung in der Lebensführung dient, vornimmt oder an sich von ihr vornehmen lässt.

(3) Wer unter den Voraussetzungen des Absatzes 1 oder 2

1. sexuelle Handlungen vor dem Schutzbefohlenen vornimmt oder
2. den Schutzbefohlenen dazu bestimmt, daß er sexuelle Handlungen vor ihm vornimmt,

um sich oder den Schutzbefohlenen hierdurch sexuell zu erregen, wird mit Freiheitsstrafe bis zu drei Jahren oder mit Geldstrafe bestraft.

(4) Der Versuch ist strafbar.

(5) In den Fällen des Absatzes 1 Nummer 1, des Absatzes 2 Nummer 1 oder des Absatzes 3 in Verbindung mit Absatz 1 Nummer 1 oder mit Absatz 2 Nummer 1 kann das Gericht von einer Bestrafung nach dieser Vorschrift absehen, wenn das Unrecht der Tat gering ist.

§174a Sexueller Mißbrauch von Gefangenen, behördlich Verwahrten oder Kranken und Hilfsbedürftigen in Einrichtungen

(1) Wer sexuelle Handlungen an einer gefangenen oder auf behördliche Anordnung verwahrten Person, die ihm zur Erziehung, Ausbildung, Beaufsichtigung oder Betreuung anvertraut ist, unter Mißbrauch seiner Stellung vornimmt oder an sich von der gefangenen oder verwahrten Person vornehmen läßt, wird mit Freiheitsstrafe von drei Monaten bis zu fünf Jahren bestraft.

(2) Ebenso wird bestraft, wer eine Person, die in einer Einrichtung für kranke oder hilfsbedürftige Menschen aufgenommen und ihm zur Beaufsichtigung oder Betreuung anvertraut ist, dadurch mißbraucht, daß er unter Ausnutzung der Krankheit oder Hilfsbedürftigkeit dieser Person sexuelle Handlungen an ihr vornimmt oder an sich von ihr vornehmen läßt.

(3) Der Versuch ist strafbar.

§174b Sexueller Mißbrauch unter Ausnutzung einer Amtsstellung

(1) Wer als Amtsträger, der zur Mitwirkung an einem Strafverfahren oder an einem Verfahren zur Anordnung einer freiheitsentziehenden Maßregel der Besserung und Sicherung oder einer behördlichen Verwahrung berufen ist, unter Mißbrauch der durch das Verfahren begründeten Abhängigkeit sexuelle Handlungen an demjenigen, gegen den sich das Verfahren richtet, vornimmt oder an sich von dem anderen vornehmen läßt, wird mit Freiheitsstrafe von drei Monaten bis zu fünf Jahren bestraft.

(2) Der Versuch ist strafbar.

§174c Sexueller Mißbrauch unter Ausnutzung eines Beratungs-, Behandlungs- oder Betreuungsverhältnisses

(1) Wer sexuelle Handlungen an einer Person, die ihm wegen einer geistigen oder seelischen Krankheit oder Behinderung einschließlich einer Suchtkrankheit oder wegen einer körperlichen Krankheit oder Behinderung zur Beratung, Behandlung oder Betreuung anvertraut ist, unter Mißbrauch des Beratungs-, Behandlungs- oder Betreuungsverhältnisses vornimmt oder an sich von ihr vornehmen läßt, wird mit Freiheitsstrafe von drei Monaten bis zu fünf Jahren bestraft.

(2) Ebenso wird bestraft, wer sexuelle Handlungen an einer Person, die ihm zur psychotherapeutischen Behandlung anvertraut ist, unter Mißbrauch des Behandlungsverhältnisses vornimmt oder an sich von ihr vornehmen läßt.

(3) Der Versuch ist strafbar.

§175 (weggefallen)

§176 Sexueller Mißbrauch von Kindern

(1) Wer sexuelle Handlungen an einer Person unter vierzehn Jahren (Kind) vornimmt oder an sich von dem Kind vornehmen läßt, wird mit Freiheitsstrafe von sechs Monaten bis zu zehn Jahren bestraft.

(2) Ebenso wird bestraft, wer ein Kind dazu bestimmt, daß es sexuelle Handlungen an einem Dritten vornimmt oder von einem Dritten an sich vornehmen läßt.

(3) In besonders schweren Fällen ist auf Freiheitsstrafe nicht unter einem Jahr zu erkennen.

(4) Mit Freiheitsstrafe von drei Monaten bis zu fünf Jahren wird bestraft, wer

1. sexuelle Handlungen vor einem Kind vornimmt,
2. ein Kind dazu bestimmt, dass es sexuelle Handlungen vornimmt, soweit die Tat nicht nach Absatz 1 oder Absatz 2 mit Strafe bedroht ist,
3. auf ein Kind mittels Schriften (§ 11 Absatz 3) oder mittels Informations- oder Kommunikationstechnologie einwirkt, um
   a) das Kind zu sexuellen Handlungen zu bringen, die es an oder vor dem Täter oder einer dritten Person vornehmen oder von

dem Täter oder einer dritten Person an sich vornehmen lassen soll, oder

b) um eine Tat nach § 184b Absatz 1 Nummer 3 oder nach § 184b Absatz 3 zu begehen, oder

4. auf ein Kind durch Vorzeigen pornographischer Abbildungen oder Darstellungen, durch Abspielen von Tonträgern pornographischen Inhalts, durch Zugänglichmachen pornographischer Inhalte mittels Informations- und Kommunikationstechnologie oder durch entsprechende Reden einwirkt.

(5) Mit Freiheitsstrafe von drei Monaten bis zu fünf Jahren wird bestraft, wer ein Kind für eine Tat nach den Absätzen 1 bis 4 anbietet oder nachzuweisen verspricht oder wer sich mit einem anderen zu einer solchen Tat verabredet.

(6) Der Versuch ist strafbar; dies gilt nicht für Taten nach Absatz 4 Nr. 3 und 4 und Absatz 5.

§176a Schwerer sexueller Mißbrauch von Kindern

(1) Der sexuelle Missbrauch von Kindern wird in den Fällen des § 176 Abs. 1 und 2 mit Freiheitsstrafe nicht unter einem Jahr bestraft, wenn der Täter innerhalb der letzten fünf Jahre wegen einer solchen Straftat rechtskräftig verurteilt worden ist.

(2) Der sexuelle Missbrauch von Kindern wird in den Fällen des § 176 Abs. 1 und 2 mit Freiheitsstrafe nicht unter zwei Jahren bestraft, wenn

1. eine Person über achtzehn Jahren mit dem Kind den Beischlaf vollzieht oder ähnliche sexuelle Handlungen an ihm vornimmt oder an sich von ihm vornehmen lässt, die mit einem Eindringen in den Körper verbunden sind,
2. die Tat von mehreren gemeinschaftlich begangen wird oder
3. der Täter das Kind durch die Tat in die Gefahr einer schweren Gesundheitsschädigung oder einer erheblichen Schädigung der körperlichen oder seelischen Entwicklung bringt.

(3) Mit Freiheitsstrafe nicht unter zwei Jahren wird bestraft, wer in den Fällen des § 176 Abs. 1 bis 3, 4 Nr. 1 oder Nr. 2 oder des § 176 Abs. 6 als Täter oder anderer Beteiligter in der Absicht handelt, die Tat zum Gegenstand einer pornographischen Schrift (§ 11 Abs. 3) zu machen, die nach § 184b Absatz 1 oder 2 verbreitet werden soll.

(4) In minder schweren Fällen des Absatzes 1 ist auf Freiheitsstrafe von drei Monaten bis zu fünf Jahren, in minder schweren Fällen

des Absatzes 2 auf Freiheitsstrafe von einem Jahr bis zu zehn Jahren zu erkennen.

(5) Mit Freiheitsstrafe nicht unter fünf Jahren wird bestraft, wer das Kind in den Fällen des § 176 Abs. 1 bis 3 bei der Tat körperlich schwer misshandelt oder durch die Tat in die Gefahr des Todes bringt.

(6) In die in Absatz 1 bezeichnete Frist wird die Zeit nicht eingerechnet, in welcher der Täter auf behördliche Anordnung in einer Anstalt verwahrt worden ist. Eine Tat, die im Ausland abgeurteilt worden ist, steht in den Fällen des Absatzes 1 einer im Inland abgeurteilten Tat gleich, wenn sie nach deutschem Strafrecht eine solche nach § 176 Abs. 1 oder 2 wäre.

§ 176b Sexueller Mißbrauch von Kindern mit Todesfolge

Verursacht der Täter durch den sexuellen Mißbrauch (§§ 176 und 176a) wenigstens leichtfertig den Tod des Kindes, so ist die Strafe lebenslange Freiheitsstrafe oder Freiheitsstrafe nicht unter zehn Jahren.

§ 177 Sexueller Übergriff; sexuelle Nötigung; Vergewaltigung

(1) Wer gegen den erkennbaren Willen einer anderen Person sexuelle Handlungen an dieser Person vornimmt oder von ihr vornehmen lässt oder diese Person zur Vornahme oder Duldung sexueller Handlungen an oder von einem Dritten bestimmt, wird mit Freiheitsstrafe von sechs Monaten bis zu fünf Jahren bestraft.

(2) Ebenso wird bestraft, wer sexuelle Handlungen an einer anderen Person vornimmt oder von ihr vornehmen lässt oder diese Person zur Vornahme oder Duldung sexueller Handlungen an oder von einem Dritten bestimmt, wenn

1. der Täter ausnutzt, dass die Person nicht in der Lage ist, einen entgegenstehenden Willen zu bilden oder zu äußern,
2. der Täter ausnutzt, dass die Person auf Grund ihres körperlichen oder psychischen Zustands in der Bildung oder Äußerung des Willens erheblich eingeschränkt ist, es sei denn, er hat sich der Zustimmung dieser Person versichert,
3. der Täter ein Überraschungsmoment ausnutzt,
4. der Täter eine Lage ausnutzt, in der dem Opfer bei Widerstand ein empfindliches Übel droht, oder

5. der Täter die Person zur Vornahme oder Duldung der sexuellen Handlung durch Drohung mit einem empfindlichen Übel genötigt hat.

(3) Der Versuch ist strafbar.

(4) Auf Freiheitsstrafe nicht unter einem Jahr ist zu erkennen, wenn die Unfähigkeit, einen Willen zu bilden oder zu äußern, auf einer Krankheit oder Behinderung des Opfers beruht.

(5) Auf Freiheitsstrafe nicht unter einem Jahr ist zu erkennen, wenn der Täter

1. gegenüber dem Opfer Gewalt anwendet,
2. dem Opfer mit gegenwärtiger Gefahr für Leib oder Leben droht oder
3. eine Lage ausnutzt, in der das Opfer der Einwirkung des Täters schutzlos ausgeliefert ist.

(6) In besonders schweren Fällen ist auf Freiheitsstrafe nicht unter zwei Jahren zu erkennen. Ein besonders schwerer Fall liegt in der Regel vor, wenn

1. der Täter mit dem Opfer den Beischlaf vollzieht oder vollziehen lässt oder ähnliche sexuelle Handlungen an dem Opfer vornimmt oder von ihm vornehmen lässt, die dieses besonders erniedrigen, insbesondere wenn sie mit einem Eindringen in den Körper verbunden sind (Vergewaltigung), oder
2. die Tat von mehreren gemeinschaftlich begangen wird.

(7) Auf Freiheitsstrafe nicht unter drei Jahren ist zu erkennen, wenn der Täter

1. eine Waffe oder ein anderes gefährliches Werkzeug bei sich führt,
2. sonst ein Werkzeug oder Mittel bei sich führt, um den Widerstand einer anderen Person durch Gewalt oder Drohung mit Gewalt zu verhindern oder zu überwinden, oder
3. das Opfer in die Gefahr einer schweren Gesundheitsschädigung bringt.

(8) Auf Freiheitsstrafe nicht unter fünf Jahren ist zu erkennen, wenn der Täter

1. bei der Tat eine Waffe oder ein anderes gefährliches Werkzeug verwendet oder
2. das Opfer
   a) bei der Tat körperlich schwer misshandelt oder
   b) durch die Tat in die Gefahr des Todes bringt.

(9) In minder schweren Fällen der Absätze 1 und 2 ist auf Freiheitsstrafe von drei Monaten bis zu drei Jahren, in minder schweren Fällen der Absätze 4 und 5 ist auf Freiheitsstrafe von sechs Monaten bis zu zehn Jahren, in minder schweren Fällen der Absätze 7 und 8 ist auf Freiheitsstrafe von einem Jahr bis zu zehn Jahren zu erkennen.

§ 178 Sexueller Übergriff, sexuelle Nötigung und Vergewaltigung mit Todesfolge

Verursacht der Täter durch den sexuellen Übergriff, die sexuelle Nötigung oder Vergewaltigung (§ 177) wenigstens leichtfertig den Tod des Opfers, so ist die Strafe lebenslange Freiheitsstrafe oder Freiheitsstrafe nicht unter zehn Jahren.

§ 179 (weggefallen)

§ 180 Förderung sexueller Handlungen Minderjähriger

(1) Wer sexuellen Handlungen einer Person unter sechzehn Jahren an oder vor einem Dritten oder sexuellen Handlungen eines Dritten an einer Person unter sechzehn Jahren

1. durch seine Vermittlung oder

2. durch Gewähren oder Verschaffen von Gelegenheit

Vorschub leistet, wird mit Freiheitsstrafe bis zu drei Jahren oder mit Geldstrafe bestraft. Satz 1 Nr. 2 ist nicht anzuwenden, wenn der zur Sorge für die Person Berechtigte handelt; dies gilt nicht, wenn der Sorgeberechtigte durch das Vorschubleisten seine Erziehungspflicht gröblich verletzt.

(2) Wer eine Person unter achtzehn Jahren bestimmt, sexuelle Handlungen gegen Entgelt an oder vor einem Dritten vorzunehmen oder von einem Dritten an sich vornehmen zu lassen, oder wer solchen Handlungen durch seine Vermittlung Vorschub leistet, wird mit Freiheitsstrafe bis zu fünf Jahren oder mit Geldstrafe bestraft.

(3) Wer eine Person unter achtzehn Jahren, die ihm zur Erziehung, zur Ausbildung oder zur Betreuung in der Lebensführung anvertraut oder im Rahmen eines Dienst- oder Arbeitsverhältnisses untergeordnet ist, unter Mißbrauch einer mit dem Erziehungs-, Ausbildungs-, Betreuungs-, Dienst- oder Arbeitsverhältnis verbundenen Abhängigkeit bestimmt, sexuelle Handlungen an oder vor einem Dritten vorzunehmen oder von einem Dritten an sich vornehmen zu lassen, wird mit Freiheitsstrafe bis zu fünf Jahren oder mit Geldstrafe bestraft.

(4) In den Fällen der Absätze 2 und 3 ist der Versuch strafbar.

§180a Ausbeutung von Prostituierten

(1) Wer gewerbsmäßig einen Betrieb unterhält oder leitet, in dem Personen der Prostitution nachgehen und in dem diese in persönlicher oder wirtschaftlicher Abhängigkeit gehalten werden, wird mit Freiheitsstrafe bis zu drei Jahren oder mit Geldstrafe bestraft.

(2) Ebenso wird bestraft, wer

1. einer Person unter achtzehn Jahren zur Ausübung der Prostitution Wohnung, gewerbsmäßig Unterkunft oder gewerbsmäßig Aufenthalt gewährt oder
2. eine andere Person, der er zur Ausübung der Prostitution Wohnung gewährt, zur Prostitution anhält oder im Hinblick auf sie ausbeutet.

§181 (weggefallen)

§181a Zuhälterei

(1) Mit Freiheitsstrafe von sechs Monaten bis zu fünf Jahren wird bestraft, wer

1. eine andere Person, die der Prostitution nachgeht, ausbeutet oder
2. seines Vermögensvorteils wegen eine andere Person bei der Ausübung der Prostitution überwacht, Ort, Zeit, Ausmaß oder andere Umstände der Prostitutionsausübung bestimmt oder Maßnahmen trifft, die sie davon abhalten sollen, die Prostitution aufzugeben,

und im Hinblick darauf Beziehungen zu ihr unterhält, die über den Einzelfall hinausgehen.

(2) Mit Freiheitsstrafe bis zu drei Jahren oder mit Geldstrafe wird bestraft, wer die persönliche oder wirtschaftliche Unabhängigkeit einer anderen Person dadurch beeinträchtigt, dass er gewerbsmäßig die Prostitutionsausübung der anderen Person durch Vermittlung sexuellen Verkehrs fördert und im Hinblick darauf Beziehungen zu ihr unterhält, die über den Einzelfall hinausgehen.

(3) Nach den Absätzen 1 und 2 wird auch bestraft, wer die in Absatz 1 Nr. 1 und 2 genannten Handlungen oder die in Absatz 2 bezeichnete Förderung gegenüber seinem Ehegatten oder Lebenspartner vornimmt.

§ 181b Führungsaufsicht

In den Fällen der §§ 174 bis 174c, 176 bis 180, 181a und 182 kann das Gericht Führungsaufsicht anordnen (§ 68 Abs. 1).

§ 182 Sexueller Mißbrauch von Jugendlichen

(1) Wer eine Person unter achtzehn Jahren dadurch missbraucht, dass er unter Ausnutzung einer Zwangslage

1. sexuelle Handlungen an ihr vornimmt oder an sich von ihr vornehmen lässt oder
2. diese dazu bestimmt, sexuelle Handlungen an einem Dritten vorzunehmen oder von einem Dritten an sich vornehmen zu lassen,

wird mit Freiheitsstrafe bis zu fünf Jahren oder mit Geldstrafe bestraft.

(2) Ebenso wird eine Person über achtzehn Jahren bestraft, die eine Person unter achtzehn Jahren dadurch missbraucht, dass sie gegen Entgelt sexuelle Handlungen an ihr vornimmt oder an sich von ihr vornehmen lässt.

(3) Eine Person über einundzwanzig Jahre, die eine Person unter sechzehn Jahren dadurch mißbraucht, daß sie

1. sexuelle Handlungen an ihr vornimmt oder an sich von ihr vornehmen läßt oder
2. diese dazu bestimmt, sexuelle Handlungen an einem Dritten vorzunehmen oder von einem Dritten an sich vornehmen zu lassen,

und dabei die ihr gegenüber fehlende Fähigkeit des Opfers zur sexuellen Selbstbestimmung ausnutzt, wird mit Freiheitsstrafe bis zu drei Jahren oder mit Geldstrafe bestraft.

(4) Der Versuch ist strafbar.

(5) In den Fällen des Absatzes 3 wird die Tat nur auf Antrag verfolgt, es sei denn, daß die Strafverfolgungsbehörde wegen des besonderen öffentlichen Interesses an der Strafverfolgung ein Einschreiten von Amts wegen für geboten hält.

(6) In den Fällen der Absätze 1 bis 3 kann das Gericht von Strafe nach diesen Vorschriften absehen, wenn bei Berücksichtigung des Verhaltens der Person, gegen die sich die Tat richtet, das Unrecht der Tat gering ist.

§183 Exhibitionistische Handlungen

(1) Ein Mann, der eine andere Person durch eine exhibitionistische Handlung belästigt, wird mit Freiheitsstrafe bis zu einem Jahr oder mit Geldstrafe bestraft.

(2) Die Tat wird nur auf Antrag verfolgt, es sei denn, daß die Strafverfolgungsbehörde wegen des besonderen öffentlichen Interesses an der Strafverfolgung ein Einschreiten von Amts wegen für geboten hält.

(3) Das Gericht kann die Vollstreckung einer Freiheitsstrafe auch dann zur Bewährung aussetzen, wenn zu erwarten ist, daß der Täter erst nach einer längeren Heilbehandlung keine exhibitionistischen Handlungen mehr vornehmen wird.

(4) Absatz 3 gilt auch, wenn ein Mann oder eine Frau wegen einer exhibitionistischen Handlung

1. nach einer anderen Vorschrift, die im Höchstmaß Freiheitsstrafe bis zu einem Jahr oder Geldstrafe androht, oder
2. nach § 174 Absatz 3 Nummer 1 oder § 176 Abs. 4 Nr. 1

bestraft wird.

§183a Erregung öffentlichen Ärgernisses

Wer öffentlich sexuelle Handlungen vornimmt und dadurch absichtlich oder wissentlich ein Ärgernis erregt, wird mit Freiheitsstrafe bis zu einem Jahr oder mit Geldstrafe bestraft, wenn die Tat nicht in § 183 mit Strafe bedroht ist.

§184 Verbreitung pornographischer Schriften

(1) Wer eine pornographische Schrift (§ 11 Absatz 3)

1. einer Person unter achtzehn Jahren anbietet, überläßt oder zugänglich macht,
2. an einem Ort, der Personen unter achtzehn Jahren zugänglich ist oder von ihnen eingesehen werden kann, zugänglich macht,
3. im Einzelhandel außerhalb von Geschäftsräumen, in Kiosken oder anderen Verkaufsstellen, die der Kunde nicht zu betreten pflegt, im Versandhandel oder in gewerblichen Leihbüchereien oder Lesezirkeln einem anderen anbietet oder überläßt,

3a. im Wege gewerblicher Vermietung oder vergleichbarer gewerblicher Gewährung des Gebrauchs, ausgenommen in Ladengeschäften, die Personen unter achtzehn Jahren nicht zugänglich sind und von ihnen nicht eingesehen werden können, einem anderen anbietet oder überläßt,

4. im Wege des Versandhandels einzuführen unternimmt,
5. öffentlich an einem Ort, der Personen unter achtzehn Jahren zugänglich ist oder von ihnen eingesehen werden kann, oder durch Verbreiten von Schriften außerhalb des Geschäftsverkehrs mit dem einschlägigen Handel anbietet oder bewirbt,
6. an einen anderen gelangen läßt, ohne von diesem hierzu aufgefordert zu sein,
7. in einer öffentlichen Filmvorführung gegen ein Entgelt zeigt, das ganz oder überwiegend für diese Vorführung verlangt wird,
8. herstellt, bezieht, liefert, vorrätig hält oder einzuführen unternimmt, um sie oder aus ihr gewonnene Stücke im Sinne der Nummern 1 bis 7 zu verwenden oder einer anderen Person eine solche Verwendung zu ermöglichen, oder
9. auszuführen unternimmt, um sie oder aus ihr gewonnene Stücke im Ausland unter Verstoß gegen die dort geltenden Strafvorschriften zu verbreiten oder der Öffentlichkeit zugänglich zu machen oder eine solche Verwendung zu ermöglichen,

wird mit Freiheitsstrafe bis zu einem Jahr oder mit Geldstrafe bestraft.

(2) Absatz 1 Nr. 1 ist nicht anzuwenden, wenn der zur Sorge für die Person Berechtigte handelt; dies gilt nicht, wenn der Sorgeberechtigte durch das Anbieten, Überlassen oder Zugänglichmachen seine Erziehungspflicht gröblich verletzt. Absatz 1 Nr. 3a gilt nicht, wenn die Handlung im Geschäftsverkehr mit gewerblichen Entleihern erfolgt.

§184a Verbreitung gewalt- oder tierpornographischer Schriften

Mit Freiheitsstrafe bis zu drei Jahren oder mit Geldstrafe wird bestraft, wer eine pornographische Schrift (§ 11 Absatz 3), die Gewalttätigkeiten oder sexuelle Handlungen von Menschen mit Tieren zum Gegenstand hat,

1. verbreitet oder der Öffentlichkeit zugänglich macht oder
2. herstellt, bezieht, liefert, vorrätig hält, anbietet, bewirbt oder es unternimmt, diese Schrift ein- oder auszuführen, um sie oder aus ihr gewonnene Stücke im Sinne der Nummer 1 oder des § 184d Absatz 1 Satz 1 zu verwenden oder einer anderen Person eine solche Verwendung zu ermöglichen.

In den Fällen des Satzes 1 Nummer 1 ist der Versuch strafbar.

§184b Verbreitung, Erwerb und Besitz kinderpornographischer Schriften

(1) Mit Freiheitsstrafe von drei Monaten bis zu fünf Jahren wird bestraft, wer

1. eine kinderpornographische Schrift verbreitet oder der Öffentlichkeit zugänglich macht; kinderpornographisch ist eine pornographische Schrift (§ 11 Absatz 3), wenn sie zum Gegenstand hat:
   a) sexuelle Handlungen von, an oder vor einer Person unter vierzehn Jahren (Kind),
   b) die Wiedergabe eines ganz oder teilweise unbekleideten Kindes in unnatürlich geschlechtsbetonter Körperhaltung oder
   c) die sexuell aufreizende Wiedergabe der unbekleideten Genitalien oder des unbekleideten Gesäßes eines Kindes,
2. es unternimmt, einer anderen Person den Besitz an einer kinderpornographischen Schrift, die ein tatsächliches oder wirklichkeitsnahes Geschehen wiedergibt, zu verschaffen,
3. eine kinderpornographische Schrift, die ein tatsächliches Geschehen wiedergibt, herstellt oder
4. eine kinderpornographische Schrift herstellt, bezieht, liefert, vorrätig hält, anbietet, bewirbt oder es unternimmt, diese Schrift ein- oder auszuführen, um sie oder aus ihr gewonnene Stücke im Sinne der Nummer 1 oder 2 oder des § 184d Absatz 1 Satz 1 zu verwenden oder einer anderen Person eine solche Verwendung zu ermöglichen, soweit die Tat nicht nach Nummer 3 mit Strafe bedroht ist.

(2) Handelt der Täter in den Fällen des Absatzes 1 gewerbsmäßig oder als Mitglied einer Bande, die sich zur fortgesetzten Begehung solcher Taten verbunden hat, und gibt die Schrift in den Fällen des Absatzes 1 Nummer 1, 2 und 4 ein tatsächliches oder wirklichkeitsnahes Geschehen wieder, so ist auf Freiheitsstrafe von sechs Monaten bis zu zehn Jahren zu erkennen.

(3) Wer es unternimmt, sich den Besitz an einer kinderpornographischen Schrift, die ein tatsächliches oder wirklichkeitsnahes Geschehen wiedergibt, zu verschaffen, oder wer eine solche Schrift besitzt, wird mit Freiheitsstrafe bis zu drei Jahren oder mit Geldstrafe bestraft.

(4) Der Versuch ist strafbar; dies gilt nicht für Taten nach Absatz 1 Nummer 2 und 4 sowie Absatz 3.

C

(5) Absatz 1 Nummer 2 und Absatz 3 gelten nicht für Handlungen, die ausschließlich der rechtmäßigen Erfüllung von Folgendem dienen:

1. staatliche Aufgaben,
2. Aufgaben, die sich aus Vereinbarungen mit einer zuständigen staatlichen Stelle ergeben, oder
3. dienstliche oder berufliche Pflichten.

(6) Gegenstände, auf die sich eine Straftat nach Absatz 1 Nummer 2 oder 3 oder Absatz 3 bezieht, werden eingezogen. § 74a ist anzuwenden.

§ 184c Verbreitung, Erwerb und Besitz jugendpornographischer Schriften

(1) Mit Freiheitsstrafe bis zu drei Jahren oder mit Geldstrafe wird bestraft, wer

1. eine jugendpornographische Schrift verbreitet oder der Öffentlichkeit zugänglich macht; jugendpornographisch ist eine pornographische Schrift (§ 11 Absatz 3), wenn sie zum Gegenstand hat:
   a) sexuelle Handlungen von, an oder vor einer vierzehn, aber noch nicht achtzehn Jahre alten Person oder
   b) die Wiedergabe einer ganz oder teilweise unbekleideten vierzehn, aber noch nicht achtzehn Jahre alten Person in unnatürlich geschlechtsbetonter Körperhaltung,
2. es unternimmt, einer anderen Person den Besitz an einer jugendpornographischen Schrift, die ein tatsächliches oder wirklichkeitsnahes Geschehen wiedergibt, zu verschaffen,
3. eine jugendpornographische Schrift, die ein tatsächliches Geschehen wiedergibt, herstellt oder
4. eine jugendpornographische Schrift herstellt, bezieht, liefert, vorrätig hält, anbietet, bewirbt oder es unternimmt, diese Schrift ein- oder auszuführen, um sie oder aus ihr gewonnene Stücke im Sinne der Nummer 1 oder 2 oder des § 184d Absatz 1 Satz 1 zu verwenden oder einer anderen Person eine solche Verwendung zu ermöglichen, soweit die Tat nicht nach Nummer 3 mit Strafe bedroht ist.

(2) Handelt der Täter in den Fällen des Absatzes 1 gewerbsmäßig oder als Mitglied einer Bande, die sich zur fortgesetzten Begehung solcher Taten verbunden hat, und gibt die Schrift in den Fällen des Absatzes 1 Nummer 1, 2 und 4 ein tatsächliches oder wirklich-

keitsnahes Geschehen wieder, so ist auf Freiheitsstrafe von drei Monaten bis zu fünf Jahren zu erkennen.

(3) Wer es unternimmt, sich den Besitz an einer jugendpornographischen Schrift, die ein tatsächliches Geschehen wiedergibt, zu verschaffen, oder wer eine solche Schrift besitzt, wird mit Freiheitsstrafe bis zu zwei Jahren oder mit Geldstrafe bestraft.

(4) Absatz 1 Nummer 3, auch in Verbindung mit Absatz 5, und Absatz 3 sind nicht anzuwenden auf Handlungen von Personen in Bezug auf solche jugendpornographischen Schriften, die sie ausschließlich zum persönlichen Gebrauch mit Einwilligung der dargestellten Personen hergestellt haben.

(5) Der Versuch ist strafbar; dies gilt nicht für Taten nach Absatz 1 Nummer 2 und 4 sowie Absatz 3.

(6) § 184b Abs. 5 und 6 gilt entsprechend.

§184d Zugänglichmachen pornographischer Inhalte mittels Rundfunk oder Telemedien; Abruf kinder- und jugendpornographischer Inhalte mittels Telemedien

(1) Nach den §§ 184 bis 184c wird auch bestraft, wer einen pornographischen Inhalt mittels Rundfunk oder Telemedien einer anderen Person oder der Öffentlichkeit zugänglich macht. In den Fällen des § 184 Absatz 1 ist Satz 1 bei einer Verbreitung mittels Telemedien nicht anzuwenden, wenn durch technische oder sonstige Vorkehrungen sichergestellt ist, dass der pornographische Inhalt Personen unter achtzehn Jahren nicht zugänglich ist. § 184b Absatz 5 und 6 gilt entsprechend.

(2) Nach § 184b Absatz 3 wird auch bestraft, wer es unternimmt, einen kinderpornographischen Inhalt mittels Telemedien abzurufen. Nach § 184c Absatz 3 wird auch bestraft, wer es unternimmt, einen jugendpornographischen Inhalt mittels Telemedien abzurufen; § 184c Absatz 4 gilt entsprechend. § 184b Absatz 5 und 6 Satz 1 gilt entsprechend.

§184e Veranstaltung und Besuch kinder- und jugendpornographischer Darbietungen

(1) Nach § 184b Absatz 1 wird auch bestraft, wer eine kinderpornographische Darbietung veranstaltet. Nach § 184c Absatz 1 wird auch bestraft, wer eine jugendpornographische Darbietung veranstaltet.

(2) Nach § 184b Absatz 3 wird auch bestraft, wer eine kinderpornographische Darbietung besucht. Nach § 184c Absatz 3 wird auch bestraft, wer eine jugendpornographische Darbietung besucht. § 184b Absatz 5 Nummer 1 und 3 gilt entsprechend.

§184f Ausübung der verbotenen Prostitution

Wer einem durch Rechtsverordnung erlassenen Verbot, der Prostitution an bestimmten Orten überhaupt oder zu bestimmten Tageszeiten nachzugehen, beharrlich zuwiderhandelt, wird mit Freiheitsstrafe bis zu sechs Monaten oder mit Geldstrafe bis zu einhundertachtzig Tagessätzen bestraft.

§184g Jugendgefährdende Prostitution

Wer der Prostitution

1. in der Nähe einer Schule oder anderen Örtlichkeit, die zum Besuch durch Personen unter achtzehn Jahren bestimmt ist, oder
2. in einem Haus, in dem Personen unter achtzehn Jahren wohnen,

in einer Weise nachgeht, die diese Personen sittlich gefährdet, wird mit Freiheitsstrafe bis zu einem Jahr oder mit Geldstrafe bestraft.

§184h Begriffsbestimmungen

Im Sinne dieses Gesetzes sind

1. sexuelle Handlungen
   nur solche, die im Hinblick auf das jeweils geschützte Rechtsgut von einiger Erheblichkeit sind,
2. sexuelle Handlungen vor einer anderen Person
   nur solche, die vor einer anderen Person vorgenommen werden, die den Vorgang wahrnimmt.

§184i Sexuelle Belästigung

(1) Wer eine andere Person in sexuell bestimmter Weise körperlich berührt und dadurch belästigt, wird mit Freiheitsstrafe bis zu zwei Jahren oder mit Geldstrafe bestraft, wenn nicht die Tat in anderen Vorschriften mit schwererer Strafe bedroht ist.

(2) In besonders schweren Fällen ist die Freiheitsstrafe von drei Monaten bis zu fünf Jahren. Ein besonders schwerer Fall liegt in der Regel vor, wenn die Tat von mehreren gemeinschaftlich begangen wird.

(3) Die Tat wird nur auf Antrag verfolgt, es sei denn, dass die Strafverfolgungsbehörde wegen des besonderen öffentlichen Interesses an der Strafverfolgung ein Einschreiten von Amts wegen für geboten hält.

§184j Straftaten aus Gruppen

Wer eine Straftat dadurch fördert, dass er sich an einer Personengruppe beteiligt, die eine andere Person zur Begehung einer Straftat an ihr bedrängt, wird mit Freiheitsstrafe bis zu zwei Jahren oder mit Geldstrafe bestraft, wenn von einem Beteiligten der Gruppe eine Straftat nach den §§ 177 oder 184i begangen wird und die Tat nicht in anderen Vorschriften mit schwererer Strafe bedroht ist.

Vierzehnter Abschnitt
Beleidigung

§185 Beleidigung

Die Beleidigung wird mit Freiheitsstrafe bis zu einem Jahr oder mit Geldstrafe und, wenn die Beleidigung mittels einer Tätlichkeit begangen wird, mit Freiheitsstrafe bis zu zwei Jahren oder mit Geldstrafe bestraft.

Anmerkung:

Die Bw als Institution sowie die Soldatinnen und Soldaten der Bw als Gruppe sind beleidigungsfähig. Die Soldatinnen und Soldaten der Bw, nicht aber die Bw als solche, gehören auch zu dem von §130 StGB geschützten Personenkreis (→ BVerfG, NJW 1994, 2943 und NJW 1995, 3303; BGH, NJW 1989, 1365; OLG Frankfurt, NJW 1989, 1367; „Soldaten = Mörder"; grundlegend zum strafrechtlichen Ehrenschutz der Bw → Dau in NJW 1988, 2650 und Gounalakis in NJW 1996, 481.

Zum Strafantrag → §194 StGB. Nach §194 Abs. 3 StGB können auch Disziplinarvorgesetzte für Untergebene einen Strafantrag stellen, wenn die Tat während der Ausübung des Dienstes oder in Beziehung auf den Dienst erfolgt ist.

§186 Üble Nachrede

Wer in Beziehung auf einen anderen eine Tatsache behauptet oder verbreitet, welche denselben verächtlich zu machen oder in der öffentlichen Meinung herabzuwürdigen geeignet ist, wird, wenn nicht diese Tatsache erweislich wahr ist, mit Freiheitsstrafe bis zu einem Jahr oder mit Geldstrafe und, wenn die Tat öffentlich oder durch Verbreiten von Schriften (§ 11 Abs. 3) begangen ist, mit Freiheitsstrafe bis zu zwei Jahren oder mit Geldstrafe bestraft.

§ 187 Verleumdung

Wer wider besseres Wissen in Beziehung auf einen anderen eine unwahre Tatsache behauptet oder verbreitet, welche denselben verächtlich zu machen oder in der öffentlichen Meinung herabzuwürdigen oder dessen Kredit zu gefährden geeignet ist, wird mit Freiheitsstrafe bis zu zwei Jahren oder mit Geldstrafe und, wenn die Tat öffentlich, in einer Versammlung oder durch Verbreiten von Schriften (§ 11 Abs. 3) begangen ist, mit Freiheitsstrafe bis zu fünf Jahren oder mit Geldstrafe bestraft.

§ 188 Üble Nachrede und Verleumdung gegen Personen des politischen Lebens

(1) Wird gegen eine im politischen Leben des Volkes stehende Person öffentlich, in einer Versammlung oder durch Verbreiten von Schriften (§ 11 Abs. 3) eine üble Nachrede (§ 186) aus Beweggründen begangen, die mit der Stellung des Beleidigten im öffentlichen Leben zusammenhängen, und ist die Tat geeignet, sein öffentliches Wirken erheblich zu erschweren, so ist die Strafe Freiheitsstrafe von drei Monaten bis zu fünf Jahren.

(2) Eine Verleumdung (§ 187) wird unter den gleichen Voraussetzungen mit Freiheitsstrafe von sechs Monaten bis zu fünf Jahren bestraft.

§ 189 Verunglimpfung des Andenkens Verstorbener

Wer das Andenken eines Verstorbenen verunglimpft, wird mit Freiheitsstrafe bis zu zwei Jahren oder mit Geldstrafe bestraft.

§ 190 Wahrheitsbeweis durch Strafurteil

Ist die behauptete oder verbreitete Tatsache eine Straftat, so ist der Beweis der Wahrheit als erbracht anzusehen, wenn der Beleidigte wegen dieser Tat rechtskräftig verurteilt worden ist. Der Beweis der Wahrheit ist dagegen ausgeschlossen, wenn der Beleidigte vor der Behauptung oder Verbreitung rechtskräftig freigesprochen worden ist.

§ 191 (weggefallen)

§ 192 Beleidigung trotz Wahrheitsbeweises

Der Beweis der Wahrheit der behaupteten oder verbreiteten Tatsache schließt die Bestrafung nach § 185 nicht aus, wenn das Vorhandensein einer Beleidigung aus der Form der Behauptung oder Verbreitung oder aus den Umständen, unter welchen sie geschah, hervorgeht.

§ 193 Wahrnehmung berechtigter Interessen

Tadelnde Urteile über wissenschaftliche, künstlerische oder gewerbliche Leistungen, desgleichen Äußerungen, welche zur Ausführung oder Verteidigung von Rechten oder zur Wahrnehmung berechtigter Interessen gemacht werden, sowie Vorhaltungen und Rügen der Vorgesetzten gegen ihre Untergebenen, dienstliche Anzeigen oder Urteile von seiten eines Beamten und ähnliche Fälle sind nur insofern strafbar, als das Vorhandensein einer Beleidigung aus der Form der Äußerung oder aus den Umständen, unter welchen sie geschah, hervorgeht.

§ 194 Strafantrag

(1) Die Beleidigung wird nur auf Antrag verfolgt. Ist die Tat durch Verbreiten oder öffentliches Zugänglichmachen einer Schrift (§ 11 Abs. 3), in einer Versammlung oder dadurch begangen, dass beleidigende Inhalte mittels Rundfunk oder Telemedien der Öffentlichkeit zugänglich gemacht worden sind, so ist ein Antrag nicht erforderlich, wenn der Verletzte als Angehöriger einer Gruppe unter der nationalsozialistischen oder einer anderen Gewalt- und Willkürherrschaft verfolgt wurde, diese Gruppe Teil der Bevölkerung ist und die Beleidigung mit dieser Verfolgung zusammenhängt. Die Tat kann jedoch nicht von Amts wegen verfolgt werden, wenn der Verletzte widerspricht. Der Widerspruch kann nicht zurückgenommen werden. Stirbt der Verletzte, so gehen das Antragsrecht und das Widerspruchsrecht auf die in § 77 Abs. 2 bezeichneten Angehörigen über.

(2) Ist das Andenken eines Verstorbenen verunglimpft, so steht das Antragsrecht den in § 77 Abs. 2 bezeichneten Angehörigen zu. Ist die Tat durch Verbreiten oder öffentliches Zugänglichmachen einer Schrift (§ 11 Abs. 3), in einer Versammlung oder durch eine Darbietung im Rundfunk begangen, so ist ein Antrag nicht erforderlich, wenn der Verstorbene sein Leben als Opfer der nationalsozialistischen oder einer anderen Gewalt- und Willkürherrschaft verloren hat und die Verunglimpfung damit zusammenhängt. Die Tat kann jedoch nicht von Amts wegen verfolgt werden, wenn ein Antragsberechtigter der Verfolgung widerspricht. Der Widerspruch kann nicht zurückgenommen werden.

(3) Ist die Beleidigung gegen einen Amtsträger, einen für den öffentlichen Dienst besonders Verpflichteten oder einen Soldaten der Bundeswehr während der Ausübung seines Dienstes oder in Beziehung auf seinen Dienst begangen, so wird sie auch auf Antrag des Dienstvorgesetzten verfolgt. Richtet sich die Tat gegen eine Behörde

oder eine sonstige Stelle, die Aufgaben der öffentlichen Verwaltung wahrnimmt, so wird sie auf Antrag des Behördenleiters oder des Leiters der aufsichtführenden Behörde verfolgt. Dasselbe gilt für Träger von Ämtern und für Behörden der Kirchen und anderen Religionsgesellschaften des öffentlichen Rechts.

(4) Richtet sich die Tat gegen ein Gesetzgebungsorgan des Bundes oder eines Landes oder eine andere politische Körperschaft im räumlichen Geltungsbereich dieses Gesetzes, so wird sie nur mit Ermächtigung der betroffenen Körperschaft verfolgt.

Anmerkung:

Adressat → § 158 Abs. 2 StPO (**C 27**)

§§ 195 bis 198 (weggefallen)

§ 199 Wechselseitig begangene Beleidigungen

Wenn eine Beleidigung auf der Stelle erwidert wird, so kann der Richter beide Beleidiger oder einen derselben für straffrei erklären.

§ 200 Bekanntgabe der Verurteilung

(1) Ist die Beleidigung öffentlich oder durch Verbreiten von Schriften (§ 11 Abs. 3) begangen und wird ihretwegen auf Strafe erkannt, so ist auf Antrag des Verletzten oder eines sonst zum Strafantrag Berechtigten anzuordnen, daß die Verurteilung wegen der Beleidigung auf Verlangen öffentlich bekanntgemacht wird.

(2) Die Art der Bekanntmachung ist im Urteil zu bestimmen. Ist die Beleidigung durch Veröffentlichung in einer Zeitung oder Zeitschrift begangen, so ist auch die Bekanntmachung in eine Zeitung oder Zeitschrift aufzunehmen, und zwar, wenn möglich, in dieselbe, in der die Beleidigung enthalten war; dies gilt entsprechend, wenn die Beleidigung durch Veröffentlichung im Rundfunk begangen ist.

Fünfzehnter Abschnitt
Verletzung des persönlichen Lebens- und Geheimbereichs

§ 201 Verletzung der Vertraulichkeit des Wortes

(1) Mit Freiheitsstrafe bis zu drei Jahren oder mit Geldstrafe wird bestraft, wer unbefugt

1. das nichtöffentlich gesprochene Wort eines anderen auf einen Tonträger aufnimmt oder

2. eine so hergestellte Aufnahme gebraucht oder einem Dritten zugänglich macht.

(2) Ebenso wird bestraft, wer unbefugt

1. das nicht zu seiner Kenntnis bestimmte nichtöffentlich gesprochene Wort eines anderen mit einem Abhörgerät abhört oder
2. das nach Absatz 1 Nr. 1 aufgenommene oder nach Absatz 2 Nr. 1 abgehörte nichtöffentlich gesprochene Wort eines anderen im Wortlaut oder seinem wesentlichen Inhalt nach öffentlich mitteilt.

Die Tat nach Satz 1 Nr. 2 ist nur strafbar, wenn die öffentliche Mitteilung geeignet ist, berechtigte Interessen eines anderen zu beeinträchtigen. Sie ist nicht rechtswidrig, wenn die öffentliche Mitteilung zur Wahrnehmung überragender öffentlicher Interessen gemacht wird.

(3) Mit Freiheitsstrafe bis zu fünf Jahren oder mit Geldstrafe wird bestraft, wer als Amtsträger oder als für den öffentlichen Dienst besonders Verpflichteter die Vertraulichkeit des Wortes verletzt (Absätze 1 und 2).

(4) Der Versuch ist strafbar.

(5) Die Tonträger und Abhörgeräte, die der Täter oder Teilnehmer verwendet hat, können eingezogen werden. § 74a ist anzuwenden.

§ 201a Verletzung des höchstpersönlichen Lebensbereichs durch Bildaufnahmen

(1) Mit Freiheitsstrafe bis zu zwei Jahren oder mit Geldstrafe wird bestraft, wer

1. von einer anderen Person, die sich in einerWohnung oder einem gegen Einblick besonders geschützten Raum befindet, unbefugt eine Bildaufnahme herstellt oder überträgt und dadurch den höchstpersönlichen Lebensbereich der abgebildeten Person verletzt,
2. eine Bildaufnahme, die die Hilflosigkeit einer anderen Person zur Schau stellt, unbefugt herstellt oder überträgt und dadurch den höchstpersönlichen Lebensbereich der abgebildeten Person verletzt,
3. eine durch eine Tat nach den Nummern 1 oder 2 hergestellte Bildaufnahme gebraucht oder einer dritten Person zugänglich macht oder

4. eine befugt hergestellte Bildaufnahme der in den Nummern 1 oder 2 bezeichneten Art wissentlich unbefugt einer dritten Person zugänglich macht und dadurch den höchstpersönlichen Lebensbereich der abgebildeten Person verletzt.

(2) Ebenso wird bestraft, wer unbefugt von einer anderen Person eine Bildaufnahme, die geeignet ist, dem Ansehen der abgebildeten Person erheblich zu schaden, einer dritten Person zugänglich macht.

(3) Mit Freiheitsstrafe bis zu zwei Jahren oder mit Geldstrafe wird bestraft, wer eine Bildaufnahme, die die Nacktheit einer anderen Person unter achtzehn Jahren zum Gegenstand hat,

1. herstellt oder anbietet, um sie einer dritten Person gegen Entgelt zu verschaffen, oder
2. sich oder einer dritten Person gegen Entgelt verschafft.

(4) Absatz 1 Nummer 2, auch in Verbindung mit Absatz 1 Nummer 3 oder Nummer 4, Absatz 2 und 3 gelten nicht für Handlungen, die in Wahrnehmung überwiegender berechtigter Interessen erfolgen, namentlich der Kunst oder der Wissenschaft, der Forschung oder der Lehre, der Berichterstattung über Vorgänge des Zeitgeschehens oder der Geschichte oder ähnlichen Zwecken dienen.

(5) Die Bildträger sowie Bildaufnahmegeräte oder andere technische Mittel, die der Täter oder Teilnehmer verwendet hat, können eingezogen werden. § 74a ist anzuwenden.

§ 202 Verletzung des Briefgeheimnisses

(1) Wer unbefugt

1. einen verschlossenen Brief oder ein anderes verschlossenes Schriftstück, die nicht zu seiner Kenntnis bestimmt sind, öffnet oder
2. sich vom Inhalt eines solchen Schriftstücks ohne Öffnung des Verschlusses unter Anwendung technischer Mittel Kenntnis verschafft,

wird mit Freiheitsstrafe bis zu einem Jahr oder mit Geldstrafe bestraft, wenn die Tat nicht in § 206 mit Strafe bedroht ist.

(2) Ebenso wird bestraft, wer sich unbefugt vom Inhalt eines Schriftstücks, das nicht zu seiner Kenntnis bestimmt und durch ein verschlossenes Behältnis gegen Kenntnisnahme besonders gesichert ist, Kenntnis verschafft, nachdem er dazu das Behältnis geöffnet hat.

(3) Einem Schriftstück im Sinne der Absätze 1 und 2 steht eine Abbildung gleich.

§ 202a Ausspähen von Daten

(1) Wer unbefugt sich oder einem anderen Zugang zu Daten, die nicht für ihn bestimmt und die gegen unberechtigten Zugang besonders gesichert sind, unter Überwindung der Zugangssicherung verschafft, wird mit Freiheitsstrafe bis zu drei Jahren oder mit Geldstrafe bestraft.

(2) Daten im Sinne des Absatzes 1 sind nur solche, die elektronisch, magnetisch oder sonst nicht unmittelbar wahrnehmbar gespeichert sind oder übermittelt werden.

§ 202b Abfangen von Daten

Wer unbefugt sich oder einem anderen unter Anwendung von technischen Mitteln nicht für ihn bestimmte Daten (§ 202a Abs. 2) aus einer nichtöffentlichen Datenübermittlung oder aus der elektromagnetischen Abstrahlung einer Datenverarbeitungsanlage verschafft, wird mit Freiheitsstrafe bis zu zwei Jahren oder mit Geldstrafe bestraft, wenn die Tat nicht in anderen Vorschriften mit schwererer Strafe bedroht ist.

§ 202c Vorbereiten des Ausspähens und Abfangens von Daten

(1) Wer eine Straftat nach § 202a oder § 202b vorbereitet, indem er

1. Passwörter oder sonstige Sicherungscodes, die den Zugang zu Daten (§ 202a Abs. 2) ermöglichen, oder
2. Computerprogramme, deren Zweck die Begehung einer solchen Tat ist,

herstellt, sich oder einem anderen verschafft, verkauft, einem anderen überlässt, verbreitet oder sonst zugänglich macht, wird mit Freiheitsstrafe bis zu zwei Jahren oder mit Geldstrafe bestraft.

(2) § 149 Abs. 2 und 3 gilt entsprechend.

§ 202d Datenhehlerei

(1) Wer Daten (§ 202a Absatz 2), die nicht allgemein zugänglich sind und die ein anderer durch eine rechtswidrige Tat erlangt hat, sich oder einem anderen verschafft, einem anderen überlässt, verbreitet oder sonst zugänglich macht, um sich oder einen Dritten zu berei-

chern oder einen anderen zu schädigen, wird mit Freiheitsstrafe bis zu drei Jahren oder mit Geldstrafe bestraft.

(2) Die Strafe darf nicht schwerer sein als die für die Vortat angedrohte Strafe.

(3) Absatz 1 gilt nicht für Handlungen, die ausschließlich der Erfüllung rechtmäßiger dienstlicher oder beruflicher Pflichten dienen. Dazu gehören insbesondere

1. solche Handlungen von Amtsträgern oder deren Beauftragten, mit denen Daten ausschließlich der Verwertung in einem Besteuerungsverfahren, einem Strafverfahren oder einem Ordnungswidrigkeitenverfahren zugeführt werden sollen, sowie
2. solche beruflichen Handlungen der in § 53 Absatz 1 Satz 1 Nummer 5 der Strafprozessordnung genannten Personen, mit denen Daten entgegengenommen, ausgewertet oder veröffentlicht werden.

§ 203 Verletzung von Privatgeheimnissen

(1) Wer unbefugt ein fremdes Geheimnis, namentlich ein zum persönlichen Lebensbereich gehörendes Geheimnis oder ein Betriebs- oder Geschäftsgeheimnis, offenbart, das ihm als

1. Arzt, Zahnarzt, Tierarzt, Apotheker oder Angehörigen eines anderen Heilberufs, der für die Berufsausübung oder die Führung der Berufsbezeichnung eine staatlich geregelte Ausbildung erfordert,
2. Berufspsychologen mit staatlich anerkannter wissenschaftlicher Abschlußprüfung,
3. Rechtsanwalt, Kammerrechtsbeistand, Patentanwalt, Notar, Verteidiger in einem gesetzlich geordneten Verfahren, Wirtschaftsprüfer, vereidigtem Buchprüfer, Steuerberater, Steuerbevollmächtigten oder Organ oder Mitglied eines Organs einer Rechtsanwalts-, Patentanwalts-, Wirtschaftsprüfungs-, Buchprüfungs- oder Steuerberatungsgesellschaft,
4. Ehe-, Familien-, Erziehungs- oder Jugendberater sowie Berater für Suchtfragen in einer Beratungsstelle, die von einer Behörde oder Körperschaft, Anstalt oder Stiftung des öffentlichen Rechts anerkannt ist,
5. Mitglied oder Beauftragten einer anerkannten Beratungsstelle nach den §§ 3 und 8 des Schwangerschaftskonfliktgesetzes,
6. staatlich anerkanntem Sozialarbeiter oder staatlich anerkanntem Sozialpädagogen oder

7. Angehörigen eines Unternehmens der privaten Kranken-, Unfall- oder Lebensversicherung oder einer privatärztlichen, steuerberaterlichen oder anwaltlichen Verrechnungsstelle

anvertraut worden oder sonst bekanntgeworden ist, wird mit Freiheitsstrafe bis zu einem Jahr oder mit Geldstrafe bestraft.

(2) Ebenso wird bestraft, wer unbefugt ein fremdes Geheimnis, namentlich ein zum persönlichen Lebensbereich gehörendes Geheimnis oder ein Betriebs- oder Geschäftsgeheimnis, offenbart, das ihm als

1. Amtsträger,
2. für den öffentlichen Dienst besonders Verpflichteten,
3. Person, die Aufgaben oder Befugnisse nach dem Personalvertretungsrecht wahrnimmt,
4. Mitglied eines für ein Gesetzgebungsorgan des Bundes oder eines Landes tätigen Untersuchungsausschusses, sonstigen Ausschusses oder Rates, das nicht selbst Mitglied des Gesetzgebungsorgans ist, oder als Hilfskraft eines solchen Ausschusses oder Rates,
5. öffentlich bestelltem Sachverständigen, der auf die gewissenhafte Erfüllung seiner Obliegenheiten auf Grund eines Gesetzes förmlich verpflichtet worden ist, oder
6. Person, die auf die gewissenhafte Erfüllung ihrer Geheimhaltungspflicht bei der Durchführung wissenschaftlicher Forschungsvorhaben auf Grund eines Gesetzes förmlich verpflichtet worden ist,

anvertraut worden oder sonst bekanntgeworden ist. Einem Geheimnis im Sinne des Satzes 1 stehen Einzelangaben über persönliche oder sachliche Verhältnisse eines anderen gleich, die für Aufgaben der öffentlichen Verwaltung erfaßt worden sind; Satz 1 ist jedoch nicht anzuwenden, soweit solche Einzelangaben anderen Behörden oder sonstigen Stellen für Aufgaben der öffentlichen Verwaltung bekanntgegeben werden und das Gesetz dies nicht untersagt.

(3) Kein Offenbaren im Sinne dieser Vorschrift liegt vor, wenn die in den Absätzen 1 und 2 genannten Personen Geheimnisse den bei ihnen berufsmäßig tätigen Gehilfen oder den bei ihnen zur Vorbereitung auf den Beruf tätigen Personen zugänglich machen. Die in den Absätzen 1 und 2 Genannten dürfen fremde Geheimnisse gegenüber sonstigen Personen offenbaren, die an ihrer beruflichen oder dienstlichen Tätigkeit mitwirken, soweit dies für die Inanspruchnahme der Tätigkeit der sonstigen mitwirkenden Personen

erforderlich ist; das Gleiche gilt für sonstige mitwirkende Personen, wenn diese sich weiterer Personen bedienen, die an der beruflichen oder dienstlichen Tätigkeit der in den Absätzen 1 und 2 Genannten mitwirken.

(4) Mit Freiheitsstrafe bis zu einem Jahr oder mit Geldstrafe wird bestraft, wer unbefugt ein fremdes Geheimnis offenbart, das ihm bei der Ausübung oder bei Gelegenheit seiner Tätigkeit als mitwirkende Person oder als bei den in den Absätzen 1 und 2 genannten Personen tätiger Beauftragter für den Datenschutz bekannt geworden ist. Ebenso wird bestraft, wer

1. als in den Absätzen 1 und 2 genannte Person nicht dafür Sorge getragen hat, dass eine sonstige mitwirkende Person, die unbefugt ein fremdes, ihr bei der Ausübung oder bei Gelegenheit ihrer Tätigkeit bekannt gewordenes Geheimnis offenbart, zur Geheimhaltung verpflichtet wurde; dies gilt nicht für sonstige mitwirkende Personen, die selbst eine in den Absätzen 1 oder 2 genannte Person sind,
2. als im Absatz 3 genannte mitwirkende Person sich einer weiteren mitwirkenden Person, die unbefugt ein fremdes, ihr bei der Ausübung oder bei Gelegenheit ihrer Tätigkeit bekannt gewordenes Geheimnis offenbart, bedient und nicht dafür Sorge getragen hat, dass diese zur Geheimhaltung verpflichtet wurde; dies gilt nicht für sonstige mitwirkende Personen, die selbst eine in den Absätzen 1 oder 2 genannte Person sind, oder
3. nach dem Tod der nach Satz 1 oder nach den Absätzen 1 oder 2 verpflichteten Person ein fremdes Geheimnis unbefugt offenbart, das er von dem Verstorbenen erfahren oder aus dessen Nachlass erlangt hat.

(5) Die Absätze 1 bis 4 sind auch anzuwenden, wenn der Täter das fremde Geheimnis nach dem Tod des Betroffenen unbefugt offenbart.

(6) Handelt der Täter gegen Entgelt oder in der Absicht, sich oder einen anderen zu bereichern oder einen anderen zu schädigen, so ist die Strafe Freiheitsstrafe bis zu zwei Jahren oder Geldstrafe.

§ 204 Verwertung fremder Geheimnisse

(1) Wer unbefugt ein fremdes Geheimnis, namentlich ein Betriebs- oder Geschäftsgeheimnis, zu dessen Geheimhaltung er nach § 203 verpflichtet ist, verwertet, wird mit Freiheitsstrafe bis zu zwei Jahren oder mit Geldstrafe bestraft.

(2) § 203 Absatz 5 gilt entsprechend.

§ 205 Strafantrag

(1) In den Fällen des § 201 Abs. 1 und 2 und der §§ 202, 203 und 204 wird die Tat nur auf Antrag verfolgt. Dies gilt auch in den Fällen der §§ 201a, 202a, 202b und 202d, es sei denn, dass die Strafverfolgungsbehörde wegen des besonderen öffentlichen Interesses an der Strafverfolgung ein Einschreiten von Amts wegen für geboten hält.

(2) Stirbt der Verletzte, so geht das Antragsrecht nach § 77 Abs. 2 auf die Angehörigen über; dies gilt nicht in den Fällen der §§ 202a, 202b und 202d. Gehört das Geheimnis nicht zum persönlichen Lebensbereich des Verletzten, so geht das Antragsrecht bei Straftaten nach den §§ 203 und 204 auf die Erben über. Offenbart oder verwertet der Täter in den Fällen der §§ 203 und 204 das Geheimnis nach dem Tod des Betroffenen, so gelten die Sätze 1 und 2 sinngemäß.

§ 206 Verletzung des Post- und Fernmeldegeheimnisses

(1) Wer unbefugt einer anderen Person eine Mitteilung über Tatsachen macht, die dem Post- und Fernmeldegeheimnis unterliegen und die ihm als Inhaber oder Beschäftigtem eines Unternehmens bekanntgeworden sind, das geschäftsmäßig Post- oder Telekommunikationsdienste erbringt, wird mit Freiheitsstrafe bis zu fünf Jahren oder mit Geldstrafe bestraft.

(2) Ebenso wird bestraft, wer als Inhaber oder Beschäftigter eines in Absatz 1 bezeichneten Unternehmens unbefugt

1. eine Sendung, die einem solchen Unternehmen zur Übermittlung anvertraut worden und verschlossen ist, öffnet oder sich von ihrem Inhalt ohne Öffnung des Verschlusses unter Anwendung technischer Mittel Kenntnis verschafft,
2. eine einem solchen Unternehmen zur Übermittlung anvertraute Sendung unterdrückt oder
3. eine der in Absatz 1 oder in Nummer 1 oder 2 bezeichneten Handlungen gestattet oder fördert.

(3) Die Absätze 1 und 2 gelten auch für Personen, die

1. Aufgaben der Aufsicht über ein in Absatz 1 bezeichnetes Unternehmen wahrnehmen,
2. von einem solchen Unternehmen oder mit dessen Ermächtigung mit dem Erbringen von Post- oder Telekommunikationsdiensten betraut sind oder

3. mit der Herstellung einer dem Betrieb eines solchen Unternehmens dienenden Anlage oder mit Arbeiten daran betraut sind.

(4) Wer unbefugt einer anderen Person eine Mitteilung über Tatsachen macht, die ihm als außerhalb des Post- oder Telekommunikationsbereichs tätigem Amtsträger auf Grund eines befugten oder unbefugten Eingriffs in das Post- und Fernmeldegeheimnis bekanntgeworden sind, wird mit Freiheitsstrafe bis zu zwei Jahren oder mit Geldstrafe bestraft.

(5) Dem Postgeheimnis unterliegen die näheren Umstände des Postverkehrs bestimmter Personen sowie der Inhalt von Postsendungen. Dem Fernmeldegeheimnis unterliegen der Inhalt der Telekommunikation und ihre näheren Umstände, insbesondere die Tatsache, ob jemand an einem Telekommunikationsvorgang beteiligt ist oder war. Das Fernmeldegeheimnis erstreckt sich auch auf die näheren Umstände erfolgloser Verbindungsversuche.

§§ 207 bis 210 (weggefallen)

Sechzehnter Abschnitt
Straftaten gegen das Leben

§ 211 Mord

(1) Der Mörder wird mit lebenslanger Freiheitsstrafe bestraft.

(2) Mörder ist, wer

- aus Mordlust, zur Befriedigung des Geschlechtstriebs, aus Habgier oder sonst aus niedrigen Beweggründen,
- heimtückisch oder grausam oder mit gemeingefährlichen Mitteln oder,
- um eine andere Straftat zu ermöglichen oder zu verdecken,

einen Menschen tötet.

§ 212 Totschlag

(1) Wer einen Menschen tötet, ohne Mörder zu sein, wird als Totschläger mit Freiheitsstrafe nicht unter fünf Jahren bestraft.

(2) In besonders schweren Fällen ist auf lebenslange Freiheitsstrafe zu erkennen.

§213 Minder schwerer Fall des Totschlags

War der Totschläger ohne eigene Schuld durch eine ihm oder einem Angehörigen zugefügte Mißhandlung oder schwere Beleidigung von dem getöteten Menschen zum Zorn gereizt und hierdurch auf der Stelle zur Tat hingerissen worden oder liegt sonst ein minder schwerer Fall vor, so ist die Strafe Freiheitsstrafe von einem Jahr bis zu zehn Jahren.

§§214 und 215 (weggefallen)

§216 Tötung auf Verlangen

(1) Ist jemand durch das ausdrückliche und ernstliche Verlangen des Getöteten zur Tötung bestimmt worden, so ist auf Freiheitsstrafe von sechs Monaten bis zu fünf Jahren zu erkennen.

(2) Der Versuch ist strafbar.

§217 Geschäftsmäßige Förderung der Selbsttötung

(1) Wer in der Absicht, die Selbsttötung eines anderen zu fördern, diesem hierzu geschäftsmäßig die Gelegenheit gewährt, verschafft oder vermittelt, wird mit Freiheitsstrafe bis zu drei Jahren oder mit Geldstrafe bestraft.

(2) Als Teilnehmer bleibt straffrei, wer selbst nicht geschäftsmäßig handelt und entweder Angehöriger des in Absatz 1 genannten anderen ist oder diesem nahesteht.

§218 Schwangerschaftsabbruch

(1) Wer eine Schwangerschaft abbricht, wird mit Freiheitsstrafe bis zu drei Jahren oder mit Geldstrafe bestraft. Handlungen, deren Wirkung vor Abschluß der Einnistung des befruchteten Eies in der Gebärmutter eintritt, gelten nicht als Schwangerschaftsabbruch im Sinne dieses Gesetzes.

(2) In besonders schweren Fällen ist die Strafe Freiheitsstrafe von sechs Monaten bis zu fünf Jahren. Ein besonders schwerer Fall liegt in der Regel vor, wenn der Täter

1. gegen den Willen der Schwangeren handelt oder
2. leichtfertig die Gefahr des Todes oder einer schweren Gesundheitsschädigung der Schwangeren verursacht.

(3) Begeht die Schwangere die Tat, so ist die Strafe Freiheitsstrafe bis zu einem Jahr oder Geldstrafe.

(4) Der Versuch ist strafbar. Die Schwangere wird nicht wegen Versuchs bestraft.

§ 218a Straflosigkeit des Schwangerschaftsabbruchs

(1) Der Tatbestand des § 218 ist nicht verwirklicht, wenn

1. die Schwangere den Schwangerschaftsabbruch verlangt und dem Arzt durch eine Bescheinigung nach § 219 Abs. 2 Satz 2 nachgewiesen hat, daß sie sich mindestens drei Tage vor dem Eingriff hat beraten lassen,
2. der Schwangerschaftsabbruch von einem Arzt vorgenommen wird und
3. seit der Empfängnis nicht mehr als zwölf Wochen vergangen sind.

(2) Der mit Einwilligung der Schwangeren von einem Arzt vorgenommene Schwangerschaftsabbruch ist nicht rechtswidrig, wenn der Abbruch der Schwangerschaft unter Berücksichtigung der gegenwärtigen und zukünftigen Lebensverhältnisse der Schwangeren nach ärztlicher Erkenntnis angezeigt ist, um eine Gefahr für das Leben oder die Gefahr einer schwerwiegenden Beeinträchtigung des körperlichen oder seelischen Gesundheitszustandes der Schwangeren abzuwenden, und die Gefahr nicht auf eine andere für sie zumutbare Weise abgewendet werden kann.

(3) Die Voraussetzungen des Absatzes 2 gelten bei einem Schwangerschaftsabbruch, der mit Einwilligung der Schwangeren von einem Arzt vorgenommen wird, auch als erfüllt, wenn nach ärztlicher Erkenntnis an der Schwangeren eine rechtswidrige Tat nach den §§ 176 bis 178 des Strafgesetzbuches begangen worden ist, dringende Gründe für die Annahme sprechen, daß die Schwangerschaft auf der Tat beruht, und seit der Empfängnis nicht mehr als zwölf Wochen vergangen sind.

(4) Die Schwangere ist nicht nach § 218 strafbar, wenn der Schwangerschaftsabbruch nach Beratung (§ 219) von einem Arzt vorgenommen worden ist und seit der Empfängnis nicht mehr als zweiundzwanzig Wochen verstrichen sind. Das Gericht kann von Strafe nach § 218 absehen, wenn die Schwangere sich zur Zeit des Eingriffs in besonderer Bedrängnis befunden hat.

§ 218b Schwangerschaftsabbruch ohne ärztliche Feststellung; unrichtige ärztliche Feststellung

(1) Wer in den Fällen des § 218a Abs. 2 oder 3 eine Schwangerschaft abbricht, ohne daß ihm die schriftliche Feststellung eines Arztes,

der nicht selbst den Schwangerschaftsabbruch vornimmt, darüber vorgelegen hat, ob die Voraussetzungen des § 218a Abs. 2 oder 3 gegeben sind, wird mit Freiheitsstrafe bis zu einem Jahr oder mit Geldstrafe bestraft, wenn die Tat nicht in § 218 mit Strafe bedroht ist. Wer als Arzt wider besseres Wissen eine unrichtige Feststellung über die Voraussetzungen des § 218a Abs. 2 oder 3 zur Vorlage nach Satz 1 trifft, wird mit Freiheitsstrafe bis zu zwei Jahren oder mit Geldstrafe bestraft, wenn die Tat nicht in § 218 mit Strafe bedroht ist. Die Schwangere ist nicht nach Satz 1 oder 2 strafbar.

(2) Ein Arzt darf Feststellungen nach § 218a Abs. 2 oder 3 nicht treffen, wenn ihm die zuständige Stelle dies untersagt hat, weil er wegen einer rechtswidrigen Tat nach Absatz 1, den §§ 218, 219a oder 219b oder wegen einer anderen rechtswidrigen Tat, die er im Zusammenhang mit einem Schwangerschaftsabbruch begangen hat, rechtskräftig verurteilt worden ist. Die zuständige Stelle kann einem Arzt vorläufig untersagen, Feststellungen nach § 218a Abs. 2 und 3 zu treffen, wenn gegen ihn wegen des Verdachts einer der in Satz 1 bezeichneten rechtswidrigen Taten das Hauptverfahren eröffnet worden ist.

§ 218c Ärztliche Pflichtverletzung bei einem Schwangerschaftsabbruch

(1) Wer eine Schwangerschaft abbricht,

1. ohne der Frau Gelegenheit gegeben zu haben, ihm die Gründe für ihr Verlangen nach Abbruch der Schwangerschaft darzulegen,
2. ohne die Schwangere über die Bedeutung des Eingriffs, insbesondere über Ablauf, Folgen, Risiken, mögliche physische und psychische Auswirkungen ärztlich beraten zu haben,
3. ohne sich zuvor in den Fällen des § 218a Abs. 1 und 3 auf Grund ärztlicher Untersuchung von der Dauer der Schwangerschaft überzeugt zu haben oder
4. obwohl er die Frau in einem Fall des § 218a Abs. 1 nach § 219 beraten hat,

wird mit Freiheitsstrafe bis zu einem Jahr oder mit Geldstrafe bestraft, wenn die Tat nicht in § 218 mit Strafe bedroht ist.

(2) Die Schwangere ist nicht nach Absatz 1 strafbar.

§ 219 Beratung der Schwangeren in einer Not- und Konfliktlage

(1) Die Beratung dient dem Schutz des ungeborenen Lebens. Sie hat sich von dem Bemühen leiten zu lassen, die Frau zur Fortsetzung der Schwangerschaft zu ermutigen und ihr Perspektiven für ein Leben mit dem Kind zu eröffnen; sie soll ihr helfen, eine verantwortliche und gewissenhafte Entscheidung zu treffen. Dabei muß der Frau bewußt sein, daß das Ungeborene in jedem Stadium der Schwangerschaft auch ihr gegenüber ein eigenes Recht auf Leben hat und daß deshalb nach der Rechtsordnung ein Schwangerschaftsabbruch nur in Ausnahmesituationen in Betracht kommen kann, wenn der Frau durch das Austragen des Kindes eine Belastung erwächst, die so schwer und außergewöhnlich ist, daß sie die zumutbare Opfergrenze übersteigt. Die Beratung soll durch Rat und Hilfe dazu beitragen, die in Zusammenhang mit der Schwangerschaft bestehende Konfliktlage zu bewältigen und einer Notlage abzuhelfen. Das Nähere regelt das Schwangerschaftskonfliktgesetz.

(2) Die Beratung hat nach dem Schwangerschaftskonfliktgesetz durch eine anerkannte Schwangerschaftskonfliktberatungsstelle zu erfolgen. Die Beratungsstelle hat der Schwangeren nach Abschluß der Beratung hierüber eine mit dem Datum des letzten Beratungsgesprächs und dem Namen der Schwangeren versehene Bescheinigung nach Maßgabe des Schwangerschaftskonfliktgesetzes auszustellen. Der Arzt, der den Abbruch der Schwangerschaft vornimmt, ist als Berater ausgeschlossen.

§ 219a Werbung für den Abbruch der Schwangerschaft

(1) Wer öffentlich, in einer Versammlung oder durch Verbreiten von Schriften (§ 11 Abs. 3) seines Vermögensvorteils wegen oder in grob anstößiger Weise

1. eigene oder fremde Dienste zur Vornahme oder Förderung eines Schwangerschaftsabbruchs oder
2. Mittel, Gegenstände oder Verfahren, die zum Abbruch der Schwangerschaft geeignet sind, unter Hinweis auf diese Eignung

anbietet, ankündigt, anpreist oder Erklärungen solchen Inhalts bekanntgibt, wird mit Freiheitsstrafe bis zu zwei Jahren oder mit Geldstrafe bestraft.

(2) Absatz 1 Nr. 1 gilt nicht, wenn Ärzte oder auf Grund Gesetzes anerkannte Beratungsstellen darüber unterrichtet werden, welche Ärzte, Krankenhäuser oder Einrichtungen bereit sind, einen

Schwangerschaftsabbruch unter den Voraussetzungen des § 218a Abs. 1 bis 3 vorzunehmen.

(3) Absatz 1 Nr. 2 gilt nicht, wenn die Tat gegenüber Ärzten oder Personen, die zum Handel mit den in Absatz 1 Nr. 2 erwähnten Mitteln oder Gegenständen befugt sind, oder durch eine Veröffentlichung in ärztlichen oder pharmazeutischen Fachblättern begangen wird.

§ 219b Inverkehrbringen von Mitteln zum Abbruch der Schwangerschaft

(1) Wer in der Absicht, rechtswidrige Taten nach § 218 zu fördern, Mittel oder Gegenstände, die zum Schwangerschaftsabbruch geeignet sind, in den Verkehr bringt, wird mit Freiheitsstrafe bis zu zwei Jahren oder mit Geldstrafe bestraft.

(2) Die Teilnahme der Frau, die den Abbruch ihrer Schwangerschaft vorbereitet, ist nicht nach Absatz 1 strafbar.

(3) Mittel oder Gegenstände, auf die sich die Tat bezieht, können eingezogen werden.

§ 220 (weggefallen)

§ 221 Aussetzung

(1) Wer einen Menschen

1. in eine hilflose Lage versetzt oder
2. in einer hilflosen Lage im Stich läßt, obwohl er ihn in seiner Obhut hat oder ihm sonst beizustehen verpflichtet ist,

und ihn dadurch der Gefahr des Todes oder einer schweren Gesundheitsschädigung aussetzt, wird mit Freiheitsstrafe von drei Monaten bis zu fünf Jahren bestraft.

(2) Auf Freiheitsstrafe von einem Jahr bis zu zehn Jahren ist zu erkennen, wenn der Täter

1. die Tat gegen sein Kind oder eine Person begeht, die ihm zur Erziehung oder zur Betreuung in der Lebensführung anvertraut ist, oder
2. durch die Tat eine schwere Gesundheitsschädigung des Opfers verursacht.

(3) Verursacht der Täter durch die Tat den Tod des Opfers, so ist die Strafe Freiheitsstrafe nicht unter drei Jahren.

(4) In minder schweren Fällen des Absatzes 2 ist auf Freiheitsstrafe von sechs Monaten bis zu fünf Jahren, in minder schweren Fällen des Absatzes 3 auf Freiheitsstrafe von einem Jahr bis zu zehn Jahren zu erkennen.

§ 222 Fahrlässige Tötung

Wer durch Fahrlässigkeit den Tod eines Menschen verursacht, wird mit Freiheitsstrafe bis zu fünf Jahren oder mit Geldstrafe bestraft.

Siebzehnter Abschnitt
Straftaten gegen die körperliche Unversehrtheit

§ 223 Körperverletzung

(1) Wer eine andere Person körperlich mißhandelt oder an der Gesundheit schädigt, wird mit Freiheitsstrafe bis zu fünf Jahren oder mit Geldstrafe bestraft.

(2) Der Versuch ist strafbar.

§ 224 Gefährliche Körperverletzung

(1) Wer die Körperverletzung

1. durch Beibringung von Gift oder anderen gesundheitsschädlichen Stoffen,
2. mittels einer Waffe oder eines anderen gefährlichen Werkzeugs,
3. mittels eines hinterlistigen Überfalls,
4. mit einem anderen Beteiligten gemeinschaftlich oder
5. mittels einer das Leben gefährdenden Behandlung

begeht, wird mit Freiheitsstrafe von sechs Monaten bis zu zehn Jahren, in minder schweren Fällen mit Freiheitsstrafe von drei Monaten bis zu fünf Jahren bestraft.

(2) Der Versuch ist strafbar.

§ 225 Mißhandlung von Schutzbefohlenen

(1) Wer eine Person unter achtzehn Jahren oder eine wegen Gebrechlichkeit oder Krankheit wehrlose Person, die

1. seiner Fürsorge oder Obhut untersteht,
2. seinem Hausstand angehört,
3. von dem Fürsorgepflichtigen seiner Gewalt überlassen worden oder

4. ihm im Rahmen eines Dienst- oder Arbeitsverhältnisses untergeordnet ist,

quält oder roh mißhandelt, oder wer durch böswillige Vernachlässigung seiner Pflicht, für sie zu sorgen, sie an der Gesundheit schädigt, wird mit Freiheitsstrafe von sechs Monaten bis zu zehn Jahren bestraft.

(2) Der Versuch ist strafbar.

(3) Auf Freiheitsstrafe nicht unter einem Jahr ist zu erkennen, wenn der Täter die schutzbefohlene Person durch die Tat in die Gefahr

1. des Todes oder einer schweren Gesundheitsschädigung oder
2. einer erheblichen Schädigung der körperlichen oder seelischen Entwicklung

bringt.

(4) In minder schweren Fällen des Absatzes 1 ist auf Freiheitsstrafe von drei Monaten bis zu fünf Jahren, in minder schweren Fällen des Absatzes 3 auf Freiheitsstrafe von sechs Monaten bis zu fünf Jahren zu erkennen.

§ 226 Schwere Körperverletzung

(1) Hat die Körperverletzung zur Folge, daß die verletzte Person

1. das Sehvermögen auf einem Auge oder beiden Augen, das Gehör, das Sprechvermögen oder die Fortpflanzungsfähigkeit verliert,
2. ein wichtiges Glied des Körpers verliert oder dauernd nicht mehr gebrauchen kann oder
3. in erheblicher Weise dauernd entstellt wird oder in Siechtum, Lähmung oder geistige Krankheit oder Behinderung verfällt,

so ist die Strafe Freiheitsstrafe von einem Jahr bis zu zehn Jahren.

(2) Verursacht der Täter eine der in Absatz 1 bezeichneten Folgen absichtlich oder wissentlich, so ist die Strafe Freiheitsstrafe nicht unter drei Jahren.

(3) In minder schweren Fällen des Absatzes 1 ist auf Freiheitsstrafe von sechs Monaten bis zu fünf Jahren, in minder schweren Fällen des Absatzes 2 auf Freiheitsstrafe von einem Jahr bis zu zehn Jahren zu erkennen.

§ 226a Verstümmelung weiblicher Genitalien

(1) Wer die äußeren Genitalien einer weiblichen Person verstümmelt, wird mit Freiheitsstrafe nicht unter einem Jahr bestraft.

(2) In minder schweren Fällen ist auf Freiheitsstrafe von sechs Monaten bis zu fünf Jahren zu erkennen.

§ 227 Körperverletzung mit Todesfolge

(1) Verursacht der Täter durch die Körperverletzung (§§ 223 bis 226a) den Tod der verletzten Person, so ist die Strafe Freiheitsstrafe nicht unter drei Jahren.

(2) In minder schweren Fällen ist auf Freiheitsstrafe von einem Jahr bis zu zehn Jahren zu erkennen.

§ 228 Einwilligung

Wer eine Körperverletzung mit Einwilligung der verletzten Person vornimmt, handelt nur dann rechtswidrig, wenn die Tat trotz der Einwilligung gegen die guten Sitten verstößt.

§ 229 Fahrlässige Körperverletzung

Wer durch Fahrlässigkeit die Körperverletzung einer anderen Person verursacht, wird mit Freiheitsstrafe bis zu drei Jahren oder mit Geldstrafe bestraft.

§ 230 Strafantrag

(1) Die vorsätzliche Körperverletzung nach § 223 und die fahrlässige Körperverletzung nach § 229 werden nur auf Antrag verfolgt, es sei denn, daß die Strafverfolgungsbehörde wegen des besonderen öffentlichen Interesses an der Strafverfolgung ein Einschreiten von Amts wegen für geboten hält. Stirbt die verletzte Person, so geht bei vorsätzlicher Körperverletzung das Antragsrecht nach § 77 Abs. 2 auf die Angehörigen über.

(2) Ist die Tat gegen einen Amtsträger, einen für den öffentlichen Dienst besonders Verpflichteten oder einen Soldaten der Bundeswehr während der Ausübung seines Dienstes oder in Beziehung auf seinen Dienst begangen, so wird sie auch auf Antrag des Dienstvorgesetzten verfolgt. Dasselbe gilt für Träger von Ämtern der Kirchen und anderen Religionsgesellschaften des öffentlichen Rechts.

§ 231 Beteiligung an einer Schlägerei

(1) Wer sich an einer Schlägerei oder an einem von mehreren verübten Angriff beteiligt, wird schon wegen dieser Beteiligung mit Freiheitsstrafe bis zu drei Jahren oder mit Geldstrafe bestraft, wenn durch die Schlägerei oder den Angriff der Tod eines Menschen oder eine schwere Körperverletzung (§ 226) verursacht worden ist.

(2) Nach Absatz 1 ist nicht strafbar, wer an der Schlägerei oder dem Angriff beteiligt war, ohne daß ihm dies vorzuwerfen ist.

Achtzehnter Abschnitt
Straftaten gegen die persönliche Freiheit

§ 232 Menschenhandel

(1) Mit Freiheitsstrafe von sechs Monaten bis zu fünf Jahren wird bestraft, wer eine andere Person unter Ausnutzung ihrer persönlichen oder wirtschaftlichen Zwangslage oder ihrer Hilflosigkeit, die mit dem Aufenthalt in einem fremden Land verbunden ist, oder wer eine andere Person unter einundzwanzig Jahren anwirbt, befördert, weitergibt, beherbergt oder aufnimmt, wenn

1. diese Person ausgebeutet werden soll
   a) bei der Ausübung der Prostitution oder bei der Vornahme sexueller Handlungen an oder vor dem Täter oder einer dritten Person oder bei der Duldung sexueller Handlungen an sich selbst durch den Täter oder eine dritte Person,
   b) durch eine Beschäftigung,
   c) bei der Ausübung der Bettelei oder
   d) bei der Begehung von mit Strafe bedrohten Handlungen durch diese Person,
2. diese Person in Sklaverei, Leibeigenschaft, Schuldknechtschaft oder in Verhältnissen, die dem entsprechen oder ähneln, gehalten werden soll oder
3. dieser Person rechtswidrig ein Organ entnommen werden soll.

Ausbeutung durch eine Beschäftigung im Sinne des Satzes 1 Nummer 1 Buchstabe b liegt vor, wenn die Beschäftigung aus rücksichtslosem Gewinnstreben zu Arbeitsbedingungen erfolgt, die in einem auffälligen Missverhältnis zu den Arbeitsbedingungen solcher Arbeitnehmer stehen, welche der gleichen oder einer vergleichbaren Beschäftigung nachgehen (ausbeuterische Beschäftigung).

(2) Mit Freiheitsstrafe von sechs Monaten bis zu zehn Jahren wird bestraft, wer eine andere Person, die in der in Absatz 1 Satz 1 Nummer 1 bis 3 bezeichneten Weise ausgebeutet werden soll,

1. mit Gewalt, durch Drohung mit einem empfindlichen Übel oder durch List anwirbt, befördert, weitergibt, beherbergt oder aufnimmt oder
2. entführt oder sich ihrer bemächtigt oder ihrer Bemächtigung durch eine dritte Person Vorschub leistet.

(3) In den Fällen des Absatzes 1 ist auf Freiheitsstrafe von sechs Monaten bis zu zehn Jahren zu erkennen, wenn

1. das Opfer zur Zeit der Tat unter achtzehn Jahren alt ist,
2. der Täter das Opfer bei der Tat körperlich schwer misshandelt oder durch die Tat oder eine während der Tat begangene Handlung wenigstens leichtfertig in die Gefahr des Todes oder einer schweren Gesundheitsschädigung bringt oder
3. der Täter gewerbsmäßig handelt oder als Mitglied einer Bande, die sich zur fortgesetzten Begehung solcher Taten verbunden hat.

In den Fällen des Absatzes 2 ist auf Freiheitsstrafe von einem Jahr bis zu zehn Jahren zu erkennen, wenn einer der in Satz 1 Nummer 1 bis 3 bezeichneten Umstände vorliegt.

(4) In den Fällen der Absätze 1, 2 und 3 Satz 1 ist der Versuch strafbar.

§232a Zwangsprostitution

(1) Mit Freiheitsstrafe von sechs Monaten bis zu zehn Jahren wird bestraft, wer eine andere Person unter Ausnutzung ihrer persönlichen oder wirtschaftlichen Zwangslage oder ihrer Hilflosigkeit, die mit dem Aufenthalt in einem fremden Land verbunden ist, oder wer eine andere Person unter einundzwanzig Jahren veranlasst,

1. die Prostitution aufzunehmen oder fortzusetzen oder
2. sexuelle Handlungen, durch die sie ausgebeutet wird, an oder vor dem Täter oder einer dritten Person vorzunehmen oder von dem Täter oder einer dritten Person an sich vornehmen zu lassen.

(2) Der Versuch ist strafbar.

(3) Mit Freiheitsstrafe von einem Jahr bis zu zehn Jahren wird bestraft, wer eine andere Person mit Gewalt, durch Drohung mit einem empfindlichen Übel oder durch List zu der Aufnahme oder Fortsetzung der Prostitution oder den in Absatz 1 Nummer 2 bezeichneten sexuellen Handlungen veranlasst.

(4) In den Fällen des Absatzes 1 ist auf Freiheitsstrafe von einem Jahr bis zu zehn Jahren und in den Fällen des Absatzes 3 auf Freiheitsstrafe nicht unter einem Jahr zu erkennen, wenn einer der in § 232 Absatz 3 Satz 1 Nummer 1 bis 3 bezeichneten Umstände vorliegt.

(5) In minder schweren Fällen des Absatzes 1 ist auf Freiheitsstrafe von drei Monaten bis zu fünf Jahren zu erkennen, in minder schweren Fällen der Absätze 3 und 4 auf Freiheitsstrafe von sechs Monaten bis zu zehn Jahren.

(6) Mit Freiheitsstrafe von drei Monaten bis zu fünf Jahren wird bestraft, wer an einer Person, die Opfer

1. eines Menschenhandels nach § 232 Absatz 1 Satz 1 Nummer 1 Buchstabe a, auch in Verbindung mit § 232 Absatz 2, oder
2. einer Tat nach den Absätzen 1 bis 5

geworden ist und der Prostitution nachgeht, gegen Entgelt sexuelle Handlungen vornimmt oder von ihr an sich vornehmen lässt und dabei deren persönliche oder wirtschaftliche Zwangslage oder deren Hilflosigkeit, die mit dem Aufenthalt in einem fremden Land verbunden ist, ausnutzt. Nach Satz 1 wird nicht bestraft, wer eine Tat nach Satz 1 Nummer 1 oder 2, die zum Nachteil der Person, die nach Satz 1 der Prostitution nachgeht, begangen wurde, freiwillig bei der zuständigen Behörde anzeigt oder freiwillig eine solche Anzeige veranlasst, wenn nicht diese Tat zu diesem Zeitpunkt ganz oder zum Teil bereits entdeckt war und der Täter dies wusste oder bei verständiger Würdigung der Sachlage damit rechnen musste.

§ 232b Zwangsarbeit

(1) Mit Freiheitsstrafe von sechs Monaten bis zu zehn Jahren wird bestraft, wer eine andere Person unter Ausnutzung ihrer persönlichen oder wirtschaftlichen Zwangslage oder ihrer Hilflosigkeit, die mit dem Aufenthalt in einem fremden Land verbunden ist, oder wer eine andere Person unter einundzwanzig Jahren veranlasst,

1. eine ausbeuterische Beschäftigung (§ 232 Absatz 1 Satz 2) aufzunehmen oder fortzusetzen,
2. sich in Sklaverei, Leibeigenschaft, Schuldknechtschaft oder in Verhältnisse, die dem entsprechen oder ähneln, zu begeben oder
3. die Bettelei, bei der sie ausgebeutet wird, aufzunehmen oder fortzusetzen.

(2) Der Versuch ist strafbar.

(3) Mit Freiheitsstrafe von einem Jahr bis zu zehn Jahren wird bestraft, wer eine andere Person mit Gewalt, durch Drohung mit einem empfindlichen Übel oder durch List veranlasst,

1. eine ausbeuterische Beschäftigung (§ 232 Absatz 1 Satz 2) aufzunehmen oder fortzusetzen,
2. sich in Sklaverei, Leibeigenschaft, Schuldknechtschaft oder in Verhältnisse, die dem entsprechen oder ähneln, zu begeben oder
3. die Bettelei, bei der sie ausgebeutet wird, aufzunehmen oder fortzusetzen.

(4) § 232a Absatz 4 und 5 gilt entsprechend.

§ 233 Ausbeutung der Arbeitskraft

(1) Mit Freiheitsstrafe bis zu drei Jahren oder mit Geldstrafe wird bestraft, wer eine andere Person unter Ausnutzung ihrer persönlichen oder wirtschaftlichen Zwangslage oder ihrer Hilflosigkeit, die mit dem Aufenthalt in einem fremden Land verbunden ist, oder wer eine andere Person unter einundzwanzig Jahren ausbeutet

1. durch eine Beschäftigung nach § 232 Absatz 1 Satz 2,
2. bei der Ausübung der Bettelei oder
3. bei der Begehung von mit Strafe bedrohten Handlungen durch diese Person.

(2) Auf Freiheitsstrafe von sechs Monaten bis zu zehn Jahren ist zu erkennen, wenn

1. das Opfer zur Zeit der Tat unter achtzehn Jahren alt ist,
2. der Täter das Opfer bei der Tat körperlich schwer misshandelt oder durch die Tat oder eine während der Tat begangene Handlung wenigstens leichtfertig in die Gefahr des Todes oder einer schweren Gesundheitsschädigung bringt,
3. der Täter das Opfer durch das vollständige oder teilweise Vorenthalten der für die Tätigkeit des Opfers üblichen Gegenleistung in wirtschaftliche Not bringt oder eine bereits vorhandene wirtschaftliche Not erheblich vergrößert oder
4. der Täter als Mitglied einer Bande handelt, die sich zur fortgesetzten Begehung solcher Taten verbunden hat.

(3) Der Versuch ist strafbar.

(4) In minder schweren Fällen des Absatzes 1 ist auf Freiheitsstrafe bis zu zwei Jahren oder auf Geldstrafe zu erkennen, in minder

schweren Fällen des Absatzes 2 auf Freiheitsstrafe von drei Monaten bis zu fünf Jahren.

(5) Mit Freiheitsstrafe bis zu zwei Jahren oder mit Geldstrafe wird bestraft, wer einer Tat nach Absatz 1 Nummer 1 Vorschub leistet durch die

1. Vermittlung einer ausbeuterischen Beschäftigung (§ 232 Absatz 1 Satz 2),
2. Vermietung von Geschäftsräumen oder
3. Vermietung von Räumen zum Wohnen an die auszubeutende Person.

Satz 1 gilt nicht, wenn die Tat bereits nach anderen Vorschriften mit schwererer Strafe bedroht ist.

§233a Ausbeutung unter Ausnutzung einer Freiheitsberaubung

(1) Mit Freiheitsstrafe von sechs Monaten bis zu zehn Jahren wird bestraft, wer eine andere Person einsperrt oder auf andere Weise der Freiheit beraubt und sie in dieser Lage ausbeutet

1. bei der Ausübung der Prostitution,
2. durch eine Beschäftigung nach § 232 Absatz 1 Satz 2,
3. bei der Ausübung der Bettelei oder
4. bei der Begehung von mit Strafe bedrohten Handlungen durch diese Person.

(2) Der Versuch ist strafbar.

(3) In den Fällen des Absatzes 1 ist auf Freiheitsstrafe von einem Jahr bis zu zehn Jahren zu erkennen, wenn einer der in § 233 Absatz 2 Nummer 1 bis 4 bezeichneten Umstände vorliegt.

(4) In minder schweren Fällen des Absatzes 1 ist auf Freiheitsstrafe von drei Monaten bis zu fünf Jahren, in minder schweren Fällen des Absatzes 3 auf Freiheitsstrafe von sechs Monaten bis zu zehn Jahren zu erkennen.

§233b Führungsaufsicht

In den Fällen der §§ 232, 232a Absatz 1 bis 5, der §§ 232b, 233 Absatz 1 bis 4 und des § 233a kann das Gericht Führungsaufsicht anordnen (§ 68 Abs. 1).

§ 234 Menschenraub

(1) Wer sich einer anderen Person mit Gewalt, durch Drohung mit einem empfindlichen Übel oder durch List bemächtigt, um sie in hilfloser Lage auszusetzen oder dem Dienst in einer militärischen oder militärähnlichen Einrichtung im Ausland zuzuführen, wird mit Freiheitsstrafe von einem Jahr bis zu zehn Jahren bestraft.

(2) In minder schweren Fällen ist die Strafe Freiheitsstrafe von sechs Monaten bis zu fünf Jahren.

§ 234a Verschleppung

(1) Wer einen anderen durch List, Drohung oder Gewalt in ein Gebiet außerhalb des räumlichen Geltungsbereichs dieses Gesetzes verbringt oder veranlaßt, sich dorthin zu begeben, oder davon abhält, von dort zurückzukehren, und dadurch der Gefahr aussetzt, aus politischen Gründen verfolgt zu werden und hierbei im Widerspruch zu rechtsstaatlichen Grundsätzen durch Gewalt- oder Willkürmaßnahmen Schaden an Leib oder Leben zu erleiden, der Freiheit beraubt oder in seiner beruflichen oder wirtschaftlichen Stellung empfindlich beeinträchtigt zu werden, wird mit Freiheitsstrafe nicht unter einem Jahr bestraft.

(2) In minder schweren Fällen ist die Strafe Freiheitsstrafe von drei Monaten bis zu fünf Jahren.

(3) Wer eine solche Tat vorbereitet, wird mit Freiheitsstrafe bis zu fünf Jahren oder mit Geldstrafe bestraft.

§ 235 Entziehung Minderjähriger

(1) Mit Freiheitsstrafe bis zu fünf Jahren oder mit Geldstrafe wird bestraft, wer

1. eine Person unter achtzehn Jahren mit Gewalt, durch Drohung mit einem empfindlichen Übel oder durch List oder
2. ein Kind, ohne dessen Angehöriger zu sein,

den Eltern, einem Elternteil, dem Vormund oder dem Pfleger entzieht oder vorenthält.

(2) Ebenso wird bestraft, wer ein Kind den Eltern, einem Elternteil, dem Vormund oder dem Pfleger

1. entzieht, um es in das Ausland zu verbringen, oder
2. im Ausland vorenthält, nachdem es dorthin verbracht worden ist oder es sich dorthin begeben hat.

(3) In den Fällen des Absatzes 1 Nr. 2 und des Absatzes 2 Nr. 1 ist der Versuch strafbar.

(4) Auf Freiheitsstrafe von einem Jahr bis zu zehn Jahren ist zu erkennen, wenn der Täter

1. das Opfer durch die Tat in die Gefahr des Todes oder einer schweren Gesundheitsschädigung oder einer erheblichen Schädigung der körperlichen oder seelischen Entwicklung bringt oder
2. die Tat gegen Entgelt oder in der Absicht begeht, sich oder einen Dritten zu bereichern.

(5) Verursacht der Täter durch die Tat den Tod des Opfers, so ist die Strafe Freiheitsstrafe nicht unter drei Jahren.

(6) In minder schweren Fällen des Absatzes 4 ist auf Freiheitsstrafe von sechs Monaten bis zu fünf Jahren, in minder schweren Fällen des Absatzes 5 auf Freiheitsstrafe von einem Jahr bis zu zehn Jahren zu erkennen.

(7) Die Entziehung Minderjähriger wird in den Fällen der Absätze 1 bis 3 nur auf Antrag verfolgt, es sei denn, daß die Strafverfolgungsbehörde wegen des besonderen öffentlichen Interesses an der Strafverfolgung ein Einschreiten von Amts wegen für geboten hält.

§236 Kinderhandel

(1) Wer sein noch nicht achtzehn Jahre altes Kind oder seinen noch nicht achtzehn Jahre alten Mündel oder Pflegling unter grober Vernachlässigung der Fürsorge- oder Erziehungspflicht einem anderen auf Dauer überlässt und dabei gegen Entgelt oder in der Absicht handelt, sich oder einen Dritten zu bereichern, wird mit Freiheitsstrafe bis zu fünf Jahren oder mit Geldstrafe bestraft. Ebenso wird bestraft, wer in den Fällen des Satzes 1 das Kind, den Mündel oder Pflegling auf Dauer bei sich aufnimmt und dafür ein Entgelt gewährt.

(2) Wer unbefugt

1. die Adoption einer Person unter achtzehn Jahren vermittelt oder
2. eine Vermittlungstätigkeit ausübt, die zum Ziel hat, daß ein Dritter eine Person unter achtzehn Jahren auf Dauer bei sich aufnimmt,

und dabei gegen Entgelt oder in der Absicht handelt, sich oder einen Dritten zu bereichern, wird mit Freiheitsstrafe bis zu drei Jahren oder mit Geldstrafe bestraft. Ebenso wird bestraft, wer als Vermittler der Adoption einer Person unter achtzehn Jahren einer

Person für die Erteilung der erforderlichen Zustimmung zur Adoption ein Entgelt gewährt. Bewirkt der Täter in den Fällen des Satzes 1, daß die vermittelte Person in das Inland oder in das Ausland verbracht wird, so ist die Strafe Freiheitsstrafe bis zu fünf Jahren oder Geldstrafe.

(3) Der Versuch ist strafbar.

(4) Auf Freiheitsstrafe von sechs Monaten bis zu zehn Jahren ist zu erkennen, wenn der Täter

1. aus Gewinnsucht, gewerbsmäßig oder als Mitglied einer Bande handelt, die sich zur fortgesetzten Begehung eines Kinderhandels verbunden hat, oder
2. das Kind oder die vermittelte Person durch die Tat in die Gefahr einer erheblichen Schädigung der körperlichen oder seelischen Entwicklung bringt.

(5) In den Fällen der Absätze 1 und 3 kann das Gericht bei Beteiligten und in den Fällen der Absätze 2 und 3 bei Teilnehmern, deren Schuld unter Berücksichtigung des körperlichen oder seelischen Wohls des Kindes oder der vermittelten Person gering ist, die Strafe nach seinem Ermessen mildern (§ 49 Abs. 2) oder von Strafe nach den Absätzen 1 bis 3 absehen.

§ 237 Zwangsheirat

(1) Wer einen Menschen rechtswidrig mit Gewalt oder durch Drohung mit einem empfindlichen Übel zur Eingehung der Ehe nötigt, wird mit Freiheitsstrafe von sechs Monaten bis zu fünf Jahren bestraft. Rechtswidrig ist die Tat, wenn die Anwendung der Gewalt oder die Androhung des Übels zu dem angestrebten Zweck als verwerflich anzusehen ist.

(2) Ebenso wird bestraft, wer zur Begehung einer Tat nach Absatz 1 den Menschen durch Gewalt, Drohung mit einem empfindlichen Übel oder durch List in ein Gebiet außerhalb des räumlichen Geltungsbereiches dieses Gesetzes verbringt oder veranlasst, sich dorthin zu begeben, oder davon abhält, von dort zurückzukehren.

(3) Der Versuch ist strafbar.

(4) In minder schweren Fällen ist die Strafe Freiheitsstrafe bis zu drei Jahren oder Geldstrafe.

§ 238 Nachstellung

(1) Mit Freiheitsstrafe bis zu drei Jahren oder mit Geldstrafe wird bestraft, wer einer anderen Person in einer Weise unbefugt nach-

stellt, die geeignet ist, deren Lebensgestaltung schwerwiegend zu beeinträchtigen, indem er beharrlich

1. die räumliche Nähe dieser Person aufsucht,
2. unter Verwendung von Telekommunikationsmitteln oder sonstigen Mitteln der Kommunikation oder über Dritte Kontakt zu dieser Person herzustellen versucht,
3. unter missbräuchlicher Verwendung von personenbezogenen Daten dieser Person
   a) Bestellungen von Waren oder Dienstleistungen für sie aufgibt oder
   b) Dritte veranlasst, Kontakt mit ihr aufzunehmen, oder
4. diese Person mit der Verletzung von Leben, körperlicher Unversehrtheit, Gesundheit oder Freiheit ihrer selbst, eines ihrer Angehörigen oder einer anderen ihr nahestehenden Person bedroht oder
5. eine andere vergleichbare Handlung vornimmt.

(2) Auf Freiheitsstrafe von drei Monaten bis zu fünf Jahren ist zu erkennen, wenn der Täter das Opfer, einen Angehörigen des Opfers oder eine andere dem Opfer nahe stehende Person durch die Tat in die Gefahr des Todes oder einer schweren Gesundheitsschädigung bringt.

(3) Verursacht der Täter durch die Tat den Tod des Opfers, eines Angehörigen des Opfers oder einer anderen dem Opfer nahe stehenden Person, so ist die Strafe Freiheitsstrafe von einem Jahr bis zu zehn Jahren.

(4) In den Fällen des Absatzes 1 wird die Tat nur auf Antrag verfolgt, es sei denn, dass die Strafverfolgungsbehörde wegen des besonderen öffentlichen Interesses an der Strafverfolgung ein Einschreiten von Amts wegen für geboten hält.

§239 Freiheitsberaubung

(1) Wer einen Menschen einsperrt oder auf andere Weise der Freiheit beraubt, wird mit Freiheitsstrafe bis zu fünf Jahren oder mit Geldstrafe bestraft.

(2) Der Versuch ist strafbar.

(3) Auf Freiheitsstrafe von einem Jahr bis zu zehn Jahren ist zu erkennen, wenn der Täter

1. das Opfer länger als eine Woche der Freiheit beraubt oder
2. durch die Tat oder eine während der Tat begangene Handlung eine schwere Gesundheitsschädigung des Opfers verursacht.

(4) Verursacht der Täter durch die Tat oder eine während der Tat begangene Handlung den Tod des Opfers, so ist die Strafe Freiheitsstrafe nicht unter drei Jahren.

(5) In minder schweren Fällen des Absatzes 3 ist auf Freiheitsstrafe von sechs Monaten bis zu fünf Jahren, in minder schweren Fällen des Absatzes 4 auf Freiheitsstrafe von einem Jahr bis zu zehn Jahren zu erkennen.

§ 239a Erpresserischer Menschenraub

(1) Wer einen Menschen entführt oder sich eines Menschen bemächtigt, um die Sorge des Opfers um sein Wohl oder die Sorge eines Dritten um das Wohl des Opfers zu einer Erpressung (§ 253) auszunutzen, oder wer die von ihm durch eine solche Handlung geschaffene Lage eines Menschen zu einer solchen Erpressung ausnutzt, wird mit Freiheitsstrafe nicht unter fünf Jahren bestraft.

(2) In minder schweren Fällen ist die Strafe Freiheitsstrafe nicht unter einem Jahr.

(3) Verursacht der Täter durch die Tat wenigstens leichtfertig den Tod des Opfers, so ist die Strafe lebenslange Freiheitsstrafe oder Freiheitsstrafe nicht unter zehn Jahren.

(4) Das Gericht kann die Strafe nach § 49 Abs. 1 mildern, wenn der Täter das Opfer unter Verzicht auf die erstrebte Leistung in dessen Lebenskreis zurückgelangen läßt. Tritt dieser Erfolg ohne Zutun des Täters ein, so genügt sein ernsthaftes Bemühen, den Erfolg zu erreichen.

§ 239b Geiselnahme

(1) Wer einen Menschen entführt oder sich eines Menschen bemächtigt, um ihn oder einen Dritten durch die Drohung mit dem Tod oder einer schweren Körperverletzung (§ 226) des Opfers oder mit dessen Freiheitsentziehung von über einer Woche Dauer zu einer Handlung, Duldung oder Unterlassung zu nötigen, oder wer die von ihm durch eine solche Handlung geschaffene Lage eines Menschen zu einer solchen Nötigung ausnutzt, wird mit Freiheitsstrafe nicht unter fünf Jahren bestraft.

(2) § 239a Abs. 2 bis 4 gilt entsprechend.

§ 239c Führungsaufsicht

In den Fällen der §§ 239a und 239b kann das Gericht Führungsaufsicht anordnen (§ 68 Abs. 1).

§ 240 Nötigung

(1) Wer einen Menschen rechtswidrig mit Gewalt oder durch Drohung mit einem empfindlichen Übel zu einer Handlung, Duldung oder Unterlassung nötigt, wird mit Freiheitsstrafe bis zu drei Jahren oder mit Geldstrafe bestraft.

(2) Rechtswidrig ist die Tat, wenn die Anwendung der Gewalt oder die Androhung des Übels zu dem angestrebten Zweck als verwerflich anzusehen ist.

(3) Der Versuch ist strafbar.

(4) In besonders schweren Fällen ist die Strafe Freiheitsstrafe von sechs Monaten bis zu fünf Jahren. Ein besonders schwerer Fall liegt in der Regel vor, wenn der Täter

1. eine Schwangere zum Schwangerschaftsabbruch nötigt oder
2. seine Befugnisse oder seine Stellung als Amtsträger mißbraucht.

§ 241 Bedrohung

(1) Wer einen Menschen mit der Begehung eines gegen ihn oder eine ihm nahestehende Person gerichteten Verbrechens bedroht, wird mit Freiheitsstrafe bis zu einem Jahr oder mit Geldstrafe bestraft.

(2) Ebenso wird bestraft, wer wider besseres Wissen einem Menschen vortäuscht, daß die Verwirklichung eines gegen ihn oder eine ihm nahestehende Person gerichteten Verbrechens bevorstehe.

§ 241a Politische Verdächtigung

(1) Wer einen anderen durch eine Anzeige oder eine Verdächtigung der Gefahr aussetzt, aus politischen Gründen verfolgt zu werden und hierbei im Widerspruch zu rechtsstaatlichen Grundsätzen durch Gewalt- oder Willkürmaßnahmen Schaden an Leib oder Leben zu erleiden, der Freiheit beraubt oder in seiner beruflichen oder wirtschaftlichen Stellung empfindlich beeinträchtigt zu werden, wird mit Freiheitsstrafe bis zu fünf Jahren oder mit Geldstrafe bestraft.

(2) Ebenso wird bestraft, wer eine Mitteilung über einen anderen macht oder übermittelt und ihn dadurch der in Absatz 1 bezeichneten Gefahr einer politischen Verfolgung aussetzt.

(3) Der Versuch ist strafbar.

(4) Wird in der Anzeige, Verdächtigung oder Mitteilung gegen den anderen eine unwahre Behauptung aufgestellt oder ist die Tat in der Absicht begangen, eine der in Absatz 1 bezeichneten Folgen herbeizuführen, oder liegt sonst ein besonders schwerer Fall vor, so kann auf Freiheitsstrafe von einem Jahr bis zu zehn Jahren erkannt werden.

Neunzehnter Abschnitt
Diebstahl und Unterschlagung

§ 242 Diebstahl

(1) Wer eine fremde bewegliche Sache einem anderen in der Absicht wegnimmt, die Sache sich oder einem Dritten rechtswidrig zuzueignen, wird mit Freiheitsstrafe bis zu fünf Jahren oder mit Geldstrafe bestraft.

(2) Der Versuch ist strafbar.

§ 243 Besonders schwerer Fall des Diebstahls

(1) In besonders schweren Fällen wird der Diebstahl mit Freiheitsstrafe von drei Monaten bis zu zehn Jahren bestraft. Ein besonders schwerer Fall liegt in der Regel vor, wenn der Täter

1. zur Ausführung der Tat in ein Gebäude, einen Dienst- oder Geschäftsraum oder in einen anderen umschlossenen Raum einbricht, einsteigt, mit einem falschen Schlüssel oder einem anderen nicht zur ordnungsmäßigen Öffnung bestimmten Werkzeug eindringt oder sich in dem Raum verborgen hält,
2. eine Sache stiehlt, die durch ein verschlossenes Behältnis oder eine andere Schutzvorrichtung gegen Wegnahme besonders gesichert ist,
3. gewerbsmäßig stiehlt,
4. aus einer Kirche oder einem anderen der Religionsausübung dienenden Gebäude oder Raum eine Sache stiehlt, die dem Gottesdienst gewidmet ist oder der religiösen Verehrung dient,
5. eine Sache von Bedeutung für Wissenschaft, Kunst oder Geschichte oder für die technische Entwicklung stiehlt, die sich in einer allgemein zugänglichen Sammlung befindet oder öffentlich ausgestellt ist,

6. stiehlt, indem er die Hilflosigkeit einer anderen Person, einen Unglücksfall oder eine gemeine Gefahr ausnutzt oder
7. eine Handfeuerwaffe, zu deren Erwerb es nach dem Waffengesetz der Erlaubnis bedarf, ein Maschinengewehr, eine Maschinenpistole, ein voll- oder halbautomatisches Gewehr oder eine Sprengstoff enthaltende Kriegswaffe im Sinne des Kriegswaffenkontrollgesetzes oder Sprengstoff stiehlt.

(2) In den Fällen des Absatzes 1 Satz 2 Nr. 1 bis 6 ist ein besonders schwerer Fall ausgeschlossen, wenn sich die Tat auf eine geringwertige Sache bezieht.

§ 244 Diebstahl mit Waffen; Bandendiebstahl; Wohnungseinbruchdiebstahl

(1) Mit Freiheitsstrafe von sechs Monaten bis zu zehn Jahren wird bestraft, wer

1. einen Diebstahl begeht, bei dem er oder ein anderer Beteiligter
   a) eine Waffe oder ein anderes gefährliches Werkzeug bei sich führt,
   b) sonst ein Werkzeug oder Mittel bei sich führt, um den Widerstand einer anderen Person durch Gewalt oder Drohung mit Gewalt zu verhindern oder zu überwinden,
2. als Mitglied einer Bande, die sich zur fortgesetzten Begehung von Raub oder Diebstahl verbunden hat, unter Mitwirkung eines anderen Bandenmitglieds stiehlt oder
3. einen Diebstahl begeht, bei dem er zur Ausführung der Tat in eine Wohnung einbricht, einsteigt, mit einem falschen Schlüssel oder einem anderen nicht zur ordnungsgemäßen Öffnung bestimmten Werkzeug eindringt oder sich in der Wohnung verborgen hält.

(2) Der Versuch ist strafbar.

(3) In minder schweren Fällen des Absatzes 1 Nummer 1 bis 3 ist die Strafe Freiheitsstrafe von drei Monaten bis zu fünf Jahren.

(4) Betrifft der Wohnungseinbruchdiebstahl nach Absatz 1 Nummer 3 eine dauerhaft genutzte Privatwohnung, so ist die Strafe Freiheitsstrafe von einem Jahr bis zu zehn Jahren.

§ 244a Schwerer Bandendiebstahl

(1) Mit Freiheitsstrafe von einem Jahr bis zu zehn Jahren wird bestraft, wer den Diebstahl unter den in § 243 Abs. 1 Satz 2 genannten

Voraussetzungen oder in den Fällen des § 244 Abs. 1 Nr. 1 oder 3 als Mitglied einer Bande, die sich zur fortgesetzten Begehung von Raub oder Diebstahl verbunden hat, unter Mitwirkung eines anderen Bandenmitglieds begeht.

(2) In minder schweren Fällen ist die Strafe Freiheitsstrafe von sechs Monaten bis zu fünf Jahren.

§ 245 Führungsaufsicht

In den Fällen der §§ 242 bis 244a kann das Gericht Führungsaufsicht anordnen (§ 68 Abs. 1).

§ 246 Unterschlagung

(1) Wer eine fremde bewegliche Sache sich oder einem Dritten rechtswidrig zueignet, wird mit Freiheitsstrafe bis zu drei Jahren oder mit Geldstrafe bestraft, wenn die Tat nicht in anderen Vorschriften mit schwererer Strafe bedroht ist.

(2) Ist in den Fällen des Absatzes 1 die Sache dem Täter anvertraut, so ist die Strafe Freiheitsstrafe bis zu fünf Jahren oder Geldstrafe.

(3) Der Versuch ist strafbar.

§ 247 Haus- und Familiendiebstahl

Ist durch einen Diebstahl oder eine Unterschlagung ein Angehöriger, der Vormund oder der Betreuer verletzt oder lebt der Verletzte mit dem Täter in häuslicher Gemeinschaft, so wird die Tat nur auf Antrag verfolgt.

§ 248 (weggefallen)

§ 248a Diebstahl und Unterschlagung geringwertiger Sachen

Der Diebstahl und die Unterschlagung geringwertiger Sachen werden in den Fällen der §§ 242 und 246 nur auf Antrag verfolgt, es sei denn, daß die Strafverfolgungsbehörde wegen des besonderen öffentlichen Interesses an der Strafverfolgung ein Einschreiten von Amts wegen für geboten hält.

§ 248b Unbefugter Gebrauch eines Fahrzeugs

(1) Wer ein Kraftfahrzeug oder ein Fahrrad gegen den Willen des Berechtigten in Gebrauch nimmt, wird mit Freiheitsstrafe bis zu

drei Jahren oder mit Geldstrafe bestraft, wenn die Tat nicht in anderen Vorschriften mit schwererer Strafe bedroht ist.

(2) Der Versuch ist strafbar.

(3) Die Tat wird nur auf Antrag verfolgt.

(4) Kraftfahrzeuge im Sinne dieser Vorschrift sind die Fahrzeuge, die durch Maschinenkraft bewegt werden, Landkraftfahrzeuge nur insoweit, als sie nicht an Bahngleise gebunden sind.

§ 248c Entziehung elektrischer Energie

(1) Wer einer elektrischen Anlage oder Einrichtung fremde elektrische Energie mittels eines Leiters entzieht, der zur ordnungsmäßigen Entnahme von Energie aus der Anlage oder Einrichtung nicht bestimmt ist, wird, wenn er die Handlung in der Absicht begeht, die elektrische Energie sich oder einem Dritten rechtswidrig zuzueignen, mit Freiheitsstrafe bis zu fünf Jahren oder mit Geldstrafe bestraft.

(2) Der Versuch ist strafbar.

(3) Die §§ 247 und 248a gelten entsprechend.

(4) Wird die in Absatz 1 bezeichnete Handlung in der Absicht begangen, einem anderen rechtswidrig Schaden zuzufügen, so ist die Strafe Freiheitsstrafe bis zu zwei Jahren oder Geldstrafe. Die Tat wird nur auf Antrag verfolgt.

Zwanzigster Abschnitt
Raub und Erpressung

§ 249 Raub

(1) Wer mit Gewalt gegen eine Person oder unter Anwendung von Drohungen mit gegenwärtiger Gefahr für Leib oder Leben eine fremde bewegliche Sache einem anderen in der Absicht wegnimmt, die Sache sich oder einem Dritten rechtswidrig zuzueignen, wird mit Freiheitsstrafe nicht unter einem Jahr bestraft.

(2) In minder schweren Fällen ist die Strafe Freiheitsstrafe von sechs Monaten bis zu fünf Jahren.

§ 250 Schwerer Raub

(1) Auf Freiheitsstrafe nicht unter drei Jahren ist zu erkennen, wenn

1. der Täter oder ein anderer Beteiligter am Raub
   a) eine Waffe oder ein anderes gefährliches Werkzeug bei sich führt,
   b) sonst ein Werkzeug oder Mittel bei sich führt, um den Widerstand einer anderen Person durch Gewalt oder Drohung mit Gewalt zu verhindern oder zu überwinden,
   c) eine andere Person durch die Tat in die Gefahr einer schweren Gesundheitsschädigung bringt oder
2. der Täter den Raub als Mitglied einer Bande, die sich zur fortgesetzten Begehung von Raub oder Diebstahl verbunden hat, unter Mitwirkung eines anderen Bandenmitglieds begeht.

(2) Auf Freiheitsstrafe nicht unter fünf Jahren ist zu erkennen, wenn der Täter oder ein anderer Beteiligter am Raub

1. bei der Tat eine Waffe oder ein anderes gefährliches Werkzeug verwendet,
2. in den Fällen des Absatzes 1 Nr. 2 eine Waffe bei sich führt oder
3. eine andere Person
   a) bei der Tat körperlich schwer mißhandelt oder
   b) durch die Tat in die Gefahr des Todes bringt.

(3) In minder schweren Fällen der Absätze 1 und 2 ist die Strafe Freiheitsstrafe von einem Jahr bis zu zehn Jahren.

§ 251 Raub mit Todesfolge

Verursacht der Täter durch den Raub (§§ 249 und 250) wenigstens leichtfertig den Tod eines anderen Menschen, so ist die Strafe lebenslange Freiheitsstrafe oder Freiheitsstrafe nicht unter zehn Jahren.

§ 252 Räuberischer Diebstahl

Wer, bei einem Diebstahl auf frischer Tat betroffen, gegen eine Person Gewalt verübt oder Drohungen mit gegenwärtiger Gefahr für Leib oder Leben anwendet, um sich im Besitz des gestohlenen Gutes zu erhalten, ist gleich einem Räuber zu bestrafen.

§ 253 Erpressung

(1) Wer einen Menschen rechtswidrig mit Gewalt oder durch Drohung mit einem empfindlichen Übel zu einer Handlung, Duldung oder Unterlassung nötigt und dadurch dem Vermögen des Genötigten oder eines anderen Nachteil zufügt, um sich oder einen Dritten zu Unrecht zu bereichern, wird mit Freiheitsstrafe bis zu fünf Jahren oder mit Geldstrafe bestraft.

(2) Rechtswidrig ist die Tat, wenn die Anwendung der Gewalt oder die Androhung des Übels zu dem angestrebten Zweck als verwerflich anzusehen ist.

(3) Der Versuch ist strafbar.

(4) In besonders schweren Fällen ist die Strafe Freiheitsstrafe nicht unter einem Jahr. Ein besonders schwerer Fall liegt in der Regel vor, wenn der Täter gewerbsmäßig oder als Mitglied einer Bande handelt, die sich zur fortgesetzten Begehung einer Erpressung verbunden hat.

§ 254 (weggefallen)

§ 255 Räuberische Erpressung

Wird die Erpressung durch Gewalt gegen eine Person oder unter Anwendung von Drohungen mit gegenwärtiger Gefahr für Leib oder Leben begangen, so ist der Täter gleich einem Räuber zu bestrafen.

§ 256 Führungsaufsicht

In den Fällen der §§ 249 bis 255 kann das Gericht Führungsaufsicht anordnen (§ 68 Abs. 1).

Einundzwanzigster Abschnitt
Begünstigung und Hehlerei

§ 257 Begünstigung

(1) Wer einem anderen, der eine rechtswidrige Tat begangen hat, in der Absicht Hilfe leistet, ihm die Vorteile der Tat zu sichern, wird mit Freiheitsstrafe bis zu fünf Jahren oder mit Geldstrafe bestraft.

(2) Die Strafe darf nicht schwerer sein als die für die Vortat angedrohte Strafe.

(3) Wegen Begünstigung wird nicht bestraft, wer wegen Beteiligung an der Vortat strafbar ist. Dies gilt nicht für denjenigen, der einen an der Vortat Unbeteiligten zur Begünstigung anstiftet.

(4) Die Begünstigung wird nur auf Antrag, mit Ermächtigung oder auf Strafverlangen verfolgt, wenn der Begünstiger als Täter oder Teilnehmer der Vortat nur auf Antrag, mit Ermächtigung oder auf Strafverlangen verfolgt werden könnte. § 248a gilt sinngemäß.

§ 258 Strafvereitelung

(1) Wer absichtlich oder wissentlich ganz oder zum Teil vereitelt, daß ein anderer dem Strafgesetz gemäß wegen einer rechtswidrigen Tat bestraft oder einer Maßnahme (§ 11 Abs. 1 Nr. 8) unterworfen wird, wird mit Freiheitsstrafe bis zu fünf Jahren oder mit Geldstrafe bestraft.

(2) Ebenso wird bestraft, wer absichtlich oder wissentlich die Vollstreckung einer gegen einen anderen verhängten Strafe oder Maßnahme ganz oder zum Teil vereitelt.

(3) Die Strafe darf nicht schwerer sein als die für die Vortat angedrohte Strafe.

(4) Der Versuch ist strafbar.

(5) Wegen Strafvereitelung wird nicht bestraft, wer durch die Tat zugleich ganz oder zum Teil vereiteln will, daß er selbst bestraft oder einer Maßnahme unterworfen wird oder daß eine gegen ihn verhängte Strafe oder Maßnahme vollstreckt wird.

(6) Wer die Tat zugunsten eines Angehörigen begeht, ist straffrei.

§ 258a Strafvereitelung im Amt

(1) Ist in den Fällen des § 258 Abs. 1 der Täter als Amtsträger zur Mitwirkung bei dem Strafverfahren oder dem Verfahren zur Anordnung der Maßnahme (§ 11 Abs. 1 Nr. 8) oder ist er in den Fällen des § 258 Abs. 2 als Amtsträger zur Mitwirkung bei der Vollstreckung der Strafe oder Maßnahme berufen, so ist die Strafe Freiheitsstrafe von sechs Monaten bis zu fünf Jahren, in minder schweren Fällen Freiheitsstrafe bis zu drei Jahren oder Geldstrafe.

(2) Der Versuch ist strafbar.

(3) § 258 Abs. 3 und 6 ist nicht anzuwenden.

§ 259 Hehlerei

(1) Wer eine Sache, die ein anderer gestohlen oder sonst durch eine gegen fremdes Vermögen gerichtete rechtswidrige Tat erlangt hat,

ankauft oder sonst sich oder einem Dritten verschafft, sie absetzt oder absetzen hilft, um sich oder einen Dritten zu bereichern, wird mit Freiheitsstrafe bis zu fünf Jahren oder mit Geldstrafe bestraft.

(2) Die §§ 247 und 248a gelten sinngemäß.

(3) Der Versuch ist strafbar.

§ 260 Gewerbsmäßige Hehlerei; Bandenhehlerei

(1) Mit Freiheitsstrafe von sechs Monaten bis zu zehn Jahren wird bestraft, wer die Hehlerei

1. gewerbsmäßig oder
2. als Mitglied einer Bande, die sich zur fortgesetzten Begehung von Raub, Diebstahl oder Hehlerei verbunden hat,

begeht.

(2) Der Versuch ist strafbar.

§ 260a Gewerbsmäßige Bandenhehlerei

(1) Mit Freiheitsstrafe von einem Jahr bis zu zehn Jahren wird bestraft, wer die Hehlerei als Mitglied einer Bande, die sich zur fortgesetzten Begehung von Raub, Diebstahl oder Hehlerei verbunden hat, gewerbsmäßig begeht.

(2) In minder schweren Fällen ist die Strafe Freiheitsstrafe von sechs Monaten bis zu fünf Jahren.

§ 261 Geldwäsche; Verschleierung unrechtmäßig erlangter Vermögenswerte

(1) Wer einen Gegenstand, der aus einer in Satz 2 genannten rechtswidrigen Tat herrührt, verbirgt, dessen Herkunft verschleiert oder die Ermittlung der Herkunft, das Auffinden, die Einziehung oder die Sicherstellung eines solchen Gegenstandes vereitelt oder gefährdet, wird mit Freiheitsstrafe von drei Monaten bis zu fünf Jahren bestraft. Rechtswidrige Taten im Sinne des Satzes 1 sind

1. Verbrechen,
2. Vergehen nach
   a) den §§ 108e, 332 Absatz 1 und 3 sowie § 334, jeweils auch in Verbindung mit § 335a,
   b) § 29 Abs. 1 Satz 1 Nr. 1 des Betäubungsmittelgesetzes und § 19 Abs. 1 Nr. 1 des Grundstoffüberwachungsgesetzes,

3. Vergehen nach § 373 und nach § 374 Abs. 2 der Abgabenordnung, jeweils auch in Verbindung mit § 12 Abs. 1 des Gesetzes zur Durchführung der Gemeinsamen Marktorganisationen und der Direktzahlungen,
4. Vergehen
   a) nach den §§ 152a, 181a, 232 Absatz 1 bis 3 Satz 1 und Absatz 4, § 232a Absatz 1 und 2, § 232b Absatz 1 und 2, § 233 Absatz 1 bis 3, § 233a Absatz1 und 2, den §§242, 246, 253, 259, 263 bis 264, 265c, 266, 267, 269, 271, 284, 299, 326 Abs. 1, 2 und 4, § 328 Abs. 1, 2 und 4 sowie § 348,
   b) nach § 96 des Aufenthaltsgesetzes, § 84 des Asylgesetzes, nach § 370 der Abgabenordnung, nach § 119 Absatz 1 bis 4 des Wertpapierhandelsgesetzes sowie nach den §§ 143, 143a und 144 des Markengesetzes, den §§ 106 bis 108b des Urheberrechtsgesetzes, § 25 des Gebrauchsmustergesetzes, den §§ 51 und 65 des Designgesetzes, § 142 des Patentgesetzes, § 10 des Halbleiterschutzgesetzes und § 39 des Sortenschutzgesetzes,

   die gewerbsmäßig oder von einem Mitglied einer Bande, die sich zur fortgesetzten Begehung solcher Taten verbunden hat, begangen worden sind, und
5. Vergehen nach den §§ 89a und 89c und nach den §§ 129 und 129a Abs. 3 und 5, jeweils auch in Verbindung mit § 129b Abs. 1, sowie von einem Mitglied einer kriminellen oder terroristischen Vereinigung (§§ 129, 129a, jeweils auch in Verbindung mit § 129b Abs. 1) begangene Vergehen.

Satz 1 gilt in den Fällen der gewerbsmäßigen oder bandenmäßigen Steuerhinterziehung nach § 370 der Abgabenordnung für die durch die Steuerhinterziehung ersparten Aufwendungen und unrechtmäßig erlangten Steuererstattungen und -vergütungen sowie in den Fällen des Satzes 2 Nr. 3 auch für einen Gegenstand, hinsichtlich dessen Abgaben hinterzogen worden sind.

(2) Ebenso wird bestraft, wer einen in Absatz 1 bezeichneten Gegenstand

1. sich oder einem Dritten verschafft oder
2. verwahrt oder für sich oder einen Dritten verwendet, wenn er die Herkunft des Gegenstandes zu dem Zeitpunkt gekannt hat, zu dem er ihn erlangt hat.

(3) Der Versuch ist strafbar.

(4) In besonders schweren Fällen ist die Strafe Freiheitsstrafe von sechs Monaten bis zu zehn Jahren. Ein besonders schwerer Fall liegt in der Regel vor, wenn der Täter gewerbsmäßig oder als Mitglied einer Bande handelt, die sich zur fortgesetzten Begehung einer Geldwäsche verbunden hat.

(5) Wer in den Fällen des Absatzes 1 oder 2 leichtfertig nicht erkennt, daß der Gegenstand aus einer in Absatz 1 genannten rechtswidrigen Tat herrührt, wird mit Freiheitsstrafe bis zu zwei Jahren oder mit Geldstrafe bestraft.

(6) Die Tat ist nicht nach Absatz 2 strafbar, wenn zuvor ein Dritter den Gegenstand erlangt hat, ohne hierdurch eine Straftat zu begehen.

(7) Gegenstände, auf die sich die Straftat bezieht, können eingezogen werden. § 74a ist anzuwenden.

(8) Den in den Absätzen 1, 2 und 5 bezeichneten Gegenständen stehen solche gleich, die aus einer im Ausland begangenen Tat der in Absatz 1 bezeichneten Art herrühren, wenn die Tat auch am Tatort mit Strafe bedroht ist.

(9) Nach den Absätzen 1 bis 5 wird nicht bestraft,

1. wer die Tat freiwillig bei der zuständigen Behörde anzeigt oder freiwillig eine solche Anzeige veranlasst, wenn nicht die Tat zu diesem Zeitpunkt bereits ganz oder zum Teil entdeckt war und der Täter dies wusste oder bei verständiger Würdigung der Sachlage damit rechnen musste, und
2. in den Fällen des Absatzes 1 oder des Absatzes 2 unter den in Nummer 1 genannten Voraussetzungen die Sicherstellung des Gegenstandes bewirkt, auf den sich die Straftat bezieht.

Nach den Absätzen 1 bis 5 wird außerdem nicht bestraft, wer wegen Beteiligung an der Vortat strafbar ist. Eine Straflosigkeit nach Satz 2 ist ausgeschlossen, wenn der Täter oder Teilnehmer einen Gegenstand, der aus einer in Absatz 1 Satz 2 genannten rechtswidrigen Tat herrührt, in den Verkehr bringt und dabei die rechtswidrige Herkunft des Gegenstandes verschleiert.

Entscheidung des Bundesverfassungsgerichts vom 30. März 2004 (BGBl. I S. 715)

Aus dem Urteil des Bundesverfassungsgerichts vom 30. März 2004 – 2 BvR 1520/01, 2 BvR 1521/01 – wird folgende Entscheidungsformel veröffentlicht:

§ 261 Absatz 2 Nummer 1 des Strafgesetzbuchs ist mit dem Grundgesetz vereinbar, soweit Strafverteidiger nur dann mit Strafe bedroht werden, wenn sie im Zeitpunkt der Annahme ihres Honorars sichere Kenntnis von dessen Herkunft hatten.

Die vorstehende Entscheidungsformel hat gemäß § 31 Abs. 2 des Bundesverfassungsgerichtsgesetzes Gesetzeskraft.

§ 262 Führungsaufsicht

In den Fällen der §§ 259 bis 261 kann das Gericht Führungsaufsicht anordnen (§ 68 Abs. 1).

Zweiundzwanzigster Abschnitt
Betrug und Untreue

§ 263 Betrug

(1) Wer in der Absicht, sich oder einem Dritten einen rechtswidrigen Vermögensvorteil zu verschaffen, das Vermögen eines anderen dadurch beschädigt, daß er durch Vorspiegelung falscher oder durch Entstellung oder Unterdrückung wahrer Tatsachen einen Irrtum erregt oder unterhält, wird mit Freiheitsstrafe bis zu fünf Jahren oder mit Geldstrafe bestraft.

(2) Der Versuch ist strafbar.

(3) In besonders schweren Fällen ist die Strafe Freiheitsstrafe von sechs Monaten bis zu zehn Jahren. Ein besonders schwerer Fall liegt in der Regel vor, wenn der Täter

1. gewerbsmäßig oder als Mitglied einer Bande handelt, die sich zur fortgesetzten Begehung von Urkundenfälschung oder Betrug verbunden hat,
2. einen Vermögensverlust großen Ausmaßes herbeiführt oder in der Absicht handelt, durch die fortgesetzte Begehung von Betrug eine große Zahl von Menschen in die Gefahr des Verlustes von Vermögenswerten zu bringen,
3. eine andere Person in wirtschaftliche Not bringt,
4. seine Befugnisse oder seine Stellung als Amtsträger oder Europäischer Amtsträger mißbraucht oder
5. einen Versicherungsfall vortäuscht, nachdem er oder ein anderer zu diesem Zweck eine Sache von bedeutendem Wert in Brand gesetzt oder durch eine Brandlegung ganz oder teilweise zerstört oder ein Schiff zum Sinken oder Stranden gebracht hat.

(4) § 243 Abs. 2 sowie die §§ 247 und 248a gelten entsprechend.

(5) Mit Freiheitsstrafe von einem Jahr bis zu zehn Jahren, in minder schweren Fällen mit Freiheitsstrafe von sechs Monaten bis zu fünf Jahren wird bestraft, wer den Betrug als Mitglied einer Bande, die sich zur fortgesetzten Begehung von Straftaten nach den §§ 263 bis 264 oder 267 bis 269 verbunden hat, gewerbsmäßig begeht.

(6) Das Gericht kann Führungsaufsicht anordnen (§ 68 Abs. 1).

§ 263a Computerbetrug

(1) Wer in der Absicht, sich oder einem Dritten einen rechtswidrigen Vermögensvorteil zu verschaffen, das Vermögen eines anderen dadurch beschädigt, daß er das Ergebnis eines Datenverarbeitungsvorgangs durch unrichtige Gestaltung des Programms, durch Verwendung unrichtiger oder unvollständiger Daten, durch unbefugte Verwendung von Daten oder sonst durch unbefugte Einwirkung auf den Ablauf beeinflußt, wird mit Freiheitsstrafe bis zu fünf Jahren oder mit Geldstrafe bestraft.

(2) § 263 Abs. 2 bis 6 gilt entsprechend.

(3) Wer eine Straftat nach Absatz 1 vorbereitet, indem er Computerprogramme, deren Zweck die Begehung einer solchen Tat ist, herstellt, sich oder einem anderen verschafft, feilhält, verwahrt oder einem anderen überlässt, wird mit Freiheitsstrafe bis zu drei Jahren oder mit Geldstrafe bestraft.

(4) In den Fällen des Absatzes 3 gilt § 149 Abs. 2 und 3 entsprechend.

§ 264 Subventionsbetrug

(1) Mit Freiheitsstrafe bis zu fünf Jahren oder mit Geldstrafe wird bestraft, wer

1. einer für die Bewilligung einer Subvention zuständigen Behörde oder einer anderen in das Subventionsverfahren eingeschalteten Stelle oder Person (Subventionsgeber) über subventionserhebliche Tatsachen für sich oder einen anderen unrichtige oder unvollständige Angaben macht, die für ihn oder den anderen vorteilhaft sind,
2. einen Gegenstand oder eine Geldleistung, deren Verwendung durch Rechtsvorschriften oder durch den Subventionsgeber im Hinblick auf eine Subvention beschränkt ist, entgegen der Verwendungsbeschränkung verwendet,
3. den Subventionsgeber entgegen den Rechtsvorschriften über die Subventionsvergabe über subventionserhebliche Tatsachen in Unkenntnis läßt oder
4. in einem Subventionsverfahren eine durch unrichtige oder unvollständige Angaben erlangte Bescheinigung über eine Subventionsberechtigung oder über subventionserhebliche Tatsachen gebraucht.

(2) In besonders schweren Fällen ist die Strafe Freiheitsstrafe von sechs Monaten bis zu zehn Jahren. Ein besonders schwerer Fall liegt in der Regel vor, wenn der Täter

1. aus grobem Eigennutz oder unter Verwendung nachgemachter oder verfälschter Belege für sich oder einen anderen eine nicht gerechtfertigte Subvention großen Ausmaßes erlangt,
2. seine Befugnisse oder seine Stellung als Amtsträger oder Europäischer Amtsträger mißbraucht oder
3. die Mithilfe eines Amtsträgers oder Europäischen Amtsträgers ausnutzt, der seine Befugnisse oder seine Stellung mißbraucht.

(3) § 263 Abs. 5 gilt entsprechend.

(4) Wer in den Fällen des Absatzes 1 Nr. 1 bis 3 leichtfertig handelt, wird mit Freiheitsstrafe bis zu drei Jahren oder mit Geldstrafe bestraft.

(5) Nach den Absätzen 1 und 4 wird nicht bestraft, wer freiwillig verhindert, daß auf Grund der Tat die Subvention gewährt wird. Wird die Subvention ohne Zutun des Täters nicht gewährt, so wird er straflos, wenn er sich freiwillig und ernsthaft bemüht, das Gewähren der Subvention zu verhindern.

(6) Neben einer Freiheitsstrafe von mindestens einem Jahr wegen einer Straftat nach den Absätzen 1 bis 3 kann das Gericht die Fähigkeit, öffentliche Ämter zu bekleiden, und die Fähigkeit, Rechte aus öffentlichen Wahlen zu erlangen, aberkennen (§ 45 Abs. 2). Gegenstände, auf die sich die Tat bezieht, können eingezogen werden; § 74a ist anzuwenden.

(7) Subvention im Sinne dieser Vorschrift ist

1. eine Leistung aus öffentlichen Mitteln nach Bundes- oder Landesrecht an Betriebe oder Unternehmen, die wenigstens zum Teil
   a) ohne marktmäßige Gegenleistung gewährt wird und
   b) der Förderung der Wirtschaft dienen soll;
2. eine Leistung aus öffentlichen Mitteln nach dem Recht der Europäischen Gemeinschaften, die wenigstens zum Teil ohne marktmäßige Gegenleistung gewährt wird.

Betrieb oder Unternehmen im Sinne des Satzes 1 Nr. 1 ist auch das öffentliche Unternehmen.

(8) Subventionserheblich im Sinne des Absatzes 1 sind Tatsachen,

1. die durch Gesetz oder auf Grund eines Gesetzes von dem Subventionsgeber als subventionserheblich bezeichnet sind oder

2. von denen die Bewilligung, Gewährung, Rückforderung, Weitergewährung oder das Belassen einer Subvention oder eines Subventionsvorteils gesetzlich abhängig ist.

§ 264a Kapitalanlagebetrug

(1) Wer im Zusammenhang mit

1. dem Vertrieb von Wertpapieren, Bezugsrechten oder von Anteilen, die eine Beteiligung an dem Ergebnis eines Unternehmens gewähren sollen, oder
2. dem Angebot, die Einlage auf solche Anteile zu erhöhen,

in Prospekten oder in Darstellungen oder Übersichten über den Vermögensstand hinsichtlich der für die Entscheidung über den Erwerb oder die Erhöhung erheblichen Umstände gegenüber einem größeren Kreis von Personen unrichtige vorteilhafte Angaben macht oder nachteilige Tatsachen verschweigt, wird mit Freiheitsstrafe bis zu drei Jahren oder mit Geldstrafe bestraft.

(2) Absatz 1 gilt entsprechend, wenn sich die Tat auf Anteile an einem Vermögen bezieht, das ein Unternehmen im eigenen Namen, jedoch für fremde Rechnung verwaltet.

(3) Nach den Absätzen 1 und 2 wird nicht bestraft, wer freiwillig verhindert, daß auf Grund der Tat die durch den Erwerb oder die Erhöhung bedingte Leistung erbracht wird. Wird die Leistung ohne Zutun des Täters nicht erbracht, so wird er straflos, wenn er sich freiwillig und ernsthaft bemüht, das Erbringen der Leistung zu verhindern.

§ 265 Versicherungsmißbrauch

(1) Wer eine gegen Untergang, Beschädigung, Beeinträchtigung der Brauchbarkeit, Verlust oder Diebstahl versicherte Sache beschädigt, zerstört, in ihrer Brauchbarkeit beeinträchtigt, beiseite schafft oder einem anderen überläßt, um sich oder einem Dritten Leistungen aus der Versicherung zu verschaffen, wird mit Freiheitsstrafe bis zu drei Jahren oder mit Geldstrafe bestraft, wenn die Tat nicht in § 263 mit Strafe bedroht ist.

(2) Der Versuch ist strafbar.

§ 265a Erschleichen von Leistungen

(1) Wer die Leistung eines Automaten oder eines öffentlichen Zwecken dienenden Telekommunikationsnetzes, die Beförderung durch ein Verkehrsmittel oder den Zutritt zu einer Veranstaltung oder

einer Einrichtung in der Absicht erschleicht, das Entgelt nicht zu entrichten, wird mit Freiheitsstrafe bis zu einem Jahr oder mit Geldstrafe bestraft, wenn die Tat nicht in anderen Vorschriften mit schwererer Strafe bedroht ist.

(2) Der Versuch ist strafbar.

(3) Die §§ 247 und 248a gelten entsprechend.

C

§ 265b Kreditbetrug

(1) Wer einem Betrieb oder Unternehmen im Zusammenhang mit einem Antrag auf Gewährung, Belassung oder Veränderung der Bedingungen eines Kredits für einen Betrieb oder ein Unternehmen oder einen vorgetäuschten Betrieb oder ein vorgetäuschtes Unternehmen

1. über wirtschaftliche Verhältnisse
   a) unrichtige oder unvollständige Unterlagen, namentlich Bilanzen, Gewinn- und Verlustrechnungen, Vermögensübersichten oder Gutachten vorlegt oder
   b) schriftlich unrichtige oder unvollständige Angaben macht,

   die für den Kreditnehmer vorteilhaft und für die Entscheidung über einen solchen Antrag erheblich sind, oder
2. solche Verschlechterungen der in den Unterlagen oder Angaben dargestellten wirtschaftlichen Verhältnisse bei der Vorlage nicht mitteilt, die für die Entscheidung über einen solchen Antrag erheblich sind,

wird mit Freiheitsstrafe bis zu drei Jahren oder mit Geldstrafe bestraft.

(2) Nach Absatz 1 wird nicht bestraft, wer freiwillig verhindert, daß der Kreditgeber auf Grund der Tat die beantragte Leistung erbringt. Wird die Leistung ohne Zutun des Täters nicht erbracht, so wird er straflos, wenn er sich freiwillig und ernsthaft bemüht, das Erbringen der Leistung zu verhindern.

(3) Im Sinne des Absatzes 1 sind

1. Betriebe und Unternehmen unabhängig von ihrem Gegenstand solche, die nach Art und Umfang einen in kaufmännischer Weise eingerichteten Geschäftsbetrieb erfordern;
2. Kredite Gelddarlehen aller Art, Akzeptkredite, der entgeltliche Erwerb und die Stundung von Geldforderungen, die Diskontierung von Wechseln und Schecks und die Übernahme von Bürgschaften, Garantien und sonstigen Gewährleistungen.

§265c Sportwettbetrug

(1) Wer als Sportler oder Trainer einen Vorteil für sich oder einen Dritten als Gegenleistung dafür fordert, sich versprechen lässt oder annimmt, dass er den Verlauf oder das Ergebnis eines Wettbewerbs des organisierten Sports zugunsten des Wettbewerbsgegners beeinflusse und infolgedessen ein rechtswidriger Vermögensvorteil durch eine auf diesen Wettbewerb bezogene öffentliche Sportwette erlangt werde, wird mit Freiheitsstrafe bis zu drei Jahren oder mit Geldstrafe bestraft.

(2) Ebenso wird bestraft, wer einem Sportler oder Trainer einen Vorteil für diesen oder einen Dritten als Gegenleistung dafür anbietet, verspricht oder gewährt, dass er den Verlauf oder das Ergebnis eines Wettbewerbs des organisierten Sports zugunsten des Wettbewerbsgegners beeinflusse und infolgedessen ein rechtswidriger Vermögensvorteil durch eine auf diesen Wettbewerb bezogene öffentliche Sportwette erlangt werde.

(3) Wer als Schieds-, Wertungs- oder Kampfrichter einen Vorteil für sich oder einen Dritten als Gegenleistung dafür fordert, sich versprechen lässt oder annimmt, dass er den Verlauf oder das Ergebnis eines Wettbewerbs des organisierten Sports in regelwidriger Weise beeinflusse und infolgedessen ein rechtswidriger Vermögensvorteil durch eine auf diesen Wettbewerb bezogene öffentliche Sportwette erlangt werde, wird mit Freiheitsstrafe bis zu drei Jahren oder mit Geldstrafe bestraft.

(4) Ebenso wird bestraft, wer einem Schieds-, Wertungs- oder Kampfrichter einen Vorteil für diesen oder einen Dritten als Gegenleistung dafür anbietet, verspricht oder gewährt, dass er den Verlauf oder das Ergebnis eines Wettbewerbs des organisierten Sports in regelwidriger Weise beeinflusse und infolgedessen ein rechtswidriger Vermögensvorteil durch eine auf diesen Wettbewerb bezogene öffentliche Sportwette erlangt werde.

(5) Ein Wettbewerb des organisierten Sports im Sinne dieser Vorschrift ist jede Sportveranstaltung im Inland oder im Ausland,

1. die von einer nationalen oder internationalen Sportorganisation oder in deren Auftrag oder mit deren Anerkennung organisiert wird und
2. bei der Regeln einzuhalten sind, die von einer nationalen oder internationalen Sportorganisation mit verpflichtender Wirkung für ihre Mitgliedsorganisationen verabschiedet wurden.

(6) Trainer im Sinne dieser Vorschrift ist, wer bei dem sportlichen Wettbewerb über den Einsatz und die Anleitung von Sportlern ent-

scheidet. Einem Trainer stehen Personen gleich, die aufgrund ihrer beruflichen oder wirtschaftlichen Stellung wesentlichen Einfluss auf den Einsatz oder die Anleitung von Sportlern nehmen können.

§ 265d Manipulation von berufssportlichen Wettbewerben

(1) Wer als Sportler oder Trainer einen Vorteil für sich oder einen Dritten als Gegenleistung dafür fordert, sich versprechen lässt oder annimmt, dass er den Verlauf oder das Ergebnis eines berufssportlichen Wettbewerbs in wettbewerbswidriger Weise zugunsten des Wettbewerbsgegners beeinflusse, wird mit Freiheitsstrafe bis zu drei Jahren oder mit Geldstrafe bestraft.

(2) Ebenso wird bestraft, wer einem Sportler oder Trainer einen Vorteil für diesen oder einen Dritten als Gegenleistung dafür anbietet, verspricht oder gewährt, dass er den Verlauf oder das Ergebnis eines berufssportlichen Wettbewerbs in wettbewerbswidriger Weise zugunsten des Wettbewerbsgegners beeinflusse.

(3) Wer als Schieds-, Wertungs- oder Kampfrichter einen Vorteil für sich oder einen Dritten als Gegenleistung dafür fordert, sich versprechen lässt oder annimmt, dass er den Verlauf oder das Ergebnis eines berufssportlichen Wettbewerbs in regelwidriger Weise beeinflusse, wird mit Freiheitsstrafe bis zu drei Jahren oder mit Geldstrafe bestraft.

(4) Ebenso wird bestraft, wer einem Schieds-, Wertungs- oder Kampfrichter einen Vorteil für diesen oder einen Dritten als Gegenleistung dafür anbietet, verspricht oder gewährt, dass er den Verlauf oder das Ergebnis eines berufssportlichen Wettbewerbs in regelwidriger Weise beeinflusse.

(5) Ein berufssportlicher Wettbewerb im Sinne dieser Vorschrift ist jede Sportveranstaltung im Inland oder im Ausland,

1. die von einem Sportbundesverband oder einer internationalen Sportorganisation veranstaltet oder in deren Auftrag oder mit deren Anerkennung organisiert wird,
2. bei der Regeln einzuhalten sind, die von einer nationalen oder internationalen Sportorganisation mit verpflichtender Wirkung für ihre Mitgliedsorganisationen verabschiedet wurden, und
3. an der überwiegend Sportler teilnehmen, die durch ihre sportliche Betätigung unmittelbar oder mittelbar Einnahmen von erheblichem Umfang erzielen.

(6) § 265c Absatz 6 gilt entsprechend.

§ 265e Besonders schwere Fälle des Sportwettbetrugs und der Manipulation von berufssportlichen Wettbewerben

In besonders schweren Fällen wird eine Tat nach den §§ 265c und 265d mit Freiheitsstrafe von drei Monaten bis zu fünf Jahren bestraft. Ein besonders schwerer Fall liegt in der Regel vor, wenn

1. die Tat sich auf einen Vorteil großen Ausmaßes bezieht oder
2. der Täter gewerbsmäßig handelt oder als Mitglied einer Bande, die sich zur fortgesetzten Begehung solcher Taten verbunden hat.

§ 266 Untreue

(1) Wer die ihm durch Gesetz, behördlichen Auftrag oder Rechtsgeschäft eingeräumte Befugnis, über fremdes Vermögen zu verfügen oder einen anderen zu verpflichten, mißbraucht oder die ihm kraft Gesetzes, behördlichen Auftrags, Rechtsgeschäfts oder eines Treueverhältnisses obliegende Pflicht, fremde Vermögensinteressen wahrzunehmen, verletzt und dadurch dem, dessen Vermögensinteressen er zu betreuen hat, Nachteil zufügt, wird mit Freiheitsstrafe bis zu fünf Jahren oder mit Geldstrafe bestraft.

(2) § 243 Abs. 2 und die §§ 247, 248a und 263 Abs. 3 gelten entsprechend.

§ 266a Vorenthalten und Veruntreuen von Arbeitsentgelt

(1) Wer als Arbeitgeber der Einzugsstelle Beiträge des Arbeitnehmers zur Sozialversicherung einschließlich der Arbeitsförderung, unabhängig davon, ob Arbeitsentgelt gezahlt wird, vorenthält, wird mit Freiheitsstrafe bis zu fünf Jahren oder mit Geldstrafe bestraft.

(2) Ebenso wird bestraft, wer als Arbeitgeber

1. der für den Einzug der Beiträge zuständigen Stelle über sozialversicherungsrechtlich erhebliche Tatsachen unrichtige oder unvollständige Angaben macht oder
2. die für den Einzug der Beiträge zuständige Stelle pflichtwidrig über sozialversicherungsrechtlich erhebliche Tatsachen in Unkenntnis lässt

und dadurch dieser Stelle vom Arbeitgeber zu tragende Beiträge zur Sozialversicherung einschließlich der Arbeitsförderung, unabhängig davon, ob Arbeitsentgelt gezahlt wird, vorenthält.

(3) Wer als Arbeitgeber sonst Teile des Arbeitsentgelts, die er für den Arbeitnehmer an einen anderen zu zahlen hat, dem Arbeit-

nehmer einbehält, sie jedoch an den anderen nicht zahlt und es unterlässt, den Arbeitnehmer spätestens im Zeitpunkt der Fälligkeit oder unverzüglich danach über das Unterlassen der Zahlung an den anderen zu unterrichten, wird mit Freiheitsstrafe bis zu fünf Jahren oder mit Geldstrafe bestraft. Satz 1 gilt nicht für Teile des Arbeitsentgelts, die als Lohnsteuer einbehalten werden.

(4) In besonders schweren Fällen der Absätze 1 und 2 ist die Strafe Freiheitsstrafe von sechs Monaten bis zu zehn Jahren. Ein besonders schwerer Fall liegt in der Regel vor, wenn der Täter

1. aus grobem Eigennutz in großem Ausmaß Beiträge vorenthält,
2. unter Verwendung nachgemachter oder verfälschter Belege fortgesetzt Beiträge vorenthält,
3. fortgesetzt Beiträge vorenthält und sich zur Verschleierung der tatsächlichen Beschäftigungsverhältnisse unrichtige, nachgemachte oder verfälschte Belege von einem Dritten verschafft, der diese gewerbsmäßig anbietet,
4. als Mitglied einer Bande handelt, die sich zum fortgesetzten Vorenthalten von Beiträgen zusammengeschlossen hat und die zur Verschleierung der tatsächlichen Beschäftigungsverhältnisse unrichtige, nachgemachte oder verfälschte Belege vorhält, oder
5. die Mithilfe eines Amtsträgers ausnutzt, der seine Befugnisse oder seine Stellung missbraucht.

(5) Dem Arbeitgeber stehen der Auftraggeber eines Heimarbeiters, Hausgewerbetreibenden oder einer Person, die im Sinne des Heimarbeitsgesetzes diesen gleichgestellt ist, sowie der Zwischenmeister gleich.

(6) In den Fällen der Absätze 1 und 2 kann das Gericht von einer Bestrafung nach dieser Vorschrift absehen, wenn der Arbeitgeber spätestens im Zeitpunkt der Fälligkeit oder unverzüglich danach der Einzugsstelle schriftlich

1. die Höhe der vorenthaltenen Beiträge mitteilt und
2. darlegt, warum die fristgemäße Zahlung nicht möglich ist, obwohl er sich darum ernsthaft bemüht hat.

Liegen die Voraussetzungen des Satzes 1 vor und werden die Beiträge dann nachträglich innerhalb der von der Einzugsstelle bestimmten angemessenen Frist entrichtet, wird der Täter insoweit nicht bestraft. In den Fällen des Absatzes 3 gelten die Sätze 1 und 2 entsprechend.

§ 266b Mißbrauch von Scheck- und Kreditkarten

(1) Wer die ihm durch die Überlassung einer Scheckkarte oder einer Kreditkarte eingeräumte Möglichkeit, den Aussteller zu einer Zahlung zu veranlassen, mißbraucht und diesen dadurch schädigt, wird mit Freiheitsstrafe bis zu drei Jahren oder mit Geldstrafe bestraft.

(2) § 248a gilt entsprechend.

Dreiundzwanzigster Abschnitt
Urkundenfälschung

§ 267 Urkundenfälschung

(1) Wer zur Täuschung im Rechtsverkehr eine unechte Urkunde herstellt, eine echte Urkunde verfälscht oder eine unechte oder verfälschte Urkunde gebraucht, wird mit Freiheitsstrafe bis zu fünf Jahren oder mit Geldstrafe bestraft.

(2) Der Versuch ist strafbar.

(3) In besonders schweren Fällen ist die Strafe Freiheitsstrafe von sechs Monaten bis zu zehn Jahren. Ein besonders schwerer Fall liegt in der Regel vor, wenn der Täter

1. gewerbsmäßig oder als Mitglied einer Bande handelt, die sich zur fortgesetzten Begehung von Betrug oder Urkundenfälschung verbunden hat,
2. einen Vermögensverlust großen Ausmaßes herbeiführt,
3. durch eine große Zahl von unechten oder verfälschten Urkunden die Sicherheit des Rechtsverkehrs erheblich gefährdet oder
4. seine Befugnisse oder seine Stellung als Amtsträger oder Europäischer Amtsträger mißbraucht.

(4) Mit Freiheitsstrafe von einem Jahr bis zu zehn Jahren, in minder schweren Fällen mit Freiheitsstrafe von sechs Monaten bis zu fünf Jahren wird bestraft, wer die Urkundenfälschung als Mitglied einer Bande, die sich zur fortgesetzten Begehung von Straftaten nach den §§ 263 bis 264 oder 267 bis 269 verbunden hat, gewerbsmäßig begeht.

§ 268 Fälschung technischer Aufzeichnungen

(1) Wer zur Täuschung im Rechtsverkehr

1. eine unechte technische Aufzeichnung herstellt oder eine technische Aufzeichnung verfälscht oder

2. eine unechte oder verfälschte technische Aufzeichnung gebraucht,

wird mit Freiheitsstrafe bis zu fünf Jahren oder mit Geldstrafe bestraft.

(2) Technische Aufzeichnung ist eine Darstellung von Daten, Meß- oder Rechenwerten, Zuständen oder Geschehensabläufen, die durch ein technisches Gerät ganz oder zum Teil selbsttätig bewirkt wird, den Gegenstand der Aufzeichnung allgemein oder für Eingeweihte erkennen läßt und zum Beweis einer rechtlich erheblichen Tatsache bestimmt ist, gleichviel ob ihr die Bestimmung schon bei der Herstellung oder erst später gegeben wird.

(3) Der Herstellung einer unechten technischen Aufzeichnung steht es gleich, wenn der Täter durch störende Einwirkung auf den Aufzeichnungsvorgang das Ergebnis der Aufzeichnung beeinflußt.

(4) Der Versuch ist strafbar.

(5) § 267 Abs. 3 und 4 gilt entsprechend.

§ 269 Fälschung beweiserheblicher Daten

(1) Wer zur Täuschung im Rechtsverkehr beweiserhebliche Daten so speichert oder verändert, daß bei ihrer Wahrnehmung eine unechte oder verfälschte Urkunde vorliegen würde, oder derart gespeicherte oder veränderte Daten gebraucht, wird mit Freiheitsstrafe bis zu fünf Jahren oder mit Geldstrafe bestraft.

(2) Der Versuch ist strafbar.

(3) § 267 Abs. 3 und 4 gilt entsprechend.

§ 270 Täuschung im Rechtsverkehr bei Datenverarbeitung

Der Täuschung im Rechtsverkehr steht die fälschliche Beeinflussung einer Datenverarbeitung im Rechtsverkehr gleich.

§ 271 Mittelbare Falschbeurkundung

(1) Wer bewirkt, daß Erklärungen, Verhandlungen oder Tatsachen, welche für Rechte oder Rechtsverhältnisse von Erheblichkeit sind, in öffentlichen Urkunden, Büchern, Dateien oder Registern als abgegeben oder geschehen beurkundet oder gespeichert werden, während sie überhaupt nicht oder in anderer Weise oder von einer Person in einer ihr nicht zustehenden Eigenschaft oder von einer anderen Person abgegeben oder geschehen sind, wird mit Freiheitsstrafe bis zu drei Jahren oder mit Geldstrafe bestraft.

(2) Ebenso wird bestraft, wer eine falsche Beurkundung oder Datenspeicherung der in Absatz 1 bezeichneten Art zur Täuschung im Rechtsverkehr gebraucht.

(3) Handelt der Täter gegen Entgelt oder in der Absicht, sich oder einen Dritten zu bereichern oder eine andere Person zu schädigen, so ist die Strafe Freiheitsstrafe von drei Monaten bis zu fünf Jahren.

(4) Der Versuch ist strafbar.

§ 272 (weggefallen)

§ 273 Verändern von amtlichen Ausweisen

(1) Wer zur Täuschung im Rechtsverkehr

1. eine Eintragung in einem amtlichen Ausweis entfernt, unkenntlich macht, überdeckt oder unterdrückt oder eine einzelne Seite aus einem amtlichen Ausweis entfernt oder
2. einen derart veränderten amtlichen Ausweis gebraucht,

wird mit Freiheitsstrafe bis zu drei Jahren oder mit Geldstrafe bestraft, wenn die Tat nicht in § 267 oder § 274 mit Strafe bedroht ist.

(2) Der Versuch ist strafbar.

§ 274 Urkundenunterdrückung; Veränderung einer Grenzbezeichnung

(1) Mit Freiheitsstrafe bis zu fünf Jahren oder mit Geldstrafe wird bestraft, wer

1. eine Urkunde oder eine technische Aufzeichnung, welche ihm entweder überhaupt nicht oder nicht ausschließlich gehört, in der Absicht, einem anderen Nachteil zuzufügen, vernichtet, beschädigt oder unterdrückt,
2. beweiserhebliche Daten (§ 202a Abs. 2), über die er nicht oder nicht ausschließlich verfügen darf, in der Absicht, einem anderen Nachteil zuzufügen, löscht, unterdrückt, unbrauchbar macht oder verändert oder
3. einen Grenzstein oder ein anderes zur Bezeichnung einer Grenze oder eines Wasserstandes bestimmtes Merkmal in der Absicht, einem anderen Nachteil zuzufügen, wegnimmt, vernichtet, unkenntlich macht, verrückt oder fälschlich setzt.

(2) Der Versuch ist strafbar.

§ 275 Vorbereitung der Fälschung von amtlichen Ausweisen

(1) Wer eine Fälschung von amtlichen Ausweisen vorbereitet, indem er

1. Platten, Formen, Drucksätze, Druckstöcke, Negative, Matrizen oder ähnliche Vorrichtungen, die ihrer Art nach zur Begehung der Tat geeignet sind,
2. Papier, das einer solchen Papierart gleicht oder zum Verwechseln ähnlich ist, die zur Herstellung von amtlichen Ausweisen bestimmt und gegen Nachahmung besonders gesichert ist, oder
3. Vordrucke für amtliche Ausweise

herstellt, sich oder einem anderen verschafft, feilhält, verwahrt, einem anderen überläßt oder einzuführen oder auszuführen unternimmt, wird mit Freiheitsstrafe bis zu zwei Jahren oder mit Geldstrafe bestraft.

(2) Handelt der Täter gewerbsmäßig oder als Mitglied einer Bande, die sich zur fortgesetzten Begehung von Straftaten nach Absatz 1 verbunden hat, so ist die Strafe Freiheitsstrafe von drei Monaten bis zu fünf Jahren.

(3) § 149 Abs. 2 und 3 gilt entsprechend.

§ 276 Verschaffen von falschen amtlichen Ausweisen

(1) Wer einen unechten oder verfälschten amtlichen Ausweis oder einen amtlichen Ausweis, der eine falsche Beurkundung der in den §§ 271 und 348 bezeichneten Art enthält,

1. einzuführen oder auszuführen unternimmt oder
2. in der Absicht, dessen Gebrauch zur Täuschung im Rechtsverkehr zu ermöglichen, sich oder einem anderen verschafft, verwahrt oder einem anderen überläßt,

wird mit Freiheitsstrafe bis zu zwei Jahren oder mit Geldstrafe bestraft.

(2) Handelt der Täter gewerbsmäßig oder als Mitglied einer Bande, die sich zur fortgesetzten Begehung von Straftaten nach Absatz 1 verbunden hat, so ist die Strafe Freiheitsstrafe von drei Monaten bis zu fünf Jahren.

§ 276a Aufenthaltsrechtliche Papiere; Fahrzeugpapiere

Die §§ 275 und 276 gelten auch für aufenthaltsrechtliche Papiere, namentlich Aufenthaltstitel und Duldungen, sowie für Fahrzeugpapiere, namentlich Fahrzeugscheine und Fahrzeugbriefe.

§ 277 Fälschung von Gesundheitszeugnissen

Wer unter der ihm nicht zustehenden Bezeichnung als Arzt oder als eine andere approbierte Medizinalperson oder unberechtigt unter dem Namen solcher Personen ein Zeugnis über seinen oder eines anderen Gesundheitszustand ausstellt oder ein derartiges echtes Zeugnis verfälscht und davon zur Täuschung von Behörden oder Versicherungsgesellschaften Gebrauch macht, wird mit Freiheitsstrafe bis zu einem Jahr oder mit Geldstrafe bestraft.

§ 278 Ausstellen unrichtiger Gesundheitszeugnisse

Ärzte und andere approbierte Medizinalpersonen, welche ein unrichtiges Zeugnis über den Gesundheitszustand eines Menschen zum Gebrauch bei einer Behörde oder Versicherungsgesellschaft wider besseres Wissen ausstellen, werden mit Freiheitsstrafe bis zu zwei Jahren oder mit Geldstrafe bestraft.

§ 279 Gebrauch unrichtiger Gesundheitszeugnisse

Wer, um eine Behörde oder eine Versicherungsgesellschaft über seinen oder eines anderen Gesundheitszustand zu täuschen, von einem Zeugnis der in den §§ 277 und 278 bezeichneten Art Gebrauch macht, wird mit Freiheitsstrafe bis zu einem Jahr oder mit Geldstrafe bestraft.

§ 280 (weggefallen)

§ 281 Mißbrauch von Ausweispapieren

(1) Wer ein Ausweispapier, das für einen anderen ausgestellt ist, zur Täuschung im Rechtsverkehr gebraucht, oder wer zur Täuschung im Rechtsverkehr einem anderen ein Ausweispapier überläßt, das nicht für diesen ausgestellt ist, wird mit Freiheitsstrafe bis zu einem Jahr oder mit Geldstrafe bestraft. Der Versuch ist strafbar.

(2) Einem Ausweispapier stehen Zeugnisse und andere Urkunden gleich, die im Verkehr als Ausweis verwendet werden.

§ 282 Einziehung

Gegenstände, auf die sich eine Straftat nach § 267, § 268, § 271 Abs. 2 und 3, § 273 oder § 276, dieser auch in Verbindung mit § 276a, oder nach § 279 bezieht, können eingezogen werden. In den Fällen des § 275, auch in Verbindung mit § 276a, werden die dort bezeichneten Fälschungsmittel eingezogen.

Vierundzwanzigster Abschnitt
Insolvenzstraftaten

§ 283 Bankrott

(1) Mit Freiheitsstrafe bis zu fünf Jahren oder mit Geldstrafe wird bestraft, wer bei Überschuldung oder bei drohender oder eingetretener Zahlungsunfähigkeit

1. Bestandteile seines Vermögens, die im Falle der Eröffnung des Insolvenzverfahrens zur Insolvenzmasse gehören, beiseite schafft oder verheimlicht oder in einer den Anforderungen einer ordnungsgemäßen Wirtschaft widersprechenden Weise zerstört, beschädigt oder unbrauchbar macht,
2. in einer den Anforderungen einer ordnungsgemäßen Wirtschaft widersprechenden Weise Verlust- oder Spekulationsgeschäfte oder Differenzgeschäfte mit Waren oder Wertpapieren eingeht oder durch unwirtschaftliche Ausgaben, Spiel oder Wette übermäßige Beträge verbraucht oder schuldig wird,
3. Waren oder Wertpapiere auf Kredit beschafft und sie oder die aus diesen Waren hergestellten Sachen erheblich unter ihrem Wert in einer den Anforderungen einer ordnungsgemäßen Wirtschaft widersprechenden Weise veräußert oder sonst abgibt,
4. Rechte anderer vortäuscht oder erdichtete Rechte anerkennt,
5. Handelsbücher, zu deren Führung er gesetzlich verpflichtet ist, zu führen unterläßt oder so führt oder verändert, daß die Übersicht über seinen Vermögensstand erschwert wird,
6. Handelsbücher oder sonstige Unterlagen, zu deren Aufbewahrung ein Kaufmann nach Handelsrecht verpflichtet ist, vor Ablauf der für Buchführungspflichtige bestehenden Aufbewahrungsfristen beiseite schafft, verheimlicht, zerstört oder beschädigt und dadurch die Übersicht über seinen Vermögensstand erschwert,

7. entgegen dem Handelsrecht
   a) Bilanzen so aufstellt, daß die Übersicht über seinen Vermögensstand erschwert wird, oder
   b) es unterläßt, die Bilanz seines Vermögens oder das Inventar in der vorgeschriebenen Zeit aufzustellen, oder
8. in einer anderen, den Anforderungen einer ordnungsgemäßen Wirtschaft grob widersprechenden Weise seinen Vermögensstand verringert oder seine wirklichen geschäftlichen Verhältnisse verheimlicht oder verschleiert.

(2) Ebenso wird bestraft, wer durch eine der in Absatz 1 bezeichneten Handlungen seine Überschuldung oder Zahlungsunfähigkeit herbeiführt.

(3) Der Versuch ist strafbar.

(4) Wer in den Fällen
1. des Absatzes 1 die Überschuldung oder die drohende oder eingetretene Zahlungsunfähigkeit fahrlässig nicht kennt oder
2. des Absatzes 2 die Überschuldung oder Zahlungsunfähigkeit leichtfertig verursacht,

wird mit Freiheitsstrafe bis zu zwei Jahren oder mit Geldstrafe bestraft.

(5) Wer in den Fällen
1. des Absatzes 1 Nr. 2, 5 oder 7 fahrlässig handelt und die Überschuldung oder die drohende oder eingetretene Zahlungsunfähigkeit wenigstens fahrlässig nicht kennt oder
2. des Absatzes 2 in Verbindung mit Absatz 1 Nr. 2, 5 oder 7 fahrlässig handelt und die Überschuldung oder Zahlungsunfähigkeit wenigstens leichtfertig verursacht,

wird mit Freiheitsstrafe bis zu zwei Jahren oder mit Geldstrafe bestraft.

(6) Die Tat ist nur dann strafbar, wenn der Täter seine Zahlungen eingestellt hat oder über sein Vermögen das Insolvenzverfahren eröffnet oder der Eröffnungsantrag mangels Masse abgewiesen worden ist.

§ 283a Besonders schwerer Fall des Bankrotts

In besonders schweren Fällen des § 283 Abs. 1 bis 3 wird der Bankrott mit Freiheitsstrafe von sechs Monaten bis zu zehn Jahren bestraft. Ein besonders schwerer Fall liegt in der Regel vor, wenn der Täter

1. aus Gewinnsucht handelt oder
2. wissentlich viele Personen in die Gefahr des Verlustes ihrer ihm anvertrauten Vermögenswerte oder in wirtschaftliche Not bringt.

§ 283b Verletzung der Buchführungspflicht

(1) Mit Freiheitsstrafe bis zu zwei Jahren oder mit Geldstrafe wird bestraft, wer

C

1. Handelsbücher, zu deren Führung er gesetzlich verpflichtet ist, zu führen unterläßt oder so führt oder verändert, daß die Übersicht über seinen Vermögensstand erschwert wird,
2. Handelsbücher oder sonstige Unterlagen, zu deren Aufbewahrung er nach Handelsrecht verpflichtet ist, vor Ablauf der gesetzlichen Aufbewahrungsfristen beiseite schafft, verheimlicht, zerstört oder beschädigt und dadurch die Übersicht über seinen Vermögensstand erschwert,
3. entgegen dem Handelsrecht
   a) Bilanzen so aufstellt, daß die Übersicht über seinen Vermögensstand erschwert wird, oder
   b) es unterläßt, die Bilanz seines Vermögens oder das Inventar in der vorgeschriebenen Zeit aufzustellen.

(2) Wer in den Fällen des Absatzes 1 Nr. 1 oder 3 fahrlässig handelt, wird mit Freiheitsstrafe bis zu einem Jahr oder mit Geldstrafe bestraft.

(3) § 283 Abs. 6 gilt entsprechend.

§ 283c Gläubigerbegünstigung

(1) Wer in Kenntnis seiner Zahlungsunfähigkeit einem Gläubiger eine Sicherheit oder Befriedigung gewährt, die dieser nicht oder nicht in der Art oder nicht zu der Zeit zu beanspruchen hat, und ihn dadurch absichtlich oder wissentlich vor den übrigen Gläubigern begünstigt, wird mit Freiheitsstrafe bis zu zwei Jahren oder mit Geldstrafe bestraft.

(2) Der Versuch ist strafbar.

(3) § 283 Abs. 6 gilt entsprechend.

§283d Schuldnerbegünstigung

(1) Mit Freiheitsstrafe bis zu fünf Jahren oder mit Geldstrafe wird bestraft, wer

1. in Kenntnis der einem anderen drohenden Zahlungsunfähigkeit oder
2. nach Zahlungseinstellung, in einem Insolvenzverfahren oder in einem Verfahren zur Herbeiführung der Entscheidung über die Eröffnung des Insolvenzverfahrens eines anderen

Bestandteile des Vermögens eines anderen, die im Falle der Eröffnung des Insolvenzverfahrens zur Insolvenzmasse gehören, mit dessen Einwilligung oder zu dessen Gunsten beiseite schafft oder verheimlicht oder in einer den Anforderungen einer ordnungsgemäßen Wirtschaft widersprechenden Weise zerstört, beschädigt oder unbrauchbar macht.

(2) Der Versuch ist strafbar.

(3) In besonders schweren Fällen ist die Strafe Freiheitsstrafe von sechs Monaten bis zu zehn Jahren. Ein besonders schwerer Fall liegt in der Regel vor, wenn der Täter

1. aus Gewinnsucht handelt oder
2. wissentlich viele Personen in die Gefahr des Verlustes ihrer dem anderen anvertrauten Vermögenswerte oder in wirtschaftliche Not bringt.

(4) Die Tat ist nur dann strafbar, wenn der andere seine Zahlungen eingestellt hat oder über sein Vermögen das Insolvenzverfahren eröffnet oder der Eröffnungsantrag mangels Masse abgewiesen worden ist.

Fünfundzwanzigster Abschnitt
Strafbarer Eigennutz

§284 Unerlaubte Veranstaltung eines Glücksspiels

(1) Wer ohne behördliche Erlaubnis öffentlich ein Glücksspiel veranstaltet oder hält oder die Einrichtungen hierzu bereitstellt, wird mit Freiheitsstrafe bis zu zwei Jahren oder mit Geldstrafe bestraft.

(2) Als öffentlich veranstaltet gelten auch Glücksspiele in Vereinen oder geschlossenen Gesellschaften, in denen Glücksspiele gewohnheitsmäßig veranstaltet werden.

(3) Wer in den Fällen des Absatzes 1
1. gewerbsmäßig oder
2. als Mitglied einer Bande handelt, die sich zur fortgesetzten Begehung solcher Taten verbunden hat,

wird mit Freiheitsstrafe von drei Monaten bis zu fünf Jahren bestraft.

(4) Wer für ein öffentliches Glücksspiel (Absätze 1 und 2) wirbt, wird mit Freiheitsstrafe bis zu einem Jahr oder mit Geldstrafe bestraft.

§ 285 Beteiligung am unerlaubten Glücksspiel

Wer sich an einem öffentlichen Glücksspiel (§ 284) beteiligt, wird mit Freiheitsstrafe bis zu sechs Monaten oder mit Geldstrafe bis zu einhundertachtzig Tagessätzen bestraft.

§ 286 Einziehung

In den Fällen der §§ 284 und 285 werden die Spieleinrichtungen und das auf dem Spieltisch oder in der Bank vorgefundene Geld eingezogen, wenn sie dem Täter oder Teilnehmer zur Zeit der Entscheidung gehören. Andernfalls können die Gegenstände eingezogen werden; § 74a ist anzuwenden.

§ 287 Unerlaubte Veranstaltung einer Lotterie oder einer Ausspielung

(1) Wer ohne behördliche Erlaubnis öffentliche Lotterien oder Ausspielungen beweglicher oder unbeweglicher Sachen veranstaltet, namentlich den Abschluß von Spielverträgen für eine öffentliche Lotterie oder Ausspielung anbietet oder auf den Abschluß solcher Spielverträge gerichtete Angebote annimmt, wird mit Freiheitsstrafe bis zu zwei Jahren oder mit Geldstrafe bestraft.

(2) Wer für öffentliche Lotterien oder Ausspielungen (Absatz 1) wirbt, wird mit Freiheitsstrafe bis zu einem Jahr oder mit Geldstrafe bestraft.

§ 288 Vereiteln der Zwangsvollstreckung

(1) Wer bei einer ihm drohenden Zwangsvollstreckung in der Absicht, die Befriedigung des Gläubigers zu vereiteln, Bestandteile seines Vermögens veräußert oder beiseite schafft, wird mit Freiheitsstrafe bis zu zwei Jahren oder mit Geldstrafe bestraft.

(2) Die Tat wird nur auf Antrag verfolgt.

§ 289 Pfandkehr

(1) Wer seine eigene bewegliche Sache oder eine fremde bewegliche Sache zugunsten des Eigentümers derselben dem Nutznießer, Pfandgläubiger oder demjenigen, welchem an der Sache ein Gebrauchs- oder Zurückbehaltungsrecht zusteht, in rechtswidriger Absicht wegnimmt, wird mit Freiheitsstrafe bis zu drei Jahren oder mit Geldstrafe bestraft.

(2) Der Versuch ist strafbar.

(3) Die Tat wird nur auf Antrag verfolgt.

§ 290 Unbefugter Gebrauch von Pfandsachen

Öffentliche Pfandleiher, welche die von ihnen in Pfand genommenen Gegenstände unbefugt in Gebrauch nehmen, werden mit Freiheitsstrafe bis zu einem Jahr oder mit Geldstrafe bestraft.

§ 291 Wucher

(1) Wer die Zwangslage, die Unerfahrenheit, den Mangel an Urteilsvermögen oder die erhebliche Willensschwäche eines anderen dadurch ausbeutet, daß er sich oder einem Dritten

1. für die Vermietung von Räumen zum Wohnen oder damit verbundene Nebenleistungen,
2. für die Gewährung eines Kredits,
3. für eine sonstige Leistung oder
4. für die Vermittlung einer der vorbezeichneten Leistungen

Vermögensvorteile versprechen oder gewähren läßt, die in einem auffälligen Mißverhältnis zu der Leistung oder deren Vermittlung stehen, wird mit Freiheitsstrafe bis zu drei Jahren oder mit Geldstrafe bestraft. Wirken mehrere Personen als Leistende, Vermittler oder in anderer Weise mit und ergibt sich dadurch ein auffälliges Mißverhältnis zwischen sämtlichen Vermögensvorteilen und sämtlichen Gegenleistungen, so gilt Satz 1 für jeden, der die Zwangslage oder sonstige Schwäche des anderen für sich oder einen Dritten zur Erzielung eines übermäßigen Vermögensvorteils ausnutzt.

(2) In besonders schweren Fällen ist die Strafe Freiheitsstrafe von sechs Monaten bis zu zehn Jahren. Ein besonders schwerer Fall liegt in der Regel vor, wenn der Täter

1. durch die Tat den anderen in wirtschaftliche Not bringt,
2. die Tat gewerbsmäßig begeht,

3. sich durch Wechsel wucherische Vermögensvorteile versprechen läßt.

§ 292 Jagdwilderei

(1) Wer unter Verletzung fremden Jagdrechts oder Jagdausübungsrechts

1. dem Wild nachstellt, es fängt, erlegt oder sich oder einem Dritten zueignet oder
2. eine Sache, die dem Jagdrecht unterliegt, sich oder einem Dritten zueignet, beschädigt oder zerstört,

wird mit Freiheitsstrafe bis zu drei Jahren oder mit Geldstrafe bestraft.

(2) In besonders schweren Fällen ist die Strafe Freiheitsstrafe von drei Monaten bis zu fünf Jahren. Ein besonders schwerer Fall liegt in der Regel vor, wenn die Tat

1. gewerbs- oder gewohnheitsmäßig,
2. zur Nachtzeit, in der Schonzeit, unter Anwendung von Schlingen oder in anderer nicht weidmännischer Weise oder
3. von mehreren mit Schußwaffen ausgerüsteten Beteiligten gemeinschaftlich

begangen wird.

(3) Die Absätze 1 und 2 gelten nicht für die in einem Jagdbezirk zur Ausübung der Jagd befugten Personen hinsichtlich des Jagdrechts auf den zu diesem Jagdbezirk gehörenden nach § 6a des Bundesjagdgesetzes für befriedet erklärten Grundflächen.

§ 293 Fischwilderei

Wer unter Verletzung fremden Fischereirechts oder Fischereiausübungsrechts

1. fischt oder
2. eine Sache, die dem Fischereirecht unterliegt, sich oder einem Dritten zueignet, beschädigt oder zerstört,

wird mit Freiheitsstrafe bis zu zwei Jahren oder mit Geldstrafe bestraft.

§ 294 Strafantrag

In den Fällen des § 292 Abs. 1 und des § 293 wird die Tat nur auf Antrag des Verletzten verfolgt, wenn sie von einem Angehörigen oder an einem Ort begangen worden ist, wo der Täter die Jagd oder die Fischerei in beschränktem Umfang ausüben durfte.

§ 295 Einziehung

Jagd- und Fischereigeräte, Hunde und andere Tiere, die der Täter oder Teilnehmer bei der Tat mit sich geführt oder verwendet hat, können eingezogen werden. § 74a ist anzuwenden.

§ 296 (weggefallen)

§ 297 Gefährdung von Schiffen, Kraft- und Luftfahrzeugen durch Bannware

(1) Wer ohne Wissen des Reeders oder des Schiffsführers oder als Schiffsführer ohne Wissen des Reeders eine Sache an Bord eines deutschen Schiffes bringt oder nimmt, deren Beförderung

1. für das Schiff oder die Ladung die Gefahr einer Beschlagnahme oder Einziehung (§§ 74 bis 74f) oder
2. für den Reeder oder den Schiffsführer die Gefahr einer Bestrafung

verursacht, wird mit Freiheitsstrafe bis zu zwei Jahren oder mit Geldstrafe bestraft.

(2) Ebenso wird bestraft, wer als Reeder ohne Wissen des Schiffsführers eine Sache an Bord eines deutschen Schiffes bringt oder nimmt, deren Beförderung für den Schiffsführer die Gefahr einer Bestrafung verursacht.

(3) Absatz 1 Nr. 1 gilt auch für ausländische Schiffe, die ihre Ladung ganz oder zum Teil im Inland genommen haben.

(4) Die Absätze 1 bis 3 sind entsprechend anzuwenden, wenn Sachen in Kraft- oder Luftfahrzeuge gebracht oder genommen werden. An die Stelle des Reeders und des Schiffsführers treten der Halter und der Führer des Kraft- oder Luftfahrzeuges.

Sechsundzwanzigster Abschnitt
Straftaten gegen den Wettbewerb

§ 298 Wettbewerbsbeschränkende Absprachen bei Ausschreibungen

(1) Wer bei einer Ausschreibung über Waren oder Dienstleistungen ein Angebot abgibt, das auf einer rechtswidrigen Absprache be-

ruht, die darauf abzielt, den Veranstalter zur Annahme eines bestimmten Angebots zu veranlassen, wird mit Freiheitsstrafe bis zu fünf Jahren oder mit Geldstrafe bestraft.

(2) Der Ausschreibung im Sinne des Absatzes 1 steht die freihändige Vergabe eines Auftrages nach vorausgegangenem Teilnahmewettbewerb gleich.

(3) Nach Absatz 1, auch in Verbindung mit Absatz 2, wird nicht bestraft, wer freiwillig verhindert, daß der Veranstalter das Angebot annimmt oder dieser seine Leistung erbringt. Wird ohne Zutun des Täters das Angebot nicht angenommen oder die Leistung des Veranstalters nicht erbracht, so wird er straflos, wenn er sich freiwillig und ernsthaft bemüht, die Annahme des Angebots oder das Erbringen der Leistung zu verhindern.

§ 299 Bestechlichkeit und Bestechung im geschäftlichen Verkehr

(1) Mit Freiheitsstrafe bis zu drei Jahren oder Geldstrafe wird bestraft, wer im geschäftlichen Verkehr als Angestellter oder Beauftragter eines Unternehmens

1. einen Vorteil für sich oder einen Dritten als Gegenleistung dafür fordert, sich versprechen lässt oder annimmt, dass er bei dem Bezug von Waren oder Dienstleistungen einen anderen im inländischen oder ausländischen Wettbewerb in unlauterer Weise bevorzuge, oder
2. ohne Einwilligung des Unternehmens einen Vorteil für sich oder einen Dritten als Gegenleistung dafür fordert, sich versprechen lässt oder annimmt, dass er bei dem Bezug von Waren oder Dienstleistungen eine Handlung vornehme oder unterlasse und dadurch seine Pflichten gegenüber dem Unternehmen verletze.

(2) Ebenso wird bestraft, wer im geschäftlichen Verkehr einem Angestellten oder Beauftragten eines Unternehmens

1. einen Vorteil für diesen oder einen Dritten als Gegenleistung dafür anbietet, verspricht oder gewährt, dass er bei dem Bezug von Waren oder Dienstleistungen ihn oder einen anderen im inländischen oder ausländischen Wettbewerb in unlauterer Weise bevorzuge, oder
2. ohne Einwilligung des Unternehmens einen Vorteil für diesen oder einen Dritten als Gegenleistung dafür anbietet, verspricht oder gewährt, dass er bei dem Bezug von Waren oder Dienstleistungen eine Handlung vornehme oder unterlasse und dadurch seine Pflichten gegenüber dem Unternehmen verletze.

§ 299a Bestechlichkeit im Gesundheitswesen

Wer als Angehöriger eines Heilberufs, der für die Berufsausübung oder die Führung der Berufsbezeichnung eine staatlich geregelte Ausbildung erfordert, im Zusammenhang mit der Ausübung seines Berufs einen Vorteil für sich oder einen Dritten als Gegenleistung dafür fordert, sich versprechen lässt oder annimmt, dass er

1. bei der Verordnung von Arznei-, Heil- oder Hilfsmitteln oder von Medizinprodukten,
2. bei dem Bezug von Arznei- oder Hilfsmitteln oder von Medizinprodukten, die jeweils zur unmittelbaren Anwendung durch den Heilberufsangehörigen oder einen seiner Berufshelfer bestimmt sind, oder
3. bei der Zuführung von Patienten oder Untersuchungsmaterial

einen anderen im inländischen oder ausländischen Wettbewerb in unlauterer Weise bevorzuge, wird mit Freiheitsstrafe bis zu drei Jahren oder mit Geldstrafe bestraft.

§ 299b Bestechung im Gesundheitswesen

Wer einem Angehörigen eines Heilberufs im Sinne des § 299a im Zusammenhang mit dessen Berufsausübung einen Vorteil für diesen oder einen Dritten als Gegenleistung dafür anbietet, verspricht oder gewährt, dass er

1. bei der Verordnung von Arznei-, Heil- oder Hilfsmitteln oder von Medizinprodukten,
2. bei dem Bezug von Arznei- oder Hilfsmitteln oder von Medizinprodukten, die jeweils zur unmittelbaren Anwendung durch den Heilberufsangehörigen oder einen seiner Berufshelfer bestimmt sind, oder
3. bei der Zuführung von Patienten oder Untersuchungsmaterial

ihn oder einen anderen im inländischen oder ausländischen Wettbewerb in unlauterer Weise bevorzuge, wird mit Freiheitsstrafe bis zu drei Jahren oder mit Geldstrafe bestraft.

§ 300 Besonders schwere Fälle der Bestechlichkeit und Bestechung im geschäftlichen Verkehr und im Gesundheitswesen

In besonders schweren Fällen wird eine Tat nach den §§ 299, 299a und 299b mit Freiheitsstrafe von drei Monaten bis zu fünf Jahren bestraft. Ein besonders schwerer Fall liegt in der Regel vor, wenn

1. die Tat sich auf einen Vorteil großen Ausmaßes bezieht oder
2. der Täter gewerbsmäßig handelt oder als Mitglied einer Bande, die sich zur fortgesetzten Begehung solcher Taten verbunden hat.

§ 301 Strafantrag

(1) Die Bestechlichkeit und Bestechung im geschäftlichen Verkehr nach § 299 wird nur auf Antrag verfolgt, es sei denn, daß die Strafverfolgungsbehörde wegen des besonderen öffentlichen Interesses an der Strafverfolgung ein Einschreiten von Amts wegen für geboten hält.

(2) Das Recht, den Strafantrag nach Absatz 1 zu stellen, haben in den Fällen des § 299 Absatz 1 Nummer 1 und Absatz 2 Nummer 1 neben dem Verletzten auch die in § 8 Absatz 3 Nummer 2 und 4 des Gesetzes gegen den unlauteren Wettbewerb bezeichneten Verbände und Kammern.

§ 302 (weggefallen)

Siebenundzwanzigster Abschnitt
Sachbeschädigung

§ 303 Sachbeschädigung

(1) Wer rechtswidrig eine fremde Sache beschädigt oder zerstört, wird mit Freiheitsstrafe bis zu zwei Jahren oder mit Geldstrafe bestraft.

(2) Ebenso wird bestraft, wer unbefugt das Erscheinungsbild einer fremden Sache nicht nur unerheblich und nicht nur vorübergehend verändert.

(3) Der Versuch ist strafbar.

§ 303a Datenveränderung

(1) Wer rechtswidrig Daten (§ 202a Abs. 2) löscht, unterdrückt, unbrauchbar macht oder verändert, wird mit Freiheitsstrafe bis zu zwei Jahren oder mit Geldstrafe bestraft.

(2) Der Versuch ist strafbar.

(3) Für die Vorbereitung einer Straftat nach Absatz 1 gilt § 202c entsprechend.

§ 303b Computersabotage

(1) Wer eine Datenverarbeitung, die für einen anderen von wesentlicher Bedeutung ist, dadurch erheblich stört, dass er

1. eine Tat nach § 303a Abs. 1 begeht,
2. Daten (§ 202a Abs. 2) in der Absicht, einem anderen Nachteil zuzufügen, eingibt oder übermittelt oder
3. eine Datenverarbeitungsanlage oder einen Datenträger zerstört, beschädigt, unbrauchbar macht, beseitigt oder verändert,

wird mit Freiheitsstrafe bis zu drei Jahren oder mit Geldstrafe bestraft.

(2) Handelt es sich um eine Datenverarbeitung, die für einen fremden Betrieb, ein fremdes Unternehmen oder eine Behörde von wesentlicher Bedeutung ist, ist die Strafe Freiheitsstrafe bis zu fünf Jahren oder Geldstrafe.

(3) Der Versuch ist strafbar.

(4) In besonders schweren Fällen des Absatzes 2 ist die Strafe Freiheitsstrafe von sechs Monaten bis zu zehn Jahren. Ein besonders schwerer Fall liegt in der Regel vor, wenn der Täter

1. einen Vermögensverlust großen Ausmaßes herbeiführt,
2. gewerbsmäßig oder als Mitglied einer Bande handelt, die sich zur fortgesetzten Begehung von Computersabotage verbunden hat,
3. durch die Tat die Versorgung der Bevölkerung mit lebenswichtigen Gütern oder Dienstleistungen oder die Sicherheit der Bundesrepublik Deutschland beeinträchtigt.

(5) Für die Vorbereitung einer Straftat nach Absatz 1 gilt § 202c entsprechend.

§ 303c Strafantrag

In den Fällen der §§ 303, 303a Abs. 1 und 2 sowie § 303b Abs. 1 bis 3 wird die Tat nur auf Antrag verfolgt, es sei denn, daß die Strafverfolgungsbehörde wegen des besonderen öffentlichen Interesses an der Strafverfolgung ein Einschreiten von Amts wegen für geboten hält.

§ 304 Gemeinschädliche Sachbeschädigung

(1) Wer rechtswidrig Gegenstände der Verehrung einer im Staat bestehenden Religionsgesellschaft oder Sachen, die dem Gottesdienst gewidmet sind, oder Grabmäler, öffentliche Denkmäler, Naturdenkmäler, Gegenstände der Kunst, der Wissenschaft oder des

Gewerbes, welche in öffentlichen Sammlungen aufbewahrt werden oder öffentlich aufgestellt sind, oder Gegenstände, welche zum öffentlichen Nutzen oder zur Verschönerung öffentlicher Wege, Plätze oder Anlagen dienen, beschädigt oder zerstört, wird mit Freiheitsstrafe bis zu drei Jahren oder mit Geldstrafe bestraft.

(2) Ebenso wird bestraft, wer unbefugt das Erscheinungsbild einer in Absatz 1 bezeichneten Sache oder eines dort bezeichneten Gegenstandes nicht nur unerheblich und nicht nur vorübergehend verändert.

(3) Der Versuch ist strafbar.

§ 305 Zerstörung von Bauwerken

(1) Wer rechtswidrig ein Gebäude, ein Schiff, eine Brücke, einen Damm, eine gebaute Straße, eine Eisenbahn oder ein anderes Bauwerk, welche fremdes Eigentum sind, ganz oder teilweise zerstört, wird mit Freiheitsstrafe bis zu fünf Jahren oder mit Geldstrafe bestraft.

(2) Der Versuch ist strafbar.

§ 305a Zerstörung wichtiger Arbeitsmittel

(1) Wer rechtswidrig

1. ein fremdes technisches Arbeitsmittel von bedeutendem Wert, das für die Errichtung einer Anlage oder eines Unternehmens im Sinne des § 316b Abs. 1 Nr. 1 oder 2 oder einer Anlage, die dem Betrieb oder der Entsorgung einer solchen Anlage oder eines solchen Unternehmens dient, von wesentlicher Bedeutung ist, oder
2. ein für den Einsatz wesentliches technisches Arbeitsmittel der Polizei, der Bundeswehr, der Feuerwehr, des Katastrophenschutzes oder eines Rettungsdienstes, das von bedeutendem Wert ist, oder
3. ein Kraftfahrzeug der Polizei, der Bundeswehr, der Feuerwehr, des Katastrophenschutzes oder eines Rettungsdienstes

ganz oder teilweise zerstört, wird mit Freiheitsstrafe bis zu fünf Jahren oder mit Geldstrafe bestraft.

(2) Der Versuch ist strafbar.

Achtundzwanzigster Abschnitt
Gemeingefährliche Straftaten

§306 Brandstiftung

(1) Wer fremde

1. Gebäude oder Hütten,
2. Betriebsstätten oder technische Einrichtungen, namentlich Maschinen,
3. Warenlager oder -vorräte,
4. Kraftfahrzeuge, Schienen-, Luft- oder Wasserfahrzeuge,
5. Wälder, Heiden oder Moore oder
6. land-, ernährungs- oder forstwirtschaftliche Anlagen oder Erzeugnisse

in Brand setzt oder durch eine Brandlegung ganz oder teilweise zerstört, wird mit Freiheitsstrafe von einem Jahr bis zu zehn Jahren bestraft.

(2) In minder schweren Fällen ist die Strafe Freiheitsstrafe von sechs Monaten bis zu fünf Jahren.

§306a Schwere Brandstiftung

(1) Mit Freiheitsstrafe nicht unter einem Jahr wird bestraft, wer

1. ein Gebäude, ein Schiff, eine Hütte oder eine andere Räumlichkeit, die der Wohnung von Menschen dient,
2. eine Kirche oder ein anderes der Religionsausübung dienendes Gebäude oder
3. eine Räumlichkeit, die zeitweise dem Aufenthalt von Menschen dient, zu einer Zeit, in der Menschen sich dort aufzuhalten pflegen,

in Brand setzt oder durch eine Brandlegung ganz oder teilweise zerstört.

(2) Ebenso wird bestraft, wer eine in § 306 Abs. 1 Nr. 1 bis 6 bezeichnete Sache in Brand setzt oder durch eine Brandlegung ganz oder teilweise zerstört und dadurch einen anderen Menschen in die Gefahr einer Gesundheitsschädigung bringt.

(3) In minder schweren Fällen der Absätze 1 und 2 ist die Strafe Freiheitsstrafe von sechs Monaten bis zu fünf Jahren.

§ 306b Besonders schwere Brandstiftung

(1) Wer durch eine Brandstiftung nach § 306 oder § 306a eine schwere Gesundheitsschädigung eines anderen Menschen oder eine Gesundheitsschädigung einer großen Zahl von Menschen verursacht, wird mit Freiheitsstrafe nicht unter zwei Jahren bestraft.

(2) Auf Freiheitsstrafe nicht unter fünf Jahren ist zu erkennen, wenn der Täter in den Fällen des § 306a

1. einen anderen Menschen durch die Tat in die Gefahr des Todes bringt,
2. in der Absicht handelt, eine andere Straftat zu ermöglichen oder zu verdecken oder
3. das Löschen des Brandes verhindert oder erschwert.

§ 306c Brandstiftung mit Todesfolge

Verursacht der Täter durch eine Brandstiftung nach den §§ 306 bis 306b wenigstens leichtfertig den Tod eines anderen Menschen, so ist die Strafe lebenslange Freiheitsstrafe oder Freiheitsstrafe nicht unter zehn Jahren.

§ 306d Fahrlässige Brandstiftung

(1) Wer in den Fällen des § 306 Abs. 1 oder des § 306a Abs. 1 fahrlässig handelt oder in den Fällen des § 306a Abs. 2 die Gefahr fahrlässig verursacht, wird mit Freiheitsstrafe bis zu fünf Jahren oder mit Geldstrafe bestraft.

(2) Wer in den Fällen des § 306a Abs. 2 fahrlässig handelt und die Gefahr fahrlässig verursacht, wird mit Freiheitsstrafe bis zu drei Jahren oder mit Geldstrafe bestraft.

§ 306e Tätige Reue

(1) Das Gericht kann in den Fällen der §§ 306, 306a und 306b die Strafe nach seinem Ermessen mildern (§ 49 Abs. 2) oder von Strafe nach diesen Vorschriften absehen, wenn der Täter freiwillig den Brand löscht, bevor ein erheblicher Schaden entsteht.

(2) Nach § 306d wird nicht bestraft, wer freiwillig den Brand löscht, bevor ein erheblicher Schaden entsteht.

(3) Wird der Brand ohne Zutun des Täters gelöscht, bevor ein erheblicher Schaden entstanden ist, so genügt sein freiwilliges und ernsthaftes Bemühen, dieses Ziel zu erreichen.

§306f Herbeiführen einer Brandgefahr

(1) Wer fremde

1. feuergefährdete Betriebe oder Anlagen,
2. Anlagen oder Betriebe der Land- oder Ernährungswirtschaft, in denen sich deren Erzeugnisse befinden,
3. Wälder, Heiden oder Moore oder
4. bestellte Felder oder leicht entzündliche Erzeugnisse der Landwirtschaft, die auf Feldern lagern,

durch Rauchen, durch offenes Feuer oder Licht, durch Wegwerfen brennender oder glimmender Gegenstände oder in sonstiger Weise in Brandgefahr bringt, wird mit Freiheitsstrafe bis zu drei Jahren oder mit Geldstrafe bestraft.

(2) Ebenso wird bestraft, wer eine in Absatz 1 Nr. 1 bis 4 bezeichnete Sache in Brandgefahr bringt und dadurch Leib oder Leben eines anderen Menschen oder fremde Sachen von bedeutendem Wert gefährdet.

(3) Wer in den Fällen des Absatzes 1 fahrlässig handelt oder in den Fällen des Absatzes 2 die Gefahr fahrlässig verursacht, wird mit Freiheitsstrafe bis zu einem Jahr oder mit Geldstrafe bestraft.

§307 Herbeiführen einer Explosion durch Kernenergie

(1) Wer es unternimmt, durch Freisetzen von Kernenergie eine Explosion herbeizuführen und dadurch Leib oder Leben eines anderen Menschen oder fremde Sachen von bedeutendem Wert zu gefährden, wird mit Freiheitsstrafe nicht unter fünf Jahren bestraft.

(2) Wer durch Freisetzen von Kernenergie eine Explosion herbeiführt und dadurch Leib oder Leben eines anderen Menschen oder fremde Sachen von bedeutendem Wert fahrlässig gefährdet, wird mit Freiheitsstrafe von einem Jahr bis zu zehn Jahren bestraft.

(3) Verursacht der Täter durch die Tat wenigstens leichtfertig den Tod eines anderen Menschen, so ist die Strafe

1. in den Fällen des Absatzes 1 lebenslange Freiheitsstrafe oder Freiheitsstrafe nicht unter zehn Jahren,
2. in den Fällen des Absatzes 2 Freiheitsstrafe nicht unter fünf Jahren.

(4) Wer in den Fällen des Absatzes 2 fahrlässig handelt und die Gefahr fahrlässig verursacht, wird mit Freiheitsstrafe bis zu drei Jahren oder mit Geldstrafe bestraft.

§ 308 Herbeiführen einer Sprengstoffexplosion

(1) Wer anders als durch Freisetzen von Kernenergie, namentlich durch Sprengstoff, eine Explosion herbeiführt und dadurch Leib oder Leben eines anderen Menschen oder fremde Sachen von bedeutendem Wert gefährdet, wird mit Freiheitsstrafe nicht unter einem Jahr bestraft.

(2) Verursacht der Täter durch die Tat eine schwere Gesundheitsschädigung eines anderen Menschen oder eine Gesundheitsschädigung einer großen Zahl von Menschen, so ist auf Freiheitsstrafe nicht unter zwei Jahren zu erkennen.

(3) Verursacht der Täter durch die Tat wenigstens leichtfertig den Tod eines anderen Menschen, so ist die Strafe lebenslange Freiheitsstrafe oder Freiheitsstrafe nicht unter zehn Jahren.

(4) In minder schweren Fällen des Absatzes 1 ist auf Freiheitsstrafe von sechs Monaten bis zu fünf Jahren, in minder schweren Fällen des Absatzes 2 auf Freiheitsstrafe von einem Jahr bis zu zehn Jahren zu erkennen.

(5) Wer in den Fällen des Absatzes 1 die Gefahr fahrlässig verursacht, wird mit Freiheitsstrafe bis zu fünf Jahren oder mit Geldstrafe bestraft.

(6) Wer in den Fällen des Absatzes 1 fahrlässig handelt und die Gefahr fahrlässig verursacht, wird mit Freiheitsstrafe bis zu drei Jahren oder mit Geldstrafe bestraft.

§ 309 Mißbrauch ionisierender Strahlen

(1) Wer in der Absicht, die Gesundheit eines anderen Menschen zu schädigen, es unternimmt, ihn einer ionisierenden Strahlung auszusetzen, die dessen Gesundheit zu schädigen geeignet ist, wird mit Freiheitsstrafe von einem Jahr bis zu zehn Jahren bestraft.

(2) Unternimmt es der Täter, eine unübersehbare Zahl von Menschen einer solchen Strahlung auszusetzen, so ist die Strafe Freiheitsstrafe nicht unter fünf Jahren.

(3) Verursacht der Täter in den Fällen des Absatzes 1 durch die Tat eine schwere Gesundheitsschädigung eines anderen Menschen oder eine Gesundheitsschädigung einer großen Zahl von Menschen, so ist auf Freiheitsstrafe nicht unter zwei Jahren zu erkennen.

(4) Verursacht der Täter durch die Tat wenigstens leichtfertig den Tod eines anderen Menschen, so ist die Strafe lebenslange Freiheitsstrafe oder Freiheitsstrafe nicht unter zehn Jahren.

(5) In minder schweren Fällen des Absatzes 1 ist auf Freiheitsstrafe von sechs Monaten bis zu fünf Jahren, in minder schweren Fällen des Absatzes 3 auf Freiheitsstrafe von einem Jahr bis zu zehn Jahren zu erkennen.

(6) Wer in der Absicht,

1. die Brauchbarkeit einer fremden Sache von bedeutendem Wert zu beeinträchtigen,
2. nachhaltig ein Gewässer, die Luft oder den Boden nachteilig zu verändern oder
3. ihm nicht gehörende Tiere oder Pflanzen von bedeutendem Wert zu schädigen,

die Sache, das Gewässer, die Luft, den Boden, die Tiere oder Pflanzen einer ionisierenden Strahlung aussetzt, die geeignet ist, solche Beeinträchtigungen, Veränderungen oder Schäden hervorzurufen, wird mit Freiheitsstrafe bis zu fünf Jahren oder mit Geldstrafe bestraft. Der Versuch ist strafbar.

§ 310 Vorbereitung eines Explosions- oder Strahlungsverbrechens

(1) Wer zur Vorbereitung

1. eines bestimmten Unternehmens im Sinne des § 307 Abs. 1 oder des § 309 Abs. 2,
2. einer Straftat nach § 308 Abs. 1, die durch Sprengstoff begangen werden soll,
3. einer Straftat nach § 309 Abs. 1 oder
4. einer Straftat nach § 309 Abs. 6

Kernbrennstoffe, sonstige radioaktive Stoffe, Sprengstoffe oder die zur Ausführung der Tat erforderlichen besonderen Vorrichtungen herstellt, sich oder einem anderen verschafft, verwahrt oder einem anderen überläßt, wird in den Fällen der Nummer 1 mit Freiheitsstrafe von einem Jahr bis zu zehn Jahren, in den Fällen der Nummer 2 und der Nummer 3 mit Freiheitsstrafe von sechs Monaten bis zu fünf Jahren, in den Fällen der Nummer 4 mit Freiheitsstrafe bis zu drei Jahren oder mit Geldstrafe bestraft.

(2) In minder schweren Fällen des Absatzes 1 Nr. 1 ist die Strafe Freiheitsstrafe von sechs Monaten bis zu fünf Jahren.

(3) In den Fällen des Absatzes 1 Nr. 3 und 4 ist der Versuch strafbar.

§ 311 Freisetzen ionisierender Strahlen

(1) Wer unter Verletzung verwaltungsrechtlicher Pflichten (§ 330d Absatz 1 Nummer 4, 5, Absatz 2)

1. ionisierende Strahlen freisetzt oder
2. Kernspaltungsvorgänge bewirkt,

die geeignet sind, Leib oder Leben eines anderen Menschen, fremde Sachen von bedeutendem Wert zu schädigen oder erhebliche Schäden an Tieren oder Pflanzen, Gewässern, der Luft oder dem Boden herbeizuführen, wird mit Freiheitsstrafe bis zu fünf Jahren oder mit Geldstrafe bestraft.

(2) Der Versuch ist strafbar.

(3) Wer fahrlässig

1. beim Betrieb einer Anlage, insbesondere einer Betriebsstätte, eine Handlung im Sinne des Absatzes 1 in einer Weise begeht, die geeignet ist, eine Schädigung außerhalb des zur Anlage gehörenden Bereichs herbeizuführen oder
2. in sonstigen Fällen des Absatzes 1 unter grober Verletzung verwaltungsrechtlicher Pflichten handelt,

wird mit Freiheitsstrafe bis zu zwei Jahren oder mit Geldstrafe bestraft.

§ 312 Fehlerhafte Herstellung einer kerntechnischen Anlage

(1) Wer eine kerntechnische Anlage (§ 330d Nr. 2) oder Gegenstände, die zur Errichtung oder zum Betrieb einer solchen Anlage bestimmt sind, fehlerhaft herstellt oder liefert und dadurch eine Gefahr für Leib oder Leben eines anderen Menschen oder für fremde Sachen von bedeutendem Wert herbeiführt, die mit der Wirkung eines Kernspaltungsvorgangs oder der Strahlung eines radioaktiven Stoffes zusammenhängt, wird mit Freiheitsstrafe von drei Monaten bis zu fünf Jahren bestraft.

(2) Der Versuch ist strafbar.

(3) Verursacht der Täter durch die Tat eine schwere Gesundheitsschädigung eines anderen Menschen oder eine Gesundheitsschädigung einer großen Zahl von Menschen, so ist auf Freiheitsstrafe von einem Jahr bis zu zehn Jahren zu erkennen.

(4) Verursacht der Täter durch die Tat den Tod eines anderen Menschen, so ist die Strafe Freiheitsstrafe nicht unter drei Jahren.

(5) In minder schweren Fällen des Absatzes 3 ist auf Freiheitsstrafe von sechs Monaten bis zu fünf Jahren, in minder schweren Fällen des Absatzes 4 auf Freiheitsstrafe von einem Jahr bis zu zehn Jahren zu erkennen.

(6) Wer in den Fällen des Absatzes 1

1. die Gefahr fahrlässig verursacht oder
2. leichtfertig handelt und die Gefahr fahrlässig verursacht,

wird mit Freiheitsstrafe bis zu drei Jahren oder mit Geldstrafe bestraft.

§ 313 Herbeiführen einer Überschwemmung

(1) Wer eine Überschwemmung herbeiführt und dadurch Leib oder Leben eines anderen Menschen oder fremde Sachen von bedeutendem Wert gefährdet, wird mit Freiheitsstrafe von einem Jahr bis zu zehn Jahren bestraft.

(2) § 308 Abs. 2 bis 6 gilt entsprechend.

§ 314 Gemeingefährliche Vergiftung

(1) Mit Freiheitsstrafe von einem Jahr bis zu zehn Jahren wird bestraft, wer

1. Wasser in gefaßten Quellen, in Brunnen, Leitungen oder Trinkwasserspeichern oder
2. Gegenstände, die zum öffentlichen Verkauf oder Verbrauch bestimmt sind,

vergiftet oder ihnen gesundheitsschädliche Stoffe beimischt oder vergiftete oder mit gesundheitsschädlichen Stoffen vermischte Gegenstände im Sinne der Nummer 2 verkauft, feilhält oder sonst in den Verkehr bringt.

(2) § 308 Abs. 2 bis 4 gilt entsprechend.

§ 314a Tätige Reue

(1) Das Gericht kann die Strafe in den Fällen des § 307 Abs. 1 und des § 309 Abs. 2 nach seinem Ermessen mildern (§ 49 Abs. 2), wenn der Täter freiwillig die weitere Ausführung der Tat aufgibt oder sonst die Gefahr abwendet.

(2) Das Gericht kann die in den folgenden Vorschriften angedrohte Strafe nach seinem Ermessen mildern (§ 49 Abs. 2) oder von Strafe nach diesen Vorschriften absehen, wenn der Täter

1. in den Fällen des § 309 Abs. 1 oder § 314 Abs. 1 freiwillig die weitere Ausführung der Tat aufgibt oder sonst die Gefahr abwendet oder
2. in den Fällen des
   a) § 307 Abs. 2,
   b) § 308 Abs. 1 und 5,
   c) § 309 Abs. 6,
   d) § 311 Abs. 1,
   e) § 312 Abs. 1 und 6 Nr. 1,
   f) § 313, auch in Verbindung mit § 308 Abs. 5,

   freiwillig die Gefahr abwendet, bevor ein erheblicher Schaden entsteht.

(3) Nach den folgenden Vorschriften wird nicht bestraft, wer

1. in den Fällen des
   a) § 307 Abs. 4,
   b) § 308 Abs. 6,
   c) § 311 Abs. 3,
   d) § 312 Abs. 6 Nr. 2,
   e) § 313 Abs. 2 in Verbindung mit § 308 Abs. 6

   freiwillig die Gefahr abwendet, bevor ein erheblicher Schaden entsteht, oder
2. in den Fällen des § 310 freiwillig die weitere Ausführung der Tat aufgibt oder sonst die Gefahr abwendet.

(4) Wird ohne Zutun des Täters die Gefahr abgewendet, so genügt sein freiwilliges und ernsthaftes Bemühen, dieses Ziel zu erreichen.

§315 Gefährliche Eingriffe in den Bahn-, Schiffs- und Luftverkehr

(1) Wer die Sicherheit des Schienenbahn-, Schwebebahn-, Schiffs- oder Luftverkehrs dadurch beeinträchtigt, daß er

1. Anlagen oder Beförderungsmittel zerstört, beschädigt oder beseitigt,
2. Hindernisse bereitet,

3. falsche Zeichen oder Signale gibt oder
4. einen ähnlichen, ebenso gefährlichen Eingriff vornimmt,

und dadurch Leib oder Leben eines anderen Menschen oder fremde Sachen von bedeutendem Wert gefährdet, wird mit Freiheitsstrafe von sechs Monaten bis zu zehn Jahren bestraft.

(2) Der Versuch ist strafbar.

(3) Auf Freiheitsstrafe nicht unter einem Jahr ist zu erkennen, wenn der Täter

1. in der Absicht handelt,
   a) einen Unglücksfall herbeizuführen oder
   b) eine andere Straftat zu ermöglichen oder zu verdecken, oder
2. durch die Tat eine schwere Gesundheitsschädigung eines anderen Menschen oder eine Gesundheitsschädigung einer großen Zahl von Menschen verursacht.

(4) In minder schweren Fällen des Absatzes 1 ist auf Freiheitsstrafe von drei Monaten bis zu fünf Jahren, in minder schweren Fällen des Absatzes 3 auf Freiheitsstrafe von sechs Monaten bis zu fünf Jahren zu erkennen.

(5) Wer in den Fällen des Absatzes 1 die Gefahr fahrlässig verursacht, wird mit Freiheitsstrafe bis zu fünf Jahren oder mit Geldstrafe bestraft.

(6) Wer in den Fällen des Absatzes 1 fahrlässig handelt und die Gefahr fahrlässig verursacht, wird mit Freiheitsstrafe bis zu zwei Jahren oder mit Geldstrafe bestraft.

§315a Gefährdung des Bahn-, Schiffs- und Luftverkehrs

(1) Mit Freiheitsstrafe bis zu fünf Jahren oder mit Geldstrafe wird bestraft, wer

1. ein Schienenbahn- oder Schwebebahnfahrzeug, ein Schiff oder ein Luftfahrzeug führt, obwohl er infolge des Genusses alkoholischer Getränke oder anderer berauschender Mittel oder infolge geistiger oder körperlicher Mängel nicht in der Lage ist, das Fahrzeug sicher zu führen, oder
2. als Führer eines solchen Fahrzeugs oder als sonst für die Sicherheit Verantwortlicher durch grob pflichtwidriges Verhalten gegen Rechtsvorschriften zur Sicherung des Schienenbahn-, Schwebebahn-, Schiffs- oder Luftverkehrs verstößt

und dadurch Leib oder Leben eines anderen Menschen oder fremde Sachen von bedeutendem Wert gefährdet.

(2) In den Fällen des Absatzes 1 Nr. 1 ist der Versuch strafbar.

(3) Wer in den Fällen des Absatzes 1

1. die Gefahr fahrlässig verursacht oder

2. fahrlässig handelt und die Gefahr fahrlässig verursacht,

wird mit Freiheitsstrafe bis zu zwei Jahren oder mit Geldstrafe bestraft.

§315b Gefährliche Eingriffe in den Straßenverkehr

(1) Wer die Sicherheit des Straßenverkehrs dadurch beeinträchtigt, daß er

1. Anlagen oder Fahrzeuge zerstört, beschädigt oder beseitigt,

2. Hindernisse bereitet oder

3. einen ähnlichen, ebenso gefährlichen Eingriff vornimmt,

und dadurch Leib oder Leben eines anderen Menschen oder fremde Sachen von bedeutendem Wert gefährdet, wird mit Freiheitsstrafe bis zu fünf Jahren oder mit Geldstrafe bestraft.

(2) Der Versuch ist strafbar.

(3) Handelt der Täter unter den Voraussetzungen des § 315 Abs. 3, so ist die Strafe Freiheitsstrafe von einem Jahr bis zu zehn Jahren, in minder schweren Fällen Freiheitsstrafe von sechs Monaten bis zu fünf Jahren.

(4) Wer in den Fällen des Absatzes 1 die Gefahr fahrlässig verursacht, wird mit Freiheitsstrafe bis zu drei Jahren oder mit Geldstrafe bestraft.

(5) Wer in den Fällen des Absatzes 1 fahrlässig handelt und die Gefahr fahrlässig verursacht, wird mit Freiheitsstrafe bis zu zwei Jahren oder mit Geldstrafe bestraft.

§315c Gefährdung des Straßenverkehrs

(1) Wer im Straßenverkehr

1. ein Fahrzeug führt, obwohl er

   a) infolge des Genusses alkoholischer Getränke oder anderer berauschender Mittel oder

   b) infolge geistiger oder körperlicher Mängel

   nicht in der Lage ist, das Fahrzeug sicher zu führen, oder

2. grob verkehrswidrig und rücksichtslos
   a) die Vorfahrt nicht beachtet,
   b) falsch überholt oder sonst bei Überholvorgängen falsch fährt,
   c) an Fußgängerüberwegen falsch fährt,
   d) an unübersichtlichen Stellen, an Straßenkreuzungen, Straßeneinmündungen oder Bahnübergängen zu schnell fährt,
   e) an unübersichtlichen Stellen nicht die rechte Seite der Fahrbahn einhält,
   f) auf Autobahnen oder Kraftfahrstraßen wendet, rückwärts oder entgegen der Fahrtrichtung fährt oder dies versucht oder
   g) haltende oder liegengebliebene Fahrzeuge nicht auf ausreichende Entfernung kenntlich macht, obwohl das zur Sicherung des Verkehrs erforderlich ist,

und dadurch Leib oder Leben eines anderen Menschen oder fremde Sachen von bedeutendem Wert gefährdet, wird mit Freiheitsstrafe bis zu fünf Jahren oder mit Geldstrafe bestraft.

(2) In den Fällen des Absatzes 1 Nr. 1 ist der Versuch strafbar.

(3) Wer in den Fällen des Absatzes 1

1. die Gefahr fahrlässig verursacht oder
2. fahrlässig handelt und die Gefahr fahrlässig verursacht,

wird mit Freiheitsstrafe bis zu zwei Jahren oder mit Geldstrafe bestraft.

Anmerkung:

Der BGH hat mit seiner Entscheidung von 28.06.1990, Az 4 StR 297/90 - NJW 1990, 2393 den Grenzwert für die alkoholbedingte absolute Fahruntüchtigkeit von Kraftfahrern i. S. der §§315c, 316 StGB auf 1,1‰ (Grundwert 1,0‰ und Sicherheitszuschlag 0,1‰) festgelegt. Damit wird ab einer Blutalkoholkonzentration von 1,1‰ an aufwärts jeder Kraftfahrzeugführer ohne die Möglichkeit eines Gegenbeweises allein wegen der Höhe seines Blutalkohols als fahruntüchtig angesehen (sog. unwiderlegliche Vermutung).

§315d Verbotene Kraftfahrzeugrennen

(1) Wer im Straßenverkehr

1. ein nicht erlaubtes Kraftfahrzeugrennen ausrichtet oder durchführt,
2. als Kraftfahrzeugführer an einem nicht erlaubten Kraftfahrzeugrennen teilnimmt oder

3. sich als Kraftfahrzeugführer mit nicht angepasster Geschwindigkeit und grob verkehrswidrig und rücksichtslos fortbewegt, um eine höchstmögliche Geschwindigkeit zu erreichen,

wird mit Freiheitsstrafe bis zu zwei Jahren oder mit Geldstrafe bestraft.

(2) Wer in den Fällen des Absatzes 1 Nummer 2 oder 3 Leib oder Leben eines anderen Menschen oder fremde Sachen von bedeutendem Wert gefährdet, wird mit Freiheitsstrafe bis zu fünf Jahren oder mit Geldstrafe bestraft.

(3) Der Versuch ist in den Fällen des Absatzes 1 Nummer 1 strafbar.

(4) Wer in den Fällen des Absatzes 2 die Gefahr fahrlässig verursacht, wird mit Freiheitsstrafe bis zu drei Jahren oder mit Geldstrafe bestraft.

(5) Verursacht der Täter in den Fällen des Absatzes 2 durch die Tat den Tod oder eine schwere Gesundheitsschädigung eines anderen Menschen oder eine Gesundheitsschädigung einer großen Zahl von Menschen, so ist die Strafe Freiheitsstrafe von einem Jahr bis zu zehn Jahren, in minder schweren Fällen Freiheitsstrafe von sechs Monaten bis zu fünf Jahren.

§ 315e Schienenbahnen im Straßenverkehr

Soweit Schienenbahnen am Straßenverkehr teilnehmen, sind nur die Vorschriften zum Schutz des Straßenverkehrs (§§ 315b und 315c) anzuwenden.

§ 315f Einziehung

Kraftfahrzeuge, auf die sich eine Tat nach § 315d Absatz 1 Nummer 2 oder Nummer 3, Absatz 2, 4 oder 5 bezieht, können eingezogen werden. § 74a ist anzuwenden.

§ 316 Trunkenheit im Verkehr

(1) Wer im Verkehr (§§ 315 bis 315e) ein Fahrzeug führt, obwohl er infolge des Genusses alkoholischer Getränke oder anderer berauschender Mittel nicht in der Lage ist, das Fahrzeug sicher zu führen, wird mit Freiheitsstrafe bis zu einem Jahr oder mit Geldstrafe bestraft, wenn die Tat nicht in § 315a oder § 315c mit Strafe bedroht ist.

(2) Nach Absatz 1 wird auch bestraft, wer die Tat fahrlässig begeht.

§316a Räuberischer Angriff auf Kraftfahrer

(1) Wer zur Begehung eines Raubes (§§ 249 oder 250), eines räuberischen Diebstahls (§ 252) oder einer räuberischen Erpressung (§ 255) einen Angriff auf Leib oder Leben oder die Entschlußfreiheit des Führers eines Kraftfahrzeugs oder eines Mitfahrers verübt und dabei die besonderen Verhältnisse des Straßenverkehrs ausnutzt, wird mit Freiheitsstrafe nicht unter fünf Jahren bestraft.

(2) In minder schweren Fällen ist die Strafe Freiheitsstrafe von einem Jahr bis zu zehn Jahren.

(3) Verursacht der Täter durch die Tat wenigstens leichtfertig den Tod eines anderen Menschen, so ist die Strafe lebenslange Freiheitsstrafe oder Freiheitsstrafe nicht unter zehn Jahren.

§316b Störung öffentlicher Betriebe

(1) Wer den Betrieb

1. von Unternehmen oder Anlagen, die der öffentlichen Versorgung mit Postdienstleistungen oder dem öffentlichen Verkehr dienen,
2. einer der öffentlichen Versorgung mit Wasser, Licht, Wärme oder Kraft dienenden Anlage oder eines für die Versorgung der Bevölkerung lebenswichtigen Unternehmens oder
3. einer der öffentlichen Ordnung oder Sicherheit dienenden Einrichtung oder Anlage

dadurch verhindert oder stört, daß er eine dem Betrieb dienende Sache zerstört, beschädigt, beseitigt, verändert oder unbrauchbar macht oder die für den Betrieb bestimmte elektrische Kraft entzieht, wird mit Freiheitsstrafe bis zu fünf Jahren oder mit Geldstrafe bestraft.

(2) Der Versuch ist strafbar.

(3) In besonders schweren Fällen ist die Strafe Freiheitsstrafe von sechs Monaten bis zu zehn Jahren. Ein besonders schwerer Fall liegt in der Regel vor, wenn der Täter durch die Tat die Versorgung der Bevölkerung mit lebenswichtigen Gütern, insbesondere mit Wasser, Licht, Wärme oder Kraft, beeinträchtigt.

§316c Angriffe auf den Luft- und Seeverkehr

(1) Mit Freiheitsstrafe nicht unter fünf Jahren wird bestraft, wer

1. Gewalt anwendet oder die Entschlußfreiheit einer Person angreift oder sonstige Machenschaften vornimmt, um dadurch die Herrschaft über
   a) ein im zivilen Luftverkehr eingesetztes und im Flug befindliches Luftfahrzeug oder
   b) ein im zivilen Seeverkehr eingesetztes Schiff

   zu erlangen oder auf dessen Führung einzuwirken, oder
2. um ein solches Luftfahrzeug oder Schiff oder dessen an Bord befindliche Ladung zu zerstören oder zu beschädigen, Schußwaffen gebraucht oder es unternimmt, eine Explosion oder einen Brand herbeizuführen.

Einem im Flug befindlichen Luftfahrzeug steht ein Luftfahrzeug gleich, das von Mitgliedern der Besatzung oder von Fluggästen bereits betreten ist oder dessen Beladung bereits begonnen hat oder das von Mitgliedern der Besatzung oder von Fluggästen noch nicht planmäßig verlassen ist oder dessen planmäßige Entladung noch nicht abgeschlossen ist.

(2) In minder schweren Fällen ist die Strafe Freiheitsstrafe von einem Jahr bis zu zehn Jahren.

(3) Verursacht der Täter durch die Tat wenigstens leichtfertig den Tod eines anderen Menschen, so ist die Strafe lebenslange Freiheitsstrafe oder Freiheitsstrafe nicht unter zehn Jahren.

(4) Wer zur Vorbereitung einer Straftat nach Absatz 1 Schußwaffen, Sprengstoffe oder sonst zur Herbeiführung einer Explosion oder eines Brandes bestimmte Stoffe oder Vorrichtungen herstellt, sich oder einem anderen verschafft, verwahrt oder einem anderen überläßt, wird mit Freiheitsstrafe von sechs Monaten bis zu fünf Jahren bestraft.

§317 Störung von Telekommunikationsanlagen

(1) Wer den Betrieb einer öffentlichen Zwecken dienenden Telekommunikationsanlage dadurch verhindert oder gefährdet, daß er eine dem Betrieb dienende Sache zerstört, beschädigt, beseitigt, verändert oder unbrauchbar macht oder die für den Betrieb bestimmte elektrische Kraft entzieht, wird mit Freiheitsstrafe bis zu fünf Jahren oder mit Geldstrafe bestraft.

(2) Der Versuch ist strafbar.

(3) Wer die Tat fahrlässig begeht, wird mit Freiheitsstrafe bis zu einem Jahr oder mit Geldstrafe bestraft.

§ 318 Beschädigung wichtiger Anlagen

(1) Wer Wasserleitungen, Schleusen, Wehre, Deiche, Dämme oder andere Wasserbauten oder Brücken, Fähren, Wege oder Schutzwehre oder dem Bergwerksbetrieb dienende Vorrichtungen zur Wasserhaltung, zur Wetterführung oder zum Ein- und Ausfahren der Beschäftigten beschädigt oder zerstört und dadurch Leib oder Leben eines anderen Menschen gefährdet, wird mit Freiheitsstrafe von drei Monaten bis zu fünf Jahren bestraft.

(2) Der Versuch ist strafbar.

(3) Verursacht der Täter durch die Tat eine schwere Gesundheitsschädigung eines anderen Menschen oder eine Gesundheitsschädigung einer großen Zahl von Menschen, so ist auf Freiheitsstrafe von einem Jahr bis zu zehn Jahren zu erkennen.

(4) Verursacht der Täter durch die Tat den Tod eines anderen Menschen, so ist die Strafe Freiheitsstrafe nicht unter drei Jahren.

(5) In minder schweren Fällen des Absatzes 3 ist auf Freiheitsstrafe von sechs Monaten bis zu fünf Jahren, in minder schweren Fällen des Absatzes 4 auf Freiheitsstrafe von einem Jahr bis zu zehn Jahren zu erkennen.

(6) Wer in den Fällen des Absatzes 1

1. die Gefahr fahrlässig verursacht oder
2. fahrlässig handelt und die Gefahr fahrlässig verursacht,

wird mit Freiheitsstrafe bis zu drei Jahren oder mit Geldstrafe bestraft.

§ 319 Baugefährdung

(1) Wer bei der Planung, Leitung oder Ausführung eines Baues oder des Abbruchs eines Bauwerks gegen die allgemein anerkannten Regeln der Technik verstößt und dadurch Leib oder Leben eines anderen Menschen gefährdet, wird mit Freiheitsstrafe bis zu fünf Jahren oder mit Geldstrafe bestraft.

(2) Ebenso wird bestraft, wer in Ausübung eines Berufs oder Gewerbes bei der Planung, Leitung oder Ausführung eines Vorhabens, technische Einrichtungen in ein Bauwerk einzubauen oder eingebaute Einrichtungen dieser Art zu ändern, gegen die allgemein anerkannten Regeln der Technik verstößt und dadurch Leib oder Leben eines anderen Menschen gefährdet.

(3) Wer die Gefahr fahrlässig verursacht, wird mit Freiheitsstrafe bis zu drei Jahren oder mit Geldstrafe bestraft.

(4) Wer in den Fällen der Absätze 1 und 2 fahrlässig handelt und die Gefahr fahrlässig verursacht, wird mit Freiheitsstrafe bis zu zwei Jahren oder mit Geldstrafe bestraft.

§320 Tätige Reue

(1) Das Gericht kann die Strafe in den Fällen des § 316c Abs. 1 nach seinem Ermessen mildern (§ 49 Abs. 2), wenn der Täter freiwillig die weitere Ausführung der Tat aufgibt oder sonst den Erfolg abwendet.

(2) Das Gericht kann die in den folgenden Vorschriften angedrohte Strafe nach seinem Ermessen mildern (§ 49 Abs. 2) oder von Strafe nach diesen Vorschriften absehen, wenn der Täter in den Fällen

1. des § 315 Abs. 1, 3 Nr. 1 oder Abs. 5,
2. des § 315b Abs. 1, 3 oder 4, Abs. 3 in Verbindung mit § 315 Abs. 3 Nr. 1,
3. des § 318 Abs. 1 oder 6 Nr. 1,
4. des § 319 Abs. 1 bis 3

freiwillig die Gefahr abwendet, bevor ein erheblicher Schaden entsteht.

(3) Nach den folgenden Vorschriften wird nicht bestraft, wer

1. in den Fällen des
   a) § 315 Abs. 6,
   b) § 315b Abs. 5,
   c) § 318 Abs. 6 Nr. 2,
   d) § 319 Abs. 4

   freiwillig die Gefahr abwendet, bevor ein erheblicher Schaden entsteht, oder
2. in den Fällen des § 316c Abs. 4 freiwillig die weitere Ausführung der Tat aufgibt oder sonst die Gefahr abwendet.

(4) Wird ohne Zutun des Täters die Gefahr oder der Erfolg abgewendet, so genügt sein freiwilliges und ernsthaftes Bemühen, dieses Ziel zu erreichen.

§ 321 Führungsaufsicht

In den Fällen der §§ 306 bis 306c und 307 Abs. 1 bis 3, des § 308 Abs. 1 bis 3, des § 309 Abs. 1 bis 4, des § 310 Abs. 1 und des § 316c Abs. 1 Nr. 2 kann das Gericht Führungsaufsicht anordnen (§ 68 Abs. 1).

§ 322 Einziehung

Ist eine Straftat nach den §§ 306 bis 306c, 307 bis 314 oder 316c begangen worden, so können

1. Gegenstände, die durch die Tat hervorgebracht oder zu ihrer Begehung oder Vorbereitung gebraucht worden oder bestimmt gewesen sind, und
2. Gegenstände, auf die sich eine Straftat nach den §§ 310 bis 312, 314 oder 316c bezieht,

eingezogen werden.

§ 323 (weggefallen)

§ 323a Vollrausch

(1) Wer sich vorsätzlich oder fahrlässig durch alkoholische Getränke oder andere berauschende Mittel in einen Rausch versetzt, wird mit Freiheitsstrafe bis zu fünf Jahren oder mit Geldstrafe bestraft, wenn er in diesem Zustand eine rechtswidrige Tat begeht und ihretwegen nicht bestraft werden kann, weil er infolge des Rausches schuldunfähig war oder weil dies nicht auszuschließen ist.

(2) Die Strafe darf nicht schwerer sein als die Strafe, die für die im Rausch begangene Tat angedroht ist.

(3) Die Tat wird nur auf Antrag, mit Ermächtigung oder auf Strafverlangen verfolgt, wenn die Rauschtat nur auf Antrag, mit Ermächtigung oder auf Strafverlangen verfolgt werden könnte.

§ 323b Gefährdung einer Entziehungskur

Wer wissentlich einem anderen, der auf Grund behördlicher Anordnung oder ohne seine Einwilligung zu einer Entziehungskur in einer Anstalt untergebracht ist, ohne Erlaubnis des Anstaltsleiters oder seines Beauftragten alkoholische Getränke oder andere berauschende Mittel verschafft oder überläßt oder ihn zum Genuß solcher Mittel verleitet, wird mit Freiheitsstrafe bis zu einem Jahr oder mit Geldstrafe bestraft.

§ 323c Unterlassene Hilfeleistung; Behinderung von hilfeleistenden Personen

(1) Wer bei Unglücksfällen oder gemeiner Gefahr oder Not nicht Hilfe leistet, obwohl dies erforderlich und ihm den Umständen nach zuzumuten, insbesondere ohne erhebliche eigene Gefahr und ohne Verletzung anderer wichtiger Pflichten möglich ist, wird mit Freiheitsstrafe bis zu einem Jahr oder mit Geldstrafe bestraft.

(2) Ebenso wird bestraft, wer in diesen Situationen eine Person behindert, die einem Dritten Hilfe leistet oder leisten will.

Neunundzwanzigster Abschnitt
Straftaten gegen die Umwelt

§ 324 Gewässerverunreinigung

(1) Wer unbefugt ein Gewässer verunreinigt oder sonst dessen Eigenschaften nachteilig verändert, wird mit Freiheitsstrafe bis zu fünf Jahren oder mit Geldstrafe bestraft.

(2) Der Versuch ist strafbar.

(3) Handelt der Täter fahrlässig, so ist die Strafe Freiheitsstrafe bis zu drei Jahren oder Geldstrafe.

§ 324a Bodenverunreinigung

(1) Wer unter Verletzung verwaltungsrechtlicher Pflichten Stoffe in den Boden einbringt, eindringen läßt oder freisetzt und diesen dadurch

1. in einer Weise, die geeignet ist, die Gesundheit eines anderen, Tiere, Pflanzen oder andere Sachen von bedeutendem Wert oder ein Gewässer zu schädigen, oder
2. in bedeutendem Umfang

verunreinigt oder sonst nachteilig verändert, wird mit Freiheitsstrafe bis zu fünf Jahren oder mit Geldstrafe bestraft.

(2) Der Versuch ist strafbar.

(3) Handelt der Täter fahrlässig, so ist die Strafe Freiheitsstrafe bis zu drei Jahren oder Geldstrafe.

§ 325 Luftverunreinigung

(1) Wer beim Betrieb einer Anlage, insbesondere einer Betriebsstätte oder Maschine, unter Verletzung verwaltungsrechtlicher

Pflichten Veränderungen der Luft verursacht, die geeignet sind, außerhalb des zur Anlage gehörenden Bereichs die Gesundheit eines anderen, Tiere, Pflanzen oder andere Sachen von bedeutendem Wert zu schädigen, wird mit Freiheitsstrafe bis zu fünf Jahren oder mit Geldstrafe bestraft. Der Versuch ist strafbar.

(2) Wer beim Betrieb einer Anlage, insbesondere einer Betriebsstätte oder Maschine, unter Verletzung verwaltungsrechtlicher Pflichten Schadstoffe in bedeutendem Umfang in die Luft außerhalb des Betriebsgeländes freisetzt, wird mit Freiheitsstrafe bis zu fünf Jahren oder mit Geldstrafe bestraft.

(3) Wer unter Verletzung verwaltungsrechtlicher Pflichten Schadstoffe in bedeutendem Umfang in die Luft freisetzt, wird mit Freiheitsstrafe bis zu drei Jahren oder mit Geldstrafe bestraft, wenn die Tat nicht nach Absatz 2 mit Strafe bedroht ist.

(4) Handelt der Täter in den Fällen der Absätze 1 und 2 fahrlässig, so ist die Strafe Freiheitsstrafe bis zu drei Jahren oder Geldstrafe.

(5) Handelt der Täter in den Fällen des Absatzes 3 leichtfertig, so ist die Strafe Freiheitsstrafe bis zu einem Jahr oder Geldstrafe.

(6) Schadstoffe im Sinne der Absätze 2 und 3 sind Stoffe, die geeignet sind,

1. die Gesundheit eines anderen, Tiere, Pflanzen oder andere Sachen von bedeutendem Wert zu schädigen oder
2. nachhaltig ein Gewässer, die Luft oder den Boden zu verunreinigen oder sonst nachteilig zu verändern.

(7) Absatz 1, auch in Verbindung mit Absatz 4, gilt nicht für Kraftfahrzeuge, Schienen-, Luft- oder Wasserfahrzeuge.

§325a Verursachen von Lärm, Erschütterungen und nichtionisierenden Strahlen

(1) Wer beim Betrieb einer Anlage, insbesondere einer Betriebsstätte oder Maschine, unter Verletzung verwaltungsrechtlicher Pflichten Lärm verursacht, der geeignet ist, außerhalb des zur Anlage gehörenden Bereichs die Gesundheit eines anderen zu schädigen, wird mit Freiheitsstrafe bis zu drei Jahren oder mit Geldstrafe bestraft.

(2) Wer beim Betrieb einer Anlage, insbesondere einer Betriebsstätte oder Maschine, unter Verletzung verwaltungsrechtlicher Pflichten, die dem Schutz vor Lärm, Erschütterungen oder nichtionisierenden Strahlen dienen, die Gesundheit eines anderen, ihm nicht gehörende Tiere oder fremde Sachen von bedeutendem Wert

gefährdet, wird mit Freiheitsstrafe bis zu fünf Jahren oder mit Geldstrafe bestraft.

(3) Handelt der Täter fahrlässig, so ist die Strafe

1. in den Fällen des Absatzes 1 Freiheitsstrafe bis zu zwei Jahren oder Geldstrafe,
2. in den Fällen des Absatzes 2 Freiheitsstrafe bis zu drei Jahren oder Geldstrafe.

(4) Die Absätze 1 bis 3 gelten nicht für Kraftfahrzeuge, Schienen-, Luft- oder Wasserfahrzeuge.

§ 326 Unerlaubter Umgang mit Abfällen

(1) Wer unbefugt Abfälle, die

1. Gifte oder Erreger von auf Menschen oder Tiere übertragbaren gemeingefährlichen Krankheiten enthalten oder hervorbringen können,
2. für den Menschen krebserzeugend, fortpflanzungsgefährdend oder erbgutverändernd sind,
3. explosionsgefährlich, selbstentzündlich oder nicht nur geringfügig radioaktiv sind oder
4. nach Art, Beschaffenheit oder Menge geeignet sind,
   a) nachhaltig ein Gewässer, die Luft oder den Boden zu verunreinigen oder sonst nachteilig zu verändern oder
   b) einen Bestand von Tieren oder Pflanzen zu gefährden,

außerhalb einer dafür zugelassenen Anlage oder unter wesentlicher Abweichung von einem vorgeschriebenen oder zugelassenen Verfahren sammelt, befördert, behandelt, verwertet, lagert, ablagert, ablässt, beseitigt, handelt, makelt oder sonst bewirtschaftet, wird mit Freiheitsstrafe bis zu fünf Jahren oder mit Geldstrafe bestraft.

(2) Ebenso wird bestraft, wer Abfälle im Sinne des Absatzes 1 entgegen einem Verbot oder ohne die erforderliche Genehmigung in den, aus dem oder durch den Geltungsbereich dieses Gesetzes verbringt.

(3) Wer radioaktive Abfälle unter Verletzung verwaltungsrechtlicher Pflichten nicht abliefert, wird mit Freiheitsstrafe bis zu drei Jahren oder mit Geldstrafe bestraft.

(4) In den Fällen der Absätze 1 und 2 ist der Versuch strafbar.

(5) Handelt der Täter fahrlässig, so ist die Strafe

1. in den Fällen der Absätze 1 und 2 Freiheitsstrafe bis zu drei Jahren oder Geldstrafe,
2. in den Fällen des Absatzes 3 Freiheitsstrafe bis zu einem Jahr oder Geldstrafe.

(6) Die Tat ist dann nicht strafbar, wenn schädliche Einwirkungen auf die Umwelt, insbesondere auf Menschen, Gewässer, die Luft, den Boden, Nutztiere oder Nutzpflanzen, wegen der geringen Menge der Abfälle offensichtlich ausgeschlossen sind.

§ 327 Unerlaubtes Betreiben von Anlagen

(1) Wer ohne die erforderliche Genehmigung oder entgegen einer vollziehbaren Untersagung

1. eine kerntechnische Anlage betreibt, eine betriebsbereite oder stillgelegte kerntechnische Anlage innehat oder ganz oder teilweise abbaut oder eine solche Anlage oder ihren Betrieb wesentlich ändert oder
2. eine Betriebsstätte, in der Kernbrennstoffe verwendet werden, oder deren Lage wesentlich ändert,

wird mit Freiheitsstrafe bis zu fünf Jahren oder mit Geldstrafe bestraft.

(2) Mit Freiheitsstrafe bis zu drei Jahren oder mit Geldstrafe wird bestraft, wer

1. eine genehmigungsbedürftige Anlage oder eine sonstige Anlage im Sinne des Bundes-Immissionsschutzgesetzes, deren Betrieb zum Schutz vor Gefahren untersagt worden ist,
2. eine genehmigungsbedürftige Rohrleitungsanlage zum Befördern wassergefährdender Stoffe im Sinne des Gesetzes über die Umweltverträglichkeitsprüfung,
3. eine Abfallentsorgungsanlage im Sinne des Kreislaufwirtschaftsgesetzes oder
4. eine Abwasserbehandlungsanlage nach § 60 Absatz 3 des Wasserhaushaltsgesetzes

ohne die nach dem jeweiligen Gesetz erforderliche Genehmigung oder Planfeststellung oder entgegen einer auf dem jeweiligen Gesetz beruhenden vollziehbaren Untersagung betreibt. Ebenso wird bestraft, wer ohne die erforderliche Genehmigung oder Planfeststellung oder entgegen einer vollziehbaren Untersagung eine Anlage, in der gefährliche Stoffe oder Gemische gelagert oder verwendet oder gefährliche Tätigkeiten ausgeübt werden, in einem anderen Mitgliedstaat der Europäischen Union in einer Weise betreibt, die geeignet ist, außerhalb der Anlage Leib oder Leben eines anderen Menschen zu schädigen oder erhebliche Schäden an Tieren oder Pflanzen, Gewässern, der Luft oder dem Boden herbeizuführen.

(3) Handelt der Täter fahrlässig, so ist die Strafe

1. in den Fällen des Absatzes 1 Freiheitsstrafe bis zu drei Jahren oder Geldstrafe,
2. in den Fällen des Absatzes 2 Freiheitsstrafe bis zu zwei Jahren oder Geldstrafe.

§ 328 Unerlaubter Umgang mit radioaktiven Stoffen und anderen gefährlichen Stoffen und Gütern

(1) Mit Freiheitsstrafe bis zu fünf Jahren oder mit Geldstrafe wird bestraft,

1. wer ohne die erforderliche Genehmigung oder entgegen einer vollziehbaren Untersagung Kernbrennstoffe oder
2. wer ohne die erforderliche Genehmigung oder wer entgegen einer vollziehbaren Untersagung sonstige radioaktive Stoffe, die nach Art, Beschaffenheit oder Menge geeignet sind, durch ionisierende Strahlen den Tod oder eine schwere Gesundheitsschädigung eines anderen oder erhebliche Schäden an Tieren oder Pflanzen, Gewässern, der Luft oder dem Boden herbeizuführen,

herstellt, aufbewahrt, befördert, bearbeitet, verarbeitet oder sonst verwendet, einführt oder ausführt.

(2) Ebenso wird bestraft, wer

1. Kernbrennstoffe, zu deren Ablieferung er auf Grund des Atomgesetzes verpflichtet ist, nicht unverzüglich abliefert,
2. Kernbrennstoffe oder die in Absatz 1 Nr. 2 bezeichneten Stoffe an Unberechtigte abgibt oder die Abgabe an Unberechtigte vermittelt,
3. eine nukleare Explosion verursacht oder
4. einen anderen zu einer in Nummer 3 bezeichneten Handlung verleitet oder eine solche Handlung fördert.

(3) Mit Freiheitsstrafe bis zu fünf Jahren oder mit Geldstrafe wird bestraft, wer unter Verletzung verwaltungsrechtlicher Pflichten

1. beim Betrieb einer Anlage, insbesondere einer Betriebsstätte oder technischen Einrichtung, radioaktive Stoffe oder gefährliche Stoffe und Gemische nach Artikel 3 der Verordnung (EG)

Nr. 1272/2008 des Europäischen Parlaments und des Rates vom 16. Dezember 2008 über die Einstufung, Kennzeichnung und Verpackung von Stoffen und Gemischen, zur Änderung und Aufhebung der Richtlinien 67/548/EWG und 1999/45/EG und zur Änderung der Verordnung (EG) Nr. 1907/2006 (ABl. L 353 vom 31. 12. 2008, S. 1), die zuletzt durch die Verordnung (EG) Nr. 790/2009 (ABl. L 235 vom 5. 9. 2009, S. 1) geändert worden ist, lagert, bearbeitet, verarbeitet oder sonst verwendet oder

2. gefährliche Güter befördert, versendet, verpackt oder auspackt, verlädt oder entlädt, entgegennimmt oder anderen überläßt

und dadurch die Gesundheit eines anderen, Tiere oder Pflanzen, Gewässer, die Luft oder den Boden oder fremde Sachen von bedeutendem Wert gefährdet.

(4) Der Versuch ist strafbar.

(5) Handelt der Täter fahrlässig, so ist die Strafe Freiheitsstrafe bis zu drei Jahren oder Geldstrafe.

(6) Die Absätze 4 und 5 gelten nicht für Taten nach Absatz 2 Nr. 4.

§329 Gefährdung schutzbedürftiger Gebiete

(1) Wer entgegen einer auf Grund des Bundes-Immissionsschutzgesetzes erlassenen Rechtsverordnung über ein Gebiet, das eines besonderen Schutzes vor schädlichen Umwelteinwirkungen durch Luftverunreinigungen oder Geräusche bedarf oder in dem während austauscharmer Wetterlagen ein starkes Anwachsen schädlicher Umwelteinwirkungen durch Luftverunreinigungen zu befürchten ist, Anlagen innerhalb des Gebiets betreibt, wird mit Freiheitsstrafe bis zu drei Jahren oder mit Geldstrafe bestraft. Ebenso wird bestraft, wer innerhalb eines solchen Gebiets Anlagen entgegen einer vollziehbaren Anordnung betreibt, die auf Grund einer in Satz 1 bezeichneten Rechtsverordnung ergangen ist. Die Sätze 1 und 2 gelten nicht für Kraftfahrzeuge, Schienen-, Luft- oder Wasserfahrzeuge.

(2) Wer entgegen einer zum Schutz eines Wasser- oder Heilquellenschutzgebietes erlassenen Rechtsvorschrift oder vollziehbaren Untersagung

1. betriebliche Anlagen zum Umgang mit wassergefährdenden Stoffen betreibt,
2. Rohrleitungsanlagen zum Befördern wassergefährdender Stoffe betreibt oder solche Stoffe befördert oder

3. im Rahmen eines Gewerbebetriebes Kies, Sand, Ton oder andere feste Stoffe abbaut,

wird mit Freiheitsstrafe bis zu drei Jahren oder mit Geldstrafe bestraft. Betriebliche Anlage im Sinne des Satzes 1 ist auch die Anlage in einem öffentlichen Unternehmen.

(3) Wer entgegen einer zum Schutz eines Naturschutzgebietes, einer als Naturschutzgebiet einstweilig sichergestellten Fläche oder eines Nationalparks erlassenen Rechtsvorschrift oder vollziehbaren Untersagung

1. Bodenschätze oder andere Bodenbestandteile abbaut oder gewinnt,
2. Abgrabungen oder Aufschüttungen vornimmt,
3. Gewässer schafft, verändert oder beseitigt,
4. Moore, Sümpfe, Brüche oder sonstige Feuchtgebiete entwässert,
5. Wald rodet,
6. Tiere einer im Sinne des Bundesnaturschutzgesetzes besonders geschützten Art tötet, fängt, diesen nachstellt oder deren Gelege ganz oder teilweise zerstört oder entfernt,
7. Pflanzen einer im Sinne des Bundesnaturschutzgesetzes besonders geschützten Art beschädigt oder entfernt oder
8. ein Gebäude errichtet

und dadurch den jeweiligen Schutzzweck nicht unerheblich beeinträchtigt, wird mit Freiheitsstrafe bis zu fünf Jahren oder mit Geldstrafe bestraft.

(4) Wer unter Verletzung verwaltungsrechtlicher Pflichten in einem Natura 2000-Gebiet einen für die Erhaltungsziele oder den Schutzzweck dieses Gebietes maßgeblichen

1. Lebensraum einer Art, die in Artikel 4 Absatz 2 oder Anhang I der Richtlinie 2009/147/EG des Europäischen Parlaments und des Rates vom 30. November 2009 über die Erhaltung der wildlebenden Vogelarten (ABl. L 20 vom 26. 1. 2010, S. 7) oder in Anhang II der Richtlinie 92/43/EWG des Rates vom 21. Mai 1992 zur Erhaltung der natürlichen Lebensräume sowie der wildlebenden Tiere und Pflanzen (ABl. L 206 vom 22. 7. 1992, S. 7), die zuletzt durch die Richtlinie 2013/17/EU (ABl. L 158 vom 10. 6. 2013, S. 193) geändert worden ist, aufgeführt ist, oder
2. natürlichen Lebensraumtyp, der in Anhang I der Richtlinie 92/43/EWG des Rates vom 21. Mai 1992 zur Erhaltung der natürlichen Lebensräume sowie der wildlebenden Tiere und Pflanzen

(ABl. L 206 vom 22. 7. 1992, S. 7), die zuletzt durch die Richtlinie 2013/17/EU (ABl. L 158 vom 10. 6. 2013, S. 193) geändert worden ist, aufgeführt ist,

erheblich schädigt, wird mit Freiheitsstrafe bis zu fünf Jahren oder mit Geldstrafe bestraft.

(5) Handelt der Täter fahrlässig, so ist die Strafe

1. in den Fällen der Absätze 1 und 2 Freiheitsstrafe bis zu zwei Jahren oder Geldstrafe,
2. in den Fällen des Absatzes 3 Freiheitsstrafe bis zu drei Jahren oder Geldstrafe.

(6) Handelt der Täter in den Fällen des Absatzes 4 leichtfertig, so ist die Strafe Freiheitsstrafe bis zu drei Jahren oder Geldstrafe.

§ 330 Besonders schwerer Fall einer Umweltstraftat

(1) In besonders schweren Fällen wird eine vorsätzliche Tat nach den §§ 324 bis 329 mit Freiheitsstrafe von sechs Monaten bis zu zehn Jahren bestraft. Ein besonders schwerer Fall liegt in der Regel vor, wenn der Täter

1. ein Gewässer, den Boden oder ein Schutzgebiet im Sinne des § 329 Abs. 3 derart beeinträchtigt, daß die Beeinträchtigung nicht, nur mit außerordentlichem Aufwand oder erst nach längerer Zeit beseitigt werden kann,
2. die öffentliche Wasserversorgung gefährdet,
3. einen Bestand von Tieren oder Pflanzen einer streng geschützten Art nachhaltig schädigt oder
4. aus Gewinnsucht handelt.

(2) Wer durch eine vorsätzliche Tat nach den §§ 324 bis 329

1. einen anderen Menschen in die Gefahr des Todes oder einer schweren Gesundheitsschädigung oder eine große Zahl von Menschen in die Gefahr einer Gesundheitsschädigung bringt oder
2. den Tod eines anderen Menschen verursacht,

wird in den Fällen der Nummer 1 mit Freiheitsstrafe von einem Jahr bis zu zehn Jahren, in den Fällen der Nummer 2 mit Freiheitsstrafe nicht unter drei Jahren bestraft, wenn die Tat nicht in § 330a Abs. 1 bis 3 mit Strafe bedroht ist.

(3) In minder schweren Fällen des Absatzes 2 Nr. 1 ist auf Freiheitsstrafe von sechs Monaten bis zu fünf Jahren, in minder

schweren Fällen des Absatzes 2 Nr. 2 auf Freiheitsstrafe von einem Jahr bis zu zehn Jahren zu erkennen.

§ 330a Schwere Gefährdung durch Freisetzen von Giften

(1) Wer Stoffe, die Gifte enthalten oder hervorbringen können, verbreitet oder freisetzt und dadurch die Gefahr des Todes oder einer schweren Gesundheitsschädigung eines anderen Menschen oder die Gefahr einer Gesundheitsschädigung einer großen Zahl von Menschen verursacht, wird mit Freiheitsstrafe von einem Jahr bis zu zehn Jahren bestraft.

(2) Verursacht der Täter durch die Tat den Tod eines anderen Menschen, so ist die Strafe Freiheitsstrafe nicht unter drei Jahren

(3) In minder schweren Fällen des Absatzes 1 ist auf Freiheitsstrafe von sechs Monaten bis zu fünf Jahren, in minder schweren Fällen des Absatzes 2 auf Freiheitsstrafe von einem Jahr bis zu zehn Jahren zu erkennen.

(4) Wer in den Fällen des Absatzes 1 die Gefahr fahrlässig verursacht, wird mit Freiheitsstrafe bis zu fünf Jahren oder mit Geldstrafe bestraft.

(5) Wer in den Fällen des Absatzes 1 leichtfertig handelt und die Gefahr fahrlässig verursacht, wird mit Freiheitsstrafe bis zu drei Jahren oder mit Geldstrafe bestraft.

§ 330b Tätige Reue

(1) Das Gericht kann in den Fällen des § 325a Abs. 2, des § 326 Abs. 1 bis 3, des § 328 Abs. 1 bis 3 und des § 330a Abs. 1, 3 und 4 die Strafe nach seinem Ermessen mildern (§ 49 Abs. 2) oder von Strafe nach diesen Vorschriften absehen, wenn der Täter freiwillig die Gefahr abwendet oder den von ihm verursachten Zustand beseitigt, bevor ein erheblicher Schaden entsteht. Unter denselben Voraussetzungen wird der Täter nicht nach § 325a Abs. 3 Nr. 2, § 326 Abs. 5, § 328 Abs. 5 und § 330a Abs. 5 bestraft.

(2) Wird ohne Zutun des Täters die Gefahr abgewendet oder der rechtswidrig verursachte Zustand beseitigt, so genügt sein freiwilliges und ernsthaftes Bemühen, dieses Ziel zu erreichen.

§ 330c Einziehung

Ist eine Straftat nach den §§ 326, 327 Abs. 1 oder 2, §§ 328, 329 Absatz 1, 2 oder Absatz 3, dieser auch in Verbindung mit Absatz 5, oder Absatz 4, dieser auch in Verbindung mit Absatz 6, begangen worden, so können

1. Gegenstände, die durch die Tat hervorgebracht oder zu ihrer Begehung oder Vorbereitung gebraucht worden oder bestimmt gewesen sind, und
2. Gegenstände, auf die sich die Tat bezieht,

eingezogen werden. § 74a ist anzuwenden.

§330d Begriffsbestimmungen

(1) Im Sinne dieses Abschnitts ist

1. ein Gewässer:
   ein oberirdisches Gewässer, das Grundwasser und das Meer;
2. eine kerntechnische Anlage:
   eine Anlage zur Erzeugung oder zur Bearbeitung oder Verarbeitung oder zur Spaltung von Kernbrennstoffen oder zur Aufarbeitung bestrahlter Kernbrennstoffe;
3. ein gefährliches Gut:
   ein Gut im Sinne des Gesetzes über die Beförderung gefährlicher Güter und einer darauf beruhenden Rechtsverordnung und im Sinne der Rechtsvorschriften über die internationale Beförderung gefährlicher Güter im jeweiligen Anwendungsbereich;
4. eine verwaltungsrechtliche Pflicht:
   eine Pflicht, die sich aus
   a) einer Rechtsvorschrift,
   b) einer gerichtlichen Entscheidung,
   c) einem vollziehbaren Verwaltungsakt,
   d) einer vollziehbaren Auflage oder
   e) einem öffentlich-rechtlichen Vertrag, soweit die Pflicht auch durch Verwaltungsakt hätte auferlegt werden können,

   ergibt und dem Schutz vor Gefahren oder schädlichen Einwirkungen auf die Umwelt, insbesondere auf Menschen, Tiere oder Pflanzen, Gewässer, die Luft oder den Boden, dient;
5. ein Handeln ohne Genehmigung, Planfeststellung oder sonstige Zulassung:
   auch ein Handeln auf Grund einer durch Drohung, Bestechung oder Kollusion erwirkten oder durch unrichtige oder unvollständige Angaben erschlichenen Genehmigung, Planfeststellung oder sonstigen Zulassung.

(2) Für die Anwendung der §§ 311, 324a, 325, 326, 327 und 328 stehen in Fällen, in denen die Tat in einem anderen Mitgliedstaat der Europäischen Union begangen worden ist,

1. einer verwaltungsrechtlichen Pflicht,
2. einem vorgeschriebenen oder zugelassenen Verfahren,
3. einer Untersagung,
4. einem Verbot,
5. einer zugelassenen Anlage,
6. einer Genehmigung und
7. einer Planfeststellung

entsprechende Pflichten, Verfahren, Untersagungen, Verbote, zugelassene Anlagen, Genehmigungen und Planfeststellungen auf Grund einer Rechtsvorschrift des anderen Mitgliedstaats der Europäischen Union oder auf Grund eines Hoheitsakts des anderen Mitgliedstaats der Europäischen Union gleich. Dies gilt nur, soweit damit ein Rechtsakt der Europäischen Union oder ein Rechtsakt der Europäischen Atomgemeinschaft umgesetzt oder angewendet wird, der dem Schutz vor Gefahren oder schädlichen Einwirkungen auf die Umwelt, insbesondere auf Menschen, Tiere oder Pflanzen, Gewässer, die Luft oder den Boden, dient.

Dreißigster Abschnitt
Straftaten im Amt

§ 331 Vorteilsannahme

(1) Ein Amtsträger, ein Europäischer Amtsträger oder ein für den öffentlichen Dienst besonders Verpflichteter, der für die Dienstausübung einen Vorteil für sich oder einen Dritten fordert, sich versprechen läßt oder annimmt, wird mit Freiheitsstrafe bis zu drei Jahren oder mit Geldstrafe bestraft.

(2) Ein Richter, Mitglied eines Gerichts der Europäischen Union oder Schiedsrichter, der einen Vorteil für sich oder einen Dritten als Gegenleistung dafür fordert, sich versprechen läßt oder annimmt, daß er eine richterliche Handlung vorgenommen hat oder künftig vornehme, wird mit Freiheitsstrafe bis zu fünf Jahren oder mit Geldstrafe bestraft. Der Versuch ist strafbar.

(3) Die Tat ist nicht nach Absatz 1 strafbar, wenn der Täter einen nicht von ihm geforderten Vorteil sich versprechen läßt oder annimmt und die zuständige Behörde im Rahmen ihrer Befugnisse

entweder die Annahme vorher genehmigt hat oder der Täter unverzüglich bei ihr Anzeige erstattet und sie die Annahme genehmigt.

§ 332 Bestechlichkeit

(1) Ein Amtsträger, ein Europäischer Amtsträger oder ein für den öffentlichen Dienst besonders Verpflichteter, der einen Vorteil für sich oder einen Dritten als Gegenleistung dafür fordert, sich versprechen läßt oder annimmt, daß er eine Diensthandlung vorgenommen hat oder künftig vornehme und dadurch seine Dienstpflichten verletzt hat oder verletzen würde, wird mit Freiheitsstrafe von sechs Monaten bis zu fünf Jahren bestraft. In minder schweren Fällen ist die Strafe Freiheitsstrafe bis zu drei Jahren oder Geldstrafe. Der Versuch ist strafbar.

(2) Ein Richter, Mitglied eines Gerichts der Europäischen Union oder Schiedsrichter, der einen Vorteil für sich oder einen Dritten als Gegenleistung dafür fordert, sich versprechen läßt oder annimmt, daß er eine richterliche Handlung vorgenommen hat oder künftig vornehme und dadurch seine richterlichen Pflichten verletzt hat oder verletzen würde, wird mit Freiheitsstrafe von einem Jahr bis zu zehn Jahren bestraft. In minder schweren Fällen ist die Strafe Freiheitsstrafe von sechs Monaten bis zu fünf Jahren.

(3) Falls der Täter den Vorteil als Gegenleistung für eine künftige Handlung fordert, sich versprechen läßt oder annimmt, so sind die Absätze 1 und 2 schon dann anzuwenden, wenn er sich dem anderen gegenüber bereit gezeigt hat,

1. bei der Handlung seine Pflichten zu verletzen oder,
2. soweit die Handlung in seinem Ermessen steht, sich bei Ausübung des Ermessens durch den Vorteil beeinflussen zu lassen.

§ 333 Vorteilsgewährung

(1) Wer einem Amtsträger, einem Europäischen Amtsträger, einem für den öffentlichen Dienst besonders Verpflichteten oder einem Soldaten der Bundeswehr für die Dienstausübung einen Vorteil für diesen oder einen Dritten anbietet, verspricht oder gewährt, wird mit Freiheitsstrafe bis zu drei Jahren oder mit Geldstrafe bestraft.

(2) Wer einem Richter, Mitglied eines Gerichts der Europäischen Union oder Schiedsrichter einen Vorteil für diesen oder einen Dritten als Gegenleistung dafür anbietet, verspricht oder gewährt, daß er eine richterliche Handlung vorgenommen hat oder künftig

vornehme, wird mit Freiheitsstrafe bis zu fünf Jahren oder mit Geldstrafe bestraft.

(3) Die Tat ist nicht nach Absatz 1 strafbar, wenn die zuständige Behörde im Rahmen ihrer Befugnisse entweder die Annahme des Vorteils durch den Empfänger vorher genehmigt hat oder sie auf unverzügliche Anzeige des Empfängers genehmigt.

§ 334 Bestechung

(1) Wer einem Amtsträger, einem Europäischen Amtsträger, einem für den öffentlichen Dienst besonders Verpflichteten oder einem Soldaten der Bundeswehr einen Vorteil für diesen oder einen Dritten als Gegenleistung dafür anbietet, verspricht oder gewährt, daß er eine Diensthandlung vorgenommen hat oder künftig vornehme und dadurch seine Dienstpflichten verletzt hat oder verletzen würde, wird mit Freiheitsstrafe von drei Monaten bis zu fünf Jahren bestraft. In minder schweren Fällen ist die Strafe Freiheitsstrafe bis zu zwei Jahren oder Geldstrafe.

(2) Wer einem Richter, Mitglied eines Gerichts der Europäischen Union oder Schiedsrichter einen Vorteil für diesen oder einen Dritten als Gegenleistung dafür anbietet, verspricht oder gewährt, daß er eine richterliche Handlung

1. vorgenommen und dadurch seine richterlichen Pflichten verletzt hat oder
2. künftig vornehme und dadurch seine richterlichen Pflichten verletzen würde,

wird in den Fällen der Nummer 1 mit Freiheitsstrafe von drei Monaten bis zu fünf Jahren, in den Fällen der Nummer 2 mit Freiheitsstrafe von sechs Monaten bis zu fünf Jahren bestraft. Der Versuch ist strafbar.

(3) Falls der Täter den Vorteil als Gegenleistung für eine künftige Handlung anbietet, verspricht oder gewährt, so sind die Absätze 1 und 2 schon dann anzuwenden, wenn er den anderen zu bestimmen versucht, daß dieser

1. bei der Handlung seine Pflichten verletzt oder,
2. soweit die Handlung in seinem Ermessen steht, sich bei der Ausübung des Ermessens durch den Vorteil beeinflussen läßt.

§ 335 Besonders schwere Fälle der Bestechlichkeit und Bestechung

(1) In besonders schweren Fällen wird

1. eine Tat nach
   a) § 332 Abs. 1 Satz 1, auch in Verbindung mit Abs. 3, und
   b) § 334 Abs. 1 Satz 1 und Abs. 2, jeweils auch in Verbindung mit Abs. 3,

   mit Freiheitsstrafe von einem Jahr bis zu zehn Jahren und
2. eine Tat nach § 332 Abs. 2, auch in Verbindung mit Abs. 3, mit Freiheitsstrafe nicht unter zwei Jahren

bestraft.

(2) Ein besonders schwerer Fall im Sinne des Absatzes 1 liegt in der Regel vor, wenn

1. die Tat sich auf einen Vorteil großen Ausmaßes bezieht,
2. der Täter fortgesetzt Vorteile annimmt, die er als Gegenleistung dafür gefordert hat, daß er eine Diensthandlung künftig vornehme, oder
3. der Täter gewerbsmäßig oder als Mitglied einer Bande handelt, die sich zur fortgesetzten Begehung solcher Taten verbunden hat.

§ 335a Ausländische und internationale Bedienstete

(1) Für die Anwendung der §§ 332 und 334, jeweils auch in Verbindung mit § 335, auf eine Tat, die sich auf eine künftige richterliche Handlung oder eine künftige Diensthandlung bezieht, stehen gleich:

1. einem Richter:

   ein Mitglied eines ausländischen und eines internationalen Gerichts;
2. einem sonstigen Amtsträger:
   a) ein Bediensteter eines ausländischen Staates und eine Person, die beauftragt ist, öffentliche Aufgaben für einen ausländischen Staat wahrzunehmen;
   b) ein Bediensteter einer internationalen Organisation und eine Person, die beauftragt ist, Aufgaben einer internationalen Organisation wahrzunehmen;

c) ein Soldat eines ausländischen Staates und ein Soldat, der beauftragt ist, Aufgaben einer internationalen Organisation wahrzunehmen.

(2) Für die Anwendung der §§ 331 und 333 auf eine Tat, die sich auf eine künftige richterliche Handlung oder eine künftige Diensthandlung bezieht, stehen gleich:

1. einem Richter:

   ein Mitglied des Internationalen Strafgerichtshofes;

2. einem sonstigen Amtsträger:

   ein Bediensteter des Internationalen Strafgerichtshofes.

(3) Für die Anwendung des § 333 Absatz 1 und 3 auf eine Tat, die sich auf eine künftige Diensthandlung bezieht, stehen gleich:

1. einem Soldaten der Bundeswehr:
   ein Soldat der in der Bundesrepublik Deutschland stationierten Truppen der nichtdeutschen Vertragsstaaten des Nordatlantikpaktes, die sich zur Zeit der Tat im Inland aufhalten;
2. einem sonstigen Amtsträger:
   ein Bediensteter dieser Truppen;
3. einem für den öffentlichen Dienst besonders Verpflichteten:
   eine Person, die bei den Truppen beschäftigt oder für sie tätig und auf Grund einer allgemeinen oder besonderen Anweisung einer höheren Dienststelle der Truppen zur gewissenhaften Erfüllung ihrer Obliegenheiten förmlich verpflichtet worden ist.

§ 336 Unterlassen der Diensthandlung

Der Vornahme einer Diensthandlung oder einer richterlichen Handlung im Sinne der §§ 331 bis 335a steht das Unterlassen der Handlung gleich.

§ 337 Schiedsrichtervergütung

Die Vergütung eines Schiedsrichters ist nur dann ein Vorteil im Sinne der §§ 331 bis 335, wenn der Schiedsrichter sie von einer Partei hinter dem Rücken der anderen fordert, sich versprechen läßt oder annimmt oder wenn sie ihm eine Partei hinter dem Rücken der anderen anbietet, verspricht oder gewährt.

§ 338 (weggefallen)

§ 339 Rechtsbeugung

Ein Richter, ein anderer Amtsträger oder ein Schiedsrichter, welcher sich bei der Leitung oder Entscheidung einer Rechtssache zugunsten oder zum Nachteil einer Partei einer Beugung des Rechts schuldig macht, wird mit Freiheitsstrafe von einem Jahr bis zu fünf Jahren bestraft.

§ 340 Körperverletzung im Amt

(1) Ein Amtsträger, der während der Ausübung seines Dienstes oder in Beziehung auf seinen Dienst eine Körperverletzung begeht oder begehen läßt, wird mit Freiheitsstrafe von drei Monaten bis zu fünf Jahren bestraft. In minder schweren Fällen ist die Strafe Freiheitsstrafe bis zu fünf Jahren oder Geldstrafe.

(2) Der Versuch ist strafbar.

(3) Die §§ 224 bis 229 gelten für Straftaten nach Absatz 1 Satz 1 entsprechend.

§§ 341 und 342 (weggefallen)

§ 343 Aussageerpressung

(1) Wer als Amtsträger, der zur Mitwirkung an

1. einem Strafverfahren, einem Verfahren zur Anordnung einer behördlichen Verwahrung,
2. einem Bußgeldverfahren oder
3. einem Disziplinarverfahren oder einem ehrengerichtlichen oder berufsgerichtlichen Verfahren

berufen ist, einen anderen körperlich mißhandelt, gegen ihn sonst Gewalt anwendet, ihm Gewalt androht oder ihn seelisch quält, um ihn zu nötigen, in dem Verfahren etwas auszusagen oder zu erklären oder dies zu unterlassen, wird mit Freiheitsstrafe von einem Jahr bis zu zehn Jahren bestraft.

(2) In minder schweren Fällen ist die Strafe Freiheitsstrafe von sechs Monaten bis zu fünf Jahren.

§ 344 Verfolgung Unschuldiger

(1) Wer als Amtsträger, der zur Mitwirkung an einem Strafverfahren, abgesehen von dem Verfahren zur Anordnung einer nicht freiheitsentziehenden Maßnahme (§ 11 Abs. 1 Nr. 8), berufen ist, absichtlich oder wissentlich einen Unschuldigen oder jemanden, der

sonst nach dem Gesetz nicht strafrechtlich verfolgt werden darf, strafrechtlich verfolgt oder auf eine solche Verfolgung hinwirkt, wird mit Freiheitsstrafe von einem Jahr bis zu zehn Jahren, in minder schweren Fällen mit Freiheitsstrafe von drei Monaten bis zu fünf Jahren bestraft. Satz 1 gilt sinngemäß für einen Amtsträger, der zur Mitwirkung an einem Verfahren zur Anordnung einer behördlichen Verwahrung berufen ist.

(2) Wer als Amtsträger, der zur Mitwirkung an einem Verfahren zur Anordnung einer nicht freiheitsentziehenden Maßnahme (§ 11 Abs. 1 Nr. 8) berufen ist, absichtlich oder wissentlich jemanden, der nach dem Gesetz nicht strafrechtlich verfolgt werden darf, strafrechtlich verfolgt oder auf eine solche Verfolgung hinwirkt, wird mit Freiheitsstrafe von drei Monaten bis zu fünf Jahren bestraft. Satz 1 gilt sinngemäß für einen Amtsträger, der zur Mitwirkung an

1. einem Bußgeldverfahren oder
2. einem Disziplinarverfahren oder einem ehrengerichtlichen oder berufsgerichtlichen Verfahren

berufen ist. Der Versuch ist strafbar.

§345 Vollstreckung gegen Unschuldige

(1) Wer als Amtsträger, der zur Mitwirkung bei der Vollstreckung einer Freiheitsstrafe, einer freiheitsentziehenden Maßregel der Besserung und Sicherung oder einer behördlichen Verwahrung berufen ist, eine solche Strafe, Maßregel oder Verwahrung vollstreckt, obwohl sie nach dem Gesetz nicht vollstreckt werden darf, wird mit Freiheitsstrafe von einem Jahr bis zu zehn Jahren, in minder schweren Fällen mit Freiheitsstrafe von drei Monaten bis zu fünf Jahren bestraft.

(2) Handelt der Täter leichtfertig, so ist die Strafe Freiheitsstrafe bis zu einem Jahr oder Geldstrafe.

(3) Wer, abgesehen von den Fällen des Absatzes 1, als Amtsträger, der zur Mitwirkung bei der Vollstreckung einer Strafe oder einer Maßnahme (§ 11 Abs. 1 Nr. 8) berufen ist, eine Strafe oder Maßnahme vollstreckt, obwohl sie nach dem Gesetz nicht vollstreckt werden darf, wird mit Freiheitsstrafe von drei Monaten bis zu fünf Jahren bestraft. Ebenso wird bestraft, wer als Amtsträger, der zur Mitwirkung bei der Vollstreckung

1. eines Jugendarrestes,
2. einer Geldbuße oder Nebenfolge nach dem Ordnungswidrigkeitenrecht,

3. eines Ordnungsgeldes oder einer Ordnungshaft oder
4. einer Disziplinarmaßnahme oder einer ehrengerichtlichen oder berufsgerichtlichen Maßnahme

berufen ist, eine solche Rechtsfolge vollstreckt, obwohl sie nach dem Gesetz nicht vollstreckt werden darf. Der Versuch ist strafbar.

§§ 346 und 347 (weggefallen)

§ 348 Falschbeurkundung im Amt

(1) Ein Amtsträger, der, zur Aufnahme öffentlicher Urkunden befugt, innerhalb seiner Zuständigkeit eine rechtlich erhebliche Tatsache falsch beurkundet oder in öffentliche Register, Bücher oder Dateien falsch einträgt oder eingibt, wird mit Freiheitsstrafe bis zu fünf Jahren oder mit Geldstrafe bestraft.

(2) Der Versuch ist strafbar.

§§ 349 bis 351 (weggefallen)

§ 352 Gebührenüberhebung

(1) Ein Amtsträger, Anwalt oder sonstiger Rechtsbeistand, welcher Gebühren oder andere Vergütungen für amtliche Verrichtungen zu seinem Vorteil zu erheben hat, wird, wenn er Gebühren oder Vergütungen erhebt, von denen er weiß, daß der Zahlende sie überhaupt nicht oder nur in geringerem Betrag schuldet, mit Freiheitsstrafe bis zu einem Jahr oder mit Geldstrafe bestraft.

(2) Der Versuch ist strafbar.

§ 353 Abgabenüberhebung; Leistungskürzung

(1) Ein Amtsträger, der Steuern, Gebühren oder andere Abgaben für eine öffentliche Kasse zu erheben hat, wird, wenn er Abgaben, von denen er weiß, daß der Zahlende sie überhaupt nicht oder nur in geringerem Betrag schuldet, erhebt und das rechtswidrig Erhobene ganz oder zum Teil nicht zur Kasse bringt, mit Freiheitsstrafe von drei Monaten bis zu fünf Jahren bestraft.

(2) Ebenso wird bestraft, wer als Amtsträger bei amtlichen Ausgaben an Geld oder Naturalien dem Empfänger rechtswidrig Abzüge macht und die Ausgaben als vollständig geleistet in Rechnung stellt.

§ 353a Vertrauensbruch im auswärtigen Dienst

(1) Wer bei der Vertretung der Bundesrepublik Deutschland gegenüber einer fremden Regierung, einer Staatengemeinschaft oder einer zwischenstaatlichen Einrichtung einer amtlichen Anweisung zuwiderhandelt oder in der Absicht, die Bundesregierung irrezuleiten, unwahre Berichte tatsächlicher Art erstattet, wird mit Freiheitsstrafe bis zu fünf Jahren oder mit Geldstrafe bestraft.

(2) Die Tat wird nur mit Ermächtigung der Bundesregierung verfolgt.

§ 353b Verletzung des Dienstgeheimnisses und einer besonderen Geheimhaltungspflicht

(1) Wer ein Geheimnis, das ihm als

1. Amtsträger,
2. für den öffentlichen Dienst besonders Verpflichteten oder
3. Person, die Aufgaben oder Befugnisse nach dem Personalvertretungsrecht wahrnimmt,

anvertraut worden oder sonst bekanntgeworden ist, unbefugt offenbart und dadurch wichtige öffentliche Interessen gefährdet, wird mit Freiheitsstrafe bis zu fünf Jahren oder mit Geldstrafe bestraft. Hat der Täter durch die Tat fahrlässig wichtige öffentliche Interessen gefährdet, so wird er mit Freiheitsstrafe bis zu einem Jahr oder mit Geldstrafe bestraft.

(2) Wer, abgesehen von den Fällen des Absatzes 1, unbefugt einen Gegenstand oder eine Nachricht, zu deren Geheimhaltung er

1. auf Grund des Beschlusses eines Gesetzgebungsorgans des Bundes oder eines Landes oder eines seiner Ausschüsse verpflichtet ist oder
2. von einer anderen amtlichen Stelle unter Hinweis auf die Strafbarkeit der Verletzung der Geheimhaltungspflicht förmlich verpflichtet worden ist,

an einen anderen gelangen läßt oder öffentlich bekanntmacht und dadurch wichtige öffentliche Interessen gefährdet, wird mit Freiheitsstrafe bis zu drei Jahren oder mit Geldstrafe bestraft.

(3) Der Versuch ist strafbar.

(3a) Beihilfehandlungen einer in § 53 Absatz 1 Satz 1 Nummer 5 der Strafprozessordnung genannten Person sind nicht rechtswidrig, wenn sie sich auf die Entgegennahme, Auswertung oder Veröffentlichung des Geheimnisses oder des Gegenstandes oder der Nachricht, zu deren Geheimhaltung eine besondere Verpflichtung besteht, beschränken.

(4) Die Tat wird nur mit Ermächtigung verfolgt. Die Ermächtigung wird erteilt

1. von dem Präsidenten des Gesetzgebungsorgans
   a) in den Fällen des Absatzes 1, wenn dem Täter das Geheimnis während seiner Tätigkeit bei einem oder für ein Gesetzgebungsorgan des Bundes oder eines Landes bekanntgeworden ist,
   b) in den Fällen des Absatzes 2 Nr. 1;
2. von der obersten Bundesbehörde
   a) in den Fällen des Absatzes 1, wenn dem Täter das Geheimnis während seiner Tätigkeit sonst bei einer oder für eine Behörde oder bei einer anderen amtlichen Stelle des Bundes oder für eine solche Stelle bekanntgeworden ist,
   b) in den Fällen des Absatzes 2 Nr. 2, wenn der Täter von einer amtlichen Stelle des Bundes verpflichtet worden ist;
3. von der obersten Landesbehörde in allen übrigen Fällen der Absätze 1 und 2 Nr. 2.

§ 353c (weggefallen)

§ 353d Verbotene Mitteilungen über Gerichtsverhandlungen

Mit Freiheitsstrafe bis zu einem Jahr oder mit Geldstrafe wird bestraft, wer

1. entgegen einem gesetzlichen Verbot über eine Gerichtsverhandlung, bei der die Öffentlichkeit ausgeschlossen war, oder über den Inhalt eines die Sache betreffenden amtlichen Dokuments öffentlich eine Mitteilung macht,
2. entgegen einer vom Gericht auf Grund eines Gesetzes auferlegten Schweigepflicht Tatsachen unbefugt offenbart, die durch eine nichtöffentliche Gerichtsverhandlung oder durch ein die Sache betreffendes amtliches Dokument zu seiner Kenntnis gelangt sind, oder
3. die Anklageschrift oder andere amtliche Dokumente eines Strafverfahrens, eines Bußgeldverfahrens oder eines Disziplinarverfahrens, ganz oder in wesentlichen Teilen, im Wortlaut öffentlich mitteilt, bevor sie in öffentlicher Verhandlung erörtert worden sind oder das Verfahren abgeschlossen ist.

§ 354 (weggefallen)

§355 Verletzung des Steuergeheimnisses

(1) Wer unbefugt

1. Verhältnisse eines anderen, die ihm als Amtsträger
   a) in einem Verwaltungsverfahren, einem Rechnungsprüfungsverfahren oder einem gerichtlichen Verfahren in Steuersachen,
   b) in einem Strafverfahren wegen einer Steuerstraftat oder in einem Bußgeldverfahren wegen einer Steuerordnungswidrigkeit,
   c) aus anderem Anlass durch Mitteilung einer Finanzbehörde oder durch die gesetzlich vorgeschriebene Vorlage eines Steuerbescheids oder einer Bescheinigung über die bei der Besteuerung getroffenen Feststellungen

   bekannt geworden sind, oder
2. ein fremdes Betriebs- oder Geschäftsgeheimnis, das ihm als Amtsträger in einem der in Nummer 1 genannten Verfahren bekannt geworden ist,

offenbart oder verwertet, wird mit Freiheitsstrafe bis zu zwei Jahren oder mit Geldstrafe bestraft. Verhältnisse eines anderen oder ein fremdes Betriebs- oder Geschäftsgeheimnis sind dem Täter auch dann als Amtsträger in einem in Satz 1 Nummer 1 genannten Verfahren bekannt geworden, wenn sie sich aus Daten ergeben, zu denen er Zugang hatte und die er unbefugt abgerufen hat.

(2) Den Amtsträgern im Sinne des Absatzes 1 stehen gleich

1. die für den öffentlichen Dienst besonders Verpflichteten,
2. amtlich zugezogene Sachverständige und
3. die Träger von Ämtern der Kirchen und anderen Religionsgesellschaften des öffentlichen Rechts.

(3) Die Tat wird nur auf Antrag des Dienstvorgesetzten oder des Verletzten verfolgt. Bei Taten amtlich zugezogener Sachverständiger ist der Leiter der Behörde, deren Verfahren betroffen ist, neben dem Verletzten antragsberechtigt.

§356 Parteiverrat

(1) Ein Anwalt oder ein anderer Rechtsbeistand, welcher bei den ihm in dieser Eigenschaft anvertrauten Angelegenheiten in derselben Rechtssache beiden Parteien durch Rat oder Beistand pflichtwidrig dient, wird mit Freiheitsstrafe von drei Monaten bis zu fünf Jahren bestraft.

(2) Handelt derselbe im Einverständnis mit der Gegenpartei zum Nachteil seiner Partei, so tritt Freiheitsstrafe von einem Jahr bis zu fünf Jahren ein.

§ 357 Verleitung eines Untergebenen zu einer Straftat

(1) Ein Vorgesetzter, welcher seine Untergebenen zu einer rechtswidrigen Tat im Amt verleitet oder zu verleiten unternimmt oder eine solche rechtswidrige Tat seiner Untergebenen geschehen läßt, hat die für diese rechtswidrige Tat angedrohte Strafe verwirkt.

(2) Dieselbe Bestimmung findet auf einen Amtsträger Anwendung, welchem eine Aufsicht oder Kontrolle über die Dienstgeschäfte eines anderen Amtsträgers übertragen ist, sofern die von diesem letzteren Amtsträger begangene rechtswidrige Tat die zur Aufsicht oder Kontrolle gehörenden Geschäfte betrifft.

§ 358 Nebenfolgen

Neben einer Freiheitsstrafe von mindestens sechs Monaten wegen einer Straftat nach den §§ 332, 335, 339, 340, 343, 344, 345 Abs. 1 und 3, §§ 348, 352 bis 353b Abs. 1, §§ 355 und 357 kann das Gericht die Fähigkeit, öffentliche Ämter zu bekleiden (§ 45 Abs. 2), aberkennen.

Stichwortverzeichnis

Die Zahlen hinter den Begriffen bezeichnen den Paragraphen, die römischen Zahlen den Absatz und die eingeklammerten Zahlen die evtl. Nr.

A

C

C

F

H

I

T

C

U

V

W

C

c) Gesetz über den Schutz der Truppen des Nordatlantikpaktes durch das Straf- und Ordnungswidrigkeitenrecht (NATO-Truppen-Schutzgesetz – NTSG)

in der Fassung der Bekanntmachung vom 27. März 2008 (BGBl. I S. 490)

Zuletzt geändert durch
Zweiundfünfzigstes Gesetz zur Änderung des Strafgesetzbuches – Stärkung des Schutzes von Vollstreckungsbeamten und Rettungskräften
vom 23. Mai 2017 (BGBl. I S. 1226)

§ 1 Anwendung von Strafvorschriften zum Schutz der Vertragsstaaten des Nordatlantikpaktes

(1) Zum Schutz der nichtdeutschen Vertragsstaaten des Nordatlantikpaktes und ihrer in der Bundesrepublik Deutschland stationierten Truppen gelten die §§ 93 bis 97 und 98 bis 100 in Verbindung mit den §§ 101 und 101a des Strafgesetzbuches mit folgender Maßgabe:

1. Den Staatsgeheimnissen im Sinne des § 93 des Strafgesetzbuches entsprechen militärische Geheimnisse der Vertragsstaaten. Militärische Geheimnisse im Sinne dieser Vorschrift sind Tatsachen, Gegenstände oder Erkenntnisse, welche die Verteidigung betreffen und von einer im räumlichen Geltungsbereich dieses Gesetzes befindlichen Dienststelle eines Vertragsstaates mit Rücksicht auf dessen Sicherheit oder die Sicherheit seiner in der Bundesrepublik Deutschland stationierten Truppen geheim gehalten werden. Ausgenommen sind Gegenstände, über deren Geheimhaltung zu bestimmen Angelegenheit der Bundesrepublik Deutschland ist, sowie Nachrichten darüber.
2. In den Fällen des § 94 Abs. 1 Nr. 2 des Strafgesetzbuches tritt an die Stelle der Absicht, die Bundesrepublik Deutschland zu benachteiligen, die Absicht, den betroffenen Vertragsstaat oder seine in der Bundesrepublik Deutschland stationierten Truppen zu benachteiligen.
3. In den Fällen der §§ 94 bis 97 des Strafgesetzbuches tritt an die Stelle der Gefahr eines schweren Nachteils für die äußere Sicherheit der Bundesrepublik Deutschland die Gefahr eines schweren Nachteils für die Sicherheit des betroffenen Vertragsstaates oder seiner in der Bundesrepublik Deutschland stationierten Truppen.

4. In den Fällen des § 99 des Strafgesetzbuches tritt an die Stelle der gegen die Bundesrepublik Deutschland ausgeübten geheimdienstlichen Tätigkeit eine gegen den betroffenen Vertragsstaat oder seine in der Bundesrepublik Deutschland stationierten Truppen ausgeübte geheimdienstliche Tätigkeit.
5. In den Fällen des § 100 des Strafgesetzbuches tritt an die Stelle der Bundesrepublik Deutschland der betroffene Vertragsstaat.
6. In den Fällen der §§ 94 bis 97 des Strafgesetzbuches ist die Strafverfolgung nur zulässig, wenn die oberste militärische Dienststelle der in der Bundesrepublik Deutschland stationierten Truppen des betroffenen Vertragsstaates oder der Leiter ihrer diplomatischen Vertretung erklärt, dass die Wahrung des Geheimnisses für die Sicherheit des Vertragsstaates oder seiner in der Bundesrepublik Deutschland stationierten Truppen zur Zeit der Tat erforderlich war.
7. An die Stelle der Ermächtigung der Bundesregierung nach § 97 Abs. 3 des Strafgesetzbuches tritt das Strafverlangen der obersten militärischen Dienststelle der in der Bundesrepublik Deutschland stationierten Truppen des betroffenen Vertragsstaates oder des Leiters ihrer diplomatischen Vertretung.

(2) Zum Schutz der in der Bundesrepublik Deutschland stationierten Truppen der nichtdeutschen Vertragsstaaten des Nordatlantikpaktes, die sich zur Zeit der Tat im räumlichen Geltungsbereich dieses Gesetzes aufhalten, sind folgende Vorschriften des Strafgesetzbuches mit den in den Nummern 1 bis 10 bestimmten Besonderheiten anzuwenden:

1. § 87 in Verbindung mit den §§ 92a, 92b auf Taten, durch die sich der Täter wissentlich für Bestrebungen einsetzt, die gegen die Sicherheit des betroffenen Vertragsstaates oder die Sicherheit dieser Truppen gerichtet sind;
2. § 89 in Verbindung mit den §§ 92a, 92b auf Taten, die der Täter in der Absicht begeht, die pflichtmäßige Bereitschaft von Soldaten, Beamten oder Bediensteten dieser Truppen zum Dienst für die Verteidigung zu untergraben, und durch die er sich absichtlich für Bestrebungen einsetzt, die gegen die Sicherheit des betroffenen Vertragsstaates oder die Sicherheit dieser Truppen gerichtet sind;
3. § 90a Abs. 1 Nr. 2 und Abs. 2 in Verbindung mit den §§ 92a, 92b auf Taten gegen die nationalen Symbole dieser Truppen;
4. die §§ 109d bis 109g in Verbindung mit den §§ 109i, 109k auf Taten gegen diese Truppen, deren Soldaten, Wehrmittel, Ein-

richtungen, Anlagen oder militärische Vorgänge mit der Maßgabe, daß an die Stelle der Bundesrepublik Deutschland der betroffene Vertragsstaat, an die Stelle der Bundeswehr diese Truppen und an die Stelle der Landesverteidigung die Verteidigung der Vertragsstaaten treten;

5. die §§ 113, 114, 115 Absatz 2, §§ 125 und 125a auf Straftaten gegen Soldaten oder Beamte dieser Truppen;
6. § 120 auf Taten gegen den Gewahrsam an Gefangenen dieser Truppen oder an Personen, die auf ihre Anordnung in einer Anstalt untergebracht sind;
7. die §§ 123 und 124 auf Taten gegen den Hausfrieden von Räumen, die zum öffentlichen Dienst oder Verkehr dieser Truppen bestimmt sind;
8. § 132 auf die Anmaßung dienstlicher Befugnisse von Soldaten oder Beamten dieser Truppen;
9. § 194 Abs. 3 auf Beleidigungen gegen eine Dienststelle, einen Soldaten oder einen Beamten dieser Truppen;
10. § 305a auf Straftaten der Zerstörung von Kraftfahrzeugen dieser Truppen.

(3) Zum Schutz der in der Bundesrepublik Deutschland stationierten Truppen der nichtdeutschen Vertragsstaaten des Nordatlantikpaktes, die sich zur Zeit der Tat im räumlichen Geltungsbereich dieses Gesetzes aufhalten, sind ferner die §§ 16, 19 des Wehrstrafgesetzes und, in Verbindung mit diesen Vorschriften, § 111 des Strafgesetzbuches auf Taten gegen diese Truppen mit folgenden Besonderheiten anzuwenden:

1. In den §§ 16, 19 des Wehrstrafgesetzes treten an die Stelle der Bundesrepublik Deutschland der betroffene Vertragsstaat und an die Stelle der Bundeswehr und ihrer Soldaten diese Truppen und deren Soldaten;
2. strafbar ist nur, wer einen Soldaten dieser Truppen zu einer vorsätzlichen rechtswidrigen Tat nach § 16 oder § 19 des Wehrstrafgesetzes bestimmt oder zu bestimmen versucht oder ihm dazu Hilfe leistet oder wer nach § 111 des Strafgesetzbuches zu einer solchen Tat auffordert.

(4) Die Absätze 1 bis 3 gelten nur für Straftaten, die im räumlichen Geltungsbereich dieses Gesetzes begangen werden.

§ 2 Anwendung von Bußgeldvorschriften zum Schutz der Vertragsstaaten des Nordatlantikpaktes

Zum Schutz der in der Bundesrepublik Deutschland stationierten Truppen der nichtdeutschen Vertragsstaaten des Nordatlantikpaktes, die sich zur Zeit der Tat im räumlichen Geltungsbereich dieses Gesetzes aufhalten, sind folgende Vorschriften des Gesetzes über Ordnungswidrigkeiten mit den in den Nummern 1 bis 3 bestimmten Besonderheiten anzuwenden:

1. § 111 auf Taten gegenüber einem zuständigen Soldaten oder zuständigen Beamten dieser Truppen;
2. § 113 auf öffentliche Ansammlungen, die gegen Soldaten, Beamte oder von ihnen zur Unterstützung zugezogene Bedienstete dieser Truppen gerichtet sind;
3. § 114 auf das Betreten von militärischen Einrichtungen und Anlagen eines Vertragsstaates sowie von Örtlichkeiten, die aus Sicherheitsgründen zur Erfüllung dienstlicher Aufgaben dieser Truppen gesperrt sind.

§ 3 Anwendung von Vorschriften des Gerichtsverfassungsgesetzes bei Straftaten gegen die Vertragsstaaten des Nordatlantikpaktes

Für die Anwendung der Vorschriften des Gerichtsverfassungsgesetzes über die gerichtliche Zuständigkeit und die Übernahme, Abgabe oder Überweisung der Untersuchung, Verhandlung und Entscheidung in Strafsachen stehen die in § 1 genannten Straftaten den ihnen entsprechenden Verstößen gegen Vorschriften des Strafgesetzbuches gleich.

§ 4 Anwendung von Vorschriften der Strafprozessordnung bei Straftaten gegen die Vertragsstaaten des Nordatlantikpaktes

(1) Hat ein Strafverfahren Straftaten nach § 1 dieses Gesetzes in Verbindung mit den §§ 94 bis 100, 109f oder 109g des Strafgesetzbuches zum Gegenstand, so gilt § 153d der Strafprozessordnung entsprechend mit der Maßgabe, dass das Absehen von der Verfolgung oder die Einstellung des Verfahrens zulässig ist,

1. wenn der Täter nach der Tat, bevor ihm deren Entdeckung bekannt geworden ist, dazu beigetragen hat, eine Gefahr für die Sicherheit der Bundesrepublik Deutschland oder des betroffenen Vertragsstaates abzuwenden, oder wenn er einen solchen

Beitrag dadurch geleistet hat, dass er nach der Tat sein mit ihr zusammenhängendes Wissen über verräterische Bestrebungen offenbart hat, oder

2. soweit die Durchführung des Verfahrens über die in der Tat selbst liegende Gefährdung hinaus die Sicherheit der Bundesrepublik Deutschland oder des betroffenen Vertragsstaates beeinträchtigen würde.

(2) Hat ein Strafverfahren Straftaten nach § 1 dieses Gesetzes in Verbindung mit den §§ 87, 89, 90a, 94 bis 100, 109d oder 109f des Strafgesetzbuches zum Gegenstand, so gelten die §§ 153c und 153d der Strafprozessordnung entsprechend mit der Maßgabe, dass an die Stelle der Gefahr eines schweren Nachteils für die Bundesrepublik Deutschland die Gefahr eines schweren Nachteils für den betroffenen Vertragsstaat oder seine in der Bundesrepublik Deutschland stationierten Truppen treten und überwiegende öffentliche Interessen auch solche des betroffenen Vertragsstaates sind.

(3) Bevor von der Erhebung der öffentlichen Klage abgesehen, das Verfahren eingestellt oder die Klage zurückgenommen wird, ist der obersten militärischen Dienststelle der in der Bundesrepublik Deutschland stationierten Truppen des betroffenen Vertragsstaates oder dem Leiter ihrer diplomatischen Vertretung Gelegenheit zur Stellungnahme zu geben.

d) – zzt. unbesetzt –

e) Gesetz über den Verkehr mit Betäubungsmitteln (Betäubungsmittelgesetz – BtMG)

in der Fassung der Bekanntmachung vom 1. März 1994 (BGBl. I S. 358)

Zuletzt geändert durch
Achtzehnte Verordnung zur Änderung von Anlagen des Betäubungsmittelgesetzes
vom 16. Juni 2017 (BGBl. I S. 1670)

– Auszug –

Erster Abschnitt Begriffsbestimmungen

§1 Betäubungsmittel

(1) Betäubungsmittel im Sinne dieses Gesetzes sind die in den Anlagen I bis III aufgeführten Stoffe und Zubereitungen.

(2) Die Bundesregierung wird ermächtigt, nach Anhörung von Sachverständigen durch Rechtsverordnung mit Zustimmung des Bundesrates die Anlagen I bis III zu ändern oder zu ergänzen, wenn dies

1. nach wissenschaftlicher Erkenntnis wegen der Wirkungsweise eines Stoffes, vor allem im Hinblick auf das Hervorrufen einer Abhängigkeit,
2. wegen der Möglichkeit, aus einem Stoff oder unter Verwendung eines Stoffes Betäubungsmittel herstellen zu können, oder
3. zur Sicherheit oder zur Kontrolle des Verkehrs mit Betäubungsmitteln oder anderen Stoffen oder Zubereitungen wegen des Ausmaßes der mißbräuchlichen Verwendung und wegen der unmittelbaren oder mittelbaren Gefährdung der Gesundheit

erforderlich ist. In der Rechtsverordnung nach Satz 1 können einzelne Stoffe oder Zubereitungen ganz oder teilweise von der Anwendung dieses Gesetzes oder einer auf Grund dieses Gesetzes erlassenen Rechtsverordnung ausgenommen werden, soweit die Sicherheit und die Kontrolle des Betäubungsmittelverkehrs gewährleistet bleiben.

(3) Das Bundesministerium für Gesundheit wird ermächtigt, in dringenden Fällen zur Sicherheit oder zur Kontrolle des Betäubungsmittelverkehrs durch Rechtsverordnung ohne Zustimmung

des Bundesrates Stoffe und Zubereitungen, die nicht Arzneimittel sind, in die Anlagen I bis III aufzunehmen, wenn dies wegen des Ausmaßes der mißbräuchlichen Verwendung und wegen der unmittelbaren oder mittelbaren Gefährdung der Gesundheit erforderlich ist. Eine auf der Grundlage dieser Vorschrift erlassene Verordnung tritt nach Ablauf eines Jahres außer Kraft.

(4) Das Bundesministerium für Gesundheit (Bundesministerium) wird ermächtigt, durch Rechtsverordnung ohne Zustimmung des Bundesrates die Anlagen I bis III oder die auf Grund dieses Gesetzes erlassenen Rechtsverordnungen zu ändern, soweit das auf Grund von Änderungen der Anhänge zu dem Einheits-Übereinkommen von 1961 über Suchtstoffe in der Fassung der Bekanntmachung vom 4. Februar 1977 (BGBl. II S. 111) und dem Übereinkommen von 1971 über psychotrope Stoffe (BGBl. 1976 II S. 1477) (Internationale Suchtstoffübereinkommen) in ihrer jeweils für die Bundesrepublik Deutschland verbindlichen Fassung erforderlich ist.

§ 2 Sonstige Begriffe

(1) Im Sinne dieses Gesetzes ist

1. Stoff:
   a) chemische Elemente und chemische Verbindungen sowie deren natürlich vorkommende Gemische und Lösungen,
   b) Pflanzen, Algen, Pilze und Flechten sowie deren Teile und Bestandteile in bearbeitetem oder unbearbeitetem Zustand,
   c) Tierkörper, auch lebender Tiere, sowie Körperteile, -bestandteile und Stoffwechselprodukte von Mensch und Tier in bearbeitetem oder unbearbeitetem Zustand,
   d) Mikroorganismen einschließlich Viren sowie deren Bestandteile oder Stoffwechselprodukte;
2. Zubereitung:
   ohne Rücksicht auf ihren Aggregatzustand ein Stoffgemisch oder die Lösung eines oder mehrerer Stoffe außer den natürlich vorkommenden Gemischen und Lösungen;
3. ausgenommene Zubereitung:
   eine in den Anlagen I bis III bezeichnete Zubereitung, die von den betäubungsmittelrechtlichen Vorschriften ganz oder teilweise ausgenommen ist;
4. Herstellen:
   das Gewinnen, Anfertigen, Zubereiten, Be- oder Verarbeiten, Reinigen und Umwandeln.

(2) Der Einfuhr oder Ausfuhr eines Betäubungsmittels steht jedes sonstige Verbringen in den oder aus dem Geltungsbereich dieses Gesetzes gleich.

Fünfter Abschnitt
Vorschriften für Behörden

§ 26 Bundeswehr, Bundespolizei, Bereitschaftspolizei und Zivilschutz

(1) Dieses Gesetz findet mit Ausnahme der Vorschriften über die Erlaubnis nach § 3 auf Einrichtungen, die der Betäubungsmittelversorgung der Bundeswehr und der Bundespolizei dienen, sowie auf die Bevorratung mit in Anlage II oder III bezeichneten Betäubungsmitteln für den Zivilschutz entsprechende Anwendung.

(2) In den Bereichen der Bundeswehr und der Bundespolizei obliegt der Vollzug dieses Gesetzes und die Überwachung des Betäubungsmittelverkehrs den jeweils zuständigen Stellen und Sachverständigen der Bundeswehr und der Bundespolizei. Im Bereich des Zivilschutzes obliegt der Vollzug dieses Gesetzes den für die Sanitätsmaterialbevorratung zuständigen Bundes- und Landesbehörden.

(3) Das Bundesministerium der Verteidigung kann für seinen Geschäftsbereich im Einvernehmen mit dem Bundesministerium in Einzelfällen Ausnahmen von diesem Gesetz und den auf Grund dieses Gesetzes erlassenen Rechtsverordnungen zulassen, soweit die internationalen Suchtstoffübereinkommen dem nicht entgegenstehen und dies zwingende Gründe der Verteidigung erfordern.

(4) Dieses Gesetz findet mit Ausnahme der Vorschriften über die Erlaubnis nach § 3 auf Einrichtungen, die der Betäubungsmittelversorgung der Bereitschaftspolizeien der Länder dienen, entsprechende Anwendung.

Sechster Abschnitt
Straftaten und Ordnungswidrigkeiten

§ 29 Straftaten

(1) Mit Freiheitsstrafen bis zu fünf Jahren oder mit Geldstrafe wird bestraft, wer

1. Betäubungsmittel unerlaubt anbaut, herstellt, mit ihnen Handel treibt, sie, ohne Handel zu treiben, einführt, ausführt, veräußert, abgibt, sonst in den Verkehr bringt, erwirbt oder sich in sonstiger Weise verschafft,
2. eine ausgenommene Zubereitung (§ 2 Abs. 1 Nr. 3) ohne Erlaubnis nach § 3 Abs. 1 Nr. 2 herstellt,
3. Betäubungsmittel besitzt, ohne zugleich im Besitz einer schriftlichen Erlaubnis für den Erwerb zu sein,
4. (weggefallen)
5. entgegen § 11 Abs. 1 Satz 2 Betäubungsmittel durchführt,
6. entgegen § 13 Abs. 1 Betäubungsmittel
   a) verschreibt,
   b) verabreicht oder zum unmittelbaren Verbrauch überläßt,

6a. entgegen § 13 Absatz 1a Satz 1 und 2 ein dort genanntes Betäubungsmittel überlässt,

7. entgegen § 13 Absatz 2
   a) Betäubungsmittel in einer Apotheke oder tierärztlichen Hausapotheke,
   b) Diamorphin als pharmazeutischer Unternehmer

   abgibt,
8. entgegen § 14 Abs. 5 für Betäubungsmittel wirbt,
9. unrichtige oder unvollständige Angaben macht, um für sich oder einen anderen oder für ein Tier die Verschreibung eines Betäubungsmittels zu erlangen,
10. einem anderen eine Gelegenheit zum unbefugten Erwerb oder zur unbefugten Abgabe von Betäubungsmitteln verschafft oder gewährt, eine solche Gelegenheit öffentlich oder eigennützig mitteilt oder einen anderen zum unbefugten Verbrauch von Betäubungsmitteln verleitet,
11. ohne Erlaubnis nach § 10a einem anderen eine Gelegenheit zum unbefugten Verbrauch von Betäubungsmitteln verschafft oder

gewährt, oder wer eine außerhalb einer Einrichtung nach § 10a bestehende Gelegenheit zu einem solchen Verbrauch eigennützig oder öffentlich mitteilt,

12. öffentlich, in einer Versammlung oder durch Verbreiten von Schriften (§ 11 Abs. 3 des Strafgesetzbuches) dazu auffordert, Betäubungsmittel zu verbrauchen, die nicht zulässigerweise verschrieben worden sind,

13. Geldmittel oder andere Vermögensgegenstände einem anderen für eine rechtswidrige Tat nach Nummern 1, 5, 6, 7, 10, 11 oder 12 bereitstellt,

14. einer Rechtsverordnung nach § 11 Abs. 2 Satz 2 Nr. 1 oder § 13 Abs. 3 Satz 2 Nr. 1, 2a oder 5 zuwiderhandelt, soweit sie für einen bestimmten Tatbestand auf diese Strafvorschrift verweist.

Die Abgabe von sterilen Einmalspritzen an Betäubungsmittelabhängige und die öffentliche Information darüber sind kein Verschaffen und kein öffentliches Mitteilen einer Gelegenheit zum Verbrauch nach Satz 1 Nr. 11.

(2) In den Fällen des Absatzes 1 Satz 1 Nr. 1, 2, 5 oder 6 Buchstabe b ist der Versuch strafbar.

(3) In besonders schweren Fällen ist die Strafe Freiheitsstrafe nicht unter einem Jahr. Ein besonders schwerer Fall liegt in der Regel vor, wenn der Täter

1. in den Fällen des Absatzes 1 Nr. 1, 5, 6, 10, 11 oder 13 gewerbsmäßig handelt,

2. durch eine der in Absatz 1 Satz 1 Nr. 1, 6 oder 7 bezeichneten Handlungen die Gesundheit mehrerer Menschen gefährdet.

(4) Handelt der Täter in den Fällen des Absatzes 1 Satz 1 Nr. 1, 2, 5, 6 Buchstabe b Nr. 10 oder 11 fahrlässig, so ist die Strafe Freiheitsstrafe bis zu einem Jahr oder Geldstrafe.

(5) Das Gericht kann von einer Bestrafung nach den Absätzen 1, 2 und 4 absehen, wenn der Täter die Betäubungsmittel lediglich zum Eigenverbrauch in geringer Menge anbaut, herstellt, einführt, ausführt, durchführt, erwirbt, sich in sonstiger Weise verschafft oder besitzt.

(6) Die Vorschriften des Absatzes 1 Satz 1 Nr. 1 sind, soweit sie das Handeltreiben, Abgeben oder Veräußern betreffen, auch anzuwenden, wenn sich die Handlung auf Stoffe oder Zubereitungen bezieht, die nicht Betäubungsmittel sind, aber als solche ausgegeben werden.

§29a Straftaten

(1) Mit Freiheitsstrafe nicht unter einem Jahr wird bestraft, wer

1. als Person über 21 Jahre Betäubungsmittel unerlaubt nach § 3 Abs. 1 Nr. 1 an eine Person unter 18 Jahren abgibt oder sie ihr entgegen § 13 Abs. 1 verabreicht oder zum unmittelbaren Verbrauch überläßt oder
2. mit Betäubungsmitteln in nicht geringer Menge ohne Erlaubnis nach § 3 Abs. 1 Nr. 1 Handel treibt, sie in nicht geringer Menge herstellt oder abgibt oder sie besitzt, ohne sie auf Grund einer Erlaubnis nach § 3 Abs. 1 erlangt zu haben.

(2) In minder schweren Fällen ist die Strafe Freiheitsstrafe von drei Monaten bis zu fünf Jahren.

§30 Straftaten

(1) Mit Freiheitsstrafe nicht unter zwei Jahren wird bestraft, wer

1. Betäubungsmittel unerlaubt nach § 3 Abs. 1 Nr. 1 anbaut, herstellt oder mit ihnen Handel treibt (§ 29 Abs. 1 Satz 1 Nr. 1) und dabei als Mitglied einer Bande handelt, die sich zur fortgesetzten Begehung solcher Taten verbunden hat,
2. im Falle des § 29a Abs. 1 Nr. 1 gewerbsmäßig handelt,
3. Betäubungsmittel abgibt, einem anderen verabreicht oder zum unmittelbaren Verbrauch überläßt und dadurch leichtfertig dessen Tod verursacht oder
4. Betäubungsmittel in nicht geringer Menge unerlaubt nach § 3 Abs. 1 Nr. 1 einführt.

(2) In minder schweren Fällen ist die Strafe Freiheitsstrafe von drei Monaten bis zu fünf Jahren.

§30a Straftaten

(1) Mit Freiheitsstrafe nicht unter fünf Jahren wird bestraft, wer Betäubungsmittel in nicht geringer Menge unerlaubt nach § 3 Abs. 1 Nr. 1 anbaut, herstellt, mit ihnen Handel treibt, sie ein- oder ausführt (§ 29 Abs. 1 Satz 1 Nr. 1) und dabei als Mitglied einer Bande handelt, die sich zur fortgesetzten Begehung solcher Taten verbunden hat.

(2) Ebenso wird bestraft, wer

1. als Person über 21 Jahre eine Person unter 18 Jahren bestimmt, mit Betäubungsmitteln unerlaubt Handel zu treiben, sie, ohne Handel zu treiben, einzuführen, auszuführen, zu veräußern, ab-

zugeben oder sonst in den Verkehr zu bringen oder eine dieser Handlungen zu fördern, oder

2. mit Betäubungsmitteln in nicht geringer Menge unerlaubt Handel treibt oder sie, ohne Handel zu treiben, einführt, ausführt oder sich verschafft und dabei eine Schußwaffe oder sonstige Gegenstände mit sich führt, die ihrer Art nach zur Verletzung von Personen geeignet und bestimmt sind.

(3) In minder schweren Fällen ist die Strafe Freiheitsstrafe von sechs Monaten bis zu zehn Jahren.

§ 30b Straftaten

§ 129 des Strafgesetzbuches gilt auch dann, wenn eine Vereinigung, deren Zwecke oder deren Tätigkeit auf den unbefugten Vertrieb von Betäubungsmitteln im Sinne des § 6 Nr. 5 des Strafgesetzbuches gerichtet sind, nicht oder nicht nur im Inland besteht.

§ 31 Strafmilderung oder Absehen von Strafe

Das Gericht kann die Strafe nach § 49 Abs. 1 des Strafgesetzbuches mildern oder, wenn der Täter keine Freiheitsstrafe von mehr als drei Jahren verwirkt hat, von Strafe absehen, wenn der Täter

1. durch freiwilliges Offenbaren seines Wissens wesentlich dazu beigetragen hat, daß eine Straftat nach den §§ 29 bis 30a, die mit seiner Tat im Zusammenhang steht, aufgedeckt werden konnte, oder
2. freiwillig sein Wissen so rechtzeitig einer Dienststelle offenbart, daß eine Straftat nach § 29 Abs. 3, § 29a Abs. 1, § 30 Abs. 1, § 30a Abs. 1, die mit seiner Tat im Zusammenhang steht und von deren Planung er weiß, noch verhindert werden kann.

War der Täter an der Tat beteiligt, muss sich sein Beitrag zur Aufklärung nach Satz 1 Nummer 1 über den eigenen Tatbeitrag hinaus erstrecken. § 46b Abs. 2 und 3 des Strafgesetzbuches gilt entsprechend.

§ 31a Absehen von der Verfolgung

(1) Hat das Verfahren ein Vergehen nach § 29 Abs. 1, 2 oder 4 zum Gegenstand, so kann die Staatsanwaltschaft von der Verfolgung absehen, wenn die Schuld des Täters als gering anzusehen wäre, kein öffentliches Interesse an der Strafverfolgung besteht und der Täter die Betäubungsmittel lediglich zum Eigenverbrauch in geringer Menge anbaut, herstellt, einführt, ausführt, durchführt, erwirbt, sich in sonstiger Weise verschafft oder besitzt. Von der Ver-

folgung soll abgesehen werden, wenn der Täter in einem Drogenkonsumraum Betäubungsmittel lediglich zum Eigenverbrauch, der nach § 10a geduldet werden kann, in geringer Menge besitzt, ohne zugleich im Besitz einer schriftlichen Erlaubnis für den Erwerb zu sein.

(2) Ist die Klage bereits erhoben, so kann das Gericht in jeder Lage des Verfahrens unter den Voraussetzungen des Absatzes 1 mit Zustimmung der Staatsanwaltschaft und des Angeschuldigten das Verfahren einstellen. Der Zustimmung des Angeschuldigten bedarf es nicht, wenn die Hauptverhandlung aus den in § 205 der Strafprozeßordnung angeführten Gründen nicht durchgeführt werden kann oder in den Fällen des § 231 Abs. 2 der Strafprozeßordnung und der §§ 232 und 233 der Strafprozeßordnung in seiner Abwesenheit durchgeführt wird. Die Entscheidung ergeht durch Beschluß. Der Beschluß ist nicht anfechtbar.

Anmerkung zu §§ 29–31a:

1. Zur disziplinaren Relevanz → BVerwG, Urteil vom 10.08.1994, Az 2 WD 24/94 - NZWehrr 1995, 166:

   Der strafbare Besitz oder Erwerb von Cannabisprodukten stellt für Soldaten ebenso wie deren einmaliger Genuss oder Weitergabe an Dritte wegen der erheblichen Gefahren für die Gesundheit der Betroffenen und die Einsatzbereitschaft der Truppe stets einen Verstoß gegen die Pflicht zum treuen Dienen nach § 7 SG (→ **C 01**) und damit eine schwerwiegende Pflichtwidrigkeit dar (im Anschluss an BVerfG, Beschluss vom 09.03.1994, Az 2 BvL 43/92 - NJW 1994, 1577). Soldaten haben als Angehörige der vollziehenden Gewalt, zu deren Aufgaben unter anderem die Beachtung der Vorschriften des Betäubungsmittelgesetzes im dienstlichen Bereich gehört, auch bei Erwerb und Besitz von Drogen zum Eigenverbrauch in geringer Menge wegen der Möglichkeit einer Fremdgefährdung in der Kaserne besondere Anforderungen zu erfüllen.

2. Erlasse → **C 72b–d**.

f) – zzt. unbesetzt –

Notwehr[1] – Notstand[2] – Selbsthilfe

Die einschlägigen Bestimmungen finden sich im StGB und im BGB:

A. Notwehr

§ 32 StGB: Notwehr

(1) Wer eine Tat begeht, die durch Notwehr geboten ist, handelt nicht rechtswidrig.

(2) Notwehr ist die Verteidigung, die erforderlich ist, um einen gegenwärtigen rechtswidrigen Angriff von sich oder einem anderen abzuwenden.

§ 33 StGB: Überschreitung der Notwehr

Überschreitet der Täter die Grenzen der Notwehr aus Verwirrung, Furcht oder Schrecken, so wird er nicht bestraft.

Anmerkung:

Voraussetzung der Notwehr ist:

1. dass ein Angriff vorliegt,
2. dass der Angriff gegenwärtig ist,
3. dass der Angriff rechtswidrig ist,
4. dass die Abwehr erforderlich ist.

1. Der Angriff kann sich z. B. gegen Leib, Leben, Ehre oder Besitz richten. Gehört das angegriffene Gut einem anderen, so bezeichnet man die Abwehr dieses Angriffes als Nothilfe.

Notwehr ist nur möglich gegen Menschen. Auf die Schuldfähigkeit (→ § 20 StGB – **C 25b** –) des Angreifers kommt es nicht an, so dass Notwehr auch gegen Geisteskranke oder Volltrunkene möglich ist. Notwehr gegen Tiere ist ausgeschlossen (→ Notstand).

2. Gegenwärtig ist der Angriff, der gerade stattfindet oder unmittelbar bevorsteht, so dass der Beginn des Angriffes nicht abgewartet zu werden braucht.

Der Angriff dauert so lange, bis er vollständig abgewehrt ist. Flieht z. B. der Dieb mit dem gestohlenen Gut, so dauert der Angriff noch fort.

3. Der Angriff muss **rechtswidrig** sein. Es ist nicht erforderlich, dass ein strafbarer Angriff vorliegt.

4. Die Notwehrhandlung muss zur **Abwehr** des Angriffs erforderlich sein. Erforderlich ist ein Abwehrmittel, wenn kein anderes milderes und mit Gewissheit

---

1 → **C 25a**, Nr 108
2 → **C 25a**, Nr 108, 109

wirksames Mittel zur Verfügung steht. Nicht erforderlich ist, dass man sich der Polizei oder des Gerichts bedient. Recht braucht dem Unrecht nicht zu weichen.

Notwehr rechtfertigt, falls den Umständen nach erforderlich, auch den Gebrauch der Schusswaffe.

§ 227 BGB: Notwehr

(1) Eine durch Notwehr gebotene Handlung ist nicht widerrechtlich.

(2) Eine Notwehr ist diejenige Verteidigung, welche erforderlich ist, um einen gegenwärtigen rechtswidrigen Angriff von sich oder einem anderen abzuwenden.

B. Notstand

§ 34 StGB: Rechtfertigender Notstand

Wer in einer gegenwärtigen, nicht anders abwendbaren Gefahr für Leben, Leib, Freiheit, Ehre, Eigentum oder ein anderes Rechtsgut eine Tat begeht, um die Gefahr von sich oder einem anderen abzuwenden, handelt nicht rechtswidrig, wenn bei Abwägung der widerstreitenden Interessen, namentlich der betroffenen Rechtsgüter und des Grades der ihnen drohenden Gefahren, das geschützte Interesse das beeinträchtigte wesentlich überwiegt. Dies gilt jedoch nur, soweit die Tat ein angemessenes Mittel ist, die Gefahr abzuwenden.

§ 35 StGB: Entschuldigender Notstand

(1) Wer in einer gegenwärtigen, nicht anders abwendbaren Gefahr für Leben, Leib oder Freiheit eine rechtswidrige Tat begeht, um die Gefahr von sich, einem Angehörigen oder einer anderen ihm nahestehenden Person abzuwenden, handelt ohne Schuld. Dies gilt nicht, soweit dem Täter nach den Umständen, namentlich weil er die Gefahr selbst verursacht hat oder weil er in einem besonderen Rechtsverhältnis stand, zugemutet werden konnte, die Gefahr hinzunehmen; jedoch kann die Strafe nach § 49 Abs. 1 gemildert werden, wenn der Täter nicht mit Rücksicht auf ein besonderes Rechtsverhältnis die Gefahr hinzunehmen hatte.

(2) Nimmt der Täter bei Begehung der Tat irrig Umstände an, welche ihn nach Absatz 1 entschuldigen würden, so wird er nur dann bestraft, wenn er den Irrtum vermeiden konnte. Die Strafe ist nach § 49 Abs. 1 zu mildern.

Anmerkung:

Im Gegensatz zur Notwehr geht beim Notstand die Gefahr im Allgemeinen von einer Sache aus. Ein Tier ist in diesem Sinne auch eine Sache. Die Abwehr dieser Gefahr muss das letzte Mittel zur Beseitigung der Gefahr sein. Außerdem ist die Straffreiheit nur gegeben, wenn der Notstand ohne Verschulden des Betroffenen eingetreten ist.

§ 228 BGB: Notstand

Wer eine fremde Sache beschädigt oder zerstört, um eine durch sie drohende Gefahr von sich oder einem anderen abzuwenden, handelt nicht widerrechtlich, wenn die Beschädigung oder die Zerstörung zur Abwendung der Gefahr erforderlich ist und der Schaden nicht außer Verhältnis zu der Gefahr steht. Hat der Handelnde die Gefahr verschuldet, so ist er zum Schadensersatz verpflichtet.

§ 904 BGB: Notstand

Der Eigentümer einer Sache ist nicht berechtigt, die Einwirkung eines anderen auf die Sache zu verbieten, wenn die Einwirkung zur Abwendung einer gegenwärtigen Gefahr notwendig und der drohende Schaden gegenüber dem aus der Einwirkung dem Eigentümer entstehenden Schaden unverhältnismäßig groß ist. Der Eigentümer kann Ersatz des ihm entstehenden Schadens verlangen.

C. Selbsthilfe

In den gleichen Zusammenhang gehören die Bestimmungen des **BGB** über die Selbsthilfe. Diese Bestimmungen sind nicht eigens im StGB aufgeführt. Sie stehen jedoch mit den strafrechtlichen Bestimmungen über Notwehr und Notstand in engem Zusammenhang.

§ 229 BGB: Selbsthilfe

Wer zum Zwecke der Selbsthilfe eine Sache wegnimmt, zerstört oder beschädigt oder wer zum Zwecke der Selbsthilfe einen Verpflichteten, welcher der Flucht verdächtigt ist, festnimmt oder den Widerstand des Verpflichteten gegen eine Handlung, die dieser zu dulden verpflichtet ist, beseitigt, handelt nicht widerrechtlich, wenn obrigkeitliche Hilfe nicht rechtzeitig zu erlangen ist und ohne sofortiges Eingreifen die Gefahr besteht, dass die Verwirklichung des Anspruches vereitelt oder wesentlich erschwert werde.

§ 230 BGB: Grenzen der Selbsthilfe

(1) Die Selbsthilfe darf nicht weiter gehen, als zur Abwendung der Gefahr erforderlich ist.

(2) Im Falle der Wegnahme von Sachen ist, sofern nicht Zwangsvollstreckung erwirkt ist, der dingliche Arrest zu beantragen.

(3) Im Falle der Festnahme des Verpflichteten ist, sofern er nicht wieder in Freiheit gesetzt wird, der persönliche Sicherheitsarrest bei dem Amtsgericht zu beantragen, in dessen Bezirk die Festnahme erfolgt ist; der Verpflichtete ist unverzüglich dem Gericht vorzuführen.

(4) Wird der Arrestantrag verzögert oder abgelehnt, so hat die Rückgabe der weggenommenen Sachen und die Freilassung des Festgenommenen unverzüglich zu erfolgen.

§ 231 BGB: Irrtümliche Selbsthilfe

Wer eine der im § 229 bezeichneten Handlungen in der irrigen Annahme vornimmt, dass die für den Ausschluss der Widerrechtlichkeit erforderlichen Voraussetzungen vorhanden seien, ist dem anderen Teile zum Schadensersatz verpflichtet, auch wenn der Irrtum nicht auf Fahrlässigkeit beruht.

Strafprozeßordnung (StPO)

in der Fassung der Bekanntmachung vom 7. April 1987 (BGBl. I S. 1074, S. 1319)

Zuletzt geändert durch
Gesetz zur Neuregelung des Schutzes von Geheimnissen bei der Mitwirkung Dritter an der Berufsausübung schweigepflichtiger Personen
vom 30. Oktober 2017 (BGBl. I S. 3618)

– Auszug –

C

Erstes Buch
Allgemeine Vorschriften

Zweiter Abschnitt
Gerichtsstand

§ 7 Gerichtsstand des Tatortes

(1) Der Gerichtsstand ist bei dem Gericht begründet, in dessen Bezirk die Straftat begangen ist.

(2) Wird die Straftat durch den Inhalt einer im Geltungsbereich dieses Bundesgesetzes erschienenen Druckschrift verwirklicht, so ist als das nach Absatz 1 zuständige Gericht nur das Gericht anzusehen, in dessen Bezirk die Druckschrift erschienen ist. Jedoch ist in den Fällen der Beleidigung, sofern die Verfolgung im Wege der Privatklage stattfindet, auch das Gericht, in dessen Bezirk die Druckschrift verbreitet worden ist, zuständig, wenn in diesem Bezirk die beleidigte Person ihren Wohnsitz oder gewöhnlichen Aufenthalt hat.

§ 8 Gerichtsstand des Wohnsitzes oder Aufenthaltsortes

(1) Der Gerichtsstand ist auch bei dem Gericht begründet, in dessen Bezirk der Angeschuldigte zur Zeit der Erhebung der Klage seinen Wohnsitz hat.

(2) Hat der Angeschuldigte keinen Wohnsitz im Geltungsbereich dieses Bundesgesetzes, so wird der Gerichtsstand auch durch den

gewöhnlichen Aufenthaltsort und, wenn ein solcher nicht bekannt ist, durch den letzten Wohnsitz bestimmt.

§ 9 Gerichtsstand des Ergreifungsortes

Der Gerichtsstand ist auch bei dem Gericht begründet, in dessen Bezirk der Beschuldigte ergriffen worden ist.

§ 10 Gerichtsstand bei Auslandstaten auf Schiffen oder in Luftfahrzeugen

(1) Ist die Straftat auf einem Schiff, das berechtigt ist, die Bundesflagge zu führen, außerhalb des Geltungsbereichs dieses Gesetzes begangen, so ist das Gericht zuständig, in dessen Bezirk der Heimathafen oder der Hafen im Geltungsbereich dieses Gesetzes liegt, den das Schiff nach der Tat zuerst erreicht.

(2) Absatz 1 gilt entsprechend für Luftfahrzeuge, die berechtigt sind, das Staatszugehörigkeitszeichen der Bundesrepublik Deutschland zu führen.

Anmerkung:

Beachte: Gesetz zu dem Abkommen vom 14. September 1963 über strafbare und bestimmte andere an Bord von Luftfahrzeugen begangene Handlungen vom 4. 2. 1969 (BGBl. II S. 121) mit Bek. über das Inkrafttreten vom 20.5.1970 (BGBl. II S. 276).

§ 10a Gerichtsstand bei Auslandstaten im Bereich des Meeres

Ist für eine Straftat, die außerhalb des Geltungsbereichs dieses Gesetzes im Bereich des Meeres begangen wird, ein Gerichtsstand nicht begründet, so ist Hamburg Gerichtsstand; zuständiges Amtsgericht ist das Amtsgericht Hamburg.

§ 11 Gerichtsstand bei Auslandstaten exterritorialer Deutscher und deutscher Beamter

(1) Deutsche, die das Recht der Exterritorialität genießen, sowie die im Ausland angestellten Beamten des Bundes oder eines deutschen Landes behalten hinsichtlich des Gerichtsstandes den Wohnsitz, den sie im Inland hatten. Wenn sie einen solchen Wohnsitz nicht hatten, so gilt der Sitz der Bundesregierung als ihr Wohnsitz.

(2) Auf Wahlkonsuln sind diese Vorschriften nicht anzuwenden.

§ 11a Gerichtsstand bei Auslandstaten von Soldaten in besonderer Auslandsverwendung

Wird eine Straftat außerhalb des Geltungsbereiches dieses Gesetzes von Soldatinnen oder Soldaten der Bundeswehr in besonderer Auslandsverwendung (§ 62 Absatz 1 des Soldatengesetzes) begangen, so ist der Gerichtsstand bei dem für die Stadt Kempten zuständigen Gericht begründet.

Sechster Abschnitt
Zeugen

§ 52 Zeugnisverweigerungsrecht der Angehörigen des Beschuldigten

(1) Zur Verweigerung des Zeugnisses sind berechtigt

1. der Verlobte des Beschuldigten oder die Person, mit der der Beschuldigte ein Versprechen eingegangen ist, eine Lebenspartnerschaft zu begründen;
2. der Ehegatte des Beschuldigten, auch wenn die Ehe nicht mehr besteht;

2a. der Lebenspartner des Beschuldigten, auch wenn die Lebenspartnerschaft nicht mehr besteht;

3. wer mit dem Beschuldigten in gerader Linie verwandt oder verschwägert, in der Seitenlinie bis zum dritten Grad verwandt oder bis zum zweiten Grad verschwägert ist oder war.

(2) Haben Minderjährige wegen mangelnder Verstandsreife oder haben Minderjährige oder Betreute wegen einer psychischen Krankheit oder einer geistigen oder seelischen Behinderung von der Bedeutung des Zeugnisverweigerungsrechts keine genügende Vorstellung, so dürfen sie nur vernommen werden, wenn sie zur Aussage bereit sind und auch ihr gesetzlicher Vertreter der Vernehmung zustimmt. Ist der gesetzliche Vertreter selbst Beschuldigter, so kann er über die Ausübung des Zeugnisverweigerungsrechts nicht entscheiden; das gleiche gilt für den nicht beschuldigten Elternteil, wenn die gesetzliche Vertretung beiden Eltern zusteht.

(3) Die zur Verweigerung des Zeugnisses berechtigten Personen, in den Fällen des Absatzes 2 auch deren zur Entscheidung über die Ausübung des Zeugnisverweigerungsrechts befugte Vertreter, sind vor jeder Vernehmung über ihr Recht zu belehren. Sie können den Verzicht auf dieses Recht auch während der Vernehmung widerrufen.

§ 53 Zeugnisverweigerungsrecht der Berufsgeheimnisträger

(1) Zur Verweigerung des Zeugnisses sind ferner berechtigt

1. Geistliche über das, was ihnen in ihrer Eigenschaft als Seelsorger anvertraut worden oder bekanntgeworden ist;
2. Verteidiger des Beschuldigten über das, was ihnen in dieser Eigenschaft anvertraut worden oder bekanntgeworden ist;
3. Rechtsanwälte und Kammerrechtsbeistände, Patentanwälte, Notare, Wirtschaftsprüfer, vereidigte Buchprüfer, Steuerberater und Steuerbevollmächtigte, Ärzte, Zahnärzte, Psychologische Psychotherapeuten, Kinder- und Jugendlichenpsychotherapeuten, Apotheker und Hebammen über das, was ihnen in dieser Eigenschaft anvertraut worden oder bekanntgeworden ist; für Syndikusrechtsanwälte (§ 46 Absatz 2 der Bundesrechtsanwaltsordnung) und Syndikuspatentanwälte (§ 41a Absatz 2 der Patentanwaltsordnung) gilt dies vorbehaltlich des § 53a nicht hinsichtlich dessen, was ihnen in dieser Eigenschaft anvertraut worden oder bekanntgeworden ist;

3a. Mitglieder oder Beauftragte einer anerkannten Beratungsstelle nach den §§ 3 und 8 des Schwangerschaftskonfliktgesetzes über das, was ihnen in dieser Eigenschaft anvertraut worden oder bekanntgeworden ist;

3b. Berater für Fragen der Betäubungsmittelabhängigkeit in einer Beratungsstelle, die eine Behörde oder eine Körperschaft, Anstalt oder Stiftung des öffentlichen Rechts anerkannt oder bei sich eingerichtet hat, über das, was ihnen in dieser Eigenschaft anvertraut worden oder bekanntgeworden ist;

4. Mitglieder des Deutschen Bundestages, der Bundesversammlung, des Europäischen Parlaments aus der Bundesrepublik Deutschland oder eines Landtages über Personen, die ihnen in ihrer Eigenschaft als Mitglieder dieser Organe oder denen sie in dieser Eigenschaft Tatsachen anvertraut haben, sowie über diese Tatsachen selbst;
5. Personen, die bei der Vorbereitung, Herstellung oder Verbreitung von Druckwerken, Rundfunksendungen, Filmberichten oder der Unterrichtung oder Meinungsbildung dienenden Informations- und Kommunikationsdiensten berufsmäßig mitwirken oder mitgewirkt haben.

Die in Satz 1 Nr. 5 genannten Personen dürfen das Zeugnis verweigern über die Person des Verfassers oder Einsenders von Beiträgen und Unterlagen oder des sonstigen Informanten sowie über die ihnen im Hinblick auf ihre Tätigkeit gemachten Mitteilungen, über deren Inhalt sowie über den Inhalt selbst erarbeiteter Materialien und den Gegenstand berufsbezogener Wahrnehmungen. Dies gilt nur, soweit es sich um Beiträge, Unterlagen, Mitteilungen und Materialien für den redaktionellen Teil oder redaktionell aufbereitete Informations- und Kommunikationsdienste handelt.

(2) Die in Absatz 1 Satz 1 Nr. 2 bis 3b Genannten dürfen das Zeugnis nicht verweigern, wenn sie von der Verpflichtung zur Verschwiegenheit entbunden sind. Die Berechtigung zur Zeugnisverweigerung der in Absatz 1 Satz 1 Nr. 5 Genannten über den Inhalt selbst erarbeiteter Materialien und den Gegenstand entsprechender Wahrnehmungen entfällt, wenn die Aussage zur Aufklärung eines Verbrechens beitragen soll oder wenn Gegenstand der Untersuchung

1. eine Straftat des Friedensverrats und der Gefährdung des demokratischen Rechtsstaats oder des Landesverrats und der Gefährdung der äußeren Sicherheit (§§ 80a, 85, 87, 88, 95, auch in Verbindung mit § 97b, §§ 97a bis 100a des Strafgesetzbuches),
2. eine Straftat gegen die sexuelle Selbstbestimmung nach den §§ 174 bis 176, 177 Absatz 2 Nummer 1 des Strafgesetzbuches oder
3. eine Geldwäsche, eine Verschleierung unrechtmäßig erlangter Vermögenswerte nach § 261 Abs. 1 bis 4 des Strafgesetzbuches

ist und die Erforschung des Sachverhalts oder die Ermittlung des Aufenthaltsortes des Beschuldigten auf andere Weise aussichtslos oder wesentlich erschwert wäre. Der Zeuge kann jedoch auch in diesen Fällen die Aussage verweigern, soweit sie zur Offenbarung der Person des Verfassers oder Einsenders von Beiträgen und Unterlagen oder des sonstigen Informanten oder der ihm im Hinblick auf seine Tätigkeit nach Absatz 1 Satz 1 Nr. 5 gemachten Mitteilungen oder deren Inhalts führen würde.

§ 53a Zeugnisverweigerungsrecht der mitwirkenden Personen

(1) Den Berufsgeheimnisträgern nach § 53 Absatz 1 Satz 1 Nummer 1 bis 4 stehen die Personen gleich, die im Rahmen

1. eines Vertragsverhältnisses,
2. einer berufsvorbereitenden Tätigkeit oder
3. einer sonstigen Hilfstätigkeit

an deren beruflicher Tätigkeit mitwirken. Über die Ausübung des Rechts dieser Personen, das Zeugnis zu verweigern, entscheiden die Berufsgeheimnisträger, es sei denn, dass diese Entscheidung in absehbarer Zeit nicht herbeigeführt werden kann.

(2) Die Entbindung von der Verpflichtung zur Verschwiegenheit (§ 53 Absatz 2 Satz 1) gilt auch für die nach Absatz 1 mitwirkenden Personen.

§ 54 Aussagegenehmigung für Angehörige des öffentlichen Dienstes

(1) Für die Vernehmung von Richtern, Beamten und anderen Personen des öffentlichen Dienstes als Zeugen über Umstände, auf die sich ihre Pflicht zur Amtsverschwiegenheit bezieht, und für die Genehmigung zur Aussage gelten die besonderen beamtenrechtlichen Vorschriften.

(2) Für die Mitglieder des Bundestages, eines Landtages, der Bundes- oder einer Landesregierung sowie für die Angestellten einer Fraktion des Bundestages und eines Landtages gelten die für sie maßgebenden besonderen Vorschriften.

(3) Der Bundespräsident kann das Zeugnis verweigern, wenn die Ablegung des Zeugnisses dem Wohl des Bundes oder eines deutschen Landes Nachteile bereiten würde.

(4) Diese Vorschriften gelten auch, wenn die vorgenannten Personen nicht mehr im öffentlichen Dienst oder Angestellte einer Fraktion sind oder ihre Mandate beendet sind, soweit es sich um Tatsachen handelt, die sich während ihrer Dienst-, Beschäftigungs- oder Mandatszeit ereignet haben oder ihnen während ihrer Dienst-, Beschäftigungs- oder Mandatszeit zur Kenntnis gelangt sind.

Aussagegenehmigung → § 14 Abs. 2 SG (→ **C 01** und → **C 42b**)

§ 55 Auskunftsverweigerungsrecht

(1) Jeder Zeuge kann die Auskunft auf solche Fragen verweigern, deren Beantwortung ihm selbst oder einem der in § 52 Abs. 1 bezeichneten Angehörigen die Gefahr zuziehen würde, wegen einer Straftat oder einer Ordnungswidrigkeit verfolgt zu werden.

(2) Der Zeuge ist über sein Recht zur Verweigerung der Auskunft zu belehren.

Anmerkung:

Berufen sich Soldatinnen oder Soldaten nach § 91 WDO (→ **C 10**) i. V. m. § 55 StPO zu Recht auf ihr Auskunftsverweigerungsrecht, so lässt dieses Verhalten keine unlauteren Motive erkennen → BVerwG, Urteil vom 29.09.2005, Az 2 WD 28.04.

Siebter Abschnitt
Sachverständige und Augenschein

§ 81a Körperliche Untersuchung des Beschuldigten; Zulässigkeit körperlicher Eingriffe

(1) Eine körperliche Untersuchung des Beschuldigten darf zur Feststellung von Tatsachen angeordnet werden, die für das Verfahren von Bedeutung sind. Zu diesem Zweck sind Entnahmen von Blutproben und andere körperliche Eingriffe, die von einem Arzt nach den Regeln der ärztlichen Kunst zu Untersuchungszwecken vorgenommen werden, ohne Einwilligung des Beschuldigten zulässig, wenn kein Nachteil für seine Gesundheit zu befürchten ist.

(2) Die Anordnung steht dem Richter, bei Gefährdung des Untersuchungserfolges durch Verzögerung auch der Staatsanwaltschaft und ihren Ermittlungspersonen (§ 152 des Gerichtsverfassungsgesetzes) zu. Die Entnahme einer Blutprobe bedarf abweichend von Satz 1 keiner richterlichen Anordnung, wenn bestimmte Tatsachen den Verdacht begründen, dass eine Straftat nach § 315a Absatz 1 Nummer 1, Absatz 2 und 3, § 315c Absatz 1 Nummer 1 Buchstabe a, Absatz 2 und 3 oder § 316 des Strafgesetzbuchs begangen worden ist.

(3) Dem Beschuldigten entnommene Blutproben oder sonstige Körperzellen dürfen nur für Zwecke des der Entnahme zugrundeliegenden oder eines anderen anhängigen Strafverfahrens verwendet werden; sie sind unverzüglich zu vernichten, sobald sie hierfür nicht mehr erforderlich sind.

Anmerkung:

Disziplinarvorgesetzte dürfen die Entnahme einer Blutprobe nicht anordnen → **C 72g**.

§ 81d Durchführung körperlicher Untersuchungen durch Personen gleichen Geschlechts

(1) Kann die körperliche Untersuchung das Schamgefühl verletzen, so wird sie von einer Person gleichen Geschlechts oder von einer Ärztin oder einem Arzt vorgenommen. Bei berechtigtem Interesse soll dem Wunsch, die Untersuchung einer Person oder einem Arzt bestimmten Geschlechts zu übertragen, entsprochen werden. Auf Verlangen der betroffenen Person soll eine Person des Vertrauens

zugelassen werden. Die betroffene Person ist auf die Regelungen der Sätze 2 und 3 hinzuweisen.

(2) Diese Vorschrift gilt auch dann, wenn sie betroffene Person in die Untersuchung einwilligt.

Achter Abschnitt
Ermittlungsmaßnahmen

§ 94 Sicherstellung und Beschlagnahme von Gegenständen zu Beweiszwecken

(1) Gegenstände, die als Beweismittel für die Untersuchung von Bedeutung sein können, sind in Verwahrung zu nehmen oder in anderer Weise sicherzustellen.

(2) Befinden sich die Gegenstände in dem Gewahrsam einer Person und werden sie nicht freiwillig herausgegeben, so bedarf es der Beschlagnahme.

(3) Die Absätze 1 und 2 gelten auch für Führerscheine, die der Einziehung unterliegen.

(4) Die Herausgabe beweglicher Sachen richtet sich nach den §§ 111n und 111o.

Anmerkung:

Bei Verdacht eines Dienstvergehens → § 20 WDO (→ **C 10**); im Rahmen militärischer Wachaufgaben → § 7 UZwGBw (→ **C 70**), innerhalb von Liegenschaften der Bw → § 98 Abs. 4 StPO.

§ 95 Herausgabepflicht

(1) Wer einen Gegenstand der vorbezeichneten Art in seinem Gewahrsam hat, ist verpflichtet, ihn auf Erfordern vorzulegen und auszuliefern.

(2) Im Falle der Weigerung können gegen ihn die in § 70 bestimmten Ordnungs- und Zwangsmittel festgesetzt werden. Das gilt nicht bei Personen, die zur Verweigerung des Zeugnisses berechtigt sind.

§ 96 Amtlich verwahrte Schriftstücke

Die Vorlegung oder Auslieferung von Akten oder anderen in amtlicher Verwahrung befindlichen Schriftstücken durch Behörden und öffentliche Beamte darf nicht gefordert werden, wenn deren oberste Dienstbehörde erklärt, daß das Bekanntwerden des Inhalts dieser Akten oder Schriftstücke dem Wohl des Bundes oder eines deutschen Landes Nachteile bereiten würde. Satz 1 gilt entsprechend für Akten und sonstige Schriftstücke, die sich im Gewahrsam eines Mitglieds des Bundestages oder eines Landtages beziehungsweise eines Angestellten einer Fraktion des Bundestages oder eines Landtages befinden, wenn die für die Erteilung einer Aussagegenehmigung zuständige Stelle eine solche Erklärung abgegeben hat.

§ 97 Beschlagnahmeverbot

(1) Der Beschlagnahme unterliegen nicht

1. schriftliche Mitteilungen zwischen dem Beschuldigten und den Personen, die nach § 52 oder § 53 Abs. 1 Satz 1 Nr. 1 bis 3b das Zeugnis verweigern dürfen;
2. Aufzeichnungen, welche die in § 53 Abs. 1 Satz 1 Nr. 1 bis 3b Genannten über die ihnen vom Beschuldigten anvertrauten Mitteilungen oder über andere Umstände gemacht haben, auf die sich das Zeugnisverweigerungsrecht erstreckt;
3. andere Gegenstände einschließlich der ärztlichen Untersuchungsbefunde, auf die sich das Zeugnisverweigerungsrecht der in § 53 Abs. 1 Satz 1 Nr. 1 bis 3b Genannten erstreckt.

(2) Diese Beschränkungen gelten nur, wenn die Gegenstände im Gewahrsam der zur Verweigerung des Zeugnisses Berechtigten sind, es sei denn, es handelt sich um eine elektronische Gesundheitskarte im Sinne des § 291a des Fünften Buches Sozialgesetzbuch. Die Beschränkungen der Beschlagnahme gelten nicht, wenn bestimmte Tatsachen den Verdacht begründen, dass die zeugnisverweigerungsberechtigte Person an der Tat oder an einer Datenhehlerei, Begünstigung, Strafvereitelung oder Hehlerei beteiligt ist, oder wenn es sich um Gegenstände handelt, die durch eine Straftat hervorgebracht oder zur Begehung einer Straftat gebraucht oder bestimmt sind oder die aus einer Straftat herrühren.

(3) Die Absätze 1 und 2 sind entsprechend anzuwenden, soweit die Personen, die nach § 53a Absatz 1 Satz 1 an der beruflichen Tätigkeit der in § 53 Absatz 1 Satz 1 Nummer 1 bis 3b genannten Personen mitwirken, das Zeugnis verweigern dürfen.

(4) Soweit das Zeugnisverweigerungsrecht der in § 53 Abs. 1 Satz 1 Nr. 4 genannten Personen reicht, ist die Beschlagnahme von Gegenständen unzulässig. Dieser Beschlagnahmeschutz erstreckt sich auch auf Gegenstände, die von den in § 53 Abs. 1 Satz 1 Nr. 4 genannten Personen den an ihrer Berufstätigkeit nach § 53a Absatz 1 Satz 1 mitwirkenden Personen anvertraut sind. Satz 1 gilt entsprechend, soweit die Personen, die nach § 53a Absatz 1 Satz 1 an der

beruflichen Tätigkeit der in § 53 Absatz 1 Satz 1 Nummer 4 genannten Personen mitwirken, das Zeugnis verweigern dürften.

(5) Soweit das Zeugnisverweigerungsrecht der in § 53 Abs. 1 Satz 1 Nr. 5 genannten Personen reicht, ist die Beschlagnahme von Schriftstücken, Ton-, Bild- und Datenträgern, Abbildungen und anderen Darstellungen, die sich im Gewahrsam dieser Personen oder der Redaktion, des Verlages, der Druckerei oder der Rundfunkanstalt befinden, unzulässig. Absatz 2 Satz 3 und § 160a Abs. 4 Satz 2 gelten entsprechend, die Beteiligungsregelung in Absatz 2 Satz 3 jedoch nur dann, wenn die bestimmten Tatsachen einen dringenden Verdacht der Beteiligung begründen; die Beschlagnahme ist jedoch auch in diesen Fällen nur zulässig, wenn sie unter Berücksichtigung der Grundrechte aus Artikel 5 Abs. 1 Satz 2 des Grundgesetzes nicht außer Verhältnis zur Bedeutung der Sache steht und die Erforschung des Sachverhaltes oder die Ermittlung des Aufenthaltsortes des Täters auf andere Weise aussichtslos oder wesentlich erschwert wäre.

§ 98 Verfahren bei der Beschlagnahme

(1) Beschlagnahmen dürfen nur durch das Gericht, bei Gefahr im Verzug auch durch die Staatsanwaltschaft und ihre Ermittlungspersonen (§ 152 des Gerichtsverfassungsgesetzes) angeordnet werden. Die Beschlagnahme nach § 97 Abs. 5 Satz 2 in den Räumen einer Redaktion, eines Verlages, einer Druckerei oder einer Rundfunkanstalt darf nur durch das Gericht angeordnet werden.

(2) Der Beamte, der einen Gegenstand ohne gerichtliche Anordnung beschlagnahmt hat, soll binnen drei Tagen die gerichtliche Bestätigung beantragen, wenn bei der Beschlagnahme weder der davon Betroffene noch ein erwachsener Angehöriger anwesend war oder wenn der Betroffene und im Falle seiner Abwesenheit ein erwachsener Angehöriger des Betroffenen gegen die Beschlagnahme ausdrücklichen Widerspruch erhoben hat. Der Betroffene kann jederzeit die gerichtliche Entscheidung beantragen. Die Zuständigkeit des Gerichts bestimmt sich nach § 162. Der Betroffene kann den Antrag auch bei dem Amtsgericht einreichen, in dessen Bezirk die Beschlagnahme stattgefunden hat; dieses leitet den Antrag dem zuständigen Gericht zu. Der Betroffene ist über seine Rechte zu belehren.

(3) Ist nach erhobener öffentlicher Klage die Beschlagnahme durch die Staatsanwaltschaft oder eine ihrer Ermittlungspersonen erfolgt, so ist binnen drei Tagen dem Gericht von der Beschlagnahme

Anzeige zu machen; die beschlagnahmten Gegenstände sind ihm zur Verfügung zu stellen.

(4) Wird eine Beschlagnahme in einem Dienstgebäude oder einer nicht allgemein zugänglichen Einrichtung oder Anlage der Bundeswehr erforderlich, so wird die vorgesetzte Dienststelle der Bundeswehr um ihre Durchführung ersucht. Die ersuchende Stelle ist zur Mitwirkung berechtigt. Des Ersuchens bedarf es nicht, wenn die Beschlagnahme in Räumen vorzunehmen ist, die ausschließlich von anderen Personen als Soldaten bewohnt werden.

§ 102 Durchsuchung bei Beschuldigten

Bei dem, welcher als Täter oder Teilnehmer einer Straftat oder der Datenhehlerei, Begünstigung, Strafvereitelung oder Hehlerei verdächtig ist, kann eine Durchsuchung der Wohnung und anderer Räume sowie seiner Person und der ihm gehörenden Sachen sowohl zum Zweck seiner Ergreifung als auch dann vorgenommen werden, wenn zu vermuten ist, daß die Durchsuchung zur Auffindung von Beweismitteln führen werde.

Anmerkung:

Beim Verdacht eines Dienstvergehens → § 20 WDO (→ **C 10**); im Rahmen militärischer Wachaufgaben → §§ 7, 8 UZwGBw (→ **C 70**); innerhalb von Liegenschaften der Bw → § 105 Abs. 3 StPO.

§ 103 Durchsuchung bei anderen Personen

(1) Bei anderen Personen sind Durchsuchungen nur zur Ergreifung des Beschuldigten oder zur Verfolgung von Spuren einer Straftat oder zur Beschlagnahme bestimmter Gegenstände und nur dann zulässig, wenn Tatsachen vorliegen, aus denen zu schließen ist, daß die gesuchte Person, Spur oder Sache sich in den zu durchsuchenden Räumen befindet. Zum Zwecke der Ergreifung eines Beschuldigten, der dringend verdächtig ist, eine Straftat nach § 89a oder § 89c Absatz 1 bis 4 des Strafgesetzbuchs oder nach § 129a, auch in Verbindung mit § 129b Abs. 1 des Strafgesetzbuches oder eine der in dieser Vorschrift bezeichneten Straftaten begangen zu haben, ist eine Durchsuchung von Wohnungen und anderen Räumen auch zulässig, wenn diese sich in einem Gebäude befinden, von dem auf Grund von Tatsachen anzunehmen ist, daß sich der Beschuldigte in ihm aufhält.

(2) Die Beschränkungen des Absatzes 1 Satz 1 gelten nicht für Räume, in denen der Beschuldigte ergriffen worden ist oder die er während der Verfolgung betreten hat.

§104 Durchsuchung von Räumen zur Nachtzeit

(1) Zur Nachtzeit dürfen die Wohnung, die Geschäftsräume und das befriedete Besitztum nur bei Verfolgung auf frischer Tat oder bei Gefahr im Verzug oder dann durchsucht werden, wenn es sich um die Wiederergreifung eines entwichenen Gefangenen handelt.

(2) Diese Beschränkung gilt nicht für Räume, die zur Nachtzeit jedermann zugänglich oder die der Polizei als Herbergen oder Versammlungsorte bestrafter Personen, als Niederlagen von Sachen, die mittels Straftaten erlangt sind, oder als Schlupfwinkel des Glücksspiels, des unerlaubten Betäubungsmittel- und Waffenhandels oder der Prostitution bekannt sind.

(3) Die Nachtzeit umfaßt in dem Zeitraum vom ersten April bis dreißigsten September die Stunden von neun Uhr abends bis vier Uhr morgens und in dem Zeitraum vom ersten Oktober bis einunddreißigsten März die Stunden von neun Uhr abends bis sechs Uhr morgens.

§105 Verfahren bei der Durchsuchung

(1) Durchsuchungen dürfen nur durch den Richter, bei Gefahr im Verzug auch durch die Staatsanwaltschaft und ihre Ermittlungspersonen (§ 152 des Gerichtsverfassungsgesetzes) angeordnet werden. Durchsuchungen nach § 103 Abs. 1 Satz 2 ordnet der Richter an; die Staatsanwaltschaft ist hierzu befugt, wenn Gefahr im Verzug ist.

(2) Wenn eine Durchsuchung der Wohnung, der Geschäftsräume oder des befriedeten Besitztums ohne Beisein des Richters oder des Staatsanwalts stattfindet, so sind, wenn möglich, ein Gemeindebeamter oder zwei Mitglieder der Gemeinde, in deren Bezirk die Durchsuchung erfolgt, zuzuziehen. Die als Gemeindemitglieder zugezogenen Personen dürfen nicht Polizeibeamte oder Ermittlungspersonen der Staatsanwaltschaft sein.

(3) Wird eine Durchsuchung in einem Dienstgebäude oder einer nicht allgemein zugänglichen Einrichtung oder Anlage der Bundeswehr erforderlich, so wird die vorgesetzte Dienststelle der Bundeswehr um ihre Durchführung ersucht. Die ersuchende Stelle ist zur Mitwirkung berechtigt. Des Ersuchens bedarf es nicht, wenn die Durchsuchung von Räumen vorzunehmen ist, die ausschließlich von anderen Personen als Soldaten bewohnt werden.

§106 Hinzuziehung des Inhabers eines Durchsuchungsobjekts

(1) Der Inhaber der zu durchsuchenden Räume oder Gegenstände darf der Durchsuchung beiwohnen. Ist er abwesend, so ist, wenn möglich, sein Vertreter oder ein erwachsener Angehöriger, Hausgenosse oder Nachbar zuzuziehen.

(2) Dem Inhaber oder der in dessen Abwesenheit zugezogenen Person ist in den Fällen des § 103 Abs. 1 der Zweck der Durchsuchung vor deren Beginn bekanntzumachen. Diese Vorschrift gilt nicht für die Inhaber der in § 104 Abs. 2 bezeichneten Räume.

§107 Durchsuchungsbescheinigung; Beschlagnahmeverzeichnis

Dem von der Durchsuchung Betroffenen ist nach deren Beendigung auf Verlangen eine schriftliche Mitteilung zu machen, die den Grund der Durchsuchung (§§ 102, 103) sowie im Falle des § 102 die Straftat bezeichnen muß. Auch ist ihm auf Verlangen ein Verzeichnis der in Verwahrung oder in Beschlag genommenen Gegenstände, falls aber nichts Verdächtiges gefunden wird, eine Bescheinigung hierüber zu geben.

§109 Kenntlichmachung beschlagnahmter Gegenstände

Die in Verwahrung oder in Beschlag genommenen Gegenstände sind genau zu verzeichnen und zur Verhütung von Verwechslungen durch amtliche Siegel oder in sonst geeigneter Weise kenntlich zu machen.

§111a Vorläufige Entziehung der Fahrerlaubnis

(1) Sind dringende Gründe für die Annahme vorhanden, daß die Fahrerlaubnis entzogen werden wird (§ 69 des Strafgesetzbuches), so kann der Richter dem Beschuldigten durch Beschluß die Fahrerlaubnis vorläufig entziehen. Von der vorläufigen Entziehung können bestimmte Arten von Kraftfahrzeugen ausgenommen werden, wenn besondere Umstände die Annahme rechtfertigen, daß der Zweck der Maßnahme dadurch nicht gefährdet wird.

(2) Die vorläufige Entziehung der Fahrerlaubnis ist aufzuheben, wenn ihr Grund weggefallen ist oder wenn das Gericht im Urteil die Fahrerlaubnis nicht entzieht.

(3) Die vorläufige Entziehung der Fahrerlaubnis wirkt zugleich als Anordnung oder Bestätigung der Beschlagnahme des von einer

deutschen Behörde ausgestellten Führerscheins. Dies gilt auch, wenn der Führerschein von einer Behörde eines Mitgliedstaates der Europäischen Union oder eines anderen Vertragsstaates des Abkommens über den Europäischen Wirtschaftsraum ausgestellt worden ist, sofern der Inhaber seinen ordentlichen Wohnsitz im Inland hat.

(4) Ist ein Führerschein beschlagnahmt, weil er nach § 69 Abs. 3 Satz 2 des Strafgesetzbuches eingezogen werden kann, und bedarf es einer richterlichen Entscheidung über die Beschlagnahme, so tritt an deren Stelle die Entscheidung über die vorläufige Entziehung der Fahrerlaubnis.

(5) Ein Führerschein, der in Verwahrung genommen, sichergestellt oder beschlagnahmt ist, weil er nach § 69 Abs. 3 Satz 2 des Strafgesetzbuches eingezogen werden kann, ist dem Beschuldigten zurückzugeben, wenn der Richter die vorläufige Entziehung der Fahrerlaubnis wegen Fehlens der in Absatz 1 bezeichneten Voraussetzungen ablehnt, wenn er sie aufhebt oder wenn das Gericht im Urteil die Fahrerlaubnis nicht entzieht. Wird jedoch im Urteil ein Fahrverbot nach § 44 des Strafgesetzbuches verhängt, so kann die Rückgabe des Führerscheins aufgeschoben werden, wenn der Beschuldigte nicht widerspricht.

(6) In anderen als in Absatz 3 Satz 2 genannten ausländischen Führerscheinen ist die vorläufige Entziehung der Fahrerlaubnis zu vermerken. Bis zur Eintragung dieses Vermerkes kann der Führerschein beschlagnahmt werden (§ 94 Abs. 3, § 98).

§ 111k Verfahren bei der Vollziehung der Beschlagnahme und des Vermögensarrestes

(1) Beschlagnahme und Vermögensarrest werden durch die Staatsanwaltschaft vollzogen. Soweit ein Arrest nach den Vorschriften über die Pfändung in bewegliche Sachen zu vollziehen ist, kann dies durch die in § 2 des Justizbeitreibungsgesetzes bezeichnete Behörde, den Gerichtsvollzieher, die Staatsanwaltschaft oder durch deren Ermittlungspersonen (§ 152 des Gerichtsverfassungsgesetzes) vollzogen werden. Die Beschlagnahme beweglicher Sachen kann auch durch die Ermittlungspersonen der Staatsanwaltschaft (§ 152 des Gerichtsverfassungsgesetzes) vollzogen werden. § 98 Absatz 4 gilt entsprechend.

(2) Für die Zustellung gilt § 37 Absatz 1 mit der Maßgabe, dass auch die Ermittlungspersonen der Staatsanwaltschaft (§ 152 des Gerichtsverfassungsgesetzes) mit der Ausführung beauftragt werden können. Für Zustellungen an ein im Inland zum Geschäftsbetrieb

befugtes Kreditinstitut gilt § 174 der Zivilprozessordnung entsprechend.

(3) Gegen Maßnahmen, die in Vollziehung der Beschlagnahme oder des Vermögensarrestes getroffen werden, kann der Betroffene die Entscheidung des nach § 162 zuständigen Gerichts beantragen.

Neunter Abschnitt
Verhaftung und vorläufige Festnahme

§ 112 Voraussetzungen der Untersuchungshaft; Haftgründe

(1) Die Untersuchungshaft darf gegen den Beschuldigten angeordnet werden, wenn er der Tat dringend verdächtig ist und ein Haftgrund besteht. Sie darf nicht angeordnet werden, wenn sie zu der Bedeutung der Sache und der zu erwartenden Strafe oder Maßregel der Besserung und Sicherung außer Verhältnis steht.

(2) Ein Haftgrund besteht, wenn auf Grund bestimmter Tatsachen

1. festgestellt wird, daß der Beschuldigte flüchtig ist oder sich verborgen hält,
2. bei Würdigung der Umstände des Einzelfalles die Gefahr besteht, daß der Beschuldigte sich dem Strafverfahren entziehen werde (Fluchtgefahr), oder
3. das Verhalten des Beschuldigten den dringenden Verdacht begründet, er werde
   a) Beweismittel vernichten, verändern, beiseite schaffen, unterdrücken oder fälschen oder
   b) auf Mitbeschuldigte, Zeugen oder Sachverständige in unlauterer Weise einwirken oder
   c) andere zu solchem Verhalten veranlassen,

   und wenn deshalb die Gefahr droht, daß die Ermittlung der Wahrheit erschwert werde (Verdunkelungsgefahr).

(3) Gegen den Beschuldigten, der einer Straftat nach § 6 Absatz 1 Nummer 1 oder § 13 Absatz 1 des Völkerstrafgesetzbuches oder § 129a Abs. 1 oder Abs. 2, auch in Verbindung mit § 129b Abs. 1 oder nach den §§ 211, 212, 226, 306b oder 306c des Strafgesetzbuches oder, soweit durch die Tat Leib oder Leben eines anderen gefährdet worden ist, nach § 308 Abs. 1 bis 3 des Strafgesetzbuches

dringend verdächtig ist, darf die Untersuchungshaft auch angeordnet werden, wenn ein Haftgrund nach Absatz 2 nicht besteht.

Völkerstrafgesetzbuch → **C 22**

§ 127 Vorläufige Festnahme

(1) Wird jemand auf frischer Tat betroffen oder verfolgt, so ist, wenn er der Flucht verdächtig ist oder seine Identität nicht sofort festgestellt werden kann, jedermann befugt, ihn auch ohne richterliche Anordnung vorläufig festzunehmen. Die Feststellung der Identität einer Person durch die Staatsanwaltschaft oder die Beamten des Polizeidienstes bestimmt sich nach § 163b Abs. 1.

(2) Die Staatsanwaltschaft und die Beamten des Polizeidienstes sind bei Gefahr im Verzug auch dann zur vorläufigen Festnahme befugt, wenn die Voraussetzungen eines Haftbefehls oder eines Unterbringungsbefehls vorliegen.

(3) Ist eine Straftat nur auf Antrag verfolgbar, so ist die vorläufige Festnahme auch dann zulässig, wenn ein Antrag noch nicht gestellt ist. Dies gilt entsprechend, wenn eine Straftat nur mit Ermächtigung oder auf Strafverlangen verfolgbar ist.

(4) Für die vorläufige Festnahme durch die Staatsanwaltschaft und die Beamten des Polizeidienstes gelten die §§ 114a bis 114c entsprechend.

Anmerkung:

Der Paragraph ist im Hinblick auf Absatz 1 auch als sog. „Jedermann-Paragraph“ bekannt.

§ 127a Absehen von der Anordnung oder Aufrechterhaltung der vorläufigen Festnahme

(1) Hat der Beschuldigte im Geltungsbereich dieses Gesetzes keinen festen Wohnsitz oder Aufenthalt und liegen die Voraussetzungen eines Haftbefehls nur wegen Fluchtgefahr vor, so kann davon abgesehen werden, seine Festnahme anzuordnen oder aufrechtzuerhalten, wenn

1. nicht damit zu rechnen ist, daß wegen der Tat eine Freiheitsstrafe verhängt oder eine freiheitsentziehende Maßregel der Besserung und Sicherung angeordnet wird und
2. der Beschuldigte eine angemessene Sicherheit für die zu erwartende Geldstrafe und die Kosten des Verfahrens leistet.

(2) § 116a Abs. 1 und 3 gilt entsprechend.

§127b Vorläufige Festnahme und Haftbefehl bei beschleunigtem Verfahren

(1) Die Staatsanwaltschaft und die Beamten des Polizeidienstes sind zur vorläufigen Festnahme eines auf frischer Tat Betroffenen oder Verfolgten auch dann befugt, wenn

1. eine unverzügliche Entscheidung im beschleunigten Verfahren wahrscheinlich ist und
2. auf Grund bestimmter Tatsachen zu befürchten ist, daß der Festgenommene der Hauptverhandlung fernbleiben wird.

Die §§ 114a bis 114c gelten entsprechend.

(2) Ein Haftbefehl (§ 128 Abs. 2 Satz 2) darf aus den Gründen des Absatzes 1 gegen den der Tat dringend Verdächtigen nur ergehen, wenn die Durchführung der Hauptverhandlung binnen einer Woche nach der Festnahme zu erwarten ist. Der Haftbefehl ist auf höchstens eine Woche ab dem Tag der Festnahme zu befristen.

(3) Über den Erlaß des Haftbefehls soll der für die Durchführung des beschleunigten Verfahrens zuständige Richter entscheiden.

§128 Vorführung bei vorläufiger Festnahme

(1) Der Festgenommene ist, sofern er nicht wieder in Freiheit gesetzt wird, unverzüglich, spätestens am Tage nach der Festnahme, dem Richter bei dem Amtsgericht, in dessen Bezirk er festgenommen worden ist, vorzuführen. Der Richter vernimmt den Vorgeführten gemäß § 115 Abs. 3.

(2) Hält der Richter die Festnahme nicht für gerechtfertigt oder ihre Gründe für beseitigt, so ordnet er die Freilassung an. Andernfalls erläßt er auf Antrag der Staatsanwaltschaft oder, wenn ein Staatsanwalt nicht erreichbar ist, von Amts wegen einen Haftbefehl oder einen Unterbringungsbefehl. § 115 Abs. 4 gilt entsprechend.

Art. 104 Abs. 3 GG → **A 10**.

Zehnter Abschnitt
Vernehmung des Beschuldigten

§136a Verbotene Vernehmungsmethoden; Beweisverwertungsverbote

(1) Die Freiheit der Willensentschließung und der Willensbetätigung des Beschuldigten darf nicht beeinträchtigt werden durch Mißhandlung, durch Ermüdung, durch körperlichen Eingriff,

durch Verabreichung von Mitteln, durch Quälerei, durch Täuschung oder durch Hypnose. Zwang darf nur angewandt werden, soweit das Strafverfahrensrecht dies zuläßt. Die Drohung mit einer nach seinen Vorschriften unzulässigen Maßnahme und das Versprechen eines gesetzlich nicht vorgesehenen Vorteils sind verboten.

(2) Maßnahmen, die das Erinnerungsvermögen oder die Einsichtsfähigkeit des Beschuldigten beeinträchtigen, sind nicht gestattet.

(3) Das Verbot der Absätze 1 und 2 gilt ohne Rücksicht auf die Einwilligung des Beschuldigten. Aussagen, die unter Verletzung dieses Verbots zustande gekommen sind, dürfen auch dann nicht verwertet werden, wenn der Beschuldigte der Verwertung zustimmt.

Zweites Buch
Verfahren im ersten Rechtszug

Erster Abschnitt
Öffentliche Klage

§ 151 Anklagegrundsatz

Die Eröffnung einer gerichtlichen Untersuchung ist durch die Erhebung einer Klage bedingt.

§ 152 Anklagebehörde; Legalitätsgrundsatz

(1) Zur Erhebung der öffentlichen Klage ist die Staatsanwaltschaft berufen.

(2) Sie ist, soweit nicht gesetzlich ein anderes bestimmt ist, verpflichtet, wegen aller verfolgbaren Straftaten einzuschreiten, sofern zureichende tatsächliche Anhaltspunkte vorliegen.

§ 153 Absehen von der Verfolgung bei Geringfügigkeit

(1) Hat das Verfahren ein Vergehen zum Gegenstand, so kann die Staatsanwaltschaft mit Zustimmung des für die Eröffnung des Hauptverfahrens zuständigen Gerichts von der Verfolgung absehen, wenn die Schuld des Täters als gering anzusehen wäre und kein öffentliches Interesse an der Verfolgung besteht. Der Zustimmung des Gerichtes bedarf es nicht bei einem Vergehen, das nicht mit einer im Mindestmaß erhöhten Strafe bedroht ist und bei dem die durch die Tat verursachten Folgen gering sind.

(2) Ist die Klage bereits erhoben, so kann das Gericht in jeder Lage des Verfahrens unter den Voraussetzungen des Absatzes 1 mit Zustimmung der Staatsanwaltschaft und des Angeschuldigten das Verfahren einstellen. Der Zustimmung des Angeschuldigten bedarf es nicht, wenn die Hauptverhandlung aus den in § 205 angeführten Gründen nicht durchgeführt werden kann oder in den Fällen des § 231 Abs. 2 und der §§ 232 und 233 in seiner Abwesenheit durchgeführt wird. Die Entscheidung ergeht durch Beschluß. Der Beschluß ist nicht anfechtbar.

C

Literatur-Hinweis:

Wessel in BWV 1993, 9 „Zuständigkeiten und Befugnisse der Bundeswehr gegenüber Einstellungsverfügungen der Staatsanwaltschaften ...".

§153a Absehen von der Verfolgung unter Auflagen und Weisungen

(1) Mit Zustimmung des für die Eröffnung des Hauptverfahrens zuständigen Gerichts und des Beschuldigten kann die Staatsanwaltschaft bei einem Vergehen vorläufig von der Erhebung der öffentlichen Klage absehen und zugleich dem Beschuldigten Auflagen und Weisungen erteilen, wenn diese geeignet sind, das öffentliche Interesse an der Strafverfolgung zu beseitigen, und die Schwere der Schuld nicht entgegensteht. Als Auflagen oder Weisungen kommen insbesondere in Betracht,

1. zur Wiedergutmachung des durch die Tat verursachten Schadens eine bestimmte Leistung zu erbringen,
2. einen Geldbetrag zugunsten einer gemeinnützigen Einrichtung oder der Staatskasse zu zahlen,
3. sonst gemeinnützige Leistungen zu erbringen,
4. Unterhaltspflichten in einer bestimmten Höhe nachzukommen,
5. sich ernsthaft zu bemühen, einen Ausgleich mit dem Verletzten zu erreichen (Täter-Opfer-Ausgleich) und dabei seine Tat ganz oder zum überwiegenden Teil wieder gut zu machen oder deren Wiedergutmachung zu erstreben,
6. an einem sozialen Trainingskurs teilzunehmen oder
7. an einem Aufbauseminar nach § 2b Absatz 2 Satz 2 oder an einem Fahreignungsseminar nach § 4a des Straßenverkehrsgesetzes teilzunehmen.

Zur Erfüllung der Auflagen und Weisungen setzt die Staatsanwaltschaft dem Beschuldigten eine Frist, die in den Fällen des

Satzes 2 Nummer 1 bis 3, 5 und 7 höchstens sechs Monate, in den Fällen des Satzes 2 Nummer 4 und 6 höchstens ein Jahr beträgt. Die Staatsanwaltschaft kann Auflagen und Weisungen nachträglich aufheben und die Frist einmal für die Dauer von drei Monaten verlängern; mit Zustimmung des Beschuldigten kann sie auch Auflagen und Weisungen nachträglich auferlegen und ändern. Erfüllt der Beschuldigte die Auflagen und Weisungen, so kann die Tat nicht mehr als Vergehen verfolgt werden. Erfüllt der Beschuldigte die Auflagen und Weisungen nicht, so werden Leistungen, die er zu ihrer Erfüllung erbracht hat, nicht erstattet. § 153 Abs. 1 Satz 2 gilt in den Fällen des Satzes 2 Nummer 1 bis 6 entsprechend. § 246a Absatz 2 gilt entsprechend.

(2) Ist die Klage bereits erhoben, so kann das Gericht mit Zustimmung der Staatsanwaltschaft und des Angeschuldigten das Verfahren vorläufig einstellen und zugleich dem Angeschuldigten die in Absatz 1 Satz 1 und 2 bezeichneten Auflagen und Weisungen erteilen. Absatz 1 Satz 3 bis 6 und 8 gilt entsprechend. Die Entscheidung nach Satz 1 ergeht durch Beschluß. Der Beschluß ist nicht anfechtbar. Satz 4 gilt auch für eine Feststellung, daß gemäß Satz 1 erteilte Auflagen und Weisungen erfüllt worden sind.

(3) Während des Laufes der für die Erfüllung der Auflagen und Weisungen gesetzten Frist ruht die Verjährung.

(4) § 155b findet im Fall des Absatzes 1 Satz 2 Nummer 6, auch in Verbindung mit Absatz 2, entsprechende Anwendung mit der Maßgabe, dass personenbezogene Daten aus dem Strafverfahren, die nicht den Beschuldigten betreffen, an die mit der Durchführung des sozialen Trainingskurses befasste Stelle nur übermittelt werden dürfen, soweit die betroffenen Personen in die Übermittlung eingewilligt haben. Satz 1 gilt entsprechend, wenn nach sonstigen strafrechtlichen Vorschriften die Weisung erteilt wird, an einem sozialen Trainingskurs teilzunehmen.

Anmerkung:

Die Erledigung des Strafverfahrens nach § 153a StPO durch die Staatsanwaltschaft (→ Absatz 1) oder das Strafgericht (→ Absatz 2) erfolgt bei „Klein-Kriminalität" häufig in der Praxis. Folge: Keine „Vorstrafe", keine Eintragung im Bundeszentralregister oder im Disziplinarbuch (→ **C 18**, Nr. 1066) und nach § 16 Abs. 1 WDO (→ **C 10**) nunmehr auch eine „begrenzte Sperrwirkung", so dass einfache und gerichtliche Disziplinarmaßnahmen in Form der Kürzung der Dienstbezüge oder des Ruhegehalts regelmäßig unzulässig sind.

Soldatinnen oder Soldaten, die als Beschuldigte oder als Angeschuldigte im Strafverfahren einer Erledigung nach § 153a StPO zustimmen – weil sie z. B. die Belastung oder Wirkung in der Öffentlichkeit scheuen –, sollten wissen, dass allein aus einem Einstellungsbeschluss nach § 153a StPO und auch aus einer dabei abgegebenen Zustimmungserklärung nicht geschlossen werden darf, die ihnen zur Last gelegte Tat sei auch tatsächlich nachgewiesen (→ BVerfG, Beschluss vom 16.01.1991, Az 1 BvR 1326/90 - NJW 1991, 1530; BVerwG, Beschluss vom 14.06.2006, Az 1 WB 8.06 - NZWehrr 2006, 246). Das heißt aber nicht, dass eine solche Einstellung des Strafverfahrens einer eigenständigen Würdigung und Bewertung der strafrechtlichen Verfahrensakten in einem gerichtlichen Disziplinarverfahren entgegenstünde, wenn es sich um ein Dienstvergehen handelt, das zumindest ein Beförderungsverbot erfordert (→ Übersicht bei § 58 WDO [→ **C 10**]).

§ 153b Absehen von der Verfolgung bei möglichem Absehen von Strafe

(1) Liegen die Voraussetzungen vor, unter denen das Gericht von Strafe absehen könnte, so kann die Staatsanwaltschaft mit Zustimmung des Gerichts, das für die Hauptverhandlung zuständig wäre, von der Erhebung der öffentlichen Klage absehen.

(2) Ist die Klage bereits erhoben, so kann das Gericht bis zum Beginn der Hauptverhandlung mit Zustimmung der Staatsanwaltschaft und des Angeschuldigten das Verfahren einstellen.

§ 153c Absehen von der Verfolgung bei Auslandstaten

(1) Die Staatsanwaltschaft kann von der Verfolgung von Straftaten absehen,

1. die außerhalb des räumlichen Geltungsbereichs dieses Gesetzes begangen sind oder die ein Teilnehmer an einer außerhalb des räumlichen Geltungsbereichs dieses Gesetzes begangenen Handlung in diesem Bereich begangen hat,
2. die ein Ausländer im Inland auf einem ausländischen Schiff oder Luftfahrzeug begangen hat,
3. wenn in den Fällen der §§ 129 und 129a, jeweils auch in Verbindung mit § 129b Abs. 1, des Strafgesetzbuches die Vereinigung nicht oder nicht überwiegend im Inland besteht und die im Inland begangenen Beteiligungshandlungen von untergeordneter Bedeutung sind oder sich auf die bloße Mitgliedschaft beschränken.

Für Taten, die nach dem Völkerstrafgesetzbuch strafbar sind, gilt § 153f.

(2) Die Staatsanwaltschaft kann von der Verfolgung einer Tat absehen, wenn wegen der Tat im Ausland schon eine Strafe gegen den Beschuldigten vollstreckt worden ist und die im Inland zu erwartende Strafe nach Anrechnung der ausländischen nicht ins Gewicht fiele oder der Beschuldigte wegen der Tat im Ausland rechtskräftig freigesprochen worden ist.

(3) Die Staatsanwaltschaft kann auch von der Verfolgung von Straftaten absehen, die im räumlichen Geltungsbereich dieses Gesetzes durch eine außerhalb dieses Bereichs ausgeübte Tätigkeit begangen sind, wenn die Durchführung des Verfahrens die Gefahr eines schweren Nachteils für die Bundesrepublik Deutschland herbeiführen würde oder wenn der Verfolgung sonstige überwiegende öffentliche Interessen entgegenstehen.

(4) Ist die Klage bereits erhoben, so kann die Staatsanwaltschaft in den Fällen des Absatzes 1 Nr. 1, 2 und des Absatzes 3 die Klage in jeder Lage des Verfahrens zurücknehmen und das Verfahren einstellen, wenn die Durchführung des Verfahrens die Gefahr eines schweren Nachteils für die Bundesrepublik Deutschland herbeiführen würde oder wenn der Verfolgung sonstige überwiegende öffentliche Interessen entgegenstehen.

(5) Hat das Verfahren Straftaten der in § 74a Abs. 1 Nr. 2 bis 6 und § 120 Abs. 1 Nr. 2 bis 7 des Gerichtsverfassungsgesetzes bezeichneten Art zum Gegenstand, so stehen diese Befugnisse dem Generalbundesanwalt zu.

§ 153d Absehen von der Verfolgung bei Staatsschutzdelikten wegen überwiegender öffentlicher Interessen

(1) Der Generalbundesanwalt kann von der Verfolgung von Straftaten der in § 74a Abs. 1 Nr. 2 bis 6 und in § 120 Abs. 1 Nr. 2 bis 7 des Gerichtsverfassungsgesetzes bezeichneten Art absehen, wenn die Durchführung des Verfahrens die Gefahr eines schweren Nachteils für die Bundesrepublik Deutschland herbeiführen würde oder wenn der Verfolgung sonstige überwiegende öffentliche Interessen entgegenstehen.

(2) Ist die Klage bereits erhoben, so kann der Generalbundesanwalt unter den in Absatz 1 bezeichneten Voraussetzungen die Klage in jeder Lage des Verfahrens zurücknehmen und das Verfahren einstellen.

§ 153e Absehen von der Verfolgung bei Staatsschutzdelikten wegen tätiger Reue

(1) Hat das Verfahren Straftaten der in § 74a Abs. 1 Nr. 2 bis 4 und in § 120 Abs. 1 Nr. 2 bis 7 des Gerichtsverfassungsgesetzes bezeichneten Art zum Gegenstand, so kann der Generalbundesanwalt mit Zustimmung des nach § 120 des Gerichtsverfassungsgesetzes zuständigen Oberlandesgerichts von der Verfolgung einer solchen

Tat absehen, wenn der Täter nach der Tat, bevor ihm deren Entdeckung bekanntgeworden ist, dazu beigetragen hat, eine Gefahr für den Bestand oder die Sicherheit der Bundesrepublik Deutschland oder die verfassungsmäßige Ordnung abzuwenden. Dasselbe gilt, wenn der Täter einen solchen Beitrag dadurch geleistet hat, daß er nach der Tat sein mit ihr zusammenhängendes Wissen über Bestrebungen des Hochverrats, der Gefährdung des demokratischen Rechtsstaates oder des Landesverrats und der Gefährdung der äußeren Sicherheit einer Dienststelle offenbart hat.

(2) Ist die Klage bereits erhoben, so kann das nach § 120 des Gerichtsverfassungsgesetzes zuständige Oberlandesgericht mit Zustimmung des Generalbundesanwalts das Verfahren unter den in Absatz 1 bezeichneten Voraussetzungen einstellen.

§153f Absehen von der Verfolgung bei Straftaten nach dem Völkerstrafgesetzbuch

(1) Die Staatsanwaltschaft kann von der Verfolgung einer Tat, die nach den §§ 6 bis 15 des Völkerstrafgesetzbuches strafbar ist, in den Fällen des § 153c Abs. 1 Nr. 1 und 2 absehen, wenn sich der Beschuldigte nicht im Inland aufhält und ein solcher Aufenthalt auch nicht zu erwarten ist. Ist in den Fällen des § 153c Abs. 1 Nr. 1 der Beschuldigte Deutscher, so gilt dies jedoch nur dann, wenn die Tat vor einem internationalen Gerichtshof oder durch einen Staat, auf dessen Gebiet die Tat begangen oder dessen Angehöriger durch die Tat verletzt wurde, verfolgt wird.

(2) Die Staatsanwaltschaft kann insbesondere von der Verfolgung einer Tat, die nach den §§ 6 bis 12, 14 und 15 des Völkerstrafgesetzbuches strafbar ist, in den Fällen des § 153c Abs. 1 Nr. 1 und 2 absehen, wenn

1. kein Tatverdacht gegen einen Deutschen besteht,
2. die Tat nicht gegen einen Deutschen begangen wurde,
3. kein Tatverdächtigter sich im Inland aufhält und ein solcher Aufenthalt auch nicht zu erwarten ist und
4. die Tat vor einem internationalen Gerichtshof oder durch einen Staat, auf dessen Gebiet die Tat begangen wurde, dessen Angehöriger der Tat verdächtig ist oder dessen Angehöriger durch die Tat verletzt wurde, verfolgt wird.

Dasselbe gilt, wenn sich ein wegen einer im Ausland begangenen Tat beschuldigter Ausländer im Inland aufhält, aber die Voraussetzungen nach Satz 1 Nr. 2 und 4 erfüllt sind und die Überstellung an einen internationalen Gerichtshof oder die Auslieferung an den verfolgenden Staat zulässig und beabsichtigt ist.

(3) Ist in den Fällen des Absatzes 1 oder 2 die öffentliche Klage bereits erhoben, so kann die Staatsanwaltschaft die Klage in jeder Lage des Verfahrens zurücknehmen und das Verfahren einstellen.

Völkerstrafgesetzbuch (VStGB) → **C 22**.

C

§154 Teileinstellung bei mehreren Taten

(1) Die Staatsanwaltschaft kann von der Verfolgung einer Tat absehen,

1. wenn die Strafe oder die Maßregel der Besserung und Sicherung, zu der die Verfolgung führen kann, neben einer Strafe oder Maßregel der Besserung und Sicherung, die gegen den Beschuldigten wegen einer anderen Tat rechtskräftig verhängt worden ist oder die er wegen einer anderen Tat zu erwarten hat, nicht beträchtlich ins Gewicht fällt oder
2. darüber hinaus, wenn ein Urteil wegen dieser Tat in angemessener Frist nicht zu erwarten ist und wenn eine Strafe oder Maßregel der Besserung und Sicherung, die gegen den Beschuldigten rechtskräftig verhängt worden ist oder die er wegen einer anderen Tat zu erwarten hat, zur Einwirkung auf den Täter und zur Verteidigung der Rechtsordnung ausreichend erscheint.

(2) Ist die öffentliche Klage bereits erhoben, so kann das Gericht auf Antrag der Staatsanwaltschaft das Verfahren in jeder Lage vorläufig einstellen.

(3) Ist das Verfahren mit Rücksicht auf eine wegen einer anderen Tat bereits rechtskräftig erkannten Strafe oder Maßregel der Besserung und Sicherung vorläufig eingestellt worden, so kann es, falls nicht inzwischen Verjährung eingetreten ist, wieder aufgenommen werden, wenn die rechtskräftig erkannte Strafe oder Maßregel der Besserung und Sicherung nachträglich wegfällt.

(4) Ist das Verfahren mit Rücksicht auf eine wegen einer anderen Tat zu erwartende Strafe oder Maßregel der Besserung und Sicherung vorläufig eingestellt worden, so kann es, falls nicht inzwischen Verjährung eingetreten ist, binnen drei Monaten nach Rechtskraft des wegen der anderen Tat ergehenden Urteils wieder aufgenommen werden.

(5) Hat das Gericht das Verfahren vorläufig eingestellt, so bedarf es zur Wiederaufnahme eines Gerichtsbeschlusses.

§154e Absehen von der Verfolgung bei falscher Verdächtigung oder Beleidigung

(1) Von der Erhebung der öffentlichen Klage wegen einer falschen Verdächtigung oder Beleidigung (§§ 164, 185 bis 188 des Strafgesetzbuches) soll abgesehen werden, solange wegen der angezeigten oder behaupteten Handlung ein Straf- oder Disziplinarverfahren anhängig ist.

(2) Ist die öffentliche Klage oder eine Privatklage bereits erhoben, so stellt das Gericht das Verfahren bis zum Abschluß des Straf- oder Disziplinarverfahrens wegen der angezeigten oder behaupteten Handlung ein.

(3) Bis zum Abschluß des Straf- oder Disziplinarverfahrens wegen der angezeigten oder behaupteten Handlung ruht die Verjährung der Verfolgung der falschen Verdächtigung oder Beleidigung.

§155 Umfang der gerichtlichen Untersuchung und Entscheidung

(1) Die Untersuchung und Entscheidung erstreckt sich nur auf die in der Klage bezeichnete Tat und auf die durch die Klage beschuldigten Personen.

(2) Innerhalb dieser Grenzen sind die Gerichte zu einer selbständigen Tätigkeit berechtigt und verpflichtet; insbesondere sind sie bei Anwendung des Strafgesetzes an die gestellten Anträge nicht gebunden.

§155a Täter-Opfer-Ausgleich

Die Staatsanwaltschaft und das Gericht sollen in jedem Stadium des Verfahrens die Möglichkeiten prüfen, einen Ausgleich zwischen Beschuldigtem und Verletztem zu erreichen. In geeigneten Fällen sollen sie darauf hinwirken. Gegen den ausdrücklichen Willen des Verletzten darf die Eignung nicht angenommen werden.

§155b Durchführung des Täter-Opfer-Ausgleichs

(1) Die Staatsanwaltschaft und das Gericht können zum Zweck des Täter-Opfer-Ausgleichs oder der Schadenswiedergutmachung einer von ihnen mit der Durchführung beauftragten Stelle von Amts wegen oder auf deren Antrag die hierfür erforderlichen personenbezogenen Daten übermitteln. Der beauftragten Stelle kann Akteneinsicht gewährt werden, soweit die Erteilung von Auskünften einen unverhältnismäßigen Aufwand erfordern würde. Eine nicht-

öffentliche Stelle ist darauf hinzuweisen, dass sie die übermittelten Daten nur für Zwecke des Täter-Opfer-Ausgleichs oder der Schadenswiedergutmachung verwenden darf.

(2) Die beauftragte Stelle darf die nach Absatz 1 übermittelten personenbezogenen Daten nur verarbeiten und nutzen, soweit dies für die Durchführung des Täter-Opfer-Ausgleichs oder der Schadenswiedergutmachung erforderlich ist und schutzwürdige Interessen des Betroffenen nicht entgegenstehen. Sie darf personenbezogene Daten nur erheben sowie die erhobenen Daten verarbeiten und nutzen, soweit der Betroffene eingewilligt hat und dies für die Durchführung des Täter-Opfer-Ausgleichs oder der Schadenswiedergutmachung erforderlich ist. Nach Abschluss ihrer Tätigkeit berichtet sie in dem erforderlichen Umfang der Staatsanwaltschaft oder dem Gericht.

(3) Ist die beauftragte Stelle eine nicht-öffentliche Stelle, finden die Vorschriften des Dritten Abschnitts des Bundesdatenschutzgesetzes auch Anwendung, wenn die Daten nicht in oder aus Dateien verarbeitet werden.

(4) Die Unterlagen mit den in Absatz 2 Satz 1 und 2 bezeichneten personenbezogenen Daten sind von der beauftragten Stelle nach Ablauf eines Jahres seit Abschluss des Strafverfahrens zu vernichten. Die Staatsanwaltschaft oder das Gericht teilt der beauftragten Stelle unverzüglich von Amts wegen den Zeitpunkt des Verfahrensabschlusses mit.

§ 156 Anklagerücknahme

Die öffentliche Klage kann nach Eröffnung des Hauptverfahrens nicht zurückgenommen werden.

§ 157 Bezeichnung als Angeschuldigter oder Angeklagter

Im Sinne dieses Gesetzes ist

Angeschuldigter der Beschuldigte, gegen den die öffentliche Klage erhoben ist,

Angeklagter der Beschuldigte oder Angeschuldigte, gegen den die Eröffnung des Hauptverfahrens beschlossen ist.

Zweiter Abschnitt
Vorbereitung der öffentlichen Klage

§ 158 Strafanzeige; Strafantrag

(1) Die Anzeige einer Straftat und der Strafantrag können bei der Staatsanwaltschaft, den Behörden und Beamten des Polizeidienstes und den Amtsgerichten mündlich oder schriftlich angebracht werden. Die mündliche Anzeige ist zu beurkunden. Dem Verletzten ist auf Antrag der Eingang seiner Anzeige schriftlich zu bestätigen. Die Bestätigung soll eine kurze Zusammenfassung der Angaben des Verletzten zu Tatzeit, Tatort und angezeigter Tat enthalten. Die Bestätigung kann versagt werden, soweit der Untersuchungszweck, auch in einem anderen Strafverfahren, gefährdet erscheint.

(2) Bei Straftaten, deren Verfolgung nur auf Antrag eintritt, muß der Antrag bei einem Gericht oder der Staatsanwaltschaft schriftlich oder zu Protokoll, bei einer anderen Behörde schriftlich angebracht werden.

(3) Zeigt ein im Inland wohnhafter Verletzter eine in einem anderen Mitgliedstaat der Europäischen Union begangene Straftat an, so übermittelt die Staatsanwaltschaft die Anzeige auf Antrag des Verletzten an die zuständige Strafverfolgungsbehörde des anderen Mitgliedstaats, wenn für die Tat das deutsche Strafrecht nicht gilt oder von der Verfolgung der Tat nach § 153c Absatz 1 Satz 1 Nummer 1, auch in Verbindung mit § 153f, abgesehen wird. Von der Übermittlung kann abgesehen werden, wenn

1. die Tat und die für ihre Verfolgung wesentlichen Umstände der zuständigen ausländischen Behörde bereits bekannt sind oder
2. der Unrechtsgehalt der Tat gering ist und der verletzten Person die Anzeige im Ausland möglich gewesen wäre.

(4) Ist der Verletzte der deutschen Sprache nicht mächtig, erhält er die notwendige Hilfe bei der Verständigung, um die Anzeige in einer ihm verständlichen Sprache anzubringen. Die schriftliche Anzeigebestätigung nach Absatz 1 Satz 3 und 4 ist dem Verletzten in diesen Fällen auf Antrag in eine ihm verständliche Sprache zu übersetzen; Absatz 1 Satz 5 bleibt unberührt.

§ 159 Anzeigepflicht bei Leichenfund und Verdacht auf unnatürlichen Tod

(1) Sind Anhaltspunkte dafür vorhanden, daß jemand eines nicht natürlichen Todes gestorben ist, oder wird der Leichnam eines Unbekannten gefunden, so sind die Polizei- und Gemeindebehörden

zur sofortigen Anzeige an die Staatsanwaltschaft oder an das Amtsgericht verpflichtet.

(2) Zur Bestattung ist die schriftliche Genehmigung der Staatsanwaltschaft erforderlich.

§160 Pflicht zur Sachverhaltsaufklärung

(1) Sobald die Staatsanwaltschaft durch eine Anzeige oder auf anderem Wege von dem Verdacht einer Straftat Kenntnis erhält, hat sie zu ihrer Entschließung darüber, ob die öffentliche Klage zu erheben ist, den Sachverhalt zu erforschen.

(2) Die Staatsanwaltschaft hat nicht nur die zur Belastung, sondern auch die zur Entlastung dienenden Umstände zu ermitteln und für die Erhebung der Beweise Sorge zu tragen, deren Verlust zu besorgen ist.

(3) Die Ermittlungen der Staatsanwaltschaft sollen sich auch auf die Umstände erstrecken, die für die Bestimmung der Rechtsfolgen der Tat von Bedeutung sind. Dazu kann sie sich der Gerichtshilfe bedienen.

(4) Eine Maßnahme ist unzulässig, soweit besondere bundesgesetzliche oder entsprechende landesgesetzliche Verwendungsregelungen entgegenstehen.

§161 Allgemeine Ermittlungsbefugnis der Staatsanwaltschaft

(1) Zu dem in § 160 Abs. 1 bis 3 bezeichneten Zweck ist die Staatsanwaltschaft befugt, von allen Behörden Auskunft zu verlangen und Ermittlungen jeder Art entweder selbst vorzunehmen oder durch die Behörden und Beamten des Polizeidienstes vornehmen zu lassen, soweit nicht andere gesetzliche Vorschriften ihre Befugnisse besonders regeln. Die Behörden und Beamten des Polizeidienstes sind verpflichtet, dem Ersuchen oder Auftrag der Staatsanwaltschaft zu genügen, und in diesem Falle befugt, von allen Behörden Auskunft zu verlangen.

(2) Ist eine Maßnahme nach diesem Gesetz nur bei Verdacht bestimmter Straftaten zulässig, so dürfen die auf Grund einer entsprechenden Maßnahme nach anderen Gesetzen erlangten personenbezogenen Daten ohne Einwilligung der von der Maßnahme betroffenen Personen zu Beweiszwecken im Strafverfahren nur zur Aufklärung solcher Straftaten verwendet werden, zu deren Aufklärung eine solche Maßnahme nach diesem Gesetz hätte angeordnet werden dürfen. § 100e Absatz 6 Nummer 3 bleibt unberührt.

(3) In oder aus einer Wohnung erlangte personenbezogene Daten aus einem Einsatz technischer Mittel zur Eigensicherung im Zuge nicht offener Ermittlungen auf polizeirechtlicher Grundlage dürfen unter Beachtung des Grundsatzes der Verhältnismäßigkeit zu Beweiszwecken nur verwendet werden (Artikel 13 Abs. 5 des Grundgesetzes), wenn das Amtsgericht (§ 162 Abs. 1), in dessen Bezirk die anordnende Stelle ihren Sitz hat, die Rechtmäßigkeit der Maßnahme festgestellt hat; bei Gefahr im Verzug ist die richterliche Entscheidung unverzüglich nachzuholen.

§161a Vernehmung von Zeugen und Sachverständigen durch die Staatsanwaltschaft

(1) Zeugen und Sachverständige sind verpflichtet, auf Ladung vor der Staatsanwaltschaft zu erscheinen und zur Sache auszusagen oder ihr Gutachten zu erstatten. Soweit nichts anderes bestimmt ist, gelten die Vorschriften des Sechsten und Siebenten Abschnitts des Ersten Buches über Zeugen und Sachverständige entsprechend. Die eidliche Vernehmung bleibt dem Richter vorbehalten.

(2) Bei unberechtigtem Ausbleiben oder unberechtigter Weigerung eines Zeugen oder Sachverständigen steht die Befugnis zu den in den §§ 51, 70 und 77 vorgesehenen Maßregeln der Staatsanwaltschaft zu. Jedoch bleibt die Festsetzung der Haft dem nach § 162 zuständigen Gericht vorbehalten.

(3) Gegen Entscheidungen der Staatsanwaltschaft nach Absatz 2 Satz 1 kann gerichtliche Entscheidung durch das nach § 162 zuständige Gericht beantragt werden. Gleiches gilt, wenn die Staatsanwaltschaft Entscheidungen im Sinne des § 68b getroffen hat. Die §§ 297 bis 300, 302, 306 bis 309, 311a und 473a gelten jeweils entsprechend. Gerichtliche Entscheidungen nach den Sätzen 1 und 2 sind unanfechtbar.

(4) Ersucht eine Staatsanwaltschaft eine andere Staatsanwaltschaft um die Vernehmung eines Zeugen oder Sachverständigen, so stehen die Befugnisse nach Absatz 2 Satz 1 auch der ersuchten Staatsanwaltschaft zu.

(5) § 185 Absatz 1 und 2 des Gerichtsverfassungsgesetzes gilt entsprechend.

§163 Aufgaben der Polizei im Ermittlungsverfahren

(1) Die Behörden und Beamten des Polizeidienstes haben Straftaten zu erforschen und alle keinen Aufschub gestattenden Anordnungen zu treffen, um die Verdunkelung der Sache zu verhüten. Zu diesem

Zweck sind sie befugt, alle Behörden um Auskunft zu ersuchen, bei Gefahr im Verzug auch, die Auskunft zu verlangen, sowie Ermittlungen jeder Art vorzunehmen, soweit nicht andere gesetzliche Vorschriften ihre Befugnisse besonders regeln.

(2) Die Behörden und Beamten des Polizeidienstes übersenden ihre Verhandlungen ohne Verzug der Staatsanwaltschaft. Erscheint die schleunige Vornahme richterlicher Untersuchungshandlungen erforderlich, so kann die Übersendung unmittelbar an das Amtsgericht erfolgen.

(3) Zeugen sind verpflichtet, auf Ladung vor Ermittlungspersonen der Staatsanwaltschaft zu erscheinen und zur Sache auszusagen, wenn der Ladung ein Auftrag der Staatsanwaltschaft zugrunde liegt. Soweit nichts anderes bestimmt ist, gelten die Vorschriften des Sechsten Abschnitts des Ersten Buches entsprechend. Die eidliche Vernehmung bleibt dem Gericht vorbehalten.

(4) Die Staatsanwaltschaft entscheidet

1. über die Zeugeneigenschaft oder das Vorliegen von Zeugnis- oder Auskunftsverweigerungsrechten, sofern insoweit Zweifel bestehen oder im Laufe der Vernehmung aufkommen,
2. über eine Gestattung nach § 68 Absatz 3 Satz 1, Angaben zur Person nicht oder nur über eine frühere Identität zu machen,
3. über die Beiordnung eines Zeugenbeistands nach § 68b Absatz 2 und
4. bei unberechtigtem Ausbleiben oder unberechtigter Weigerung des Zeugen über die Verhängung der in den §§ 51 und 70 vorgesehenen Maßregeln; dabei bleibt die Festsetzung der Haft dem nach § 162 zuständigen Gericht vorbehalten.

Im Übrigen trifft die erforderlichen Entscheidungen die die Vernehmung leitende Person.

(5) Gegen Entscheidungen von Beamten des Polizeidienstes nach § 68b Absatz 1 Satz 3 sowie gegen Entscheidungen der Staatsanwaltschaft nach Absatz 4 Satz 1 Nummer 3 und 4 kann gerichtliche Entscheidung durch das nach § 162 zuständige Gericht beantragt werden. Die §§ 297 bis 300, 302, 306 bis 309, 311a und 473a gelten jeweils entsprechend. Gerichtliche Entscheidungen nach Satz 1 sind unanfechtbar.

(6) Für die Belehrung des Sachverständigen durch Beamte des Polizeidienstes gelten § 52 Absatz 3 und § 55 Absatz 2 entsprechend. In den Fällen des § 81c Absatz 3 Satz 1 und 2 gilt § 52 Absatz 3 auch bei Untersuchungen durch Beamte des Polizeidienstes sinngemäß.

(7) § 185 Absatz 1 und 2 des Gerichtsverfassungsgesetzes gilt entsprechend.

§ 170 Entscheidung über eine Anklageerhebung

(1) Bieten die Ermittlungen genügenden Anlaß zur Erhebung der öffentlichen Klage, so erhebt die Staatsanwaltschaft sie durch Einreichung einer Anklageschrift bei dem zuständigen Gericht.

(2) Andernfalls stellt die Staatsanwaltschaft das Verfahren ein. Hiervon setzt sie den Beschuldigten in Kenntnis, wenn er als solcher vernommen worden ist oder ein Haftbefehl gegen ihn erlassen war; dasselbe gilt, wenn er um einen Bescheid gebeten hat oder wenn ein besonderes Interesse an der Bekanntgabe ersichtlich ist.

§ 171 Einstellungsbescheid

Gibt die Staatsanwaltschaft einem Antrag auf Erhebung der öffentlichen Klage keine Folge oder verfügt sie nach dem Abschluß der Ermittlungen die Einstellung des Verfahrens, so hat sie den Antragsteller unter Angabe der Gründe zu bescheiden. In dem Bescheid ist der Antragsteller, der zugleich der Verletzte ist, über die Möglichkeit der Anfechtung und die dafür vorgesehene Frist (§ 172 Abs. 1) zu belehren. § 187 Absatz 1 Satz 1 und Absatz 2 des Gerichtsverfassungsgesetzes gilt entsprechend für Verletzte, die nach § 395 der Strafprozessordnung berechtigt wären, sich der öffentlichen Klage mit der Nebenklage anzuschließen, soweit sie einen Antrag auf Übersetzung stellen.

§ 172 Beschwerde des Verletzten; Klageerzwingungsverfahren

(1) Ist der Antragsteller zugleich der Verletzte, so steht ihm gegen den Bescheid nach § 171 binnen zwei Wochen nach der Bekanntmachung die Beschwerde an den vorgesetzten Beamten der Staatsanwaltschaft zu. Durch die Einlegung der Beschwerde bei der Staatsanwaltschaft wird die Frist gewahrt. Sie läuft nicht, wenn die Belehrung nach § 171 Satz 2 unterblieben ist.

(2) Gegen den ablehnenden Bescheid des vorgesetzten Beamten der Staatsanwaltschaft kann der Antragsteller binnen einem Monat nach der Bekanntmachung gerichtliche Entscheidung beantragen. Hierüber und über die dafür vorgesehene Form ist er zu belehren; die Frist läuft nicht, wenn die Belehrung unterblieben ist. Der Antrag ist nicht zulässig, wenn das Verfahren ausschließlich eine Straftat zum Gegenstand hat, die vom Verletzten im Wege der Pri-

vatklage verfolgt werden kann, oder wenn die Staatsanwaltschaft nach § 153 Abs. 1, § 153a Abs. 1 Satz 1, 7 oder § 153b Abs. 1 von der Verfolgung der Tat abgesehen hat; dasselbe gilt in den Fällen der §§ 153c bis 154 Abs. 1 sowie der §§ 154b und 154c.

(3) Der Antrag auf gerichtliche Entscheidung muß die Tatsachen, welche die Erhebung der öffentlichen Klage begründen sollen, und die Beweismittel angeben. Er muß von einem Rechtsanwalt unterzeichnet sein; für die Prozeßkostenhilfe gelten dieselben Vorschriften wie in bürgerlichen Rechtsstreitigkeiten. Der Antrag ist bei dem für die Entscheidung zuständigen Gericht einzureichen.

(4) Zur Entscheidung über den Antrag ist das Oberlandesgericht zuständig. Die §§ 120 und 120b des Gerichtsverfassungsgesetzes sind sinngemäß anzuwenden.

Jugendgerichtsgesetz (JGG)

in der Fassung der Bekanntmachung vom 11. Dezember 1974 (BGBl. I S. 3427)

Zuletzt geändert durch
Zweites Gesetz zur Stärkung der Verfahrensrechte von Beschuldigten im Strafverfahren und zur Änderung des Schöffenrechts
vom 27. August 2017 (BGBl. I S. 3295)

– Auszug –

Erster Teil
Anwendungsbereich

§1 Persönlicher und sachlicher Anwendungsbereich

(1) Dieses Gesetz gilt, wenn ein Jugendlicher oder ein Heranwachsender eine Verfehlung begeht, die nach den allgemeinen Vorschriften mit Strafe bedroht ist.

(2) Jugendlicher ist, wer zur Zeit der Tat vierzehn, aber noch nicht achtzehn, Heranwachsender, wer zur Zeit der Tat achtzehn, aber noch nicht einundzwanzig Jahre alt ist.

§2 Ziel des Jugendstrafrechts; Anwendung des allgemeinen Strafrechts

(1) Die Anwendung des Jugendstrafrechts soll vor allem erneuten Straftaten eines Jugendlichen oder Heranwachsenden entgegenwirken. Um dieses Ziel zu erreichen, sind die Rechtsfolgen und unter Beachtung des elterlichen Erziehungsrechts auch das Verfahren vorrangig am Erziehungsgedanken auszurichten.

(2) Die allgemeinen Vorschriften gelten nur, soweit in diesem Gesetz nichts anderes bestimmt ist.

Zweiter Teil
Jugendliche

Erstes Hauptstück
Verfehlungen Jugendlicher und ihre Folgen

Erster Abschnitt
Allgemeine Vorschriften

§ 3 Verantwortlichkeit

Ein Jugendlicher ist strafrechtlich verantwortlich, wenn er zur Zeit der Tat nach seiner sittlichen und geistigen Entwicklung reif genug ist, das Unrecht der Tat einzusehen und nach dieser Einsicht zu handeln. Zur Erziehung eines Jugendlichen, der mangels Reife strafrechtlich nicht verantwortlich ist, kann der Richter dieselben Maßnahmen anordnen wie das Familiengericht.

§ 4 Rechtliche Einordnung der Taten Jugendlicher

Ob die rechtswidrige Tat eines Jugendlichen als Verbrechen oder Vergehen anzusehen ist und wann sie verjährt, richtet sich nach den Vorschriften des allgemeinen Strafrechts.

§ 5 Die Folgen der Jugendstraftat

(1) Aus Anlaß der Straftat eines Jugendlichen können Erziehungsmaßregeln angeordnet werden.

(2) Die Straftat eines Jugendlichen wird mit Zuchtmitteln oder mit Jugendstrafe geahndet, wenn Erziehungsmaßregeln nicht ausreichen.

(3) Von Zuchtmitteln und Jugendstrafe wird abgesehen, wenn die Unterbringung in einem psychiatrischen Krankenhaus oder einer Entziehungsanstalt die Ahndung durch den Richter entbehrlich macht.

§ 6 Nebenfolgen

(1) Auf Unfähigkeit, öffentliche Ämter zu bekleiden, Rechte aus öffentlichen Wahlen zu erlangen oder in öffentlichen Angelegenheiten zu wählen oder zu stimmen, darf nicht erkannt werden. Die Bekanntgabe der Verurteilung darf nicht angeordnet werden.

(2) Der Verlust der Fähigkeit, öffentliche Ämter zu bekleiden und Rechte aus öffentlichen Wahlen zu erlangen (§ 45 Abs. 1 des Strafgesetzbuches), tritt nicht ein.

§7 Maßregeln der Besserung und Sicherung

(1) Als Maßregeln der Besserung und Sicherung im Sinne des allgemeinen Strafrechts können die Unterbringung in einem psychiatrischen Krankenhaus oder einer Entziehungsanstalt, die Führungsaufsicht oder die Entziehung der Fahrerlaubnis angeordnet werden (§ 61 Nr. 1, 2, 4 und 5 des Strafgesetzbuches).

(2) Das Gericht kann im Urteil die Anordnung der Sicherungsverwahrung vorbehalten, wenn

1. der Jugendliche zu einer Jugendstrafe von mindestens sieben Jahren verurteilt wird wegen oder auch wegen eines Verbrechens
   a) gegen das Leben, die körperliche Unversehrtheit oder die sexuelle Selbstbestimmung oder
   b) nach § 251 des Strafgesetzbuches, auch in Verbindung mit § 252 oder § 255 des Strafgesetzbuches,

   durch welches das Opfer seelisch oder körperlich schwer geschädigt oder einer solchen Gefahr ausgesetzt worden ist, und
2. die Gesamtwürdigung des Jugendlichen und seiner Tat oder seiner Taten ergibt, dass er mit hoher Wahrscheinlichkeit erneut Straftaten der in Nummer 1 bezeichneten Art begehen wird.

Das Gericht ordnet die Sicherungsverwahrung an, wenn die Gesamtwürdigung des Verurteilten, seiner Tat oder seiner Taten und ergänzend seiner Entwicklung bis zum Zeitpunkt der Entscheidung ergibt, dass von ihm Straftaten der in Satz 1 Nummer 1 bezeichneten Art zu erwarten sind; § 66a Absatz 3 Satz 1 des Strafgesetzbuches gilt entsprechend. Für die Prüfung, ob die Unterbringung in der Sicherungsverwahrung am Ende des Vollzugs der Jugendstrafe auszusetzen ist, und für den Eintritt der Führungsaufsicht gilt § 67c Absatz 1 des Strafgesetzbuches entsprechend.

(3) Wird neben der Jugendstrafe die Anordnung der Sicherungsverwahrung vorbehalten und hat der Verurteilte das siebenundzwanzigste Lebensjahr noch nicht vollendet, so ordnet das Gericht an, dass bereits die Jugendstrafe in einer sozialtherapeutischen Einrichtung zu vollziehen ist, es sei denn, dass die Resozialisierung des Verurteilten dadurch nicht besser gefördert werden kann. Diese Anordnung kann auch nachträglich erfolgen. Solange der Vollzug in einer sozialtherapeutischen Einrichtung noch nicht angeordnet oder der Gefangene noch nicht in eine sozialtherapeutische Einrichtung verlegt worden ist, ist darüber jeweils nach sechs Monaten neu zu entscheiden. Für die nachträgliche Anordnung nach Satz 2 ist die Strafvollstreckungskammer zuständig, wenn der Betroffene

das vierundzwanzigste Lebensjahr vollendet hat, sonst die für die Entscheidung über Vollzugsmaßnahmen nach § 92 Absatz 2 zuständige Jugendkammer. Im Übrigen gelten zum Vollzug der Jugendstrafe § 66c Absatz 2 und § 67a Absatz 2 bis 4 des Strafgesetzbuches entsprechend.

(4) Ist die wegen einer Tat der in Absatz 2 bezeichneten Art angeordnete Unterbringung in einem psychiatrischen Krankenhaus nach § 67d Abs. 6 des Strafgesetzbuches für erledigt erklärt worden, weil der die Schuldfähigkeit ausschließende oder vermindernde Zustand, auf dem die Unterbringung beruhte, im Zeitpunkt der Erledigungsentscheidung nicht bestanden hat, so kann das Gericht nachträglich die Unterbringung in der Sicherungsverwahrung anordnen, wenn

1. die Unterbringung des Betroffenen nach § 63 des Strafgesetzbuches wegen mehrerer solcher Taten angeordnet wurde oder wenn der Betroffene wegen einer oder mehrerer solcher Taten, die er vor der zur Unterbringung nach § 63 des Strafgesetzbuches führenden Tat begangen hat, schon einmal zu einer Jugendstrafe von mindestens drei Jahren verurteilt oder in einem psychiatrischen Krankenhaus untergebracht worden war und
2. die Gesamtwürdigung des Betroffenen, seiner Taten und ergänzend seiner Entwicklung bis zum Zeitpunkt der Entscheidung ergibt, dass er mit hoher Wahrscheinlichkeit erneut Straftaten der in Absatz 2 bezeichneten Art begehen wird.

(5) Die regelmäßige Frist zur Prüfung, ob die weitere Vollstreckung der Unterbringung in der Sicherungsverwahrung zur Bewährung auszusetzen oder für erledigt zu erklären ist (§ 67e des Strafgesetzbuches), beträgt in den Fällen der Absätze 2 und 4 sechs Monate, wenn die untergebrachte Person bei Beginn des Fristlaufs das vierundzwanzigste Lebensjahr noch nicht vollendet hat.

§ 8 Verbindung von Maßnahmen und Jugendstrafe

(1) Erziehungsmaßregeln und Zuchtmittel, ebenso mehrere Erziehungsmaßregeln oder mehrere Zuchtmittel können nebeneinander angeordnet werden. Mit der Anordnung von Hilfe zur Erziehung nach § 12 Nr. 2 darf Jugendarrest nicht verbunden werden.

(2) Neben Jugendstrafe können nur Weisungen und Auflagen erteilt und die Erziehungsbeistandschaft angeordnet werden. Unter den Voraussetzungen des § 16a kann neben der Verhängung einer Jugendstrafe oder der Aussetzung ihrer Verhängung auch Jugendarrest angeordnet werden. Steht der Jugendliche unter Bewährungs-

aufsicht, so ruht eine gleichzeitig bestehende Erziehungsbeistandschaft bis zum Ablauf der Bewährungszeit.

(3) Neben Erziehungsmaßregeln, Zuchtmitteln und Jugendstrafe kann auf die nach diesem Gesetz zulässigen Nebenstrafen und Nebenfolgen erkannt werden. Ein Fahrverbot darf die Dauer von drei Monaten nicht überschreiten.

Zweiter Abschnitt
Erziehungsmaßregeln

§ 9 Arten

Erziehungsmaßregeln sind

1. die Erteilung von Weisungen,
2. die Anordnung, Hilfe zur Erziehung im Sinne des § 12 in Anspruch zu nehmen.

§ 10 Weisungen

(1) Weisungen sind Gebote und Verbote, welche die Lebensführung des Jugendlichen regeln und dadurch seine Erziehung fördern und sichern sollen. Dabei dürfen an die Lebensführung des Jugendlichen keine unzumutbaren Anforderungen gestellt werden. Der Richter kann dem Jugendlichen insbesondere auferlegen,

1. Weisungen zu befolgen, die sich auf den Aufenthaltsort beziehen,
2. bei einer Familie oder in einem Heim zu wohnen,
3. eine Ausbildungs- oder Arbeitsstelle anzunehmen,
4. Arbeitsleistungen zu erbringen,
5. sich der Betreuung und Aufsicht einer bestimmten Person (Betreuungshelfer) zu unterstellen,
6. an einem sozialen Trainingskurs teilzunehmen,
7. sich zu bemühen, einen Ausgleich mit dem Verletzten zu erreichen (Täter-Opfer-Ausgleich),
8. den Verkehr mit bestimmten Personen oder den Besuch von Gast- oder Vergnügungsstätten zu unterlassen oder
9. an einem Verkehrsunterricht teilzunehmen.

(2) Der Richter kann dem Jugendlichen auch mit Zustimmung des Erziehungsberechtigten und des gesetzlichen Vertreters auferlegen, sich einer heilerzieherischen Behandlung durch einen Sachverständigen oder einer Entziehungskur zu unterziehen. Hat der Ju-

gendliche das sechzehnte Lebensjahr vollendet, so soll dies nur mit seinem Einverständnis geschehen.

§ 11 Laufzeit und nachträgliche Änderung von Weisungen; Folgen der Zuwiderhandlung

(1) Der Richter bestimmt die Laufzeit der Weisungen. Die Laufzeit darf zwei Jahre nicht überschreiten; sie soll bei einer Weisung nach § 10 Abs. 1 Satz 3 Nr. 5 nicht mehr als ein Jahr, bei einer Weisung nach § 10 Abs. 1 Satz 3 Nr. 6 nicht mehr als sechs Monate betragen.

(2) Der Richter kann Weisungen ändern, von ihnen befreien oder ihre Laufzeit vor Ablauf bis auf drei Jahre verlängern, wenn dies aus Gründen der Erziehung geboten ist.

(3) Kommt der Jugendliche Weisungen schuldhaft nicht nach, so kann Jugendarrest verhängt werden, wenn eine Belehrung über die Folgen schuldhafter Zuwiderhandlung erfolgt war. Hiernach verhängter Jugendarrest darf bei einer Verurteilung insgesamt die Dauer von vier Wochen nicht überschreiten. Der Richter sieht von der Vollstreckung des Jugendarrestes ab, wenn der Jugendliche nach Verhängung des Arrestes der Weisung nachkommt.

§ 12 Hilfe zur Erziehung

Der Richter kann dem Jugendlichen nach Anhörung des Jugendamts auch auferlegen, unter den im Achten Buch Sozialgesetzbuch genannten Voraussetzungen Hilfe zur Erziehung

1. in Form der Erziehungsbeistandschaft im Sinne des § 30 des Achten Buches Sozialgesetzbuch oder
2. in einer Einrichtung über Tag und Nacht oder in einer sonstigen betreuten Wohnform im Sinne des § 34 des Achten Buches Sozialgesetzbuch

in Anspruch zu nehmen.

Dritter Abschnitt
Zuchtmittel

§ 13 Arten und Anwendung

(1) Der Richter ahndet die Straftat mit Zuchtmitteln, wenn Jugendstrafe nicht geboten ist, dem Jugendlichen aber eindringlich zum Bewußtsein gebracht werden muß, daß er für das von ihm begangene Unrecht einzustehen hat.

(2) Zuchtmittel sind
1. die Verwarnung,
2. die Erteilung von Auflagen,
3. der Jugendarrest.

(3) Zuchtmittel haben nicht die Rechtswirkungen einer Strafe.

§ 14 Verwarnung

Durch die Verwarnung soll dem Jugendlichen das Unrecht der Tat eindringlich vorgehalten werden.

§ 15 Auflagen

(1) Der Richter kann dem Jugendlichen auferlegen,
1. nach Kräften den durch die Tat verursachten Schaden wiedergutzumachen,
2. sich persönlich bei dem Verletzten zu entschuldigen,
3. Arbeitsleistungen zu erbringen oder
4. einen Geldbetrag zugunsten einer gemeinnützigen Einrichtung zu zahlen.

Dabei dürfen an den Jugendlichen keine unzumutbaren Anforderungen gestellt werden.

(2) Der Richter soll die Zahlung eines Geldbetrages nur anordnen, wenn
1. der Jugendliche eine leichte Verfehlung begangen hat und anzunehmen ist, daß er den Geldbetrag aus Mitteln zahlt, über die er selbständig verfügen darf, oder
2. dem Jugendlichen der Gewinn, den er aus der Tat erlangt, oder das Entgelt, das er für sie erhalten hat, entzogen werden soll.

(3) Der Richter kann nachträglich Auflagen ändern oder von ihrer Erfüllung ganz oder zum Teil befreien, wenn dies aus Gründen der Erziehung geboten ist. Bei schuldhafter Nichterfüllung von Auflagen gilt § 11 Abs. 3 entsprechend. Ist Jugendarrest vollstreckt worden, so kann der Richter die Auflagen ganz oder zum Teil für erledigt erklären.

§ 16 Jugendarrest

(1) Der Jugendarrest ist Freizeitarrest, Kurzarrest oder Dauerarrest.

(2) Der Freizeitarrest wird für die wöchentliche Freizeit des Jugendlichen verhängt und auf eine oder zwei Freizeiten bemessen.

(3) Der Kurzarrest wird statt des Freizeitarrestes verhängt, wenn der zusammenhängende Vollzug aus Gründen der Erziehung zweckmäßig erscheint und weder die Ausbildung noch die Arbeit des Jugendlichen beeinträchtigt werden. Dabei stehen zwei Tage Kurzarrest einer Freizeit gleich.

(4) Der Dauerarrest beträgt mindestens eine Woche und höchstens vier Wochen. Er wird nach vollen Tagen oder Wochen bemessen.

§ 16a Jugendarrest neben Jugendstrafe

(1) Wird die Verhängung oder die Vollstreckung der Jugendstrafe zur Bewährung ausgesetzt, so kann abweichend von § 13 Absatz 1 daneben Jugendarrest verhängt werden, wenn

1. dies unter Berücksichtigung der Belehrung über die Bedeutung der Aussetzung zur Bewährung und unter Berücksichtigung der Möglichkeit von Weisungen und Auflagen geboten ist, um dem Jugendlichen seine Verantwortlichkeit für das begangene Unrecht und die Folgen weiterer Straftaten zu verdeutlichen,
2. dies geboten ist, um den Jugendlichen zunächst für eine begrenzte Zeit aus einem Lebensumfeld mit schädlichen Einflüssen herauszunehmen und durch die Behandlung im Vollzug des Jugendarrests auf die Bewährungszeit vorzubereiten, oder
3. dies geboten ist, um im Vollzug des Jugendarrests eine nachdrücklichere erzieherische Einwirkung auf den Jugendlichen zu erreichen oder um dadurch bessere Erfolgsaussichten für eine erzieherische Einwirkung in der Bewährungszeit zu schaffen.

(2) Jugendarrest nach Absatz 1 Nummer 1 ist in der Regel nicht geboten, wenn der Jugendliche bereits früher Jugendarrest als Dauerarrest verbüßt oder sich nicht nur kurzfristig im Vollzug von Untersuchungshaft befunden hat.

Vierter Abschnitt
Die Jugendstrafe

§ 17 Form und Voraussetzungen

(1) Die Jugendstrafe ist Freiheitsentzug in einer für ihren Vollzug vorgesehenen Einrichtung.

(2) Der Richter verhängt Jugendstrafe, wenn wegen der schädlichen Neigungen des Jugendlichen, die in der Tat hervorgetreten sind,

Erziehungsmaßregeln oder Zuchtmittel zur Erziehung nicht ausreichen oder wenn wegen der Schwere der Schuld Strafe erforderlich ist.

§18 Dauer der Jugendstrafe

(1) Das Mindestmaß der Jugendstrafe beträgt sechs Monate, das Höchstmaß fünf Jahre. Handelt es sich bei der Tat um ein Verbrechen, für das nach dem allgemeinen Strafrecht eine Höchststrafe von mehr als zehn Jahren Freiheitsstrafe angedroht ist, so ist das Höchstmaß zehn Jahre. Die Strafrahmen des allgemeinen Strafrechts gelten nicht.

(2) Die Jugendstrafe ist so zu bemessen, daß die erforderliche erzieherische Einwirkung möglich ist.

§19 (weggefallen)

Fünfter Abschnitt
Aussetzung der Jugendstrafe zur Bewährung

§20 (weggefallen)

§21 Strafaussetzung

(1) Bei der Verurteilung zu einer Jugendstrafe von nicht mehr als einem Jahr setzt das Gericht die Vollstreckung der Strafe zur Bewährung aus, wenn zu erwarten ist, daß der Jugendliche sich schon die Verurteilung zur Warnung dienen lassen und auch ohne die Einwirkung des Strafvollzugs unter der erzieherischen Einwirkung in der Bewährungszeit künftig einen rechtschaffenen Lebenswandel führen wird. Dabei sind namentlich die Persönlichkeit des Jugendlichen, sein Vorleben, die Umstände seiner Tat, sein Verhalten nach der Tat, seine Lebensverhältnisse und die Wirkungen zu berücksichtigen, die von der Aussetzung für ihn zu erwarten sind. Das Gericht setzt die Vollstreckung der Strafe auch dann zur Bewährung aus, wenn die in Satz 1 genannte Erwartung erst dadurch begründet wird, dass neben der Jugendstrafe ein Jugendarrest nach § 16a verhängt wird.

(2) Das Gericht setzt unter den Voraussetzungen des Absatzes 1 auch die Vollstreckung einer höheren Jugendstrafe, die zwei Jahre nicht übersteigt, zur Bewährung aus, wenn nicht die Vollstreckung im Hinblick auf die Entwicklung des Jugendlichen geboten ist.

(3) Die Strafaussetzung kann nicht auf einen Teil der Jugendstrafe beschränkt werden. Sie wird durch eine Anrechnung von Untersuchungshaft oder einer anderen Freiheitsentziehung nicht ausgeschlossen.

§ 22 Bewährungszeit

(1) Der Richter bestimmt die Dauer der Bewährungszeit. Sie darf drei Jahre nicht überschreiten und zwei Jahre nicht unterschreiten.

(2) Die Bewährungszeit beginnt mit der Rechtskraft der Entscheidung über die Aussetzung der Jugendstrafe. Sie kann nachträglich bis auf ein Jahr verkürzt oder vor ihrem Ablauf bis auf vier Jahre verlängert werden. In den Fällen des § 21 Abs. 2 darf die Bewährungszeit jedoch nur bis auf zwei Jahre verkürzt werden.

§ 23 Weisungen und Auflagen

(1) Der Richter soll für die Dauer der Bewährungszeit die Lebensführung des Jugendlichen durch Weisungen erzieherisch beeinflussen. Er kann dem Jugendlichen auch Auflagen erteilen. Diese Anordnungen kann er auch nachträglich treffen, ändern oder aufheben. Die §§ 10, 11 Abs. 3 und § 15 Abs. 1, 2, 3 Satz 2 gelten entsprechend.

(2) Macht der Jugendliche Zusagen für seine künftige Lebensführung oder erbietet er sich zu angemessenen Leistungen, die der Genugtuung für das begangene Unrecht dienen, so sieht der Richter in der Regel von entsprechenden Weisungen oder Auflagen vorläufig ab, wenn die Erfüllung der Zusagen oder des Anerbietens zu erwarten ist.

§ 24 Bewährungshilfe

(1) Der Richter unterstellt den Jugendlichen in der Bewährungszeit für höchstens zwei Jahre der Aufsicht und Leitung eines hauptamtlichen Bewährungshelfers. Er kann ihn auch einem ehrenamtlichen Bewährungshelfer unterstellen, wenn dies aus Gründen der Erziehung zweckmäßig erscheint. § 22 Abs. 2 Satz 1 gilt entsprechend.

(2) Der Richter kann eine nach Absatz 1 getroffene Entscheidung vor Ablauf der Unterstellungszeit ändern oder aufheben; er kann auch die Unterstellung des Jugendlichen in der Bewährungszeit erneut anordnen. Dabei kann das in Absatz 1 Satz 1 bestimmte Höchstmaß überschritten werden.

(3) Der Bewährungshelfer steht dem Jugendlichen helfend und betreuend zur Seite. Er überwacht im Einvernehmen mit dem Richter die Erfüllung der Weisungen, Auflagen, Zusagen und Anerbieten. Der Bewährungshelfer soll die Erziehung des Jugendlichen fördern und möglichst mit dem Erziehungsberechtigten und dem gesetzlichen Vertreter vertrauensvoll zusammenwirken. Er hat bei der Ausübung seines Amtes das Recht auf Zutritt zu dem Jugendlichen. Er kann von dem Erziehungsberechtigten, dem gesetzlichen Vertreter, der Schule, dem Ausbildenden Auskunft über die Lebensführung des Jugendlichen verlangen.

§ 25 Bestellung und Pflichten des Bewährungshelfers

Der Bewährungshelfer wird vom Richter bestellt. Der Richter kann ihm für seine Tätigkeit nach § 24 Abs. 3 Anweisungen erteilen. Der Bewährungshelfer berichtet über die Lebensführung des Jugendlichen in Zeitabständen, die der Richter bestimmt. Gröbliche oder beharrliche Verstöße gegen Weisungen, Auflagen, Zusagen oder Anerbieten teilt er dem Richter mit.

§ 26 Widerruf der Strafaussetzung

(1) Das Gericht widerruft die Aussetzung der Jugendstrafe, wenn der Jugendliche

1. in der Bewährungszeit eine Straftat begeht und dadurch zeigt, daß die Erwartung, die der Strafaussetzung zugrunde lag, sich nicht erfüllt hat,
2. gegen Weisungen gröblich oder beharrlich verstößt oder sich der Aufsicht und Leitung des Bewährungshelfers beharrlich entzieht und dadurch Anlaß zu der Besorgnis gibt, daß er erneut Straftaten begehen wird, oder
3. gegen Auflagen gröblich oder beharrlich verstößt,

Satz 1 Nr. 1 gilt entsprechend, wenn die Tat in der Zeit zwischen der Entscheidung über die Strafaussetzung und deren Rechtskraft begangen worden ist. Wurde die Jugendstrafe nachträglich durch Beschluss ausgesetzt, ist auch § 57 Absatz 5 Satz 2 des Strafgesetzbuches entsprechend anzuwenden.

(2) Das Gericht sieht jedoch von dem Widerruf ab, wenn es ausreicht,

1. weitere Weisungen oder Auflagen zu erteilen,
2. die Bewährungs- oder Unterstellungszeit bis zu einem Höchstmaß von vier Jahren zu verlängern oder

3. den Jugendlichen vor Ablauf der Bewährungszeit erneut einem Bewährungshelfer zu unterstellen.

(3) Leistungen, die der Jugendliche zur Erfüllung von Weisungen, Auflagen, Zusagen oder Anerbieten (§ 23) erbracht hat, werden nicht erstattet. Das Gericht kann jedoch, wenn es die Strafaussetzung widerruft, Leistungen, die der Jugendliche zur Erfüllung von Auflagen oder entsprechenden Anerbieten erbracht hat, auf die Jugendstrafe anrechnen. Jugendarrest, der nach § 16a verhängt wurde, wird in dem Umfang, in dem er verbüßt wurde, auf die Jugendstrafe angerechnet.

§ 26a Erlaß der Jugendstrafe

Widerruft der Richter die Strafaussetzung nicht, so erläßt er die Jugendstrafe nach Ablauf der Bewährungszeit. § 26 Abs. 3 Satz 1 ist anzuwenden.

Sechster Abschnitt
Aussetzung der Verhängung der Jugendstrafe

§ 27 Voraussetzungen

Kann nach Erschöpfung der Ermittlungsmöglichkeiten nicht mit Sicherheit beurteilt werden, ob in der Straftat eines Jugendlichen schädliche Neigungen von einem Umfang hervorgetreten sind, daß eine Jugendstrafe erforderlich ist, so kann der Richter die Schuld des Jugendlichen feststellen, die Entscheidung über die Verhängung der Jugendstrafe aber für eine von ihm zu bestimmende Bewährungszeit aussetzen.

§ 28 Bewährungszeit

(1) Die Bewährungszeit darf zwei Jahre nicht überschreiten und ein Jahr nicht unterschreiten.

(2) Die Bewährungszeit beginnt mit der Rechtskraft des Urteils, in dem die Schuld des Jugendlichen festgestellt wird. Sie kann nachträglich bis auf ein Jahr verkürzt oder vor ihrem Ablauf bis auf zwei Jahre verlängert werden.

§ 29 Bewährungshilfe

Der Jugendliche wird für die Dauer oder einen Teil der Bewährungszeit der Aufsicht und Leitung eines Bewährungshelfers unterstellt. Die §§ 23, 24 Abs. 1 Satz 1 und 2, Abs. 2 und 3 und die §§ 25, 28 Abs. 2 Satz 1 sind entsprechend anzuwenden.

§ 30 Verhängung der Jugendstrafe; Tilgung des Schuldspruchs

(1) Stellt sich vor allem durch schlechte Führung des Jugendlichen während der Bewährungszeit heraus, daß die in dem Schuldspruch mißbilligte Tat auf schädliche Neigungen von einem Umfang zurückzuführen ist, daß eine Jugendstrafe erforderlich ist, so erkennt das Gericht auf die Strafe, die es im Zeitpunkt des Schuldspruchs bei sicherer Beurteilung der schädlichen Neigungen des Jugendlichen ausgesprochen hätte. § 26 Absatz 3 Satz 3 gilt entsprechend.

(2) Liegen die Voraussetzungen des Absatzes 1 Satz 1 nach Ablauf der Bewährungszeit nicht vor, so wird der Schuldspruch getilgt.

Siebenter Abschnitt
Mehrere Straftaten

§ 31 Mehrere Straftaten eines Jugendlichen

(1) Auch wenn ein Jugendlicher mehrere Straftaten begangen hat, setzt das Gericht nur einheitlich Erziehungsmaßregeln, Zuchtmittel oder eine Jugendstrafe fest. Soweit es dieses Gesetz zuläßt (§ 8), können ungleichartige Erziehungsmaßregeln und Zuchtmittel nebeneinander angeordnet oder Maßnahmen mit der Strafe verbunden werden. Die gesetzlichen Höchstgrenzen des Jugendarrestes und der Jugendstrafe dürfen nicht überschritten werden.

(2) Ist gegen den Jugendlichen wegen eines Teils der Straftaten bereits rechtskräftig die Schuld festgestellt oder eine Erziehungsmaßregel, ein Zuchtmittel oder eine Jugendstrafe festgesetzt worden, aber noch nicht vollständig ausgeführt, verbüßt oder sonst erledigt, so wird unter Einbeziehung des Urteils in gleicher Weise nur einheitlich auf Maßnahmen oder Jugendstrafe erkannt. Die Anrechnung bereits verbüßten Jugendarrestes steht im Ermessen des Gerichts, wenn es auf Jugendstrafe erkennt. § 26 Absatz 3 Satz 3 und § 30 Absatz 1 Satz 2 bleiben unberührt.

(3) Ist es aus erzieherischen Gründen zweckmäßig, so kann das Gericht davon absehen, schon abgeurteilte Straftaten in die neue Entscheidung einzubeziehen. Dabei kann es Erziehungsmaßregeln und Zuchtmittel für erledigt erklären, wenn es auf Jugendstrafe erkennt.

§ 32 Mehrere Straftaten in verschiedenen Alters- und Reifestufen

Für mehrere Straftaten, die gleichzeitig abgeurteilt werden und auf die teils Jugendstrafrecht und teils allgemeines Strafrecht anzuwenden wäre, gilt einheitlich das Jugendstrafrecht, wenn das Schwergewicht bei den Straftaten liegt, die nach Jugendstrafrecht zu beurteilen wären. Ist dies nicht der Fall, so ist einheitlich das allgemeine Strafrecht anzuwenden.

Drittes Hauptstück
Vollstreckung und Vollzug

Erster Abschnitt
Vollstreckung

Erster Unterabschnitt
Verfassung der Vollstreckung und Zuständigkeit

§ 82 Vollstreckungsleiter

(1) Vollstreckungsleiter ist der Jugendrichter. Er nimmt auch die Aufgaben wahr, welche die Strafprozeßordnung der Strafvollstreckungskammer zuweist.

(2) Soweit der Richter Hilfe zur Erziehung im Sinne des § 12 angeordnet hat, richtet sich die weitere Zuständigkeit nach den Vorschriften des Achten Buches Sozialgesetzbuch.

(3) In den Fällen des § 7 Abs. 2 und 4 richten sich die Vollstreckung der Unterbringung und die Zuständigkeit hierfür nach den Vorschriften der Strafprozessordnung, wenn der Betroffene das einundzwanzigste Lebensjahr vollendet hat.

§ 83 Entscheidungen im Vollstreckungsverfahren

(1) Die Entscheidungen des Vollstreckungsleiters nach den §§ 86 bis 89a und 89b Abs. 2 sowie nach den §§ 462a und 463 der Strafprozeßordnung sind jugendrichterliche Entscheidungen.

(2) Für die bei der Vollstreckung notwendig werdenden gerichtlichen Entscheidungen gegen eine vom Vollstreckungsleiter getroffene Anordnung ist die Jugendkammer in den Fällen zuständig, in denen

1. der Vollstreckungsleiter selbst oder unter seinem Vorsitz das Jugendschöffengericht im ersten Rechtszug erkannt hat,

2. der Vollstreckungsleiter in Wahrnehmung der Aufgaben der Strafvollstreckungskammer über seine eigene Anordnung zu entscheiden hätte.

(3) Die Entscheidungen nach den Absätzen 1 und 2 können, soweit nichts anderes bestimmt ist, mit sofortiger Beschwerde angefochten werden. Die §§ 67 bis 69 gelten sinngemäß.

Zweiter Abschnitt
Vollzug

§ 90 Jugendarrest

(1) Der Vollzug des Jugendarrestes soll das Ehrgefühl des Jugendlichen wecken und ihm eindringlich zum Bewußtsein bringen, daß er für das von ihm begangene Unrecht einzustehen hat. Der Vollzug des Jugendarrestes soll erzieherisch gestaltet werden. Er soll dem Jugendlichen helfen, die Schwierigkeiten zu bewältigen, die zur Begehung der Straftat beigetragen haben.

(2) Der Jugendarrest wird in Jugendarrestanstalten oder Freizeitarresträumen der Landesjustizverwaltung vollzogen. Vollzugsleiter ist der Jugendrichter am Ort des Vollzugs.

Vollzug durch Behörden der Bw → **C 13a** und **C 13b.**

Dritter Teil
Heranwachsende

Erster Abschnitt
Anwendung des sachlichen Strafrechts

§ 105 Anwendung des Jugendstrafrechts auf Heranwachsende

(1) Begeht ein Heranwachsender eine Verfehlung, die nach den allgemeinen Vorschriften mit Strafe bedroht ist, so wendet der Richter die für einen Jugendlichen geltenden Vorschriften der §§ 4 bis 8, 9 Nr. 1, §§ 10, 11 und 13 bis 32 entsprechend an, wenn

1. die Gesamtwürdigung der Persönlichkeit des Täters bei Berücksichtigung auch der Umweltbedingungen ergibt, daß er zur Zeit der Tat nach seiner sittlichen und geistigen Entwicklung noch einem Jugendlichen gleichstand, oder
2. es sich nach der Art, den Umständen oder den Beweggründen der Tat um eine Jugendverfehlung handelt.

(2) § 31 Abs. 2 Satz 1, Abs. 3 ist auch dann anzuwenden, wenn der Heranwachsende wegen eines Teils der Straftaten bereits rechtskräftig nach allgemeinem Strafrecht verurteilt worden ist.

(3) Das Höchstmaß der Jugendstrafe für Heranwachsende beträgt zehn Jahre. Handelt es sich bei der Tat um Mord und reicht das Höchstmaß nach Satz 1 wegen der besonderen Schwere der Schuld nicht aus, so ist das Höchstmaß 15 Jahre.

§106 Milderung des allgemeinen Strafrechts für Heranwachsende; Sicherungsverwahrung

(1) Ist wegen der Straftat eines Heranwachsenden das allgemeine Strafrecht anzuwenden, so kann das Gericht an Stelle von lebenslanger Freiheitsstrafe auf eine Freiheitsstrafe von zehn bis zu fünfzehn Jahren erkennen.

(2) Das Gericht kann anordnen, daß der Verlust der Fähigkeit, öffentliche Ämter zu bekleiden und Rechte aus öffentlichen Wahlen zu erlangen (§ 45 Abs. 1 des Strafgesetzbuches) nicht eintritt.

(3) Sicherungsverwahrung darf neben der Strafe nicht angeordnet werden. Das Gericht kann im Urteil die Anordnung der Sicherungsverwahrung vorbehalten, wenn

1. der Heranwachsende zu einer Freiheitsstrafe von mindestens fünf Jahren verurteilt wird wegen eines oder mehrerer Verbrechen
   a) gegen das Leben, die körperliche Unversehrtheit oder die sexuelle Selbstbestimmung oder
   b) nach § 251 des Strafgesetzbuches, auch in Verbindung mit § 252 oder § 255 des Strafgesetzbuches,

   durch welche das Opfer seelisch oder körperlich schwer geschädigt oder einer solchen Gefahr ausgesetzt worden ist, und
2. auf Grund der Gesamtwürdigung des Heranwachsenden und seiner Tat oder seiner Taten mit hinreichender Sicherheit feststellbar oder zumindest wahrscheinlich ist, dass bei ihm ein Hang zu Straftaten der in Nummer 1 bezeichneten Art vorliegt und er infolgedessen zum Zeitpunkt der Verurteilung für die Allgemeinheit gefährlich ist.

(4) Unter den übrigen Voraussetzungen des Absatzes 3 Satz 2 kann das Gericht einen solchen Vorbehalt auch aussprechen, wenn

1. die Verurteilung wegen eines oder mehrerer Vergehen nach § 176 des Strafgesetzbuches erfolgt,

2. die übrigen Voraussetzungen des § 66 Absatz 3 des Strafgesetzbuches erfüllt sind, soweit dieser nicht auf § 66 Absatz 1 Satz 1 Nummer 4 des Strafgesetzbuches verweist, und
3. es sich auch bei den maßgeblichen früheren und künftig zu erwartenden Taten um solche der in Nummer 1 oder Absatz 3 Satz 2 Nummer 1 genannten Art handelt, durch welche das Opfer seelisch oder körperlich schwer geschädigt oder einer solchen Gefahr ausgesetzt worden ist oder würde.

(5) Wird neben der Strafe die Anordnung der Sicherungsverwahrung vorbehalten und hat der Verurteilte das siebenundzwanzigste Lebensjahr noch nicht vollendet, so ordnet das Gericht an, dass bereits die Strafe in einer sozialtherapeutischen Einrichtung zu vollziehen ist, es sei denn, dass die Resozialisierung des Täters dadurch nicht besser gefördert werden kann. Diese Anordnung kann auch nachträglich erfolgen. Solange der Vollzug in einer sozialtherapeutischen Einrichtung noch nicht angeordnet oder der Gefangene noch nicht in eine sozialtherapeutische Einrichtung verlegt worden ist, ist darüber jeweils nach sechs Monaten neu zu entscheiden. Für die nachträgliche Anordnung nach Satz 2 ist die Strafvollstreckungskammer zuständig. § 66c Absatz 2 und § 67a Absatz 2 bis 4 des Strafgesetzbuches bleiben unberührt.

(6) Das Gericht ordnet die Sicherungsverwahrung an, wenn die Gesamtwürdigung des Verurteilten, seiner Tat oder seiner Taten und ergänzend seiner Entwicklung bis zum Zeitpunkt der Entscheidung ergibt, dass von ihm Straftaten der in Absatz 3 Satz 2 Nummer 1 oder Absatz 4 bezeichneten Art zu erwarten sind; § 66a Absatz 3 Satz 1 des Strafgesetzbuches gilt entsprechend.

(7) Ist die wegen einer Tat der in Absatz 3 Satz 2 Nr. 1 bezeichneten Art angeordnete Unterbringung in einem psychiatrischen Krankenhaus nach § 67d Abs. 6 des Strafgesetzbuches für erledigt erklärt worden, weil der die Schuldfähigkeit ausschließende oder vermindernde Zustand, auf dem die Unterbringung beruhte, im Zeitpunkt der Erledigungsentscheidung nicht bestanden hat, so kann das Gericht die Unterbringung in der Sicherungsverwahrung nachträglich anordnen, wenn

1. die Unterbringung des Betroffenen nach § 63 des Strafgesetzbuches wegen mehrerer solcher Taten angeordnet wurde oder wenn der Betroffene wegen einer oder mehrerer solcher Taten, die er vor der zur Unterbringung nach § 63 des Strafgesetzbuches führenden Tat begangen hat, schon einmal zu einer Freiheitsstrafe von mindestens drei Jahren verurteilt oder in einem psychiatrischen Krankenhaus untergebracht worden war und

2. die Gesamtwürdigung des Betroffenen, seiner Taten und ergänzend seiner Entwicklung bis zum Zeitpunkt der Entscheidung ergibt, dass er mit hoher Wahrscheinlichkeit erneut Straftaten der in Absatz 3 Satz 2 Nr. 1 bezeichneten Art begehen wird.

Vierter Teil
Sondervorschriften für Soldaten der Bundeswehr

§112a Anwendung des Jugendstrafrechts

Das Jugendstrafrecht (§§ 3 bis 32, 105) gilt für die Dauer des Wehrdienstverhältnisses eines Jugendlichen oder Heranwachsenden mit folgenden Abweichungen:

1. Hilfe zur Erziehung im Sinne des § 12 darf nicht angeordnet werden.
2. (weggefallen)
3. Bei der Erteilung von Weisungen und Auflagen soll der Richter die Besonderheiten des Wehrdienstes berücksichtigen. Weisungen und Auflagen, die bereits erteilt sind, soll er diesen Besonderheiten anpassen.
4. Als ehrenamtlicher Bewährungshelfer kann ein Soldat bestellt werden. Er untersteht bei seiner Tätigkeit (§ 25 Satz 2) nicht den Anweisungen des Richters.
5. Von der Überwachung durch einen Bewährungshelfer, der nicht Soldat ist, sind Angelegenheiten ausgeschlossen, für welche die militärischen Vorgesetzten des Jugendlichen oder Heranwachsenden zu sorgen haben. Maßnahmen des Disziplinarvorgesetzten haben den Vorrang.

§112b (weggefallen)

§112c Vollstreckung

(1) Der Vollstreckungsleiter sieht davon ab, Jugendarrest, der wegen einer vor Beginn des Wehrdienstverhältnisses begangenen Tat verhängt ist, gegenüber Soldaten der Bundeswehr zu vollstrecken, wenn die Besonderheiten des Wehrdienstes es erfordern und ihnen nicht durch einen Aufschub der Vollstreckung Rechnung getragen werden kann.

(2) Die Entscheidung des Vollstreckungsleiters nach Absatz 1 ist eine jugendrichterliche Entscheidung im Sinne des § 83.

§ 112d Anhörung des Disziplinarvorgesetzten

Bevor der Richter oder der Vollstreckungsleiter einem Soldaten der Bundeswehr Weisungen oder Auflagen erteilt, von der Vollstreckung des Jugendarrestes nach § 112c Absatz 1 absieht oder einen Soldaten als Bewährungshelfer bestellt, soll er den nächsten Disziplinarvorgesetzten des Jugendlichen oder Heranwachsenden hören.

§ 112e Verfahren vor Gerichten, die für allgemeine Strafsachen zuständig sind

In Verfahren gegen Jugendliche oder Heranwachsende vor den für allgemeine Strafsachen zuständigen Gerichten (§ 104) sind die §§ 112a und 112d anzuwenden.

Gewährung von Rechtsschutz (A-2642/8, Version 3)

Vom 5. Oktober 2016

1 Grundlagen

101. Das Bundesministerium des Innern (BMI) hat mit Rundschreiben (RdSchr.) vom 2. Dezember 2005 – D I 3 – 211 481/1 – die Richtlinien für die „Gewährung von Rechtsschutz für Bundesbedienstete“ (GMBl 2006 S. 38-40, siehe Anlage 3.1) bekannt gegeben.

102. Mit RdSchr. vom 24. Oktober 2008 – D 6 – 211 481/1 hat das BMI besondere Regelungen für die Gewährung von Rechtsschutz bei dienstlicher Tätigkeit im Ausland bekannt gegeben (siehe Anlage 3.2).

103. Beide Regelungen finden uneingeschränkt im Geschäftsbereich des Bundesministeriums der Verteidigung (BMVg) Anwendung.

2 Ergänzende Festlegungen für die Anwendung im Geschäftsbereich des Bundesministeriums der Verteidigung

2.1 Entscheidungsbefugnis

2.1.1 Bundesministerium der Verteidigung

201. Die Befugnis für die Entscheidung im Sinne dieser Zentralen Dienstvorschrift für Angehörige des BMVg verbleibt beim BMVg.

2.1.2 Nachgeordneter Bereich

202. Die Befugnis für die Entscheidung im Sinne dieser Zentralen Dienstvorschrift wird für den nachgeordneten Bereich übertragen auf

a) das Bundesamt für das Personalmanagement der Bundeswehr (BAPersBw) und

b) die Bundeswehrverwaltungsstelle in den USA und Kanada für ihren regionalen Zuständigkeitsbereich.

Anträge von Bundeswehrangehörigen, die nicht dem BMVg angehören, sind der entscheidungsbefugten Stelle auf dem Dienstweg vorzulegen. Dem Antrag einer Soldatin bzw. eines Soldaten ist eine Stellungnahme der bzw. des Disziplinarvorgesetzten mit mindestens der Disziplinarbefugnis einer Bataillonskommandeurin bzw. eines Bataillonskommandeurs beizufügen.

Anträgen von zivilen Bundeswehrangehörigen ist eine Stellungnahme der Dienststellenleiterin bzw. des Dienststellenleiters beizufügen. Ehemalige Angehörige der Bundeswehr stellen den Antrag unmittelbar beim BAPersBw.

2.1.3 Regelungen bei besonderen Auslandsverwendungen und Dienstreisen in Einsatzgebiete

203. Die Entscheidung über die zu gewährenden finanziellen Leistungen für die Inanspruchnahme anwaltlicher Unterstützung trifft die bzw. der Dienstvorgesetzte oder die bzw. der Disziplinarvorgesetzte mit mindestens der Disziplinarbefugnis einer Bataillonskommandeurin bzw. eines Bataillonskommandeurs ggf. nach Rücksprache mit der Rechtsberaterin bzw. dem Rechtsberater vor Ort. Im Bedarfsfall erhält die Einsatzwehrverwaltungsstelle die erforderlichen Haushaltsmittel, um diese an die Antragstellerin bzw. den Antragsteller auszuzahlen.

204. Im Falle von Handlungen oder Unterlassungen gemäß Absatz 2 Satz 1 des RdSchr. des BMI vom 24. Oktober 2008 (siehe Anlage 3.2) sind die betroffenen Bundeswehrangehörigen durch die ermittelnden Dienstvorgesetzten bzw. Disziplinarvorgesetzten oder die Rechtsberaterin bzw. den Rechtsberater unverzüglich über das Recht zu belehren, sich anwaltlich beraten zu lassen. Ihnen ist der Rat zu geben, anwaltliche Beratung in Anspruch zu nehmen. Dabei ist ihnen eine Liste von Fachanwältinnen und Fachanwälten für Strafrecht der Rechtsanwaltskammer ihres Heimat- und/oder ihres inländischen Dienstortes bzw. des Ortes oder des Bezirks der zuständigen Staatsanwaltschaft zu übergeben. Das Recht der betroffenen Bundeswehrangehörigen, eine Rechtsanwältin oder einen Rechtsanwalt ihrer Wahl zu beauftragen, bleibt unberührt.

2.2 Beschwerden und Widersprüche

205. Die Zuständigkeit zur Entscheidung über eine Beschwerde von Soldatinnen bzw. Soldaten gegen eine im Rahmen dieser Regelung getroffene Entscheidung richtet sich in den Fällen der Nummer 202 nach § 9 Absatz 2 Satz 2 in Verbindung mit § 23 Absatz 5 der Wehrbeschwerdeordnung (WBO). In den Fällen der Nummer 203 a) gilt § 9 Absatz 1 Satz 2, § 23 Absatz 4 Satz 1 WBO in Verbindung mit der „Anordnung über die Übertragung von Zuständigkeiten zur Entscheidung über Beschwerden nach der Wehrbeschwerdeordnung im Geschäftsbereich des Bundesministeriums der Verteidigung“ (Bundesgesetzblatt (BGBl.) 2013 Teil I Nr. 30

S. 1641, Abschnitt 2.2.1 der Zentralen Dienstvorschrift A-2160/6 „Wehrdisziplinarordnung und Wehrbeschwerdeordnung“) und in den Fällen der Nummer 203 b) § 9 Absatz 1 Satz 2 WBO. Die Zuständigkeit für die Beschwerdeentscheidung in den Fällen der Nummer 204 richtet sich nach § 9 Absatz 1 Satz 1 WBO.

206. Bei der Entscheidung über den Widerspruch von Beamtinnen bzw. Beamten gegen eine im Rahmen dieser Regelung getroffene Entscheidung ist nach der Zentralen Dienstvorschrift A-2120/3 „Allgemeine Anordnung über die Übertragung von Zuständigkeiten im Widerspruchsverfahren und über die Vertretung bei Klagen aus dem Beamten- oder Wehrdienstverhältnis im Geschäftsbereich des Bundesministeriums der Verteidigung“ zu verfahren.

2.3 Haushalt

207. Es sind zu buchen

a) Darlehen
   bei Kapitel 1411 Titel 443 01 für den gesamten Geschäftsbereich des BMVg und

b) Einnahmen aus Tilgungen von Darlehen
   bei Kapitel 1410 Titel 119 99

208. Sind die Antragstellerinnen bzw. Antragsteller im Zeitpunkt der Entscheidung nach diesen Regelungen ehemalige Bundesbedienstete oder Amtsträgerinnen bzw. Amtsträger des Bundes, sind die Ausgaben aus Kapitel 1411 Titel 443 57 bzw. Kapitel 1403 Titel 443 53 zu leisten.

Werden Darlehen zurückgezahlt, fließen sie der Verbuchungsstelle zu, aus der sie gewährt wurden.

Wehrbeschwerdeordnung (WBO)

in der Fassung der Bekanntmachung vom 22. Januar 2009 (BGBl. I S. 81)

Zuletzt geändert durch
Gesetz vom 21. Juli 2012 (BGBl. I S. 1583)

Literatur-Hinweise:

1. Bachmann, „Beschwerden wegen eines pflichtwidrigen Verhaltens" in NZWehrr 2004, 45
2. Dau, „Die Neuregelungen der Wehrbeschwerdeordnung durch das Wehrrechtsänderungsgesetz 2008" in NVwZ 2009, 22
3. Dau, Wehrbeschwerdeordnung, Kommentar, München, 6. Aufl. 2013 (Vahlen-Verlag)
4. Gronimus, „Die neue Wehrbeschwerdeordnung – auch eine Transformation der Bundeswehr" in NZWehrr 2009, 89
5. Lingens, Disziplinarvorgesetzter und Beschwerdeführer, Praxis-Handbuch Beschwerderecht, Regensburg, 6. Aufl. 2010 (Walhalla Fachverlag)
6. Lingens, „Zur ergänzenden Anwendung der VwGO im Wehrbeschwerdeverfahren in NZWehrr 2003, 167
7. A-2160/6 Abschnitt 3.3, Einführung Wehrbeschwerderecht

Vorbemerkung:

1. Bereits durch die Rechtsschutzgarantie des Art. 19 Abs. 4 GG (→ **A 10**) wird Soldatinnen und Soldaten das Recht gewährleistet, rechtswidrige belastende Maßnahmen durch ein unabhängiges Gericht überprüfen zu lassen. Grundsätzlich bestimmt § 82 SG (→ **C 01**), dass für Klagen aus dem Wehrdienstverhltnis der Rechtsweg zu den Verwaltungsgerichten eröffnet ist, soweit nicht ein anderer Rechtsweg besonders festgelegt ist. Dies ist durch § 17 WBO erfolgt, der für Maßnahmen aus dem militärischen Über- und Unterordnungsverhältnis (Vorgesetzter – Untergebener) den Rechtsweg zu den Wehrdienstgerichten bestimmt.
2. Unabhängig von der förmlichen Beschwerde nach der Wehrbeschwerdeordnung stehen Soldatinnen und Soldaten **weitere Rechtsschutzmöglichkeiten** zur Verfügung: Meldung, Gegenvorstellung, Dienstaufsichtsbeschwerde, Petition an den Deutschen Bundestag (Petitionsausschuss), Eingabe an den Wehrbeauftragten (→ **A 20**, **A 21**). Die letzte, regelmäßig nach Ausschöpfung des Rechtsweges eröffnete Möglichkeit, Rechtsschutz zu erhalten,

haben sie durch eine Verfassungsbeschwerde an das Bundesverfassungsgericht. Selbstverständlich können sie aber auch vom allgemeinen Recht zur Strafanzeige an die Strafverfolgungsbehörden Gebrauch machen.

3. Mit Wirkung vom **01.02.2009** sind aufgrund des WehrRÄndG 2008 vom 31. Juli 2008 (→ BGBl. I S. 1629) einige **wichtige Neuregelungen der WBO** in Kraft getreten.

   Der Text der Anmerkungen berücksichtigt weitgehend die **„amtliche"** Gesetzesbegründung (→ BTDrs 16/7955).

4. Die WBO räumt allen Soldatinnen und Soldaten ein umfassendes Beschwerderecht ein. Sie können sich gegen jede unrichtige Behandlung von Vorgesetzten und Dienststellen und jedes pflichtwidrige Verhalten von Kameraden beschweren. Mit der Wehrbeschwerde können sie die Nachprüfung eines persönlichen Verhaltens wie auch die Nachprüfung einer Maßnahme auf Rechtmäßigkeit und Zweckmäßigkeit erreichen.

5. Mit der Wahrnehmung des Rechts zur Beschwerde dienen Soldatinnen und Soldaten nicht nur der Durchsetzung ihrer eigenen Rechte, sie tragen auch zur Aufrechterhaltung und Wiederherstellung der militärischen Ordnung bei. Misstände, Störungsquellen, unzulängliche Kameradschaft werden hierdurch bekannt und geben den Vorgesetzten Gelegenheit, rechtzeitig für Abhilfe zu sorgen. Sofern keine eigene „Beschwer" vorliegt, empfiehlt sich regelmäßig die Meldung, da eine Beschwerde sonst als unzulässig zurückgewiesen werden muss - unabhängig von der Verpflichtung der Vorgesetzten, dem gemeldeten Umstand im Wege der Dienstaufsicht nachzugehen.

6. Es gibt keine Pflicht zur Beschwerde, aber einen besonderen Schutz des Beschwerderechts. Soldatinnen und Soldaten dürfen wegen der Beschwerdeeinlegung nicht benachteiligt werden. Disziplinarvorgesetzte machen sich strafbar, wenn sie Beschwerden unterdrücken → § 35 WStG (→ **C 20**).

7. Die Beschwerde ist als förmlicher Rechtsbehelf an bestimmte Zulässigkeitsvoraussetzungen gebunden. Sie muss innerhalb einer bestimmten (durch das WehrRÄndG 2008 nunmehr **auf einen Monat verlängerten**) Frist, in einer bestimmten Form und bei den zuständigen Stellen eingelegt werden; Soldatinnen und Soldaten müssen eine persönliche Beschwer vortragen. Die Beschwerde darf nicht gemeinschaftlich erhoben werden.

8. Schaubilder zum Beschwerderecht und den weiteren Rechtsschutzmöglichkeiten → **C 31**.

9. Ausführlich: A-2162/2 – „Wehrbeschwerden und statusrechtliche Klagen der Soldatinnen und Soldaten in der Zuständigkeit des Bundesministeriums der Verteidigung“.

C

Wehrbeschwerdeordnung

Inhaltsübersicht

§1 Beschwerderecht

(1) Der Soldat kann sich beschweren, wenn er glaubt, von Vorgesetzten oder von Dienststellen der Bundeswehr unrichtig behandelt oder durch pflichtwidriges Verhalten von Kameraden verletzt zu sein. Das Beschwerderecht der Vertrauensperson regelt das Soldatenbeteiligungsgesetz.

(2) Der Soldat kann die Beschwerde auch darauf stützen, dass ihm auf einen Antrag innerhalb eines Monats kein Bescheid erteilt worden ist.

(3) Nach Beendigung eines Wehrdienstverhältnisses steht dem früheren Soldaten das Beschwerderecht zu, wenn der Beschwerdeanlass in die Wehrdienstzeit fällt.

(4) Gemeinschaftliche Beschwerden sind unzulässig. Insoweit wird das Petitionsrecht nach Artikel 17 des Grundgesetzes eingeschränkt.

Anmerkung:

1. Durch § 1 Abs. 1 WBO ergibt sich für Soldatinnen und Soldaten eine Vielfalt von Beschwerdemöglichkeiten, die einerseits durch die Aufspaltung des Rechtsweges zu den Wehrdienstgerichten → § 62 WDO (→ **C 10**) und den Verwaltungsgerichten → § 59 SG (→ **C 01**), § 17 WBO und andererseits durch den unterschiedlich geregelten beschwerderechtlichen Instanzenzug (Schema → **C 31**a bis **C 31c**) nicht einheitlich behandelt werden können.
2. Für die richtige Bearbeitung von Beschwerden empfiehlt sich eine Dreiteilung der Beschwerdegegenstände in

   a) **truppendienstliche Beschwerden (→ A-2160/6, Nr. 3333 ff.),**

   b) **Verwaltungsbeschwerden (→ A-2160/6, Nr. 3340 ff.),**

   c) **Disziplinarbeschwerden (→ A-2160/6, Nr. 3337 ff.).**

   Zu a) Der **truppendienstliche Beschwerdeweg** führt grundsätzlich über Beschwerde und weitere Beschwerde zu den Wehrdienstgerichten.

   Zu den truppendienstlichen Angelegenheiten gehören

   - Maßnahmen von Vorgesetzten/Dienststellen (z.B. Befehle, Versetzung, Kommandierung, Dienstpostenwechsel, Ablösung vom Studium, Prüfungen, Beurteilungen, Verbot der Ausübung des Dienstes, Ablehnung von Anträgen auf Genehmigung von Urlaub oder Nebentätigkeit)

     und

   - pflichtwidriges Verhalten von Kameradinnen oder Kameraden (z.B. Beleidigung, Körperverletzung, unterlassene Unterstützung/Hilfe). Die Rüge eines solchen pflichtwidrigen Verhaltens kann jedoch nicht zum Gegenstand eines Antrages an das Wehrdienstgericht gemacht werden → § 17 Abs. 1 Satz 1 WBO.

   Zu b) In Verwaltungsangelegenheiten führt der Beschwerdeweg nur über eine Beschwerdeinstanz (eine weitere Beschwerde ist nicht statthaft!) zu den Verwaltungsgerichten.

Hierzu gehören

- allgemeine **Verwaltungsangelegenheiten** und Statusangelegenheiten (z.B. Zulagen, Vergütungen, Verlust der Dienstbezüge, Zusage Umzugskostenvergütung, Ernennung, Entlassung, unterlassene Beförderung).

Zu c) Die **Disziplinarbeschwerde** ist in § 42 WDO (→ **C 10**) gesondert geregelt. Gegen einfache Disziplinarmaßnahmen (mit Ausnahme des Disziplinararrestes), die von Disziplinarvorgesetzten verhängt worden sind, und vorläufige Festnahmen (→ § 2 WDO) steht den Soldatinnen und Soldaten die Beschwerde an die nächsthöheren Disziplinarvorgesetzten und die weitere Beschwerde an das Wehrdienstgericht zu. Gegen Disziplinararrest ist unmittelbar die Beschwerde an das Wehrdienstgericht eröffnet (Schema → **C 31e**).

C

Merke: Beschwerden gegen Vollstreckungsmodalitäten sind hingegen truppendienstliche Beschwerden.

Beispiel:

Soldat S. trägt vor, er sehe ein, dass er eine Ausgangsbeschränkung verdient habe, aber er verstehe nicht, warum seine Bitte, den Beginn der Vollstreckung um zwei Tage wegen dringender Familienangelegenheiten zu verschieben, nicht erfüllt worden sei.

Merke: Ein Beschwerderecht steht nur den gemaßgeregelten Soldatinnen oder Soldaten zu. Die verhängenden Disziplinarvorgesetzten können sich nicht etwa deshalb beschweren, weil ihre Maßnahme aufgehoben oder abgeändert worden ist.

3. Durch das SBG (→ **C 55a**) wird auch **der Vertrauensperson** ein Beschwerderecht eingeräumt, wenn sie glaubt, wegen ihrer Tätigkeit als Vertrauensperson benachteiligt oder in der Ausübung dieses Amtes behindert zu werden (→ § 17 SBG). Beschwerden **gegen die Vertrauensperson** → § 18 SBG (**C 55a**).

4. In Absatz 2 wird die Untätigkeit als Unterfall der unrichtigen Behandlung gesondert geregelt.

   Beispiel:

   Antrag auf Urlaub, auf Erteilung der Genehmigung zur Ausübung einer Nebentätigkeit.

   Nach Ablauf eines Monats nach Einlegung des Antrages kann Soldat S. die Entscheidung der nächsthöheren Stelle durch Einlegung der Beschwerde erreichen. Unerheblich ist, aus welchen Gründen der zuständige Vorgesetzte nicht entschieden hat. Es wird nur in der Sache, nicht über die Säumigkeit entschieden → § 13 Abs. 1 Satz 5 WBO. Die Frage der Säumnis ist allenfalls im Rahmen der Dienstaufsicht von Bedeutung.

   Zur sog. „weiteren Untätigkeitsbeschwerde“ → § 16 Abs. 2 WBO.

5. Das Verbot des § 1 Abs. 3 WBO a.F., wonach gegen **dienstliche Beurteilungen** eine Beschwerde nicht stattfand, wurde durch das WehrRÄndG 2008 aufgehoben. Zum Umfang der Beschwerde gegen eine Beurteilung → BVerwG, Beschluss vom 27.05.2009, Az 1 WB 62.08 - NZWehrr 2010, 82. Bei Verstößen gegen Verfahrensvorschriften ist künftig ein Beschwerderecht gegeben. Die wesentlichen Beschwerdegründe sind in der **A-1340/50** Nr. 1102 (→ **C 07**) aufgeführt.

   Ähnlich wie Beschwerden gegen Beurteilungen sind auch Beschwerden gegen Prüfungsentscheidungen zu behandeln. Auch hier ist das eigentliche Werturteil des Prüfers nicht beschwerdefähig. Beschwerdegründe können vielmehr nur die Verletzung allgemein gültiger Bewertungsmaßstäbe oder von Verfahrensbestimmungen bzw. die Verwertung falscher Tatsachen oder sachfremder Erwägungen sein.

Durch § 1 Abs. 3 WBO n.F. wird nunmehr klargestellt, dass auch nach Beendigung eines Wehrdienstverhältnisses dem früheren Soldaten das Beschwerderecht noch zusteht, wenn der Beschwerdeanlass in die Wehrdienstzeit fällt (→ **C 33c**).

6. Das **Verbot der gemeinschaftlichen Beschwerde** ist durch Artikel 17a GG (→ **A 10**) verfassungsrechtlich abgesichert. Soldatinnen und Soldaten sollen für ihre Anliegen alleinverantwortlich und persönlich eintreten. Darüber hinaus liegt dem Verbot der Gedanke zu Grunde, dass Sammelbeschwerden geeignet sind, Unruhe unter den Kameradinnen und Kameraden zu wecken und Disziplinwidrigkeiten zu fördern. Unzulässige Beschwerden liegen daher z.B. vor, wenn
   - eine Beschwerdeschrift von mehreren Soldatinnen unterzeichnet ist,
   - mehrere Soldaten eine gemeinsame Beschwerdeschrift gegen ihren Zugführer verfassen, auch wenn sie inhaltlich verschiedene und gesondert unterschriebene Sachverhalte enthält,
   - mehrere Soldaten getrennte Beschwerdeschriften mit gleichlautendem Text einlegen.

   Zulässig ist es aber, wenn mehrere Soldatinnen und Soldaten denselben Sachverhalt zum Gegenstand einer eigenständigen Beschwerde machen. Auch können sie sich der Hilfe eines in der Formulierung gewandten Dritten bedienen.
7. Zum Beschleunigungsgebot hinsichtlich der Bearbeitung von Beschwerden → A2160/6, Abschnitt 3.3.2.4.

C

§ 2 Verbot der Benachteiligung

Niemand darf dienstlich gemaßregelt oder benachteiligt werden, weil seine Beschwerde nicht auf dem vorgeschriebenen Weg oder nicht fristgerecht eingelegt worden ist oder weil er eine unbegründete Beschwerde erhoben hat.

Anmerkung:

1. Das Benachteiligungsverbot schützt Soldatinnen und Soldaten vor dienstlichen Nachteilen, wenn sie
   - Form- und Fristvorschriften nicht eingehalten haben:

     Beispiel:

     Soldat S. legt die Beschwerde bei einem Vorgesetzten ein, den er fälschlicherweise als den für die Beschwerdeentscheidung zuständigen Vorgesetzten angesehen hat. Die Einhaltung des Dienstweges ist im Beschwerdeverfahren nicht vorgeschrieben;

     oder
   - eine unbegründete Beschwerde erhoben haben.

Das Benachteiligungsverbot verhindert natürlich nicht, dass derartige Beschwerden nach inhaltlicher Prüfung als unzulässig oder unbegründet zurückgewiesen werden (→ § 12 Abs. 3 WBO).

2. Das Benachteiligungsverbot schützt Soldatinnen und Soldaten auch nicht vor disziplinarer Maßregelung oder strafrechtlicher Bestrafung, wenn in der Beschwerde vorsätzlich oder leichtfertig unwahre Angaben gemacht werden, oder wenn die Soldatin/der Soldat sich in beleidigender, gehässiger oder kränkender Weise über Vorgesetzte äußert → **C 33g**). Den Beschwerdeführern wird man allerdings zubilligen müssen, dass sie ihr Anliegen nachdrücklich, in freimütiger und offener Kritik sowie mit einer gewissen Leidenschaft vertreten. Hierbei empfiehlt es sich einen großzügigen Maßstab anzulegen.

   Zulässig: „Die Maßnahme ist fehlerhaft, rechtswidrig"; auch noch: „Der Vorgesetzte ist selbstherrlich und ohne dienstliche Begründung tätig geworden".

   Unzulässig dagegen: „Die Vorgesetzten zeigen eine korrupte Handlungsweise" oder: „Unser Kompaniechef ist ein arroganter Schwachkopf".

§ 3 Wirkung der Beschwerde

(1) Die Beschwerde in truppendienstlichen Angelegenheiten hat keine aufschiebende Wirkung. Die Einlegung der Beschwerde befreit insbesondere nicht davon, einen Befehl, gegen den sich die Beschwerde richtet, auszuführen. § 11 des Soldatengesetzes bleibt unberührt.

(2) Die für die Entscheidung zuständige Stelle prüft auch ohne Antrag des Beschwerdeführers, ob die Ausführung des Befehls oder die Vollziehung einer Maßnahme bis zur Entscheidung über die Beschwerde auszusetzen ist oder andere einstweilige Maßnahmen zu treffen sind. Wird ein entsprechender Antrag abgelehnt, kann der Beschwerdeführer die Entscheidung des Wehrdienstgerichts beantragen.

Anmerkung:

1. Grundsätzlich kann zwar der Bürger bei Rechtsstreitigkeiten mit der öffentlichen Verwaltung davon ausgehen, dass durch einen Rechtsbefehl der Vollzug der angegriffenen Maßnahme zunächst bis zum Abschluss des Verfahrens hinausgeschoben wird. Demgegenüber hat die Beschwerde in truppendienstlichen Angelegenheiten keine aufschiebende Wirkung, da die Aufrechterhaltung der militärischen Ordnung grundsätzlich die sofortige Vollziehbarkeit truppendienstlicher Maßnahmen erfordert. Insbesondere müssen verbindliche Befehle sofort ausgeführt werden → § 11 SG (**C 01**). Eine Ausnahme gilt bei Disziplinarbeschwerden → § 42 Nr. 2 WDO (→ **C 10**).

   Bei Beschwerden in Verwaltungsangelegenheiten → **§ 23 Abs. 6**.

2. Die Neufassung des Abs. 2 durch das WehrRÄndG 2008 macht deutlich, dass die Beschwerdestelle nicht nur befugt ist, die Vollziehung einer Maßnahme auszusetzen bzw. andere einstweilige Maßnahmen zu treffen, sondern dass sie verpflichtet ist, die Notwendigkeit solcher Maßnahmen in jedem Verfahrensstadium vom Amts wegen zu prüfen.

Beispiel:

Auflösen einer Stubengemeinschaft bei ständigen Streitereien, Ablösung vom Dienstposten oder Kommandierung bei schweren Missgriffen und ständigen Fehlentscheidungen.

Es bleibt dem Beschwerdeführer unbenommen, auf eine solche Eilentscheidung durch einen Antrag hinzuwirken. Wird diesem Antrag nicht oder nur teilweise entsprochen, kann er die Eilentscheidung des zuständigen Wehrdienstgerichts beantragen, das dann nach Maßgabe des § 17 Abs. 6 WBO entscheidet.

§ 4 Vermittlung und Aussprache

(1) Der Beschwerdeführer kann vor Einlegung der Beschwerde einen Vermittler anrufen, wenn er sich persönlich gekränkt fühlt und ihm ein gütlicher Ausgleich möglich erscheint.

(2) Der Vermittler darf frühestens nach Ablauf einer Nacht und muss innerhalb einer Woche, nachdem der Beschwerdeführer von dem Beschwerdeanlass Kenntnis erhalten hat, angerufen werden.

(3) Als Vermittler wählt der Beschwerdeführer einen Soldaten, der sein persönliches Vertrauen genießt und an der Sache selbst nicht beteiligt ist. Der als Vermittler Angerufene darf die Durchführung der Vermittlung nur aus wichtigem Grund ablehnen. Unmittelbare Vorgesetzte des Beschwerdeführers oder desjenigen, über den die Beschwerde geführt wird (Betroffener), dürfen die Vermittlung nicht übernehmen.

(4) Der Vermittler soll sich in persönlichem Benehmen mit den Beteiligten mit dem Sachverhalt vertraut machen und sich um einen Ausgleich bemühen.

(5) Bittet der Beschwerdeführer den Betroffenen vor der Vermittlung oder anstelle einer Vermittlung um eine Aussprache, hat der Betroffene ihm Gelegenheit zur Darlegung seines Standpunktes zu geben.

(6) Der Lauf der Beschwerdefrist wird durch eine Vermittlung oder eine Aussprache nicht gehemmt.

Anmerkung:

Grundsätzlich sind alle Soldatinnen und Soldaten zur Übernahme der Vermittlung verpflichtet.

Zur Vermittlung durch die Vertrauensperson → § 32 SBG (→ **C 55a**).

§ 5 Einlegung der Beschwerde

(1) Die Beschwerde ist bei dem nächsten Disziplinarvorgesetzten des Beschwerdeführers einzulegen. Ist für die Entscheidung eine

andere Stelle zuständig, kann die Beschwerde auch dort eingelegt werden.

(2) Soldaten in stationärer Behandlung in einem Bundeswehrkrankenhaus können Beschwerden auch bei dem Chefarzt des Bundeswehrkrankenhauses einlegen. Soldaten, die sich zum Zweck der Vollstreckung in Vollzugseinrichtungen der Bundeswehr befinden, können Beschwerden auch bei den Vollzugsvorgesetzten einlegen.

C

(3) Ist der nächste Disziplinarvorgesetzte oder sind die in Absatz 2 genannten Stellen nicht selbst zur Entscheidung über eine bei ihnen eingelegte Beschwerde zuständig, haben sie diese unverzüglich der zuständigen Stelle unmittelbar zuzuleiten.

Anmerkung:

1. Sinn dieser Vorschrift ist es, Soldatinnen und Soldaten die Einlegung der Beschwerde so einfach wie möglich zu machen. Sie können Beschwerde, weitere Beschwerde und den Antrag an das Wehrdienstgericht (→ § 17 Abs. 4) stets bei ihrem nächsten Disziplinarvorgesetzten einlegen, da dadurch in jedem Fall die Frist gewahrt wird. Diese sind **„Briefkasten“** für alle Beschwerden.

   Weitere Beschwerdeadressaten:

   - Die für die Beschwerdeentscheidung zuständige Stelle (bei der Beschwerde gegen Disziplinararrest ist das das zuständige Wehrdienstgericht),
   - bei der Verwaltungsbeschwerde die erstentscheidende Stelle → § 23 WBO,
   - Sonderfälle bei Aufenthalt im Bundeswehrkrankenhaus und in Vollzugseinrichtungen → A-2155/1, Nr. 303 (→ **C 13b**), bei abgesetzten Truppenteilen oder an Bord von Schiffen → §§ 5 Abs. 2, 11 WBO.

2. Vorgesetzte **müssen** die Beschwerde entgegennehmen, also auch dann, wenn die Beschwerde z.B. mündlich eingelegt werden soll.

   Ist die Beschwerde eingelegt, so prüfen die Vorgesetzten, wer für die Entscheidung über die Beschwerde zuständig ist, und leitet diesem die Beschwerde unmittelbar, also ohne Einhaltung des Dienstweges, und unverzüglich zu.

3. Ob Vorgesetzte, die eine bei ihnen eingelegte Beschwerde an die zuständige Stelle abgeben, zu der Beschwerde Stellung nehmen oder nicht, kommt auf die Art der Beschwerde an. In den meisten Fällen wird sich eine **Stellungnahme** auf eine Äußerung zur Person des Beschwerdeführers und, soweit vorhanden, auf eigene Wahrnehmungen zur Sache beschränken. Falls bei dem Vorfall, der Gegenstand der Beschwerde ist, auch andere Soldatinnen oder Soldaten anwesend waren, sollte deren Name und Anschrift angegeben werden.

§ 6 Frist und Form der Beschwerde

(1) Die Beschwerde darf frühestens nach Ablauf einer Nacht und muss innerhalb eines Monats eingelegt werden, nachdem der Beschwerdeführer von dem Beschwerdeanlass Kenntnis erhalten hat.

(2) Die Beschwerde ist schriftlich oder mündlich einzulegen. Wird sie mündlich vorgetragen, ist eine Niederschrift aufzunehmen, die der Aufnehmende unterschreiben muss und der Beschwerdeführer unterschreiben soll. Von der Niederschrift ist dem Beschwerdeführer auf Verlangen eine Abschrift auszuhändigen.

Anmerkung:

1. Die Beschwerde kann schriftlich oder mündlich eingelegt werden. Die Beschwerde sollte enthalten: Name, Truppenteil/Dienststelle, Beschwerdegegenstand, eigenhändige Unterschrift.

   Eine Begründung muss nicht beigefügt werden. Im eigenen Interesse sollte jedoch zumindest der Zeitpunkt des Beschwerdeanlasses und der Zeitpunkt der Kenntniserlangung sowie Einzelheiten des Sachverhaltes aufgeführt werden. Die Beschwerde kann auch fernschriftlich, telegrafisch oder per Telefax, nicht jedoch fernmündlich erhoben werden.

2. Zur Vertretung → **C 33b**.

3. Das **Recht zur mündlichen Einlegung** gibt Beschwerdeführern grundsätzlich ein höchstpersönliches Vortragsrecht bei ihren Disziplinarvorgesetzten. Mit der Fertigung der Niederschrift kann jedoch ein anderer Offizier oder der Kompaniefeldwebel beauftragt werden. Zweckmäßigerweise wird eine Schreibkraft zugezogen. Durch Unterschrift bestätigen Beschwerdeführer, dass sie mit der Niederschrift einverstanden sind. Sie können auch Berichtigungen vornehmen und diese abzeichnen. Verweigern Beschwerdeführer die Unterschrift, kann ihnen nicht befohlen werden, zu unterschreiben.

4. Maßgeblich für den Beginn der **Beschwerdefrist** ist der Zeitpunkt der Kenntniserlangung vom Beschwerdeanlass. Wurde z.B. ein Leistungsbescheid zugestellt, muss der Soldat auch die Zustellungsfiktion nach den Vorschriften des Verwaltungszustellungsgesetzes (→ **BwKalender C 44a**) gegen sich gelten lassen. Kenntnis von der Maßnahme und Kenntnis vom Beschwerdeanlass können auseinanderfallen.

   Beispiel:

   Soldat S. erfährt erst nach Aushändigung der Versetzungsverfügung von den ihn belastenden Hintergründen der Maßnahme.

5. Die **Nachtfrist** soll Soldatinnen und Soldaten vor übereilten Schritten schützen. Zum Verfahren bei verfrüht eingelegten Beschwerden → A-2160/6, Abschnitt 2.4.

   Die **Frist**, innerhalb derer die Beschwerde spätestens eingelegt werden muss, beträgt **einen Monat**. Fällt das Ende der Frist auf einen Sonnabend, Sonntag oder Feiertag, läuft die Frist erst an dem darauf folgenden Werktag ab (§ 31 Abs. 3 Satz 1 VwVfG → **C 39**).

   Beispiel:

   Erlangt ein Soldat am Dienstag, den 01.09.20XX, Kenntnis vom Beschwerdeanlass, beginnt die Monatsfrist am Mittwoch, den 02.09.20XX, zu laufen und endet am Donnerstag, den 01.10.20XX, 24:00 Uhr.

§ 7 Fristversäumnis

(1) Wird der Beschwerdeführer an der Einhaltung einer Frist durch militärischen Dienst, durch Naturereignisse oder andere unabwendbare Zufälle gehindert, läuft die Frist erst zwei Wochen nach Beseitigung des Hindernisses ab.

(2) Als unabwendbarer Zufall ist auch anzusehen, wenn eine vorgeschriebene Rechtsbehelfsbelehrung unterblieben oder unrichtig ist.

Anmerkung:

Unabwendbare Ereignisse i.S.d. Abs. 2 können über die im Gesetz genannten Beispiele hinaus sein: Unfälle, überraschende schwere Krankheit, Störungen in der Postzustellung durch Streik und Ähnliches.

§ 8 Zurücknahme der Beschwerde

(1) Die Beschwerde kann jederzeit durch schriftliche oder mündliche Erklärung zurückgenommen werden. § 6 Absatz 2 Satz 2 und 3 gilt entsprechend. Die Erklärung ist gegenüber dem nächsten Disziplinarvorgesetzten oder der für die Entscheidung sonst zuständigen Stelle abzugeben. Diese Beschwerde ist dadurch erledigt.

(2) Die Pflicht des Vorgesetzten, im Rahmen seiner Dienstaufsicht Mängel abzustellen, bleibt bestehen.

Anmerkung:

Von der Rücknahme ist der Verzicht auf das Recht zur Beschwerde zu unterscheiden. Der Verzicht bewirkt den Verlust des Beschwerderechtes. Für den **Verzicht** gelten Form und Nachtfrist wie für die Einlegung der Beschwerde. Für die Disziplinarbeschwerde beachte § 47 Abs. 1 WDO (→ **C 10**). Ein vorzeitig erklärter Beschwerdeverzicht ist unwirksam.

§ 9 Zuständigkeit für den Beschwerdebescheid

(1) Über die Beschwerde entscheidet der Disziplinarvorgesetzte, der den Gegenstand der Beschwerde zu beurteilen hat. Über Beschwerden gegen Dienststellen der Bundeswehrverwaltung entscheidet die nächsthöhere Dienststelle.

(2) Hat der Bundesminister der Verteidigung über Beschwerden in truppendienstlichen Angelegenheiten zu entscheiden, kann sein Vertreter die Beschwerdeentscheidung unterzeichnen; der Bundesminister der Verteidigung kann die Zeichnungsbefugnis weiter übertragen. Bei Beschwerden in Verwaltungsangelegenheiten entscheidet der Bundesminister der Verteidigung als oberste Dienstbehörde.

(3) Hat das Unterstellungsverhältnis des Betroffenen (§ 4 Absatz 3 Satz 3) gewechselt und richtet sich die Beschwerde gegen seine

Person, geht die Zuständigkeit auf den neuen Vorgesetzten des Betroffenen über.

(4) In Zweifelsfällen bestimmt der nächste gemeinsame Vorgesetzte, wer zu entscheiden hat.

Anmerkung:

1. Die Prüfung der Zuständigkeit steht am Anfang jeder Beschwerdebearbeitung (Schema → **C 31d**). Bei Unzuständigkeit besteht Weiterleitungspflicht → § 5 Abs. 3 WBO.
2. Für die Entscheidung zuständig sind stets diejenige mit Disziplinarbefugnis versehenen Offiziere (→ **C 12a**), die der Sache nach auf Grund der geltenden Organisation in erster Linie zur Beurteilung des Beschwerdegegenstandes, d.h. zur Prüfung, Würdigung und abschließenden Entscheidung berufen sind. Die Entscheidungskompetenz richtet sich regelmäßig nach der truppendienstlichen Unterstellung der Betroffenen.

   Beachte:

   Truppendienstliche Maßnahmen sind grundsätzlich denjenigen Vorgesetzten zuzurechnen, die sie den Untergebenen gegenüber getroffen haben. Es ist dabei unbeachtlich, inwieweit sie durch dienstinterne Befehle, Weisungen oder allgemeine Regelungen gebunden waren (→ BVerwG, Beschluss vom 10.06.1991, 1 WB 80/91 - NZWehrr 1992, 31). Selbst wenn den nächsten Disziplinarvorgesetzten z.B. bei der Gewährung von Quartalsausgleichstagen keinerlei Spielraum bei der Bestimmung der begünstigten Soldatinnen oder Soldaten bliebe, handelte es sich bei der Gewährung oder der Ablehnung der dienstfreien Tage um ihre Entscheidung. Weisungsgebundenheit im Innenverhältnis führt nur in Ausnahmefällen dazu, dass die nach außen wirkende Entscheidung dem Weisungsgeber zuzurechnen ist. In aller Regel wird dies u.a. nur der Fall sein, wenn sich die Weisung auf einen konkreten Einzelfall bezieht. Besteht die „Weisung" in dem Erlass allgemeiner Dienstvorschriften oder in der Festlegung von abstrakten Auswahlkriterien, dann sind die allgemeinen Regelungen durch eine Entscheidung im Einzelfall umzusetzen. Diese Einzelfallentscheidung ist dann demjenigen nicht zuzurechnen, der die allgemeinen Regelungen erlassen hat (BVerwG, Beschluss vom 08.05.2001, Az 1 WB 25.01 - NZWehrr 2001, 164).

   Andere Zuständigkeiten ergeben sich jedoch aus einer Unterstellung im besonderen Aufgabenbereich oder im Fachdienst.

   Beispiele:

   a) Beschwerde gegen einen Befehl des Zugführers = zuständig: Kompaniechef.
   b) Beschwerde gegen Befehl des Kasernenkommandanten zur Verkehrsregelung im Kasernengelände = zuständig: Standortältester.
   c) Beschwerde gegen Sanitätsoffizier in Heilfürsorgeangelegenheiten = zuständig: fachlich vorgesetzter Sanitätsoffizier mit Disziplinargewalt.
3. Was Gegenstand der Beschwerde ist, muss entnommen werden aus

   a) den tatsächlichen Behauptungen,
   b) dem Begehren des Beschwerdeführers (im Zweifel durch Nachfrage beim Beschwerdeführer zu ermitteln).

4. Zu Abs. 2: Hinweise für die Bearbeitung von Beschwerden in der Zuständigkeit des BMVg → **C 33e**.

§ 10 Vorbereitung der Entscheidung

(1) Der entscheidende Vorgesetzte hat den Sachverhalt durch mündliche oder schriftliche Verhandlungen zu klären. Er kann die Aufklärung des Sachverhalts einem Offizier übertragen. In Fällen von geringerer Bedeutung kann der entscheidende Vorgesetzte auch den Kompaniefeldwebel oder einen Unteroffizier in entsprechender Dienststellung mit der Vernehmung von Zeugen beauftragen, soweit es sich um Mannschaften oder Unteroffiziere ohne Portepee handelt. Über den Inhalt mündlicher Verhandlungen ist ein kurzer zusammenfassender Bericht zu fertigen.

(2) Bei Beschwerden in fachdienstlichen Angelegenheiten ist eine Stellungnahme der nächsthöheren Fachdienststelle einzuholen, wenn diese nicht selbst für die Entscheidung zuständig ist.

(3) Die Beteiligung der Vertrauensperson regelt das Soldatenbeteiligungsgesetz.

Anmerkung:

1. Im Wehrbeschwerdeverfahren gilt der Untersuchungsgrundsatz, d.h. die für die Entscheidung zuständigen Vorgesetzten müssen von Amts wegen den Sachverhalt aufklären. Bei der Prüfung und Auslegung der Beschwerdeschrift ist besonders darauf zu achten, welche Tatsachen entscheidungserheblich sind. Unklarheiten müssen durch entsprechende Nachforschungen und Beweise beseitigt werden. Die Beschwerdeführer treffen ebenfalls eine gewisse Mitwirkungspflicht bei der Aufklärung.

   Beispiel:

   Der Beschwerdeführer trägt Sachverhalt vor, der sich nur zwischen ihm und dem Betroffenen abgespielt hat. Bestreitet dieser den Geschehensablauf, trifft den Beschwerdeführer eine Äußerungs- und Darlegungspflicht, er darf sich nicht darauf beschränken, die Bewertung als unrechtmäßig zu bezeichnen.

2. Beschwerdeführer sollten stets angehört werden; ihnen sollten auch abweichende Stellungnahmen und Zeugenaussagen mitgeteilt werden. Auch die Betroffenen (→ § 4 Abs. 3 Satz 3 WBO) sind stets anzuhören.
3. Als Beweismittel kommen in Betracht: Einholung von Auskünften, Vernehmung von Zeugen und Sachverständigen, Beiziehung von Urkunden und Akten, Einnahme des Augenscheins (Ortsbesichtigung).
4. Zur Beteiligung der Vertrauensperson → § 31 SBG (→ **C 55a**).
5. Bei längerer Bearbeitungsdauer sollte ein Zwischenbescheid gegeben werden. Dieser unterbricht jedoch nicht die Monatsfrist nach §§ 1 Abs. 2 und 16 Abs. 2 WBO. Auch die Betroffenen sollte über den Sachverhalt informiert werden.

6. (Weitere) Beschwerden sind beschleunigt zu bearbeiten → A-2160/6, Abschnitt 3.3.2.4.

§ 11 Beschwerden bei abgesetzten Truppenteilen

Ist der für die Entscheidung zuständige Disziplinarvorgesetzte bei abgesetzten Truppenteilen, an Bord von Schiffen oder in ähnlichen Fällen nicht anwesend und auf dem gewöhnlichen Postwege schriftlich nicht erreichbar, gilt Folgendes:

a) Der Beschwerdeführer kann die Beschwerde einlegen, sobald die Behinderung weggefallen ist. Die Frist für die Einlegung der Beschwerde läuft in diesem Falle erst zwei Wochen nach Beseitigung des Hindernisses ab.

b) Die Beschwerde kann auch bei dem höchsten anwesenden Offizier eingelegt werden. Dieser hat die Entscheidung über die Beschwerde gemäß § 10 vorzubereiten und die Akten nach Behebung des Hindernisses unverzüglich der für die Entscheidung zuständigen Stelle zuzuleiten. Er kann Maßnahmen gemäß § 3 Absatz 2 treffen.

Anmerkung:

In den Fällen des § 11 WBO können Beschwerdeführer frei wählen, ob sie abwarten wollen, bis die für die Entscheidung zuständigen Disziplinarvorgesetzten wieder anwesend oder zumindestens schriftlich erreichbar sind, oder ob sie ihre Beschwerde bei den höchsten anwesenden Offizieren einlegen wollen. Diese können zwar keine Entscheidung treffen, aber den Sachverhalt aufklären und notwendige Sofortmaßnahmen ergreifen.

§ 12 Beschwerdebescheid

(1) Über die Beschwerde wird schriftlich entschieden. Der Bescheid ist zu begründen. Er ist dem Beschwerdeführer nach den Vorschriften der Wehrdisziplinarordnung zuzustellen und auch dem Betroffenen (§ 4 Absatz 3 Satz 3) mitzuteilen. Soweit die Beschwerde zurückgewiesen wird, ist der Beschwerdeführer über den zulässigen Rechtsbehelf, die Stelle, bei der der Rechtsbehelf einzulegen ist, und die einzuhaltende Frist schriftlich zu belehren.

(2) Ist für die Entscheidung über die Beschwerde die Beurteilung einer Frage, über die in einem anderen Verfahren entschieden werden soll, von wesentlicher Bedeutung, kann das Beschwerdeverfahren bis zur Beendigung des anderen Verfahrens ausgesetzt werden, wenn dadurch keine unangemessene Verzögerung eintritt. Dem Beschwerdeführer ist die Aussetzung mitzuteilen. Soweit die Beschwerde durch den Ausgang des anderen Verfahrens nicht erledigt wird, ist sie weiter zu behandeln.

(3) Ist die Beschwerde nicht innerhalb der vorgeschriebenen Frist bei einer Stelle eingegangen, bei der sie nach diesem Gesetz eingelegt werden kann, ist sie unter Hinweis auf diesen Mangel zurückzuweisen. Ihr ist trotzdem nachzugehen; soweit erforderlich, ist für Abhilfe zu sorgen.

Anmerkung:

1. § 12 WBO legt Form und zusammen mit § 13 WBO den notwendigen Inhalt der Beschwerdeentscheidung fest. Der Beschwerdebescheid muss **schriftlich** ergehen und ist zu **begründen**. Die Entscheidung muss sich klar aus der Entscheidungsformel ergeben; die Bescherdeführer sind über den zulässigen **Rechtsbehelf zu belehren**. **Der Bescheid muss förmlich zugestellt** werden (→ **C 33h**). Eine **Kostenentscheidung** ist nur den stattgebenden Bescheiden über Verwaltungsbeschwerden beizufügen → § 80 VwVfG (→ **C 39**).
2. Vorgesetzte müssen einen (teilweise) zurückweisenden Bescheid so begründen, dass die Beschwerdeführer die Erfolgsaussichten einer weiteren Beschwerde, eines Antrages an das Wehrdienstgericht oder einer Klage an das Verwaltungsgericht beurteilen können. Es müssen die wesentlichen tatsächlichen und rechtlichen Gründe mitgeteilt werden. Insbesondere müssen auch die Gesichtspunkte deutlich werden, die für die Ermessensentscheidung ausschlaggebend waren.
3. Die Aussetzung des Verfahrens kommt dann in Betracht, wenn die Beurteilung des Beschwerdegegenstandes zum Beispiel vom Ausgang eines anderen Verfahrens (z.B. Strafverfahren) abhängt.
4. Bei Unzulässigkeit der Beschwerde ist ihr dienstaufsichtlich nachzugehen. Gegen das Ergebnis dieser Überprüfung gibt es keine Beschwerde. Deshalb soll im Beschwerdebescheid deutlich gemacht werden, dass sich die Rechtsbehelfsbelehrung nur auf den Teil der Beschwerde bezieht, der sich mit der Unzulässigkeit der Beschwerde auseinandersetzt.
5. Zur Aufnahme des Beschwerdevorgangs in die Personalakten → A-1480/6 Nr. 224.

§ 13 Inhalt des Beschwerdebescheides

(1) Soweit die Beschwerde sich als begründet erweist, ist ihr stattzugeben und für Abhilfe zu sorgen. Dabei sind unzulässige oder unsachgemäße Befehle oder Maßnahmen aufzuheben oder abzuändern. Ist ein Befehl bereits ausgeführt oder sonst erledigt, ist auszusprechen, dass er nicht hätte ergehen dürfen. Dies gilt entsprechend auch für sonstige Maßnahmen und Unterlassungen, wenn der Beschwerdeführer ein berechtigtes Interesse an dieser Feststellung hat. Zu Unrecht unterbliebene Maßnahmen sind, soweit noch möglich, nachzuholen, zu Unrecht abgelehnte Gesuche oder Anträge zu genehmigen. Bei einer Beschwerde nach § 1 Absatz 2 ist in der Sache selbst zu entscheiden.

(2) Ergibt sich, dass ein Dienstvergehen vorliegt, ist nach der Wehrdisziplinarordnung zu verfahren. Dem Beschwerdeführer ist

mitzuteilen, ob gegen den Betroffenen eine Disziplinarmaßnahme verhängt oder von einer Disziplinarmaßnahme abgesehen worden ist.

(3) Soweit die Beschwerde nicht begründet ist, ist sie zurückzuweisen.

(4) Soweit der Beschwerde stattgegeben wird, ist auch über die Erstattung der notwendigen Aufwendungen sowie über die Notwendigkeit der Hinzuziehung eines Bevollmächtigten zu entscheiden.

Anmerkung:

1. **Entscheidungsformeln → C 31j.**
2. Einzelheiten → „Aufwendungserlass" (A-2160/6, Abschnitt 2.17). Bei zulässigen und begründeten Beschwerden muss der angegriffene Befehl aufgehoben oder die Rechtswidrigkeit oder die Unsachgemäßheit eines bereits ausgeführten Befehls festgestellt werden. Ein beantragter Urlaub muss genehmigt, eine zu Unrecht verhängte Disziplinarmaßnahme aufgehoben werden. Ergibt sich bei der Sachverhaltsaufklärung ein Dienstvergehen der Betroffenen, ist das Ergebnis der disziplinaren Würdigung in allgemeiner Formulierung mitzuteilen. Nicht zulässig ist es, den Beschwerdeführern Art und Höhe der gegen die Betroffenen verhängten Disziplinarmaßnahme bekannt zu geben.

   In dem Beschwerdebescheid ist auch festzustellen, dass unzulässige Maßnahmen und unrechtmäßige Unterlassungen, die bereits erledigt sind, nicht hätten ergehen dürfen bzw. zu Unrecht unterbliebene Maßnahmen hätten vorgenommen werden müssen. Diese Feststellung ist jedoch (anders als bei Befehlen!) nur zu treffen, wenn die Beschwerdeführer ein berechtigtes Interesse geltend gemacht haben (→ § 13 Abs. 1 Satz 4 WBO).
3. Hat die truppendienstliche Beschwerde Erfolg, sind den Beschwerdeführern die notwendigen Aufwendungen im vorgerichtlichen Beschwerdeverfahren zu erstatten (→ § 16a WBO). In dem Beschwerdebescheid ist in diesem Fall auch über die Notwendigkeit der Hinzuziehung von Bevollmächtigten zu entscheiden; wird diese als notwendig erachtet, sind die Kosten zu erstatten.

§ 14 Umfang der Untersuchung

Die Untersuchung der Beschwerde ist stets darauf zu erstrecken, ob mangelnde Dienstaufsicht oder sonstige Mängel im dienstlichen Bereich vorliegen.

Anmerkung:

Durch Beschwerden wird in vielen Fällen offenkundig, dass die Dienstaufsicht der zuständigen Vorgesetzten nicht in der erforderlichen Weise wahrgenommen worden ist. Die auch an anderen Stellen (→ §§ 8 Abs. 2, 12 Abs. 3 WBO) zum Ausdruck gebrachte Verpflichtung zur Ausübung der Dienstaufsicht macht deutlich, dass die Beschwerde nicht allein dem Rechtsschutz des einzelnen Soldaten zu dienen bestimmt ist, sondern auch die Selbstkontrolle der Streitkräfte und der Verwaltung bezweckt.

§ 15 Verfahren bei Beendigung des Dienstverhältnisses

Die Fortführung des Verfahrens wird nicht dadurch berührt, dass nach Einlegung der Beschwerde das Dienstverhältnis des Beschwerdeführers endigt.

Anmerkung:

§ 15 WBO stellt klar, dass das Beschwerdeverfahren auch nach dem Ausscheiden aus dem Wehrdienst fortgeführt und zum Abschluss gebracht wird. Frühere Soldatinnen und Soldaten können gegen den ablehnenden Beschwerdebescheid in truppendienstlichen Angelegenheiten weitere Beschwerde und Antrag an das Wehrdienstgericht und in Verwaltungsangelegenheiten Klage zum Verwaltungsgericht erheben.

Durch § 1 Abs. 3 WBO wird klargestellt, dass ihnen auch nach Beendigung ihres Wehrdienstverhältnisses noch das Beschwerderecht zusteht, wenn der Beschwerdeanlass in die Wehrdienstzeit fällt (→ **C 33c**).

§ 16 Weitere Beschwerde

(1) Ist die Beschwerde in truppendienstlichen Angelegenheiten erfolglos geblieben, kann der Beschwerdeführer innerhalb eines Monats nach Zustellung des Beschwerdebescheides weitere Beschwerde einlegen.

(2) Die weitere Beschwerde kann auch eingelegt werden, wenn über die Beschwerde innerhalb eines Monats nicht entschieden worden ist.

(3) Für die Entscheidung über die weitere Beschwerde ist der nächsthöhere Disziplinarvorgesetzte zuständig.

(4) Für die weitere Beschwerde gelten die Vorschriften über die Beschwerde entsprechend.

Anmerkung:

1. Weitere Beschwerde können Soldatinnen und Soldaten einlegen, wenn ihre Beschwerde ganz oder teilweise als unzulässig oder unbegründet zurückgewiesen worden ist. Die weitere Beschwerde wird ebenso eingelegt wie die Beschwerde; lediglich die Nachtfrist nach § 6 Abs. 1 Satz 1 WBO braucht nicht eingehalten zu werden. Die **Frist**, innerhalb derer die weitere Beschwerde spätestens eingelegt werden muss, beträgt **einen Monat**.
2. Weitere Beschwerde kann auch dann eingelegt werden, wenn über die Beschwerde nicht innerhalb eines Monats entschieden worden ist (sog. „weitere Untätigkeitsbeschwerde“ nach § 1 Abs. 2 WBO). Vorgesetzte, die für die Erstbeschwerdeentscheidung zuständig waren, müssen die entstandenen Vorgänge an die nunmehr für die Entscheidung zuständigen Vorgesetzten abgeben. Mit der weiteren Untätigkeitsbeschwerde kann allerdings nur die Entscheidung in der Sache, nicht jedoch über den Grund oder das Verschulden der Verzögerung erreicht werden (→ § 16 Abs. 2 und 4 WBO i.V.m. § 13 Abs. 1 Satz 5 WBO).

Zum Beschleunigungsgebot der Bearbeitung von weiteren Beschwerden → A-2160/6, Abschnitt 3.3.2.4.

3. Gegen eine ablehnende Entscheidung über die weitere Beschwerde ist der Antrag an das Wehrdienstgericht (→ §§ 17, 21, 22 WBO) zulässig, es sei denn, es handelt sich um eine Kameradenbeschwerde.
4. In Verwaltungsangelegenheiten ist die weitere Beschwerde unzulässig (→ § 23 Abs. 3 WBO). Nach erfolgloser Beschwerde können Beschwerdeführer stattdessen Klage vor dem zuständigen Verwaltungsgericht erheben.

§16a Notwendige Aufwendungen und Kosten im vorgerichtlichen Verfahren

(1) Das vorgerichtliche Verfahren beginnt mit der Einlegung der Beschwerde. Es ist kostenfrei.

(2) Soweit die Beschwerde in truppendienstlichen Angelegenheiten erfolgreich ist, sind dem Beschwerdeführer die ihm zur zweckentsprechenden Rechtsverfolgung oder Rechtsverteidigung erwachsenen notwendigen Aufwendungen zu erstatten.

(3) Die Vergütung eines Rechtsanwalts oder eines sonstigen Bevollmächtigten ist nur dann erstattungsfähig, wenn die Hinzuziehung notwendig war.

(4) Soweit der Beschwerde vor Erlass eines Beschwerdebescheides abgeholfen wird, sind die Absätze 1 bis 3 unter Berücksichtigung des bisherigen Sachstandes sinngemäß anzuwenden.

(5) Die Entscheidung über die Erstattung der notwendigen Aufwendungen sowie die Notwendigkeit der Hinzuziehung eines Bevollmächtigten kann durch Anrufung des Truppendienstgerichts angefochten werden. § 17 Absatz 4 gilt entsprechend. Der Vorsitzende der Truppendienstkammer entscheidet hierüber endgültig durch Beschluss. Erlässt der Bundesminister der Verteidigung oder der Generalinspekteur der Bundeswehr den Beschwerdebescheid, gelten die Sätze 1 bis 3 entsprechend mit der Maßgabe, dass das Bundesverwaltungsgericht an die Stelle des Truppendienstgerichts tritt.

(6) § 140 Absatz 8 und § 142 der Wehrdisziplinarordnung gelten entsprechend.

Anmerkung:

1. Diese Vorschrift trifft die Regelungen für die Entscheidung über die Aufwendung und Kosten im vorgerichtlichen Beschwerdeverfahren in truppendienstlichen Angelegenheiten.
2. Die Absätze 2 und 3 stärken die Rechte der Soldatinnen und Soldaten, indem die im vorgerichtlichen Beschwerdeverfahren entstandenen notwendigen Aufwendungen bei erfolgreicher Beschwerde erstattet werden. Die Kosten-

entscheidung wird damit notwendiger Bestandteil des Beschwerdebescheides. Sie kann isoliert durch Anrufung des TDG angefochten werden. Demnach setzt der Urkundsbeamte der Geschäftsstelle des zuständigen TDG die Höhe der Aufwendungen fest, die gemäß der Kostengrundentscheidung im Beschwerdebescheid zu erstatten sind. Die Regelungen gelten gemäß Abs. 4 sinngemäß, wenn der Beschwerde vor Erlass eines Beschwerdebescheides abgeholfen wird. In diesem Fall erfolgt eine isolierte Kostengrundentscheidung. Die Vorschriften sind sinngemäß bei Entscheidungen des Bundesverwaltungsgerichts anzuwenden.

3. Einzelheiten → „Aufwendungserlass" (A-2160/6, Abschnitt 2.17).

§17 Antrag auf Entscheidung des Truppendienstgerichts

(1) Ist die weitere Beschwerde erfolglos geblieben, kann der Beschwerdeführer die Entscheidung des Truppendienstgerichts beantragen, wenn seine Beschwerde eine Verletzung seiner Rechte oder eine Verletzung von Pflichten eines Vorgesetzten ihm gegenüber zum Gegenstand hat, die im Zweiten Unterabschnitt des Ersten Abschnittes des Soldatengesetzes mit Ausnahme der §§ 24, 25, 30 und 31 geregelt sind. Der Antrag kann auch gestellt werden, wenn über die weitere Beschwerde innerhalb eines Monats nicht entschieden worden ist.

(2) Das Verfahren vor dem Truppendienstgericht tritt insoweit an die Stelle des Verwaltungsrechtsweges gemäß § 82 des Soldatengesetzes.

(3) Mit dem Antrag kann nur geltend gemacht werden, dass eine dienstliche Maßnahme oder Unterlassung rechtswidrig sei. Rechtswidrigkeit ist auch gegeben, wenn der Beschwerdeführer durch Überschreitung oder Missbrauch dienstlicher Befugnisse verletzt ist.

(4) Der Antrag ist innerhalb eines Monats nach Zustellung des zurückweisenden Beschwerdebescheides oder nach Ablauf der in Absatz 1 Satz 2 bestimmten Frist bei dem zuständigen Truppendienstgericht schriftlich oder mündlich zur Niederschrift einzulegen. Dabei soll der Beschwerdeführer unter Beifügung des Beschwerdebescheides sowie des Bescheides über die weitere Beschwerde die zur Begründung des Antrags dienenden Tatsachen und Beweismittel angeben. Die Frist wird auch gewahrt, wenn der Antrag bei dem nächsten Disziplinarvorgesetzten oder in den Fällen des § 5 Absatz 2 und des § 11 Buchstabe b bei den dort bezeichneten Vorgesetzten eingelegt wird. Der Antrag ist dem Truppendienstgericht unverzüglich vorzulegen. Zuständig ist das Trup-

pendienstgericht, das für den Befehlsbereich errichtet ist, zu dem der Betroffene zum Zeitpunkt des Beschwerdeanlasses gehört.

(5) Nach Ablauf eines Jahres seit Einlegung der weiteren Beschwerde ist die Anrufung des Truppendienstgerichts ausgeschlossen. § 7 gilt entsprechend.

(6) Der Antrag hat keine aufschiebende Wirkung. Das Truppendienstgericht, in dringenden Fällen sein Vorsitzender, kann auf Antrag des Beschwerdeführers oder von Amts wegen die aufschiebende Wirkung nach Anhörung des zuständigen Disziplinarvorgesetzten anordnen. Die Anordnung kann schon vor Stellung des Antrags auf gerichtliche Entscheidung getroffen werden, wenn der zuständige Disziplinarvorgesetzte einen Antrag nach § 3 Absatz 2 abgelehnt oder die Vollziehung nicht innerhalb einer vom Truppendienstgericht gesetzten Frist ausgesetzt hat.

Anmerkung:

1. Nach § 82 Abs. 1 SG ist für Klagen aus dem Wehrdienstverhältnis der Verwaltungsrechtsweg eröffnet, soweit nicht ein anderer Rechtsweg gesetzlich vorgeschrieben ist. § 17 Abs. 1 WBO legt fest, unter welchen Voraussetzungen der Rechtsweg zu den Wehrdienstgerichten (Truppendienstgerichte, Wehrdienstsenate des Bundesverwaltungsgerichts → §§ 68, 69 und 80 WDO → **C 10**) gegeben ist. Nach dieser abschließenden Aufzählung entscheiden die Wehrdienstgerichte im Wesentlichen über die Verletzung solcher Rechte und Pflichten, die auf dem Verhältnis der besonderen militärischen Über- und Unterordnung beruhen; die Rüge pflichtwidrigen Verhaltens von Kameradinnen und Kameraden kann daher nicht der gerichtlichen Überprüfung unterzogen werden. Die allgemeinen Verwaltungsgerichte sind dann zuständig, wenn das allgemeine Dienstverhältnis, also die Rechtsstellung der Soldatinnen und Soldaten gegenüber dem Bund als seinem Dienstherrn, zur Beurteilung ansteht. Einzelheiten.
2. Die Frist zur Einlegung des Antrags auf Entscheidung des TDG beträgt **einen** Monat nach Zustellung des zurückweisenden Beschwerdebescheides (→ Abs. 4 Satz 1 WBO). Die Einlegung erfolgt regelmäßig bei dem zuständigen TDG. Zuständig ist das Gericht, das für den Befehlsbereich errichtet ist, zu dem die Betroffenen (= die Person, über die Beschwerde geführt wird → § 4 Abs. 3 WBO), zum Zeitpunkt des Beschwerdeanlasses gehört (→ Abs. 4 Satz 5 WBO).

   Die bisherige Begründungspflicht als Zulässigkeitsvoraussetzung für den Antrag auf Entscheidung des TDG ist entfallen. Satz 2 fordert jedoch grundsätzlich („soll“) die Angabe der den Antrag begründenden Tatsachen und Beweismittel.

   Satz 4 sieht vor, dass Vorgesetzte den Antrag unverzüglich dem TDG vorzulegen haben.

   Der Antrag an das Wehrdienstgericht kann nach erfolgloser Beschwerde und weiterer Beschwerde gestellt werden.
3. Das zuständige Truppendienstgericht ergibt sich aus der Verordnung über die Errichtung der Truppendienstgerichte (→ **C 14a**).

§18 Verfahren des Truppendienstgerichts

(1) Für die Besetzung des Truppendienstgerichts ist der Dienstgrad des Beschwerdeführers maßgebend.

(2) Das Truppendienstgericht hat von Amts wegen den Sachverhalt aufzuklären. Es kann Beweise wie im gerichtlichen Disziplinarverfahren erheben. Es entscheidet ohne mündliche Verhandlung, kann jedoch mündliche Verhandlung anberaumen, wenn es dies für erforderlich hält. Haben Beweiserhebungen stattgefunden, hat das Truppendienstgericht das Beweisergebnis dem Beschwerdeführer und dem Betroffenen mitzuteilen und ihnen innerhalb einer vom Gericht zu setzenden Frist, die wenigstens drei Tage betragen muss, Gelegenheit zur Akteneinsicht und Stellungnahme zu geben. Das Truppendienstgericht entscheidet durch Beschluss, der dem Beschwerdeführer sowie dem Bundesministerium der Verteidigung nach den Vorschriften der Wehrdisziplinarordnung zuzustellen und dem Betroffenen formlos zu übermitteln ist. Die Entscheidung ist zu begründen.

(3) Hält das Truppendienstgericht die Zuständigkeit eines anderen Gerichts für gegeben, verweist es die Sache dorthin. Die Entscheidung ist bindend.

(4) Das Truppendienstgericht kann Rechtsfragen von grundsätzlicher Bedeutung dem Bundesverwaltungsgericht zur Entscheidung vorlegen, wenn nach seiner Auffassung die Fortbildung des Rechts oder die Sicherung einer einheitlichen Rechtsprechung es erfordert. Die Wehrdienstsenate entscheiden in der Besetzung von drei Richtern und zwei ehrenamtlichen Richtern durch Beschluss. Dem Bundeswehrdisziplinaranwalt ist vor der Entscheidung Gelegenheit zur Stellungnahme zu geben. Die Entscheidung ist in der vorliegenden Sache für das Truppendienstgericht bindend.

Anmerkung:

Bei den Truppendienstgerichten und Wehrdienstsenaten des Bundesverwaltungsgerichts wirken ausschließlich Soldatinnen und Soldaten als ehrenamtliche Richter mit.

§19 Inhalt der Entscheidung

(1) Hält das Truppendienstgericht einen Befehl oder eine Maßnahme, gegen die sich der Antrag richtet, für rechtswidrig, hebt es den Befehl oder die Maßnahme auf. Ist ein Befehl bereits ausgeführt oder anders erledigt, ist auszusprechen, dass er rechtswidrig war. Dies gilt entsprechend auch für sonstige Maßnahmen oder Unterlassungen, wenn der Beschwerdeführer ein berechtigtes Interesse an dieser Feststellung hat. Hält das Truppendienstgericht die Ab-

lehnung eines Antrages oder die Unterlassung einer Maßnahme für rechtswidrig, spricht es die Verpflichtung aus, dem Antrag zu entsprechen oder unter Beachtung der Rechtsauffassung des Gerichts anderweitig tätig zu werden.

(2) Ist der Beschwerdeführer durch ein Dienstvergehen verletzt worden, spricht das Truppendienstgericht auch die Verpflichtung aus, nach Maßgabe der Wehrdisziplinarordnung zu verfahren.

§ 20 Notwendige Aufwendungen und Kosten im Verfahren vor dem Truppendienstgericht

(1) Soweit dem Antrag auf Entscheidung des Truppendienstgerichts stattgegeben wird, sind die dem Beschwerdeführer im Verfahren vor dem Truppendienstgericht einschließlich der im vorgerichtlichen Verfahren erwachsenen notwendigen Aufwendungen dem Bund aufzuerlegen. Dies gilt nicht für notwendige Aufwendungen, die dem Beschwerdeführer durch schuldhafte Säumnis erwachsen sind.

(2) Dem Beschwerdeführer können die Kosten des Verfahrens vor dem Truppendienstgericht auferlegt werden, soweit das Gericht den Antrag als offensichtlich unzulässig oder als offensichtlich unbegründet erachtet. Die Kosten des Verfahrens, die er durch schuldhafte Säumnis verursacht hat, sind ihm aufzuerlegen.

(3) Ist der Antrag auf gerichtliche Entscheidung gegenstandslos geworden, sind die Absätze 1 und 2 unter Berücksichtigung des bisherigen Sachstands sinngemäß anzuwenden.

(4) § 137 Absatz 1 und 2 Nummer 1 bis 3, § 140 Absatz 8, § 141 Absatz 1 und 2 sowie § 142 der Wehrdisziplinarordnung gelten entsprechend.

Anmerkung:

1. Haben Beschwerdeführer vor dem Truppendienstgericht mit ihren Anträgen Erfolg, können sie ihre notwendigen Auslagen, z.B. für einen Rechtsanwalt, vom Bund zurückverlangen. Notwendig sind nur die Auslagen, die objektiv unvermeidbar durch das Verfahren zur zweckentsprechenden Rechtsverfolgung entstanden sind.
2. Bei Beschwerden in Verwaltungsangelegenheiten gilt § 80 VwVfG (→ **C 39**).

§ 21 Entscheidungen des Bundesministers der Verteidigung

(1) Gegen Entscheidungen oder Maßnahmen des Bundesministers der Verteidigung einschließlich der Entscheidungen über Beschwerden oder weitere Beschwerden kann der Beschwerdeführer

unmittelbar die Entscheidung des Bundesverwaltungsgerichts beantragen. Der Antrag ist beim Bundesministerium der Verteidigung zu stellen.

(2) Für den Antrag auf Entscheidung des Bundesverwaltungsgerichts und für das Verfahren gelten die §§ 17 bis 20 entsprechend. § 20 Absatz 4 in Verbindung mit § 142 der Wehrdisziplinarordnung ist mit der Maßgabe anzuwenden, dass an die Stelle des Truppendienstgerichts das Bundesverwaltungsgericht tritt.

(3) Abweichend von § 17 Absatz 4 Satz 4 legt das Bundesministerium der Verteidigung den Antrag mit einer Stellungnahme vor. Im Übrigen wird der Bundesminister der Verteidigung im Verfahren vor dem Bundesverwaltungsgericht durch den Bundeswehrdisziplinaranwalt vertreten.

§ 22 Entscheidungen des Generalinspekteurs der Bundeswehr

Für die Entscheidungen des Generalinspekteurs der Bundeswehr über weitere Beschwerden gilt § 21 Absatz 1, 2 und 3 Satz 2 entsprechend.

Anmerkung:

§§ 21, 22 WBO regeln den Rechtsweg zu den Wehrdienstgerichten in truppendienstlichen Angelegenheiten → §§ 17 ff. WBO. Sinn der Regelung ist es, Entscheidungen des Ministers bzw. GenInspBw wegen ihrer übergreifenden und grundsätzlichen Bedeutung und Tragweite nicht der Rechtsprechung der verschiedenen Kammern der Truppendienstgerichte mit der Gefahr untereinander abweichender Ergebnisse zu überlassen. Durch die Zuständigkeit der Wehrdienstsenate beim Bundesverwaltungsgericht wird die Einheitlichkeit der Rechtsprechung in Grundsatzfragen sichergestellt.

Grundsätzlich können allgemeine Richtlinien und Weisungen des Ministers an nachgeordnete Stellen nicht mit der Beschwerde angegriffen werden, da sie als dienstinterne Vorgänge den Soldaten nicht unmittelbar berühren. Einzelheiten und Ausnahmen → Anm. 2 zu § 9 WBO.

§ 22a Rechtsbeschwerde

(1) Gegen den Beschluss des Truppendienstgerichts steht dem Beschwerdeführer und dem Bundesministerium der Verteidigung die Rechtsbeschwerde an das Bundesverwaltungsgericht zu, wenn diese in der Entscheidung des Truppendienstgerichts oder auf Beschwerde gegen die Nichtzulassung durch das Bundesverwaltungsgericht zugelassen wird.

(2) Die Rechtsbeschwerde ist nur zuzulassen, wenn

1. die Beschwerdesache grundsätzliche Bedeutung hat,

2. der angefochtene Beschluss von einer Entscheidung eines Wehrdienstgerichts, des Gemeinsamen Senats der obersten Gerichtshöfe des Bundes oder des Bundesverfassungsgerichts abweicht und die Entscheidung auf dieser Abweichung beruht oder
3. ein Verfahrensmangel geltend gemacht wird und vorliegt, auf dem die Entscheidung beruhen kann.

(3) Das Bundesverwaltungsgericht ist an die Zulassung der Rechtsbeschwerde durch das Truppendienstgericht gebunden.

(4) Die Rechtsbeschwerde ist bei dem Truppendienstgericht, dessen Beschluss angefochten wird, innerhalb eines Monats nach Zustellung des Beschlusses schriftlich einzulegen und innerhalb von zwei Monaten nach Zustellung des Beschlusses schriftlich zu begründen.

C

(5) Der Beschwerdeführer muss sich im Rechtsbeschwerdeverfahren, soweit er einen Antrag stellt, durch einen Rechtsanwalt oder durch eine Person vertreten lassen, welche die Befähigung zum Richteramt nach dem Deutschen Richtergesetz hat oder die Voraussetzungen des § 110 des Deutschen Richtergesetzes erfüllt. § 21 Absatz 2 und 3 Satz 2 gilt entsprechend.

(6) Über die Rechtsbeschwerde entscheidet das Bundesverwaltungsgericht durch Beschluss. Ist die Rechtsbeschwerde begründet, kann das Bundesverwaltungsgericht in der Sache selbst entscheiden oder den angefochtenen Beschluss aufheben und die Sache an das Truppendienstgericht zur anderweitigen Verhandlung und Entscheidung zurückverweisen.

Anmerkung:

1. Ziel dieser Vorschrift ist es, unter bestimmten Voraussetzungen eine Überprüfung von Entscheidungen der Truppendienstgerichte in Beschwerdeverfahren durch das Bundesverwaltungsgericht zu ermöglichen und damit die Voraussetzungen für eine einheitliche Rechtsprechung zu schaffen.

   Voraussetzung der Rechtsbeschwerde nach § 22a WBO ist die Zulassung durch das TDG, über die es in der Entscheidung über den Antrag auf gerichtliche Entscheidung zu befinden hat, oder - im Fall der Nichtzulassung - durch das Bundesverwaltungsgericht in dem § 22b WBO geregelten Verfahren. Da die Rechtsbeschwerde auf eine Grundsatz- und Divergenzrechtsprechung in Wehrbeschwerdesachen abzielt, kann sie auch vom BMVg eingelegt werden.

2. Abs. 2 enthält die materiellen Zulässigkeitsvoraussetzungen für die Rechtsbeschwerde und stellt klar, dass sie der höchstrichterlichen Entscheidung von Grundsatz- und Divergenzfragen dient und daher nicht als Rechtsmittel mit dem Ziel einer umfassenden Überprüfung der angefochtenen Entscheidung ausgestaltet ist. Nr. 3 eröffnet zudem die Möglichkeit, einen entscheidungserheblichen Verfahrensmangel des Antragsverfahrens vor dem TDG - insbesondere richterliche Verstöße gegen den Anspruch auf rechtliches Gehör - vor dem Bundesverwaltungsgericht geltend zu machen.

3. Abs. 4 lehnt sich hinsichtlich der Einlegungsfrist und -modalitäten an das gerichtliche Antragsverfahren vor dem Bundesverwaltungsgericht an. In der für die Rechtsbeschwerde erforderlichen Begründung ist darzulegen, woraus sich die grundsätzliche Bedeutung des Beschwerdeverfahrens ergibt, oder es ist die Entscheidung anzugeben, von der die angefochtene Entscheidung abweicht. Im Fall von Abs. 2 Nr. 3 ist der entscheidungserhebliche Verfahrensmangel darzulegen.
4. Der in Abs. 5 Satz 1 normierte Vertretungszwang für Beschwerdeführer ist wegen der rechtlichen Schwierigkeit der Begründung einer Rechtsbeschwerde geboten.

§ 22b Nichtzulassungsbeschwerde

(1) Bei Nichtzulassung der Rechtsbeschwerde durch das Truppendienstgericht steht dem Beschwerdeführer und dem Bundesministerium der Verteidigung die Nichtzulassungsbeschwerde an das Bundesverwaltungsgericht zu. § 22a Absatz 5 gilt entsprechend.

(2) Die Nichtzulassungsbeschwerde ist innerhalb eines Monats nach Zustellung des Beschlusses schriftlich bei dem Truppendienstgericht einzulegen und innerhalb von zwei Monaten nach Zustellung des Beschlusses schriftlich zu begründen. In der Begründung muss die grundsätzliche Bedeutung der Beschwerdesache dargelegt oder die Entscheidung, von welcher der Beschluss abweicht, oder der Verfahrensmangel bezeichnet werden.

(3) Die Einlegung der Nichtzulassungsbeschwerde hemmt die Rechtskraft des angefochtenen Beschlusses.

(4) Hilft das Truppendienstgericht der Nichtzulassungsbeschwerde nicht ab, entscheidet das Bundesverwaltungsgericht in der Besetzung ohne ehrenamtliche Richter durch Beschluss. Der Beschluss ist zu begründen. Mit der Ablehnung der Nichtzulassungsbeschwerde durch das Bundesverwaltungsgericht wird der Beschluss des Truppendienstgerichts rechtskräftig.

(5) Wird der Nichtzulassungsbeschwerde abgeholfen oder lässt das Bundesverwaltungsgericht die Rechtsbeschwerde zu, wird das Nichtzulassungsbeschwerdeverfahren als Rechtsbeschwerdeverfahren fortgesetzt. In diesem Fall ist die Rechtsbeschwerde innerhalb eines Monats nach Zustellung der Entscheidung über die Zulassung zu begründen. Darauf ist in dem Beschluss hinzuweisen.

Anmerkung:

1. Bei Nichtzulassung der Rechtsbeschwerde (→ § 22a WBO) durch das TDG besteht die Möglichkeit, die Zulassung beim Bundesverwaltungsgericht zu beantragen.
2. Abs. 2 regelt entsprechend § 22a Abs. 4 WBO, innerhalb welcher Frist und bei welchem Adressaten die Nichtzulassungsbeschwerde einzulegen ist. Wie bei

der Rechtsbeschwerde ist auch hier eine qualifizierte Begründung Zulassungsvoraussetzung.

3. Abs. 3 stellt sicher, dass die Entscheidung des Truppendienstgerichts nicht eher rechtskräftig wird, bis über die Nichtzulassungsbeschwerde entschieden worden ist.
4. Nach Abs. 4 entscheidet das Bundesverwaltungsgericht unabhängig vom Vorbringen des Antragstellers, ob die Zulassungsvoraussetzungen vorliegen. Für den Fall, dass das TDG der Nichtzulassungsbeschwerde nicht abhilft, entscheidet das Bundesverwaltungsgericht durch Beschluss, der zu begründen ist. Insbesondere zur Verfahrensbeschleunigung soll hierbei auf die ehrenamtlichen Richter verzichtet werden, die allerdings im Fall der Zulassung und der Fortsetzung als Rechtsbeschwerdeverfahren zu beteiligen sind. Mit der endgültigen Ablehnung erwächst die Entscheidung des TDG in Rechtskraft, die mit der gerichtsinternen Herausgabe des ablehnenden Beschlusses an die Post eintritt.

§ 23 Verwaltungsgerichtliches Vorverfahren

(1) Ist für eine Klage aus dem Wehrdienstverhältnis der Verwaltungsrechtsweg gegeben, tritt das Beschwerdeverfahren an die Stelle des Vorverfahrens.

(2) Die Beschwerde kann in diesen Fällen auch bei der Stelle eingelegt werden, deren Entscheidung angefochten wird. Hält diese Stelle die Beschwerde für begründet, hilft sie ihr ab. Anderenfalls legt sie die Beschwerde der zur Entscheidung zuständigen Stelle vor.

(3) Die weitere Beschwerde ist nicht zulässig.

(4) Der Bundesminister der Verteidigung kann die Entscheidung für Fälle, in denen er zur Entscheidung über die Beschwerde zuständig wäre, durch allgemeine Anordnung auf die Stelle, die die angefochtene Maßnahme erlassen hat, oder auf andere Stellen übertragen. Die Anordnung ist zu veröffentlichen.

(5) Gegen Entscheidungen des Bundesministers der Verteidigung ist die Klage erst zulässig, wenn dieser auf eine Beschwerde erneut entschieden hat.

(6) Die Beschwerde hat aufschiebende Wirkung. Die aufschiebende Wirkung entfällt bei Entscheidungen über die Begründung, Umwandlung oder Beendigung eines Wehrdienstverhältnisses. Im Übrigen gelten die Bestimmungen des § 80 Absatz 5, 7 und 8 der Verwaltungsgerichtsordnung entsprechend.

(7) § 18 Absatz 3 gilt entsprechend.

Anmerkung:

1. § 23 Absatz 1 WBO regelt das Beschwerdeverfahren als Vorverfahren für das Klageverfahren vor den Verwaltungsgerichten, das gemäß § 59 SG grund-

sätzlich für Rechtsstreitigkeiten aus dem Wehrdienstverhältnis vorgeschrieben ist (→ **C 32**).

2. Neben dem Rechtsweg zu den Wehrdienstgerichten in truppendienstlichen Angelegenheiten (→ § 17 WBO) ist im Soldatenversorgungsgesetz (→ BwKalender **E 01**) für den Bereich der Beschädigtenversorgung der Rechtsweg vor den Gerichten der Sozialgerichtsbarkeit (§ 88 Abs. 7 SVG) und für Rechtsstreitigkeiten wegen Dienstzeitversorgung und Berufsförderung der Rechtsweg zu den allgemeinen Verwaltungsgerichten (§ 87 Abs. 3 SVG) eröffnet. Auch in diesem Verfahren tritt das Beschwerdeverfahren an die Stelle des Widerspruchsverfahrens nach der VwGO und des Vorverfahrens nach dem Sozialgerichtsgesetz (→ § 88 Abs. 3, 6 SVG).

3. Verwaltungsangelegenheiten betreffen u.a.:
   - Statusfragen (Begründung, Beendigung des Dienstverhältnisses),
   - Dienst- und Versorgungsbezüge,
   - Geld- und Sachbezüge nach dem Bundesbesoldungsgesetz,
   - Anspruch auf Heilfürsorge,
   - Beschwerden gegen Leistungsbescheide,
   - Beschwerden gegen die Versagung der Teilnahme an der Gemeinschaftsverpflegung oder die Versagung des Wohnens in einer Gemeinschaftsunterkunft,
   - Beschwerden gegen Handlungsweisen des Dienstherrn, die eine Verletzung der allgemeinen Fürsorgepflicht nach § 31 SG darstellen,
   - Mitfluggenehmigung,
   - Geltendmachung der Rechte als Mitglied in der Personalvertretung nach dem BPersVG i.V.m. § 59 ff. SBG (→ **C 55a**).

4. Die Verwaltungsbeschwerde hat folgende Sonderregelungen:
   a) Die Beschwerde kann auch bei der erstentscheidenden Stelle eingelegt werden,
   b) eine weitere Beschwerde ist nicht zulässig,
   c) Abhilfeprüfung der entscheidenden Stelle, Weiterleitungspflicht an die zuständige Stelle nur dann, wenn nicht abgeholfen wird.

5. Abweichend von der früher geltenden Regelung hat Abs. 6 die grundsätzlich **aufschiebende Wirkung** der Beschwerde in Verwaltungsangelegenheiten eingeführt, die allerdings für bestimmte Beschwerdegegenstände entfällt. Die gesetzlich festgelegten Ausnahmen betreffen Statusangelegenheiten, bei denen das Interesse der Dienstbehörde an der sofortigen Vollziehbarkeit der Entscheidung das Interesse des Beschwerdeführers an der aufschiebenden Wirkung der Beschwerde wegen der besonderen Erfordernisse der militärischen Personalführung regelmäßig überwiegt. Satz 3 eröffnet dem Beschwerdeführer die vorläufigen Rechtsschutzmöglichkeiten entsprechend § 80 der VwGO.
   - **§ 80 VwGO** lautet:

     ...

     (5) Auf Antrag kann das Gericht der Hauptsache die aufschiebende Wirkung in den Fällen des Absatzes 2 Nr. 1 und 3 ganz oder teilweise anordnen,

im Fall des Absatzes 2 Nr. 4 ganz oder teilweise wiederherstellen. Der Antrag ist schon vor Erhebung der Anfechtungsklage zulässig. Ist der Verwaltungsakt im Zeitpunkt der Entscheidung schon vollzogen, so kann das Gericht die Aufhebung der Vollziehung anordnen. Die Wiederherstellung der aufschiebenden Wirkung kann von der Leistung einer Sicherheit oder von anderen Auflagen abhängig gemacht werden. Sie kann auch befristet werden.

...

(7) Das Gericht der Hauptsache kann Beschlüsse über Anträge nach Absatz 5 jederzeit ändern oder aufheben. Jeder Beteiligte kann die Änderung oder Aufhebung wegen veränderter oder im ursprünglichen Verfahren ohne Verschulden nicht geltend gemachter Umstände beantragen.

(8) In dringenden Fällen kann der Vorsitzende entscheiden.

6. Ist der BMVg für die Beschwerdeentscheidung zuständig, gilt die Anordnung über die Übertragung von Zuständigkeiten (→ **C 33f**).
7. Zur Rechtsbehelfsbelehrung → **C 32**.
8. Zur Behandlung von Zulagenbeschwerden → **C 33d**.

§23a Ergänzende Vorschriften

(1) Zur Ergänzung der Vorschriften dieses Gesetzes gelten die Vorschriften der Wehrdisziplinarordnung, insbesondere über Akteneinsicht, Befangenheit der für die Entscheidung zuständigen Disziplinarvorgesetzten, Bindung an tatsächliche Feststellungen anderer Entscheidungen, Entschädigung von Zeugen und Sachverständigen und Wiederaufnahme entsprechend.

(2) In den gerichtlichen Antragsverfahren sowie in den Verfahren nach den §§ 22a und 22b sind darüber hinaus die Vorschriften der Verwaltungsgerichtsordnung sowie des Gerichtsverfassungsgesetzes entsprechend anzuwenden, soweit nicht die Eigenart des Beschwerdeverfahrens entgegensteht. Die Vorschriften des Siebzehnten Titels des Gerichtsverfassungsgesetzes sind mit der Maßgabe entsprechend anzuwenden, dass an die Stelle des Bundesgerichtshofs die Wehrdienstsenate beim Bundesverwaltungsgericht treten und an die Stelle der Zivilprozessordnung die Verwaltungsgerichtsordnung tritt.

(3) Für die Rüge der Verletzung des Anspruchs auf rechtliches Gehör gilt § 152a der Verwaltungsgerichtsordnung entsprechend.

Anmerkung:

1. Die WBO verzichtet bewusst auf eigenständige Regelungen zur Akteneinsicht, Befangenheit usw., sondern verweist auf die entsprechende Anwendung der einschlägigen Regelungen der WDO (→ **C 10**).
2. Abs. 2 erklärt für die gerichtlichen Verfahren die VwGO (→ TbBwVerw **C 40**) und das GVG für entsprechend anwendbar. Dies gilt jedoch nur so weit, wie

die Eigenart des Beschwerdeverfahrens nicht entgegensteht. Somit wird beispielsweise der Besonderheit Rechnung getragen, dass sich Beschwerdeführer sowie Betroffene - anders als Kläger sowie Beklagte im Verwaltungsstreitverfahren - nicht als Parteien gegenüberstehen.

Die Formulierung „darüber hinaus“ in Absatz 2 macht deutlich, dass die einschlägigen Bestimmungen der WDO (→ **C 10**) auch in den gerichtlichen Verfahren entsprechend anwendbar sind. Dies gilt insbesondere für § 91 Abs. 1 WDO, der mit seiner Verweisung auf die ergänzende Anwendbarkeit der Vorschriften des Gerichtsverfassungsgesetzes und der Strafprozessordnung (→ **C 27**) den Erfordernissen der Beschwerden gegen Disziplinarmaßnahmen Rechnung trägt.

3. Zu Abs. 3: § 152a VwGO → TbBwVerw **C 40**.

§ 24 (Inkrafttreten)

a) Beschwerdeweg des Soldaten

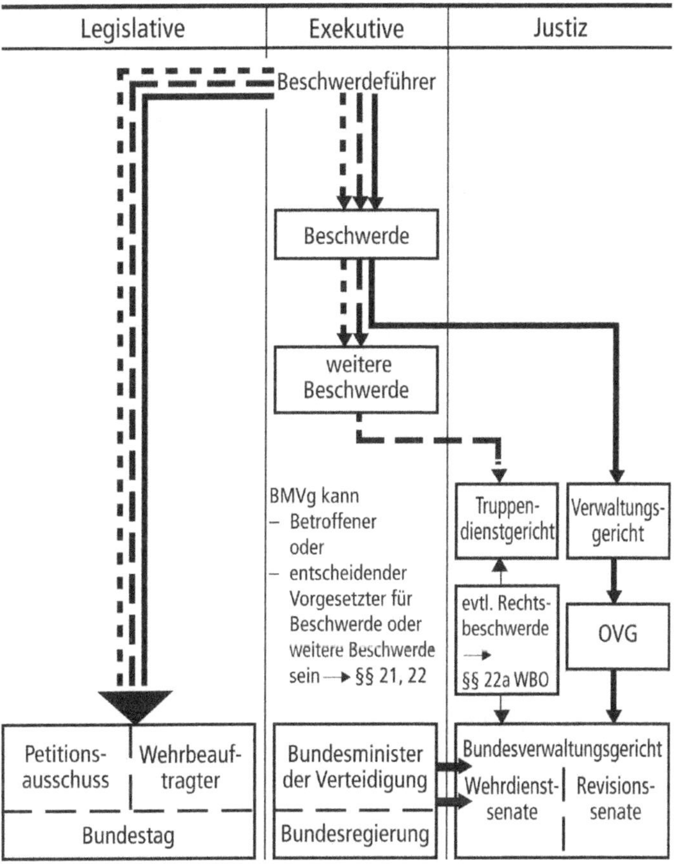

Zeichenerklärung
- Beschwerde gegen unzweckmäßigen Befehl (kurz gestrichelte Linie)
- Beschwerde gegen unrechtmäßigen Befehl (lang gestrichelte Linie)
- Beschwerde gegen Entscheidungen in Verwaltungsangelegenheiten (durchgezogene Linie)

C

b) Der Rechtsweg vor den Verwaltungsgerichten

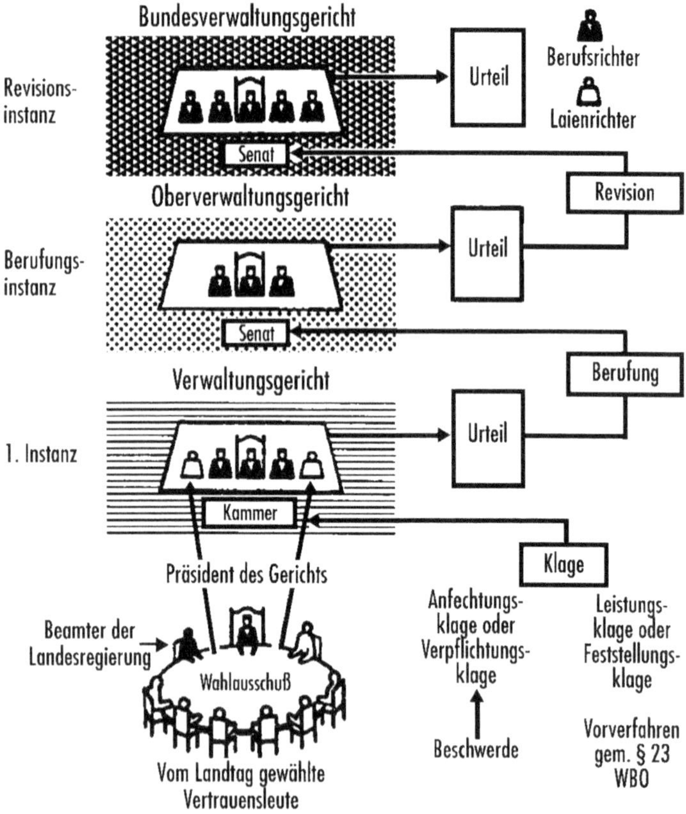

c) Rechtsschutzmöglichkeiten des Soldaten

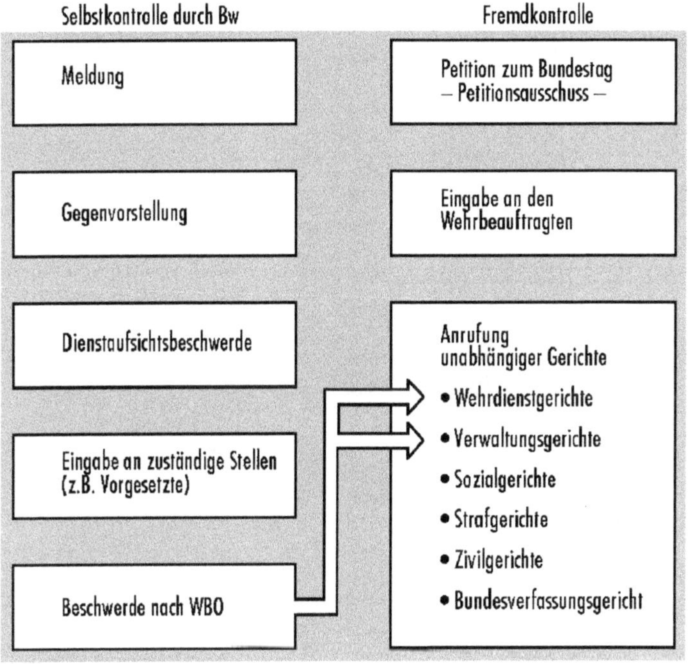

d) Beschwerdearten und Zuständigkeiten für die Beschwerdeentscheidung

Beschwerdeart		Entscheidungsbefugnis
Disziplinarbeschwerde		nächster Disziplinarvorgesetzter des verhängenden Disziplinarvorgesetzten oder Wehrdienstgericht (bei Disziplinararrest)
Truppendienstliche Beschwerde		nächster Disziplinarvorgesetzter des Betroffenen oder anderer Vorgesetzter mit Disziplinargewalt, der den Gegenstand der Beschwerde zu beurteilen hat
Verwaltungsbeschwerde	Bundeswehrverwaltung	vorgesetzte Dienststelle der Bw-Verwaltung
Verwaltungsbeschwerde	allgem. Verwaltungs-/Statusangeleg.	nächster Disziplinarvorgesetzter des Betroffenen/der entscheidenden Stelle

e) Beschwerdearten und Instanzenzug

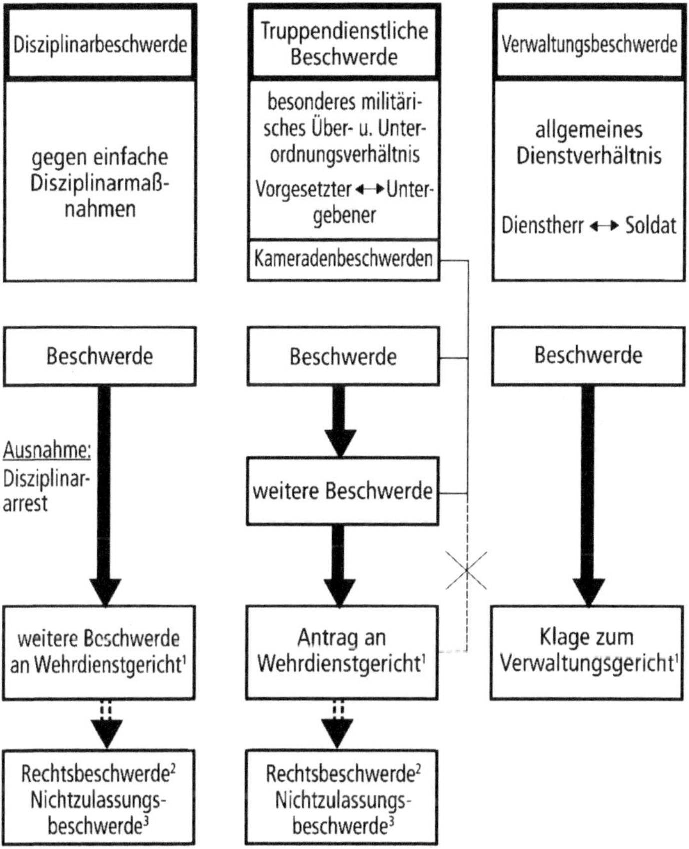

1	Truppendienstgericht oder Wehrdienstsenate
2	→ § 22a WBO
3	→ § 22b WBO

f) Zulässigkeitsvoraussetzungen der Beschwerde

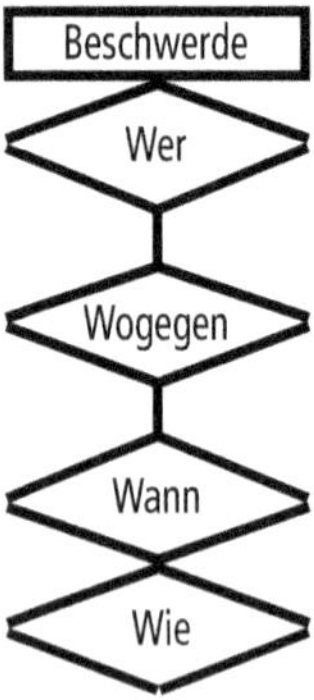

Wer	= Beschwerdeberechtigung	Soldat eigene Beschwer nicht gemeinschaftlich
Wogegen	= Beschwerdeanlass und Betroffener	unrichtige Behandlung durch Vorgesetzte/Dienststellen oder Bw-Kameraden
Wann	= Fristen	frühestens nach Ablauf einer Nacht, spätestens innerhalb eines Monats
Wie	= Form	schriftlich oder mündlich z. Niederschrift (Unterschrift)

g) Die Beschwerde gegen Beurteilungen[1]

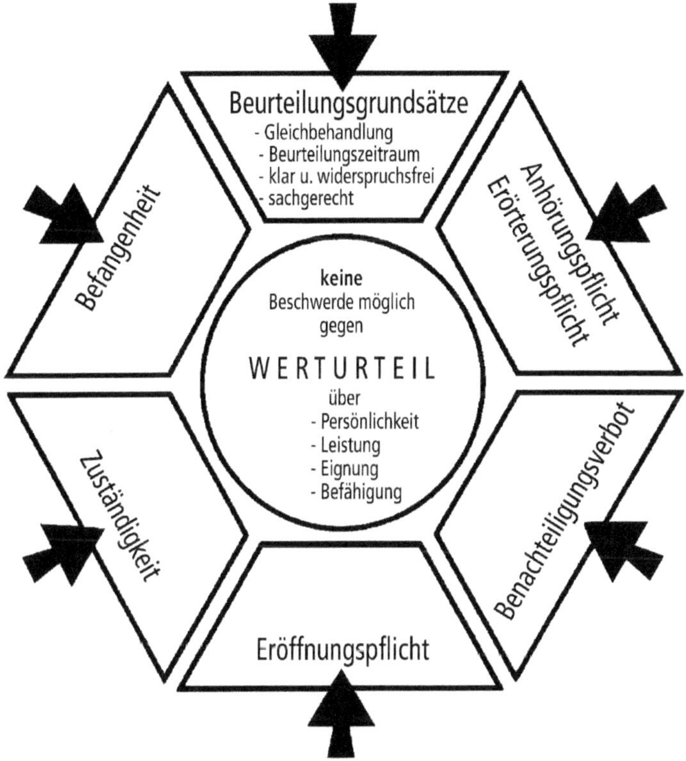

1 A-1340/50, Nr. 1101 f. → C 07

h) Ablauf des Beschwerdeverfahrens

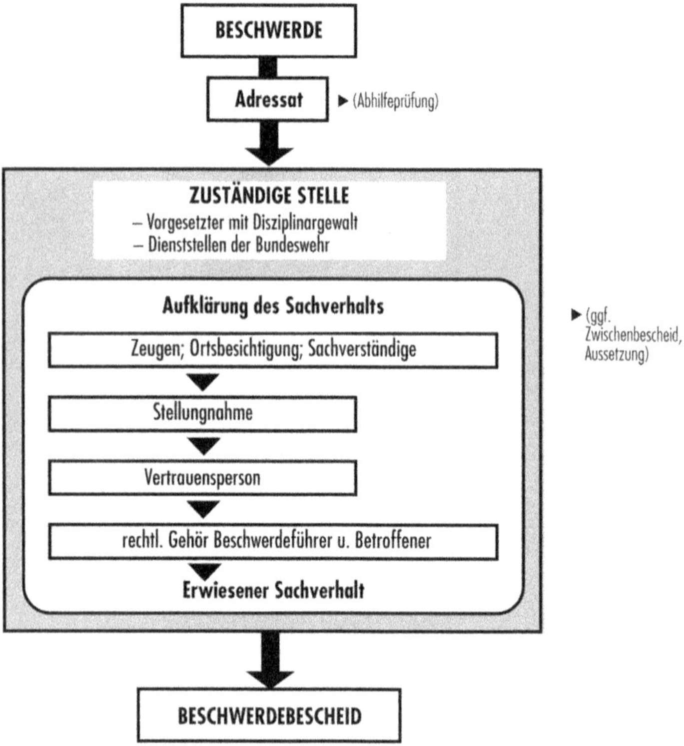

i) Aufbau des Beschwerdebescheids[1]

[1] Einheit/Dienststelle
Dienststellung

Ort, Datum

Persönlich!
Personalangelegenheit!

[2] Anschrift des Beschwerdeführers
ggf. Vertreter/Bevollmächtigter

[3] Zustellungsart

[4] **Beschwerdebescheid**

[5] Entscheidungsformel

Begründung

[6] I. Beschwerdevorbringen

[7] II. Rechtliche Würdigung
1. Zulässigkeit der Beschwerde
2. Begründetheit, Beweiswürdigung

[8] III. Kostenentscheidung[2]

[9] IV. Rechtsbehelfsbelehrung

Unterschrift
Verteiler

1 § 12 WBO (→ **C 30**)

2 nur bei teilweise oder in vollem Umfang stattgegebenen **Verwaltungsbeschwerden** (§§ 72, 73 Abs. 3 VwGO i.V.m. § 80 VwVfG → C **39**), **truppendienstlichen** (§ 16a WBO → **C 39**) oder **Disziplinar-Beschwerden** (§ 42 Satz 1 WDO → **C 10** i.V.m. § 16 WBO → **C 30**)

j) Muster für Entscheidungsformeln

1. UNZULÄSSIGE Beschwerde:

„Ich weise Ihre Beschwerde zurück" **oder**
„Die Beschwerde wird zurückgewiesen"

2. UNBEGRÜNDETE Beschwerde:

„Ich weise Ihre Beschwerde zurück" **oder**
„Die Beschwerde wird zurückgewiesen"

3. ZULÄSSIGE und BEGRÜNDETE truppendienstliche Beschwerde:

„1 Ich gebe Ihrer Beschwerde statt.
2 Den Befehl des .... hebe ich auf.
3 Der Befehl des . ... war rechtswidrig **oder**
Der Befehl des . ... war unsachgemäß
4a Ich gewähre Ihnen den beantragten Urlaub
b Ich habe gegen den . ... eine einfache Disziplinarmaßnahme verhängt
oder
Ich habe von der Verhängung einer Disziplinarmaßnahme abgesehen
5 Ihre notwendigen Aufwendungen sind Ihnen zu erstatten.
6. falls zutreffend[1]: Die Hinzuziehung eines Bevollmächtigten war notwendig."

4. ZULÄSSIGE und BEGRÜNDETE Disziplinarbeschwerde:

„1 Ich gebe Ihrer Beschwerde statt.
2 Den gegen Sie am . ... durch .... verhängten strengen Verweis hebe ich auf.
3 Ihre notwendigen Aufwendungen sind Ihnen zu erstatten.
4 falls zutreffend[1]: Die Hinzuziehung eines Bevollmächtigten war notwendig."

5. ZULÄSSIGE und TEILWEISE begründete Disziplinarbeschwerde:

„1 Die gegen Sie am . ... durch .... verhängte Disziplinarbuße in Höhe von 150,– EUR hebe ich auf.
2 Ich verhänge gegen Sie einen strengen Verweis, weil Sie am . ... in ....
3 Ihre notwendigen Aufwendungen sind Ihnen zu einem <Bruchteil> zu erstatten.
4 falls zutreffend[1]: Die Hinzuziehung eines Bevollmächtigten war notwendig."

---

[1] Im Beschwerdebescheid ist gegebenenfalls auch über die Notwendigkeit der Hinzuziehung eines Verfahrensbevollmächtigten zu entscheiden. Dessen Vergütung ist aber nur erstattungsfähig, wenn seine Hinzuziehung notwendig war (➔ § 16a Abs. 3 WBO).

Belehrungen von Soldatinnen und Soldaten über Rechtsbehelfe nach der Wehrbeschwerdeordnung und der Wehrdisziplinarordnung

A-2160/6, Abschnitt 2.18

2.18 Belehrungen von Soldatinnen und Soldaten über Rechtsbehelfe nach der Wehrbeschwerdeordnung und der Wehrdisziplinarordnung

2.18.1 Grundlagen

2103. Nach den §§ 12 und 16 der Wehrbeschwerdeordnung (WBO) sind die Bescheide über die Beschwerde und die weitere Beschwerde, soweit diese zurückgewiesen werden, mit einer Belehrung über den zulässigen Rechtsbehelf[1], die Stelle, bei welcher der Rechtsbehelf einzulegen ist, und die einzuhaltende Frist zu versehen.

2104. In gleicher Weise schreibt § 6 der Wehrdisziplinarordnung (WDO) vor, dass bei allen anfechtbaren Entscheidungen der WDO über die Möglichkeit der Anfechtung, über die Stellen, bei denen das Rechtsmittel oder der Rechtsbehelf einzulegen ist und über die Form und Frist der Anfechtung schriftlich zu belehren ist. Bei truppendienstlichen Angelegenheiten („Erstmaßnahmen") ist eine Rechtsbehelfsbelehrung grundsätzlich nicht erforderlich; dies gilt auch bei schriftlichen Befehlen oder Maßnahmen, zum Beispiel einer Versetzungsverfügung.

2105. Bei einem schriftlichen oder elektronischen **Verwaltungsakt**, der der Anfechtung unterliegt, ist eine Erklärung beizufügen, durch welche die Beteiligten über den Rechtsbehelf, der gegen einen Verwaltungsakt gegeben ist, über die Behörde oder das Gericht, bei denen der Rechtsbehelf einzulegen ist, den Sitz und über die einzuhaltende Frist belehrt wird (Rechtsbehelfsbelehrung – § 37 Absatz 6 des Verwaltungsverfahrensgesetzes (VwVfG)). Bei Erlass eines schriftlichen anfechtbaren Verwaltungsaktes ist eine schriftliche Rechtsbehelfsbelehrung zu erteilen.

---

[1] „Rechtsbehelf" ist der Oberbegriff für ein Gesuch, mit dem eine Entscheidung angefochten wird; der Begriff „Rechtsmittel" wird hingegen insbesondere im gerichtlichen Verfahren verwendet (zum Beispiel Berufung, Revision).

2106. Welche Rechtsbehelfsbelehrung im Einzelfall zu erteilen ist, hängt davon ab, ob es sich bei dem Beschwerdegegenstand um eine Verwaltungsangelegenheit, eine truppendienstliche Angelegenheit oder um eine Maßnahme oder Entscheidung der Disziplinarvorgesetzten im Sinne des § 42 WDO, insbesondere einfache Disziplinarmaßnahmen, handelt. Diese Unterscheidung ist für den Umfang des Beschwerderechts und für die Bestimmung des Rechtsweges von Bedeutung.[1] Dabei ist zu berücksichtigen, dass ein aus mehreren Teilen bestehendes Begehren in einer einheitlich zu treffenden Entscheidung zu verschiedenen, nebeneinander zu erteilenden Rechtsbehelfsbelehrungen führen kann.

- In **Verwaltungsangelegenheiten** sieht die WBO in Angleichung an die Verwaltungsgerichtsordnung (VwGO) nur die Möglichkeit einer einmaligen Beschwerde vor (§ 23 Absatz 3 WBO), bevor das Verwaltungsgericht angerufen werden kann.
- In **truppendienstlichen Angelegenheiten** gibt es dagegen gemäß § 16 Absatz 1 WBO noch die weitere Beschwerde, nach deren Zurückweisung das Truppendienstgericht angerufen werden kann (§ 17 Absatz 1 WBO).
- Bei **Disziplinarbeschwerden** entscheidet grundsätzlich der bzw. die nächste Disziplinarvorgesetzte des bzw. der verhängenden Disziplinarvorgesetzten bzw. des oder der Vorgesetzten, der bzw. die die Maßnahme getroffen hat, über die Erstbeschwerde (§ 42 Nummer 3 WDO). Bei den **Maßnahmen nach der WDO**, an denen zuvor eine Richterin oder ein Richter mitgewirkt hat (Disziplinararrest, Durchsuchung, Beschlagnahme) sowie bei bestimmten Maßnahmen der Einleitungsbehörde, z. B. Rücknahme einer förmlichen Anerkennung, entscheidet nach § 42 Nummer 5 WDO

---

[1] Für Klagen von Soldatinnen oder Soldaten aus dem Wehrdienstverhältnis ist nach Abschluss des Beschwerdeverfahrens der Verwaltungsrechtsweg gegeben, soweit nicht ein anderer Rechtsweg gesetzlich vorgeschrieben ist (vgl. auch § 40 Absatz 1 VwGO). Ein anderer Rechtsweg in diesem Sinne ist u. a. nach den §§ 17, 21 und 22 WBO vorgeschrieben. Danach sind die Wehrdienstgerichte zuständig, wenn Beschwerden eine Verletzung der Rechte der Soldatinnen oder Soldaten oder eine Verletzung von Pflichten durch Vorgesetzte ihnen gegenüber zum Gegenstand haben, die in den §§ 6 bis 36 SG mit Ausnahme der §§ 24, 25, 30 und 31 SG geregelt sind. Der Rechtsweg zu den Wehrdienstgerichten ist ferner bei allen nach der WDO anfechtbaren Entscheidungen vorgeschrieben (§ 145 Absatz 1 WDO). In den Fällen der Beschädigtenversorgung nach den §§ 85 und 86 sowie nach § 41 Absatz 2 des Soldatenversorgungsgesetzes (SVG) sind gemäß § 88 Absatz 7 SVG anstelle der Verwaltungsgerichte die Sozialgerichte zuständig.

das Wehrdienstgericht bereits über die Beschwerde, bei sonstigen Maßnahmen nach der WDO über die weitere Beschwerde.

2107. Die sogenannte Truppenverwaltungsbeschwerde ist mit Einrichtung der Bundeswehr-Dienstleistungszentren entfallen.

2108. Die Rechtsbehelfsbelehrung ist Teil des Bescheides. Die Schlusszeichnung des Bescheides muss sich daher erkennbar auch auf die Rechtsbehelfsbelehrung beziehen. Die Rechtsbehelfsbelehrung ist deswegen nicht als Anlage beizufügen, sondern vor die Unterschrift zu setzen.

2109. Die zuständigen Rechtsberaterinnen oder Rechtsberater erteilen Auskunft über alle Fragen, die mit Rechtsbehelfsbelehrungen zusammenhängen.

2.18.2 Folgen einer unterlassenen oder unrichtigen Belehrung

2110. Die Erteilung einer richtigen und vollständigen Rechtsbehelfsbelehrung ist von besonderer Bedeutung. Nach § 7 Absatz 2 WBO ist es als „unabwendbarer Zufall" anzusehen, wenn eine **vorgeschriebene Rechtsbehelfsbelehrung unterbleibt oder unrichtig** ist. Nach § 7 Absatz 1 WBO führt dieser „unabwendbare Zufall" dazu, dass die Beschwerdefrist erst zwei Wochen nach Beseitigung des Hindernisses abläuft. Im Falle einer unterbliebenen oder unrichtig erteilten Rechtsbehelfsbelehrung beginnt diese Frist von zwei Wochen demnach erst zu laufen, wenn eine Rechtsbehelfsbelehrung nachgereicht oder entsprechend korrigiert wurde. Insoweit haben Vorgesetzte, die erkennen, dass eine vorgeschriebene Rechtsbehelfsbelehrung unterblieben ist oder unrichtig erteilt wurde, auf die unverzügliche Beseitigung des Mangels hinzuwirken.

2111. Bei Entscheidungen über **Beschwerden in Verwaltungsangelegenheiten** bestimmen sich die Folgen einer unterbliebenen oder unrichtig erteilten Rechtsbehelfsbelehrung nicht nach § 7 WBO, sondern nach den Regelungen der VwGO. Nach § 58 Absatz 1 VwGO beginnt die Frist für ein Rechtsmittel oder einen anderen Rechtsbehelf nur zu laufen, wenn eine ordnungsgemäße Rechtsbehelfsbelehrung erfolgt ist. Gemäß § 58 Absatz 2 VwGO kann eine Klage innerhalb eines Jahres nach Zustellung des Beschwerdebescheides erhoben werden, soweit die Rechtsbehelfsbelehrung nicht nachgeholt oder berichtigt wird.

C

2.18.3 Muster für Rechtsbehelfsbelehrungen

2.18.3.1 Grundsatz

2112. Welche Belehrung über Rechtsbehelfe im Einzelnen zu verwenden ist, wird im Folgenden dargestellt. Um Schwierigkeiten bei Belehrungen über Rechtsbehelfe zu vermeiden, sind diese Muster grundsätzlich von allen Disziplinarvorgesetzten und Dienststellen der Wehrverwaltung zu verwenden. Für Rechtsbehelfsbelehrungen gegen einen schriftlichen Verwaltungsakt einer Bundesbehörde gelten die Muster in der **Zentralen Dienstvorschrift A-2120/16 „Erteilung von Rechtsbehelfsbelehrungen bei Verwaltungsakten einschließlich Zulässigkeit elektronischer Übermittlung“**.

2.18.3.2 Anschriften der Verwaltungsgerichte

2113. Die in der Rechtsbehelfsbelehrung anzugebende Anschrift des jeweils zuständigen Verwaltungsgerichts sowie dessen Zuständigkeitsbereich sind im **Justizportal des Bundes und der Länder – Orts-/Gerichtsverzeichnis –** im Internet auf www.justiz.de abrufbar.

2.18.3.3 Sitz und Dienstbereich der Wehrdienstgerichte

2114. Sitz und Dienstbereich der beiden Truppendienstgerichte bzw. der einzelnen Truppendienstkammern ergeben sich aus der Truppendienstgerichte-Verordnung vom 15. August 2012 und aus den jeweiligen Geschäftsverteilungsplänen der Gerichte.[1] Die Wehrdienstsenate des Bundesverwaltungsgerichts haben ihren Sitz in 04107 Leipzig, Simsonplatz 1.

2.18.3.4 Belehrung bei Entscheidungen in Verwaltungsangelegenheiten

2115. Verwaltungsangelegenheiten sind u. a. die Haftung der Soldatinnen und Soldaten, die Geld- und Sachbezüge, die Heilfürsorge, die Versorgung und die Fürsorge des Dienstherrn[2], die Beförderung, die Versetzung in den Ruhestand und den einstweiligen Ruhestand (§§ 44, 50 SG) sowie die Entlassung (§§ 46, 55 SG). Auf diesen Gebieten muss ein schriftlich erlassener, anfechtbarer (be-

---

1 Zu den Anschriften von Truppendienstkammern siehe **Zentrale Dienstvorschrift A-2180/12 „Verteilung der Truppendienstkammern“**.

2 Im Einzelnen handelt es sich insbesondere um Anträge und Beschwerden betreffend Dienst- und Versorgungsbezüge, Geld- und Sachbezüge nach dem Wehrsoldgesetz, Zulagen, Aufwandsentschädigungen, Beihilfen, Unterstützungen, Vorschüsse, Haushaltsdarlehen, Wohnungsfürsorge, Wohnungs- und Heizkostenzuschüsse, Mietbeihilfen, Reise- und Umzugskostenvergütung sowie Aufrechnungs- und Leistungsbescheide.

lastender) Verwaltungsakt eine Rechtsbehelfsbelehrung enthalten (§ 37 Absatz 6 des Verwaltungsverfahrensgesetzes). Ebenso sind ablehnende Bescheide über Anträge auf Stundung oder Erlass von Ansprüchen nach § 59 der Bundeshaushaltsordnung mit einer Rechtsbehelfsbelehrung zu versehen.

2116. In diesen Verwaltungsangelegenheiten tritt das Beschwerdeverfahren an die Stelle des ansonsten nach der VwGO vorgeschriebenen verwaltungsgerichtlichen Vorverfahrens. Bei einem Beschwerdebescheid in einer Verwaltungsangelegenheit muss daher eine Rechtsbehelfsbelehrung verwendet werden, die (unmittelbar) auf den Rechtsweg zu den Verwaltungsgerichten hinweist.

2117. Zu den Verwaltungsangelegenheiten gehören nicht die bürgerlich-rechtlichen Ansprüche, zum Beispiel aus Mietverträgen. Insoweit sind Beschwerden unzulässig. Diese Ansprüche können nur vor den ordentlichen Gerichten, z. B. Amtsgericht oder Landgericht, geltend gemacht werden.

2.18.3.4.1 Belehrung bei einem schriftlich erlassenen, anfechtbaren (belastenden) Verwaltungsakt (§ 23 WBO in Verbindung mit § 37 Absatz 6 VwVfG)

„Gegen diesen Bescheid ...[1] können Sie innerhalb eines Monats nach seiner Bekanntgabe, jedoch frühestens nach Ablauf einer Nacht, Beschwerde bei mir oder bei ... in ...[2] einlegen. Sie können diese Beschwerde auch bei Ihrer bzw. Ihrem nächsten Disziplinarvorgesetzten ... in ... einlegen. Die Beschwerde kann schriftlich oder mündlich zur Niederschrift[3] eingelegt werden. Wird sie schriftlich eingelegt, ist die Frist nur gewahrt, wenn die Beschwerde vor Ablauf der Frist bei der für die Einlegung zuständigen Stelle eingeht.“

---

1 Hier ist der Verwaltungsakt im Einzelnen zu bezeichnen.

2 Hier sind die nächsten Disziplinarvorgesetzten (Dienststellung, ohne Angabe des Namens) der Vorgesetzten, die die Entscheidung erlassen haben, oder, falls eine Dienststelle der Bundeswehrverwaltung die Entscheidung erlassen hat, die nächsthöhere Dienststelle der Bundeswehrverwaltung mit Angabe des Dienstsitzes einzusetzen. Ist das Bundesministerium der Verteidigung die nächsthöhere Dienststelle der Bundeswehrverwaltung, ist Abschnitt 2 „Anordnung über die Übertragung von Zuständigkeiten zur Entscheidung über Beschwerden nach der Wehrbeschwerdeordnung im Bereich des Bundesministeriums der Verteidigung“ zu beachten.

3 Beachte § 6 Absatz 2 Satz 2 WBO: „Wird sie [die Beschwerde] mündlich vorgetragen, ist eine Niederschrift aufzunehmen, die der Aufnehmende unterschreiben muss und der Beschwerdeführer unterschreiben soll. Von der Niederschrift ist dem Beschwerdeführer auf Verlangen eine Abschrift auszuhändigen.“

2.18.3.4.2 Belehrung bei einer zurückweisenden Entscheidung über eine Beschwerde in Verwaltungsangelegenheiten (§§ 23, 12 WBO)

„Gegen diesen Bescheid können Sie innerhalb eines Monats nach seiner Zustellung Klage bei dem Verwaltungsgericht in ...[1] schriftlich oder zur Niederschrift der Urkundsbeamtin oder des Urkundsbeamten der Geschäftsstelle des Gerichts erheben. Wird sie schriftlich erhoben, ist die Frist nur gewahrt, wenn die Klage vor Ablauf der Frist bei dem Verwaltungsgericht eingeht.

C

Die Klage ist gegen die Bundesrepublik Deutschland, vertreten durch das Bundesministerium der Verteidigung, dieses vertreten durch ...[2] zu richten und muss die Klägerin oder den Kläger sowie den Gegenstand des Klagebegehrens bezeichnen.

Sie soll einen bestimmten Antrag enthalten. Die zur Begründung dienenden Tatsachen und Beweismittel sollen angegeben werden.

Dieser Bescheid und der angefochtene Verwaltungsakt sollen in Urschrift oder Abschrift beigefügt werden. Im Übrigen sollen der Klage nebst Anlagen so viele Abschriften beigefügt werden, dass alle Beteiligten eine Ausfertigung erhalten können."

2.18.3.4.3 Ergänzung der Rechtsbehelfsbelehrung, soweit Verwaltungsgerichte am elektronischen Rechtsverkehr teilnehmen

2118. Soweit Verwaltungsgerichte am **elektronischen Rechtsverkehr** teilnehmen, sind die vorstehenden Muster im Einzelfall um den Hinweis zu ergänzen, dass zusätzlich die Möglichkeit der elektronischen Einlegung des Rechtsbehelfs besteht. Ansonsten sind die Rechtsbehelfsbelehrungen in diesen Fällen nicht vollständig und damit unrichtig. Aus diesem Grund ist bei der Erstellung

---

1 Hier ist die Anschrift des Verwaltungsgerichts (siehe Abschnitt 3.4) einzusetzen, in dessen Bezirk die Beschwerdeführerinnen oder Beschwerdeführer ihren dienstlichen Wohnsitz (§ 15 des Bundesbesoldungsgesetzes) oder in Ermangelung dessen ihren Wohnsitz haben. Der dienstliche Wohnsitz ist an ihrem Standort. Haben die Beschwerdeführerinnen oder der Beschwerdeführer keinen dienstlichen Wohnsitz oder keinen Wohnsitz innerhalb des Zuständigkeitsbereichs der Behörde, die den ursprünglichen Verwaltungsakt erlassen hat, ist das Verwaltungsgericht örtlich zuständig, in dessen Bezirk diese Behörde ihren Sitz hat. In allen anderen Fällen ist das Verwaltungsgericht Köln zuständig.

2 Hier ist die Behörde nebst Anschrift einzusetzen, die für die Vertretung des Bundesministeriums der Verteidigung (BMVg) zuständig ist (siehe Vertretungsanordnung BMVg, **Zentrale Dienstvorschrift A-2170/24**). Ist das BMVg zuständig, ist die Anschrift aus Abschnitt 2.18.3.5.1, Buchstabe b einzusetzen.

der Rechtsbehelfsbelehrung bei Verwaltungsbeschwerden zunächst zu prüfen, ob das für die gerichtliche Entscheidung zuständige Gericht am elektronischen Rechtsverkehr teilnimmt. Die **Zentrale Dienstvorschrift A-2120/16 „Erteilung von Rechtsbehelfen im Geschäftsbereich des Bundesministeriums der Verteidigung einschließlich Zulässigkeit elektronischer Übermittlung“** enthält eine Übersicht der Verwaltungsgerichte, die am elektronischen Rechtsverkehr teilnehmen.

2119. Nimmt das Gericht am elektronischen Rechtverkehr teil, ist folgende **Rechtsbehelfsbelehrung** zu verwenden:

„Gegen diesen Bescheid können Sie innerhalb eines Monats nach seiner Zustellung Klage bei dem Verwaltungsgericht in . . .[1] *schriftlich oder zur Niederschrift der Urkundsbeamtin oder des Urkundsbeamten der Geschäftsstelle des Gerichts oder in elektronischer Form erheben. Wird sie schriftlich erhoben, ist die Frist nur gewahrt, wenn die Klage vor Ablauf der Frist bei dem Verwaltungsgericht eingeht.*

Die elektronische Form wird durch eine qualifiziert signierte Datei gewahrt, die nach den Maßgaben der Verordnung über den elektronischen Rechtsverkehr (Verordnung des maßgeblichen Bundeslandes mit Fundstelle) in der jeweils geltenden Fassung zu übermitteln ist.

Die Klage ist gegen die Bundesrepublik Deutschland, vertreten durch das Bundesministerium der Verteidigung, dieses vertreten durch …[2] *zu richten und muss die Klägerin oder den Kläger sowie den Gegenstand des Klagebegehrens bezeichnen.*

Sie soll einen bestimmten Antrag enthalten. Die zur Begründung dienenden Tatsachen und Beweismittel sollen angegeben werden.

---

1 Hier ist die Anschrift des Verwaltungsgerichts (siehe Abschnitt 3.4) einzusetzen, in dessen Bezirk die Beschwerdeführerinnen oder Beschwerdeführer ihren dienstlichen Wohnsitz (§ 15 des Bundesbesoldungsgesetzes) oder in Ermangelung dessen ihren Wohnsitz haben. Der dienstliche Wohnsitz ist an ihrem Standort. Haben die Beschwerdeführerinnen oder der Beschwerdeführer keinen dienstlichen Wohnsitz oder keinen Wohnsitz innerhalb des Zuständigkeitsbereichs der Behörde, die den ursprünglichen Verwaltungsakt erlassen hat, ist das Verwaltungsgericht örtlich zuständig, in dessen Bezirk diese Behörde ihren Sitz hat. In allen anderen Fällen ist das Verwaltungsgericht Köln zuständig.

2 Hier ist die Behörde nebst Anschrift einzusetzen, die für die Vertretung des Bundesministeriums der Verteidigung (BMVg) zuständig ist (siehe Vertretungsanordnung BMVg, **Zentrale Dienstvorschrift A-2170/24**). Ist das BMVg zuständig, ist die Anschrift aus Abschnitt 2.18.3.5.1, Buchstabe b einzusetzen.

Dieser Bescheid und der angefochtene Verwaltungsakt sollen in Urschrift oder Abschrift beigefügt werden. Im Übrigen sollen der Klage nebst Anlagen so viele Abschriften beigefügt werden, dass alle Beteiligten eine Ausfertigung erhalten können. Das gilt nicht für elektronisch übermittelte Dokumente.“

2.18.3.5 Belehrung bei Entscheidungen in truppendienstlichen Angelegenheiten mit Ausnahme von einfachen Disziplinarmaßnahmen und sonstigen Entscheidungen nach der WDO

C

2120. Bei truppendienstlichen Angelegenheiten („Erstmaßnahmen“) ist eine Rechtsbehelfsbelehrung **grundsätzlich nicht erforderlich**; dies gilt auch bei schriftlichen Befehlen oder Maßnahmen, zum Beispiel einer Versetzungsverfügung. Truppendienstliche Angelegenheiten sind insbesondere:

- Befehle, unabhängig davon, ob sie bereits ausgeführt sind oder nicht
- die Ablehnung von Anträgen insbesondere auf folgenden Gebieten:
  - Annahme von Belohnungen oder Geschenken (§ 19 SG),
  - Nebentätigkeit (§ 20 SG),
  - Vormundschaft und Ehrenämter (§ 21 SG),
  - Urlaub (§§ 28, 28a SG),
  - Einsicht in die Personalakte (§ 29 Absatz 7 und 8 SG),

a) sonstige aus dem Über-/Unterordnungsverhältnis folgende Maßnahmen oder Unterlassungen wie
   - Verbot der Ausübung des Dienstes (§ 22 SG)
   - unterlassene Anhörung über Behauptungen tatsächlicher Art vor Aufnahme in die Personalakten oder vor Verwertung in einer Beurteilung (§ 29 Absatz 5 SG)
   - unterlassene oder fehlerhafte Beteiligung der Vertrauensperson (Anhörung, Vorschlagsrecht, Mitbestimmung)
   - unterlassene Eröffnung einer Beurteilung (§ 2 der Soldatenlaufbahnverordnung).

2121. Nur soweit es sich um die Verhängung einer Disziplinarmaßnahme oder um eine sonstige anfechtbare Entscheidung von Vorgesetzten nach der WDO handelt, muss eine schriftliche Rechtsbehelfsbelehrung erteilt werden (§ 42 WDO in Verbindung mit § 6 WDO). Gleiches gilt bei einer truppendienstlichen Erstmaßnahme des Bundesministeriums der Verteidigung (BMVg), gegen die nur der Antrag auf gerichtliche Entscheidung, über den das Bundesverwaltungsgericht (Wehrdienstsenate) entscheidet, gegeben ist.

2122. Im Übrigen ist eine Rechtsbehelfsbelehrung in truppendienstlichen Angelegenheiten nur bei ganz oder teilweise zurückweisenden Entscheidungen über Beschwerden und weitere Beschwerden zu erteilen.

2123. Der Inhalt der Rechtsbehelfsbelehrung hängt von der jeweiligen Maßnahme oder Entscheidung ab.

2.18.3.5.1 Belehrung bei einer zurückweisenden Entscheidung über eine Beschwerde (§§ 12, 16, 21 WBO)

a) durch Disziplinarvorgesetzte, außer der Bundesministerin bzw. dem Bundesminister der Verteidigung:

„Gegen diesen Bescheid können Sie innerhalb eines Monats nach seiner Zustellung weitere Beschwerde bei ... in ...[1] *einlegen. Sie können die weitere Beschwerde auch bei Ihrer bzw. Ihrem nächsten Disziplinarvorgesetzten ... in ... einlegen.*

Die Beschwerde kann schriftlich oder mündlich zur Niederschrift[2] *eingelegt werden. Wird sie schriftlich eingelegt, ist die Frist nur gewahrt, wenn die Beschwerde vor Ablauf der Frist bei der für die Einlegung zuständigen Stelle eingeht."*

b) durch die Bundesministerin oder den Bundesminister der Verteidigung:

„Gegen diesen Bescheid können Sie die Entscheidung des Bundesverwaltungsgerichts (Wehrdienstsenate) beantragen. Der Antrag ist innerhalb eines Monats nach Zustellung dieses Bescheides beim Bundesministerium der Verteidigung, Postfach 13 28, 53003 Bonn (Postanschrift) bzw. Fontainengraben 150, 53123 Bonn (Hausanschrift), zu stellen. Sie können den Antrag auch bei Ihrer bzw. Ihrem nächsten Disziplinarvorgesetzten ... in ... einlegen.

---

[1] Hier sind Dienststellung und Dienstsitz der nächsten Disziplinarvorgesetzten (ohne Angabe des Namens) der Vorgesetzten, die über die Beschwerde entschieden haben, einzusetzen.

[2] Beachte § 6 Absatz 2 Satz 2 WBO: „Wird sie [die Beschwerde] mündlich vorgetragen, ist eine Niederschrift aufzunehmen, die der Aufnehmende unterschreiben muss und der Beschwerdeführer unterschreiben soll. Von der Niederschrift ist dem Beschwerdeführer auf Verlangen eine Abschrift auszuhändigen.

Der Antrag kann schriftlich oder mündlich zur Niederschrift[1] *gestellt werden. Wird er schriftlich gestellt, ist die Frist nur gewahrt, wenn der Antrag vor Ablauf der Frist bei einer für die Einlegung zuständigen Stelle eingeht.*

Die zur Begründung des Antrags dienenden Tatsachen und Beweismittel sollen unter Beifügung des Beschwerdebescheides angegeben werden. Mit dem Antrag kann nur geltend gemacht werden, dass eine dienstliche Maßnahme oder Unterlassung rechtswidrig sei.“

2.18.3.5.2 Belehrung bei einer zurückweisenden Entscheidung über eine weitere Beschwerde (§§ 16, 17, 21, 22 i. v. m. § 12 WBO)

a) durch Disziplinarvorgesetzte, außer der Bundesministerin bzw. dem Bundesminister der Verteidigung oder der Generalinspekteurin bzw. dem Generalinspekteur der Bundeswehr:

„Gegen diesen Bescheid können Sie die Entscheidung des Truppendienstgerichts beantragen. Der Antrag ist innerhalb eines Monats nach Zustellung dieses Bescheides beim Truppendienstgericht . . ., ... Kammer, in . . ., Straße . . .[2] *einzulegen. Sie können den Antrag auch bei Ihrer bzw. Ihrem nächsten Disziplinarvorgesetzten . . . in . . . einlegen.*

Der Antrag kann schriftlich oder mündlich zur Niederschrift[3] *gestellt werden. Wird er schriftlich gestellt, ist die Frist nur gewahrt, wenn der Antrag vor Ablauf der Frist bei einer für die Einlegung zuständigen Stelle eingeht.*

---

[1] Beachte § 6 Absatz 2 Satz 2 WBO: „Wird sie [die Beschwerde] mündlich vorgetragen, ist eine Niederschrift aufzunehmen, die der Aufnehmende unterschreiben muss und der Beschwerdeführer unterschreiben soll. Von der Niederschrift ist dem Beschwerdeführer auf Verlangen eine Abschrift auszuhändigen.“

[2] Hier ist die Bezeichnung der zuständigen Kammer des Truppendienstgerichts Nord oder Süd mit Angabe des Dienstsitzes und der Anschrift einzusetzen; siehe dazu **Zentrale Dienstvorschrift A-2180/12 „Verteilung der Truppendienstkammern“**.

[3] Beachte § 6 Absatz 2 Satz 2 WBO: „Wird sie [die Beschwerde] mündlich vorgetragen, ist eine Niederschrift aufzunehmen, die der Aufnehmende unterschreiben muss und der Beschwerdeführer unterschreiben soll. Von der Niederschrift ist dem Beschwerdeführer auf Verlangen eine Abschrift auszuhändigen.“

Die zur Begründung des Antrags dienenden Tatsachen und Beweismittel sollen unter Beifügung des Beschwerdebescheides sowie des Bescheides über die weitere Beschwerde angegeben werden.

Mit dem Antrag auf Entscheidung des Truppendienstgerichts kann nur geltend gemacht werden, dass eine dienstliche Maßnahme oder Unterlassung rechtswidrig sei."

b) durch die Bundesministerin bzw. den Bundesminister der Verteidigung oder die Generalinspekteurin bzw. den Generalinspekteur der Bundeswehr:

„Gegen diesen Bescheid können Sie die Entscheidung des Bundesverwaltungsgerichts (Wehrdienstsenate) beantragen. Der Antrag ist innerhalb eines Monats nach Zustellung dieses Bescheides beim Bundesministerium der Verteidigung[1], Postfach 13 28, 53003 Bonn (Postanschrift) bzw. Fontainengraben 150, 53123 Bonn (Hausanschrift), zu stellen. Sie können den Antrag auch bei Ihrer bzw. Ihrem nächsten Disziplinarvorgesetzten ... in ... einlegen.

Der Antrag kann schriftlich oder mündlich zur Niederschrift[2] gestellt werden. Wird er schriftlich gestellt, ist die Frist nur gewahrt, wenn der Antrag vor Ablauf der Frist bei einer für die Einlegung zuständigen Stelle eingeht.

Die zur Begründung des Antrags dienenden Tatsachen und Beweismittel sollen unter Beifügung des Beschwerdebescheides und des Bescheides über die weitere Beschwerde angegeben werden. Mit dem Antrag kann nur geltend gemacht werden, dass eine dienstliche Maßnahme oder Unterlassung rechtswidrig sei."

---

1 Gegebenenfalls um die konkrete Angabe des in § 22 WBO genannten Vorgesetzten zu ergänzen.

2 Beachte § 6 Absatz 2 Satz 2 WBO: „Wird sie [die Beschwerde] mündlich vorgetragen, ist eine Niederschrift aufzunehmen, die der Aufnehmende unterschreiben muss und der Beschwerdeführer unterschreiben soll. Von der Niederschrift ist dem Beschwerdeführer auf Verlangen eine Abschrift auszuhändigen.

2.18.3.6 Belehrung bei einfachen Disziplinarmaßnahmen und sonstigen Maßnahmen von Vorgesetzten nach der WDO

2.18.3.6.1 Belehrung bei der Verhängung von Disziplinararrest sowie bei Durchsuchung und Beschlagnahme

a) durch Disziplinarvorgesetzte, außer der Bundesministerin bzw. dem Bundesminister der Verteidigung oder der Generalinspekteurin bzw. dem Generalinspekteur der Bundeswehr:

„Gegen diese Maßnahme können Sie innerhalb eines Monats nach ihrer Bekanntgabe, jedoch frühestens nach Ablauf einer Nacht, Beschwerde bei dem Truppendienstgericht . . ., . . .Kammer, in . . ., Straße . . .[1] *einlegen. Sie können die Beschwerde auch bei Ihrer bzw. Ihrem nächsten Disziplinarvorgesetzten . . . in . . . einlegen.*

Die Beschwerde kann schriftlich oder mündlich zur Niederschrift[2] *eingelegt werden. Wird sie schriftlich eingelegt, ist die Frist nur gewahrt, wenn die Beschwerde vor Ablauf der Frist bei einer der für die Einlegung zuständigen Stelle eingeht.*

Die Beschwerde hemmt die Vollstreckung der Disziplinarmaßnahme[3]*, wenn sie vor Beginn der Vollstreckung eingelegt wird. Dies gilt nicht hinsichtlich des Disziplinararrestes*[4]*, wenn dessen sofortige Vollstreckbarkeit richterlich angeordnet ist. In diesem Fall kann die Beschwerde auch schon vor Ablauf einer Nacht eingelegt werden.“*

b) durch die Bundesministerin bzw. den Bundesminister der Verteidigung oder die Generalinspekteurin bzw. den Generalinspekteur der Bundeswehr:

„Gegen diese Maßnahme können Sie Beschwerde einlegen, über die das Bundesverwaltungsgericht (Wehrdienstsenate) entschei-

---

[1] Hier ist die Bezeichnung der zuständigen Kammer des Truppendienstgerichts Nord oder Süd mit Angabe des Dienstsitzes und der Anschrift einzusetzen; siehe dazu **Zentrale Dienstvorschrift A-2180/12**.

[2] Beachte § 6 Absatz 2 Satz 2 WBO: „Wird sie [die Beschwerde] mündlich vorgetragen, ist eine Niederschrift aufzunehmen, die der Aufnehmende unterschreiben muss und der Beschwerdeführer unterschreiben soll. Von der Niederschrift ist dem Beschwerdeführer auf Verlangen eine Abschrift auszuhändigen.

[3] Dieser Absatz der Belehrung ist nicht zu verwenden bei Durchsuchung und Beschlagnahme.

[4] Wird nur Disziplinararrest verhängt und nicht zusätzlich eine nach § 22 Absatz 2 WDO zulässige Disziplinarmaßnahme, sind die Wörter „hinsichtlich des Disziplinararrestes“ zu streichen.

det. Die Beschwerde ist innerhalb eines Monats nach Bekanntgabe dieser Maßnahme, jedoch frühestens nach Ablauf einer Nacht, beim Bundesministerium der Verteidigung[1]*, Postfach 13 28, 53003 Bonn (Postanschrift) bzw. Fontainengraben 150, 53123 Bonn (Hausanschrift), einzulegen. Sie können die Beschwerde auch bei Ihrer bzw. Ihrem nächsten Disziplinarvorgesetzten . . . in . . . einlegen.*

Die Beschwerde kann schriftlich oder mündlich zur Niederschrift[2] *eingelegt werden. Wird sie schriftlich eingelegt, ist die Frist nur gewahrt, wenn die Beschwerde vor Ablauf der Frist bei einer für die Einlegung zuständigen Stelle eingeht.*

Die zur Begründung der Beschwerde dienenden Tatsachen und Beweismittel sollen angegeben werden.

Die Beschwerde hemmt die Vollstreckung der Disziplinarmaßnahme[3] *wenn sie vor Beginn der Vollstreckung eingelegt wird. Dies gilt nicht hinsichtlich des Disziplinararrestes*[4]*, wenn dessen sofortige Vollstreckbarkeit richterlich angeordnet ist. In diesem Fall kann die Beschwerde auch schon vor Ablauf einer Nacht eingelegt werden.“*

2.18.3.6.2 Belehrung bei Verhängung einer einfachen Disziplinarmaßnahme mit Ausnahme des Disziplinararrestes sowie bei sonstigen Maßnahmen von Disziplinarvorgesetzten nach der WDO mit Ausnahme einer Durchsuchung und Beschlagnahme

a) durch Disziplinarvorgesetzte, außer der Bundesministerin bzw. dem Bundesminister der Verteidigung:

„Gegen diese Maßnahme können Sie innerhalb eines Monats nach ihrer Bekanntgabe, jedoch frühestens nach Ablauf einer

---

1 Gegebenenfalls um die konkrete Angabe des in § 22 WBO genannten Vorgesetzten zu ergänzen.

2 Beachte § 6 Absatz 2 Satz 2 WBO: „Wird sie [die Beschwerde] mündlich vorgetragen, ist eine Niederschrift aufzunehmen, die der Aufnehmende unterschreiben muss und der Beschwerdeführer unterschreiben soll. Von der Niederschrift ist dem Beschwerdeführer auf Verlangen eine Abschrift auszuhändigen.

3 Dieser Absatz der Belehrung ist nicht zu verwenden bei Durchsuchung und Beschlagnahme.

4 Wird nur Disziplinararrest verhängt und nicht zusätzlich eine nach § 22 Absatz 2 WDO zulässige Disziplinarmaßnahme, sind die Wörter „hinsichtlich des Disziplinararrestes“ zu streichen.

Nacht, Beschwerde bei ... in ...[1] einlegen. Sie können die Beschwerde auch bei Ihrer bzw. Ihrem nächsten Disziplinarvorgesetzten ... in ... einlegen.

Die Beschwerde kann schriftlich oder mündlich zur Niederschrift[2] eingelegt werden. Wird sie schriftlich eingelegt, ist die Frist nur gewahrt, wenn die Beschwerde vor Ablauf der Frist bei einer für die Einlegung zuständigen Stelle eingeht.

Die Beschwerde hemmt die Vollstreckung der Disziplinarmaßnahme nur, wenn sie vor Beginn der Vollstreckung eingelegt wird.[3]“

b) durch die Bundesministerin bzw. den Bundesminister der Verteidigung:

„*Gegen diese Maßnahme können Sie die Entscheidung des Bundesverwaltungsgerichts (Wehrdienstsenate) beantragen. Der Antrag ist innerhalb eines Monats nach Bekanntgabe dieser Maßnahme, jedoch frühestens nach Ablauf einer Nacht, beim Bundesministerium der Verteidigung, Postfach 13 28, 53003 Bonn (Postanschrift) bzw. Fontainengraben 150, 53123 Bonn (Hausanschrift), zu stellen. Sie können den Antrag auch bei Ihrer bzw. Ihrem nächsten Disziplinarvorgesetzten ... in ... einlegen.*

Der Antrag kann schriftlich oder mündlich zur Niederschrift[4] eingelegt werden. Wird er schriftlich eingelegt, ist die Frist nur gewahrt, wenn der Antrag vor Ablauf der Frist bei einer für die Einlegung zuständigen Stelle eingeht. Die zur Begründung des Antrags dienenden Tatsachen und Beweismittel sollen angegeben werden.

---

1 Hier sind Dienststellung und Dienstsitz der oder des nächsten Disziplinarvorgesetzten (ohne Angabe des Namens) der oder des Vorgesetzten, die oder der die Maßnahme getroffen hat, einzusetzen.

2 Beachte § 6 Absatz 2 Satz 2 WBO: „Wird sie [die Beschwerde] mündlich vorgetragen, ist eine Niederschrift aufzunehmen, die der Aufnehmende unterschreiben muss und der Beschwerdeführer unterschreiben soll. Von der Niederschrift ist dem Beschwerdeführer auf Verlangen eine Abschrift auszuhändigen.

3 Dieser Satz ist nur bei der Verhängung einer Disziplinarmaßnahme zu verwenden.

4 Beachte § 6 Absatz 2 Satz 2 WBO: „Wird sie [die Beschwerde] mündlich vorgetragen, ist eine Niederschrift aufzunehmen, die der Aufnehmende unterschreiben muss und der Beschwerdeführer unterschreiben soll. Von der Niederschrift ist dem Beschwerdeführer auf Verlangen eine Abschrift auszuhändigen.

Der Antrag hemmt die Vollstreckung der Disziplinarmaßnahme nur, wenn er vor Beginn der Vollstreckung eingelegt wird.[1]"

2.18.3.6.3 Belehrung bei einem zurückweisenden Beschwerdebescheid über eine einfache Disziplinarmaßnahme mit Ausnahme des Disziplinararrests sowie über sonstige Maßnahmen oder Entscheidungen der Vorgesetzten nach der WDO mit Ausnahme einer Durchsuchung und Beschlagnahme

a) durch Disziplinarvorgesetzte, außer der Bundesministerin bzw. dem Bundesminister der Verteidigung oder der Generalinspekteurin bzw. dem Generalinspekteur der Bundeswehr:

„*Gegen diesen Bescheid können Sie innerhalb eines Monats nach seiner Bekanntgabe weitere Beschwerde bei dem Truppendienstgericht ..., ... Kammer, in ..., Straße ...[2], einlegen. Sie können die weitere Beschwerde auch bei Ihrer bzw. Ihrem nächsten Disziplinarvorgesetzten ... in ... einlegen.*

Die Beschwerde kann schriftlich oder mündlich zur Niederschrift[3] eingelegt werden. Wird sie schriftlich eingelegt, ist die Frist nur gewahrt, wenn die Beschwerde vor Ablauf der Frist bei einer für die Einlegung zuständigen Stelle eingeht.

Die weitere Beschwerde hemmt die Vollstreckung der Disziplinarmaßnahme nicht."

b) durch die Bundesministerin bzw. den Bundesminister der Verteidigung oder die Generalinspekteurin bzw. den Generalinspekteur der Bundeswehr:

„*Gegen diesen Beschwerdebescheid können Sie die Entscheidung des Bundesverwaltungsgerichts (Wehrdienstsenate) beantragen. Der Antrag ist innerhalb eines Monats nach Zustellung dieses Bescheides beim Bundesministerium der Verteidigung, Postfach 13 28, 53003 Bonn (Postanschrift) bzw. Fontainengraben 150, 53123 Bonn (Hausanschrift), zu stellen. Sie können den*

---

1 Dieser Satz ist nur bei der Verhängung einer Disziplinarmaßnahme zu verwenden.

2 Hier ist die Bezeichnung der zuständigen Kammer des Truppendienstgerichts Nord oder Süd mit Angabe des Dienstsitzes und der Anschrift einzusetzen; siehe dazu **Zentrale Dienstvorschrift A-2180/12**.

3 Beachte § 6 Absatz 2 Satz 2 WBO: „Wird sie [die Beschwerde] mündlich vorgetragen, ist eine Niederschrift aufzunehmen, die der Aufnehmende unterschreiben muss und der Beschwerdeführer unterschreiben soll. Von der Niederschrift ist dem Beschwerdeführer auf Verlangen eine Abschrift auszuhändigen.

Antrag auch bei Ihrer bzw. Ihrem nächsten Disziplinarvorgesetzten ... in ... einlegen.

Der Antrag kann schriftlich oder mündlich zur Niederschrift[1] *eingelegt werden. Wird er schriftlich gestellt, ist die Frist nur gewahrt, wenn der Antrag vor Ablauf der Frist bei einer für die Einlegung zuständigen Stelle eingeht.*

Die zur Begründung des Antrags dienenden Tatsachen und Beweismittel sollen unter Beifügung des Beschwerdebescheides angegeben werden.

Der Antrag hemmt die Vollstreckung der Disziplinarmaßnahme nicht.“

2.18.3.7 Belehrung bei Entscheidungen der Einleitungsbehörde

2124. Bei folgenden Entscheidungen einer Einleitungsbehörde ist nach § 6 WDO eine Rechtsbehelfsbelehrung zu erteilen:

a) Aussetzung des gerichtlichen Disziplinarverfahrens (§ 83 Absatz 4 WDO);

b) Feststellung eines Dienstvergehens (§ 92 Absatz 4 WDO);

c) Ablehnung eines Antrags auf Einleitung eines gerichtlichen Disziplinarverfahrens mit der Feststellung eines Dienstvergehens (§ 95 Absatz 2, § 92 Absatz 4 WDO);

d) Einstellung des gerichtlichen Disziplinarverfahrens mit der Feststellung eines Dienstvergehens (§ 98 Absatz 3, § 92 Absatz 4 WDO);

e) Ablehnung des Antrags auf Aufhebung einer vorläufigen Dienstenthebung, des Uniformtrageverbots oder der Einbehaltung von Dienstbezügen (§ 126 Absatz 5 WDO);

f) Feststellung über den Verfall von Dienstbezügen und über die Anrechnung von Einkünften aus Nebentätigkeiten (§ 127 Absatz 4 WDO).

---

1 Beachte § 6 Absatz 2 Satz 2 WBO: „Wird sie [die Beschwerde] mündlich vorgetragen, ist eine Niederschrift aufzunehmen, die der Aufnehmende unterschreiben muss und der Beschwerdeführer unterschreiben soll. Von der Niederschrift ist dem Beschwerdeführer auf Verlangen eine Abschrift auszuhändigen.

2.18.3.7.1 Belehrung bei Rücknahme einer förmlichen Anerkennung (§§ 14, 42 Nummer 5 WDO)

a) *„Gegen diese Maßnahme können Sie innerhalb eines Monats nach ihrer Bekanntgabe, jedoch frühestens nach Ablauf einer Nacht, Beschwerde bei dem Truppendienstgericht . . ., . . . Kammer, in . . ., Straße . . .*[1]*, einlegen. Sie können die Beschwerde auch bei Ihrer bzw. Ihrem nächsten Disziplinarvorgesetzten . . . in . . . einlegen.*

Die Beschwerde kann schriftlich oder mündlich zur Niederschrift[2] *eingelegt werden. Wird sie schriftlich eingelegt, ist die Frist nur gewahrt, wenn die Beschwerde vor Ablauf der Frist bei einer für die Einlegung zuständigen Stelle eingeht."*

b) Ist die Rücknahme von der Bundesministerin bzw. dem Bundesminister der Verteidigung oder der Generalinspekteurin bzw. dem Generalinspekteur der Bundeswehr vorgenommen worden, ist das Bundesverwaltungsgericht (Wehrdienstsenate) für die Entscheidung zuständig (§ 42 Nummer 5 Satz 2 WDO). Abschnitt 2.18.3.6.3, Buchstabe b gilt entsprechend.

2.18.3.7.2 Belehrung bei Aussetzung des gerichtlichen Disziplinarverfahrens (§ 83 Absatz 4 WDO)

„Gegen die Aussetzung des Verfahrens können Sie die Entscheidung des Truppendienstgerichts . . ., . . . Kammer, in . . ., Straße . . .[3]*, beantragen.*

Der Antrag ist an keine Frist gebunden. Er kann schriftlich oder zu Protokoll der Geschäftsstelle des Truppendienstgerichts gestellt werden. Sie können den Antrag auch schriftlich oder mündlich zur

---

1 Hier ist die Bezeichnung der zuständigen Kammer des Truppendienstgerichts Nord oder Süd mit Angabe des Dienstsitzes und der Anschrift einzusetzen; siehe dazu **Zentrale Dienstvorschrift A-2180/12**.

2 Beachte § 6 Absatz 2 Satz 2 WBO: „Wird sie [die Beschwerde] mündlich vorgetragen, ist eine Niederschrift aufzunehmen, die der Aufnehmende unterschreiben muss und der Beschwerdeführer unterschreiben soll. Von der Niederschrift ist dem Beschwerdeführer auf Verlangen eine Abschrift auszuhändigen.

3 Hier ist die Bezeichnung der zuständigen Kammer des Truppendienstgerichts Nord oder Süd mit Angabe des Dienstsitzes und der Anschrift einzusetzen; siehe dazu **Zentrale Dienstvorschrift A-2180/12**.

Niederschrift[1] *bei Ihrer bzw. Ihrem nächsten Disziplinarvorgesetzten ... in ... stellen."*

2.18.3.7.3 Belehrung bei Absehen von der Einleitung eines gerichtlichen Disziplinarverfahrens oder bei Einstellung des gerichtlichen Disziplinarverfahrens mit der Feststellung eines Dienstvergehens (§ 92 Absatz 3, § 98 Absatz 3, § 92 Absatz 4 WDO)

a) *„Gegen die Feststellung, ein Dienstvergehen begangen zu haben, können Sie die Entscheidung des Truppendienstgerichts ..., ... Kammer, in ..., Straße ...*[2]*, beantragen.*

Der Antrag ist innerhalb eines Monats nach Zustellung dieses Bescheides schriftlich oder zu Protokoll der Geschäftsstelle des Truppendienstgerichts zu stellen.

Sie können den Antrag auch schriftlich oder mündlich zur Niederschrift[3] *bei Ihrer bzw. Ihrem nächsten Disziplinarvorgesetzten ... in ... stellen.*

Wird der Antrag schriftlich gestellt, ist die Frist nur gewahrt, wenn er vor Ablauf der Frist bei einer für die Einlegung zuständigen Stelle eingeht."

b) Ist die Feststellung von der Bundesministerin oder dem Bundesminister der Verteidigung oder der Generalinspekteurin bzw. dem Generalinspekteur der Bundeswehr getroffen worden, ist das Bundesverwaltungsgericht (Wehrdienstsenate) für die Entscheidung zuständig (§ 92 Absatz 3, § 98 Absatz 3, § 92 Absatz 4 Satz 2, § 42 Nummer 5 Satz 2 WDO). Abschnitt 2.18.3.6.3, Buchstabe b) gilt entsprechend.

---

1 Beachte § 6 Absatz 2 Satz 2 WBO: „Wird sie [die Beschwerde] mündlich vorgetragen, ist eine Niederschrift aufzunehmen, die der Aufnehmende unterschreiben muss und der Beschwerdeführer unterschreiben soll. Von der Niederschrift ist dem Beschwerdeführer auf Verlangen eine Abschrift auszuhändigen.

2 Hier ist die Bezeichnung der zuständigen Kammer des Truppendienstgerichts Nord oder Süd mit Angabe des Dienstsitzes und der Anschrift einzusetzen; siehe dazu **Zentrale Dienstvorschrift A-2180/12**.

3 Beachte § 6 Absatz 2 Satz 2 WBO: „Wird sie [die Beschwerde] mündlich vorgetragen, ist eine Niederschrift aufzunehmen, die der Aufnehmende unterschreiben muss und der Beschwerdeführer unterschreiben soll. Von der Niederschrift ist dem Beschwerdeführer auf Verlangen eine Abschrift auszuhändigen.

2.18.3.7.4 Belehrung bei Anordnung der vorläufigen Dienstenthebung, des Uniformtrageverbots oder der Einbehaltung von Dienstbezügen (§ 126 Absatz 5 WDO)

„Sie können bei mir beantragen, die Anordnung ...[1] aufzuheben oder abzuändern. Der Antrag ist an keine Frist gebunden. Er kann schriftlich oder mündlich zur Niederschrift[2] gestellt werden."

2.18.3.7.5 Belehrung bei Ablehnung des Antrags auf Aufhebung der vorläufigen Dienstenthebung, des Uniformtrageverbots oder der Einbehaltung von Dienstbezügen (§ 126 Absatz 5 WDO) und bei der Feststellung, die zum Verfall der Dienstbezüge führt, sowie der Entscheidung über die Anrechnung von Einkünften aus Nebentätigkeiten (§ 127 Absatz 4 WDO)

„Gegen diesen Bescheid können Sie die Entscheidung des Truppendienstgerichts ..., ... Kammer, in ..., Straße ...[3], beantragen.

Der Antrag ist innerhalb eines Monats nach Zustellung dieses Bescheides schriftlich oder zu Protokoll der Geschäftsstelle des Truppendienstgerichts zu stellen.

Sie können den Antrag auch schriftlich oder mündlich zur Niederschrift[4] bei Ihrer bzw. Ihrem nächsten Disziplinarvorgesetzten ... in ... stellen.

Wird der Antrag schriftlich gestellt, ist die Frist nur gewahrt, wenn er vor Ablauf der Frist bei einer für die Einlegung zuständigen Stelle eingeht."

Beachte: Ist das Verfahren bereits beim Bundesverwaltungsgericht anhängig, ist die Entscheidung nach § 126 Absatz 5 Satz 4 WDO von diesem Gericht zu treffen.

---

1 Hier ist die Anordnung ggf. im Einzelnen zu bezeichnen.

2 Beachte § 6 Absatz 2 Satz 2 WBO: „Wird sie [die Beschwerde] mündlich vorgetragen, ist eine Niederschrift aufzunehmen, die der Aufnehmende unterschreiben muss und der Beschwerdeführer unterschreiben soll. Von der Niederschrift ist dem Beschwerdeführer auf Verlangen eine Abschrift auszuhändigen."

3 Hier ist die Bezeichnung der zuständigen Kammer des Truppendienstgerichts Nord oder Süd mit Angabe des Dienstsitzes und der Anschrift einzusetzen; siehe dazu **Zentrale Dienstvorschrift A-2180/12**.

4 Beachte § 6 Absatz 2 Satz 2 WBO: „Wird sie [die Beschwerde] mündlich vorgetragen, ist eine Niederschrift aufzunehmen, die der Aufnehmende unterschreiben muss und der Beschwerdeführer unterschreiben soll. Von der Niederschrift ist dem Beschwerdeführer auf Verlangen eine Abschrift auszuhändigen.

2.18.3.8 Besonderheiten bei stationärer Behandlung, Vollstreckung in Vollzugseinrichtungen der Bundeswehr

2125. Befindet sich die Beschwerdeführerin oder der Beschwerdeführer in stationärer Behandlung in einem **Bundeswehrkrankenhaus** oder zum Zweck der Vollstreckung in **Vollzugseinrichtungen** der Bundeswehr, ist der jeweiligen Rechtsbehelfsbelehrung folgender Satz anzufügen (vgl. § 5 Absatz 2 WBO):

C

„Sie können den Rechtsbehelf in der gleichen Frist auch bei der Chefärztin bzw. dem Chefarzt des... (hier ist das Bundeswehrkrankenhaus anzugeben und die genaue Dienstbezeichnung der Chefärztin bzw. des Chefarztes einzusetzen) in ... /bei den Vollzugsvorgesetzten ...[1] *in ... einlegen."*

2.18.3.9 Besonderheiten bei früheren Soldatinnen oder Soldaten

2126. Früheren Soldatinnen und Soldaten kann gemäß § 1 Absatz 3 WBO ein Beschwerderecht zustehen. Sie befinden sich aber nicht mehr in einem Wehrdienstverhältnis, sodass sie auch keinen „nächsten Disziplinarvorgesetzten" im Sinne des § 5 Absatz 1 Satz 1 WBO haben; Entsprechendes gilt bei § 17 Absatz 4 Satz 3 WBO. Es besteht damit, soweit diese früheren Vorgesetzten nicht selbst zur Entscheidung über die Beschwerde zuständig sind, dort auch keine (weitere) Einlegemöglichkeit. Da es im Einzelfall für die frühere Soldatin oder den früheren Soldaten schwierig sein kann, die Zuständigkeit für eine Beschwerdeentscheidung zu bestimmen, ist der Eingang einer Beschwerde bei der oder dem früheren nächsten Disziplinarvorgesetzten in entsprechender Anwendung des § 5 Absatz 1 WBO als zulässig anzusehen. Die Beschwerde ist gegebenenfalls unverzüglich der zuständigen Stelle zuzuleiten.

2127. Bei Entscheidungen über Beschwerden früherer Soldatinnen oder Soldaten, ist in der Rechtsbehelfsbelehrung über die Stelle zu belehren, bei der der Rechtsbehelf eingelegt werden kann. Das ist in diesem Fall nur noch die zuständige Stelle nach § 5 Absatz 1 Satz 2 WBO. Die Möglichkeit, eine Beschwerde bei den früheren nächsten Disziplinarvorgesetzten einzulegen, besteht dagegen nach dem Gesetz **nicht** mehr (vgl. Nummer 2126). Insoweit sind die Muster der o. a. Rechtsbehelfsbelehrungen anzupassen, soweit auf eine solche Einlegemöglichkeit hingewiesen wird. Beachten die früheren Soldatinnen oder Soldaten die zutreffende Rechtsbehelfsbelehrung nicht, geht dies zu ihren Lasten, wenn der Rechtsbehelf

---

[1] Einzusetzen ist die Bezeichnung der Vollzugsvorgesetzten gemäß Nummer 110 bis 112 der **Zentralen Dienstvorschrift A-2155/1** „Vollzug in der Bundeswehr".

dadurch trotz unverzüglicher Weiterleitung nicht fristgerecht bei der zuständigen Stelle eingeht.

Einzelerlasse zur WBO

a) – zzt. unbesetzt –

C

b) Vertretung von Soldatinnen und Soldaten in Verfahren nach der Wehrbeschwerdeordnung

A-2160/6, Abschnitt 2.10

2.10 Vertretung von Soldatinnen und Soldaten in Verfahren nach der Wehrbeschwerdeordnung

2038. Bei Beschwerden in **Verwaltungsangelegenheiten** (vgl. Abschnitt 3.3.3.3), in denen der Verwaltungsrechtsweg gegeben ist und nach § 23 Absatz 1 der Wehrbeschwerdeordnung (WBO) das Beschwerdeverfahren an die Stelle des verwaltungsgerichtlichen Vorverfahrens tritt, können sich Soldatinnen und Soldaten durch Rechtsanwältinnen oder Rechtsanwälte, berufsständische Vereinigungen, Kameradinnen oder Kameraden oder sonstige Personen vertreten lassen (vgl. § 14 des Verwaltungsverfahrensgesetzes).

2039. Bei Beschwerden in **truppendienstlichen Angelegenheiten** einschließlich der Disziplinarbeschwerden (vgl. Abschnitt 3.3.3.1) ist eine Vertretung nur durch Rechtsanwältinnen oder Rechtsanwälte und andere Personen, welche die Befähigung zum Richteramt nach dem Deutschen Richtergesetz haben oder die Voraussetzungen des § 110 Satz 1 des Deutschen Richtergesetzes erfüllen, sowie durch Soldatinnen und Soldaten zulässig (vgl. § 23a Absatz 1 WBO in Verbindung mit § 90 Absatz 2 der Wehrdisziplinarordnung). Im Rechtsbeschwerdeverfahren nach § 22a WBO und für die Nichtzulassungsbeschwerde nach § 22b WBO besteht für die Beschwerdeführerinnen und Beschwerdeführer Vertretungszwang. Das heißt, sie müssen sich beim Einlegen und Begründen der Rechtsbeschwerde oder Nichtzulassungsbeschwerde durch eine der zuvor genannten Personen vertreten lassen (§ 22a Absatz 5 WBO und § 22b Absatz 1 Satz 2 WBO) mit der Einschränkung, dass in diesen Fällen eine Vertretung durch Soldatinnen oder Soldaten nicht zulässig ist.

2040. Die Vorschriften des Gesetzes über außergerichtliche Rechtsdienstleistungen (RDG) sind zu beachten. Danach sind unentgeltliche Rechtsdienstleistungen durch nicht registrierte Personen im Rahmen familiärer, nachbarschaftlicher oder ähnlich enger persönlicher Beziehungen erlaubt (§ 6 Absatz 1 und 2 RDG). Erfolgt die unentgeltliche Rechtsdienstleistung durch nicht registrierte Personen außerhalb des zuvor genannten Rahmens, muss sichergestellt sein, dass die Rechtsdienstleistung durch eine Person mit Befähigung zum Richteramt oder unter Anleitung einer solchen Person erfolgt (§ 6 Absatz 2 RDG). Ohne Registrierung dürfen auch Berufs- und Interessenvereinigungen (z. B. Gewerkschaften und

Berufsverbände) sowie Genossenschaften Rechtsdienstleistungen im Rahmen des satzungsgemäßen Aufgabenbereichs für ihre Mitglieder erbringen, wenn diese durch eine Person mit Befähigung zum Richteramt oder unter Anleitung einer solchen Person gewährt wird (§ 7 RDG).

c) Geltung derWehrbeschwerdeordnung für ausgeschiedene Soldatinnen und Soldaten

A-2160/6, Abschnitt 2.11

2.11 Geltung der Wehrbeschwerdeordnung für ausgeschiedene Soldatinnen und Soldaten

2041. Die Fortführung eines Beschwerdeverfahrens wird nach § 15 der Wehrbeschwerdeordnung (WBO) nicht dadurch berührt, dass nach Einlegung der Beschwerde das Dienstverhältnis der Beschwerdeführerin oder des Beschwerdeführers endigt. Diese Regelung gilt für Beschwerdeverfahren in truppendienstlichen Angelegenheiten einschließlich Disziplinarbeschwerdeverfahren, in Verwaltungsangelegenheiten, für das gerichtliche Antragsverfahren vor den Wehrdienstgerichten nach § 17 WBO sowie bei der Rechtsbeschwerde nach § 22a WBO und der Nichtzulassungsbeschwerde nach § 22b WBO.

2042. Insoweit ist nach folgenden Grundsätzen zu verfahren:

- Scheiden Soldatinnen oder Soldaten nach Einlegung ihrer Beschwerde aus dem Wehrdienstverhältnis aus, ist das Beschwerdeverfahren nach den Bestimmungen der WBO fortzusetzen. Das bedeutet, dass auch frühere Soldatinnen oder Soldaten gegen einen zurückweisenden Beschwerdebescheid ggf. noch weitere Beschwerde (§ 16 Absatz 1 WBO) einlegen, Antrag auf gerichtliche Entscheidung (§ 17 Absatz 1 WBO) stellen sowie Rechtsbeschwerde (§ 22a WBO) und Nichtzulassungsbeschwerde (§ 22b WBO) einlegen können.
- Nach Ausscheiden aus dem Wehrdienst können frühere Soldatinnen und Soldaten Beschwerde einlegen, wenn der Beschwerdeanlass in die Wehrdienstzeit fällt (§ 1 Absatz 3 WBO). Es kommt nicht darauf an, ob diese von dem Beschwerdeanlass noch während des Dienstverhältnisses oder erst nach ihrem Ausscheiden aus dem Dienstverhältnis Kenntnis erhalten haben. Die in der WBO vorgeschriebenen Fristen für die Einlegung von Rechtsbehelfen sind zu beachten.
- Ist der Beschwerdeanlass erst nach Beendigung des Wehrdienstverhältnisses entstanden, gelten die Bestimmungen der WBO nicht mehr. Die früheren Soldatinnen und Soldaten können in diesen Fällen nur noch die Rechtsbehelfe in Anspruch nehmen, die nach der Verwaltungsgerichtsordnung allen Staatsbürgerinnen und Staatsbürgern zur Verfügung stehen.

d) Behandlung von Beschwerden gegen Vorschriften über die Gewährung von Zulagen

A-2160/6, Abschnitt 2.13

2.13 Behandlung von Beschwerden gegen Vorschriften über die Gewährung von Zulagen

2.13.1 Allgemeines

2046. Beschwerden von Soldatinnen und Soldaten im Zusammenhang mit der Gewährung von Zulagen sind Beschwerden in Verwaltungsangelegenheiten nach § 23 der Wehrbeschwerdeordnung (WBO).

2047. Für die Eröffnung des Rechtsweges zu den Verwaltungsgerichten gilt § 42 der Verwaltungsgerichtsordnung. Danach ist eine Klage nur zulässig, wenn die Soldatin bzw. der Soldat geltend macht, durch einen **Verwaltungsakt** in eigenen Rechten verletzt zu sein.

2048. Ein Bescheid über die Gewährung, Versagung, Aufhebung oder Änderung einer Zulage stellt einen Verwaltungsakt dar.

2049. Gesetze und Rechtsverordnungen sind keine Verwaltungsakte, so dass förmliche Beschwerden nach der WBO nicht zulässig sind. Dasselbe gilt für andere besoldungsrechtliche Vorschriften, wie z. B. Erlasse des Bundesministeriums der Verteidigung, die den Anspruch auf Zulagen in allgemeiner Form regeln.

2.13.2 Bearbeitung

2050. Soldatinnen und Soldaten, die annehmen, dass sie zu Unrecht keine oder eine zu geringe Zulage erhalten, können die Gewährung der Zulage beantragen. Der Antrag ist an die Beschäftigungsdienststelle zu richten. Diese entscheidet über den Antrag, sofern sie für die Gewährung der Zulage zuständig ist oder leitet ihn mit Abgabenachricht an die zuständige Stelle weiter.

2051. Wird der Antrag abgelehnt, kann die Soldatin oder der Soldat Beschwerde einlegen. Erst wenn das Beschwerdeverfahren erfolglos geblieben ist, kann Klage vor dem Verwaltungsgericht erhoben werden.

2052. Hat die Soldatin oder der Soldat unmittelbar Beschwerde nach der WBO erhoben, soll diese zunächst als Antrag auf Gewährung der Zulage gewertet werden. Stimmt die Soldatin oder der Soldat dieser Vorgehensweise zu, ist der Vorgang an die für die Gewährung zuständige Dienststelle abzugeben.

2053. Besteht die Soldatin oder der Soldat jedoch darauf, dass ihr oder sein Vorbringen als Beschwerde nach der WBO behandelt wird, ist diese entsprechend zu bescheiden.

2054. Die Zuständigkeitsregelungen der „Anordnung über die Übertragung von Zuständigkeiten zur Entscheidung über Beschwerden nach der Wehrbeschwerdeordnung im Geschäftsbereich des Bundesministeriums der Verteidigung“ (s. Abschnitt 2.1), der „Allgemeinen Anordnung über die Übertragung von Zuständigkeiten im Widerspruchsverfahren und über die Vertretung bei Klagen aus dem Beamten- oder Wehrdienstverhältnis im Geschäftsbereich des Bundesministeriums der Verteidigung“ und der „Anordnung über die Übertragung von Zuständigkeiten in Widerspruchsverfahren und über die Vertretung der Bundesrepublik Deutschland bei Klagen in Angelegenheiten der Besoldung, der Versorgung, des Wehrsolds, der Beihilfe und der Unterhaltssicherung im Geschäftsbereich des Bundesministeriums der Verteidigung (BMVg-WidVertrAnO)“ sowie die Vorschriften über Rechtsbehelfsbelehrungen nach Abschnitt 2.18 „Belehrungen von Soldatinnen und Soldaten über die Rechtsbehelfe nach der Wehrbeschwerdeordnung und der Wehrdisziplinarordnung“ sind zu beachten.

e) Wehrbeschwerden und statusrechtliche Klagen der Soldatinnen und Soldaten in der Zuständigkeit des Bundesministeriums der Verteidigung (A-2162/2, Version 2)

Vom 14. September 2016

1 Beschwerde- und Klageangelegenheiten

1.1 Grundsätze

101. Diese Zentrale Dienstvorschrift gilt für die Bearbeitung von truppendienstlichen Beschwerden und weiteren Beschwerden, für die die Entscheidungszuständigkeit des Bundesministers bzw. der Bundesministerin der Verteidigung oder des Bundesministeriums der Verteidigung (BMVg) gemäß § 9 Abs. 1 Satz 1 und 2 bzw. § 16 Abs. 3 der Wehrbeschwerdeordnung (WBO) gegeben ist. Des Weiteren trifft diese Regelung Festlegungen für die Bearbeitung statusrechtlicher Beschwerden gemäß § 23 Abs. 1 WBO bzw. statusrechtlicher Klagen von Soldatinnen und Soldaten gemäß § 23 Abs. 5 WBO in der Personalbearbeitungszuständigkeit des BMVg (derzeit Offiziere ab Versetzung auf einen mindestens nach der Besoldungsgruppe B 2 dotierten Dienstposten [DP]) sowie für die Bearbeitung statusrechtlicher Beschwerden und Klagen, für die die Entscheidungszuständigkeit einer personalbearbeitenden Stelle (PersBSt) außerhalb des BMVg gemäß § 23 Abs. 4 Satz 1 WBO gegeben ist.

102. Wesentliche Voraussetzung einer erfolgreichen Beschwerdebearbeitung und Verfahrensführung vor dem Bundesverwaltungsgericht – 1. Wehrdienstsenat (BVerwG – 1. WDS) oder den allgemeinen Verwaltungsgerichten (VG) ist neben der rechtlichen Argumentation eine in vollem Umfang den Tatsachen entsprechende Sachverhaltsdarstellung. Unvollständige und unrichtige Darstellungen beeinträchtigen die Erfolgschancen vor Gericht. Die jeweilige Angelegenheit ist daher in allen Einzelheiten und mit allen Hintergründen seitens der abhilfeprüfenden Dienststellen oder PersBSt darzustellen. Hierzu gehören z. B. die Benennung von Bearbeitungsfehlern ebenso wie nicht in den Akten festgehaltene, gleichwohl entscheidungserhebliche mündliche Mitteilungen oder Bewertungen von Vorgesetzten oder anderen Dienststellen.

1.2 Verfahrensgang

103. Mit Einlegung einer truppendienstlichen oder statusrechtlichen Beschwerde, für die die o. g. Entscheidungszuständigkeit gegeben ist, besteht die Bearbeitungszuständigkeit des Referates BMVg Recht (R) II 2.

Im nachgeordneten Bereich oder in anderen Referaten des BMVg eingelegte oder eingehende Rechtsbehelfe in der Bearbeitungszuständigkeit BMVg R II 2 sind unverzüglich – gegebenenfalls mit einer Vorabstellungnahme – hier vorzulegen oder weiterzuleiten.

Dies gilt auch für die Fälle, die von den bearbeitenden Dienststellen oder PersBSt als erledigt angesehen werden.

104. Für den Fall, dass mit dem Rechtsbehelf ein Bescheid angefochten wird, ist stets eine Kopie der Entscheidung nebst Antrag (in den Fällen der Ablehnung eines Antrags) beizufügen oder unverzüglich nachzureichen.

Eine Eingangsbestätigung und Zwischennachrichten zum Bearbeitungsstand des Beschwerdeverfahrens gegenüber der oder dem Beschwerdeführer (Bf) werden ausschließlich durch BMVg R II 2 erteilt.

Umdeutungen eines Rechtsbehelfs beispielsweise in einen Antrag dürfen nur nach Beteiligung des Referates BMVg R II 2 erfolgen.

105. Abhilfemaßnahmen der bearbeitenden Dienststellen/PersBSt oder Referate gemäß § 23 Abs. 2 Satz 2 WBO bzw. Anregungen in der Sache abzuhelfen werden dadurch nicht berührt; eine vorherige Beteiligung/Zustimmung von BMVg R II 2 ist jedoch unumgänglich. Dies gilt beispielsweise bei Personalgesprächen, die den Beschwerdegegenstand berühren.

Die Prüfung der Abhilfe bzw. die Vorlage eines Berichts oder einer Stellungnahme zur Beschwerde (im Falle der Nichtabhilfe) ist regelmäßig innerhalb eines Monats nach Eingang bei der bearbeitenden Dienststelle, der PersBSt oder dem Referat abzuschließen, da die WBO davon ausgeht, dass truppendienstliche Beschwerden und weitere Beschwerden grundsätzlich innerhalb eines Monats abschließend zu bearbeiten sind bzw. der beschleunigten Entscheidung von verwaltungsrechtlichen Beschwerden unter allgemeinen militärischen Gesichtspunkten im Interesse der militärischen Ordnung besondere Bedeutung zukommt.

106. Kann die Abhilfe oder Vorlage des Berichts oder der Stellungnahme beispielsweise aufgrund der Komplexität des Beschwerdegegenstandes nicht fristgerecht erfolgen, ist BMVg R II 2 über die Gründe für die Verzögerung unverzüglich zu unterrichten.

In den Fällen, in denen Bf termingebundene Anträge gestellt haben (z. B. wegen eines bevorstehendes Dienstzeitendes oder Dienstantritts), hat die Entscheidung über die Abhilfe oder die Vorlage des

Berichts so zeitgerecht zu erfolgen, dass vor Ablauf des Termins zumindest eine einstweilige Entscheidung gemäß § 3 Abs. 2 WBO getroffen werden kann.

107. Für die Dauer des Wehrbeschwerde- oder Klageverfahrens sind alle beabsichtigten Personalmaßnahmen im Zusammenhang mit dem Beschwerdegegenstand vor deren Vollziehung mit BMVg R II 2 abzustimmen.

Eingaben der bzw. des Bf und sonstige eingetretene oder eintretende Umstände (z. B. bereits zwischenzeitlich – seit Einlegung des Rechtsbehelfs – verfügte Personalmaßnahmen und Änderungen im Personenstand), die für das Beschwerdeverfahren Bedeutung haben können, sind unverzüglich BMVg R II 2 vorzulegen. Bei sachgleichen Eingaben oder Petitionen oder Buntkreuzschreiben gemäß der jeweils gültigen Fassung der ergänzenden Geschäftsordnung des BMVg (Kapitel 4.7) des bzw. der Bf an den Wehrbeauftragten bzw. die Wehrbeauftragte des Deutschen Bundestages (WBdBT), den Petitionsausschuss des Deutschen Bundestages oder die Leitung des BMVg wechselt die diesbezügliche Bearbeitungszuständigkeit zu BMVg R II 2.

108. Bei der Abfassung des Vorlageberichts oder der Stellungnahme zur Beschwerde gegenüber BMVg R II 2 ist Folgendes zu beachten:

- Die Sachverhaltsdarstellung muss den Tatsachen entsprechen sowie vollständig und nachvollziehbar sein.

  Hierzu gehören alle Gründe und Überlegungen, die zur Entscheidung geführt haben, da rechtlich u. a. nachzuprüfen ist, ob Ermessensfehler vorliegen, das Gleichbehandlungsgebot eingehalten worden ist, unbestimmte Rechtsbegriffe richtig ausgelegt und Beteiligungs- und Anhörungsvorschriften beachtet wurden.
- Sofern es bei der Sachverhaltsdarstellung bzw. bei der späteren rechtlichen Bewertung auch auf Sachverhalte bei anderen Dienststellen oder Referaten des BMVg ankommt, sind diese zur Abfassung des Berichts oder der Stellungnahme durch die bearbeitende Stelle zu ermitteln und BMVg R II 2 unverzüglich mitzuteilen.

  Die Anforderung eines Berichts oder einer Stellungnahme der anderen Dienststelle/des anderen Referats erfolgt anschließend seitens BMVg R II 2.
- Zur Verdeutlichung komplexer und unübersichtlicher Sachverhalte ist eine zusätzliche Darstellung in grafischer Form (z. B. die Erstellung einer Tabelle/Zeitachse) in Einzelfällen sinnvoll.

- Beim Zitieren von Regelungen sind die Quellen (und deren Bearbeitungsstand) stets genau anzuführen.
- Eine rechtliche Bewertung ist nicht zwingend erforderlich; dies ist Aufgabe von BMVg R II 2 gegenüber der bzw. dem Bf oder dem Gericht. Die rechtliche Bewertung sollte durch die bearbeitende Stelle jedoch erfolgen, um die Recht- und Zweckmäßigkeit der getroffenen Entscheidung aus dortiger Sicht zu dokumentieren.
- Oft sind Erläuterungen zur Gesamtproblematik (Hintergrundwissen) hilfreich.
- Abkürzungen sind bei der erstmaligen Verwendung auszuschreiben und in Klammern anzufügen; Fachbegriffe bedürfen der Erklärung.
- Missverständnisse, ggf. auch Fehler in der Fallbearbeitung, sind offen darzulegen.
- Es geht nicht um die Rechtfertigung des Verhaltens einer Dienststelle, einer PersBSt oder einzelner Organisationselemente, sondern um eine sachgerechte Entscheidung oder Verfahrensführung des BMVg.
- Dem Vorlagebericht oder der Stellungnahme sind eine Sachakte (Beschwerdeakte) und – soweit vorhanden – die Personalgrundakte (Stammakte) mit einem aktuellen Personalstammblatt Soldatin/Soldat (PSBS) beizufügen.
- Die Sachakte enthält die wesentlichen Unterlagen in chronologischer Reihenfolge in Kopie. Bezugsdokumente, die beispielsweise in einem angefochtenen Bescheid zur Begründung aufgeführt werden, sind in die Beschwerdeakte aufzunehmen.
- Die Personalgrundakte ist auf Vollständigkeit zu prüfen sowie mit Seitenzahlen und Inhaltsverzeichnis gemäß Abschnitt 3 der Zentralen Dienstvorschrift A-1480/6 „Führung der Personalakten der Soldaten und der Personalunterlagen mit Personalaktenqualität“ zu versehen.

2 Berichtspflichten zur Ausübung der Fachaufsicht in statusrechtlichen Beschwerde-/Klageverfahren

201. Im Rahmen der ministeriellen Fachaufsicht über statusrechtliche Beschwerde- und Klageverfahren im Personalverantwortungsbereich von PersBSt außerhalb des BMVg, insbesondere des Bundesamtes für das Personalmanagement der Bundeswehr (BAPersBw), sind BMVg R II 2

a) Klageerwiderungen oder Erwiderungen auf Anträge im einstweiligen Rechtsschutz nach Abgang einschließlich der dazugehörigen Erst- und Beschwerdebescheide sowie Klageschriften und Anträge auf einstweiligen Rechtsschutz vorzulegen;

b) Urteile so zeitgerecht vorzulegen, dass eine ministerielle Einflussnahme auf ein ggf. einzulegendes oder zu beantragendes Rechtsmittel sichergestellt werden kann;

c) Vergleiche in statusrechtlichen Verwaltungsstreitverfahren grundsätzlich nur widerruflich mit einer Widerrufsfrist von mindestens drei Wochen abzuschließen und zur ministeriellen Billigung innerhalb der Widerrufsfrist vorzulegen;

d) in sachgleichen Wehrbeauftragtenangelegenheiten, bei denen BMVg R II 2 zur Stellungnahme aufgefordert wurde, bereits abgesandte oder zugestellte, aber noch nicht bestandskräftige Beschwerdebescheide bzw. noch ausstehende Beschwerdebescheide vorzulegen und an den bzw. die WBdBT zu dessen Aktenzeichen zu übersenden.

3 Anregungen aus der praktischen Fallbearbeitung

3.1 Antragsbescheidung

301. Gemäß § 39 des Verwaltungsverfahrensgesetzes (VwVfG) sind im Begründungsteil eines ablehnenden Bescheides die wesentlichen tatsächlichen und rechtlichen Gründe und keine Leerformeln mitzuteilen.

Negativ besetzte Begriffe, wie das Wort „Ansinnen“, drücken eine deutliche Kritik gegenüber der Antragstellerin bzw. dem Antragsteller aus und sind deshalb grundsätzlich nicht zu verwenden.

302. Dem Bescheid ist – sofern überhaupt erforderlich – die richtige Rechtsbehelfsbelehrung beizufügen (vgl. Abschnitt 2.18 der Zentralen Dienstvorschrift A-2160/6 „Wehrdisziplinarordnung und Wehrbeschwerdeordnung“):

- In truppendienstlichen Angelegenheiten ist grundsätzlich keine Rechtsbehelfsbelehrung erforderlich. Sie sollte daher nicht erfolgen.
- Ablehnenden Bescheiden des BMVg auf einen Antrag der Soldatin bzw. des Soldaten in einer truppendienstlichen Angelegenheit ist jedoch stets eine „Rechtsbehelfsbelehrung zum Bundesverwaltungsgericht“ beizufügen.
- In statusrechtlichen Angelegenheiten ist immer eine Rechtsbehelfsbelehrung zu erteilen.

- Anträge der Soldatin bzw. des Soldaten in truppendienstlichen Angelegenheiten und diesbezügliche Entscheidungen sind an keine Form gebunden, können mithin mündlich vorgetragen und/oder auch mündlich beschieden werden.

303. Um bei Ablehnungen den Beginn der einmonatigen Beschwerde- und gerichtlichen Antragsfrist dokumentieren zu können, empfiehlt es sich, wie folgt zu verfahren:

- Es können beispielsweise in einem Personalgesprächsvermerk Antrag und Ablehnung festgehalten werden. Dem Exemplar für die Soldatin bzw. den Soldaten ist in diesem Fall die entsprechende Rechtsbehelfsbelehrung – sofern erforderlich – beizufügen.

  In statusrechtlichen Angelegenheiten bedarf eine von der zuständigen Behörde erteilte Zusage (Zusicherung) gemäß § 38 VwVfG zu ihrer Wirksamkeit der Schriftform.

  Indessen kann sich die Soldatin bzw. der Soldat nach der Rechtsprechung des BVerwG – 1. WDS in truppendienstlichen Angelegenheiten auch auf eine beispielsweise von der zuständigen Personalführung mündlich erteilte Zusicherung mit Recht berufen.
- Bei den o. a. sogenannten Buntkreuzschreiben an Soldatinnen bzw. Soldaten, die Ablehnungen enthalten, ist zu bedenken, dass diese dieselbe Rechtsqualität haben wie ein sonst dem BMVg oder der beauftragten Dienststelle zuzurechnender Bescheid.

3.2 Bescheide in bestandskräftigen Angelegenheiten (Zweitbescheid)

304. Begehrt die Soldatin bzw. der Soldat eine Entscheidung in einer bestandskräftigen/unanfechtbaren Angelegenheit, macht sie bzw. er einen in aller Regel nicht mehr durchsetzbaren Anspruch geltend. Gleichwohl besteht die Verpflichtung, objektiv zu prüfen, ob abgeholfen oder sich auf die Bestandskraft berufen werden soll.

Beruft die Dienststelle/PersBSt sich auf die Bestandskraft, ist die Nachprüfung in einem Rechtsbehelfsverfahren grundsätzlich ausgeschlossen.

Dies sollte im Bescheid ausgedrückt werden, indem regelmäßig nur mitgeteilt wird, dass an der getroffenen Maßnahme festgehalten wird.

305. Falls auf Einzelheiten der Prüfung gleichwohl eingegangen wird, sollte unbedingt darauf hingewiesen werden, dass es sich um das Ergebnis einer dienstaufsichtlichen Prüfung handelt.

Die Ergebnismitteilung ist keinesfalls mit einer Rechtsbehelfsbelehrung zu versehen.

3.3 Dienstaufsichtsbeschwerden

306. Verlangt eine Soldatin oder ein Soldat ausdrücklich eine dienstaufsichtliche Prüfung, haben die (internen) Vorgesetzten der betroffenen Stelle den Bescheid zu erlassen.

So ist eine dienstaufsichtliche Beschwerde gegen Angehörige oder Organisationseinheiten des BMVg (z. B. Referentin bzw. Referent, Referat, Referatsleitung, Unterabteilung, Abteilung) gemäß der jeweils gültigen Fassung der ergänzenden Geschäftsordnung des BMVg (Kapitel 4.12 „Zeichnungsbefugnis“, Ziffern 3 und 4) grundsätzlich durch die Leitung der jeweiligen Abteilung bzw. Unterabteilung zu zeichnen, soweit sich die Leitung der Abteilung/des Stabes oder der Staatssekretär bzw. die Staatsekretärin die Schlusszeichnung nicht vorbehalten hat.

Diesem Bescheid ist keine Rechtsbehelfsbelehrung beizufügen.

307. Es sollte darauf hingewiesen werden, dass die im Wege der Dienstaufsicht getroffenen Feststellungen mit Rechtsbehelfen nicht angegriffen werden können. Dienstaufsichtsbeschwerden (z. B. gegen Organisationselemente anderer Dienststellen/PersBSt) werden regelmäßig von der jeweiligen Leitung zu bescheiden sein, soweit die Entscheidungszuständigkeit nicht entsprechend delegiert worden ist. Die vorstehenden Ausführungen gelten hier entsprechend.

3.4 Unteilbarkeit der Verantwortung

308. Bei allen Bescheiden und Schreiben aus dem BMVg ist zu beachten, dass nicht das jeweilige Referat, sondern die Bundesministerin oder der Bundesminister der Verteidigung oder das BMVg der Soldatin bzw. dem Soldaten schreibt.

Damit ist jeder Hinweis auf die Zuständigkeit oder Verantwortlichkeit einer anderen Stelle innerhalb des BMVg oder auf die Beschränktheit der Kompetenzen des Referats fehl am Platze; die ministerielle Entscheidung beinhaltet, dass referatsübergreifend und unter Einbeziehung der Belange aller nachgeordneten Vorgesetzten (auch der Inspekteure bzw. Inspekteurinnen) geprüft wurde.

309. Die Verantwortlichkeit eines Dritten sollte nur angesprochen werden, wenn dieser originäre Kompetenzen besitzt (z. B. gemäß § 35 der Wehrdisziplinarordnung [WDO]).

Ähnliches gilt für die Dienststellen/PersBSt, die bei der Erteilung eines ablehnenden Bescheides zu verdeutlichen haben, dass es sich um eine originäre Entscheidung der jeweiligen Leitung handelt.

3.5 Besondere Versetzungsangelegenheiten

310. Wenn beispielsweise gemäß der Nr. 202 g) und h) des Zentralerlasses B-1300/46 „Versetzung, Dienstpostenwechsel, Kommandierung“ eine Versetzung erfolgen soll, weil das Leistungsbild der Soldatin bzw. des Soldaten nicht den Anforderungen des Dienstpostens/der Verwendung entspricht oder die Soldatin bzw. der Soldat sich für den Dienstposten nicht eignet oder weil Störungen, Spannungen und/oder Vertrauensverluste den Dienstbetrieb unannehmbar belasten, ist es regelmäßig sinnvoll, das zuständige Rechtsreferat der PersBSt bzw. BMVg R II 2 zu beteiligen, da in diesen Angelegenheiten häufig – z. B. verfahrenstechnische – Probleme auftreten, welche die anschließende Bearbeitung von Rechtsbehelfen erschweren können.

3.6 „Bürgerbeschwerden“

311. Eingaben/Schreiben von Bürgerinnen bzw. Bürgern an die Bundesministerin bzw. den Bundesminister der Verteidigung oder das BMVg, in denen ein besonderes Verhalten von Soldatinnen bzw. Soldaten „gemeldet“ oder „beanstandet“ wird, sind gemäß der ergänzenden Geschäftsordnung des BMVg (Ziffer 2 im Kapitel 3.2 „Organisationsgrundlagen; Geschäftsverteilung“) regelmäßig durch BMVg R II 2 zu bearbeiten, wenn die Aufnahme disziplinarer Ermittlungen zu prüfen ist.

3.7 Straf- und Disziplinarverfahren

312. Das Meldewesen in strafrechtlichen Verfahren oder in Disziplinarverfahren ist verbindlich in der Bereichsdienstvorschrift C-2161/12 „Bearbeitung von Wehrdisziplinarsachen“ geregelt. Während laufender Beschwerde-/Klageverfahren sind von den PersBSt alle Formen disziplinarer und strafrechtlicher Ermittlungen gegen den bzw. die Bf, den Kläger oder die Klägerin BMVg R II 2 unverzüglich mitzuteilen. Beabsichtigte/eingeleitete Personalmaßnahmen sind vor deren Vollzug mit BMVg R II 2 abzustimmen.

Auf die Regelungen in Abschnitt 2.5.4 der Zentralen Dienstvorschrift A-1340/49 „Beförderung, Einstellung, Übernahme und Zulassung von Soldatinnen und Soldaten“ (Auswirkungen von Dienstvergehen und Ermittlungen auf die Förderung) und den dort in Nr. 249 festgelegten Billigungsvorbehalt BMVg R II 2 wird ausdrücklich hingewiesen.

3.8 Beratung in truppendienstlichen/statusrechtlichen Angelegenheiten

313. BMVg R II 2 kommt auch außerhalb anhängiger Rechtsbehelfsverfahren bei komplexen truppendienstlichen (z. B. Urlaub, Nebentätigkeit, Beurteilung) und statusrechtlichen (z. B. Entlassungen gemäß § 55 des Soldatengesetzes [SG]) Angelegenheiten eine Hilfs- und Unterstützungsfunktion zu. Daher ist eine Einbindung des Referats mit dem Ziel der Beratung häufig sinnvoll. Alle mit der Beschwerdebearbeitung befassten Referentinnen bzw. Referenten sind zu Hilfestellungen/Beratungen bereit. Weitere Einzelheiten sind den beigefügten Anlagen zu entnehmen.

4 Anlagen

4.1 Abgrenzung der Beschwerdearten

Zunächst wird wegen der Einzelheiten auf die diesbezüglichen Regelungen der A-2160/6 verwiesen. Danach haben truppendienstliche Wehrbeschwerden nach der WBO grundsätzlich keine aufschiebende Wirkung. Nach dem Gegenstand der Beschwerde sind folgende Beschwerdearten zu unterscheiden:

- Beschwerde in truppendienstlichen Angelegenheiten (truppendienstliche Beschwerde),
- Beschwerde in Verwaltungsangelegenheiten (Verwaltungsbeschwerde),
- Disziplinarbeschwerde,
- die sogenannte Dienstaufsichtsbeschwerde ist jedoch keine Beschwerdeart i. S. d. WBO.

1. Truppendienstliche Beschwerde

a) Die truppendienstliche Beschwerde richtet sich gegen jede unmittelbare dienstliche Beeinträchtigung durch Vorgesetzte oder Dienststellen der Bundeswehr sowie gegen pflichtwidriges Verhalten von Kameradinnen und Kameraden. Beschwerdegegenstand sind Befehle oder sonstige Maßnahmen im militärischen Über-/Unterordnungsverhältnis sowie ihre Unterlassung oder Duldung, unabhängig davon, ob der Befehl oder die Maßnahme schon ausgeführt worden ist oder nicht. Mit der truppendienstlichen Beschwerde sind auch alle die bzw. den Bf beeinträchtigenden tatsächlichen Handlungen anfechtbar. Gerügt werden können Rechtswidrigkeit und/oder fehlende Zweckmäßigkeit.

b) Zu den beschwerdefähigen Maßnahmen truppendienstlichen Charakters zählen insbesondere Versetzungen, Kommandierungen, Dienstpostenwechsel, Zulassung bzw. Rückführung zu/aus bestimmten Laufbahnen oder Ausbildungsgängen, Lehrgangs- und Prüfungsergebnisse, Beurteilungen, beteiligungsrechtliche Sachverhalte sowie die Entziehung/Einschränkung der Dienstfahrerlaubnis oder des Militärflugzeugführerscheins, das Ergebnis einer durchgeführten Sicherheitsüberprüfung nach dem Sicherheitsüberprüfungsgesetz und auch Beschwerden gegen Angehörige des Amtes für den Militärischen Abschirmdienst bei Befragungen im Rahmen des Sicherheitsüberprüfungsverfahrens.

Die Beschwerde in truppendienstlichen Angelegenheiten kann sich auch gegen die Verletzung der Fürsorgepflicht der bzw. des Vorgesetzten gemäß § 10 Abs. 3 SG sowie gegen die Ablehnung von Anträgen auf beispielsweise folgenden weiteren Gebieten richten:

Erholungsurlaub, Sonderurlaub, Beurlaubung zu privatrechtlichen Gesellschaften, Wahlurlaub, Betreuungsurlaub, Teilzeitbeschäftigung, Telearbeit, Einsicht in Personalakten, vorzeitige Freistellung vom militärischen Dienst und Elternzeit.

Ein Sonderfall der truppendienstlichen Beschwerde ist die Untätigkeitsbeschwerde. Sie kann eingelegt werden, wenn die Soldatin bzw. der Soldat auf einen Antrag innerhalb eines Monats keinen Bescheid erhalten hat (§ 1 Abs. 2 WBO). Die Monatsfrist beginnt allerdings erst, wenn der Antrag bei der zuständigen Stelle eingeht. Wird der Antrag bei der unzuständigen Stelle gestellt und muss von dieser erst weitergeleitet werden, so ist diese Zeit nicht in die Monatsfrist einzurechnen. Ein **Zwischenbescheid** unterbricht die Monatsfrist **nicht.** Im Zwischenbescheid sollte mitgeteilt werden, welche Gründe einer Entscheidung über den Antrag noch entgegenstehen und wann mit einer Entscheidung gerechnet werden kann (vgl. A-2160/6, Anlage 3.3.3.1, Nr. 3334).

c) Wird eine Beschwerde in truppendienstlichen Angelegenheiten abschlägig beschieden, kann die bzw. der Bf weitere Beschwerde einlegen. Bleibt auch diese erfolglos, steht ihr bzw. ihm der Antrag auf Entscheidung des zuständigen Wehrdienstgerichts offen. Damit können ausschließlich Rechtsverletzungen geltend gemacht werden.

Gegen truppendienstliche Maßnahmen des BMVg ist nur der Antrag auf gerichtliche Entscheidung vor dem Bundesverwaltungsgericht – Wehrdienstsenate (§ 21 WBO) möglich. Der Antrag ist innerhalb eines Monats nach Bekanntgabe des ablehnenden Bescheides beim BMVg oder bei dem bzw. der nächsten Disziplinarvorgesetzten einzulegen.

§ 12 Abs. 3 Satz 2 WBO schreibt vor, dass bei Nichteinhaltung der Beschwerdefrist (§ 6 Abs. 1 WBO) die Beschwerde als unzulässig zurückzuweisen ist. Der Beschwerde ist trotzdem im Wege der Dienstaufsicht nachzugehen; soweit erforderlich ist Abhilfe zu schaffen.

2. Statusrechtliche Beschwerde/Verwaltungsbeschwerde

a) Während den truppendienstlichen Angelegenheiten Rechte und Pflichten zugrunde liegen, die auf dem besonderen militärischen Über-/Unterordnungsverhältnis beruhen, handelt es sich bei Verwaltungsangelegenheiten um Sachverhalte, die das Dienstverhältnis der Soldatin bzw. des Soldaten betreffen. Gegenstand einer Verwaltungsbeschwerde sind vornehmlich Maßnahmen, die den Status der Soldatin bzw. des Soldaten betreffen.

b) Hierzu gehören beispielsweise Begründung und Entlassung aus dem Wehrdienstverhältnis, Beförderung, Planstelleneinweisung, Übernahme zum Berufssoldaten bzw. zur Berufssoldatin, Dienstzeitverlängerung.

Nach der allgemeinen Rechtswegzuweisung in § 82 Abs. 1 SG gehören zu den Verwaltungsangelegenheiten auch Fragen der §§ 24, 25, 30, 31 SG, z. B. Dienst- und Versorgungsbezüge, Beschädigtenversorgung, Geld- und Sachbezüge nach dem Wehrsoldgesetz, Zulagen, Aufwands- und Wegstreckenentschädigung, Beihilfen, Unterstützungen, Vorschüsse, Hausratsdarlehen, Wohnungsfürsorge, Wohnungs- und Heizkostenzuschüsse, Mietbeihilfen, Reise- und Umzugskostenvergütung, Leistungs- und Aufrechnungsbescheid, unterbliebene oder mangelhafte Heilbehandlung. Auch die Überprüfung einer Ablehnung des Überschreitens der Höchststudiendauer an den Universitäten der Bundeswehr aus hochschulrechtlichen Gründen erfolgt vor den allgemeinen Verwaltungsgerichten.

c) Die Beschwerde in Verwaltungsangelegenheiten ersetzt gemäß § 23 Abs. 1 WBO für die Soldatin bzw. den Soldaten das vor Beschreiten des Verwaltungsrechtswegs sonst vorgeschriebene Widerspruchsverfahren nach § 68 der Verwaltungsgerichtsordnung (VwGO). Wie in truppendienstlichen kann auch in status-/verwaltungsrechtlichen Angelegenheiten eine Untätigkeitsbeschwerde erhoben werden (vgl. A-2160/6, Anlage 3.3.3.1, Nr. 3334). Unter den Voraussetzungen des § 75 VwGO besteht zudem die Möglichkeit der Untätigkeitsklage.

d) Der Bundesminister/die Bundesministerin der Verteidigung hat mit der „Anordnung über die Übertragung von Zuständigkeiten zur Entscheidung über Beschwerden nach der Wehrbeschwerdeordnung im Geschäftsbereich des Bundesministeriums der Verteidigung“ vom 14. Juni 2013 (vgl. A-2160/6, Anlage 3.1.1) von der Möglichkeit nach § 23 Abs. 4 WBO Gebrauch gemacht, die Entscheidung über Beschwerden in Verwaltungsangelegenheiten auf nachgeordnete Dienststellen zu übertragen. Danach obliegt die Entscheidung über Beschwerden in Verwaltungsangelegenheiten, über die nach § 23 Abs. 1 WBO an sich der Bundesminister/die Bundesministerin der Verteidigung zuständig wäre, der Behörde oder militärischen Dienststelle, deren Entscheidung mit der Beschwerde angefochten wird (Ausgangsbehörde).

3. Disziplinarbeschwerde

Die Disziplinarbeschwerde gehört ihrer Natur nach zu den truppendienstlichen Beschwerden, da auch hier die bzw. der Bf behauptet, durch eine Maßnahme einer bzw. eines Disziplinarvorgesetzten oder eine disziplinare Maßregelung unrichtig behandelt worden zu sein; sie ist jedoch dem Gebiet des Disziplinarrechts zuzuordnen und ist gemäß den speziellen Maßgaben des § 42 WDO i. V. m. der WBO geregelt.

4. Dienstaufsichtsbeschwerde

Eine Dienstaufsichtsbeschwerde ist die an eine übergeordnete Behörde gerichtete Anregung zur Nachprüfung oder zum Einschreiten. Sie ist neben und unabhängig von einem förmlichen Rechtsbehelf sowie form- und fristlos zulässig.

Sie kann von jedermann, nicht nur von dem bzw. der Beschwerten, erhoben werden. Die Dienstaufsichtsbeschwerde hat keine aufschiebende Wirkung. Die Dienstaufsichtsbeschwerde verpflichtet die Aufsichtsbehörde, die Dienstaufsichtsbeschwerde entgegen zu nehmen, sich sachlich mit ihr zu befassen und sie zu bescheiden. Der Bescheid muss zu erkennen geben, dass eine sachliche Prüfung stattgefunden hat und ob etwas veranlasst wurde. Eine Begründung ist – auch bei ablehnender Entscheidung – grundsätzlich nicht erforderlich.

C

5. Tabellarische Übersicht

Beschwerdeart	Beschwerdegegenstand	Rechtsschutz	Besonderheiten
Truppendienstliche Beschwerde	– jede unmittelbare Beeinträchtigung durch Vorgesetzte und Dienststellen, Befehle, sonstige Maßnahmen (z. B. Versetzungen, Kommandierungen, Wechsel des Dienstpostens, Beurteilungen, Zulassung/Rückführung zu/aus bestimmten Laufbahnen/Ausbildungsgängen) – Verletzung der Fürsorgepflicht – Ablehnung von Anträgen (z. B.: Nebentätigkeit, Urlaub, vorzeitige Freistellung vom Dienst, Verbot der Ausübung des Dienstes, Einsicht in die Personalakte, Personalgespräch)	bei erfolgloser Beschwerde: 1. Weitere Beschwerde bei erfolgloser weiterer Beschwerde: 2. Antrag auf gerichtliche Entscheidung beim Truppendienstgericht (TDG) Gegen truppendienstliche Entscheidungen des BMVg direkt Antrag auf gerichtliche Entscheidung des BVerwG – WDS – (§§ 21, 17 WBO)	**Achtung!!!** Im gerichtlichen Antragsverfahren vor den TDG/dem BVerwG – WDS können ausschließlich Rechtsverletzungen i. S. d. § 17 Abs. 3 WBO geltend gemacht werden.
	– Verhalten von Kameraden (§ 1 Abs. 1 WBO)	Kameradenbeschwerde	Weitere Beschwerde unterhalb der Entscheidungsinstanz BMVg möglich, keine gerichtliche Überprüfung möglich
Statusrechtliche Beschwerde/Verwaltungsbeschwerde	–		

Beschwerdeart	Beschwerdegegenstand	Rechtsschutz	Besonderheiten
	– Status der Soldatin bzw. des Soldaten im Dienstverhältnis (z. B. Begründung, Beendigung des Dienstverhältnisses, Beförderung/ Planstelleneinweisung)	bei erfolgloser Beschwerde: Klage vor den allgemeinen Verwaltungsgerichten	Beschwerde ersetzt das Widerspruchsverfahren (§ 23 Abs. 1 WBO, §§ 69 ff. VwGO) Möglichkeit einer Untätigkeitsklage (§ 75 VwGO)
Disziplinarbeschwerde	– Disziplinarmaßnahme	Beschwerde bei der bzw. dem nächsthöheren Disziplinarvorgesetzten bzw. in Fällen des Disziplinararrestes beim TDG Überprüfung durch Wehrdienstgerichte/ BVerwG	Anwendung der WBO i. V. m. der WDO
Dienstaufsichtsbeschwerde	– Handeln/Nichthandeln einer Behörde, Ablauf, Organisation	Entfällt	Bescheid, keine Rechtsbehelfsbelehrung

4.2 Schnellübersicht: Rechtsbehelfe gegen Maßnahmen/Entscheidungen

Beschwerdeanlass	Rechtsbehelf	Zuständigkeit
Ablösung vom Dienstposten	zunächst Beschwerde, dann Antrag auf Entscheidung BVerwG	BMVg R II 2
Ausbildung	zunächst Beschwerde, dann Antrag auf Entscheidung BVerwG	BMVg R II 2
Beförderung	zunächst Verwaltungsbeschwerde (Statusbeschwerde), dann Klage Verwaltungsgericht	BMVg R II 2[1]/PersBSt
Beurteilung (Soldaten bzw. Soldatinnen des BMVg)	zunächst Beschwerde, dann Antrag auf Entscheidung BVerwG (wenn Beurteilende im Status Soldat bzw. Soldatin) oder Klage Verwaltungsgericht (wenn Beurteilende im Status Zivilpersonal)	BMVg R II 2
Bürgerbeschwerde (an die Bundesministerin bzw. den Bundesminister der Verteidigung)		BMVg R II 2
Dienstfahrerlaubnis (Entziehung/Einschränkung)	zunächst Beschwerde, dann Antrag auf Entscheidung BVerwG	BMVg R II 2
Dienstaufsichtsbeschwerde gegen Referate BMVg PersBSt		BMVg UAL/AL/Sts Dienststellenleitung/ beauftragte Vorgesetzte
Dienstpostenwechsel	zunächst Beschwerde, dann Antrag auf Entscheidung BVerwG	BMVg R II 2
Dienstunfähigkeit (DU-Verfahren)	zunächst Verwaltungsbeschwerde (Statusbeschwerde), dann Klage Verwaltungsgericht	BMVg R II 2/PersBSt
Dienstzeitverlängerung	zunächst Verwaltungsbeschwerde (Statusbeschwerde), dann Klage Verwaltungsgericht	BMVg R II 2/PersBSt

[1] Soweit das BMVg PersBSt der bzw. des Bf ist.

Beschwerdeanlass	Rechtsbehelf	Zuständigkeit
Disziplinarmaßnahme gegen Soldaten bzw. Soldatinnen des BMVg	Disziplinarbeschwerde	BMVg R II 2
Einsicht in die Personalakte	zunächst Beschwerde, dann Antrag auf Entscheidung BVerwG	BMVg R II 2
Einweisung in Planstellen	zunächst Verwaltungsbeschwerde (Statusbeschwerde), dann Klage Verwaltungsgericht	BMVg R II 2/PersBSt
Elternzeit	zunächst Beschwerde, dann Antrag auf Entscheidung BVerwG	BMVg R II 2
Erzieherische Maßnahmen gegen Soldaten bzw. Soldatinnen des BMVg	Antrag auf Entscheidung BVerwG	BMVg R II 2
Entlassung	zunächst Verwaltungsbeschwerde (Statusbeschwerde), dann Klage Verwaltungsgericht	BMVg R II 2/PersBSt
Freistellung vom militärischen Dienst, vorzeitige	zunächst Beschwerde, dann Antrag auf Entscheidung BVerwG	BMVg R II 2
Fürsorgepflicht des Vorgesetzten	zunächst Beschwerde, dann Antrag auf Entscheidung BVerwG	BMVg R II 2
Kameradenverhalten gegen Soldaten bzw. Soldatinnen des BMVg (persönliches Fehlverhalten)	Kameradenbeschwerde	BMVg R II 2
Kameradenverhalten gegen Soldaten bzw. Soldatinnen des BMVg (organschaftliches Handeln)	zunächst Beschwerde, dann Antrag auf Entscheidung BVerwG	BMVg R II 2
Kommandierung	zunächst Beschwerde, dann Antrag auf Entscheidung BVerwG	BMVg R II 2
Lehrgangsplatz, Lehrgangsteilnahme	zunächst Beschwerde, dann Antrag auf Entscheidung BVerwG	BMVg R II 2
Ablehnung von Wiederholungsprüfungen/-lehrgängen	zunächst Beschwerde, dann Antrag auf Entscheidung BVerwG	BMVg R II 2

Beschwerdeanlass	Rechtsbehelf	Zuständigkeit
MAD (Handeln des MAD im Sicherheitsüberprüfungsverfahren)	zunächst Beschwerde, dann Antrag auf Entscheidung BVerwG	BMVg R II 2
Nebentätigkeit (Soldaten bzw. Soldatinnen BMVg)	Antrag auf Entscheidung des BVerwG	BMVg R II 2
Personalgespräch	zunächst Beschwerde, dann Antrag auf Entscheidung BVerwG	BMVg R II 2
Planstelleneinweisung	zunächst Verwaltungsbeschwerde (Statusbeschwerde), dann Klage Verwaltungsgericht	BMVg R II 2/PersBSt
Sicherheitsüberprüfung (Ergebnis durch nachgeordneten Bereich)	zunächst Beschwerde, dann Antrag auf Entscheidung BVerwG	BMVg R II 2
Sicherheitsüberprüfung (Ergebnis durch BMVg)	Antrag auf Entscheidung BVerwG	BMVg R II 2
Teilzeitbeschäftigung/Telearbeit	zunächst Beschwerde, dann Antrag auf Entscheidung BVerwG	BMVg R II 2
Übernahme zur Berufssoldatin bzw. zum Berufssoldaten	zunächst Verwaltungsbeschwerde (Statusbeschwerde), dann Klage Verwaltungsgericht	BMVg R II 2/PersBSt
Überschreiten der Höchststudiendauer an der UniBw (hochschulrechtliche Gründe)	zunächst Verwaltungsbeschwerde (Statusbeschwerde), dann Klage Verwaltungsgericht	PersBSt
Überschreiten der Höchststudiendauer an der UniBw (personelle Gründe)	zunächst Beschwerde, dann Antrag auf Entscheidung BVerwG	BMVg R II 2
Umzugskostenzusage (auch Nichtzusage)	Zunächst Verwaltungsbeschwerde, danach Klage Verwaltungsgericht	PersBSt
Untätigkeitsbeschwerde – truppendienstlich – (statusrechtlich)		BMVg R II 2 BMVg R II 2/PersBSt
Urlaub (diverse Formen)	zunächst Beschwerde, dann Antrag auf Entscheidung BVerwG	BMVg R II 2

Beschwerdeanlass	Rechtsbehelf	Zuständigkeit
Verbot der Ausübung des Dienstes gegen Soldaten bzw. Soldatinnen des BMVg	Antrag auf Entscheidung BVerwG	BMVg R II 2
Versetzung	zunächst Beschwerde, dann Antrag auf Entscheidung BVerwG	BMVg R II 2
Wiederaufgreifen des Verfahrens	Antrag auf Wiederaufgreifen	BMVg R II 2/PersBSt
Zulassung zu bestimmten Laufbahnen/Ausbildungsgängen	zunächst Beschwerde, dann Antrag auf Entscheidung BVerwG	BMVg R II 2
Zurruhesetzung	zunächst Verwaltungsbeschwerde (Statusbeschwerde), dann Klage Verwaltungsgericht	BMVg R II 2/PersBSt

4.3 Beispiel für den Aufbau eines Vorlageberichts an BMVg R II 2

Dienststelle

Abteilung/Unterabteilung
Dezernat/Referat – Az

.................., den
Straße
AllgFsprWNBw:
Tel:
Fax:
E-MAIL

C

Bundesministerium der Verteidigung
– R II 2 –
Postfach 13 28
53003 Bonn

Persönlich!
Personalangelegenheit!

Betr.: Beschwerdegegenstand
hier: Beschwerde des/der *Dienstgrad Name, Vorname*

Bezug: 1. Antrag vom x
2. Bescheid vom x
3. Beschwerde vom x

Anlg.: Personalgrundakte mit PSBS und Sachvorgang (geheftet)

Als Anlage wird die Beschwerde des/der *Dienstgrad Vorname Name* zur Entscheidung vorgelegt.

Mit seinem/ihrem Rechtsbehelf vom x (Bezug 3.) wendet sich der Beschwerdeführer/die Beschwerdeführerin (Bf) gegen (kurze Darstellung des Beschwerdegegenstandes)

I. Personaldaten

(1)	Name, Vorname:	**x**
(2)	PK:	**x**
(3)	derzeitiger Dienstgrad:	**x**
(4)	befördert zum jetzigen Dienstgrad:	**x**
(5)	Diensteintritt in die Bw am:	**x**
(6)	BS/SaZ seit:	**x**
(7)	ggf. OffzMilFD (Laufbahnwechsel) seit:	**x**
(8)	reguläres DZE festgesetzt mit Ablauf:	**x**
(9)	Ausb.- und Verwendungsreihe/Fachtätigkeit:	**x**
(10)	Truppengattung:	**x**
(11)	derzeitige Verwendung als/seit:	**x**

(12)	Dienstanschrift Beschwerdeführer:	x
(13)	Privat-/Entlassungsanschrift:	x
(14)	Dienstanschrift des für die Aushändigung des Bescheides Zuständigen:	x

II. Beschwerdedaten

(15)	verfügende personalbearbeitende Stelle:	x
(16)	Bescheid vom:	x
(17)	ausgehändigt am:	x
(18)	Empfangsbestätigung beigefügt:	**ja/nein**
(19)	Datum der Beschwerde:	x
(20)	Beschwerdeeingang bei/am:	x
(21)	fristgemäß nach § 6 WBO:	**ja/nein**
(22)	anwaltliche Vertretung:	x
(23)	sonstige Verfahren:	**z. B. Eingabe an den Wehrbeauftragten des Deutschen Bundestages etc.**
(24)	Sonstiges:	x

III. Sachverhalt

Der Bf ist Soldat auf Zeit (SaZ) mit einer derzeit auf x Jahre festgesetzten Dienstzeit, die voraussichtlich mit Ablauf des x enden wird. Zurzeit wird er im Rahmen der Offiziersausbildung unter Nutzung einer Planstelle des Etats „zur besonderen Verwendung (z.b.V.)-Schüler" bei der x am Standort x eingesetzt.

Der Beschwerde liegt folgender Sachverhalt zugrunde:

(vollständige und chronologische Darstellung)

IV. Bewertung

Die Beschwerde ist *(unzulässig oder unbegründet).*

(vollständige Darstellung aller tatsächlichen und rechtlichen Gründe für das im Rechtsbehelf beanstandete Vorgehen der Personalführung)

Im Auftrag

Unterschrift

f) Anordnung über die Übertragung von Zuständigkeiten zur Entscheidung über Beschwerden nach der Wehrbeschwerdeordnung im Geschäftsbereich des Bundesministeriums der Verteidigung*

Vom 13. Juni 2013 (BGBl. I S. 1641)

Nach § 23 Absatz 4 Satz 1 der Wehrbeschwerdeordnung in der Fassung der Bekanntmachung vom 22. Januar 2009 (BGBl. I S. 81) ordne ich an:

Artikel 1
Zuständigkeit der Ausgangsbehörde

Soweit ich zur Entscheidung über eine Beschwerde nach § 23 Absatz 1 der Wehrbeschwerdeordnung zuständig bin, übertrage ich diese Zuständigkeit auf die Behörde oder militärische Dienststelle, deren Entscheidung mit der Beschwerde angefochten wird (Ausgangsbehörde). Das Bundesamt für das Personalmanagement der Bundeswehr ist als Nachfolgebehörde der Stammdienststelle der Bundeswehr und des Personalamts der Bundeswehr Ausgangsbehörde im Sinne des Satzes 1.

Artikel 2
Besondere Zuständigkeiten

Meine Entscheidungsbefugnis übertrage ich

1. dem Bundesamt für das Personalmanagement der Bundeswehr für Beschwerden gegen Maßnahmen anderer Stellen der Bundeswehr in Angelegenheiten der Besoldung,
2. dem Bundesamt für Infrastruktur, Umweltschutz und Dienstleistungen der Bundeswehr für Beschwerden gegen Maßnahmen anderer Stellen der Bundeswehr in Angelegenheiten des Mietzuschusses nach § 54 des Bundesbesoldungsgesetzes sowie der Nebengebührnisse (Reisekosten, Trennungsgeld und Umzugskosten).

Soweit ich aufgrund der Auflösung einer Ausgangsbehörde oder einer für die Beschwerde zuständigen Stelle zuständig bin, übertrage ich unbeschadet des Satzes 1 die Entscheidungsbefugnis für Beschwerden gegen Maßnahmen

---

* Als Anlage 3.1.1 in der Zentralen Dienstvorschrift A-2160/6

1. einer Bundeswehrfachschule, Bundeswehrverwaltungsschule oder der Bundesakademie für Wehrverwaltung und Wehrtechnik auf das Bildungszentrum der Bundeswehr,
2. eines Zentrums für Nachwuchsgewinnung auf das Bundesamt für das Personalmanagement der Bundeswehr,
3. einer sonstigen Dienststelle der früheren Territorialen Wehrverwaltung in Angelegenheiten der Dienstzeit- und Beschädigtenversorgung sowie der Beihilfe auf das Bundesamt für das Personalmanagement der Bundeswehr und im Übrigen auf das Bundesamt für Infrastruktur, Umweltschutz und Dienstleistungen der Bundeswehr,
4. einer Dienststelle des früheren Rüstungsbereichs auf das Bundesamt für Ausrüstung, Informationstechnik und Nutzung der Bundeswehr.

Artikel 3
Vorbehaltsklausel

Das Bundesministerium der Verteidigung kann die nach Artikel 1 und 2 übertragene Zuständigkeit in Einzelfällen an sich ziehen.

Artikel 4
Inkrafttreten, Außerkrafttreten

Diese Anordnung tritt am 1. Juli 2013 in Kraft. Gleichzeitig tritt die Allgemeine Anordnung über die Übertragung von Zuständigkeiten zur Entscheidung über Beschwerden nach der Wehrbeschwerdeordnung im Bereich des Bundesministers der Verteidigung vom 27. September 1973 (BGBl. I S. 1512), zuletzt geändert durch Artikel 1 der Anordnung vom 4. April 2007 (BGBl. I S. 497), außer Kraft.

g) Reichweite des Maßregelungs- und Benachteiligungsverbots bei Eingaben und Beschwerden

A-2160/6, Abschnitt 2.16

2.16 Reichweite des Maßregelungs- und Benachteiligungsverbots bei Eingaben und Beschwerden

C

2066. Soldatinnen und Soldaten dürfen nach § 7 Satz 2 des Gesetzes über den Wehrbeauftragten des Deutschen Bundestages nicht deswegen dienstlich benachteiligt oder gemaßregelt werden, weil sie sich mit einer Eingabe an den Wehrbeauftragten des Deutschen Bundestages gewandt haben. Im Beschwerdeverfahren dürfen sie gemäß § 2 der Wehrbeschwerdeordnung (WBO) nicht dienstlich gemaßregelt oder benachteiligt werden, weil die Beschwerde nicht auf dem vorgeschriebenen Weg oder nicht fristgerecht eingelegt worden ist oder in der Sache unbegründet war. Dieses Maßregelungs- und Benachteiligungsverbot findet jedoch seine Grenze, wenn die Darstellung in der Eingabe oder Beschwerde im Einzelfall den Tatbestand einer Dienstpflichtverletzung oder einer Straftat erfüllt.

2067. Behaupten Soldatinnen oder Soldaten in ihren Eingaben oder Beschwerden die Unwahrheit, kann darin eine Verletzung der Wahrheitspflicht nach § 13 Absatz 1 des Soldatengesetzes (SG) liegen. Beleidigende, grob achtungsverletzende oder kränkende Äußerungen können die Pflicht zur Kameradschaft nach § 12 Satz 2 SG verletzen. Betreffen solche Behauptungen oder Äußerungen Untergebene, ist zudem eine Verletzung der Fürsorgepflicht nach § 10 Absatz 3 SG möglich. Untergebene können dagegen mit solchen Behauptungen oder Äußerungen gegen ihre Pflicht, Disziplin zu wahren und die dienstliche Stellung der Vorgesetzten anzuerkennen (§ 17 Absatz 1 SG), verstoßen. Strafrechtlich können solche Behauptungen den Tatbestand der Beleidigung (§ 185 des Strafgesetzbuches (StGB)), der üblen Nachrede (§ 186 StGB) oder der Verleumdung (§ 187 StGB) erfüllen sowie ggf. als falsche Verdächtigung (§ 164 StGB) geahndet werden.

2068. Bei der Frage, ob und wie solche Verstöße zu ahnden sind, sollten Disziplinarvorgesetzte berücksichtigen, dass Meinungsbekundungen immer im Kontext der Begleitumstände der Eingabe oder Beschwerde zu bewerten sind. Gerade im Rahmen von Eingaben und Beschwerden dürfen Soldatinnen und Soldaten ihr Anliegen mit Nachdruck vertreten und auch offen Kritik an Maßnahmen von Vorgesetzten und übergeordneten Dienststellen üben. Schließlich sollte berücksichtigt werden, dass viele Behauptungen oder

Äußerungen in Eingaben und Beschwerden auf Unerfahrenheit oder Ungeschick beruhen oder auf eine emotionale Betroffenheit zurückzuführen sind. Die Grenze des Zulässigen wird regelmäßig erst dann überschritten, wenn ein Soldat bzw. eine Soldatin etwa wissentlich unwahre Angaben macht, Vorgesetzte oder Kameraden bzw. Kameradinnen diffamiert oder vorsätzlich gegen Strafbestimmungen verstößt.

2069. Sehen Disziplinarvorgesetzte die tolerierbare Grenze als überschritten an, darf die disziplinare Erledigung – und sei es auch nur durch die erzieherischen Maßnahmen der Belehrung oder Ermahnung – nicht im Beschwerdebescheid erfolgen. Umfang und Grenzen des Beschwerdebescheides werden allein durch den Gegenstand der Beschwerde bestimmt. Da der Beschwerdebescheid nach § 12 Absatz 1 Satz 3 WBO auch den Betroffenen mitzuteilen ist, widerspricht die disziplinare Erledigung von Dienstvergehen im Beschwerdebescheid dem im Disziplinarrecht geltenden Vertraulichkeitsprinzip. Die disziplinare Erledigung solcher Dienstvergehen ist daher stets gesonderter Entscheidung vorzubehalten (vgl. § 13 Absatz 2 Satz 2 WBO).

h) Zustellung und Mitteilung des Beschwerdebescheides

A-2160/6, Abschnitt 2.15

2.15 Zustellung und Mitteilung des Beschwerdebescheides

2060. Gemäß § 12 Absatz 1 Satz 3 der Wehrbeschwerdeordnung (WBO) sind Beschwerdebescheide den Beschwerdeführerinnen oder Beschwerdeführern zuzustellen und den Betroffenen mitzuteilen. Erst mit Zustellung ist der Bescheid rechtswirksam. Gleichzeitig wird die Rechtsbehelfsfrist in Gang gesetzt.

2061. Nach der Rechtsprechung bezeichnet der Begriff des „Beschwerdeführers" (vgl. § 12 Absatz 1 Satz 3 WBO bzw. § 18 Absatz 2 Satz 5 WBO) im Verfahren nach der Wehrbeschwerdeordnung lediglich eine Beteiligtenstellung. Insoweit legt das Gesetz nicht fest, ob Entscheidungen ausschließlich an Soldatinnen oder Soldaten selbst oder auch, wenn solche bestellt sind, an deren Bevollmächtigte zugestellt werden können. Im Ergebnis ist von einem Wahlrecht auszugehen. Mithin können Entscheidungen den Beschwerdeführinnen oder Beschwerdeführern oder ihren Bevollmächtigten oder beiden zugestellt werden.[1] Wird die Entscheidung beiden zugestellt, so ist die Beschwerdefrist nach der zuletzt bewirkten Zustellung zu berechnen.

2062. Hinsichtlich der Zustellungsarten verweist § 12 Absatz 1 Satz 3 WBO auf die Vorschriften der Wehrdisziplinarordnung (WDO). Von den in § 5 WDO aufgezählten, grundsätzlich gleichrangig nebeneinander in Betracht kommenden Zustellungsarten ist die Übergabe gegen Empfangsbekenntnis die in der Praxis zweckmäßigste. Die Übergabe erfolgt grundsätzlich durch die zur Entscheidung über die Beschwerde zuständigen Disziplinarvorgesetzten, die damit auch andere Personen beauftragen oder darum ersuchen können. Die Übergabe hat direkt an die Beschwerdeführerinnen oder Beschwerdeführer zu erfolgen. Es darf nur noch von ihnen abhängen, ob sie vom Inhalt des Bescheides tatsächlich Kenntnis nehmen oder nicht. Das Hinterlegen des Bescheides auf der Stube in deren Abwesenheit oder in deren Postfach reicht dazu nicht aus. Die Beschwerdeführerinnen und Beschwerdeführer haben den Empfang des Bescheides mit dem Datum der Übergabe auf dem Empfangsbekenntnis zu bestätigen. Verweigern sie die An-

---

[1] Wird die Entscheidung nur den Beschwerdeführerinnen oder Beschwerdeführern zugestellt, sind deren Bevollmächtigte nachrichtlich zu beteiligen. Das Gleiche gilt umgekehrt, wenn die Entscheidung nur den Bevollmächtigten zugestellt wird.

nahme des Bescheides oder die Ausstellung des Empfangsbekenntnisses, ist hierüber eine Niederschrift zu fertigen, die die Umstände sowie Ort und Zeit des Übergabeversuchs enthält. Damit gilt die Zustellung als rechtswirksam erfolgt, z. B. im Hinblick auf den Beginn einer Beschwerdefrist. Sind die Beschwerdeführerinnen oder Beschwerdeführer aus der Bundeswehr ausgeschieden, bietet sich – insbesondere bei für sie nachteiligen Entscheidungen – die Zustellung durch Zustellungsurkunde oder mittels eingeschriebenen Briefs mit Rückschein an.

2063. Der Beschwerdebescheid ist den Betroffenen nach § 12 Absatz 1 Satz 2 WBO mitzuteilen. Da das Gesetz für diese Mitteilung keine bestimmte Form vorschreibt, bietet es sich an, den Betroffenen eine Kopie des Bescheides auszuhändigen. In der Beschwerdeakte sollte anschließend die Aushändigung vermerkt werden.

2064. Bei der Zustellung des Beschwerdebescheides ist ebenso wie bei der Mitteilung an die Betroffenen das im gesamten Beschwerdeverfahren geltende Beschleunigungsgebot zu beachten. Damit verbietet sich auch eine Übersendung des Beschwerdebescheides auf dem Dienstweg. Eine für notwendig gehaltene Unterrichtung von Vorgesetzten ist durch nachrichtliche Übersendung sicherzustellen.

2065. Zustellungsmängel können geheilt werden, wenn die Empfangsberechtigten die Entscheidung tatsächlich empfangen haben. Nach § 5 Absatz 3 WDO gilt eine Entscheidung in dem Zeitpunkt als zugestellt, zu dem die Empfangsberechtigten sie nachweislich erhalten haben.

C

i) Zuständigkeit von Dienststellen für Beschwerdeentscheidungen bei Auflösung, Unterstellungswechsel und Umbenennung von Dienststellen

A-2160/6, Abschnitt 2.14

2.14 Zuständigkeit von Dienststellen für Beschwerdeentscheidungen bei Auflösung, Unterstellungswechsel und Umbenennung von Dienststellen

2055. Die Zuständigkeit für Beschwerdeentscheidungen nach der Wehrbeschwerdeordnung (WBO) richtet sich bei Auflösung, Unterstellungswechsel und Umbenennung von Dienststellen nach folgenden Grundsätzen:

2056. Über Beschwerden gegen Maßnahmen oder Entscheidungen von **Dienststellen**, die **aufgelöst** wurden, entscheiden die Vorgesetzten, die auf Grund ihrer bisherigen fachlichen Zuständigkeit für den Beschwerdegegenstand und ihrer bisherigen Weisungsbefugnis gegenüber der betroffenen Dienststelle Abhilfekompetenz besaßen. Das Gleiche gilt für Entscheidungen über weitere Beschwerden. Bei Auflösung der Dienststellen dieser Vorgesetzten oder bei Wegfall der fachlichen Zuständigkeit für den Beschwerdegegenstand während des Beschwerdeverfahrens geht deren Zuständigkeit auf deren nächsthöhere Dienststelle mit fachlicher Zuständigkeit über den Beschwerdegegenstand über.

2057. Von der **Auflösung** einer Dienststelle ist nur auszugehen, wenn die Auflösung in einem **Organisationsbefehl angeordnet** ist. Die Umbenennung einer Dienststelle lässt ihre Existenz auch dann unberührt, wenn sich einzelne Funktionen verändern.

2058. Über Beschwerden gegen Maßnahmen und Entscheidungen von **Dienststellen, die nicht aufgelöst** wurden, deren **Unterstellungsverhältnis** aber **gewechselt hat**, entscheiden die Vorgesetzten, die nach dem Unterstellungswechsel auf Grund ihrer Weisungsbefugnis gegenüber der betroffenen Dienststelle Abhilfekompetenz für die angefochtene Maßnahme besitzen.

2059. Richten sich Beschwerden gegen die Person **und** hat sich das Unterstellungsverhältnis der Betroffenen nach Erhebung der Beschwerde geändert, geht die Zuständigkeit nach § 9 Absatz 3 WBO auf die neuen Vorgesetzten über. Über eine weitere Beschwerde haben nach § 9 Absatz 1 WBO deren Vorgesetzte zu entscheiden.

Beispiel:

Der Hauptgefreite H, Angehöriger der 1./Jägerbataillon X, beschwert sich über seine Zugführerin, Oberleutnant O, weil sie ihn im Rahmen der Ausbildung beleidigt habe (d. h. der Beschwerdegrund liegt in der Person von Oberleutnant O). Nach Einlegung der Beschwerde wird Oberleutnant O planmäßig in die 2./Jägerbataillon Y versetzt. Über die Beschwerde hat nach § 9 Absatz 3 WBO der Kompaniechef der 2./Jägerbataillon Y zu entscheiden. Legt der Hauptgefreite H gegen die Entscheidung weitere Beschwerde ein, wäre für die Entscheidung der Bataillonskommandeur des Jägerbataillons 2 zuständig.

j) – zzt. unbesetzt –

C

Widerspruch – Klagen

a) Allgemeine Anordnung über die Übertragung von Zuständigkeiten im Widerspruchsverfahren und über die Vertretung bei Klagen aus dem Beamten- oder Wehrdienstverhältnis im Geschäftsbereich des Bundesministeriums der Verteidigung (BMVgWidKlaZustAnO)*

Vom 19. Dezember 2013 (BGBl. I 2014 S. 11)

Gemäß § 126 Absatz 3 Satz 2, § 127 Absatz 3 Satz 1 des Bundesbeamtengesetzes vom 5. Februar 2009 (BGBl. I S. 160) und § 82 Absatz 3 Satz 2 des Soldatengesetzes vom 30. Mai 2005 (BGBl. I S. 1482) ordnet das Bundesministerium der Verteidigung an:

§ 1 Entscheidung über Widersprüche

(1) Die Zuständigkeit für die Entscheidung über Widersprüche aus dem Beamtenverhältnis wird auf die nächsthöhere Behörde der Dienststelle, die die Maßnahme getroffen oder abgelehnt hat, übertragen. Ist die nächsthöhere Behörde das Bundesministerium der Verteidigung, erlässt die Behörde, die die Maßnahme getroffen oder abgelehnt hat, auch den Widerspruchsbescheid.

(2) Die Zuständigkeit für die Entscheidung über Widersprüche in Beurteilungsangelegenheiten der Beamtinnen und Beamten im eigenen Personalführungsbereich wird dem Bundesamt für das Personalmanagement der Bundeswehr übertragen. Gleiches gilt für die Entscheidung über Widersprüche gegen beamtenrechtliche Maßnahmen eines Truppenteils oder einer militärischen Dienststelle.

§ 2 Vertretungsbefugnis

(1) Die Befugnis zur Vertretung des Dienstherrn bei Klagen aus dem Beamten- und Wehrdienstverhältnis im Geschäftsbereich des Bundesministeriums der Verteidigung wird auf die für den Erlass des Widerspruchs- bzw. Beschwerdebescheides zuständige Behörde übertragen.

(2) Bei Klagen von Soldatinnen und Soldaten gegen Maßnahmen eines Truppenteils oder einer militärischen Dienststelle und bei

* Zugleich A-2120/3

Klagen in Statusangelegenheiten wird die Vertretung des Dienstherrn dem Bundesamt für das Personalmanagement der Bundeswehr übertragen, sofern nicht die Zuständigkeit zur Personalführung des Bundesministeriums der Verteidigung gegeben ist.

§ 3 Ausnahmen

Widersprüche und Klagen in Disziplinarangelegenheiten und in Angelegenheiten der Besoldung, der Versorgung, des Wehrsolds und der Beihilfe sind von dieser Anordnung ausgenommen.

§ 4 Vorbehaltsklausel

Das Bundesministerium der Verteidigung kann in Einzelfällen die Zuständigkeit für die Entscheidung über Widersprüche und die Vertretungsbefugnis einer anderen Dienststelle übertragen oder diese wieder an sich ziehen.

§ 5 Übergangsregelung

(1) Diese Anordnung gilt für Widersprüche, die vor ihrem Inkrafttreten erhoben worden sind, mit der Maßgabe, dass der Behörde die Zuständigkeit für die Entscheidung über den Widerspruch übertragen wird, die zuständig wäre, wenn die Maßnahme nach dem Inkrafttreten dieser Anordnung getroffen oder abgelehnt worden wäre.

(2) Sie gilt für Klagen, die vor ihrem Inkrafttreten anhängig geworden sind, mit der Maßgabe, dass der Behörde die Vertretung des Dienstherrn übertragen wird, die für den Erlass des Widerspruchs- bzw. Beschwerdebescheides nach Inkrafttreten dieser Anordnung zuständig wäre.

§ 6 Inkrafttreten, Außerkrafttreten

Diese Anordnung tritt am 1. Januar 2014 in Kraft. Gleichzeitig tritt die Allgemeine Anordnung über die Übertragung von Zuständigkeiten im Widerspruchsverfahren und über die Vertretung bei Klagen aus dem Beamten- oder Wehrdienstverhältnis im Geschäftsbereich des Bundesministeriums der Verteidigung vom 16. Januar 2006 (BGBl. I S. 273), die durch die Anordnung vom 29. März 2007 (BGBl. I S. 534) geändert worden ist, außer Kraft.

b) Anordnung über die Übertragung von Zuständigkeiten im Widerspruchsverfahren und über die Vertretung der Bundesrepublik Deutschland bei Klagen in Angelegenheiten der Besoldung, der Versorgung, des Wehrsolds, der Beihilfe und der Unterhaltssicherung im Geschäftsbereich des Bundesministeriums der Verteidigung (BMVgWidVertrAnO)

Vom 20. Juli 2017 (BGBl. I S. 3058)

Nach

- § 126 Absatz 3 Satz 2 und § 127 Absatz 3 Satz 1 des Bundesbeamtengesetzes vom 5. Februar 2009 (BGBl. I S. 160),
- § 82 Absatz 3 Satz 2 und Absatz 4 Satz 3 des Soldatengesetzes, von denen Absatz 4 Satz 3 durch Artikel 6 Nummer 2 des Gesetzes vom 11. Juni 2013 (BGBl. I S. 1514) eingefügt worden ist,
- § 87 Absatz 2, § 88 Absatz 5 Nummer 2 und Absatz 6 Satz 4 des Soldatenversorgungsgesetzes, von denen § 88 Absatz 5 Nummer 2 zuletzt durch Artikel 3 Nummer 4 und § 88 Absatz 6 Satz 4 zuletzt durch Artikel 3 Nummer 5 des Gesetzes vom 15. Juli 2013 (BGBl. I S. 2416) geändert worden ist, sowie
- § 29 Satz 1 des Unterhaltssicherungsgesetzes vom 29. Juni 2015 (BGBl. I S. 1061)

ordnet das Bundesministerium der Verteidigung im Einvernehmen mit dem Bundesministerium des Innern und dem Bundesministerium der Finanzen an:

§ 1 Widersprüche in Besoldungs- und Beihilfeangelegenheiten

(1) Die Zuständigkeit für die Entscheidung über Widersprüche in Besoldungs- und Beihilfeangelegenheiten wird übertragen auf

1. das Bundesverwaltungsamt, soweit dieses die Maßnahme getroffen oder abgelehnt hat,
2. das Bundesamt für das Personalmanagement der Bundeswehr, soweit dieses oder eine andere Dienststelle der Bundeswehr die Maßnahme getroffen oder abgelehnt hat.

(2) In Angelegenheiten der Gewährung des Mietzuschusses nach § 54 des Bundesbesoldungsgesetzes wird diese Zuständigkeit auf

das Bundesamt für Infrastruktur, Umweltschutz und Dienstleistungen der Bundeswehr übertragen, soweit dieses oder eine ihm insoweit unterstellte Bundeswehrverwaltungsstelle im Ausland die Maßnahme getroffen oder abgelehnt hat.

§ 2 Widersprüche in Angelegenheiten der Beamtenversorgung

Die Zuständigkeit für die Entscheidung über Widersprüche in Angelegenheiten der Beamtenversorgung wird auf folgende Behörden übertragen, soweit diese die Maßnahme getroffen oder abgelehnt haben:

1. die Service-Center der Generalzolldirektion,
2. das Bundesamt für das Personalmanagement der Bundeswehr,
3. das Bundessprachenamt,
4. das Evangelische Kirchenamt für die Bundeswehr,
5. das Katholische Militärbischofsamt,
6. die Universitäten der Bundeswehr.

§ 3 Widersprüche in Angelegenheiten der Soldatenversorgung

(1) Die Zuständigkeit für die Entscheidung über Widersprüche in Angelegenheiten der Dienstzeitversorgung nach § 87 Absatz 1 des Soldatenversorgungsgesetzes wird auf folgende Behörden übertragen, soweit diese die Maßnahme getroffen oder abgelehnt haben:

1. das Bundesverwaltungsamt,
2. die Service-Center der Generalzolldirektion,
3. das Bundesamt für das Personalmanagement der Bundeswehr.

(2) Die Zuständigkeit für die Entscheidung über Widersprüche in Angelegenheiten der Beschädigtenversorgung nach § 41 Absatz 2 und den §§ 80 bis 86 des Soldatenversorgungsgesetzes wird auf das Bundesamt für das Personalmanagement der Bundeswehr übertragen.

§ 4 Vertretung bei Klagen in Angelegenheiten der Unterhaltssicherung

Die Vertretung der Bundesrepublik Deutschland bei Klagen in Angelegenheiten der Unterhaltssicherung wird der Präsidentin oder dem Präsidenten des Bundesamts für das Personalmanagement der Bundeswehr übertragen.

§ 5 Vertretung bei Klagen aus dem Beamten- oder Wehrdienstverhältnis

(1) Die Vertretung der Bundesrepublik Deutschland bei Klagen aus dem Beamten- oder Wehrdienstverhältnis wird den Leiterinnen und Leitern der folgenden Behörden übertragen, soweit diese für die Entscheidung über Widersprüche zuständig sind:

1. das Bundesverwaltungsamt,
2. die Service-Center der Generalzolldirektion,
3. das Bundessprachenamt,
4. das Evangelische Kirchenamt für die Bundeswehr,
5. das Katholische Militärbischofsamt,
6. die Universitäten der Bundeswehr,
7. das Bundesamt für das Personalmanagement der Bundeswehr, auch soweit das Bundesamt für Infrastruktur, Umweltschutz und Dienstleistungen der Bundeswehr für die Entscheidung über Widersprüche zuständig ist,
8. das Bundesamt für das Personalmanagement der Bundeswehr.

(2) Die Vertretung der Bundesrepublik Deutschland bei Klagen in Angelegenheiten der Besoldung, der Versorgung und des Wehrsolds, für die nach § 23 Absatz 1 der Wehrbeschwerdeordnung das Beschwerdeverfahren nach der Wehrbeschwerdeordnung an die Stelle des Vorverfahrens tritt, wird der Präsidentin oder dem Präsidenten des Bundesamts für das Personalmanagement der Bundeswehr übertragen.

§ 6 Vorbehaltsklausel

Das Bundesministerium der Verteidigung kann im Einzelfall die Zuständigkeit und die Vertretung abweichend von den §§ 1 bis 5 regeln. Für eine abweichende Regelung ist das Einvernehmen des Bundesministeriums des Innern und des Bundesministeriums der Finanzen erforderlich, wenn Behörden ihres Geschäftsbereichs betroffen sind.

§ 7 Inkrafttreten, Außerkrafttreten

Diese Anordnung tritt mit Wirkung vom 1. Juni 2017 in Kraft. Gleichzeitig tritt die Anordnung des Bundesministers der Verteidigung über die Übertragung von Zuständigkeiten im Widerspruchsverfahren und über die Vertretung der Bundesrepublik Deutschland bei Klagen in Angelegenheiten der Besoldung, der Versorgung, des Wehrsolds, der Beihilfe und der Unterhaltssicherung im Geschäftsbereich des Bundesministeriums der Verteidigung vom 7. Februar 2016 (BGBl. I S. 245) außer Kraft.

c) – zzt. unbesetzt –

C

Verwaltungsverfahrensgesetz (VwVfG)

in der Fassung der Bekanntmachung vom 23. Januar 2003 (BGBl. I S. 102)

Zuletzt geändert durch
eIDAS-Durchführungsgesetz
vom 18. Juli 2017 (BGBl. I S. 2745)

– Auszug –

Teil II
Allgemeine Vorschriften über das Verwaltungsverfahren

Abschnitt 1
Verfahrensgrundsätze

§14 Bevollmächtigte und Beistände

(1) Ein Beteiligter kann sich durch einen Bevollmächtigten vertreten lassen. Die Vollmacht ermächtigt zu allen das Verwaltungsverfahren betreffenden Verfahrenshandlungen, sofern sich aus ihrem Inhalt nicht etwas anderes ergibt. Der Bevollmächtigte hat auf Verlangen seine Vollmacht schriftlich nachzuweisen. Ein Widerruf der Vollmacht wird der Behörde gegenüber erst wirksam, wenn er ihr zugeht.

(2) Die Vollmacht wird weder durch den Tod des Vollmachtgebers noch durch eine Veränderung in seiner Handlungsfähigkeit oder seiner gesetzlichen Vertretung aufgehoben; der Bevollmächtigte hat jedoch, wenn er für den Rechtsnachfolger im Verwaltungsverfahren auftritt, dessen Vollmacht auf Verlangen schriftlich beizubringen.

(3) Ist für das Verfahren ein Bevollmächtigter bestellt, so soll sich die Behörde an ihn wenden. Sie kann sich an den Beteiligten selbst wenden, soweit er zur Mitwirkung verpflichtet ist. Wendet sich die Behörde an den Beteiligten, so soll der Bevollmächtigte verständigt werden. Vorschriften über die Zustellung an Bevollmächtigte bleiben unberührt.

(4) Ein Beteiligter kann zu Verhandlungen und Besprechungen mit einem Beistand erscheinen. Das von dem Beistand Vorgetragene gilt als von dem Beteiligten vorgebracht, soweit dieser nicht unverzüglich widerspricht.

(5) Bevollmächtigte und Beistände sind zurückzuweisen, wenn sie entgegen § 3 des Rechtsdienstleistungsgesetzes Rechtsdienstleistungen erbringen.

(6) Bevollmächtigte und Beistände können vom Vortrag zurückgewiesen werden, wenn sie hierzu ungeeignet sind; vom mündlichen Vortrag können sie nur zurückgewiesen werden, wenn sie zum sachgemäßen Vortrag nicht fähig sind. Nicht zurückgewiesen werden können Personen, die nach § 67 Abs. 2 Satz 1 und 2 Nr. 3 bis 7 der Verwaltungsgerichtsordnung zur Vertretung im verwaltungsgerichtlichen Verfahren befugt sind.

(7) Die Zurückweisung nach den Absätzen 5 und 6 ist auch dem Beteiligten, dessen Bevollmächtigter oder Beistand zurückgewiesen wird, mitzuteilen. Verfahrenshandlungen des zurückgewiesenen Bevollmächtigten oder Beistands, die dieser nach der Zurückweisung vornimmt, sind unwirksam.

§16 Bestellung eines Vertreters von Amts wegen

(1) Ist ein Vertreter nicht vorhanden, so hat das Betreuungsgericht, für einen minderjährigen Beteiligten das Familiengericht auf Ersuchen der Behörde einen geeigneten Vertreter zu bestellen

1. für einen Beteiligten, dessen Person unbekannt ist;
2. für einen abwesenden Beteiligten, dessen Aufenthalt unbekannt ist oder der an der Besorgung seiner Angelegenheiten verhindert ist;
3. für einen Beteiligten ohne Aufenthalt im Inland, wenn er der Aufforderung der Behörde, einen Vertreter zu bestellen, innerhalb der ihm gesetzten Frist nicht nachgekommen ist;
4. für einen Beteiligten, der infolge einer psychischen Krankheit oder körperlichen, geistigen oder seelischen Behinderung nicht in der Lage ist, in dem Verwaltungsverfahren selbst tätig zu werden;
5. bei herrenlosen Sachen, auf die sich das Verfahren bezieht, zur Wahrung der sich in Bezug auf die Sache ergebenden Rechte und Pflichten.

(2) Für die Bestellung des Vertreters ist in den Fällen des Absatzes 1 Nr. 4 das Gericht zuständig, in dessen Bezirk der Beteiligte seinen gewöhnlichen Aufenthalt hat; im Übrigen ist das Gericht zuständig, in dessen Bezirk die ersuchende Behörde ihren Sitz hat.

(3) Der Vertreter hat gegen den Rechtsträger der Behörde, die um seine Bestellung ersucht hat, Anspruch auf eine angemessene Ver-

gütung und auf die Erstattung seiner baren Auslagen. Die Behörde kann von dem Vertretenen Ersatz ihrer Aufwendungen verlangen. Sie bestimmt die Vergütung und stellt die Auslagen und Aufwendungen fest.

(4) Im Übrigen gelten für die Bestellung und für das Amt des Vertreters in den Fällen des Absatzes 1 Nr. 4 die Vorschriften über die Betreuung, in den übrigen Fällen die Vorschriften über die Pflegschaft entsprechend.

§ 20 Ausgeschlossene Personen

(1) In einem Verwaltungsverfahren darf für eine Behörde nicht tätig werden,

1. wer selbst Beteiligter ist;
2. wer Angehöriger eines Beteiligten ist;
3. wer einen Beteiligten kraft Gesetzes oder Vollmacht allgemein oder in diesem Verwaltungsverfahren vertritt;
4. wer Angehöriger einer Person ist, die einen Beteiligten in diesem Verfahren vertritt;
5. wer bei einem Beteiligten gegen Entgelt beschäftigt ist oder bei ihm als Mitglied des Vorstands, des Aufsichtsrates oder eines gleichartigen Organs tätig ist; dies gilt nicht für den, dessen Anstellungskörperschaft Beteiligte ist;
6. wer außerhalb seiner amtlichen Eigenschaft in der Angelegenheit ein Gutachten abgegeben hat oder sonst tätig geworden ist.

Dem Beteiligten steht gleich, wer durch die Tätigkeit oder durch die Entscheidung einen unmittelbaren Vorteil oder Nachteil erlangen kann. Dies gilt nicht, wenn der Vor- oder Nachteil nur darauf beruht, dass jemand einer Berufs- oder Bevölkerungsgruppe angehört, deren gemeinsame Interessen durch die Angelegenheit berührt werden.

(2) Absatz 1 gilt nicht für Wahlen zu einer ehrenamtlichen Tätigkeit und für die Abberufung von ehrenamtlich Tätigen.

(3) Wer nach Absatz 1 ausgeschlossen ist, darf bei Gefahr im Verzug unaufschiebbare Maßnahmen treffen.

(4) Hält sich ein Mitglied eines Ausschusses (§ 88) für ausgeschlossen oder bestehen Zweifel, ob die Voraussetzungen des Absatzes 1 gegeben sind, ist dies dem Vorsitzenden des Ausschusses mitzuteilen. Der Ausschuss entscheidet über den Ausschluss. Der Betroffene darf an dieser Entscheidung nicht mitwirken. Das ausgeschlos-

sene Mitglied darf bei der weiteren Beratung und Beschlussfassung nicht zugegen sein.

(5) Angehörige im Sinne des Absatzes 1 Nr. 2 und 4 sind:

1. der Verlobte, auch im Sinne des Lebenspartnerschaftsgesetzes,
2. der Ehegatte,
2a. der Lebenspartner,
3. Verwandte und Verschwägerte gerader Linie,
4. Geschwister,
5. Kinder der Geschwister,
6. Ehegatten der Geschwister und Geschwister der Ehegatten,
6a. Lebenspartner der Geschwister und Geschwister der Lebenspartner,
7. Geschwister der Eltern,
8. Personen, die durch ein auf längere Dauer angelegtes Pflegeverhältnis mit häuslicher Gemeinschaft wie Eltern und Kind miteinander verbunden sind (Pflegeeltern und Pflegekinder).

Angehörige sind die in Satz 1 aufgeführten Personen auch dann, wenn

1. in den Fällen der Nummern 2, 3 und 6 die die Beziehung begründende Ehe nicht mehr besteht;
1a. in den Fällen der Nummern 2a, 3 und 6a die die Beziehung begründende Lebenspartnerschaft nicht mehr besteht;
2. in den Fällen der Nummern 3 bis 7 die Verwandtschaft oder Schwägerschaft durch Annahme als Kind erloschen ist;
3. im Falle der Nummer 8 die häusliche Gemeinschaft nicht mehr besteht, sofern die Personen weiterhin wie Eltern und Kind miteinander verbunden sind.

§21 Besorgnis der Befangenheit

(1) Liegt ein Grund vor, der geeignet ist, Misstrauen gegen eine unparteiische Amtsausübung zu rechtfertigen, oder wird von einem Beteiligten das Vorliegen eines solchen Grundes behauptet, so hat, wer in einem Verwaltungsverfahren für eine Behörde tätig werden soll, den Leiter der Behörde oder den von diesem Beauftragten zu unterrichten und sich auf dessen Anordnung der Mitwirkung zu enthalten. Betrifft die Besorgnis der Befangenheit den Leiter der Behörde, so trifft diese Anordnung die Aufsichtsbehörde, sofern sich der Behördenleiter nicht selbst einer Mitwirkung enthält.

(2) Für Mitglieder eines Ausschusses (§ 88) gilt § 20 Abs. 4 entsprechend.

§ 28 Anhörung Beteiligter

(1) Bevor ein Verwaltungsakt erlassen wird, der in Rechte eines Beteiligten eingreift, ist diesem Gelegenheit zu geben, sich zu den für die Entscheidung erheblichen Tatsachen zu äußern.

(2) Von der Anhörung kann abgesehen werden, wenn sie nach den Umständen des Einzelfalls nicht geboten ist, insbesondere wenn

1. eine sofortige Entscheidung wegen Gefahr im Verzug oder im öffentlichen Interesse notwendig erscheint;
2. durch die Anhörung die Einhaltung einer für die Entscheidung maßgeblichen Frist in Frage gestellt würde;
3. von den tatsächlichen Angaben eines Beteiligten, die dieser in einem Antrag oder einer Erklärung gemacht hat, nicht zu seinen Ungunsten abgewichen werden soll;
4. die Behörde eine Allgemeinverfügung oder gleichartige Verwaltungsakte in größerer Zahl oder Verwaltungsakte mit Hilfe automatischer Einrichtungen erlassen will;
5. Maßnahmen in der Verwaltungsvollstreckung getroffen werden sollen.

(3) Eine Anhörung unterbleibt, wenn ihr ein zwingendes öffentliches Interesse entgegensteht.

§ 29 Akteneinsicht durch Beteiligte

(1) Die Behörde hat den Beteiligten Einsicht in die das Verfahren betreffenden Akten zu gestatten, soweit deren Kenntnis zur Geltendmachung oder Verteidigung ihrer rechtlichen Interessen erforderlich ist. Satz 1 gilt bis zum Abschluss des Verwaltungsverfahrens nicht für Entwürfe zu Entscheidungen sowie die Arbeiten zu ihrer unmittelbaren Vorbereitung. Soweit nach den §§ 17 und 18 eine Vertretung stattfindet, haben nur die Vertreter Anspruch auf Akteneinsicht.

(2) Die Behörde ist zur Gestattung der Akteneinsicht nicht verpflichtet, soweit durch sie die ordnungsgemäße Erfüllung der Aufgaben der Behörde beeinträchtigt, das Bekanntwerden des Inhalts der Akten dem Wohl des Bundes oder eines Landes Nachteile bereiten würde oder soweit die Vorgänge nach einem Gesetz oder ihrem Wesen nach, namentlich wegen der berechtigten Interessen der Beteiligten oder dritter Personen, geheim gehalten werden müssen.

(3) Die Akteneinsicht erfolgt bei der Behörde, die die Akten führt. Im Einzelfall kann die Einsicht auch bei einer anderen Behörde oder bei einer diplomatischen oder berufskonsularischen Vertretung der Bundesrepublik Deutschland im Ausland erfolgen; weitere Ausnahmen kann die Behörde, die die Akten führt, gestatten.

Abschnitt 2
Fristen, Termine, Wiedereinsetzung

§ 31 Fristen und Termine

(1) Für die Berechnung von Fristen und für die Bestimmung von Terminen gelten die §§ 187 bis 193 des Bürgerlichen Gesetzbuchs entsprechend, soweit nicht durch die Absätze 2 bis 5 etwas anderes bestimmt ist.

(2) Der Lauf einer Frist, die von einer Behörde gesetzt wird, beginnt mit dem Tag, der auf die Bekanntgabe der Frist folgt, außer wenn dem Betroffenen etwas anderes mitgeteilt wird.

(3) Fällt das Ende einer Frist auf einen Sonntag, einen gesetzlichen Feiertag oder einen Sonnabend, so endet die Frist mit dem Ablauf des nächstfolgenden Werktages. Dies gilt nicht, wenn dem Betroffenen unter Hinweis auf diese Vorschrift ein bestimmter Tag als Ende der Frist mitgeteilt worden ist.

(4) Hat eine Behörde Leistungen nur für einen bestimmten Zeitraum zu erbringen, so endet dieser Zeitraum auch dann mit dem Ablauf seines letzten Tages, wenn dieser auf einen Sonntag, einen gesetzlichen Feiertag oder einen Sonnabend fällt.

(5) Der von einer Behörde gesetzte Termin ist auch dann einzuhalten, wenn er auf einen Sonntag, gesetzlichen Feiertag oder Sonnabend fällt.

(6) Ist eine Frist nach Stunden bestimmt, so werden Sonntage, gesetzliche Feiertage oder Sonnabende mitgerechnet.

(7) Fristen, die von einer Behörde gesetzt sind, können verlängert werden. Sind solche Fristen bereits abgelaufen, so können sie rückwirkend verlängert werden, insbesondere wenn es unbillig wäre, die durch den Fristablauf eingetretenen Rechtsfolgen bestehen zu lassen. Die Behörde kann die Verlängerung der Frist nach § 36 mit einer Nebenbestimmung verbinden.

Teil III
Verwaltungsakt

Abschnitt 1
Zustandekommen des Verwaltungsaktes

§35 Begriff des Verwaltungsaktes

Verwaltungsakt ist jede Verfügung, Entscheidung oder andere hoheitliche Maßnahme, die eine Behörde zur Regelung eines Einzelfalls auf dem Gebiet des öffentlichen Rechts trifft und die auf unmittelbare Rechtswirkung nach außen gerichtet ist. Allgemeinverfügung ist ein Verwaltungsakt, der sich an einen nach allgemeinen Merkmalen bestimmten oder bestimmbaren Personenkreis richtet oder die öffentlich-rechtliche Eigenschaft einer Sache oder ihre Benutzung durch die Allgemeinheit betrifft.

§39 Begründung des Verwaltungsaktes

(1) Ein schriftlicher oder elektronischer sowie ein schriftlich oder elektronisch bestätigter Verwaltungsakt ist mit einer Begründung zu versehen. In der Begründung sind die wesentlichen tatsächlichen und rechtlichen Gründe mitzuteilen, die die Behörde zu ihrer Entscheidung bewogen haben. Die Begründung von Ermessensentscheidungen soll auch die Gesichtspunkte erkennen lassen, von denen die Behörde bei der Ausübung ihres Ermessens ausgegangen ist.

(2) Einer Begründung bedarf es nicht,

1. soweit die Behörde einem Antrag entspricht oder einer Erklärung folgt und der Verwaltungsakt nicht in Rechte eines anderen eingreift;
2. soweit demjenigen, für den der Verwaltungsakt bestimmt ist oder der von ihm betroffen wird, die Auffassung der Behörde über die Sach- und Rechtslage bereits bekannt oder auch ohne Begründung für ihn ohne weiteres erkennbar ist;
3. wenn die Behörde gleichartige Verwaltungsakte in größerer Zahl oder Verwaltungsakte mit Hilfe automatischer Einrichtungen erlässt und die Begründung nach den Umständen des Einzelfalls nicht geboten ist;
4. wenn sich dies aus einer Rechtsvorschrift ergibt;
5. wenn eine Allgemeinverfügung öffentlich bekannt gegeben wird.

Teil VI
Rechtsbehelfsverfahren

§ 79 Rechtsbehelfe gegen Verwaltungsakte

Für förmliche Rechtsbehelfe gegen Verwaltungsakte gelten die Verwaltungsgerichtsordnung und die zu ihrer Ausführung ergangenen Rechtsvorschriften, soweit nicht durch Gesetz etwas anderes bestimmt ist; im Übrigen gelten die Vorschriften dieses Gesetzes.

§ 80 Erstattung von Kosten im Vorverfahren

(1) Soweit der Widerspruch erfolgreich ist, hat der Rechtsträger, dessen Behörde den angefochtenen Verwaltungsakt erlassen hat, demjenigen, der Widerspruch erhoben hat, die zur zweckentsprechenden Rechtsverfolgung oder Rechtsverteidigung notwendigen Aufwendungen zu erstatten. Dies gilt auch, wenn der Widerspruch nur deshalb keinen Erfolg hat, weil die Verletzung einer Verfahrens- oder Formvorschrift nach § 45 unbeachtlich ist. Soweit der Widerspruch erfolglos geblieben ist, hat derjenige, der den Widerspruch eingelegt hat, die zur zweckentsprechenden Rechtsverfolgung oder Rechtsverteidigung notwendigen Aufwendungen der Behörde, die den angefochtenen Verwaltungsakt erlassen hat, zu erstatten; dies gilt nicht, wenn der Widerspruch gegen einen Verwaltungsakt eingelegt wird, der im Rahmen

1. eines bestehenden oder früheren öffentlich-rechtlichen Dienst- oder Amtsverhältnisses oder
2. einer bestehenden oder früheren gesetzlichen Dienstpflicht oder einer Tätigkeit, die an Stelle der gesetzlichen Dienstpflicht geleistet werden kann,

erlassen wurde. Aufwendungen, die durch das Verschulden eines Erstattungsberechtigten entstanden sind, hat dieser selbst zu tragen; das Verschulden eines Vertreters ist dem Vertretenen zuzurechnen.

(2) Die Gebühren und Auslagen eines Rechtsanwalts oder eines sonstigen Bevollmächtigten im Vorverfahren sind erstattungsfähig, wenn die Zuziehung eines Bevollmächtigten notwendig war.

(3) Die Behörde, die die Kostenentscheidung getroffen hat, setzt auf Antrag den Betrag der zu erstattenden Aufwendungen fest; hat ein Ausschuss oder Beirat (§ 73 Abs. 2 der Verwaltungsgerichtsordnung) die Kostenentscheidung getroffen, so obliegt die Kostenfestsetzung der Behörde, bei der der Ausschuss oder Beirat gebildet ist. Die Kostenentscheidung bestimmt auch, ob die Zuziehung eines

Rechtsanwalts oder eines sonstigen Bevollmächtigten notwendig war.

(4) Die Absätze 1 bis 3 gelten auch für Vorverfahren bei Maßnahmen des Richterdienstrechts.

Anmerkung:

Bei truppendienstlichen Beschwerden gilt § 16a WBO (→ **C 30**).

Soldatinnen/Soldaten vor Gericht

a) Erteilung von Urlaub während Straf- oder Disziplinarverfahren

A-2160/6, Abschnitt 1.15

1.15 Erteilung von Urlaub während Straf- oder Disziplinarverfahren

1183. Alle Disziplinarvorgesetzten haben zu verhindern, dass Straf- oder Disziplinarverfahren durch die Beurlaubung von Soldatinnen oder Soldaten verzögert werden. Bei Ausübung der Disziplinarbefugnis durch Disziplinarvorgesetzte entscheiden diese daher unter Beachtung des gesetzlichen Gebots der beschleunigten Behandlung von Disziplinarsachen gemäß § 17 Absatz 1 der Wehrdisziplinarordnung nach pflichtgemäßem Ermessen, ob vor Abschluss einer Disziplinarsache einschließlich der etwa erforderlichen Vollstreckung einer Disziplinarmaßnahme Urlaub gewährt werden kann. Demgemäß ist nach folgenden **Grundsätzen** zu verfahren:

1184. Soldatinnen oder Soldaten, gegen die Straf- oder Disziplinarverfahren geführt werden, sollen nur dann Erholungsurlaub oder anderen Urlaub erhalten, wenn sichergestellt ist, dass dadurch das Verfahren nicht verzögert wird. Die für die Urlaubsgewährung zuständigen Vorgesetzten haben sich erforderlichenfalls mit Gericht, Staatsanwaltschaft oder sonst in das Verfahren eingeschalteten Behörden in Verbindung zu setzen, um festzustellen, ob während des geplanten Urlaubs Vernehmungen zu erwarten sind. Fällt eine Vernehmung oder ein Verhandlungstermin in die Zeit des geplanten Urlaubs, ist dieser nach § 28 Absatz 2 des Soldatengesetzes zu versagen, falls nicht sichergestellt werden kann, dass die Soldatinnen oder Soldaten trotz Urlaubs zum Termin erscheinen.

1185. Entsprechendes gilt für Soldatinnen und Soldaten, die in einem Straf- oder Disziplinarverfahren in einer Hauptverhandlung gegen eine Soldatin oder einen Soldaten als Zeuginnen oder Zeugen oder Sachverständige aussagen sollen. Außerhalb der Hauptverhandlung, d. h. für Vernehmungen, ist der Urlaub nur zu versagen, wenn die ladenden Stellen auf Rückfrage erklären, dass sich die Vernehmung nicht verschieben lässt, und nicht sichergestellt werden kann, dass die Soldatin oder der Soldat trotz Urlaubs zur Vernehmung erscheint.

b) Erteilung einer Aussagegenehmigung nach § 14 Absatz 2 des Soldatengesetzes

A-2160/6, Abschnitt 1.41

1.41 Erteilung einer Aussagegenehmigung nach § 14 Absatz 2 des Soldatengesetzes

1406. Nach § 14 Absatz 2 des Soldatengesetzes (SG) dürfen Soldatinnen und Soldaten, auch nach ihrem Ausscheiden aus dem Wehrdienst, grundsätzlich über Angelegenheiten, die ihnen bei oder bei Gelegenheit ihrer dienstlichen Tätigkeiten bekannt geworden sind, ohne Genehmigung weder vor einem Gericht noch außergerichtlich aussagen oder Erklärungen abgeben.

1407. Angaben über ihren Beruf sowie über Status und Dienstgrad unterliegen nicht der dienstlichen Verschwiegenheitspflicht; dies gilt grundsätzlich auch für Angaben über die Zugehörigkeit zu einer Dienststelle. Einer Aussagegenehmigung bedarf es weiterhin nicht in den Fällen des § 14 Absatz 1 Satz 2 SG.

1408. Sieht das Gericht oder die Behörde von der Einholung einer Aussagegenehmigung ab und bestehen Zweifel, ob (frühere) Soldatinnen oder (frühere) Soldaten ohne Genehmigung aussagen oder Erklärungen abgeben dürfen, haben die für die Erteilung einer Aussagegenehmigung zuständigen Vorgesetzten zu klären, welcher Sachverhalt Gegenstand der Aussage sein soll. Dies geschieht durch Anfrage bei der Stelle, vor der die Aussage getätigt werden soll. Ebenso ist zu verfahren, wenn in der Ladung auf die Notwendigkeit einer Aussagegenehmigung hingewiesen wird, ohne dass der Gegenstand der Aussage bezeichnet wird.

1409. Bei der Abgabe von Erklärungen außerhalb gerichtlicher und behördlicher Verfahren gilt Nummer 1406 entsprechend.

1410. In der Aussagegenehmigung ist der Sachverhalt, auf den sie sich bezieht, genau zu bezeichnen. Über andere Sachverhalte darf nur ausgesagt werden, wenn diese nicht der dienstlichen Verschwiegenheitspflicht unterliegen.

1411. Bei disziplinaren Ermittlungen der Disziplinarvorgesetzten, der Wehrdisziplinaranwaltschaft und in allen Verfahren vor einem Wehrdienstgericht gilt die Genehmigung zur Aussage und zur Erstattung von Gutachten als erteilt, wenn nicht erkennbar ist, dass Versagungsgründe im Sinne von § 14 Absatz 2 Satz 3 SG in Verbindung mit §§ 68 und 69 des Bundesbeamtengesetzes vorliegen.

1412. Für die Erteilung der Aussagegenehmigung sind grundsätzlich die nächsten Disziplinarvorgesetzten der Soldatinnen und Soldaten zuständig.[1] Bei Wegfall der Dienststelle der letzten Disziplinarvorgesetzten geht deren Zuständigkeit auf deren nächste Disziplinarvorgesetzte über.

1413. Haben die zuständigen Disziplinarvorgesetzten Bedenken, eine Aussagegenehmigung zu erteilen, ist die Sache den nächsthöheren Disziplinarvorgesetzten zur Entscheidung vorzulegen.

1414. Über die endgültige Versagung einer Aussagegenehmigung entscheidet ausschließlich das Bundesministerium der Verteidigung – R II 2 –.

1415. Die Erteilung oder Versagung der Aussagegenehmigung bedarf der Schriftform.

1416. In allen Angelegenheiten, bei denen der Verdacht besteht, dass insbesondere im Zusammenhang mit der wirtschaftlichen Betätigung der Bundeswehr Straftaten begangen worden sind (z. B. Vorteilsannahme, Bestechlichkeit, Vorteilsgewährung, Bestechung, Betrug, Untreue, Verletzung des Dienstgeheimnisses), ist das Bundesministerium der Verteidigung – R II 1 (ES) – für die Erteilung von Aussagegenehmigungen zuständig.

1417. Bezieht sich die Aussagegenehmigung auf dienstliche Tätigkeiten während einer besonderen Verwendung im Ausland (vgl. § 56 Absatz 1 Satz 1 Bundesbesoldungsgesetz), haben die für die Erteilung einer Aussagegenehmigung zuständigen Vorgesetzten vor ihrer Entscheidung eine Stellungnahme der Rechtsberaterin oder des Rechtsberaters des mit der nationalen Einsatzführung betrauten Kommandos – das ist in der Regel das Einsatzführungskommando der Bundeswehr – einzuholen. Soll nach dieser Stellungnahme keine Aussagegenehmigung erteilt werden, haben die zuständigen Disziplinarvorgesetzten die Angelegenheit unmittelbar dem Bundesministerium der Verteidigung zur Entscheidung vorzulegen.

1418. Bei Zweifelsfragen erteilen die zuständigen Rechtsberaterinnen oder Rechtsberater Auskunft.

---

[1] Nach dem Ausscheiden aus dem Wehrdienst ist die bzw. der letzte nächste Disziplinarvorgesetzte der früheren Soldatin oder des früheren Soldaten für die Erteilung der Aussagegenehmigung zuständig.

c) Anzug der Soldatinnen und Soldaten vor Gericht und in Vollzugsanstalten

A–2160/6, Abschnitt 1.45;
A2-2630/0-0-5

313. Wahrnehmung polizeilicher oder gerichtlicher Vorladungen/ Termine

Bei Verfahren, die den dienstlichen Bereich der Soldaten und Soldatinnen berühren sowie in Verhandlungen der Wehrdienstgerichte als ehrenamtliche Richter bzw. Richterinnen, Verteidiger bzw. Verteidigerinnen, Angeschuldigte, Zeugen bzw. Zeuginnen oder Sachverständige tragen Soldatinnen und Soldaten den **Dienstanzug, Grundform**, sofern nicht ein Verbot, Uniform zu tragen, ausgesprochen worden ist.

In allen anderen Fällen ist Zivilkleidung zu tragen.

314. Vollzug von Freiheitsentziehung

Beim Vollzug von Freiheitsentziehung in Vollzugseinrichtungen der Bundeswehr[1] ist grundsätzlich der Feldanzug, Tarndruck, allgemein (Nrn. 214–216) oder als Marineangehörige der Bord- und Gefechtsanzug (Nrn. 224–226) zu tragen.

In allen anderen Fällen trägt der Soldat bzw. die Soldatin den nach Dienstplan befohlenen bzw. im Vollzugsplan festgelegten Anzug.

In zivilen Vollzugsanstalten wird keine Uniform getragen.

[1] A–2155/1 „Vollzug von Freiheitsentziehungen“

Zustellungen, Ladungen, Vorführungen, Zwangsvollstreckungen und Erzwingungshaft – Soldatinnen und Soldaten – (A-2160/5, Version 2)

Vom 17. Oktober 2016

1 Allgemeines

101. Diese Zentrale Dienstvorschrift regelt die Vorgehensweise bei Zustellungen, Ladungen, Vorführungen, Erzwingungshaft und Zwangsvollstreckungen bezüglich Soldatinnen und Soldaten der Bundeswehr.

2 Zustellungen an Soldatinnen und Soldaten

201. Für Zustellungen an Soldatinnen und Soldaten in gerichtlichen Verfahren gelten dieselben gesetzlichen Bestimmungen wie für Zustellungen an andere Personen.

202. Will eine mit der Zustellung beauftragte Person (z. B. Gerichtsvollzieherin bzw. Gerichtsvollzieher, Post- oder Behördenbedienstete bzw. -bediensteter, Gerichtswachtmeisterin bzw. Gerichtswachtmeister) in einer amtlich unentgeltlichen Unterkunft einer Soldatin bzw. einem Soldaten zustellen, ist sie bzw. er von der Wache an das Geschäftszimmer der Einheit der Soldatin bzw. des Soldaten zu verweisen.

203. Ist die Soldatin bzw. der Soldat, der bzw. dem zugestellt werden soll, sogleich zu erreichen, hat der Kompaniefeldwebel[1] sie bzw. ihn in das Geschäftszimmer zu rufen. In Unterkünften ziviler Dienststellen ist die Soldatin bzw. der Soldat in die von der Dienststelle jeweils beauftragte Stelle zu rufen.

204. Ist die Soldatin bzw. der Soldat nicht sogleich erreichbar, hat der Kompaniefeldwebel dies der bzw. dem mit der Zustellung Beauftragten mitzuteilen. Handelt es sich um eine in Gemeinschaftsunterkunft wohnende Soldatin bzw. einen in Gemeinschaftsunterkunft wohnenden Soldaten, kann die bzw. der Beauftragte auf-

[1] Dem Kompaniefeldwebel stehen jeweils Vorgesetzte in entsprechender Dienststellung gleich.

grund von § 178 Abs. 1 Nr. 3 der Zivilprozessordnung (ZPO) oder der entsprechenden Vorschriften der Verwaltungszustellungsgesetze, eine Ersatzzustellung an den Kompaniefeldwebel – in dessen Abwesenheit an seinen Stellvertreter – durchführen. Der Kompaniefeldwebel bzw. die zuständige Stelle in Unterkünften ziviler Dienststellen ist im Sinne dieser Vorschriften zur Entgegennahme der Zustellung ermächtigter Vertreter.

205. Wird die Soldatin bzw. der Soldat, der bzw. dem zugestellt werden soll, voraussichtlich längere Zeit abwesend sein, z. B. aufgrund eines mehrmonatigen Auslandseinsatzes, hat der Kompaniefeldwebel bzw. die zuständige Stelle in Unterkünften ziviler Dienststellen die Annahme des zuzustellenden Schriftstückes abzulehnen. Er/Sie hat dabei, sofern nicht Gründe der militärischen Geheimhaltung entgegenstehen, der bzw. dem mit der Zustellung Beauftragten die Anschrift mitzuteilen, unter der die Zustellungsadressatin bzw. der Zustellungsadressat zu erreichen ist.

206. Eine Ersatzzustellung an den Kompaniefeldwebel/die zuständige Stelle in Unterkünften ziviler Dienststellen ist nicht zulässig, wenn die Soldatin bzw. der Soldat, der bzw. dem zugestellt werden soll, innerhalb des Kasernenbereichs eine besondere Wohnung hat oder außerhalb des Kasernenbereichs wohnt. In diesen Fällen hat der Kompaniefeldwebel der bzw. dem mit der Zustellung Beauftragten die Wohnung der Soldatin bzw. des Soldaten anzugeben.

207. Der Kompaniefeldwebel/Die zuständige Stelle in Unterkünften ziviler Dienststellen darf nicht gegen den Willen der Soldatin bzw. des Soldaten von dem Inhalt des zugestellten Schriftstückes Kenntnis nehmen oder die Soldatin bzw. den Soldaten auffordern, ihm den Inhalt mitzuteilen.

208. Der Kompaniefeldwebel/Die zuständige Stelle hat Schriftstücke, die ihm/ihr bei der Ersatzzustellung übergeben worden sind, der Adressatin bzw. dem Adressaten sogleich nach dessen Rückkehr auszuhändigen. Über die Aushändigung hat er einen Vermerk zu fertigen, der nach einem Jahr zu vernichten ist.

209. Bei eingeschifften Soldatinnen und Soldaten ist der Wachtmeister eines Schiffes oder die Kommandantin bzw. der Kommandant eines Schiffes oder Bootes – in deren bzw. dessen Abwesenheit ihr bzw. sein Stellvertreter – im Sinne des § 178 Abs. 1 Nr. 3 ZPO an Bord zur Entgegennahme von Ersatzzustellungen befugt.

210. Diese Vorschriften gelten auch, wenn im gerichtlichen Disziplinarverfahren eine Soldatin bzw. ein Soldat eine Zustellung auszuführen hat (vgl. § 5 Abs. 1 und 2 der Wehrdisziplinarordnung).

3 Ladungen von Soldatinnen und Soldaten

3.1 Verfahren vor den Wehrdienstgerichten

301. Im gerichtlichen Disziplinarverfahren werden Soldatinnen oder Soldaten zur Hauptverhandlung sowie zu sonstigen Vernehmungen auf Ersuchen des Wehrdienstgerichts oder des Wehrdisziplinaranwalts dienstlich gestellt, auch wenn sie Zeuginnen bzw. Zeugen oder Sachverständige sind. Bei Bekanntgabe des Termins ist ihnen eine Abschrift der Ladung auszuhändigen.

302. Die Reise einer dienstlich gestellten Soldatin bzw. eines dienstlich gestellten Soldaten zur Vernehmung ist eine Dienstreise. Die Soldatin bzw. der Soldat hat somit Anspruch auf Reisekostenvergütung nach dem Bundesreisekostengesetz und den hierzu ergangenen Regelungen. Bei Bedarf wird ihr bzw. ihm von der zuständigen Reisestelle eine Bahnfahrkarte/Flugticket im Dienstreiseverkehr der Bundeswehr ausgestellt. Bei notwendiger Übernachtung bucht die zuständige Stelle auch diese Hotelübernachtung.

303. Die zuständige Abrechnungsstelle hat dem Wehrdienstgericht oder dem Wehrdisziplinaranwalt unverzüglich alle durch die Gestellung entstandenen Kosten mitzuteilen, damit sie gegebenenfalls von derjenigen bzw. demjenigen, der bzw. dem die Verfahrenskosten auferlegt worden sind, wieder eingezogen werden können. Die Mitteilung der Kosten erfolgt durch Übersendung einer Kopie der Reisekostenrechnung (Kassenanweisung über Reisekostenvergütung), die zunächst gleichzeitig mit der Erstschrift der zuständigen Bearbeiterin bzw. dem zuständigen Bearbeiter vorzulegen und von dieser bzw. diesem sachlich und rechnerisch mit festzustellen ist. Die Zweitschrift ist als solche deutlich kenntlich zu machen; die darauf angebrachte Kassenanweisung ist durchzustreichen.

304. Werden mit einer Dienstreise im gerichtlichen Disziplinarverfahren gleichzeitig andere Dienstgeschäfte erledigt, müssen diese ihrem zeitlichen Ablauf entsprechend einzeln in der Reisekostenrechnung dargestellt und für jedes Dienstgeschäft die entstandenen Kosten besonders – gegebenenfalls anteilmäßig – angegeben werden. Dies ist erforderlich, um die Kostenschuldnerin bzw. den Kostenschuldner nur mit den Auslagen zu belasten, die in Durchführung ihres bzw. seines Verfahrens tatsächlich entstanden sind. Zu den anteilig zu erstattenden Kosten gehören die Fahrt-/Flugkosten, Tage- und Übernachtungsgelder und Nebenkosten.

Wurde für die Soldatin bzw. den Soldaten eine dienstliche Bahnfahrkarte, ein dienstliches Flugticket bzw. ein Hotel gebucht, sind der Kopie der Reisekostenrechnung Kopien der Preisbelege der Fahrkarte beizufügen.

305. Wurde ein Dienstfahrzeug zur Reise einer dienstlich gestellten Soldatin bzw. eines dienstlich gestellten Soldaten genutzt, ist der Kopie der Reisekostenrechnung eine Kopie des Fahrauftrages beizufügen. Die Fahrtkosten errechnet die Stelle, die um die Gestellung ersucht hat. Die Berechnung erfolgt ohne Rücksicht auf die tatsächlich entstandenen Kosten und ohne Begrenzung der Kilometerzahl nach den im Gesetz über die Vergütung von Sachverständigen, Dolmetscherinnen, Dolmetschern, Übersetzerinnen und Übersetzern sowie die Entschädigung von ehrenamtlichen Richterinnen, ehrenamtlichen Richtern, Zeuginnen, Zeugen und Dritten (Justizvergütungs- und -entschädigungsgesetz – JVEG) bei Benutzung eines Kraftfahrzeuges je Kilometer zu zahlenden Kosten. Dies gilt auch dann, wenn das Dienstfahrzeug für mehrere Soldatinnen bzw. Soldaten gestellt worden ist. Vorstehende Regelung gilt auch für sonstige dienstlich bereitgestellte Kraftfahrzeuge.

306. Für andere Verfahren nach der Wehrdisziplinarordnung und für Verfahren nach der Wehrbeschwerdeordnung vor den Wehrdienstgerichten gelten die Nummern 301 bis 306 entsprechend.

3.2 Verfahren vor anderen deutschen Gerichten

307. In Verfahren vor sonstigen deutschen Gerichten werden Soldatinnen bzw. Soldaten als Parteien, Beschuldigte, Zeuginnen bzw. Zeugen oder Sachverständige in derselben Weise wie andere Personen geladen. Die Ladung wird ihnen also auf Veranlassung des Gerichtes oder der Staatsanwaltschaft zugestellt oder übersandt.

308. In Strafverfahren haben auch die bzw. der Angeklagte, die Nebenklägerin bzw. der Nebenkläger und die Privatklägerin bzw. der Privatkläger das Recht, Zeuginnen bzw. Zeugen oder Sachverständige unmittelbar laden zu lassen. Eine Soldatin bzw. ein Soldat, die bzw. der eine solche Ladung erhält, braucht ihr jedoch nur dann zu folgen, wenn ihr bzw. ihm bei der Ladung die gesetzliche Entschädigung, insbesondere für Reisekosten, bar angeboten oder deren Hinterlegung bei der Geschäftsstelle des Gerichtes nachgewiesen wird.

309. Erhalten Soldatinnen bzw. Soldaten eine Ladung zu einem Gerichtstermin, ist ihnen der erforderliche Sonderurlaub gemäß § 9 der Soldatenurlaubsverordnung (SUV) – in Verbindung mit Nr. 307

der Zentralen Dienstvorschrift A-1420/-12 „Ausführung der Soldatinnen- und Soldatenurlaubsverordnung (Ausf SUV)" zu gewähren.

310. Den Soldatinnen und Soldaten sind keine Bahnfahrkarten, keine Flugtickets und keine Hotelübernachtungen zu buchen und keine Dienstfahrzeuge bereitzustellen, und sie erhalten keine Reisekostenerstattung.

311. Soldatinnen bzw. Soldaten, die von einem Gericht oder einer Justizbehörde als Zeuginnen bzw. Zeugen oder Sachverständige geladen worden sind, erhalten von der Stelle, die sie vernommen hat, Zeugen- oder Sachverständigenentschädigung einschließlich Reisekosten. Sind Soldatinnen bzw. Soldaten nicht in der Lage, die Reisekosten aufzubringen, können sie bei der Stelle, die sie geladen hat, die Zahlung eines Vorschusses beantragen.

312. Auch Soldatinnen bzw. Soldaten, die als Parteien oder Beschuldigte in einem Zivil- oder Strafgerichtsverfahren geladen sind, können unter gewissen Voraussetzungen von der Stelle, die sie geladen hat, auf Antrag Reisekostenersatz und notfalls einen Vorschuss erhalten, wenn sie die Kosten der Reise zum Gericht nicht aufbringen können.

313. Kann die Entscheidung der nach den Nummern 312 und 313 zuständigen Stellen wegen der Kürze der Zeit nicht mehr rechtzeitig herbeigeführt werden, ist, wenn ein Gericht der Zivil- oder Strafgerichtsbarkeit oder eine Justizbehörde die Ladung veranlasst hat, auch das für den Wohn- oder Aufenthaltsort der bzw. des Geladenen zuständige Amtsgericht zur Bewilligung des Vorschusses zuständig.

314. Ist mit der Möglichkeit zu rechnen, dass bei der Vernehmung dienstliche Angelegenheiten berührt werden, ist die Soldatin bzw. der Soldat bei Erteilung des Urlaubs über die Verschwiegenheitspflicht nach § 14 Abs. 1 und 2 des Soldatengesetzes (SG) zu belehren. Die Einholung einer etwa erforderlichen Aussagegenehmigung ist Sache des Gerichtes (vgl. § 376 Abs. 3 ZPO).

3.3 Verfahren vor Gerichten der Stationierungsstreitkräfte

315. Deutsche Soldatinnen und Soldaten werden ebenso wie andere Deutsche vor Gerichte der Stationierungsstreitkräfte über die zuständigen deutschen Staatsanwaltschaften geladen.

316. Soldatinnen bzw. Soldaten, die als Zeuginnen bzw. Zeugen oder Sachverständige vor Gerichte der Stationierungsstreitkräfte geladen werden, erhalten Zeugen- oder Sachverständigengebühren.

Ein Anspruch auf Bewilligung eines Vorschusses durch deutsche Behörden oder Behörden der Stationierungsstreitkräfte besteht jedoch nicht.

317. Im Übrigen gelten die Nummern 310, 311 und 315 entsprechend.

4 Vorführungen von Soldatinnen und Soldaten

401. Soldatinnen und Soldaten, deren Vorführung von einem Gericht angeordnet worden ist, werden diesem nicht durch eine militärische Dienststelle, sondern durch die allgemeinen Behörden vorgeführt.

5 Zwangsvollstreckungen gegen Soldatinnen und Soldaten

501. Zwangsvollstreckungen, auf die die ZPO Anwendung findet, werden durch die dafür zuständige Vollstreckungsbeamtin bzw. den dafür zuständigen Vollstreckungsbeamten, regelmäßig die Gerichtsvollzieherin bzw. den Gerichtsvollzieher, auch gegen Soldatinnen bzw. Soldaten nach den allgemeinen Vorschriften durchgeführt. Eine vorherige Anzeige an die Dienststelle, in der er/sie Dienst leistet, ist erforderlich, auch im Interesse einer reibungslosen Durchführung der Vollstreckung.

502. Auch Vollstreckungen gegen Soldatinnen bzw. Soldaten im Verwaltungszwangsverfahren, die die Vollziehungsbeamtin bzw. der Vollziehungsbeamte der Verwaltungsbehörde vornimmt, werden nach den allgemeinen Vorschriften durchgeführt. Nummer 501 Satz 2 (vorherige Anzeige an die militärische Dienststelle) gilt auch hier.

503. Die Vollstreckungsbeamtin bzw. der Vollstreckungsbeamte ist befugt, in Sachen zu vollstrecken, die sich im Alleingewahrsam, d. h. in der alleinigen tatsächlichen Gewalt der Schuldnerin bzw. des Schuldners, befinden. Dies ist ihr bzw. ihm zu ermöglichen.

504. Eine Soldatin bzw. ein Soldat, die bzw. der in der Gemeinschaftsunterkunft wohnt, hat Alleingewahrsam an ihr bzw. ihm gehörenden Sachen, die sich in dem ihr bzw. ihm zugewiesenen Wohnraum befinden. Die Vollstreckungsbeamtin bzw. der Vollstreckungsbeamte kann daher verlangen, dass ihr bzw. ihm Zutritt zu dem Wohnraum der Soldatin bzw. des Soldaten gewährt wird, gegen die bzw. den vollstreckt werden soll. Zur Durchsuchung benötigt die Vollstreckungsbeamtin bzw. der Vollstreckungsbeamte die Erlaubnis des zuständigen Amtsgerichts, es sei denn, die Schuldnerin bzw. der Schuldner willigt ein oder es besteht Gefahr im Verzug.

505. Dagegen hat eine Soldatin bzw. ein Soldat regelmäßig keinen Alleingewahrsam an ihr bzw. ihm gehörenden Sachen, die sich in anderen militärischen Räumen befinden. Anders liegt es nur, wenn die Soldatin bzw. der Soldat diese Sachen so aufbewahrt, dass sie nur ihrem bzw. seinem Zugriff unterliegen. Das würde z. B. zutreffen, wenn eine für die Waffenkammer zuständige Soldatin bzw. ein für die Waffenkammer zuständiger Soldat dort eigene Sachen in einem besonderen Spind verwahrt, zu dem nur sie bzw. er den Schlüssel hat. Nur wenn ein solcher Ausnahmefall vorliegt, kann die Vollstreckungsbeamtin bzw. der Vollstreckungsbeamte Zutritt zu anderen Räumen als dem Wohnraum der Soldatin bzw. des Soldaten verlangen.

506. Soweit Außenstehenden das Betreten von Räumen, Anlagen, Schiffen oder sonstigen Fahrzeugen aus Gründen des Geheimschutzes grundsätzlich untersagt ist, ist auch der Vollstreckungsbeamtin bzw. dem Vollstreckungsbeamten der Zutritt zu versagen, wenn Gründe der Geheimhaltung dies erfordern und es nicht möglich ist, durch besondere Vorkehrungen einen Geheimschutz zu erreichen.

507. Muss der Vollstreckungsbeamtin bzw. dem Vollstreckungsbeamten aus Gründen des Geheimschutzes das Betreten von Räumen, Anlagen, Schiffen oder sonstigen Fahrzeugen verweigert werden, hat die bzw. der nächste Disziplinarvorgesetzte[1] der Soldatin bzw. des Soldaten dafür zu sorgen, dass die Vollstreckung trotzdem durchgeführt werden kann. Beispielsweise kann die bzw. der Vorgesetzte veranlassen, dass die gesamte Habe der Soldatin bzw. des Soldaten der Vollstreckungsbeamtin bzw. dem Vollstreckungsbeamten an einem Ort zur Durchführung der Vollstreckung vorgelegt wird, den sie bzw. er betreten darf.

508. Bei jeder Zwangsvollstreckung, die in militärischen Räumen oder an Bord stattfindet, hat die bzw. der nächste Disziplinarvorgesetzte der Schuldnerin bzw. des Schuldners anwesend zu sein. Sie bzw. er hat darauf hinzuwirken, dass durch die Zwangsvollstreckung kein besonderes Aufsehen erregt wird. Will die Vollstreckungsbeamtin bzw. der Vollstreckungsbeamte in Sachen des Bundes vollstrecken, hat die bzw. der Vorgesetzte der Schuldnerin bzw. des Schuldners die Vollstreckungsbeamtin bzw. den Vollstreckungsbeamten auf die Eigentumsverhältnisse aufmerksam zu machen; sie bzw. er soll dies auch tun bei Sachen, die im Eigentum einer anderen Soldatin bzw. eines anderen Soldaten stehen. Zu

[1] oder ein von ihr bzw. ihm beauftragter Offizier

Anweisungen an die Vollstreckungsbeamtin bzw. den Vollstreckungsbeamten ist die bzw. der Vorgesetzte nicht befugt.

6 Erzwingungshaft gegen Soldatinnen und Soldaten

601. Gemäß § 802g ZPO kann vom Zivilgericht gegen die Schuldnerin bzw. den Schuldner – auch bei Soldatinnen und Soldaten – Haft angeordnet werden, um die Abgabe einer Vermögensauskunft gem. § 802c ZPO zu erzwingen. Gleiches gilt auch für die Abnahme einer eidesstattlichen Versicherung (§§ 883 Abs. 2, 889 Abs. 2, 888 Abs. 1, 2. HS, Satz 3 ZPO) im Verfahren zur Herausgabe einer bestimmten beweglichen Sache. Die Verhaftung erfolgt durch die Gerichtsvollzieherin bzw. den Gerichtsvollzieher auf Grund richterlichen Haftbefehls, der der Schuldnerin bzw. dem Schuldner bei der Verhaftung in beglaubigter Abschrift zu übergeben ist (§ 802g Abs. 2 ZPO).

602. Die vorstehenden Vorgaben gelten auch für den Sicherheitsarrest nach § 918 ZPO sowie sonstige Haft, auf die die Erzwingungshaftbestimmungen der Zivilprozessordnung anzuwenden sind (z. B. bei der Vollstreckung nach § 6 Abs. 1 Nr. 1 der Justizbeitreibungsordnung, nach § 85 des Arbeitsgerichtsgesetzes, nach § 167 der Verwaltungsgerichtsordnung, nach §§ 198 und 200 des Sozialgerichtsgesetzes sowie nach §§ 284, 315 und 334 Abs. 3 der Abgabenordnung), sowie für die Ersatzzwangshaft nach § 16 Abs. 3 des Verwaltungsvollstreckungsgesetzes des Bundes und den entsprechenden Vorschriften des Landesrechts. Sie gelten nicht für den Vollzug anderer, insbesondere strafprozessualer Haftbefehle.

Wehrpflichtrecht
Wehrpflichtgesetz (WPflG)

in der Fassung der Bekanntmachung vom 15. August 2011 (BGBl. I S. 1730)

Zuletzt geändert durch
Gesetz zur Fortentwicklung des Meldewesens
vom 3. Mai 2013 (BGBl. I S. 1084, 2014 S. 1738)

– Auszug –

Abschnitt 1
Wehrpflicht

Unterabschnitt 2
Wehrdienst

§4 Arten des Wehrdienstes

(1) Der nach Maßgabe dieses Gesetzes zu leistende Wehrdienst umfasst

1. den Grundwehrdienst (§ 5),
2. die Wehrübungen (§ 6),
3. die besondere Auslandsverwendung (§ 6a),
4. den freiwilligen zusätzlichen Wehrdienst im Anschluss an den Grundwehrdienst (§ 6b),
5. die Hilfeleistung im Innern (§ 6c),
6. die Hilfeleistung im Ausland (§ 6d) und
7. den unbefristeten Wehrdienst im Spannungs- und Verteidigungsfall.

(2) (weggefallen)

(3) Der Wehrdienst kann auch freiwillig geleistet werden. Wer auf Grund freiwilliger Verpflichtung einen Wehrdienst nach Absatz 1 leistet, hat die Rechtsstellung eines Soldaten, der auf Grund der Wehrpflicht Wehrdienst leistet. Das gilt auch für eine besondere Auslandsverwendung nach § 6a, den freiwilligen zusätzlichen Wehrdienst im Anschluss an den Grundwehrdienst nach § 6b, die

Hilfeleistung im Innern nach § 6c und die Hilfeleistung im Ausland nach § 6d.

Unterabschnitt 3
Wehrdienstausnahmen

§ 9 Wehrdienstunfähigkeit

Zum Wehrdienst wird nicht herangezogen, wer nicht wehrdienstfähig ist.

§ 10 Ausschluss vom Wehrdienst

Vom Wehrdienst ist ausgeschlossen,

1. wer durch ein deutsches Gericht wegen eines Verbrechens zu Freiheitsstrafe von mindestens einem Jahr oder wegen einer vorsätzlichen Tat, die nach den Vorschriften über Friedensverrat, Hochverrat, Gefährdung des demokratischen Rechtsstaates oder Landesverrat und Gefährdung der äußeren Sicherheit strafbar ist, zu Freiheitsstrafe von sechs Monaten oder mehr verurteilt worden ist, es sei denn, dass die Eintragung über die Verurteilung im Zentralregister getilgt ist,
2. wer infolge Richterspruchs die Fähigkeit zur Bekleidung öffentlicher Ämter nicht besitzt,
3. wer einer Maßregel der Besserung und Sicherung nach den §§ 64, 66, 66a oder 66b des Strafgesetzbuches unterworfen ist, solange die Maßregel nicht erledigt ist.

Strafgesetzbuch (StGB) → **C 25b**

Abschnitt 4
Beendigung des Wehrdienstes und Verlust des Dienstgrades

§ 28 Beendigungsgründe

Der Wehrdienst endet

1. durch Entlassung (§§ 29 und 29b),
2. im Falle einer Wehrübung, deren Endzeitpunkt kalendermäßig bestimmt ist, durch Ablauf der für den Wehrdienst festgesetzten Zeit, es sei denn, der Bereitschaftsdienst nach § 6 Absatz 6 ist

angeordnet oder der Spannungs- oder Verteidigungsfall ist eingetreten,

3. durch Umwandlung des Wehrdienstverhältnisses in ein Zivildienstverhältnis nach § 19 Absatz 2 des Zivildienstgesetzes,
4. durch Ausschluss (§ 30).

§29 Entlassung

C

(1) Ein Soldat, der nach Maßgabe dieses Gesetzes Wehrdienst leistet, ist mit Ablauf der für den Wehrdienst im Einberufungsbescheid festgesetzten Dienstzeit zu entlassen; Zeiten, für die gegenüber einem in die Truppe eingegliederten Soldaten ein Nachdienen gemäß § 5 Absatz 3 Satz 1 Nummer 1, 2, 4 oder Nummer 5 seitens des für die Entlassung zuständigen Vorgesetzten anzuordnen ist, sind, soweit die Nachdienverfügung vor dem Ende der regulären Dienstzeit bekannt gegeben werden kann, in die Entlassungsverfügung einzubeziehen. Satz 1 erster Teilsatz gilt nicht, wenn

1. der Endzeitpunkt kalendermäßig bestimmt ist,
2. eine Wehrübung vor Ablauf der im Einberufungsbescheid festgesetzten Zeit endet (Absatz 7),
3. Bereitschaftsdienst nach § 6 Absatz 6 angeordnet wird oder der Spannungs- oder Verteidigungsfall eingetreten ist.

Im Übrigen ist er zu entlassen, wenn

1. die Anordnung des Bereitschaftsdienstes nach § 6 Absatz 6 aufgehoben wird, es sei denn, dass der Spannungs- oder Verteidigungsfall eingetreten ist,
2. seine Verwendung während des Spannungs- oder Verteidigungsfalles beendet ist,
3. sich herausstellt, dass die Voraussetzungen des § 1 nicht erfüllt sind oder im Frieden die Wehrpflicht des Soldaten endet,
4. der Einberufungsbescheid aufgehoben wird, eine zwingende Wehrdienstausnahme vorliegt – in den Fällen des § 11 erst nach Befreiung durch das Kreiswehrersatzamt – oder wenn innerhalb des ersten Monats des Grundwehrdienstes im Rahmen der Einstellungsuntersuchung festgestellt wird, dass der Soldat wegen einer Gesundheitsstörung dauernd oder voraussichtlich für einen Zeitraum von mehr als einem Monat vorübergehend dienstunfähig ist,
5. nach dem bisherigen Verhalten durch sein Verbleiben in der Bundeswehr die militärische Ordnung oder die Sicherheit der Truppe ernstlich gefährdet würde,

6. er als Kriegsdienstverweigerer anerkannt ist, soweit er nicht nach § 19 Absatz 2 des Zivildienstgesetzes in den Zivildienst überführt wird,
7. er seiner Aufstellung für die Wahl zum Deutschen Bundestag, zu einem Landtag oder zum Europäischen Parlament zugestimmt hat,
8. er unabkömmlich gestellt ist,
9. er nach § 12 Absatz 7 zurückgestellt ist.

(2) Er ist ferner zu entlassen, wenn er wegen seines körperlichen Zustandes oder aus gesundheitlichen Gründen zur Erfüllung seiner Dienstpflichten dauernd unfähig (dienstunfähig) ist. Auf seinen Antrag kann er auch dann entlassen werden, wenn die Wiederherstellung seiner Dienstfähigkeit innerhalb der gesetzlichen Wehrdienstzeit nicht zu erwarten ist. Er ist verpflichtet, sich von Ärzten der Bundeswehr oder von hierzu bestimmten Ärzten untersuchen zu lassen. Auf die Untersuchung ist § 17 Absatz 6 anzuwenden. Das Recht des Soldaten, darüber hinaus Gutachten von Ärzten seiner Wahl einzuholen, bleibt unberührt. Die über die Entlassung entscheidende Dienststelle kann auch andere Beweise erheben.

(3) (weggefallen)

(4) Der Soldat kann entlassen werden, wenn

1. das Verbleiben in der Bundeswehr für ihn wegen persönlicher, insbesondere häuslicher, beruflicher oder wirtschaftlicher Gründe eine besondere Härte bedeuten würde, die Wehrersatzbehörde angehört wurde, er seine Entlassung beantragt hat und dies seine Zurückstellung vom Wehrdienst nach § 12 Absatz 4 rechtfertigt,
2. gegen ihn auf Freiheitsstrafe oder Strafarrest von drei Monaten oder mehr oder auf eine nicht zur Bewährung ausgesetzte Jugendstrafe erkannt ist oder
3. die Aussetzung einer Jugendstrafe zur Bewährung widerrufen wird.

(5) Die Entlassung wird von der Stelle verfügt, die nach § 4 Absatz 2 des Soldatengesetzes für die Ernennung des Soldaten zuständig wäre oder der die Ausübung des Entlassungsrechts übertragen worden ist. Die Entlassung nach Absatz 1 Satz 2 Nummer 1 und 2 aus einer Wehrübung, deren Endzeitpunkt nicht kalendermäßig bestimmt ist oder die vor Ablauf der im Einberufungsbescheid festgesetzten Zeit beendet wird (Absatz 7), sowie die Entlassung nach Absatz 1 Satz 3 Nummer 6, 8 und 9 verfügt der nächste Disziplinarvorgesetzte; das Gleiche gilt, wenn im Rahmen der Einstel-

lungsuntersuchung im Bereitschafts-, Spannungs- oder Verteidigungsfall die vorübergehende Wehrdienstunfähigkeit oder die Wehrdienstunfähigkeit sowie im Frieden im Falle des Grundwehrdienstes die vorübergehende Dienstunfähigkeit oder die Dienstunfähigkeit des Soldaten festgestellt wird.

(6) Ein Soldat, der sich schuldhaft von seiner Truppe oder Dienststelle fernhält oder bei dem die Vollziehung des Einberufungsbescheides ausgesetzt ist, gilt mit dem Tag als entlassen, an dem er hätte entlassen werden müssen, wenn er stattdessen Dienst geleistet hätte. Seine Pflicht, Tage der schuldhaften Abwesenheit nachzudienen (§ 5 Absatz 3), bleibt unberührt.

(7) Vor Ablauf der im Einberufungsbescheid festgesetzten Zeit kann die Wehrübung nach Absatz 1 Satz 2 Nummer 2 beendet werden, wenn ein Vorgesetzter mit der Disziplinarbefugnis mindestens eines Bataillonskommandeurs festgestellt hat, dass der mit der Wehrübung verfolgte Zweck entfallen ist und eine andere Verwendung im Hinblick auf die Ausbildung für die bestehende oder künftige Verwendung in einem Spannungs- oder Verteidigungsfall nicht erfolgen kann.

Soldatengesetz (SG) → **C 01**

§30 Ausschluss aus der Bundeswehr und Verlust des Dienstgrades

(1) Ein Soldat, der nach Maßgabe dieses Gesetzes Wehrdienst leistet, ist aus der Bundeswehr ausgeschlossen, wenn gegen ihn durch Urteil eines deutschen Gerichts auf die in § 10 bezeichneten Strafen, Maßregeln oder Nebenfolgen erkannt wird. Er verliert seinen Dienstgrad; dies gilt auch, wenn er wegen schuldhafter Verletzung seiner Dienstpflichten nach § 29 Absatz 1 Satz 3 Nummer 5 entlassen wird.

(2) Ein Wehrpflichtiger verliert seinen Dienstgrad, wenn gegen ihn durch ein deutsches Gericht erkannt wird

1. auf die in § 38 Absatz 1 des Soldatengesetzes bezeichneten Strafen, Maßregeln oder Nebenfolgen oder
2. wegen vorsätzlich begangener Tat auf Freiheitsstrafe von mindestens einem Jahr.

(3) Ein Wehrpflichtiger verliert seinen Dienstgrad ferner, wenn er als Kriegsdienstverweigerer anerkannt wird. Leistet er in diesem Zeitpunkt nach Maßgabe dieses Gesetzes Wehrdienst, tritt der Verlust des Dienstgrades mit dem Ende des Wehrdienstes ein.

§ 31 Wiederaufnahme des Verfahrens

Wird ein Urteil mit den Folgen des § 30 im Wiederaufnahmeverfahren durch ein Urteil ersetzt, das diese Folgen nicht hat, so gilt der Verlust des Dienstgrades als nicht eingetreten. Die Beendigung des Wehrdienstes durch einen Ausschluss darf für die Erfüllung der Wehrpflicht nicht zum Nachteil des Betroffenen geltend gemacht werden.

b) – zzt. unbesetzt –

c) – zzt. unbesetzt –

Beteiligung der Soldatinnen und Soldaten

a) Soldatinnen- und Soldatenbeteiligungsgesetz (SBG)

Vom 29. August 2016 (BGBl. I S. 2065)

Zuletzt geändert durch
Gesetz zur Änderung des Soldatengesetzes und weiterer soldatenrechtlicher Vorschriften
vom 27. März 2017 (BGBl. I S. 562)

– Auszug –

Literatur-Hinweise:
1. Gronimus, Die Beteiligungsrechte der Vertrauenspersonen in der Bundeswehr, Regensburg, 8. Aufl. 2018 (Walhalla Fachverlag)
2. Höges, Soldatenbeteiligungsgesetz, Kommentar, Loseblatt, Regensburg (Walhalla Fachverlag)

Kapitel 1
Allgemeine Vorschriften

§ 1 Beteiligung

(1) Soldatinnen und Soldaten werden durch Vertrauenspersonen, Gremien der Vertrauenspersonen oder Personalvertretungen vertreten.

(2) Das Recht der Soldatinnen und Soldaten, sich in dienstlichen und persönlichen Angelegenheiten an die Vorgesetzten zu wenden, bleibt unberührt.

(3) Zuständig für die Wahrnehmung der Aufgaben und Befugnisse, die der oder dem Disziplinarvorgesetzten nach diesem Gesetz übertragen sind, ist die oder der unterste gemeinsame Disziplinarvorgesetzte der Wählergruppe, für die die Vertrauensperson und die stellvertretenden Vertrauenspersonen gewählt werden.

§ 2 Allgemeine Vorschriften

(1) Für die Zusammenarbeit der Vorgesetzten und Vertrauenspersonen mit den in der Dienststelle vertretenen Gewerkschaften der Soldatinnen und Soldaten gilt § 2 des Bundespersonalvertretungsgesetzes entsprechend.

(2) Soldatinnen und Soldaten, die Aufgaben nach diesem Gesetz wahrnehmen, haben über die ihnen in Ausübung ihrer Tätigkeit bekannt gewordenen Angelegenheiten und Tatsachen gegenüber Dritten Stillschweigen zu bewahren. Die Schweigepflicht besteht nicht für Angelegenheiten oder Tatsachen, die offenkundig sind oder ihrer Bedeutung nach keiner Geheimhaltung bedürfen.

(3) Die Wahrnehmung von Rechten und die Erfüllung von Pflichten nach diesem Gesetz gelten als Dienst im Sinne des § 27 des Soldatenversorgungsgesetzes oder als Wehrdienst im Sinne des § 81 des Soldatenversorgungsgesetzes.

Kapitel 2
Beteiligung der Soldatinnen und Soldaten durch Vertrauenspersonen

Abschnitt 1
Wahl der Vertrauensperson

§ 3 Wahlrechtsgrundsätze und allgemeine Vorschriften für die Wahl

(1) Die Vertrauensperson und die stellvertretenden Vertrauenspersonen werden in allgemeiner, unmittelbarer, freier, gleicher und geheimer Wahl gewählt. Die Wahl wird nach den Grundsätzen der Personenwahl durchgeführt.

(2) Die zuständigen Disziplinarvorgesetzten bestellen spätestens zwei Monate vor Ablauf der Amtszeit der Vertrauensperson auf deren Vorschlag drei Wahlberechtigte als Wahlvorstand, davon eine oder einen als Vorsitzende oder Vorsitzenden. Ist eine Vertrauensperson erstmals zu wählen oder nicht mehr vorhanden, berufen sie eine Versammlung der Wahlberechtigten zur Wahl eines Wahlvorstandes ein.

(3) Der Wahlvorstand hat die Wahl unverzüglich einzuleiten und durchzuführen. Er stellt unverzüglich nach Abschluss der Wahl das Wahlergebnis durch öffentliche Auszählung der Stimmen fest, fertigt hierüber ein Protokoll und gibt das Wahlergebnis durch Aushang bekannt.

(4) Niemand darf die Wahl behindern, insbesondere dürfen die Wahlberechtigten nicht in der Ausübung des aktiven oder passiven Wahlrechts beschränkt werden. Die Wahl darf nicht durch Versprechen von Vorteilen oder durch Androhung von Nachteilen beeinflusst werden.

(5) Die Dienststelle trägt die Kosten der Wahl.

§4 Wählergruppen und Wahlbereiche

(1) Offiziere, Unteroffiziere und Mannschaften bilden jeweils eine Wählergruppe. Jede Wählergruppe, die mindestens fünf Soldatinnen oder Soldaten umfasst, wählt eine Vertrauensperson und mindestens zwei stellvertretende Vertrauenspersonen in folgenden Wahlbereichen:

1. in Einheiten,
2. auf Schiffen und Booten der Marine,
3. in Stäben der Verbände und Großverbände sowie vergleichbarer Dienststellen und Einrichtungen,
4. in integrierten Dienststellen und Einrichtungen,
5. in der Regel in multinationalen Dienststellen und Einrichtungen.

(2) In Universitäten wählen die Studierenden Vertrauenspersonen und mindestens zwei stellvertretende Vertrauenspersonen entsprechend Absatz 1 in dem Wahlbereich, der ihrer oder ihrem nächsten Disziplinarvorgesetzten zugeordnet ist.

(3) Soldatinnen und Soldaten wählen ungeachtet ihrer Beteiligungsrechte in ihrem Stammtruppenteil Vertrauenspersonen und mindestens zwei stellvertretende Vertrauenspersonen entsprechend Absatz 1 in dem Wahlbereich, der ihrer oder ihrem nächsten Disziplinarvorgesetzten zugeordnet ist, in folgenden Dienststellen oder Einrichtungen:

1. in Schulen oder vergleichbaren Einrichtungen der Streitkräfte, wenn sie dort an Lehrgängen teilnehmen, die länger als 30 Kalendertage dauern, sowie
2. in Dienststellen oder Einrichtungen außerhalb der Streitkräfte, zu denen Soldatinnen und Soldaten kommandiert oder unter Wegfall der Geld- und Sachbezüge beurlaubt sind.

(4) Unteroffiziere mit und ohne Portepee auf Schiffen und Booten der Marine wählen abweichend von Absatz 1 Satz 2 Nummer 2 jeweils eine Vertrauensperson und mindestens zwei stellvertretende Vertrauenspersonen, sofern ihre Wählergruppe mindestens fünf Soldatinnen oder Soldaten umfasst.

(5) Sind mindestens fünf Angehörige einer Wählergruppe nicht nur vorübergehend an einem Ort eingesetzt, der weiter als 100 Kilometer vom Dienstort der oder des zuständigen Disziplinarvorgesetzten entfernt ist, wählen diese abweichend von Absatz 1 eine Vertrauensperson und mindestens zwei Stellvertreterinnen oder Stellvertreter.

(6) Umfasst eine Wählergruppe weniger als fünf Wahlberechtigte, so teilt die dem Bundesministerium der Verteidigung unmittelbar nachgeordnete zuständige Kommandobehörde diese Wahlberechtigten derjenigen benachbarten Einheit oder Dienststelle oder demjenigen Stab des Verbands zu, die oder der der Einheit oder Dienststelle unmittelbar übergeordnet ist. In Ausnahmefällen ist die Bildung von laufbahnübergreifenden Wählergruppen zulässig. Ist die Zuständigkeit weiterer Kommandobehörden berührt, so bedarf die zuteilende Kommandobehörde deren Zustimmung. Mehrere benachbarte Dienststellen können unabhängig von ihrer organisatorischen Zugehörigkeit zu einem Wahlbereich zusammengefasst werden.

(7) Abweichend von Absatz 6 wählen Offiziere in Einheiten nach Absatz 1 Satz 2 Nummer 1, sofern die Zahl der Wahlberechtigten unter fünf liegt, in dem Stab des Verbands oder Großverbands nach Absatz 1 Satz 2 Nummer 3, welcher der Einheit unmittelbar übergeordnet ist.

§ 5 Wahlberechtigung

(1) Wahlberechtigt sind

1. alle Soldatinnen und Soldaten, die am Wahltag der Wählergruppe des Wahlbereichs angehören, für den die Vertrauensperson zu wählen ist, sowie
2. alle Soldatinnen und Soldaten, die der oder dem für den Wahlbereich zuständigen Disziplinarvorgesetzten truppendienstlich unterstellt sind.

(2) Kommandierte Soldatinnen und Soldaten sind in dem Wahlbereich wahlberechtigt, zu dem sie kommandiert sind, wenn ihre Kommandierung voraussichtlich länger als drei Monate dauert. Dies gilt nicht für die Kommandierung von Soldatinnen und Soldaten zum Zwecke der Freistellung für die Geschäftsführung eines Gremiums der Vertrauenspersonen.

§ 6 Wählbarkeit

(1) Wählbar sind alle Wahlberechtigten nach § 5.

(2) Nicht wählbar sind

1. die Kommandeurinnen und Kommandeure, die Stellvertretenden Kommandeurinnen und Kommandeure sowie die Chefs der Stäbe,

2. die Kompaniechefs und Offiziere in vergleichbarer Dienststellung, die örtliche Vorgesetzte der Wählergruppe der Offiziere im Sinne des § 4 Absatz 1 sind,
3. die Kompaniefeldwebel sowie die Inhaberinnen und Inhaber entsprechender Dienststellungen,
4. Soldatinnen und Soldaten, die infolge Richterspruchs nicht die Fähigkeit besitzen, Rechte aus öffentlichen Wahlen zu erlangen und
5. Soldatinnen und Soldaten, die innerhalb eines Jahres vor dem Tag der Stimmabgabe durch Entscheidung des Truppendienstgerichts als Vertrauensperson abberufen worden sind.

§ 7 Anfechtung der Wahl

(1) Die Wahl kann angefochten werden, wenn gegen wesentliche Vorschriften über die Wahlberechtigung, die Wählbarkeit oder das Wahlverfahren verstoßen wurde und eine Berichtigung nicht erfolgt ist. Eine Anfechtung ist nicht möglich, wenn durch den Verstoß das Wahlergebnis nicht verändert oder beeinflusst werden konnte.

(2) Anfechtungsberechtigt ist eine Gruppe von mindestens drei Wahlberechtigten oder die oder der Disziplinarvorgesetzte.

(3) Die Wahl kann auf Antrag der Anfechtungsberechtigten innerhalb von 14 Tagen nach Bekanntgabe des Wahlergebnisses beim Truppendienstgericht angefochten werden. Das Truppendienstgericht entscheidet in entsprechender Anwendung der Wehrbeschwerdeordnung, ob die Wahl für ungültig zu erklären ist.

(4) Die Auswahl der militärischen Beisitzerinnen und Beisitzer des Gerichts bestimmt sich nach dem Dienstgrad der Vertrauensperson. Auf Antrag kann die oder der Vorsitzende den Beginn der Amtszeit der Vertrauensperson bis zur Entscheidung des Truppendienstgerichts aussetzen.

Abschnitt 2
Geschäftsführung und Rechtsstellung

§ 8 Geschäftsführung

(1) Das Amt der Vertrauensperson ist ein Ehrenamt.

(2) Die Vertrauensperson übt ihr Amt in der Regel während der Dienstzeit aus. Sie ist von ihrer dienstlichen Tätigkeit freizustellen, wenn und soweit es zur ordnungsgemäßen Durchführung ihrer Aufgaben erforderlich ist. Wird sie durch die Erfüllung ihrer Auf-

gaben über die Dienstzeit hinaus beansprucht, ist ihr Dienstbefreiung in entsprechendem Umfang zu gewähren.

(3) Der Vertrauensperson ist während des Dienstes Gelegenheit zu geben, Sprechstunden und Versammlungen innerhalb dienstlicher Unterkünfte oder Anlagen abzuhalten, soweit dies zur Wahrnehmung ihrer Aufgaben erforderlich ist und zwingende dienstliche Gründe nicht entgegenstehen.

(4) Die durch die Tätigkeit der Vertrauensperson entstehenden Kosten trägt die Dienststelle. Die Vertrauensperson erhält bei Reisen, die zur Erfüllung ihrer Aufgaben notwendig sind, Reisekostenvergütung nach den für Bundesbeamtinnen und Bundesbeamte geltenden Vorschriften. Für Sprechstunden, Versammlungen und die laufende Geschäftsführung werden ihr im erforderlichen Umfang Räume, Geschäftsbedarf und geeignete Aushangmöglichkeiten für Bekanntmachungen in gleicher Weise wie einer Personalvertretung zur Verfügung gestellt.

(5) Soldatinnen und Soldaten, die als Vertrauenspersonen oder Mitglieder eines Vertrauenspersonenausschusses mindestens für die Hälfte der regelmäßigen Arbeitszeit von ihren dienstlichen Aufgaben freigestellt sind, erhalten eine Aufwandsentschädigung. § 46 Absatz 5 des Bundespersonalvertretungsgesetzes gilt entsprechend.

§ 9 Beurteilung

(1) Die Vertrauensperson und die als Vertrauensperson eingetretenen stellvertretenden Vertrauenspersonen werden durch die nächste Disziplinarvorgesetzte oder den nächsten Disziplinarvorgesetzten beurteilt, es sei denn, sie beantragen in den ersten sechs Monaten ihrer Amtszeit oder bei Wechsel der oder des nächsten Disziplinarvorgesetzten, durch die nächsthöhere Disziplinarvorgesetzte oder den nächsthöheren Disziplinarvorgesetzten beurteilt zu werden. Ist die Vertrauensperson für den Bereich ihrer oder ihres nächsthöheren Disziplinarvorgesetzten gewählt worden, geht auf ihren Antrag die Zuständigkeit für die Beurteilung auf deren nächste Disziplinarvorgesetzte oder nächsten Disziplinarvorgesetzten über.

(2) Absatz 1 gilt entsprechend für Soldatinnen und Soldaten, die für mindestens ein Viertel des Beurteilungszeitraumes als Vertrauensperson oder als eingetretene stellvertretende Vertrauenspersonen tätig gewesen sind.

§10 Amtszeit

(1) Die Amtszeit der Vertrauensperson beträgt vier Jahre. Sie beginnt mit dem Tag der Wahl oder, wenn zu diesem Zeitpunkt noch eine Vertrauensperson im Amt ist, mit dem Ablauf des Tages, an dem die Amtszeit dieser Vertrauensperson endet. Schließt sich die Amtszeit der neu zu wählenden Vertrauensperson nicht unmittelbar an, so verlängert sich die Amtszeit der bisherigen Vertrauensperson bis zur Neuwahl, jedoch höchstens um zwei Monate.

(2) Das Amt der Vertrauensperson endet durch

1. Ablauf der Amtszeit,
2. Niederlegung des Amtes,
3. Beendigung des Wehrdienstverhältnisses,
4. Ausscheiden aus dem Wahlbereich,
5. Verlust der Wählbarkeit,
6. Entscheidung des Truppendienstgerichts,
7. Auflösung des Verbands, der Einheit oder der Dienststelle.

§11 Niederlegung des Amtes

Die Vertrauensperson kann durch schriftliche Erklärung gegenüber der oder dem Disziplinarvorgesetzten ihr Amt niederlegen. Diese oder dieser gibt die Niederlegung des Amtes dienstlich bekannt.

§12 Abberufung der Vertrauensperson

(1) Die Vertrauensperson kann abberufen werden wegen

1. grober Vernachlässigung ihrer gesetzlichen Befugnisse,
2. grober Verletzung ihrer gesetzlichen Pflichten oder
3. eines sonstigen Verhaltens, das geeignet ist, die verantwortungsvolle Zusammenarbeit zwischen Vorgesetzten und Untergebenen oder das kameradschaftliche Vertrauen innerhalb des Bereichs, für den sie gewählt ist, ernsthaft zu beeinträchtigen.

(2) Über die Abberufung entscheidet das Truppendienstgericht auf Antrag

1. mindestens eines Viertels der Wählergruppe,
2. der oder des Disziplinarvorgesetzten oder
3. der oder des nächsthöheren Disziplinarvorgesetzten der Vertrauensperson.

Das Truppendienstgericht entscheidet auf Grund mündlicher Verhandlung unter entsprechender Anwendung der Wehrbeschwerdeordnung.

Zu Abs. 2: Wehrdisziplinarordnung (WDO) → **C 10**

§ 13 Ruhen des Amtes

(1) Das Amt der Vertrauensperson ruht, solange ihr die Ausübung des Dienstes verboten oder sie vorläufig des Dienstes enthoben ist. Auf Antrag kann das Truppendienstgericht bis zur Entscheidung über einen Abberufungsantrag nach § 12 Absatz 1 das Ruhen des Amtes anordnen.

(2) Das Amt der Vertrauensperson ruht, wenn über ihren Antrag auf Anerkennung als Kriegsdienstverweigerin oder Kriegsdienstverweigerer noch nicht unanfechtbar entschieden worden ist.

Verbot der Ausübung des Dienstes → § 22 SG (→ **C 01**)

Vorläufige Dienstenthebung → § 126 Abs. 1 WDO (→ **C 10**)

§ 14 Stellvertretung

(1) Ruht das Amt der Vertrauensperson oder endet es vorzeitig, so tritt die mit der höchsten Stimmenzahl gewählte stellvertretende Vertrauensperson an ihre Stelle. Sind keine stellvertretenden Vertrauenspersonen mehr vorhanden, sind für die Dauer der restlichen Amtszeit der Vertrauensperson im Sinne des § 10 Absatz 1 zwei stellvertretende Vertrauenspersonen im vereinfachten Wahlverfahren (§ 13 der Wahlverordnung zum Soldatenbeteiligungsgesetz) zu wählen. Satz 2 ist nicht anzuwenden, wenn die restliche Amtszeit weniger als zwei Monate beträgt.

(2) Die stellvertretende Vertrauensperson tritt auch ein, wenn die Vertrauensperson an der Ausübung ihres Amtes verhindert ist.

(3) Sind die Vertrauensperson und die stellvertretenden Vertrauenspersonen durch eine besondere Verwendung im Ausland (§ 56 Absatz 1 des Bundesbesoldungsgesetzes) an der Ausübung ihres Amtes verhindert, wird eine Vertrauensperson mit befristeter Amtszeit im vereinfachten Wahlverfahren gewählt. Die befristete Amtszeit endet mit Ablauf des Tages, an dem die Verhinderung der Vertrauensperson oder einer der stellvertretenden Vertrauenspersonen entfällt.

§ 15 Schutz der Vertrauensperson

(1) Die Vertrauensperson darf in der Ausübung ihrer Befugnisse nicht behindert und wegen ihrer Tätigkeit nicht benachteiligt oder begünstigt werden.

(2) Für die Ahndung von Dienstvergehen der Vertrauensperson oder der nach § 14 als Vertrauensperson eingetretenen stellvertretenden Vertrauensperson ist die oder der nächsthöhere Disziplinarvorgesetzte zuständig. Ist die Vertrauensperson für den Bereich der oder des nächsthöheren Disziplinarvorgesetzten gewählt worden, geht die Zuständigkeit auf deren nächste Disziplinarvorgesetzte oder dessen nächsten Disziplinarvorgesetzten über.

§ 16 Versetzung der Vertrauensperson

(1) Die Vertrauensperson darf während der Dauer ihres Amtes gegen ihren Willen nur versetzt oder für mehr als drei Monate kommandiert werden, wenn dies auch unter Berücksichtigung ihrer Stellung als Vertrauensperson aus dienstlichen Gründen unvermeidbar ist. Dasselbe gilt für die zur Wahl vorgeschlagenen Soldatinnen und Soldaten bis zum Wahltag.

(2) Absatz 1 gilt bei Versetzungen aus dem Ausland in das Inland nur für die Dauer der ersten vollen Amtszeit.

§ 17 Beschwerderecht der Vertrauensperson

Die Vertrauensperson kann sich entsprechend § 1 Absatz 1 der Wehrbeschwerdeordnung beschweren, wenn sie glaubt, in der Ausübung ihrer Befugnisse behindert oder wegen ihrer Tätigkeit benachteiligt zu werden.

§ 18 Beschwerden gegen die Vertrauensperson

Über Beschwerden nach der Wehrbeschwerdeordnung gegen die Vertrauensperson oder die nach § 14 als Vertrauensperson eingetretene stellvertretende Vertrauensperson entscheidet deren nächsthöhere Disziplinarvorgesetzte oder nächsthöherer Disziplinarvorgesetzter.

WBO → **C 30**

Abschnitt 3
Beteiligung der Vertrauensperson

§ 21 Anhörung

Ist die Vertrauensperson zu beabsichtigten Maßnahmen anzuhören, ist sie über diese rechtzeitig und umfassend zu unterrichten. Die oder der Disziplinarvorgesetzte hat der Vertrauensperson zu den beabsichtigten Maßnahmen Gelegenheit zur Stellungnahme zu geben. Diese ist mit ihr zu erörtern.

§ 22 Vorschlagsrecht

(1) Sofern der Vertrauensperson ein Vorschlagsrecht zusteht, hat die oder der Disziplinarvorgesetzte die Vorschläge rechtzeitig mit ihr zu erörtern. Dies gilt auch dann, wenn sich der Vorschlag auf die Auswirkung von Befehlen oder sonstiger Maßnahmen vorgesetzter Kommandobehörden oder von Standortältesten bezieht, die die oder der Disziplinarvorgesetzte beabsichtigt, umzusetzen.

(2) Entspricht die oder der zuständige Disziplinarvorgesetzte einem Vorschlag der Vertrauensperson nicht oder nicht in vollem Umfang, ist diese Entscheidung der Vertrauensperson rechtzeitig unter Angabe der Gründe mitzuteilen.

(3) Im Fall der Ablehnung eines Vorschlags kann die Vertrauensperson ihr Anliegen der oder dem nächsthöheren Disziplinarvorgesetzten vortragen. Diese oder dieser kann die Ausführung eines Befehls oder einer sonstigen Maßnahme bis zu ihrer oder seiner Entscheidung aussetzen, wenn dem nicht dienstliche Gründe entgegenstehen.

(4) Geht ein Vorschlag der Vertrauensperson über den Bereich hinaus, für den sie gewählt ist, hat die oder der Disziplinarvorgesetzte den Vorschlag mit einer Stellungnahme ihrer oder seinem nächsten Disziplinarvorgesetzten vorzulegen.

(5) Bezieht sich ein Vorschlag auf eine Maßnahme, die der Natur der Sache nach keinen Aufschub duldet, kann die oder der nächste Disziplinarvorgesetzte bis zur endgültigen Entscheidung vorläufige Regelungen treffen. Die vorläufige Regelung ist der oder dem nächsthöheren Disziplinarvorgesetzten und der Vertrauensperson unter Angabe der Gründe mitzuteilen.

(6) Die Absätze 3 und 4 gelten nicht bei Verhängung Erzieherischer Maßnahmen.

§ 23 Mitbestimmung, Schlichtungsausschuss

(1) Unterliegt eine Maßnahme der Mitbestimmung der Vertrauensperson, ist sie rechtzeitig durch die Vorgesetzte oder den Vorgesetzten, die oder der für die Maßnahme zuständig ist, zu unterrichten und ihr ist Gelegenheit zur Äußerung zu geben. Diese ist mit ihr zu erörtern. Die Vertrauensperson kann in diesen Fällen auch Maßnahmen vorschlagen.

(2) Kommt eine Einigung nicht zustande, ist die Maßnahme auszusetzen und die oder der nächsthöhere Vorgesetzte anzurufen. Wenn eine Einigung erneut nicht zu erzielen ist, entscheidet ein Schlichtungsausschuss mit Stimmenmehrheit. Die Verhandlung ist nicht öffentlich. Der Schlichtungsausschuss ist von der Vorsitzenden Richterin oder dem Vorsitzenden Richter des zuständigen Truppendienstgerichts einzuberufen. Er besteht aus

1. der Vorsitzenden Richterin oder dem Vorsitzenden Richter des zuständigen Truppendienstgerichts,
2. der oder dem Vorgesetzten,
3. der oder dem nächsthöheren Vorgesetzten sowie
4. der Vertrauensperson und einer stellvertretenden Vertrauensperson.

Sind die stellvertretenden Vertrauenspersonen an der Teilnahme am Schlichtungsausschuss verhindert, so bestimmt die Vertrauensperson eine weitere Vertrauensperson des Verbands zum Mitglied des Schlichtungsausschusses.

(3) Kommt in den Fällen des § 25 Absatz 3 Satz 1 Nummer 2 bis 5 eine Einigung nicht zustande, gibt der Schlichtungsausschuss eine Empfehlung ab. Will die oder der zuständige Vorgesetzte von dieser Empfehlung abweichen, hat sie oder er die Angelegenheit der zuständigen Inspekteurin oder dem zuständigen Inspekteur binnen zwei Wochen auf dem Dienstweg zur Entscheidung vorzulegen. In den Fällen des § 25 Absatz 3 Satz 1 Nummer 7, 9 und 10 gilt § 104 Satz 3 des Bundespersonalvertretungsgesetzes entsprechend.

(4) Die oder der zuständige Vorgesetzte kann bei Maßnahmen, die der Natur der Sache nach keinen Aufschub dulden, bis zur endgültigen Entscheidung vorläufige Regelungen treffen. Sie oder er hat der Vertrauensperson die vorläufige Regelung mitzuteilen und zu begründen und unverzüglich das Verfahren nach Absatz 2 einzuleiten.

§ 24 Personalangelegenheiten

(1) Die oder der nächste Disziplinarvorgesetzte soll die Vertrauensperson bei folgenden Maßnahmen oder deren Ablehnung anhören, es sei denn, dass die oder der Betroffene die Anhörung ausdrücklich ablehnt:

1. Versetzungen mit Ausnahme der Versetzung im Anschluss an die Grundausbildung und im Rahmen festgelegter Ausbildungsgänge,
2. Kommandierungen mit einer Dauer von mehr als drei Monaten, ausgenommen Lehrgänge,
3. Status- oder Laufbahnwechsel,
4. Wechsel auf einen anderen Dienstposten,
5. Maßnahmen, die ohne qualifizierten Abschluss der Erweiterung der persönlichen Kenntnisse und Fähigkeiten dienen,
6. vorzeitige Beendigung des Dienstverhältnisses, sofern ein Ermessensspielraum besteht, und
7. Verbleiben im Dienst über die besonderen Altersgrenzen des § 44 Absatz 2 in Verbindung mit § 45 Absatz 2 des Soldatengesetzes hinaus.

(2) Die Vertrauensperson wird von der oder dem nächsten Disziplinarvorgesetzten, außer im Falle der ausdrücklichen Ablehnung der oder des Betroffenen, angehört bei der Genehmigung, dem Widerruf der Genehmigung oder der Ablehnung

1. von Sonderurlaub,
2. von Betreuungsurlaub,
3. einer Nebentätigkeit,
4. einer Teilzeitbeschäftigung,
5. von ortsunabhängigem Arbeiten und
6. von Telearbeit.

(3) Die oder der Disziplinarvorgesetzte teilt die Äußerung der Vertrauensperson zu der beabsichtigten Personalmaßnahme der personalbearbeitenden Stelle mit. Das Ergebnis der Anhörung ist in die Personalentscheidung einzubeziehen.

(4) Die Vertrauensperson soll stets angehört werden bei der Auswahl von Soldatinnen und Soldaten ihres Wahlbereichs für Beförderungen, bei denen die oder der zuständige Vorgesetzte ein Auswahlermessen hat. Dies gilt nicht für Beförderungen ab der Besoldungsgruppe A 16 an aufwärts.

(5) Über die Anhörung ist ein Protokoll anzufertigen, das zu den Akten zu nehmen ist.

Zu Abs. 1: SG → **C 01**

§25 Dienstbetrieb

(1) Die oder der nächste Disziplinarvorgesetzte hat die Vertrauensperson anzuhören

1. zu den lang- und mittelfristigen Planungen in Jahres- und Quartalsausbildungsbefehlen sowie
2. zu den allgemeinen Regelungen für Rahmendienstpläne.

(2) Die Vertrauensperson hat darüber hinaus ein Anhörungs- und Vorschlagsrecht bei

1. der Gestaltung des Dienstbetriebes,
2. der Gewährung von Freistellung vom Dienst für die Einheit oder Teileinheiten,
3. der Festlegung der dienstfreien Werktage,
4. der Anordnung von Wach- und Bereitschaftsdiensten sowie zusätzlichem Dienst und Mehrarbeit sowie
5. der Einteilung von Soldatinnen und Soldaten zu Sonder- und Zusatzdiensten.

Auf Antrag der oder des Betroffenen soll die Vertrauensperson bei der individuellen Gewährung von Freistellung vom Dienst angehört werden.

(3) Die Vertrauensperson hat ein Mitbestimmungsrecht bei

1. der Festlegung von Beginn und Ende der regelmäßigen täglichen Arbeitszeit und der Pausen sowie der Verteilung der Arbeitszeit auf die einzelnen Wochentage,
2. der Auswahl der Teilnehmerinnen und Teilnehmer an Weiterbildungsveranstaltungen für Soldatinnen und Soldaten mit Ausnahme der durch Berufsordnungen geregelten Weiterbildungen,
3. der Bestellung von Vertrauensärztinnen und -ärzten und von Betriebsärztinnen und -ärzten,
4. der Einführung und Anwendung technischer Einrichtungen, die dazu bestimmt sind, das Verhalten oder die Leistung der Soldatinnen und Soldaten zu überwachen, ausgenommen, wenn technische Einrichtungen zum Zwecke der Ausbildung der Soldatinnen und Soldaten eingesetzt werden,

5. Maßnahmen zur Hebung der Arbeitsleistung und zur Erleichterung des Dienstablaufs,
6. der Geltendmachung von Ersatzansprüchen in Höhe von mehr als 250 Euro gegen Soldatinnen und Soldaten, sofern diese der Beteiligung der Vertrauensperson zustimmen,
7. Inhalten von Personalfragebögen für Soldatinnen und Soldaten,
8. Maßnahmen, die der Förderung der Vereinbarkeit von Familie und Dienst dienen,
9. der Aufstellung des Urlaubsplanes und der Festsetzung der zeitlichen Lage des Erholungsurlaubs für einzelne Soldatinnen und Soldaten, wenn zwischen der oder dem nächsten Disziplinarvorgesetzten und den beteiligten Soldatinnen und Soldaten kein Einverständnis erzielt werden kann,
10. Maßnahmen zur Verhütung von Dienst- und Arbeitsunfällen und sonstigen Gesundheitsschädigungen.

Satz 1 gilt nicht, wenn eine gesetzliche Regelung besteht oder ein Gremium der Vertrauenspersonen beteiligt wurde.

(4) Eine Beteiligung der Vertrauensperson unterbleibt bei

1. der Festlegung von Zielen und Inhalten der Ausbildung mit Ausnahme der politischen Bildung und
2. Anordnungen zur Durchführung von Katastrophenhilfe und Hilfe bei besonders schweren Unglücksfällen.

§ 28 Ahndung von Dienstvergehen

(1) Wollen Disziplinarvorgesetzte Disziplinarmaßnahmen verhängen, so haben sie oder hat ein von ihnen beauftragter Offizier die Vertrauensperson vor der Entscheidung zur Person der Soldatin oder des Soldaten, zum Sachverhalt und zum Disziplinarmaß anzuhören, außer im Fall der ausdrücklichen Ablehnung der Soldatin oder des Soldaten.

(2) Beabsichtigt die Einleitungsbehörde, gegen eine Soldatin oder einen Soldaten ein gerichtliches Disziplinarverfahren einzuleiten, so hat die Einleitungsbehörde oder die von ihr bestimmte Stelle die Vertrauensperson zur Person der Soldatin oder des Soldaten und zum Sachverhalt anzuhören, außer im Fall der ausdrücklichen Ablehnung der Soldatin oder des Soldaten.

(3) Der Sachverhalt ist der Vertrauensperson vor Beginn der Anhörung bekannt zu geben. Ein Recht auf Einsicht in Unterlagen und Akten besteht nur mit Einwilligung der Betroffenen.

(4) Über die Anhörung der Vertrauensperson ist ein Protokoll anzufertigen, das zu den Akten zu nehmen ist.

Anmerkung:

1. Einzelheiten → A-1472/1, Nr. 238 ff. (→ **C 55b**) und A-2160/6 Abschnitt 1.20 (→ **C 11i**)

2. Zu Absatz 2: Zum Umfang des Anhörungsrechts der Vertrauensperson → BVerwG, Urteil vom 12.06.2007, Az 2 WD 11.06 - NZWehrr 2007, 256. Wird die Vertrauensperson nicht vor Einleitung eines gerichtlichen Disziplinarverfahrens angehört, die Anhörung aber vor Vorlage der Anschuldigungsschrift an das Truppendienstgericht nachgeholt, muss dem Soldaten nur dann zu der Stellungnahme der Vertrauensperson rechtliches Gehör gewährt werden, wenn sie belastende Angaben zum Tathergang enthält oder sonstige Auswirkungen der Tat wiedergibt, die zum Nachteil des Soldaten verwendet werden können (→ BVerwG, Beschluss vom 31.08.1998, Az 2 WDB 1.98 - NZWehrr 1998, 250).

3. Zu Absatz 4: Muster. → Formblatt Bw – 2682.

§ 29 Förmliche Anerkennungen, Bestpreise

(1) Die Vertrauensperson hat das Recht, Soldatinnen und Soldaten ihrer Wählergruppe für eine förmliche Anerkennung gemäß § 11 Absatz 1 der Wehrdisziplinarordnung oder für einen Bestpreis vorzuschlagen.

(2) Die oder der Disziplinarvorgesetzte hat die Vertrauensperson vor der Erteilung einer förmlichen Anerkennung oder eines Bestpreises anzuhören.

(3) Vor der Rücknahme einer förmlichen Anerkennung gemäß § 14 der Wehrdisziplinarordnung ist die Vertrauensperson anzuhören.

Zu Abs. 1: WDO → **C 10**

§ 30 Auszeichnungen und Vergabe leistungsbezogener Elemente der Besoldung

(1) Die Vertrauensperson soll angehört werden, wenn Soldatinnen oder Soldaten ihrer Wählergruppe für die Verleihung des Ehrenzeichens der Bundeswehr oder für einen Orden vorgeschlagen werden sollen. Die Anhörung erfolgt in der Regel durch die nächste Disziplinarvorgesetzte oder den nächsten Disziplinarvorgesetzten der Soldatinnen und Soldaten, denen eine Auszeichnung verliehen werden soll.

(2) Absatz 1 ist entsprechend anzuwenden bei der Vergabe von leistungsbezogenen Elementen der Besoldung an Soldatinnen und Soldaten.

§ 31 Beschwerdeverfahren

(1) Die Vertrauensperson der Beschwerdeführerin oder des Beschwerdeführers soll angehört werden, wenn eine Beschwerde nach den Bestimmungen der Wehrbeschwerdeordnung Folgendes betrifft:

1. den Dienstbetrieb,
2. die Fürsorge,
3. die Berufsförderung,
4. die außerdienstliche Betreuung und Freizeitgestaltung für Soldatinnen und Soldaten oder
5. dienstliche Veranstaltungen geselliger Art.

(2) Betrifft die Beschwerde persönliche Kränkungen, soll die Vertrauensperson der Beschwerdeführerin oder des Beschwerdeführers und der oder des Betroffenen angehört werden. Bei Beschwerden in Personalangelegenheiten im Sinne des § 24 Absatz 1 und 2 ist die Vertrauensperson nur auf Antrag der Beschwerdeführerin oder des Beschwerdeführers anzuhören, die oder der hierauf hinzuweisen ist.

§ 32 Vermittlung durch die Vertrauensperson

(1) Die Vertrauensperson kann im Verfahren nach der Wehrbeschwerdeordnung von der Beschwerdeführerin oder vom Beschwerdeführer als Vermittlerin oder Vermittler gewählt werden.

(2) Ist die Vertrauensperson in einer Sache als Vermittlerin oder Vermittler nach der Wehrbeschwerdeordnung tätig geworden, gilt sie für das Anhörungsverfahren nach § 31 Absatz 2 Satz 1 als verhindert.

Kapitel 5
Beteiligung der Soldatinnen und Soldaten durch Personalvertretungen

§ 59 Entsprechende Geltung des Bundespersonalvertretungsgesetzes

Für Soldatinnen und Soldaten gilt das Bundespersonalvertretungsgesetz nach Maßgabe der §§ 60 bis 62 entsprechend. Insoweit werden die Streitkräfte der Verwaltung gleichgestellt.

BPersVG → BwKalender **P 01**

§ 60 Personalvertretung der Soldatinnen und Soldaten

(1) In anderen als den in § 4 Absatz 1 genannten Dienststellen und Einrichtungen wählen Soldatinnen und Soldaten Personalvertretungen. Hierzu zählen auch Kommandos oder Stäbe, die neben Führungsaufgaben auch Aufgaben der militärischen Grundorganisation wahrnehmen, und in der Regel Stäbe der Korps sowie entsprechende Dienststellen.

(2) In Dienststellen und Einrichtungen nach Absatz 1 wählen Beschäftigte im Sinne des § 4 des Bundespersonalvertretungsgesetzes und Soldatinnen und Soldaten abweichend von § 12 Absatz 2 des Bundespersonalvertretungsgesetzes eine Personalvertretung, sofern die Voraussetzungen des § 12 Absatz 1 des Bundespersonalvertretungsgesetzes bei zusätzlicher Berücksichtigung der Soldatinnen und Soldaten erfüllt sind. Anderenfalls erfolgt eine Zuteilung zu einer benachbarten Dienststelle nach § 12 Absatz 2 des Bundespersonalvertretungsgesetzes.

(3) Die in den Absätzen 1 und 2 genannten Soldatinnen und Soldaten bilden eine weitere Gruppe im Sinne des § 5 des Bundespersonalvertretungsgesetzes. Soldatenvertreterinnen und Soldatenvertreter in Personalvertretungen haben die gleiche Rechtsstellung wie die Vertreterinnen und Vertreter der Beschäftigten im Sinne des § 4 des Bundespersonalvertretungsgesetzes, sofern dieses Gesetz nichts anderes bestimmt. § 38 des Bundespersonalvertretungsgesetzes findet mit Ausnahme von Angelegenheiten nach der Wehrbeschwerdeordnung und der Wehrdisziplinarordnung Anwendung.

(4) Erfüllt eine Dienststelle während der Amtszeit des Personalrats erstmals die Voraussetzungen des Absatzes 1 Satz 1 bei zusätzlicher Berücksichtigung der Soldatinnen und Soldaten, so ist eine Nachwahl der Gruppe der Soldatinnen und Soldaten zulässig.

(5) Soldatinnen und Soldaten, die einer Einheit angehören, deren Aufgabe die Unterstützung eines Stabes ist, wählen abweichend von § 4 Absatz 1 keine Vertrauenspersonen in der Einheit, sondern zum Personalrat des Stabes, sofern

1. dieser Stab eine Dienststelle nach Absatz 1 ist und
2. die Soldatinnen oder Soldaten ständig in diesem Stab eingesetzt sind.

§ 61 Dienststellen ohne Personalrat

In Dienststellen und Einrichtungen der Bundeswehr, in denen für die Beschäftigten im Sinne des § 4 des Bundespersonalvertretungsgesetzes auch im Falle einer Zuteilung zu einer benachbarten Dienststelle nach § 12 Absatz 2 des Bundespersonalvertretungsgesetzes ein Personalrat nicht gebildet ist, wählen die Soldatinnen und Soldaten Vertrauenspersonen nach § 4.

BPersVG → BwKalender **P 01**

§ 62 Wahl und Rechtsstellung der Soldatenvertreterinnen und Soldatenvertreter

(1) Für die Wahl der Soldatenvertreterinnen und Soldatenvertreter in Personalvertretungen nach § 60 gilt § 19 des Bundespersonalvertretungsgesetzes entsprechend.

(2) Die §§ 16 bis 18 des Bundespersonalvertretungsgesetzes gelten mit der Maßgabe, dass sich die in § 16 des Bundespersonalvertretungsgesetzes bestimmte Zahl der Sitze bei Personalräten, die auch Soldatinnen und Soldaten nach § 60 Absatz 1 vertreten, um ein Drittel erhöht. Entfallen nach der vorstehenden Regelung auf die Gruppe der Beamtinnen und Beamten sowie auf die Gruppe der Arbeitnehmerinnen und Arbeitnehmer weniger Sitze, als ihnen nach § 16 des Bundespersonalvertretungsgesetzes zustünden, erhöht sich die Zahl ihrer Sitze bis zu der ihnen nach § 16 des Bundespersonalvertretungsgesetzes zustehenden Zahl; die Zahl der Soldatenvertreterinnen und Soldatenvertreter erhöht sich um die gleiche Zahl. Zählt eine Gruppe mindestens ebenso viele Mitglieder wie alle anderen Gruppen zusammen, so stehen dieser Gruppe so viele weitere Sitze zu, dass sie mindestens ebenso viele Vertreterinnen und Vertreter erhält wie alle anderen Gruppen zusammen.

(3) Die §§ 46, 47 Absatz 2 sowie § 91 des Bundespersonalvertretungsgesetzes sind anzuwenden. § 15 Absatz 2, die §§ 18 und 20 Absatz 5 gelten für Soldatenvertreterinnen und Soldatenvertreter entsprechend.

(4) Soldatinnen und Soldaten, die im Geschäftsbereich des Auswärtigen Amts im Ausland Dienst leisten, sind zur Wahl des Personalrats ihrer Auslandsvertretung wahlberechtigt und wählbar. Sie haben kein Wahlrecht zum Personalrat und zum Hauptpersonalrat des Auswärtigen Amts. Auf die in Satz 1 genannten Soldatinnen und Soldaten findet § 47 Absatz 2 des Bundespersonalvertretungsgesetzes keine Anwendung. § 4 Absatz 3 Nummer 2 ist nicht anzuwenden.

BPersVG → BwKalender **P 01**

§ 63 Angelegenheiten der Soldatinnen und Soldaten

(1) In Angelegenheiten, die nur die Soldatinnen und Soldaten betreffen, haben die Soldatenvertreterinnen und Soldatenvertreter die Befugnisse der Vertrauensperson. § 7 des Bundespersonalvertretungsgesetzes ist mit Ausnahme der Beteiligung in Angelegenheiten nach der Wehrbeschwerde- und der Wehrdisziplinarordnung anzuwenden.

(2) In Angelegenheiten einer Soldatin oder eines Soldaten nach der Wehrdisziplinar- oder der Wehrbeschwerdeordnung nimmt die Befugnisse der Vertrauenspersonen der Offiziere, Unteroffiziere und Mannschaften diejenige Soldatenvertreterin oder derjenige Soldatenvertreter im Personalrat wahr, die oder der

1. der entsprechenden Laufbahngruppe angehört und
2. bei der Verhältniswahl in der Reihenfolge der Sitze die höchste Teilzahl, bei der Personenwahl die höchste Stimmenzahl erreicht hat.

Im Falle der Verhinderung wird sie oder er in der Reihenfolge der erreichten Teilzahlen oder Stimmenzahlen durch die nächste Soldatenvertreterin oder den nächsten Soldatenvertreter der entsprechenden Laufbahngruppe vertreten. Ist eine solche Vertretung nicht vorhanden, werden die Befugnisse der Vertrauensperson von dem Mitglied der Gruppe der Soldatinnen und Soldaten wahrgenommen, das nach § 32 des Bundespersonalvertretungsgesetzes in den Vorstand der Personalvertretung gewählt ist, im Falle der Verhinderung durch die Vertreterin oder den Vertreter im Amt. Ist keine Soldatenvertreterin oder kein Soldatenvertreter nach den Sätzen 1 bis 3 in den Personalrat einer Dienststelle gewählt, tritt an ihre oder seine Stelle die entsprechende Soldatenvertreterin oder der entsprechende Soldatenvertreter im zuständigen Gesamtpersonalrat der Dienststelle, im Übrigen die Soldatenvertreterin oder der Soldatenvertreter der Personalvertretung der nächsthöheren Stufe.

(3) Sofern die Befugnisse der Vertrauenspersonen nach Absatz 1 durch Soldatenvertreterinnen oder Soldatenvertreter in einem Personalrat wahrgenommen werden, hat die Gruppe der Soldatinnen und Soldaten im Personalrat ein entsprechendes Beschwerderecht nach § 17.

(4) In Angelegenheiten im Sinne von § 39 Absatz 2, von denen nur Soldatinnen und Soldaten betroffen sind, werden in den militärischen Organisationsbereichen neben den Vertrauenspersonenausschüssen auch die dort gebildeten Bezirkspersonalräte beteiligt.

(5) Ist in einem Organisationsbereich ein Vertrauenspersonenausschuss nach § 39 Absatz 1 nicht gebildet, nimmt der jeweilige Bezirkspersonalrat in Angelegenheiten, die nur Soldatinnen und Soldaten betreffen, die Aufgaben eines Vertrauenspersonenausschusses wahr. § 39 Absatz 3 dieses Gesetzes und § 32 Absatz 3 des Bundespersonalvertretungsgesetzes finden entsprechend Anwendung.

Zu Abs. 1: BPersVG → BwKalender **P 01**

Zu Abs. 2: WDO → **C 10**

Zu Abs. 2: WBO → **C 30**

b) Beteiligung durch Vertrauenspersonen

(A-1472/1)*

Vom 20. Juni 2007

– Auszug –

2.2 Rechtsstellung der VP und der stellvertretenden VP

216. Schutz der VP

Die VP genießen in Ausübung ihres Amtes einen umfassenden Schutz. Jede Art von Behinderung bei der Ausübung ihrer Befugnisse sowie jede Form der Benachteiligung oder Begünstigung wegen ihrer Tätigkeit als VP ist untersagt (§ 14 Abs. 1 SBG).

So sind die Zuständigkeiten für die disziplinare Ahndung von Dienstvergehen der (§ 14 Abs. 2 SBG) und die Entscheidung über Beschwerden gegen VP (§ 17 SBG) den nächst höheren Disziplinarvorgesetzten zugeordnet. Es besteht ein Versetzungsschutz (§ 15 SBG) und ein besonderes Beschwerderecht (§ 16 SBG).

Versetzungsschutz bedeutet, dass VP während ihrer Amtszeit gegen ihren Willen nur versetzt oder für mehr als drei Monate kommandiert werden dürfen, wenn dies aus dienstlichen Gründen unvermeidbar ist.

Nach erfolgloser weiterer Beschwerde gem. § 16 SBG und §§ 1, 16 WBO können VP die Entscheidung des Truppendienstgerichtes beantragen, wenn sie geltend machen, sie seien in Ausübung der ihr nach dem SBG eingeräumten Befugnisse behindert oder wegen ihrer Tätigkeit benachteiligt worden.

218. Beurteilung

VP werden regelmäßig durch ihre nächsten Disziplinarvorgesetzten beurteilt.

Die Tätigkeit als VP ist in der Beurteilung weder zu bewerten noch aufzuführen (ZDv 20/6, Nr. 401**).

Besteht bei VP z. B. die Besorgnis, von den nächsten Disziplinarvorgesetzten nicht unbefangen und vorurteilsfrei beurteilt zu werden, können sie innerhalb von zwei Monaten nach Beginn ihrer Amtszeit oder nach dem Wechsel der nächsten Disziplinarvorge-

---

* Erlass „Beteiligung der Vertrauenspersonen in Verfahren nach der Wehrdisziplinarordnung“ → A-2160/6, Abschnitt 1.20 (→ **C 11i**)

** Die ZDv wurde überführt in die A-1350/50.

setzten beantragen, von den nächsthöheren Disziplinarvorgesetzten beurteilt zu werden (ZDv 20/6, Nr. 302). Einem solchen Antrag ist zu entsprechen. Der Antrag bedarf keiner Begründung.

Das Gleiche gilt für Soldatinnen und Soldaten, die für mindestens ein Viertel ihres Beurteilungszeitraumes als VP tätig gewesen sind.

Nehmen stellvertretende VP das Amt der VP in Vertretung wahr, können diese bei erstmaligem Eintritt in das Amt der VP ebenfalls einen Antrag stellen, durch die nächsthöheren Disziplinarvorgesetzten beurteilt zu werden. Vor Erstellung der Beurteilung für die VP oder ehemalige VP, den Stellvertreter oder einen ehemaligen Stellvertreter haben nächste Disziplinarvorgesetzte festzustellen, ob sie oder die nächsthöheren Disziplinarvorgesetzten für die Erstellung der Beurteilung zuständig sind (§ 7 SBG). Sie prüfen, ob diese Soldatin oder dieser Soldat ein Viertel des Beurteilungszeitraumes als VP tätig war.

219. Gebot der Objektivität

Die VP haben auch, wenn sie zugunsten einzelner oder einzelner Gruppen ihrer Wahlbereiche tätig werden, die Belange ihrer Wählergruppen als Ganzes, der Einheit und des Verbandes unter Beachtung des Auftrages der Streitkräfte zu berücksichtigen.

220. Besondere Erzieherische Maßnahmen

Sind zum Abstellen von Mängeln Besondere Erzieherische Maßnahmen[1] gegen VP beabsichtigt, die ausschließlich ihre Person betreffen, ist vorher die Zustimmung der nächst höheren Disziplinarvorgesetzten einzuholen, es sei denn, die Maßnahme duldet keinen Aufschub und die nächsthöheren Disziplinarvorgesetzten sind nicht erreichbar.

221. Schutzbestimmungen für eingetretene stellvertretende VP

Die Bestimmungen zum Schutz der VP gelten mit folgender Maßgabe auch für die nach § 13 SBG eingetretenen stellvertretenden VP, solange diese das Amt der VP ausüben:

- für die disziplinare Ahndung von Dienstvergehen sind die nächsthöheren Disziplinarvorgesetzten zuständig (Nr. 216),
- über Beschwerden gegen eingetretene stellvertretende VP entscheiden die nächsthöheren Disziplinar vorgesetzten (Nr. 216),

---

[1] Erlass „Erzieherische Maßnahmen“ → A-2160/6, Abschnitt 1.42.6 **(→ C 71)**

- der Versetzungsschutz gemäß Nr. 216 gilt für eingetretene stellvertretende VP,
- das besondere Beschwerderecht nach Nr. 216 gilt für eingetretene stellvertretende VP, wenn diese sich in der Ausübung der Befugnisse der VP behindert oder wegen ihrer Tätigkeit benachteiligt fühlen und
- bei der Beurteilung der eingetretenen stellvertretenden VP gilt Nr. 218.

224. Schweigepflicht

Über Angelegenheiten und Tatsachen, die VP in Ausübung ihrer Tätigkeit bekannt werden, haben sie gegenüber Dritten Stillschweigen zu bewahren.

Der Verstoß gegen dieses Vertraulichkeitsgebot stellt eine Dienstpflichtverletzung oder auch eine Straftat dar.

Die Schweigepflicht gilt im Besonderen für

- alle personellen und disziplinaren Angelegenheiten sowie sonstigen Angelegenheiten, in denen einzelne Soldatinnen oder Soldaten betroffen sind,
- Angelegenheiten, die VP wegen ihres Amtes aus dem Kameradenkreis anvertraut werden,
- alle Angelegenheiten dienstlicher oder kameradschaftlicher Art, die VP durch die Disziplinarvorgesetzten bekannt werden und aus dienstlichen oder höchstpersönlichen Gründen nicht oder noch nicht zur Weitergabe bestimmt sind und
- Angelegenheiten dienstlicher Art, die der Geheimhaltung unterliegen.

Die Pflicht zur Verschwiegenheit der VP besteht in den dargestellten Angelegenheiten sowohl gegenüber den Soldatinnen und Soldaten der Wählergruppe als auch gegenüber den Disziplinarvorgesetzten, darüber hinaus gegenüber allen Dritten, sowohl im dienstlichen als auch im privaten Bereich.

Die Schweigepflicht besteht über das Ende der Amtszeit der VP hinaus bestehen.

Die Schweigepflicht besteht nicht für Angelegenheiten und Tatsachen, die offenkundig sind oder ihrer Bedeutung nach keiner Geheimhaltung bedürfen (§ 8 SGB). Unter offenkundigen und nicht der Geheimhaltung unterliegenden Angelegenheiten sind solche Sachverhalte zu verstehen, die jedermann oder einem unbestimmten Personenkreis bekannt sind oder bekannt sein könnten bzw. für jedermann ohne Weiteres erkennbar und zugänglich sind.

Die Schweigepflicht ist ebenfalls nicht verletzt, wenn VP im Einzelfall wegen fehlender Sachkunde Rat und Auskunft bei anderen VP oder Personen und Stellen einholen, die ihrerseits einer Schweigepflicht unterliegen (z. B. nach den Vorschriften des Rechtsdienstleistungsgesetzes, des Bundespersonalvertretungsgesetzes, des Sozialgesetzbuches – Neuntes Buch – oder einer berufsständischen Berufsordnung) und dafür im erforderlichen Umfang Angelegenheiten der oder dem Rat- bzw. Auskunftsgebenden bekannt gegeben werden.

225. Besonderheiten der Schweigepflicht

In einem gerichtlichen Disziplinarverfahren kann sich die VP bei einer Vernehmung als Zeuge nicht auf ihre Schweigepflicht berufen.

Die VP gehört ebenso wie Personal- und Betriebsräte nicht zu den zeugnisverweigerungsberechtigten Personen der Strafprozessordnung (StPO). Dies ist rechtliche Folge der der VP nach dem SBG auch in Disziplinarverfahren zugewiesenen Funktion.

Danach ist die VP Mittler zwischen den Soldatinnen und Soldaten ihrer Wählergruppe und den jeweiligen Disziplinarvorgesetzten. Diese drei Parteien sind verpflichtet, zur Erfüllung des Auftrages der Streitkräfte und im Interesse der Soldatinnen und Soldaten mit dem Ziel der Verständigung eng zusammenzuarbeiten. Das setzt gegenseitiges Vertrauen voraus.

Die Beteiligung der VP bei der Ahndung von Dienstvergehen erfolgt sowohl im Interesse der Soldatinnen und Soldaten als auch zur Objektivierung des Verfahrens. Die Anhörung der VP soll der bzw. dem Disziplinarvorgesetzten insbesondere ein möglichst umfassendes Persönlichkeitsbild der bzw. des Beschuldigten vermitteln. Dieses dient der Verhängung einer angemessenen Maßnahme zur Ahndung eines Fehlverhaltens, welche auch die persönlichen Begleitumstände der bzw. des Beschuldigten berücksichtigt.

Der Soldat bzw. die Soldatin ist bei Aufnahme der Ermittlungen darüber zu belehren, dass das Wehrdienstgericht befugt ist, im disziplinargerichtlichen Verfahren die VP als Zeuge zu vernehmen. Die Schweigepflicht gegenüber sonstigen Dritten bleibt davon unberührt.

2.3 Aufgaben der VP

2.3.1 Allgemeines

226. Verantwortungsvolle Zusammenarbeit

Die VP tragen zur verantwortungsvollen Zusammenarbeit zwischen Vorgesetzten und Unterstellten und zur Festigung des kameradschaftlichen Vertrauens innerhalb ihrer Wahlbereiche bei. Mit den ihnen durch das SBG übertragenen Rechten nehmen sie wichtigen Einfluss sowohl auf eine wirkungsvolle Dienstgestaltung als auch auf die fürsorgliche Berücksichtigung der Belange der einzelnen Soldatinnen und Soldaten.

Die VP treten nicht einseitig für Interessen eines Teils ihrer Wählergruppe ein, sondern berücksichtigen bei ihrem Handeln stets die Interessen der gesamten Wählergruppe.

227. Aufgaben nach dem Soldatinnen- und Soldaten- Gleichbehandlungsgesetz

Zusätzliche Aufgaben der VP regelt das Soldatinnen- und Soldaten-Gleichbehandlungsgesetz (SoldGG).

Ziel dieses Gesetzes ist es, Benachteiligungen aus Gründen der Rasse, der ethnischen Herkunft, der Religion, der Weltanschauung oder der sexuellen Identität für den Dienst als Soldatin oder Soldat zu verhindern oder zu beseitigen. Ziel des Gesetzes ist es auch, Soldatinnen und Soldaten vor Benachteiligungen aufgrund des Geschlechts in Form von Belästigung und sexueller Belästigung im Dienstbetrieb zu schützen. Der Schutz schwerbehinderter Soldatinnen und Soldaten vor Benachteiligungen wegen ihrer Behinderung wird ebenfalls nach diesem Gesetz gewährleistet (§ 1 Abs. 1 und 2 SoldGG[1]).

2.3.2 Beteiligung durch Anhörung

230. Frühzeitige Anhörung

Eine ordnungsgemäße Anhörung setzt voraus, dass VP über beabsichtigte Maßnahmen so frühzeitig und umfassend unterrichtet werden, dass sie innerhalb einer angemessenen Frist eine mündliche oder schriftliche Stellungnahme abgeben können.

Die Stellungnahme haben die zuständigen Disziplinarvorgesetzten mit den VP zu erörtern (§ 20 SBG), d. h., sie haben die Stellung-

1 → **C 72e**

nahme mit den jeweiligen VP zu diskutieren und sich mit den Gründen und Argumenten auseinanderzusetzen.

Ergeben sich aus der Anhörung für Disziplinarvorgesetzte Bedenken, ob die Maßnahme mit geltenden Gesetzen, Verordnungen, Dienstvorschriften im Einklang steht, gehen sie diesen Bedenken nach und tragen sie ggf. ihren nächsten Vorgesetzten vor.[1]

C

231. Dokumentation der Anhörung und Erörterung

Die Anhörung und Erörterung wird in der Regel im Rahmen eines Gespräches erfolgen.

Ein Aktenvermerk ist regelmäßig dann anzufertigen, wenn VP in der Anhörung mündlich vortragen und dies verlangen oder die Disziplinarvorgesetzten es für geboten halten.

Auf Verlangen ist den VP eine Ausfertigung aus zuhändigen.

Bei Anhörungen zu Personalangelegenheiten (§ 23 Abs. 4 SBG) und Ahndungen von Dienstvergehen (§ 27 Abs. 4 SBG) ist zwingend eine Niederschrift zu fertigen. Die Niederschrift ist zu den Personal- bzw. Ermittlungsakten zu nehmen.

232. Anhörungsrechte

Die VP werden angehört:

(1) zum Dienstbetrieb

- zur Gestaltung des Dienstbetriebes bei allen Maßnahmen, die im Dienstplan festgelegt werden und den Innendienst, den Ausbildungsdienst und die Wach- und Bereitschaftsdienste betreffen (§ 24 Abs. 1 SBG),
- zu allgemeinen Regelungen, die in Rahmendienstplänen festgelegt werden (§ 24 Abs. 1 SBG), insbesondere bei der Dienstzeit,
- zu lang- und mittelfristigen Planungen, zum Beispiel Jahres- und Quartalsausbildungsbefehle (§ 24 Abs. 1 SBG),
- zu Freistellungen vom Dienst für die Einheit oder eine Teileinheit (§ 24 Abs. 2 SBG),

---

[1] Soldatengesetz § 10: Pflichten des Vorgesetzten
(4) Er darf Befehle nur zu dienstlichen Zwecken und nur unter Beachtung des Völkerrechts, der Gesetze und der Dienstvorschriften erteilen.
(5) Er trägt für seine Befehle die Verantwortung. Befehle hat er in der den Umständen angemessenen Weise durchzusetzen.

- zur Festlegung der Tage, an denen kein Dienst geleistet wird (§ 24 Abs. 2 SBG), zum Beispiel Festlegung eines dienstfreien Tages auf einen nationalen Feiertag eines verbündeten Staates in einer bi- oder multinationalen Dienststelle durch Dienstzeitausgleich,
- zur Einteilung von Soldatinnen oder Soldaten zu Sonder- und Zusatzdiensten[1] (§ 24 Abs. 2 SBG); zu den Sonderdiensten gehört auch ein Arbeitseinsatz für einen einmaligen Anlass,
- zur Festlegung von Zielen und Inhalten der politischen Bildung (§ 24 Abs. 3 SBG),
- zu Fragen, die das Leben in der militärischen Gemeinschaft[2], die Besucherregelung, die Ausgestaltung der Unterkünfte, der Gemeinschaftsräume und des Außenreviers betreffen und
- zur Auswirkung von Befehlen oder sonstiger Maßnahmen vorgesetzter Kommandobehörden oder Standortältesten, die die Disziplinarvorgesetzten umsetzen wollen (§ 21 Abs. 1 SBG).

(2) in Personalangelegenheiten

a. auf Antrag der betroffenen Soldatin oder des betroffenen Soldaten
   - bei Versetzungen, mit Ausnahme der Versetzung im Anschluss an die Allgemeine Grundausbildung und im Rahmen festgelegter Ausbildungsgänge (§ 23 Abs. 1 Nr. 1 SBG),
   - bei Kommandierungen mit einer Dauer von über drei Monaten, ausgenommen bei Lehrgängen (§ 23 Abs. 1 Nr. 2 SBG),
   - bei Anträgen auf Statuswechsel in das Dienstverhältnis einer Berufssoldatin oder eines Berufssoldaten oder einer Soldatin auf Zeit oder eines Soldaten auf Zeit (§ 23 Abs. 1 Nr. 3 SBG),
   - bei Wechsel auf einen anderen Dienstposten (§ 23 Abs. 1 Nr. 4 SBG),
   - bei Maßnahmen, die der Erweiterung der persönlichen Kenntnisse und Fähigkeiten dienen, ohne zu einem qualifizierten Abschluss zu führen (§ 23 Abs. 1 Nr. 5 SBG),
   - bei vorzeitiger Beendigung des Dienstverhältnisses, sofern das Soldaten- oder Wehrpflichtgesetz einen Ermessensspielraum einräumen (§ 23 Abs. 1 Nr. 6 SBG),

---

1 Zentralrichtlinie A2-2630/0-0-2 „Leben in der militärischen Gemeinschaft“ und A-2160/6, Abschnitt 1.42 „Erzieherische Maßnahmen“ **(→ C 71)**

2 Zentralrichtlinie A2-2630/0-0-2 „Leben in der militärischen Gemeinschaft“

- beim Verbleiben im Dienst über die besonderen Altersgrenzen des § 44 Abs. 2 in Verbindung mit § 45 Abs. 2 des Soldatengesetzes hinaus (§ 23 Abs. 1 Nr. 7 SBG),
- bei Anträgen auf Sonderurlaub, Laufbahnwechsel, Genehmigung von Nebentätigkeiten oder bei Widerruf der Genehmigung (§ 23 Abs. 1 Nr. 8 SBG),
- bei Anträgen auf Teilzeitbeschäftigung nach § 30a des Soldatengesetzes und Anträgen auf Betreuungsurlaub nach § 28 Abs. 5 des Soldatengesetzes (§ 23 Abs. 1 Nr. 9 SBG) sowie
- bei individueller Gewährung von Freistellung vom Dienst (§ 24 Abs. 4 SBG).

b. ohne Antrag bei der Auswahl von Soldatinnen oder Soldaten ihres Wahlbereichs für Beförderungen oder Einweisungen bis einschließlich der Besoldungsgruppe A 15, bei denen die nächsten Disziplinarvorgesetzten ein Auswahlermessen haben (§ 23 Abs. 3 SBG).

(3) in Disziplinarangelegenheiten

- vor Verhängung einer Disziplinarmaßnahme, sofern die Soldatin oder der Soldat nicht widerspricht (§ 27 Abs. 1 SBG),
- vor Einleitung eines gerichtlichen Disziplinarverfahrens, sofern die Soldatin oder der Soldat nicht widerspricht (§ 27 Abs. 2 SBG),
- vor Erteilung einer Förmlichen Anerkennung (§ 28 Abs. 2 SBG) sowie
- vor Rücknahme einer Förmlichen Anerkennung gem. § 14 der Wehrdisziplinarordnung (§ 28 Abs. 3 SBG). Das Ergebnis der Anhörung der VP ist der Soldatin oder dem Soldaten vor dessen Anhörung nach § 14 Abs. 1 der Wehrdisziplinarordnung bekannt zu geben.

(4) in Betreuungs- und Fürsorgeangelegenheiten

- zu den Themen, welche über die Mitbestimmungstatbestände gem. § 25 Abs. 3 SBG hinausgehen (§ 25 Abs. 4 SBG).

Das können z. B. Anregungen zur

- Nutzung von Betreuungseinrichtungen,
- Beschaffung von Freizeitmaterial und Sportgeräten,
- Beschaffung von Literatur für die Truppenbücherei,
- Bildung freiwilliger Arbeitsgruppen und
- Durchführung von Werk-, Schul-, Fürsorge- und Betreuungsfahrten

sein.

(5) in anderen Angelegenheiten

- vor Vorschlag an die zuständige Stelle, jemanden mit einem Bestpreis auszuzeichnen, das Ehrenzeichen der Bundeswehr oder einen Orden, z. B. Verdienstkreuz der Bundesrepublik Deutschland, zu verleihen (§ 29 SBG),
- in Beschwerdeangelegenheiten nach der Wehrbeschwerdeordnung, in Personalangelegenheiten jedoch nur auf Antrag der Beschwerdeführerin oder des Beschwerdeführers (§ 30 SBG) sowie
- in den in den Nummern 246 bis 250 enthaltenen weiteren Anhörungstatbeständen (Betreuungs- und Fürsorgeangelegenheiten, Wohnen in der Gemeinschaftsunterkunft, Schadensbericht, Soldatenhilfswerk und Sozialplan).

233. Abstufung in der Beteiligung

Die Anhörung der VP ist zwingend vorgeschrieben

- bei allen Angelegenheiten des Dienstbetriebes gemäß Nr. 232 (1),
- in Disziplinarangelegenheiten gemäß Nr. 232 (3) bei allen vorgesehenen Disziplinarmaßnahmen und gerichtlichen Disziplinarverfahren, wenn die Betroffenen nicht widersprechen und
- in Betreuungs- und Fürsorgeangelegenheiten gemäß Nr. 232 (4).

Die Anhörung der VP ist zwingend auf Antrag der oder des Betroffenen

- bei Beschwerden in Personalangelegenheiten gemäß Nr. 232 (2) a.).

Die Anhörung der VP soll erfolgen

- in allen Personalangelegenheiten gemäß Nr. 230 (2),
- bei Vorschlag zur Vergabe von Bestpreisen, Verleihung des Ehrenzeichens der Bundeswehr und Orden und
- zu Beschwerden gemäß Wehrbeschwerdeordnung, außer Beschwerden in Personalangelegenheiten.

234. Sollbeteiligung der VP

Die Sollbeteiligung der VP nach Nr. 233 lässt den Disziplinarvorgesetzten nur einen engen Ermessensspielraum, wenn sie auf die Beteiligung der VP verzichten wollen oder müssen. In aller Regel ist soll als muss zu verstehen. Nur in begründbaren Einzelfällen, wenn die Situation sofortiges Handeln erfordert und VP nicht oder nicht recht zeitig gehört werden können, dürfen die Disziplinarvorgesetzten von der Beteiligung absehen.

C

235. Unterrichtungspflicht bei Absehen von der Anhörung

Wurden VP in begründeten Einzelfällen nicht angehört, unterrichten die Disziplinarvorgesetzten die VP so schnell wie möglich über die Maßnahme und die von ihnen getroffenen Entscheidungen.

236. Erläuterung zu Anhörungsrechten

Die Nrn. 237-250 erläutern Möglichkeiten und Einschränkungen von Anhörungsrechten.

237. Anhörung zu Personalangelegenheiten

Bei Personalangelegenheiten gemäß § 23 Abs. 1 Nr. 1.–9. (Nr. 230 (2) a.) sollen VP auf Antrag der betroffenen Soldatin oder des betroffenen Soldaten angehört werden; das betrifft die Personalmaßnahme als solche sowie auch deren beabsichtigte Ablehnung.

Das setzt voraus, dass die Soldatin oder der Soldat über die Möglichkeit der Beteiligung der VP unterrichtet wird. Diese Information hat in Form einer schriftlichen Belehrung zu Beginn der Dienstzeit zu erfolgen (§ 23 Abs. 1 SBG, Muster Anlage 14). Den Belehrten ist eine Ausfertigung der Belehrung auszuhändigen. Zudem hat ein entsprechender Hinweis vor jeder Personalmaßnahme zu erfolgen.

Sind VP auf Antrag der Betroffenen gehört wor den, teilen die Disziplinarvorgesetzten den personalbearbeitenden Stellen die Stellungnahme der jeweiligen VP mit. Diese sind in die Personalentscheidung einzubeziehen (§ 23 Abs. 2 SBG); das bedeutet, die personalbearbeitenden Stellen müssen sich mit den Stellungnahmen der VP auseinandersetzen.

238. Anhörung in Disziplinarangelegenheiten

Die Anhörung der VP soll unter anderem dazu beitragen,

- die Persönlichkeit disziplinar zu würdigender Soldatinnen und Soldaten,
- ihre bisherige Führung und
- ihre Beweggründe richtig zu beurteilen.

Die Beteiligung erfolgt sowohl im Interesse der Soldatin oder des Soldaten als auch zur Objektivierung des Verfahrens.

Die Anhörung muss zeitnah, im Regelfall innerhalb von zwei Wochen, zur Disziplinarmaßnahme liegen. Sie findet nach Abschluss aller Ermittlungen vor der abschließenden Anhörung der Soldatin oder des Soldaten statt.

Sie muss vor Verhängung der Disziplinarmaßnahme oder vor Einreichung des Arrestantrages beim zuständigen Truppendienst gericht wiederholt werden, wenn sich aus der abschließenden Anhörung neue Tatsachen ergeben, oder ein enger zeitlicher Zusammenhang zwischen Anhörung der VP und Verhängung der Disziplinarmaßnahme nicht mehr besteht.

Die Anhörung der VP zur Person, zum Sachverhalt und zum Disziplinarmaß sollen die zuständigen Disziplinarvorgesetzten zur Gewinnung eines unmittelbaren Eindrucks stets selbst vornehmen. In den Fällen, in denen die Anhörung durch die Disziplinarvorgesetzten mit einem unverhältnismäßigen Zeit oder Kostenaufwand verbunden wäre, kann die Anhörung unterstellten Offizieren übertragen werden.

239. Einfache Disziplinarmaßnahmen

Beabsichtigen Disziplinarvorgesetzte gegen eine Soldatin oder einen Soldaten eine Disziplinarmaßnahme zu verhängen, ist die VP der Soldatin oder des Soldaten anzuhören. Gegen diese Anhörung besteht ein Widerspruchsrecht. Auf dieses ist hinzuweisen. Widerspricht die Soldatin oder der Soldat, unterbleibt ausnahmsweise jegliche Beteiligung der VP in dieser Disziplinarangelegenheit.

Widerspricht die Soldatin oder der Soldat der Anhörung nicht, sind der VP vor Beginn der Anhörung der Sachverhalt, welcher der beabsichtigten disziplinaren Ahndung zugrunde liegt, und die beabsichtigte Disziplinarmaßnahme nach Art und Höhe mitzuteilen. Vor Mitteilung des Sachverhaltes ist die VP ausdrücklich auf ihre Schweigepflicht (§ 8 SBG und Nr. 224) hinzuweisen. Die Disziplinarvorgesetzten haben dafür Sorge zu tragen, dass die VP Gelegenheit erhalten, sich mit dem Sachverhalt und der betroffenen Person im persönlichen Gespräch vertraut zu machen.

In der Anhörung äußert sich die VP

- zur Person, insbesondere zum Allgemeinverhalten, zum Ansehen im Kameradenkreis und, soweit ihr bekannt ist, zu ihren oder seinen persönlichen Verhältnissen,
- zum Sachverhalt, insbesondere zu Auswirkungen der Tat im Kameradenkreis oder in der Öffentlichkeit, zu Hintergründen und Motiven des Verhaltens sowie
- zum beabsichtigten Disziplinarmaß, indem sie zu Art und Höhe Stellung nimmt.

Über die Anhörung ist eine Niederschrift (Abschnitt 4.4) anzufertigen, die zu den Ermittlungsakten zu nehmen ist (§ 27 Abs. 4 SBG und Nr. 231). Ergeben sich aus der Anhörung der VP neue Tatsachen, sind diese der Soldatin oder dem Soldaten zu eröffnen. Gem. § 4 WDO ist das Ergebnis der Anhörung der VP der Soldatin oder dem Soldaten vor dem Schlussgehör bekannt zu geben.

Widerspricht die Soldatin oder der Soldat der Anhörung der VP oder ist eine VP nicht gewählt oder verweigert sie die Anhörung, ist dies aktenkundig zu machen. Regelmäßig genügt der entsprechende Vermerk auf der Disziplinarverfügung bzw. auf dem Antrag nach § 40 WDO.

240. Gerichtliches Disziplinarverfahren

Beabsichtigt die Einleitungsbehörde gegen eine Soldatin oder einen Soldaten ein gerichtliches Disziplinarverfahren einzuleiten, ist die VP anzuhören. Die Soldatin oder der Soldat hat gegen die Anhörung der VP ein Widerspruchsrecht. Auf dieses ist hinzuweisen. Widerspricht die Soldatin oder der Soldat, unterbleibt ausnahmsweise jegliche Beteiligung der VP in diesem Disziplinarverfahren.

Widerspricht die Soldatin oder der Soldat nicht, ist der VP vor Beginn der Anhörung der Sachverhalt bekannt zu geben. In der Anhörung äußert sich die VP nach Maßgabe der Nr. 239 zur Person und zum Sachverhalt (§ 27 Abs. 2 SBG).

Sie kann sich auch dazu äußern, ob sie die Einleitung des gerichtlichen Disziplinarverfahrens für geboten hält oder eine anderweitige Ahndung, insbesondere eine einfache Disziplinarmaßnahme oder eine Erzieherische Maßnahme, für ausreichend erachtet.

Die Anhörung erfolgt durch die Einleitungsbehörde. Diese kann im Rahmen von Vorermittlungen auch die Wehrdisziplinaranwältin oder den Wehrdisziplinaranwalt um Anhörung ersuchen.[1]

Über die Anhörung ist eine Niederschrift (Abschnitt 4.4) anzufertigen, die zu den Ermittlungsakten zu nehmen ist (§ 27 Abs. 4 SBG und Nr. 231). Das Ergebnis der Anhörung ist der Soldatin oder dem Soldaten vor der Anhörung gem. §§ 4, 93 Abs. 1 Satz 2 WDO bekannt zu geben.

Widerspricht die Soldatin oder der Soldat der Anhörung der VP oder ist eine VP nicht gewählt oder verweigert sie die Anhörung, ist dies aktenkundig zu machen und zu den Ermittlungsakten zu nehmen.

---

[1] § 92 Abs. 1 WDO **(→ C 10)**

241. Akteneinsichtsrecht

Bei einfachen Disziplinarmaßnahmen oder gerichtlichen Disziplinarmaßnahmen besteht ein Akteneinsichtsrecht der VP in die Unterlagen, z. B. Vernehmungsniederschriften, nur wenn die Soldatin oder der Soldat, gegen die oder den die Ermittlungen geführt werden, ihre bzw. seine Einwilligung hierzu gegeben hat (§ 27 Abs. 3 SBG). Die Einwilligung ist zum Disziplinarvorgang zu nehmen.

Die Akteneinsicht ist während der Dienstzeit in den Diensträumen vorzunehmen. Ein Recht zur Anfertigung von Abschriften oder Ablichtungen besteht nicht.

244. Beschwerden

Betrifft eine Wehrbeschwerde (§ 30 SBG) Fragen des Dienstbetriebes, der Fürsorge, der Berufsförderung oder der außerdienstlichen Betreuung und Freizeitgestaltung sowie dienstliche Veranstaltungen geselliger Art, soll die VP der Beschwerdeführerin oder des Beschwerdeführers angehört werden.

Erfolgt die Beschwerde wegen einer persönlichen Kränkung, soll daneben auch die VP derjenigen, gegen die sich die Beschwerde richtet, angehört werden. Gehören beide derselben Wählergruppe an, wird ihre gemeinsame VP angehört.

Die Anhörung der VP bei Beschwerden in Personalangelegenheiten erfolgt nur auf Antrag der Beschwerdeführerin oder des Beschwerdeführers.

Die für die Beschwerdebearbeitung zuständigen Disziplinarvorgesetzten führen die Anhörung durch. In den Fällen, in denen die Anhörung mit einem unverhältnismäßigen Zeit- und Kostenaufwand verbunden wäre, kann die Anhörung unterstellten Offizieren übertragen werden.

In Beschwerdeverfahren nach der Wehrbeschwerdeordnung kann die VP von der Beschwerdeführerin oder vom Beschwerdeführer als Vermittlerin oder Vermittler gewählt werden.

Ist die VP im Falle einer persönlichen Kränkung als Vermittlerin oder Vermittler tätig geworden, kann sie, wenn eine Einigung nicht zustande kommt und der Beschwerdeweg gewählt wird, wegen unwiderleglich vermuteter Befangenheit im Weiteren nicht angehört werden. Es ist so zu verfahren, als sei sie verhindert; nach § 13 SBG treten Stellvertreter ein (§§ 30 und 31 Abs. 1 und 2 SBG).

245. Besondere Erzieherische Maßnahmen

Im Rahmen der gegenseitigen vertrauensvollen Zusammenarbeit können Disziplinarvorgesetzte VP auch bei Verhängung von Besonderen Erzieherischen Maßnahmen anhören, soweit der gebotene enge zeitliche Zusammenhang zwischen der Maßnahme und dem Anlass dadurch nicht aufgehoben wird.

c) – zzt. unbesetzt –

Unmittelbarer Zwang

a) Gesetz über die Anwendung unmittelbaren Zwanges und die Ausübung besonderer Befugnisse durch Soldaten der Bundeswehr und verbündeter Streitkräfte sowie zivile Wachpersonen (UZwGBw)

Vom 12. August 1965 (BGBl. I S. 796)

Zuletzt geändert durch
Gesetz zur Neuregelung der Telekommunikationsüberwachung und anderer verdeckter Ermittlungsmaßnahmen sowie zur Umsetzung der Richtlinie 2006/24/EG
vom 21. Dezember 2007 (BGBl. I S. 3198)

Literatur-Hinweise:

1. Heinen, „Der Schutz verbündeter Streitkräfte in Deutschland durch das UZwGBw“, in NZWehrr 2004, 187
2. Heinen/Bajumi, Rechtsgrundlagen Feldjägerdienst. Mit Erläuterungen des UZwGBw, Einsatzgrundlagen im In- und Ausland, Regensburg, 11. Aufl. 2018 (Walhalla Fachverlag)
3. Schubert, „Polizeirechtliche Befugnisse der Streitkräfte – Eine fallorientierte Einführung in das Gesetz über die Anwendung unmittelbaren Zwanges in der Bundeswehr (UZwGBw)“ in UBWV 2008, 209, 310

1. Abschnitt Allgemeine Vorschriften

§ 1 Berechtigte Personen

(1) Soldaten der Bundeswehr, denen militärische Wach- oder Sicherheitsaufgaben übertragen sind, sind befugt, in rechtmäßiger Erfüllung dieser Aufgaben nach den Vorschriften dieses Gesetzes Personen anzuhalten, zu überprüfen, vorläufig festzunehmen und zu durchsuchen, Sachen sicherzustellen und zu beschlagnahmen und unmittelbaren Zwang gegen Personen und Sachen anzuwenden.

(2) Soldaten verbündeter Streitkräfte, die im Einzelfall mit der Wahrnehmung militärischer Wach- oder Sicherheitsaufgaben betraut werden können, unterstehen vom Bundesminister der Verteidigung bestimmten und diesem für die Wahrnehmung des Wach-

oder Sicherheitsdienstes verantwortlichen Vorgesetzten, sie können dann die Befugnisse nach diesem Gesetz ausüben.

(3) Wer, ohne Soldat zu sein, mit militärischen Wachaufgaben der Bundeswehr beauftragt ist (zivile Wachperson), hat in rechtmäßiger Erfüllung dieser Aufgaben die Befugnisse nach diesem Gesetz, soweit sie ihm durch das Bundesministerium der Verteidigung oder eine von diesem bestimmte Stelle übertragen werden, müssen daraufhin überprüft werden, ob sie persönlich zuverlässig, körperlich geeignet und im Wachdienst ausreichend vorgebildet sind sowie gute Kenntnisse der Befugnisse nach diesem Gesetz besitzen. Sie sollen das 20. Lebensjahr vollendet und das 65. Lebensjahr nicht überschritten haben.

§ 2 Militärische Bereiche und Sicherheitsbereiche

(1) Militärische Bereiche im Sinne dieses Gesetzes sind Anlagen, Einrichtungen und Schiffe der Bundeswehr und der verbündeten Streitkräfte in der Bundesrepublik.

(2) Militärische Sicherheitsbereiche im Sinne dieses Gesetzes sind militärische Bereiche (Abs. 1), deren Betreten durch die zuständigen Dienststellen verboten worden ist, und sonstige Örtlichkeiten , die das Bundesministerium der Verteidigung oder eine von ihm bestimmte Stelle vorübergehend gesperrt hat. Sonstige Örtlichkeiten dürfen vorübergehend gesperrt werden, wenn dies aus Gründen der militärischen Sicherheit zur Erfüllung dienstlicher Aufgaben der Bundeswehr unerläßlich ist; die nächst erreichbare Polizeidienststelle ist hiervon unverzüglich zu unterrichten. Militärische Sicherheitsbereiche müssen entsprechend gekennzeichnet werden.

(3) Die zuständigen Dienststellen der Bundeswehr können zur Wahrung der Sicherheit oder Ordnung in militärischen Sicherheitsbereichen für das Verhalten von Personen allgemeine Anordnung erlassen und die nach diesem Gesetz befugten Personen ermächtigen, Einzelweisungen zu erteilen.

§ 3 Straftaten gegen die Bundeswehr

(1) Straftaten gegen die Bundeswehr im Sinne dieses Gesetzes sind Straftaten gegen

1. Angehörige der Bundeswehr, zivile Wachpersonen oder Angehörige der verbündeten Streitkräfte
   a) während der rechtmäßigen Ausübung ihres Dienstes, wenn die Handlungen die Ausübung des Dienstes stören oder tätliche Angriffe sind,

b) während ihres Aufenthalts in militärischen Bereichen oder Sicherheitsbereichen (§ 2), wenn die Handlungen tätliche Angriffe sind,

2. militärische Bereiche oder Gegenstände der Bundeswehr oder der verbündeten Streitkräfte in der Bundesrepublik,
3. die militärische Geheimhaltung in der Bundeswehr oder in den verbündeten Streitkräften.

(2) Angehörige der verbündeten Streitkräfte im Sinne des Absatzes 1 sind Soldaten sowie Beamte und mit militärischen Aufgaben, insbesondere mit Wach- oder Sicherheitsaufgaben beauftragte sonstige Zivilbedienstete der verbündeten Streitkräfte in der Bundesrepublik.

2. Abschnitt
Anhalten, Personenüberprüfung, vorläufige Festnahme, Durchsuchung, Beschlagnahme und Voraussetzungen des unmittelbaren Zwanges

§4 Anhalten und Personenüberprüfung

(1) Zur Feststellung seiner Person und seiner Berechtigung zum Aufenthalt in einem militärischen Sicherheitsbereich (§ 2 Abs. 2) kann angehalten und überprüft werden, wer

1. sich in einem solchen Bereich aufhält,
2. einen solchen Bereich betreten oder verlassen will.

(2) Angehalten und überprüft werden kann auch, wer unmittelbar nach dem Verlassen des militärischen Sicherheitsbereichs oder dem Versuch, ihn zu betreten, verfolgt wird, wenn den Umständen nach anzunehmen ist, daß er nicht berechtigt ist, sich in diesem Bereich aufzuhalten.

§5 Weitere Personenüberprüfung

(1) Wer nach § 4 der Personenüberprüfung unterliegt, kann zum Wachvorgesetzten oder zur nächsten Dienststelle der Bundeswehr gebracht werden, wenn

1. seine Person oder Aufenthaltsberechtigung nicht sofort festgestellt werden kann oder
2. er einer Straftat gegen die Bundeswehr dringend verdächtig ist und Gefahr im Verzuge ist.

(2) Wer nach Absatz 1 zum Wachvorgesetzten oder zu einer Dienststelle der Bundeswehr gebracht worden ist, ist sofort zu überprüfen. Er darf nur weiter festgehalten werden, wenn die Voraussetzungen der vorläufigen Festnahme vorliegen und die Festnahme erklärt wird; andernfalls ist er sofort freizulassen.

§ 6 Vorläufige Festnahme

(1) Wer nach § 5 zum Wachvorgesetzten oder zu einer Dienststelle der Bundeswehr gebracht worden ist und einer Straftat gegen die Bundeswehr dringend verdächtig ist, kann bei Gefahr im Verzug vom Wachvorgesetzten oder vom Leiter der Dienststelle oder dessen Beauftragten vorläufig festgenommen werden, wenn die Voraussetzungen eines Haftbefehls oder eines Unterbringungsbefehls nach der Strafprozeßordnung vorliegen.

(2) Der Festgenommene ist, sofern er nicht wieder in Freiheit gesetzt wird, unverzüglich der Polizei zu überstellen. Er kann unmittelbar dem Amtsrichter des Bezirks, in dem er festgenommen worden ist, vorgeführt werden, wenn die Frist nach § 128 Abs. 1 Strafprozeßordnung abzulaufen droht oder wenn dies aus Gründen besonderer militärischer Geheimhaltung geboten ist.

§ 7 Durchsuchung und Beschlagnahme bei Personenüberprüfung

(1) Wer nach § 4 der Personenüberprüfung unterliegt, kann bei Gefahr im Verzug durchsucht werden, wenn gegen ihn der Verdacht einer Straftat gegen die Bundeswehr besteht und zu vermuten ist, daß die Durchsuchung zur Auffindung von Beweismitteln führen werde. Die von einer solchen Person mitgeführten Gegenstände können gleichfalls durchsucht werden.

(2) Im Gewahrsam einer durchsuchten Person stehende Gegenstände können sichergestellt oder vorläufig beschlagnahmt werden, wenn sie durch eine vorsätzliche Straftat gegen die Bundeswehr hervorgebracht oder zur Begehung einer solchen Straftat geeignet sind oder als Beweismittel für die Untersuchung von Bedeutung sein können. Die Vorschriften der §§ 96, 97 und 110 Abs. 1 und 2 der Strafprozeßordnung sind anzuwenden.

(3) Sichergestellte oder beschlagnahmte Gegenstände sind unverzüglich, spätestens binnen drei Tagen, der Polizei oder der Staatsanwaltschaft zu übergeben. Die Pflicht zur Weitergabe dieser Gegenstände entfällt, wenn sie der überprüften Person vor Ablauf der Frist zurückgegeben oder zur Verfügung gestellt werden. Gleiches

gilt, wenn über diese Gegenstände der Bund oder die verbündeten Streitkräfte in der Bundesrepublik zu verfügen haben. In diesem Fall ist der Polizei oder der Staatsanwaltschaft ein Verzeichnis dieser Gegenstände zu übersenden.

§ 8 Allgemeine Anordnung von Durchsuchungen

(1) Wenn es aus Gründen militärischer Sicherheit unerläßlich ist, kann das Bundesministerium der Verteidigung oder die von ihm bestimmte Stelle allgemein anordnen, daß Personen, die bestimmte militärische Sicherheitsbereiche (§ 2 Abs. 2) betreten oder verlassen, und die von ihnen mitgeführten Gegenstände durchsucht werden.

C

(2) Eine Anordnung nach Absatz 1 darf nur zur Feststellung von Gegenständen getroffen werden, die durch ein vorsätzliches Verbrechen oder Vergehen gegen die Bundeswehr hervorgebracht oder zur Begehung einer solchen Straftat geeignet sind oder als Beweismittel für die Untersuchung von Bedeutung sein können.

(3) § 7 Abs. 2 und 3 gilt entsprechend.

§ 9 Voraussetzungen des unmittelbaren Zwanges

Unmittelbarer Zwang darf nach Maßgabe der Vorschriften des 3. Abschnittes nur angewandt werden, wenn dies den Umständen nach erforderlich ist und geschieht,

1. um die unmittelbar bevorstehende Ausführung oder die Fortsetzung einer Straftat gegen die Bundeswehr zu verhindern,
2. um sonstige rechtswidrige Störungen der dienstlichen Tätigkeit der Bundeswehr zu beseitigen, wenn sie die Einsatzbereitschaft, Schlagkraft oder Sicherheit der Truppe gefährden,
3. um eine nach diesem Gesetz zulässige Maßnahme oder eine vorläufige Festnahme nach § 127 Abs. 1 der Strafprozeßordnung wegen einer Straftat gegen die Bundeswehr zu erzwingen.

3. Abschnitt
Anwendung des unmittelbaren Zwanges

§ 10 Einzelmaßnahmen des unmittelbaren Zwanges

(1) Unmittelbarer Zwang ist die Einwirkung auf Personen oder Sachen durch körperliche Gewalt, ihre Hilfsmittel und durch Waffen.

(2) Körperliche Gewalt ist jede unmittelbare körperliche Einwirkung auf Personen oder Sachen.

§ 11 Androhung der Maßnahmen des unmittelbaren Zwanges

Die Anwendung einer Maßnahme des unmittelbaren Zwanges ist anzudrohen, außer wenn es die Lage nicht zuläßt.

§ 12 Grundsatz der Verhältnismäßigkeit

(1) Bei der Anwendung unmittelbaren Zwanges ist von mehreren möglichen und geeigneten Maßnahmen diejenige zu treffen, die den einzelnen und die Allgemeinheit am wenigsten beeinträchtigt.

(2) Eine Maßnahme des unmittelbaren Zwanges darf nicht durchgeführt werden, wenn der durch sie zu erwartende Schaden erkennbar außer Verhältnis zu dem beabsichtigten Erfolg steht. Die Maßnahme darf nur so lange und so weit durchgeführt werden, wie ihr Zweck es erfordert.

§ 13 Hilfeleistung für Verletzte

Wird unmittelbarer Zwang angewandt, ist Verletzten, soweit es nötig ist und die Lage es zuläßt, beizustehen und ärztliche Hilfe zu verschaffen.

§ 14 Fesselung von Personen

Wer der weiteren Überprüfung nach § 5 Abs. 1 unterliegt oder vorläufig festgenommen worden ist, darf gefesselt werden, wenn

1. die Gefahr besteht, daß er Personen angreift, oder wenn er Widerstand leistet,
2. er zu fliehen versucht, oder wenn bei Würdigung aller Tatsachen, besonders der persönlichen Verhältnisse, die einer Flucht entgegenstehen, zu befürchten ist, daß er sich aus dem Gewahrsam befreien wird,
3. Selbstmordgefahr besteht.

§ 15 Schußwaffengebrauch gegen Personen

(1) Schußwaffen dürfen gegen einzelne Personen nur gebraucht werden, wenn dies den Umständen nach erforderlich ist und geschieht,

1. um die unmittelbar bevorstehende Ausführung oder die Fortsetzung einer Straftat gegen die Bundeswehr zu verhindern, die sich darstellt als

   a) Verbrechen,

b) Vergehen, das unter Anwendung oder Mitführung von Schußwaffen oder Explosivmitteln begangen werden soll oder ausgeführt wird,

c) tätlicher Angriff gegen Leib oder Leben von Angehörigen der Bundeswehr, zivilen Wachpersonen oder Angehörigen der verbündeten Streitkräfte während der rechtmäßigen Ausübung ihres Dienstes oder ihres Aufenthalts in militärischen Bereichen oder Sicherheitsbereichen (§ 2),

d) vorsätzlich unbefugte Zerstörung, Beschädigung, Veränderung, Unbrauchbarmachung oder Beseitigung eines Wehrmittels oder einer Anlage, einer Einrichtung oder eines Schiffes der Bundeswehr oder der verbündeten Streitkräfte, wenn dadurch die Sicherheit der Bundesrepublik Deutschland oder eines Entsendestaates einer verbündeten Streitkraft oder die Schlagkraft der verbündeten Truppe oder Menschenleben gefährden werden;

2. um eine Person anzuhalten, die sich der Personenüberprüfung nach diesem Gesetz trotz wiederholter Weisung, zu halten oder diese Überprüfung zu dulden, durch Flucht zu entziehen sucht;
3. um eine Person anzuhalten, die sich der vorläufigen Festnahme durch Flucht zu entziehen sucht, wenn sie bei einer Straftat im Sinne der Nummer 1 auf frischer Tat getroffen oder verfolgt wird;
4. um eine Person an der Flucht zu hindern oder sofort wiederzuergreifen, die sich zur Personenüberprüfung nach § 5 oder wegen dringenden Verdachts einer Straftat im Sinne der Nummer 1 im Gewahrsam der Bundeswehr befindet oder befand.

(2) Schußwaffen dürfen gegen eine Menschenmenge nur gebraucht werden, wenn von ihr oder aus ihr heraus Straftaten gegen die Bundeswehr unter Gewaltanwendung begangen werden oder solche Straftaten unmittelbar bevorstehen und Zwangsmaßnahmen gegen einzelne nicht zum Ziele führen oder offensichtlich keinen Erfolg versprechen.

§16 Besondere Vorschriften für den Schußwaffengebrauch

(1) Schußwaffen dürfen nur gebraucht werden, wenn andere Maßnahmen des unmittelbaren Zwanges erfolglos angewandt sind oder offensichtlich keinen Erfolg versprechen. Gegen Personen ist ihr Gebrauch nur zulässig, wenn der Zweck nicht durch Waffenwirkung gegen Sachen erreicht wird oder offensichtlich keinen Erfolg verspricht.

(2) Zweck des Schußwaffengebrauchs darf nur sein, angriffs- oder fluchtunfähig zu machen. Es ist verboten, zu schießen, wenn durch den Schußwaffengebrauch für den Handelnden erkennbar Unbeteiligte mit hoher Wahrscheinlichkeit gefährdet werden, außer wenn es sich beim Einschreiten gegen eine Menschenmenge (§ 15 Abs. 2) nicht vermeiden läßt.

(3) Gegen Personen, die sich dem äußeren Eindruck nach im Kindesalter befinden, dürfen Schußwaffen nicht gebraucht werden.

§ 17 Androhung des Schußwaffengebrauchs

(1) Der Gebrauch von Schußwaffen ist anzudrohen. Als Androhung gilt auch die Abgabe eines Warnschusses. Einer Menschenmenge gegenüber ist die Androhung zu wiederholen.

(2) Schußwaffen dürfen ohne Androhung nur in den Fällen des § 15 Abs. 1 Nr. 1 Buchstaben a bis c und nur dann gebraucht werden, wenn der sofortige Gebrauch ohne Androhung das einzige Mittel ist, um eine Gefahr für Leib oder Leben eines Menschen oder die Gefahr eines besonders schweren Nachteils für Anlagen, Einrichtungen, Schiffe oder Wehrmittel der Bundeswehr oder der verbündeten Streitkräfte von bedeutendem Wert oder für die Sicherheit der Bundesrepublik Deutschland abzuwenden.

§ 18 Explosivmittel

Die Vorschriften der §§ 15 bis 17 gelten entsprechend für den Gebrauch von Explosivmitteln.

4. Abschnitt
Schlußvorschriften

§ 19 Einschränkung von Grundrechten

Die in Artikel 2 Abs. 2 Satz 1 und 2 des Grundgesetzes für die Bundesrepublik Deutschland geschützten Grundrechte auf Leben, körperliche Unversehrtheit und Freiheit der Person werden nach Maßgabe dieses Gesetzes eingeschränkt.

§ 20 Entschädigung bei Sperrung sonstiger Örtlichkeiten

(1) Wird durch die vorübergehende Sperrung einer sonstigen Örtlichkeit nach § 2 Abs. 2 Satz 2 die gewöhnliche Nutzung des betroffenen Grundstücks derart beeinträchtigt, daß dadurch eine Er-

tragsminderung oder ein sonstiger Nutzungsausfall verursacht wird, so ist eine Entschädigung in Geld zu gewähren, die diesen Nachteil angemessen ausgleicht.

(2) Für die Entschädigung nach Absatz 1 gelten die Vorschriften des § 23 Abs. 4, des § 29, des § 32 Abs. 2 und der §§ 34, 49, 58, 61, 62, 64 und 65 des Bundesleistungsgesetzes in der im Bundesgesetzblatt Teil III, Gliederungsnummer 54-1, veröffentlichten bereinigten Fassung, zuletzt geändert durch Artikel 12 Abs. 33 des Postneuordnungsgesetzes vom 14. September 1994 (BGBl. I S. 2325), entsprechend mit der Maßgabe, daß an die Stelle der Anforderungsbehörde die Wehrbereichsverwaltung tritt, in deren Wehrbereich das Grundstück belegen ist. § 58 Abs. 2 gilt mit der Maßgabe, daß das Landgericht, in dessen Bezirk das Grundstück belegen ist, örtlich ausschließlich zuständig ist.

§ 21 Inkrafttreten

Dieses Gesetz tritt drei Monate nach seiner Verkündung in Kraft.

b) Unmittelbarer Zwang und besondere Befugnisse (A-2122/2, Version 3)

Vom 19. Juli 2016

1 Grundsätze

101. Diese Regelung enthält die Ausführungsbestimmungen zur Anwendung des „Gesetzes über die Anwendung unmittelbaren Zwanges und die Ausübung besonderer Befugnisse Soldaten der Bundeswehr und verbündeter Streitkräfte sowie zivile Wachpersonen (UZwGBw)".

102. Für die Bewachung von Anlagen des Bundesministeriums der Verteidigung selbst gilt diese Zentrale Dienstvorschrift nur nach Maßgabe besonderer Bestimmungen.

Ergänzende Bestimmungen enthalten

- für Wachen die Zentrale Dienstvorschrift A-1130/21 „Der Wachdienst in der Bundeswehr",
- zusätzlich für Wachen an Bord von Schiffen der Marine die Bereichsvorschrift C1-200/0-3303 „Bestimmungen für den Dienst an Bord" Heft 3 – „Wachdienst und militärische Sicherheit -" und
- für das Aufgabengebiet der Feldjäger die Zentrale Dienstvorschrift A-256/1 „Die Feldjäger der Bundeswehr".

2 Ausführungsbestimmungen zum UZwGBw (AB-UZwGBw)

2.1 Berechtigte Personen

2.1.1 Soldatinnen und Soldaten mit Wach- und Sicherheitsaufgaben (zu § 1 Abs. 1 UZwGBw)

201. Wachaufgaben sind Soldatinnen und Soldaten übertragen, die Wachdienst nach

- der Zentralen Dienstvorschrift A-1130/21 und
- der Bereichsvorschrift C1-200/0-3303

leisten.

202. Sicherheitsaufgaben sind Soldatinnen und Soldaten übertragen,

- die im Feldjägerdienst stehen[1],

[1] A-256/1

- die Angehörige von Transportbegleitkommandos und Zugwachen (A-1130/21) und
- die sonstige Sicherheitsaufgaben auf Befehl wahrnehmen (Nr. 203).

203. Offiziere und Unteroffiziere mit Portepee können Soldatinnen und Soldaten, die ihrer Befehlsbefugnis unterstehen, durch Befehl Sicherheitsaufgaben übertragen, wenn dies zur Erfüllung dienstlicher Aufgaben erforderlich ist. Vor der Übertragung ist sicherzustellen, dass die Soldatinnen und Soldaten für ihre besondere Aufgabe ausgebildet sind. Die übertragene Sicherheitsaufgabe und die Art ihrer Durchführung sind so genau zu bezeichnen, wie es die Lage zulässt. Bei der Übertragung ist ausdrücklich darauf hinzuweisen, dass Befugnisse nach dem UZwGBw auszuüben sind. Sind in Notfällen militärische Vorgesetzte nach Satz 1 nicht erreichbar, so können unter den gleichen Voraussetzungen wie diese auch andere militärische Vorgesetzte Sicherheitsaufgaben übertragen.

2.1.2 Soldatinnen und Soldaten verbündeter Streitkräfte (zu § 1 Abs. 2 UZwGBw)

204. Die Übertragung von Wach- oder Sicherheitsaufgaben auf Soldatinnen und Soldaten verbündeter Streitkräfte unterliegt dem Vorbehalt verbürgter Gegenseitigkeit, d. h. die verbündete Nation muss für diese Aufgaben den deutschen Soldatinnen und Soldaten die gleichen Befugnisse wie den eigenen Soldatinnen und Soldaten eingeräumt haben. Verbündete Nationen, die diese Voraussetzung erfüllen, sind in Anlage 4.6 aufgeführt.

2.1.3 Zivile Wachpersonen mit militärischen Wachaufgaben (zu § 1 Abs. 3 UZwGBw)

205. Zur Übertragung von Befugnissen nach dem UZwGBw auf zivile Wachpersonen sind jeweils für den Zuständigkeitsbereich ihrer Dienststellen

- das Bundesamt für Ausrüstung, Informationstechnik und Nutzung der Bundeswehr (BAAINBw),
- das Bundesamt für Infrastruktur, Umweltschutz und Dienstleistungen der Bundeswehr (BAIUDBw),
- die Leiterinnen und Leiter der nachgeordneten Dienststellen des BAAINBw,
- die Leiterinnen und Leiter der Bundeswehr-Dienstleistungszentren (BwDLZ) sowie

- die höheren Kommandobehörden der Marine, soweit es zivile Wachpersonen für zivilbesetzte Hilfsschiffe und Boote der Marine betrifft,

ermächtigt.

206. Befugnisse nach dem UZwGBw sind nur Personen zu übertragen, die

- persönlich zuverlässig und körperlich geeignet sind (Nr. 208),
- im Wachdienst ausreichend vorgebildet sind (Nr. 210),
- ihre Befugnisse nach dem UZwGBw genau kennen (Nr. 211) und
- das 20. Lebensjahr vollendet und das 65. Lebensjahr nicht überschritten haben (Nr. 213).

207. Die nach Nr. 205 ermächtigte Stelle hat zivile Wachpersonen gewerblicher Bewachungsunternehmen außerdem besonders auf die gewissenhafte Erfüllung ihrer Obliegenheiten nach den Vorschriften des Gesetzes über die förmliche Verpflichtung nicht beamteter Personen (Verpflichtungsgesetz = Artikel 42 des Einführungsgesetzes zum Strafgesetzbuch [EGStGB] vom 2. März 1974, BGBI. I S. 469, geändert durch § 1 Nr. 4 des Gesetzes vom 15. August 1974 - BGBl. I S. 1942) zu verpflichten.

208. Die nach Nr. 205 ermächtigte Stelle hat die persönliche Zuverlässigkeit und die körperliche Eignung einer Person vor ihrem erstmaligen Einsatz als zivile Wachperson im Dienst der Bundeswehr oder eines gewerblichen Bewachungsunternehmens bei der Bundeswehr zu prüfen. Für zivile Wachpersonen im Dienst der Bundeswehr gilt der Zentralerlass B-1334/1 „Personalärztliche und vertrauensärztliche Untersuchung". Ob eine Sicherheitsüberprüfung der Personen, die für den Wachdienst vorgesehen sind, erforderlich ist, richtet sich nach den Vorgaben der Zentralen Dienstvorschrift A-1130/3 „Militärische Sicherheit/Personeller Geheim- und Sabotageschutz".

209. Die Kasernenkommandantin bzw. der Kasernenkommandant, in deren bzw. dessen Liegenschaft die Person im Wachdienst eingesetzt werden soll, oder die bzw. der einer Kasernenkommandantin bzw. einem Kasernenkommandanten gleichgestellte Vorgesetzte oder Dienststellenleiterin bzw. Dienststellenleiter (in dieser Zentralen Dienstvorschrift auch mit der Bezeichnung „Kasernenkommandantin bzw. Kasernenkommandant" erfasst) ist bei Maßnahmen nach Nr. 208 zu beteiligen. Gegen ihren bzw. seinen nach Nr. 208 begründeten Widerspruch ist der Einsatz einer Person im Wachdienst nicht zulässig.

C

210. Durch die Vorausbildung im Wachdienst muss die Fähigkeit vermittelt worden sein, dass die zivile Wachperson das erworbene Wissen in selbstständiges und zweckmäßiges praktisches Handeln bei den im Wachdienst auftretenden Situationen umsetzen kann. Vor allem muss sie die für den Wachdienst vorgesehenen Schusswaffen sicher handhaben können. Die Kasernenkommandantin bzw. der Kasernenkommandant oder eine von ihr bzw. ihm beauftragte Person hat zu prüfen, ob eine für den Wachdienst vorgesehene Person ausreichend vorgebildet ist. Erweist die Prüfung, dass die Vorbildung für den Wachdienst nicht ausreicht, oder steht dies ohne Prüfung fest, so veranlasst die Kasernenkommandantin bzw. der Kasernenkommandant eine entsprechende Ausbildung mit anschließender Prüfung.

211. Entsprechend der Nr. 210 sind auch die erforderlichen Kenntnisse über die Befugnisse nach dem UZwGBw festzustellen, ggf. durch Ausbildung zu vermitteln und zu prüfen.

212. Die nach Nr. 205 ermächtigte Stelle hat aufgrund entsprechender Mitteilungen der Kasernenkommandantin bzw. des Kasernenkommandanten alle im Hinblick auf die Nrn. 206 bis 211 wesentlichen Feststellungen und die Prüfungsergebnisse aktenkundig zu machen.

213. Von den festgelegten Altersgrenzen nach Nr. 206 Punktaufzählung 4 kann abgewichen werden, wenn

1. besonders dringender Personalbedarf anders nicht gedeckt werden kann,
2. die zivile Wachperson das 18. Lebensjahr vollendet oder das 65. Lebensjahr überschritten hat und sie aufgrund ihrer Ausbildungsergebnisse bzw. ihrer beruflichen Erfahrung besonders geeignet erscheint und
3. die erforderliche körperliche und geistige Eignung festgestellt wird.

Nr. 208 gilt insoweit entsprechend. Zivile Wachpersonen, die ihr 67. Lebensjahr vollendet haben, sind nicht mehr zum Streifendienst heranzuziehen.

214. Die ermächtigte Stelle überträgt Befugnisse nach dem UZwGBw

auf eine zivile Wachperson im Dienst der Bundeswehr und auf eine zivile Wachperson gewerblicher Bewachungsunternehmen durch

Aushändigung eines Sonder- und Waffenausweises nach Anlage 3.1.[1]

Der Ausweis ist gegen Empfangsbestätigung auszuhändigen. Die ermächtigte Stelle entzieht die Befugnisse durch förmlichen Verwaltungsakt (Anlage 3.4).

215. Die Befugnisse nach dem UZwGBw dürfen nur bei der Wahrnehmung einer militärischen Wachaufgabe ausgeübt werden, die sich nach dem für die Wachperson geltenden Wachauftrag und nach der Besonderen Wachanweisung bestimmt und nach Zeit und Ort in der Wacheinteilung genau festgelegt ist. Es muss jederzeit nachweisbar sein, für welchen Zeitraum die Wachperson beauftragt war, eine Wachaufgabe wahrzunehmen.

216. Zur zeitlichen Feststellung der Wahrnehmung einer militärischen Wachaufgabe durch eine zivile Wachperson hat

- die Wachleiterin bzw. der Wachleiter oder die Wachschichtführerin bzw. der Wachschichtführer
- oder, falls eine Wachleiterin bzw. ein Wachleiter oder eine Wachschichtführerin bzw. ein Wachschichtführer nicht vorhanden ist, die zivile Wachperson selbst

den genauen Zeitpunkt des Antritts und des Endes des Wachdienstes im Wachmeldebuch einzutragen.

217. Mit dem im Wachmeldebuch festgehaltenen Zeitpunkt des Wachdienstes beginnt bzw. endet die Berechtigung zur Ausübung von Befugnissen nach dem UZwGBw.

218. Zivile Wachpersonen dürfen nur bei der Wahrnehmung einer militärischen Wachaufgabe im einzelnen folgende Befugnisse ausüben:

- Erteilung von Einzelweisungen zur Ausführung allgemeiner Anordnungen nach § 2 Abs. 3 UZwGBw,
- Anhalten und Personenüberprüfung (§ 4 UZwGBw),
- weitere Personenüberprüfung (§ 5 UZwGBw) nach Maßgabe der Nr. 346,
- Durchsuchung, Sicherstellung und vorläufige Beschlagnahme (§ 7 UZwGBw),

---

[1] Für zivile Wachpersonen im Dienst der Bundeswehr sind in dem Formular „Sonder- und Waffenausweis“ (Anlage 3.1) die Worte „gewerblicher Bewachungsunternehmen“ zu streichen. Die Worte „Personalausweis/Reisepass“ sind ebenfalls zu streichen und durch das Wort „Dienstausweis“ zu ersetzen.

- Maßnahmen wie nach Punkt 4 im Zuge einer allgemeinen Anordnung von Durchsuchungen, die eine zuständige Stelle nach § 8 UZwGBw getroffen hat,
- vorläufige Festnahme nach § 127 Abs. 1 der Strafprozessordnung wegen einer Straftat gegen die Bundeswehr (§ 9 Nr. 3 UZwGBw),
- Anwendung unmittelbaren Zwanges nach § 9 UZwGBw ohne Schusswaffengebrauch oder erforderlichenfalls mit Schusswaffengebrauch, jedoch nur
  - in oder aus einem militärischen Sicherheitsbereich oder überwachten militärischen Bereich heraus,
  - bei der Verfolgung aus einem militärischen Sicherheitsbereich oder bewachten militärischen Bereich sowie
  - bei Streifenaufgaben außerhalb militärischer Sicherheitsbereiche und bewachter militärischer Bereiche in unmittelbarem Zusammenhang mit Wachaufgaben für diese Bereiche.

Die Anwendung von Reizstoffen und Explosivmitteln ist zivilen Wachpersonen verboten.

219. In Ausnahmefällen kann die nach Nr. 205 ermächtigte Stelle im Einvernehmen mit der Kasernenkommandantin bzw. dem Kasernenkommandanten bestimmen, dass einer zivilen Wachperson nur Befugnisse in einem gegenüber Nummer 218 eingeschränkten Umfange zu übertragen sind; insbesondere kann sie den Schusswaffengebrauch ausschließen.

Will sie den Schusswaffengebrauch ausschließen, so ist der zivilen Wachperson gegen Empfangsbestätigung eine Mitteilung über den von Nr. 218 abweichenden Umfang der Befugnisse nach dem UZwGBw auszuhändigen. Sofern es nicht erforderlich ist, dieser zivilen Wachperson eine Schusswaffe zur Selbstverteidigung dienstlich bereitzustellen, ist in dem ihr auszuhändigenden Ausweis nach Anlage 3.1 auf der Vorderseite die Bezeichnung „Sonder- und Waffenausweis“ in „Sonderausweis“ zu verändern und der sich auf die Ausübung der tatsächlichen Gewalt über eine Schusswaffe beziehende Satz zu streichen.

220. Zivile Wachpersonen sind bei der Wahrnehmung militärischer Wachaufgaben verpflichtet, Dienstbekleidung oder Armbinden, die die Beauftragung mit militärischen Wachaufgaben der Bundeswehr erkennbar machen, zu tragen. Sie dürfen ausgesonderte Polizeiuniformen nicht tragen.

221. Zivile Wachpersonen sind bei der Wahrnehmung militärischer Wachaufgaben verpflichtet, den Dienstausweis und den Sonder- und Waffenausweis mit sich zu führen und Wachvorgesetzten, Feldjägern, Polizeibeamtinnen bzw. Polizeibeamten oder sonst zur Personenkontrolle Befugten auf Verlangen zur Prüfung auszuhändigen. Zivile Wachpersonen gewerblicher Bewachungsunternehmen haben anstatt des Dienstausweises ihren Personalausweis oder Reisepass mit sich zu führen und diesen den Befugten nach Satz 1 ebenfalls zur Prüfung auszuhändigen.

222. Die Kasernenkommandantin bzw. der Kasernenkommandant ist für die Erhaltung des Ausbildungstandes der in ihrem bzw. seinem Dienstbereich eingesetzten zivilen Wachpersonen durch Unterweisungen und vierteljährlich anzusetzende Übungsschießen[1] verantwortlich.

223. Nur bei gegebener Veranlassung kann die ermächtigte Stelle von einer Vertrauensärztin bzw. einem Vertrauensarzt oder dem Gesundheitsamt feststellen lassen, ob eine zivile Wachperson im Dienst der Bundeswehr dienstfähig ist.

2.2 Militärische Bereiche und militärische Sicherheitsbereiche

2.2.1 Militärische Bereiche (zu § 2 Abs. 1 UZwGBw)

224. Anlagen, Einrichtungen und Schiffe der Bundeswehr sind auch außerhalb der Bundesrepublik militärische Bereiche, soweit dort in völkerrechtlich zulässiger Weise deutsche Hoheitsgewalt ausgeübt wird.

2.2.2 Verbot des Betretens (zu § 2 Abs. 2 UZwGBw)

225. Für ausschließlich oder teilweise von den Streitkräften genutzte militärische Bereiche können Verbote zum Betreten aussprechen:

- die Kasernenkommandantinnen bzw. die Kasernenkommandanten[2] oder diesen gleichgestellten militärischen Vorgesetzten und militärischen Dienststellenleiterinnen bzw. Dienststellenleiter[3],
- ihre truppendienstlichen Vorgesetzten.

226. Für ausschließlich von der Bundeswehrverwaltung, der Militärseelsorge oder einem Truppendienstgericht genutzte militärische Bereiche können Verbote zum Betreten aussprechen:

- die Leiterinnen und Leiter der örtlich zuständigen Dienststellen der Bundeswehrverwaltung sowie

---

[1] A-1130/21 Nr. 412
[2] A-1130/21 Nr. 210
[3] A-1130/21 Nr. 211

– ihre Vorgesetzten.

Bei Nutzung eines militärischen Bereichs durch mehrere Dienststellen der Bundeswehrverwaltung ist die Dienststellenleiterin bzw. der Dienststellenleiter mit dem höchsten Amt, bei gleichem Amt diejenige bzw. derjenige, die bzw. der dieses am längsten innehat, für das Verbot zuständig.

227. Die bzw. der nach Nrn. 224 oder 225 Ermächtigte muss das Verbot auf Verlangen der Leiterin bzw. des Leiters einer in dem militärischen Bereich untergebrachten zivilen Dienststelle der Bundeswehr oder der bzw. des Vorsitzenden einer Truppendienstkammer aussprechen.

228. Betrifft ein Verbot ein Truppendienstgericht oder eine Dienststelle der Militärseelsorge, so bedarf die Besuchsregelung der Zustimmung der oder des Kammervorsitzenden bzw. Leiterin oder Leiters der Dienststelle der Militärseelsorge.

229. Das Verbot ist durch Warnungstafeln bekanntzumachen. Mit der Aufstellung der Warnungstafeln ist der militärische Sicherheitsbereich eingerichtet. Die Warnungstafeln haben die Aufschrift

„Militärischer Sicherheitsbereich
Unbefugtes Betreten verboten!
Vorsicht Schusswaffengebrauch!“

und tragen einen Hinweis auf die verfügende Stelle. Sofern die Aufschrift älterer Warnungstafeln geringfügig von dem vorgeschriebenen Text abweicht, können derartige Warnungstafeln auch weiterhin verwendet werden.

230. Das Verbot ist der bzw. dem Standortältesten und der Ortspolizeibehörde anzuzeigen.

231. Die bzw. der nach Nrn. 224 oder 225 Ermächtigte kann das Betreten eines militärischen Bereichs verbieten, ohne jedoch diesen militärischen Bereich zum militärischen Sicherheitsbereich zu erklären. Solche militärischen Bereiche sind durch Warnungstafeln kenntlich zu machen, die die Aufschrift

„Militärischer Bereich
Unbefugtes Betreten verboten!
Zuwiderhandlungen werden verfolgt"

und einen Hinweis auf die verfügende Stelle tragen.

2.2.3 Vorübergehende Sperrung sonstiger Örtlichkeiten (zu § 2 Abs. 2 UZwGBw)

232. Zur vorübergehenden Sperrung von Örtlichkeiten außerhalb von Liegenschaften der Bundeswehr zwecks Einrichtung militärischer Sicherheitsbereiche (nachstehend „Sperrungen“ genannt) werden ermächtigt:

- die Kommandeurinnen bzw. Kommandeure, die Einheitsführerinnen bzw. Einheitsführer, die Kommandantinnen bzw. Kommandanten von Schiffen und Booten, die Leiterinnen bzw. Leiter von Dienststellen der Streitkräfte,
- die Zugführerinnen bzw. Zugführer und Vorgesetzten in entsprechender Dienststellung,
- die Führerinnen bzw. Führer einer Feldjägerstreife,
- die bei einer Naturkatastrophe oder bei einem besonders schweren Unglücksfall nach Artikel 35 Abs. 2 Satz 2 und Abs. 3 oder zur Abwehr einer drohenden Gefahr nach Artikel 87 a Abs. 4 des Grundgesetzes eingesetzten militärischen Vorgesetzten und
- im Verteidigungs- und im Spannungsfall alle im Dienst befindlichen militärischen Vorgesetzten.

233. Eine militärische Vorgesetzte bzw. ein militärischer Vorgesetzter nach Nr. 231, die bzw. der eine Örtlichkeit gesperrt hat aufgrund der Feststellung der Bundesregierung, dass die Herstellung der Einsatzfähigkeit oder die Operationsfreiheit der Truppen notwendig ist (§ 83 des Bundesleistungsgesetzes), ist auch zuständig, über die Erklärung dieser Örtlichkeit zum militärischen Sicherheitsbereich zu entscheiden.

234. Mit der Sperrung ist die bzw. der nach Nr. 231 Ermächtigte Wachvorgesetzte bzw. Wachvorgesetzter im Sinne der §§ 5 und 6 UZwGBw. Sie bzw. er kann im Bedarfsfall zu ihrer bzw. seiner Unterstützung am Ort der Sperrung, insbesondere auch zur Erfüllung der Pflichten nach den Nrn. 237 bis 239, ihr bzw. ihm unterstellte Soldatinnen und Soldaten zu Wachvorgesetzten bestimmen.

235. Zivile Wachpersonen sind für Wachaufgaben in gesperrten sonstigen Örtlichkeiten nicht heranzuziehen.

236. Vor jeder Sperrung ist die dienstliche Notwendigkeit mit den Belangen der Allgemeinheit und mit den Interessen der durch die Sperrung Betroffenen sorgfältig abzuwägen. Eine Sperrung ist nur dann zulässig, wenn sich der Zweck auf andere Weise nicht oder nur mit unverhältnismäßigen Mitteln erreichen lässt. Die Sperrung ist nach Umfang und Zeitdauer auf das unumgängliche Maß zu beschränken.

237. Die Sperrung muss erkennbar sein. Neben Posten oder Warnungstafeln können zum Absperren je nach Lage geeignete Hilfsmittel, z. B. Trassierbänder, Seile, Draht, Spanische Reiter verwendet werden. Die Aufschrift auf Warnungstafeln kann auch vom Text gemäß Nr. 228 abweichen.

238. Ist feststellbar, welche Eigentümer oder sonstigen Dauernutzer eines Grundstücks von der Sperrung betroffen sind, so ist diesen die Sperrung bekanntzugeben. Der genaue Zeitpunkt der Bekanntgabe und der Name derjenigen bzw. desjenigen, der oder dem die Sperrung bekanntgegeben wurde, ist nach Möglichkeit schriftlich zu vermerken.

239. Die zuständige Polizeidienststelle ist unverzüglich über Anlass, Ort und Zeitpunkt des Beginns der Sperrung sowie auch später oder ggf. gleichzeitig über den Zeitpunkt des Endes der Sperrung zu unterrichten.

240. Die Sperrung ist dem örtlich zuständigen Landeskommando bzw. für Berlin der Abteilung Standortaufgaben Berlin im Kdo Territoriale Aufgaben der Bundeswehr (Kdo TerrAufgBw) zu melden. Die Meldung muss Angaben enthalten über

- die genaue Lage der gesperrten Örtlichkeit unter Beifügung einer Skizze,
- Beginn und Ende der Sperrung,
- Anlass der Sperrung nach den in § 2 Abs. 2 Satz 2 UZwGBw genannten Voraussetzungen,
- Wachvorgesetzte nach Nr. 233,
- gegebenenfalls in der Sperrung einbezogene Privatgrundstücke (geschätzte Größe, Nutzungsart) und
- gegebenenfalls Betroffene (Eigentümer oder Dauernutzer) mit Namen und Adresse.

Wenn Angaben nach Punktaufzählungen 3 und 6 zu melden sind, hat das örtlich zuständige Landeskommando bzw. für Berlin die Abteilung Standortaufgaben Berlin im Kdo TerrAufgBw dem BAIUDBw eine Durchschrift der gesamten Meldung unmittelbar zu übersenden.

241. Wenn Betroffene deutlich zu erkennen gegeben haben, dass sie voraussichtlich Entschädigungsansprüche nach § 20 UZwGBw stellen werden, ist ihnen die Anschrift des BAIUDBw mitzuteilen.

2.2.4 Allgemeine Anordnungen nach § 2 Abs. 3 UZwGBw

242. Die nach Nrn. 224, 225 oder 231 Ermächtigten sind auch ermächtigt, allgemeine Anordnungen für militärische Sicherheitsbereiche zu erlassen. Die Anordnungen sind auf das für die Wahrung der Sicherheit und Ordnung unerlässliche Maß zu beschränken.

243. Allgemeine Anordnungen sind auf geeignete Weise den betroffenen Soldatinnen bzw. Soldaten, Richterinnen bzw. Richtern, Beamtinnen bzw. Beamten und Arbeitnehmerinnen bzw. Arbeitnehmern sowie durch einen für jede Besucherin bzw. jeden Besucher sichtbaren Anschlag an jeder Kontrollstelle bekanntzugeben. Sie tragen einen Hinweis auf die verfügende Stelle.

244. Hiermit ist allgemein angeordnet, dass das Verhalten der Teilnehmerinnen und Teilnehmer am Straßenverkehr in militärischen Sicherheitsbereichen den Vorschriften der Straßenverkehrsordnung zu entsprechen hat. Sofern für einzelne militärische Sicherheitsbereiche oder für bestimmte Arten von Anlagen Abweichungen zwingend geboten sind, wird dies in Regelungen festgelegt oder von der Kasernenkommandantin bzw. von dem Kasernenkommandanten angeordnet. Die Bekanntgabe der Verkehrsregelung nach Satz 1 geschieht durch ein Schild oder einen Anschlag: „Hier gilt die StVO." Auf Abweichungen im Sinne von Satz 2 ist deutlich erkennbar hinzuweisen.

2.3 Weitere Personenüberprüfung (zu § 5 UZwGBw)

245. Bei **militärischen Wachen** nehmen die bzw. der Wachhabende oder andere Wachvorgesetzte nach Nr. 216 der A-1130/21 die Überprüfung nach § 5 Abs. 2 Satz 1 UZwGBw vor.

246. Bei **zivilen Wachen** überprüfen nach § 5 Abs. 2 Satz 1 UZwGBw

- der Offizier vom Wachdienst,
- im Falle des Fehlens eines Wachvorgesetzten nach Punkt 1 die ihnen gleichgestellten Beamtinnen bzw. Beamten und Arbeitnehmerinnen bzw. Arbeitnehmer sowie
- andere Wachvorgesetzte nach Nr. 216 der A-1130/21.

247. Auch eine Wachleiterin bzw. ein Wachleiter oder eine Wachschichtführerin bzw. ein Wachschichtführer kann nach § 5 Abs. 2 Satz 1 UZwGBw überprüfen, wenn eine zuständige Wachvorgesetzte bzw. ein zuständiger Wachvorgesetzter nicht erreichbar ist.

248. Zuständige Dienststelle, die hilfsweise nach § 5 UZwGBw an die Stelle einer oder eines Wachvorgesetzten treten kann, ist jede

Dienststelle der Bundeswehr. Die bzw. der zu Überprüfende ist zur nächsten Dienststelle nach Satz 1 zu bringen, wenn eine Zuständige bzw. ein Zuständiger nach den Nrn. 344 bis 346 nicht oder nur unter unverhältnismäßigen Schwierigkeiten zu erreichen ist.

249. Die Überprüfung nach § 5 Abs. 2 Satz 1 UZwGBw rechtfertigt nur eine vorübergehende Freiheitsentziehung, die durch zügige Ermittlungen auf eine möglichst kurze Zeit beschränkt sein sollte. Wird erkennbar, dass die Überprüfung längere Zeit dauert, bevor über Freilassung oder vorläufige Festnahme entschieden werden kann, so ist die Entscheidung der Amtsrichterin oder des Amtsrichters zu erwirken. Als vorübergehend ist eine Freiheitsentziehung während normaler Tageszeit anzusehen, wenn die bzw. der Betroffene bis zu 3 Stunden festgehalten wird. Es ist unzulässig, die bzw. den zu Überprüfenden selbst unter ungünstigen Umständen (z. B. wenn die Überprüfung ganz oder teilweise in der Nacht stattfinden muss) länger als 12 Stunden festzuhalten, wenn die Erklärung einer vorläufigen Festnahme noch nicht möglich ist.

2.4 Vorläufige Festnahme nach § 6 UZwGBw

250. Die Zuständigkeit bestimmt sich nach den Nrn. 244, 245 und 247 mit der Einschränkung, dass statt der bzw. des Wachhabenden nur der Offizier vom Wachdienst oder die bzw. der ihm Gleichgestellte vorläufig festnehmen darf.

251. Die vorläufige Festnahme ist klar und unmissverständlich zu erklären. Dies soll mit den Worten geschehen: „Sie sind vorläufig festgenommen“.

252. Vorläufig festgenommene **Zivilpersonen**, die nicht wieder in Freiheit gesetzt werden, sind unverzüglich und so rechtzeitig der Polizei zu übergeben, dass sie bis 24.00 Uhr des der Festnahme folgenden Tages dem Amtsrichter vorgeführt werden können. Sie sind unmittelbar der Amtsrichterin oder dem Amtsrichter des Bezirks, in dem sie festgenommen worden sind, nur dann vorzuführen, wenn andernfalls die in Satz 1 bezeichnete Frist abzulaufen droht oder wenn dies aus Gründen militärischer Geheimhaltung geboten ist. Die Frist beginnt mit dem ersten Eingriff, der eine Freiheitsentziehung bedeutet. Die Übergabe an die Polizei oder die Vorführung vor die Amtsrichterin oder den Amtsrichter ist möglichst durch Feldjäger vorzunehmen.

253. Die vorläufige Festnahme einer **Soldatin** bzw. eines **Soldaten** ist unverzüglich ihrer oder ihrem bzw. seiner oder seinem nächsten Disziplinarvorgesetzten oder – falls diese bzw. dieser nicht erreichbar ist – ihrer oder ihrem bzw. seiner oder seinem nächsthöheren Disziplinarvorgesetzten sowie dem OvWa zu melden. Die bzw. der Disziplinarvorgesetzte entscheidet über das weitere Vorgehen; insbesondere entscheidet sie bzw. er darüber, ob die oder der Festgenommene auf freien Fuß zu setzen oder der Richterin bzw. dem Richter vorzuführen ist. Ist weder die oder der nächste noch die bzw. der nächsthöhere Disziplinarvorgesetzte erreichbar, entscheidet der OvWa über das weitere Vorgehen.

254. Jede vorläufige Festnahme ist schriftlich zu vermerken. Hier ist das Muster nach Anlage 3.4 („Meldung einer vorläufigen Festnahme") zu verwenden. Es ist grundsätzlich eine Ausfertigung für die Kasernenkommandantin bzw. den Kasernenkommandanten zu erstellen. Diese Ausfertigung der Meldung ist mit dem weiteren Schriftverkehr zum Wachdienst in die Sachakte der Kasernenkommandantin bzw. des Kasernenkornmandanten bzw. ihrer oder seiner bzw. ihres oder seines Beauftragten für den Wachdienst aufzunehmen. Ein Sammelordner zur Ablage der Meldungen gemäß Anlage 3.4 ist nicht anzulegen.

255. Die Ausfertigung der Kasernenkommandantin bzw. des Kasernenkommandanten ist bis zum Abschluss des daraufhin eingeleiteten Disziplinar- oder Strafverfahrens aufzubewahren. Sie ist spätestens nach drei Jahren zu vernichten. Zur Verwaltungsvereinfachung ist es zulässig, auf einer gesonderten Liste, die keine personenbezogenen Daten enthalten darf, zu vermerken, unter welchem Datum Meldungen gemäß Anlage 3.4 in der Sachakte abgelegt wurden.

256. § 21 der Wehrdisziplinarordnung (WDO) über die vorläufige Festnahme aus disziplinaren Gründen bleibt unberührt.

2.5 Durchsuchung, Sicherstellung und vorläufige Beschlagnahme (zu § 7 UZwGBw)

257. Die Durchsuchung einer Person unter den Voraussetzungen des § 7 Abs. 1 UZwGBw ist nur zulässig, wenn feststeht, dass der Zweck der Durchsuchung sich auf andere Weise nicht erreichen lässt. Zunächst sind mitgeführte Gegenstände, vor allem Beförderungsmittel, zu durchsuchen, wenn anzunehmen ist, dass schon dies zur Auffindung von Beweismitteln führt.

258. Bei der Durchsuchung einer Person sind Sitte und Anstand zu wahren. Kann die Durchsuchung einer Person das Schamgefühl verletzen, so ist sie einer Person des gleichen Geschlechts zu übertragen. Hiervon darf nur abgewichen werden, wenn die sofortige Durchsuchung erforderlich ist, um eine Gefahr für Leib und Leben zu verhindern.

C

259. Jede Sicherstellung oder vorläufige Beschlagnahme ist schriftlich zu vermerken. Das Muster nach Anlage 3.5 ist zu verwenden.

260. Wird die Sicherstellung oder die vorläufige Beschlagnahme aufrechterhalten, ist eine Ausfertigung der Niederschrift zusammen mit den vorläufig sichergestellten oder beschlagnahmten Gegenständen – im Falle eines Verfügungsrechts des Bundes oder der verbündeten Streitkräfte nur die Niederschrift als Verzeichnis nach § 7 Abs. 3 Satz 4 UZwGBw – der Polizei oder der Staatsanwaltschaft zu übergeben.

261. Eine Ausfertigung verbleibt bei der Kasernenkommandantin bzw. beim Kasernenkommandanten. Zur Aufbewahrung gelten Nrn. 253 und 254 entsprechend.

2.6 Allgemeine Anordnung von Durchsuchungen (zu § 8 UZwGBw)

262. Die nach Nrn. 224, 225 oder 231 Ermächtigten können für ihre militärischen Sicherheitsbereiche unter den Voraussetzungen des § 8 UZwGBw die Durchsuchung von Personen und Sachen allgemein anordnen, wenn begründete Hinweise darauf schließen lassen, dass die militärische Sicherheit in dem betreffenden militärischen Sicherheitsbereich schwer gefährdet ist. Dies ist beispielsweise anzunehmen, wenn

- in dem militärischen Sicherheitsbereich eine Straftat gegen die Bundeswehr begangen worden ist, die sich gegen Leib oder Leben von Angehörigen der Bundeswehr, gegen den Bereich selbst, gegen wichtige Wehrmittel wie Waffen und Munition oder gegen die militärische Geheimhaltung gerichtet hat, und den Umständen nach (z. B. weil die Täterin oder der Täter unbekannt ist) anzunehmen ist, dass sich in dem Bereich derartige Straftaten wiederholen werden,
- in dem militärischen Sicherheitsbereich Unbekannte wiederholt Straftaten gegen die Bundeswehr begangen haben, die als solche zwar keine schwere Gefährdung der militärischen Sicherheit darstellen (z. B. Diebstahl von Lebensmitteln), bei denen aber den Umständen nach anzunehmen ist, dass die Täter auf zulässige Weise den militärischen Sicherheitsbereich betreten konnten und Zugang zu wichtigen Wehrmitteln oder Gegenständen der militärischen Geheimhaltung hatten,
- in anderen militärischen Bereichen oder Sicherheitsbereichen Straftaten gegen die Bundeswehr begangen worden sind, die sich gegen Leib oder Leben von Angehörigen der Bundeswehr, gegen die Bereiche selbst, gegen Wehrmittel oder gegen die militärische

Geheimhaltung gerichtet haben, und den Umständen nach (z. B. wegen der räumlichen Nähe) anzunehmen ist, dass derartige Straftaten auch in dem noch nicht betroffenen militärischen Sicherheitsbereich begangen werden sollen und

- jemand damit gedroht hat, in militärischen Bereichen oder Sicherheitsbereichen Straftaten gegen die Bundeswehr zu begehen, oder versucht hat, andere zu solchen Straftaten zu bestimmen.

263. Ergibt sich eine schwere Gefährdung der militärischen Sicherheit bereits daraus, dass sich in dem militärischen Sicherheitsbereich Gegenstände befinden, die ihrer Bedeutung nach dauernden Anlass zu Spionage- und Sabotagehandlungen geben, ist eine Anordnung nach Maßgabe von § 8 UZwGBw auch dann zulässig, wenn keine Hinweise der unter Nr. 260 genannten Art vorliegen.

264. Nach pflichtgemäßem Ermessen und unter sorgfältiger Abwägung des Sicherheitsinteresses der Bundeswehr an der Anordnung nach § 8 UZwGBw mit den Interessen der von den Durchsuchungen Betroffenen sind zu bestimmen:

- Zeitpunkt und Dauer der Durchsuchungen (als Maßnahme von unbegrenzter Dauer ist die Anordnung nur zur Gewährleistung der Sicherheit gemäß Nr. 261 zulässig),
- betroffener Personenkreis (z. B. Beschränkung auf Soldatinnen bzw. Soldaten oder auf solche Bedienstete, die allein Zugang zu einem bestimmten Gebäude haben) sowie
- Umfang der einzelnen Durchsuchung (z. B. Beschränkung auf mitgeführte Aktentaschen).

265. Die Durchsuchungen sind so vorzunehmen, dass sie ohne Ansehen der Person alle Betroffenen gleichmäßig erfassen. Dies schließt nicht aus, dass sich die Anordnung auf stichprobenartige Durchsuchungen beschränkt.

266. In der Anordnung ist den mit der Durchführung beauftragten Personen genau zu sagen, wonach gesucht werden muss. Die Bestimmungen nach Abschnitt 2.5 gelten entsprechend.

2.7 Voraussetzungen des unmittelbaren Zwanges (zu § 9 UZwGBw)

267. Die Einsatzbereitschaft, Schlagkraft oder Sicherheit der Truppe kann bereits dann gefährdet sein, wenn eine einzelne Soldatin oder ein einzelner Soldat daran gehindert ist, ihren oder seinen Auftrag zeitgerecht zu erfüllen.

268. Auf die vorläufige Festnahme nach § 127 Abs. 1 StPO wegen einer Straftat gegen die Bundeswehr finden die Bestimmungen nach den Nrn. 250 bis 254 entsprechende Anwendung mit der Maßgabe, dass die schriftliche Meldung nach Nr. 254 nachgeholt werden kann, sobald es die Umstände zulassen. Die vorläufige Festnahme einer Soldatin oder eines Soldaten ist dem Offizier vom Wachdienst zu melden, falls diese oder dieser die vorläufige Festnahme nicht selbst erklärt hat.

2.8 Grundsatz der Verhältnismäßigkeit (zu § 12 UZwGBw)

269. Ist unmittelbarer Zwang oder eine andere Maßnahme nach dem UZwGBw zulässig und erforderlich, so darf unter mehreren möglichen und gesetzlich zugelassenen Maßnahmen nur diejenige getroffen werden, die geeignet ist, den angestrebten Zweck zu erreichen (Geeignetheit) und mit möglichst wenigen Nachteilen verbunden ist (Erforderlichkeit).

270. Eine danach zulässige Maßnahme hat dann zu unterbleiben, wenn der dadurch zu erwartende Schaden erkennbar außer Verhältnis zu dem beabsichtigten Erfolg steht.

271. Zwang ist nicht mehr anzuwenden, wenn sein Zweck erreicht ist (Verbot des zeitlichen Übermaßes).

2.9 Verhalten nach Anwendung unmittelbaren Zwanges (zu § 13 UZwGBw)

272. Sind Personen durch die Anwendung unmittelbaren Zwanges verletzt oder getötet worden, so ist die bzw. der nächste Wachvorgesetzte zu verständigen. Verletzten ist, soweit erforderlich und die Lage es zulässt, Erste Hilfe zu leisten. Erforderlichenfalls hat die bzw. der nächste Wachvorgesetzte die ärztliche Behandlung oder den Abtransport zu veranlassen. Die Verpflichtung, Verletzten Beistand zu leisten und ärztliche Hilfe zu verschaffen, geht den Pflichten nach den Nrn. 271 bis 273 vor.

273. Wird jemand durch Anwendung unmittelbaren Zwanges schwer verletzt oder getötet, so ist darüber hinaus

- am Ort des Vorfalls nach Möglichkeit nichts zu verändern,
- eine an diesem Ereignis beteiligte Wachperson vom Wachdienst abzulösen und
- der Vorfall nach der Zentralen Dienstvorschrift A-200/5 „Meldewesen der Bundeswehr" bzw., wenn er sich in einem ausschließlich von der Bundeswehrverwaltung, der Militärseelsorge oder der Truppendienstgerichtsbarkeit genutzten Bereich ereignet hat,

nach der für diese geltenden Regelung über die Meldung und Bearbeitung von besonderen Vorkommnissen zu behandeln.

274. Wurde jemand schwer verletzt oder getötet, so hat außerdem die bzw. der nach Nr. 270 verständigte Wachvorgesetzte die nächsterreichbare Polizeidienststelle, das zuständige Feldjägerdienstkommando und die zuständige Dienststelle der Militärseelsorge unverzüglich zu unterrichten.

275. Handelt es sich bei der bzw. dem Verletzten oder Getöteten um eine Soldatin oder einen Soldaten, so ist deren bzw. dessen nächste Disziplinarvorgesetzte bzw. nächster Disziplinarvorgesetzter zu benachrichtigen.

2.10 Fesselung (zu § 14 UZwGBw)

276. Eine Fesselung ist nur dann angebracht, wenn keine andere, weniger beschwerende Maßnahme (z. B. Einschließen in einen Raum) möglich ist.

277. Zu fesseln sind nur die Hände oder Füße mit Handschließen oder Knebelketten. Als Notbehelf können auch andere geeignete Mittel (z. B. Stricke, Riemen) dienen. Sind auch diese nicht vorhanden oder reichen sie nicht aus, so ist zu versuchen, auf andere Weise den mit der Fesselung angestrebten Zweck wenigstens teilweise zu erreichen (z. B. Abnahme der Hosenträger, des Leibgürtels, der Schnürsenkel).

278. Mehrere Personen sollen nicht zusammengeschlossen werden, wenn ein Nachteil für Ermittlungen in einer Strafsache zu befürchten ist oder wenn die Zusammenschließung für eine dieser Personen eine erniedrigende Behandlung bedeuten würde.

279. Bei der Fesselung ist darauf zu achten, dass die bzw. der Gefesselte keine Gesundheitsschädigung (z. B. Durchblutungsstörungen, Frosteinwirkungen) erleiden kann.

2.11 Schusswaffengebrauch gegen Personen (zu § 15 UZwGBw)

280. Die Weigerung einer angehaltenen Person, Waffen oder gefährliche Gegenstände aus der Hand zu legen, oder der Versuch, niedergelegte Waffen oder gefährliche Werkzeuge ohne Erlaubnis wieder aufzunehmen, stellt in der Regel den Beginn eines tatsächlichen Angriffs gegen Leib oder Leben dar, der notfalls auch mit der Schusswaffe abgewehrt werden darf.

281. Diebstahl jeder Art (selbst ein Einbruchdiebstahl) ist nach der jetzigen Fassung des Strafgesetzbuches kein Verbrechen und rechtfertigt daher für sich allein nicht den Schusswaffengebrauch, sofern nicht auch die besonderen Voraussetzungen nach § 15 Abs. 1 Nr. 1 Buchstaben b, c oder d UZwGBw vorliegen.

282. Unter den Voraussetzungen des § 15 Abs. 1 Nr. 2 UZwGBw darf die zweite Weisung zu halten durch einen Warnschuss ersetzt werden. Dieser gilt dann gleichzeitig als Androhung des Schusswaffengebrauchs.

2.12 Besondere Vorschriften für den Schusswaffengebrauch (zu § 16 UZwGBw)

283. Beim Schusswaffengebrauch gegen eine Person ist möglichst so zu zielen, dass keine besonders schwere Verletzung eintritt (z. B. durch Zielen auf die Beine).

284. Soll eine Person an der Flucht gehindert werden, so ist vom Schusswaffengebrauch abzusehen, wenn die flüchtende Person ohne Verletzung anderer Pflichten durch Nacheile zu Fuß oder unter Benutzung eines Fahrzeuges oder auf sonstige geeignete Weise (Alarmschuss für andere Posten) zum Anhalten gezwungen werden kann.

285. Im Kindesalter befinden sich Personen, die jünger als 14 Jahre sind. Im Zweifelsfall ist davon auszugehen, dass eine Person noch ein Kind ist.

286. Kommt der Schusswaffengebrauch gegen Jugendliche (Personen im Alter von 14 bis 17 Jahren) und Behinderte in Betracht, ist besondere Zurückhaltung geboten, wenn dies eindeutig erkennbar ist.

287. Der Schusswaffengebrauch gegen ein Fahrzeug soll dieses fahruntauglich machen (z. B. durch Schuss auf einen Reifen). Er ist unzulässig, wenn dadurch erkennbar die Möglichkeit eines Schadens für unbestimmt viele Personen an Leib oder Leben oder an bedeutenden Sachwerten besteht.

2.13 Androhung des unmittelbaren Zwanges, insbesondere des Schusswaffengebrauchs (zu § 17 UZwGBw)

288. Nur wenn eine Androhung des unmittelbaren Zwanges aufgrund der Umstände unmöglich ist, darf sofort gehandelt werden. Die Androhung der Zwangsmaßnahme hat der Ausführung unmittelbar vorauszugehen. Zwischen Androhung und Ausführung muss jedoch eine angemessene Zeitspanne liegen, um der bzw. dem Betroffenen Gelegenheit zu dem geforderten Verhalten zu geben.

289. Schusswaffengebrauch ist durch lauten Anruf („Halt! Oder ich schieße!") oder durch Warnschuss anzudrohen. Außerhalb militärischer Sicherheitsbereiche ist dem Anruf ein Hinweis auf die Bundeswehr („Bundeswehr! Halt! Oder ich schieße!“) hinzuzufügen, wenn die Zugehörigkeit der bzw. des Anrufenden zur Bundeswehr nicht zweifelsfrei erkennbar sein sollte (z. B. nachts trotz Tragens einer Uniform). Bestehen Zweifel, ob der Anruf verstanden wurde, ist ein Warnschuss abzugeben.

290. Kommt eine Person aus einem der in § 15 Abs. 1 Nr. 4 UZwGBw genannten Gründe in den Gewahrsam der Bundeswehr, so ist die Person darauf hinzuweisen, dass sie bei einer Flucht mit dem Gebrauch der Schusswaffe rechnen muss. Flüchtet die Person trotzdem, so bedarf es keiner erneuten Androhung.

291. Warnschüsse dürfen nur abgegeben werden, wenn die Voraussetzungen für den Schusswaffengebrauch gegeben sind. Sie sind steil in die Luft zu richten. Alarmschüsse gelten nicht als Warnschüsse.

2.14 Explosivmittel (zu § 18 UZwGBw)

292. Der Einsatz von Explosivmitteln ist nur dann zulässig, wenn der Schusswaffengebrauch ohne Erfolg war oder keinen Erfolg verspricht. Die Bestimmungen über Schusswaffen gelten für Explosivmittel entsprechend.

2.15 Entschädigung bei Sperrung sonstiger Örtlichkeiten (zu § 20 UZwGBw)

293. Die Entschädigung wird auf Antrag gezahlt. Den Antrag bearbeitet das BAIUDBw. Wendet sich eine von einer Sperrung Betroffene bzw. ein von einer Sperrung Betroffener wegen eines Entschädigungsanspruchs an eine Ermächtigte oder einen Ermächtigten nach Nr. 231, so ist die bzw. der Betroffene an das BAIUDBw zu verweisen.

294. Der Bescheid des BAIUDBw muss auch die Rechtsmittelbelehrung enthalten, dass die Antragstellerin oder der Antragsteller binnen zwei Monaten nach Zugang des Bescheides wegen der Festsetzung der Entschädigung Klage bei dem Landgericht erheben kann, in dessen Bezirk das Grundstück liegt.

3 Anlagen

(hier nicht aufgenommen)

C

Erzieherische Maßnahmen

A-2160/6, Abschnitt 1.43

1.43 Erzieherische Maßnahmen[1]

1.43.1 Zweck und Bedeutung

1420. Erzieherische Maßnahmen dienen der soldatischen Erziehung.

Soldatische Erziehung ist Teil einer zeitgemäßen Menschenführung. Sie orientiert sich an den Grundsätzen der Inneren Führung mit dem Leitbild vom Staatsbürger in Uniform. Ihr Maßstab sind die Werte und Normen des Grundgesetzes und die im Soldatengesetz festgeschriebenen Pflichten und Rechte der Soldatinnen und Soldaten.

Soldatische Erziehung fördert die Persönlichkeitsentwicklung mit dem Ziel, Disziplin zu wahren und Gehorsam aus Einsicht zu leisten, den Einsatzwillen zu stärken und eigene Interessen zugunsten der Gemeinschaft zurückzustellen. Sie ist unverzichtbarer Bestandteil der Auftragserfüllung der Streitkräfte und steht in engem Zusammenhang mit Führung, Ausbildung und Bildung.

Soldatische Erziehung stärkt soldatische Ordnung, Disziplin und kameradschaftlichen Zusammenhalt. Sie ist Ausdruck einer vertrauensvollen und verantwortungsbewussten Zusammenarbeit.

Soldatische Erziehung prägt das Selbstverständnis der Soldatinnen und Soldaten und befähigt sie, ihren Auftrag – auch unter den besonderen Belastungen des Einsatzes – aus Überzeugung zu erfüllen.

Soldatische Erziehung wirkt vornehmlich durch das persönliche Beispiel der Vorgesetzten, durch Anleitung, Ermutigung, Anerkennung, aber auch durch Ermahnung, Zurechtweisung und Tadel.

Soldatische Erziehung ist eine anspruchsvolle, Herz, Verstand und Willen fordernde Aufgabe.

1421. Die Disziplinarvorgesetzten sind für die Erziehung ihrer Soldatinnen und Soldaten verantwortlich. Unterstellte Offiziere und Unteroffiziere tragen Mitverantwortung. Gemeinsam bestimmen sie durch ihr sachgerechtes und überzeugendes Handeln den Erfolg erzieherischer Einwirkung.

---

[1] Dieser Abschnitt liegt in der fachlichen Federführung des Zentrums Innere Führung. **Er wird derzeit überarbeitet.**

1422. Erzieherische Maßnahmen sind die in diesem Erlass abschließend geregelten Erziehungsmittel von Vorgesetzten zum Herausstellen von guten Leistungen oder zum Abstellen von Mängeln und Schwächen im soldatischen Verhalten. Erziehungsmängel haben ihre Ursache grundsätzlich im unzureichenden Willen der Soldatinnen und Soldaten. Ausbildungsmängeln hingegen, die Soldatinnen oder Soldaten wegen Überforderung oder aus sonstigen Gründen nicht zu vertreten haben, wird durch Ausbildungsmaßnahmen abgeholfen, die von Erzieherischen Maßnahmen zu unterscheiden sind.

Ist ein Mangel festgestellt worden, ist vom guten Willen so lange auszugehen, bis Gleichgültigkeit oder Unwille erkennbar wird.

1423. Neben den Erzieherischen Maßnahmen gibt es weitere Mittel der Erziehung. **Das wirkungsvollste Mittel ist das persönliche Beispiel der Vorgesetzten.** Daneben haben auch Gespräche, der Befehl zur sofortigen Beseitigung eines Mangels oder zur Wiederholung einzelner Tätigkeiten sowie zum Beispiel die Gewährung eines Bestpreises bei guten Leistungen erzieherische Wirkung. Diese Maßnahmen sind jedoch keine Erzieherischen Maßnahmen im Sinne dieses Erlasses, sondern stellen eine sinnvolle Ergänzung dar.

1424. Die Anwendung der Erzieherischen Maßnahmen bedarf in besonderem Maße der Dienstaufsicht durch die Disziplinarvorgesetzten. Dabei sollen insbesondere den jungen, unerfahrenen Vorgesetzten verständnisvolle Hilfe und Anleitung gegeben werden.

1425. Erzieherische Maßnahmen zur Behebung von Mängeln dienen nicht der Bestrafung oder Vergeltung, sondern der Erziehung der Soldatinnen und Soldaten. Es handelt sich auch nicht um Disziplinarmaßnahmen im Sinne der Wehrdisziplinarordnung. Deshalb sollen Anleitung, Hilfestellung, Ermutigung, Lob und Förderung im Vordergrund stehen.

1426. Erzieherische Maßnahmen sollen

- Gutwillige bestätigen,
- Leistungswillige fördern,
- Gleichgültige anspornen,
- Unwillige wirksam an ihre Pflichten erinnern

und dadurch die Bereitschaft zu pflichtgemäßem Verhalten, zu Leistung und Selbstdisziplin stärken.

1.43.2 Handhabung

1427. Die Vorgesetzten sollen keinen Zweifel daran lassen, wie sie ein Verhalten oder eine Leistung bewerten. Sie sollen gute Leistungen und das Bemühen, das Beste zu geben, loben und Mängel beanstanden. **Nur Vorgesetzte, die auch loben, bringen Tadel voll zur Wirkung.** Gute Leistungen, auch schon kleine Fortschritte, verdienen Beachtung. Anerkennung durch Erzieherische Maßnahmen trägt wesentlich zur Motivation bei.

1428. Erzieherische Maßnahmen sollen auch in den Augen der Kameradinnen und Kameraden gerechtfertigt sein. Erzieherische Maßnahmen wegen eines Mangels sollen grundsätzlich nicht vor anderen Soldatinnen und Soldaten angewandt und bekannt gemacht werden.

1429. Soldatinnen und Soldaten erleben insbesondere zu Beginn ihres Wehrdienstes mit der Einordnung in den Führungs-, Ausbildungs- und Erziehungsauftrag ihrer Vorgesetzten einschneidende Änderungen ihrer bisherigen Lebensumstände. Dies ist bei der Anwendung Erzieherischer Maßnahmen besonders in den ersten Wochen der Grundausbildung durch zurückhaltende Anwendung der Maßnahmen zur Behebung von Mängeln zu berücksichtigen. Frühzeitiges, sachgerechtes und sinnvolles Anwenden Erzieherischer Maßnahmen hilft Vorgesetzten wie Unterstellten in der Folgezeit, diesen Prozess gemeinsam möglichst reibungslos zu gestalten.

1430. Die Einstellung zur Bundeswehr und zum Dienst wird bei vielen Soldatinnen und Soldaten auch davon beeinflusst, wie die Vorgesetzten mit den Ansprüchen der Unterstellten auf Freizeit und Planbarkeit der Freizeit umgehen. Dies gilt erst recht bei hoher Dienstzeitbelastung. Auf alle freizeiteinschränkenden Maßnahmen reagieren Soldatinnen und Soldaten besonders empfindlich. Dies müssen Vorgesetzte bei der Anwendung Erzieherischer Maßnahmen ebenso berücksichtigen wie die schwerwiegende Auswirkung dieser Maßnahmen auf Soldatinnen und Soldaten, deren Wohnort sich weiter entfernt vom Dienstort befindet.

1.43.3 Allgemeine Zulässigkeitsvoraussetzungen

1431. Die Bestimmungen dieses Abschnitts gelten für alle Erzieherischen Maßnahmen.

1432. Alle Erzieherischen Maßnahmen finden ihre Grenzen in

- der Wahrung der Menschenwürde, der körperlichen Unversehrtheit und Freiheit der Person,

- der Beachtung der Gesetze, Vorschriften und Erlasse,
- der Berücksichtigung der Gesundheit der Soldatinnen und Soldaten und
- der Einhaltung der Sicherheitsbestimmungen.

1433. Erzieherische Maßnahmen

- müssen in angemessenem Verhältnis zu ihrem Anlass stehen,
- müssen in einem inneren Zusammenhang zu ihrem Anlass stehen,
- müssen zeitnah angewendet werden,
- müssen geeignet sein, den angestrebten Erfolg zu erreichen und
- dürfen nicht zu einer willkürlichen Erschwerung des Dienstes führen.

1434. Vorgesetzte dürfen nur solche Maßnahmen in Aussicht stellen, zu deren Anwendung sie selbst berechtigt sind. Die Ankündigung von Erzieherischen Maßnahmen ohne konkret festgestellten Mangel ist unzulässig.

1435. Eine Erzieherische Maßnahme ist nicht zulässig, wenn der Mangel darauf beruht, dass Soldatinnen und Soldaten trotz besten Willens eine von ihnen erwartete Leistung nicht vollbringen können, weil sie dazu nicht befähigt sind (siehe oben: Nummer 1422).

1436. Vorgesetzte haben den Soldatinnen und Soldaten vor der Anwendung einer Erzieherischen Maßnahme wegen eines Mangels die Gelegenheit zu geben, sich dazu zu äußern. Wenn die Situation dies nicht zulässt, kann davon abgesehen werden. Die Vorgesetzten haben die Maßnahme mündlich zu begründen.

1437. Erzieherische Maßnahmen sind gegenüber mehreren Soldatinnen und Soldaten nur dann zulässig, wenn die angestrebte Leistung nur durch das Zusammenwirken aller erreicht werden kann. Wenn die Erziehung Einzelner möglich ist und ausreicht, darf die Gesamtheit nicht in Mitleidenschaft gezogen werden. Maßnahmen, die den Zweck verfolgen, eine Gruppe wegen einer darin verborgenen Person zu treffen oder die Angehörigen dieser Gruppe zu zwingen, eine einzelne Person zu nennen, sind unzulässig. Erzieherische Maßnahmen dürfen nicht gegen mehrere Soldatinnen oder Soldaten angewandt werden, wenn nicht feststellbar ist, wer den Mangel verursacht hat.

1438. Erzieherische Maßnahmen sind kein Ersatz für eine förmliche Anerkennung oder eine Disziplinarmaßnahme nach der Wehrdisziplinarordnung.

Bei Dienstvergehen ist daher ein Ausweichen auf eine Erzieherische Maßnahme unzulässig, wenn eine Disziplinarmaßnahme geboten ist. Insbesondere ist der Umstand, dass eine Erzieherische Maßnahme schneller angewandt werden kann als eine Disziplinarmaßnahme, allein keine Begründung für ihre Anwendung.

1439. Wird festgestellt, dass Erzieherische Maßnahmen zu Unrecht oder von unzuständigen Vorgesetzten angewandt worden sind, sind sie durch die Vorgesetzten, die sie angewandt haben oder deren unmittelbare Vorgesetzte aufzuheben. Sind solche Erzieherischen Maßnahmen in Gegenwart anderer Soldatinnen und Soldaten angewandt worden, ist die Aufhebung möglichst demselben Personenkreis bekannt zu geben. Sind Erzieherische Maßnahmen bereits vollzogen, ist auszusprechen, dass sie nicht hätten angewandt werden dürfen. Für zu Unrecht angewandte Maßnahmen, die Soldatinnen und Soldaten in ihrer Freizeit beschränkt haben, ist ein angemessener Freizeitausgleich zu gewähren.

1440. Entschließen sich Disziplinarvorgesetzte, ein Dienstvergehen mit einer Disziplinarmaßnahme zu ahnden, darf wegen desselben Sachverhalts grundsätzlich daneben keine Erzieherische Maßnahme angewandt werden (siehe auch § 49 Abs. 1 Satz 3 der Wehrdisziplinarordnung). Neben einer Disziplinarmaßnahme ist es nur zulässig, die Soldatin bzw. den Soldaten zu belehren, zurechtzuweisen, zu warnen sowie solche Maßnahmen anzuwenden, die dazu geeignet und bestimmt sind, den mit dem Dienstvergehen offenbar gewordenen und noch vorhandenen Mangel zu beseitigen.

Ist entgegen diesen Grundsätzen eine Erzieherische Maßnahme angewandt worden, ist sie aufzuheben (siehe oben: Nummer 1439). Ist die Vollstreckung einer einfachen Disziplinarmaßnahme zur Bewährung ausgesetzt worden, kann die Aussetzung mit einer Erzieherischen Maßnahme verbunden werden (§ 49 Abs. 1 Satz 3 der Wehrdisziplinarordnung).

Erfahren Disziplinarvorgesetzte erst nach der Verhängung der Disziplinarmaßnahme, dass andere Vorgesetzte eine neben der Disziplinarmaßnahme nicht mehr zulässige Erzieherische Maßnahme angewandt haben, ist die Erzieherische Maßnahme aufzuheben (siehe oben; Nummer 1439).

Ist die Erzieherische Maßnahme vor der Verhängung der Disziplinarmaßnahme bereits vollzogen, ist sie bei Art und Maß der Disziplinarmaßnahme angemessen zu berücksichtigen.

1441. Sind seit einem Mangel sechs Monate vergangen, dürfen Erzieherische Maßnahmen nicht mehr angewandt werden. Dies gilt auch für den Fall der Erteilung einer missbilligenden Äußerung

(§ 23 Abs. 3 der Wehrdisziplinarordnung). Sind sie dennoch angewandt worden, sind sie aufzuheben (siehe oben: Nummer 1439). Dies gilt nicht für Belehrungen, Warnungen und Zurechtweisungen sowie für solche Maßnahmen, die ausschließlich darauf abzielen, einen noch vorhandenen Mangel zu beseitigen.

1.43.4 Allgemeine Erzieherische Maßnahmen

1442. Zu diesen Maßnahmen sind alle Vorgesetzten befugt.

1443. Bei guten Leistungen:

a) Lob

b) Herausstellen einer besonders guten Leistung oder eines vorbildlichen Verhaltens vor anderen

c) Übertragung einzelner Aufgaben mit erhöhter Verantwortung

d) Dienstpausen

e) Meldung der besonders guten Leistung oder des vorbildlichen Verhaltens an Vorgesetzte und deren Bekanntgabe an die Soldatin bzw. den Soldaten

1444. Bei Mängeln:

a) Belehrung

b) Zurechtweisung

c) Warnung

d) Verlängerung eines einzelnen Teilabschnitts des Dienstes/der Ausbildung

Diese Maßnahme ist nur im Rahmen des befohlenen Dienstes/Ausbildungsvorhabens und unter Kürzung des folgenden Teilabschnitts zulässig. Die für das Dienst-/Ausbildungsvorhaben insgesamt festgesetzte Zeit darf nicht überschritten werden. Die Art und Dauer der befohlenen Verlängerung sind baldmöglichst zu melden, damit dadurch verursachte Versäumnisse auf anderen Gebieten nachgeholt werden können.

e) Meldung des Mangels an Vorgesetzte und gegebenenfalls deren Bekanntgabe an die Soldatin bzw. den Soldaten

1.43.5 Zusätzliche Erzieherische Maßnahmen

1445. Zu diesen Maßnahmen sind befugt:

a) Kompaniefeldwebel oder Vorgesetzte in entsprechender Dienststellung gegenüber allen Soldatinnen und Soldaten der Einheit, die im Dienstgrad nicht über ihnen stehen

b) Unteroffiziere mit Portepee und Offiziere, die nach §§ 1, 2, 3 oder 5 der Vorgesetztenverordnung Vorgesetzte sind gegenüber unterstellten Soldatinnen und Soldaten

1446. Bei guten Leistungen:

a) Übertragung oder Erweiterung von Führungsverantwortung für eine bestimmte Zeit

b) Befreiung von bestimmten Dienstverrichtungen oder Ausbildungsabschnitten im Einzelfall

c) vorzeitige Beendigung des Ausbildungsabschnitts/Dienstabschnitts

Sie ist nur zulässig, wenn anwendende Vorgesetzte auch Leitende der Ausbildung sind und der beabsichtigte Ausbildungszweck/Dienstzweck erreicht ist.

Disziplinarvorgesetzte können ihr Recht, den Dienst zu beenden, auf die zu dieser Erzieherischen Maßnahme berechtigten Vorgesetzten delegieren, wenn der entsprechende Ausbildungsabschnitt am Ende des für den Tag festgesetzten Dienstes liegt.

1447. Bei Mängeln:

a) Schriftliche Ausarbeitungen

Sie dienen der Besinnung auf die militärischen Pflichten oder der Vertiefung eines bis dahin aufgrund mangelhafter Diensteinstellung, erkennbarer Gleichgültigkeit oder Unwillens nur mangelhaft erfassten Ausbildungsstoffes. Das Thema der Ausarbeitung muss im inneren Zusammenhang mit dem festgestellten Mangel stehen. Durch diese Maßnahme dürfen Soldatinnen und Soldaten insgesamt nicht länger als eine Stunde täglich in ihrer Freizeit in Anspruch genommen werden. Das Ergebnis der schriftlichen Ausarbeitung ist grundsätzlich zu besprechen. Ist das Ergebnis mangelhaft, kann die Wiederholung der Ausarbeitung befohlen werden.

b) Wiederholungsdienst bis zu einer Stunde

Die Anordnung jeder Art des Dienstes ist grundsätzlich den Disziplinarvorgesetzten vorbehalten. Nur in dringenden Ausnahmefällen können die Vorgesetzten, die den Dienst leiten, einen mangelhaft ausgeführten Dienst am selben Tag im Anschluss an den im Dienstplan angesetzten Dienst bis zu einer Stunde wiederholen lassen. Voraussetzung ist, dass

– der bzw. die nächste Disziplinarvorgesetzte nicht erreichbar ist,
– die Maßnahme keinen Aufschub duldet und

- der Soldatin bzw. dem Soldaten für denselben Tag nicht schon einmal Wiederholungsdienst oder eine schriftliche Ausarbeitung befohlen worden war.

Anordnende Vorgesetzte haben grundsätzlich die Dienstaufsicht selbst zu übernehmen und die Maßnahme dem nächsten Disziplinarvorgesetzten unverzüglich zu melden.

1.43.6 Besondere Erzieherische Maßnahmen

1448. Zu diesen Maßnahmen sind nur Disziplinarvorgesetzte befugt. Bei Mängeln haben sie die folgenden Maßnahmen unter namentlicher Nennung der betroffenen Soldatin bzw. des betroffenen Soldaten mit Angabe des Datums und Anordnungsgrundes als Vermerk in einer geeigneten Unterlage schriftlich festzuhalten. Die Vermerke sind nach einem Jahr zu vernichten, im Falle einer früheren Entlassung mit deren Zeitpunkt.

1449. Bei guten Leistungen:

a) Vorzeitige Beendigung des Dienstes

b) Förderung durch Erweiterung des Verantwortungsbereichs oder Weiterbildungsmaßnahmen

c) Gewährung von Nachtausgang an Tagen, auf die ein Dienst für die betroffene Soldatin oder den betroffenen Soldaten folgt

Diese Maßnahme ist nur während der Grundausbildung zulässig (siehe **Zentralrichtlinie A2-2630/0-0-2** „Leben in der militärischen Gemeinschaft", Nummer 321).

d) Aufhebung von Erzieherischen Maßnahmen

Die Aufhebung einer Erzieherischen Maßnahme kann als Besondere Erzieherische Maßnahme wegen einer nachfolgenden guten Leistung gerechtfertigt sein. Hiervon ausgenommen sind Erzieherische Maßnahmen, die Disziplinarvorgesetzte nach § 33 Abs. 1 der Wehrdisziplinarordnung wegen eines Dienstvergehens statt einer Disziplinarmaßnahme angewandt haben.

Zur Aufhebung befugt sind die Disziplinarvorgesetzten der Vorgesetzten, die die Erzieherische Maßnahme angewandt haben.

1450. Bei Mängeln:

a) Zusatzdienst als Wiederholungsdienst

In Abänderung des Dienstplans für Einheiten, Teileinheiten oder einzelne Soldatinnen bzw. Soldaten kann jeder in den Dienst- und Ausbildungsvorschriften vorgesehene Dienst als Wiederholungsdienst befohlen werden. Das Recht der Disziplinarvorgesetzten zur

Festsetzung von Art, Dauer und Zeiteinteilung des Dienstes aufgrund militärischer Erfordernisse und zum Ansetzen von Dienst an Wochenend- und Feiertagen aus dienstlichen Gründen wird hiervon nicht berührt.

Wiederholungsdienst ist unmissverständlich nach Teilnehmern, Art, Umfang und Dienstaufsicht zu befehlen. Soweit es die Art des Wiederholungsdienstes erfordert, haben Disziplinarvorgesetzte die Dienstaufsicht selbst auszuüben.

Die Einteilung zum Wachdienst als Erzieherische Maßnahme ist nur zulässig bei Verstößen gegen die Wachvorschriften.

Der Zusatzdienst als Wiederholungsdienst darf 24 Stunden nicht überschreiten. Er begründet keinen Anspruch auf Zeitausgleich.

b) Versagen eines bereits gewährten Nachtausganges (siehe oben: Nummer 1449)

c) Einschränkung der Befugnisse Vorgesetzter zur selbstständigen Anwendung einzelner Erzieherischer Maßnahmen

1451. Die Disziplinarvorgesetzten können die Vertrauensperson im Rahmen der engen gegenseitigen verantwortungsvollen Zusammenarbeit bei der Anwendung von Besonderen Erzieherischen Maßnahmen anhören, soweit der gebotene enge zeitliche Zusammenhang zwischen der Maßnahme und dem Anlass dadurch nicht aufgehoben wird (siehe **Zentrale Dienstvorschrift A-1472/1 „Beteiligung durch Vertrauenspersonen“,** Nummer 245).

Sind Besondere Erzieherische Maßnahmen gegen die Vertrauensperson beabsichtigt, die ausschließlich ihre Person betreffen, ist vorher die Zustimmung der oder des nächsthöheren Disziplinarvorgesetzten einzuholen, es sei denn, die Maßnahme duldet keinen Aufschub und die oder der nächsthöhere Disziplinarvorgesetzte ist nicht erreichbar (siehe **Zentrale Dienstvorschrift A-1472/1**, Nummer 220). Diese Maßnahme ist baldmöglichst an die bzw. den nächsthöheren Disziplinarvorgesetzten zu melden.

1.43.7 Unterrichtungspflicht

1452. Der Erlass ist Bestandteil der lehrgangsgebundenen Ausbildung für Vorgesetzte.[1] Die Weiterbildung in der Truppe obliegt den Disziplinarvorgesetzten. Über diesen Erlass ist in der Grundausbildung zu unterrichten.

---

[1] Zu diesem Erlass wurde vom Zentrum Innere Führung eine Ausbildungshilfe mit Beispielsammlung erstellt, die nicht Bestandteil dieses Erlasses ist.

1453. Der Erlass ist allen Vorgesetzten auszuhändigen und allen Soldatinnen und Soldaten in geeigneter Weise zugänglich zu machen.

a) – zzt. unbesetzt –

C

b) Leben in der militärischen Gemeinschaft

A2-2630/0-0-2

– Auszug –

156. Es ist untersagt, Tonträger (z. B. Schallplatten, Musikkassetten, CD), Bildträger (z. B. Bilder, Fotos, Filme, Video, CD), Datenträger (z. B. Disketten, CD, USB-Stick, mobile Festplatte), Schriften, Fahnen, Figuren, Abzeichen oder ähnliche Gegenstände in den Unterkunftsbereich bzw. den Bereich der militärischen Dienststelle auch nur vorübergehend einzubringen, die

- sich gegen die freiheitliche demokratische Grundordnung[1] richten,
- Kennzeichen oder Propagandamittel verfassungswidriger Organisationen[2] darstellen oder enthalten,
- zum Hass gegen Teile der Bevölkerung oder gegen nationale, rassische, religiöse oder durch ihr Volkstum bestimmte Gruppen aufstacheln, zu Gewalt- oder Willkürmaßnahmen gegen sie auffordern oder sie beschimpfen, böswillig verächtlich machen oder verleumden,
- Gewalttätigkeiten gegen Menschen in einer Art schildern, die eine Verherrlichung oder Verharmlosung solcher Gewalttätigkeiten ausdrückt oder in einer die Menschenwürde verletzenden Weise darstellt.

Darüber hinaus ist es untersagt, Gegenstände, die

- sich gegen die Bundeswehr richten,
- für eine politische Gruppe werben,

  geeignet sind, andere zu verunglimpfen oder in ihrem Ansehen herabzusetzen,
- das allgemeine Schamgefühl verletzen,

in dienstlichen Bereichen aufzuhängen, auszulegen oder in anderer Weise zugänglich zu machen. Von den genannten Verboten sind Gegenstände ausgeschlossen, die der staatsbürgerlichen Aufklärung, der Abwehr verfassungswidriger Bestrebungen, der Kunst oder der Wissenschaft, der Forschung oder der Lehre, der Berichterstattung über Vorgänge des Zeitgeschehens oder der Geschichte oder ähnlichen Zwecken dienen. In Zweifelsfällen entscheidet die

---

[1] § 4 Abs. 2 des Bundesverfassungsschutzgesetzes und A-2600/1 „Innere Führung"

[2] §§ 86, 86a des Strafgesetzbuches (StGB)

bzw. der nächste Disziplinarvorgesetzte, gegebenenfalls unter Einbeziehung des Rechtsberaters und/oder des MAD.

...

171. Während des Dienstes und der Dienstunterbrechungen ist der Genuss alkoholischer Getränke grundsätzlich verboten. Ausnahmen bedürfen der Genehmigung der bzw. des Disziplinarvorgesetzten. Die Vermeidung von Alkoholmissbrauch in der militärischen Gemeinschaft ist Aufgabe aller Vorgesetzten. Richtlinien über das Verhalten gegenüber betrunkenen/berauschten Soldatinnen und Soldaten, Hinweise für Vorgesetzte und Maßnahmen im Rahmen der Kameradenhilfe sind in einer Richtlinie (Anlage 2.14) sowie einer Zentralverfügung[1] zusammengefasst.

172. Der Missbrauch von Betäubungsmitteln stellt eine erhebliche Gefahr für die Gesundheit dar und kann die psychische und physische Einsatzbereitschaft der betroffenen Soldatinnen und Soldaten beeinträchtigen. Bereits der erstmalige und geringfügige Konsum „weicher" Drogen wie Haschisch oder Marihuana kann nicht vorhersehbare Wirkungen haben. Selbst nach einem symptomfreien Intervall von mehreren Tagen kann es zu einem Wiederaufflammen des Rausches kommen. In diesem Zustand sind unkontrollierte Reaktionen nicht auszuschließen. Auch aufputschende und scheinbar leistungsfördernde Drogen wie z. B. Ecstasy bergen ein erhebliches Gefährdungspotenzial für die Gesundheit und können zu gravierenden Persönlichkeitsveränderungen führen. Daher ist der unbefugte Besitz und/oder Konsum von Betäubungsmitteln für Soldatinnen und Soldaten im und außer Dienst verboten. Stets hat die/der nächste Disziplinarvorgesetzte den Sachverhalt disziplinar zu würdigen[2].

173. Der Missbrauch von Betäubungsmitteln kann bei freiwilligen Wehrdienst Leistenden und bei Soldatinnen und Soldaten auf Zeit zur fristlosen Entlassung führen. Die dienstrechtlichen und disziplinaren Folgen ergeben sich aus der Belehrung über den Missbrauch von Betäubungsmitteln (Anlage 2.12). Darüber hinaus begehen Soldatinnen bzw. Soldaten eine unter Umständen mit Freiheitsentzug bedrohte Straftat, wenn sie unbefugt Betäubungsmittel herstellen, erwerben, besitzten, veräußern oder abgeben (§§ 29–30a des Betäubungsmittelgesetzes), sodass der Vorfall an die Staatsan-

---

1 B2-2630/0-0-1 „Umgang mit Abhängigkeitserkrankungen in der Bundeswehr"

2 Zentrale Dienstvorschrift A–2160/6, Abschnitt 1.28, Feldjäger können auf Grundlage eines konkreten Ersuchens des zuständigen Disziplinarvorgesetzten Ermittlungsunterstützung leisten (a.a.O. Nr. 1293).

waltschaft abzugeben ist (§ 33 Abs. 3 Satz 1 der Wehrdisziplinarordnung – Zentrale Dienstvorschrift A-2160/6, Abschnitt 1.9).

174. Im Rahmen der notwendigen Drogenprävention sind Soldatinnen und Soldaten innerhalb der ersten Wochen nach Diensteintritt in Zusammenarbeit mit den zuständigen Truppenärzten über die Gefahren des Betäubungsmittelmissbrauchs aufzuklären. Über die straf-, disziplinar und dienstrechtlichen Folgen sind sie aktenkundig zu belehren (Anlage 7.12). Konsumenten von Betäubungsmitteln sind der zuständigen Truppenärztin bzw. dem zuständigen Truppenarzt vorzustellen.

C

c) Umgang mit Abhängigkeitserkrankungen in der Bundeswehr*

B2-2630/0-0-1

* Die Regelung wird komplett überarbeitet und erscheint zukünftig unter dem Titel „Abhängigkeit & Sucht Intervention - Handreichung für Dienststellenleitungen und Vorgesetzte". Diese Handreichung ist bei Drucklegung noch nicht veröffentlicht. Auf den Abdruck der außer Kraft getretenen Regelung wird daher verzichtet.

d) Missbrauch von Betäubungsmitteln

A-2160/6, Abschnitt 1.29

1.29 Missbrauch von Betäubungsmitteln

1282. Der unerlaubte Umgang mit Suchtstoffen ist eine ernste Gefahrenquelle für die menschliche Gesundheit und die kulturellen, politischen und wirtschaftlichen Grundlagen der Gesellschaft.[1] Unsere Rechtsordnung verfolgt mit dem Betäubungsmittelgesetz (BtMG) nicht nur den Zweck, Einzelne, insbesondere Jugendliche, vor den von Betäubungsmitteln ausgehenden gesundheitlichen Gefahren und vor Abhängigkeit von Suchtstoffen zu bewahren, sondern sie will damit auch die Bevölkerung insgesamt vor den aus dem Missbrauch von Betäubungsmitteln erwachsenden sozialschädlichen Folgen schützen.

1283. Wer Betäubungsmittel unerlaubt u. a. herstellt, mit ihnen Handel treibt, einführt, veräußert, abgibt, erwirbt oder sich in sonstiger Weise verschafft, begeht eine Straftat nach den §§ 29 ff. BtMG. Die Betäubungsmittel im Sinne dieses Gesetzes sind im Anhang I bis III des BtMG aufgeführt. Zu ihnen gehören u. a. die Cannabisprodukte Marihuana und Haschisch, Heroin und Kokain, das Halluzinogen LSD sowie Aufputschmittel wie z. B. Amphetamine, Ecstasy, Crack oder Crystal Meth.

1284. Besondere Gefahren birgt der Missbrauch von Betäubungsmitteln im Bereich der Streitkräfte, insbesondere beim Umgang mit Waffen, Munition, Fahrzeugen und anderem Gerät. Wegen der möglichen Auswirkungen auf Gesundheit und psychische wie physische Einsatzbereitschaft der betroffenen Soldatinnen oder Soldaten ist hier über die Regelungen des BtMG hinaus jeglicher Konsum von Betäubungsmitteln in und außer Dienst verboten (so ausdrücklich Nummer 503 der **Zentralrichtlinie A2-2630/0-0-2 „Leben in der militärischen Gemeinschaft“).** Dies gilt auch für die so genannten „weichen“ Drogen wie beispielsweise Marihuana und Haschisch.

1285. Auch nach neuen wissenschaftlichen Untersuchungen setzt der Konsum von Cannabis die Wahrnehmungs-, Konzentrations- und Reaktionsfähigkeit herab, er beeinträchtigt die Raum-Zeit-Orientierung, die Denkfähigkeit und das Kurzzeitgedächtnis und kann Angstzustände sowie depressive oder paranoide Reaktionen auslösen. Dauerkonsum kann zu Demotivation, Lethargie, affekti-

---

[1] Umfassendes Informationsmaterial wird auf der **Homepage der Drogenbeauftragten der Bundesregierung** im Internet bereitgestellt.

ven Störungen, Verlust des Empfindens für berufliche und soziale Verpflichtungen und zumindest zu einer psychischen Abhängigkeit führen. Vor allem bei jungen Menschen können Wesensveränderungen mit Vernachlässigung persönlicher Belange bis hin zum Verlust der Leistungsfähigkeit die Folgen von Betäubungsmittelkonsum sein.

1286. Ein akuter Cannabis-Rausch schließt die Fähigkeit zu jedem dienstlichen Einsatz aus. Aber auch nach Abklingen der durch nur einmaligen Konsum hervorgerufenen Rauschsymptome ist nicht auszuschließen, dass es nach einem symptomfreien Intervall zum Wiederaufflammen einer Rauschwirkung kommt (sog. Echorausch, Flashback), sodass der Eintritt eines die Fahrtauglichkeit und andere Leistungsfähigkeiten mindernden oder ausschließenden Rauschzustandes für die Cannabis-Konsumentinnen oder Cannabis-Konsumenten nicht mehr beherrschbar wird.

1287. Soldatinnen oder Soldaten, die eine Straftat nach dem BtMG begehen, verstoßen dadurch zugleich schwerwiegend gegen ihre Dienstpflichten. Mit jeder dieser Straftaten verletzen sie ihre Pflicht zu achtungs- und vertrauenswürdigem Verhalten (§ 17 Absatz 2 des Soldatengesetzes – SG). Geben sie Betäubungsmittel an Kameradinnen oder Kameraden ab, verstoßen sie damit auch gegen ihre Kameradschaftspflicht nach § 12 Satz 2 SG, bei Abgabe an Untergebene zusätzlich gegen ihre Fürsorgepflicht nach § 10 Absatz 3 SG. Bei Duldung von Straftaten nach dem BtMG durch Untergebene verletzen Vorgesetzte ihre Kameradschafts-, Fürsorge- und Dienstaufsichtspflicht sowie ihre Pflicht zu achtungs- und vertrauenswürdigem Verhalten (§§ 12 Satz 2, 10 Absatz 3, 10 Absatz 2, 17 Absatz 2 SG).

1288. Aber auch Soldatinnen und Soldaten, die Cannabis-Produkte oder andere Betäubungsmittel außerhalb einer anerkannten ärztlichen Behandlungsmaßnahme in oder außer Dienst konsumieren, begehen ein schweres Dienstvergehen. Sie verletzen schon bei nur einmaligem Genuss, sei es in oder außer Dienst, ihre Kernpflicht zum treuen Dienen nach § 7 SG. Das gilt auch dann, wenn sie damit noch nicht gegen ihre Pflicht zur Gesunderhaltung gemäß § 17 Absatz 4 Satz 1 und 2 SG verstoßen. Denn sie stellen dadurch ihre Einsatzbereitschaft in Frage, und zwar nicht nur während der Wirkung des akuten Rausches, sondern auch wegen der möglichen, nicht vorhersehbaren und berechenbaren Auswirkungen in der Zukunft. Daher ist auch der Cannabis-Konsum außerhalb der Dienstzeit – anders als beim Alkoholrausch – eine solche Dienstpflichtverletzung. Ein weiterer, eigenständiger Verstoß gegen § 7 SG liegt in der Missachtung des Verbots gemäß **Zentralrichtlinie**

A2-2630/0-0-2, Nummer 503, Betäubungsmittel zu konsumieren. Gleichzeitig verstoßen Soldatinnen und Soldaten durch den Konsum von Betäubungsmitteln gegen ihre Pflicht zu achtungs- und vertrauenswürdigem Verhalten (§ 17 Absatz 2 SG).

1289. Der Verdacht eines Dienstvergehens wegen Verstoßes gegen das BtMG oder wegen Konsums von Betäubungsmitteln durch Soldatinnen oder Soldaten ist von den Disziplinarvorgesetzten durch Vernehmungen, ggf. mittels Durchsuchung und Beschlagnahme (§ 20 der Wehrdisziplinarordnung – WDO), aufzuklären (§ 32 Absatz 1 Satz 1 WDO).

1290. Darüber hinaus ist die Hinzuziehung einer Truppenärztin oder eines Truppenarztes zur Feststellung der Dienst- oder Verwendungsfähigkeit zulässig (siehe Zentrale Dienstvorschrift A-800/3 „Ärztliche Schweigepflicht"). Das Ergebnis kann im Fall einer nicht bestehenden Dienst- oder Verwendungsfähigkeit jedoch nicht zum Nachweis eines mutmaßlichen Dienstvergehens herangezogen werden, es sei denn, es liegt eine rechtswirksame Entbindung von der Schweigepflicht vor oder die Soldatinnen und Soldaten haben bei den zuständigen Disziplinarvorgesetzten die Entnahme einer Blutprobe zum Nachweis ihrer Unschuld beantragt (vgl. Nummer 1154).

1291. Anhaltspunkte für den Betäubungsmittelkonsum können u. a. äußere Erscheinungen bei der Soldatin oder beim Soldaten wie Bewusstseinsstörungen, gestörtes Reflexverhalten, geweitete, verengte oder lichtstarre Pupillen sein. Der Umgang mit Betäubungsmitteln kann u. a. mit einem Drogenvortestgerät (als sog. „Wischtest") auf der Körperoberfläche sowie an Materialien nachgewiesen werden. Ein Nachweis des Drogenkonsums ist dadurch jedoch nicht möglich.

1292. Feldjäger unterstützen auf Ersuchen die Ermittlungen der Disziplinarvorgesetzten mit diesem Drogenvortestgerät. Ein solcher Test am Körper ist **nur mit Einverständnis** der Soldatinnen oder Soldaten zulässig. Sie sind darüber aktenkundig zu belehren (siehe Abschnitt 3.6.10 „Einverständniserklärung – Nachweis des Umgangs mit Betäubungsmitteln").

1293. Durchsuchungen nach Betäubungsmitteln auf Grund einer richterlichen Anordnung nach § 20 WDO können auf Ersuchen von den Feldjägern, u. a. mit ihren Diensthunden (Rauschgiftspürhunden), unterstützt werden.

1294. Ist ein Dienstvergehen erwiesen, haben Disziplinarvorgesetzte bei ihrer disziplinaren Ahndung auch unter generalpräventiven Gesichtspunkten einen strengen Maßstab anzulegen. Gegen

Soldatinnen und Soldaten mit Vorgesetzteneigenschaft sind in aller Regel gerichtliche Disziplinarverfahren einzuleiten, die in schweren Fällen zur Dienstgradherabsetzung oder Entfernung aus dem Dienstverhältnis führen können.

1295. Unabhängig von der disziplinaren Entscheidung ist stets die vorzeitige oder fristlose Entlassung aus der Bundeswehr zu prüfen.[1] Das Entlassungsverfahren hat grundsätzlich Vorrang vor einem gerichtlichen Disziplinarverfahren. Ob eine fristlose Entlassung geboten ist oder noch die Erteilung eines „Ausdrücklichen Hinweises“ ausreicht, hängt vom jeweiligen Einzelfall ab. Maßgeblich sind dabei insbesondere Dienstgrad, Auswirkungen des Vorfalls auf den Dienstbetrieb (Störung des Dienstbetriebes, Nachahmungsgefahr) sowie Häufigkeit und Intensität des Konsums von Betäubungsmitteln (Wiederholungsgefahr).

1296. Bei einem Hinweis auf Abhängigkeit von Soldatinnen oder Soldaten von Betäubungsmitteln ist neben der disziplinaren Entscheidung die Entlassung wegen Dienstunfähigkeit gemäß § 44 Absatz 3 Satz 1, § 55 Absatz 2 SG in Verbindung mit § 44 Absatz 3 Satz 2 und Absatz 4 SG oder § 58h Absatz 1 SG in Verbindung mit § 75 Absatz 1 Nummer 10 SG in Verbindung mit § 44 Absatz 4 Satz 1 und 3 SG zu prüfen. Bei Vorliegen der Voraussetzungen ist die Entlassung nach § 55 Absatz 5 SG vorrangig.

1297. Stellt das Dienstvergehen gleichzeitig einen Verstoß gegen das BtMG dar, ist die Sache in der Regel an die Staatsanwaltschaft abzugeben (vgl. Abschnitt 1.9 „Abgabe an die Staatsanwaltschaft“). Zu beachten ist, dass der **bloße Konsum** von Betäubungsmitteln in der Bundesrepublik Deutschland straflos ist. Kann nur der Konsum von Betäubungsmitteln nachgewiesen werden, nicht aber der Erwerb oder Besitz, liegt keine strafbare Handlung vor. Von einer Abgabe an die Staatsanwaltschaft ist in diesen Fällen daher abzusehen. Die Angelegenheit ist dann ausschließlich disziplinarrechtlich zu ahnden.

[1] Bei freiwilligen Wehrdienst Leistenden nach § 58h Absatz 1 SG in Verbindung mit § 75 Absatz 1 Nummer 5 SG, bei Personen, die zu den in § 60 SG genannten Dienstleistungen herangezogen sind, nach § 75 Absatz 1 Nummer 5 SG und bei Soldatinnen und Soldaten auf Zeit in den ersten vier Dienstjahren nach § 55 Absatz 5 SG.

e) Gesetz über die Gleichbehandlung der Soldatinnen und Soldaten (Soldatinnen- und Soldaten-Gleichbehandlungsgesetz – SoldGG)

Vom 14. August 2006 (BGBl. I S. 1897)

Zuletzt geändert durch
Wehrrechtsänderungsgesetz 2008
vom 31. Juli 2008 (BGBl. I S. 1629)

Abschnitt 1
Allgemeiner Teil

§ 1 Ziel des Gesetzes

(1) Ziel des Gesetzes ist es, Benachteiligungen aus Gründen der Rasse, der ethnischen Herkunft, der Religion, der Weltanschauung oder der sexuellen Identität für den Dienst als Soldatin oder Soldat zu verhindern oder zu beseitigen.

(2) Ziel des Gesetzes ist es auch, Soldatinnen und Soldaten vor Benachteiligungen auf Grund des Geschlechts in Form von Belästigung und sexueller Belästigung im Dienstbetrieb zu schützen. Der Schutz schwerbehinderter Soldatinnen und Soldaten vor Benachteiligungen wegen ihrer Behinderung wird nach Maßgabe des § 18 gewährleistet.

(3) Alle Soldatinnen und Soldaten, insbesondere solche mit Vorgesetzten- und Führungsaufgaben, sind in ihrem Aufgabenbereich aufgefordert, an der Verwirklichung dieser Ziele mitzuwirken. Dies gilt auch für den Dienstherrn sowie für Personen und Gremien, die Beteiligungsrechte wahrnehmen, insbesondere für Gleichstellungsbeauftragte und deren Stellvertreterinnen.

§ 2 Anwendungsbereich

(1) Dieses Gesetz findet Anwendung auf

1. Maßnahmen bei der Begründung, Ausgestaltung und Beendigung eines Dienstverhältnisses und beim beruflichen Aufstieg sowie auf den Dienstbetrieb; hierzu zählen insbesondere Auswahlkriterien und Einstellungsbedingungen sowie die Ausgestaltung des Dienstes,

2. den Zugang zu allen Formen und Ebenen der soldatischen Ausbildung, Fort- und Weiterbildung und beruflicher Förderungsmaßnahmen einschließlich der praktischen Berufserfahrung,
3. die Mitgliedschaft und Mitwirkung in einem Berufsverband oder in einer sonstigen Interessenvertretung von Soldatinnen und Soldaten, einschließlich der Inanspruchnahme der Leistungen solcher Organisationen.

(2) Die Geltung sonstiger Benachteiligungsverbote oder Gebote der Gleichbehandlung wird durch dieses Gesetz nicht berührt. Dies gilt auch für öffentlich-rechtliche Vorschriften, die dem Schutz bestimmter Personengruppen dienen.

§ 3 Begriffsbestimmungen

(1) Eine unmittelbare Benachteiligung liegt vor, wenn eine Person wegen eines in § 1 Abs. 1 genannten Grundes eine weniger günstige Behandlung erfährt, als eine andere Person in einer vergleichbaren Situation erfährt, erfahren hat oder erfahren würde.

(2) Eine mittelbare Benachteiligung liegt vor, wenn dem Anschein nach neutrale Vorschriften, Kriterien oder Verfahren Personen wegen eines in § 1 Abs. 1 genannten Grundes in besonderer Weise gegenüber anderen Personen benachteiligen können, es sei denn, die betreffenden Vorschriften, Kriterien oder Verfahren sind durch ein rechtmäßiges Ziel sachlich gerechtfertigt und die Mittel sind zur Erreichung dieses Ziels angemessen und erforderlich.

(3) Eine Belästigung als Form der Benachteiligung liegt vor, wenn unerwünschte Verhaltensweisen, die mit einem in § 1 Abs. 1 oder 2 genannten Grund in Zusammenhang stehen, bezwecken oder bewirken, dass die Würde der betreffenden Person verletzt und ein von Einschüchterungen, Anfeindungen, Erniedrigungen, Entwürdigungen oder Beleidigungen gekennzeichnetes Umfeld geschaffen wird.

(4) Eine sexuelle Belästigung als Form der Benachteiligung liegt vor, wenn ein unerwünschtes, sexuell bestimmtes Verhalten, wozu auch unerwünschte sexuelle Handlungen und Aufforderungen zu diesen, sexuell bestimmte körperliche Berührungen, Bemerkungen sexuellen Inhalts sowie unerwünschtes Zeigen und sichtbares Anbringen von pornographischen Darstellungen gehören, bezweckt oder bewirkt, dass die Würde der betreffenden Person verletzt wird, insbesondere wenn ein von Einschüchterungen, Anfeindungen, Erniedrigungen, Entwürdigungen oder Beleidigungen gekennzeichnetes Umfeld geschaffen wird.

(5) Die Anweisung zur Benachteiligung einer Person aus einem in § 1 Abs. 1 genannten Grund gilt als Benachteiligung. Eine solche Anweisung liegt in Bezug auf § 2 Abs. 1 Nr. 1 bis 3 insbesondere vor, wenn jemand eine Person zu einem Verhalten bestimmt, das eine der in § 6 genannten Personen wegen eines in § 1 Abs. 1 genannten Grundes benachteiligt oder benachteiligen kann.

§ 4 Unterschiedliche Behandlung wegen mehrerer Gründe

Erfolgt eine unterschiedliche Behandlung wegen mehrerer der in § 1 Abs. 1 genannten Gründe, so kann diese unterschiedliche Behandlung gemäß § 8 nur gerechtfertigt werden, wenn sich die Rechtfertigung auf alle diese Gründe erstreckt, derentwegen die unterschiedliche Behandlung erfolgt.

§ 5 Positive Maßnahmen

Ungeachtet des § 8 ist eine unterschiedliche Behandlung auch zulässig, wenn durch geeignete und angemessene Maßnahmen tatsächliche Nachteile wegen eines in § 1 Abs. 1 genannten Grundes verhindert oder ausgeglichen werden sollen.

Abschnitt 2
Schutz vor Benachteiligung

Unterabschnitt 1
Verbot der Benachteiligung

§ 6 Persönlicher Anwendungsbereich

Dieses Gesetz dient dem Schutz von

1. Soldatinnen und Soldaten,
2. Personen, die zu einer Einberufung zum Wehrdienst nach Maßgabe des Wehrpflichtgesetzes heranstehen oder die sich um die Begründung eines Wehrdienstverhältnisses auf Grund freiwilliger Verpflichtung bewerben.

§ 7 Benachteiligungsverbot

(1) Die in § 6 genannten Personen dürfen nicht wegen eines in § 1 Abs. 1 genannten Grundes benachteiligt werden. Dies gilt auch, wenn die Soldatin oder der Soldat, die oder der die Benachteiligung

begeht, das Vorliegen eines in § 1 Abs. 1 genannten Grundes bei der Benachteiligung nur annimmt.

(2) Jede Belästigung, sexuelle Belästigung und Anweisung zu einer solchen Handlungsweise ist eine Verletzung dienstlicher Pflichten und Soldatinnen und Soldaten untersagt.

§ 8 Zulässige unterschiedliche Behandlung wegen beruflicher Anforderungen

Eine unterschiedliche Behandlung wegen eines in § 1 Abs. 1 genannten Grundes ist zulässig, wenn dieser Grund wegen der Art der dienstlichen Tätigkeit oder der Bedingungen ihrer Ausübung eine wesentliche und entscheidende berufliche Anforderung darstellt, sofern der Zweck rechtmäßig und die Anforderung angemessen ist.

Unterabschnitt 2
Organisationspflichten des Dienstherrn

§ 9 Personalwerbung; Dienstpostenbekanntgabe

Anzeigen der Personalwerbung sowie Dienstposten für Soldatinnen und Soldaten dürfen nicht unter Verstoß gegen § 7 Abs. 1 bekannt gegeben werden.

§ 10 Maßnahmen und Pflichten des Dienstherrn

(1) Der Dienstherr ist verpflichtet, die erforderlichen Maßnahmen zum Schutz vor Benachteiligungen wegen eines in § 1 Abs. 1 genannten Grundes und zum Schutz vor den in § 1 Abs. 2 genannten Handlungen zu treffen. Dieser Schutz umfasst auch vorbeugende Maßnahmen.

(2) Der Dienstherr soll in geeigneter Art und Weise, insbesondere im Rahmen der Fortbildung, auf die Unzulässigkeit solcher Benachteiligungen und Handlungen hinweisen und darauf hinwirken, dass diese unterbleiben. Hat der Dienstherr sein Personal in geeigneter Weise zum Zwecke der Verhinderung von Benachteiligungen geschult, gilt dies als Erfüllung seiner Pflichten nach Absatz 1.

(3) Bei Verstößen gegen die Verbote des § 7 hat der Dienstherr die im Einzelfall geeigneten, erforderlichen und angemessenen dienstrechtlichen Maßnahmen zur Unterbindung der Benachteiligung zu ergreifen.

(4) Werden in § 6 genannte Personen bei der Ausübung ihrer Tätigkeit durch Dritte nach § 7 benachteiligt, so hat der Dienstherr

die im Einzelfall geeigneten, erforderlichen und angemessenen Maßnahmen zu ihrem Schutz zu ergreifen.

(5) Die Vorschriften dieses Gesetzes sowie die Vorschriften des Abschnitts 6 des Allgemeinen Gleichbehandlungsgesetzes sind in den Dienststellen und Truppenteilen der Streitkräfte bekannt zu machen. Die Bekanntmachung kann durch Aushang oder Auslegung an geeigneter Stelle oder durch den Einsatz der in den Dienststellen und Truppenteilen üblichen Informations- und Kommunikationstechnik erfolgen.

Unterabschnitt 3
Rechte der in § 6 genannten Personen

§ 11 Beschwerderecht

(1) Soldatinnen und Soldaten, die sich von Dienststellen der Bundeswehr, von Vorgesetzten oder von Kameradinnen oder Kameraden wegen eines in § 1 Abs. 1 oder 2 genannten Grundes benachteiligt fühlen, können sich beschweren. Das Nähere regelt die Wehrbeschwerdeordnung.

(2) Die in § 6 Nr. 2 genannten Personen können sich wegen einer in § 1 Abs. 1 oder 2 genannten Benachteiligung bei der für ihre Einberufung oder Bewerbung zuständigen Stelle der Bundeswehr beschweren. Diese hat die Beschwerde zu prüfen und das Ergebnis der beschwerdeführenden Person mitzuteilen.

Zu Abs. 1: Wehrbeschwerdeordnung (WBO) → **C 30**

§ 12 Entschädigung und Schadensersatz

(1) Bei einem Verstoß gegen das Benachteiligungsverbot ist der Dienstherr verpflichtet, den hierdurch entstandenen Schaden zu ersetzen. Dies gilt nicht, wenn der Dienstherr die Pflichtverletzung nicht zu vertreten hat.

(2) Wegen eines Schadens, der nicht Vermögensschaden ist, kann eine in § 6 genannte, geschädigte Person eine angemessene Entschädigung in Geld verlangen. Die Entschädigung darf bei Begründung eines Dienstverhältnisses drei Monatsgehälter nicht übersteigen, wenn für die geschädigte Person auch bei benachteiligungsfreier Auswahl kein Dienstverhältnis begründet worden wäre.

(3) Ein Anspruch nach Absatz 1 oder 2 muss innerhalb einer Frist von zwei Monaten schriftlich geltend gemacht werden. Die Frist

beginnt im Falle einer Bewerbung oder eines beruflichen Aufstiegs mit dem Zugang der Ablehnung, in den sonstigen Fällen einer Benachteiligung zu dem Zeitpunkt, zu dem die in § 6 genannte Person von der Benachteiligung Kenntnis erlangt.

(4) Im Übrigen bleiben Ansprüche gegen den Dienstherrn, die sich aus anderen Rechtsvorschriften ergeben, unberührt.

(5) Ein Verstoß des Dienstherrn gegen das Benachteiligungsverbot des § 7 begründet keinen Anspruch auf Begründung eines Dienstverhältnisses, auf eine Maßnahme der Ausbildung oder einen beruflichen Aufstieg, es sei denn, ein solcher ergibt sich aus einem anderen Rechtsgrund.

§ 13 Maßregelungsverbot

(1) Der Dienstherr darf eine in § 6 genannte Person nicht wegen der Inanspruchnahme von Rechten nach diesem Abschnitt oder wegen der Weigerung, eine gegen diesen Abschnitt verstoßende Weisung auszuführen, benachteiligen. Gleiches gilt für Personen, die eine in § 6 genannte Person hierbei unterstützen oder als Zeuginnen oder Zeugen aussagen.

(2) Die Zurückweisung oder Duldung benachteiligender Verhaltensweisen durch betroffene, in § 6 genannte Personen darf nicht als Grundlage für eine Entscheidung herangezogen werden, die diese Personen berührt. Absatz 1 Satz 2 gilt entsprechend.

(3) § 15 gilt entsprechend.

§ 14 Mitgliedschaft in Vereinigungen

(1) Die Vorschriften dieses Abschnitts gelten entsprechend für die Mitgliedschaft oder die Mitwirkung in

1. einem Berufsverband der Soldatinnen und Soldaten,
2. einer sonstigen Interessenvertretung von Soldatinnen und Soldaten, insbesondere wenn deren Mitglieder einer bestimmten Verwendungsgruppe angehören, wenn ein grundlegendes Interesse am Erwerb der Mitgliedschaft besteht,

sowie deren jeweiligen Zusammenschlüssen.

(2) Wenn die Ablehnung einen Verstoß gegen das Benachteiligungsverbot des § 7 Abs. 1 darstellt, besteht ein Anspruch auf Mitgliedschaft oder Mitwirkung in den in Absatz 1 genannten Vereinigungen.

Abschnitt 3
Rechtsschutz

§ 15 Beweislast

Wenn im Streitfall die eine Partei Indizien beweist, die eine Benachteiligung wegen eines in § 1 Abs. 1 und 2 Satz 1 genannten Grundes vermuten lassen, trägt die andere Partei die Beweislast dafür, dass kein Verstoß gegen die Bestimmungen zum Schutz vor Benachteiligung vorgelegen hat.

§ 16 Unterstützung durch Antidiskriminierungsverbände

(1) Antidiskriminierungsverbände sind Personenzusammenschlüsse, die nicht gewerbsmäßig und nicht nur vorübergehend entsprechend ihrer Satzung die besonderen Interessen der in § 6 genannten Personen im Rahmen einer Benachteiligung nach § 1 Abs. 1 oder 2 wahrnehmen. Die Befugnisse nach den Absätzen 2 bis 4 stehen ihnen zu, wenn sie mindestens 75 Mitglieder haben oder einen Zusammenschluss aus mindestens sieben Verbänden bilden.

(2) Antidiskriminierungsverbände sind befugt, im Rahmen ihres Satzungszwecks in gerichtlichen Verfahren, in denen eine Vertretung durch Anwälte und Anwältinnen nicht gesetzlich vorgeschrieben ist, als Beistände der in § 6 genannten Personen in der Verhandlung aufzutreten. Im Übrigen bleiben die Vorschriften der Verfahrensordnungen, insbesondere diejenigen, nach denen Beiständen weiterer Vortrag untersagt werden kann, unberührt.

(3) Antidiskriminierungsverbänden ist im Rahmen ihres Satzungszwecks die Besorgung von Rechtsangelegenheiten der in § 6 genannten Personen gestattet.

(4) Besondere Klagerechte und Vertretungsbefugnisse von Verbänden zu Gunsten von behinderten Menschen bleiben unberührt.

Abschnitt 4
Ergänzende Vorschriften

§ 17 Antidiskriminierungsstelle des Bundes

Abschnitt 6 des Allgemeinen Gleichbehandlungsgesetzes über die Antidiskriminierungsstelle des Bundes findet im Rahmen dieses Gesetzes Anwendung.

§18 Schwerbehinderte Soldatinnen und Soldaten

(1) Schwerbehinderte Soldatinnen und Soldaten dürfen bei einer Maßnahme, insbesondere beim beruflichen Aufstieg oder bei einem Befehl, nicht wegen ihrer Behinderung benachteiligt werden. Eine unterschiedliche Behandlung wegen der Behinderung ist jedoch zulässig, soweit eine Maßnahme die Art der von der schwerbehinderten Soldatin oder dem schwerbehinderten Soldaten auszuübenden Tätigkeit zum Gegenstand hat und eine bestimmte körperliche Funktion, geistige Fähigkeit oder seelische Gesundheit wesentliche und entscheidende berufliche Anforderung für diese Tätigkeit ist. Wenn im Streitfall die schwerbehinderte Soldatin oder der schwerbehinderte Soldat Indizien beweist, die eine Benachteiligung wegen der Behinderung vermuten lassen, trägt der Dienstherr die Beweislast dafür, dass nicht auf die Behinderung bezogene, sachliche Gründe eine unterschiedliche Behandlung rechtfertigen oder eine bestimmte körperliche Funktion, geistige Fähigkeit oder seelische Gesundheit wesentliche und entscheidende berufliche Anforderung für diese Tätigkeit ist.

(2) Wird gegen das in Absatz 1 geregelte Benachteiligungsverbot beim beruflichen Aufstieg verstoßen, können hierdurch benachteiligte schwerbehinderte Soldatinnen oder Soldaten eine angemessene Entschädigung in Geld verlangen; ein Anspruch auf den beruflichen Aufstieg besteht nicht. Ein Anspruch auf Entschädigung muss innerhalb von zwei Monaten, nachdem die schwerbehinderte Soldatin oder der schwerbehinderte Soldat von dem Nichtzustandekommen des beruflichen Aufstiegs Kenntnis erhalten hat, geltend gemacht werden.

§19 Unabdingbarkeit

Von den Vorschriften dieses Gesetzes kann nicht zu Ungunsten der Soldatinnen und Soldaten abgewichen werden.

§20 Übergangsvorschrift

Erfolgen Benachteiligungen in Form sexueller Belästigungen nach dem Beschäftigtenschutzgesetz vor dem 18. August 2006, ist das zu diesem Zeitpunkt geltende Recht anzuwenden.

f) Umgang mit Sexualität in der Bundeswehr

A-2160/6, Abschnitt 1.46

1.46 Umgang mit Sexualität in der Bundeswehr[1]

1.46.1 Grundsatz

1456. Die Intimsphäre von Soldatinnen und Soldaten ist als Teil ihres Persönlichkeitsrechts einer Einflussnahme durch den Dienstherrn grundsätzlich entzogen. Der Umgang mit Sexualität ist für das Dienstverhältnis nur dann von Bedeutung, wenn dadurch der Dienstbetrieb gestört wird, der kameradschaftliche Zusammenhalt beeinträchtigt wird oder es in sonstiger Weise zu einer nachhaltigen Störung der dienstlichen Ordnung kommt.

C

1.46.2 Schutz vor sexueller Belästigung im Dienstbetrieb

1457. Das Soldatinnen- und Soldaten-Gleichbehandlungsgesetz (SoldGG) schützt ausdrücklich Soldatinnen und Soldaten der Bundeswehr vor sexueller Belästigung im Dienstbetrieb. Jede sexuelle Belästigung und Anweisung zu einer solchen Handlung ist eine Verletzung dienstlicher Pflichten und Soldatinnen und Soldaten untersagt (§ 7 Abs. 2 SoldGG). Die Bestimmungen dieses Gesetzes sind – gegebenenfalls mit den Mitteln des Dienst- und Disziplinarrechts – durchzusetzen. Als sexuelle Belästigung im Sinne dieses Gesetzes gilt jedes unerwünschte, sexuell bestimmte Verhalten, das die Verletzung der Würde der betroffenen Person bezweckt oder bewirkt. Neben den unter Strafe gestellten Verhaltensweisen (siehe Abschnitt 1.46.10) gehören dazu auch sonstige unerwünschte sexuelle Handlungen und Aufforderungen zu diesen, sexuell bestimmte körperliche Berührungen, Bemerkungen sexuellen Inhalts sowie das unerwünschte Zeigen und sichtbare Anbringen von pornographischen Darstellungen, insbesondere wenn ein von Einschüchterungen, Anfeindungen, Erniedrigungen, Entwürdigungen oder Beleidigungen gekennzeichnetes Umfeld geschaffen wird. In diesem Sinne ist jede Form von Obszönität im dienstlichen Umgang pflichtwidrig. Dies gilt selbst dann, wenn Ausdrucksweisen oder Gesten mit sexuellem Bezug nur scherzhaft gemeint sind.

1.46.3 Disziplinarrechtliche Relevanz sexuellen Verhaltens

1458. Das Grundrecht auf freie Entfaltung der Persönlichkeit, das die sexuelle Selbstbestimmung schützt, findet seine Grenzen unter

[1] Dieser Abschnitt liegt in der fachlichen Federführung des Zentrums Innere Führung.

anderem in den gesetzlich festgelegten soldatischen Pflichten. Ein schuldhafter Verstoß gegen diese Pflichten stellt ein Dienstvergehen dar, das mit den Mitteln der Wehrdisziplinarordnung geahndet werden kann. Vorgesetzte, die nicht gegen sexuelle Übergriffe und Entgleisungen von Soldatinnen und Soldaten einschreiten und nicht die gebotenen Maßnahmen veranlassen, verletzen ihre Dienstpflichten. Im Einzelnen gilt Folgendes:

1.46.4 Einvernehmliche Aufnahme einer sexuellen Beziehung außerhalb des Dienstes

1459. Angesichts der allgemeinen gesellschaftlichen Akzeptanz, zumindest Toleranz gegenüber nichtehelichen Lebensgemeinschaften werden durch die außerhalb des Dienstes erfolgende, einvernehmliche Aufnahme sexueller Beziehungen dienstliche Interessen grundsätzlich nicht berührt. Daher sind außerdienstlich sowohl heterosexuelle als auch homosexuelle Partnerschaften und Betätigungen unter Soldatinnen und Soldaten disziplinarrechtlich regelmäßig ohne Belang. Dies gilt auch dann, wenn die Partner einen unterschiedlichen Dienstgrad haben.

1460. Die einvernehmliche Aufnahme einer sexuellen Beziehung kann jedoch ein Dienstvergehen darstellen, wenn sonstige Umstände hinzutreten. Dies ist vor allem dann der Fall, wenn durch das Verhalten das Ansehen der Bundeswehr in der Öffentlichkeit beeinträchtigt wird oder einer oder beide Partner ihre soldatische Pflicht zum achtungs- und vertrauenswürdigen Verhalten verletzen.

1461. Außerdem darf der Dienstbetrieb nicht nachhaltig beeinträchtigt oder gestört werden. Eine derartige Beeinträchtigung oder Störung liegt zum Beispiel vor, wenn Vorgesetzte die gebotene dienstliche Objektivität und Neutralität aufgeben, um sexuelle Beziehungen anzubahnen oder zu fördern oder es in diesem Zusammenhang zu einer ungerechtfertigten dienstlichen Bevorzugung oder Benachteiligung betroffener Personen kommt.

1.46.5 Nicht einvernehmliche Aufnahme sexueller Handlungen

1462. Eine gegen die freie Willensentschließung an oder gegenüber einer anderen Person vorgenommene sexuelle Handlung stellt – unbeschadet der möglichen strafrechtlichen Einstufung – regelmäßig ein Dienstvergehen dar. Eine erhebliche Verletzung der Dienstpflichten ist stets dann anzunehmen, wenn Soldatinnen oder Soldaten ihren Dienstgrad oder ihre Dienststellung, insbesondere ihre Vorgesetztenstellung, dazu missbrauchen.

1.46.6 Sexuelle Betätigung während des Dienstes

1463. Jede Form der sexuellen Betätigung muss als Privatangelegenheit dem Privatbereich, also der Freizeit oder Zeiten, in denen die Soldatin oder der Soldat – etwa im Auslandseinsatz – zu keinem Dienst eingeteilt ist (dienstfreie Zeit), vorbehalten bleiben. Sexuelle Betätigung im Dienst ist regelmäßig als Störung des Dienstbetriebes anzusehen.

1.46.7 Sexuelle Betätigung außerhalb des Dienstes in dienstlichen Unterkünften

1464. Sexuelle Betätigung innerhalb dienstlicher Unterkünfte und Anlagen ist grundsätzlich ohne disziplinarrechtliche Relevanz. Dennoch ist der Umstand zu berücksichtigen, dass einem Ausleben sexueller Bedürfnisse dort Grenzen gesetzt sind, wo das enge räumliche Zusammenleben von Soldatinnen und Soldaten nur eine eingeschränkte Intim- und Privatsphäre gewährleistet. Jede nach außen hin wahrnehmbare sexuelle Betätigung innerhalb dienstlicher Unterkünfte und Anlagen ist daher geeignet, sich negativ auf den Dienstbetrieb und den kameradschaftlichen Zusammenhalt auszuwirken.

1465. Dort, wo Soldatinnen und Soldaten über längere Zeit – wie zum Beispiel im Auslandseinsatz – unter räumlich beengten Verhältnissen zusammen leben, arbeiten und wohnen müssen, sind an die Selbstdisziplin und die Pflicht zur gegenseitigen Achtung, Toleranz und Rücksichtnahme besonders hohe Anforderungen zu stellen. Sofern es die dienstlichen Erfordernisse und äußeren Umstände zulassen, ist durch organisatorische und sonstige Maßnahmen nach Möglichkeit sicherzustellen, dass für alle Soldatinnen und Soldaten ein möglichst hohes Maß an Freiräumen und persönlichen Entfaltungsmöglichkeiten gewährleistet werden kann.

1466. Die bestehenden Regelungen zur Schaffung von Übernachtungsmöglichkeiten für Ehepartner und das Besuchsrecht für zum Wohnen in der Gemeinschaftsunterkunft verpflichtete Soldatinnen und Soldaten bleiben hiervon unberührt.

1.46.8 Geschlechtsbezogene Zurschaustellung

1467. Die öffentliche geschlechtsbezogene Zurschaustellung (insbesondere durch Druck-, Film-, Tonerzeugnisse, Internet etc.) führt regelmäßig nur dann zu einer disziplinarrechtlich erheblichen Beeinträchtigung des Ansehens einer Soldatin oder eines Soldaten, wenn die Darstellung die Grenze zur Obszönität, Pornographie, Menschen- oder Geschlechterverachtung überschreitet. Dies gilt besonders dann, wenn die Darstellung Streitkräfteattribute (Ausrüstung, Uniform) einbezieht und dadurch die Bundeswehr diskreditiert oder wenn Vorgesetzte in Ausbildungs- und Führungsfunktionen sich bildlich prostituieren und dadurch ein Autoritätsverlust bei ihren Untergebenen abzusehen ist.

1.46.9 Disziplinare Ermittlungen

1468. Disziplinare Ermittlungen wegen eines möglichen Fehlverhaltens im Umgang mit Sexualität erfordern von den zuständigen Disziplinarvorgesetzten ein besonderes Maß an Sensibilität. Es steht in ihrem Ermessen, ob sie bei Vernehmungen auf Wunsch der Soldatin oder des Soldaten einer Person des Vertrauens die Anwesenheit gestatten. Einem solchen Wunsch soll grundsätzlich entsprochen werden, wenn nicht zu befürchten ist, dass dadurch das Ergebnis der Ermittlungen gefährdet wird und wenn sonstige sachliche Gründe nicht dagegen sprechen.

1.46.10 Strafrechtliche Ahndung sexuellen Verhaltens

1469. Eine gegen die freie Willensentschließung einer anderen Person vorgenommene sexuelle Handlung verstößt gegen das Sexualstrafrecht des Strafgesetzbuches (StGB). Zentrales Schutzgut des dreizehnten Abschnitts des Besonderen Teils des StGB „Straftaten gegen die sexuelle Selbstbestimmung" ist die Freiheit jeder Person, über Ort, Zeit, Form und Partner/Partnerin sexueller Betätigung frei zu entscheiden. Diese freie Selbstbestimmung ist Teil des Persönlichkeitsrechts. Verletzungen des sexuellen Selbstbestimmungsrechts werden von der betroffenen Person regelmäßig als besonders schwerwiegender Angriff auf den Kern der personalen Würde empfunden. Kinder und andere Schutzbefohlene werden besonders geschützt.

Verstöße gegen das Sexualstrafrecht haben erhebliche Auswirkungen auf die innere Ordnung und das Ansehen der Streitkräfte in der Öffentlichkeit. Sie gehören deswegen zu den Delikten, die als besonders schwere Straftaten nach Abschnitt 1.9.8 stets an die Staatsanwaltschaft abzugeben sind.

Anmerkung:

Bei sexuellen Belästigungen gegenüber Untergebenen ist im Regelfall die Dienstgradherabsetzung, unter Umständen sogar die Entfernung aus dem Dienstverhältnis geboten. Die Pflicht zur Loyalität gegenüber der Rechtsordnung (§ 7 SG) wird in schwerwiegender Weise verletzt, wenn Soldatinnen und Soldaten im dienstlichen Bereich durch sexuelle Nötigung eine strafbare Handlung (§ 177 Abs. 1 und 5 StGB) begangen haben. Selbstverschuldete Trunkenheit führt nicht zu einer Maßnahmemilderung (→ BVerwG, Urteil vom 24.11.2005, Az 2 WD 32.04 NZWehrr 2006, 127). Zur fahrlässigen Belästigung → BVerwG, Urteil vom 01.03.2007, Az 2 WD 4.06 - NZWehrr 2007, 214.

g) Entnahme von Blutproben bei Soldatinnen und Soldaten im Rahmen disziplinarer Ermittlungen

A-2160/6, Abschnitt 1.11

1.11 Entnahme von Blutproben bei Soldatinnen und Soldaten im Rahmen disziplinarer Ermittlungen

1152. Disziplinarvorgesetzte dürfen im Rahmen disziplinarer Ermittlungen (z. B. wegen des Verdachts auf Konsum von Betäubungsmitteln oder auf Dienstunfähigkeit wegen übermäßigen Alkoholkonsums) **keine** Entnahme einer **Blutprobe** anordnen. Der Nachweis eines Dienstvergehens muss daher mit anderen Beweismitteln geführt werden, wie z. B. durch Zeugenvernehmungen oder durch die Inaugenscheinnahme einer Person.

1153. Ist das Dienstvergehen zugleich eine Straftat, können Disziplinarvorgesetzte die Organe der Strafgerichtsbarkeit (Gericht, Staatsanwaltschaft oder Polizei) einschalten. Diese sind rechtlich befugt, in entsprechenden Fällen die Entnahme einer Blutprobe nach § 81a Absatz 1 der Strafprozessordnung anzuordnen, z. B. bei Verdacht einer „Trunkenheit im Verkehr" nach § 316 des Strafgesetzbuches. Disziplinarvorgesetzte haben in diesen Fällen allerdings zu berücksichtigen, dass sie dadurch im Hinblick auf den Grundsatz des Strafverfolgungszwanges dieser Organe (sog. Legalitätsprinzip) die Entscheidung über die Abgabe an die Staatsanwaltschaft praktisch vorwegnehmen. Auch eine Ärztin oder ein Arzt der Bundeswehr kann die Blutprobe entnehmen, wenn ein Richter oder ein Staatsanwalt oder deren Ermittlungspersonen diese auf der Grundlage der Strafprozessordnung angeordnet und eine Ärztin oder einen Arzt der Bundeswehr mit der Durchführung betraut hat.

1154. Soldatinnen und Soldaten steht es allerdings frei, bei den zuständigen Disziplinarvorgesetzten die Entnahme einer Blutprobe zum Nachweis ihrer Unschuld zu beantragen. Zur Feststellung eines Dienstvergehens dürfen Truppenärztinnen oder Truppenärzte in diesen Fällen bei Soldatinnen oder Soldaten eine Blutentnahme vornehmen, wenn die betreffenden Personen im Rahmen des Antrages ausdrücklich ihre Einwilligung dazu erteilt haben. Die Betroffenen sind dabei schriftlich darüber zu belehren, dass sie zur Feststellung eines Dienstvergehens eine Blutentnahme nicht dulden müssen und das Untersuchungsergebnis zu disziplinaren Zwecken verwendet werden darf (siehe Muster in Abschnitt 3.6.3 „Antrag auf Entnahme einer Blutprobe"). Jegliche Einflussnahme von Vorgesetzten und Kameradinnen und Kameraden auf die freiwillige Entscheidung hat zu unterbleiben. Eine wirksame Einwilligung liegt jedoch nur vor, wenn die Betroffenen in der Lage sind, die Tragweite ihrer **Einwilligung** zu überschauen. Die Blutentnahme muss nach den Regeln der ärztlichen Kunst zu Untersuchungszwecken vorgenommen werden, und es darf kein Nachteil für die Gesundheit der betreffenden Person zu befürchten sein.

1155. Zur Feststellung der persönlichen Fähigkeit, bestimmte Aufträge (z. B. Schießen, Kraftfahrdienst, Wachdienst usw.) durchführen zu können, sowie zur Gewährleistung der Einsatzbereitschaft und Sicherheit können Disziplinarvorgesetzte Soldatinnen und Soldaten durch die Truppenärztin oder den Truppenarzt auf ihre Dienstfähigkeit untersuchen lassen. Allein aus dem Umstand, dass die Soldatin oder der Soldat nicht dienstfähig ist, darf jedoch nicht auf eine Dienstpflichtverletzung geschlossen werden.

Allgemeine Abkürzungen

Dienstgrad-Abkürzungen → BwKalender Z 05a

AB	Ausführungsbestimmungen
Abschn	Abschnitt
Abt	Abteilung
a. F.	alte Fassung
ÄndG	Änderungsgesetz, Gesetz zur Änderung
Az	Aktenzeichen
BBesG	Bundesbesoldungsgesetz
BBG	Bundesbeamtengesetz
Betr	Betreff
BGH	Bundesgerichtshof
BGB	Bürgerliches Gesetzbuch
BGBl	Bundesgesetzblatt
BMI	Bundesminister des Innern
BMJ	Bundesminister der Justiz
BMVg	Bundesministerium der Verteidigung
BPersVG	Bundespersonalvertretungsgesetz
BR	Bundesrat
BS	Berufssoldat
BT	Bundestag
BTDs	Bundestagsdrucksache
Btm	Betäubungsmittel
BV	Besonderes Vorkommnis
BVerfGE	Entscheidungen des Bundesverfassungsgerichts (zitiert nach Band und Seite)
BVerwGE	Entscheidungen des Bundesverwaltungsgerichts (zitiert nach Band und Seite)
Bw	Bundeswehr
BWDA	Bundeswehrdisziplinaranwalt
BWV	Bundeswehrverwaltung (Zeitschrift)

DV	Durchführungsverordnung
Dv	Dienstvorschrift
EG	Einführungsgesetz
Erl	Erlass
f	folgender (z. B. §)
FN	Fußnote
GG	Grundgesetz für die Bundesrepublik Deutschland
ggf	gegebenenfalls
GVG	Gerichtsverfassungsgesetz
i. A.	Im Auftrag
idF	in der Fassung
i. V.	In Vertretung
Kap	Kapitel
Kdo	Kommando
Kdr	Kommandeur
lfd	laufend
mil	militärisch
Mil	Militär
n. F.	neue Fassung
NfD	Nur für den Dienstgebrauch
NJW	Neue Juristische Wochenschrift (zitiert nach Jahrgang und Seite)
NTSG	Gesetz über den Schutz der Truppen des Nordatlantikpaktes durch das Straf- und Ordnungswidrigkeitenrecht (NATO-Truppen-Schutzgesetz)
NZWehrr	Neue Zeitschrift für Wehrrecht (zitiert nach Jahrgang und Seite)
Offz	Offizier
OVG	Oberverwaltungsgericht

o. V. i. A.	oder Vertreter im Amt
OvWa	Offizier vom Wachdienst
RL	Richtlinie(n)
SaZ	Soldat auf Zeit
SBG	Soldatenbeteiligungsgesetz
SG	Soldatengesetz
SoldGG	Soldatinnen- und Soldaten-Gleichbehandlungsgesetz
StGB	Strafgesetzbuch
StPO	Strafprozessordnung
StrÄndG	Strafrechtsänderungsgesetz
StVO	Straßenverkehrsordnung
TDG	Truppendienstgericht
Trx	Truppenpraxis (zitiert nach Jahrgang und Seite; ab 1995: Truppenpraxis/Wehrausbildung)
UBWV	Unterrichtsblätter für die Bundeswehrverwaltung (zitiert nach Jahrgang und Seite)
Uffz	Unteroffizier
UZwGBw	Gesetz über die Anwendung unmittelbaren Zwanges und die Ausübung besonderer Befugnisse durch Soldaten der Bundeswehr und verbündeter Streitkräfte sowie zivile Wachpersonen
VG	Verwaltungsgericht
VMBl	Ministerialblatt des Bundesministeriums der Verteidigung
VO	Verordnung
VP	Vertrauensperson
VS	Verschlusssache
VStGB	Völkerstrafgesetzbuch
VwGO	Verwaltungsgerichtsordnung
VwVfG	Verwaltungsverfahrensgesetz

WBO	Wehrbeschwerdeordnung
WDA	Wehrdisziplinaranwalt
WDO	Wehrdisziplinarordnung
WDOBezV	Verordnung zur Bestimmung der Bezüge im Sinne der WDO
WehrRÄndG	Wehrrechtsänderungsgesetz
WpflG	Wehrpflichtgesetz
WStG	Wehrstrafgesetz

Notizen

Notizen